Instituições de

DIREITO PROCESSUAL CIVIL

Antônio Pereira Gaio Júnior

Instituições de

DIREITO PROCESSUAL CIVIL

4ª Edição
revista
atualizada
ampliada

2020

EDITORA JusPODIVM
www.editorajuspodivm.com.br

EDITORA *Jus*PODIVM
www.editorajuspodivm.com.br

Rua Território Rio Branco, 87 – Pituba – CEP: 41830-530 – Salvador – Bahia
Tel: (71) 3045.9051
• Contato: https://www.editorajuspodivm.com.br/sac

Diagramação: Isabella Giordano *(giordano.bella@gmail.com)*

Capa: Ana Caquetti

G137i Gaio Júnior, Antônio Pereira.
Instituições de Direito Processual Civil / Antônio Pereira Gaio Júnior – 4. ed. rev. e atual. – Salvador: JusPodivm, 2020.
1.200 p.

Bibliografia
ISBN 978-85-442-3230-9

1. Direito Processual Civil. 2. Instituições de Direito Processual Civil. 3. Gaio Júnior, Antônio Pereira. I. Título.

CDD 341.46

Sempre aos meus amados pais, Antônio e Miryam (em memória), fontes inesgotáveis de inspiração, tradução de um amor vivo e intenso e que me fizeram crer na existência e plenitude de um amor que se dá sem esperar receber, fazendo com a mão direita o que a esquerda não possa ver.

Mais uma vez dedico-lhes, ou melhor, devolvo-lhes, ainda que endividado, o labor que me proporcionaram construir e ser.

A Deus, pela força e luz viva de todo dia.

A Raquel, João, André, Fernando, Raphael e Miguel: *La forza della famiglia*!

Sempre aos meus alunos e ex-alunos da Graduação e Pós-Graduação *Lato e Stricto Sensu,*também fontes vivas e intensas de meu prazer intelectual, por acreditarem sempre na máxima de que "*Mestre sem discípulos, Mestre não é*", a minha sempre sincera gratidão e respeito.

Àqueles que, em todas as passagens de minha vida, se propuseram a ensinar-me.

*"O Direito, como o viajante,
deve estar pronto para o dia seguinte."*

Benjamin N. Cardozo

Nota à 4ª Edição

Com satisfação e alegria apresento-lhes a 4ª Edição de nossas *Instituições de Direito Processual Civil* pela grande casa que é a Editora JusPodivm.

Nesta edição foram acrescentados importantes textos em, praticamente, todos os capítulos, tudo em virtude do amadurecimento doutrinário e jurisprudencial no que concerne a vários institutos disciplinados pelo CPC/2015.

Assim, questões atinentes ao Processo e Desenvolvimento, Princípios Processuais, regras de Competência, participação de Terceiros e reflexos na atividade procedimental, maior dimensão das Tutelas Provisórias, Medidas Típicas e Atípicas para o cumprimento de um universo de obrigações, novos instrumentos de Investigação Patrimonial, variedades de apontamentos em matéria de Precedentes Normativos, Arbitragem e suas aplicações tanto no âmbito da Administração Pública quanto na seara trabalhista, atualizações das jurisprudências dos Tribunais Superiores, Federais e Estaduais, Súmulas, Enunciados Administrativos do STJ, Enunciados do Conselho da Justiça Federal, Enunciados do Fórum Permanente de Processualistas Civis, Enunciados da Escola Nacional de Formação e Aperfeiçoamento de Magistrados, dentre outros, estão contemplados e devidamente atualizados.

Como por óbvio, a atualização, igualmente, se deu no campo legislativo com a edição de importantes Leis, tais quais a 13.363/2016, a 13.465/2017, a 13.466/2017, a 13.793/2019, a 13.874/2019, bem como a recentíssima Lei n.13.894, de 29 de outubro de 2019, esta que altera o Código de Processo Civil para prever a competência do foro do domicílio da vítima de violência doméstica e familiar para a ação de divórcio, separação judicial, anulação de casamento e reconhecimento da união estável a ser dissolvida, para determinar a intervenção obrigatória do Ministério Público nas ações de família em que figure como parte vítima de violência doméstica e familiar, e para estabelecer a prioridade de tramitação dos procedimentos judiciais em que figure como parte vítima de violência doméstica e familiar.

Por tudo, esperamos uma excelente leitura de todos, tendo em vista esmero para que as nossas letras possam contribuir para com a reflexão crítica e profundidade intelectual no hercúleo campo do Processo Civil dos nossos tempos, aqui sempre a partir de uma preocupação intensa com a didática e facilidade na linguagem escrita.

Antônio Pereira Gaio Júnior

NOTA À 4ª EDIÇÃO

Nota à 3ª edição

Apresento a 3ª edição de nossas *Instituições de Direito Processual Civil* com enorme prazer e felicidade!

Como toda nova edição, justifica-se esta, mais do que nunca, pelo momento histórico com o advento da Lei 13.105, de 16.03.2015, edificadora de um Novo Código de Processo Civil para os novos tempos, que, sinceramente, esperamos que se deflagre como um efetivo tempo novo!

Como cediço, a transformação legal, não acompanhada de modificações substanciais em nível estrutural e cultural, torna-se uma modificação estéril...

Ainda assim, acreditando no valor e na capacidade humana, bem como na possibilidade de dar exato contributo junto à "política do consenso", tão cara para todos nós, estimulados somos a continuar nossas letras – e é o que realizamos na presente e sempre por nós festejada *Instituições*.

Apresentamos aqui, sob a luz da constitucionalidade do Processo, os conteúdos pertinentes ao novo modelo processual civil brasileiro, assim como reflexões críticas necessárias a institutos que, naturalmente, precisam ser amadurecidos pelo bom tempo que a vida requer, seja em sede dogmática quanto pragmaticamente.

Esperamos, sinceramente, que esta desejada 3ª edição possa ser depositária de contributos, esperanças, coragem e luz aos estudiosos junto às novas racionalidades que aportam na Ciência Processual Civil pátria.

Antônio Pereira Gaio Júnior

Prefácio

A teoria do processo constitui espelho dos valores de uma época, sendo, assim, indissociável do Estado e da sociedade. Não há como desenvolver teoria e dogmática processual à distância do direito constitucional e das formas de tutela prometidas pelo direito hegemônico. Foi o que deixamos claro no volume 1 do nosso Curso de Processo Civil, dedicado à Teoria Geral do Processo Civil: a imprescindibilidade de uma nova teoria do processo deriva, antes de tudo, da transformação do Estado, isto é, do surgimento do Estado constitucional, e da consequente remodelação dos conceitos de direito e de jurisdição. Os conceitos de jurisdição, ação, defesa e processo, por sua inquestionável ligação a uma "forma" de Estado, não podem ser compreendidos fora de um contexto histórico, o que torna impossível pretender válidos, diante do Estado constitucional brasileiro, os conceitos clássicos de teoria do processo, sem questioná-los a partir do direito constitucional e da teoria geral do direito.[1]

Num momento em que se discute um novo Código de Processo Civil, importa sublinhar que regras processuais são regulamentos das garantias de justiça contidas na Constituição e de estruturação das técnicas imprescindíveis às tutelas das diversas necessidades de direito substancial. De modo que, bem vistas e compreendidas as coisas, há de se abandonar o péssimo vezo de ver o Código de Processo Civil como um conjunto de fórmulas que tem valor em si ou de se supor que, para estudar processo civil, basta ler e saber manejar as normas processuais, dando-se a elas, no máximo, uma interpretação que esteja dentro do "sistema processual".

A obra, apresentada como *Instituições de Direito Processual Civil*, pretende se filiar à ideia de que, para se tratar do processo civil, há que se ter um texto que não se limite a fazer culto ao "dogmatismo processual". O seu autor, com livros já conhecidos na literatura jurídica nacional, procura tratar do processo numa dimensão social, o que vem prometido na introdução.

Ao abordar os conceitos fundamentais do direito processual, o autor não se rende a ideias e classificações superadas – vício que, se bem que não encontrado apenas entre os juristas, em nosso meio tem peso bastante significativo. Parte da doutrina tem costume de trabalhar com classificações herdadas, com grifes de grande prestígio e tradição – o que, em si, não é mau –, mas parece acreditar que estas constituem uma "forma verdadeira" de agrupar regras e realidades, em vez de nelas ver apenas instrumentos para melhor compreensão dos fenômenos.[2] Nota-se, na obra, que a ação é classificada a partir das tutelas do direito material – o que permite concluir que o seu autor é consciente

1 Luiz Guilherme Marinoni, *Curso de Processo Civil, v. 1, Teoria Geral do Processo*, São Paulo, Ed. RT, 2010, 4ª. ed.

2 Genaro Carrió, *Notas sobre derecho y linguaje*. Buenos Aires: Abeledo-Perrot, 1990, p. 98-99.

de que não são os fenômenos que devem se acomodar às classificações, mas que estas, isto sim, é que devem variar segundo as realidades.

O livro analisa o processo de conhecimento, o processo de execução, os procedimentos especiais, os recursos e a arbitragem. Percorre-se, assim, de modo exauriente, todo o processo civil.

Escrito de forma clara e objetiva, o texto é desenvolvido de maneira lógica e progressiva, a facilitar a pesquisa e o estudo. Não há dúvida de que, em virtude do seu método e conteúdo, a obra permitirá o desenvolvimento do direito processual civil e contribuirá para a formação dos estudantes e profissionais do direito.

Estão de parabéns o seu autor e a Editora Juspodivm.

Luiz Guilherme Marinoni

Titular de Direito Processual Civil da UFPR

Sumário

PARTE II
PROCESSO DE CONHECIMENTO

PARTE III
RECURSOS, ORDEM DOS PROCESSOS NOS TRIBUNAIS, INCIDENTES E AÇÕES ORIGINÁRIAS

PARTE IV
CUMPRIMENTO DA SENTENÇA E PROCESSO DE EXECUÇÃO

PARTE V
PROCEDIMENTOS ESPECIAIS

PARTE VI
ARBITRAGEM

Abreviaturas

a.C. – Antes de Cristo
ac. – Acórdão
ADCT – Ato das Disposições Constitucionais Transitórias
ADI – Ação Direta de Inconstitucionalidade
AGMC – Agravo Regimental na Medida Cautelar
AgRg – Agravo Regimental
AIJ – Audiência de Instrução e Julgamento
AJURIS – Revista da Associação dos Juízes do Rio Grande do Sul
Art. – Artigo
AR – Aviso de recebimento
AT – Antecipação de Tutela
BGB – Código Civil Alemão
BJLBJ – Boletim de Jurisprudência da Legislação Brasileira Juruá
BolAASP – Boletim da Associação dos Advogados de São Paulo
Cap. – Capítulo
CC – Código Civil
c/c – Combinado com
CDC – Código de Defesa e Proteção do Consumidor
Cf. – Conferir
CNJ – Conselho Nacional de Justiça
CPC – Código de Processo Civil
CPP – Código de Processo Penal
CTN – Código Tributário Nacional
CF – Constituição Federal
CNJ – Conselho Nacional de Justiça
d.C. – Depois de Cristo
DJU – Diário da Justiça da União
Dec.-Lei – Decreto-Lei
Des. – Desembargador
DJ – Diário de Justiça
DOU – Diário Oficial da União
EC – Emenda Constitucional

Ed. – Editora
EDcl – Embargos de Declaração
ed. – Edição
Emb. Div. – Embargos de Divergência
ex vi – Pela força
FPPC – Fórum Permanente de Processualistas Civis
IAB – Instituto dos Advogados Brasileiros
IBDP – Instituto Brasileiro de Direito Processual
inc.(s) – Inciso(s)
J. – Julgamento
JB – Revista Jurisprudência Brasileira
JCPC – Jurisprudência do Código de Processo Civil e Leis Processuais Extravagantes
JTJ – Jurisprudência do Tribunal de Justiça do Estado de São Paulo
Julg. – Julgado
LA – Lei de Arbitragem
LAJ – Lei de Assistência Judiciária
LINB – Lei de Introdução às Normas do Direito Brasileiro
LMS – Lei do Mandado de Segurança
Min. – Ministro
MP – Medida Provisória; Ministério Público
NCPC – Novo Código de Processo Civil
OAB – Ordem dos Advogados do Brasil
Ob. cit. – Obra citada
p. – página
p.ex – por exemplo
Parág. Único – Parágrafo Único
PLNCPC – Projeto de Lei do Novo Código de Processo Civil
Rcl. – Reclamação
RE – Recurso Extraordinário
RF – Revista Forense
Rel. – Relator
REsp – Recurso Especial
RJTAMG – Revista de Julgados do Tribunal de Alçada do Estado de Minas Gerais

RJTJSP – Revista de Jurisprudência do Tribunal de Justiça de São Paulo
RT – Revista dos Tribunais
RTJ – Revista Trimestral de Jurisprudência (do STF)
RTJE – Revista Trimestral de Jurisprudência dos Estados
RSTJ – Revista do Superior Tribunal de Justiça
SE – Sentença Estrangeira
segs. – seguintes
s(s) – seguinte(s)
ss. – seguintes
STF – Supremo Tribunal Federal
STJ – Superior Tribunal de Justiça
STJ-Bol. AASP – Acórdão do STJ publicado no Boletim da Associação dos Advogados de São Paulo
STJ-RT – Acórdão do STJ publicado na Revista dos Tribunais
T. – Turma
TA – Tribunal de Alçada
TJ – Tribunal de Justiça
TJDF – Tribunal de Justiça do Distrito Federal
TJGO – Tribunal de Justiça do Estado de Goiás
TJMG – Tribunal de Justiça do Estado de Minas Gerais
TJRS – Tribunal de Justiça do Estado do Rio Grande do Sul
TJRJ – Tribunal de Justiça do Estado do Rio de Janeiro
TJSC – Tribunal de Justiça do Estado de Santa Catarina
TJSP – Tribunal de Justiça do Estado de São Paulo
TFR – Tribunal Federal de Recursos
TP – Tribunal Pleno
v. – Ver
v.g. – *verbi gratia* (por exemplo)
Vol. – Volume
v.u. – votação unânime
ZPO – Código de Processo Civil Alemão

INTROITO

UMA INTRODUÇÃO NECESSÁRIA: DIREITO, PROCESSO E DESENVOLVIMENTO

Já bem pronunciava a genialidade chiovendiana acerca do legítimo papel do processo em nosso tempo: *"Il processo deve dare per quanto è possibile praticamente a chi ha um diritto quello e próprio quello ch'egli há diritto di conseguire."*[1]

A dimensão social pela qual o processo deva ser vetorizado hodiernamente é noção necessária, exatamente porque nele é que o jurisdicionado deposita confiança - ainda que, por vezes, em forma diminuta - esperando alcançar sua verdade em tempos onde o descumprimento de uma obrigação acertada é bom negócio para muitos. Espera o cidadão ainda mais: a satisfação decorrente desta verdade, na medida em que, uma vez reconhecida e não cumprida pela parte recalcitrante, necessitará ele, novamente, de um instrumento apto a transformar a declaração formal de seu direito em atividade dinâmica e realizadora concreta no mundo dos fatos do direito devido.[2]

Aliás, é exatamente em tal perspectiva que Cappelletti, em estudos de vanguarda, já apontava para a aludida dimensão social do processo: "Sob esta nova perspectiva, o direito não é encarado apenas do ponto de vista dos seus produtores e de seu produto (as normas gerais e especiais), mas é encarado, principalmente, pelo ângulo dos *consumidores* do direito e da Justiça, enfim, sob o ponto de vista dos usuários dos serviços processuais."[3]

Não olvidando as fundamentais transformações conceituais e pragmáticas pelas quais vem a Ciência Processual experimentando,[4] a partir, sobretudo, de novos contornos em institutos formadores de sua própria "Trilogia Estrutural"

---

1. CHIOVENDA, Giuseppe. Dell Azione Nascente dal Contratto Preliminare *In: Saggi di Diritto Processuale Civile.* 2 ed. Roma: Foro It., 1930, n.3, p.110.

2. Michele Taruffo (*Simplemente la verdad. El juez y la construcción de los hechos.* Madrid: Marcial Pons, 2010, p. 156), em notável síntese acerca do ambiente pelo qual o Processo opera, muito bem leciona:
"El proceso es, em realidad, también um 'lugar' em que se aplican normas, se realizan valores, se aseguran garantias, se reconhecen derechos, se tutelan intereses, se efectúan elecciones econômicas, se enfrentan problemas sociales, se asignan recursos, se determina el destino de las personas, se tutela la liberdad de los indivíduos, se manifiesta la autoridad del Estado... y se resuelven controvérsias por medio de decisiones deseablemente justas."

3. CAPPELLETTI, Mauro. Problemas de reforma do processo civil nas sociedades contemporâneas. *In*: GRINOVER, Ada Pellegrini *et ali. O Processo Civil Contemporâneo.* Curitiba: Juruá, 1994, p.15.

4. Sobre as transformações dogmáticas e pragmáticas dos principais institutos da Teoria Geral do Processo Civil, inclusive frente a própria edição do Código de Processo Civil de 2015, ver, por

– Ação, Jurisdição e Processo – impende notar que o próprio alcance de uma "nova" perspectiva metodológica do processo marca a urgência na modificação de posturas não somente dos operadores do direito como também de todo o aparato estatal, seja por meio de inovadoras performances nas estruturas física e administrativa dos foros em geral, assim como na produção legiferante qualitativa, apta a mirar, indubitavelmente, como centro das atenções, a efetividade, compreendida na instrumentalização racional e razoável de entrega do bem da vida a quem, exatamente, dele necessita. Afinal, o Direito (aqui, o Processo) deve ser instrumento a tornar as pessoas mais felizes ou menos infelizes!

Por outro lado, há que se debruçar sobre a perspectiva do direito como instrumento estatal potencializador de reais e efetivas políticas afirmativas no sentido de propiciar melhoria na qualidade de vida ao cidadão comum, aptidão estatal e de realização inevitável, inclusive , relativa à própria condição de órgão edificador, controlador e executor final de suas políticas, ainda que variavelmente de forma indireta, mas responsável pelos destinos finais do estímulo e concretização desenvolvimentista em seu ambiente.[5]

Despiciendo é dizer que o conceito de desenvolvimento, hodiernamente, se relaciona não somente com a tradicional ótica de crescimento econômico, mas, sobretudo, na perspectiva de um avanço significativo no quadro das políticas sociais voltadas à edificação da cultura de melhoria das condições daquela sociedade destinatária de tais políticas.[6]

Na verdade, ainda que pese esforços hercúleos do Direito no sentido de se regular condutas – sua primordial gênese – há de prosperar avanços na Ciência Jurídica, mais precisamente junto à noção de norma como cadenciadora de políticas públicas voltadas ao desenvolvimento, propiciadora de melhoria das condições de vida, depositando-se, por isso, na mesma, a proteção, regulação e concessão de direitos e ainda condicionando-a ao aprimoramento do tecido social a ela submetida, reconhecendo então em dimensões largas, crescentes,

---

todos, GAIO JÚNIOR, Antônio Pereira; PINHO, Humberto Dalla Bernardina (Coords.). *Teoria Geral do Processo Civil. Novos Paradigmas frente ao CPC/2015*. Rio de Janeiro: GZ, 2018.

5. Mais precisamente no que toca à relação entre Direito e Desenvolvimento, significando este como implementação de políticas públicas voltadas à melhoria da qualidade de vida, ver obra por nós organizada, intitulada *Direito e Desenvolvimento*. Curitiba: Juruá, 2015.

6. Ratificando tal concepção desenvolvimentista, VASCONCELOS, Marco Antonio; GARCIA, Manuel Enriquez. (*Fundamentos de economia*. São Paulo: Saraiva, 1998, p. 205) apontam para a ideia de que , em qualquer conceituação de desenvolvimento, há de se levar em conta e mesmo, deva incluir "as alterações da composição do produto e a alocação de recursos pelos diferentes setores da economia, de forma a melhorar os indicadores de bem-estar econômico e social (pobreza, desemprego, desigualdade, condições de saúde, alimentação, educação e moradia)." Por outro lado, avançando no conceito de desenvolvimento como liberdade, numa visão do próprio desenvolvimento como um processo de expansão das liberdades reais, e ainda estas, tanto um meio de garantia quanto um fim si mesma, através da fruição de outras importantes liberdades, fundamental a obra de SEN, Amartya. *Development as freedom*. New York: Anchor Books, 2000, p. 297. Sobre o assunto ver também o nosso Direito, Processo e Desenvolvimento: Pacto de Estado e a Reforma do Judiciário. In: *Revista Magister de Direito Empresarial, Concorrencial e do Consumidor*, v. 19, fev/mar., Magister: Porto Alegre, 2008, p. 31-34.

o próprio exercício e respeito aos direitos, como rotina. Aliás, em um sentido mediato, a serventia da norma jurídica em sua dinâmica é o convívio social harmônico, no entanto há de vir esta acompanhada da perspectiva social do aludido convívio, de forma a viabilizar condições de melhoria das relações socioeconômicas e estruturais nas mais variadas dimensões, seja cidadão-cidadão; cidadão – Estado; Estado – cidadão; Estado – Estado etc.[7]

Cappelletti, em importantíssima obra[8] acerca das temáticas que envolvem, entre outras, a construção de razões em torno dos aspectos sociais e políticos praticados no contexto do Processo Civil contemporâneo, aponta, dentre os eventos e tendências evolutivas nos ordenamentos jurídicos do nosso tempo, três movimentos de ação de pensamento na temática por ele denominada "Dimensões do Direito e da Justiça".[9]

Dentre as dimensões pontuadas pelo festejado jurista, aqui merece atenção especial aquela por ele denominada "Dimensão Social", representada pelo problema do acesso à justiça exposto sob dois aspectos principais: *a)* a "efetividade dos direitos sociais que não têm de ficar no plano das declarações meramente teóricas, senão, devem, efetivamente, influir na situação econômico-social dos membros da sociedade, que exige um vasto aparato governamental de realização"[10]; *b)* a "busca de formas e métodos, a miúde, novos e alterna-

---

7. Neste ínterim, Tércio Sampaio Ferraz Jr. em importantíssima obra – *Função Social da Dogmática Jurídica*. São Paulo: RT, 1980, p. 3-6), aponta para o enfrentamento de uma declarada crise da dogmática jurídica em relação às exigências políticas, sociais e econômicas de nosso tempo e aí, acertadamente, assevera: "O problema atual, contudo, é ainda mais agudo na medida em que ultrapassa os planos exegéticos e se coloca ao nível da participação da Dogmática no desenvolvimento da sociedade, cujo processo de crescimento provocou uma enorme diferenciação no sistema jurídico, tornando-o extremamente complexo e altamente ramificado, com pontos de intersecção com outros planos sociais." Mais adiante então, constata com clareza, já sob um olhar do século passado que o " século XX, no entanto, pressionado pelo advento das sociedades de massa e pela necessidade de conceber o Direito como um instrumento-chave de controle social, tende a modificar este quadro. Esta situação forçou o aparecimento das pesquisas de base, a princípio ainda com intuitos imediatistas, tendo em vista a aplicação técnica do Direito vigente, mas, pouco a pouco, também em *razão da elaboração legislativa como técnica de controle e instrumento do planejamento, fator de modificação da vida social, passando-se desta forma para a própria dogmática.*" (Grifo nosso).

8. CAPPELLETTI, Mauro. *Processo, Ideologias e Sociedade*. Trad. de Elício de Cresce Sobrinho. Vol. I. Porto Alegre: Sérgio Antonio Fabris Editor, 2008.

9. Observa Cappelletti: "Trata-se, em primeiro lugar, da dimensão 'constitucional', que consiste na busca de certos valores fundamentais que muitos ordenamentos modernos afirmaram com normas às quais assina-se força de *Lex superior* vinculando o próprio legislador (ordinário), impondo sua observância através de formas e mecanismos jurisdicionais especiais. (...). Uma segunda dimensão é a 'transnacional', quer dizer, a tentativa de superar os rígidos critérios das soberanias nacionais com a criação do primeiro núcleo de uma *Lex universalis* e com a constituição, portanto, do primeiro núcleo de um 'governo universal' ou transnacional (...). Esta tentativa reflete-se, em particular, na Declaração Universal dos Direitos do Homem de 1948 e nos Pactos que na mesma Declaração vieram; (...). Uma terceira dimensão do Direito e da Justiça é a 'social' que nas suas manifestações mais avançadas pode ser expressa na fórmula de uso corrente nos últimos anos: acesso ao Direito e à Justiça."Ob. cit.,p. 379-381.

10. Idem, p. 385.

tivos perante os tradicionais, pela racionalização e controle de tal aparato e, por conseguinte, para a proteção contra os abusos aos quais o mesmo aparato pode ocasionar direta ou indiretamente."[11]

Afinado dito conjunto de ideias com a perspectiva do que afirmamos em linhas atrás, já é tempo de se ter em mente a dimensão social, política, econômica e jurídica que traz à carga o processo, este como garantia do cidadão à realização dos direitos e instrumento da jurisdição estatal, a partir da oferta do Serviço Público da Justiça, apto a contribuir para o desenvolvimento do país[12], influenciando, *v.g.*, mediante a prolação de uma simples decisão judicial[13], no emprego e desemprego, no reconhecimento de débeis condições contratuais a gerar riqueza ou não, no amparo do hipossuficiente assolapado em precárias condições de higiene e saúde, na restauração judicial da dignidade da pessoa diante de aviltante tratamento concedido por parte de serviços públicos ínfimos ofertados pelo próprio Estado (Previdência, Transporte, habitação, lazer etc.), dentre outras questões e situações.[14]

Nesta toada, ainda que pese o pensamento de que as políticas públicas vinculam-se ao exercício da realização dos objetivos fundamentais do Estado por parte dos Poderes Executivo e Legislativo, sobretudo, no que concerne aos bens da vida, estes traduzidos em larga medida nos direitos fundamentais sociais (*ex vi* do art. 6º da CF/88), fato é que em inúmeras situações, ditas realizações de políticas públicas não se concretizam ou mesmo se efetivam de forma insatisfatória, decorrendo disso inegáveis lesões aos ditos direitos fundamentais, habilitando aos titulares de tais direitos a apresentação junto ao Poder

---

11. Ibidem.

12. Sobre o importante papel das instituições no processo de desenvolvimento, ver, dentre muitos, NÓBREGA, Maílson da. Brasil: um novo horizonte. *In*: ZYLBERSZTAJN, Décio; SZTAJN, Rachel. (Orgs.) *Direito e Economia. Análise Econômica do Direito e das Organizações.* Rio de Janeiro: Elsevier, 2005, p. 291.
Mais precisamente sobre a atividade judicante do Poder Judiciário nos desígnios desenvolvimentistas do Estado Brasileiro, confira PINHEIRO, Armando Castelar. Magistrados, Judiciário e Economia no Brasil. *In*: ZYLBERSZTAJN, Décio; SZTAJN, Rachel.(Orgs.) *Direito e Economia. Análise Econômica do Direito e das Organizações.* Rio de Janeiro: Elsevier, 2005, p. 244-283; NUSDEO, Fábio. *Curso de Economia: Introdução ao Direito Econômico.* 5 ed.. São Paulo: RT, 2008.

13. Vale frisar aqui a máxima sapiência de ZAFFARONI, ao realçar o importante papel do Poder Judiciário nos desígnios do Estado hodierno:
"O limite entre o político e o judicial não pode ser definido formalmente no Estado moderno. A justiça moderna não pode ser 'apolítica' nesse sentido, *e hoje mais do que nunca deve-se reconhecer que o poder judiciário é 'governo'.*" (Grifo nosso). ZAFFARONI, Eugenio Raúl. *Poder Judiciário. Crise, Acertos e Desacertos.* Trad. Juarez Tavares São Paulo: RT, 1995, p. 24.

14. A ideia de bem-estar dos indivíduos lastreada pelo caminho da prosperidade econômica, não fica à margem também do pensamento econômico. Nisto:
"A concepção de prosperidade econômica do bem-estar dos indivíduos é abrangente. Ela reconhece não apenas nível de conforto material dos indivíduos, mas também o grau de satisfação estética, seus e sentimentos pelos demais e, qualquer outra coisa que eles possam valorizar, mesmo que intangível". KAPLOW, Louis; SHAVELL, Steven. *Fairness versus Welfare*, 114 Harv. L. Rev. 961, (200-2001), p. 968.

Judiciário de pleito restaurador do bem da vida não satisfeito, realizando-se, na medida do possível, portanto, a concretização daquelas políticas públicas ora prometidas e não levadas a cabo pelos aludidos Poderes promitentes.[15]

A compreensão do reflexo a que se estendem atitudes e atividades do Poder Judicante é conhecida por judicialização da política,[16] tendo em vista que várias matérias decididas pelo aludido Poder foram trazidas para seu âmbito de atuação através da constitucionalização das mesmas, ou seja, conteúdos tradicionalmente voltados à órbita dos Poderes Executivo ou Legislativo, ao serem cotejados também pela Carta Constitucional, passaram a uma amplificação de maior dimensão, , gerando, de seu descumprimento, a opção cidadã de leva-los ao conhecimento do Poder Judicante a fim de conferi-los plena realização, sobretudo em áreas sensíveis em linhas atrás já referidas. [17]

Cediço, portanto, fora a provocação da análise pelo Poder Judiciário, guardião da Constituição e que, inegavelmente, tem o compromisso institucional e democrático de conferir plena e extensa efetividade ao que promete a Carta Maior quanto a um dos objetivos fundamentais da República Federativa do Brasil: o Desenvolvimento Nacional.[18]

Diante disso e ratificando o pensamento já plasmado alhures, inegável é a virtude do Processo como instrumento apto à efetivação de direitos, concorrendo para a realização de uma concreta democracia social, esta promotora do desenvolvimento no Estado hodierno. Trata-se, por tudo, do essencial aspecto relativo aos efeitos que, inegavelmente, decorrem de uma determinada decisão judicial para além daquele Processo ao qual fora proferida, bem por isso, a partir de sua perspectiva externa: o Processo como meio de promoção do desenvolvimento como qualidade de vida.[19]

---

15. Sobre os direitos fundamentais como objeto do Processo Coletivo, potencializando neste a realização de políticas públicas, ver CANELA JÚNIOR, Osvaldo. *Controle Judicial de Políticas Públicas*. São Paulo: Saraiva, 2011, p. 150 e ss.

16. Mais especificamente sobre o assunto, ver: GAIO JÚNIOR, Antônio Pereira; MACHADO, Fernanda G. Ladeira. Breves reflexões acerca do Poder Judiciário Brasileiro frente a demandas sociais pós CF/88. In: GAIO JÚNIOR, Antônio Pereira; SANTOS, Márcio Gil Tostes dos. (Coords.) *Reflexões sobre a Constituição Brasileira de 1988 em seu 25º Aniversário*. Lisboa: Juruá Editorial, 2013, p.55 e ss.

17. Sobre as dimensões materiais no plano do desenvolvimento nacional, mais precisamente nas searas sensíveis e de obstáculos hercúleos, tais como educação, saúde, segurança pública, previdência etc, confira o nosso GAIO JÚNIOR, Antônio Pereira (Coord.). *Direito e Desenvolvimento II: obstáculos e perspectivas ao Acesso à Justiça*. Curitiba: CRV, 2017.

18. Não custa lembrar o art. 3º da CF/88:
"Art. 3º Constituem objetivos fundamentais da República Federativa do Brasil:
(...)
II - garantir o desenvolvimento nacional;(...)"

19. Sobre o Processo como meio de promoção do desenvolvimento como qualidade de vida, ver GRUPO DE PESQUISA PROCESSO CIVIL E DESENVOLVIMENTO (UFRRJ/CNPq). O Processo em sua perspectiva externa: meio de promoção do desenvolvimento como qualidade de vida – por uma nova fase metodológica do Processo. *In*: GAIO JÚNIOR, Antônio Pereira. *Direito Processual em Movimento*. Vol. VIII. Curitiba: CRV, 2019, p.117-154.

É bem verdade que a aproximação do Processo para tal promoção desenvolvimentista vem se desenhando em questões pontuais como, por exemplo, no controle jurisdicional de políticas públicas e que poderá se dar em caráter preventivo, concomitante e sucessivo à implementação deficiente de programas públicos, o que, de fato, ante a omissão ou ação prejudicial do Poder Público, restará provocação à atividade judicante para fins de conferir eficácia forçada à efetiva política social determinada,[20] valendo ressaltar que daí estará o Poder Judiciário não a governar, mas a impedir eventual desgoverno.[21] atuação esta que encontra amparo na própria Carta Constitucional pátria, seja pelo princípio da inafastabilidade da jurisdição (art. 5º, XXXV da CF/88), como também sob o manto do artigo 37 da CF/88, no sentido de que é possível ao Poder Judiciário rever os atos administrativos analisando seu mérito, motivos e finalidades.[22]

Respeitando-se os limites constitucionais, aludida atuação judicante não prejudicará o Princípio Federativo.[23/24]

Com acerto, observa Canela Júnior que no Brasil

> uma das primeiras questões sensíveis enfrentadas pelo tribunais foi a da admissibilidade do exame judicial do mérito dos atos administrativos. A doutrina e a jurisprudência mantiveram, por muitos anos, o entendimento de que o mérito do ato administrativo, pelo seu conteúdo eminentemente discricionário, não poderia ser apreciado pelo Poder Judiciário, sob pena de violação do princípio da separação de poderes. O postulado em questão, contudo, foi substancialmente mitigado pela teoria do desvio de poder e pela teoria dos motivos determinantes. Após a inserção do princípio da moralidade no *caput* do art. 37 da Constituição Federal, ampliou-se ainda mais o campo de análise do mérito do ato administrativo pelo Poder Judiciário, em cotejo com o princípio da legalidade.
>
> Nota-se, portanto, a absorção cada vez maior dos componentes políticos da sociedade pelo ordenamento jurídico.[25]

---

20. CANELA JÚNIOR, Osvaldo. *Controle judicial de Pol*íticas Públicas. São Paulo: Saraiva, 2011, p.171-172.

21. GAIO JÚNIOR, Antônio Pereira; MACHADO, Fernanda Gomes Ladeira. Breves Areflexões acerca do Poder Judiciário Brasileiro frente a Demanda Sociais Pós CF/88. *In*: GAIO JÚNIOR, Antônio Pereira; SANTOS, Márcio Gil Tostes (Coords.). *Reflexões sobre a Constituição Brasileira de 1988 em seu 25º Aniversário*. Lisboa: Juruá Editorial, 2013, p.55

22. No mesmo sentido, ver MENDONÇA, Priscila Faricelli. O papel do juiz na efetiva implementação da política pública. Como administrar a implementação? *In*: GRINOVER, Ada Pellegrini; WATANABE, Kazuo (Coords.). *O Controle Jurisdicional de Políticas Públicas*. 2.ed. Rio de Janeiro: Forense, 2013, p.405.

23. *Idem*, p. 400.

24. O julgamento da ADPF nº 45-9/DF pelo Supremo Tribunal Federal, pode ser entendido como o precedente que reconheceu de forma expressa a possibilidade de intervenção judicial no controle de políticas públicas para o fim de dar efetividade a um direito fundamental.

25. CANELA JÚNIOR, *ob.cit*, p.80.

Nesse panorama, necessário reiterar que a conduta comissiva dos Poderes Legislativo e Executivo, violadora das normas constitucionais programáticas, não representou maiores dificuldades no panorama jurídico, estando os maiores entraves nas condutas omissivas dos agentes públicos.[26]

Insta ressaltar neste ínterim que os Processos de índole estrutural[27]/ funcionam, igualmente, em tal perspectiva, ou seja, voltados não somente à solução de um problema envolto à deficiente prática de uma instituição e/ou política pública débil, mas indo mais adiante.[28] Por meio do Processo Estrutural

> *los tribunales de justicia se involucran en la gestión de estructuras burocráticas y aassumen certo nível de supervisión sobre políticas y práticas institucionais de diversa índole.[29] Es importante destacar que, como regla general, em este tipo de sentencias los jueces no fijan analiticamente y por antecipado todas y cada uma de las atividades que*

26. GAIO JÚNIOR, Antônio Pereira; MACHADO, Fernanda Gomes Ladeira. Ob. cit., p.57.

27. Para a compreensão de Processos de índole estrutural, necessário se faz alcançar a noção de litígios estruturais. Nestes termos, têm-se como litígios estruturais aqueles que envolvem conflitos multipolares, de elevada complexidade, tendo como objetivo a promoção de valores públicos pela via do Poder Judicante, mediante transformação de uma instituição pública ou privada. Nestes sentido, necessário será organizar toda uma instituição, resultando na alteração de seus processos internos, de sua estrutura burocrática e da mentalidade de seus agentes, no intuito que passe a mesma a cumprir sua função de acordo com o valor afirmado na decisão judicial. FISS, Owen. *The Allure of Individualism*. In: Iowa Law Review. Vol. 78, n.5, 1993, p.965-980. Cf. também, VITORELLI, Edilson. Litígios Estruturais: decisão e Implementação de mudanças socialmente relevantes pela via processual. *In* : ARENHART, Sérgio Cruz; JOBIM, Marco Félix (Orgs.) *Processos Estruturais*. Salvador: JusPodivm, 2017, p.369-422.

28. Exemplo de como o Processo de índole estrutural pode provocar grande impacto, interferindo na promoção da melhoria de qualidade de vida pode ser depreendido do caso das empresas mineradoras de carvão do Estado de Santa Catarina, que, juntamente com outros réus (inclusive a União e o próprio Estado de Santa Catarina, de forma subsidiária), foram condenadas a realizar e concretizar um projeto de recuperação ambiental da região degradada pela exploração mineral. Para a sua efetivação - ainda em curso - foram determinadas desde a adequação de sua conduta às normas de proteção ambiental, passando por atos de controle e fiscalização, bem como o desenvolvimento, a médio e longo prazo, de projetos com medidas concretas e estratégias para a recuperação ambiental. (STJ, 2ªT. REsp. 647.493/SC. Rel. Min. João Otávio Noronha. Julg.: 22.05.2007, *DJU* 22.10.07, p. 233. STF, 2ªT. RE 612.592-AgR/SC, Rel. Min. Ricardo Lewandowski. *DJe* 27.06.14.) GRUPO DE PESQUISA PROCESSO CIVIL E DESENVOLVIMENTO (UFRRJ/CNPq). O Processo em sua perspectiva externa: meio de promoção do desenvolvimento como qualidade de vida – por uma nova fase metodológica do Processo. *In*: GAIO JÚNIOR, Antônio Pereira(Coord.). *Direito Processual em Movimento*. Vol. VIII. Curitiba: CRV, 2019, p.147-148.

29. Acerca do alcances da noção de *injuctions* como remédio de equidade no Sistema Estadunidense, Owen Fiss identifica nela três tipos: (i) a preventiva (*preventive*), em que tem por objeto evitar a aprodução de certos atos para o futuro; (ii) a reparadora (*reparative*), que busca compelir o demandado a assumir determinada conduta para fins de corrigir os efeitos dos atos ilícitos praticados no passado; (iii) a estrutural (*structural*), que possui por objeto reorganizar uma instituição social em atividade. (FISS, Owen. *The Civil Right Injuction*. Indiana University Press: Bloomington e London, 1978).
Sobre o importante assunto das Medidas Estruturantes, cf. também JOBIM, Marco Félix. *Medidas Estruturantes*. Da Suprema Corte Estadunidense ao Supremo Tribunal Federal. Porto Alegre: Livraria do Advogado, 2013.

> *deben llevarse a cabo por el demandado para* satisfacer la *pretensión* actora reconocida em la decisión.[30]

Como nota final, o contributo da processualística pátria para com a massa crédula em dias melhores é possível e real, sobretudo se a visão turva da formalidade irracional e estéril, que tem no processo um fim em si mesmo e ainda praticada largamente nos mais variados pretórios nacionais, se curve perante o exercício prático da norma processual que, desejosa por seu alcance efetivo na satisfação dos direitos, possa ir mais além, isto é, ser igualmente protagonista de parcela contributiva aos desígnios desenvolvimentistas de nosso amado país.[31]

---

30. VERBIC, Francisco. Ejecución de Sentencias em litígios de Reforma Estructural em la República Argentina. Dificultades Políticas y Procedimentales que inciden sobre la eficácia de estas decisiones. *In*: ARENHART, Sérgio Cruz; JOBIM, Marco Félix (Orgs.) *Processos Estruturais*. Salvador: JusPodivm, 2017, p.65-66.

31. A dimensão transnacional da qualidade dos serviços públicos – aqui o Poder Judiciário – nos países em desenvolvimento tem sido fator de atentas análises por parte do Banco Mundial, este que junto a outros organismos multilaterais, iniciou nos anos 80 inúmeros projetos objetivando analisar o estágio do Poder Judiciário com vistas à sua modernização no âmbito de aludidos países.
Em relatório intitulado *O setor judicial na américa latina e no caribe*: *elementos da reforma,* delineia-se a visão de Poder judicante que deveria ser adotada por países em desenvolvimento, levando-se em conta a busca da ampliação de investimentos estrangeiros e maior inserção no mercado internacional.
O supracitado documento constata, e aí aplicável ao cenário brasileiro, que:
"(...) o Judiciário é incapaz de assegurar a resolução de conflitos de forma previsível e eficaz, garantindo assim os direitos individuais e de propriedade"; "(...) a reforma do Judiciário faz parte de um processo de redefinição do Estado e suas relações com a sociedade, sendo que o desenvolvimento econômico não pode continuar sem um efetivo reforço, definição e interpretação dos direitos e garantias sobre a propriedade. Mais especificamente, a reforma do judiciário tem como alvo o aumento da eficiência e equidade em solver disputas, aprimorando o acesso à justiça que atualmente não tem promovido o desenvolvimento do setor privado." (BANCO MUNDIAL. *O setor judicial na américa latina e no caribe*: *elementos da reforma*. Documento técnico do banco mundial n. 319S. Washington, D.C., 1997, p. 6-10).
Insta apontar que, para o Banco Mundial, a crise do Poder Judiciário é compreendida como a crise da Administração da Justiça e sua ineficiência decorre da incapacidade de prestar um serviço público a um preço competitivo, rápido e eficaz em resposta às demandas que lhe são submetidas. Por outro lado, notadamente, a concepção da atividade judicante como serviço é por demais estranha à tradição brasileira, onde o Poder Judiciário foi estabelecido historicamente como um dos três poderes de Estado. Contudo, tem-se "aos poucos repercutido na tradição político-jurídica nacional, e uma de suas faces visíveis são os diagnósticos e processos de avaliação que se tem produzido para analisar o funcionamento do Judiciário e propor mudanças em sua atuação". (BARBOSA, Claudia Maria. *Poder Judiciário:reformaparaquê?.*Disponível em:<www.ambitojuridico.com.br/site/index.php?n_link=revista_artigos_leitura&artigo_id=2339>. Acesso em 20.09 2015).
De inegável contributo para as reformas processuais já operadas (vide o nosso *Direito Processual Civil*. Vol. I, 2ª edição. Belo Horizonte: Del Rey, 2008, p. 15-18) e em andamento – até porque não se pode combater as patologias sem não menos conhecê-las – são os diagnósticos apresentados anualmente pelo Conselho Nacional de Justiça, este que, desde sua instalação, tem prestado serviços relevantes nas áreas de inteligência e administração para a eficiência do serviço público de justiça realizado pelo Poder Judiciário Brasileiro.

PARTE I

TEORIA GERAL DO PROCESSO

CAPÍTULO 1

PROCESSO CIVIL E SUA NECESSÁRIA CONSTITUCIONALIZAÇÃO

Revelado no contexto do novo Código de Processo Civil como um "abre alas" informativo-normativo das disposições seguintes disciplinadas, pontifica, desde já, o art. 1º do novel *codex*:

"Art. 1º O processo civil será ordenado, disciplinado e interpretado conforme os valores e as normas fundamentais estabelecidos na Constituição da República Federativa do Brasil, observando-se as disposições deste Código."

Certamente, não se trata de questão tautológica diante de qualquer obviedade interpretativa, hodiernamente, sob o manto de uma hermenêutica constitucional de caráter indubitável.

Traz a exposição de motivos do CPC/2015, já em seu primeiro parágrafo, a crença no ideário vetorizado pelo legislador em tal contexto, ao firmar com todas as letras o entendimento de que, num sistema processual civil onde não seja proporcionado à sociedade destinatária da aplicabilidade de suas regras o reconhecimento e a realização dos direitos ora aviltados, molestados ou mesmo ameaçados, inegavelmente, não se harmoniza com as garantias constitucionais de um Estado Democrático de Direito.

Para a compreensão da força expressa sob a constatação supra, justificadora do compromisso assumido pela dicção do art. 1º, é preciso, antes de tudo, tomar a Constituição como representação textual da ideia de uma ciência da cultura.

O texto maior, representativo da construção histórico-ideológica de conquistas até então abrigadas a um povo, reflete o próprio caráter das dimensões culturais que se objetiva acender sobre este mesmo povo, por isso, deve-se ter em mente que o texto constitucional

> *non è soltanto un ordenamento giuridico per i giuristi, da interpretarsi secondo le regole antiche e moderne dela loro arte. Serve essenzialmente anche da guida per i non giuristi, i cittadini. Per constituzione non si deve intendere soltanto um texto giuridico, 'um compendio di regole' normativo. La constituzione esprime anche uma condizione di sviluppo culturale di um popolo, serve da strumento all'autorappresentazione culturale, da specchio del suo patrimônio culturale eda fondamento dele sue speranze.*[1]

1. HÄBERLE, Peter. *Per una dottrina della Costituzione come scienza della cultura*. Roma: Carocci, 2001, p.32-33.

Verdade é que, do ponto de vista jurídico, o povo possui sua Constituição; outrossim, sob um olhar mais amplo voltado à percepção cultural, ele próprio é uma Constituição.[2]

O que se quer atentar então é que não basta tão somente interpretar sob o olhar constitucional, mas mais do que isso: compreender nesta interpretação o ambiente a ela destinado, empreendendo esforços qualitativos voltados ao estabelecimento responsável da disseminação de uma cultura direcionada pela própria Carta Maior aos seus destinatários e, ao mesmo tempo, tê-los como elementos indissociáveis da construção e solidificação desta cultura.[3]

Importante aí é, igualmente, a noção cediça das dimensões subjetivas e objetivas dos direitos fundamentais.[4]

A primeira, considerando os direitos como pretensões de vontade, instrumentos para a realização de interesses individuais, estes que integram a autonomia da própria vontade; já a segunda, dimensionada na ideia de que o direito não possui serventia para liberar a vontade do homem incondicionalmente, já que, *de per si*, conduziria, inexoravelmente, ao abuso, ao arbítrio e à desordem.[5]

Assim cabe aos direitos balizar a autonomia volitiva do cidadão a uma justa dimensão, através da adoção de mecanismos políticos voltados ao ideário e efetivo exercício do justo, logicamente, dentro de variáveis reconhecidas pelo Estado naquele dado momento e ponto histórico, inclusive, levando-se em conta o próprio elemento ideológico.[6]

A própria importância de se dimensionar a construção interpretativa infraconstitucional à luz da Carta Política demonstra o compromisso do intérprete para com o tecido social destinatário do comando da decisão estatal a ele oportunizada, potencializando ainda mais dito compromisso na medida em que, sendo o Serviço Público da Justiça atividade de primeira necessidade, deve este ser qualificado em sua dimensão objetiva, diga-se, comprometido com a promessa de seu resultado sob o perlustre constitucional, *v.g.*, do relevante art. 8º do CPC:

"Art. 8º Ao aplicar o ordenamento jurídico, o juiz atenderá aos fins sociais e às exigências do bem comum, resguardando e promovendo a dignidade da pes-

---

2. Ibidem.

3. Com efeito, "*è radicata nella moderna dottrina e giurisprudenza costituzionale la convinzione che la particolare struttura dele c.d. "norme di garanzia' sia tale da richiedere um impegno interpretativo qualitativamente diverso dal normale, imponendo non di rabo l'adozione di strumenti ermeneutici nuovi ed il ricorso ad um linguaggio non puramente descritivo, ma assiologico in senso lato.*" COMOGLIO, Luigi Paolo. *La Garanzia Costituzionale dell'azione ed il Processo Civile*. Padova: Cedam, 1970, p.8.

4. ZAGREBELSKY, Gustavo. *El Derecho Dúctil*. 8 ed. Madrid: Editorial Trotta, 2008, p.85-86.

5. No mesmo sentido, ver CAMBI, Eduardo. *Neoconstitucionalismo e Neoprocessualismo*. 2 ed. São Paulo: RT, 2011, p. 103.

6. Cf. GAIO JÚNIOR, Antônio Pereira (org.). *Direito e Desenvolvimento*. Curitiba: CRV, 2015.

soa humana e observando a proporcionalidade, a razoabilidade, a legalidade, a publicidade e a eficiência."

O Processo possui este compromisso!

Dito isso, destaca-se que, nas últimas décadas, notadamente, primorosa racionalidade vem contribuindo para o aprimoramento das relações já estreitas entre Processo e Constituição[7], sobretudo no que toca aos valores fundamentais consagrados constitucionalmente, em especial à liberdade e à igualdade em vasto e intenso sentido, representações de um significado valorativo transcendente: o justo.

Certo é que os ditos valores dimensionam outros tantos que, em última análise, resultam da própria ordem constitucional e da forma como a destinatária sociedade a interpreta, acentuando a carga axiológica sobre o sistema processual e, por isso, promovendo os contornos necessários aos planos da instrumentalidade e efetividade do processo, dada a sua ínsita vocação de instrumento protetivo e de realização das liberdades públicas e dos direitos fundamentais em vastos e variáveis sentidos.

Nestes termos, bem leciona Fix Zamudio, ao certificar que

> *son numerosos los constitucionalistas que consideran que la verdadera garantía de los derechos de la persona humana consiste precisamente en su protección procesal, para lo cual es preciso distinguir entre los derechos del hombre y las garantías de tales derechos, que no son otras que los medios procesales por conducto de los cuales es posible su realización y eficacia*[8].

Como instrumento para a efetivação dos valores bem como e realização das liberdades e direitos supracitados, possibilita-se compreender que o processo leva consigo toda a carga tipicamente comandada pela sua exata noção de que, mais do que um meio estatal para a tentativa de realização prática do justo, é ele instrumento social e democrático eivado de direitos e garantias im-

---

7. Ver, por todos, TROCKER, Nicolò. *Processo civile e Costituzione.* Milano: Giuffrè, 1974.
   No que toca ao aspecto temporal do estudo processo-Constituição, bem observa José Ovalle Favela: "*Hasta hace poco tiempo, los estudiosos del proceso civil se ocuparon en lo fundamental de las normas y los principios contenidos en los códigos procesales civiles, con descuido del análisis de las normas y los principios que establece la Constitución acerca de esta materia.*" FAVELA, José Ovalle. Tendencias actuales en el Derecho Procesal Civil. *In:* FERNÁNDEZ, José Luis Soberanes. *Tendencias actuales del Derecho.* México, D.F.: Fondo de Cultura Económica, 2001. p. 28.
   Já no que se refere a uma visão analítica das relações entre processo e Constituição, Dinamarco leciona que tal questão "revela ao estudioso dois sentidos vetoriais em que elas se desenvolvem, a saber: a) no sentido Constituição-processo, tem-se tutela constitucional deste e dos princípios que devem regê-lo, alçados ao plano constitucional; b) no sentido processo-Constituição, a chamada jurisdição constitucional, voltada ao controle da constitucionalidade das leis e atos administrativos e à preservação de garantias oferecidas pela Constituição (jurisdição constitucional das liberdades), mais toda a ideia de instrumentalidade processual em si mesma, que apresenta o processo como sistema estabelecido para a realização da ordem jurídica, constitucional inclusive." DINAMARCO, Candido Rangel. *A Instrumentalidade do Processo.* 14 ed. São Paulo: Malheiros, 2009, p. 26-27.
8. ZAMUDIO, Fix. *La protección procesal de los derechos humanos.* Madrid: Civitas, 1982. p. 51-54.

perativas que devem ser respeitadas em sintonia com o Estado democrático, que se presencia em dado tempo e espaço[9], hoje, indissociável da ideia de um Processo Justo.[10]

O novel CPC, igualmente, no específico decorrer do Livro I, Título Único, Capítulo I, sob o título de "Das Normas Fundamentais do Processo Civil", aponta para vários conteúdos estribados na Carta Constitucional de 1988, apoiando de forma indubitável o legislador infraconstitucional aos parâmetros condicionadores da vontade constitucional sobre o plano processual civil, o que, certamente, dar-se-á ao respeito do intérprete para com a vontade normativa manifestada.

Por fim, vários dos conteúdos tidos como de natureza "principiológica", *ex vi* dos arts. 3º, 4º, 5º, 6º, 7º, 8º, 9º e 10 do CPC serão, na presente obra, objeto de estudos em capítulo específico.[11]

---

9. Sobre a relação entre os institutos processuais e seus pressupostos políticos e constitucionais, sobretudo, ação, exceção, principio da isonomia, garantia constitucional do juiz competente, dentre outros, ver COUTURE, EDUARDO J. *Fundamentos del Derecho Procesal Civil.* Buenos Aires: Aniceto Lopez Editor, 1942.
10. Ver, por todos, MORELLO, Augusto M. *El Proceso Justo*. 2. Ed. Buenos Aires: Abeledo Perrot, 2005.
11. Ver Capítulo 6.

CAPÍTULO 2

EVOLUÇÃO HISTÓRICA – O PROCESSO CIVIL NO TEMPO

1. DAS ORIGENS

A história do Direito é o meio pelo qual se lapidam e igualmente se refinam as instituições jurídicas, contribuindo também para o aperfeiçoamento do homem.

Não devemos ter como mera sistemática acadêmica a análise histórico-valorativa das evoluções que a cercam, o inadimplemento das obrigações e, em especial, as declarações de vontade.

Cícero, em sábias palavras, observou claramente a história como a verdadeira testemunha dos tempos, o esplendor da verdade, o alento da memória, a mestra da vida, o arauto da antiguidade: *historia vero testis temporum, lux veritatis, vita memoriae, magistra vitae, nuntia vetustatis*.[1]

Importante observar ainda que, não obstante as palavras supracitadas, o impulso histórico que as civilizações operam não caminha em sentido linear, ou seja, a história não caminha em linha reta, evoluindo, inexoravelmente, no sentido das tendências fundamentais da humanidade e de sua civilização, sem percalços, sem estagnações, sem retrocessos. Fatxores múltiplos determinam paradas no desenvolvimento das instituições, adoção de métodos e princípios já falidos numa primeira experiência, contramarchas de volta às origens, de modo que apenas numa visão macroscópica de seu curso é que se podem vislumbrar os rumos que marcam o progresso e compreender quais são essas tendências básicas.

Em se tratando, especificamente, da linha evolutiva que as formas de exigência do Estado – como detentor do monopólio jurisdicional – para o cumprimento das obrigações inadimplidas obtiveram, tal ciclo trafega sempre no liame entre a satisfação do direito do credor e a obrigação do devedor em adimplir o seu débito sem atingir o seu direito à liberdade.

É certo que a solução de controvérsias passou, ao longo do tempo, por certas características discrepantes, se comparada aos paradigmas dos sistemas atuais, mas, logicamente, tendo como fruto etapas bastante significativas tais como a sua estatização, sua patrimonialização e a devida humanização.

Para que tais etapas fossem vividas, obstáculos tiveram que ser enfrentados com delonga de tempo e enormes dificuldades, até que se pudesse vislumbrar a responsabilidade do devedor sem atingir a sua esfera pessoal.

1. *De oratore*. Havertown: Intl Pub Marketing, 2003, p.36.

Nos povos antigos, antecessores da civilização romana, mais precisamente na Babilônia, as leis de Hamurabi permitiam que o credor, que não tivesse o seu direito satisfeito usasse de constrangimento sobre a pessoa do devedor, bem como de sua mulher e filhos, havendo ainda a possibilidade de vendê-lo como também seus bens.

Dada a notícia acima, o processo evolutivo adiante foi lento e gradativo.

Posteriormente e já no Direito Romano – este, influenciado pelo Direito Grego – obedeceu a três fases distintas, com formas diversas em que o credor via seu direito satisfeito.

a) A do Período Primitivo, denominado de *Legis Actiones* e que vai da fundação de Roma (presumivelmente no ano de 754 a.C) até o ano de 149 a.C.

b) A do Período Formulário, até o terceiro século do Império (era cristã).

c) A da *Cognitio Extraordinaria* que vigorou entre os anos 200 e 565 de nossa era.

As duas primeiras fases recebiam a denominação de *ordo iudiciorum privatorum* e se caracterizavam por um procedimento duplo, com participação do Estado e de juízes privados. O último estágio *(cognitio extra ordinem)* compreendeu a publicização do processo com a abolição do *iudex* privado e a unificação do procedimento em torno apenas do magistrado.[2]

No Direito Romano primitivo não se confundiam os conceitos de obrigação e débito.

A *Obligatio* nascia em face de um contrato especial, o *Nexum*, que indicava o caráter de submissão da pessoa do devedor ao credor, na hipótese de não ser efetuado o pagamento na forma convencionada.

Nas convenções onde não se encontravam as características de contratos – como no caso dos pactos – e igualmente em certos contratos em que não ocorria o *Nexum*, criava-se um débito, sem que houvesse *Obligalio*, pois inexistia a ameaça de constrangimento pessoal do devedor.

O *Obligatus* era o indivíduo que, com a sua própria pessoa, garantia o pagamento da dívida, podendo tanto estar na pessoa do devedor como na do fiador.

Assim, a execução, no caso de inadimplemento, era de caráter pessoal, efetivando-se o *Manus Injectio*, dando direito ao credor de vender o devedor como escravo, ou utilizar diretamente a sua força de trabalho.

Foi o *Nexum*, como empréstimo e a fiança, na forma da *Sponsio*, assim nos informando Wald,[3] os primeiros casos de obrigação dentro do âmbito civil no Direito Romano.

---

2. CUENCA, Humberto. *Proceso Civil Romano*. Buenos Aires: Ediciones Juridicas Europa-America, 1957, p.11-12.

3. WALD, Arnoldo. *Obrigações e Contratos*. Vol. II. 12 ed. São Paulo:RT,1995, p. 25.

Com a *Lex Poetelia*, a execução começou a perder o seu caráter pessoal, substituindo-se a *Manus Injectio* pela *Pignoris Capio* e partindo então o aspecto executório para os bens do devedor e não mais para a sua pessoa.

Tal mudança deve-se acrescentar, foi gradativa, isto porque a responsabilidade pessoal estava bastante arraigada no cotidiano dos romanos e, durante algum tempo, continuou a ser ligada ao conceito de obrigação.

Somente no chamado Direito Justiniano – este correspondente ao último estágio – a execução não mais se fulcrou na rigidez agressora da pessoa humana e sim na satisfação do direito do credor com cumprimento do débito pelo devedor.

Com a queda do Império Romano, houve, além da dominação militar e política dos povos germânicos, a imposição de seus costumes e de seu direito.

Assim, muitas das conquistas do Direito Romano foram postas ao esquecimento, aterradas pelas instituições contempladas pelos bárbaros e que, sabidamente, eram mais atrasadas que as dos próprios romanos.

Os povos germânicos eram demasiadamente individualistas, não se sujeitando a um Estado forte quanto já o era o dos romanos, salientando Liebman que do individualismo dos bárbaros derivava ideia de que o inadimplemento de uma obrigação constituía ofensa à pessoa do credor a ser reparada.[4]

Uma outra informação nos traz Dinamarco,[5] no tocante à civilização germânica, quando afirma que estes traziam uma gama de instituições e de métodos que os romanos desconheciam e que depois haveriam de fundir-se com o seu direito, enriquecendo-o e possibilitando soluções úteis e de inegável alcance que puderam estar hoje nos países integrantes daquela que, com muito acerto, é chamada família romano-germânica do Direito.

A sistemática adotada pelo sistema germânico perdurou por vários séculos até a fase bem adiantada da Idade Média.

Paralelamente ao Direito Bárbaro, a Igreja Católica preservava as instituições do Direito Romano, adaptando-as ao Direito Canônico.

Assim, a partir da adaptação e fusão entre as normas e institutos dos direitos romano, germânico e canônico, surgiu o Direito Comum, também denominado Intermédio, passando este a atingir toda a Europa Continental, vigorando desde o século XI até o século XVI, encontrando-se vestígios seus até hoje nas legislações processuais do Ocidente.

Em 1667, surgiu o primeiro Código de Processo Civil Francês, tratando da "*Ordonnance*", do Rei Luís XIV, sobre a justiça civil.

É a publicação, em 1807, do "*Code de Procédure Civile*" francês que marca o início da fase propriamente dita "procedimentalista" do processo civil. Se-

4. LIEBMAN, Enrico Tullio. *Embargos do Executado*. São Paulo: Saraiva, 1952, p.15-16.
5. DINAMARCO, Cândido Rangel. *Execução Civil*. 4 ed. São Paulo: Malheiros Editores, 1994, p.52.

gundo ressalta René Morel,[6] tal publicação não é mais do que uma edição um pouco melhorada da grande ordenança processual de Luís XIV.

O "*Code de Procédure Civile*" inaugurou os princípios da oralidade, da publicidade e do dispositivo, com atuação mais acentuada do juiz no processo, reduzindo, assim, o formalismo e a morosidade do processo comum.

Apesar de a escola procedimentalista ter promovido uma importantíssima renovação no processo civil, na realidade ela limitou sua elaboração doutrinária ao procedimento, à competência e à organização judiciária. O Direito Processual Civil, somente na fase seguinte é que ascende à categoria de ciência autônoma, repudiando o epíteto de "adjetivo" que acentuava sua posição de mero complemento do Direito Civil, dito "substantivo".

2. O DIREITO PROCESSUAL CIENTÍFICO

Da publicação da "Teoria das Exceções e dos Pressupostos Processuais", do alemão Oscar Von Bülow, em 1868, delimita-se o início da fase científica contemporânea do processo civil. Nela consta a teoria da relação processual triangular que se estabelece entre o juiz e as partes, considerada a base da sistematização do Direito Processual Civil como ciência.

A partir daí, seguiu-se uma intensa elaboração doutrinária, resultando na conceituação da ação como direito abstrato de agir que, hoje, é aceita pela maioria dos processualistas.

Assim, logo apareceram os frutos dessa renovação científica. Em 1877, o Código de Processo Civil alemão é promulgado, estando ainda em vigor, com algumas modificações.

Em 1895, o Código de Processo Civil, de Franz Klein, é publicado na Áustria, aprimorando os princípios científicos já adotados pelo código alemão.

Em seguida, vários códigos surgem, inspirados no Código Austríaco e na doutrina da época: o húngaro (1911), o norueguês (1915), o búlgaro (1922), o português (1939), o brasileiro (1939), o italiano (1940) e o sueco (1942).

Na elaboração doutrinária do Direito Processual Civil científico, alguns nomes se destacam no período científico.

Na Itália: Chiovenda, Carnelutti, Calamandrei, Redenti e Alfredo Rocco; em Portugal: José Alberto dos Reis; na Espanha: Prieto Castro e Jaime Guasp; na Alemanha: Köhler, Wach, Bülow, Degenkolb, Stein e Hellwig; na Hungria: Plósz; na Áustria: Franz Klein e Wolf; na Argentina: Hugo Alsina e Davi Lascano; no Uruguai: Eduardo Couture; na França: René Morel, Henri Solus e Roger Perrot; na Venezuela: Luiz Loreto; na Colômbia: Hernando Devis Echandia e os europeus exilados em terras americanas: Liebman, Alcalá-Zamora, Rafael de Pina e Sentis Melendo.

---

6. MOREL, René. *Traité élémentaire de procédure civile : organisation judiciaire, compétence, procédure*. Paris : Sirey, 1932, p.14.

3. DIREITO PROCESSUAL. PROCESSO. INSTRUMENTALIDADE

A partir do esgotamento quanto ao caráter científico exacerbado, mas necessário para fins de superação em reiterados entendimentos do processo como um fim em si mesmo, dado o grau de conquista da ciência processual representada pela autonomia do direito processual em relação ao direito material, tivemos a edificação de uma importante fase e que hoje se segue, denominada de "instrumentalista" ou da "Instrumentalidade do Processo."[7]

Trata-se de fase corresponde a ideia de como o processo deveria trilhar, notadamente não como fim em si mesmo, mas como meio a atingir a realização do direito material ora violentado, propiciando também maior utilidade aos provimentos jurisdicionais.

Em verdade, instrumentalidade se coloca sob duplo sentido, um negativo e um positivo.[8]

Com relação ao primeiro, corresponde à negação do processo como valor em si mesmo e repúdio aos exageros processualísticos a que o aprimoramento da técnica pode insensivelmente conduzir.

Ainda o aspecto negativo guarda alguma semelhança com a ideia da instrumentalidade das formas.

Já, quanto ao sentido positivo, este é caracterizado pela preocupação em extrair do processo, como instrumento, o máximo de proveito quanto à obtenção dos resultados propostos (os escopos do sistema), unindo-se com a problemática da 'efetividade do processo' e por isso, conduzindo-se à assertiva de que o processo deve ser apto a cumprir integralmente toda a sua função sociopolítico-jurídica, atingindo em toda a plenitude os seus escopos institucionais, quer sociais, políticos, jurídicos e econômicos.[9]

Watanabe, nestes termos, bem observa que:

> Do conceptualismo e das abstrações dogmáticas que caracterizam a ciência processual e que lhe deram foros de ciência autônoma, partem hoje os processualistas para a busca de um instrumentalismo mais efetivo do processo, dentro de uma ótica mais abrangente e mais penetrante de toda a problemática sócio-jurídica. Não se trata

---

7. Dentre muitos, Cândido Rangel Dinamarco representa importante pensador no Brasil desta fase evolutiva do Processo, a partir de sua notável obra "A Instrumentalidade do Processo". Não obstante, como bem observa BEDAQUE, já na década de 70 do século passado, Emílio Gómez Orbaneja, em conferência realizada na universidade de Zaragoza, já se manifestava acerca do presente momento metodológico da instrumentalidade vivido pelo processo (BEDAQUE, José Roberto dos Santos. Instrumentalismo e garantismo: visões opostas do fenômeno processual. *In*: *Garantismo Processual: garantias constitucionais aplicadas ao Processo*. Brasília: Gazeta Jurídica, 2016, p.4).

8. DINAMARCO, Cândido Rangel. *A Instrumentalidade do Processo*. 4 ed. São Paulo: Malheiros Editores, 1994, p.319.

9. Cf. GAIO JÚNIOR, Antônio Pereira (Coord.). *Direito e Desenvolvimento II. Obstáculos e Perspectivas ao Acesso à Justiça*. Curitiba: CRV, 2017.

> de negar os resultados alcançados ciência processual até esta data. O que se pretende é fazer dessas conquistas doutrinárias e de seus melhores resultados um sólido patamar para, com uma visão crítica e mais ampla da utilidade do processo, proceder ao melhor estudo dos institutos processuais – prestigiando ou adaptando ou reformulando os institutos tradicionais, ou concebendo institutos novos –, sempre com a preocupação de fazer com que o processo tenha plena e total aderência à realidade sócio-jurídica a que se destina, cumprindo sua primordial vocação que é servir de instrumento à efetiva realização dos direitos. É a tendência ao instrumentalismo que se denominaria substancial em contraposição ao instrumentalismo meramente nominal ou formal.[10]

É importante que se diga que o processo, em seu caráter finalístico, i.e., como instrumento bem como garantia do cidadão frente à lesão ou ameaça de lesão ao seu direito, possui compromissos com os seus próprios resultados, pois que se potencializa como realizador do que se espera do Serviço Público da Justiça, sendo de fato, instrumento voltado à melhoria da qualidade de vida, já que se busca no mesmo tornar-se mais feliz ou menos infeliz quando dele se necessita, isso em uma visão microscópica e individualista e, numa ótica macroscópica, a idealização coletiva de direito ao desenvolvimento.[11/12]

---

10. WATANABE, Kazuo. *Da Cognição no Processo Civil.* 3 ed. São Paulo: Perfil, 2005, p.22-213.
11. Sobre um maior aprofundamento no assunto, confira o "Introito" da presente obra.
12. Há de se referir aqui créditos a algumas doutrinas que identificam estarmos diante de uma etapa pós instrumental. Nisso, acende-se o denominado formalismo-valorativo ou o neoprocessualismo. Quanto ao formalismo-valorativo, teve no pensamento de Carlos Alberto Álvaro de Oliveira sua importante essência.
Já na 1ª edição de sua obra *Do formalismo no processo civil*. São Paulo: Saraiva, 1997, p. 219, consignava a evidente contradição entre o caráter individualista e liberal do Código de Processo Civil de 1973 com as linhas mestras do sistema constitucional brasileiro, demonstrando o andamento das dissonâncias entre ambos.
Nestes termos, sustenta ainda o supracitado autor que:
"Muito mais consentâneo ao nosso ambiente cultural revela-se colocar o processo no centro da teoria do processo. Valoriza-se aí, em maior escala, o papel de todos que nele tomam parte, o modelo cooperativo de processo civil e o valor participação inerente à nossa democracia constitucional (...). Tudo conflui, pois, à compreensão do processo a partir de uma nova fase metodológica – o formalismo-valorativo. Além de equacionar de maneira adequada as relações entre direito e processo, entre processo e Constituição e colocar o processo no centro da teoria do processo, o formalismo-valorativo mostra que o formalismo do processo é formado a partir de valores – justiça, igualdade, participação, efetividade, segurança -, base axiológica a partir da qual ressaem princípios, regras e postulados para a sua elaboração dogmática, organização, interpretação e aplicação.". E mais adiante, frisa que "o processo é visto para além da técnica, como fenômeno cultural, produto do homem e não da natureza. Nele os valores constitucionais, principalmente o da efetividade e o da segurança, dão lugar a direitos fundamentais, com características de normas principais. A técnica passa a segundo plano, consistindo em mero meio de atingir o valor. O fim último do processo não é mais apenas a realização do direito material, mas a concretização da justiça material, segundo as peculiaridades do caso. A lógica é argumentativa, problemática, da racionalidade prática. O juiz, mais do que ativo, deve ser cooperativo, como exigido por um modelo de democracia participativa e a nova lógica que informa a discussão judicial, ideias essas

4. DIREITO PROCESSUAL CIVIL NO BRASIL

4.1 ORDENAÇÕES DO REINO

O Direito Processual Civil brasileiro teve longo período da sua história dominada pelas Ordenações Filipinas, também chamadas de "Ordenações do Reino" – desde sua entrada em vigor, em 1595, por Alvará de D. Felipe I de Portugal (D. Felipe II da Espanha) até cerca de 1850. O praxismo, isto é, a preocupação com a prática forense vigorou amplamente durante este período.

As ordenações do Reino eram constituídas por cinco livros, dos quais o terceiro era dedicado ao processo civil, tendo como fontes as mesmas que as do processo comum que dominava o resto da Europa: os Direitos Romano, Canônico, Bárbaro juntamente com normas costumeiras próprias do país. Tinha também os mesmos defeitos do processo comum: morosidade devida ao

---

inseridas em um novo conceito, o de cidadania processual." (*Do Formalismo no processo civil*. 4 ed. São Paulo: Saraiva, 2010, p.15).

Com relação ao Neoconstitucionalismo, trata-se basicamente do pensamento desenvolvido a partir de uma leitura e aplicação dos institutos processuais à luz do texto constitucional. (cf. CAMBI, Eduardo. *Neoconstitucionalismo e neoprocessualismo.: direitos fundamentais, políticas públicas e protagonismo judiciário*. 2 ed. São Paulo: RT, 2011).

Aliás, entende Fredie Didier (Teoria do processo e teoria do direito. *In*: TELLINI, Denise Estrella, JOBIM, Geraldo Cordeiro; JOBIM, Marco Félix. *Tempestividade e efetividade processual: novos rumos do processo civil brasileiro*. Caxias do Sul: Plenum, 2010, p.199) que as fases do neoconstitucionalismo e do formalismo-valorativo possuem mesma identidade.

Para Bruno Garcia Redondo (*Adequação do Procedimento pelo Juiz*. Salvador: Jus Podivm, 2017, p.44), tais fases processuais possuem diferenças sutis, mas que, marcadamente, colocam ênfase maior nos seguintes aspectos:

"(i) atualização da toeira das fontes (força normativa dos princípios, o papel dos precedentes e a expansão das cláusulas gerais); (ii) revisão das categorias processuais; (iii) aplicação direta e imediata dos direitos fundamentais à relação processual; (iv) ampliação da jurisdição constitucional; (v) reforço dos aspectos éticos do processo, com ênfase, principalmente, na importância dos princípios da boa-fé processual, da cooperação, da moralidade e da proteção da confiança legítima; e (vi) exigência de efetividade da tutela jurisdicional, cujo alcance requer uma maior eficiência da prestação jurisdicional, através, entre outros mecanismos, do estabelecimento de um procedimento adequado (adaptação/flexibilização pela lei, pelo juiz e pelas partes).

Marco Félix Jobim (*Cultura, Escolas e Fases Metodológicas do Processo*. 4 ed. Porto Alegre: Livraria do Advogado, 2018, p.155-160), compreende que formalismo valorativo e neoprocessualismo não figurariam como fases sinonímias, pois que "a fase do formalismo valorativo claramente elenca dois paradigmas de interpretação que deverão balizar o processo civil brasileiro, quais sejam: (i) o da efetividade e (ii) da segurança jurídica. Salvo melhor juízo, a faz neoprocessualista não elenca princípios que darão releitura aos demais, sendo todos iguais na busca de um processo efetivo."

Sobre ambas as fases metodológicas, sincera e firmemente acreditarmos que tratar-se-ão de desdobramentos à própria concepção da instrumentalidade, onde os valores a que esta vetoriza bem como o modo de ser do Processo, não se sucumbe frente a possibilidade de sua racionalidade, sobretudo para fins teológicos e axiológicos ao qual se objetiva entender o Processo enquanto instrumento democrático, de liberdade, político e ideológico, o que necessita, inegavelmente, de interpretação séria e comprometida à luz da Carta Constitucional.

Aliás, sobre a importância dos estudos acerca da dimensão constitucional do processo à luz da instrumentalidade, cf. WATANABE, Kazuo. Ob. cit., p.28-31.

excessivo formalismo e ao sistema escrito, complexidade que se originava da falta de fundamentos científicos a propiciar multiplicidade de interpretações entre os juristas.

O procedimento já mostrava as mesmas fases do Código de 1939: a fase postulatória durante a qual eram oferecidos o libelo, a contrariedade, a réplica e a tréplica; a fase instrutória (ou probatória); a decisória e a executória.

Tal como acontece atualmente, havia, outrossim, um procedimento sumário e procedimentos especiais.

4.2 REGULAMENTO 737 E CONSOLIDAÇÃO DE RIBAS

Inicialmente, a Independência não trouxe quase nenhuma alteração à nossa legislação processual, permanecendo em vigor todas as leis portuguesas que não ofendessem a soberania do Brasil e o regime.

A regulamentação do processo das causas comerciais foi a primeira manifestação significativa de autonomia legislativa no campo do Processo Civil Brasileiro e se deu com a publicação do Regulamento 737, em 1850, no mesmo ano da promulgação do Código Comercial.

Em um único diploma legal, em 1871, foram consolidadas as leis processuais civis vigentes que constavam, basicamente, das Ordenações do Reino e de leis complementares. O citado trabalho foi elaborado pelo Conselheiro Ribas e aprovado por resolução imperial com o título de "Consolidação das Leis de Processo Civil".

Com a proclamação da República, o Decreto 763, de 1890, estabeleceu que o Regulamento 737 passaria a reger também o processo das causas cíveis, entretanto ficaram excluídos da aplicação do Regulamento 737 os processos especiais, tais como: as ações de execução e hipotecárias, as ações possessórias, as ações fiscais, as ações de despejo de casas, as ações de honorários de médicos e farmacêuticos, as ações de reforma de autos etc. Além destes, ficaram excluídos também os procedimentos de jurisdição graciosa (voluntária), como a nomeação e remoção de tutores, a arrecadação e administração de heranças jacentes dentre outros.

Assim, após 1890, o processo das causas cíveis e comerciais passou a ser disciplinado pelo Regulamento 737, com exceção dos processos especiais e de jurisdição graciosa que permaneceram sendo regidos pela Consolidação de Ribas, vale ressaltar pelas Ordenações do Reino. Deve-se salientar a adoção, com a Constituição de 1891, do controle pelos órgãos jurisdicionais da constitucionalidade das leis como importante inovação dessa época.

4.2.1 Importância do Regulamento 737

Direta ou indiretamente, nosso Processo Civil foi regido pelo Regulamento 737 até a promulgação do CPC de 1939, juntamente com as Ordenações do Reino. Tal regulamento foi elogiado por muitos, criticado por outros, todos com boas razões.

Embora a Constituição de 1891 tenha outorgado aos estados a prerrogativa de legislar sobre processo e organização judiciária, vários deles fizeram valer-se do Regulamento 737 e das Ordenações, sendo uma das exceções a Bahia que, com o seu Código (cujo projeto se deve a Espínola), já denotava um espírito científico e renovador, inclusive, adotando a teoria unitária do processo, ao unificar o processo civil e o penal.[13]

O regulamento citado e as Ordenações estabeleceram entre nós as bases de práxis, usos e estilos de foro bem como um pensamento processual, responsáveis pela tradição e pelas tendências específicas do nosso direito processual na sua evolução científica e modernização.

---

13. "Os códigos de processo estaduais foram aparecendo a partir de 1915, quando se promulgou o Código de Processo da Bahia, seguindo-se-lhe o de Minas Gerais, em 1916. São Paulo foi um dos últimos Estados a apresentar código próprio, posto em vigor pela Lei estadual n. 2.421, de 14 de janeiro de 1930. Calcavam-se os códigos estaduais no direito tradicional, tomando por modelo o Regulamento 737, de 1850, mais as linhas mestras do direito filipino, ambos de substância romano-canônica." SANTOS. *Primeiras Linhas de Direito Processual Civil*, v. 1, 16. ed., p. 53.

Cabe aqui ressaltar que, com advento da Revolução de 1930, veio o propósito de uma revisão geral das leis do país, para a qual foi nomeada uma grande comissão, sendo que a décima segunda subcomissão, tendo como membros Cunha Lobo, Filadelfo Azevedo e Antonio Pereira Braga, foi a encarregada da elaboração do projeto de Código de Processo para o Distrito Federal e para a União, tendo tal subcomissão os trabalhos bem adiantados quando da instalação da Assembleia Constituinte de 1934, esta que iria elaborar uma nova Constituição para a República.

Na verdade, com a devida vênia, pois que em Curso não se dá para estendermos em tais complexidades, os códigos estaduais, acreditamos, têm, num país de dimensões continentais e diversidades culturais, portanto, de práticas sociais díspares, sua razão de ser. Não foi sob pretexto eminentemente técnico ou mesmo científico a sua total extinção, sabemos disso. Aliás, muito mais por contaminações políticas e supostas declarações de "quebra de pacto federativo" levaram a cabo o seu esvaziamento. A pretexto da importância de adequar as normas, mesmo que de direito objetivo ao tecido social por ela absorvido, é que a própria Constituição Federal, em seu art. 24, delegou competência à União, aos Estados e ao Distrito Federal para legislar concorrentemente sobre várias matérias, dentre elas destacando-se duas:

"Art. 24. Compete à União, aos Estados e ao Distrito Federal legislar concorrentemente sobre:

(...)

X – criação, funcionamento e processo do juizado de pequenas causas;

XI – procedimentos em matéria processual;

(...)

§ 1º No âmbito da legislação concorrente, a competência da União limitar-se-á a estabelecer normas gerais.

§ 2º A competência da União para legislar sobre normas gerais não exclui a competência suplementar dos Estados.

§ 3º Inexistindo lei federal sobre normas gerais, os Estados exercerão a competência legislativa plena, para atender a suas peculiaridades.

§ 4º A superveniência de lei federal sobre normas gerais suspende a eficácia da lei estadual, no que lhe for contrário."

As grandes linhas do procedimento do Código de 1939 já podiam ser identificadas no Regulamento 737, como pode ser observado na leitura da apresentação da matéria do título II do Regulamento:

TÍTULO II – DA ORDEM DO JUÍZO

CAP. I – Da Conciliação

CAP. II – Da Citação

CAP. III – Do Foro Competente

CAP. IV – Da Acção Ordinária e sua Proposição

CAP. V – Das Excepções

CAP. VI – Da Contestação

CAP. VII – Da Reconvenção

CAP. VIII – Da Autoria

CAP. IX – Da Opposição

CAP. X – Do Assistente

CAP. XI – Da Dilação das Provas

CAP. XII – Das Provas

Secção I – Dos Instrumentos

Secção II – Da Confissão

Secção III – Do Juramento Suppietorio

Secção IV – Do Juramento

Secção V – Das Testemunhas

Secção VI – Das Presumpções

Secção VII – Do Arbitramento

Secção VIII – Do Depoimento da Parte

Secção IX – Da Vistoria

Secção X – Da Prova dos Usos Comerciais e dos Costumes em Geral

Secção XI – Das Allegações Finaes

Secção XII – Da Sentença Definitiva

Os doutrinadores elogiaram o regulamento 737 devido à clareza e precisão de sua linguagem e à simplificação do procedimento filipino.

4.2.2 Os Códigos Estaduais

A Constituição de 1891 outorgou aos estados a prerrogativa de legislar sobre processo e organização judiciária.

Assim, os códigos de processo estaduais foram aparecendo a partir de 1915, quando se promulgou o Código de Processo da Bahia, seguindo-se-lhe o de Minas Gerais, em 1916.[14]

São Paulo foi um dos últimos Estados a apresentar código próprio, posto em vigor pela Lei estadual n. 2.421, de 14 de janeiro de 1930.

Calcavam-se os códigos estaduais no direito tradicional, tomando por modelo o Regulamento 737, de 1850, mais as linhas mestras do direito filipino, ambos de substância romano-canônica.[15]

Cabe aqui ressaltar que, com advento da Revolução de 1930, veio o propósito de uma revisão geral das leis do país, para a qual foi nomeada uma grande comissão, sendo que a décima segunda subcomissão, tendo como membros Cunha Lobo, Filadelfo Azevedo e Antonio Pereira Braga, foi a encarregada da elaboração do projeto de Código de Processo para o Distrito Federal e para a União, tendo tal subcomissão os trabalhos bem adiantados quando da instalação da Assembleia Constituinte de 1934, esta que iria elaborar uma nova Constituição para a República.

Na verdade, com a devida vênia e em síntese apertada, os códigos estaduais, acreditamos, têm, num país de dimensões continentais e diversidades culturais, portanto, de práticas sociais díspares, sua razão de ser.[16] Não foi sob pretexto eminentemente técnico ou mesmo científico a sua total extinção, sabemos disso. Aliás, muito mais por contaminações políticas e supostas declarações de "quebra de pacto federativo" levaram a cabo o seu esvaziamento. A pretexto da importância de adequar as normas, mesmo que de direito objetivo ao tecido social por ela absorvido, é que a própria Constituição Federal, em seu art. 24, delegou competência à União, aos Estados e ao Distrito Federal para legislar concorrentemente sobre várias matérias, dentre elas destacando-se duas:

> *Art. 24. Compete à União, aos Estados e ao Distrito Federal legislar concorrentemente sobre:*
>
> *(...)*
>
> *X – criação, funcionamento e processo do juizado de pequenas causas;*
>
> *XI – procedimentos em matéria processual;*
>
> *(...)*
>
> *§ 1º No âmbito da legislação concorrente, a competência da União limitar-se-á a estabelecer normas gerais.*

---

14. Especificamente sobre o Código de Processo Civil Mineiro, ver GAIO JÚNIOR, Antônio Pereira. *Código de Processo Civil do Estado de Minas Gerais*. Texto legal e breves apontamentos históricos. Belo Horizonte: Del Rey, 2017.

15. SANTOS. *Primeiras Linhas de Direito Processual Civil*. v. 1, 16. ed., São Paulo: Saraiva, p. 53.

16. Mais profundamente sobre o assunto, ver GAIO JÚNIOR, Antônio Pereira. *O Processo nos Juizados Especiais Cíveis, Federais e da Fazenda Pública*. 3 ed. Belo Horizonte: Del Rey, 2019.

§ 2º A competência da União para legislar sobre normas gerais não exclui a competência suplementar dos Estados.

§ 3º Inexistindo lei federal sobre normas gerais, os Estados exercerão a competência legislativa plena, para atender a suas peculiaridades.

§ 4º A superveniência de lei federal sobre normas gerais suspende a eficácia da lei estadual, no que lhe for contrário.

4.3 CÓDIGO DE PROCESSO CIVIL DE 1939

A Constituição de 1934 determinou que seria competência privativa da União legislar sobre matéria processual, unificando, assim, o Processo Civil. Os códigos estaduais, porém, permaneceram em vigor enquanto a União não promulgava a nova lei processual. A citada carta estabelecia ainda, que seria competência dos estados legislarem sobre divisão e organização judiciárias, mantendo a dualidade de órgãos federais e estaduais na justiça ordinária.

Em 1937, devido ao golpe de Estado, foi outorgada a Constituição de 1937 que eliminou a Justiça Federal, permanecendo, todavia, inalterado o privilégio da União de legislar sobre processo.

Uma comissão formada pelos Desembargadores Edgard Costa e Goulart de Oliveira, e pelos juristas Álvaro Mendes Pimentel, Pedro Batista Martins e Múcio Cotinentino foi encarregada, pelo Ministro Francisco Campos, em atenção aos preceitos da Carta de 1937, que manteve a unidade do Direito Processual, de elaborar o projeto do Código de Processo Civil; entretanto entre essa comissão houve um desentendimento, resultando num trabalho em separado de Pedro Batista Martins o qual foi adotado como projeto oficial publicado em fevereiro de 1939.

O Ministro Francisco Campos avaliou as críticas e sugestões que o projeto do Código de Processo Civil recebeu, juntamente com o próprio autor, Pedro Batista Martins, tendo como colaborador Guilherme Estellita. Tal projeto foi aprovado pelo Decreto-lei n. 2.608, de 18.09.1939, para entrar em vigor em 01.01.1940, data prorrogada para 01.03.1939 (Decreto-lei n. 1.965, de 16.03.1940).

4.3.1 Modificações trazidas pelo CPC de 1939

Em virtude de ser constituído, anteriormente, por uma coleção de práxis, fórmulas e máximas, cheias de minúcias rituais e técnicas, o processo acabava se tornando uma arma nas mãos de litigantes de má-fé, pois permitia que situações ilegítimas fossem proteladas, não sendo possível alcançar seu objetivo que deveria ser a entrega da prestação jurisdicional por meio da aplicação da lei. Dessa forma, a concepção "dualística" do processo imperava como se fosse um instrumento de luta entre particulares.

O Código de 1939 acabou por renovar os próprios fundamentos teleológicos do processo.

Passou o juiz a, verdadeiramente, dar direção ao processo, deixando de estar apenas limitado a zelar pela observância das regras formais por parte dos litigantes.

Com o objetivo de aumentar a celeridade do processo, o legislador limitou os recursos cabíveis de despachos interlocutórios a casos expressamente previstos em lei, todavia, na prática, essa iniciativa não produziu os efeitos esperados uma vez que as partes passaram a substituir os recursos suprimidos pela correição e pelo mandado de segurança.

Quanto às nulidades, o Código de 1939 admitiu o princípio da instrumentalidade dos atos processuais de acordo com o qual se deve observar a finalidade do ato e não o seu aspecto puramente formal. O Código só acolheu as nulidades quando fosse impossível resolvê-las ou repetir o ato, removendo, dessa maneira, as causas de surpresas e insídias do processo comum.

4.3.2 PRINCÍPIO DA ORALIDADE NO CPC DE 1939

Segundo ressalta José Frederico Marques,[17] oralidade, na sua acepção comum, significa o predomínio da palavra oral sobre a escrita, mas, no processo de 1939 bem como no vigente, há clara predominância dos atos escritos.

O juiz, no processo comum, só tomava conhecimento da prova testemunhal ou pericial por meio do escrito a que fora reduzido. Assim, sabia da prova mediante transcrição de impressões alheias. No procedimento, a introdução da oralidade requereu, como consequência, a adoção dos princípios da concentração, da imediação (ou imediatidade) e da identidade física do juiz, princípios estes que constituem o sistema da oralidade.

A concentração necessita da reunião dos atos da fase instrutória numa só audiência ou mesmo em poucas audiências e a curtos intervalos, com a finalidade de que a lembrança das provas orais e dos debates permaneça na memória do juiz até a sentença.

A imediação constitui-se no contato do juiz com os sujeitos do processo no exercício da expressão oral.

Para que ocorra a conservação, até a sentença, dessas impressões pessoais observadas pelo magistrado, é indispensável a identidade física do juiz no seu contato direto com as partes e os auxiliares do juízo, enquanto durar a parte oral do processo.

Daí, a adoção da oralidade no processo foi consequência da estrutura que se adotou devido à possibilidade de aplicação dos princípios do sistema oral – concentração, imediação (ou imediatidade) e identidade física do juiz – e não resultado da predominância da palavra oral sobre a escrita.

---

17. *Instituições de Direito Processual Civil*. Vol. II. 4 ed. Rio de Janeiro: Forense, 1971, p.108-109.

5. CÓDIGO DE PROCESSO CIVIL DE 1973. ALTERAÇÕES SUBSEQUENTES. TUTELA COLETIVA. JUIZADOS ESPECIAIS

No intervalo entre os códigos de 1939 e 1973, a jurisprudência em matéria processual foi solidificada em muitas questões.

O Ato Institucional n. 2 restabeleceu a Justiça Federal.

Mesmo com as fundamentais inovações técnicas e doutrinárias trazidas pelo CPC, de 1939, o processo civil continuava muito lento. Tal ineficiência da justiça era atribuída às imperfeições da legislação codificada. As varas e tribunais estavam cheios em demasia de processos e o Poder Judiciário envolto em tal demanda.

Na realidade, a principal responsável pela eternização dos feitos era e continua sendo, a infraestrutura administrativa da Justiça. Os cartórios e as secretarias das varas permanecem desconhecendo as modernas técnicas de administração, não havendo, inclusive, verbas para a contratação de pessoal, aquisição de equipamentos, aumento do número de varas. E isso independe da lei processual. De qualquer forma, mostravam-se graves defeitos no CPC, tais como o excesso de recursos e das possibilidades de se recorrer bem como elevado número de procedimentos especiais e, principalmente, a inexistência de sistematização expositiva e a imprecisão da linguagem.

Em 11.01.1973, a Lei n. 5.869 promulgou o CPC/1973, entrando este em vigor em 01.01.1974, tendo como autor do anteprojeto Alfredo Buzaid então Ministro da Justiça.

O aludido Código de Processo Civil brasileiro continha 1.220 artigos distribuídos em 5 livros:

Livro I – Do Processo de Conhecimento

Livro II – Do Processo de Execução

Livro III – Do Processo Cautelar

Livro IV – Dos Procedimentos Especiais

Livro V – Disposições Finais e Transitórias

Notadamente, sabemos que qualquer diploma legal deve ser contemporâneo de seu tempo e, por isso, sofre reformas em seu corpo normativo, com o intuito de se adaptar aos contextos legal e social. Com o CPC de 1973 não foi diferente, vindo ele a sofrer sua primeira alteração pela Lei n. 5.925, de 01.01.1973, antes mesmo de entrar em vigor, alcançando inúmeros de seus dispositivos.

Realmente, a Lei n. 5.925/73 não representou, como poderia parecer, uma reforma processual, senão uma "correção", nem sempre para melhor, de muitos de seus dispositivos, a fim de harmonizá-los entre si, visto parecer necessário ao legislador. A partir de então, pequenas alterações ocorreram num ou noutro ponto, entretanto devemos destacar que, realmente, reformas de maior vulto, objetivando inclusive, enfrentar pontos de estrangulamento processual para alçar satisfação jurisdicional mais presta, veio com a constituição de uma Comissão de Reforma do Código de Processo Civil coordenada pelo então Ministro do STJ, Sálvio de Figueiredo Teixeira.

Tal Comissão, optando pela sugestão de miniprojetos, tinha também o propósito de, desta forma, possibilitar rápida tramitação no Congresso Nacional.

Assim, a partir das proposições feitas, foram promulgadas a Lei n. 8.950, de 13.12.1994 (relacionada a Recurso); Lei n. 8.951, de 13.12.1994, (relativa às Ações de Consignação e pagamento e usucapião); Lei n. 8.952, de 13.12.1994, (relacionada ao Processo de Conhecimento e Processo Cautelar); Lei n. 8.953, de 13.12.1994, (relativa ao Processo de Execução); Lei n. 9.079, de 14.07.1995, (relacionada à Ação Monitória); Lei n. 9.139, de 30.11.1995, (relativa ao Recurso de Agravo); Lei n. 9.245, (relacionada ao Procedimento Sumaríssimo); Lei n. 9.668, de 23.11.1998, (alterando os arts. 17 e 18 do CPC); Lei n. 9.756, de 17.12.1998, (relativa aos Recursos no âmbito dos Tribunais); Lei n. 10.352, de 26.12.2001 (sobre Recursos); Lei n. 10.358, de 27.12.2001, (relativa aos Processos de Conhecimento e de Execução); Lei n. 10.444, de 07.05.2002, (relacionada aos Processos de Conhecimento e Execução).

Posteriormente, tivemos promulgada a Lei n. 11.188/05, transformando o Agravo de Instrumento em Agravo Retido onde, pelo texto legal, os agravos só seriam julgados no momento da apelação, salvo em casos de possível lesão irreparável; a Lei n. 11.232/05 onde se possibilitou a união dos Processos de Conhecimento e Execução em vários feitos, a fim de otimizar e prestigiar o cumprimento da sentença em nome da efetividade da prestação jurisdicional; a Lei n. 11.276/05, esta relativa à criação da Súmula Impeditiva de Recursos, determinando que o juiz de primeira instância não aceitasse recurso contra sentença que estivesse em conformidade com matéria sumulada pelo Supremo Tribunal Federal ou pelo Superior Tribunal de Justiça; a Lei n. 11.277/05, estabelecendo que, em casos de ações de matéria igual sob a responsabilidade de um mesmo juiz, e desde que ele tivesse decisão formada de improcedência em relação à causa, a ação poderia ser extinta sem a necessidade de oitiva das partes, sendo a medida válida apenas para situações em que a matéria for unicamente de direito, ou seja, em que não houvesse questão de fato em discussão; a Lei n. 11.280/06, determinando esta que o juiz que pedisse vista do processo teria de trazê-lo de volta para julgamento da turma em, no máximo, dez dias. Pelo texto, caso o processo não fosse devolvido, nem fosse solicitada a prorrogação do prazo pelo juiz, o Presidente da Turma ou Câmara de Julgamento deveria requisitar a ação e reabrir o julgamento, automaticamente, na sessão seguinte.

Esta última lei também permitiu ao juiz decretar a prescrição do direito em discussão no processo. Assim, as ações já prescritas que continuassem tramitando até que uma das partes apontasse a prescrição, a partir de então, poderiam ser finalizadas pelo próprio juiz.

A norma previa ainda que a ação rescisória não impediria o cumprimento da sentença contra a qual foi ajuizada a ação.

A Lei n. 11.280/06 foi a quinta do pacote de reforma infraconstitucional do Poder Judiciário sancionada pelo governo. Ainda tivemos, dentre outras, a entrada em vigor das Leis n. 11.382/06 (Processo de Execução), 11.417/06 (Regulamentação do Enunciado de Súmula Vinculante pelo STF); 11.418/06 (Regulamentação da Repercussão Geral); 11.419/06 (Processo Eletrônico), 11.441/07 (Realização de Inventário, Partilha, Separação Consensual e Divórcio Consensual por Via Administrativa), 11.672/08 (Julgamento de Recursos Repetitivos no âmbito do STJ). A reforma pôde prever a alteração da legislação processual civil, penal e trabalhista, sendo comandada pela Secretaria de reforma do Judiciário do Ministério da Justiça.

É ainda pertinente destacar neste tópico, já que estamos relatando reformas, a insipiência de nosso diploma processual civil no que se refere à jurisdição civil coletiva, ou seja, à concessão de instrumentos hábeis ao enfrentamento de matérias que tocam a uma massificação social e urgente. Notadamente, com a crescente complexidade econômica e social, fomentada, sobretudo, pelos efeitos do fenômeno da globalização,[18] constata-se o alargamento do comércio interno e internacional motivado pelas empresas transnacionais, causando reflexos em várias áreas, no que bem Bobbio denomina de mundialização e multiplicação de direitos.[19]

Nesses contextos, direitos como os relativos ao consumidor - principalmente os difusos e coletivos e mesmo aqueles individuais homogêneos - ao meio ambiente, à ordem econômica, criança e adolescente etc., isto é, não necessariamente individuais, mas, sobretudo, de índole social e coletiva alargadas, não estariam inclusos no feixe que o sistema do CPC, de forma tradicional, fora edificado sob a égide de conflitos interpessoais, visando à solução de lides individuais.

Por tudo isso, nosso sistema legislativo, por meio de leis extravagantes ao diploma processual civil, vem editando um conjunto de normas, destacando-se pela relevante conotação e importância temporal às Leis n. 7.347/85 (Lei de Ação Civil Pública), responsável pela tutela processual dos direitos difusos e coletivos) e n. 8.078/90 (Código de Defesa do Consumidor), formando-se, pois, uma verdadeira jurisdição coletiva ou mesmo um sistema processual coletivo, destinando-se à aplicação, de forma especial, regras processuais que

18. "A globalização é estimulada por ações de atores econômicos, tais como empresas, bancos, pessoas, que 'facilitados por tipos diferentes de infraestrutura física (como transporte ou os sistemas bancários), normativa (como regras do comércio) e simbólica (a exemplo do inglês como língua franca) - (...) criam as precondições para formas regularizadas e, relativamente, duradouras de interligação global'". GAIO JÚNIOR, Antônio Pereira. *O Consumidor e sua proteção na União Europeia e Mercosul. Pesquisa conjuntural como contribuição à Política Desenvolvimentista de Proteção Consumerista nos Blocos.* Lisboa: Juruá Editorial, 2014, p.27, p. 33.

19. BOBBIO. *A Era dos Direitos*, p. 67 *et seq.*

contemplam tratamento diferenciado quando diante de conflitos que envolvam direitos de natureza coletiva e que, por isso, requerem a especificidade de normas ao enfrentamento de questões processuais típicas daquela natureza.[20]

No plano da efetividade das decisões jurisdicionais, não podemos deixar de registrar ainda o advento da Lei n. 9.099/95, instituindo o festejado procedimento sumaríssimo dos Juizados Especiais Cíveis e Criminais[21] bem como a Lei n. 10.259/01, instaurando no complexo sistema normativo pátrio, os Juizados Especiais Federais, procurando, com total acerto, consolidar instrumentos verdadeiramente satisfatórios e propiciadores à concessão de tutela digna da qual o jurisdicionado necessita, tanto em nível de esfera estadual quanto na federal.

Mais adiante, operando-se na mesma toada foi editada a Lei n. 12.153 de 22 de dezembro de 2009, edificando os denominados Juizados Especiais da Fazenda Pública, inaugurando formalmente a existência do denominado "Sistema dos Juizados Especiais", conforme se observa do próprio texto legal da Lex supracitada, onde, já no parágrafo único do art. 1ª, se estampa: "***O sistema dos Juizados Especiais dos Estados e do Distrito Federal*** *é formado pelos Juizados Especiais Cíveis, Juizados Especiais Criminais e Juizados Especiais da Fazenda Pública.*"[22] (Grifo nosso).

---

20. Por meio de esforços conjuntos, inclusive em nível de sugestões, estudiosos, Universidades, IBDP, Órgãos de Apoio e Defesa do Consumidor dentre outros empreenderam a elaboração de um "*Anteprojeto de Código Brasileiro de Processos Coletivos*", objetivando colocar em termos corretos o tratamento particular que deva ser creditado à fundamental esfera de direitos voltada à proteção do hipossuficiente, com institutos processuais de caráter particularíssimo, e que, certamente, contribuirão com o estreitamento do direito, e mais particularmente do processo, junto a um dos predicados justificadores de sua utilidade: desenvolvimento da sociedade por meio de uma melhor qualidade de vida, aqui entendida em última instância com a eficiência de um serviço público ofertado ao cidadão (Serviço Judiciário), dotado de instrumento útil e apto (Processo) a prestar qualitativamente, a promessa de uma prestação jurisdicional efetiva.
Nesses termos, bem foi acostado por uma das idealizadoras do Anteprojeto, Ada Pellegrini Grinover, quando da Exposição de Motivos do mesmo: "(...) a evolução doutrinária brasileira a respeito dos processos coletivos autoriza a elaboração de um verdadeiro Direito Processual Coletivo, como ramo do Direito Processual Civil, que tem seus próprios princípios e institutos fundamentais, diversos dos do Direito Processual Individual. Os institutos da legitimação, competência, poderes e deveres do juiz e do Ministério Público, conexão, litispendência, liquidação e execução da sentença, coisa julgada, entre outros, têm feição própria nas ações coletivas que, por isso mesmo, se enquadram numa Teoria Geral dos Processos Coletivos." Sobre a íntegra do Anteprojeto, ver por todos, GRINOVER, Ada Pellegrini; MENDES, Aluisio Gonçalves de Castro; WATANABE, Kazuo (Coords.). *Direito Processual Coletivo e o anteprojeto de Código Brasileiro de Processos Coletivos*. São Paulo: RT, 2007.

21. Mais detidamente sobre o assunto, confira o nosso *O Processo nos Juizados Especiais Cíveis Estaduais*. Belo Horizonte: Del Rey, 2010.

22. Ver o nosso *O Processo nos Juizados Especiais Cíveis Estaduais, Federais e da Fazenda Pública*. 2 ed. Belo Horizonte: Del Rey, 2015.

6. CÓDIGO DE PROCESSO CIVIL DE 2015

Hodiernamente, uma variedade de propostas modificativas voltadas ao universo da processualística civil pátria estão em pleno andamento, a começar pela própria edificação de um Novo Código de Processo Civil para o nosso tempo.

É cediço que, dentre os inúmeros problemas que pairam sobre o Poder Judiciário brasileiro - alguns deles, inclusive, já tratados no Introito da presente obra - a insustentável avalanche de demandas, que no ano de 2016 chegou à marca recorde de 109,1 milhões de ações judiciais,[23] é ponto nevrálgico que precisa, já de muito, ser combatido.

Objetivando corrigir, dentre outros, este gravíssimo problema, a presidência do Senado Federal instituiu, em 2009, através do ato 379/09, assinado pelo Senador José Sarney, uma comissão de juristas para elaborar o anteprojeto de um novo CPC, cujo trâmite se deu, inicialmente, no Senado Federal sob o PLS n. 166/10, sendo, posteriormente, enviado à Câmara Federal, nominando-se então sob a designação de PL n. 8.046/10 e daí, retornando à sua casa de origem, ou seja, o Senado Federal, recebendo pela Comissão Temporária do Código de Processo Civil estudo das propostas consignadas pela Câmara dos Deputados em seu Substitutivo (PL n.8.046/2010).[24]

Em 04 de dezembro de 2014, através de votação simbólica na Comissão supracitada, foi aprovado o relatório do Senador Vital do Rêgo, de cujo teor, encontrava-se incorporados ao PLS 166/2010 importantes contributos decorrentes da Câmara dos Deputados.

Em 16 de dezembro de 2014, foi a plenário para votação o PLS n.166, recebendo este texto-base aprovação do Senado Federal, não obstante a aprovação de alguns destaques na sessão seguinte, em 17.12.2014.

Por fim, em 16.03.2015, foi sancionado pela Presidente da República, Dilma Roussef, passando o novel Estatuto Processual Civil a ter vigência após 1 (um) ano de seu *vacatio legis*.

---

23. Dado divulgado pelo Conselho Nacional de Justiça- CNJ, quando da divulgação do Relatório *Justiça em Números 2017*.

24. Importante frisar aqui que os projetos supracitados possuíam inúmeras e inegáveis virtudes capazes de equacionar incontáveis problemas do nosso sistema de Justiça, não obstante, como qualquer obra humana, careceu de unanimidade, encontrando resistências ideológicas em certos setores da comunidade jurídica.
Inegável é, contudo, o ambiente plural e democrático que permeou a construção dos Projetos para um Novo CPC, pois, ao longo dos anos para a construção dos mesmos, intensos e profícuos foram os debates, ouvida uma variedade de "instituições do sistema de Justiça, acadêmicos, operadores do Direito e a sociedade civil como um todo. Por exemplo, apenas na Câmara dos Deputados, foram realizadas 15 audiências públicas, 13 conferências estaduais, foram ouvidos mais de 140 palestrantes, o portal e-democracia registrou 25.300 acessos, 282 sugestões, 143 comentários e 90 emails. Ou seja: todos participaram ou tiveram ampla oportunidade de participação. "WAMBIER, Teresa Arruda Alvim et ali. *O novo CPC dará maior racionalidade ao sistema de Justiça*. Disponível em : http://www.migalhas.com.br/dePeso/16,MI182384,41046O+novo+CPC+dara+maior+racionalidade+ao+sistema+de+Justica. Acesso em: 08.11.2015.

De sua essência, espera-se que o Novo CPC venha dar renovado sentido e fôlego à cultura do consenso, assim como racionalidade e previsibilidade aos processos judiciais.

Traz o CPC/2015 em seu corpo duas partes: Geral (6 livros) e Especial (3 livros), mais o Livro Complementar com as disposições finais e transitórias, tudo distribuído em 1.072 artigos.

Temos assim:

Parte Geral

Livro I - Das Normas Processuais Civis

Livro II- Da Função Jurisdicional

Livro III - Dos Sujeitos do Processo

Livro IV - Dos Atos Processuais

Livro V - Da Tutela Provisória

Livro VI - Da Formação, Suspensão e Extinção do Processo

Parte Especial

Livro I - Do Processo de Conhecimento e do Cumprimento de Sentença

Livro II - Do Processo de Execução

Livro III - Dos Processos nos Tribunais e dos Meios de Impugnação das Decisões Judiciais

Livro Complementar - Das Disposições Finais e Transitórias

Entre as importantíssimas e novatas questões enfrentadas em ambos os projetos e, de certa forma, ratificadas no texto final do novel CPC sublinhe-se, no campo interpretativo-valorativo, o expresso respeito aos valores e as normas fundamentais estabelecidos na Constituição da República Federativa do Brasil, sendo o processo civil ordenado, disciplinado e interpretado conforme ditos valores; a inserção no plano processual de uma democracia participativa, em que os atos de poder não ficam adstritos à unívoca deliberação dos representantes do Estado (juiz), mas também se legitimam pela participação direta dos cidadãos (partes) por meio de um contraditório substancial e efetivo, tudo voltado à conformação legitima do procedimento.

No campo técnico-procedimental tem-se a reorganização do sistema recursal, com a uniformização dos prazos, extinção de determinados recursos, como, p. ex., os embargos infringentes e o agravo retido, assim como a limitação do agravo de instrumento e o aproveitamento de ato na interposição errônea de recursos de modo a possibilitar o saneamento de possível vício. Tais medidas possuem, certamente, a finalidade de emprestar maior efetividade e conceder uma tutela jurisdicional mais célere e justa ao cidadão, dado que têm como fito coibir artifícios técnicos no intuito de retardar o desfecho do processo judicial, e ainda mitigar a deplorável jurisprudência defensiva dos tribunais superiores.

Cabe destacar, por conseguinte, as regras edificadoras para o fortalecimento dos Precedentes dos Tribunais, aqui entendido como respeito aos julgamentos consolidados nos Tribunais Superiores (STF e STJ), coronário da previsibilidade, estabilidade e isonomia das decisões judiciais, diante da necessidade de se perceber a importância dos juízos inferiores se orientarem pelas decisões proferidas e consolidadas pelos tribunais de superposição, necessário é que os tribunais, notadamente os superiores, exerçam efetivamente seu verdadeiro papel de nortear as decisões dos juízes inferiores e a vida social. Para tanto, imperioso é que haja estabilidade da jurisprudência, evitando-se idas e vindas que, por um lado, acarretam o descrédito do Poder Judiciário e, por outro, aguçam o ímpeto demandista e recursal das pessoas físicas e jurídicas, que creditam toda sorte na divergência jurisprudencial como uma real esperança para a prevalência de suas teses, ainda que pressintam não terem qualquer razão.[25]

Outros institutos merecem também relevantes destaques tais como a "Ordem Cronológica de Julgamento dos Processos", objetivando o respeito à lista a ser elaborada pelo juízo a fim de possibilitar que os processos que estejam em conclusão primeiro, sejam, de fato, julgados na sequência devida; o "Negócio Jurídico Processual" em formato deveras mais amplo, possibilitando às partes transigirem extra ou endoprocessualmente em uma multiplicidade de conteúdos, seja em sede de procedimento para ajustá-lo às especificidades da causa como acerca de seus ônus, poderes, faculdades e deveres processuais; o combate a demandas repetidas através do "Incidente de Resolução de Demandas Repetitivas"; a "Desconsideração da Personalidade Jurídica", alçada à modalidade do texto processual; as denominadas Tutelas de Urgência e de Evidência; a regulação específica da Tutela Inibitória bem como melhor organicidade ao julgamento e cumprimento da Tutela Específica; melhor racionalidade nas modalidades de Intervenção de Terceiros; adoção de um "procedimento comum" em sede de Processo de Conhecimento ante a pluralidade existente entre os ritos ordinário e sumário no CPC revogado; regulações específicas para a Advocacia Pública, acentuado destaque aos fundamentais institutos voltados à política do consenso, *ex vi* da Conciliação, Mediação e Arbitragem, dentre muitas outras matérias que, certamente, são e serão oportunamente enfrentadas de inúmeros artigos científicos, destacando-se aqui contributo nosso em obra coordenada em conjunto com Alexandre Freitas Câmara e com a participação de talentosos processualistas brasileiros, o que, *de per si*, já demonstra a crença em um novo e promissor tempo![26]

Contudo, isso não significa que o Código de Processo Civil de 2015 desconheça a capacidade de aprendizagem da realidade que não apenas o texto constitucional encarna, mas também os diplomas infraconstitucionais, pres-

---

25. Ibidem.

26. GAIO JÚNIOR, Antônio Pereira; CÂMARA, Alexandre Freitas. (Coords.) *Novo CPC: reflexões e perspectivas.* Belo Horizonte: Del Rey, 2014.

crevendo para as hipóteses em que a mudança de entendimento seja imperiosa, a necessidade de fundamentação adequada e específica, levando-se em conta os princípios da segurança jurídica, da confiança e isonomia.

Vale destacar ainda neste ínterim que, dentro da *vacatio legis* da Lei n.13.105/2015 – Novo CPC - tivemos o advento da Lei n.13.256, de 04.02.2016, esta que alterou aquela lei para fins de disciplinar o processo e o julgamento do recurso extraordinário e do recurso especial bem como alterar a obrigatoriedade quanto à ordem cronológica de conclusão para proferir sentença ou acórdão, assentando o vocábulo "preferencialmente" ao *caput* do art. 12 e *caput* 153, além de outras providências.

O instituto da Arbitragem também vem sendo objeto de modificação legislativa. Trata-se da Lei n. 13.129, de 26 de maio de 2015, cujo projeto original foi elaborado por uma comissão de juristas, presidida pelo ministro do Superior Tribunal de Justiça (STJ), Luis Felipe Salomão, e que procura consolidar algumas das práticas já reconhecidas pelos tribunais brasileiros bem como questões outras de conteúdo polemizado, como, *v.g.*, as regras para aplicabilidade da Arbitragem nos contratos da Administração Pública.

Em síntese apertada, o texto da lei supra inclui no contexto legal da Arbitragem, dentre outros temas, os contratos da administração pública e disputas de participação societária, sendo que vetadas foram disposições atinentes às relações de consumo e relações trabalhistas de executivos e diretores de empresas. Cabe ressaltar que várias destas modalidades já são enfrentadas pela doutrina e jurisprudência e de longa data.

Ainda no campo da Arbitragem, tivemos a edição da Lei n.13.467, de 13 de julho de 2017, esta que veio a estender e regular a aplicação da Arbitragem aos contrato individuais de trabalho.[27]

Também em sede de meios propícios à solução de conflitos, teve-se em andamento o PL n. 7.169/2014, com origem no Senado Federal sob o registro de PLS n. 517/2011, dando cabo ao marco legal da Mediação no Brasil, concretizado no advento da Lei n. 13.140 de 26 de junho de 2015.

Referida lei trata de dispor acerca da mediação entre particulares como meio de solução de controvérsias, assim como sobre a autocomposição de conflitos no âmbito da administração pública; altera a Lei no 9.469, de 10 de julho de 1997, e o Decreto n. 70.235, de 6 de março de 1972 e ainda revoga o § 2º do art. 6º da Lei n. 9.469, de 10 de julho de 1997.

Outras leis se seguiram após a edição do CPC/2015 e que nele tiveram importantes reflexos normativos, destacando-se a recentíssima Lei n.13.894, de 29 de outubro de 2019, esta que alterou a Lei nº 13.105/2015 (Código de Processo Civil), para prever a competência do foro do domicílio da vítima de violência doméstica e familiar para a ação de divórcio, separação judicial, anulação de casamento e reconhecimento da união estável a ser dissolvida, para

27. Sobre o assunto, cf. o nosso *Teoria Geral da Arbitragem*. 2 ed. Curitiba: Juruá, 2018, p.87 e ss.

determinar a intervenção obrigatória do Ministério Público nas ações de família em que figure como parte vítima de violência doméstica e familiar, e para estabelecer a prioridade de tramitação dos procedimentos judiciais em que figure como parte vítima de violência doméstica e familiar.

CAPÍTULO 3

PROPEDÊUTICA PROCESSUAL E A SOLUÇÃO DE CONFLITOS

1. SOCIEDADE, CONFLITOS E INSATISFAÇÕES

A existência de interesses coletivos impulsiona a formação de grupos sociais, justificando também tal entendimento a ideia sobre a qual os homens se unem em grupo porque a satisfação plena de suas necessidades não pode ser alcançada de forma eminentemente isolada, sendo a família, a sociedade civil e comercial, o sindicato exemplos específicos para tal entendimento.

Uma vez que os interesses coletivos, pela própria Ciência Social são conceituados como somatório de interesses individuais, parece inevitável e mesmo inerente ao ser humano que ditos interesses individuais, muitas vezes, se sobreponham aos coletivos, ocasionando conflitos que, se não solucionados, geram insatisfações (fator antissocial).

Assim, se "A" não satisfaz determinada obrigação pactuada com "B", ou mesmo, *A* entenda não ser obrigado a cumprir tal obrigação, o conflito de interesses está instaurado e, portanto, há de se ter solução para tanto.

Tem o Direito, no tocante ao aspecto sociológico, essencial função de controlador social, normatizando as relações sociais dentro de valores e modelos culturais e éticos, não sendo, porém, a única forma de se tentar alcançar o justo.

2. MÉTODOS PRIMITIVOS E MEIOS PROPÍCIOS À SOLUÇÃO DE CONFLITOS

A Ciência Jurídica como qualquer ciência social, sob o ponto de vista da historicidade, se realiza, indubitavelmente, de maneira pendular. Queremos entender com isso que os métodos de solução de controvérsias, mesmo após a detenção do monopólio jurisdicional pelo Estado, não alteraram em sentido metodológico as formas que já eram praticadas em nível de resilição de conflitos.

Neste sentido, partindo – e apenas – da ideia de divisão das formas de solução de controvérsias, esta textualizada por Niceto Alcalá Zamora y Castillo na prestigiosa obra *Proceso, Autocomposición y Autodefesa*,[1] temos:

1. CASTILLO, Niceto Alcalá Zamora y. *Proceso, autocomposición y autodefesa*. México: UNAM, 1970.

2.1 AUTODEFESA[2]

Equivalente à "defesa própria" ou "defesa por si mesmo", tal solução de conflito é apontada por Calamandrei,[3] entre outros, como a forma mais primitiva quando ainda inexistia acima dos indivíduos uma autoridade superior, decidindo e mesmo executando as decisões.

Conforme lembra o festejado autor, nos primórdios da humanidade, aquele que pretendesse determinado bem da vida e encontrasse obstáculos à realização da própria pretensão, tratava de removê-los pelos seus próprios meios, afastando os que se opunham ao gozo daquele bem. Era a lei do mais forte.[4]

Exemplos no direito pátrio atual: A legítima defesa (arts. 24 e 25 do Código Penal) no âmbito penal; o desforço incontinenti (casos de esbulho, art. 1.210 do Código Civil) no âmbito civil; o direito de greve, no âmbito trabalhista.

2.2 AUTOCOMPOSIÇÃO

Este meio de resolução de conflitos conviveu com a autotutela, porém representando uma forma mais evoluída do que esta.

Ao contrário da Autodefesa, a Autocomposição (também negociação) traduz uma expressão altruísta, relacionada a comportamentos de renúncia ou mesmo reconhecimento em benefício da pretensão do adversário. Em exemplo, temos que "A" desiste de reclamar do pagamento de seu crédito ou mesmo que "B" aceita satisfazer a dívida; a vítima de um delito contra a honra perdoa o seu ofensor, ou mesmo este aceita a pena pedida contra si.

Dá-se em 3 formas:

a) Desistência (renúncia à pretensão).

b) Submissão (reconhecimento à pretensão).

c) Transação (mediante concessões recíprocas).

Importante ressaltar que as duas primeiras possuem identidades unilaterais, sendo a terceira bilateral, potencializando esta num comportamento recíproco e efetivo entre os adversários.

Aliás, antes mesmo de se compreender as técnicas que envolvem os métodos tidos como propícios à solução de conflitos (conciliação, mediação e arbitragem), insta pontuar que a denominada negociação se põe como meio

---

2. Prefere Francesco Carnelutti a denominação *defesa privada (Sistema di Diritto Processuale Civile.* Vol.1. Padova: Cedam, 1936, p.12 e ss.).Já James Goldschimidt denomina-a de *autojustiça* (*Derecho Procesal Civil.* Barcelona: Editorial Labor, 1936, p. 2 e ss.) e Eduardo Couture, *autotutela* (*Fundamentos del Derecho Procesal Civil.* Buenos Aires: Aniceto Lopez Editor, 1942, p.15 e ss.). Até em sede de filosofia do direito, Gustav Radbruch acentua entendimento na locução *auto-ajuda (Filosofia do Direito.* Coimbra: Armênio Amado Editor, 1997, p.347).

3. CALAMANDREI, Piero. *Opere Giuridiche.* Napoli: Morano Editore, 1970, p.36 e ss.

4. Ibidem.

que poderá os preceder e que bem por isso, envolve a importância de uma autocomposição de conflitos.

A negociação não constitui verdadeiramente uma técnica de resolução de conflitos, na medida em que prescinde da presença de um terceiro neutro. Em verdade, as partes de forma direta discutem o seu problema e sendo tal discussão bem sucedida, notadamente, levará à celebração do acordo que extinguirá o conflito.

Poderá a negociação contar com a presença de defensores das partes (advogados ou solicitadores) ou de peritos, no entanto, estes revestem do interesse e da pretensão da parte que os nomeia, pelo que a bilateralização (embora a negociação não tenha que ser um processo restrito a duas partes) se mantém.

Para Catarina Frade[5] a negociação é entendida como instrumento primário da mediação e dos demais métodos de resolução de conflitos. Já para Madux[6], a negociação é o processo utilizado para fins de satisfazer as nossas necessidades quando existe outra pessoa que controla aquilo que pretendemos. Nisso negociação existiria porque alguém tem algo que queremos obter e pelo qual estamos dispostos a lutar.

O CPC/2015 contempla importantes estimulações voltadas a uma política da pacificação dos conflitos, ainda que saibamos, notoriamente, que o ideal sejam ações voltadas a um momento anterior, ou seja, antes mesmo de se bater à porta do órgão judicante, com a estimulação à política do consenso, tão cara para todos nós em nível de políticas públicas.

Assim, dentre outros, identifica-se o dispositivo do art. 3º, §§2ª e 3º do CPC, nos seguintes termos:

> *§ 2º O Estado promoverá, sempre que possível, a solução consensual dos conflitos.*
>
> *§ 3º A conciliação, a mediação e outros métodos de solução consensual de conflitos deverão ser estimulados por magistrados, advogados, defensores públicos e membros do Ministério Público, inclusive no curso do processo judicial.*

Na mesma seara, encontram-se regulações dispostas sobre a figura dos Conciliadores e Mediadores, destacando-se, dentre tantos, o art. 165 do CPC:

---

5. FRADE, Catarina. A resolução alternativa de litígios e o acesso à justiça: A mediação do sobreendividamento. In: *Revista Crítica de Ciências Sociais*. Vol 65. Coimbra: Centro de Estudos Sociais da Universidade de Coimbra, 2003, p.107, n.33.
Sustenta ainda e com acerto a autora, que "todos aprendemos a negociar desde muito cedo, desde o adiamento da hora de dormir até ao prolongar da saída noturna com os amigos, da taxa de juro do crédito aos acessórios que equipam o carro novo. À medida que o tempo passa, a nossa negociação torna-se mais refinada e complexa e vamos percebendo que para obtermos alguma coisa temos de dar algo em troca."

6. Apud BROWN, Henry J.; MARRIOTT, Arthur L. *ADR Principles and Practice*. London: Sweet & Maxwell 1999, p.103.

> *Art. 165. Os tribunais criarão centros judiciários de solução consensual de conflitos, responsáveis pela realização de sessões e audiências de conciliação e mediação, e pelo desenvolvimento de programas destinados a auxiliar, orientar e estimular a autocomposição.*
>
> *§ 1º A composição e a organização do centro serão definidas pelo respectivo tribunal, observadas as normas do Conselho Nacional de Justiça.*
>
> *§ 2º O conciliador, que atuará preferencialmente nos casos em que não tiver havido vínculo anterior entre as partes, poderá sugerir soluções para o litígio, sendo vedada a utilização de qualquer tipo de constrangimento ou intimidação para que as partes conciliem.*
>
> *§ 3º O mediador, que atuará preferencialmente nos casos em que tiver havido vínculo anterior entre as partes, auxiliará aos interessados a compreender as questões e os interesses em conflito, de modo que eles possam, pelo restabelecimento da comunicação, identificar, por si próprios, soluções consensuais que gerem benefícios mútuos.*

Convém ainda esclarecer que a Autocomposição ou Negociação permanece presente nos ordenamentos jurídicos modernos, sendo, inclusive, estimulada por vários momentos dentre eles, na esfera civil com a transação; no âmbito penal, como perdão do ofendido e mesmo na esfera trabalhista onde se opera um estímulo à conciliação. Aliás, em se tratando do interesse pela prática deste último instituto, é ele fomentado não somente por conteúdos de índole processual como também extraprocessual, tendo como exemplo as Leis n. 9.957 e n. 9.958 de 12.01.2000, estatuindo as Comissões Paritárias de Conciliação Prévia nas empresas; Conselhos de Conciliação e Arbitramento coordenados pelos juízes gaúchos; Juizados Informais de Conciliação em São Paulo; Núcleo Intersindical de Conciliação Trabalhista Rural em algumas cidades mineiras, como Montes Claros e Patrocínio.[7]

2.3 MEDIAÇÃO

É um meio alternativo e voluntário de resolução de conflitos no qual o terceiro imparcial orienta as partes para a solução de controvérsia sem sugestionar. Na mediação, as partes se mantêm autoras de suas próprias soluções.

Nesses termos, bem expressa Ellen Grace Northfleet,

> (...) na técnica de mediação um terceiro não interessado (o mediador) auxilia as partes a definirem suas posições em relação aos pontos em litígio e a explorarem as possibilidades de solução negociada. O mediador não avalia ou emite opinião sobre o caso, mas, apenas,

7. Sobre o assunto, cf. VASCONCELOS, Antônio Gomes de. *O Sistema Núcleo Intersindical de Conciliação Trabalhista*. São Paulo: LTr, 2014.

> facilita o intercâmbio de informações, ideias e alternativas para a solução do litígio.[8]

Ainda que de origem milenar[9], tem a mediação, hoje, utilização frequente no âmbito da comunidade internacional, sobretudo na América do Norte onde o instituto teve significativos avanços.

Já nos Estados Unidos, a partir da década de 70, do século passado, os casos envolvendo a matéria de divórcio precisavam, antes de ser instaurados no Poder Judiciário, passar pela mediação, na busca de uma solução que visava, inicialmente, reatar os laços familiares, sendo, em seguida, utilizada em uma variedade de matérias, chegando até mesmo aos deslindes da esfera penal.[10]

No Canadá, a partir de 1981, passou a mediação a se compor no âmbito do Poder Judiciário, dotando-se de função relevante e daí alçada a um serviço público gratuito em questões de cunho familiar decorrentes de separações conjugais, mediante o trabalho de uma equipe interdisciplinar para melhor deslinde do feito.

Em território sul-americano, mais precisamente na Argentina, recebeu a Mediação tratamento normativo, tendo como principais textos legais os Decretos n. 1.480/92 e n. 1.021/95, bem como a Lei n. 24.573/95 e ainda foram criados com o intuito de acompanhar o desenvolvimento do instituto o Programa Nacional de Mediação, a Comissão de Mediação e Conciliação do Colégio de Advogados da cidade de Buenos Aires, dentre outros.[11]

Recentemente, tivemos em andamento o PL n. 7.169/2014, com origem no Senado Federal sob o registro de PLS n. 517/2011, possibilitando a demarcação do marco legal da Mediação no Brasil, concretizado no advento da Lei n. 13.140 de 26 de junho de 2015.

Referida lei trata de dispor acerca da mediação entre particulares como meio de solução de controvérsias e sobre a autocomposição de conflitos no âmbito da administração pública; altera a Lei n. 9.469, de 10 de julho de 1997

---

8. NORTHFLEET, Ellen Grace. Novas Fórmulas para Solução de Conflitos. In: TEIXEIRA, Sávio de Figueiredo (Coord.). *O Judiciário e a Constituição*. São Paulo: Saraiva, 1994, p. 323.

9. Sobre a historicidade da Mediação, ver por todos, CACHAPUZ, Rozane da Rosa. *Mediação nos Conflitos e Direito de Família*. 4. ed. Curitiba: Juruá, 2006, p. 24.

10. De acordo com o Presidente do Quadro de Diretores do Institute for the Study and Devolopment of Legal Systems (Instituto para o Estudo e Desenvolvimento do Sistema Legal), Robert A. Goodin, *"By the late 1980s and particularly beginning and continuing through the 1990s, mediation has become an increasingly popular procedure in all types of civil cases. In fact, it I snow probably the most popular form of alternative dispute resolution used by litigants in civil cases in the United States. Moreover, because of its flexibility, it is increasingly used not only in civil disputes but also criminal cases and cases that are on appeal"*. GOODIN, Robert A. *Mediation: an overview of alternative dispute resolution*. Disponível em: <http://usinfo.state.gov/journals/itdhr/1299/ijde/goodin.htm>. Acesso em: 14.10.2015.

11. CACHAPUZ, Rozane da Rosa. Ob. cit., p. 25-26.

e o Decreto n. 70.235, de 6 de março de 1972, e ainda revoga o § 2º do art. 6º da Lei n. 9.469, de 10 de julho de 1997.

Outrossim, não pairam dúvidas sobre o contributo de tal via propícia à solução de conflitos, assumindo importante papel, seja no campo extraprocessual ou mesmo endoprocessualmente, por meio de sua serventia, sobretudo no que toca aos conflitos na área de família e sua judicialização.[12]

2.4 ARBITRAGEM

Com a percepção de que o Estado tem deixado muito a desejar, inclusive com falhas inadmissíveis reconhecidas por ele próprio, vem crescendo a consciência de que fundamental é pacificar, mesmo que esta não decorra de obra eminentemente estatal desde que seja por método eficiente e protetor das liberdades fundamentais do cidadão.

Consiste a Arbitragem em uma técnica para a solução de controvérsias através da intervenção de uma ou mais pessoas, estas que recebem seus poderes de uma convenção privada, decidindo com base nesta convenção e sem intervenção do Estado, sendo a solução destinada a assumir eficácia de sentença judicial.

Importante destacar que existem arbitragens facultativas ou obrigatórias[13] conforme o ordenamento jurídico determine ou não sua indispensabilidade para certos conflitos; no entanto, em ambas, o árbitro será eleito livremente pelas partes.

Atualmente no Brasil, a Arbitragem é regida por legislação específica - Lei n. 9.307/96,[14] de 23.09.1996 - elaborada em consonância e aderência com importantes normativas em sede internacional, tais como a Lei Modelo da

---

12. Sobre o assunto, vale conferir: GRINOVER, Ada Pellegrini; WATANABE, Kazuo; Lagrasta NETO, Caetano (Coords.). *Mediação e Gerenciamento do Processo.Revolução na Prestação Jurisdicional.* São Paulo: Atlas, 2007; GAIO JÚNIOR, Antônio Pereira; GAIO, Raquel Mota Dias. A Mediação na esfera civil como meio propício para solução de conflitos. In: VARGAS, Fábio de Oliveira; DOMITH, Laira Carone Rachid. *Direito e Psicologia. Estudos em homenagem ao Professor Israel Carone Rachid.* Juiz de Fora: Editar, 2013, p. 81-106.

13. É de se notar no plano constitucional, que a Constituição de 1988 deu significativo passo na direção de reintroduzir no País, como autêntico pressuposto processual, o arbitramento obrigatório, ao estabelecer no seu art. 217: *"§ 1º O Poder Judiciário só admitirá ações relativas à disciplina e às competições desportivas após esgotarem-se as instâncias da justiça desportiva, reguladas em lei. § 2º A justiça desportiva terá o prazo máximo de sessenta dias, contados da instauração do processo, para proferir decisão final."*
Sobre assunto, cf. GAIO JÚNIOR, Antônio Pereira; MAGALHÃES, Rodrigo Almeida (Coords.) *Arbitragem. 15 Anos da Lei n. 9.307/96.* Belo Horizonte: Del Rey, 2012.

14. Sobre a Lei de Arbitragem no Brasil e mais especificamente, a Sentença Arbitral como título executivo judicial, ver Capítulo 17, item 6.2.
Acerca da aplicabilidade da Arbitragem em conteúdos específicos, mais precisamente, nas relações consumeristas e no árido tema dos direitos laborais ver, por muitos, importante trabalho de SANTANA, Maria Aparecida. *Democratização da Justiça e Arbitragem em espécie.* Belo Horizonte: Líder, 2009.

UNCITRAL (Comissão das Nações Unidas para o Desenvolvimento do Direito Comercial Internacional)[15] e a Convenção de Nova York.[16]

Ainda que, em síntese apertada, há de se realçar também que a presente lei tratou não somente de substituir o ineficiente modelo de "juízo arbitral", até então previsto em nossa legislação (arts. 1.072 a 1.102 do Código de Processo Civil/1973), como também conceder tratamento qualitativo dentro de padrões atuais a questões como, p.ex., a convenção de arbitragem e o prestígio à manifestação da vontade, logicamente, respeitando os bons costumes e a ordem pública (art. 2º, § 1º da LA), adaptação aos textos legais conexos (arts. 41 e 42 da LA), publicidade do acesso ao Poder Judiciário para os eventualmente prejudicados por vícios decorrentes da sentença arbitral (art. 33 da LA), eficácia dos tratados internacionais na matéria em questão (art. 34 da LA), avançando, inclusive, em tema relativo à postura ética dos árbitros, equiparando-os no exercício de suas funções judicantes e, mesmo em razão delas, a um servidor público, para efeitos de legislação penal, *ex vi* do art. 17 da LA.

Merece nota, por conseguinte, que a Arbitragem, diante do que já expressa o art. 1º da supracitada Lei de Arbitragem, atua em sede de direitos patrimoniais disponíveis, transacionáveis, comportando aí a opção de duas ou mais manifestações de vontades, tendo por objetivo a resolução de conflito de interesses apoiada em uma maior celeridade e especialidade do julgador – árbitro no tocante à aderência com a matéria discutida, possibilidade de redução de custos e ainda opção pelo sigilo absoluto, podendo, inclusive, ser estabelecida endoprocessual ou extraprocessualmente, sendo ambas regidas no Brasil pelo mesmo sistema legal, tudo a partir da Lei n. 9.307/96.

Por outro lado, vale frisar que o instituto da Arbitragem recebeu atenção do CPC/2015 com dispositivos reguladores de sua prática, sobretudo diante de eventuais necessidades de participação do órgão judicante estatal.

Dentre tais disposições, destaca-se:

a) A extensão denominada "Execução Itinerante" à prática na "Sentença Arbitral", conforme ditada pelo art. 516, parágrafo único do CPC/2015.

b) A regulação da denominada Carta Arbitral.

Expressa o inciso IV do art. 237 do CPC/2015 que será expedida a carta:

---

15. A Comissão das Nações Unidas para o Desenvolvimento do Direito Comercial Internacional – UNCITRAL – desenvolveu uma Lei Modelo de Arbitragem, objetivando a harmonização das legislações de diversos países do mundo, sendo efetivamente acolhida. Importante destacar que não se trata de uma Convenção Internacional, mas um modelo de legislação a ser adotado, voluntariamente pelos Estados que estiverem em consonância com os ditames ali construídos. Ver, entre muitos, LEMES, Selma M. Ferreira *et al. Aspectos Fundamentais da Lei de Arbitragem.* Rio de Janeiro: Forense, 1999, p. 103.

16. Sobre os aludidos modelos arbitrais e suas respectivas legislações, bem como importantes textos legais referentes à Arbitragem no mundo, ver por todos, GAIO JÚNIOR, Antônio Pereira; GOMES, José Maria Machado. *Compêndio de Direito Econômico.* Rio de Janeiro: América Jurídica, 2005.

> *IV – arbitral, para que órgão do Poder Judiciário pratique ou determine o cumprimento, na área de sua competência territorial, de ato objeto de pedido de cooperação judiciária formulado por juízo arbitral, inclusive os que importem efetivação de tutela provisória.*

Com relação as suas formalidades, manifesta o CPC/2015, em seu art. 69, §1º que as cartas de ordem, precatória e arbitral seguirão o regime previsto no próprio Código, notadamente, com as específicas questões relativas ao alcance de seus objetivos, sem que possam contrariar conteúdos relativos à suas particulares qualidades e competências.

c) Preservação da "confidenciabilidade" da Arbitragem quando houver necessário apoio ao exercício de atos por parte do Poder Judiciário (Cooperação entre árbitros e juízes), conforme o art.189, IV do CPC/2015, na seguinte redação:

> *Art. 189. Os atos processuais são públicos. Tramitam, todavia, em segredo de justiça os processos:*
>
> *(...)*
>
> *IV – que versem sobre arbitragem, inclusive sobre cumprimento de carta arbitral, desde que a confidencialidade estipulada na arbitragem seja comprovada perante o juízo.*

Como nota final, insta ressaltar que o instituto da Arbitragem também vem sendo objeto de modificação legislativa. Trata-se da Lei n. 13.129, de 26 de maio de 2015, cujo projeto original foi elaborado por uma comissão de juristas, presidida pelo ministro do Superior Tribunal de Justiça (STJ), Luis Felipe Salomão, e que procura consolidar algumas das práticas já reconhecidas pelos tribunais brasileiros bem como questões outras de conteúdo polemizado, como, *v.g.*, as regras para aplicabilidade da Arbitragem nos contratos da Administração Pública.

Em síntese apertada, o texto da lei supra incluiu na Lei de Arbitragem, dentre outros temas, os contratos da administração pública e disputas de participação societária, sendo que vetadas foram disposições atinentes às relações de consumo e relações trabalhistas de executivos e diretores de empresas.

Ainda em tema de Arbitragem, insta destacar a promulgação da Lei n. 13.467, de 13 de julho de 2017, esta que entrou em vigor após decorridos cento e vinte dias de sua publicação oficial, alterando uma centena de artigos da Consolidação das Leis do Trabalho – CLT e reconhecendo explicitamente a aplicabilidade da arbitragem nos contratos individuais de trabalho.

Cabe ressaltar que várias destas modalidades são enfrentadas pela doutrina e jurisprudência e, já de longa data, conteúdos aos quais, pelos graus de importância e grandeza, dedicamos capítulo específico na presente obra.[17]

---

17. Ver o Capítulo 23 da presente obra.

2.5 PROCEDIMENTOS CARTORÁRIOS

Em determinadas matérias, a lei proíbe, de maneira sistemática, a autocomposição, a mediação, o juízo arbitral ou mesmo a satisfação voluntária de determinada pretensão.

Em tais casos, a sujeição ao exame judicial para a sua procedência é condição essencial.

Neste contexto é que em sede de direito processual civil pátrio encontra-se lugar a denominada "jurisdição voluntária", ainda que não nominada assim pelo legislador do novel CPC/2015, mas que, nem por isso, se trasmuda em outro "ser" senão nesta própria jurisdição, não obstante tipificada com tal nome pelos códigos processuais civis brasileiros antecessores e de reconhecimento secular.

Entende-se como jurisdição voluntária aquela em que ocorre a mera participação do Poder Judiciário em negócios jurídicos privados a fim de conferir-lhe validade, por isso, é que se diz ser a jurisdição voluntária aquela que exerce a administração pública dos interesses privados, não havendo, portanto, conflitos a serem dirimidos, sendo formalmente capitulada nos arts.719 a 770 do CPC, em matérias como: divórcio e separação judicial consensual, extinção consensual de união estável, abertura de testamento e codicilo, herança jacente, declaração e divisão de bens de ausente, coisas vagas, interdição , de organização e da fiscalização das fundações, dentre outras.

É bem verdade que a Jurisdição Voluntária, como já outrora pontuado, ainda que diante de sua pontual característica prática, esta representada pela realização de uma intensa função jurisintegrativa, no que se refere à sua natureza processual, se faz marcada por controvérsias e questionamentos que ora recrudescem, atravessando gerações.

Usando a Jurisdição Contenciosa como paradigma em visão macroscópica da mesma, a doutrina, com mais ou menos frequência, vem estampando, em produções intelectuais, pontos de convergência e divergência com relação à Jurisdição Voluntária, no intuito, pensamos, de mero exercício didático, o que, de certo, esconderá reflexões críticas necessárias à exata compreensão do papel desempenhado por ambas as Jurisdições no contexto da processualística civil hodierna.

A bem de todo o exposto, é fato que se dará o emprego procedimental da jurisdição voluntária diante de determinadas circunstâncias nos chamados direitos indisponíveis (no âmbito civil, são as questões ligadas ao estado e à capacidade das pessoas. Ex.: divórcio, anulação de casamento, separação, interdição, investigação de paternidade).

Ocorre que alguns destes procedimentos, quando de índole consensual entre os interessados ou envolvidos no interesse em questão fora compreendidos como possíveis de ser viabilizados fora da seara jurisdicional do Estado, pois que a própria pretensão ansiada pelos interessados, em tese, não exigiria ou justificaria a presença obrigatória do juiz estatal, contribuindo muitas vezes pela atenção a ser dada em procedimentos não contenciosos em face daqueles que, certamente, exigiriam maior participação da atividade judicial na solução de conflitos, somando o interesse na diminuição de demanda que solapam as comarcas de todo o país.

Assim, fruto do projeto de Reforma do Poder Judiciário, fora editada a Lei n. 11.441. de 04 de janeiro de 2007, alterando dispositivos da Lei n. 5.869, de 11 de janeiro de 1973 – Código de Processo Civil – possibilitando que procedimentos que até então estavam limitados à exigência de seu processamento no âmbito da jurisdição estatal, fossem alcançados pela possibilidade de propositura em sede de via administrativa (Cartório de Notas), portanto, nos casos de inventário, partilha, separação consensual e divórcio consensual e mesmo no CPC/2015, com a possibilidade de manejo da usucapião na forma extrajudicial, ex vi do art. 1.071.

Em verdade, a Lei n. 11.441/2007 busca a desburocratização e efetividade dos atos que, mesmo demonstrando a vontade dos interessados, maiores e capazes, permaneciam submetidos à análise prévia da autoridade judicial, por explícita exigência legal, para produzirem efeitos quando homologados.

Explicitando um pouco sobre o conteúdo da digitada lei, esta autoriza que os inventários em que existam partilhas amigáveis, bem como as separações e os divórcios consensuais, sejam manejados, extrajudicialmente, perante o oficial de registro cartorário.

Importante ressaltar que não poderá haver o interesse de menores, tanto no inventário como nas separações/divórcios, sob pena de tornar vedada a utilização da via extrajudicial.

Resta evidente que a legislação supra, muito embora conceda a opção de realização da separação, do divórcio e do inventário consensual, ou seja, fora das órbitas do Poder Judiciário, permanece reconhecendo como obrigatória a representação dos interessados por meio de advogado.

Observa-se ser essencial tal situação para resguardar que a vontade das partes seja exatamente reproduzida nas disposições levadas ao cartório, sendo necessária a participação de advogado ou defensor público, a fim de evitar abusos e desencontros entre o interesse dos litigantes e a realidade apresentada às autoridades competentes. Aliás, o espírito dos citados §§1º e 2º do art. 610 traduzem em requisito de validade, tais presenças.

A legislação supracitada, contudo, deve ser entendida e isto é de bom grado ratificar, como uma prerrogativa concedida às partes – desde que satisfeitos os requisitos legais – em optarem por realizar o inventário de seu parente, ou ainda sua separação ou seu divórcio pela via extrajudicial.

Diante de eventuais divergências interpretativas e de conteúdo decorrentes da própria extensão e procedimentos prestigiados pela da Lei n. 11.441/2007, o Conselho Nacional de Justiça (CNJ) teve por bem regulamentar a referida Lei, ouvindo, de antemão, o Conselho Federal da Ordem dos Advogados do Brasil e a Associação dos Notários e Registradores do Brasil.

Nestes termos, editada foi a Resolução n. 35 do CNJ, devidamente publicada em 24 de abril de 2007, regulamentando a aplicação da Lei n. 11.441/2007, esta que, como já anteriormente visto, trata da possibilidade de realização dos procedimentos relativos ao inventário, partilha, separação e divórcio consensuais pela via administrativa, qual seja, o Cartório de Notas (Tabelionato).

De início, cabe apontar que a dita Resolução nº 35 estabeleceu, dentre outras regras, o respectivo critério de cobrança dos emolumentos para a prestação dos referidos serviços a serem cobrados pelos cartórios, pois que, com o advento da Lei n. 11.441/2007, ao passar a permitir que determinados procedimentos, sem litígio, fossem realizados na esfera administrativa, uma diversidade de Cartórios, diante da omissão da Lei no que toca ao critério de cobrança, passou a estabelecer taxas muitas vezes excessivas aos interessados na realização dos atos elencados pela própria Lei, sobrecarregando os procedimentos em onerosidade pecuniária, visto que o parâmetro de cobrança praticado estava sendo aquele decorrente da quantidade de bens, ou seja, quanto maior o número de bens envolvidos no procedimento, mais elevado seria o valor a pagar.

Assim, estabelecido foi no art.4º da Resolução n.35, o seguinte:

> "Art. 4º. O valor dos emolumentos deverá corresponder ao efetivo custo e à adequada e suficiente remuneração dos serviços prestados, conforme estabelecido no parágrafo único do art. 1º da Lei nº 10.169/2000, observando-se, quanto a sua fixação, as regras previstas no art. 2º da citada lei. "

Cabe esclarecer que o dispositivo apontado pelo art. 4º supra, dita parâmetros mais razoáveis para a cobrança de taxas de emolumentos, fixando, por exemplo, um valor mínimo e máximo para o exercício do ato e ainda a tão necessária observância das peculiaridades socioeconômicas de cada região, otimizando, positivamente, os procedimentos em questão.

Vale a pena lembrar, por conseguinte e em regra, o evidente apelo social dos institutos referidos, não podendo estes culminar em elevadas despesas para os interessados. Não custa sublinhar que a Lei n. 11.441/2007, em seu art.3º, garante aos comprovadamente necessitados a gratuidade dos serviços, abrangendo todos os atos ali previstos, ratificando tal entendimento os arts. 6º e 7º da sempre citada Resolução nº 35 do CNJ.

Em esclarecimento final à questão retro, importante se faz aqui acostar o art. 2º da Lei n. 10.169/2000, cuja referência ao mesmo fora cotejada no corpo do art. 4º alhures citado:

> "Art. 2º Para a fixação do valor dos emolumentos, a Lei dos Estados e do Distrito Federal levará em conta a natureza pública e o caráter social dos serviços notariais e de registro, atendidas ainda as seguintes regras:

> I – os valores dos emolumentos constarão de tabelas e serão expressos em moeda corrente do País;
>
> II – os atos comuns aos vários tipos de serviços notariais e de registro serão remunerados por emolumentos específicos, fixados para cada espécie de ato;
>
> III – os atos específicos de cada serviço serão classificados em:
>
> a) atos relativos a situações jurídicas, sem conteúdo financeiro, cujos emolumentos atenderão às peculiaridades socioeconômicas de cada região;
>
> b) atos relativos a situações jurídicas, com conteúdo financeiro, cujos emolumentos serão fixados mediante a observância de faixas que estabeleçam valores mínimos e máximos, nas quais enquadrar-se-á o valor constante do documento apresentado aos serviços notariais e de registro.
>
> Parágrafo único. Nos casos em que, por força de lei, devam ser utilizados valores decorrentes de avaliação judicial ou fiscal, estes serão os valores considerados para os fins do disposto na alínea b do inciso III deste artigo."

Outro conteúdo de suma importância e esclarecimento pela Resolução n. 35 foi aquele relativo à competência e as regras para determinar a escolha do tabelionato de notas apto à prática dos atos procedimentais da matéria a ser manejada, não deixando dúvidas sobre a liberalidade do interessado no tocante a sua escolha.

Nisso, de pronto, já no art. 1º da multicitada Resolução, tem-se estabelecido que:

> "Art. 1º Para a lavratura dos atos notariais de que trata a Lei n. 11.441/07, é livre a escolha do tabelião de notas, não se aplicando as regras de competência do Código de Processo Civil."

Em seguida, igualmente em matéria relevante, assegurada é a escolha facultativa da via administrativa pelos interessados, podendo, inclusive, solicitar ao juízo – em casos de demandas judiciais já em andamento- a suspensão do processo judicial pelo prazo de 30 (trinta) dias, a fim de que se promova a instauração do procedimento em respectiva instância cartorária. É o que noticia o art. 2º da Resolução n. 35, in verbis:

> "Art. 2º É facultada aos interessados a opção pela via judicial ou extrajudicial; podendo ser solicitada, a qualquer momento, a suspensão, pelo prazo de 30 dias, ou a desistência da via judicial, para promoção da via extrajudicial."

Mais precisamente, quanto ao inventário e à partilha, a Resolução expressa em seu art.11, não ser necessária a observância do art. 990 do CPC/1973 (art. 617 do CPC/2015) no que se refere à ordem para a representação do espólio.

No que toca ao denominado companheiro (a), indicam os arts. 18 e 19 da aludida Resolução n.35 o entendimento de que seu direito à meação pode ser reconhecido por escritura pública, desde que consentindo os demais herdeiros e interessados na herança, todos absolutamente capazes, alargando assim o alcance das normas estabelecidas na Lei em questão, propriamente para os que vivem sob o status de união estável.

Por outro lado, ocorrendo controvérsia acerca de tal questão, esta deverá ser devidamente solucionada em Juízo. Nisto, estabelece o conjunto de dispositivos abaixo:

> "Art. 18. O(A) companheiro(a) que tenha direito à sucessão é parte, observada a necessidade de ação judicial se o autor da herança não deixar outro sucessor ou não houver consenso de todos os herdeiros, inclusive quanto ao reconhecimento da união estável.
>
> Art. 19. A meação de companheiro (a) pode ser reconhecida na escritura pública, desde que todos os herdeiros e interessados na herança, absolutamente capazes, estejam de acordo."

Outra questão importante é aquela acerca da existência de credores do espólio, o que muito bem define a Resolução em seu art.27, preceituando que tal ocorrência não impede a realização de inventário, partilha ou adjudicação por escritura pública: "Art. 27. A existência de credores do espólio não impedirá a realização do inventário e partilha, ou adjudicação, por escritura pública."

Assim, uma vez tendo o falecido deixado dívidas, é absolutamente possível que se processe respectivo inventário perante o Cartório, sendo em tal instância analisados os bens, efetivando-se o devido pagamento a eventuais credores para, então, partilhar os demais.

Por fim, no que concerne ao sigilo das escrituras públicas, o CNJ, através da Resolução em tela, indica a negativa de sua ocorrência nos casos de separação e divórcios consensuais. É o que anota o art. 42, na seguinte forma: "Art. 42. Não há sigilo nas escrituras públicas de separação e divórcio consensuais."

De tudo, resta garantido que, se for de preferência da parte que seu processo seja promovido judicialmente, não poderá ser impedida para tanto, sob pena de inconstitucional afronta ao art. 5º, inciso XXXV, de nossa Constituição Federal, essa que, indubitavelmente, proclama a inafastabilidade da jurisdição, somando-se ainda ao art. 3º, caput do CPC.

Com relação à regulação extrajudicial da usucapião, possibilita o CPC/2015 o seu reconhecimento em sede cartorária, no entanto, por óbvio, necessita da consensualidade daquele até então titular do direito real e de outros diretos registrados na matrícula do imóvel usucapiendo bem como na matrícula dos imóveis dos confinantes (inciso II do art. 1.071).

Não havendo dita consensualidade, seja por ausência expressa do consentimento de qualquer um dos titulares de direito reais e de outros direitos registrados ou averbados na matrícula do imóvel usucapiendo e na matrícula dos imóveis confinantes, mesmo que notificado pelo registrador competente para se manifestar em 15 (quinze dias) (art. 1.071, IV, §2º), ou mesmo por meio de impugnação ao pedido de reconhecimento extrajudicial da usucapião (art. 1.068, IV,§10), não impedirá o ajuizamento de eventual ação judicial de usucapião (art. 1071, IV,§9º), ratificando, notadamente, o próprio direito constitucional ao acesso à justiça (art. 5º, XXXV da CF/88 e agora também, art.3º, caput do CPC).

Como se vê, mesmo que diante de requisitos necessários à correta instauração via Cartório de Notas das pretensões em tela (inventário, partilha, separação consensual e divórcio consensual e a usucapião), inegavelmente, nada exclui a ideia de estar-se diante de atividade tipicamente jurisdicional, correspondendo aos próprios ensejos aos quais tem o cidadão quando da procura pela jurisdição estatal, tanto que, conforme frisado repetidamente, nada o impede de provocar o Serviço Público da Justiça quando entender ser a melhor via satisfativa da pretensão escolhida, ainda que não resistida por outrem.

O que se quer com isso é demonstrar que os atributos da jurisdição podem ser parcialmente atribuídos a outros entes, flexibilizados, desde que devidamente reconhecidos e regulados legislativamente, para fins de se obter o interesse almejado.

3. CONTROLE JURISDICIONAL INDISPENSÁVEL

Como já bem pontuado no item anterior, em determinadas matérias, a lei proíbe, de maneira sistemática, a autotutela, a autocomposição, a mediação, o juízo arbitral ou mesmo a satisfação voluntária de determinada pretensão.

Em tais casos, a sujeição ao exame judicial para a sua procedência é condição essencial.

Ocorrem determinadas circunstâncias nos chamados direitos indisponíveis (no âmbito civil, são as questões ligadas ao estado e à capacidade das pessoas. Ex.: divórcio, anulação de casamento, separação, interdição, investigação de paternidade). Importante se faz ressaltar que, com o advento da Lei n. 11.441/07, procedimentos até então limitados à exigência de seu processamento no âmbito da jurisdição estatal, foram alcançados pela possibilidade de propositura em sede de via administrativa (Cartório de Notas), como nos casos de inventário, partilha, separação consensual e divórcio consensual[18] e mesmo no CPC/2015, com a possibilidade de manejo da usucapião na forma extrajudicial, *ex vi* do art. 1.071.

Já no âmbito penal, questões relativas à submissão de pena restritiva de liberdade formam a chamada "regra do indispensável controle jurisdicional".

---

18. Mais especificamente sobre o assunto, ver o Capítulo 22, item 3.4 da presente obra.

4. FUNÇÃO ESTATAL NA BUSCA PELA PACIFICAÇÃO SOCIAL

No desenvolver histórico da Jurisdição, conforme já analisado em capítulo anterior, importante é pontuar a periodicidade em épocas caracterizantes da ideia de Jurisdição e sua relação com a atividade estatal.

Neste sentido, dada a consideração do Direito Comum à atividade do magistrado diante da *Cognitio Extraordinaria* – esta como um verdadeiro ato da autoridade do Estado – tal mecanismo permaneceu também na Idade Média, atravessando séculos sem maior evolução, somente vindo a progredir a partir da Revolução Francesa de 1789. Foi ela que lhe injetou princípios até hoje consagrados, como o da publicidade dos atos em juízo e o da dignidade, refletindo este nos princípios hoje intitulados de *contraditório* e *ampla defesa*.

Fundamental exclamar para o fato de que a atividade jurisdicional como instituto centralizador em matéria processual, no entanto, somente veio a definir-se a partir da consideração e reconhecimento do próprio Direito Processual como ramo do Direito em meados do século XIX, na Europa Central, com o denominado *processualismo científico*, quando tiveram início as grandes construções doutrinárias, até desaguar na fecunda fase atual do processo contemporâneo, com suas "ondas", suas tendências e busca de soluções mais céleres, qualitativas e efetivas.

Hodiernamente, vê-se uma inquietação mundial, ante a triste realidade da incipiente efetividade das decisões judiciais, ensejada, sobretudo, pelo arcaísmo das organizações judiciárias e pela inexistência de órgãos permanentes de planejamento e reflexão no universo estatal do Judiciário, inequivocamente, um serviço público que deve se primar pela qualidade das atividades colocadas à disposição da sociedade.[19]

Mesmo que em sentido *lato*, cumpre destacar e esclarecer que a ideia aqui esboçada se torna necessária sob o ponto de vista do desenvolvimento do poder jurisdicional pelo Estado, este atingindo o monopólio da atividade judicante, pois que, em se tratando da Jurisdição em seus conteúdos e contornos específicos e mesmo efetivos, nos debruçaremos com relevo no capítulo a seguir.

Por fim, cabe ressaltar, mesmo após o presente desenvolvimento histórico e antecipadamente ao capítulo *a posteriori*, que a função da jurisdição visa, fundamentalmente, (r)estabelecer a pacificação social, evitando que as partes, por elas mesmas e diferentemente do ideário que propugnam os instrumentos da conciliação e da mediação, exerçam as suas "justiças" pelas próprias mãos, sendo evidente que, com tal prerrogativa da jurisdição, o Estado visa atingir e mesmo proteger escopos considerados soberanamente essenciais, quais sejam:

19. Por todos, ver PERROT, Roger. *Institutions Judiciaires*. Paris: Montchrestien, 2008, p.53 e ss.; GAIO JÚNIOR, Antônio Pereira (Org.). *Direito e Desenvolvimento*. Curitiba: CRV, 2015.

– o social (pacificação da sociedade à felicidade comum);

– o político (preservação das instituições, considerando o ordenamento jurídico e a segurança jurídica);

– o jurídico (aplicação efetiva e justa das normas).

CAPÍTULO 4

JURISDIÇÃO

1. INTRODUÇÃO

O senso comum, muitas vezes, transforma fenômenos históricos em realidades naturais que teriam existido sempre e de maneira uniforme ou mesmo que, de repente, surgiram já em seu modelo atual.

Verdade é que, ao se utilizar das mesmas palavras para definir fenômenos em constante transformação, gera-se a ilusão de que são eles a-históricos.[1]

Como bem pontua Thomas Kuhn,[2] as revoluções ou quebras de paradigmas são decorrentes de uma série de evoluções[3] operacionalizadas sob ou ao

---

1. SORJ. *A Nova Sociedade Brasileira*, p. 44.
Na esteira da importância do fundamento histórico para o descortinar de uma realidade, muitas vezes despercebida pela necessidade de se viver intensamente o presente (consequência) sem se comunicar com a origem (causa) do fenômeno em questão, importante aqui trazer à lume a ideia de Kuhn acerca de tal sensação, sustentando o filósofo que: "Se a história fosse vista como repositório para algo mais do que anedotas ou cronologias, poderia produzir uma transformação decisiva na imagem de ciência que atualmente nos domina." KUHN. *A Estrutura das Revoluções Científicas*, p. 19.

2. KUHN. A Revolução copernicana.

3. É de se observar que a ideia de evolução para Thomas Kuhn não significaria exatamente uma noção de progresso, mas, sim, na ideia de que se a ciência é a reunião de fatos, teorias e métodos reunidos nos textos atuais, então os cientistas são homens que com ou sem sucesso, empenharam-se em contribuir com um ou outro elemento para essa constelação específica. O desenvolvimento torna-se o processo gradativo através do qual esses itens foram adicionados, isoladamente ou em combinação, ao estoque sempre crescente que constitui o conhecimento e a técnica científicos. KUHN. *A Estrutura das Revoluções Científicas*, p. 20.
Importante, então, o entendimento acerca dos paradigmas (não obstante o caráter polissêmico de seus conceitos) como toda concepção científica alicerçada por determinados pressupostos, aceitos pela comunidade científica como verdades indiscutíveis.
Nesta toada, ao se relacionarem o processo evolutivo e progressão da ciência por meio de revoluções e daí a quebra de paradigmas ou "verdades científicas", temos que, segundo Kuhn, a história das ciências não deve ser estudada, supondo-se, como a historiografia tradicional imagina, que o processo científico se dá através da acumulação contínua de conquistas obtidas pelas gerações precedentes, de modo que se pudesse descrevê-las como um processo evolutivo. As revoluções científicas (ou a quebra de um determinado paradigma e sua substituição por outro) ocorrem, esporadicamente, quando um determinado modelo deixa de ofertar soluções para um numerário considerável de problemas, impulsionados por novas condições históricas bem como pelo próprio desenvolvimento da ciência.
Veja-se, portanto, que é plenamente adaptável à constatação de que tal fenômeno revolucionário vem atingindo construções conceituais e por que não práticas em vários institutos aqui processuais tais como a jurisdição, ação, processo e mesmo na organização judiciária, onde, construídos sob outras "verdades científicas", não coadunam, ou ainda, não mais se aderem à dinâmica jurídica e ao tecido social hodierno.

redor de determinados modelos construídos ou aqui institutos que, como em qualquer ciência social, se realizam sempre em caráter pendular, ou seja, fatores sociais, econômicos, políticos e mesmo jurídicos se entrelaçam na quebra de paradigmas que, longe da matemática, podem subtrair antes mesmo de somar, ou mesmo subdividir fenômenos antes mesmo de multiplicá-los.[4]

A jurisdição, como um dos atributos do Estado moderno, não tem paradeiro diferente. Ainda que atingida em suas características e princípios, ou mesmo em alguns deles, se vê, diante de flexibilização do conceito de soberania,[5] uma guinada em seus aspectos e dogmas, sacramentados e eternizados por uma construção doutrinária que edificada, no plano constitucional[6] já nos séculos XVIII e XIX e, posteriormente, alocada para o plano processual[7] no século XX.

Em meados do aludido século XX, mais precisamente com o advento do Tratado de Paris, de 18 de abril de 1951, operacionalizou-se a instituição da Comunidade Europeia do Carvão e do Aço (CECA), levando a Europa Ocidental a conduzir um processo de integração econômica complexo, findando em uma quebra paradigmática na evolução do Direito Internacional com a construção do Direito Comunitário, hoje Direito da União Europeia.

Sob a ótica do instituto da jurisdição é que se deve depreender a guinada conceitual e prática dos atributos inerentes ao Estado, na medida em que o Direito Comunitário relaciona matérias que, além de serem concernentes aos Direitos Público e Privado, constrói entidades supranacionais (Conselho de Ministros, Comissão Europeia – Órgãos Executivos; Parlamento Europeu; Tribunal de Justiça Europeu) os quais exercem autoridade, eficácia e efetividade sobre os Estados que compõem a denominada, hoje, União

---

4. BOBBIO. *A Era dos Direitos*, p. 67 *et seq.*
A multiplicação e mesmo a mundialização de determinados direitos coloca a ciência jurídica diante de enfrentamentos aos quais o próprio modelo europeu continental – deitado em raízes kelsianas – onde a verdade jurídica condicionava à sua própria segurança, não previa suportar.
Como adverte Ovídio Batista, ao examinar o caráter materializante da normatividade jurídica diante de tecido social complexo, usando como pano de fundo a autoridade do grande lógico e jurista Leibniz, em seus escritos acerca do método da jurisprudência, dando plena medida do significado e da novidade da concepção matematizante da Ciência do Direito: "'a teoria do direito inclui-se entre aqueles – escreve ele (Leibniz) – que não dependeu de experimentos, mas de definições' e logo após, como confirmação, aduz ser possível compreender que algo é justo, mesmo quando não haja ninguém que possa fazê-lo vigorar, não diversamente do que ocorre em matemática, onde 'as relações aritméticas são verdadeiras, mesmo que não haja quem as numere nem existam coisas a numerar'". Democracia Moderna e Processo Civil. *In:* GRINOVER; DINAMARCO; WATANABE (Coord.). *Participação e Processo*, p. 111.
5. Sobre "Novos Endereços Jurisdicionais", estes construídos sob a égide de uma relativização do conceito de Soberania ou, se preferir, pela delegação do Estado de parcela da mesma a outras entidades supranacionais, ver Apêndice do presente Capítulo.
6. ALBERTINI et al. *La Déclaration des droits de l'homme et du citoyen de 1789*, p. 113.
7. CHIOVENDA. *Principios de Derecho Procesal Civil*, t. I, p. 95-96; CARNELUTTI. *Instituciones del Proceso Civil*, v. 1, p. 28.

Europeia,[8] espancando, portanto, princípios clássicos do direito moderno, sobretudo no que se refere ao papel do Estado perante seus poderes intra e extraterritoriais.

Sobre tais questões supracitadas é que desenvolveremos algumas breves reflexões que, no seu decorrer, poderão suscitar outras indagações e possíveis soluções, resultando, quem sabe e ainda que timidamente, em futuras evoluções.

2. CONCEITO

O Estado moderno, para melhor atingir seu objetivo, que é o bem comum, dividiu seu poder soberano em três outros: Poder Legislativo, Poder Executivo e Poder Judiciário, tendo cada um deles uma função estatal.

Assim, ao Legislativo compete a estruturação da ordem jurídica por meio da atitude legislativa; ao Executivo, a administração; e ao Judiciário, de um modo geral, a composição dos litígios nos casos concretos.

À função de compor litígios, de declarar e realizar o Direito dá-se o nome de Jurisdição.

Etimologicamente, a palavra Jurisdição é derivada do latim *jurisdictio* (ação de administrar a justiça, oriunda das expressões *jus dicere, jurisdictio*).[9]

Como já bem expressava Celso Neves,[10] o vocábulo "jurisdição" é insuficiente para demonstrar todo o alcance intelectivo e prático que se poderia

---

8. Fazem parte hoje da estrutura institucional da União Europeia:
   a) O Parlamento Europeu.
   b) Conselho Europeu. .
   c) Conselho.
   d) Comissão Europeia.
   e) Tribunal de Justiça da União Europeia.
   f) Tribunal de Contas
   O Conselho e a Comissão supracitados são assistidos por dois comitês com funções consultivas: O Comitê Econômico e Social e o Comitê das Regiões.
   Complementando a presente estrutura está o Banco Europeu de Investimentos – BEI, dotado de personalidade jurídica, o Sistema Europeu de Bancos Centrais – SEBC e o Banco Central Europeu – BCE, também dotado de personalidade jurídica.
   Especificamente sobre a estrutura institucional da UE, ver, dentre outros, GAIO JÚNIOR. *O Consumidor e sua Proteção na União Europeia e Mercosul.*, p. 47-92; ARNAUD. *Mersocur* – Unión Europea, Nafta y hos Processos de Integración regional, p. 271;
   FARIA. Quadro Institucional da Comunidade Européia. *In: Revista de Informação Legislativa*, a. 32, n. 28, p. 179.
   Para um aprofundamento mais específico em tão formidável e essencial instituição, confira ainda, dentre outros: CAMPOS. *Direito Comunitário*, 3. ed.; CASSELA. *Comunidade Européia e seu ordenamento jurídico*; CARCOMO LOBO. *Manual de Direito Comunitário*; ALBUQUERQUE MELLO. *Direito Internacional da Integração*; PORTO *et al. A União Européia*; MOURA RAMOS. *Das Comunidades à União Européia.*
9. DE PLÁCIDO E SILVA. *Vocabulário Jurídico*, p. 802.
10. NEVES. *Estrutura Fundamental do Processo Civil*, p. 3.

delinear tal instituto, dificultando inclusive, a construção uníssona para entendimento acerca deste assunto, tanto em nível pátrio quanto na literatura estrangeira. Couture[11] já dizia ser o conceito de Jurisdição uma prova de fogo para os juristas e mesmo Calamandrei, de maneira vanguardista, quase que como premunição, sustentava não ser possível dar à Jurisdição uma definição para todos os tempos e para todos os povos,[12] o que também lhe seguia Alfredo Rocco,[13] dizendo ainda tratar-se de um problema conceitual ainda por se decidir a ciência jurídica.

O fato é que, notoriamente, o homem, enquanto animal político encontra na coletividade organizada formas efetivas para o alcance de pretensões individuais, daí a concepção também de Estado.

Impulsionado pelo alargamento natural do Estado, Montesquieu sistematizou uma forma de separação de poderes que, a despeito das ideias mesmo que ainda incipientes nos escritos de Aristóteles e de Locke, partia da noção de que o próprio poder controlaria o poder, estabelecendo-se uma compartimentação entre os mesmos, definindo-se, portanto, em um sistema de freios e contrapesos. Daí, a concepção de tripartição dos Poderes em Legislativo, Executivo e Judiciário.[14]

Neste sentido, a cada um dos Poderes supracitados fica reservada a responsabilidade precípua em uma atividade específica.

Assim, ao Legislativo compete a atividade estrutural da ordem jurídica através da atitude legislativa, ao Executivo cabe, enquanto atividade principal, a administração da máquina pública, reservando ao Judiciário, como atividade primordial, aquela de índole jurisdicional, notadamente, a composição de litígios e/ou declaração de direitos diante dos casos concretos.

Convém ressaltar que nenhum dos aludidos Poderes realiza as funções acima referidas com exclusividade. Isto porque, ao Poder Legislativo, cabe,

---

11. No entanto, afirmava ser a função imediata da jurisdição aquela de decidir conflitos e controvérsias de relevância jurídica.
COUTURE, Eduardo J. *Fundamentos de Derecho Procesal Civil.* 2. ed. Buenos Aires: Depalma, 1958, p.42.

12. *"Del concetto di giurisdizione non si può dare uma definizione assoluta , valevole per tutti i tempi e per tutti i popoli.".* CALAMANDREI, Piero. *Opere Giuridiche.*Vol. IV. Napoli: Morano Editore,1970, p.34.

13. *La Sentenza Civile.* Milano: Giuffrè, 1962, p.10.

14. Cabe notar que Montesquieu, em sua obra "Do Espírito das Leis", já abrandava a rigidez da divisão entre os diversos Poderes do Estado. Vale ressaltar ainda que, mais precisamente no Capítulo VI do Livro XI da referida obra, observa-se que diversamente do que alguns entendem, o aludido autor não sustenta os Poderes como conteúdos estanques. Admitindo ele a unidade do denominado Poder Estatal, exclamava a ingerência de um dos Poderes do Estado em competências aparentemente alheias à sua área de abrangência.
É de se frisar, como já afirmava Léon Duguit (*Traité de Droit Constitucionnel*: La Théorie Génerale de I' État, v. II, p. 663), que a confusão entre a separação de funções não provém de Montesquieu, mas de seus intérpretes.

por conseguinte, julgar em determinados casos, como nos crimes de responsabilidade de seus próprios pares, assim como também no que concerne ao Presidente da República; em outro passo, ao Poder Executivo poderá normatizar determinadas situações através, por exemplo, das Medidas Provisórias; diferente também não se faz no âmbito do Poder Judiciário, pelo qual este realizará atividades administrativas, quando da organização e forma de atuação de seus servidores ou mesmo no que toca aos tribunais, quando de edições de resoluções, objetivando uma melhor otimização nos serviços cartorários.[15]

Isto posto, partindo da ideia de Jurisdição como atributo conferido ao exercício da atividade jurisdicional por parte de um dos Poderes do Estado, qual seja, o Poder Judiciário, o seu conceito – como já referido por Calamandrei em linhas acima – possui uma diversidade de alcances.

Para Chiovenda, a Jurisdição consiste na atuação da lei mediante a substituição da atividade alheia pela atividade dos órgãos públicos, afirmando ainda a existência de uma vontade da lei e colocando-a posteriormente em prática.[16]

Já, para Francesco Carnelutti, a Jurisdição é entendida como um meio de que se vale o Estado para a justa composição da lide. Neste sentido, a atividade jurisdicional exercida pela autoridade estatal por meio do processo visa à composição de um conflito de interesses, sendo justa pois, que se refere, estar a solução da demanda de acordo com o Direito vigente, entendendo-se ainda por "lide", o conflito de interesses qualificado por uma pretensão resistida.[17]

Para Rosenberg, Schwb e Gottwald a finalidade da atividade jurisdicional civil seria a satisfação dos direitos subjetivos.[18]

Guasp e Aragones, após subdividirem a concepção de Jurisdição sob três pontos de vista, quais sejam: o objetivo (conjunto de matérias processuais em que intervêm os órgãos do Estado); subjetivo (conjunto de órgãos estatais que intervêm no processo) e atividade (conjunto de atos realizados pelos órgãos estatais, ao intervir no processo),[19] reduzem a ideia da mesma em uma "*función estatal de satisfacción de pretensiones*".[20]

---

15. Oportuno trazer aqui as ideias de Calamandrei acerca do assunto, em que o mestre italiano sustenta que a distinção entre as funções dos Poderes Judiciário, Executivo e Legislativo, pode-se dar, pelo menos teoricamente, pelo exercício de três critérios, sendo eles o orgânico, o formal e o substancial.
O critério orgânico implica na distinção da função a partir do órgão que a exerce. Já, no que se refere ao critério formal, este corresponde a uma distinção realizada mediante a forma de como se revestem os atos praticados pelas três funções estatais. Quanto ao critério substancial, este dita a análise sob a óptica da natureza ou do conteúdo do ato em si bem como os seus efeitos jurídicos, independente do órgão que o exerce. CALAMANDREI. *Instituciones de derecho procesal civil*, v. 1, p. 186.
16. CHIOVENDA. *Principii di diritto processuale civile*, IV. ed., p. 301.
17. CARNELUTTI. *Instituciones del proceso civil*, v. 1, p. 28.
18. ROSEMBERG, Leo; Schwab, Karl Heinz; GOTTWALD, Peter. *Zivilprozeßcht*. Münchhen, 2004, p.2-3.
19. GUASP; ARAGONES. *Derecho procesal civil*, t. I, 5. ed., p. 89.
20. Idem, p. 92.

Em critério mais amplo e, por isso, vetorizando de forma segura a incidência do instituto com a sua atuação primária nas órbitas dos poderes do Estado, somado ao real e efetivo comprometimento *lato* e *stricto sensu* com o exercício da atividade jurisdicional, Celso Neves[21] considerou a Jurisdição como *poder*, relacionando-a ao plano da soberania estatal, justificada pela manifestação do monopólio estatal em sede de capacidade de decidir e impor, imperativamente, suas decisões; como *função*, justificada pelas atribuições que caracterizam os órgãos estatais, estas diretamente relacionadas à promoção da pacificação social por meio do processo; como *atividade*, já aí relacionada à prática dos atos no âmbito do processo – instrumento pelo qual a jurisdição opera – exercício este praticado pelo magistrado, oriundo do poder a ele conferido pelo próprio Estado.

Conforme se depreende, para a caracterização da Jurisdição critérios e conceitos se diversificam na medida das concepções e do foco de observação do instituto enquanto fenômeno jurídico.

Por outro lado, a nossa sempre festejada Ada Pellegrini Grinover assenta com propriedade que jurisdição na atualidade, não mais se caracteriza como poder, mas "função, atividade e garantia. Seu principal indicador é o acesso à Justiça, estatal ou não, e seu objetivo, o de pacificar com justiça."[22] Este conceito, atesta a brilhante professora, abrange a justiça estatal, a justiça arbitral e a justiça conciliativa.

Cediço é que a atividade jurisdicional em um seus aspectos finalísticos, qual seja, a composição do litígio e como consequência, a pacificação social a partir de um processo justo, não se restringe somente à atividade estatal. É fato que a própria arbitragem possui tal virtude e mesmo a conciliação e mediação, quer extra ou endoprocessual, estão encarnadas da expectativa pela composição de litígios, possuindo aptidão para a pacificação das relações entre os partícipes de tais meios.

Por tudo, entendemos diferentemente da professora supracitada no que se refere à afirmativa de não ser mais a jurisdição dotada do elemento "poder", já que para Ada, na justiça conciliativa não haveria exercício do poder.[23]

De fato, conforme pontuaremos em item mais adiante, a noção de "poder" como um dos elementos constituidores do conceito de jurisdição, de muito já vem sendo flexibilizada, não sendo considerado de conteúdo indubitável ou absoluto em suas razões, mesmo porque, conforme já ilustrado em sede europeia, os Estados-membros da União Europeia delegam ao Tribunal Europeu parcela de sua soberania, ao se comprometerem com o respeito para com o controle das decisões de seus Tribunais de Justiça.

Diante disso, mesmo em sede pátria, quando se tem prometido pelo texto constitucional, mais precisamente no art. 5º, §4ª, que o "*Brasil se submete*

---

21. NEVES. Ob. cit., p. 28; CINTRA; GRINOVER; DINAMARCO. *Teoria Geral do Processo*, 11 ed., p. 125.
22. GRINOVER, Ada Pellegrini. *Ensaio sobre a processualidade*. Brasília: Gazeta Jurídica, 2016, p.30.
23. Idem, p.5.

à jurisdição de Tribunal Penal Internacional a cuja criação tenha manifestado adesão", não se tem a descaracterização do elemento "poder" como integrante do conceito de jurisdição, mas tão somente a perspectiva de sua flexibilização para fins de alcance ao respeito da dinâmica do direito material a ser protegido.

Em verdade, ao observarmos o crescente alargamento dos ambientes propiciadores de uma solução de controvérsias, notamos que o objetivo inegável do legislador fora viabilizar *locus* diversos daquele estatal para fins de, igualmente, oportunizar a satisfação dos direitos justificadora do alcance da paz social, algo que, desde sempre, notabiliza como um dos elementos da jurisdição: a sua "função".

De tudo, a despeito de a justiça arbitral, a justiça conciliativa e mesmo ainda os procedimentos pela via cartorária não corresponderem à construção conceitual de jurisdição a partir de aspectos históricos e/ou ideológicos, nos parece inegável que aquelas são dotadas de natureza voltada à função jurisdicional que é propiciar a paz social com solução da *questio* colocada pelas partes ou mesmo apresentada pelos interessados para fins de homologação da vontade, o que, em última análise, se apresenta em sede de jurisdição voluntária onde o caráter de administração de interesses privados se faz presente.

Certo é que a atividade jurisdicional em seu aspecto finalístico, qual seja, a composição do litígio e como consequência, a pacificação social a partir de um processo justo, não se restringe somente à atividade estatal, por isso havendo outros meios propícios à solução de conflitos e mesmo de homologação de vontades consensualizadas, que estão encarnados de aptidão para a satisfação de direitos.[24]

3. CARACTERÍSTICAS

a) Unidade

A jurisdição é função exclusiva do Poder Judiciário, exercido por intermédio de seus juízes os quais decidem monocraticamente ou em órgãos colegiados. Nesse sentido é que se diz ser a jurisdição única – como se depreende do art. 16 do Código de Processo Civil – tendo a distribuição funcional da jurisdição em órgãos (varas cíveis, varas criminais e varas trabalhistas) efeito meramente organizacional.

Daí, como bem ensina que para Lopes da Costa, a jurisdição sempre será o poder-dever, atitude específica do Estado de declarar e realizar o Direito.[25]

b) Secundariedade

---

24. GAIO JÚNIOR, Antônio Pereira. Jurisdição Civil: reflexões sobre novos paradigmas para a sua compreensão. In: GAIO JÚNIOR, Antônio Pereira; PINHO, Humberto Dalla Bernardina. Teoria Geral do Processo Civil. Novos Paradigmas frente ao CPC/2015. Rio de Janeiro: GZ, 2018, p.8-9.

25. LOPES DA COSTA, Alfredo Araújo. *Manual Elementar de Direito Processual Civil*. Rio de Janeiro: Forense, 1956, p. 23.

Dentro do ideal, é razoável que o cumprimento de obrigações, direitos e deveres sejam realizados independentemente da atuação da jurisdição. Assim, em geral, o patrão paga os salários sem que seja acionado para tanto; o locatário cumpre sua obrigação para com aluguel etc.

Ocorre que, em um sentido geral,[26] somente quando surge o litígio ou mesmo possibilidade do litígio, é que o judiciário será provocado, residindo aí o seu caráter secundário, isto é, a característica da secundariedade da jurisdição.

Importante se faz ressaltar que no tocante ao "controle jurisdicional indispensável", com a incidência dos denominados Direitos indisponíveis (conforme já observado no Capítulo 3), certamente tal característica da "secundariedade" não é vista no seu aspecto absoluto pois que a presença do Estado (Poder Judiciário), neste caso, será imprescindível para a tutela do direito almejado e em sede de contenciosidade, casos como, p.ex., divórcio, separação judicial, inventário, alimentos, paternidade, tutela, doação, curatela etc.

c) Imparcialidade

A jurisdição deve ser entendida neste termo, como atividade equidistante e desinteressada do conflito e, por isso, num primeiro momento, só age se provocada (art. 2º do CPC). Assim, uma vez havendo a aludida provocação, ela sai da inércia, agindo, a partir de então, por impulso oficial.

d) Substitutividade

Tal característica está intimamente ligada à secundariedade.

Quando surge o litígio, as partes podem compô-lo de diversas formas, sem recorrer ou aguardar o pronunciamento jurisdicional, pois que, conforme alhures, além da jurisdição, *a transação* (concessões mútuas – Código Civil, art. 1.025), a conciliação, a mediação e o juízo arbitral são instrumentos extra ou endoprocessuais adequados à composição de litígios.

Neste sentido é que a doutrina, de um modo geral, preceitua que a jurisdição – além dos demais instrumentos supracitados – possui caráter substitutivo, isto é, substitui a atuação voluntária das partes na solução dos litígios.

1º – Se se busca a presença do Estado na solução do litígio (Jurisdição) *secundariedade*.

2º – A solução (sentença) que o Estado dará (Tutela Jurisdicional) é que substituirá (substitutividade) a vontade das partes no tocante ao conflito de interesses.

4. PRINCÍPIOS APLICÁVEIS À JURISDIÇÃO

a) Princípio da Investidura

Determina que a jurisdição somente será exercida por quem tenha sido regularmente investido da autoridade de juiz.

---

26. Ressalvadas evidentemente, situações as quais, p.ex., se limita à pretensão apenas declarativa de direitos e/ou relações, como se extrai do art. 19 do CPC.

Neste sentido, a investidura da autoridade de juiz se faz por dois meios distintos:

– por concurso de provas e títulos para o ingresso na carreira de juiz de 1º grau de jurisdição (art. 93, inciso I da CF/88);

– pelo quinto constitucional para o ingresso de advogados e membros do Ministério Público no cargo de juiz nos tribunais colegiados de 2º grau de jurisdição (art. 94 da CF/88).

b) Princípio da Aderência ao território

Tal princípio prescreve que a jurisdição, por ser manifestação de soberania nacional, deverá ser exercida nos limites do território pátrio.

Cabe aqui pontuar o necessário esclarecimento acerca do presente princípio e sua relação com a denominada "competência extraterritorial".

O princípio da aderência ao território expressa que a jurisdição brasileira será exercida por órgão judiciário situado em território nacional, proibindo sua atividade em território estrangeiro.

Já a competência extraterritorial (p.ex.: art. 7º do Código Penal)[27] trata da possibilidade de o juiz brasileiro, situado em território nacional, processar e julgar fatos ocorridos fora deste território.

27. *"Art. 7º Ficam sujeitos à lei brasileira, embora cometidos no estrangeiro:*
I – os crimes:
a) contra a vida ou a liberdade do Presidente da República;
b) contra o patrimônio ou a fé pública da União, do Distrito Federal, de Estado, de Território, de Município, de empresa pública, sociedade de economia mista, autarquia ou fundação instituída pelo Poder Público;
c) contra a administração pública, por quem está a seu serviço;
d) de genocídio, quando o agente for brasileiro ou domiciliado no Brasil;
II – os crimes:
a) que, por tratado ou convenção, o Brasil se obrigou a reprimir;
b) praticados por brasileiro;
c) praticados em aeronaves ou embarcações brasileiras, mercantes ou de propriedade privada, quando em território estrangeiro e aí não sejam julgados.
§ 1º Nos casos do inciso I, o agente é punido segundo a lei brasileira, ainda que absolvido ou condenado no estrangeiro.
§ 2º Nos casos do inciso II, a aplicação da lei brasileira depende do concurso das seguintes condições:
a) entrar o agente no território nacional;
b) ser o fato punível também no país em que foi praticado;
c) estar o crime incluído entre aqueles pelos quais a lei brasileira autoriza a extradição;
d) não ter sido o agente absolvido no estrangeiro ou não ter aí cumprido a pena;
e) não ter sido o agente perdoado no estrangeiro ou, por outro motivo, não estar extinta a punibilidade, segundo a lei mais favorável.
§ 3º A lei brasileira aplica-se também ao crime cometido por estrangeiro contra brasileiro fora do Brasil, se, reunidas as condições previstas no parágrafo anterior:
a) não foi pedida ou foi negada a extradição;
b) houve requisição do Ministro da Justiça."

c) Princípio da Indelegabilidade

Deve o juiz, investido das funções jurisdicionais, como órgão do Estado, exercê-las pessoalmente, não as delegando.

Isto porque o Estado, segundo o seu próprio critério de trabalho, dividiu a função jurisdicional em determinadas áreas do Direito, por isso, impede-se o magistrado de transferir a outro sua competência para conhecer processos de sua responsabilidade funcional.

Tal princípio também determina a proibição da delegação do ofício jurisdicional a qualquer outro órgão ou pessoa que não seja o Poder Judiciário.

Neste sentido, como se observa no tocante à expedição das Cartas (art. 237, III do CPC), no caso, por exemplo, de Carta Precatória, quando se trata de ato a ser praticado fora da circunscrição territorial do juiz, não se está diante de delegação de função, mas, sim, tanto o juiz deprecante quanto o deprecado, aquele solicitando e este realizando o ato, estão a exercer a jurisdição em suas devidas áreas territoriais bem como nos limites de suas próprias competências.[28]

d) Princípio da Inafastabilidade ou indeclinabilidade

A jurisdição está a serviço do controle da legalidade no país, consoante assentado constitucionalmente (art. 5º, XXXV, da CF/88).

Aliás, movido pelos indissociáveis valores e princípios constitucionais que acedem sobre a processualística hodierna, o CPC/2015 alçou ao art. 3º, *caput* de seu texto, semelhante enunciado a este do texto constitucional, ao asseverar que: *"Não se excluirá da apreciação jurisdicional ameaça ou lesão a direito."*, portanto, uma vez requerida a tutela jurisdicional, não poderá o juiz se eximir de sua função, nem mesmo diante de lacuna ou obscuridade no ordenamento jurídico (art. 140 do CPC), devendo, nestes casos, lançar mão de meios integrativos para a completabilidade do ordenamento, tais como os costumes, a analogia e os princípios gerais do Direito conforme também sustenta a Lei de Introdução à Normas Brasileiras em seu art. 4º.

e) Princípio do Juiz Natural

Este princípio esclarece que, para cada ação a ser ajuizada, preexiste um juiz integrante do Poder Judiciário investido nas funções jurisdicionais, apto a processar e julgar a demanda.

Em face do presente princípio, não se cria um juiz ou um tribunal para uma ação ou processo pendente; por isso, o afastamento da prática nefasta dos Tribunais de Exceção, com previsão proibitiva estampada constitucionalmente no art. 5º, XXXVII, da CF/88.

f) Princípio da Inércia

Prescreve este princípio que o pronunciamento jurisdicional somente ocorrerá mediante provocação do interessado. Observa-se com isto que as

28. SANTOS. *Primeiras Linhas de Direito Processual Civil*, v. I, p. 72.

máximas *ne procedat iudex ex officio* e *nemo iudex sine actore* dão o exato contorno e entendimento à ideia deste princípio.

Com a provocação da jurisdição através da ação (aqui entendida em seu caráter e amplitudes meramente constitucionais) e aquela operando através do processo, movimenta-se o aparelho jurisdicional (art. 2º do CPC), impulsionado agora não somente pelas partes, mas pelo próprio juiz (Impulso oficial, também art. 2º do CPC).[29]

5. PODERES INTRÍNSECOS DA JURISDIÇÃO

a) Poder de decisão

É a essência da atividade jurisdicional que se utiliza do poder de decidir para solucionar a demanda.

Os arts. 203 e 204, ambos do CPC, trazem os atos sob os quais a jurisdição desenvolve este poder, sendo eles a sentença, as decisões interlocutórias, os despachos e o acórdão.

b) Poder de polícia

Para se obter a devida ordem bem como a eficácia de determinadas decisões, poderá o magistrado exercer o poder de polícia que lhe é facultado.

Quando a jurisdição, representada pelo juiz, se utiliza da força policial, entende-se que usou do "poder de polícia".

No CPC, os incisos IV e VII do art. 139; o art. 360, dentre outros; no CPP, art. 251, contemplam genericamente este princípio.

Obs.: Importante ressaltar que o uso da força policial tanto poderá ser praticado para prevenir ou coagir a prática de um ato (ex.: prisão civil do devedor de alimentos como meio coativo à prestação de alimentos, art. 528, §3º do CPC; casos de obtenção de Tutela Específica, art. 536,§1º) como para efetivação da tutela jurisdicional (uso de força policial para a prisão de um condenado à pena privativa de liberdade sob o regime fechado).

6. ESPÉCIES DE JURISDIÇÃO

Sabemos que a jurisdição, como manifestação da soberania do Estado, é indivisível (una).

---

29. Notadamente, como se observa em sede de Teoria Geral do Processo, há de haver exceções a tal princípio, como é de se sustentar em qualquer esfera do Direito, haja vista que se trata de ciência dialética e sofismável, ao contrário de incansavelmente tentarem matematizá-la. Assim, como questões excetuantes ao princípio em tela, temos na esfera processual trabalhista, a possibilidade de, por ato do próprio juiz, instaurar-se o processo de execução (art. 878 da Consolidação das leis do Trabalho); ainda na seara penal, temos a figura do *Habeas Corpus* de ofício (art. 654, § 2º, do Código de Processo Penal), onde temos a possibilidade de este instituto ser impetrado pela própria autoridade judicial. Cf., nestes termos, TOURINHO FILHO. *Processo Penal*, v. II, 23 ed., p. 85. No mesmo sentido, mantêm o texto do CPC/2015, em seu art. 2º.

Para efeitos didáticos e mesmo de organização forense, deve-se admitir algumas classificações.

1ª classificação

Jurisdição ou "Justiça" especial: atribuída aos juízes e tribunais do trabalho, eleitorais e militares, chamados, portanto, de direitos especializados.

- Justiça do Trabalho: Competência delineada no art. 114 da CF/88 (Direito do Trabalho).
- Justiça Militar: Competência descrita no art. 124 da CF/88 (Direito Penal Militar).
- Justiça Eleitoral: Competência para solucionar lides eleitorais (art. 121 da CF/88) (Direito Eleitoral).
- Jurisdição ou "Justiça" comum: Toda matéria de direito comum: cível, comercial, criminal, infância e juventude, registros públicos, tributário, previdenciário e administrativo. É atribuída aos juízes e tribunais federais e estaduais.
- Justiça Federal: arts. 106 e 110 da CF/88.
- Justiça Estadual: arts. 125 e 126 da CF/88.

2ª classificação

- Jurisdição Inferior: aquela que conheceu o processo desde o seu início, geralmente exercida pelo juiz monocrático.
- Jurisdição Superior: exercida pelos órgãos colegiados a que cabem recursos contra decisões proferidas por juízes inferiores.

3ª classificação

Insta pontuar aqui que, ao contrário do CPC/1973, o CPC/2015 optou por apenas nominar os Procedimentos Especiais como "de Jurisdição Voluntária", deixando os ditos "Contenciosos" apenas referendados com o termo "Dos Procedimentos Especiais" (arts. 539 a 718).

Não obstante isso, temos que ainda continua representativa a presente classificação da jurisdição entre contenciosa e voluntária, pois que a terminologia indicada não significa o abandono científico de sua existência. Assim, temos:

- Jurisdição Contenciosa: Entende-se como função estatal exercida com o objetivo de compor litígios.
- Jurisdição Voluntária: Entende-se como aquela em que ocorre a mera participação do Poder Judiciário em negócios jurídicos privados a fim de conferir-lhe validade, por isso, é que se diz ser a jurisdição voluntária aquela que exerce a administração pública dos interesses privados, não havendo, portanto, conflitos a serem dirimidos, sendo formalmente capitulada nos arts. 719 a 770 do CPC, em matérias como: Divórcio, e separação judicial consensual, extinção consensual de união estável, abertura de testamento e codicilo, herança jacente, declaração e divisão de bens de ausente, coisas vagas, interdição , de organização e da fiscalização das fundações, dentre outras.

É bem verdade que a Jurisdição Voluntária, não obstante sua notável e pontual característica prática que é representada pela realização de uma intensa função jurisintegrativa,[30] no que se refere à sua natureza processual, esta, sem dúvida, é marcada por controvérsias e questionamentos que ora recrudescem, atravessando gerações no âmbito do progresso da ciência processual, mesmo diante da óptica hodierna, encravada sob o manto da instrumentalidade.

Tal natureza jurídica acima referendada, cujo teor investigativo se fundamenta, em um primeiro momento, na noção de Jurisdição como função do Estado de solucionar conflitos a ele submetidos e neste ínterim, ser a Jurisdição Voluntária uma autêntica Jurisdição; em um segundo momento, sendo considerada efetiva Jurisdição, justificar a existência de similitudes bem como as diferenças que a fragmentam da Jurisdição contenciosa, sob os domínios dos elementos caracterizadores de uma atividade jurisdicional voltada à solução de conflitos.

Com relação à primeira indagação, mesmo que a despeito do que já bem expressa o art. 16 do CPC, é patente que a atividade jurisdicional não limita supressão de contenciosidade. Não precisaríamos nem mesmo pedir auxílio ao texto legal, *v.g.*, art. 20 do CPC; bastaria, sim, exercício intelectivo no reconhecimento da existência de situações jurídicas que ainda não se constituíram em relações jurídicas, entretanto, em futuro próximo, podem se converter nestas relações, precisando, por isso, ser acauteladas de quaisquer sofismas, tornando verdadeiramente certo o direito duvidoso, cabendo aqui exclamar, nos dizeres de Carnelutti, que a incerteza equivale ao perigo do litígio.[31]

Assim se poderia colocar o problema da contenciosidade ou não da Jurisdição Voluntária – para aqueles que entendem estar atrelada à atividade da Jurisdição somente a solução de controvérsias – na ideia de que, de certo, diferentemente da Jurisdição Contenciosa, onde, nesta se conhece o conflito de interesses *atual*, na Jurisdição Voluntária se conhece um conflito de interesses *potencial*,[32] ainda que entendido e estendido à forma latente.

Lopes da Costa, ao contextualizar o papel exercido pela Jurisdição voluntária, a despeito do exercício quer de uma função jurisdicional quer administrativa, coloca no plano do auxílio ou mesmo da intervenção do Estado na chancela para a validade de negócio jurídico, *a intenção prática da identidade voluntária* desta Jurisdição. De maneira precisa, antes mesmo de afirmar a denominação dada por Zanobini,[33] sustenta haver também na ordem privada um

---

30. Sobre a característica prática oriunda de atividade processual jurisintegrativa, esta desenvolvida pelo exercício da Jurisdição Voluntária, ver por todos, NEVES. Ob. cit., p. 43-51.

31. CARNELUTTI. *Instituciones del nuevo proceso civil italiano*, p. 43.

32. Idem, p. 42.

33. "A chamada jurisdição voluntária abrange, pois, os atos de administração de interesses privados, qualquer que seja o órgão que o pratique, autoridade administrativa ou autoridade jurisdicionária. Sob a mesma denominação, à espera que outra surja, menor (*sic*) que a de Zanobini, para vencer a lei do menor esforço que vai mantendo a romana através dos séculos." LOPES DA COSTA. *A Administração Pública e a Ordem Jurídica Privada (Jurisdição Voluntária)*, p. 65-70.

mundo jurídico, este formado por pessoas, sob o ponto de vista de sua capacidade jurídica bem como pelas relações jurídicas que entre elas se estabelecem.

Trata-se de uma ordem eminentemente dinâmica, em evolução, onde Direitos se extinguem se adquirem ou mesmo se transmitem; nesta citada ordem

> o Estado intervém, ou realizando atos que também pelo particular podem ser praticados e a ele assim se equipara (compra, venda, locação, permuta), ou cooperando com o particular para auxiliá-lo na aquisição e na alteração de direitos privados. Cria sujeitos de direito (pessoas jurídicas), supre ou integra a capacidade jurídica dos incapazes (tutela, curatela), providencia sobre documentação e a publicidade de atos jurídicos, regula registros públicos, como forma de aquisição ou conservação de direitos e assim por diante.[34]

Observa-se que, se há voluntariedade nesta espécie de Jurisdição, tal voluntariedade partiria mesmo do Estado que, de maneira voluntária – ativa, exige sua participação, como em um controle jurisdicional indispensável, de maneira voluntária e proposital para o reconhecimento da validade do interesse jurídico ansiado pelo interessado.

Sob o segundo momento acima colocado, usando a Jurisdição Contenciosa como paradigma em visão macroscópica da mesma, a doutrina, com mais ou menos frequência, vem estampando, em produções intelectuais, pontos de convergência e divergência com relação à Jurisdição Voluntária, no intuito, pensamos, de mero exercício didático, o que, de certo, esconderá reflexões críticas necessárias à exata compreensão do papel desempenhado por ambas as Jurisdições no contexto da processualística civil hodierna.

Cabe aqui realçar possível esquema – que criticamos posteriormente - onde se procura sintetizar e numeraras possíveis similitudes e divergências apontadas pela doutrina processual, de um modo geral, estas relacionadas a ambas as Jurisdições:

Possíveis Semelhanças

Jurisdição Contenciosa	Jurisdição Voluntária
Tutela pública de interesses privados	Tutela pública de interesses de privados
Inicia-se mediante provocação	Inicia-se mediante provocação
Da sentença cabe recurso	Da sentença cabe recurso

34. Idem, p. 65.

Possíveis Diferenças

Jurisdição Contenciosa	Jurisdição Voluntária
Processo	Procedimento
Existência de Partes	Existência de Interessados
A Jurisdição atua compondo litígio	A Jurisdição integra o negócio jurídico para lhe dar validade

Notadamente, acerca das citadas semelhanças, nada há a acrescentar dada a objetividade das mesmas.

No que toca às possíveis diferenças, cabem comentários pertinentes.

Com relação à primeira delas, temos que, conforme se verá adiante em capítulo próprio, o processo, principalmente no que se refere à sua natureza jurídica, é formado pelo somatório dos atos que lhe dão corpo e a relação inteligível e racional entre eles (procedimento) juntamente com a relação jurídica processual, isto é, pela dinâmica desta relação na produção de ônus, obrigações, direitos e deveres decorrentes de qualquer relação jurídica, justificando sua autonomia diante da relação jurídica material, sobretudo no que concerne mais especificamente à produção dos reflexos supracitados.

De outro modo, tanto na jurisdição contenciosa quanto na voluntária, temos que ambas se desenvolvem por meio de procedimentos específicos a elas pertinentes, assim como temos, notadamente, a formação de uma relação jurídica processual, de onde decorrerão direitos, ônus, deveres e obrigações, não somente das partes, mas também do próprio juiz (representação do Estado na consecução da pacificação social e segurança jurídica, principais justificativas para o exercício do monopólio jurisdicional).

Não resta dúvida, portanto, do caráter processual de ambas as jurisdições, e mais especificamente com relação à voluntária, bastando, para tanto, uma análise mais detida nos arts. 719 a 725 ou mesmo nos arts. 749 e seguintes, todos do CPC, para depreender a presença da relação jurídica processual em evidente formação.

Quanto à segunda diferença, trata-se de uma impropriedade.

Raciocina Chiovenda que o caráter da jurisdição voluntária não se paira na ausência de contraditório, mas na ausência de duas partes,[35] trazendo então a ideia de que tal palavra "partes" significaria posições antagônicas na marcha processual; no entanto, nem em sentido amplo ou mesmo restrito ecoa razão em tal racionalidade deste insigne processualista, pois que, com a devida vê-

35. CHIOVENDA. *Instituições de Direito Processual Civil*, p. 11-33.

nia, sob uma óptica ampla e finalística, lembraríamos aqui as palavras de Pontes de Miranda acerca do tema, onde o mestre, rebatendo a inexistência das partes nesta espécie de jurisdição, considera a negativa como "evidente absurdo", uma vez que a "relação processual é entre o autor, ou autores, e o Estado".[36]

Na verdade, há, indubitavelmente, um interesse do Estado no acautelamento do suposto direito a ele exposto através da função judicante e, mais do que quaisquer partícipes do processo, tem ele, além do interesse, a necessidade de estabelecer a preservação da ordem jurídica.

Em grau restrito, ainda assim não soaria a diferença entre ambas as jurisdições como uma assertiva inconteste, senão vejamos, por exemplo, na possibilidade real de efetiva posição antagônica entre os "interessados" no procedimento da Interdição (arts. 747 a 758 do CPC), onde o interditando poderá, de forma resistida e, portanto, verdadeiramente antagônica aos interesses do interditor, impugnar pedido de interdição (art. 752, *caput)*.

Ademais, "interessados" todos são, quer na jurisdição voluntária ou contenciosa, quer Estado, autor, réu, e mesmo aqueles que, de qualquer forma, venham a participar do processo em si, seja por ato voluntário ou dever de ofício (terceiros, assistentes técnicos, oficiais do foro etc.), dependendo aqui e, em certa medida, do grau de interesse.

A terceira diferença se prende ao contexto da litigiosidade e contraditório, sob o argumento da inexistência de tais conteúdos no âmbito da jurisdição voluntária, portanto, se ligando a questões já acima amplamente enfrentadas, tanto no que diz respeito à não obrigatoriedade da função jurisdicional atuar somente quando da contenciosidade do direito, quanto no que toca ao conflito estabelecido em sede processual com a participação de partes em pretensões antagônicas ou divergentes, sendo esta última enfrentada em parágrafos anteriores, quando do exemplo acerca da Curatela de Interditos, demonstrando a possibilidade de insurgirem pretensões ou interesses resistidos em procedimento de jurisdição voluntária.

Por outro lado, cabe novamente frisar que, em sede de jurisdição contenciosa, pode também não ocorrer a incidência de conflitos, bastando para tanto a necessidade apenas de se ter uma tutela jurisdicional puramente declarativa como pretensão de direito (*v.g.*, art. 19 do CPC).

Por fim, a quarta suposta diferença, a despeito de outras mais que poderiam ser elencadas – já que o campo quimérico aqui é vasto! – se incide na inocorrência de coisa julgada, operando nos procedimentos especiais de jurisdição voluntária diferentemente do que se daria na denominada jurisdição contenciosa.

Preliminarmente, insta destacar que a ocorrência da coisa julgada, quer formal, quer material, e a imutabilidade prática com efeitos intra e extraprocessuais dos julgados, se posta como uma exigência política do sistema jurídi-

36. PONTES DE MIRANDA. *Comentários ao Código de Processo Civil*, 5. ed., p. 1-81.

co. Aliás, nestes termos, bem leciona Couture, para quem a coisa julgada é uma exigência política e não propriamente jurídica, não sendo razão natural, senão política.[37]

O art. 756, em seus §§2º e 3º, estabelece a possibilidade de reversão da interdição, ou seja, o levantamento da curatela pelo juízo, após a nomeação de perito ou equipe multidisciplinar para proceder ao exame do interdito, viabilizando a oportunidade de nova sentença em sede de interdição, desta vez determinando a cessação da curatela, ou seja, seu levantamento, nos seguintes termos:

> *Art. 756. Levantar-se-á a curatela quando cessar a causa que a determinou.*
>
> *§ 1º O pedido de levantamento da curatela poderá ser feito pelo interdito, pelo curador ou pelo Ministério Público e será apensado aos autos da interdição.*
>
> *§ 2º O juiz nomeará perito ou equipe multidisciplinar para proceder ao exame do interdito e designará audiência de instrução e julgamento após a apresentação do laudo.*

Ocorre que, não ao contrário, se realizará também no plano da jurisdição contenciosa quando estamos diante de uma Ação de Alimentos, na qual se tem igualmente a presença das denominadas "sentenças continuativas", estas operadas pelo signo do *rebus sic stantibus* – permanecendo as coisas como estão (art. 1.699 do Código Civil c/c o art. 533, §3º do CPC). Assim, se fixados os alimentos, sobrevier mudança na situação financeira de quem os supre ou na de quem os recebe, poderá o interessado reclamar ao juiz, conforme as circunstâncias, exoneração, redução ou majoração do encargo (alimentos).

Nota-se, em verdade, que em ambos os procedimentos, não será a coisa julgada selo de jurisdicionalidade. Há efetivamente, pelas circunstâncias do direito material invocado, quer seja disponível ou não, a opção do legislador no trato procedimental diferenciado, como bem acentua Othon Sidou:[38]

> O efeito da *res iudicata* nas decisões tomadas em jurisdição voluntária vai ao arbítrio do legislador. É recentíssimo o projeto de Código Procesal General para a República da Costa Rica, elaborado por sua Corte Suprema com a contribuição de duas dezenas de renomados processualistas internacionais, inclusive da Alemanha e Itália, cujo art. 95 confere a autoridade de coisa julgada 'a resolvido em jurisdição contenciosa depois de quatro anos, se dentro de dois anos não forem objeto de recurso de revocatória' (correspondente à nossa ação rescisória).

---

37. COUTURE. *Fundamentos de Derecho Procesal Civil*, 2 ed., p. 102.
38. OTHON SIDOU. *Fundamentos do Direito Aplicado*, p. 274-275.

> O que não custa reconhecer é que o conservantismo está cedendo à evidência (...), o que dirá ainda, no que pese às atuais relativizações da coisa julgada![39]

– Classificação da Jurisdição Voluntária

Importante neste ínterim e com o fito de se obter uma visão mais ampla do conteúdo variável que envolve a Jurisdição Voluntária, elencar uma possível classificação dos procedimentos que abarquem a mesma, decorrentes do regramento elencado no Código de Processo Civil pátrio.

Tal classificação, muito bem disposta por Leonardo Greco[40] ainda sob o manto do CPC/1973 e aqui com respectivas adaptações ao CPC/2015, divide a Jurisdição Voluntária em vários procedimentos, o que aqui pontuamos alguns deles:

a) Receptícios: Tratam-se dos procedimentos em que a atividade do magistrado se limita a documentar, registrar ou comunicar manifestações de vontade dos particulares, sem, no entanto, exercer propriamente uma atividade cognitiva ou decisória. São exemplos de tal categoria as notificações ou interpelações (arts. 726 a 729 do CPC/2015).

Vale destacar que ditos procedimentos, diferentemente do que, em geral, se dá no âmbito da Jurisdição Voluntária, são passíveis de ser alcançados também pela via extrajudicial.

b) Probatórios: São aqueles procedimentos que se limitam à atividade de aquisição de uma prova, ou para nós, se dirigem à ratificação judicial da mesma *v.g.* os Processos Testemunháveis Formados a Bordo (art.766 e ss.), Ainda sob a égide do CPC/1973, afirmava Greco que quanto a produção antecipada e a exibição de documento ou coisa, ambas "terão natureza contenciosa ou voluntária conforme o processo principal a que sirvam tenha uma outra natureza."[41]

c) Declaratórios: Tratam-se daqueles aos quais o juiz se limita a declarar a existência de uma relação ou de uma situação jurídica, tais como na extinção de usufruto (art. 725, VI do CPC), no requerimento para publicação de testamento particular (art.737).

d) Constitutivos: São procedimentos em que a criação, modificação ou extinção de uma relação jurídica dependem da concorrência da vontade do magistrado, no mesmo sentido da vontade do(s) requerente(s)ou do (s) interessado(s).

Neste contexto, temos as seguintes autorizações, homologações ou aprovações: emancipação (art. 725, I do CPC), a sub-rogação de gravames ou de

---

39. Ver sobre o assunto, dentre outros, DINAMARCO. *Nova Era do Processo Civil*, p. 220-265; PORTO. Cidadania Processual e relativismo da Coisa Julgada. *Revista de Processo*, n. 112, a. 28, out./dez. 2003, p. 23-32.

40. GRECO, Leonardo. *Jurisdição Voluntária Moderna*. São Paulo: Dialética, 2003, p. 27-29.

41. Idem, p. 28.

bens inalienáveis (art. 725, II do CPC), a alienação, arrendamento ou oneração de bens de crianças ou adolescentes, de órfãos e de interditos (art. 725, III do CPC), a locação de coisa comum (art. 725, IV do CPC), o divórcio, a separação consensual, a extinção consensual de União Estável e a Alteração do Regime de Bens do Matrimônio (arts. 731 a 734 do CPC), os alvarás para venda de bens de incapazes (arts. 39 e 1.748 do Código Civil), a interdição (arts. 747 a 758 do CPC), as dúvidas e retificações de registros públicos (arts. 109, 198 a 204, 213 da Lei dos Registros Públicos), aprovação do estatuto das fundações (art. 764 do CPC), a homologação da transação sobre questão não posta em juízo (art.57 da Lei n. 9.099/95).

e) Executórios: São procedimentos em que o juiz provocado a exercer uma atividade prática que modifica o mundo exterior. Nestes termos, temos as alienações judiciais (arts. 725, III, IV e V e 730 do CPC), a administração da coisa comum (art. 725, IV do CPC), a arrecadação da herança jacente (arts. 738 a 743 do CPC), a arrecadação dos bens do ausente (arts. 744 e 745 do CPC) e das coisas vagas (arts. 746 do CPC).

f) Tutelares: São aqueles em que a proteção de interesses de pessoas que se encontram em situação de desamparo - *v.g.* os incapazes - é confiada a vigilância ativa do Poder Judicante, podendo até mesmo ser instaurado de ofício para fins de assegurar a sua própria efetividade. Tratam-se, neste caso, de procedimentos como o da nomeação ou remoção de tutores ou curadores (arts. 759 a 763 do CPC), procedimentos do Estatuto da Criança e do Adolescente - Lei n. 8.069/90 - como, por exemplo, a colocação em família substituta (arts. 165 a 170).

7. ORGANIZAÇÃO JUDICIÁRIA BRASILEIRA

A Constituição Federal, art. 92 e seguintes, as Constituições Estaduais – com competência apenas residual – as Leis de Organização Judiciária de cada Estado, a Lei Orgânica da Magistratura (Lei Complementar n. 35, de 14 de março de 1979) e os Regimentos Internos de cada Tribunal, preveem as regras que disciplinam a organização do Poder Judiciário, incluindo-se a constituição e o funcionamento de seus órgãos.

De acordo com a Constituição Federal, art. 92, são órgãos do Poder Judiciário: I – o Supremo Tribunal Federal; I – o Conselho Nacional de Justiça; II – o Superior Tribunal de Justiça; III – os Tribunais Regionais Federais e Juízes Federais; IV – os Tribunais e Juízes do Trabalho; V – os Tribunais e Juízes Eleitorais; VI – os Tribunais e Juízes Militares; VII – os Tribunais e Juízes dos Estados e do Distrito federal e Territórios.

O Supremo Tribunal Federal (STF) tem sede em Brasília, Distrito Federal, Capital da República. Foi criado em 1890, sendo composto por 11 juízes que recebem o nome de ministros. Sua principal função é de guardião da Constituição Federal (art. 102, CF/88), tendo jurisdição em todo o território nacional.

O Conselho Nacional de Justiça (CNJ) é o órgão do Poder Judiciário brasileiro encarregado de controlar a atuação administrativa e financeira dos demais órgãos daquele Poder, bem como de supervisionar o cumprimento dos deveres funcionais dos juízes, tendo por tudo, a missão de aprimorar o serviço prestado por tal órgão judicante pátrio.

Edificado pela Emenda Constitucional nº 45, de 30 de dezembro de 2004, que incluiu o artigo 103-B na CF/88, desde a aludida data, o CNJ desenvolve ações e projetos destinados a garantir o controle administrativo e processual, a transparência e o desenvolvimento qualitativo do Poder Judiciário.

O presente órgão, com sede em Brasília/DF, atua em todo o território nacional.

Dentre os trabalhos desenvolvidos pelo CNJ, consta o julgamento de processos relacionados a questões administrativas do Judiciário brasileiro. A instituição recebe reclamações, petições eletrônicas ou representações contra membros ou órgãos do Judiciário. As ações podem ser solicitadas por qualquer pessoa, com ou sem advogado.

É da competência do CNJ manter o bom funcionamento da Justiça brasileira e, para isso, o órgão desenvolve ferramentas eletrônicas e promove parcerias para garantir agilidade e transparência nas atividades. Todas as ações promovidas pelo Conselho são destinadas a instruir o cidadão, para que ele conheça seus direitos perante a Justiça e possa fiscalizar o cumprimento deles.

Conforme o § 4º do art. 103-B da Carta Maior, o CNJ é responsável por controlar a atuação administrativa e financeira do Poder Judiciário, além de garantir que os juízes cumpram as atribuições a eles conferidas.

Por tudo, nota-se que a despeito de sua presença como órgão do Poder Judiciário, não possui competência jurisdicional para o enfrentamento e solução de controvérsias no plano dos direitos intersubjetivos, por isso, conforme quadro da Organização Judiciária Brasileira, acostado mais adiante, justifica-se sua ausência na respectiva estrutura ali delineada.

O Superior Tribunal de Justiça (STJ), por sua vez, também possui sede em Brasília. Foi criado em 1988 e é composto por, no mínimo, 33 ministros (art. 104, CF/88). Tem como principal função julgar, em última instância, questões relativas a direito federal infraconstitucional, com jurisdição em todo território nacional.

Como já comentado em tópicos anteriores, a justiça comum é dividida em Justiça Estadual e Justiça Federal, sendo esta última composta por juízes federais, órgãos de primeiro grau, e por 5 Tribunais Regionais Federais (TRF),[42]

---

42. Os Tribunais Regionais Federais estão distribuídos em cinco regiões jurisdicionais, a saber:
1ª Região – sede em Brasília (DF): compreende as seções judiciárias do Acre, Amapá, Amazonas, Bahia, Distrito Federal, Goiás, Maranhão, Minas Gerais, Mato Grosso, Pará, Piauí, Rondônia, Roraima e Tocantins.
2ª Região – sede no Rio de Janeiro (RJ): compreende as seções judiciárias do Rio de Janeiro e Espírito Santo.

órgãos de segundo grau e, em última instância, pelo STJ e STF, de acordo com a questão controvertida de ordem federal ou constitucional. A Justiça Federal, cuja estrutura é disciplinada pela Lei n. 5.010/66, tem sua competência fixada pelos arts. 108 e 109 da Constituição Federal, incluindo, entre outras, as causas:

I – em que a União, entidade autárquica ou empresa pública federal forem interessadas na condição de autoras, rés, assistentes ou oponentes, exceto as de falência, as de acidentes de trabalho e as sujeitas às Justiças Eleitoral e do Trabalho;

II – entre Estado estrangeiro ou organismo internacional e municipal ou pessoa domiciliada ou residente no país;

III – as causas fundadas em tratado ou contrato da União com estado estrangeiro ou organismo internacional;

IV – os mandados de segurança e os *habeas data* contra ato de autoridade federal, excetuados os casos de competência dos tribunais federais;

V – que envolvam a disputa de direitos indígenas;

VI – as causas relativas a direitos humanos a que se refere o art. 5º da Constituição Federal.

Já a competência da Justiça Estadual é residual, ou seja, o que não for da competência da Justiça Federal será da competência da Justiça Estadual. Tal justiça é composta por juízes estaduais, órgãos de primeiro grau e pelo Tribunal de Justiça, órgão de segundo grau. A Justiça Estadual ainda possui, como órgãos, os Juizados Especiais Cíveis e Criminais, os Juizados Especiais da Fazenda Pública[43], os juízos de paz e o Tribunal do Júri.

Já a justiça especial engloba três organizações distintas: Justiça do Trabalho, cuja competência é definida pelo art. 114 da Constituição Federal, tendo como órgão as Varas do Trabalho, os Tribunais Regionais do Trabalho (TRT) e

---

3ª Região – sede em São Paulo (SP): compreende as seções judiciárias de São Paulo e Mato Grosso do Sul.

4ª Região – sede em Porto Alegre (RS): compreende as seções judiciárias de Paraná, Santa Catarina e Rio Grande do Sul.

5ª Região – sede em Recife (PE): compreende as seções judiciárias de Alagoas, Ceará, Paraíba, Pernambuco, Rio Grande do Norte e Sergipe.

43. Conforme prescreve o art. 1º da Lei n. 12.153, de 22 de dezembro de 2009, esta que dispõe sobre os Juizados Especiais da Fazenda Pública no âmbito dos Estados, do Distrito Federal, dos Territórios e dos Municípios, *in verbis*:

"Os Juizados Especiais da Fazenda Pública, órgãos da justiça comum e integrantes do Sistema dos Juizados Especiais, serão criados pela União, no Distrito Federal e nos Territórios, e pelos Estados, para conciliação, processo, julgamento e execução, nas causas de sua competência.

Parágrafo único. ***O sistema dos Juizados Especiais dos Estados e do Distrito Federal é formado pelos Juizados Especiais Cíveis, Juizados Especiais Criminais e Juizados Especiais da Fazenda Pública.***"(Grifo nosso).

o Tribunal Superior do Trabalho (TST); a Justiça Eleitoral, que tem a fixação de sua competência para Lei Complementar delegada pela Constituição Federal, art. 121, tendo como órgãos os juízes eleitorais, os Tribunais Regionais Eleitorais (TRE) e o Superior Tribunal Eleitoral (STE); a Justiça Militar, esta que possui sua competência estabelecida pelo texto constitucional de 1988 e divide-se em Justiça Militar Federal e Justiça Militar Estadual, tendo os servidores militares, igualmente, acompanhado a divisão em duas categorias: militares federais e militares estaduais.

A Justiça Militar Federal tem como órgãos juízes auditores substitutos, juízes auditores, Conselhos de Justiça, Auditoria de Correição e Superior Tribunal Militar (STM), de acordo com a Lei n. 8.457/92, possuindo competência para processar e julgar os militares integrantes das Forças Armadas, Marinha de Guerra, Exército, Força Aérea Brasileira, civis e assemelhados.

Já Justiça Militar Estadual tem competência para processar e julgar os policiais militares e bombeiros militares nos crimes militares definidos em lei (*v.g.* Código Penal Militar, CPM, e nas Leis Militares Especiais), tendo como órgãos juízes auditores substitutos e juízes auditores, em 1ª instância. Em 2ª instância, a Justiça Militar Estadual, em estados como Minas Gerais, São Paulo e Rio Grande do Sul é exercida pelo Tribunal de Justiça Militar, este que possui competência originária e derivada para processar e julgar os recursos provenientes das auditorias militares estaduais. Por outro lado, nos demais Estados-membros da Federação, a 2ª instância da Justiça Militar é exercida por uma Câmara Especializada do Tribunal de Justiça em conformidade com o Regimento Interno e Lei de Organização Judiciária.[44]

---

44. Há possibilidade de se criar nos Estados uma Justiça Militar Estadual, cuja competência vem declinada no art. 125, § 4º, da Constituição Federal, *in verbis*:
"Art. 125.
(...) § 3º A lei estadual poderá criar, mediante proposta do Tribunal de Justiça, a Justiça Militar estadual, constituída, em primeiro grau, pelos Conselhos de Justiça e, em segundo, pelo próprio Tribunal de Justiça, ou por Tribunal de Justiça Militar nos Estados em que o efetivo da polícia militar seja superior a vinte mil integrantes. § 4º Compete à Justiça Militar estadual processar e julgar os policiais militares e bombeiros militares nos crimes militares definidos em lei, cabendo ao tribunal competente decidir sobre a perda do posto e da patente dos oficiais e da graduação das praças."

QUADRO ESQUEMÁTICO DA ORGANIZAÇÃO JUDICIÁRIA BRASILEIRA

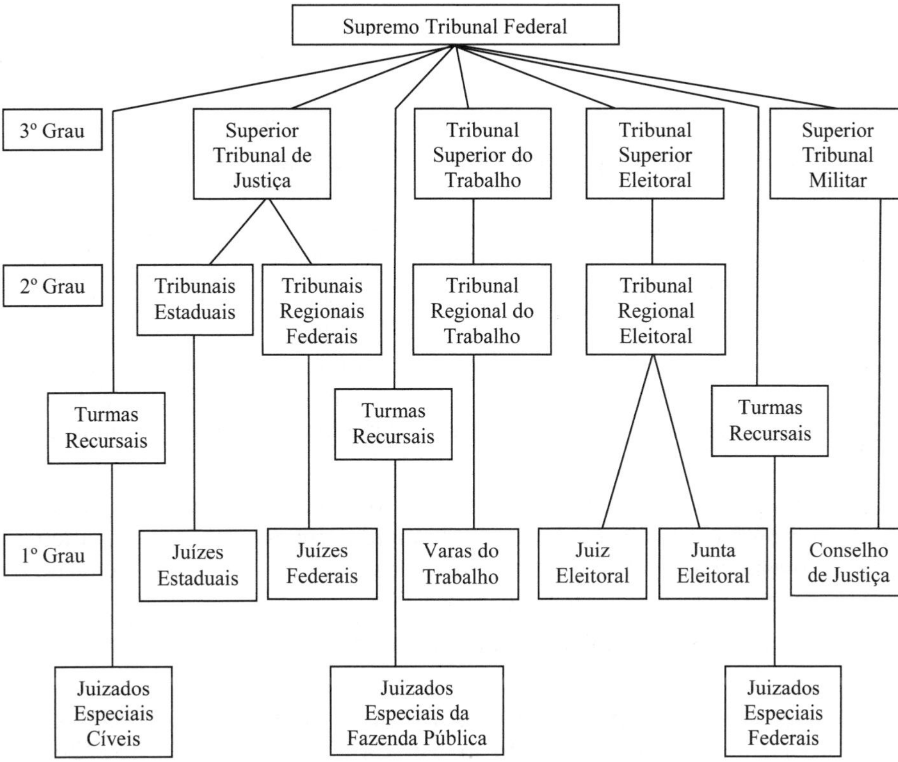

Observação: Apenas a título de se noticiar em sede Juizados Especiais Cíveis Estaduais, vale notar, conforme no quadro supra, que a via do Recurso Extraordinário para o STF (*ex vi* do art. 102, III da CF/88) é o endereço cabível decorrente de eventuais decisões da Turma Recursal daqueles Juizados, notadamente, quando a matéria for pertinente.[45]

No entanto, vem o Supremo Tribunal Federal reafirmando em sede de recursos extraordinários a ele endereçados, que diante de decisões emanadas das Turmas Recursais dos Juizados Especiais Estaduais em conflito com a jurisprudência consolidada do Superior Tribunal de Justiça, enquanto não houver órgão que uniformize jurisprudência dos Juizados Estaduais (o que já previsto no âmbito dos Juizados Especiais Federais – art.14 da Lei n. 10.259/01),[46]

45. GAIO JÚNIOR, Antônio Pereira. *O Processo nos juizados Especiais Cíveis Estaduais, Federais e da Fazenda Pública*. 2 ed. Belo Horizonte: Del Rey, 2015, p.95 e ss.

46. Idem, p. 221 e ss..

cabível é a Ação de Reclamação endereçada ao STJ, a quem incumbirá missão de solucionar a questão conflituosa entre decisões.

Nestes termos, editada fora então a Resolução 03/2016 do Superior Tribunal de Justiça, publicada no *Diário da Justiça Eletrônico (DJe)*, no dia 08.04.2016, esta que dispõe sobre a competência para processar e julgar as reclamações destinadas a dirimir divergência entre acórdão proferido por turma recursal estadual ou do Distrito Federal e a jurisprudência da corte.

A nova resolução foi aprovada pela Corte Especial do tribunal, no julgamento de questão de ordem. Ao estabelecer o novo regramento sobre a matéria, o STJ considerou o fluxo volumoso de reclamações que chegam ao STJ envolvendo juizados especiais, a decisão do Supremo Tribunal Federal (STF) proferida nos EDcl no RE 571.572, o teor do artigo 2º da Lei 9.099/95 e dos artigos 927 e 988 a 993 do Código de Processo Civil (CPC).

Segundo a resolução, caberá às câmaras reunidas ou à seção especializada dos tribunais de justiça a competência para processar e julgar reclamações destinadas a dirimir a divergência entre acordão proferido por Turma Recursal estadual ou do DF e a jurisprudência do STJ.

Isso quando o entendimento estiver consolidado em incidente de assunção de competência e de resolução de demandas repetitivas, em julgamento de recurso especial repetitivo e em enunciados das súmulas do STJ, bem como para garantir a observância de precedentes.

O disposto na nova resolução não se aplica às reclamações já distribuídas e pendentes de análise no STJ.

Já, no tocante aos Juizados Especiais da Fazenda Pública no âmbito dos Estados, do Distrito Federal, dos Territórios e dos Municípios (Lei n.12.153/2009) quando as Turmas de diferentes Estados derem a lei federal interpretações divergentes, ou quando a decisão proferida estiver em contrariedade com súmula do Superior Tribunal de Justiça, o pedido de uniformização de lei será por este julgado (art. 18, §3º da Lei n.12.153/2009).[47]

Quando a orientação acolhida pelas Turmas de Uniformização decorrentes de divergências de decisões entre Turmas Recursais do mesmo Estado (art. 18,§1º da Lei n.12.153/2009) contrariar súmula do Superior Tribunal de Justiça, a parte interessada poderá provocar a manifestação deste, que dirimirá a divergência.[48]

APÊNDICE

SOBERANIA ESTATAL E NOVOS ENDEREÇOS JURISDICIONAIS

A despeito de se tratar de obra que tem por propósito o aprofundamento de questões relacionadas ao sistema processual pátrio, não podemos figurar

47. Idem, p.293 e ss..

48. Ibidem.

na crédula ilusão de que nosso sistema jurídico está fundamentalmente desvinculado e mesmo descomprometido com sistemas processuais alienígenas ou organismos supranacionais com funções jurisdicionais específicas as quais estaríamos nós, brasileiros, submetidos diante de eventuais demandas.

O Brasil, por meio de suas instituições, dando prova de seu interesse nesta matéria, ainda que de forma incipiente – conforme se observa nas grades curriculares do Ensino Jurídico no país que, lamentavelmente, ainda não contemplam de maneira satisfatória o estudo dos Direitos Internacional e Comunitário, insistindo assim, em fechar os olhos para uma realidade que já bate à nossa porta – fez aprovar a Emenda Constitucional n. 45, onde em seu art. 5º, § 4º, expressa: "O Brasil se submete à jurisdição de Tribunal Penal Internacional a cuja criação tenha manifestado adesão."

Notadamente, como se observa e, decorrente do que já foi avençado na Introdução deste Capítulo, vem a Jurisdição – paradigmaticamente ao modelo clássico, este já visto e essencialmente ligado à noção do também conceito clássico de Soberania – obtendo contornos evolutivos e complexos, quando as próprias características do que se entende por Soberania saem do contexto jurídico e ingressam, de forma correta, no âmbito político.

Trata-se, na verdade, de questão eminentemente complexa já que a análise da soberania nacional, na sua percepção atual, envolve uma série de fatores que devem ser levados em consideração.[49]

Não se pretende aqui aprofundar tal questão – pois que se propõe o presente Curso a outro objetivo – entretanto, convém, como já expresso acima, ressaltar a importância do tema diante da relação de interdependência dos Estados partícipes de uma integração quer regional, comunitária e mesmo internacional, tanto em modelos de organismos supranacionais quanto intergovernamentais.[50]

---

49. CASTEX. Os blocos econômicos como sociedade transnacional – A questão da Soberania. *In*: CASELLA (Coord.). *Mercosul, integração regional e globalização*, p. 279-280. No mesmo sentido, JELLINEK. *Teoria General del Estado*, p. 356.

50. Contribui para a análise da intensidade do grau de interdependência entre os Estados-partes em um determinado modelo integracionista, a observância em torno da estrutura institucional deste próprio modelo, trazendo a lume assim, a existência de organismos supranacionais e intergovernamentais.

A supranacionalidade, cujo conteúdo se encontra presente em uma etapa do processo integracionista denominada "União Econômica", tendo por modelo atual a União Européia, é exposta assim por Pierre Pescatore (*Lê droit de l'integration emergence d'un phénomène nouveau dans les relations internationales selon l'expérience des Communautés Européennes*, p. 51): "*Voilà donc en résumé ce que je comprends, pour ma part, comme constituant l'essenciel de la supranacionalité: um pouvoir, réel et aoutonome, placé au service d'objectifs communs à pluisiers Etats. Dans cette définition, la notion d'objectif' doit resumer en um mot l'idée d'ordre determiné par l'existence de valeurs et d'intérêts communs.*"

Neste sentido, a supranacionalidade se caracteriza pela reunião de três elementos: o reconhecimento, por um grupo de Estados, de um conjunto de interesses ou valores comuns; a criação de um poder efetivo colocado a serviço desses interesses ou valores; a autonomia desse poder.

Inicialmente, deve-se sobressair que a noção de soberania é verdadeiramen-

---

Os interesses ou valores comuns motivam certos Estados a se unirem com o intuito de alcançar objetivos comuns. Tais interesses comuns podem ser os mais diversos, como a própria implementação de um mercado comum, por exemplo. Já os valores comuns são os motivadores da união de esforços empreendidos pelo grupo de Estados, que se dispõe, até mesmo, a subordinar os interesses nacionais em prol dos interesses comuns no intuito de atingirem os objetivos comuns.
Para a realização desses objetivos comuns são criados poderes efetivos. A institucionalização é colocada a serviço desses objetivos comuns, cabendo aos órgãos estruturais criados produzir, interpretar e aplicar normas jurídicas que devem ser respeitadas bem como tomar decisões que comprometam os Estados.
Ainda é preciso haver autonomia dos citados órgãos estruturais, caracterizando-se por ser um poder distinto dos poderes dos Estados-Membros. Deste modo, "(...) os órgãos supranacionais são formados por um quadro próprio de funcionários, desvinculados dos governos dos países-membros, e suas decisões são autônomas em relação a esses governos". LIMA FLORENCIO; FRAGA ARAÚJO. *Mercosul Hoje*, p. 69.
A criação de órgãos colocados exclusivamente a serviço dos objetivos comunitários faz com que a continuidade do processo integracionista se encontre resguardada dos ímpetos políticos circunstanciais dos governos.
Sobre tal questão, entende Ricardo Seitenfus (*Para uma nova política externa brasileira*, p. 115) que "a instituição comunitária não deve, então ser tão somente o somatório das vontades dos Estados-Membros. Possui dinâmica e latitude de atuação próprias, a permitir a tomada de posições que extrapolem a visão imediatista e os interesses personalistas das administrações dos países que a integram. Certamente, a instituição espelha as vontades dos seus membros, inclusive no que diz respeito a sua incorporação funcional, mas é, a um só tempo, distinta e superior, na medida em que a ordem comunitária deverá sobrepor-se à ordem nacional que persiste naqueles assuntos para os quais foi definida sua competência".
Deste modo, os órgãos, dotados de poderes autônomos não representam a vontade individual dos Estados, mas a vontade comunitária. Assim, a supranacionalidade determina o aparecimento de um poder que se coloca acima dos Estados, resultante da transferência de parte das suas funções próprias aos domínios abrangidos pela entidade supranacional, passando esta a exercê-las tendo em vista o interesse comunitário e não o interesse individual dos Estados.
De certo, é, portanto, o órgão supranacional, independente face aos governos dos Estados-Membros, assinalando neste sentido Gualtiero Martín-Marchesini (La supranacionalidad en la integración latinoamericana. *In*: *Revista de Direito Público*, a. XXI, n. 85, jan./mar. 1998, p. 148): "*La supranacionalidad es el poder que los Estados miembros de una comunidad delegan en organismos independientes de los gobiernos de dichos Estados para que tengan competencia suficiente de normar, ejecutar y dirimir todo lo referente a los objetivos comunes que llevaron a dichos Estados a integrarse en una comunidad organizada.*"
Já com relação à intergovernabilidade, esta desenvolvida no âmbito do modelo mercosulino de integração, possui característica que se apresenta no sentido de relacionamento entre governos, disso decorrendo o fato de os Estados Nacionais preservarem suas autonomias plenamente. E, sendo assim, "as disposições que entre eles se celebram não podem jamais impor a qualquer deles a supremacia de outra, ou qualquer forma de submissão a algum organismo posto acima da soberania", conforme sustenta Adroaldo Furtado Fabrício (A prejudicialidade de Direito Comunitário nos tribunais supranacionais. *In*: *Revista da AJURIS*, a. XXIV, n. 69, mar. 1997, p. 20).
Deste modo, o Estado-Membro detém a mesma liberdade de ação que possuía antes mesmo de pertencer a determinado bloco integracionista, compreendendo aí que as decisões internas poderão ser tomadas ainda que venham a contrariar o intuito integracionista. O Estado-parte não sofre, ademais, qualquer ingerência na sua autonomia individual.
Os interesses discutidos em fóruns de negociação intergovernamental são individuais, ou seja, advêm de cada Estado-Membro em sua particularidade e as decisões, porventura tomadas, são aplicadas por iniciativa dos Estados mediante formas próprias de internalização.

te histórica, variando a sua interpretação no tempo e espaço onde, simultaneamente, à sua evolução e conceituação, tem-se a evolução do conceito de Estado.[51]

Os órgãos estruturais, com característica intergovernamental, não são autônomos e independentes em relação aos governos nacionais. Representam, na verdade, a vontade política dos Estados-Membros, cabendo aos funcionários de tais órgãos a representação fiel da vontade dos governos. Neste entendimento, assentam Sérgio Florêncio e Ernesto Araújo (Ob. cit., p. 69): "Órgãos intergovernamentais são aqueles formados por representantes dos governos-funcionários que exercem uma função no quadro administrativo interno de cada país e que são encarregados, também, de participar das negociações; a decisão de um órgão intergovernamental é simplesmente uma decisão conjunta dos governos nele representados."

Do exposto, percebe-se a nítida distinção entre as duas características em foco, a saber: a supranacionalidade e a intergovernabilidade, possuindo cada qual peculiaridades as quais qualificam a estrutura institucional do processo integracionista que as adota, cabendo ainda salientar a diferença apontada por Deisy Ventura (*A Ordem Jurídica do Mercosul*, p. 29) entre os organismos dotados de órgãos supranacionais e daqueles detentores de órgãos intergovernamentais: "(...) a diferença básica a ser estabelecida entre organismos intergovernamentais e supranacionais é precisamente a detecção do interesse predominante. Nos primeiros, trata-se de fóruns destinados a cotejar interesses individuais e, se for o caso, harmonizá-los. São marcadamente espaços de negociação, cujas decisões, em existindo, serão aplicadas por iniciativa dos Estados-Membros. Entidades supranacionais pressupõem a negociação em outro nível, para definir o interesse coletivo, através de processo decisório próprio, a serviço do qual elas colocarão em funcionamento uma estrutura independente."

51. FISCHBACH. *Teoria General del Estado*, p. 135. Raquel Kritsch (*Soberania*. A construção de um conceito, p. 29-31), com rigor, sob o ponto de vista histórico, delineia o momento no qual a noção de soberania pôde ser diretamente associada ao nascente Estado moderno: "A noção de soberania, (...), aparece como um conceito em transformação desde pelo menos a difusão ideológica e prática do cristianismo na Europa, a partir do século X. Num primeiro momento, esse fenômeno que viria a ser nomeado soberania indicava mais a atribuição da função de 'comissário de Deus' a este ou aquele agente. Isto é, a determinação de quem fazia cumprir a lei em nome de Deus nesta ou naquela esfera de governo em circunstâncias determinadas. A Questão das Investiduras, por exemplo, girava em torno do problema de quem teria poder para nomear os bispos e investir o clero. Neste momento, o problema da soberania se colocava não apenas para o imperador ou para o papa, mas para todos os poderes que pretendiam obter a supremacia nas querelas em questão. E, de modo um pouco diferente do que ocorreria com a noção de Estado moderno, soberania, nesse sentido, não era incompatível com a ideia de uma comunidade universal cristã.

Foi apenas num momento posterior, com os acréscimos políticos e conceituais gerados pela recuperação do direito romano e dos escritos dos antigos – em especial os de Aristóteles –, pela síntese de Tomás de Aquino e pelas transformações em curso no Ocidente latino, sobretudo nos séculos XII e XIII, que se tornou possível pensar a capacidade de criar e impor a lei – fosse em nome de um legislador divino ou humano – como um atributo do conceito que seria sintetizado na ideia de soberania. A decisão de Felipe, o Belo, de taxar o clero francês, independentemente de seus laços com a igreja de Roma, ilustra bem a nova dimensão do problema: tratava-se agora de impor uma lei num determinado território como afirmação de uma vontade humana suprema.

Somente depois de adquirir esse segundo sentido é que a noção de soberania pôde ser diretamente associada ao nascente Estado moderno: foi a partir daí que o poder de criação e imposição da lei por um legislador passou a transformar-se mais e mais num atributo de uma formação de poder territorial específica, definida em termos cada vez mais leigos e independente de normas e concepções divinas e universalistas. Quando essa 'união' conceitual e prática passa a ter lugar, a história desses dois conceitos se entrelaça de tal modo que como duas entidades teórica e historicamente distintas, como dois movimentos temporais diferenciados que – numa quase fusão – se encontram por um certo período e em determinado lugar na história."

Neste sentido, justifica-se o que preceitua Paulo Henrique Castex:

> primeiramente a soberania é um conceito de difícil definição jurídica, pois está intrinsecamente fundamentada em elementos de filosofia política e outros metajurídicos. Em segundo lugar, sua análise, muitas vezes, está permeada de enfoques ideológicos, ligados a sentimentos patrióticos e ideologias nacionalistas, o que dificulta, consideravelmente, uma abordagem científica neutra do tema. Por fim, o debate sobre a transformação do conceito de soberania é recente e não recebeu ainda a atenção necessária da doutrina especializada, porque está diretamente relacionado com a fase de transição pela qual estão passando o mundo e o direito, com os fenômenos da globalização e processos de integração econômica.[52]

Não obstante as dificuldades conceituais atuais da soberania há de se levar em conta a existência de um determinado consenso quanto às características da mesma.[53]

Boa parte da doutrina classifica-a como una, indivisível, imprescritível e inalienável.[54]

Sobre toda a doutrina clássica da soberania, esta, baseada numa visão tradicional desenvolvida por Bodin, Hobbes, Rosseau, Hegel, dentre outros, ver BONAVIDES. *Ciência Política*, 10. ed., p. 123-132; FRIEDE. *Curso da Teoria Geral do Estado*. Teoria Constitucional e Relações Internacionais, p. 32-37; REIS. Interpretação Constitucional do Conceito de Soberania – As possibilidades do Mercosul. *In*: CASELLA. *Mercosul, integração regional e globalização*, p. 917-919; PAUPÉRIO. *O Conceito Polêmico de Soberania*. 2. ed., p. 35-149.

52. Ob. cit., p. 280.
Vale ressaltar opinião de Celso D. Albuquerque Mello (Ob. cit., p. 123) que, entendendo também estarmos em um período de transição, sustenta que a soberania hoje tem um conteúdo meramente formal, "soberania é um feixe de competências que o Estado possui e lhe é dado pela ordem jurídica internacional".
Sobre a problemática conceitual de Soberania, a que também a denomina de "crise contemporânea desse conceito". Ver BONAVIDES. Ob. cit., p. 122-123.

53. REIS. Ob. cit., p. 922.

54. "Una, por não ser possível a convivência simultânea de dois poderes soberanos. Soberano é aquele poder que se situa acima de todos os demais, não estando submetido a nenhum outro. Não é compatível a convivência de mais de um poder soberano no mesmo âmbito. Indivisível, por conclusão lógica entre a sua unidade; no entanto, a indivisibilidade da soberania não impede a divisão do seu exercício. A teoria da divisão de poderes importa, na verdade, em uma divisão da própria soberania. Imprescritível e inalienável, pois encarna o poder supremo, insuscetível de lesão e indisponível." *Idem, Ibidem*.
Para Hermann Heller: "*La soberanía del Estado significa, pues, la soberania de la organización estatal como poder de ordenación territorial supremo y exclusivo. El Estado, como organización territorial soberana, es creador supremo de las normas y tiene el monopolio del poder de coacción física legítima, la ultima ratio de todo poder.*" HELLER. *Teoria del Estado*, p. 273.
Sobre tais características, sustentando ainda que soberania é o poder originário, incondicionado, exclusivo e coativo, ver dentre outros, DALLARI. *Elementos da Teoria Geral do Estado*, 16. ed., p. 69; PAUPÉRIO. *Teoria Democrática da Soberania*, v. 2, 3. ed., p. 15-17.

Ocorre que, diante dos condicionamentos econômicos ditados pelas grandes mutações em um contexto mundial atual, deve-se observar, com extremo cuidado, a óptica da soberania ilimitada, isto é, sem restrições.

Com o desenvolvimento dos processos de integração, a soberania do Estado passou a ter uma percepção especial onde, nas palavras de Luís Sá,

> a emergência do fenômeno das limitações formais dos poderes soberanos dos Estados na nossa época, sobretudo, em resultado da integração dos Estados, implicou na necessidade de revisão, ou melhor, de adulteração profunda do conceito de soberania tal como surgiu e foi constituído historicamente.[55]

Neste sentido, permeando tanto pelos aspectos substantivos quanto adjetivos da soberania,[56] as características da indivisibilidade e inalienabilidade da soberania estatal devem ser relativizadas na medida em que a integração regional, limitando a esfera da jurisdição doméstica dos Estados-Membros, alarga as possibilidades de colaboração intergovernamental, fortificada por um processo decisório coletivo.[57]

---

55. Ob. cit., p. 54.

56. "Soberania, em termos objetivos se traduz através de um conceito extremamente complexo. Trata-se de uma expressão que pode ser traduzida, simultaneamente, por intermédio de duas diferentes classes gramaticais, ou seja, a classe substantiva e a adjetiva. No sentido material (substantivo) é o poder que tem a coletividade humana (povo) de se organizar jurídica e politicamente (forjando, em última análise, o próprio Estado) e de fazer valer, no seu território, a universalidade de suas decisões. No aspecto adjetivo, por sua vez, a soberania se exterioriza conceitualmente como qualidade suprema do poder, inerente ao Estado, como nação política e juridicamente organizada." FRIEDE. Ob. cit., p. 31-32. No mesmo sentido, BONAVIDES. Ob. cit., p. 122-123; PAUPÉRIO. *O Conceito Polêmico de Soberania*, p. 27-28.
Observando tais aspectos em um sentido externo e interno, R. Carré de Malberg sustenta que: *"(...), la soberanía del Estado se presenta habitualmente como doble: se la divide en soberanía externa y soberanía interna. La primera se manifiesta em las relaciones internacionales de los Estados. Implica para el Estado soberano la exclusión de toda subordinación, de toda dependencia respecto de los Estados extranjeros. Gracias a la soberanía externa, el Estado tiene, pues, una potestad suprema, en el sentido de que su potestad se halla libre de toda sujeción o limitación respecto a una potestad exterior. Decir que los Estados son soberanos en sus relaciones recíprocas significa también que son respectivamente iguales los unos a los otros, sin que ninguno de ellos pueda pretender jurídicamente una superioridad o autoridad cualquiera sobre ningún otro Estado. En la expresión 'soberanía externa' la palabra soberanía es, pues, en realidad sinónima de independencia: no tiene así sino un alcance completamente negativo. Por el contrario, en la expresión 'soberanía interna' parece tomar una significación positiva. La soberanía interna implica en efecto que el Estado posee, bien en las relaciones con aquellos individuos que son miembros suyos o que se hallan dentro de su territorio, o bien en sus relaciones con todas las demás agrupaciones públicas o privadas formadas dentro de él, una autoridad suprema, en el sentido de que su voluntad predomina sobre todas las voluntades de esos individuos o grupos, al no poseer éstas sino una potestad inferior a la suya. La palabra soberanía sirve, pues, aquí para expresar que la potestad estatal es la más alta potestad que existe en el interior del Estado, que es una summa potestas. Por lo tanto la soberanía tiene dos facetas. Y sin embargo no debe verse, en la soberanía interior y exterior, a dos soberanías distintas."* MALBERG. *Teoria general del Estado*, p. 81-82.

57. Aponta no mesmo sentido, Oliveiros Litrento (A soberania em mudança. *In*: *Revista de Ciência Política*, v. 27, maio/ago. 1994), sustentando que a necessidade de cooperação entre Estados –

Caminha-se assim, em face da *ratione necessitatis* econômica, para uma soberania supranacional oriunda de parcerias econômicas e políticas de países, objetivando uma maior projeção dos seus produtos internos e atraindo investimentos, bem como adotando fórmulas protecionistas para a defesa de seus mercados, evitando, assim, certo isolamento diante da concorrência crescente, garantindo, portanto, uma maior participação no sistema mundial atual.

Diante do contexto vigente, temos a limitação ou divisão da soberania, entretanto, não sendo a mesma perdida, conforme observa Celso Mello:

"Tem-se considerado que o estado dotado de soberania continua a existir e o que ele delega aos organismos internacionais são apenas algumas competências. Enfim, a soberania não é mais indivisível."[58]

A chamada "limitação da soberania" deve ser interpretada a partir da ideia de que os Estados-Membros partícipes de uma integração, em determinadas áreas específicas delegam seus direitos soberanos aos órgãos representantes desta integração.[59] Desta forma, tal delegação significa uma transferência de poder decisório para instituições comunitárias em determinadas searas.

Por meio das ditas noções, os países da Comunidade Europeia firmaram o que se chamou de soberania compartilhada ou coletiva.

Neste modelo, os Estados-Membros limitaram seus próprios direitos soberanos em certas áreas[60] e os transferiram para instituições comunitárias sobre as quais não detêm o controle direto.

Considera-se assim que cada Estado-Membro cede parte de sua soberania e liberdade de ação em matérias específicas sobre as quais não pode dispor individualmente, investindo tais direitos nos órgãos supranacionais, os quais têm competência para legislar ou gerenciar em questões veiculadas aos objetivos da comunidade.[61]

---

cooperação política, militar e econômica – que revela no mundo contemporâneo uma verdadeira interdependência entre os mesmos, faz com que haja uma quase integração de suas vidas política, econômica e social.

Para tal, há uma limitação prática (necessária) da esfera da jurisdição de cada Estado, com reflexos óbvios na soberania nacional.

De acordo com o autor supracitado, a interdependência econômica e tecnológica é indiscutível e irreversível e mostra a nítida perspectiva de um mundo unificado pela técnica nas próximas décadas.

58. Ob. cit., p. 123.

59. OBRADOVIC. Community Law and Doctrine of Disible Sovereignty. *In*: *Legal Issues of Europe Integration*, p. 7.

60. D'ANGELIS. *Mercosul*. Da Intergovernabilidade à Supranacionalidade? p. 187.
O autor supracitado sustenta ainda que, em se tratando de tal limitação da soberania, "não existe, como temem os 'eurocéticos', os 'mercocratas' e os 'nacio-autoritários', uma supressão da soberania do Estado, mas sim uma limitação consentida posto que disposta através de tratados, permanecendo intocada a subordinação direta de cada país ao Direito Internacional".

61. Os tratados estabelecendo a Comunidade não cedem jurisdição sobre todos os campos de atividade para as instituições da comunidade.

Importante ressaltar que o que se transfere não é a titularidade irrevogável dos poderes estatais, mas, sim, o *exercício* de poderes determinados dos Estados-partes para a comunidade.

Com o fenômeno da integração e da emergência de sociedades que se relacionam em instâncias supranacionais, é de afirmar que a noção tradicionalmente construída de soberania exclusiva não atende à realidade atual, na medida em que uma nova forma de relação entre os Estados, situada entre o próprio Estado e uma organização internacional, traduz na ideia da soberania dividida ou limitada, não condicionada, entretanto há uma questão eminentemente irrevogável, como adverte João da Mota Campos:

> Aceitar limitações da soberania nacional não significa aceitar a possibilidade de transferências irrevogáveis de competências soberanas (...), a autolimitação da soberania não afeta a independência do Estado, que continua liberta de qualquer ingerência exterior nos seus assuntos internos; diversamente, a transferência de competências soberanas do Estado tem como consequência que a entidade que delas se beneficia adquire o poder de as exercer e de tomar contra a vontade do Estado, decisões que o vinculam.[62]

Depois de toda a contextualização hodierna da Soberania, na entrada de um novo milênio, surgem formas ou endereços jurisdicionais, em escala local, nacional, regional, comunitária e mesmo internacional, abrangendo o chamado contencioso dos Direitos Humanos (Tribunais ou Cortes de Direitos Hu-

---

Dito entendimento tem fundamento no chamado princípio da subsidiariedade, objetivado no preâmbulo do Tratado da União Europeia (Acordo de Maastricht) e definido pelo art. 3º, B, do tratado que instituiu a Comunidade Europeia nos seguintes termos:

"A Comunidade Europeia atuará nos limites das atribuições que lhe são conferidas e dos objetivos que lhe são cometidos pelo presente tratado.

Nos domínios que não sejam das suas atribuições exclusivas, a Comunidade intervém apenas de acordo com o princípio da subsidiariedade, se e na medida em que os objetivos da ação encarada não possam ser suficientemente realizados pelos Estados-Membros e possam, pois, devido à dimensão ou aos efeitos da ação prevista, ser melhor alcançados no nível comunitário.

A ação da Comunidade não deve exceder o necessário para atingir os objetivos do presente tratado."

Denota-se que o princípio supracitado tem por finalidade assegurar uma divisão entre poderes atuais da Comunidade Europeia e os poderes residuais dos Estados-Membros.

Sustenta Luizella Giardino B. Branco que: "O princípio da subsidiariedade constitui, para os Estados-Membros, um mecanismo judicial obrigatório de autodefesa contra o que se percebe como um risco do uso excessivo dos poderes comunitários, garantindo o direito dos seus próprios poderes residuais em áreas não cobertas pelas ações comunitárias." B. BRANCO. *Sistema de Solução da Controvérsia no Mercosul*. Perspectivas para a Criação de Um Modelo Institucional Permanente, p. 30.

Sobre o princípio da subsidiariedade no âmbito da União Europeia, ver também LENAERTS. The Principle of Subsiadiarity and The Environment in The European Union: Kee Ping The Balance of Federalism. *In*: *Fordham International Law Journal*, v. 17, n. 4, p. 846-852; PIRES. *Tratados que instituem a Comunidade e União Européia*, p. 1-2; CARCOMO LOBO. Ob. cit., p. 131.

62. CAMPOS. *Direito Comunitário*,.., Vol. 1, 3. ed., p. 537.

manos), órgãos protetores das liberdades públicas ou repressivos de ilícitos praticados face à humanidade (Tribunais Penais Internacionais), de interesses essenciais e comuns quer a entes públicos, quer a particulares.

Veja quadro a seguir:

ALGUMAS JURISDIÇÕES INTERNACIONAIS

Denominação	Sistema (origem)	Criação (origem)	Competência	Localização (sede)	Legitimidade Ativa
1 – Corte Internacional de Justiça (CIJ) – International Court of Justice – La Cour Internationale de Justice. Antecedeu-a a Corte Permanente de Justiça (1922-1946)	Org. Nações Unidas (United Nations System)	Instituída em 1945 pela Carta das Nações Unidas, cujo instrumento é seu estatuto.	Exerce a função de Tribunal mundial. Decide conforme o direito internacional e as diferentes ordens jurídicas. Atende a algumas instituições em nível consultivo. É o principal Órgão judiciário da ONU.	HAIA (HOLANDA)	Estados ou organizações internacionais.

2 – Tribunal de Justiça das Comunidades Européias	União Européia	Convenção Européia dos Direitos Humanos adotada em Roma, em 04.11.1950, completada por 11 protocolos sobre a União Européia de 07.02.1950.	Litígios entre Estados-Membros, instituições comunitárias, empresas e particulares (pessoas). Interpretação e aplicação dos tratados Consultivos das Comunidades Européias e das normas jurídicas adotadas por suas instituições. Resolve questões constitucionais e também outras de grande importância econômica. Define, ainda, as duas regras essenciais para a comunidade: 1) o efeito direto do Direito Comunitário nos países dela integrantes; 2) o primado da norma comunitária sobre a nacional.	LUXEMBURGO	Estados-Membros, instituições européias, pessoas físicas e jurídicas.

3 – Corte Européia dos Direitos Humanos (CEDH)	Conselho da Europa	22.11.1996	Vela pela observância e cumprimento da Convenção Européia dos Direitos Humanos e das Liberdades Fundamentais.	ESTRASBURGO (FRANÇA)	Estados signatários e indivíduos.
4 – Corte Interamericana dos Direitos Humanos (CIDH).	Organização dos Estados Americanos – OEA.	Obs.: Em vigor para o Brasil a partir de 25 de setembro de 1992 (Decreto n. 678 de 06.11.92), c om a ressalva de que os arts. 43 e 48, "d", não incluem o direito automático de visitas e inspeções in loco da CIDH, as quais dependerão de anuência expressa do Estado.	Exerce função jurisdicional e consultiva, cf. arts. 2º, 61, 63 e 64 do respectivo estatuto, aprovado mediante Resolução n. 648, e adotado pela Assembléia-Geral da OEA em seu novo Período de Sessões em La Paz. (outubro de 1999).	SAN JOSÉ DE COSTA RICA – Poderá reunir-se em qualquer Estado-Membro da OEA por conveniência da maioria e prévio consentimento daquele.	OEA, Estados signatários, pessoas físicas e jurídicas e ONGs.

5 – Corte Penal Internacional – TPI (International Criminal Court).	Nações Unidas (United Nations System).	Seu estatuto foi adotado em 17 de julho de 1998 pela conferência Diplomática de Plenipotenciários das Nações Unidas, por 139 signatários. Não entrou ainda em vigor. Nos termos do art. 126, o estatuto de Roma da Corte Criminal Internacional entrará em vigor no 1º dia do mês seguinte ao 60º da data do depósito do 60º, instrumento de ratificação, aceitação, aprovação e adesão.	Crimes contra a humanidade, genocídios e crimes de guerra.	HAIA (HOLANDA)	Estado signatário, Conselho de Segurança da ONU e procurador do TPI.
6 – Tribunal Criminal Internacional para Ruanda.	Organização das Nações Unidas.	Foi estabelecida em 1994 pelo Conselho de Segurança da ONU.	Processar organizadores e comandantes do genocídio de Ruanda em 1994.	ARUSHA (TANZÂNIA).	Conselho de Segurança da ONU e Procurador do TPIR.

7 – Tribunal Criminal Internacional para a ex-Iugoslávia.	Organização das Nações Unidas.	Resolução n. 827 do Conselho de Segurança das Nações Unidas (adotada em 25 de maio de 1993).	Quatro categorias de crimes: 1) infrações graves às convenções de Genebra da 1949 (relativamente aos praticados no território da ex-Iugoslávia após 1991 – por pessoa física); 2) violação de leis ou costumes de guerra; 3) crimes contra a humanidade; 4) genocídio.	HAIA (HOLANDA).	Procurador chefe e procurador adjunto (que exercem a função com toda independência).

CAPÍTULO 5

AÇÃO

1. CONCEITO

Podemos conceituá-la como direito público subjetivo de pleitear ao Poder Judiciário uma decisão sobre determinada pretensão.

É direito público, pois que se dirige contra o Estado a fim de obter dele uma decisão sobre determinado pedido. Com o pedido endereçado ao Judiciário, pretende o autor que os efeitos almejados se produzam a seu favor em face de algo e/ou alguém, no entanto o direito de agir se exerce perante o Estado-juiz; é subjetivo porque o ordenamento jurídico faculta ao possível lesado em seu direito pedir a manifestação do Estado sobre a pretensão a este deduzida, dizendo qual é o direito de cada uma das partes mediante o caso em concreto.

Trata-se ainda de um *direito abstrato, autônomo* e *instrumental*, como se depreenderá das teorias abaixo acostadas, possuindo, vale ressaltar, inegável natureza constitucional (art. 5º, XXXV, CF).

Importa dizer, ainda que previamente, que, com o exercício da ação, tem-se o direito ao processo e, portanto, em caráter teleológico que através da ação se provoca a jurisdição, sendo esta exercida através do processo que é seu instrumento de atuação (ação→ →jurisdição→ →processo).

2. TEORIAS SOBRE O DIREITO DE AÇÃO

a) Teoria Imanentista ou Civilista – os defensores desta teoria, dentre eles Savigny, entendiam não haver distinção entre o direito de ação e o direito material inadimplido; não se admitia, portanto, a autonomia do direito de ação. Assim, em Roma,[1] passava a ação a ocupar o lugar do direito, onde o ordenamento jurídico não expressava "tens tal e tal direito, senão tens tal e tal ação". Assim, não se dizia "nesta relação, tua vontade é lei para os demais", mas "nesta relação, podes fazer valer tua vontade frente aos demais, pela via judicial".[2]

---

1. Devendo-se aqui entender, após a última etapa na evolução do procedimento romano, quando das publicações ordenadas pelo Imperador Justiniano (529 a 534), tornando-se aí conhecida a específica definição de Ação construída séculos antes, inicialmente por Celso e, posteriormente, reproduzida em termo, por Ulpiano: *actio autem nihil aliud est quam ius persequendi in iudicio quod sibi debeatur*. ARCILA. *Teoria de La Acción*. p. 57.

2. CARREIRA ALVIM. *Elementos de Teoria Geral do Processo*, 4. ed., p. 132. Ainda esclarece este autor que tal concepção de ação advinha da posição que os magistrados, encarregados de administrar a justiça em Roma, ocupavam: "Em nosso meio, o juiz está submetido ao direito e sua missão consiste em realizar as situações que este ordena. Mas, quanto ao magistrado romano, não se exagera se

b) Polêmica "Windsheid-Müther" – Um embate de ideias travado nos anos de 1856 e 1857 entre os alemães Bernhard Windscheid e Theodor Müther resultou na demonstração de que o direito de pedir a tutela jurisdicional do Estado e a possibilidade da satisfação da pretensão deduzida em juízo compreendem realidades distintas.

Windscheid sustentava que o sistema jurídico romano fundava-se num sistema de ações e não de direitos e, portanto, era de se entender ação por pretensão (*anspruch*) dirigida ao tribunal contra o réu.

Considerando-se ação como pretensão deduzida em juízo, Windscheid, nas palavras de Celso Neves, proporcionou destacado avanço na ciência processual, ao dissociar o direito material da ação, pois que a ordem jurídica sugeria, não como regulamento dos direitos, mas, sobretudo, como regulamento das pretensões juridicamente persequíveis.[3]

Quanto a Theodor Müther, defendia este a tese de que a *actio* era o direito contra o magistrado, configurando-se em um direito contra o Estado à prestação da tutela jurídica.

Assim, teríamos duas realidades: o direito do ofendido contra o Estado-juiz e o direito do Estado à eliminação da lesão contra o ofensor.

c) Teoria da ação como direito autônomo e concreto (Wach, Büllow, Hellwig) – essa teoria defende que o direito de ação, direito subjetivo público, ainda que independente do direito material violado, está vinculado a uma sentença favorável ao impetrante;

d) Teoria da ação como direito autônomo e abstrato (Degenkolb e Plóz) – por esta teoria, todos têm o direito à tutela jurisdicional do Estado e este poderá ou não dar como procedente a pretensão deduzida em juízo. Neste sentido, haverá uma satisfação jurisdicional mesmo que a sentença não seja favorável ao impetrante.

3. NATUREZA JURÍDICA DA AÇÃO

Como já bem salientava Gabriel de Rezende Filho, quando se fala de ação, se estará diante de uma palavra com vários sentidos, tendo diversas acepções, tais como: defesa do direito mediante lide; complexo de atos constitutivos do juízo, pretensão, *anspruch* (direito de exigir de outrem que pratique ou deixe de praticar certo ato – BCG,[4] art. 194); demanda ou *in quod sibi debeatur, ju-*

---

se diz que está acima do direito: não que ele, no exercício de suas funções, não tivesse em conta o direito, mas teoricamente não estava sujeito a ele (...). Para os romanos, pois, o importante não era o que dizia o direito, mas o que dizia o tribunal. Aquele cuja pretensão era discutida não se perguntava se ela tinha respaldo no direito, senão, se o magistrado estaria inclinado a permitir-lhe a persecução judicial, a conceder-lhe uma *actio*, para fazer valer sua pretensão."

3. NEVES. *Estrutura Fundamental do Processo Civil*, p. 89.

4. Código Civil alemão.

dício persequendi.[5] Mesmo o Código de Processo Civil de 1939 empregava em diversas passagens a palavra "ação" como sinônimo de causa, processo, lide, demanda, feito, pleito e litígio.[6]

Neste sentido, difícil não se faz notar os contornos plurívocos com que a doutrina processualística se debruça quando se está diante do conceito de ação.

Notadamente, entendemos como ação o direito à prestação jurisdicional sobre o direito material ou, mais precisamente, o direito subjetivo público, autônomo e abstrato de exigir do Estado a prestação jurisdicional sobre uma pretensão de direito material.

Assim, a existência da ação como direito à jurisdição decorre da viabilidade de um direito material que preencha validamente as denominadas condições da ação.

Isto posto, não será todo cidadão que postula em juízo uma pretensão de direito material, praticando, por conseguinte, atos processuais, estando sujeito ao exercício de direitos, deveres, ônus e obrigações derivadas de uma relação jurídica processual, que poderá exigir do Estado o exercício da jurisdição sobre a sua pretensão a um bem da vida pleiteado. A delimitação do direito a tal exigência anteriormente comentada será determinada pelas condições da ação.

Assim, temos ação como direito à jurisdição na medida em que as próprias condições da ação venham, quando aptas e admitidas como válidas, agasalhar o direito à prestação jurisdicional sobre uma pretensão de direito material, condicionando o juiz a sentenciar sobre o mérito da demanda, seja em benefício ou em prejuízo do autor.[7]

Neste compasso, o direito de ação não se confundirá com o simples direito de petição (CF, art. 5º, XXXIV), pois que este significa o direito correspondente ao dever irrecusável de resposta do Estado-juiz, isto é, um direito cívico de acesso aos órgãos jurisdicionais, conferido, indispensavelmente, a todos os cidadãos de obter um pronunciamento do Poder Judiciário dentre outros Poderes a respeito de qualquer postulação. Trata, na verdade, de um direito cívico.[8]

É de se trazer à colação as palavras de Greco acerca das ideias supracitadas, na medida em que o conceito de ação acima deduzido, além de um freio às demandas inviáveis,

> estabelece o necessário equilíbrio entre o direito de amplo acesso à justiça e a garantia da eficácia concreta do direito do cidadão. Com

---

5. REZENDE FILHO. *Curso de Direito Processual Civil*, v. I, 7. ed., p. 142.
6. Ibidem.
7. ANDOLINA; VIGNERA. *Il Modelo Constituzionale del Processo Civile Italiano*, p. 86.
8. MONTESANO; ARIETA. *Diritto Processuale Civile*, v. I, 2. ed., p. 137; MARQUES. *Instituições de Direito Processual Civil*, v. II, 3. ed., p. 27; COMOGLIO. *La garanza Constituzionale dell' Azione ed il Processo Civile*, p. 53.

> base neste conceito (...), parece compreender do ponto de vista das questões fundamentais do processo, as diversas questões submetidas à apreciação do juiz, as diferenças entre pressupostos processuais, condições de ação e mérito, ao mesmo tempo em que permite observar que essas categorias não são tão radicalmente diferentes como pode parecer, havendo entre elas zonas limítrofes em que a mesma questão pode ser observada como geradora da falta de um pressuposto processual e também de uma condição da ação ou relativa a uma destas e também ao mérito.[9]

Insta dizer, mais precisamente no que se refere às condições da ação, que o controle do órgão judicante sobre as mesmas encontrará razão de ser, na medida em que, objetivamente, o que se pretende chegar é a uma declaração jurisdicional sobre o mérito da pretensão deduzida por aquele que provoca a jurisdição.

Mesmo a própria palavra "condição", *de per si*, já delimita o alcance do que se objetiva: condicionar o exercício da ação à busca de uma prestação jurisdicional sobre uma pretensão de direito material deduzida em juízo.

4. CONDIÇÕES DA AÇÃO

Como requisitos básicos para que o autor esteja legitimado a pleitear a devida tutela jurisdicional do Estado, duas são as condições da ação: interesse processual e legitimidade para a causa.[10-11]

---

9. GRECO. *A Teoria da Ação no Processo Civil*, p. 15.

10. Importante ressaltar que o CPC/2015 refuta a ideia da possibilidade jurídica do pedido como uma das condições da ação, como se depreende de suas disposições normativas, *ex vi* das seguintes:
"Art. 17. Para postular em juízo é necessário ter interesse e legitimidade."
"Art. 485. O juiz não resolverá o mérito quando:
VI – verificar ausência de legitimidade ou de interesse processual;(...)".
É bem verdade que há na doutrina quem sustente associar-se à ideia da impossibilidade jurídica do pedido como forma do juiz em constatar a inviabilidade do pedido solicitado pela parte em sede de petição inicial, isso em razão do que dispõe o direito positivo no momento. Neste caso, a possibilidade jurídica do pedido se relacionaria ao próprio mérito da demanda, motivando-se então, diante do seu não acatamento pelo órgão julgador, em uma decisão improcedência da ação, julgando-se assim o seu mérito e fazendo, portanto, coisa julgada material.
Aliás, parece ser este o sentido adotado pelo Novo *Codex*.
Lado outro, vale acostar aqui que Liebman, em princípio, delineou as condições da ação em suas três clássicas formas - legitimidade para agir, interesse de agir e possibilidade jurídica do pedido (LIEBMAN, Enrico Tullio. L'azione nella teoria del processo civile. *Problemi del Processo Civile.* Napoli: Morano Editore 1962, p.46.).
No entanto, na 3ª edição de seu *Manuale de Diritto Processuale Civile.* Milano: Giuffrè, 1973, p.120-122, veio a sustentar que a possibilidade jurídica do pedido estaria relacionada ao próprio interesse de agir e daí, passando a adotar apenas duas das condições da ação (interesse de agir e legitimidade de agir). Segue a afirmativa do mestre italiano:
"Le condizioni dell'azione, poco fa menzionate, sono l'interesse ad agire e la legittimazione.
(...)
L'interesse ad agire sorge dalla necessità di ottenere dal processo la protezione dell'interesse sostanziale; presuppone perciò la lesione di questo interesse e l'idoneità del provvedimento domandato a

Tais requisitos poderão ser observados a qualquer momento pelo juiz.

a) Interesse Processual

O interesse processual, também denominado pela doutrina como interesse de agir, decorre da *necessidade* da tutela jurisdicional e da *adequação* do provimento postulado.

Quanto à necessidade, significa a exigência de se ter aquela tutela jurisdicional do Estado para a satisfação de um direito material tiver sido ameaçado ou efetivamente violado (p.ex., inadimplemento da prestação e resistência do réu ao cumprimento da mesma). A adequação, por sua vez, está relacionada ao pedido apresentado em juízo pela via processual adequada, ou seja, aquilo que se pede deverá estar adequado ao modelo processual apto a tutelá-lo.[12]

De tudo, nota-se que o interesse de agir está fundamentado na própria utilidade da tutela jurisdicional requerida pela parte.

b) Legitimidade para a causa (*ad causam*)

A parte legítima para a causa (que exercerá o direito de ação) é aquela que se afirma titular de determinado direito que precisa da tutela jurisdicional (autor), ao passo que será parte legítima para figurar no polo passivo aquela a quem caiba o cumprimento de obrigação decorrente dessa pretensão (réu).

Assim, são legitimados para agir, ativa e passivamente, os titulares dos interesses em conflito, logo, estamos diante da denominada legitimação ordinária para a causa, sendo esta a regra geral.

Há casos excepcionais em que o sistema legal autoriza alguém a pleitear, em nome próprio, direito alheio. A esse respeito, dispõe o art. 18 do CPC: "*Ninguém poderá pleitear direito alheio em nome próprio, salvo quando autorizado pelo ordenamento jurídico.*"

Assim, quando tal evento ocorre – o que não poderá decorrer de vontade das partes, mas somente da lei – ocorrerá a legitimação extraordinária, por

---

proteggerlo e soddisfarlo. Sarebbe infatti inutile prendere in exame la domanda per concedere (o negare) il provvedimento chiesto, nel caso che nella situazione di fato che viene prospettata non rinvenga affermata uma lesione del diritto od interesse che si vanta verso la controparte, o se gli effeti giuridici che si attendono dal provvedimento siano comunque già acquisiti, o se il provvedimento sai per se stesso inadeguato o inidôneo a rimuovere la lesione, ***od infine se il provvedimento domandato non può essere pronunciato, perchè non ammesso dalla legge*** *(es. la prigione per debiti).*" (Grifo nosso).

11. Enunciado n. 36 do FPPC: "As hipóteses de impossibilidade jurídica do pedido ensejam a improcedência liminar do pedido."

12. Referimo-nos à via processual (Conhecimento ou Execução) adequada e não procedimental, pois que, do contrário, teria razão Leonardo Greco (Ob. cit. p.. 235) ao afirmar em tom de crítica que o "erro na escolha do rito, do regime processual a que a ação vai se submeter, que tem de ser feita pelo autor na petição inicial, pode gerar o seu indeferimento(...).
Na verdade, quando se escolhe o procedimento inadequado, não está em jogo o direito do autor ao provimento sobre o direito material, e sim o caminho, o rito, o procedimento por ele eleito e, portanto, a falta de pressuposto processual. Se for possível a sua conversão no rito adequado, o processo não será extinto, a inicial não será indeferida, pois o vício vai ser regularizado, remediado."

isso, exceção legalmente permitida, onde teremos a figura do *substituto processual*, figura esta exercida por parte do Ministério Público, sindicatos, partidos políticos etc.

São exemplos de ações onde há a ocorrência de substituição processual:

- Ação civil pública: a Lei n. 7.347/85 disciplina a ação civil pública de responsabilidade por danos causados ao meio ambiente, ao consumidor, a bens e direitos de valor artístico, estético, histórico, turístico e paisagístico, legitimando o Ministério Público e demais pessoas elencadas no art. 5º a propor em nome próprio, por isso, substituindo processualmente os cidadãos em ação a ser proposta, acerca das matérias acima referidas.
- Ação de investigação de paternidade: regulada pela Lei n. 8.560/92, na qual o Ministério Público é legitimado para propor a devida ação;
- Ação popular: o art. 5º, LXXIII, da CF estabelece que qualquer cidadão é parte legítima para propor ação popular que vise anular ato lesivo ao patrimônio público ou de entidade de que o Estado participe, à moralidade, ao meio ambiente e ao patrimônio histórico e cultural.
- Mandado de segurança coletivo: o art. 5º, LXX, "a" e "b", da CF, legitima os partidos políticos, com representação no Congresso Nacional, as organizações sindicais, as entidades de classes e as associações legalmente constituídas, pelo menos um ano, a defenderem interesses de seus membros e associados.

5. CARÊNCIA DA AÇÃO

A carência de ação, assim denominada a ausência do direito de ação, ocorre quando faltar uma das condições da ação (interesse de agir ou legitimidade para a causa), havendo, logo, a impossibilidade da pretendida tutela jurisdicional do Estado, caso em que o juiz deverá extinguir o processo sem o julgamento de mérito (art. 485, VI, do CPC).

Ressalte-se que a extinção do processo sem a resolução de mérito difere-se da sentença que considerou o pedido improcedente, isto é, neste caso, houve a resolução de mérito, naquele, o juiz não irá sequer conhecer do pedido do autor.

6. ELEMENTOS IDENTIFICADORES DA AÇÃO

São eles os *componentes materiais* da ação, os quais vão diferenciar uma ação da outra, servem para identificar as ações. São três elementos a serem considerados: as *partes*, a *causa de pedir* e o *pedido*.

a) Partes – são assim denominados *autor* e *réu*.[13]

---

13. Importante se faz ressaltar que a noção de partes, neste âmbito, significa tão somente aquelas *ex adversas*, pois que em um sentido mais amplo, na verdade, os partícipes da marcha processual serão vários, tais como o juiz, testemunhas, assistentes técnicos do juízo etc.

b) Causa de Pedir (*causa petendi*) – constitui-se do somatório entre os fatos e os fundamentos jurídicos, ou seja, *os fatos* (causa remota) compreendem o relato do acontecido, já os *fundamentos jurídicos* (causa próxima) referem-se ao dano sofrido em virtude do fato ocorrido, isto é, são as consequências jurídicas decorridas dos fatos relatados.

c) Pedido – podem ser observados dois tipos de pedidos: *pedido imediato*, que é a tutela que se pede do Estado, isto é, relaciona-se ao comando do dispositivo da sentença (condenação, constituição, declaração do Estado etc.); e o *pedido mediato* que é o bem material pedido pela parte, ou seja, é o conteúdo (o *quantum*) que vem após o pedido imediato.

A identificação dos elementos da ação é de extrema importância no âmbito do direito processual visto a sua utilidade na possibilidade de delimitar a competência do juízo, a conexão[14] e continência das ações, a litispendência (ações idênticas) e a coisa julgada (evita-se que se conheça de uma ação já anteriormente julgada).

7. CLASSIFICAÇÃO DAS AÇÕES

7.1 SEGUNDO O TIPO DE PROVIMENTO REQUERIDO

A classificação das ações é realizada pela maior parcela da doutrina processualística, levando-se em consideração critério pautado no que se refere ao pedido imediato realizado pela parte, ou seja, pelo provimento jurisdicional desejado.

a) Ação de Cognição (ou Conhecimento) – Tem por finalidade a obtenção de uma tutela jurisdicional de conhecimento, visando ao acertamento ou conhecimento de um direito, ou seja, busca-se na sentença a declaração de quem tem razão na lide.

Trata-se de conhecimento, pois que, através da propositura deste tipo de ação, se proferirá uma decisão pela qual se extrairá da lei a regra jurídica aplicável ao fato concreto, reconhecendo-se por mérito, seja de forma positiva ou negativa, a pretensão posta em juízo.

---

14. Coube a Matteo Pescatori notar para a conexão, a importância dos elementos identificadores: "se tutti gli elementi fossero comuni, ne risulterebbe cause identiche e non solamente connesse: se tutti gli elementi fossero diversi, mancherebbe ogni vincolo di connessione. Ora gli elementi constitutivi di tutte le cause sono: 1º le persone contendente; 2º Il titolo dela contesa, cioè quello a cui si appoggia la domanda e la relativa eccezione; 3º La cosa che si domanda: (personae, causa petendi e causa excipiendi, res): onde emergono due sommi generi di cause connese: il primo di quelle che abbiamo due elementi comuni e um solo diverso; Il secondo di quelle que abbiano due elementi diversi e um solo comune. Ciascuno di questi generi si suddivide poi in tre specie; perocchè ter essendo gli elementi, l'elemento diverso nel primo genere, e l'elemento comune nel secondo può variare tre volte." (PESCATORE, Matteo. Sposizione compendiosa dela procedura civile e criminale. Vol. I. Torino: Unione Tipografico-Editrice, 1864, p. 168).

b) Ação de Execução – Objetiva a satisfação ou a realização de um direito já reconhecido na sentença da ação de cognição (título executivo judicial) ou através de um título executivo extrajudicial.

c) Ação Cautelar – Objetiva o acautelamento (o resguardo) do objeto da ação de cognição ou de execução, de forma a viabilizar a eficácia da tutela jurisdicional, visa, pois, de forma instrumental, à garantia de uma ação de cognição ou de execução plena e válida.

Não regula o CPC/2015 a ação cautelar como fazia o revogado CPC/1973.

Na verdade, o Código de Processo Civil atual regula a denominada Tutela de Urgência Cautelar, espécie do gênero Tutela Provisória (arts. 294 e ss.), onde o pedido de acautelamento de bem e/ou situação jurídica não se faz de forma autônoma ou independente do pedido principal de caráter satisfativo, mas como pretensão antecedente ou mesmo incidental conservativa àquele pedido principal.

Com a tutela cautelar não se compõe a lide, mas afasta a ameaça de dano a eventual direito subjetivo a ser tutelado em pedido principal (de Cognição ou Execução), quer de forma antecipada (art. 305 e ss.), quer incidentalmente (art. 295). Por exemplo, se no andamento de um processo de conhecimento, cuja discussão esteja recaindo sob a propriedade de um automóvel, ou mesmo antes de forma antecedente à pretensão principal, havendo justificado receio de que o réu ou o eventual réu venha danificar aludido objeto, poderá o autor requerer um pedido de tutela de urgência cautelar de natureza antecedente de sequestro do bem (art.301 do CPC), cujo efeito da medida decretará a apreensão do mesmo, garantindo a efetiva possibilidade de discussão do bem, sem prejuízos à integridade deste.

7.2 SEGUNDO O TIPO DE TUTELA E SEUS EFEITOS NA AÇÃO DE COGNIÇÃO

Por outro lado, tem-se também a classificação onde se leva em conta os efeitos da sentença produzidos. Neste sentido, não obstante os mais variados dissensos da doutrina – uns mais, outros menos sólidos – acerca de uma unívoca classificação das ações,[15] insta dizer que, ressalvada a combinação de eficácias (efeito automático da resolução judicial), coexistentes em cada sentença, o critério distintivo e, mais precisamente, preponderante, de uma das eficácias assentará, em magistério de Liebman, no efeito característico e próprio da sentença, correspondente a cada categoria de ações,[16] por isso, "têm as ações força, cuja preponderância do elemento declaratório, constitutivo, condenatório, mandamental ou executivo as classifica".[17]

15. Sobre o assunto, ver por todos, ASSIS. *Cumulação de Ações*, 4. ed., p. 91-92.

16. LIEBMAN. *Manuale de Diritto Processual e Civile*, 5. ed., p. 152.

17. ASSIS. Ob. cit., p. 93.

a) Meramente Declaratória – tem por objetivo único e exclusivo a simples *declaração de existência ou inexistência* de uma relação ou situação jurídica, como, p.ex., um pedido de declaração de validade de um contrato ou de uma verificação de assinatura (art. 19 do CPC). De fato, com a clareza que lhe é peculiar, Pontes de Miranda revela que na presente ação,

> supõe-se a pureza (relativa) do enunciado que se postula; por ele, não se pede condenação, nem constituição, nem mandamento, nem execução. Só se pede que se torne *claro* (declare), que se ilumine o recanto do mundo jurídico para se ver se é, ou se não é a relação jurídica de que se trata. O enunciado é só o enunciado de existência. A prestação jurisdicional consiste em simples clarificação.[18]

b) Constitutiva – visa *criar, modificar* ou *extinguir*, um estado ou capacidade jurídica da pessoa; constitui, pois, uma nova relação jurídica, como ocorre nas ações de divórcio, interdição, anulação de casamento, por exemplo.

c) Condenatória – além da declaração de certeza do direito, objetiva a *condenação do réu* a prestar uma obrigação, como, *v.g.*, a condenação ao pagamento de uma indenização, de construir algo.

d) Executiva *Lato Sensu* – Trata-se de provimento correspondente à ação executiva, entretanto, estando esta um passo à frente daquilo que a parte obtém com uma ação condenatória.

Na verdade, a presente ação contém uma condenação, porém diferente da regra geral das ações condenatórias, os efeitos práticos aqui produzidos para a satisfação da pretensão ora resistida independem de posterior procedimento de Cumprimento da Sentença de natureza executiva expropriatória ou obrigacional, visto que a presente executiva *lato sensu* não se destina a constituir título executivo – ao contrário das ações condenatórias – mas sim sua sentença é exequível no próprio processo em que foi proferida. Têm-se, podendo assim afirmar, uma ação condenatória, porém com *eficácia executiva*, pontuando como exemplos as ações de despejo, de reivindicação de propriedade, obrigatória de declaração de vontade, as quais dispensam a ação de execução para a satisfação do direito.

e) Mandamental – Coube a Pontes de Miranda, entre nós, contemplando posição de Kuttner, identificar bem como individualizar o presente efeito mandamental.[19]

As ações mandamentais têm por objetivo a obtenção de uma sentença à qual o juiz, ao invés de substituir às partes na solução da demanda, emite uma

---

18. PONTES DE MIRANDA. *Tratado das Ações*, t. I, p. 118.

19. Para GOLDSCHMIDT. *Derecho Procesal Civil*, p. 124, o conteúdo da ação mandamental é o próprio mandamento contido na sentença. Para o autor, a sentença mandamental não é declaratória porque é suscetível de execução, não possuindo tão somente uma virtualidade constitutiva bem como não é um mero título executivo que poderia caracterizá-la como uma sentença condenatória.

ordem de autoridade que, caso não cumprida da forma determinada, implicará sujeição daquele obrigado a cumpri-la.

Em sentido exato ao magistério de Pontes de Miranda, nas sentenças mandamentais, o juiz não constitui, "manda". Assim, a parte pede ao magistrado que mande, não somente que declare, ou condene ou nasça de seu ato uma eficácia constitutiva, por isso, não se pode pedir que dispense o "mandado". Também não existirá na presente o hiato de transição entre a sentença condenatória e o processo de execução (característico da sentença condenatória).[20/21]

Dentre os exemplos típicos da presente ação estão o mandado de segurança, ação de nunciação de obra nova, interdito proibitório, *habeas data*, tutelas inibitórias de um modo geral.

7.3 A TUTELA INIBITÓRIA

Nas últimas décadas, têm-se presenciado a uma verdadeira e acelerada mutação nas relações sociais em variadas formas e projeções.[22/23]

Ocorre que a própria dinâmica de ditas relações, inegavelmente, gera conflitos que, uma vez levados ao Poder Judiciário, muitas vezes restam carecedores de adequadas soluções, oportunizadas pelas complexidades da vida, abstratamente reguladas por um ordenamento jurídico em dado tempo e espaço, gerando a insegura ideia de que não haveria instrumentos jurídicos aptos ou capazes de levarem a cabo o satisfatório deslinde do caso concreto ou de conceder medidas necessárias e aptas às situações fáticas geradas em tais ambientes sociais de contínuas mudanças.[24]

Nesta esteira, com o fito de, instrumentalmente, tutelar de forma satisfatória e eficiente o jurisdicionado em determinadas pretensões diante dos ambientes supracitados é que se edificou, doutrinariamente, a denominada "Tutela Inibitória".

---

20. PONTES DE MIRANDA. Ob. cit., p. 211. Tal "hiato" citado se encontra hoje em menor intensidade, tendo em vista a fase do "cumprimento da sentença".

21. Com acerto, bem entende Darci Guimarães Ribeiro que, o verbo representativo da ação mandamental é ordenar ou mandar. "Por isso, através desta pretensão, o autor pede, como eficácia preponderante, que o juiz, por meio da sentença, ordene ou mande ao demandado fazer ou não fazer algo em virtude da ordem." (RIBEIRO, Darci Guimarães. *Da Tutela Jurisdicional âs formas de Tutela*. Porto Alegre: Livraria do Advogado, 2010, p.88.)

22. Sobre a multiplicação e mundialização de direitos, sobretudo decorrentes de uma variedade de experiências sociais, ver por todos BOBBIO, *A Era dos Direitos*. Rio de Janeiro: Campus, 1992, p. 67 e ss.

23. Sobre a diversidade material e o contexto de aplicação da Tutela Inibitória, ver CANOTILHO, José Joaquim Gomes; MACHADO, Jónatas E. M.; GAIO JÚNIOR, Antônio Pereira. *Biografia não Autorizada versus Liberdade de Expressão*. 2 ed. Lisboa: Editorial Juruá, 2015.

24. Neste ambiente é que bem guarda razão e necessidade das denominadas tutelas diferenciadas, ou seja, tutelas alternativas ao procedimento ordinário, destinadas a tutelar de forma adequada e efetiva peculiares situações de direito substancial (MARINONI, Luiz Guilherme. *Tutela Inibitória: individual e coletiva*. 3 ed. São Paulo: RT, 2006, p. 32).

Objetiva a presente Tutela a prevenção da prática, da continuação ou da repetição do ilícito, não tendo para tanto caráter punitivo e sim preventivo. Nisto é que caberá o manejo da inibitória em face de alguém, ainda que sem culpa, estiver na iminência de praticar um ilícito.[25]

Para a boa compreensão e correta utilização da presente tutela, necessário se faz acostar aqui a imprescindibilidade da importante distinção entre ilícito e dano. Aliás, objeto de antigas divergências doutrinárias.[26]

Dita distinção já se faz necessária, *p. ex.*, no olhar mais agudo do que dispõe o art. 186 do Código Civil, *in verbis*:

"Aquele que, por ação ou omissão voluntária, negligência ou imprudência, violar direito e causar dano a outrem, ainda que exclusivamente moral, comete ato ilícito."

De tal dispositivo, nota-se, de pronto, equívoco, ao se observar o uso da preposição "e", induzindo ser a superveniência do dano indissociável à ideia de ilicitude do ato.[27]

Nestes termos, bem pontua Marinoni que "*o dano não é uma consequência necessária do ato ilícito. O dano é requisito indispensável para o surgimento da obrigação de ressarcir, mas não para constituição do ilícito.*"[28]

Observa-se que a prática de um ato contrário ao direito não tem, fundamentalmente, como consequência o surgimento do dano. Assim, tem-se que o ato ilícito é qualquer conduta contrária ao direito, sendo o dano um prejuízo material ou moral que pode vir ou não da prática de um ato ilícito.[29]

Estando a tutela inibitória voltada para o futuro com natureza essencialmente preventiva, é cristalino que a mesma não possui, necessariamente, relação direta com o dano, sendo autorizado manejá-la para fins de que não se pratique um ilícito sem que, para tanto, seja demonstrado cabalmente um dano futuro.[30]

O esclarecimento dessa confusão não apenas deixa claro que a tutela ressarcitória não é a única tutela contra o ilícito, como também permite a deli-

---

25. MARINONI, 2006, p. 36.

26. Vale lembrar que uma das importantes conquistas da doutrina italiana nas últimas décadas do século passado foi, exatamente, a revisão conceitual de ilícito, mais precisamente entre ato ilícito e fato danoso.
Ver, por todos, MÒCCIOLA, Michele. Problemi del ressarcimento del danno in forma specifica nella jurisprudenza. *In*: *Rivista Critica del Diritto Privato*, 1984, p. 367 e ss.

27. DIDIER JUNIOR, Fredie; BRAGA, Paula Sarno; OLIVEIRA, Rafael. *Curso de Direito Processual Civil*. Vol. 2. Salvador: JusPodivm, 2008, p. 367.

28. MARINONI, Ob. cit., p. 46.

29. Ibidem.

30. Neste ínterim, pontua Marinoni: "(...) *ao inserir na constituição do ilícito o perigo, refere-se ao perigo com uma "potencialidade danosa", evidenciando, assim, que a tutela contra o ilícito – que seria diferente da tutela contra o dano – é uma tutela contra a probabilidade do dano*" (Idem, p. 45).

neação de uma tutela legitimamente preventiva, não tendo a mesma relação com a probabilidade do dano, mas apenas relação com o ato contrário ao direito.

Na relação entre probabilidade do ilícito e probabilidade do dano, leciona ainda Marinoni:[31]

> É certo que a probabilidade do ilícito é, com frequência, a probabilidade do próprio dano, já que muitas vezes é impossível separar, cronologicamente, o ilícito e o dano. Contudo, o que se quer deixar claro é que para obtenção da tutela inibitória não é necessária a demonstração de um dano futuro, embora ele possa ser invocado, em determinados casos, até mesmo para se estabelecer com mais evidência a necessidade da inibitória.

Essa diferenciação entre ilícito e dano, conceituando-se o ilícito como ato contrário ao direito, permitiu que a tutela jurisdicional fosse adequadamente prestada a certas situações, através do uso de uma medida genuinamente preventiva, aí encontrando lugar a tutela inibitória.

Por tudo, enfrentada a distinção entre ilícito e dano, imperiosa é a observação de que a melhor definição legislativa da inibitória é aquela que admite a tutela na forma pura (antes que se tenha ocorrido o ilícito), e não apenas para impedir a continuação ou repetição do ilícito[32]. Essa definição legislativa é encontrada no ordenamento jurídico brasileiro através dos institutos do interdito proibitório e do mandado de segurança preventivo e mais amplamente pelo que prescreve o art. 5º, XXXV, da CF.

Percebe-se, todavia, que a existência de uma tutela jurisdicional contra o ilícito que não se destine a reparar o dano, consubstanciada em sentenças mandamental e executiva (*ex vi* dos arts. 461 e 461-A do Código de Processo Civil/1973 e 84 do Código de Defesa do Consumidor, e agora do art. 497, parágrafo único do Código de Processo Civil/2015), permitiu a construção de uma tutela inibitória atípica[33] como, p. ex., em casos onde caberia ao cidadão, tomando conhecimento de que a notícia de cunho íntimo a seu respeito seria divulgada, ingressar em juízo invocando pedido de tutela inibitória visando impedir, peremptoriamente, a publicação ou a divulgação da mesma. Notadamente, neste caso, é plenamente possível que o interesse da parte venha cingir-se sobre a não publicação e divulgação da notícia e não fundamentalmente,

31. Idem, p. 47.

32. Idem, p. 55.

33. Acerca da tutela inibitória atípica, assevera Marinoni: "*(...) os arts. 461 do CPC e 84 do CDC – que tratam das obrigações de fazer e de não fazer – abrem oportunidade às sentenças mandamental e executiva, sem qualquer alusão a uma específica situação de direito substancial. Em outros termos, a tutela inibitória pode ser postulada diante de qualquer tipo de direito, e não apenas em face de situações de direito material expressamente previstos em lei.*" Idem, p. 39.

pelo possível ressarcimento que queira obter do veículo divulgador da mesma ou mesmo a probabilidade do dano.

Neste sentido, bem leciona Marinoni:

> Se uma norma proíbe a prática de determinado ato ou atividade, e se esta violação é provável, bastará a sua alegação e demonstração, não sendo necessário afirmar e provar que, ao lado desta provável violação, ocorrerá um provável dano. Do ponto de vista probatório, é muito mais fácil provar a probabilidade da prática, repetição, ou continuação de ato contrário ao direito, do que a probabilidade do dano[34].

De outro modo, caso alguém tema que seu direito continue a ser violado, ou seja, novamente violado, pode-se manejar a tutela inibitória, inclusive em forma de pedido tutelar antecipatório (*ex vi* dos arts. 294, parágrafo único e 300 do CPC/2015[35]), dado não poder, frequentemente, dar-se à penúria de suportar o tempo elástico ao deslinde da demanda e mesmo ao trânsito em julgado da sentença a seu favor.

7.3.1 TUTELA INIBITÓRIA. PREVISÕES LEGAIS

Certo é que o principal fundamento legal em que repousa a tutela inibitória, antes de tudo, é aquele decorrente do princípio constitucional inserido no art. 5º, XXXV, da Carta Maior, que reza: "*a lei não excluirá da apreciação do poder judiciário lesão ou ameaça ao direito*". Diante de tal preceito, nítida é a desnecessidade de uma expressa previsão infraconstitucional para a propositura da proteção inibitória.

No entanto, em sede infraconstitucional, de forma mais detida, nota-se que tutela inibitória só era prevista no ordenamento jurídico na forma típica, principalmente, através dos já referidos interdito proibitório (art. 932 do CPC/1973, hoje art. 567 do CPC/2015)[36] e mandado de segurança preventivo (art. 1º, da Lei 12.016/09)[37].

---

34. MARINONI, 2006, p. 56; SPADONI, Joaquim Felipe. *Ação Inibitória*. São Paulo: RT, 2007, p. 29 e ss.

35. *"Art.294 (...)*
Parágrafo único. A tutela provisória de urgência, cautelar ou antecipada, pode ser concedida em caráter antecedente ou incidental.".
"Art. 300. A tutela de urgência será concedida quando houver elementos que evidenciem a probabilidade do direito e o perigo de dano ou o risco ao resultado útil do processo."

36. *"Art. 567. O possuidor direto ou indireto que tenha justo receio de ser molestado na posse poderá requerer ao juiz que o segure da turbação ou esbulho iminente, mediante mandado proibitório em que se comine ao réu determinada pena pecuniária caso transgrida o preceito."*

37. *"Conceder-se-á mandado de segurança para proteger direito líquido e certo, não amparado por* ***habeas corpus*** *ou* ***habeas data****, sempre que, ilegalmente ou com abuso de poder, qualquer pessoa física ou jurídica sofrer violação ou houver justo receio de sofrê-la por parte de autoridade, seja de que categoria for e sejam quais forem as funções que exerça".*

Com o advento do art. 461[38] do CPC/1973, vislumbrou-se no Ordenamento Processual Civil pátrio a possibilidade de se obter a tutela inibitória na forma atípica, ou seja, de cunho amplo, alcançada por meio de sentenças mandamental e executiva *lato sensu*[39], portanto, visando à proteção de direitos da personalidade e mesmo direitos de índole coletiva, tais como os direitos do consumidor e meio ambiente, tanto sob a forma positiva (obrigações de fazer) como negativa (obrigações de não fazer).

Hodiernamente presenciamos a edificação de um novo Código de Processo Civil para o Brasil, este representado pela Lei n.13.105 de 16.03.2015, cujo processo de gestação foi longo, mas deveras oportuno, sobretudo, em sede Tutela Inibitória, onde, formalmente, fora acostado dispositivo dedicado ao tema, desonerando de uma interpretação extensiva do que se fazia em sede de Tutela Específica no CPC/1973.

Temos, então, que no novel CPC em questão, bem aloca o legislador a presente Tutela Inibitória como decorrência natural da Tutela Específica, quando da pretensão para inibir a prática, a reiteração ou a continuação de um ilícito, ou a sua remoção; servindo ainda para o ressarcimento de um dano. É o que se depreende da norma infra:

> *Art. 497 Na ação que tenha por objeto a prestação de fazer ou de não fazer, o juiz, se procedente o pedido, concederá a tutela específica ou determinará providências que assegurem a obtenção de tutela pelo resultado prático equivalente.*
>
> *Parágrafo único. Para a concessão da tutela específica destinada a inibir a prática, a reiteração ou a continuação de um ilícito, ou a sua remoção, é irrelevante a demonstração da ocorrência de dano ou da existência de culpa ou dolo.*

Aludido comando legal é revestido de técnicas processuais que permitem também outras formas de tutela na forma específica[40], estas que são aplicadas de acordo com a proteção jurisdicional que se busca diante de um direito material que se quer proteger[41], sobretudo, de modo específico, daí porque é de se entender que a tutela inibitória se inclui no universo das tutelas específicas.

---

38. "*Na ação que tenha por objeto o cumprimento de obrigação de fazer ou não fazer, o juiz concederá a tutela específica da obrigação ou, se procedente o pedido, determinará providências que assegurem o resultado prático equivalente ao do adimplemento*".

39. NERY JÚNIOR, Nelson; ANDRADE NERY, Rosa Maria. *Código de Processo Civil Comentado e Legislação Extravagante.* 10 ed. São Paulo: RT, 2007, p. 671.

40. "(...) *pensar somente nas formas processuais, e assim apenas nos instrumentos processuais capazes de impor um fazer ou um não fazer, constitui uma visão míope do fenômeno da tutela dos direitos. Este fenômeno tem um aspecto dualista, compreendido pela tutela do direito material e pelas formas de tutela destes direitos*". (MARINONI, Ob. cit., p. 116).

41. Sobre a aplicabilidade dos arts. 497 e 536 do CPC, estes voltados à obtenção de uma Tutela Específica relativa a obrigações de fazer, não fazer e entregar coisa, quando da ocorrência de inadimple-

É de se observar ainda, conforme já se via dos parágrafos do art. 461 do revogado CPC/1973,[42] que se mantêm como de efetiva importância para a concessão de uma genuína tutela inibitória, medidas que por ventura podem ser realizadas na consecução da pretensão inibitória, tudo com o intuito de se ter a efetivação da proteção estatal quanto a uma possível transgressão ou mesmo a cessação da violação de um direito, destacando-se, neste caso, o que preceitua o art. 536 e seu §1º do CPC/2015, *in verbis*:

> *Art. 536. No cumprimento de sentença que reconheça a exigibilidade de obrigação de fazer ou de não fazer, o juiz poderá, de ofício ou a requerimento, para a efetivação da tutela específica ou a obtenção de tutela pelo resultado prático equivalente, determinar as medidas necessárias à satisfação do exequente. 107*
>
> *§ 1º Para atender ao disposto no caput, o juiz poderá determinar, entre outras medidas, a imposição de multa, a busca e apreensão, a remoção de pessoas e coisas, o desfazimento de obras e o impedimento de atividade.*

Como visto, a tutela inibitória é voltada para o futuro, tendo como escopo a inibição da prática, continuação ou repetição de ato contrário ao direito, sendo ainda autorizado requerê-la com o fito de que não se pratique um ilícito sem que, para tanto, seja demonstrado cabalmente um dano futuro.

---

mento das mesmas, cf. GAIO JÚNIOR, Antônio Pereira. *Tutela Especifica das Obrigações de Fazer*. 5 ed. Curitiba: Juruá, 2015.

42. Sobre a atuação das referidas medidas constantes do § 5º do art. 461 do CPC (hoje §1º do art. 536 do CPC/2015) para fins de efetivação da Tutela Específica solicitada, ver GAIO JÚNIOR, Antônio Pereira. *Tutela Específica...*, 2013.

CAPÍTULO 6

PROCESSO

1. PROCESSO – INSTRUMENTO EFETIVO À AMPLA PROTEÇÃO DOS DIREITOS

Em forma de síntese, mas não menos pontual, já observara Lopes da Costa que o Processo deve ser entendido como toda atividade visando a um determinado efeito, este que não se alcança somente com um só ato.[1]

É de salientar, entretanto, que, no âmbito da Ciência Jurídica, tal instituto incorpora uma visão científica objetiva, esta que lhe dá contornos efetivos para, especificamente, indicar sua significação como instrumento de efetivação das garantias constitucionalmente asseguradas[2] bem como de realização da função jurisdicional estatal.

Aliás, como já observado em outro momento da presente obra, bem leciona nestes termos Fix Zamudio, ao certificar que "*son numerosos los constitucionalistas que consideram que la verdadera garantia de los derechos de la persona humana consiste precisamente em su protección procesal, para lo cual es preciso distinguir entre los derechos del hombre y las garantias de tales derechos, que no son otras que los médios procesales por conducto de los cuales es posible su realización y eficácia.*"[3]

Como instrumento para efetivação das supracitadas garantias, é de se compreender que o Processo leva consigo toda a carga tipicamente comandada pela sua exata noção de que, mais do que um meio estatal para a tentativa de realização prática do justo, é ele instrumento social e democrático eivado de direitos e garantias imperativas que devem ser respeitadas em sintonia com o estado democrático que se presencia em dado tempo e espaço.[4] Nesse

---

1. LOPES DA COSTA, Alfredo de Araújo. *Direito processual civil brasileiro.* Vol. I. 2. ed. Rio de Janeiro: Forense, 1947, p.12.
2. Para Morello:"*De allí el impulso y la autonomia que postula el denominado 'Derecho Procesal Constitucional'*". MORELLO, Augusto M. *El Proceso Justo.* 2. ed. Buenos Aires: Abeledo-Perrot, 2005, p. 12.
3. *La protección procesal de los derechos humanos.* Madrid: Civitas, 1982, p.51 e 54.
4. Em importantíssima síntese acerca do ambiente pelo qual o Processo opera, leciona com propriedade Michele Taruffo (*Simplemente la verdad. El juez y la construcción de los hechos.* Madrid: Marcial Pons, 2010, p. 156):
"*El proceso es, em realidad, también um 'lugar' em que se aplican normas, se realizan valores, se aseguran garantias, se reconhecen derechos, se tutelan intereses, se efectúan elecciones econômicas, se enfrentan problemas sociales, se asignan recursos, se determina el destino de las personas, se tutela la liberdad de los indivíduos, se manifiesta la autoridad del Estado... y se resuelven controvérsias por medio de decisiones deseablemente justas.*"

sentido é que se deve entender Elio Fazzallari, para quem "*il processo civile, nei vari tipi, è sempre coordinato all diritto sostanziale*", apontando que o processo vale pelo próprio fato do processo, como técnica de composição de manifestações em conflito, conforme existe no processo judicial, mas não só nesse[5], visto também, *v.g.*, nas negociações de pretensões laborativas, na construção de vontade em meio ao debate assemblear nas empresas ou na formação da vontade colegiada.[6]

Como instrumento de realização da função jurisdicional do Estado, convém lembrar, posto que já desenvolvida tal ideia quando falamos de Jurisdição, que o Processo Judicial reflete, indubitavelmente, o estágio histórico vivenciado pela sociedade ao qual se encontra inserido, influenciado de maneira direta por fatores culturais, históricos, sociológicos, econômicos e políticos, que lhe dão o contorno e a diretriz.

Sendo o instrumento pelo qual a jurisdição opera, está ele relacionado ao conjunto de atividades instrumentalizadas no sentido da solução da lide ou declaração de direitos, implementadas através de um encadeamento de atos donde se depreende a palavra processo = *pro* + *cedere*: pender para a frente, ir

---

5. "*(...)per completezza d'informezione, giova qui constatare che l'impiego del processo si rileva anche fuori e/o a prescindere da tale ordinamento. Chi Volga lo aguardo ai molteplici gruppi che ruotano nell'orbita della comunità statuale, coglierà súbito La loro tendenza ad organizzare, nel próprio seno e per i propri membri, uma sai pur rudimentale forma di giustizia: quale che sia La rilevanza di queste funzioni all'esterno. l'impiego di schemi processuali per La risoluzione di controversie è presente all'interno di partiti, sindicati, associazioni sportive, ordini professionali e financo microcosmi privati (si pensi Allá funzione dei probiviri Che compare spesso nelle associazioni Ed anche nelle società commerciali)*.". FAZZALARI, Elio. *Instituzioni di Diritto Processuale.* 7 ed. Padova: CEDAM,1994, p.12.

6. O STF, em firme sintonia com a ideia do devido processo legal e sua aplicabilidade extensiva aos pleitos que envolvem, em um estado de direito, a proteção plena de quaisquer ameaças ou mesmo lesão aos direitos plenos do cidadão comum, assegurando uma proteção democrática dos interesses privados, expressou no RE, n. 201.819-8, que os direitos fundamentais devem ser respeitados nas relações privadas, pontuando assim, que em todo processo que se desenvolva em associações e outras entidades privadas deve-se respeitar o direito à ampla defesa e ao contraditório. A apreciação dessa matéria foi concluída depois de meses de discussão na 2ª Turma do Supremo Tribunal Federal.
Reforçando o presente entendimento no julgado, o Ministro Celso de Mello expressou a ideia supra de maneira responsável, pautado, inclusive, em horizontes democráticos, ao afirmar que a tese de que o estatuto das liberdades públicas "não se restringe à esfera das relações verticais entre o Estado e o indivíduo, mas também incide sobre o domínio em que se processam as relações de caráter meramente privado, reconheceu que os direitos fundamentais projetam-se, por igual, numa perspectiva de ordem estritamente horizontal."
Em síntese, portanto, ainda que as relações jurídicas que se relacionam em processos administrativos, o direito das associações privadas não é absoluto e comporta restrições, que dão lugar ao prestígio dos direitos fundamentais assegurados pela Constituição Federal. No caso concreto, decidiu-se pela não concessão de recurso à União Brasileira de Compositores (UBC) que excluiu um de seus sócios do quadro da entidade sem o amplo direito à defesa.
A ideia do processo como entidade democrática e instrumento de perquirição pela busca do justo, deve refletir como fundamento principal, seja em quaisquer ambientes em que se busque através do mesmo, a solução de pretensões relativas a direitos resistidos ou não.

adiante, caminhar, progredir bem como das relações jurídicas desenvolvidas neste caminhar – relação jurídica processual.

Vê-se no processo judicial também a perspectiva de uma instituição vinculada ao meio social, como acentuou Franz Klein há mais de um século, conceituando-o como norma do Poder para proteção dos interesses da comunidade e dos bens jurídicos individuais voltados para o bem-estar social e dotada de efeitos pedagógicos[7], em harmonia com a linha hoje mais avançada do processualismo, que o identifica não só com a técnica científica, mas também com os escopos sociais e políticos em sua feição instrumentalista, ótica esta voltada para a efetividade, com preocupações de celeridade, eficiência, efetividade e acesso à ordem jurídica justa, tudo vetorizado no propósito chiovendiano de que "o processo deve dar, a quem tem um direito, tudo aquilo que ele tem o direito de obter."

2. CONCEITO E NATUREZA JURÍDICA DO PROCESSO

Como já expressado, etimologicamente a palavra "processo" possui significado de "caminhada", "marcha adiante" (do latim, *procedere* = seguir adiante).

Neste sentido, durante muito tempo, foi ele confundido com uma simples sucessão de atos processuais (procedimento), sendo comuns as conceituações que o colocaram nesse plano, porém os conceitos de processo e procedimento são fundamentalmente distintos.

Tem-se como processo, no tocante ao aspecto jurídico-político, por isso ligado essencialmente às funções do Estado, o método pelo qual se opera a Jurisdição com vistas à composição de situações incertas e/ou conflituosas, sendo, portanto, instrumento de realização da justiça, o que de fato se reconhece, como já bem referido alhures, uma garantia do jurisdicionado para a realização de seus direitos frente aos serviços prestados pelo próprio Estado, *in casu*, o Serviço Público da Justiça.

No sentido técnico-científico, ligado fundamentalmente à sua natureza jurídica, processo é a síntese (somatório) dos atos que lhe dão corpo e da relação entre eles (procedimento) juntamente com as relações jurídicas entre os seus sujeitos (relação jurídica processual), sendo verdadeiramente, um procedimento em contraditório.

Como pressuposto de responsabilidade intelectual, ao conceituar o processo sob a ótica de sua natureza jurídica, fundamental se faz analisar as diversas teorias que tentaram justificar a sua natureza, possibilitando, por certo, a evolução e formação da visão hodierna do processo no tocante a tais aspectos.

7. KLEIN, Franz. *Der Zivilprozess Österreichs*. Aalen: Scientia Verlag, 1970, p. 186-88.

2.1 O PROCESSO COMO CONTRATO

Trata-se de teoria concebida, originariamente, a partir da *litiscontestatio* romana, estando em voga nos séculos XVIII e XIX, sobretudo na doutrina francesa.

Aqui, as partes realizariam, através de acordo de vontades, um contrato, decidindo submeterem ou não a demanda à tutela jurisdicional.

O processo, nessa teoria, seria visto sob o plano de uma relação privatista e com os mesmos raciocínios básicos da teoria política do contrato social, ou seja, enquanto os cidadãos se sujeitam às condições por eles pactuadas, ou mesmo que por eles poderiam ter aceitado por meio de uma decisão livre e racional, não obedecem a ninguém mais do que a sua vontade.

Tal teoria, no entanto, encontra-se em completo desuso, na medida em que se sabe, hoje, que o processo não é fruto de mero negócio jurídico, atuando mesmo independentemente da vontade das partes.

2.2 O PROCESSO COMO QUASE CONTRATO

Trata-se de teoria que se justifica na ideia de que, se o processo não é um contrato, seria pelo menos, um quase contrato judicial.

Dizia-se que a litiscontestação seria um fato gerador de obrigações e, por isso, entre os litigantes haveria sim um quase contrato.

Notadamente, a presente teoria partira de um equívoco metodológico, ao estabelecer a necessidade de vínculo do processo às categorias de direito privado, omitindo, fundamentalmente, mesmo dentro da teoria clássica das obrigações, a fonte de direito que é a Lei.

Fundamental, portanto, a afirmação clara de Gabriel de Rezende Filho neste compasso de que o processo é uma relação jurídica típica, regida por lei.[8]

2.3 O PROCESSO COMO INSTITUIÇÃO

A presente teoria defendida por Jaime Guasp[9] e acompanhada por Couture[10], a partir das noções de instituição de Maurice Hauriou e George Renard, sustenta que seriam elementos de uma instituição: a) um grupo de pessoas trabalhando para a realização de determinado fim comum ou de uma obra; b) a existência de uma hierarquia, com um centro de poder, deixando claro a

---

8. REZENDE FILHO, Gabriel José Rodrigues de. *Curso de Direito Processual Civil.* Vol. I. São Paulo: Saraiva, 1962, p.202.
9. GUASP, *Jaime. Comentarios a la Ley de Enjuiciamiento Civil.* Madrid, 1943.
10. COUTURE, Eduardo J. *Introdução ao Estudo do Processo Civil.* Trad. Mozart Victor Russomano. Rio de Janeiro: Forense, 1995, p.41.

existência de subordinação entre o comando e os componentes do grupo; c) a durabilidade da obra a construir.

Ainda, para Couture, sendo a instituição um conjunto de regras estabelecidas para assegurar a satisfação de interesses coletivos ou individuais, seja sob a forma de pessoa de direito público, de pessoa de direito privado, ou mesmo sob a forma de agrupamentos não personalizados e ainda de regimes estatuídos pela lei, nada obstaculizaria a possibilidade de incluir neste âmbito o processo.[11]

Vale lembrar que temos como exemplos de instituições, fornecidos pela própria história, dentre outros, a família, o Estado, a Igreja etc.

Em síntese, seria o processo uma instituição, na medida em que: a) haveria um grupo trabalhando a serviço da prestação de uma tutela jurisdicional; b) existiria uma superioridade do Estado-Juiz em relação às partes; c) haveria durabilidade da obra construída (processo/justiça).

Corroborando com a crítica a essa teoria, careceria a mesma de exatidão suficiente para, por ela mesma, explicar o fenômeno processo, não o diferenciando pontualmente e de forma clara e objetiva de outros fenômenos institucionais.

2.4 O PROCESSO COMO SITUAÇÃO JURÍDICA

A teoria da situação jurídica, esta concebida por Goldschmidt, sustenta-se na concepção de ser o processo constituído de uma série de expectativas, ônus e possibilidades jurídicas que se consubstanciariam em situações jurídicas.[12]

Neste sentido, não seria o processo constituído de uma relação jurídica, mas de situações jurídicas, onde as partes se submeteriam enquanto se espera a decisão final do órgão jurisdicional, portanto, estariam elas diante de expectativas, possibilidades, ônus, perspectivas, sujeições, isto é, "chances", nas palavras de Goldschmidt, diante da marcha processual, objetivando, teleologicamente, o pronunciamento traduzido pela sentença.

Na realidade, inegavelmente se encontram tais características ou "chances" no processo, mas não da forma isolada como entendeu Goldschmidt. Não há no processo uma situação jurídica ou várias situações jurídicas consideradas isoladamente e mais, tais expectativas, possibilidades, ônus, perspectivas, sujeições, incertezas, estão fundamentalmente relacionadas ao direito material deduzido em juízo – *res judicium deducta* e não propriamente ao processo em si – *judicium*.

Trata-se, neste compasso, de construção doutrinária que, a despeito do contributo, sobretudo no tocante aos avanços conceituais em tais elementos que compõem as situações, foi ela elaborada sob a base de uma crítica, como a teoria da relação jurídica, concepção esta que veremos, a seguir, sendo predominante quando se pretende explicar a natureza jurídica do processo.

11. Idem, p.41-46.

12. GOLDSCHMIDT, James. *Principios Generales del Proceso*. Buenos Aires: EJEA, 1961.

2.5 O PROCESSO COMO RELAÇÃO JURÍDICA

Como bem observara Chiovenda, já tinham os romanos a intuição de que o processo é uma relação jurídica visto que consideravam o *judicium* composto, necessariamente, por 3 pessoas: autor, réu e juiz.

Também influenciadas pela ideia romana, as Ordenações Portuguesas expressavam que "três pessoas por direito são necessárias em qualquer juízo: autor que demande, réu que se defenda e juiz que julgue".

Foi Oskar Von Bülow[13] que, de maneira sistemática e não intuitiva, pela primeira vez, em 1868, aludiu à relação jurídica processual em sua obra "Teoria das exceções processuais e pressupostos processuais", abrindo o eminente jurista alemão novos horizontes à processualística, podendo-se afirmar que, a partir de sua obra, teve início o estudo científico do Processo.

Conforme a presente teoria, o processo consubstancia-se em uma relação entre os sujeitos processuais, juridicamente regulada.

Toda relação jurídica é constituída de sujeitos que se vinculam frente a um ou mais objetos. Desta relação em torno do objeto emergem direitos, deveres, ônus, faculdades etc. Neste sentido, por exemplo, entre credor e devedor há uma relação jurídica em torno da obrigação em que se vincularam ambos, refletindo daí direitos, deveres, ônus, faculdades. Estamos diante de uma relação jurídica de direito material.

Como na existência desta relação jurídica de direito material, existirá também uma relação jurídica de direito processual. Esta segunda compõe-se de:

a) Sujeitos – São três: o juiz e as partes (autor e réu). O Estado-Juiz exerce sua autoridade à qual as partes se sujeitam, sendo a relação estabelecida triangularmente, estando o juiz no ápice do triângulo e as partes nos vértices.

b) Objeto – Na relação de direito material, o objeto seria o próprio bem de vida em torno do qual os sujeitos estabelecessem o vínculo. Já na relação de direito processual, o objeto seria a prestação da tutela jurisdicional que tem como devedor não o réu, mas, sim, o Estado.

c) Vínculo – O processo, como uma relação dinâmica, ou nas palavras de Bülow, relação progressiva (no sentido de que é formada por vários atos que se desenvolvem no tempo até que seja concedida a prestação jurisdicional final), acarreta a ocorrência de diversos vínculos entre os seus sujeitos.

Assim, ora as partes têm deveres processuais (*v.g.*, não produzir provas, nem praticar atos inúteis ou desnecessários à declaração ou defesa de direito – art. 77, III do CPC) ou poderes (como de exigir a prestação jurisdicional, por meio do exercício da ação, desde que presente suas condições), o mesmo ocorrendo com o juiz (que, da mesma forma que tem o poder de determinar provas

13. Sobre o assunto, de maneira específica e pormenorizada, confira GAIO JÚNIOR, Antônio Pereira. A Relação Jurídica Processual em Oskar Von Bülow. *In*: GAIO JÚNIOR, Antônio Pereira; JOBIM, Marco Félix. Teorias do Processo. *Dos Clássicos aos Contemporâneos*. Vol.1. Londrina: Thoth, 2019, p.45-54.

necessárias à instrução do processo – art. 370 do CPC – ou mesmo, o dever de assegurar igualdade de tratamento às partes, por exemplo).

Em um mesmo processo, os sujeitos podem ainda ocupar posições variadas, segundo a detenção de: 1) *faculdades:* que dependem da manifestação do sujeito (como no caso da faculdade de apresentação de quesitos para a resposta do perito); 2) *ônus:* que é uma modalidade da faculdade, também se realizando no interesse da parte segundo a sua manifestação, por isso, o sujeito que deixar de se desincumbir de um ônus arca com as consequências dessa atitude (como no caso do ônus da prova ou do ônus da defesa); 3) *poder:* que ocasiona uma modificação na esfera alheia, submetendo o outro a um estado de sujeição (como no caso do poder de polícia do juiz em audiência); 4) *dever:* que é o verso do poder, ficando seu agente em estado de sujeição em relação ao detentor daquele poder (como no caso do dever das partes de se sujeitarem ao poder de polícia); 5) *obrigação:* vínculo que impõe uma prestação de cunho econômico (como no caso da obrigação do pagamento de custas judiciárias ou de reembolso da parte vencida à vencedora das custas e honorários).

Por tudo dito, ainda que não se resumindo uma relação jurídica em si, inegável ser o processo dotado de tal relação , esta que se estabelece entre autor e réu e entre ambos e o juiz e que, notadamente, tal relação se estabelece através de uma série de atos praticados pelas partes bem como pelo órgão jurisdicional (procedimento), até exaurir-se na prestação jurisdicional final.

QUADROS ESQUEMÁTICOS DAS RELAÇÕES JURÍDICAS PROCESSUAIS

1) Teoria sobre a relação processual:

A – Teoria Linear:

Defensor: Köller

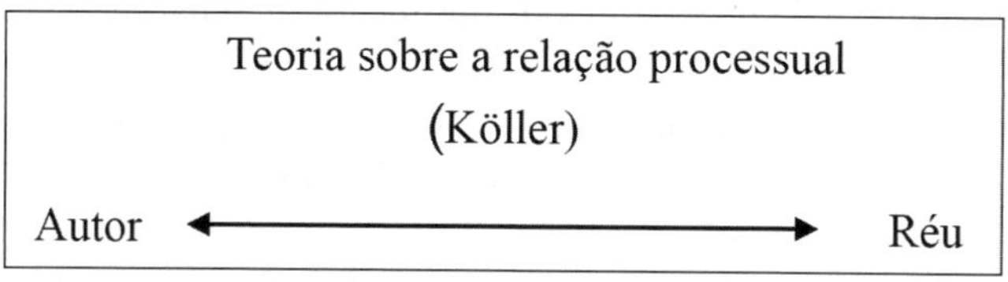

* Sob a ideia do monopólio jurisdicional do Estado, estaria a presente teoria dissociada de tal ponto de vista, visto defender a não necessidade participativa do Estado na composição do conflito, por isso, a lide seria desenvolvida entre autor e réu.

B – Teoria Angular:

Defensores: Hellwig e Goldschimidt

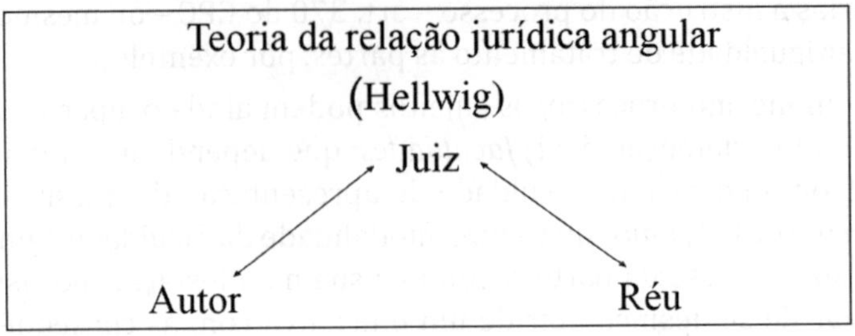

* A citada teoria defende que as partes não se comunicam no processo, suas relações são somente com o juiz.

C – Teoria Triangular:

Defensores: Bulow[14] e Wach

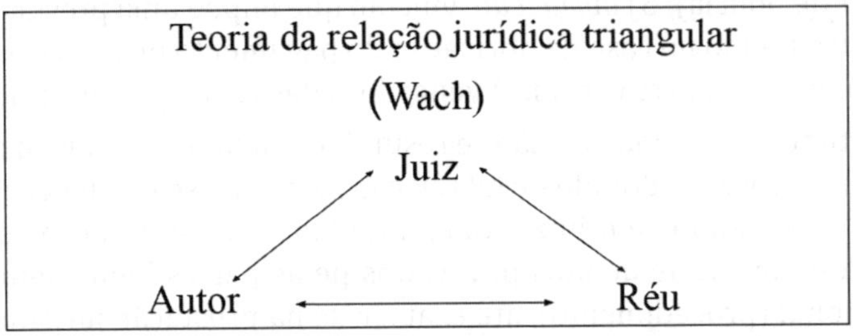

* Esta teoria defende que, além da relação angular, há também a relação entre as partes, no âmbito do processo, onde as mesmas se interagem (exemplo: convenções para suspensão de prazo, transações endoprocessuais).

3. EFETIVIDADE DO PROCESSO E SEUS PRINCÍPIOS

O processo é elemento indispensável à função jurisdicional que objetiva a relisão de conflitos, garantindo a satisfação, a paz social e segurança jurídica, mediante a atuação concreta da lei, sendo, por definição, "o instrumento através do qual a jurisdição opera."

A viabilização e aplicação do direito material ora inobservado tem, no processo, sua razão de ser, por isso, tanto a instrumentalidade quanto a efetividade colocam o processo na sua verdadeira trilha, não como fim em si mesmo, mas como meio, repudiando o apego ao fetichismo de formas sacramentais.

Em se tratando de processo como meio de alcançar os objetivos desejados mediante o seu emprego, Dinamarco assevera que

14. GAIO JÚNIOR, Antônio Pereira. A Relação Jurídica Processual em Oskar Von Bülow. In: GAIO JÚNIOR, Antônio Pereira; JOBIM, Marco Félix. Teorias do Processo. Dos Clássicos aos Contemporâneos. Vol.1. Londrina: Thoth, 2019, p.45-54.

> todo instrumento, como tal, é meio e todo meio só é tal e se legitima, em função dos fins a que se destina. O raciocínio teleológico há de incluir, então, necessariamente, a fixação dos escopos do processo, ou seja, dos propósitos norteadores da sua instituição e das condutas dos agentes estatais que o utilizam.[15]

Baseado na trilogia-ação, jurisdição e processo – o Direito Processual vai além de normas formais, encravando em princípios que lhe dão a diretriz, o contorno e a solidez e, não obstante o modelo de cada sistema processual e de cada população, três princípios atestam como notas uníssonas nos diversos ordenamentos jurídicos – repousando-se no escopo processual da realização dos direitos subjetivos e/ou confirmação da ordem jurídica, objetivo cuja tarefa importante é a da manutenção da paz social e da garantia da segurança jurídica. São eles:

a) o devido processo legal;

b) o acesso à justiça;

c) a instrumentalidade.

Com relação ao primeiro princípio, referente ao "*Due Process of Law*", hoje entre nós consubstanciado na ideia de um devido processo constitucional, se faz entendido como o conjunto de garantias constitucionais que, por um lado, asseguram às partes o pleno exercício de suas faculdades e poderes processuais e, por outro, indispensáveis são a total coerência na aplicação do exercício da jurisdição. Pressupõe-se que tal princípio repousa em um procedimento regular, previamente estabelecido, com atos sem vícios insanáveis ou insupríveis, contraditório com real igualdade de "armas" e tratamento, juiz natural, investido na forma da lei, coerente, competente e imparcial, sendo de advertir-se que nele não se pode falar quando meramente formal ou em relação àquele que, pela sua demora, permite o sacrifício do direito do autor, considerando que o processo deve ser visto como uma espécie de contrapartida que o Estado oferece aos cidadãos diante da proibição da autotutela.

O segundo princípio referente ao acesso à justiça está diretamente ligado à justiça social e verdadeira democracia, sublinhando aqui as ideias de Cappelletti e Garth[16], que, através de três "ondas", procuram dar soluções práticas aos entraves que tal princípio cotidianamente oferece.[17]

O acesso à justiça determina, na visão dos autores supracitados, duas finalidades básicas do sistema jurídico, através do qual os cidadãos podem reivindicar seus direitos e também resolver seus litígios sob as guardas do Estado:

---

15. DINAMARCO, Cândido Rangel. *A Instrumentalidade do Processo*. 4 ed. São Paulo: Malheiros Editores, 1994, p.149.
16. CAPPELLETTI, Mauro; GARTH, Bryan. *Acesso à justiça*. Porto Alegre: Sérgio Antonio Fabris Editor, 1988, p.-31-67.
17. Sobre o assunto, cf. o nosso *Tutela Específica das Obrigações de Fazer*. 5 ed. Curitiba: Juruá , 2015, p.27-33.

primeiro, o sistema deve ser igualmente acessível a todos; segundo, ele deve produzir resultados que sejam individual e socialmente justos.

Notadamente, o conceito de acesso à justiça vem sofrendo transformações importantes tanto doutrinariamente quanto na sua aplicação prática.

Nos estados liberais burgueses dos séculos XVIII e XIX, o direito à jurisdição significava apenas o direito formal de propor ou contestar uma ação, ou seja, os procedimentos usados para compor litígios civis apontavam para uma filosofia eminentemente individualista dos direitos, onde só estaria em juízo quem pudesse suportar o ônus de uma demanda. Sob tal panorama, é de se concluir que as desigualdades econômica e social não compartilhavam com as preocupações efetivas do Estado; sendo assim, afastar a "pobreza no sentido legal" – incapacidade que muitas pessoas sofrem de utilizar a justiça e suas instituições na plenitude – não fazia parte do rol de preocupações do Estado; "o acesso formal, mas não efetivo à justiça, correspondia à igualdade, apenas formal, mas não efetiva."

Assim que as democracias começaram a se preocupar com a verdadeira e complexa realidade social e econômica, não somente se concentrando no reconhecimento das liberdades políticas, mas também observando que as sociedades cresciam em tamanho e complexidade, a conceituação de direitos humanos começou a sofrer uma transformação severa; as ações e relações assumiram de uma forma mais crescente, uma orientação mais coletiva do que individual, fazendo-se, necessariamente, que as sociedades modernas abandonassem a visão individualista dos direitos, observada nas "declarações de direitos" dos séculos XVIII e XIX.

Os direitos e deveres sociais surgem – creditados pelo preâmbulo da Constituição Francesa de 1946 – e com eles se busca salvaguardar a liberdade do cidadão não mais da opressão política, mas sim da opressão econômica.

Como foi dito inicialmente, o princípio do acesso à justiça está fortemente ligado à noção de justiça social, no qual o direito à igualdade deve significar direito à igualdade de oportunidades e, justamente, partindo da ideia de que os desiguais têm que ser tratados de forma desigual, a igualdade, obrigatoriamente, tem que atingir a mesma oportunidade de acesso à justiça a todos.

Um processo justo, garantindo o acesso a uma justiça imparcial de forma a que não somente possibilite a participação efetiva e adequada dos litigantes, mas que também permita a efetividade da tutela dos direitos, consideradas as diferentes posições sociais e as determinadas situações de direito substancial, significa não somente o acesso à justiça, mais do que isto, "acesso à ordem jurídica justa."

No tocante ao terceiro princípio, este repousa na instrumentalidade[18] em que o processo deve trilhar, notadamente não como fim em si mesmo, mas

18. Sobre a Instrumentalidade como uma fase metodológica do Processo, cf. o Capítulo 2 da presente obra.

como meio a atingir a realização do direito material ora violentado, propiciando também maior utilidade aos provimentos jurisdicionais.

Dinamarco[19] anotou que o princípio da instrumentalidade se coloca sob duplo sentido, um negativo e um positivo.

Com relação ao primeiro, ele adverte que

> corresponde à negação do processo como valor em si mesmo e repúdio aos exageros processualísticos a que o aprimoramento da técnica pode insensivelmente conduzir.
>
> O aspecto negativo da instrumentalidade do processo guarda, assim, alguma semelhança com a ideia da instrumentalidade das formas.

Quanto ao sentido positivo, tal aspecto

> é caracterizado pela preocupação em extrair do processo, como instrumento, o máximo de proveito quanto à obtenção dos resultados propostos (os escopos do sistema); infunde-se com a problemática da 'efetividade do processo' e conduz à assertiva de que o processo deve ser apto a cumprir integralmente toda a sua função sociopolítico-jurídica, atingindo em toda a plenitude todos os seus escopos institucionais.

Importante se faz, para estabelecer as conotações supracitadas, que um novo pensamento atinja tanto o estudioso quanto o profissional do foro, deixando as amarras das puras técnicas e dogmáticas visualizadas como fim em si mesmo, para situar o processo em seu verdadeiro e acertado caminho, ou seja, algo posto à disposição das pessoas com vistas a fazê-las mais felizes (ou menos infelizes) mediante a eliminação dos conflitos que as envolve com decisões justas.

O resultado do processo deve ser tal, que possa assegurar à parte vitoriosa o pleno gozo de seu objetivo específico a que se faz jus segundo o ordenamento, coadjuvando-se com a grande lição de Chiovenda: "*Il processo deve dare per quanto è possibile praticamente a chi ha um diritto quello e próprio quello ch'egli ha diritto di conseguiré.*"

3.1 PRINCÍPIOS DE DIREITO PROCESSUAL CIVIL

Como todos os demais ramos da ciência jurídica, também o Direito Processual é conduzido por determinadas diretrizes e princípios que nortearam a elaboração, interpretação e aplicação de seus preceitos e normas.[20]

---

19. Ob. cit., p.319.
20. Neste campo, ao tratar-se de princípio, há de se pontuar a distinção entre texto e norma, ou na visão de Canotilho e Vital Moreira, entre "norma" e "enunciado linguístico":
"O ponto de partida para evitar a confusão lexical exatamente neste terreno terá de basear-se na distinção rigorosa entre preceito ('disposição', ' formulação', 'texto', 'forma linguística') e a norma. Designar-se-á por 'disposição' ou 'preceito' o simples enunciado de um texto ou documento normativo; e

Cremos, pautando-se em Bonavides[21], com base em importantes reflexões realizadas por Trabucchi, F de Castro e Bobbio, que os princípios cumpririam três funções relevantes em sede de ordem jurídica: fundamentadora, interpretativa e supletiva,

Como função fundamentadora, os princípios são fundamentos da ordem jurídica, com eficácia derrogatória e diretiva, ocupando tal função relevante prestígio no Direito Público, sobretudo, no Direito Constitucional contemporâneo.

Na presente função, as normas que se contraporem aos núcleos de irradiação normativa acostados nos princípios constitucionais, perderão sua respectiva validade (no caso da eficácia diretiva) e/ou sua vigência (em se tratando de eficácia derrogatória), em razão do contraste normativo com conteúdos de índole constitucional.[22]

Em relação à função interpretativa, os princípios assumem o papel de orientarem as resoluções das questões jurídicas submetidas à apreciação do intérprete, ou seja, cumprem a função orientadora do trabalho interpretativo.

Já a função supletiva, também nominada integrativa[23], tem nos princípios a realização de integração do Direito por meio de vácuos regulatórios no âmbito da ordem jurídica ou "ausências de sentido regulador constatáveis em regras ou em princípios de maior grau de densidade normativa".[24]

Porém, antes de adentrarmos nos princípios processuais, deve-se observar que a ciência processual, para a doutrina mais embasada, tem no atual momento que trilhar por determinados ideais, estes voltados à sua própria razão epistêmica, para atingir efetivamente a sua função (para muitos, princípios informativos).

1º ideal - *De ordem lógica*: que sejam selecionados os meios mais céleres e eficazes de procurar descobrir a verdade e evitar o erro.

2º ideal - *De ordem jurídica*: que haja igualdade no processo e justiça nas decisões.

3º ideal - *De ordem econômica*: que o processo seja acessível a todos e demore o menor lapso de tempo possível.

4º ideal - *De ordem política*: que se busque o máximo de garantia social sem, no entanto, sacrificar as liberdades individual e coletiva.

---

por 'norma' o significado jurídico-normativo do enunciado linguístico. A disposição, preceito ou enunciado linguístico é o objeto de interpretação; a norma é o produto da interpretação (CANOTILHO, José Joaquim Gomes; MOREIRA, Vital. *Fundamentos da Constituição*. Coimbra: Almedina, 1991, p.47).

21. BONAVIDES, Paulo. *Curso de Direito Constitucional*. 23 ed. São Paulo: Malheiros Editores, 2013, p,291-292.
22. ESPÍNDOLA, Ruy Samuel. *Conceitos de Princípios Constitucionais*. 2 ed. São Paulo: RT, 2002, p.72.
23. BOBBIO, Norberto. Principi generali di Diritto. *In: Novissimo Digesto Italiano*. v. 13, Turim: Unione Tipografico Editrice Torinese, 1957, p. 895 e ss.
24. ESPÍNDOLA, Ruy Samuel. Ob. cit., p.73.

3.2 PRINCÍPIOS EM ESPÉCIE

a) Princípio da imparcialidade do juiz

A imparcialidade do juiz é uma garantia de justiça para as partes, tendo elas o direito de exigir a presença de um juiz imparcial.

Constitui obrigação do Estado exercer a função jurisdicional com imparcialidade nas soluções das demandas que lhes são dirigidas.

Outrossim, não se quer dizer que o magistrado, enquanto Estado-juiz não possa ser um partícipe interessado na solução da controvérsia.

É fato que o Estado, como detentor do monopólio da Jurisdição (com as devidas permissões aos meios propícios à solução dos conflitos, *ex vi* da Arbitragem), chama para si a responsabilidade pela oferta do serviço público da justiça e nisso deve ter interesse, tais quais as próprias partes litigantes na solução efetiva e isonômica do conflito disposto a ele para a realização da justa decisão.

Nestes termos, juiz imparcial não significa ausência de participação, pelo contrário! A cooperação entre os atores processuais deve ser encarada como um compromisso indissociável para a edificação da prestação jurisdicional qualitativa e eficiente. Daí que, como se verá mais adiante, atividades do juiz voltadas a uma melhor qualidade das provas (art. 370) ou mesmo seu interesse na realidade das alegações e sua apuração (art. 481) são representativas de sua postura cooperativa para a realização do processo como instrumento de satisfação de direitos.

b) Princípio da igualdade

Trata-se da ideia geral de isonomia como pressuposto político de toda sociedade organizada.

No que diz respeito ao campo processual, determina que os litigantes devem usufruir das mesmas faculdades e oportunidades processuais, sob pena de causar desequilíbrio na relação jurídico-processual.

As garantias da liberdade e da igualdade são típicas representações pelas quais os Estados Democráticos, em regra, se assentam,

Na Constituição Brasileira de 1988 tem-se a igualdade como uma cláusula geral enunciada no caput do artigo 5º da CF/88.

Trata-se, pois, de um direito fundamental em sentido formal que se projeta em todo o ordenamento jurídico, com aplicabilidade imediata (art.5º, § 1º, da CF/88), restando imune ao poder constituinte reformador (art.60, § 4º, IV, da CF/88).

O princípio constitucional da igualdade pode ser destacado sob o ponto de vista do conteúdo (significado e estrutura), não vinculando tão somente *uma* norma jurídica, mas um *feixe* de normas jurídicas – normas jurídicas autônomas (entre si). É o que resulta de uma descrição-interpretação correta do princípio da igualdade tal qual disposto no *caput* do art. 5" da CF: "*todos são iguais perante a lei, sem distinção de qualquer natureza* (...)".

Dito enunciado normativo pode ser denominado *cláusula geral de igualdade* e em verdade, tal formulação linguística segue um padrão generalizado nos textos constitucionais contemporâneos.

> Esse padrão consiste na enunciação da igualdade de todos perante a lei e na proibição de discriminações, cujos fatores (de discriminação) o próprio texto constitucional enumera, embora não exaustivamente. Em regra, os fatores especificados são origem, cor, idade, raça, religião, sexo, situação econômica, posição social, entre outros. Na CF, há fatores de discriminação enunciados no inciso IV do art. 3º (origem, raça, sexo, cor e idade), nos incisos XXX (sexo, idade, cor e estado civil), XXXI (saúde) e XXXII (trabalho) do art. 7º e no § 6º do art, 227 (filiação). Outros fatores de discriminação possíveis, porém não especificados, são abrigados pelo inciso IV do art. 3º ("e quaisquer outras formas de discriminação") e inciso XLI do art. 5º ("qualquer discriminação atentatória dos direitos e liberdades fundamentais). São cláusulas de abertura para a valoração e inclusão constitucionais de outros fatores socialmente relevantes de discriminação.[25]

No plano processual, a igualdade significa dizer que os litigantes devem receber tratamento isonômico em juízo, i.e., as mesmas oportunidades e armas para ambos os partícipes *ex* adversos da demanda, como expressamente prevê o art. 7º do CPC/2015:

> *"Art. 7º É assegurada às partes paridade de tratamento em relação ao exercício de direitos e faculdades processuais, aos meios de defesa, aos ônus, aos deveres e à aplicação de sanções processuais, competindo ao juiz zelar pelo efetivo contraditório."*

No mesmo sentido, ainda temos o art. 139, I que regra o respeito a tal comportamento isonômico pelo próprio magistrado, nos seguintes termos:

> *"Art. 139. O juiz dirigirá o processo conforme as disposições deste Código, incumbindo-lhe:*
>
> *I - assegurar às partes igualdade de tratamento; (...)."*

Feitas tais considerações, importante salientar que a temática não é das mais pacíficas no plano doutrinário, sobretudo no que toca a determinados privilégios concedidos a alguns entes como a União e mesmo ao Ministério Públicos.

Nery Júnior, aplicando a máxima aristotélica, entende que o preceito da igualdade significa dar tratamento isonômico na medida de suas proporções, ou seja, tratar igualmente os iguais e desigualmente os desiguais,[26] posição

---

25. STEINMETZ, Wilson. *A Vinculação dos Particulares a Direitos Fundamentais*. São Paulo: Malheiros, 2004, p. 234-235.

26. NERY JÚNIOR, Nelson. *Princípios do Processo Civil na Constituição Federal*. São Paulo: RT, 2013, p.112.

esta que justificaria, por exemplo, o benefício da diferença de prazos para o Ministério Público em face de um cidadão comum, conforme sustenta do art. 180 do CPC/2015.[27/28]

Lado outro, importante se faz pontuar que, à luz da CF/88, não caberia à lei ordinária excetuar esta diferencia de tratamento, outorgando privilégios a um em detrimento do outro, o que nos remonta a um modelo de Estado que hoje não faria mais qualquer sentido.[29]

Por outro lado, temos a hipossuficiência da parte em questões processuais que envolvem matérias como aquela das relações de consumo e mesmo trabalhistas por exemplo, que de certo, atentam para a compreensão do desequilíbrio técnico da pretensão, como nos casos de inversão do ônus probante, o que e justificaria na melhor qualidade da produção probatória daquele mais apto a realizá-la, conforme bem expressa o §1º do art. 373 do CPC/2015, *in verbis*:

> *§ 1º Nos casos previstos em lei ou diante de peculiaridades da causa relacionadas à impossibilidade ou à excessiva dificuldade de cumprir o encargo nos termos do caput ou à maior facilidade de obtenção da prova do fato contrário, poderá o juiz atribuir o ônus da prova de modo diverso, desde que o faça por decisão fundamentada, caso em que deverá dar à parte a oportunidade de se desincumbir do ônus que lhe foi atribuído.*

Ainda que seja tarefa das mais democráticas a concessão de tratamento igualitário na marcha procedimental, não raramente se vê o desrespeito para com seu cumprimento, de modo a desequilibras a igualdade de oportunidades e armas, sobretudo quando o órgão julgador de desvincula do modelo constitucional de processo e passa a reconhecer no processo algo como um fim nele mesmo.

c) Princípio do contraditório e da ampla defesa

Tal princípio possui uma relação estreita com o princípio da igualdade, porém trata, especificamente, da garantia constitucional que assegura ao réu ampla oportunidade de defesa (art. 5º, inciso LV, da CF), contrapondo-se à tese exposta pelo autor (tese → antítese).

O CPC, verdadeiramente, garante o contraditório substancial, reconhecendo-o como um verdadeiro direito de influir nas decisões, como de fato

---

27. "*Art. 180. O Ministério Público gozará de prazo em dobro para manifestar-se nos autos, que terá início a partir de sua intimação pessoal, nos termos do art. 183, § 1º.*"

28. Em sede de Direito da União Europeia, tem a Comissão Europeia e o Tribunal Europeu de Direitos do Homem sido confrontados com questões de desigualdade entre o Ministério Público ema pessoa particular, designadamente quando a própria lei ordinária concede ao MP poderes processuais excetuando-os da outra parte. Cf. sobre o assunto: FREITAS, José Lebre. *Introdução ao Processo Civil*. Coimbra: Coimbra, 1996, p.106.

29. Cf. LUCON, Paulo Henrique dos Santos. Garantias Constitucionais do Processo Civil. *In*: CRUZ E TUCCI, José Rogério (Coord.). *Garantia do Tratamento Paritário das Partes*. São Paulo: RT, 1999, p. 119.

demonstra a inteligência do art. 9º, contemplando ainda em outras diversas passagens, a inequívoca garantia de seu respeito e realização, dentre elas os artigos que abrem o primeiro capítulo do referido *Codex*, mais precisamente em seu Livro I "Das Normas Processuais Civis", Capítulo único "Das Normas Fundamentais e da Aplicação das Normas Processuais":

> *Art. 7º É assegurada às partes paridade de tratamento em relação ao exercício de direitos e faculdades processuais, aos meios de defesa, aos ônus, aos deveres e à aplicação de sanções processuais, competindo ao juiz zelar pelo efetivo contraditório.*
>
> *Art. 9º Não se proferirá decisão contra uma das partes sem que ela seja previamente ouvida.*
>
> *Parágrafo único. O disposto no caput não se aplica:*
>
> *I - à tutela provisória de urgência;*
>
> *II - às hipóteses de tutela da evidência previstas no art. 311, incisos II e III;*
>
> *III - à decisão prevista no art. 701.*
>
> *Art. 10. O juiz não pode decidir, em grau algum de jurisdição, com base em fundamento a respeito do qual não se tenha dado às partes oportunidade de se manifestar, ainda que se trate de matéria sobre a qual deva decidir de ofício.*

Nota-se que o legislador pode prever a impossibilidade de o magistrado decidir sem conceder às partes a oportunidade de manifestação sobre a sua decisão, ainda que se trate de questões relativas ao seu conhecimento de ofício. Isto nos leva a conclusão de que a natureza da matéria relacionada à decisão (de ordem púbica ou privada) pouco influi em tal circunstância, pois que sob a égide do princípio da cooperação, julgador e partes devem estar imbuídas do melhor resultado a ser apresentado pelo serviço público da justiça e daí o contraditório pleno, efetivo, real e substancial é o horizonte seguro para o qualitativo e justo processo.

Por outro lado, insta ressaltar que, dentro da processualística civil moderna, ressalvados os casos relacionados a direitos indisponíveis, pode o rito processual caminhar sem a presença do réu, não obstante o mesmo ter sido validamente citado ou intimado. Nestes casos, não há de se vislumbrar uma possível transgressão ao princípio em tela, visto que o dito réu era conhecedor da demanda (lide) formulada em face do mesmo, contudo optando por permanecer inerte, tornando-se revel (art.344 do CPC).

Em se tratando de processo penal ou mesmo de processo civil (litígios relacionados a direitos indisponíveis), o contraditório há de ser pleno, efetivo, real e substancial, pois que mesmo sendo o réu, revel, o juiz nomeará um defensor, dativo (arts. 261 e 263 do CPP e art.72 , inciso II do CPC), sendo que a curatela especial será exercida pelo Defensor Público (parágrafo único do art. 72 do CPC).

Deverá ainda o princípio do contraditório e da ampla defesa respeitar dois elementos integrativos e que o constituem:

a) a informação (citação, intimação, notificação);

b) a reação (com a devida exceção quanto à revelia nos casos de direitos disponíveis).

Por tudo, deve o contraditório hoje, além do respeito a tais elementos integrativos, possuir como substância a ideia da participação no processo como direito de influir em seus rumos. Trata-se do denominado "direito de influência", tendo aí o juiz não somente o dever de velar pelo contraditório entre as partes, como também e, necessariamente, submeter-se a ele.[30]

> O contraditório é consequência do princípio político da participação democrática e pressupõe: a) audiência bilateral: adequada e tempestiva notificação do ajuizamento da causa e de todos os atos processuais através de comunicações preferencialmente reais, bem como ampla possibilidade de impugnar e contrariar os atos dos demais sujeitos, de modo que nenhuma questão seja decidida sem essa prévia audiência das partes; b) direito de apresentar alegações, propor e produzir provas, participar da produção das provas requeridas pelo adversário ou determinadas de ofício pelo juiz e exigir a adoção de todas as providências que possam ter utilidade na defesa dos seus interesses, de acordo com as circunstâncias da causa e as imposições do direito material; c) congruidade dos prazos: os prazos para a prática dos atos processuais, apesar da brevidade, devem ser suficientes, de acordo com as circunstâncias do caso concreto, para a prática de cada ato da parte com efetivo proveito para a sua defesa; d) contraditório eficaz é sempre prévio, anterior a qualquer decisão, devendo a sua postergação ser excepcional e fundamentada na convicção firme da existência do direito do requerente e na cuidadosa ponderação dos interesses em jogo e dos riscos da antecipação ou da postergação da decisão; e) o contraditório participativo pressupõe que todos os contra-interessados tenham o direito de intervir no processo e exercer amplamente as prerrogativas inerentes ao direito de defesa e que preservem o direito de discutir os efeitos da sentença que tenha sido produzida sem a sua plena participação.[31]

d) Princípio da ação

De acordo com este princípio, não pode o juiz tomar a iniciativa de instaurar a ação, isto é, não lhe compete provocar o sistema jurisdicional, pois que a jurisdição só se movimenta inicialmente por iniciativa da parte interessada.

---

30. No mesmo sentido, ver MARINONI, Luiz Guilherme; ARENHART, Sérgio Cruz; MITIDIERO, Daniel. *Novo Código de Processo Civil comentado*. São Paulo: RT, 2015, p.107-108.

31. ANDOLINA, Italo; VIGNERA, Giuseppe. *Il modello costituzionale del processo civile italiano*. Torino: G.Giappichelli, 1988, p. 109-110. Livre tradução.

Assim, deverá o juiz aguardar que a parte lhe traga a lide (pretensão resistida), analisando então o seu pedido, sendo tal expediente chamado pela doutrina de processo acusatório, tendo embasamento tanto na esfera civil (arts. 2º e 141 do CPC) quanto na penal (arts. 24, 28 e 30 do CPP).

e) Princípio da disponibilidade e indisponibilidade processual

Consiste na liberdade que o cidadão possui de pleitear ou não o seu direito subjetivo, exercendo ou não o direito de ação, podendo renunciar, desistir ou mesmo ingressar com um pedido perante o órgão judicial.

É um princípio quase unânime no direito processual civil, tendo, logicamente, como exceção os chamados direitos indisponíveis (direitos estes relacionados com o estado e a capacidade das pessoas, *v.g.*, anulação de casamento, paternidade, dentre outros) quando então o interesse de ordem pública prevalece sobre o interesse privado, devendo a parte, obrigatoriamente, ingressar em juízo para obter o reconhecimento do seu direito.

f) Princípio da livre apreciação das provas pelo juiz

Reza o art. 371 do CPC:

"*O juiz apreciará a prova constante dos autos, independentemente do sujeito que a tiver promovido, e indicará na decisão as razões da formação de seu convencimento.*"

Nota-se disso que, caberá ao julgador, limitado ao que dos autos consta, apreciar as provas ali contidas, exigindo-lhe a exposição das razões pelas quais se forma o seu convencimento.

Se cotejarmos do que constava no CPC/73 ora revogado, observar-se-á que o CPC/2015 suprimido o advérbio "livremente" muito mais pela necessária motivação do ato em si, do que pelo risco de atentado a uma possível inexistência de liberdade na apreciação por parte do órgão julgador.[32]

Sendo o processo um instrumento pelo qual a jurisdição opera e, por isso, tendo caráter eminentemente público, onde por meio do mesmo se busca, em geral, a composição de conflitos e a necessária paz social, pode e deve o juiz, com o objetivo sempre voltado à resolução do conflito e fundamentando suas razões, determinar provas quando necessárias à instrução do processo,[33] podendo, inclusive, indeferir, igualmente, de forma fundamentada, aquelas a ele apresentadas

---

32. No mesmo sentido, ASSIS, Araken de. *Processo Civil Brasileiro*. Vol. II. Tomo II. São Paulo: RT, 2015, p.265.

33. Trata-se da busca – na medida de possível e para interesse do Processo e não de uma "vontade própria" – da possível verdade mais próxima do real, não se limitando àquelas contidas no processo, elencadas pelas partes, chamadas comumente de "verdade formal", onde se consubstanciou durante muito tempo o conhecido princípio dispositivo, quando o juiz, confundindo o princípio da imparcialidade com participação, ficara distante das partes no processo, limitando-se a conhecer somente das provas que lhe eram oferecidas pelas partes no processo. No mesmo sentido, cf. THEODORO JR., Humberto. A Constitucionalização do Processo no Estado Democrático de Direito. In: GAIO JÚNIOR, Antônio Pereira; CÂMARA, Alexandre Freitas. Novo CPC: reflexões e perspectivas. Belo Horizonte: Del Rey, 2014, p.163 e ss.

pelas partes, quando as entender como inúteis ou meramente protelatórias, notadamente, sempre respeitando o prévio debate que se deve fazer prevalecer em um processo de natureza comparticipativa, conforme bem salienta o art. 7 º do CPC.[34]

Reza o art. 371 do CPC:

"O juiz apreciará a prova constante dos autos, independentemente do sujeito que a tiver promovido, e indicará na decisão as razões da formação de seu convencimento."

Vale ressaltar a admissibilidade do magistrado na utilização de prova produzida em outro processo (prova emprestada), *ex vi* do art. 372 do CPC, atribuindo-lhe o valor que considerar adequado, notadamente, assegurando o pleno contraditório.

g) Princípio do impulso oficial

Prevalece no Brasil tal princípio que deve ser entendido como o andamento do procedimento em que se dá a relação jurídica processual por meio da atividade do juiz rumo à solução do conflito.

Determina o art. 2º do CPC:

"O processo começa por iniciativa da parte e se desenvolve por impulso oficial, salvo as exceções previstas em lei."

Assim, deve o magistrado, consubstanciado na lei e uma vez provocado,, prescrever atos a serem praticados pelas partes e pelos serventuários da justiça e os devidos prazos com que devem praticá-los a fim de que se possa assegurar à causa um andamento mais célere e uniforme.

Hodiernamente, o presente CPC possibilita um alargamento ao que se denomina "Negócio jurídico Processual", facultando que a partes *ex adversas*, plenamente capazes possam transigir maiores conteúdos processuais, estipulando mudanças no procedimento para ajustá-lo às especificidades da causa e mesmo convencionando sobre os seus ônus, poderes, faculdades e deveres processuais, antes ou durante o processo (art. 190) e mesmo, como já o era permitido no CPC/1973 (art. 265, II), convencionar sobre a suspensão do processo (hoje, art. 313, II) configurando-se um verdadeiro impulso das próprias partes.

h) Princípio da Motivação das Decisões

Consiste para nós, mais que um direito fundamental, a verdadeira e fiel representação do processo democrático, traduzindo-se na obrigatoriedade que tem o magistrado de motivar as suas decisões, compreendendo aí, verdadeiramente, em fundamentá-las de forma adequada e analiticamente, explicando especificamente as razões de fato e de direito que motivam o seu convencimento, evitando por isso o solipsismo judicante a partir de balizas de confor-

34. Sobre as características de tal princípio assim como a opção publicista do processo no século XX, ver por todos, AROCA, Juan Montero. *La paradoja procesal del siglo XXI*. Valencia:Tirant lo Blanch, 2014, p.36 e ss.

midade de suas razões e decisões frente ao próprio ordenamento do qual deve ser fiel e comprometido.

Assim, toda decisão deve ser motivada, visto que, ante a ausência desta, restará nulo o próprio ato decisório.

Sobre o tema, Michele Taruffo bem frisa:

> *Infine, un´ulteriore funzione strumentale di importanza essenziale viene svolta dalla garanzia della motivazione in connessione con il principio fondamentale del diritto di difesa delle parti (...). La motivazione della sentenza, infatti, consente di controllare se il giudice ha assicurato il rispetto dei diritti della difesa. Il problema non riguarda, tuttavia, solo la possibilità di verificare che le parti abbiano potuto svolgere tutto le attività processuali in cui si esplica la difesa, ma anche e soprattutto di verificare l´efficacia delle difese delle parti sul convincimento del giudice.*[35]

É fato que a extensão da problemática que envolve a motivação do ato decisório, passa, inegavelmente, pelo conteúdo e respeito ao contraditório, este como um direito de influência das partes no próprio destino decisório do processo em que figuram como atores.

É cediço que, v.g., em sede sentencial, a motivação desta corresponde ao último momento de manifestação do direito ao contraditório e nestes termos, trata-se de seguro parâmetro para se auferir acerca da necessária submissão do juízo ao efetivo contraditório e ao dever de debate que deve ser respeitado e preservado, dado a própria natureza dialógica e democrática do processo em si considerado. Disso que, não respeitado o contraditório substancial, macula-se a motivação, constituindo-se a exata negação ao desejado Processo Justo![36]

De forma explícita, o CPC/2015 torna inquestionável a exigência do contraditório prévio à decisão contrária à parte, sem que ela seja ouvida, *ex vi* do *caput* do art. 9º.[37] Ainda assim, o art. 10, reforça a necessidade e de se evitar qualquer "decisão surpresa" para a parte, reforçando o comando consequencial relativo à qualidade do ato decisório, devendo por isso, o órgão julgador obter a qualificadora motivação de seu ato a partir do respeito ético de que se exterioriza o exercício do contraditório em tela.

Nisso, observa-se:

---

35. TARUFFO, Michele. Note sulla garanzia costituzionale della motivazione. *In*: *Boletim da Faculdade de Direito*, vol. LV, Universidade de Coimbra, 1979, p. 36.

36. No mesmo sentido, SARLET, Ingo Wolfgang; MARINONI, Luiz Guilherme; MITIDIERO, Daniel. *Curso de Direito Constitucional*. São Paulo: RT, 2012, p.666-667.

37. *"Art. 9º Não se proferirá decisão contra uma das partes sem que ela seja previamente ouvida.*
Parágrafo único. O disposto no caput não se aplica:
I - à tutela provisória de urgência;
II - às hipóteses de tutela da evidência previstas no art. 311, incisos II e III;
III - à decisão prevista no art. 701."

"Art. 10. O juiz não pode decidir, em grau algum de jurisdição, com base em fundamento a respeito do qual não se tenha dado às partes oportunidade de se manifestar, ainda que se trate de matéria sobre a qual deva decidir de ofício."

Não obstante a nossa Carta Constitucional de 1988 já prever em caráter indubitável a exigência da motivação das decisões em sede de qualquer tipologia processual (art. 93, IX e X), esta recebeu tratamento particularizado voltado à própria exigência da fundamentação no CPC/2015, valendo destacar a importância das normativas *in casu* para o resguardo quanto a eventuais arbitrariedades em torno das omissões às necessárias fundamentações dos atos decisórios.

Nestes termos, pontificam os parágrafos do art.489:

> *§ 1º Não se considera fundamentada qualquer decisão judicial, seja ela interlocutória, sentença ou acórdão, que:*
>
> *I – se limitar à indicação, à reprodução ou à paráfrase de ato normativo, sem explicar sua relação com a causa ou a questão decidida;*
>
> *II – empregar conceitos jurídicos indeterminados, sem explicar o motivo concreto de sua incidência no caso;*
>
> *III – invocar motivos que se prestariam a justificar qualquer outra decisão;*
>
> *IV – não enfrentar todos os argumentos deduzidos no processo capazes de, em tese, infirmar a conclusão adotada pelo julgador;*
>
> *V – se limitar a invocar precedente ou enunciado de súmula, sem identificar seus fundamentos determinantes nem demonstrar que o caso sob julgamento se ajusta àqueles fundamentos;*
>
> *VI – deixar de seguir enunciado de súmula, jurisprudência ou precedente invocado pela parte, sem demonstrar a existência de distinção no caso em julgamento ou a superação do entendimento.*
>
> *§ 2º No caso de colisão entre normas, o juiz deve justificar o objeto e os critérios gerais da ponderação efetuada, enunciando as razões que autorizam a interferência na norma afastada e as premissas fáticas que fundamentam a conclusão.*
>
> *§ 3º A decisão judicial deve ser interpretada a partir da conjugação de todos os seus elementos e em conformidade com o princípio da boa-fé.*

Fortalecendo a exigência de fundamentação das decisões, o art. 11 do CPC reafirma tal imperativo, ao explicitar que todos os julgamentos decorrentes dos órgãos do Poder Judiciário serão públicos bem como fundamentadas todas as decisões, sob pena do crivo da nulidade.

i) Princípio da publicidade

Garantia processual esculpida pela Carta Maior de 1988 (art. 5º, LX e art. 93, IX e X), este princípio assegura que os atos processuais devem ser públicos, ou seja, abertos a quem queira assistir, revelando-se mais intensamente o presente princípio naqueles atos onde predomina basicamente a palavra oral (ex.: audiências).

Trata-se de princípio fundamental na processualística moderna em que se busca a total imparcialidade, independência e autoridade dos órgãos judiciais.

Sofre, no entanto, algumas restrições de ordem pública, entende-se aí quando o interesse público exigir como, por exemplo, nas hipóteses previstas no art. 189:

> *Art. 189. Os atos processuais são públicos, todavia tramitam em segredo de justiça os processos:*
>
> *I - em que o exija o interesse público ou social;*
>
> *II - que versem sobre casamento, separação de corpos, divórcio, separação, união estável, filiação, alimentos e guarda de crianças e adolescentes;*
>
> *III - em que constem dados protegidos pelo direito constitucional à intimidade;*
>
> *IV - que versem sobre arbitragem, inclusive sobre cumprimento de carta arbitral, desde que a confidencialidade estipulada na arbitragem seja comprovada perante o juízo.*

j) Princípio da lealdade processual

Têm os partícipes (entende-se o juiz, as partes, o MP, os serventuários da justiça, colaboradores, eventuais terceiros) o dever de se comportar eticamente no processo com lealdade e boa-fé, não utilizando do mesmo com fins espúrios (contrários ao direito e à boa-fé).

Nestes termos, desde já regra o art. 5º do CPC:

"*Aquele que de qualquer forma participa do processo deve comportar-se de acordo com a boa-fé.*" Certo é que a dinâmica do CPC/2015 se faz sob o escopo da cooperação entre os partícipes do processo, sob todos os aspectos, realçando com mais intensidade ainda a exigência de lealdade de boa fé no desenvolvimento da marcha procedimental.

Atesta-se isso, inclusive, a disposição prevista no art. 77:

> *Art. 77. Além de outros previstos neste Código, são deveres das partes, de seus procuradores e de todos aqueles que de qualquer forma participem do processo:*
>
> *I - expor os fatos em juízo conforme a verdade;*
>
> *II - não formular pretensão ou de apresentar defesa quando cientes de que são destituídas de fundamento;*
>
> *III - não produzir provas e não praticar atos inúteis ou desnecessários à declaração ou à defesa do direito;*
>
> *IV - cumprir com exatidão as decisões jurisdicionais, de natureza provisória ou final, e não criar embaraços à sua efetivação;*

> *V - declinar, no primeiro momento que lhes couber falar nos autos, o endereço residencial ou profissional onde receberão intimações, atualizando essa informação sempre que ocorrer qualquer modificação temporária ou definitiva;*
>
> *VI - não praticar inovação ilegal no estado de fato de bem ou direito litigioso.*

Nos casos dos incisos IV e VI, especificamente, o legislador pode reprisar sanções já estabelecidas pelo art. 14 do CPC/1973, assegurando que tais condutas poderão ser punidas como ato atentatório à dignidade da justiça, podendo ao infrator, sem prejuízo das sanções criminais, civis e processuais cabíveis, ser aplicada multa de até 20% (vinte por cento) do valor da causa, de acordo com a gravidade da conduta (§§1º e 2º do art. 77).

Ainda, uma vez reconhecida a pratica de inovação ilegal no estado de fato de bem ou direito litigioso, determinará o juiz o restabelecimento do estado anterior, podendo ainda proibir a parte de falar nos autos até a purgação do atentado, sem prejuízo da aplicação da supracitada multa.

k) Princípio do duplo grau de jurisdição[38]

Objetiva tal princípio garantir a justiça das decisões, fundando-se em uma possível falibilidade humana do juiz monocrático (de 1º grau), ao sentenciar sobre qualquer ação a ele submetida; podendo tal possibilidade de falha ser corrigida ou mesmo ser reconhecida como inexistente por um tribunal superior, composto por juízes mais experientes, por meio da interposição de recurso pela parte derrotada.

Dentro de um aspecto geral, caberá à parte vencida em processo tramitado no 1º grau de jurisdição, provocar o órgão jurisdicional através de recurso próprio, objetivando modificar a sentença proferida pelo juiz de 1º grau; porém, excepcionalmente, o nosso ordenamento jurídico prevê situações em que, não obstante inexista provocação da parte vencida, haverá sempre a necessidade do duplo grau de jurisdição, devido a interesses públicos relevantes ("devolução oficial ou Recurso de Ofício"), como em algumas das hipóteses do art. 496 do CPC:

> *Art. 496. Está sujeita ao duplo grau de jurisdição, não produzindo efeito senão depois de confirmada pelo tribunal, a sentença:*
>
> *I - proferida contra a União, os Estados, o Distrito Federal, os Municípios e suas respectivas autarquias e fundações de direito público;*
>
> *II - que julgar procedentes, no todo ou em parte, os embargos à execução fiscal.*

---

38. Sobre o assunto, ver ainda GAIO JÚNIOR, Antônio Pereira; GAIO, Raphael Bargiona. Duplo Grau de Jurisdição no quadro dos Direitos e Garantias Processuais Constitucionais. *In*: GAIO JÚNIOR, Antônio Pereira (Org.). *Direito Processual em Movimento*. Vol III. Curitiba: CRV, 2013, p.133-148.

> *§ 1º Nos casos previstos neste artigo, não interposta a apelação no prazo legal, o juiz ordenará a remessa dos autos ao tribunal, e, se não o fizer, o presidente do respectivo tribunal avocá-los-á.*
>
> *§ 2º Em qualquer dos casos referidos no § 1º, o tribunal julgará a remessa necessária.*
>
> *§ 3º Não se aplica o disposto neste artigo quando a condenação ou o proveito econômico obtido na causa for de valor certo e líquido inferior a:*
>
> *I - 1.000 (mil) salários-mínimos para a União e as respectivas autarquias e fundações de direito público;*
>
> *II - 500 (quinhentos) salários-mínimos para os Estados, o Distrito Federal, as respectivas autarquias e fundações de direito público e os Municípios que constituam capitais dos Estados;*
>
> *III - 100 (cem) salários-mínimos para todos os demais Municípios e respectivas autarquias e fundações de direito público.*
>
> *§ 4º Também não se aplica o disposto neste artigo quando a sentença estiver fundada em:*
>
> *I - súmula de tribunal superior;*
>
> *II - acórdão proferido pelo Supremo Tribunal Federal ou pelo Superior Tribunal de Justiça em julgamento de recursos repetitivos;*
>
> *III - entendimento firmado em incidente de resolução de demandas repetitivas ou de assunção de competência;*
>
> *IV - entendimento coincidente com orientação vinculante firmada no âmbito administrativo do próprio ente público, consolidada em manifestação, parecer ou súmula administrativa.*

Por outro lado, embora não haja previsão expressa como princípio, o duplo grau de jurisdição é facilmente identificado em diversos dispositivos legais, inclusive constitucionais (ex.: arts. 102, incisos II e III, e 105, incisos II e III da CF).

Na *Justiça Comum Estadual* o duplo grau de jurisdição se faz com os Tribunais de Justiça; na *Justiça Federal* com o Tribunal Regional Federal; na *Justiça do Trabalho* com o Tribunal Regional do Trabalho; na *Justiça Eleitoral* com o Tribunal Regional Eleitoral e na *Justiça Militar* com o Tribunal de Justiça Militar Estadual ou Superior Tribunal Militar.

Ainda é possível encontrar o 3º grau de jurisdição quando o recurso interposto possibilita acessar o TST na Justiça do Trabalho; o TSE na Justiça Eleitoral; o STM na Justiça Militar (quando da existência do TME)[39] ou mesmo STJ

---

39. Previsão já contida na EC n. 45:
"Art. 125.
(...)
§ 3º A lei estadual poderá criar, mediante proposta do Tribunal de Justiça, a Justiça Militar estadual, constituída, em primeiro grau, pelos juízes de direito e pelos Conselhos de Justiça e, em segundo grau, pelo próprio Tribunal de Justiça, ou por Tribunal de Justiça Militar nos Estados em que o efetivo militar seja superior a vinte mil integrantes.

nas justiças federais estaduais e, às vezes, até o 4º grau de jurisdição, quando, então, o STF assume tal condição.

l) Princípio da duração razoável do processo

É fato a dificuldade de se precisar uma definição concreta para o que seja a duração razoável do processo.

Aliás, bem pontua neste sentido Adrià Rodés Mateu, para que, *"la indiosincrasia 'amorfa' del derecho há justificado la imposibilidad de precisar uma definición concreta del mismo."*[40]

> *Não obstante a isso, mais adiante procura definir um processo sem dilações indevidas como um derecho fundamental autónomo y al mismo tempo uma garantia procesal dirigida a sus titulares que son todas las personas, tanto físicas (ciudadanos y extranjeros) como jurídicas (privadas y públicas), que pretende tutelar la eficácia temporal del processo mediantel a exigência a los poderes públicos de su adecuada prestación y observación (instaurando efectivos mecanismos de tutela del derecho al justiciable) y que su reparación em general, requiere uma indemnización a cargo del Estado.*[41]

Conforme dispõe o inciso LXXVIII do art. 5º da Constituição Federal de 1988, devidamente acrescentado pela EC n.45/2004 *"a todos, no âmbito judicial e administrativo, são assegurados a razoável duração do processo e os meios que garantam a celeridade de sua tramitação"*.

Não obstante ditame constitucional supra, tratou o CPC/2015 de reafirmar a consonância com a leitura constitucional do Processo, este sempre de índole democrática, ao prever no art. 4º, portanto, catalogado dentro do título referente às normas fundamentais, o que se segue:

"As partes têm o direito de obter em prazo razoável a solução integral do mérito, incluída a atividade satisfativa."

De fundamental importância é o destaque também incluso, da via satisfativa como integrante de dito ideário, pois que, como notório, tanto a fase do Cumprimento de Sentença quanto o Processo de Execução representam sérios gargalos ao tempo razoável do processo, fatores de congestionamento de demandas, estas que já não bastam pela demora incrédula em sede das vias cognitivas, precisam superar o "calvário" da satisfação efetiva do direito já reconhecido.

---

§ 4º Compete à Justiça Militar estadual processar e julgar os militares dos Estados, nos crimes militares definidos em lei e as ações judiciais contra atos disciplinares militares, ressalvada a competência do júri quando a vítima for civil, cabendo ao tribunal competente decidir sobre a perda do posto e da patente dos oficiais e da graduação das praças.
(...)."

40. MATEU Adrià Rodés. *El derecho a um processo sin dilaciones indebidas: estúdio de su configuración constitucional y de su restablecimiento em el ordenamento jurídico español.* Barcelona: Atelier, 2009, p. 27.

41. Idem, p. 28-29.

Nestes termos, consagra-se no ordenamento pátrio, aquilo que a doutrina igualmente convencionou a denominar de "princípio da celeridade".

É de se consignar que a eficiência na condução justa da demanda é contributo indissociável da garantia de que a celeridade deve estar de braços dados com a qualitativa prestação jurisdicional. Aliás, não deixa qualquer dúvida o art. 8º do CPC ao afirmar, categoricamente, que o magistrado, dentre outros atributos, observará a eficiência para fins de aplicação do ordenamento jurídico, o que coloca o Processo como destinatário daquela qualidade, implicando na duração razoável deste instrumento da jurisdição.

Notadamente, a legislação processual civil brasileira veio se pautando, antes mesmo do advento do CPC de 2015, em um conjunto de reformas legislativas protagonizadas no binômio celeridade-efetividade[42], ou seja, tempo da solução e a satisfação efetiva da pretensão posta à solução pelo Serviço Público Judicante Estatal – Poder Judiciário.[43]

Fato é que a celeridade ou rapidez procedimental não se pode dar sob qualquer pretexto e a todo custo, dado o exato compromisso do processo como instrumento democrático e disso decorre o respeito basilar ao exercício pleno do contraditório, ampla defesa, produção das provas com qualidade e licitude, dentre outras garantias, de modo a evitar que em nome de uma pressa disfarçada de celeridade, se encubram os riscos e maculas a serviço de uma tutela jurisdicional presta e satisfativa.[44]

Vale dizer que o processo deve ser apto a tornar as pessoas mais felizes ou, no mínimo, menos infelizes[45] e, certamente, não como valor absoluto há de crer no presente princípio.

---

42. É de se notar neste sentido, dentre outras, a Lei n. 8.952/94 (Tutelas Antecipada e Específica); Lei n. 10.444/02 (Tutela Específica nas obrigações de entrega de coisa); Lei n. 11.187/05 (Agravos); Lei n. 11.232/05 (Cumprimento da Sentença); Lei n. 11.382/06 (Processo de Execução); Lei n. 11.417/06 (Regulamentação do enunciado de Súmula Vinculante pelo STF); Lei n. 11.418 (Regulamentação da Repercussão Geral); Lei n. 11.419/06 (Informatização dos processos judiciais); Lei n. 11.441/07 (Possibilidade de realização de inventário, partilha, separação consensual e divórcio consensual por via administrativa).

43. Acerca da perspectiva dos jurisdicionados como consumidores do serviço público de justiça, e mais precisamente, o acesso à justiça como programa de reforma e como método de pensamento, confira importantíssima obra de CAPPELLETTI, Mauro. *Processo, Ideologias e Sociedade*. Vol. I. trad. e notas de Elicio de Cresci Sobrinho. Porto Alegre: Sergio Antônio Fabris Editor, 2008, p. 379-397.

44. Nisto, igualmente observa CRUZ E TUCCI, José Rogério. Garantia do processo sem dilações indevidas. *In:* CRUZ E TUCCI, José Rogério (Coord). *Garantias constitucionais do processo civil. Homenagem aos 10 anos da Constituição Federal de 1988.* São Paulo: RT, 1999. p. 259-260: "Não basta, pois, que se assegure o acesso aos tribunais, e, conseqüentemente (sic), o *direito ao processo*. Delineia-se inafastável, também, a absoluta *regularidade* deste (*direito no processo*), com a verificação efetiva de todas as garantias resguardadas ao consumidor da justiça, *em um breve prazo de tempo*, isto é, dentro de um *tempo justo*, para a consecução do escopo que lhe é reservado."

45. Vale neste interim, lição de Dinamarco: "O direito moderno não se satisfaz com a garantia da ação como tal e por isso é que procura extrair da formal garantia desta algo de substancial e mais profundo. O que importa não é oferecer ingresso em juízo, ou mesmo julgamento de mérito. Indispen-

Diga-se mais: toda a problemática que envolve não somente o acesso amplo ao Poder Judiciário, mas a própria saída deste mesmo Poder, com a satisfação da tutela jurisdicional conquistada e efetivamente cumprida em lapso temporal razoável e compatível com a pretensão de direito material conquistada, sua fruição e gozo, certamente, envolve outras competências propícias à plena realização prática de tal desiderato processual, tais como, p. ex., a própria garantia e respeito ao exercício legal e temporal de uma adequada tutela jurisdicional traduzida nas medidas advindas da EC/45, destacando-se dentre outras: a proibição de férias coletivas em todas as Justiças, suprimindo as chamadas férias forenses, determinando a prestação da atividade jurisdicional de forma ininterrupta; a delegação a serventuários da justiça na prática de atos de administração e de mero expediente, sem cunho decisório, estimulando o automatismo judicial; a determinação da distribuição automática de processos, somando-se ainda a tal elenco de medidas, a informatização dos processos, esta ditada pelo advento da Lei n. 11. 419/06 e reprisada em várias passagens pelo CPC/2015, sobretudo no que toca à comunicação dos atos processuais, tais como citação (art. 246, V), intimação (art. 270) cartas (art. 263) bem como, para maior economia processual, a possibilidade da admissão da prática de atos processuais por meio de videoconferência ou outro recurso tecnológico de transmissão de sons e imagens em tempo real (art.236, §3º).

Por fim, insta destacar, em sintonia com a duração razoável do Processo, a necessidade de que de algumas demandas tenham prioridade de tramitação, dada a característica de vulnerabilidade da parte litigante, como o são, por exemplo, os casos em que figure como parte ou interessado pessoa com idade igual ou superior a 60 (sessenta) anos[46] ou portadora de doença grave, assim compreendida qualquer das enumeradas no art. 6º, inciso XIV, da Lei nº 7.713, de 22 de dezembro de 1988 (art. 1.048, I do CPC) ; de pessoas com mais de oitenta anos, estas que terão preferência especial sobre os demais idosos (art. 71, §5º da Lei nº 10.741/2003), aqueles regulados pela Lei nº 8.069, de 13 de julho de 1990 (Estatuto da Criança e do Adolescente), ex vi do art. 1.048, II do CPC e as vítimas de violência doméstica e familiar.estas que terão prioridade na tramitação dos procedimentos judiciais quando demandarem ações de divórcio, separação, anulação de casamento ou dissolução de união estável (art. 1.048, III do CPC), regra esta inclusa por meio da Lei n.13.894/2019).

---

sável é que, além de reduzir os resíduos de conflitos não jurisdicionalizáveis, possa o sistema processual oferecer aos litigantes resultados justos e efetivos, capazes de reverter situações injustas. Tal é a ideia de efetividade da tutela jurisdicional, coincidente com a plenitude do acesso à justiça e a do processo civil de resultados." DINAMARCO, Candido Rangel. *Fundamentos do Processo Civil Moderno*. T. II. 4 ed. São Paulo: Malheiros, 2001, p. 798-799.

46. Sobre o assunto, cf. GAIO JÚNIOR, Antônio Pereira. Acesso à Justiça e o Direito à Prioridade na Tramitação Processual. *In*: MENDES, Gilmar et al. (Coords.) *Manual dos Direitos da Pessoa Idosa*. São Paulo: Saraiva, 2017, p.557-565.

m) Princípio da Cooperação

O presente princípio vetoriza-se para o plano de um Processo Cooperativo, onde, dentre outras características, é de se reconhecer o diálogo processual leal, plenamente garantido e igualmente conduzido pelo órgão julgador, somando-se ao reforço das posições jurídicas das partes, conferindo tais marcas ao processo, tendo o juiz o seu papel redimensionado, assumindo, efetivamente uma dupla posição: "mostra-se paritário na condução do processo, no diálogo processual, sendo, contudo, assimétrico no quando da decisão da causa."[47]

Por outro lado, o aspecto cultural da "política do consenso" ou invés da "política do conflito" se faz importante no amadurecimento para o exercício da cooperação, não, evidentemente, quanto ao pleito que se objeta em sede da pretensão dos direitos e que se encontra no interesse das partes *ex adversas* (autor e réu), mas quanto à própria qualidade da prestação jurisdicional a que ambos de, de certo, desejam e, por isso, prestam-se a colaborar, sendo que cabe ao próprio órgão julgador laborar com inegável interesse pela cooperação, objetivando o caráter finalístico desta que é proporcionar um processo justo, idôneo, isonômico para fins da consecução de uma decisão de mérito justa e efetiva.[48]

O CPC/2015 tem na cooperação processual um de seus preceitos basilares, cuja estampa vem alçada no título relativo às normas fundamentais, tão necessárias à própria compreensão do espírito encarnado por esta novata legis, nos seguintes termos:

"Art. 6º Todos os sujeitos do processo devem cooperar entre si para que se obtenha, em tempo razoável, decisão de mérito justa e efetiva."

Entendemos a expressão "dever" como atributo ético dos sujeitos processuais, pois que norteia o imperativo comando voltado às razões práticas e finalísticas do Processo e, por isso, implicando no reconhecimento de sua virtude enquanto instrumento democrático e otimizador de satisfação social, pensamento este que, inclusive, encontra apoio no art. 8º do CPC, ao qual pontifica:

> *Art. 8º Ao aplicar o ordenamento jurídico, o juiz atenderá aos fins sociais e às exigências do bem comum, resguardando e promovendo a dignidade da pessoa humana e observando a proporcionalidade, a razoabilidade, a legalidade, a publicidade e a eficiência.*

Depreende-se daí tratar-se de norma sobre norma, ou seja, a atividade judicante deve atender aos fins sociais e às exigências do bem comum, o que, no exercício pragmático da cooperação, exige-se, sobretudo, do órgão julgador,

---

47. MITIDIERO, Daniel. *Colaboração no Processo Civil.* 2 ed. São Paulo: RT, 2011, p. 114. Ainda sobre o Processo pautado no Princípio da Cooperação, ver por todos, SOUZA, Miguel Teixeira de. *Estudos sobre o Novo Processo Civil.* 2 ed. Lisboa: Lex, 1997.

48. Sobre o assunto, cf. também e no mesmo sentido, WAMBIER, Teresa Arruda Avim *et ali. Primeiros Comentários ao Novo Código de Processo Civil.* São Paulo: RT, 2015, p. 153-154.

a promoção dos direitos fundamentais como aquele relativo á dignidade da pessoa humana e que leva consigo tantos outros, mas sempre pelo olhar de proporcionalidade, razoabilidade, legalidade publicidade e eficiência, inerentes a um devido processo justo.

Como já dito em outras linhas, verdade é que o maior interessado na solução dos conflitos é o próprio Estado, este que chama para si o monopólio da Jurisdição como um serviço público, tendo, na figura do juiz, sua expressão de interesse, cooperando como um magistrado participativo e interessado na melhor e mais veraz possibilidade de pacificação do conflito ao Estado apresentado.

n) Princípio da Primazia da Decisão de Mérito

De início, conforme já destacado no item 3 do presente capítulo, é cediço que *"Due Process of Law"*, hoje entre nós consubstanciado na ideia de um Devido Processo Constitucional,[49] deve ser entendido como o conjunto de garantias constitucionais que, por um lado, asseguram às partes o pleno exercício de suas faculdades e poderes processuais e, por outro, indispensáveis são a total coerência na aplicação do exercício da jurisdição, nisso pressupõe-se que tal princípio atesta uma série de garantias processuais e procedimentais, dentre elas, a garantia de um procedimento em prazo razoável, regular e previamente estabelecido, com atos sem vícios insanáveis ou insupríveis.

O acesso ao Serviço Público da Justiça se dá sempre na expectativa e confiança do respeito às regras preestabelecidas, ou que, pelo interesse dos atores do processo, possam ser negociadas a partir do interesse cooperativo na solução da demanda e desde que respeitadas as balizas de ordem pública (ex vi dos negócios jurídicos processuais).

Nestes termos, temos que o acesso à justiça e o devido processo caminham em uma relação umbilical, garantidora da oportunidade, previsibilidade, confiança, qualidade e eficiência da prestação do serviço jurisdicional.

Em exata medida, o Código de Processo Civil, ao sintonizar de maneira expressa a sua leitura constitucional (art.1º), consigna e reforça o modelo constitucional de processo que envolve, dentre outras, a garantia do direito a uma decisão de mérito sobre a pretensão das partes.

O Código de Processo Civil, nestes termos assegura em seu art. 4º do CPC que:

*"As partes têm o **direito de obter em prazo razoável a solução integral do mérito,** incluída a atividade satisfativa. "*

Trata-se de um direito das partes em obter num lapso temporal razoável, ou seja, sem dilações indevidas, o julgamento do mérito de sua pretensão, inclusive em sede executiva, de modo a que possa, de fato, ter do serviço público da justiça o cumprimento qualitativo e eficiente da prestação jurisdicional.

---

49. ANDOLINA, Ítalo; Vignera, Giuseppe. Il modelo costituzionale del processo civile italiano. Torino: G.Giappichelli, 1988, p.15-19.

Denota-se, portanto, o compromisso de se primar pela solução de mérito, aproveitando o máximo possível do rendimento do processo, para que se possa, inclusive, conceder a segurança jurídica da relação de direito substantivo que se coloca ante a uma solução.

O princípio da primazia da decisão de mérito se faz presente em uma série de dispositivos ao longo do CPC, destacando a permanente possibilidade de saneamento de vícios formais a fim de que possa aproveitar, em sendo possível, o conhecimento e análise da pretensão solicitada em juízo.

São exemplos de dispositivos encarnados no incentivo à solução meritória, seja através da correção de vícios para fins de aproveitamento do processo, evitando-se a sua extinção por aspectos tipicamente formais, seja dando poderes ao órgão julgador para, em sendo possível, resolver o mérito sempre que a decisão for favorável à parte a quem aproveitaria eventual pronunciamento de extinção sem resolução do mérito:

> *"Art. 139. O juiz dirigirá o processo conforme as disposições deste Código, incumbindo-lhe:*
>
> *(...)*
>
> *IX – **determinar o suprimento de pressupostos processuais e o saneamento de outros vícios processuais**".*
>
> *"Art. 282. Ao pronunciar a nulidade, o juiz declarará que atos são atingidos e ordenará as providências necessárias a fim de que sejam repetidos ou retificados.*
>
> *(...)*
>
> *§ 2º **Quando puder decidir o mérito a favor da parte a quem aproveite a decretação da nulidade, o juiz não a pronunciará nem mandará repetir o ato ou suprir-lhe a falta**."*
>
> *"Art. 317. Antes de proferir decisão sem resolução de mérito, o juiz deverá conceder à parte oportunidade para, se possível, **corrigir o vício**."*
>
> *"Art. 321. O juiz, ao verificar que a petição inicial não preenche os requisitos dos arts. 319 e 320 ou que apresenta defeitos e irregularidades capazes de dificultar o julgamento de mérito, **determinará que o autor, no prazo de 15 (quinze) dias, a emende ou a complete, indicando com precisão o que deve ser corrigido ou completado**."*
>
> *"Art. 488. Desde que possível, **o juiz resolverá o mérito sempre que a decisão for favorável à parte a quem aproveitaria eventual pronunciamento nos termos do art. 485**."*
>
> *"Art.932*
>
> *(...)*
>
> *Parágrafo único. Antes de considerar inadmissível o recurso, o relator concederá o prazo de 5 (cinco) dias ao recorrente para que **seja sanado vício ou complementada a documentação exigível**."*
>
> *"Art. 1.029.*
>
> *(...)*

> *§ 3º O Supremo Tribunal Federal ou o Superior Tribunal de Justiça* ***poderá desconsiderar vício formal de recurso tempestivo ou determinar sua correção****, desde que não o repute grave."*

4. NORMAS PROCESSUAIS E SUA EFICÁCIA NO ESPAÇO E NO TEMPO

É inerente a toda norma jurídica a atribuição quanto à sua eficácia, quer no espaço quer no tempo, ou seja, a sua aplicação dentro de um delimitado território e por um determinado lapso temporal.

Com a norma processual não é diferente e, portanto, tais questões são aplicáveis ao conjunto normativo processual nos termos que se seguem abaixo.

a) Norma Processual no Espaço:

Aplica-se o princípio da territorialidade (art. 16 do CPC) quanto à eficácia da norma processual no espaço, traduzindo-se na imposição da *lex fori.*

Neste sentido, aplica-se a legislação processual brasileira no território nacional, notadamente, por questões justificáveis sob os parâmetros político e prático.

No plano político, é deveras conhecida a representatividade que a atividade jurisdicional assume no contexto de exercício da soberania estatal, de modo que o Poder de julgar é exercido no âmbito de sua delimitação territorial.[50]

Já no aspecto prático, é de notar as reais dificuldades pragmáticas de se mover o Poder Judicante de um Estado soberano com normas processuais editadas e institutos processuais regulados por outro Estado igualmente soberano.

Nota-se que não estamos nos referindo ao direito material, até porque quando o art. 7º do CPC se refere à capacidade das partes para o correto exercício de seus direitos, pode ensejar que esta própria capacidade seja aferida de acordo com os critérios devidamente estabelecidos pela *lex* civil estrangeira.[51]

b) Norma Processual no Tempo:

No que toca ao tempo como elemento de eficácia da norma processual, os sistemas processuais podem adotar alguns tipos de racionalidade.

Nisto teríamos:

– Teoria da unidade processual

Dada a unidade que possui o Processo, ainda que composto de atos e fases, deveria ser ele regulado pela lei vigente na data de sua instauração, portanto, uma vez iniciado sob a égide de uma respectiva lei, seria por esta regulado até

---

50. Sobre o assunto, cf. no Capítulo 4, mais precisamente no que se refere ao princípio jurisdicional da "Aderência ao Território".

51. CINTRA, Antônio Carlos de Araújo; GRINOVER, Ada Pellegrini; DINAMARCO, Cândido Rangel. *Teoria Geral do Processo.* 28 ed. São Paulo: Malheiros Editores, 2012, p. 107.

o seu fim, evitando, inclusive, a retroatividade de uma possível lei nova aos atos já praticados sob a regência da anterior.

– Teoria das fases processuais

Para tal teoria, ao distinguir o processo sob várias fases (postulatória, saneadora, instrutória, decisória e recursal), cada uma poderia estar sujeita à disciplina de uma diferente lei.

– Teoria do isolamento dos atos processuais

Segundo a presente teoria, a lei nova não atingiria os atos processuais já praticados, nem mesmo os seus efeitos, todavia teria aplicabilidade aos atos processuais ainda por realizar, sem limitações quanto a qualquer fase processual.

A ideia desta teoria é a que agrega um maior número de adeptos, o que, aliás, corrobora com o regramento ditado pelos arts. 14 e 1.046 do ordenamento processual civil pátrio. *In verbis*:

> *Art. 14. A norma processual não retroagirá e será aplicável imediatamente aos processos em curso, respeitados os atos processuais praticados e as situações jurídicas consolidadas sob a vigência da norma revogada."*
>
> *Art. 1.046. Ao entrar em vigor este Código, suas disposições se aplicarão desde logo aos processos pendentes, ficando revogada a Lei no 5.869, de 11 de janeiro de 1973.*

5. PROCESSO E SUA CLASSIFICAÇÃO

A classificação dos processos obedece à relativa dinâmica decorrente do próprio texto legal.

Neste sentido, doutrina clássica de longo tempo classifica o processo em "Processo de Conhecimento", "Processo de Execução" e "Processo Cautelar"; no entanto destaca-se aqui que o CPC/2015 não contempla a figura do Processo Cautelar como um processo estanque com regulações particulares, como o fez o revogado CPC/1973 em seu Livro III, tratando então o novo Diploma Processual Civil da Tutela Cautelar no plano das Tutelas Provisórias de Urgência, seja de forma antecedente ou mesmo incidental.

Por outro lado, quanto ao Processo de Conhecimento, seu rito está concentrado em um único, este denominado "comum" (diferentemente dos ritos do *Codex* revogado, no caso, ordinário e sumário), sendo dito rito comum aplicável aos Procedimentos Especiais e ao Processo de Execução de forma subsidiária, como de fato esclarece o art. 318 e seu parágrafo único do novo Ordenamento Processual Civil pátrio:

> *Art. 318. Aplica-se a todas as causas o procedimento comum, salvo disposição em contrário deste Código ou de lei.*
>
> *Parágrafo único. O procedimento comum se aplica subsidiariamente aos demais procedimentos especiais e ao processo de execução.*

Há de se consignar que no Processo de Conhecimento busca-se a operacionalização de uma sentença que declare, segundo as normas de direito e a dilação probatória, a quem assiste a razão. Conforme já visto quando da classificação das ações,[52] o processo de conhecimento admite diversos tipos de ações e, de acordo com o efeito oriundo da tutela de cognição solicitada ao Poder Judiciário,[53] ou seja, conforme a expectativa do resultado desejado pela parte poderá o processo ser meramente declaratório, constitutivo, condenatório, executivo *lato sensu* ou mandamental.

Cabe aqui ponderar acerca da efetiva possibilidade de satisfação do direito na presente modalidade processual (Processo de Conhecimento), não somente pelo que já se falou alhures sobre a executiva *lato sensu*, mas, sobretudo, pelo significativo "Procedimento do Cumprimento de Sentença." Apenas a título de esclarecimento tópico, o procedimento do Cumprimento da Sentença, mirando, efetivamente, a satisfação do direito reconhecido na sentença judicial, estando esse capitulado no art. 513 e seguintes, portanto Livro I da Parte Especial, sendo considerado por muitos como representativo da instauração do "processo sincrético", o que, diga-se de passagem, já era fato quando do advento da Tutela Específica ainda na vigência do CPC/1973 (arts. 461 e 461-A),[54] sendo agora acostado de maneira sistemática e evidente a possibilidade do caráter satisfativo da tutela jurisdicional do plano do Processo de Cognição.

Já, no que toca ao Processo de Execução, visa este satisfazer determinada obrigação não cumprida, oriunda de um título executivo extrajudicial (art. 784 do CPC), desde que fundado em obrigação certa, líquida e exigível (art. 783 do CPC).

Por fim, o Processo Cautelar, não tratado no CPC/2015 com status de Processo, mas como uma Tutela Provisória de Urgência Cautelar (arts. 294 e ss.), objetiva resguardar o objeto do processo principal, seja este de conhecimento ou de execução. Neste sentido, diante de sua natureza acautelatória, não enfrenta o mérito (razão da pretensão solicitada em juízo), mas simplesmente busca dar garantias à efetividade da tutela pretendida em um processo principal, não podendo, pois, veicular pretensão satisfativa, salvo no caso de acolhimento pelo juiz da alegação de prescrição ou decadência de direito (art. 310 do CPC).[55]

---

52. *Vide* Cap. 5. Item 7.

53. *Vide* Cap. 5. Item 7.

54. Sobre o assunto, ver o nosso *Tutela Específica das Obrigações de Fazer.* 5 ed. Curitiba: Juruá, 2015.

55. Observa-se sua presença na forma autônoma ainda em outros ordenamentos, tais como no espanhol e no português, dentre outros.

6. PRESSUPOSTOS PROCESSUAIS

Devemos entender por pressupostos processuais os requisitos necessários para que a relação jurídica processual se constitua e tenha validade, ensejando, por isso, na sua falta, a possibilidade de nulidade do processo, obstaculizando a decisão sobre o mérito do pedido.

Insta ressaltar mais uma vez que, sendo a natureza jurídica do processo justificada pelo somatório da relação entre os seus sujeitos (relação jurídica processual) e o conjunto dos atos que lhe dão corpo (procedimento), inegável que sua instauração com o devido desenvolvimento válido seja condicionado a determinados requisitos, em uma similitude àqueles de cuja exigência se faz presente em qualquer ato ou negócio jurídico (art. 104 do Código Civil).

Neste sentido, são os pressupostos processuais divididos em:

Subjetivos: Relacionados com os sujeitos do processo.

- Juiz Competente.

- Capacidade Civil das partes.

- Representação por advogado, inclusive com a existência nos autos do instrumento de mandato.

Objetivos: Relacionados com a forma procedimental bem como com as ausências de fatos que criem óbices à constituição regular do processo.

- Petição apta, ou seja, não inepta (art. 330, I, §1º).

- Validade da citação (art. 238 e seguintes).

- Ausências de Perempção, Litispendência e Coisa Julgada (art. 486, §3º; art. 337,§§1º, 2º e 3º).

- Forma Procedimental adequada.

Importante se faz ressaltar que os pressupostos processuais não se confundem com as condições da ação, pois que os primeiros, como se viu, são requisitos necessários à validade e eficácia da relação jurídica processual, ao passo que as segundas legitimam o autor a pleitear a devida tutela jurisdicional do Estado.

Distinção ainda cabe fazer acerca dos efeitos processuais quando da ausência de pressupostos processuais ou das condições da ação.

No primeiro caso, ante a falta de pressupostos processuais, nem sempre ter-se-á decretado a nulidade do processo ou a sua extinção sem resolução de mérito, uma vez que, *v.g.*, diante da incompetência do juiz, em se tratando de competência absoluta, deverá ele, de ofício e *a priori*, remeter os autos do processo ao juiz competente, podendo, neste caso, e ainda que não tenha transitado em julgado (pois que aí desafiaria ação rescisória), evitar a nulidade de toda a marcha processual, para não falar ainda nos casos de saneamento da incapacidade processual (art. 76 e seu §1º, I, II, III) ou mesmo a possibilidade de aproveitamento ou adaptação do procedimento quando, evidentemente, não implicar na alteração do pedido.

Por outro lado, quando da falta da uma das condições da ação, indubitavelmente, se conduzirá o processo à sua extinção sem resolução de mérito, uma vez que não se trata de defeito processual, mas mais do que isto. Há, na verdade, a impossibilidade de exercer o direito de ação, ou seja, de requerer ao Poder Judiciário a análise sobre o mérito da pretensão deduzida em juízo, decretando-se, assim, indubitavelmente, a extinção do processo sem resolução do mérito.

7. PROCEDIMENTO

É o meio extrínseco pelo qual se instaura, desenvolve-se e termina o processo, sendo entendido, portanto, como uma coordenação de atos que se sucedem.

Conforme dito em notas anteriores, o Processo de Conhecimento tem seu rito concentrado em um único, este denominado "comum" (substitutivo dos ritos de cognição presentes no CPC/1973, *in casu*, ordinário e sumário), sendo dito rito comum aplicável aos Procedimentos Especiais e ao Processo de Execução de forma subsidiária, como, de fato, esclarece o art. 318 e seu parágrafo único do CPC.

Espécies de procedimento:

Comum:

- comum (art. 318 e ss.)

Especial:

– de jurisdição contenciosa[56] (arts. 539 a 718 e legislação extravagante);

– de jurisdição voluntária (arts. 719 a 770);

– das execuções (art. 771 a 925);

- das tutelas provisórias de urgência antecipadas antecedentes e cautelares de natureza antecedente (arts. 294 a 310).

7.1 DETERMINAÇÃO DO PROCEDIMENTO

A determinação do procedimento, isto é, do rito a ser seguido pelos litigantes e pelo magistrado para o caminhar adequado da relação processual é feita por exclusão.

Apresentados os fatos, deve-se verificar qual o tipo de providência jurisdicional necessária para dirimir a situação.

Tratando-se de crédito insatisfatório, com força de título extrajudicial, deve ser proposta uma ação executiva, cujo CPC prevê um procedimento próprio (771 a 925).

56. Convém ressaltar que o CPC/2015, diferente do que fazia CPC/1973, denomina os procedimentos de jurisdição contenciosa, simplesmente, de "Procedimentos Especiais".

Relacionando-se com o acautelamento de determinada situação ou bem, é recomendada uma medida cautelar para a qual o Código não mais estabelece o procedimento específico, mas, generalista, conforme se observa do art. 301 e arts, 305 a 310.

Havendo direito conflituoso, contestado, controvertido ou mesmo conteúdos de natureza constitutiva ou meramente declaratória sobre direitos, a tutela necessária é de conhecimento. Aqui, importante se faz verificar se o Código ou as leis extravagantes preveem algum tipo de procedimento específico.

Ex.: Mandado de Segurança, Adjudicação Compulsória e a ação de desapropriação seguem ritos próprios, isto é, procedimentos especiais de jurisdição contenciosa previstos na Lei n. 12.016/09, no Decreto-lei n. 58/37 e no Decreto-lei n. 3.365/41.

As Ações Possessórias, de Inventário, de Interdição, dentre outras, também seguem ritos especiais estabelecidos no CPC bem como em leis ordinárias.

Observando-se que o direito controvertido não está previsto em rito especial, chega-se à conclusão de que o procedimento adequado para a solução do conflito é o comum.

Ao se definir que o procedimento é o comum, importante se faz observar se a demanda pode ser proposta sob o rito sumaríssimo (p. ex., Leis n. 9.099/95; 10.259/2001 e 12.153/2009).

Não sendo possível propor a demanda sob o rito supracitado, o procedimento a ser adotado será o denominado comum (art. 318 e ss.).

Assim, nota-se que o procedimento comum é estabelecido por exclusão nesta metodologia, sendo ele de aplicação subsidiária a todos os outros tipos de procedimento, conforme sustenta o parágrafo único do art. 318:

"O procedimento comum aplica-se subsidiariamente aos demais procedimentos especiais e ao processo de execução."

CAPÍTULO 7

PROCESSO CIVIL E SEUS PARTÍCIPES

1. PARTES

1.1 CONCEITO

Como já visto, sujeitos de uma relação processual são o juiz e as partes, sendo aquele, sujeito imparcial (mas participativo!) e estas, sujeitos parciais, daí que podemos conceituar partes como os sujeitos parciais do processo, ou seja, aquele que pede a tutela jurisdicional, dizendo-se titular de uma pretensão (autor) e em face de quem se pede dita tutela (réu).[1]

Não obstante tal conceituação, em virtude da autonomia que a relação jurídica processual goza frente à relação jurídica material, existem situações às quais a parte processual não se confundirá com a parte do direito material controvertido, sendo, neste caso, uma excepcionalidade contida no nosso ordenamento jurídico (vide substituição processual, art. 18 do CPC).

Por tal excepcionalidade é que Chiovenda apurou o conceito de parte, relacionando-o com o próprio processo bem como com a relação jurídica processual nos seguintes termos: "Parte é aquele que demanda em seu próprio nome (ou em cujo nome é demandada) a atuação duma vontade da lei, e aquele em face de quem essa atuação é demandada."[2]

De início, cabe aqui informar algumas das nomenclaturas para as partes:

- Processo de conhecimento: autor e réu.
- Incidentes Processuais:
  - Exceções: excipiente e excepto.
  - Agravo: agravante e agravado.
  - Apelação: apelante e apelado.
  - Embargos: embargante e embargado.
- Processo de execução: exequente e executado.
- Procedimento de jurisdição voluntária: interessados.

---

1. Sobre o problema do conceito de parte e sua importância, ver, por todos, SANTOS, Moacyr Amaral. *Primeiras linhas de Direito Processual Civil*. Vol. I. 16 ed. São Paulo: Saraiva, 1993, p.339.

2. CHIOVENDA, Giuseppe. *Instituições de Direito Processual Civil*. Vol. II. 3 ed. Trad. de J. Guimarães Menegale. São Paulo: Saraiva, p. 234.
Para uma conceituação não unívoca de parte, mais precisamente no Direito Italiano, cf. COMOGLIO, Luigi Paolo; FERRI, Corrado; TARUFFO, Michele. *Lezioni sul processo civile. I. Il processo ordinario di cognizione*. Bologna: Il Mulino, 2006, p. 286-288.

1.2 CAPACIDADE DE SER PARTE E CAPACIDADE PROCESSUAL

Inicialmente, devemos esclarecer que capacidade de ser parte não pode, de maneira alguma, ser confundida com capacidade de estar em juízo (capacidade processual).

Trata a primeira da aptidão que se tem para contrair obrigações e adquirir direitos na vida civil e a segunda relaciona-se como a aptidão para exercer por si os atos da vida civil.

Sendo o processo uma relação jurídica onde se praticam atos jurídicos, exige-se a mesma capacidade para os atos da vida civil sempre à luz do ordenamento civil.

Neste sentido, temos que os absolutamente incapazes (art. 3º, *caput*, do Código Civil) e os relativamente incapazes (art. 4º, *caput*, do Código Civil), diante do que preceitua o art. 1º do CC, têm *capacidade de ser parte*, no entanto carecem de *capacidade processual*, sendo, neste sentido, representados ou assistidos pelos pais, tutores ou curadores (*vide* arts. 1.634, *caput*, do Código Civil c/c art. 71 do CPC), quando estiverem em juízo.

Já aqueles totalmente capazes (art. 5º, *caput*, do Código Civil), em sentido geral, gozarão de ambas as capacidades.

É de se notar que quem tem capacidade de estar em juízo tem também capacidade de ser parte, contudo a recíproca nem sempre se faz presente.

Importante é ressaltar que nosso ordenamento concede as capacidades de ser parte processual tanto às pessoas naturais quanto às jurídicas (arts. 1º e 40 do Código Civil) e às ditas "formais" (massa falida, o espólio, a herança vacante ou jacente – arts. 1.819 e 1.822 do Código Civil e art. 75, V, VI e VII do CPC, o condomínio, as sociedades sem personalidade jurídica – art. 75, IX e XI do CPC).

Quanto à representação em juízo, porém, tratando-se dos já citados incapazes e relativamente incapazes, teremos a chamada *integração da capacidade*, o mesmo não se dá quando estamos diante das pessoas jurídicas e formais. Neste caso, mesmo sendo necessária a representação no âmbito processual, não se tratará de integração da mesma, mas de própria exigência oriunda da natureza das próprias pessoas, onde, na sua plenitude, se relaciona uma verdadeira coletividade. Por exemplo, ao acionar uma empresa, seria inevitável que todos os acionistas comparecessem em juízo.

1.2.1 Capacidade Processual dos Cônjuges

O art.73, *caput*, trata da *capacidade processual ativa*, para ações que versam sobre direitos reais imobiliários (usucapião, reivindicatória, adjudicação compulsória, divisória, execução hipotecária etc.). O cônjuge necessitará de consentimento do outro, exceto quando se tratar de regime de separação absoluta de bens, no mesmo sentido do que já pronuncia a inteligência do art. 1.647, II, do Código Civil, onde em edição anterior desta obra já usávamos como regra heterotópica:

> *Art. 1.647.* Ressalvado *ressalvado o disposto no art. 1.648, nenhum dos cônjuges pode sem autorização do outro, exceto no regime da separação absoluta:*
>
> *I – alienar ou gravar de ônus real os bens imóveis;*
>
> *II – pleitear, como autor ou réu, acerca desses bens ou direitos;*
>
> *(...)*

Explicitamente, tanto no CPC/2015 quanto no direito civil vigente, portanto, não há mais exigência do consentimento de um cônjuge para que o outro litigue acerca de bem imóvel incomunicável, dentro do regime da separação absoluta de bens. No mesmo sentido, mas em se tratando de ambos os cônjuges no polo passivo, em demandas que versem sobre direitos reais imobiliários, ambos deverão ser, necessariamente citados, salvo quando casados pelo regime da separação absoluta de bens (art. 73, §1º, I).

Nisso, poderá o cônjuge, no que se refere aos bens particulares, demandar e ser demandado sem a presença e sem o consentimento do consorte desde que o regime de seu casamento seja o da separação absoluta.

Por outro lado, excetuando os casos de regime de separação absoluta acima citados, importante se faz observar que não estamos, no que toca ao art.73, *caput*, diante da figura de litisconsórcio necessário ativo, pois que não se pode exigir de quem quer que seja demandar em juízo em face de outrem. Na presente regra, o que se exige é o consentimento de um cônjuge ao outro para a propositura de ordenada espécie de demanda, podendo, inclusive, tal consentimento, quando da recusa sem justo motivo por parte do outro cônjuge, ser suprida pelo próprio magistrado (art. 74 do CPC).

A nulidade do processo pelo descumprimento da outorga não é absoluta e pode ser arguida pelo cônjuge interessado.

O art. 73, § 1º, trata da *capacidade processual passiva.*

Ambos os cônjuges serão citados necessariamente para tais ações:

I – que versam sobre direitos reais imobiliários;

II – resultantes de fatos que digam respeito a ambos os cônjuges ou de atos praticados por eles (ex.: responsabilidade por ato de filho menor; mau uso da propriedade comum, causando danos; atos praticados por ambos - assinatura de contrato);

III – fundadas em dívidas contraídas por um dos cônjuges a bem da família, mas cuja execução tenha de recair sobre o produto do trabalho do outro ou de seus bens reservados. Um exemplo seria o caso de o marido assumir dívidas em virtude da internação de um filho do casal;

IV – que tenham por objeto o reconhecimento, a constituição ou a extinção de ônus sobre imóvel de um ou de ambos os cônjuges, (ex.: ônus sobre imóveis nas ações que versem sobre direitos reais de garantia ou fruição, uso, penhor, hipoteca, anticrese etc.).

No que se refere ao art.73, § 2º, em se tratando de ações possessórias, somente será indispensável a participação de cônjuge do autor ou do réu no caso de composse[3] (art. 1.199 do Código Civil) ou de ato por ambos praticados.

Importante esclarecer aqui que as ações possessórias são aquelas que irão proteger o direito à posse[4] diante de uma turbação (ser molestado no seu direito de posse), esbulho (ser expulso na sua posse) ou mesmo estar na iminência de ser turbado ou esbulhado; neste caso, usado será o instituto denominado interdito proibitório. Assim, diante de uma turbação, a ação correspondente será a de manutenção de posse; se ocorrer esbulho, a ação respectiva será a de reintegração de posse; já diante da iminência de turbação ou esbulho, será utilizado o interdito proibitório.

Já os atos por ambos praticados acontecem quando os cônjuges praticam turbação ou esbulho, por exemplo.

O suprimento jurisdicional a que se refere o art. 74 do CPC é obtido por meio de procedimento de jurisdição voluntária (arts. 719 a 725 do CPC).

O juiz não deverá admitir a recusa ao consentimento, suprindo-o, portanto, quando a solicitação feita pelo outro cônjuge se respalda no que, segundo seu entendimento, em conduta sensata e razoável e que, possivelmente, trará benefícios à família.

Deverá o pedido de suprimento judicial ser dirigido ao juiz da vara de família, visto ser matéria decorrente de efeito jurídico do casamento.

Ao cônjuge que ajuizar a ação cabe o ônus de provar a necessidade de ingressar em juízo, incumbindo, por outro lado, ao cônjuge que negou a autorização, o ônus de provar que o fez por motivo justo.

Poderá o juiz investigar livremente as provas, levando em conta, inclusive, o interesse da família.

Tal situação em tela ocorre também em situações onde um cônjuge estaria impossibilitado de consentir por motivo de viagem, ausência (em lugar desconhecido ou mesmo em lugar onde, da demora no regresso, pudesse causar prejuízo à propositura da ação). Por exemplo, decadência ou prescrição de direitos.

---

3. Composse ocorre quando há mais de um possuidor da coisa toda em partes ideais não localizadas, como no caso de condomínio de terra não dividida ou demarcada (*vide* art. 1.199 do Código Civil).

4. Posse é a detenção de uma coisa em nome próprio.
Savigny difundia a ideia de posse como o poder de uma pessoa sobre uma coisa, com a intenção de tê-la para si (*animus rem sibi habendi*), chamada também de *Teoria Subjetiva*.
Hering, no entanto, entendia que, na verdade, aquele que agisse como se proprietário fosse, mesmo não sendo, seria o possuidor (teoria objetiva).
O nosso Código Civil aderiu à teoria objetiva, entendendo como possuidor todo aquele que tem, de fato, o exercício, pleno ou não, de algum dos poderes inerentes ao domínio ou propriedade (art. 1.196 do Código Civil).
A natureza jurídica da posse é controvertida, muito embora muitos tratam como um direito real, visto ser um vínculo que liga uma pessoa a uma coisa, sendo também oponível *erga omnes*, há quem a entenda como fato e não como direito ou mesmo um direito obrigacional.

A presença singular do cônjuge no polo ativo das ações reais imobiliárias, sem a autorização conjugal, acarretará na incapacidade processual, isto é, na falta de pressuposto processual.

Deverá o juiz assinar prazo razoável ao autor para suprir a falha (art. 76 do CPC), sob pena de declarar nulo o processo e extingui-lo sem resolução do mérito (art. 485, IV).

Caso o juiz não observar, caberá ao réu, na primeira oportunidade, falar nos autos (preliminares da contestação), alegar tal fato impeditivo do autor (art.337, IX do CPC).

Por fim, devemos nos atentar para a aplicabilidade das regras do art. 73 às relações atinentes à União Estável no que for possível. Trata-se da dicção do §3º do art. 73, nos seguintes termos:

"Aplica-se o disposto neste artigo à união estável comprovada nos autos."

1.2.2 REPRESENTAÇÃO DAS PESSOAS JURÍDICAS E DAS PESSOAS FORMAIS

O art. 75 do CPC trata da representação das pessoas jurídicas (públicas e privadas) e das pessoas formais (massa falida, herança jacente, condomínio, espólio, etc.). Ressalte-se que tal representação não se trata de integração da capacidade, posto que as pessoas, em tela, gozam de capacidade processual ativa e passiva.

O CPC dispõe que serão representados em juízo, ativa e passivamente:

I- a União, pela Advocacia-Geral da União, diretamente ou mediante órgão vinculado;

II - o Estado e o Distrito Federal, por seus procuradores;

III - o Município, por seu prefeito ou procurador;

IV - a autarquia e a fundação de direito público, por quem a lei do ente federado designar;

V - a massa falida, pelo administrador judicial;

VI - a herança jacente ou vacante, por seu curador;

VII - o espólio, pelo inventariante;

VIII - a pessoa jurídica, por quem os respectivos atos constitutivos designarem ou, não havendo essa designação, por seus diretores;

IX - a sociedade e a associação irregulares e outros entes organizados sem personalidade jurídica, pela pessoa a quem couber a administração de seus bens;

X - a pessoa jurídica estrangeira, pelo gerente, representante ou administrador de sua filial, agência ou sucursal aberta ou instalada no Brasil;

XI - o condomínio, pelo administrador ou síndico.

Importante detalhe a se observar é com relação às pessoas jurídicas, no que se refere o art.75, VIII, havendo na sociedade a presença de filiais, devem ser observadas duas situações:

1ª) A citação do gerente dependerá de poderes especiais para tal ato, quando a ação versar sobre atos que não foram praticados pelo mesmo, não bastando a sua qualidade de gerente, sendo, por isso, indispensável ditos poderes (STF, RE n. 86.125, Rel. Min. Rodrigues Alckmin; STJ, REsp 35.198-8/SP, Rel. Min. Humberto Gomes de Barros, ac. 24.08.94, entre outros).

2ª) Quando a ação versar sobre atos praticados pelo gerente da filial, a sua citação será eficaz, mesmo que não seja titular de poderes específicos para tal ato, aplicando-se no caso o que dispõe o art. 242, § 1º, isto desde que, no próprio foro, não exista representante com os poderes citados.

Vale ainda citar que a massa do insolvente civil não consta do rol do art. 12, no entanto, sendo considerada massa patrimonial necessária (arts. 751, II, e 752 do CPC/1973), com a devida capacidade processual ativa e passiva, será representada por um administrador nomeado pelo juiz competente da execução civil (art. 766, II do CPC1973).Na verdade, trata-se de normas de autorizada aplicação do CPC/1973, no que se refere às execuções contra devedor insolvente, estas derrogadas com o advento do CPC/2015, mas que por força do art. 1.052 do novel Código de Processo Civil, continuam vigentes, nos seguintes termos:

"*Até a edição de lei específica, as execuções contra devedor insolvente, em curso ou que venham a ser propostas, permanecem reguladas pelo Livro II, Título IV, da Lei no 5.869, de 11 de janeiro de 1973.*"

1.2.3 Curatela Especial

A lei processual estabelece que o juiz nomeará curador especial ao incapaz, se não possuir representante legal, ou se os interesses deste colidirem com os daquele enquanto durar a incapacidade bem como ao réu preso ou ao revel citado por edital ou com hora certa, enquanto não for constituído advogado (art. 72, I e II).

Vale destacar que a curatela especial também exercida pela Defensoria Pública, nos termos da lei (Parágrafo único do art. 72).

Cabe ao curador praticar os atos processuais, tudo em nome da curatela por ele exercida e que lhe concede poderes de representação da parte, todavia os poderes especiais referem-se à tutela processual, impossibilitando, com isto, atos de disposição, como no caso de transacionar em qualquer sentido. Seus honorários são pagos pelo Estado, podendo, inclusive, caso o representado venha ter sucesso na demanda, receber também honorários da parte contrária. Poderá produzir defesa por "negativa geral" (defesa não rebatida especificamente), não se presumindo como verdadeiros os fatos imputados ao representado incapaz ou ausente (art. 341, parágrafo único, do CPC).

1.2.4 SUCESSÃO DAS PARTES E DE SEUS PROCURADORES

- Sucessão das Partes:

Inicialmente, deve-se ressaltar que, de um modo geral, não se admite a sucessão de partes no ordenamento processual civil pátrio. Com efeito, o CPC em seu art. 108 é bem claro a esse respeito, assim dispondo que no "*curso do processo, somente é lícita a sucessão voluntária das partes nos casos expressos em lei.*"

Em duas situações, entretanto, admitem-se exceções quanto a tal regra geral:

1ª) Sucessão *inter vivos*:

De acordo com o art. 108, só se permite a sucessão voluntária das partes quando a lei assim permitir. Neste sentido, quando o bem litigioso for alienado a título particular, por ato entre vivos, no decorrer do processo (como, por exemplo, através de contrato), não se altera a legitimidade das partes (art. 109, *caput*).

Não poderá, assim, o adquirente do bem litigioso ingressar em juízo, sucedendo o alienante ou cedente, ao menos que a parte contrária venha a consentir (art. 109, § 1º). Poderá, contudo, dito adquirente intervir no processo como assistente litisconsorcial do alienante ou cedente (art. 109, § 2º).

Havendo ou não consentimento da parte contrária quanto à sucessão da parte alienante do bem litigioso, a sentença estenderá seus efeitos tanto ao já citado alienante ou cedente quanto ao adquirente do aludido bem.

Para ilustrar, tomemos o seguinte exemplo: o autor "A" ajuíza uma ação em face de "B" (réu) para que seja discutida a propriedade de um bem. No decorrer do processo, "B" vende o bem litigioso para "C". Para que este possa ingressar na demanda substituindo "B", "A" deverá anuir com tal sucessão. De outra forma, sem a anuência de "A", o adquirente do bem, "C", poderá somente intervir no processo na condição de assistente litisconsorcial de "B". A lei estabelece que "a sentença proferida entre as partes originárias, estende os seus efeitos ao adquirente ou ao cessionário" (art.109, § 3º), o que vale dizer que, mesmo não ocorrendo a sucessão da parte com a saída do alienante e o respectivo ingresso do adquirente no processo, os efeitos da sentença a este se estenderá.

2ª) Sucessão *causa mortis*:

Ocorre, e de maneira obrigatória, a sucessão processual quando da morte de qualquer das partes, pois que a relação processual não pode prosseguir desta forma.

A substituição *causa mortis* dar-se-á pelo espólio (representado pelo inventariante) ou pelos sucessores do falecido (art. 110), entretanto deverá o juiz suspender o processo (art.313, I, § 1º, do CPC) após a comprovação do falecimento da parte e sem prazo determinado, até que os sucessores, incluindo o inventariante, se habilitem conforme o procedimento (arts. 687 a 692 do CPC), a fim de se evitar a extinção do processo sem a resolução do mérito (art. 485, II, do CPC).

Por outro lado, não ajuizada ação de habilitação, o magistrado, ao tomar conhecimento da morte, determinará a suspensão do processo, observando-se o que se segue (§2º do art. 313):

a) falecido o réu, ordenará a intimação do autor para que este que promova a citação do respectivo espólio, de quem for o sucessor ou, se for o caso, dos herdeiros, no prazo que designar, sendo este de, no mínimo, 2 (dois) e máximo de 6 (seis) meses;

b) falecido o autor e sendo transmissível o direito em litígio, determinará a intimação de seu espólio, de quem for o sucessor ou, se for o caso, dos herdeiros, pelos meios de divulgação que reputar mais adequados, para que manifestem interesse na sucessão processual e promovam a respectiva habilitação no prazo designado, sob pena de extinção do processo sem resolução de mérito.

Por fim, em se tratando de direitos intransmissíveis (divórcio, alimentos, separação etc.), a morte da parte ocasionará, impreterivelmente, a extinção do processo sem o julgamento do mérito (art. 485, IX, do CPC).

- Sucessão dos Procuradores:

A sucessão do procurador de qualquer das partes se dá pela atitude volitiva da parte ou mesmo por ato de renúncia do próprio advogado militante na demanda.

Por iniciativa da parte, caso a mesma venha a revogar o mandado concedido ao seu advogado deverá ela constituir, no mesmo ato, outro profissional que assuma o patrocínio da causa, conforme reza do art. 111.

Uma vez não sendo constituído novo procurador no prazo de 15 (quinze) dias da revogação do mandado, observar-se-á o disposto no art. 76, este que assim declara:

I - o processo será extinto, se a providência couber ao autor;

II - o réu será considerado revel, se a providência lhe couber;

III - o terceiro será considerado revel ou excluído do processo, dependendo do polo em que se encontre.

De outra banda, em sendo o advogado o renunciante do mandado a ele conferido, poderá renunciá-lo a qualquer tempo, desde que comprove a comunicação de dito ato por qualquer meio idôneo autorizado pelo CPC, ao mandante, a fim de que este possa nomear um sucessor para a continuidade no processo (art. 112, *caput*).

Vale dizer ainda que será a supracitada comunicação dispensada quando a procuração tiver sido outorgada a vários advogados e a parte continuar a ser representada por quaisquer destes, não obstante a referida renúncia de apenas um deles.

Mesmo com a renúncia, continuará o advogado renunciante representando o mandante pelos 10 (dez) dias subsequentes à revogação, tudo para fins de evitar qualquer prejuízo ao seu cliente, conforme dicção do §1º do art.112.

1.2.5 INCAPACIDADE PROCESSUAL E A IRREGULARIDADE DA REPRESENTAÇÃO

Deve o juiz verificar, de ofício, a incapacidade processual ou a irregularidade da representação da parte no processo, visto tratar-se de pressupostos relacionados à perfeita validade da relação processual (art. 485, IV, § 3º, do CPC). Após verificar tal vício, o juiz suspenderá o processo no prazo máximo de 30 dias, já expressos no art. 352do CPC por analogia, com o objetivo de sanear o vício supracitado. Não sendo sanado o vício processual no prazo concedido, tomará o juiz as atitudes contidas no CPC, art. 76.

Assim,

> *§ 1º Descumprida a determinação, caso o processo esteja na instância originária:*
>
> *I - o processo será extinto, se a providência couber ao autor;*
>
> *II - o réu será considerado revel, se a providência lhe couber;*
>
> *III - o terceiro será considerado revel ou excluído do processo, dependendo do polo em que se encontre.*

No mesmo sentido, coube ao legislador do CPC/2015 estender a regulação de tal questão e seus efeitos em sede dos tribunais, nos seguintes termos:

> *§ 2º Descumprida a determinação em fase recursal perante tribunal de justiça, tribunal regional federal ou tribunal superior, o relator:*
>
> *I - não conhecerá do recurso, se a providência couber ao recorrente;*
>
> *II - determinará o desentranhamento das contrarrazões, se a providência couber ao recorrido.*

1.3 SUBSTITUIÇÃO PROCESSUAL

Conforme preceitua o art. 18 e como regra geral, ninguém poderá pleitear direito alheio em nome próprio, ressaltando o que o próprio artigo citado diz, salvo quando autorizado pelo ordenamento jurídico, este, nota-se, em sentido amplo.[5]

Nestes termos, o próprio ordenamento, diante de casos excepcionais, concede a devida autorização para que pessoa estranha à relação jurídica proponha a ação.

A tal situação dá-se o nome de substituição processual, legitimação extraordinária ou anômala.

---

5. A redação do CPC/2015 regula a substituição processual nos mesmos termos, em seu art. 18, esclarecendo ainda no parágrafo único do presente artigo que, havendo substituição processual, o substituído poderá intervir como assistente litisconsorcial.

Hipóteses de substituição processual são verificadas, dentre outras, na ação civil pública (Lei n. 7.347/88), no mandado de segurança coletivo (art. 5º, LXX, da CF/88), na ação popular (art. 5º, LXIII, da CF/88), bem como na ação de investigação de paternidade regulada pela Lei n. 8.560/92:

- ação civil pública: o MP, bem como a União, Estados, Municípios e outras pessoas elencadas no art. 5º da Lei n. 7.347/85, poderão propor em nome próprio ação visando à tutela dos direitos relativos ao consumidor, ao meio ambiente, a bens de valor artístico, histórico, estético, turístico e paisagístico;

- mandado de segurança coletivo: a CF em seu art. 5º, inciso LXX, concede legitimidade processual a partidos políticos com representação no Congresso Nacional e à organização sindical, bem como à entidade de classe ou associação legalmente constituída e em funcionamento a, pelo menos, um ano, para defender interesse de seus membros e associados;

- ação popular: qualquer cidadão, de acordo com o art. 5º, inciso LXXIII, da CF, é parte legítima para propor ação popular que vise anular ato lesivo ao patrimônio público ou de entidade de que o Estado participe, à moralidade administrativa, ao meio ambiente e ao patrimônio histórico e cultural;

- ação de investigação de paternidade (Lei n. 8.560/92): o MP é pessoa legítima para propor a presente ação que cuida da investigação da paternidade de filhos concebidos fora do casamento.

Ponto importante traz o parágrafo único do art. 18, ao frisar que havendo substituição processual, o substituído poderá intervir como assistente litisconsorcial, o que, certamente, o coloca como de interesse na influência sobre os destinos da demanda.

Resta pontuar que não se confunde substituto processual com representante processual.

O substituto processual, como já visto, age em nome próprio sobre direito alheio e, portanto, a parte será o substituto (ex.: o MP na ação civil pública); já o representante age no processo em nome do representado, neste caso o representante não é considerado parte (ex.: o filho sendo representado pela mãe em uma ação de alimentos; o menor será a parte).

Substituto processual	É parte.	Age e defende em nome próprio o interesse do substituído.
Representante	Não é parte; parte é o representado.	Age e defende em nome alheio o interesse alheio.

Também oportuno destacar a diferença entre substituto processual e sucessor processual.

No primeiro caso, já se viu que o direito que se defende pertence a outrem; o sucessor processual, no entanto, ao ser admitido no processo irá defender direito próprio.

1.4 DOS DEVERES DOS PARTÍCIPES NO PROCESSO

O Código de Processo Civil pátrio estabelece, no art.77, deveres inerentes às partes e a de todos aqueles que, de qualquer forma, participam do processo. *In verbis*:

> *I- expor os fatos em juízo conforme a verdade;*
>
> *II - não formular pretensão ou de apresentar defesa quando cientes de que são destituídas de fundamento;*
>
> *III - não produzir provas e não praticar atos inúteis ou desnecessários à declaração ou à defesa do direito;*
>
> *IV - cumprir com exatidão as decisões jurisdicionais, de natureza provisória ou final, e não criar embaraços à sua efetivação;*
>
> *V - declinar, no primeiro momento que lhes couber falar nos autos, o endereço residencial ou profissional onde receberão intimações, atualizando essa informação sempre que ocorrer qualquer modificação temporária ou definitiva;*
>
> *VI - não praticar inovação ilegal no estado de fato de bem ou direito litigioso.*

Nota-se, inegavelmente, a incidência do princípio de probidade processual encarnado em tal dispositivo. Nisto, não se pode perder de mira que o Processo Civil se pauta pela necessidade de observância do elemento ético da "probidade", e daí que procurando difundi-lo para toda marcha processual, busca-se atender ao dever de comportamento leal e de boa-fé[6], fiel à verdade dos fatos, sem abusar de faculdades ou poderes, por parte de todos os partícipes da demanda em amplo sentido (partes, procuradores, serventuários, terceiros, testemunhas, Fazenda Pública,[7] Ministério Público e mesmo o próprio juiz). Procura-se, na mesma toada, fortalecer a cooperação de todos para uma pres-

6. Sobre a natureza da boa-fé processual, bem aponta Jaime Greif que *"el caso que El hecho de entarblarse entre dos partes de uma relación procesal pone de cargo de los litigantes uma obligación especial más concreta que el deber genérico de no dañar a otros (neminem laedere). Existe um deber genérico de comportarse com La diligencia de um buen padre de família. Este deber se tiene respecto de todos"*.(El abuso del Derecho y la Responsabilidad Civil emergente em el Derecho Uruguayo. *In*: MOREIRA, José Carlos Barbosa (Coord.) *Abuso dos Direitos Processuais*. Rio de Janeiro: Forense, 2000, p.157).

7. "O atraso do Precatório, para ser considerado atentatório à dignidade da jurisdição (CPC, art. 14, V, § único), exige conduta subjetiva maliciosa, ardil ou vil." (STJ. 1ª T. REsp 980.134. Rel. Min. Luiz Fux. Julg. 25.8.09, *DJ* 21.9.09).

tação jurisdicional qualitativa e efetiva, pressupostos desejáveis à oferta do serviço público da justiça.[8]

No que toca aos incisos IV e VI, coube ao legislador tecer regramentos com inteira referência a ambos.

De início, o §1º do art. 77 frisa que, em ambos os incisos, o juiz advertirá qualquer das pessoas mencionadas no *caput* de que sua conduta poderá ser punida como ato atentatório à dignidade da justiça.

No inciso IV, nota-se a preocupação com o dever de cumprimento exato com as determinações judiciais, seja ela provisória ou final, daí que, ante a ausência de cumprimento ou mesmo a criação de embaraços à efetivação e execução de ditas determinações, caracterizado estará o ato atentatório ao exercício da jurisdição. Da mesma forma está o inciso VI, ao asseverar a proibição da prática de inovação ilegal no estado de fato de bem ou direito litigioso, questão típica que ensejaria a figura do "atentado".

Uma vez reconhecida violação caracterizadora do inciso VI, o magistrado determinará o restabelecimento do estado anterior do bem ou do direito litigioso, podendo ainda proibir a parte responsável pelo ato praticado, de falar nos autos até a purgação do atentado, sem prejuízo da aplicação das sanções do § 2º (§6º do art. 77), estas que enfrentamos a seguir.

Ambos as hipóteses dos incisos IV e VI recebem importantes formas de sanção tal qual estabelece o §2º do art. 77, como se segue:

> *§ 2º A violação ao disposto nos incisos IV e VI constitui ato atentatório à dignidade da justiça, devendo o juiz, sem prejuízo das sanções criminais, civis e processuais cabíveis, aplicar ao responsável multa de até vinte por cento do valor da causa, de acordo com a gravidade da conduta.*

Observa-se que quem atenta contra o exercício da jurisdição é, certamente, aquele que participa do processo, deixando de atender às ordens e preceitos jurisdicionais.

Nisto, trata-se de verdadeiro desacato à autoridade jurisdicional, como se observa em praxe no *contempt of court* do *common law*,[9] podendo o juiz, diante

---

8. Com relação a esta perspectiva de Cooperação Subjetiva ("Princípio da Cooperação"), mais precisamente, no direito luso, leciona Miguel Teixeira de Souza (*Estudos sobre o Novo Processo Civil.* 2 ed. Lisboa: Lex, 1997, p. 62), que "na condução e intervenção no processo, os magistrados, os mandatários judiciais e as próprias partes devem cooperar entre si, concorrendo para se obter, com brevidade e eficácia, a justa composição do litígio. Este importante princípio da cooperação destina-se a transformar o processo civil numa ' comunidade de trabalho ' e a responsabilizar a partes e o tribunal pelos seus resultados. Este dever de cooperação dirige-se quer às partes, quer ao tribunal, pelo que importa algumas consequências quanto à posição processual das partes perante o tribunal, deste órgão perante aquelas e entre todos os sujeitos processuais em comum."

9. Sobre o assunto, ver dentre outros, o nosso *Tutela Específica das Obrigações de Fazer*. 5 ed. Curitiba: Juruá, 2012; BORRIE, Gordon. LOWE, Nigel. *The law of contempt of court.* Londres: Butterworths, 1973; GOLDFARB, Ronald L. *The contempt of court.* Nova Iorque: Columbia University

de dita ocorrência, aplicar ao responsável[10] multa em montante a ser fixado de acordo com a gravidade da conduta e não superior a vinte (20) por cento do valor da causa.

De certo que a decisão que condenar o partícipe infrator deverá ser devidamente fundamentada, facultando ao condenado impetrar o respectivo recurso de Agravo, se por meio de decisão interlocutória fora ela prolatada; caso seja proferida em sentença, cabível será o recurso da Apelação.

Caso o condenado ao pagamento da supracitada multa não cumprir com a obrigação pecuniária, uma vez transitada em julgado, será ela inscrita, conforme o caso, em divida ativa da União ou do Estado e observará o procedimento da execução fiscal, revertendo-se aludida multa aos fundos previstos no art. 97.[11]

Insta destacar que a presente multa estabelecida pelo §2º supra poderá ser fixada independentemente da incidência daquelas previstas nos arts. 523, §1º (cumprimento de sentença relativa à obrigação por quantia certa) e 536, §1º (cumprimento da sentença em obrigações de fazer, não fazer ou entregar).

Ainda em sede de multa, quando o valor da causa for irrisório ou inestimável, a digitada multa prevista no § 2º poderá ser fixada em até 10 (dez) vezes o valor do salário-mínimo (§5º do art. 77).

Dois pontos ainda são importantes para a *questio* em tela:

O primeiro, relativo aos advogados públicos ou privados e aos membros da Defensoria Pública e do Ministério Público não se aplica o disposto nos §§ 2º a 5º, devendo eventual responsabilidade disciplinar ser apurada pelo respectivo órgão de classe ou corregedoria, ao qual o juiz oficiará, *ex vi* do §6º do art. 77.

Aliás, conforme já assinalávamos em edição anterior, ainda sob o manto do CPC/1973, o Supremo Tribunal Federal já assim se posicionava, entendendo que ditas categorias não eram passíveis de reprimenda pela via do desacato à Corte, respondendo apenas perante os seus órgãos de classe (STF, Pleno, ADI 2.652/DF, Rel. Min. Maurício Corrêa, j. 08.5.2003, GJ 14.11.2003).

O CPC/2015 ainda bem expressa no §8º do art. 77 que o representante judicial da parte não pode ser compelido a cumprir decisão em seu lugar.

Press,1963; ASSIS, Araken de. O contempt of court no direito brasileiro. Disponível em: *http://www.abdpc.org.br/abdpc/artigos/Araken%20de%20Assis(4)%20-%20formatado.pdf.* Acesso em 25.11.2015; DINAMARCO, Cândido Rangel. *A reforma da reforma*. São Paulo: Malheiros, 2002.

10. "Mesmo pessoas que não são parte no processo podem ser condenadas ao pagamento da multa; basta que de alguma forma embaracem a efetivação de provimento judicial" (STJ. 1ª T. REsp. 757.895. Rel. Min. Denise Arruda. Julg. 2.4.09, *DJ* 04.5.09.)

11. "Art. 97. *A União e os Estados podem criar fundos de modernização do Poder Judiciário, aos quais serão revertidos os valores das sanções pecuniárias processuais destinadas à União e aos Estados, e outras verbas previstas em lei.*"

O segundo refere-se à dicção "sanções criminais", esta expressa no próprio §2º do art. 77do CPC. Notadamente, compete ao magistrado a imposição de determinada conduta, *in casu*, o cumprimento com exatidão de provimentos mandamentais solicitados, não criando, a quem quer que seja, embaraços à efetivação de provimentos judiciais, de natureza provisória ou final.

Assim, o descumprimento de mandado judicial equivale à desobediência ou resistência à ordem legal de autoridade pública, configurando-se em crimes tipificados nos arts. 329 e 330 do Código Penal.[12]

Neste ínterim, expressa Theodoro Júnior[13] que as penas de prisão, caso decorrentes do crime de desobediência, não podem ser aplicadas pelo juiz cível[14] diante do ato atentatório ao exercício da jurisdição, cabendo tão somente ao juiz criminal, em processo próprio, fazê-lo.

Sob tal entendimento, ao juiz cível cabe a aplicação da multa disciplinar do §2º do art. 77 do CPC. A cobrança, porém, conforme já lecionado, terá de ser feita pela Fazenda Pública por meio de executivo fiscal, isso caso não haja o cumprimento voluntário da parte punida com a sanção pecuniária.

Por outro lado, agora sob o conteúdo formal, é defeso às partes, a seus procuradores, aos juízes, aos membros do Ministério Público e da Defensoria Pública e a qualquer pessoa que participe do processo empregar expressões ofensivas nos escritos apresentados.

Uma vez presente tal atitude, ainda que de diferentes formas, teremos as seguintes atitudes do órgão judicial:

> *§ 1º Quando expressões ou condutas ofensivas forem manifestadas oral ou presencialmente, o juiz advertirá o ofensor de que não as deve usar ou repetir, sob pena de lhe ser cassada a palavra.*
>
> *§ 2º De ofício ou a requerimento do ofendido, o juiz determinará que as expressões ofensivas sejam riscadas e, a requerimento do ofendido, determinará a expedição de certidão com inteiro teor das expressões ofensivas e a colocará à disposição da parte interessada.*

---

12. Tem o STJ rechaçado a ideia de possibilitar a incidência do crime de desobediência em questões que envolvem o descumprimento de obrigação de fazer, o que, smj., entendermos não ser a hipótese em tela:
"1. Manifestamente ilegal a decretação ou a ameaça de decretação de prisão por crime de desobediência nos autos de processo civil como forma de coagir a parte ao cumprimento de obrigação, ressalvada a obrigação de natureza alimentar. 2. Precedentes específicos do STJ. 3. 'HABEAS CORPUS' CONCEDIDO DE OFÍCIO, PREJUDICADO O RECURSO ORDINÁRIO." STJ. 3ª T. RHC nº 35.253/RJ (2012/0276083-4) Rel. Min. Paulo de Tarso Sanseverino. Julg. 05.03.2013, *DJe*. 26.03.2013.

13. THEODORO JÚNIOR, Humberto. *Curso de Direito Processual Civil*. Vol. I. 47 ed. Rio de Janeiro: Forense, 2007, p.97.

14. A respeito, proclamou a 5.ª Turma do STJ que no exercício da jurisdição cível, não tem o juiz poderes para expedir ordem de prisão fora da hipótese de devedor de alimentos (CF, art. 5.°, LXVII). Em tal hipótese, fundado no art. 40 do CPP, incumbe ao juiz ofendido na sua jurisdição requisitar ao Ministério Público o início da ação penal. ASSIS, Araken de. Ob. cit. p.17.

1.5 DA RESPONSABILIDADE DAS PARTES POR DANO PROCESSUAL

Com toda razão, bem esclarece COMOGLIO[15] que as garantias decorrentes do devido processo legal se referem não apenas ao direito a um processo, mas a um justo processo, compreendendo a correção e efetividade dos instrumentos disponíveis em juízo e a efetividade e adequação da própria tutela final.[16]

O que se quer dizer com isso é que não basta a existência de regras que reconhecem e balizam os ditames para a consecução do devido processo legal, mas muito mais que isso! A garantia de participação e controle das atividades dos atores processuais se faz fundamental para que se conquiste a razão prática de um processo tido como justo.

Para tanto, necessário se faz a edificação de balizas voltadas ao controle do comportamento das partes no âmbito da marcha procedimental, de modo a que não seja possível abusar deste instrumento processual e manejá-lo como chicana, estabelecendo práticas voltadas à não consecução qualitativa da prestação jurisdicional necessária.

Nestes termos, têm-se aqui um conjunto de dispositivos (arts. 79, 80 e 81) que permitem disciplinar a matéria relativa à responsabilidade das partes por dano processual.

No art. 79 é ditado que responderá por perdas e danos aquele que litigar de má-fé como autor, réu ou interveniente.

Têm-se aí o elemento da má-fé processual como indicativo da atitude realizada.

A má-fé processual corresponde ao abuso dos direitos de ação, de defesa bem como de uma generalidade de atos processuais pelos atores processuais. Consubstancia-se na ação ou omissão deliberada da parte ou terceiro interveniente que, abusando do seu direito processual, tem o intuito de prejudicar sujeito processual que ocupe posição contraposta bem como o ordeiro andamento da marcha procedimental, tendo consciência do injusto e falta de razão.

De acordo com o art.80, são traduzidos pelo legislador como atitudes caracterizadoras de litigância de má-fé processual, aquele que:

> *I - deduzir pretensão ou defesa contra texto expresso de lei ou fato incontroverso;*
>
> *II - alterar a verdade dos fatos;*
>
> *III - usar do processo para conseguir objetivo ilegal;*
>
> *IV - opuser resistência injustificada ao andamento do processo;*

---

15. COMOGLIO, Luigi Paolo. *La garanzia constituzionale dell'azione ed il processo civile.* Padova: CEDAM,1970, p. 97-360.

16. COMOGLIO, Luigi Paolo. Giuridizione e processo nel quadro delle garanzie constituzionali, *Rivista Trimestrale di Diritto e Procedura Civile* 12/94, ano XLVIII, n.4, Milano: Giuffrè, p. 1070.

V - proceder de modo temerário em qualquer incidente ou ato do processo;

VI - provocar incidente manifestamente infundado;

VII - interpuser recurso com intuito manifestamente protelatório.

É evidente e mesmo intuitivo que se tratam de situações hipotéticas decorrentes de uma má-fé subjetiva, onde a comprovação da má-fé processual exige antes de tudo, o respeito ao devido processo para a sua apuração, nisso incluindo a necessidade de se oportunizar o contraditório ao suposto ator processual que possivelmente está incidindo em tal prática (*v.g.*, reclamante, reclamado, testemunhas), construção de elementos probatórios para a justificativa de sua incidência, sobretudo, nas situações hipotéticas aos incisos II e III, e evidentemente decisão motivada e fundamentada justificadora da comprovada conduta e decorrente condenação pela prática de litigância de má-fé processual.

Uma vez comprovada a litigância de má-fé, a consequência para o causador será de ordem dupla, ou seja, o magistrado, de ofício ou a requerimento, condenará o mesmo a pagar multa, que deverá ser superior a 1% (um por cento) e inferior a 10% (dez por cento) do valor corrigido da causa, além de indenizar a parte contrária pelos prejuízos que esta sofreu e ainda arcar com os honorários advocatícios bem como com todas as despesas que o prejudicado suportou.

Em caso de pluralidade de litigantes de má-fé, caberá ao órgão julgador condenar cada um na proporção de seu respectivo interesse na causa ou solidariamente quanto aqueles que se coligaram de lesar a parte *ex adversa*.

Em termos de *quantum* relativo à multa a ser aplicada em casos onde o valor da causa for irrisório ou inestimável, dita multa poderá ser fixada em até 10 (dez) vezes o valor do salário mínimo (§2º do art. 81).

Expressa ainda o § 3º do art. 81 que o valor da indenização será fixado pelo juízo ou, caso não seja possível mensurá-lo, será ele liquidado por arbitramento ou pelo procedimento comum, nos próprios autos.[17]

Resta ainda pontuar que, diante do "interveniente" expresso no art. 79 seria possível abarcar por extensão, a figura do advogado como um litigante de má-fé em solidariedade com seu cliente.

---

17. Interessante notar que neste interim, em sede de Justiça do Trabalho, a testemunha não ficará imune de tal hipótese, sendo-lhe aplicada a multa prevista no art. 793-C quando a mesma intencionalmente alterar a verdade dos fatos ou omitir fatos essenciais ao julgamento da causa, cabendo a execução da multa nos próprios autos.
Trata-se de uma importante novidade na lei processual laboral, inclusive decorrente do que se tem em vários ordenamentos pelo mundo, na esteira do *contemp of court*, ou seja, desrespeito para com o direito e a corte, este que no Brasil fora introduzido pela Lei n.10.358,de 27.12.2001, dando origem ao art. 14 do CPC/73, e hoje correspondente ao art. 77 do CPC/2015.

Contudo, expressa o artigo 32 da Lei n. 8.906/94 que em caso de demanda temerária será o advogado responsável solidário com seu cliente, isso desde que coligado com este para lesar a parte contrária, sendo tal questão apurada em ação própria.

Observa-se, entretanto, que aludido dispositivo determina que condenação do advogado por dolo ou culpa no exercício profissional se dará em ação própria e não incidentalmente no âmbito de uma reclamação trabalhista, entendimento que parece ser o mais razoável.[18]

Por fim, insta ressaltar ainda que a litigância de má independe do resultado da demanda, i.e., mesmo no caso de o litigante de má-fé venha a se tornar vencedor na ação, uma vez comprovada a sua litigância de má-fé, caberá ao mesmo arcar com a multa e eventuais prejuízos experimentados pela outra parte.

---

18. Nestes termos, ainda que em seara trabalhista, vale a pena acostar específico acórdão do TST sobre o tema:
"AGRAVO DE INSTRUMENTO EM RECURSO DE REVISTA. EMBARGOS DE DECLARAÇÃO PROTELATÓRIOS. APLICAÇÃO DE MULTA POR LITIGÂNCIA DE MÁ-FÉ. RESPONSABILIDADE SOLIDÁRIA DOS ADVOGADOS. Em face da caracterização de violação do art. 5º, LV, da CF em relação à condenação imposta ao reclamante e de dissenso pretoriano quanto à questão da responsabilização solidária dos advogados, dá-se provimento ao agravo de instrumento para determinar o prosseguimento do recurso de revista. Agravo de instrumento conhecido e provido. B) RECURSO DE REVISTA. 1. PRELIMINAR DE NULIDADE DO ACÓRDÃO REGIONAL POR NEGATIVA DE PRESTAÇÃO JURISDICIONAL . A hipótese não é de negativa de prestação jurisdicional, pois efetivamente não havia omissão a ser sanada. De fato, o não conhecimento do recurso fundamentou-se na aplicação da OJ 120 da SDI-1 do TST. Não obstante, registra-se que, no tocante às matérias jurídicas, a simples oposição de embargos de declaração ao acórdão do Tribunal Regional supre a exigência do prequestionamento, nos termos da Súmula 297, II e III, desta Corte Superior. A questão da condenação solidária ao pagamento de multa equivalente a 20% do valor atribuído à causa, com fundamento no parágrafo único do art. 14 do CPC, também não caracteriza negativa de prestação jurisdicional. Estão ilesos, portanto, os artigos 832 da CLT, 458 do CPC e 93, IX, da CF. Recurso de revista não conhecido. 2. EMBARGOS DE DECLARAÇÃO PROTELATÓRIOS. APLICAÇÃO DE MULTA POR LITIGÂNCIA DE MÁ-FÉ. RESPONSABILIDADE SOLIDÁRIA DOS ADVOGADOS. A simples oposição de embargos de declaração protelatórios não caracteriza, por si só, litigância de má-fé a atrair a penalidade prevista no parágrafo único do art. 14 do CPC, pois a cominação correspondente reside no parágrafo único do art. 538 do CPC e, ainda, porque essa circunstância não evidencia a to atentatório ao exercício da jurisdição. Ademais, a previsão expressa no parágrafo único do art. 32 da Lei nº 8.906/94 é que a conduta temerária do advogado em juízo deve ser apurada em ação própria. Em se tratando, pois, de matéria que conta com regência específica, não cabe ao juízo a imposição, de imediato, ao profissional do Direito que protagoniza litigância temerária, da responsabilidade pelo pagamento da multa correspondente. Recurso de revista conhecido e provido. 3. RECURSO ORDINÁRIO SEM ASSINATURA. Estando a decisão regional fundada na OJ 120 da SDI-1 do TST, incide o óbice da Súmula 333 desta Corte ao caso. Recurso de revista não conhecido. (TST. 8ª Turma. RR: 19323520105020020 1932-35.2010.5.02.0020, Rel. Dora Maria da Costa, Data de Julgamento: 13.11.2013, Data de Publicação: DEJT 18.11.2013)."

2. ADVOGADOS

2.1 CAPACIDADE DE POSTULAÇÃO

A Constituição Federal de 1988 prescreve em seu art. 133 que: "o advogado é indispensável à administração da justiça, sendo inviolável por seus atos e manifestações no exercício da profissão, nos limites da lei." Com isto, pela primeira vez, a Constituição deu à advocacia uma estatura constitucional, institucionalizando-a no Capítulo IV do Título IV entre "As Funções Essenciais à Justiça". O mesmo foi reafirmado pelo Estatuto da Advocacia e a OAB (Lei n. 8.906/94), em seu art. 2º, § 3º.

Ao jurisdicionado, para postular em juízo, cabe a representação por advogado que, sendo o seu representante, será o titular do *ius postulandi*. O advogado se posta numa posição de relevo, de destaque, *sui generis*, peculiar dentro do processo, não se incluindo nem entre os sujeitos principais e nem entre os sujeitos secundários.

Em relação às atividades da advocacia, prescreve o Estatuto em seu art. 1º: "São atividades privativas da advocacia: I – a postulação a qualquer órgão do Poder Judiciário e aos Juizados Especiais; II – as atividades de consultoria, assessoria e direção jurídicas." Isto posto, nota-se que as atividades do advogado se desdobram em duas: a advocacia judicial e a extrajudicial. A primeira, de caráter contencioso (com ressalva relativa à jurisdição voluntária) e a última, eminentemente preventiva e de grande crescimento e importância nos últimos anos.

A postulação, ou seja, o ato de pedir ou exigir a prestação jurisdicional do Estado é promovida privativamente pelo advogado em nome de seu cliente.

Apesar de o Estatuto apontar a necessidade da participação do advogado para postular perante qualquer órgão do Poder Judiciário, o Supremo Tribunal Federal, na Ação Direta de Inconstitucionalidade n. 1.127-8, reconheceu a constitucionalidade do dispositivo (art. 1º), mas excluiu sua aplicação aos juizados especiais e à justiça do trabalho.

A presença do advogado em juízo é imprescindível para que se realize o contraditório plenamente, já que há exigência de conhecimentos técnicos e científicos especiais para se postular em juízo, por isto, o CPC estabelece no art. 36 que a parte será representada em juízo por advogado legalmente habilitado. Ser-lhe-á lícito, no entanto, postular em causa própria, quando tiver habilitação legal ou, não tendo, no caso de falta de advogado no lugar ou recusa ou impedimento dos que houver.

Garantindo a presença do advogado, mesmo nos casos em que a parte não tenha recursos para constituí-lo, é que o art. 5º, LXXIV, da Constituição Federal consagra como "direito público subjetivo" a assistência judiciária gratuita.

2.2 O MANDATO JUDICIAL

Tradicionalmente, diz-se que a advocacia é uma atividade privada, que os advogados são profissionais liberais e que se prendem aos clientes pelo vínculo contratual do mandato, combinado com locação de serviço; entretanto mais recentemente, entende-se que, tendo em vista a indispensabilidade da função do advogado no processo, possui a advocacia caráter público e as relações entre patrono e cliente são reguladas por contrato de direito público. Não resta dúvida de que o advogado representa em juízo interesses privados (os do seu cliente), porém, pela necessidade de sua presença no processo, participa de uma função pública. Pode-se, então, conciliar as duas correntes, entendendo, nestes termos, ser sua atividade "exercício privado de função pública e social."

Desta forma é que o mandato judicial constitui representação voluntária no que toca à sua outorga e escolha do advogado, mas representação legal no que diz respeito à sua necessidade e ao modo de exercê-la.

Segundo a melhor doutrina, na defesa judicial dos interesses do cliente, o advogado age com legítima parcialidade institucional. O encontro de parcialidades institucionais opostas constitui fator de equilíbrio e instrumento da imparcialidade do juiz. O Estatuto da Advocacia vem também confirmar tal afirmação no § 2º de seu art. 2º: *"No processo judicial, o advogado contribui, na postulação de decisão favorável ao seu constituinte, ao convencimento do julgador e seus atos constituem múnus público."*

2.3 DIREITOS E DEVERES ESPECÍFICOS

Ao exame do Estatuto da Ordem dos Advogados do Brasil, verifica-se que as prerrogativas do advogado perpassam por todo seu texto, não se atendo apenas no capítulo dos direitos: ausência de hierarquia entre magistrado e advogado; liberdade de exercício profissional; sigilo profissional; inviolabilidade do local e dos meios de exercício profissional; comunicação com cliente preso; prisão em flagrante do advogado; prisão em sala de Estado-Maior; direito de ingresso em órgãos judiciários e locais públicos; relação com o magistrado; sustentação oral nos tribunais; uso da palavra oral; esclarecimentos e reclamações; direito a exame de processos e documentos; desagravo público; retirada do recinto.

Vale ainda destacar aqui a edição da Lei n.13.793, de 03 de janeiro de 2019, esta que alterou as Leis ns. 8.906, de 4 de julho de 1994, 11.419, de 19 de dezembro de 2006, e 13.105, de 16 de março de 2015 (Código de Processo Civil), para fins de assegurar a advogados o exame e a obtenção de cópias de atos e documentos de processos e de procedimentos eletrônicos.

Nestes termos, no intuito de conceder acesso ao advogado, de conteúdo constante em autos eletrônicos, fora incluso ao art. 107 do CPC, o novato §5º, nos seguintes termos:

> *"Art. 107. O advogado tem direito a:*
>
> *I - examinar, em cartório de fórum e secretaria de tribunal, mesmo sem procuração, autos de qualquer processo, independentemente da*

> *fase de tramitação, assegurados a obtenção de cópias e o registro de anotações, salvo na hipótese de segredo de justiça, nas quais apenas o advogado constituído terá acesso aos autos;*
>
> *(...)*
>
> *§ 5º O disposto no inciso I do* caput *deste artigo aplica-se integralmente a processos eletrônicos."*

2.4 HONORÁRIOS ADVOCATÍCIOS

Digno de avanços no Código de Processo Civil de 2015, os honorários advocatícios receberam definições e alcances até então não abordados de forma similar em sede pátria, ainda que reconhecidos de forma pulverizada em diferentes julgados no âmbito do Poder Judiciário pátrio.

É de se ressaltar que, ao lado da contagem dos prazos processuais, estes estabelecidos no CPC em apenas dias úteis (*ex vi* do art. 217) e ainda das denominadas "férias forenses", representada pela necessária suspensão dos prazos em período compreendido entre os dias 20 de dezembro e 20 de janeiro de cada ano (art. 218), no tocante, particularmente à advocacia, os honorários ocupam importante destaque em sua normatização, a começar pela definição daqueles sucumbenciais, como se nota do art. 85, *caput* e §1º:

> *Art. 85. A sentença condenará o vencido a pagar honorários ao advogado do vencedor.*
>
> *§ 1º São devidos honorários advocatícios na reconvenção, no cumprimento de sentença, provisório ou definitivo, na execução, resistida ou não, e nos recursos interpostos, cumulativamente.*

Nota-se daí que os honorários sucumbenciais serão devidos de forma cumulativa:

a) na reconvenção;

b) no cumprimento de sentença, provisório ou definitivo;

c) na execução, resistida ou não;[19]

d) nos recursos interpostos.

Destaca-se a questão recursal como importante ponto em tal incidência sucumbencial, tendo em vista a ser o ambiente recursal protagonizador de

---

19. Em julgamento de recurso especial relatado pelo Ministro Mauro Campbell Marques (REsp 1520710), a Corte Especial do Superior Tribunal de Justiça (STJ) reafirmou, sob o rito dos recursos repetitivos, que é possível a cumulação da verba honorária fixada nos embargos à execução com aquela arbitrada na própria execução, proibida a compensação entre ambas. O julgamento do tema, cadastrado sob o número 587, fixou a seguinte tese:
"Os embargos do devedor são ação de conhecimento incidental à execução, razão por que os honorários advocatícios podem ser fixados em cada uma das duas ações, de forma relativamente autônoma, respeitando-se os limites de repercussão recíproca entre elas, desde que a cumulação da verba honorária não exceda o limite máximo previsto no parágrafo 3º do artigo 20 do CPC/1973."

excessivas contendas e, mesmo que muitas vezes necessárias e não procrastinatórias, funcionam como nova atividade do profissional, o que, certamente, resultará em esforços outros para a razão prática da atividade processual voltada ao êxito da pretensão mirada.

Quanto ao percentual de fixação do mesmo, será este de 10 a 20% sobre o valor da condenação, do proveito econômico obtido ou, não sendo possível mensurá-lo, sobre o valor atualizado da causa, atendidos ainda, os respectivos parâmetros pontuados pelo §2º do art. 85: o grau de zelo do profissional; o lugar de prestação do serviço; a natureza e a importância da causa e o trabalho realizado pelo advogado e o tempo exigido para o seu serviço.

Por outro lado, de acordo com o §3º do art. 85, nas ações as quais for parte a Fazenda Pública, seja na qualidade de autora ou ré, os limites serão fixados em cinco faixas distintas nos seguintes termos:

PERCENTUAL DE HONORÁRIOS	VALOR DA CONDENAÇÃO OU DO PROVEITO ECONÔMICO OBTIDO
10 a 20%	Até 200 salários mínimos
08 a 10%	Acima de 200 até 2.000 salários mínimos
05 a 08%	Acima de 2.000 até 20.000 salários mínimos
03 a 05%	Acima de 20.000 até 100.000 salários mínimos
01 a 03%	Acima de 100.000 salários mínimos

Insta destacar o que prevê o §5º do artigo em tela, o que terá efeito sobre o cálculo em questão:

> *§ 5º Quando, conforme o caso, a condenação contra a Fazenda Pública ou o benefício econômico obtido pelo vencedor ou o valor da causa for superior ao valor previsto no inciso I do § 3º, a fixação do percentual de honorários deve observar a faixa inicial e, naquilo que a exceder, a faixa subsequente, e assim sucessivamente.*

Assim, quando o valor da condenação ou do proveito econômico obtido ultrapassar 200 salários mínimos, representada pela primeira faixa no quadro supra, a fixação do percentual de honorários deve observar a faixa inicial e, naquilo que a exceder, a faixa subsequente e assim sucessivamente; portanto, caso haja, em exemplo, um valor de proveito econômico obtido da ordem de 3.000 salários mínimos, o juiz deverá utilizar os seguintes parâmetros para a fixação de honorários: 10-20% para 200 salários mínimos (primeira "faixa");

08-10% para 1.800 salários mínimos (segunda "faixa"); e 05-08% para os restantes 1.000 salários mínimos (terceira "faixa").

No que se refere à ação de indenização por ato ilícito contra pessoa, o percentual de honorários incidirá sobre a soma das prestações vencidas com mais doze prestações vincendas (§6º).

Já, nos casos de perda do objeto, os honorários serão devidos por quem deu causa ao processo (§7º).

Em verdade, os honorários advocatícios constituem direito do advogado com nítida natureza alimentar e isso foi reconhecido pelo legislador do novel *Codex* com os mesmos privilégios dos créditos oriundos da legislação do trabalho, sendo vedada a sua compensação em caso de sucumbência parcial. Nestes termos, pontifica o §14 do art. 85:

> *§ 14. Os honorários constituem direito do advogado e têm natureza alimentar, com os mesmos privilégios dos créditos oriundos da legislação do trabalho, sendo vedada a compensação em caso de sucumbência parcial.*

Poderá ainda o advogado requerer, nos termos do §15, que o pagamento dos honorários que lhe caibam seja efetuado em favor da sociedade de advogados que o mesmo integra na qualidade de sócio, aplicando-se ainda aí, e com acerto, à hipótese descrita no §14.

Outro conteúdo que não paira dúvidas se dá quanto ao direito do advogado perceber seus honorários ainda que atue em causa própria e, portanto, reconhecido pelo CPC/2015 este direito, conforme reza o §17 do art. 85.

Havendo decisão transitada em julgado onde conste lamentável omissão quanto ao regular direito aos honorários ou mesmo ao seu valor, cabível será respectiva a ação autônoma para fins de determinar a sua definição e cobrança, nos termos do art. 85, §18:

"§18. Caso a decisão transitada em julgado seja omissa quanto ao direito aos honorários ou ao seu valor, é cabível ação autônoma para sua definição e cobrança."

Novidade acarreada pelo novato Código se dá com relação aos advogados públicos, estes que, nos termos da lei, perceberão honorários de sucumbência, conforme garante o §19 do artigo em destaque.

Em se tratando de sucumbência recíproca, como notório cada litigante for, serão distribuídas proporcionalmente as despesas entre eles, *ex vi* do art. 85; entretanto, caso um litigante venha sucumbir em parte mínima do pedido, responderá o outro, por inteiro, quanto às despesas e honorários advocatícios.

Quanto á pluralidade de pessoas vencidas em um mesmo polo, o pagamento de honorários advocatícios está regulado nos seguintes pontos:

Art. 87. Concorrendo diversos autores ou diversos réus, os vencidos respondem proporcionalmente pelas despesas e pelos honorários.

§ 1º A sentença deverá distribuir entre os litisconsortes, de forma expressa, a responsabilidade proporcional pelo pagamento das verbas previstas no caput.

§ 2º Se a distribuição de que trata o § 1º não for feita, os vencidos responderão solidariamente pelas despesas e pelos honorários.

Estas são, portanto, as principais alterações no tocante aos honorários sucumbenciais no texto do CPC/2015.

2.5 GRATUIDADE DA JUSTIÇA

É considerada detentora do direito à gratuidade da justiça a pessoa natural[20] ou jurídica[21], brasileira ou estrangeira, com insuficiência de recursos para pagar as custas, as despesas processuais e os honorários advocatícios, conforme expressa o art. 98 do CPC.[22]

Para fins de gratuidade compreende-se, de acordo com o §1º do art. 98, os seguintes conteúdos:

I - as taxas ou as custas judiciais;

II - os selos postais;

III - as despesas com publicação na imprensa oficial, dispensando-se a publicação em outros meios;

IV - a indenização devida à testemunha que, quando empregada, receberá do empregador salário integral, como se em serviço estivesse;

V - as despesas com a realização de exame de código genético - DNA e de outros exames considerados essenciais;

VI - os honorários do advogado e do perito e a remuneração do intérprete ou do tradutor nomeado para apresentação de versão em português de documento redigido em língua estrangeira;

VII - o custo com a elaboração de memória de cálculo, quando exigida para instauração da execução;

---

20. Tratando-se de pessoa física, justiça gratuita deve ser concedida à vista da simples afirmação da parte, uma vez que goza ela de presunção juris tantum de veracidade (STJ. 5ºT. REsp 243.386/SP. Rel. Min. Félix Fischer. Julg. 16.03.2000, *DJ* 10.04.2000).
Por outro lado, havendo dúvidas fundadas, não bastará a simples declaração, devendo a parte comprovar sua necessidade (STJ. 3ºT. AgRg no AREsp 602.943/SP. Rel. Min. Moura Ribeiro, *DJe* 04.02.2015).

21. "Faz jus ao benefício da justiça gratuita a pessoa jurídica com ou sem fins lucrativos que demonstrar sua impossibilidade de arcar com encargos processuais" (Súmula n. 481 do STJ).

22. Enunciado n.113 do FPPC: "Na Justiça do Trabalho, o empregador pode ser beneficiário da gratuidade da justiça, na forma do art. 98."

> *VIII - os depósitos previstos em lei para interposição de recurso, para propositura de ação e para a prática de outros atos processuais inerentes ao exercício da ampla defesa e do contraditório;*
> *IX - os emolumentos devidos a notários ou registradores em decorrência da prática de registro, averbação ou qualquer outro ato notarial necessário à efetivação de decisão judicial ou à continuidade de processo judicial no qual o benefício tenha sido concedido.*

Não obstante a tal relação supra, a referida concessão de gratuidade não afasta a responsabilidade do beneficiário pelas despesas processuais e pelos honorários advocatícios quando decorrentes de sua sucumbência, bem como não afasta o dever de do mesmo pagar, ao final, as multas processuais que lhe sejam impostas.

Assim, uma vez vencido o beneficiário da gratuidade, as obrigações decorrentes de sua sucumbência ficarão sob condição suspensiva de exigibilidade e somente poderão ser executadas se, nos 5 (cinco) anos subsequentes ao trânsito em julgado da decisão que as certificou, o credor demonstrar que deixou de existir a situação de insuficiência de recursos que justificou a concessão de gratuidade, extinguindo-se, passado esse prazo, tais obrigações do beneficiário (§3º do art. 98).

Poderá a gratuidade ser concedida em relação a algum ou mesmo a todos os atos processuais, ou ainda consistir na redução percentual de despesas processuais que o beneficiário tiver de adiantar no decorrer do procedimento.

Cabe destacar que o magistrado, conforme o caso poderá conceder direito ao parcelamento de despesas processuais que o beneficiário tiver de adiantar no curso do procedimento, conforme regra o §6º do art. 98.

Na hipótese relativa aos emolumentos devidos a notários ou registradores em decorrência da prática de registro, averbação ou qualquer outro ato notarial necessário à efetivação de decisão judicial ou à continuidade de processo judicial no qual o benefício tenha sido concedido (inciso IX do §1º do art. 98), ocorrendo dúvida fundada quanto ao preenchimento atual dos pressupostos para a concessão de gratuidade, o notário ou registrador, após praticar o ato, pode requerer junto ao juízo competente para decidir questões notariais ou registrais, a revogação total ou parcial do benefício ou a sua substituição pelo parcelamento de que trata o já referido §6º do art. 98, sendo então o beneficiário será citado para, em 15 (quinze) dias, manifestar-se sobre esse requerimento (§8º do art. 98).

Com relação ao pedido de gratuidade de justiça poderá ser ele formulado tanto na petição inicial como também na contestação, na petição para ingresso de terceiro no processo ou mesmo em sede recursal (art. 99, *caput*).

Sendo o pedido realizado após a primeira manifestação em determinada instância, será ele realizado por petição simples nos próprios autos do processo, não suspendendo o curso da demanda.

Vale ainda destacar algumas considerações com relação ao pedido:

- Presume-se verdadeira a alegação de insuficiência deduzida exclusivamente por pessoa natural (§3º do art.99), gozando ela de presunção *juris tantum* de veracidade.[23]

- Caso requerida a concessão de gratuidade da justiça em recurso, estará o recorrente dispensado de comprovar o recolhimento do preparo, incumbindo, neste caso, ao relator, apreciar o respectivo requerimento e, sendo ele indeferido, fixar prazo para realização do aludido recolhimento, conforme reza o §7º do art. 99.

- A assistência do requerente por advogado particular não impede a concessão de gratuidade da justiça. No entanto, caso seja manejado recurso que verse exclusivamente sobre valor de honorários de sucumbência fixados em favor do advogado de beneficiário estará sujeito a preparo, salvo se o próprio advogado demonstrar que tem direito à gratuidade (§§4º e 5º do art. 99).

- A gratuidade da justiça é um direito pessoal, portanto, não se estende a litisconsorte ou a sucessor do beneficiário, salvo requerimento e deferimento expressos (§6º do art. 99).

Insta sublinhar que caberá ao magistrado somente indeferir o pedido de gratuidade quando nos autos existirem elementos que evidenciem a falta dos pressupostos legais para a tanto, devendo, antes de indeferir o pedido, determinar à parte a comprovação do preenchimento dos referidos pressupostos.

Uma vez deferido o pedido de gratuidade da justiça será facultada à parte contrária o oferecimento de impugnação na contestação, na réplica, nas contrarrazões de recurso ou, nos casos de pedido superveniente ou formulado por terceiro, tudo por meio de petição simples, esta a ser apresentada no prazo de 15 (quinze) dias, nos autos do próprio processo, sem suspensão de seu curso, com o bem dispõe o art. 100, *caput* do CPC.

Caso seja revogado o presente benefício, terá a parte até então beneficiária do mesmo arcar com as despesas processuais que tiver deixado de adiantar bem como pagará, em caso de comprovada má-fé, até o décuplo de seu valor a título de multa, esta que será revertida em benefício da Fazenda Pública estadual ou federal, podendo, inclusive ser inscrita em dívida ativa, em inteligência com o parágrafo único do art. 100.

Bem clara está a questão positiva pelo caput do art. 101, esta que expressa caber contra a decisão que venha a indeferir a gratuidade ou mesmo a que acolher pedido de sua revogação o recurso do agravo de instrumento, salvo quando a questão for resolvida em sede de sentença, onde então terá lugar o recurso da apelação. Neste caso, estará o recorrente dispensado do recolhimento de custas até decisão do relator sobre a questão, preliminarmente ao julgamento do recurso.

---

23. STJ. 5º T. REsp 243.386/SP. Rel. Min. Félix Fischer. Julg. 16.03.2000, *DJ* 10.04.2000.

De outro modo, confirmada a denegação ou a revogação da gratuidade, o relator ou o órgão colegiado determinará ao recorrente o devido recolhimento das custas processuais, no prazo de 5 (cinco) dias, sob pena de não conhecimento do recurso.

De forma a exigir o respectivo pagamento das custas, estabelece o art. 102 do CPC que, diante do trânsito em julgado de decisão que revoga a gratuidade da justiça, a parte deverá efetuar o recolhimento de todas as despesas de cujo adiantamento foi até então dispensada, inclusive as relativas ao recurso interposto, caso houver, no prazo fixado pelo juiz, sem prejuízo de aplicação das sanções previstas em lei.

Não cumprindo com a determinação supracitada, será o processo extinto sem resolução de mérito, tratando-se de ato que incumbe autor, e, nos demais casos, não poderá ser deferida a realização de nenhum ato ou diligência requerida pela parte enquanto não efetuado o necessário depósito.

3. LITISCONSÓRCIO

3.1 CONCEITO

Denomina-se litisconsórcio a ocorrência processual onde duas ou mais pessoas litigam em conjunto ativa e/ou passivamente, configurando uma pluralidade de partes em um ou em ambos os polos da relação processual. Litisconsórcio, portanto, significa consórcio na lide.

3.2 CLASSIFICAÇÃO

Pode o litisconsórcio ser classificado de diferentes formas:

a) Quanto à posição das partes

Poderá ser classificado em litisconsórcio ativo, passivo ou misto, conforme ocorra a pluralidade de pessoas, respectivamente, no polo ativo (autor), passivo (réu) ou em ambos os polos simultaneamente.

b) Quanto ao momento em que se estabelece a sua formação

O litisconsórcio, neste caso, poderá ser inicial ou incidental (ulterior). O litisconsórcio inicial forma-se na propositura da demanda e o incidental configura-se no decorrer do processo.

c) Quanto à obrigatoriedade da formação

Sob esse enfoque, teremos litisconsórcio necessário ou facultativo:

– litisconsórcio necessário: quando decorrer, conforme preceitua o art.114, de imposição normativa ou mesmo da real natureza da relação jurídica, situações estas que, obrigatoriamente, terá o autor da demanda que provocar a formação do litisconsórcio.

Neste sentido, tais são alguns dos casuísmos:

1º) Por imposição normativa: a lei determina que ambos os cônjuges devem ser citados para as ações que versem sobre direitos imobiliários; neste caso, haverá, obrigatoriamente, a formação de um litisconsórcio no polo passivo[24], *ex vi* do art.73, § 1º, do CPC ou ainda do art. 570 do CPC, onde, na ação de divisão e demarcação de terras particulares, os confinantes e os condôminos deverão ser citados, assim teremos a formação de um litisconsórcio imposto por lei no polo passivo.

2º) Pela real natureza da relação jurídica: um contrato estabelecido entre diversas pessoas (credores), havendo inadimplência do devedor, todos os credores deverão formar um litisconsórcio ativo, inicial e necessário.

– litisconsórcio facultativo: decorre a sua formação de provocação voluntária do autor da demanda subsidiado nos requisitos contidos no art.113, ou seja, o autor, diante das disposições contidas no dispositivo legal citado, pode ou não, por conveniência própria, provocar a relação litisconsorcial, não dependendo de qualquer aval do réu.

Exemplo: (art. 275, *caput*, do Código Civil) – trata da solidariedade passiva; o credor poderá exigir de um ou de alguns dos devedores a dívida comum, ou seja, é faculdade de o credor cobrar, em juízo, o que lhe é devido dos demais devedores ao mesmo tempo (ocorrerá um litisconsórcio facultativo, inicial e passivo), uma vez que a lei lhe confere o direito de cobrar todo o montante da dívida de um só devedor.

Não obstante, tal situação poderá o juiz, a pedido do réu, limitar o litisconsórcio facultativo quanto ao número de litigantes (art. 113, §1º), com o intuito de se evitar possível delonga na solução do litígio, bem como assegurar às partes igualdade de tratamento, além de prestar certa e devida economia processual.

d) Quanto à uniformidade da decisão (sentença)

Segundo esse critério, o litisconsórcio será simples ou unitário:

– simples: quando o conteúdo da sentença for diferente para todos os litisconsortes; por exemplo, vários credores (litisconsórcio ativo) com créditos distintos ingressam com uma ação face a um mesmo devedor. Neste caso, o conteúdo da sentença será diferente para cada litisconsorte, já que os valores devidos aos credores são também diferentes;

– unitário: quando a sentença tiver que ser proferida de forma idêntica para todos os litisconsortes que estejam no mesmo polo da relação processual; por exemplo, a sentença de anulação de casamento requerida pelo MP. Neste caso a sentença será a mesma para todos os litisconsortes.[25]

---

24. Lembrando-se neste caso, evidentemente, da incidência acerca do regime de bens, ante as normas heterotópicas, mais precisamente no que se refere a direitos reais imobiliários. Cf. item 1.2.1 deste capítulo.

25. Enunciado n.11 do FPPC: "O litisconsorte unitário, integrado ao processo a partir da fase instrutória, tem direito de especificar, pedir e produzir provas, sem prejuízo daquelas já produzidas, sobre as quais o interveniente tem o ônus de se manifestar na primeira oportunidade em que falar no processo."

Importante aqui pontuar que, ao contrário do equivocado texto do revogado art. 47 do CPC/1973, este que ligava a figura do litisconsórcio necessário à exigência de sentença uniforme (unitária)[26], o CPC/2015 colocou em termos corretos a incidência da figura litisconsorcial necessária sem qualquer vinculação com a uniformidade ou não do provimento final entre os litisconsortes, como se vê:

"Art. 114. O litisconsórcio será necessário por disposição de lei ou quando, pela natureza da relação jurídica controvertida, a eficácia da sentença depender da citação de todos que devam ser litisconsortes."

Assim, conforme já mostrávamos na edição anterior da presente obra, destacamos as possíveis formações de litisconsórcios necessários e facultativos quanto à uniformidade da sentença:

– necessário unitário: ex.: art. 1.549 do Código Civil: o MP ingressa com ação de anulação de casamento celebrado por juiz incompetente; neste caso, a sentença será a mesma para os litisconsortes;

– necessário simples: ex.: arts. 569 a 573 do CPC: nas ações divisórias e demarcatórias por lei, devem ser citados todos os confinantes, será litisconsórcio simples porque a sentença será diferente para cada um dos litisconsortes;

– facultativo unitário: ex.: art. 1.314, *caput*, do Código Civil: a lei permite que um único condômino ou que todos juntos defendam a propriedade, por isso, litisconsórcio facultativo e também unitário, porque a sentença deverá ser idêntica para todos os condôminos;

– facultativo simples: ex.: vários credores com créditos diferentes ingressam com uma ação em face de um mesmo devedor; é facultativo porque os credores podem ingressar com ação em separado e simples porque o conteúdo da sentença será diferente para cada um dos credores, pois os valores são diferentes.

3.3 LITISCONSÓRCIO FACULTATIVO E SEUS CASUÍSMOS LEGAIS

Disposição contida no art. 113 do CPC estabelece as hipóteses em que duas ou mais pessoas podem (é uma faculdade) litigar conjuntamente no mesmo processo, ativa ou passivamente. São elas:

– pela comunhão de direitos: (ex.: art. 1.314, *caput*, do Código Civil), trata do condomínio de terras indivisas; nessa hipótese, um ou vários condôminos podem defender a propriedade de uma invasão, é facultativa a formação de um litisconsórcio ativo, já que há previsão legal para que um único consorte possa reivindicar a propriedade de terceiro;

---

26. Sobre o assunto, ver o nosso *Instituições de Direito Processual Civil*. 2 ed. Belo Horizonte: Del Rey, 2013, p.125-126.

– pela comunhão de obrigações: (ex.: art. 275, *caput*, do Código Civil), trata da solidariedade passiva, caso em que o credor poderá cobrar a dívida toda de apenas um devedor ou cobrá-la de vários (ou de todos) os devedores de uma só vez; neste último caso, haverá a formação de um litisconsórcio passivo pela comunhão das obrigações contraídas pelos devedores;

– pela conexão entre o objeto ou causa de pedir: quando as pessoas visam ao mesmo objeto ou quando estão ligadas pelo mesmo fato (o ocorrido) e fundamentos jurídicos (o dano causado), como, por exemplo, numa situação em que vários moradores de uma determinada área pedem, conjuntamente, a demolição de um prédio que ameaça ruir; neste caso haverá uma conexão entre as causas já que todos visam ao mesmo objeto que é a demolição do prédio (ocorrerá a formação de um litisconsórcio ativo facultativo);

– pela afinidade de questões: por um ponto comum de fato ou de direito, por exemplo, uma invasão de gado pertencente a vários fazendeiros em uma propriedade, caso em que o proprietário do imóvel invadido poderá demandar face aos fazendeiros no mesmo processo (com a formação de um litisconsórcio passivo facultativo), já que existe afinidade por um ponto comum de fato que é a invasão; em outra situação, para citar um exemplo de questões cuja afinidade se dá por um ponto comum de direito, tem-se o caso em que vários empregados, cada um tendo participado de uma fase de determinada obra, ingressam juntos com uma ação para cobrar o pagamento a eles devido (formando um litisconsórcio ativo facultativo), cujo ponto comum de direito é que todos têm um contrato de trabalho com o empregador.

Obs.: Litisconsórcio multitudinário (art. art.113, §1º, do CPC).

Faculta a lei a possibilidade de desmembramento dos pedidos, em um processo, pelo juiz (concedido o contraditório substancial) ou a pedido do interessado. Tal possibilidade poderá se dar tanto na fase de conhecimento, na liquidação de sentença ou mesmo na execução, desde que comprometer a rápida solução do litígio ou dificultar a defesa ou o cumprimento da sentença.[27]

O §2º do art. 113 adverte que o requerimento de limitação interrompe o prazo para manifestação ou resposta, este que começará da intimação da decisão que o solucionar, seja esta de acolhimento ou de rejeição do pedido.

Certo é que cada caso particular indicará por si só a conveniência ou não do supracitado desmembramento. Assim, importante se faz observar pelo magistrado a ocorrência ou não de verdadeiro prejuízo à defesa do réu ou mesmo à impossibilidade de rápida solução do litígio, pois que também temos aí um interesse da própria jurisdição.[28]

27. Enunciado n.10 do FPPC: "Em caso de desmembramento do litisconsórcio multitudinário, a interrupção da prescrição retroagirá à data de propositura da demanda original."

28. Enunciado n.116 do FPPC: "Quando a formação do litisconsórcio multitudinário for prejudicial à defesa, o juiz poderá substituir a sua limitação pela ampliação de prazos, sem prejuízo da possibilidade de desmembramento na fase de cumprimento de sentença."

Nisso, temos em exemplo, a situação em que vários credores com títulos diferentes ajuízam uma ação em face de um único devedor. Por economia processual, todos os credores poderiam ingressar com ações conjuntamente, porém pode o juiz entender que a defesa do réu será prejudicada, por se tratar de credores diversos com valores e pedidos também diversos, ou seja, fatos e fundamentos jurídicos diferentes. Com isso, poderá o magistrado limitar o litisconsórcio facultativo, acostando em autos apensos cada litigante. Convém lembrar que os autores também podem pedir a limitação do litisconsórcio.

Do indeferimento do pedido caberá recurso do agravo de instrumento conforme assenta o art. 1.015, VIII do CPC.

3.4 LITISCONSÓRCIO NECESSÁRIO E A EFICÁCIA DA SENTENÇA

Oportuno que a relação litisconsorcial tenha sua formação realizada no início da relação jurídica processual.

Assim, observando o juiz a ocorrência de litisconsórcio necessário passivo na demanda, porém, ainda não integrado a ela, ordenará que o autor promova a citação de todos os litisconsortes necessários, *ex vi* do art. 115, parágrafo único, isso dentro de prazo que assinar (máximo de 30 dias, por analogia ao art. 351do CPC), sob pena de ser declarado extinto o processo.

Por outro lado, sendo ativo, o mesmo deverá ser citado para compor a relação jurídica processual, podendo vir ele a ingressar ou não na relação jurídica processual, visto que não se pode obrigar ninguém a demandar. Ingressando ou não formalmente no pólo ativo da relação processual, a sentença a ele se estenderá, visto que foi citado validamente, possibilitando, portanto, a sua integração à relação jurídica processual.

Nisso, em exemplo, sendo cônjuge, poderá o cônjuge autor, caso o outro cônjuge não venha aceitar ingressar no processo, obter o suprimento judicial da outorga do cônjuge não interessado, isto quando, por motivo justo, ocorra a impossibilidade de obtê-la, como, por exemplo, esteja o outro cônjuge em viagem.

Assim, o importante é que os litisconsortes necessários possam figurar na relação jurídica processual, seja em qual polo processual for exigido, sob pena de restar nula ou ineficaz a sentença proferida.

Coube ao CPC/2015, regular validade da sentença de mérito em relação à uniformidade ou não da decisão em sede de litisconsórcio necessário, i.e., dependendo ser ele necessário uniforme ou necessário simples e sua participação na demanda, tudo por meio da existência ou não da citação.

Expressa o art. 115, I e II:

> *Art. 115. A sentença de mérito, quando proferida sem a integração do contraditório, será:*

I - nula, se a decisão deveria ser uniforme em relação a todos que deveriam ter integrado o processo;

II - ineficaz, nos outros casos, apenas para os que não foram citados.

Nota-se que haverá diferença para os efeitos da sentença proferida em processo ao qual o litisconsorte necessário não foi integralizado.

Dito isso, tratando-se de litisconsórcio necessário-simples (exigência de formação da relação litisconsorcial com conteúdos da sentença de modo não uniforme para os litisconsortes), a sentença será ineficaz para aqueles que não participaram da relação jurídica processual, mas que deveriam ter participado na condição de litisconsórcio-simples, portanto, válida e eficaz para aqueles que dela participaram.

Já, quando da relação litisconsorcial-unitária (exigência de formação da relação litisconsorcial com conteúdos uniformes para todos os litisconsortes), a sentença será considerada nula, pois que todos os litisconsortes devem receber tratamento isonômico no plano do direito material. Daí, que a aludida sentença poderá ser impugnada por ação rescisória, com fundamento no art. 966, V.[29]

Neste último caso pensamos diferente. Em sendo a sentença proferida sem a participação de litisconsórcio necessário com sentença de índole unitária, isto é, de falha substancial na relação jurídica processual, inclusive ferindo isonomicamente as questões no plano material, tratar-se-á, verdadeiramente, de sentença inexistente, pois que não pode aquele que ficou de fora pela própria ausência de citação ou ainda, nulidade da mesma, ficar condicionado ao lapso temporal da ação rescisória para fins de enfrentar conteúdo que sequer teve a oportunidade de se manifestar, ferindo o básico preceito constitucional do contraditório e da ampla defesa, sendo-lhe podada a possibilidade de influir nos desígnios da sentença a ele imputada, isso a qualquer tempo! Contraditório substancial é muito mais do que o binômio informação-reação. Significa a possibilidade de influir no próprio destino da tutela jurisdicional a ser prolatada.

Trata-se, aí então, da possibilidade de manejo da ação de *querela nullitatis*, de manejo imprescritível, onde será possível enfrentar o digitado vício formal - de natureza grave!- que é a ausência de correta formação da relação jurídica processual entre aquele não citado e os partícipes da demanda ora extinta em seu mérito, não sendo razoável que depois de passados 2 (dois) anos de eventual não propositura da ação rescisória, possam os efeitos materiais da sentença proferida sem a participação imprescindível do litisconsorte necessário-unitário, tornarem imutáveis, diante do que, lamentavelmente acostou colocou o legislador no inciso I do supracitado art. 115, como sentença de natureza nula.[30]

---

29. No mesmo sentido, NERY JÚNIOR, Nelson; NERY, Rosa Maria Andrade. Ob. cit., p.526.

30. Colaciona-se aqui, jurisprudência firme a tempos no Supremo Tribunal Federal: "AÇÃO DECLARATORIA DE NULIDADE DE SENTENÇA POR SER NULA A CITAÇÃO DO RÉU REVEL NA AÇÃO EM QUE ELA FOI PROFERIDA. 1.PARA A HIPÓTESE PREVISTA NO ARTIGO 741, I, DO ATUAL CPC - QUE É A DA FALTA OU NULIDADE DE CITAÇÃO, HAVENDO REVELIA - PERSISTE, NO

No mesmo sentido, adverte Teresa Wambier *et al*[31] ao bem afirmar que

> sentenças de mérito proferidas nessas condições não têm aptidão material para transitar em julgado, ficando sujeitas à impugnação pela ação declaratória.
>
> A nosso ver, a ausência de citação de litisconsorte necessário é vício que equivale à ausência de citação. Afinal, o processo só se triangulariza se estiverem (ou se forem provocados a estar) ali todos aqueles cuja presença a lei considera necessária.

3.5 REGIME JURÍDICO DE CADA LITISCONSORTE NO PROCESSO (ARTS.117, 229, 391 E 1.005 DO CPC)

Consta no art. 117 do CPC que os "*litisconsortes serão considerados, em suas relações com a parte adversa, como litigantes distintos, exceto no litisconsórcio unitário, caso em que os atos e as omissões de um não prejudicarão os outros, mas os poderão beneficiar.*"

Tal preceito é colocado como regra geral, no entanto possui aplicação efetiva apenas quando se tratar de litisconsórcio simples, pois funciona como se fosse uma cumulação de ações onde haveria a possibilidade de diferentes soluções para cada um dos litisconsortes.

Com relação ao litisconsórcio unitário, tal preceito do art. 117 não lhe é aplicável, visto que a decisão, neste caso, deverá ser proferida de maneira uniforme e, portanto, os atos de um litisconsórcio unitário podem beneficiar os demais, no entanto as omissões de um não podem prejudicar os outros.

Sendo assim, em se tratando de litisconsórcio unitário, os atos benéficos se estendem a todos os litisconsortes, ao passo que os atos prejudiciais, não.

Vejamos, neste âmbito, algumas questões pertinentes às relações litisconsorciais:

– Quanto aos prazos

Acompanhando entendimento doutrinário sobre o tema, preceitua o *caput* do art. 229: "*Os litisconsortes que tiverem diferentes procuradores, de escritórios de advocacia distintos, terão prazos contados em dobro para todas*

DIREITO POSITIVO BRASILEIRO - A "QUERELA NULLITATIS", O QUE IMPLICA DIZER QUE A NULIDADE DA SENTENÇA, NESSE CASO, PODE SER DECLARADA EM AÇÃO DECLARATORIA DE NULIDADE, INDEPENDENTEMENTE DO PRAZO PARA A PROPOSITURA DA AÇÃO RESCISÓRIA, QUE, EM RIGOR, NÃO E A CABIVEL PARA ESSA HIPÓTESE. 2.RECURSO EXTRAORDINÁRIO CONHECIDO, NEGANDO-SE-LHE, POREM, PROVIMENTO". (STF. RE 97589/SC, Tribunal Pleno. Rel. Min. Moreira Alves, Julg. 17.11.1982, *DJ* 03.06.1983).

31. WAMBIER, Teresa Arruda Alvim *et al. Primeiros Comentários ao Novo Código de Processo Civil*. São Paulo: RT, 2015, p.340.

as suas manifestações, em qualquer juízo ou tribunal, independentemente de requerimento."

Verifica-se, portanto, que aludida possibilidade de incidência do prazo em dobro para as manifestações em qualquer juízo ou tribunal somente se dará, na expressão do CPC/2015, caso os procuradores forem de escritórios de advocacia distintos, valendo ressaltar tal impossibilidade diante de processo em autos eletrônicos (§2º do art. 229).

Outrossim, havendo dois réus e apenas um deles tenha contestado na ação, ficando o outro na situação de revel, igualmente entende o §1º do art. 229 que cessará o direito ao prazo em dobro para aqueles litisconsortes.

Tal regra, entendemos, seria de aplicação nos casos em que aquele revel não constituísse advogado nos autos, mesmo após a ausência da peça contestatória, ficando a relação litisconsorcial prejudicada. Por outro lado, tendo, posteriormente, aquele revel constituído advogado diferente do outro réu e de escritório de advocacia distinto, pensamos ser possível sua manifestação no processo em qualquer outro momento, o que, certamente, justificaria a prática dos prazos em dobro, pois que se configura a constituição de relação litisconsorcial somada a possibilidade de dificuldade de acesso aos autos do processo em prazo tido como comum de natureza simples.

Tal hipótese aplica-se a ambos os litisconsórcios, quer simples ou unitário.

– Quanto às provas.

As provas, em geral, podem ser aproveitadas pelo juízo e incidir sobre qualquer dos litisconsortes, salvo em se tratando de confissão (cidadão reconhece uma questão ligada ao pedido principal), já que, conforme o art. 391 do CPC, possui ela característica personalíssima, incidindo apenas sobre o confitente.

Aplica-se tanto ao litisconsórcio simples quanto ao unitário.

– Quanto à questão recursal

Dispõe o art. 1.005 do CPC que "o recurso interposto por um dos litisconsortes a todos aproveita, salvo se distintos ou opostos os seus interesses."

Subentende-se do dispositivo acima que a providência ali mencionada só terá efetividade nos casos de litisconsórcio unitário.

4. INTERVENÇÃO DE TERCEIROS

4.1 CONCEITO

Em um sentido sumamente genérico, é possível conceituar intervenção de terceiros como a situação em que alguém (o terceiro), devidamente autorizado por lei, ingressa em processo alheio, tornando complexa a relação jurídica processual, passando tal interveniente a figurar como parte ou coadjuvante de parte no dito processo alheio, este que já se encontra em andamento.

Justifica-se a existência do presente instituto na medida em que, por mais que os ordenamentos processuais modernos sistematizem que a sentença produza efeitos apenas para as partes do processo, será impossível sempre alcançar tal limitação, visto que a própria sentença provoca implicações em relações jurídicas de pessoas que não são exclusivamente autor e réu.

Devemos ter em mente que as relações jurídicas não se apresentam de maneira isolada no universo jurídico, sendo, muitas vezes, encadeadas ou entrelaçadas, configurando-se em uma unidade complexa.

Convém, abaixo, pontuar algumas observações importantes e inerentes ao conteúdo em tela:

a) Classificação dos terceiros quanto ao grau de influência dos efeitos de uma sentença sobre as suas relações jurídicas

– Terceiros absolutamente indiferentes: aqueles cuja sentença não os atinge em nada, sendo o processo indiferente, por isso, não os prejudicando.

– Terceiros com interesse de fato: estes nada podem fazer, pois que a demanda entre autor e réu irá afetá-los dentro de um aspecto econômico, moral ou pessoal, mas não jurídico, caso, p.ex., de credor em ação condenatória promovida por terceiro face ao seu devedor; de jurista, em ação onde se discuta tese que quer ver preponderar; de entidade religiosa ou filosófica, para ver triunfar princípio moral ou ético que defende.[32]

– Terceiros juridicamente interessados: são aqueles que, sem terem sido parte originária do processo, forem titulares de alguma relação jurídica materialmente afetada ou mesmo que estejam na iminência de ser, em decorrência da decisão judicial; estes são os terceiros processualmente considerados, como, por exemplo, no caso de adquirente de bem imóvel, em ação onde se discuta a interdição do vendedor, quando da época da alienação; sublocatário, em ação de despejo face ao locatário.[33]

b) Classificação da intervenção de terceiros:

– Quanto à iniciativa da intervenção:

• espontânea: ingressa-se na demanda por vontade própria; p.ex., a assistência;

• provocada: autor e/ou réu força(m) o terceiro a entrar no processo; *v.g.*, a denunciação à lide e o chamamento ao processo.

– Quanto à ampliação ou modificação subjetiva da relação jurídica processual:

---

32. NERY JÚNIOR; ANDRADE NERY. *Código de Processo Civil Comentado e Legislação Extravagante*, 8. ed., p. 484.

33. Ibidem.

- adesiva (ou *ad coadjuvandum*): quando o terceiro ingressa no processo para auxiliar uma das partes originárias da relação processual (a sentença irá atingi-lo indiretamente), como ocorre na assistência;
- principal (ou *ad excludendum*): quando o terceiro ingressa no processo pleiteando do judiciário algo para si, procurando, inclusive, excluir uma, ou ambas as partes originárias do processo; p.ex., o procedimento especial da oposição.

c) Casos de intervenção sistematizados no CPC

São eles:

- Assistência (arts.119 a 124).

– Denunciação da Lide: (arts. 125 a 129).

– Chamamento ao Processo: (arts. 130 a 132)

É importante ressaltar que a lei dos Juizados Especiais Estaduais (Lei n. 9.099/95) não admite nenhum caso de intervenção de terceiros, justificando-se na prejudicialidade quanto à celeridade da marcha processual. O art. 996 do CPC trata do recurso de terceiro prejudicado, dispondo que "o recurso pode ser interposto pela parte vencida, pelo terceiro prejudicado e pelo Ministério Público", o que também pode ser considerado como uma forma de intervenção de terceiros.

4.2 ASSISTÊNCIA

4.2.1 CONCEITO

Não obstante, figurar-se em capítulo distinto no revogado CPC/1973, já constituía o instituto da assistência numa típica modalidade de intervenção de terceiros. No tocante ao CPC/2015, foi, corretamente, alçada de forma expressa à condição de uma das modalidades de Intervenção de Terceiros.

Em um conceito amplo, entende-se por "assistência" quando o terceiro, tendo interesse jurídico na solução de determinada demanda, intervém no processo para prestar colaboração a uma das partes originárias do mesmo.

Como bem observa o art. 119 de CPC, o interesse do assistente deve ser eminentemente jurídico, portanto, ligado a um vínculo jurídico existente entre o terceiro e uma das partes originárias da demanda, não se permitindo, por isso, a assistência relacionada apenas a questões de ordem pessoal (sentimental ou emocional) ou puramente econômica.

Sendo assim, são pressupostos de admissibilidade da assistência:

– A existência de uma relação jurídica entre o assistente e uma das partes originárias do processo.

– A possibilidade de a sentença influenciar na relação jurídica entre o assistente e uma das partes.

4.2.2 Assistência Simples (Adesiva) e Litisconsorcial

Mesmo diante de um conceito mais amplo de assistência, este, já explicitado, ao depararmos com um estudo mais apurado do instituto, bem como o seu regramento específico, observamos a existência de duas modalidades de assistência, ambas com contornos técnicos particulares.

a) Assistência simples (adesiva)

Dá-se quando o interesse jurídico do assistente é indireto, isto é, não vinculado diretamente com o litígio em questão, configurando-se em um mero coadjuvante do assistido.

Ex.: Ação de despejo entre locador e locatário, sendo que a sublocação não figura como objeto da lide. Há o interesse jurídico do sublocatário em assistir ao locatário já que, se a sentença for favorável ao locatário, indiretamente o beneficiará. Neste caso, a admissibilidade da assistência decorre de interesse indireto.

b) Assistência litisconsorcial

Dá-se quando o interesse jurídico do assistente é direto, ou seja, dito assistente ingressa na demanda para defender direito próprio.

Ex.: Em uma ação de reivindicação de posse promovida por um dos condôminos (litisconsórcio facultativo) pode outro condômino ingressar na demanda como assistente do autor.

Aqui se trata de assistência litisconsorcial, pois que a sentença atingirá diretamente o direito material do assistente.

Neste tipo de assistência ocorrerá uma verdadeira relação litisconsorcial.

4.2.3 Procedimento

Art. 120:

- Terceiro, por meio de petição, requererá o seu ingresso no processo em curso (atenção para os pressupostos).
- Será concedido um prazo de 15 dias para que as partes originárias se manifestem sobre o pedido do assistente.
- Não havendo impugnação, a assistência será admitida, no entanto, o assistente receberá o processo no estágio processual onde este se encontra (art. 119, parágrafo único).
- Havendo impugnação à assistência por uma das partes, sob a alegação de que o terceiro carece de interesse jurídico para interferir a bem do assistido, seguir-se-á o seguinte trâmite:

I– Destranhamento da petição de assistência e da impugnação para que ambas sejam autuadas em apenso aos autos principais, não se suspendendo o processo.

II – O magistrado autorizará a produção de provas para ambos os partícipes do incidente processual - terceiro e o(s) impugnante(s), estabelecendo prazo razoável para tal ato.

III – Finda a instrução, o juiz decidirá o incidente.

Obs.: O presente procedimento é aplicável a ambas as assistências (simples e litisconsorcial).

4.2.4 Poderes e Ônus Processuais do Assistente

a) Assistência simples

Nesta, o assistente é, na verdade, mero coadjuvante do assistido, sendo a sua atuação eminentemente complementar, daí, não podendo ir contra a opção processual do assistido. Poderá, entretanto, requerer diligências, produzir provas, apresentar razões, bem como participar das audiências se tais atos coadunarem com a vontade expressa ou tácita do assistido.

Conforme preceitua o art. 121, parágrafo único, tornando-se revel o assistido, o assistente simples assumirá a condição de substituto processual, cumprindo-lhe, então, a direção do processo, conforme a vontade presumível do assistido (art. 861 do CC), sendo, inclusive, inteirado dos atos do processo.

Importante se faz ressaltar que, diante do que preceitua o art. 122 do CPC, não poderá o assistente simples se opor a quaisquer atitudes do assistido (reconhecimento de procedência do pedido, desistência da ação, renúncia do direito, transação etc.).

Quanto às custas processuais, sendo vencido o assistido, o assistente será condenado às custas em proporção à atividade que houver exercido no processo, como se vê do art. 94 do CPC.

b) Assistência litisconsorcial

Nesta, o assistente é considerado litigante distinto em relação à parte adversa, portanto, não ficará sujeito à atuação do assistido, não lhe sendo aplicáveis os preceitos do art. 122 do CPC. Poderá agir como qualquer das partes, já que também terá o *status* de parte no processo, porém receberá dito processo no estágio em que se encontra.

4.2.5 A Eficácia da Coisa Julgada e sua Extensão

Sendo o assistente litisconsorcial parte no processo, sofrerá ele os efeitos da sentença e, por conseguinte, a eficácia da coisa julgada o atingirá normalmente (regime da unitariedade).

Já em se tratando de assistência simples, o assistente, como não figura como parte e sim como mero assistente da mesma, normalmente não seria atingido pela eficácia da coisa julgada já que o próprio art. 506 do CPC deixa expresso que a coisa julgada atinge somente as partes do processo e não terceiros.

Excepcionalmente, em virtude da sua intervenção voluntária no processo, o próprio CPC o impede rediscutir em processo futuro qualquer conteúdo da lide (os motivos de fato e de direito da sentença) entre o assistido e a parte contrária, salvo se dito assistente alegar e provar a exceção de má gestão processual, cujas hipóteses estão contidas nos incisos I e II do art. 123 do CPC, portanto, nos casos em que:

> *I - pelo estado em que recebeu o processo ou pelas declarações e pelos atos do assistido, foi impedido de produzir provas suscetíveis de influir na sentença;*
>
> *II - desconhecia a existência de alegações ou de provas das quais o assistido, por dolo ou culpa, não se valeu.*

4.2.6 Observações Pertinentes

Cabível em qualquer processo e procedimento, exceto no processo de execução (salvo se houver embargos do devedor) e no procedimento sumaríssimo (Lei n. 9.099/95).

Pode o assistente ser admitido até o trânsito em julgado da sentença, entretanto, em 2º grau de jurisdição, a assistência denomina-se "Recurso de terceiro prejudicado" (art. 996 do CPC).

4.3 DENUNCIAÇÃO À LIDE

4.3.1 Conceito

Consiste em chamar terceiro (denunciado) que tem um vínculo de direito com uma das partes da relação jurídica processual (denunciante) para que responda pela garantia do negócio jurídico, caso o citado denunciante saia vencido na demanda originária. O presente instituto é guiado pelo princípio da economia processual. Neste sentido, teremos um só processo, duas relações jurídicas processuais, uma só instrução e uma sentença para ambas as relações jurídicas, uma relação estabelecida entre autor e réu e outra que se dá a partir da denunciação entre o denunciante e o denunciado, em virtude de situações que comportem o direito do primeiro (denunciante) em ser ressarcido pelo segundo (denunciado), tendo em vista a derrota na demanda originária.

Aquele que tem o vínculo obrigacional, um negócio jurídico com o terceiro é quem vai denunciá-lo. Tal ato de denunciação é importante pois que, perdendo a demanda, ensejará em requisito basilar para efeito, de ação de regresso face àquele denunciado, solicitando a devida indenização.

Por outro lado, será o direito regressivo exercido por via de ação autônoma quando a denunciação da lide for indeferida, deixar de ser promovida ou não for permitida, *ex vi* do §1º do art. 125.

4.3.2 HIPÓTESES LEGAIS

De acordo com o art. 125. Incisos I e II do CPC é admissível a denunciação da lide, esta promovida por qualquer das partes, nos seguintes casos:

"I - ao alienante imediato, no processo relativo à coisa cujo domínio foi transferido ao denunciante, a fim de que possa exercer os direitos que da evicção lhe resultam."

O presente inciso trata da denunciação do alienante imediato, esta realizada pelo adquirente, com o intuito de se garantir contra os riscos da evicção, esta que corresponde à perda total ou parcial de uma coisa, em virtude de sentença que a atribui a outrem, por direito anterior ao contrato, de onde nascera a pretensão do evicto, sendo aqui o "denunciante" aquele adquirente e "denunciado", o alienante.

Como exemplo, temos:

- Denunciação feita por autor:

Comprador aciona ação reivindicatória de posse face àquele que está na posse do bem e, ao mesmo tempo, denuncia à lide o vendedor, para que este lhe responda pela possível evicção.

- Denunciação feita pelo réu:

Determinado adquirente é citado para contestar ação de usucapião e, então, denuncia à lide o alienante para que responda pela evicção caso vier a perder o domínio.

"II - àquele que estiver obrigado, por lei ou pelo contrato, a indenizar, em ação regressiva, o prejuízo de quem for vencido no processo."

Quanto ao presente dispositivo, temos interpretações restritivas e ampliativas.

As restritivas preceituam que o magistrado somente deve deferir a denunciação à lide nos casos em que o denunciado esteja obrigado pela lei ou pelo contrato a indenizar em ação regressiva o prejuízo daquele que veio a perder a demanda (no caso, o denunciante).

Já quanto às interpretações ampliativas, estas que prevalecem quanto à jurisprudência, partem do princípio de que a denunciação possa sempre ser deferida quando houver a possibilidade de ressarcimento por meio de ação regressiva daquele que, na verdade, poderá suportar os efeitos da sentença.

A característica conectiva (conexão) e a economia processual são os elementos justificadores da doutrina ampliativa.

Para a doutrina restritiva, no entanto, não seria justo que ao processo seja chamada pessoa inteiramente estranha à relação jurídica de que a parte não denunciante é sujeito, para contra ela agir com todos os poderes de litisconsorte.

De fato, conforme já observava Vicente Greco Filho,[34] ainda sob a égide do CPC revogado, se admitirmos a denunciação ante a simples possibilidade de direito de regresso, violaríamos a economia processual e a celeridade da justiça, porque em um processo seriam citados inúmeros responsáveis ou pretensos responsáveis numa cadeia imensa e infindável com suspensão do feito primitivo. Assim, por exemplo, numa demanda de indenização por dano decorrente de acidente de veículo, poderia ser chamado o terceiro que o réu afirma ter também concorrido para o acidente, a fábrica que montou no carro a peça defeituosa, a Prefeitura que não cuidou do calçamento, cabendo também a fabrica de automóvel chamar a fábrica de peças e esta, por sua vez, o fornecedor do material. E isto tudo em prejuízo da vítima, o autor primitivo, que deseja a reparação do dano e a aplicação da justiça, mas que teria de aguardar anos até a citação final de todos. Violar-se-ia também, como se vê, o princípio da singularidade da ação e da jurisdição com verdadeira denegação de justiça.

4.3.3 Procedimento

a) Denunciação feita pelo autor

O art. 126 do CPC determina que o autor requererá na petição inicial a citação do réu e do denunciado, podendo o juiz deferir ou não a denunciação. Se o juiz indeferir a denunciação, o réu será citado normalmente, podendo o denunciante recorrer da decisão do magistrado por meio do recurso de Agravo de Instrumento (art. 1.015, IX do CPC); se deferir a denunciação, o juiz ordenará a citação do denunciado, abrindo o prazo para que este venha responder. Após a manifestação do denunciado, o juiz, deferindo o aceite da denunciação, mandará citar o réu.

O prazo para que seja feita a citação do denunciado é de 30 (trinta) dias, Caso o denunciado resida em outra comarca, seção ou subseção judiciárias, ou em lugar incerto, o prazo será de 2 (dois) meses. O não cumprimento do prazo para a citação tornará a denunciação sem efeito, o que não afasta a possibilidade de o interessado ajuizar a respectiva ação de regresso (art. 125, §1º do CPC) acarretando no prosseguimento da ação unicamente em relação ao que foi citado no devido prazo.

A denunciação não realizada no prazo legal será considerada inválida (nula). Este prazo é para cumprimento do oficial de justiça,[35] contudo o advogado pode contribuir para o seu atraso quando, por exemplo, o juiz, deferindo o pedido de denunciação, pede para que ele forneça o endereço do denunciado, dado este que não constava da petição inicial. Tendo o advogado culpa ou não pelo atraso na citação, mas ocorrendo a perda do prazo, a citação e, consequentemente a denunciação serão nulas uma vez que este é o único momento

34. GRECO FILHO, Vicente. *Direito Processual Civil Brasileiro*. Vol. 1. 20 ed. São Paulo: Saraiva, 2007, p.151-152.

35. Atraso do serventuário, ver art. 233, *caput* e §1º do CPC.

em que o autor poderá fazer a denunciação; perdendo-a, somente poderá ser feita em ação autônoma.

O art. 127 do CPC leva a crer quais as posturas poderá adotar o denunciado (lembrando que o denunciado terá o prazo de quinze dias para a resposta):

- poderá permanecer inerte, sendo que, neste caso, a lide prosseguirá entre autor e réu;
- poderá comparecer, respondendo e aceitando a denunciação, acrescentando novos argumentos à petição inicial, caso lhe interessar;
- poderá negar a sua qualidade de denunciado, sendo que neste caso a ação prosseguirá somente entre autor e réu.

Mesmo que o denunciado não se manifeste, a sentença, deverá resolver ambas as situações: autor x réu e autor x denunciado, isto porque o denunciado foi citado e a denunciação não depende de sua vontade somado ao julgamento da demanda principal contrário à pretensão do denunciante (art. 129, *caput*); no entanto, caso o denunciante venha a ser o vencedor na ação principal, a ação de denunciação não terá o seu pedido examinado[36], o que não prejudicará a condenação do denunciante ao pagamento das verbas de sucumbência em favor do denunciado (parágrafo único do art. 129). Vale dizer, tratar-se-á, formalmente, de uma sentença una julgando duas lides.

O art. 127 do CPC fala ainda na possibilidade de formação de relação litisconsorcial. Neste, a sentença é uma para todos (que estão no mesmo polo). Na denunciação, a sentença é uma para cada relação (que não estão no mesmo polo). Isto posto, o litisconsorte a que se refere o art. 127 é equivocado visto que não teremos na sentença decisões julgando pluralidade de pessoas em um mesmo polo da relação jurídica processual.[37]

b) Denunciação feita pelo réu

O art. 126 do CPC determina que a denunciação deverá ser requerida na contestação. Com o deferimento do juiz e da mesma forma como ocorre na denunciação feita pelo autor, o juiz expede a ordem de citação do denunciado e suspende o processo, aguardando a resposta do denunciado que tem 15 (quinze) dias para fazê-lo.

---

36. Em sentido contrário andavam diversos tribunais, *ex vi* do julgado abaixo:
AÇÃO DE REPARAÇÃO DE DANOS MORAIS E MATERIAIS. ELETROCUSSÃO. DENUNCIAÇÃO DA LIDE. FALTA DE APRECIAÇÃO E DECISÃO DA LIDE SECUNDÁRIA. NULIDADE DA SENTENÇA. 1) Com a denunciação da lide, instaura-se uma segunda lide no mesmo feito, entre o réu-denunciante e o denunciado. 2) É nula a sentença proferida em processo em que houve denunciação da lide, se não decide a lide secundária, devendo a nulidade ser pronunciada ex officio.(TJ-MG 200000050874870001. Rel. Pedro Bernardes. Julg. 10.01.2006, *DJ* 21.01.2006).
Assim, entendimento dos pretórios era de que caracterizaria como nula a sentença que omitisse quanto à ação secundária da denunciação da lide, decidindo apenas a ação principal (RT 578/215).

37. No mesmo sentido, NERY JÚNIOR, Nelson; NERY, Rosa Maria Andrade. *Comentários ao Código de Processo Civil.* São Paulo: RT, 2015, p.557.

A citação e seus prazos procedem-se da mesma forma como se procede na denunciação pelo autor já visto acima.

O art. 128 do CPC dita as possíveis reações do denunciado:

I - se o denunciado contestar o pedido formulado pelo autor, o processo prosseguirá tendo, na ação principal, em litisconsórcio, denunciante e denunciado;

II - se o denunciado for revel, o denunciante pode deixar de prosseguir com sua defesa, eventualmente oferecida e abster-se de recorrer, restringindo sua atuação à ação regressiva;

III - se o denunciado confessar os fatos alegados pelo autor na ação principal, o denunciante poderá prosseguir com sua defesa ou aderindo a tal reconhecimento, pedir apenas a procedência da ação de regresso.

O réu, no prazo para contestação, pode somente denunciar ou denunciar e contestar na mesma petição. Se ele somente denunciar, após a manifestação do denunciado, abrir-se-á o prazo para a sua contestação. Se ele contestar e denunciar, não mais se abrirá o prazo para a sua contestação. Ocorrerá verdadeira preclusão consumativa.

Em sede de satisfação de direitos, permite o CPC (parágrafo único do art.128) que o autor, em sendo o caso, requeira o cumprimento da sentença também em face do denunciado, notadamente, dentro dos limites da condenação que este teria em eventual ação regressiva,[38] resolvendo fundada controvérsia, inclusive com reflexos na própria jurisprudência do STJ,[39] portanto, permite-se expressamente que, uma vez vencido o réu denunciante, poderá o autor requerer o cumprimento da sentença também contra o denunciado nos limites da condenação deste na ação regressiva.[40] Importante frisar que, neste ínterim, entendemos também pela possibilidade de inexistência de relação jurídica litisconsorcial para fins de conteúdo da decisão entre o autor e o terceiro denunciado pelo réu denunciante.[41]

4.3.4 DENUNCIAÇÕES SUCESSIVAS

Poderá o denunciado ter com outrem uma mesma posição jurídica que o denunciante tem para com ele e, neste caso, tem-se a possibilidade de denunciações sucessivas conforme o §2º do art. 125 do CPC expressa.

É, na verdade, uma cumulação sucessiva de denunciações da lide em um único processo, no entanto o aludido dispositivo legal delimita a máxima denunciação a ser realizada por cadeia, nos seguintes termos:

---

38. Enunciado 121 do FPPC: "O cumprimento da sentença diretamente contra o denunciado é admissível em qualquer hipótese de denunciação da lide fundada no inciso II do art. 125."

39. STJ.REsp 925.130/SP. 2ªT. Rel. Min. Luis Felipe Salomão. Julg. 08.02.2012, DJe. 20.04.2012.

40. Cf. no mesmo sentido, BUENO, Cássio Scarpinella. *Novo Código de Processo Civil anotado*. São Paulo: Saraiva, 2015, p. 130.

41. Sobre o assunto, ver também WAMBIER, Teresa Arruda Alvim *et ali*. *Primeiros Comentários ao Novo Código de Processo Civil. Artigo por Artigo*. São Paulo: RT, 2015, p.238.

> *§ 2º Admite-se uma única denunciação sucessiva, promovida pelo denunciado, contra seu antecessor imediato na cadeia dominial ou quem seja responsável por indenizá-lo, não podendo o denunciado sucessivo promover nova denunciação, hipótese em que eventual direito de regresso será exercido por ação autônoma.*

Assim, como exemplo: o adquirente é citado em ação de usucapião, ajuizada sob o fundamento de que a pretensão aquisitiva ocorrera antes da alienação. O adquirente (réu) denuncia a lide ao seu alienante, este, por sua vez, denuncia a pessoa de quem adquiriu o bem. Nota-se, portanto, que com a revogação do art. 456 do Código Civil, conforme explicitado pelo art. 1.072, II do CPC/2015, proibida está a denunciação *per saltum*, esta que tanto destacávamos em edições anteriores da presente obra, onde pontificava como verdadeira regra heterotópica, possibilitando que nos casos de evicção, o adquirente pudesse notificar o alienante do bem ou qualquer dos anteriores.

4.3.5 OBSERVAÇÕES PERTINENTES

- Admite-se a denunciação à lide no processo de conhecimento sendo incompatível com o processo de execução.
- Num só ato judicial, poderemos ter duas condenações e, caso não cumpridas voluntariamente, ensejarão em duas execuções, notadamente, pela via do cumprimento de sentença..

DENUNCIAÇÃO À LIDE

– Pelo Autor:

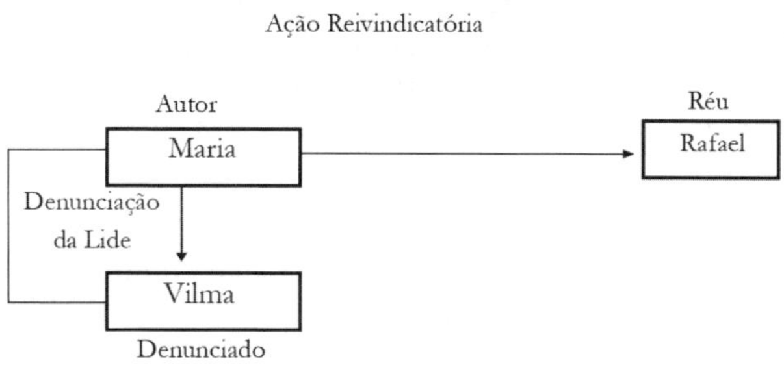

– Pelo Réu:

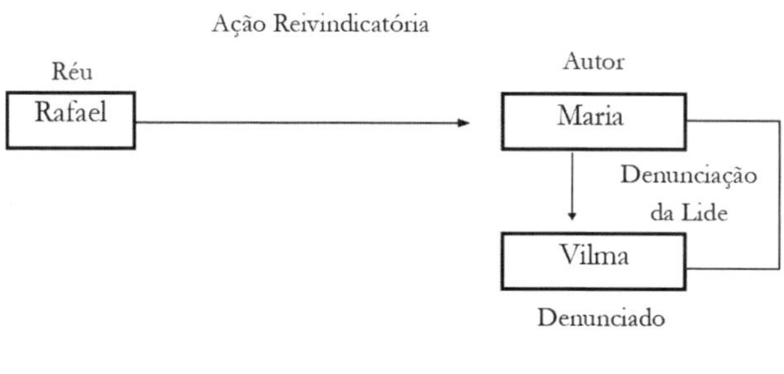

4.4 CHAMAMENTO AO PROCESSO

4.4.1 Conceito

Trata-se da faculdade atribuída àquele que está sendo demandado pelo pagamento de determinada dívida, de chamar ao processo os outros devedores ou aquele(s) a quem estava(m) incumbido(s) de forma principal o pagamento, de modo a torná-los também réus na ação.

O presente instituto possui a finalidade de se obter sentença que possa ser executada contra os codevedores ou o obrigado principal pelo devedor que pagar o débito.

Conforme observa Athos Gusmão Carneiro,[42] a sentença apresenta similitude com a proferida nos casos de denunciação da lide, mas com uma diferença. Na denunciação, a sentença de procedência é título executivo no que tange à ação regressiva em favor do denunciante e contra o denunciado. No chamamento, nem sempre o título executivo será formado em favor do chamante e contra o chamado; poderá sê-lo em favor do chamado e contra o chamante, tudo dependendo de quem vier, ao final, a satisfazer a dívida.

Suponhamos três devedores solidários, B, C e D. Citado como réu apenas o devedor B, este chama ao processo os codevedores. No caso de os três resultarem condenados (talvez possa algum deles socorrer-se de defesa pessoal, que aos outros não assista), pode acontecer de a dívida ser paga não pelo chamante B, mas pelo chamado C, este disporá, então, pela sentença e com o comprovante de pagamento, de título executivo contra o chamante B e também contra o chamado D.

Em se tratando de devedores solidários que podem ser convocados por meio do chamamento ao processo, destacamos a atenção para as disposições constantes dos arts. 265, 267 e 275, *caput*, todos do Código Civil. Tais dispositivos conceituam legalmente as solidariedades ativa e passiva.

4.4.2 Hipóteses Legais

Estabelece o art. 130 do CPC as hipóteses de chamamento ao processo.

Assim poderá o réu requerer o chamamento:

I - do afiançado, na ação em que o fiador for réu;

II - dos demais fiadores, na ação proposta contra um ou alguns deles;

III - dos demais devedores solidários, quando o credor exigir de um ou de alguns o pagamento da dívida comum.

4.4.3 Procedimento

Art. 131 do CPC: O réu requererá em sua peça contestatória a citação daquele(s) que deva(m) figurar na relação processual como litisconsorte(s) pas-

42. CARNEIRO, Athos Gusmão. *Intervenção de Terceiros*. 14 ed. São Paulo: Saraiva, 2003, p.122-123.

sivo(s), devendo dita citação ser promovida no prazo de 30 (trinta) dias, sob pena de tornar sem efeito tal chamamento.

Estabelece ainda o parágrafo único do art. 131 que na hipótese de o chamado residir em outra comarca, seção ou subseção judiciárias, ou ainda em lugar incerto, o prazo para a promoção da citação será de 2 (dois) meses.

O CPC/1973 trazia explícito em seu art. 79 a suspensão do processo pelo magistrado quando da admissibilidade do chamamento para fins de citação dos chamados. O CPC/2015 não o faz de forma expressa, certamente, para fins de se deduzir que, enquanto se leva(m) a cabo a(s) citação(ões), o processo principal correrá normalmente.

Trata-se de uma medida de economia processual, mas o processo principal não deve se estender além da fase inicial, ou seja, há de se findar o prazo para a efetivação da(s) citação(ões) do(s) chamado(s).

Art. 132 do CPC: Uma vez procedente a ação principal, a sentença ali proferida valerá como título executivo judicial em favor do réu que solver a dívida, este que poderá então exigir do devedor principal o reembolso integral da quantia paga, ou dos devedores solidários a quota proporcional que a cada um deles tocar.

Importante se faz observar que o chamamento ao processo possui cabimento apenas no processo de conhecimento.

Notadamente, não se admite tal instituto no processo de execução uma vez que dito processo não contempla a possibilidade de sentença tal qual se perfaz no art. 132.[43]

CHAMAMENTO AO PROCESSO

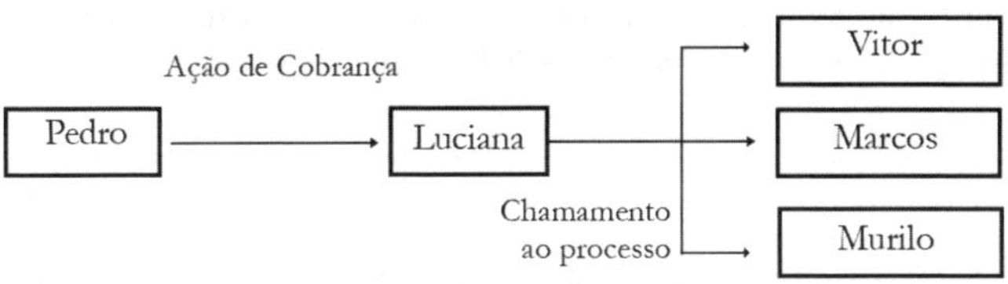

4.5 INCIDENTE DE DESCONSIDERAÇÃO DA PERSONALIDADE JURÍDICA

4.5.1 CONSIDERAÇÕES INICIAIS

Sendo o Processo instrumento apto à realização concreta dos direitos, sobretudo, daqueles ditos fundamentais[44], compreende-se que o mesmo leva

43. RT 604/108, 591/221, 564/147, 555/137, 566/137.

44. Nestes termos, bem leciona Fix Zamudio, ao certificar que "*son numerosos los constitucionalistas que consideran que la verdadera garantía de los derechos de la persona humana consiste precisa-*

consigo toda a carga tipicamente comandada pela sua exata noção de que, mais do que um meio estatal para a tentativa de realização prática do justo, é ele instrumento social e democrático eivado de direitos e garantias imperativas que devem ser respeitadas em sintonia com o estado democrático que se presencia em dado tempo e espaço.

Por outro lado, não se pode descuidar de que, por não se tratar de um fim em si mesmo,[45] é virtude instrumental que impõe ao processo sua conformidade com as necessidades do direito substancial, visto ser aquele o meio e, em sede de razão prática, se presta, sobretudo, na função realizadora do direito material objetivado.[46]

Daí que, consubstanciado na ideia da efetividade e instrumentalidade, deve o Processo como instrumento apto à satisfação dos direitos, objetivamente, propiciar a tutela efetiva do direito lesado, proporcionando – sempre que possível[47] – àquele que teve sua obrigação inadimplida, exatamente, aquilo que obteria se, voluntariamente, o devedor a adimplisse.[48]

Notadamente, sabido é o grau de complexidade nas relações sociais[49] e o esforço hercúleo por que deveras vem enfrentando o ordenamento processual civil pátrio nos últimos tempos, sobretudo na esfera das reformas normativas voltada ao ataque à patrimonialidade daquele recalcitrante em satisfazer o débito constituído.[50]

---

mente en su protección procesal, para lo cual es preciso distinguir entre los derechos del hombre y las garantías de tales derechos, que no son otras que los medios procesales por conducto de los cuales es posible su realización y eficacia." ZAMUDIO, Fix. *La protección procesal de los derechos humanos.* Madrid: Civitas, 1982, p. 51 e 54.

Especificamente, sobre a proteção aos direitos fundamentais e o fortalecimento das relações entre Constituição e Processo, ver o nosso *Instituições de Direito Processual.* Belo Horizonte: Del Rey, 2011, p.87-89.

45. DINAMARCO assevera que "todo instrumento, como tal, é meio e todo meio só é tal e se legitima, em função dos fins a que se destina. O raciocínio teleológico há de incluir, então, necessariamente, a fixação dos escopos do processo, ou seja, dos propósitos norteadores da sua instituição e das condutas dos agentes estatais que o utilizam". DINAMARCO, Cândido Rangel. *A Instrumentalidade do Processo.* 14.ed. São Paulo: Malheiros Editores, 2009, p. 177.

46. Sobre o assunto, cf. também BEDAQUE, José Roberto dos Santos. *Direito e Processo.* 6 ed. São Paulo: Malheiros Editores, 2011, p.23.

47. Sobre a referida possibilidade diante de limites naturais, políticos e jurídicos para a concreta e efetiva prestação jurisdicional, ver o nosso *Tutela Específica das Obrigações de Fazer.* 5 ed. Curitiba: Juruá, 2015, especialmente, o Capítulo VI.

48. Sempre na genialidade de Chiovenda: "*Il processo deve dare per quanto è possibile praticamente a chi ha um diritto quello e próprio quello ch'egli há diritto di conseguire.*" CHIOVENDA, Giuseppe. Dell Azione Nascente dal Contratto Preliminare *In: Saggi di Diritto Processuale Civile.* 2 ed. Roma: Foro It., 1930, n.3, p.110.

49. Dita complexidade é fenômeno pelo qual da Ciência Jurídica se requer sempre o maior zelo. Cf. CARBONNIER, Jean. *Sociologia Jurídica.* Coimbra: Almedina, 1979, 213 e ss.

50. Não é novidade que o problema do inadimplemento das obrigações e a sua respectiva satisfação em tempos hodiernos vem, de muito, sendo um dos pontos de estrangulamento nos mais diferen-

Tal conteúdo processual introdutório se faz necessário ao que desejamos analisar (a desconsideração da personalidade jurídica), na medida em que se deve estar munido dos ideais que impulsionam o processo em sua dinâmica realizadora e dimensão social, a fim de concretizar exitosamente seu desiderato.

O Novo Código de Processo Civil aqui enfrentado teve por bem regular processualmente o instituto da Desconsideração da Personalidade Jurídica, disciplinando-o em forma de incidente processual, ou seja, acostando-o na Parte Geral, em seu Livro III, especificamente no Capítulo IV do Título III (Da Intervenção de Terceiros), arts. 133 a 137.

Verdadeiramente e por tradição, dito instituto tem suas raízes fincadas na seara do direito material, encontrando-se disciplinado em diversos textos legais, tais do Código Civil (art. 50) e o Código de Defesa do Consumidor (art. 28), dentre outros, e mesmo indiretamente – por que nos remete "aos termos da lei" – na própria legislação processual civil, como se nota do art. 790, II.

Por isso, ao se prestar em analisar os exatos alcances processuais do instituto da desconsideração da personalidade jurídica regulados pelos aludidos Projetos, inegavelmente, não se pode prescindir de um debruçar percuciente sobre a pessoa jurídica, desde a sua natureza, capacidade e responsabilidade até a personificação da mesma, projetando as reais medidas para uma desconsideração de sua personalidade, pois que é neste plano que incidirá, inclusive e em medidas certas, os limites para a atuação processual do objeto em análise.

Em breves apontamentos, este será o itinerário a seguir.

4.5.2 PESSOA JURÍDICA: NATUREZA E CAPACIDADE

Em regra, conceitua-se pessoa jurídica como um conjunto de pessoas ou de bens, dotado de personalidade jurídica e reconhecido pelo ordenamento jurídico como, efetivamente, sujeito de direitos, com obrigações, deveres, ônus e direitos próprios; possuindo ainda características próprias e não menos fundamentais, tais como a capacidade de direito e de fato, existência de uma estrutura organizativa, objetivos comuns aos de seus membros, autonomia patrimonial e imperioso registro dos atos constitutivos em respectivas repartições competentes.

Notadamente, tais conteúdos, de ordem conceitual, não expressam unanimidade doutrinária, sobretudo no que se refere à sua existência e natureza, ora se questionando, afirmando ou negando sua utilidade em tempos hodiernos.

---

tes ordenamentos processuais pelo mundo.

Em obra que se atesta a grande preocupação que se tem hoje sobre o aludido problema no continente europeu, em que se pese o próprio papel delimitador da Corte Europeia dos Direito Humanos sobre a figura do devedor, bem expressa Anne Leborgne, Professora da Université d'Aix-Marseille III:

"*Le droit de l'exécution forcée, c'est-`-dire l'ensemble des voies de droit offertes à um créancier pour venir à bien de la résistance de son débiteur, devrait être le droit de l'effectivité.*" In: LEBORGNE, Anne; PUTMAN Emmanuel (Org.) *Les Obstacles à L'exécution Forcée: Permanence et Évolution*. Paris:Éditions Juridiques et Techniques, 2009, p, 1.

Dentre tais questionamentos, merece trazer à colação algumas das teorias significativas do ponto de vista de realce meritório acerca dos elementos conceituais em tela.

a) Teoria da Ficção: Desenvolvida na Idade Média e mais adiante por Savigny, prevalecendo na França e Alemanha, nos idos do século XVIII, estrutura-se no pensamento de que a pessoa jurídica seria apenas uma criação do legislador, sendo incapaz de ter vontade própria e, ainda que, carecendo de realidade, se faria imposta por determinadas circunstâncias, justificadas dentre outras, pelas finalidades de ordem estritamente patrimonial.

Bem pontua Warde Júnior que dita teoria "conferia uma solução técnica para o problema gerado pela limitação da responsabilidade, i. e., provia o adquirente das entradas de capital."[51]

Ditos argumentos depositados à presente teoria são importantes face à tradicional racionalidade de que a limitação da responsabilidade é decorrente da dotação de capacidade patrimonial atribuída às pessoas jurídicas.[52]

b) Teoria Realista: Tendo como importante defensor Gierke, justifica-se na ideia de que a pessoa jurídica possui vontade própria, pautando-se na razão da pluralidade de seus componentes,[53] daí a noção de se tratar de uma "pessoa composta".

Vista, igualmente, como fenômeno associativo – um organismo social – a pessoa jurídica expressaria uma realidade social preexistente ao próprio direito,[54] não sendo, por isso, uma criação eminentemente jurídica, estando o direito apenas a reconhecer e regular esta realidade social cuja vontade própria e personalidade jurídica são a ela inerentes.

c) Teoria Negativista: Parte-se da negação existencial da pessoa jurídica, pois que somente existiriam no Direito seres humanos e, com isso, careceriam as denominadas pessoas jurídicas de qualquer personalidade.

Em tal contexto se coloca M. Planiol[55], para quem a nominada pessoa jurídica mascara determinado patrimônio que é coletivo, ou seja, de propriedade

---

51. WARDE JÚNIOR, Walfrido Jorge. *Responsabilidade dos sócios: a crise da limitação de responsabilidade dos sócios e a teoria da desconsideração da personalidade jurídica*. Belo Horizonte: Del Rey, 2007, p. 106-107.

52. Importante ressaltar que Hans Kelsen (*Teoria Pura do Direito*. Trad. João Baptista Machado. São Paulo: Martins Fontes, 2003, p. 194 e ss.) deu contributo argumentativo à teoria ficcionista, não obstante chegar à mesma conclusão de Savigny, ou seja, de que seja o legislador ou mesmo o jurista, pode criar um centro de imputação, ainda que seja ele mera representação do interesse de seus membros. Aliás, bem observa Comparato que a diferença entre eles insere-se na passagem do positivismo dogmático pandectista (Savigny) para o positivismo normativo (Kelsen). COMPARATO, Fábio Konder. *O Poder de Controle na Sociedade Anônima*. 3 ed. Rio de Janeiro: Forense, 1983,p. 327 e ss.

53. SALOMÃO FILHO, Calixto. *A sociedade unipessoal*. São Paulo: Malheiros Editores, 1995, p.20-22.

54. CORDEIRO, António Menezes. *Tratado de Direito Civil Português*. Vol. I. Coimbra: Almedina, 2004, p.503.

55. *Traité élémentaire de droit civil*. T. 1. 6 ed. Paris: s. n., 1911/1913, p. 3005-3019.

coletiva e que, muito embora seja administrado por alguns, é de propriedade comum daquela coletividade.

A bem da verdade, hoje não há como negar existência da pessoa jurídica regulada pelos ordenamentos, o que, notadamente, não contraria a existência da pessoa natural como realidades distintas e personalizadas.

Teoria Institucional: A despeito de pouco contribuir para com a discussão acerca da natureza/existência da pessoa jurídica, parte a dita teoria institucional do pensamento de que na realidade social existe uma série de realidades institucionais, constituindo-se em uma possível estrutura hierárquica.

Dita estrutura hierárquica, neste caso, advém da própria noção dos indivíduos, pois que, quando a empresa se posta de tal modo na consciência daqueles que nela militam (tais os membros do grupo ou os seus beneficiários passivos), passam eles a atuar conscientemente com responsabilidade dos fins sociais e daí a "Instituição" passa a agregar personalidade moral.

Tal teoria fora edificada por Maurice Hauriou, recebendo avanços por parte de George Bonnard.[56]

Conforme já pontuado em linhas alhures, da mesma forma que o ordenamento jurídico atribui à pessoa natural, direitos, obrigações, deveres e ônus, o mesmo o faz com relação às denominadas pessoas jurídicas, certamente, por se tratar de realidades distintas, são igualmente especificadas certas condições objetivas e subjetivas atinentes àquelas realidades.

No que toca ao atributo da capacidade, é este, inegavelmente, referencial lógico no plano da responsabilidade da pessoa.

Ao contrário da pessoa natural, cuja capacidade pode chegar à forma plena, a pessoa jurídica tem sua capacidade limitada à finalidade para a qual fora edificada, daí abrangendo, por conseguinte, os atos que, direta ou indiretamente, servem e servirão como propósito de sua existência e finalidade.

A pessoa jurídica tem seus poderes outorgados e delimitados nos atos constitutivos da mesma - *v.g.*, contrato social, estatutos – notadamente, delineados pelo ordenamento jurídico, pois que não podem ditos atos constitutivos contrariar normas cogentes.

Uma vez registrada nos órgãos competentes para tal, mister pontuar que passa a dita *persona* a ser reconhecida pelo direito como capaz e responsável no universo jurídico, estendendo tais adjetivos por todos os campos do Direito e em todas as atividades compatíveis com a mesma.[57]

Por tudo, tendo a pessoa jurídica como uma realidade, seja em sua existência bem como em suas responsabilidades, o direito pátrio assim teve por bem estabelecer dispositivos legais que expressam bem tais atributos, como se vê, em exemplo, os arts. 45, *caput* e 50, ambos do Código Civil. *In verbis*:

---

56. RÁO, Vicente. *O Direito e a vida dos Direitos*. 6 ed. São Paulo: RT, 2004, p.767-768.

57. Cf. VENOSA, Sílvio de Salvo. *Direito Civil*. 6 ed. São Paulo: Atlas, 2006, p.240-241.

Art. 45. Começa a existência legal das pessoas jurídicas de direito privado com a inscrição do ato constitutivo no respectivo registro, precedida, quando necessário, de autorização ou aprovação do Poder Executivo, averbando-se no registro todas as alterações por que passar o ato constitutivo.

Art. 50. Em caso de abuso da personalidade jurídica, caracterizado pelo desvio de finalidade ou pela confusão patrimonial, pode o juiz, a requerimento da parte, ou do Ministério Público quando lhe couber intervir no processo, desconsiderá-la para que os efeitos de certas e determinadas relações de obrigações sejam estendidos aos bens particulares de administradores ou de sócios da pessoa jurídica beneficiados direta ou indiretamente pelo abuso.

4.5.3 PESSOA JURÍDICA: PERSONALIDADE E SUA DESCONSIDERAÇÃO

Como bem se nota do item anterior, a análise de teorias justificadoras da natureza da pessoa jurídica é variável seja quanto ao momento histórico ou mesmo quanto à ideologia que municia determinado ordenamento jurídico, de modo que o conhecimento do que seja pessoa jurídica para um específico Estado somente é possível a partir da análise de sua ordem jurídica e, certamente, naquele determinado momento histórico.[58]

Na mesma toada, Verrucoli[59] assume que o caráter de relatividade da personalidade da pessoa jurídica corresponde à própria casualidade de atribuições do privilégio de a mesma existir e agir de forma unitária como grupo, daí então como um reflexo da própria relatividade do reconhecimento.[60] Ainda para o aludido autor, o reconhecimento da personalidade jurídica é, invariavelmente, uma criação do direito, decorrendo daí como a mesma é consentida, reconhecida e protegida.[61]

Entre nós, bem sustenta Comparato,[62] ao definir personalização como "uma técnica jurídica utilizada para se atingirem determinados objetivos práticos – autonomia patrimonial, limitação ou supressão de responsabilidades individuais – não recobrindo toda a esfera de subjetividade em direito."[63]

---

58. No mesmo sentido, SERICK, Rolf. *Apariencia y realidade em las sociedades mercantiles*. Barcelona: Ariel, 1958, p.261.

59. VERRUCOLI, Piero. *Il superamento dela personalità giuridica dele societá di capitali nella "common law" e nella "civil law"*. Milano: Giuffrè, 1964, p.195.

60. Cf. dentre outros, KOURY, Suzy Elizabeth Cavalcante. *A desconsideração da Personalidade Jurídica. (Disregard doctrine) e os grupos de empresas.* 3 ed. Rio de Janeiro: Forense, 2012, p. 19-22.

61. Ob. cit., p.195.

62. Ob. cit., p.279.

63. Vale ressaltar em tal conceito que, ao se referir ao não recobrimento de "toda esfera de subjetividade do direito", parece que Comparato leva em consideração a ideia de que a lei, ainda que reconheça corretamente a existência de direitos a certos agregados patrimoniais (*v.g.*, massa falida),

Certamente, o ente, uma vez personificado, adquire existência jurídica, passando então a atuar validamente na vida e no universo jurídico, não sendo possível que a ordem jurídica que o personificou desprezar dita realidade e muito menos os efeitos decorrentes de sua existência e atuação.

Fato é que, a partir do século XIX, crescente fora a preocupação da doutrina e jurisprudência com a reiterada utilização da pessoa jurídica para objetivos diversos daqueles justificadores da sua existência legal, motivo pelo qual se passou à construção de instrumentos aptos a reprimir a consecução de práticas[64] não condizentes com os fins justificadores da pessoa jurídica, dentre eles, a "Desconsideração da Personalidade Jurídica" (*Disregard doctrine*).

A teoria da Desconsideração da Personalidade Jurídica nasceu no âmbito da *common law*, mais precisamente, na América do Norte, onde se desenvolveu inicialmente na jurisprudência, através do caso *Bank of United States v. Deveaux*, em 1809, quando o juiz Marshall, intencionado em preservar a jurisdição das corte federais sobre as *corporations*, conheceu da causa, tendo em vista a própria delimitação contida na Constituição Federal Americana (art.3º, seção 2ª), quanto ao conhecimento e controvérsias entre cidadãos de diferentes estados.

Nisto, e não cabendo discutir o mérito da decisão do caso supracitado, muito bem observa Wormser que em tal julgado, "as cortes levantaram o véu e consideraram as características dos sócios individuais."[65]

Pauta-se a teoria da desconsideração da personalidade jurídica na ideia estabelecer eventual desprezo em relação à autonomia patrimonial de uma determinada pessoa jurídica, com o fito de exigir a submissão de seus sócios para com seus próprios patrimônios pessoais a responder pelos atos abusivos e/ou fraudulentos praticados com a utilização indevida dos privilégios concedidos àquela pessoa jurídica.

Vale ressaltar que, em sede pátria, é possível a efetivação da desconsideração em casos de falência, estado de insolvência, encerramento ou inatividade da pessoa jurídica, notadamente, comprovados por notória má administração da mesma.

Demonstra-se, portanto, que a aplicação da presente *Disregard doctrine* possui incidência em casuísmos voltados ao desvirtuamento dos fins aos quais o ordenamento jurídico se propôs a conceder à pessoa jurídica.

---

sem, no entanto, personalizá-los, demonstra-se que nem todo sujeito de direito é, verdadeiramente, uma pessoa.

64. Para o conhecimento de tais práticas, ver, por todos, VERRUCOLI, Piero. Ob. cit., p.2.

65. WORMSER, Maurice. Piercing the veil of corporate entity.*In*: *Columbia Law Review*, Columbia, vol. 12, 1912, p.498.
Acerca da crítica ao fato de se considerar como *leading case* da *Disregard Doctrine* aquele relativo à controvérsia inglesa Salomon v. Salomon e Co., frequentemente aludida por parte da doutrina, ver , por todos, VERRUCOLINI, Piero. Ob. cit., p. 90 e ss.; KOURY, Suzy Elizabeth Cavalcante. Ob. cit., p.68-69.

Bem andou Coelho[66] ao expressar que:

> A teoria da desconsideração da pessoa jurídica, é necessário deixar bem claro esse aspecto, não é uma teoria contra a separação subjetiva entre a sociedade empresária e seus sócios. Muito ao contrário, ela visa preservar o instituto, em seus contornos fundamentais, diante da possibilidade de o desvirtuamento vir a comprometê-lo.

Insta pontuar que a observância quanto às formalidades necessárias para a constituição de uma pessoa jurídica, como já assinalada em item anterior, é de ordem fundamental, no entanto deveras não ser suficiente para que eventuais sócios tenham, indistintamente, a possibilidade inequívoca de limitação quanto às suas responsabilidades patrimoniais.

Em sede pátria, num olhar generalista para o ordenamento jurídico e jurisprudência, duas teorias apontam em destaque no que se refere à desconsideração da personalidade jurídica.

A primeira, conhecida como teoria maior[67], fulcra-se na ideia de que o magistrado tem autorização para estabelecer o afastamento temporário da autonomia patrimonial da pessoa jurídica, isto como forma de espancar fraudes e abusos praticados por meio dela.

Nota-se, do preceito exposto no Código Civil de 2002, a esteira de dita teoria. *In verbis*:

> *Art. 50. Em caso de abuso da personalidade jurídica, caracterizado pelo desvio de finalidade ou pela confusão patrimonial, pode o juiz, a requerimento da parte, ou do Ministério Público quando lhe couber intervir no processo, desconsiderá-la para que os efeitos de certas e determinadas relações de obrigações sejam estendidos aos bens particulares de administradores ou de sócios da pessoa jurídica beneficiados direta ou indiretamente pelo abuso.*

---

66. COELHO, Fábio Ulhoa. *Curso de Direito Comercial*. Vol. 2. 5 ed. São Paulo: Saraiva, 2002, p.37.

67. "FALÊNCIA. ARRECADAÇÃO DE BENS PARTICULARES DE SÓCIOS-DIRETORES DE EMPRESA CONTROLADA PELA FALIDA. DESCONSIDERAÇÃO DA PERSONALIDADE JURÍDICA (DISREGARD DOCTRINE). TEORIA MAIOR. NECESSIDADE DE FUNDAMENTAÇÃO ANCORADA EM FRAUDE, ABUSO DE DIREITO OU CONFUSÃO PATRIMONIAL. RECURSO PROVIDO.
1. A teoria da desconsideração da personalidade jurídica - disregard doctrine -, conquanto encontre amparo no direito positivo brasileiro (art. 2º da Consolidação das Leis Trabalhistas, art. 28 do Código de Defesa do Consumidor, art. 4º da Lei n. 9.605/98, art. 50 do CC/02, dentre outros), deve ser aplicada com cautela, diante da previsão de autonomia e existência de patrimônios distintos entre as pessoas físicas e jurídicas.
2. A jurisprudência da Corte, em regra, dispensa ação autônoma para se levantar o véu da pessoa jurídica, mas somente em casos de abuso de direito - cujo delineamento conceitual encontra-se no art. 187 do CC/02, desvio de finalidade ou confusão patrimonial, é que se permite tal providência. Adota-se, assim, a '*teoria maior*' acerca da desconsideração da personalidade jurídica, a qual exige a configuração objetiva de tais requisitos para sua configuração (...)." (STJ. 4ª T. REsp 693235 MT 2004/0140247-0. Rel. Min. Luis Felipe Salomão. Julg. em 17.11.2009, *DJe* 30.11.2009).(*Grifo nosso*).

Já a segunda, intitulada teoria menor[68], centra-se na possibilidade de aplicação da desconsideração da personalidade jurídica em toda hipótese que se faz demonstrado necessário comprometimento do patrimônio do sócio por obrigação da empresa, i. e., parte-se da noção autorizadora de desconsideração todas as vezes em que a pessoa jurídica não tiver bens suficientes em seu patrimônio para a efetiva satisfação da obrigação, ou ainda em razão de seu estado de iliquidez.

Representa bem esta hipótese o art. 28, caput e §5º do Código de Defesa do Consumidor brasileiro (Lei n. 8.078/90), ao estipular que:

> *Art. 28. O juiz poderá desconsiderar a personalidade jurídica da sociedade quando, em detrimento do consumidor, houver abuso de direito, excesso de poder, infração da lei, fato ou ato ilícito ou violação dos estatutos ou contrato social. A desconsideração também será efetivada quando houver falência, estado de insolvência, encerramento ou inatividade da pessoa jurídica provocados por má administração.*
>
> *(...)*
>
> *§ 5° Também poderá ser desconsiderada a pessoa jurídica sempre que sua personalidade for, de alguma forma, obstáculo ao ressarcimento de prejuízos causados aos consumidores.*

---

68. "RESPONSABILIDADE CIVIL E DIREITO DO CONSUMIDOR. RECURSO ESPECIAL. SHOPPING CENTER DE OSASCO-SP. EXPLOSÃO.CONSUMIDORES. DANOS MATERIAIS E MORAIS. MINISTÉRIO PÚBLICO. LEGITIMIDADE ATIVA. PESSOA JURÍDICA. DESCONSIDERAÇÃO. TEORIA MAIOR E TEORIA MENOR. LIMITE DE RESPONSABILIZAÇÃO DOS SÓCIOS. CÓDIGO DE DEFESA DO CONSUMIDOR. REQUISITOS. OBSTÁCULO AO RESSARCIMENTO DE PREJUÍZOS CAUSADOS AOS CONSUMIDORES. ART. 28, § 5º.
Considerada a proteção do consumidor um dos pilares da ordem econômica e incumbindo ao Ministério Público a defesa da ordem jurídica, do regime democrático e dos interesses sociais e individuais indisponíveis, possui o Órgão Ministerial legitimidade para atuar em defesa de interesses individuais homogêneos de consumidores, decorrentes de origem comum. - A teoria maior da desconsideração regra geral no sistema jurídico brasileiro, não pode ser aplicada com a mera demonstração de estar a pessoa jurídica insolvente para o cumprimento de suas obrigações. Exige-se, aqui, para além da prova de insolvência, ou a demonstração de desvio de finalidade (teoria subjetiva da desconsideração), ou a demonstração de confusão patrimonial (teoria objetiva da desconsideração). – A *teoria menor* da desconsideração, acolhida em nosso ordenamento jurídico excepcionalmente no Direito do Consumidor e no Direito Ambiental, incide com a mera prova de insolvência da pessoa jurídica para o pagamento de suas obrigações, independentemente da existência de desvio de finalidade ou de confusão patrimonial. - Para a *teoria menor*, o risco empresarial normal às atividades econômicas não pode ser suportado pelo terceiro que contratou com a pessoa jurídica, mas pelos sócios e/ou administradores desta, ainda que estes demonstrem conduta administrativa proba, isto é, mesmo que não exista qualquer prova capaz de identificar conduta culposa ou dolosa por parte dos sócios e/ou administradores da pessoa jurídica. – A aplicação da teoria menor da desconsideração às relações de consumo está calcada na exegese autônoma do §5º do art. 28, do CDC, porquanto a incidência desse dispositivo não se subordina à demonstração dos requisitos previstos no caput do artigo indicado, mas apenas à prova de causar, a mera existência da pessoa jurídica, obstáculo ao ressarcimento de prejuízos causados aos consumidores. - Recursos especiais não conhecidos." (STJ. 3ªT. REsp 279.273/SP, Rel. Min. Nancy Andrighi. Julg. 04.12.2003).(*Grifos nossos*).

Diante da extensão acerca da aplicação da *Disregard doctrine*, define Justen Filho[69] :

> *A escolha por uma desconsideração mais ou menos extensa, então, não é produzida por atenção específica à natureza do risco de sacrifício, mas à extensão do abuso. Quanto mais ampla for a utilização abusiva da pessoa jurídica, tanto mais extensa será a desconsideração.*

Convém ainda apensar aqui o que comumente a doutrina denomina de "desconsideração inversa da personalidade jurídica" ou ainda, "desconsideração às avessas".

Trata-se da desconsideração da autonomia patrimonial da pessoa jurídica a fim de responsabilizá-la pelos atos ou mesmo dívidas praticadas por seus sócios.

Como bem nota Gonçalves[70] a desconsideração em tela caracteriza-se pelo afastamento do princípio da autonomia patrimonial da pessoa jurídica

> para responsabilizar a sociedade por obrigação do sócio, como, por exemplo, na hipótese de um dos cônjuges, ao adquirir bens de maior valor, registrá-los em nome da pessoa jurídica sob o seu controle, para livrá-los da partilha a ser realizada nos autos da separação judicial. Ao se desconsiderar a autonomia patrimonial, será possível responsabilizar a pessoa jurídica pelo devido ao ex-cônjuge do sócio.

Do dito, observa-se que a aplicação da desconsideração inversa se dá no campo do desvio de bens, fraude ou mesmo abuso de direito por parte do(s) sócio(s), prejudicando e mesmo, induzindo a erro de seu(s) credor(es), portanto, parte-se da prática de transferência de bens para a pessoa jurídica sobre a qual detém absoluto controle, de modo que continue a usufruí-los, ainda que tais bens estejam então agora, fazendo parte do patrimônio daquela pessoa jurídica e, por isso, dificultando a garantia de liquidez do próprio devedor para com a dívida assumida e não adimplida.[71]

---

69. JUSTEM FILHO, Marçal. *Desconsideração da personalidade societária no direito brasileiro.* São Paulo: RT, 1987, p.78.

70. GONÇALVES, Carlos Alberto. *Direito Civil brasileiro.* Parte Geral. 2 ed. São Paulo: Saraiva, 2005, p. 217.

71. "EMENTA PROCESSUAL CIVIL E CIVIL. RECURSO ESPECIAL. EXECUÇÃO DE TÍTULO JUDICIAL. ART. 50 DO CC/02. DESCONSIDERAÇÃO DA PERSONALIDADE JURÍDICA INVERSA. POSSIBILIDADE.
I – A ausência de decisão acerca dos dispositivos legais indicados como violados impede o conhecimento do recurso especial. Súmula 211/STJ. II – Os embargos declaratórios têm como objetivo sanear eventual
obscuridade, contradição ou omissão existentes na decisão recorrida. Inexiste ofensa ao art. 535 do CPC, quando o Tribunal a quo pronuncia-se de forma clara e precisa sobre a questão posta nos autos, assentando-se em fundamentos suficientes para embasar a decisão, como ocorrido na espécie. III – A desconsideração inversa da personalidade jurídica caracteriza-se pelo afastamento da autonomia patrimonial da sociedade, para, contrariamente do que ocorre na desconsideração da personalidade

4.5.4 INCIDENTE DE DESCONSIDERAÇÃO DA PERSONALIDADE JURÍDICA NO NOVO CÓDIGO DE PROCESSO CIVIL BRASILEIRO[72]

Como cediço, a edificação para um novo Código de Processo Civil iniciou em 2009, quando o Presidente do Senado Federal instituiu uma Comissão de Juristas para a elaboração de Anteprojeto visando estabelecer um novo Código Processual Civil, sendo o aludido Anteprojeto entregue ao final do 1º semestre de 2010 àquela Casa Legislativa.

No âmbito do Senado Federal, referido Anteprojeto tomou corpo em forma de PLS n. 166/2010 e ainda fora nomeada uma Comissão Especial pelo Relator do PLS, Senador Valter Pereira, com o intuito de não somente revisar o multicitado Anteprojeto, como também para analisar centenas de propostas de aperfeiçoamento enviadas ao Senado pelos próprios senadores bem como pelos mais diversificados segmentos das searas acadêmicas, forense e política,

---

propriamente dita, atingir o ente coletivo e seu patrimônio social, de modo a responsabilizar a pessoa jurídica por obrigações do sócio controlador. IV – Considerando-se que a finalidade da disregard doctrine é combater a utilização indevida do ente societário por seus sócios, o que pode ocorrer também nos casos em que o sócio controlador esvazia o seu patrimônio pessoal e o integraliza na pessoa jurídica, conclui-se, de uma interpretação teleológica do art. 50 do CC/02, ser possível a desconsideração inversa da personalidade jurídica, de modo a atingir bens da sociedade em razão de dívidas contraídas pelo sócio controlador, conquanto preenchidos os requisitos previstos na norma. V – A desconsideração da personalidade jurídica configura-se como medida excepcional. Sua adoção somente é recomendada quando forem atendidos os pressupostos específicos relacionados com a fraude ou abuso de direito estabelecidos no art. 50 do CC/02. Somente se forem verificados os requisitos de sua incidência, poderá o juiz, no próprio processo de execução, "levantar o véu" da personalidade jurídica para que o ato de expropriação atinja os bens da empresa. VI – À luz das provas produzidas, a decisão proferida no primeiro grau de jurisdição, entendeu, mediante minuciosa fundamentação, pela ocorrência de confusão patrimonial e abuso de direito por parte do recorrente, ao se utilizar indevidamente de sua empresa para adquirir bens de uso particular. Documento: 985791 - Inteiro Teor do Acórdão - Site certificado - DJ: 03/08/2010 Página 1 de 14 Superior Tribunal de Justiça VII – Em conclusão, a r. decisão atacada, ao manter a decisão proferida no primeiro grau de jurisdição, afigurou-se escorreita, merecendo assim ser mantida por seus próprios fundamentos. Recurso especial não provido." (STJ. 3ªT Resp. n. 948.117/MS Rel. Min. Nancy Andrighi. Julg. 22.06.2010).

"EMENTA.DESCONSIDERAÇÃO INVERSA DA PERSONALIDADE JURÍDICA- LEGITIMIDADE PASSIVA Pretensão de reforma da decisão que, em execução de título extrajudicial, reconheceu a legitimidade passiva da empresa agravante, por força de desconsideração inversa da personalidade jurídica Descabimento Hipótese em que há sólidos elementos de convicção, inclusive anterior relatório do Conselho Gestor de Ações Conjuntas de Combate à Evasão Fiscal, que apontam para o acerto da decisão ora agravada, no sentido de que a pessoa jurídica recorrente teria sido utilizada como instrumento para a prática de fraude ou abuso de direito pelo executado Decisão de primeiro grau que deve ser integralmente mantida Precedentes desta Colenda 13ª Câmara - RECURSO DESPROVIDO." (TJSP. AI. 12000537201282600000 SP 0120005-37.2012.8.26.0000, 13ª Câm. de Direito Privado Rel. Des. Ana de Lourdes Coutinho Silva. Julg. 29.08.2012, *DJ*. 31.08.2012).

72. Também em reflexões sobre a temática, cf. GAIO JÚNIOR, Antônio Pereira; CÂMARA, Alexandre Freitas. (Coords.). *Novo CPC: reflexões e perspectivas*. Belo Horizonte: Del Rey, 2014, p.57-86.

tudo com o fito de se vislumbrar possíveis aperfeiçoamentos ao texto originário daquele Anteprojeto.

Dito isso, com pontuais modificações, o Senado Federal acabou por aprovar ao final do mês de dezembro de 2010, substitutivo ao PLS n.166/2010, este que, em respeito ao art. 65, parágrafo único da Constituição Federal de 1988, fora enviado para a Câmara dos Deputados[73], recebendo nesta casa legislativa o número 8.046/2010.[74]

Após análise e estudos da Câmara dos Deputados, com acréscimos e modificações ao texto original do PL n. 166/2010, regressou o Projeto para o Senado Federal em 23 de março de 2014[75], onde a Comissão Temporária do Código de Processo Civil desta casa legislativa teve, por bem, analisar o Substitutivo da Câmara dos Deputados (PL n. 8.046/2010) ao Projeto de Lei do Senado, acatando várias das sugestões ali colacionadas e aprovando o texto-base de relatoria do Senador Vital do Rêgo em votação simbólica pelo plenário em 16.12.2014.

Em seguida, veio o Parecer da Comissão Diretora do Senado Federal em 17 de dezembro de 2014, com a respectiva redação final do Substitutivo da Câmara dos Deputados ao Projeto de Lei do Senado n. 166, de 2010 (n. 8.046, de 2010, naquela Casa)[76] – nos termos do texto consolidado pela já citada Comissão Temporária do Código de Processo Civil, com as adequações propostas pelo Relator e os destaques aprovados pelo Plenário, o que fora protocolado na Presidência da República em 24.02.2015 para fins de necessária sanção.

Finalmente, em 16 de março de 2015 foi o Código sancionado pela Presidente da República, inclusive com mensagem de veto aos artigos 35 (carta rogatória), 333 e 1.015, XII (conversão da ação individual em coletiva), 515, X (acórdão do tribunal marítimo como título executivo judicial), 895, §3º. (correção pelo índice oficial das prestações da alienação), 937, VII (sustentação oral em agravo interno) e 1.055 (pagamento de encargos por devedor ou arrendatário).

No corpo do novel CPC sancionado, encontra-se disciplinado na Parte Geral, Livro III, Capítulo IV do Título III "Da Intervenção de Terceiros", mais precisamente dos arts. 133 a 137, o intitulado "Incidente de Desconsideração da Personalidade Jurídica".

---

73. Disponível em: http://www.senado.gov.br/atividade/materia/detalhes.asp?p_cod_mate=97249. Acesso em 11.12.2012.

74. Disponível em: http://www.camara.gov.br/proposicoesWeb/fichadetramitacao?idProposicao=490267. Acesso em 29.12.2012.

75. Disponível em: http://www.camara.gov.br/proposicoesWeb/fichadetramitacao?idProposicao=490267. Acesso em 14.10.2015.

76. Disponível em: http://legis.senado.leg.br/mateweb/arquivos/mate-pdf/160741.pdf. Acesso em 08.11.2015.

Textualmente, aludido incidente se faz expresso nos seguintes termos:

> *CAPÍTULO IV*
>
> *DO INCIDENTE DE DESCONSIDERAÇÃO DA PERSONALIDADE JURÍDICA*
>
> *Art. 133. O incidente de desconsideração da personalidade jurídica será instaurado a pedido da parte ou do Ministério Público, quando lhe couber intervir no processo.*
>
> *§ 1º O pedido de desconsideração da personalidade jurídica observará os pressupostos previstos em lei.*
>
> *§ 2º Aplica-se o disposto neste Capítulo à hipótese de desconsideração inversa da personalidade jurídica.*

Normatizado nestes termos, segue-se adiante breve análise, a nosso ver, de seus pontos principais.

4.5.4.1 Natureza de "incidente"

Conforme já anunciado no título de seu Capítulo, a desconsideração da personalidade jurídica possui característica de um incidente processual, querendo daí depreender que prescinde de ação própria para provocar sua cognição. Neste sentido é que será nos próprios autos do processo, após provocação para tal, que o magistrado, estabelecerá o contraditório e a ampla defesa para o pleno conhecimento e análise meritória do pedido de desconsideração da personalidade jurídica em questão.

É bem verdade que a configuração em natureza incidental para o conhecimento de dito instituto representa o prestígio da economia processual e, se bem levada a cabo, igualmente, pelo Princípio da Cooperação dos partícipes da demanda, surtirá efetivos efeitos na tão desejosa, mas ainda desprestigiada celeridade processual, notabilizada por sua garantia formal no art. 5ª, LXXVIII da CF/88.

Ainda que pese constar do penúltimo artigo relativo ao tema (art.136), insta ressaltar aqui, porque se faz em sede interlocutória, portanto, incidental, é a referência ao instrumento recursal apto a enfrentar quaisquer das decisões proferidas acerca de tal incidente de desconsideração da personalidade jurídica. *In verbis*:

"Art.136. Concluída a instrução, se necessária, o incidente será resolvido por decisão interlocutória."

Nota-se que, havendo ou não necessidade de instrução probatória para o deslinde acerca do reconhecimento ou não do incidente, portanto, dependendo de cada caso em concreto, o *decisum* será atacável pela via recursal do Agravo de Instrumento (art.1.015, IV), já em sede de 2º grau, caso a decisão acerca do incidente venha a ser proferida pelo relator, cabível será o Agravo Interno (parágrafo único do art. 136).

4.5.4.2 Cabimento

Os permissivos legais para o respectivo cabimento do incidente de desconsideração da personalidade jurídica são elencados tanto sob o ponto de vista material quanto formal, ou seja, leva-se em conta tanto o conteúdo de direito material, objeto do caso concreto imputado a outrem e qualificado como casuística relativa ao cabimento de possível desconsideração da personalidade jurídica, como a forma processual e procedimental adequada.

Quanto ao conteúdo de direito material, nos caso de abuso da personalidade jurídica, *caracterizado na forma da lei*, o juiz poderá decidir que os efeitos de certas e determinadas obrigações sejam estendidos aos bens particulares dos administradores ou dos sócios da pessoa jurídica ou aos bens de empresa do mesmo grupo econômico.

Observa-se pelo dito que a regulação do abuso da personalidade jurídica advém do próprio conteúdo legal que o regula e, conforme já especificamente analisado no item 4.5.3 supra, são notórias as hipóteses decorrentes do próprio direito material, *ex vi* dos arts. 50 do C. Civil, 28 do CDC, dentre outros, inclusive levando-se em consideração as racionalidades pertinentes às já referidas *teorias maior e menor* da desconsideração e, portanto, serão em tais searas a que o magistrado se debruçará para admitir ou não a incidência da desconsideração da personalidade jurídica, evidentemente, demonstrada pela parte que a imputa como legitimamente necessária.

Chama atenção ainda o §2º do art. 133, ao dispor que o incidente da desconsideração da personalidade jurídica é aplicável à hipótese de desconsideração da personalidade jurídica inversa.

Trata-se, neste interim, do que já fora por nós enfrentado no item 4.5.3, i. e., a denominada "desconsideração inversa" ou "às avessas", centrada na possibilidade de desconsiderar a autonomia patrimonial da pessoa jurídica a fim de responsabilizá-la pelos atos ou mesmo dívidas praticadas por seus sócios, *in casu* do dispositivo em análise, pelo comprovado "abuso de direito por parte do sócio."

Seguindo os dispositivos referentes ao presente "incidente", expressa o art. 134, *caput*, a extensão processual e procedimental para o cabimento do incidente de desconsideração da personalidade jurídica, *in verbis*:

"Art. 134. O incidente de desconsideração é cabível em todas as fases do processo de conhecimento, no cumprimento de sentença e na execução fundada em título executivo extrajudicial."[77]

De todo modo, importante é que o incidente de desconsideração da personalidade jurídica encontrará lugar quer antes ou após a constituição do título

77. Enunciado n.125 do FPPC: "Há litisconsórcio passivo facultativo quando requerida a desconsideração da personalidade jurídica, juntamente com outro pedido formulado na petição inicial ou incidentemente no processo em curso."

executivo e mesmo naqueles casos onde já se encontra obtido o título executivo pela via extrajudicial.

4.5.4.3 Legitimidade e Participação

Autoriza o *caput* do art.133 que o requerimento para que os efeitos de certas e determinadas obrigações sejam estendidos aos bens particulares dos administradores ou dos sócios da pessoa jurídica ou aos bens de empresa do mesmo grupo econômico, isto em caso de abuso da personalidade da pessoa jurídica, seja realizado pela parte ou pelo Ministério Público quando, notadamente, lhe competir intervir no processo.

Nota-se que, no caso da parte requerente, vislumbra-se ser, por exemplo, um possível credor no âmbito da relação jurídica material e que agora, já em sede processual, portanto, inserido na relação jurídica processual, requer a desconsideração da personalidade jurídica de seu devedor - a pessoa jurídica em abuso de sua personalidade - ou mesmo o sócio devedor que, em abuso de direito deste, tem-se a necessidade de obter a desconsideração da personalidade jurídica na forma "inversa" ou "às avessas".

Na mesma toada, conforme supracitado, autorizado também estará o Ministério Público "quando lhe couber intervir no processo". Insta ressaltar que o *Parquet* estará apto a requerer a instauração do incidente tanto como parte quanto na hipótese de *custus legis*[78], pois que a "intervir no processo" compreende o exercício de ambas as atribuições, seja na qualidade de parte ou como importante fiscal da lei.[79]

Por outro lado, sustenta o art.135 que, uma vez requerida a desconsideração da personalidade jurídica e então instaurado o incidente, o sócio ou a pessoa jurídica será citado para, no prazo de quinze dias, se manifestar e requerer as provas cabíveis.[80]

Aponta-se aí a participação de ditas pessoas - o sócio ou a pessoa jurídica - que não compondo qualquer dos polos da demanda quando, p. ex., de seu nascedouro e mediante o requerimento da desconsideração da personalidade jurídica, terão seus interesses jurídicos[81] (neste caso, patrimo-

---

78. No mesmo entendimento, BUENO, Cássio Scarpinella. Desconsideração da personalidade Jurídica no Projeto do Novo Código de Processo Civil. *In*: BRUSCHI, Gilberto Gomes *et ali*. *Direito Processual Empresarial*. Rio de Janeiro: Elsevier, 2012, p. 123.

79. Enunciado n.123 do FPPC: "É desnecessária a intervenção do Ministério Público, como fiscal da ordem jurídica, no incidente de desconsideração da personalidade jurídica, salvo nos casos em que deva intervir obrigatoriamente, previstos no art. 178."

80. Enunciado n.248 do FPPC: "Quando a desconsideração da personalidade jurídica for requerida na petição inicial, incumbe ao sócio ou a pessoa jurídica, na contestação, impugnar não somente a própria desconsideração, mas também os demais pontos da causa."

81. Sobre a classificação dos terceiros quanto ao grau de influência dos efeitos de uma sentença sobre as suas relações jurídicas, estando aí a se destacar o "terceiro juridicamente interessado", ver o nosso *Instituições de Direito Processual Civil...*, p. 134-135.

niais) possivelmente atingidos, caso venha o magistrado, convencido pela força probante acostada pelo requerente, julgar procedente o já digitado requerimento.

Traga-se aqui à luz as garantias do devido processo constitucional[82] com a correta citação daqueles, por ventura, apontados na peça requerente, não somente porque, estando pela primeira vez a participar do feito, farão jus à aludida comunicação processual, inclusive, na forma pessoal – já que figurarão agora no processo, inegavelmente, como parte, pois que algo se pede em face deles[83] – como também, e aí na forma constitucionalmente "sagrada", exercerem o pleno e efetivo contraditório acerca das afirmações a qualquer daqueles dirigidas, tendo como natural garantia, notadamente, o direito de requererem as provas que julgarem cabíveis, tudo no lapso temporal de 15 (quinze) dias, *ex vi* do aludido dispositivo legal já explicado e agora *infra*:

"Art. 135. Instaurado o incidente, o sócio ou a pessoa jurídica será citado para manifestar-se e requerer as provas cabíveis no prazo de quinze dias."

4.5.4.4 Regras processuais e procedimentais

De conteúdo variável são os parágrafos que se seguem ao *caput* do art. 134 e que os reportamos abaixo:

> *§ 1º A instauração do incidente será imediatamente comunicada ao distribuidor para as anotações devidas.*
>
> *§ 2º Dispensa-se a instauração do incidente se a desconsideração da personalidade jurídica for requerida na petição inicial, hipótese em que será citado o sócio ou a pessoa jurídica.*
>
> *§ 3º A instauração do incidente suspenderá o processo, salvo na hipótese do § 2º.*
>
> *§ 4º O requerimento deve demonstrar o preenchimento dos pressupostos legais específicos para desconsideração da personalidade jurídica.*

---

82. Como instrumento para a efetivação dos valores bem como a realização das liberdades e direitos fundamentais, se estará a compreender que o processo leva consigo toda a carga tipicamente comandada pela sua exata noção de que, mais do que um meio estatal para a tentativa de realização prática do justo, é ele instrumento social e democrático eivado de direitos e garantias imperativas que devem ser respeitadas em sintonia com o Estado democrático que se presencia em dado tempo e espaço.
Nestes termos é que propulsa a índole do devido processo constitucional, consubstanciando no efetivo ideário axiológico que se estabelece na firme leitura constitucional sobre as instituições processuais.
No que se refere à relação Constituição e Processo, realçando a necessária efetividade deste bem como os escopos daquela, ver o nosso *Tutela Específica das Obrigações de Fazer...*, especialmente, o Capítulo I.

83. Dispõe o art. 242 do CPC/2015:
"Art. 242. A citação será pessoal, podendo, no entanto, ser feita na pessoa do representante legal ou do procurador do réu, do executado ou do interessado."

Do § 1º pouco há de se ressaltar senão a comunicação imediata ao distribuidor da existência do incidente, sobretudo, para fins de organização processual com o fito de requerer as anotações respectivas, evitando-se o próprio tumulto em distribuição de documentos nos autos, partindo, inclusive, da própria existência do incidente em tela.

Por outro lado, chama atenção o §2º, ao dispensar a instauração do incidente quando de seu requerimento já na própria exordial, caso então que o próprio sócio ou a pessoa jurídica já será devidamente citada, conforme já por nós enfrentado em item anterior.

A princípio, parte-se da ideia de que o legislador optou por inserir o pedido de desconsideração como em um pedido principal ou mesmo um único pedido, no entanto, é de se indagar: estaríamos diante de uma ação em que se requer a desconsideração de uma personalidade jurídica, para fins de agressão ao patrimônio? Não necessariamente. É possível, inclusive, requerer em sede de pedidos subsidiários, ou seja, em não sendo possível este, que seja aquele, por exemplo, levando a um próprio indeferimento e mesmo a uma decisão interlocutória do pedido de desconsideração, já que não se teria o condão de extinguir a própria demanda e então, em sede de agravo de instrumento, se requerer a própria desconsideração quando tal pedido for negado, daí que como incidente voltaria... Mas isso requer de nós outras letras... Em outros momentos...

Quanto ao §3º, prudentemente, a suspensão do processo é efeito necessário para evitar-se o tumulto nas relações jurídicas que se desenvolvem durante a cognição do "incidente"; deveras a mesma prudência toma conta do § 4º, ao se exigir, como não poderia diferente ser, a demonstração do preenchimento dos pressupostos legais específicos para a comprovação de existência da desconsideração da personalidade jurídica.

Em sequência procedimental, atesta o art. 136 que, uma vez concluída a instrução, se necessária, o incidente será resolvido por decisão interlocutória, o que contra a qual caberá agravo de instrumento.

Conforme já observamos alhures, é de se notar que, havendo ou não necessidade de instrução probatória para o deslinde acerca do reconhecimento ou não do incidente, e nisso, dependendo de cada caso em concreto, o *decisum* será atacável pela via recursal do Agravo de Instrumento.

Vale aqui uma referência ao art.1.015 do CPC, tudo no intuito de referendar a hipótese consolidada no dispositivo *in comento*.

> *Art. 1.015. Cabe agravo de instrumento contra as decisões interlocutórias que versarem sobre:*
>
> *I – tutelas provisórias;*
>
> *II – mérito do processo;*
>
> *III – rejeição da alegação de convenção de arbitragem;*
>
> ***IV – incidente de desconsideração da personalidade jurídica;***

> *V - rejeição do pedido de gratuidade da justiça ou acolhimento do pedido de sua revogação;*
>
> *VI - exibição ou posse de documento ou coisa;*
>
> *VII - exclusão de litisconsorte;*
>
> *VIII - rejeição do pedido de limitação do litisconsórcio;*
>
> *IX - admissão ou inadmissão de intervenção de terceiros;*
>
> *X - concessão, modificação ou revogação do efeito suspensivo aos embargos à execução;*
>
> *XI - redistribuição do ônus da prova nos termos do art. 373, § 1º;*
>
> *XII - (VETADO)*
>
> *XIII - outros casos expressamente referidos em lei.*
>
> *Parágrafo único. Também caberá agravo de instrumento contra decisões interlocutórias proferidas na fase de liquidação de sentença ou de cumprimento de sentença, no processo de execução e no processo de inventário.* (Grifo nosso).

Já parágrafo único do próprio art. 136 é que acaba avançando em nível de segundo grau, ao acrescentar que:

> *Parágrafo único. Se a decisão for proferida pelo relator, cabe agravo interno.*

Por fim, de importância relevante está o art. 137 do CPC. Assim expressa:

> *Art. 137. Acolhido o pedido de desconsideração, a alienação ou oneração de bens, havida em fraude de execução, após a instauração do incidente, será ineficaz em relação ao requerente.*

Trata-se, como se pode notar, de regulação com objetivo de garantir a liquidez patrimonial daquele requerente da desconsideração da personalidade jurídica de seu devedor, a fim de desqualificar qualquer alienação, oneração, ou seja, venda, garantia, etc. que poderia ensejar prejuízo e, por isso, perda do próprio objeto representativo do direito subjetivo inadimplido, justificador e ensejador da tutela jurisdicional requerida.

Não custa, no entanto, lembrar aqui a Súmula n. 375/STJ[84], o que, desde já, mereceria reflexões em bons contornos e harmonização com o dispositivo em questão.

4.6. *AMICUS CURIAE*

A expressão latina do *Amicus Curiae* (Amigo da Corte) transcende séculos.

84. *"O reconhecimento da fraude à execução depende do registro da penhora do bem alienado ou da prova de má-fé do terceiro adquirente."*

Foi empregada na Roma antiga, e posteriormente, na Inglaterra medieval,[85] para designar a participação de terceiros no processo, onde, a pedido da corte, ofereciam informações e respectivos esclarecimentos acerca de matérias específicas do direito.[86]

Verdade é que a característica original do *Amicus Curiae* continua presente em uma variedade de conceituações doutrinárias, estas que o identificam como um terceiro não possuidor de interesse direto na solução do conflito.

No entanto, conceituamos o *Amicus Curiae* como um terceiro que intervém em um processo ao qual não configura como parte, com o fito de oferecer ao órgão judicial seu contributo singular acerca da questão controvertida. Além disso, pode prestar informações técnicas sobre conteúdos complexos os quais ultrapassem os domínios do campo legal, cabendo ainda pontuar a possibilidade de sua atuação na "defesa de interesses dos grupos por ele representados no caso de serem, direta ou indiretamente, afetados pela decisão a ser tomada", [87] ainda que muitas vezes de forma não deliberada.

Nota-se, portanto, que não se trata de um terceiro genuíno nos moldes do que temos com relação ao instituto da "Intervenção de Terceiros", ten-

---

85. Cf. LOWAN, Michael. The Litigating amicus curiae: when does the party begin after the friends leave? In: *American University Law Review*, Vol. 41, 1992. p. 1243.
Ao contrário, sustentando que as raízes do *amicus curiae* estariam no direito penal inglês, já que o *consillliarius* romano se aproximaria de um perito judicial e não da figura em comento, Elisabetta Silvestre e Giovani Criscuoli *apud* BUENO, Cássio Scarpinella. *Amicus Curiae no Processo Civil Brasileiro: um terceiro enigmático*. São Paulo: Saraiva, 2006, p. 87-90.

86. Destaca-se aqui importantíssima observação de Cássio Scarpinela sobre a natureza conceitual deste "amigo da corte":
"Tem sido bastante comum entre as nossas letras a afirmação de que o amicus curiae é o "amigo da Corte" ou o "colaborador da Corte". Não há razão para discordar destas afirmações mas elas são claramente insatisfatórias em todos os sentidos. É que o nosso direito não conhece, pelo menos como este nome, um "amigo" ou um "colaborador" da "Corte", mesmo que se entenda por "Corte" os Tribunais ou, de forma ainda mais ampla, o Poder Judiciário. Assim, é inócuo, porque vazio de significado para a experiência jurídica brasileira, traduzir a expressão amicus curiae para o vernáculo. Ela, mesmo quando traduzida, não tem referencial na nossa história jurídica e, por isto, fica carente de verdadeira identificação. É o mesmo que traduzir a palavra "table" para o português. Se não se sabe o que é uma "mesa", para que ela serve, como ela se parece, é inócua a tradução. Falta referência. E mais: quando faço referência a "table" é bem provável que se pense que estou me valendo de uma palavra inglesa para me referir a "mesa". Mas não necessariamente. "Table" também é palavra que, em francês, significa a mesma coisa. E mais: tanto em inglês como em francês, "table" também pode ser usado como "quadro sinótico" e, por isto, a busca do "referencial" a que fiz alusão há pouco redunda necessariamente na busca do adequado contexto do uso da palavra. Não é diferente o que se dá com relação ao amicus curiae: é insuficiente sua "tradução vernacular"; é mister encontrar o seu referencial e seu contexto de análise no direito brasileiro. Só assim é que as questões que abrem estas linhas podem, com algum grau de satisfação, ser respondidas." (BUENO, Cássio Scarpinella. Quatro Perguntas e Quatro Respostas Sobre o Amicus Curiae. *In*: *Revista Nacional da Magistratura*. Ano II, n. 5. Brasília: Escola Nacional da Magistratura/Associação dos Magistrados Brasileiros, maio de 2008, p. 132.

87. MEDINA, Damaris. *Amicus Curiae. Amigo da Corte ou Amigo da Parte?* São Paulo: Saraiva, 2010, p. 47.

do certa tipicidade sua atividade muito mais como um auxiliar eventual do juízo.[88]

Cremos ainda que o *Amicus Curiae* pode ser compreendido como um adequado representante dos relevantes interesses existentes na própria sociedade civil e em amplo sentido no próprio Estado, tamanha a notória complexidade e diversidade do tecido social, problematizando-se questões metajurídicas pelas quais muitos são afetados em alguma medida pela decisão a ser tomada em sede processual.

O "amigo da corte", neste sentido, atua em juízo em prol dos aludidos interesses e muito bem nas palavras de Scarpinela "sua admissão em juízo depende sempre e em qualquer caso da comprovação de que ele, *amicus*, apresenta-se no plano material (isto é: 'fora do processo') como um 'adequado representante destes interesses.'"[89]

Na lei processual, encontramos algumas referências quanto à regulação da manifestação de terceiros sob o ângulo do *Amicus Curiae*, como, *v.g.*, nos processos de controle direto de constitucionalidade, conforme dicção do art. 7º, §2º da Lei n. 9.868/1999[90]; nos processos de arguição de descumprimento de preceito fundamental, mais precisamente no §1º do art. 6º da Lei n. 9.882/1999[91]; no âmbito dos Juizados Especiais Federais – Lei n. 10.259/2001 em seu art. 14, §7º[92]; na Resolução n. 022/2008 do Conselho da Justiça Federal, esta que dispõe sobre o Regimento Interno da Turma Nacional de Uniformização de Jurisprudência dos Juizados Especiais Federais, mais precisamente em seu art. 28, §1º[93], dentre outros.

No CPC, encontramos no art. 138 disposição que orienta a aplicabilidade do *Amicus Curiae* no âmbito do Processo Civil pátrio.

---

88. No mesmo sentido, CÂMARA, Alexandre, Freitas. *Lições de Direito Processual Civil.* Vol. I. 24 ed. São Paulo: Atlas, 2013, p. 247.

89. BUENO, Cássio Scarpinella. Quatro Perguntas e Quatro Respostas Sobre o Amicus Curiae. In: *Revista Nacional da Magistratura*... p. 133.

90. *"§ 2º O relator, considerando a relevância da matéria e a representatividade dos postulantes, poderá, por despacho irrecorrível, admitir, observado o prazo fixado no parágrafo anterior, a manifestação de outros órgãos ou entidades."*

91. *"§ 1o Se entender necessário, poderá o relator ouvir as partes nos processos que ensejaram a argüição, requisitar informações adicionais, designar perito ou comissão de peritos para que emita parecer sobre a questão, ou ainda, fixar data para declarações, em audiência pública, de pessoas com experiência e autoridade na matéria."*

92. *"§ 7º Se necessário, o relator pedirá informações ao Presidente da Turma Recursal ou Coordenador da Turma de Uniformização e ouvirá o Ministério Público, no prazo de cinco dias. Eventuais interessados, ainda que não sejam partes no processo, poderão se manifestar, no prazo de trinta dias."*

93. *"Art. 28. É facultado às partes, por seus advogados, apresentar memoriais e produzir sustentação oral, por dez minutos, prorrogáveis por igual prazo, a critério do Presidente.*
§ 1º Eventuais interessados que não sejam partes no processo poderão manifestar-se, ficando ao juízo do Presidente conceder ou não oportunidade de sustentação oral por ocasião do julgamento."

Nestes termos, em sequencia ao que já frisamos em parágrafos anteriores, estabelece o *Codex*:

> *Art. 138. O juiz ou o relator, considerando a relevância da matéria, a especificidade do tema objeto da demanda ou a repercussão social da controvérsia, poderá, por decisão irrecorrível, de ofício ou a requerimento das partes ou de quem pretenda manifestar-se, solicitar ou admitir a participação de pessoa natural ou jurídica, órgão ou entidade especializada, com representatividade adequada, no prazo de 15 (quinze) dias de sua intimação.*
>
> *§ 1º A intervenção de que trata o caput não implica alteração de competência nem autoriza a interposição de recursos, ressalvadas a oposição de embargos de declaração e a hipótese do § 3o.*
>
> *§ 2º Caberá ao juiz ou ao relator, na decisão que solicitar ou admitir a intervenção, definir os poderes do amicus curiae.*
>
> *§ 3º O amicus curiae pode recorrer da decisão que julgar o incidente de resolução de demandas repetitivas.*

Poderá o *Amicus Curiae* se tratar tanto de pessoa natural ou jurídica, órgão ou entidade especializada, com representatividade adequada.

Nota-se do dispositivo supra que, são pressupostos para a admissão do *Amicus Curiae*: a) relevância da matéria; b) especificidade do tema objeto da demanda ou a repercussão social da controvérsia em questão.

É possível ser admitido de ofício pelo magistrado em 1ª instância ou mesmo em sede de Tribunal pelo relator, ou mesmo a requerimento das partes, podendo ainda seu ingresso ser solicitado por quem pretenda manifestar-se como *Amicus Curiae* na demanda, valendo destacar que caberá ao juiz ou ao relator, na decisão que solicitar ou admitir a sua intervenção, definir os poderes de atuação do mesmo.

Uma vez admitida sua participação no Processo pelo órgão judicial, tratar-se-á aí de uma decisão irrecorrível, cabendo a manifestação do "amigo da corte" no prazo de 15 (quinze) dias de sua intimação.

A intervenção do *Amicus Curiae* no processo não implicará em qualquer alteração da competência do juízo nem mesmo autorizará a interposição de recursos daquele, ressalvado, notadamente, o manejo de embargos de declaração bem como a interposição de recurso da decisão que julgar o incidente de resolução de demandas repetitivas, conforme se depreende do art. 138, §3º.

5. AUXILIARES DA JUSTIÇA

Cuida o Capítulo III do Título IV da Parte Geral dos denominados "Auxiliares da Justiça", estes que atuam junto ao juízo e são considerados também sujeitos do processo, desempenhando funções de elevada relevância para que o instrumento pelo a qual a jurisdição opera – o Processo – possa cumprir fielmente o seu desiderato proporcionando de modo eficiente, a melhor prestação do serviço público da justiça.

Os serventuários da justiça mantém vínculo estatutário com o Estado-membro ou com a União, isso conforme se trate de Justiça Comum ou Especial e são lotados na vara, esta que é a designação da unidade funcional do órgão judiciário de primeiro grau de jurisdição, valendo notar que um cartório supre a atividade de cada vara.[94]

Como bem ilustra o art. 149, são considerados auxiliares da justiça, além de outros cujas atribuições sejam determinadas pelas normas de organização judiciária, o escrivão, o chefe de secretaria, o oficial de justiça, o perito, o depositário, o administrador, o intérprete, o tradutor, o mediador, o conciliador judicial, o partidor, o distribuidor, o contabilista e o regulador de avarias.

5.1 ESCRIVÃO, CHEFE DE SECRETARIA E OFICIAL DE JUSTIÇA

De pronto, importa-nos aqui referir que tanto o escrivão ou chefe de secretaria e o oficial de justiça são elementos essenciais para a correta organização formal e prática das atividades realizadas pelas comarcas e juízos no âmbito do Poder Judiciário brasileiro.

Dito isso, importante frisar que cabe às normas de organização judiciária estabelecer as atribuições dos ofícios de justiça em cada juízo. sendo que Em cada comarca, seção ou subseção judiciária haverá, no mínimo, tantos oficiais de justiça quantos sejam os juízos (art. 151 do CPC).

São atribuições do escrivão ou chefe de secretaria:

> *I - redigir, na forma legal, os ofícios, os mandados, as cartas precatórias e os demais atos que pertençam ao seu ofício;*
>
> *II - efetivar as ordens judiciais, realizar citações e intimações, bem como praticar todos os demais atos que lhe forem atribuídos pelas normas de organização judiciária;*
>
> *III - comparecer às audiências ou, não podendo fazê-lo, designar servidor para substituí-lo;*
>
> *IV - manter sob sua guarda e responsabilidade os autos, não permitindo que saiam do cartório, exceto:*
>
> *a) quando tenham de seguir à conclusão do juiz;*
>
> *b) com vista a procurador, à Defensoria Pública, ao Ministério Público ou à Fazenda Pública;*
>
> *c) quando devam ser remetidos ao contabilista ou ao partidor;*
>
> *d) quando forem remetidos a outro juízo em razão da modificação da competência;*

94. ASSIS, Araken de. *Processo Civil Brasileiro*. Vol. II Tomo I. São Paulo: RT, 2015, p.1012.

> *V - fornecer certidão de qualquer ato ou termo do processo, independentemente de despacho, observadas as disposições referentes ao segredo de justiça;*
>
> *VI - praticar, de ofício, os atos meramente ordinatórios.*

No tocante ao inciso VI supra, vale considerar que caberá ao juiz titular editar ato com o fito de regulamentar a prática, de ofício, dos aludidos atos meramente ordinatórios, *ex vi* do §1º do art. 152.

Havendo impedimento do escrivão ou chefe de secretaria, caberá ao magistrado convocar respectivo substituto e, ante a ausência deste, será então nomeada pessoa idônea para o ato.

Ainda que o assunto venha a ser tratado também mais adiante, quando dos deveres do juiz, cumpre aqui registrar atividade novata inclusa no CPC/2015, esta relativa à ordem cronológica de conclusão dos julgados, inicialmente cotejada no art. 12 do CPC, mas com atividade pragmática realizada também pelo escrivão ou chefe de secretaria.

Assim, conforme dispõe o art. 153 em seu *caput* e §1º, àquele servidor compete atender, preferencialmente, a ordem cronológica de recebimento da publicação e efetivação dos respectivos pronunciamentos judiciais, devendo ser a lista de processos recebidos ficar disponibilizada de forma permanente, inclusive para consulta pública.

Estão excluídos da regra cronológica supra: (i) os atos urgentes, assim reconhecidos pelo juiz no pronunciamento judicial a ser efetivado; (ii) as preferências legais (§2º do art. 153).

Após elaboração de lista própria, respeitar-se-ão a ordem cronológica de recebimento entre os atos urgentes e as preferências legais.

Caso a parte considerar-se preterida quanto à ordem cronológica dos autos de seu processo poderá reclamar, diga-se, nos próprios autos, junto ao magistrado do processo, este que requisitará informações ao servidor responsável pela elaboração da aludida lista de ordem cronológica dos processos, que terá 2 (dois) dias para prestá-las.

Uma vez constatada a alegada preterição, será determinado pelo juiz o imediato cumprimento do ato seguido da instauração do devido processo administrativo em face do servidor (§5º do art. 153).

De outra banda, incumbe ao oficial de justiça as seguintes serventias:

> *Art. 154. Incumbe ao oficial de justiça:*
>
> *I - fazer pessoalmente citações, prisões, penhoras, arrestos e demais diligências próprias do seu ofício, sempre que possível na presença de 2 (duas) testemunhas, certificando no mandado o ocorrido, com menção ao lugar, ao dia e à hora;*
>
> *II - executar as ordens do juiz a que estiver subordinado;*
>
> *III - entregar o mandado em cartório após seu cumprimento;*

IV - auxiliar o juiz na manutenção da ordem;

V - efetuar avaliações, quando for o caso;

VI -certificar, em mandado, proposta de autocomposição apresentada por qualquer das partes, na ocasião de realização de ato de comunicação que lhe couber.

Certificada a proposta de autocomposição referida no inciso VI acima citado, caberá ao magistrado ordenar a intimação da parte contrária para manifestar-se, no prazo de 5 (cinco) dias, sem prejuízo do andamento regular do processo, entendendo-se aí o silêncio como recusa da mesma, conforme aponta o parágrafo único do art. 154.

Por fim, o escrivão, o chefe de secretaria e o oficial de justiça são considerados responsáveis, civil e regressivamente, quando: (i) se recusarem, sem qualquer motivo tido como justo, a cumprir no prazo os atos impostos pela lei ou pelo juiz a que estão subordinados; (ii) praticarem ato nulo com dolo ou culpa (art. 155).

5.2 PERITO

Trata-se o perito de auxiliar do juízo, que assiste ao juiz quando da prova de fato necessitar de conhecimento técnico ou científico, na esteira do que expressa o art. 156, caput do CPC.

A nomeação do perito deve se dar dentre profissionais legalmente habilitados e os órgãos técnicos ou científicos devidamente inscritos em cadastro mantido pelo tribunal ao qual o magistrado esteja vinculado.

Através de consultas públicas realizadas pelos tribunais, seja por meio de divulgação na rede mundial de computadores ou em jornais de grande circulação, além de consulta direta a universidades, a conselhos de classe, ao Ministério Público, à Defensoria Pública e à Ordem dos Advogados do Brasil, para a indicação de profissionais ou de órgãos técnicos interessados, os cadastros de *experts* serão formados (*ex vi* §2º do art. 156).

Ressalta-se, entretanto, que nas localizações onde não houver inscrito no referido cadastro disponibilizado pelo tribunal, a nomeação do perito será de livre escolha pelo juiz, notadamente, devendo recair sobre profissional ou órgão técnico ou científico comprovadamente detentor do conhecimento necessário à realização da perícia. Ainda aqui, insta sublinhar que, a despeito de a regra ser a escolha do perito pelo juiz, o CPC em seu art.147 admite também a possibilidade das partes em fazê-la, isso mediante acordo processual e desde que: (i) sejam plenamente capazes; (ii) possa a causa ser resolvida por meio da autocomposição.

Uma lista de peritos será organizada na vara ou na secretaria, com disponibilização dos documentos exigidos para habilitação à consulta de interessados, a fim de que a nomeação dos mesmos seja distribuída de modo equitativo, sempre observando a capacidade técnica e a área de conhecimento, conforme prescreve o §2º do art. 157.

Cumpre aos tribunais realizar avaliações e reavaliações periódicas para fins de manutenção do cadastro, considerando a formação profissional, a atualização do conhecimento e a experiência dos peritos interessados (§3º do art. 156).

Está o perito, tal qual o juiz, sujeito à impugnação por impedimento ou suspeição. Neste sentido, prevê o §4º do art. 156 o seguinte:

> *§ 4º Para verificação de eventual impedimento ou motivo de suspeição, nos termos dos arts. 148 e 467, o órgão técnico ou científico nomeado para realização da perícia informará ao juiz os nomes e os dados de qualificação dos profissionais que participarão da atividade.*

Tem o perito o dever de cumprir o ofício no prazo devidamente a ele designado pelo juiz, logicamente, empregando toda a sua diligência e capacidade No entanto, pode escusar de cumprir o encargo à ele designado desde que alegando motivo legítimo, sendo considerado legítima também a escusa por motivo de saúde ou ainda pela necessidade premente de se ausentar da comarca ou seção judiciária.[95]

A digitada escusa será apresentada no prazo de 15 (quinze) dias, contado da intimação, da suspeição ou do impedimento supervenientes, sob pena de renúncia ao direito a alegá-la (§1º do art. 157).

De tudo, o perito que prestar informações inverídicas, seja por ato doloso ou culposo, responderá, de acordo com o art. 158, por todos os prejuízos que causar à parte lesada por seu ato, ficando inabilitado para atuar em outras perícias no prazo de 2 (dois) a 5 (cinco) anos, isso independentemente das demais sanções previstas em lei, devendo o magistrado comunicar tal fato ao respectivo órgão de classe para adoção das medidas que entender cabíveis.

5.3 DEPOSITÁRIO E ADMINISTRADOR

Tanto o depositário quanto o administrador são auxiliares do Poder Judiciário para fins de guarda e a conservação de bens penhorados, arrestados, sequestrados ou arrecadados, não dispondo a lei de modo diverso (art. 159 do CPC).

Para o exercício do ofício, seja o depositário ou o administrador perceberá remuneração a ser fixará pelo juiz, que para isso levará em conta a situação dos bens, ao tempo do serviço e às dificuldades de sua execução, podendo ainda o magistrado nomear um ou mais prepostos por indicação do próprio

95. Cf. MARINONI, Luiz Guilherme; ARENHART, Sérgio Cruz; MITIDIERO, Daniel. *Novo Código de Processo Civil Comentado*. São Paulo: RT, 2015, p. 226-227.

depositário ou do administrador, tudo de acordo com o art. 160, *caput* e parágrafo único.

Como é cediço a qualquer auxiliar da justiça, sustenta o art.161 que o depositário ou o administrador, responderá pelos prejuízos que, decorrente de dolo ou culpa, causar à parte, perdendo a remuneração que lhe foi arbitrada, mas tem o direito a haver o que legitimamente despendeu no exercício do encargo, cabendo destacar que, tratando-se de depositário infiel, este responderá civilmente pelos prejuízos causados, sem prejuízo de sua responsabilidade penal e da imposição de sanção por ato atentatório à dignidade da justiça (parágrafo único do art. 161).

5.4 INTÉRPRETE E TRADUTOR

Cabe ao intérprete e ao tradutor, quando nomeados pelo juiz: (i) traduzir documento redigido em língua estrangeira; (ii) verter para o português as declarações das partes e das testemunhas que desconhecem o idioma nacional; (iii) realizar a interpretação simultânea dos depoimentos das partes e testemunhas com deficiência auditiva que se comuniquem por meio da Língua Brasileira de Sinais, ou equivalente, quando assim lhes for solicitado (art. 162).

O CPC estabelece os impedimentos para realizar o ato de traduzir ou interpretar como auxiliar do juízo, e são eles:

> *Art. 163 (...)*
>
> *I - não tiver a livre administração de seus bens;*
>
> *II - for arrolado como testemunha ou atuar como perito no processo;*
>
> *III - estiver inabilitado para o exercício da profissão por sentença penal condenatória, enquanto durarem seus efeitos.*

Registra-se que o intérprete ou tradutor, seja oficial ou não, está obrigado a desempenhar seu ofício quando nomeado pelo juiz, aplicando ambos as escusas e responsabilidades previstas para o perito (arts. 157 e 158), conforme regra o art. 164 do CPC.

5.5 CONCILIADORES E MEDIADORES JUDICIAIS

Conforme será enfrentado mais adiante, mais precisamente nos estudos acerca do Procedimento Comum, o CPC/2015, o CPC/2015 pode prever a realização de uma audiência de Conciliação e Mediação com previsão no art. 334, a fim de estimular e promover os escopos efetivamente prometidos já no rol correspondente às normas fundamentais por ele eleitas, traduzindo-se, dentre muitas, aquelas contidas nos §§ 2º e 3º do art. 3º, *in verbis*:

> *§2º O Estado promoverá, sempre que possível, a solução consensual dos conflitos.*

> *§3º A conciliação, a mediação e outros métodos de solução consensual de conflitos deverão ser estimulados por juízes, advogados, defensores públicos e membros do Ministério Público, inclusive no curso do processo judicial.*

Disso, cediço é que o magistrado, ainda que sempre estimulado pelos dispositivos que já se encontravam presentes no CPC/1973 revogado, e mesmo diante de efetiva política nacional de conciliação edificada pelo Conselho Nacional de Justiça (CNJ)[96], não prepara, seja, em sua formação ou mesmo diante das necessidades concretas da razão prática de seu ofício, a empreender esforços no sentido de, qualitativamente, estimular as partes *ex adversas* em um, conflito de pretensões, à política do consenso, a equacionar laços e efetivar composições, não sendo raro, inclusive, a "saltar", como se autorizado fosse, a audiência preliminar devidamente disposta e regulada no art. 331 do até então Código Buzaid.

Pois bem. Dito isso, de muito bom grado fora a iniciativa do legislador do novel Código de Processo Civil a contemplar no corpo deste, regras atinentes à necessária participação de conciliadores e mediadores no âmbito dos processos de natureza civil em sede pátria.

Para tanto, de início, destaca o art. 165 que os tribunais criarão centros judiciários de solução consensual de conflitos, estes que serão responsáveis pela realização de sessões e audiências de conciliação e mediação e pelo desenvolvimento de programas destinados a auxiliar, orientar e estimular a autocomposição.

Aludidos centros judiciários de solução consensual de conflitos terão sua composição e organização definidas pelo respectivo tribunal, observadas as normas do Conselho Nacional de Justiça.

Procurou o legislador traçar o âmbito de atuação dos conciliadores e mediadores em sede judicial. Para isso. Dispôs os §§2º 2 3º do art. 165 as seguintes diretrizes:

> *§ 2º O conciliador, que atuará preferencialmente nos casos em que não houver vínculo anterior entre as partes, poderá sugerir soluções para o litígio, sendo vedada a utilização de qualquer tipo de constrangimento ou intimidação para que as partes conciliem.*

---

96. "CNJ e a Política da Conciliação". Movimento pela Conciliação (criado em 2006), que engloba todos os tribunais de Justiça, Federais e do Trabalho, com o objetivo de divulgar e incentivar a solução de conflitos por meio da cultura do diálogo, com vista a garantir maior celeridade e efetividade à Justiça. A Recomendação n. 08 do CNJ (2007), estabelece que o Movimento pela Conciliação seja uma comissão permanente e define a necessidade de oferta de cursos de capacitação de conciliadores, magistrados e servidores, ressaltando a necessidade de uma educação jurídica voltada para a conciliação.
Confira ainda a Resolução n.125, de 29.11.2010, do Conselho Nacional de Justiça, esta que dispõe sobre a Política Judiciária Nacional de tratamento adequado dos conflitos de interesses no âmbito do Poder Judiciário e dá outras providências.

> *§ 3º O mediador, que atuará preferencialmente nos casos em que houver vínculo anterior entre as partes, auxiliará aos interessados a compreender as questões e os interesses em conflito, de modo que eles possam, pelo restabelecimento da comunicação, identificar, por si próprios, soluções consensuais que gerem benefícios mútuos*

São princípios orientadores tanto da conciliação quanto da mediação os princípios da independência, da imparcialidade, da autonomia da vontade, da confidencialidade, da oralidade, da informalidade e da decisão informada.

Destarte, quanto ao princípio da confidencialidade, deve ser ele interpretado à luz de sua extensão à todas as informações produzidas no curso do procedimento, cujo teor não poderá ser utilizado para fim diverso daquele previsto por expressa deliberação das partes. Assim, no que toca ao dever de sigilo, inerente às tais funções, tanto o conciliador como mediador e ainda todos os membros de suas equipes, não poderão de forma alguma divulgar ou depor acerca de fatos ou elementos decorrentes da conciliação ou da mediação realizada ou em realização.

Ressalta-se que a compreensão da maioria dos princípios supracitados se faz presente no Código de Ética de Conciliadores e Mediadores judiciais, encontrando-se ele no Anexo III da Resolução n.125/2010 do CNJ.

Vale dizer que ambas as formas propícias as solução dos conflitos[97] serão regidas conforme a livre autonomia dos interessados, inclusive no que diz respeito à definição das regras procedimentais, conforme define o parágrafo único do art.166.

O sistema de solução de controvérsias para além do aparato jurisdicional estatal possui, junto aos meios em tela enfrentados (conciliação e mediação), outras formas de resolução de conflitos tal qual a negociação[98] e a arbitragem[99], configurando-se em um "sistema multiportas" vetorizado para fins de realização da solução das contendas, sempre levando-se em consideração desde questões como a natureza do litígio até o plano efetivo de possíveis resultados e seus efeitos, tudo para fins de escolha de qual o método mas hábil e ser aplicado frente ao litígio latente ou mesmo instaurado.

---

97. Mais sobre o assunto, confira o Capítulo 3 da presente obra.

98. A negociação é um procedimento que envolve a ideia de transação para a solução de uma disputa de natureza instantânea. Os interessados (com frequência advogados) tentam acordar sobre o que vai ser dado e o que vai ser recebido, vez que são os verdadeiros agentes negociadores no processo. Assim como a facilitação do diálogo, a negociação também pode ser compreendida como um procedimento autônomo ou uma fase de outro procedimento de natureza mais complexa.

99. Regulada no Brasil pela Lei n. 9.307/1996, trata-se a Arbitragem de meio propício à solução de conflitos sobre direitos patrimoniais disponíveis ou transacionáveis, que, por meio de árbitro privado, escolhido pelas partes e destas recebendo poderes, decide a controvérsia, possuindo tal decisão a mesma força e efeitos jurídicos decorrentes daquelas sentenças proferidas pelos órgãos do Poder Judiciário.
Para um estudo aprofundado da técnica da Arbitragem, sugiro ao leitor ir para o Capítulo 23 da presente obra.

Quanto ao campo da técnica[100] a ser empregada por aqueles responsáveis na condução e aplicação sensata do método de trabalho junto aos partícipes do litígio em questão, tem-se a possibilidade de intercambiar, quando necessário, possibilidades e habilidades de um método em outro, o que somente diante do caso concreto se poderá realizar tal razão prática. Disso reconhece o legislador ao pontuar no §3º do art. 166, a admissão da aplicação de técnicas negociais objetivando proporcionar ambiente favorável à autocomposição.

Já quanto aos aspectos formais, procurou o legislador (art. 167, caput do CPC) estabelecer que aos conciliadores, mediadores e câmaras privadas de conciliação e mediação será necessária a inscrição em cadastro nacional e em cadastro de tribunal de justiça ou de tribunal regional federal, estes que manterão o registro de profissionais habilitados, com indicação de sua área profissional.

Assim, preenchido o requisito da capacitação mínima, por meio de curso realizado por entidade credenciada, conforme parâmetro curricular definido pelo Conselho Nacional de Justiça em conjunto com o Ministério da Justiça, o conciliador ou o mediador, com o respectivo certificado, poderá requerer sua inscrição no cadastro nacional e no cadastro de tribunal de justiça ou de tribunal regional federal, conforme regra o §1º do art. 167.

Dito isso, uma vez efetivado o registro, que poderá ser precedido de necessário concurso público, o tribunal remeterá ao diretor do foro da comarca, seção ou subseção judiciária onde atuará o conciliador ou o mediador os respectivos dados para que seu nome passe a constar da lista de conciliadores e mediadores aptos ao desenvolvimento de tal ofício em sede judicial, sendo observada a partir da lista, a distribuição alternada e aleatória, de forma a respeitar o princípio da igualdade dentro da mesma área de atuação profissional, *ex vi* do §2º.

Com o credenciamento das câmaras cabendo e do cadastro de conciliadores e mediadores, passará o respectivo tribunal a ter uma espécie de "histórico" do profissional, onde, nas palavras do §3º do art. 167, "*constarão todos os dados relevantes para a sua atuação, tais como o número de processos de que participou, o sucesso ou insucesso da atividade, a matéria sobre a qual versou a controvérsia, bem como outros dados que o tribunal julgar relevantes.*"

Diante de citados dados colhidos, serão eles classificados sistematicamente pelo tribunal, este que os publicará pelo menos anualmente, a fim de dar cabo à publicidade junto à população das atividades desenvolvidas bem como para fins estatísticos e de avaliação da conciliação, da mediação, das câmaras privadas de conciliação e de mediação, dos conciliadores e dos mediadores (§4º do art. 167).

---

100. No tocante a algumas técnicas aplicadas aos testemunhos e conciliações, ver por todos, FURNHAM, Adrian. *Linguagem corporal no trabalho.* Tradução de Márcia da Cruz Nobóa. Leme. São Paulo: Nobel, 2001.

Sendo advogado o conciliador ou o mediador judicial cadastrados estará ele impedido de exercer a advocacia nos juízos em que desempenhe suas funções, cabendo notar ainda que, poderá o tribunal optar pela criação de quadro próprio de conciliadores e mediadores, este a ser, notadamente, preenchido por concurso público de provas e títulos, de acordo com o que reza o §6º do art. 167.

Por outro lado, ainda que o próprio tribunal tenha optado pela criação de seu quadro próprio de conciliadores e mediadores, tal escolha não vincula as partes do processo, pois visto ser facultado a ambas, desde que, em comum acordo, a escolha do conciliador, do mediador ou da câmara privada de conciliação e de mediação, ainda que este não esteja cadastrado no respectivo tribunal, tudo nos exatos termos do art. 168 em seu *caput* e §1º.

Outrora inexistindo acordo quanto à escolha do mediador ou conciliador, haverá distribuição entre aqueles devidamente cadastrados no registro do tribunal, observada a respectiva formação do mesmo, instando a sublinhar aqui a recomendação, sempre que necessário, de mais de um mediador ou conciliador para devida sessão de solução da controvérsia (§§ 2º e 3º do art. 168).

No tocante à remuneração a ser percebida pelos conciliadores e mediadores, será ela decorrente do trabalho realizado, tendo o seu valor fixado em tabela elaborada pelo tribunal, conforme parâmetros estabelecidos pelo Conselho Nacional de Justiça, cabendo notar que dita regulação não se aplica aos conciliadores e mediadores que, por concurso público de provas e títulos, integrarão quadro próprio do tribunal (art. 169, *caput* do CPC).

Será possível a realização de conciliação e mediação de forma voluntária, confirmando-se então, desde que em sintonia com a legislação correlata ao assunto[101] e ainda, regulamentação do tribunal em questão.

Ainda neste tema, será determinado pelos tribunais o percentual de audiências não remuneradas que deverão ser suportadas pelas câmaras privadas de conciliação e mediação, tendo isso como fim o atendimento aos processos aos quais fora deferida a gratuidade da justiça, tudo como contrapartida de seu credenciamento (§2º do art. 169).

Poderá o conciliador ou o mediador estar impedido de exercer o seu ofício. Neste caso, comunicará ao juízo imediatamente, de preferência por meio eletrônico, e devolverá os autos do processo ao magistrado ou ao coordenador do centro judiciário de solução de conflitos, devendo se realizar uma nova distribuição.

De outro modo, sendo a causa de impedimento apurada quando já iniciado o procedimento, a atividade será interrompida, lavrando-se ata com relatório do ocorrido e solicitação de distribuição para novo conciliador ou mediador, ficando o conciliador ou o mediador substituídos, impedidos, pelo prazo de 1

---

101. Lei n. 9.608, de 18 de fevereiro de 1998, esta que dispõe sobre o serviço voluntário e dá outras providências.

(um) ano, contado do término da última audiência em que atuaram, de assessorar, representar ou patrocinar qualquer das partes (art. 172).

Já, quando se tratar de impossibilidade temporária do exercício da função, caberá ao conciliador ou ao mediador informará o fato ao centro judiciário de solução de conflitos, preferencialmente por meio eletrônico, para que, durante o período em que perdurar a impossibilidade, não ocorram novatas distribuições.

Poderá ainda tanto o conciliador quanto o mediador serem excluídos do cadastro do tribunal. Isso se dará quando:

> *Art. 173. Será excluído do cadastro de conciliadores e mediadores aquele que:*
>
> *I - agir com dolo ou culpa na condução da conciliação ou da mediação sob sua responsabilidade ou violar qualquer dos deveres decorrentes do art. 166, §§ 1º e 2º;*
>
> *II - atuar em procedimento de mediação ou conciliação, apesar de impedido ou suspeito.*
>
> *§1º Os casos previstos neste artigo serão apurados em processo administrativo.*
>
> *§2º O juiz do processo ou o juiz coordenador do centro de conciliação e mediação, se houver, verificando atuação inadequada do mediador ou conciliador, poderá afastá-lo de suas atividades por até 180 (cento e oitenta) dias, por decisão fundamentada, informando o fato imediatamente ao tribunal para instauração do respectivo processo administrativo.*

Como reforço e esforço, diante do avassalador e ordinário número de processos aos quais o próprio poder público figura, tanto no polo ativo quanto no polo passivo, nas mais diversas comarcas, seções judiciárias e tribunais de todos os níveis do país, caracterizando-se já por muito anos como o principal "partícipe" (litigante ou litigado) dos processos judiciais em curso, mesmo que tarde, mas não menos oportuno, vem a sustentar o art. 174 importante compromisso ao qual a União, os Estados, o Distrito Federal e os Municípios criarão câmaras de mediação e conciliação, com atribuições relacionadas à solução consensual de conflitos no âmbito administrativo, tais como: (i) dirimir conflitos envolvendo órgãos e entidades da administração pública; (ii) avaliar a admissibilidade dos pedidos de resolução de conflitos, por meio de conciliação, no âmbito da administração pública; (iii) promover, quando couber, a celebração de termo de ajustamento de conduta.

Por fim, ainda que pese toda esta regulação quanto o estabelecimento da conciliação e mediação judiciais, o que, diga-se de passagem, aplica-se, no que couber, às câmaras privadas de conciliação e mediação. (parágrafo único do art.175), não ficam excluídas outras formas de conciliação e mediação extrajudiciais vinculadas a órgãos institucionais ou mesmo realizadas por intermédio de profissionais independentes, o que já se observa, p. ex. em sede da Lei n.

13.140, de 26.07.2015, esta que dispõe sobre a mediação entre particulares como meio de solução de controvérsias e sobre a autocomposição de conflitos no âmbito da administração pública, alterando a Lei n. 9.469, de 10 de julho de 1997, e o Decreto n. 70.235, de 6 de março de 1972; e revoga o § 2º do art. 6º da Lei n. 9.469, de 10 de julho de 1997.

6. MINISTÉRIO PÚBLICO

6.1 DEFINIÇÕES E GARANTIAS

A Constituição Federal, em seu art. 127 e seguintes, criou o Ministério Público como uma instituição permanente, autônoma e independente, com competência para defender a ordem jurídica, o regime democrático e os interesses sociais e individuais indisponíveis. Apesar de atuar junto a todos os órgãos do Poder Judiciário, não possui nenhum vínculo de subordinação a ele ou aos outros poderes da República.

Na verdade, os membros do Ministério Público têm as mesmas garantias dos membros da magistratura (art. 128 da CF), quais sejam: I – vitalidade, após dois anos de exercício, não podendo perder o cargo senão por sentença judicial transitada em julgado; II – inamovibilidade, salvo por motivo de interesse público, mediante decisão do órgão colegiado competente do Ministério Público, pelo voto da maioria absoluta de seus membros, assegurada ampla defesa; III – irredutibilidade de subsídio, fixado na forma do art. 39, § 4º e ressalvado o disposto nos arts. 37, X e XI, 150, II, 153, III, 153, § 2º, I da CF/88.

A Constituição Federal, no seu art. 128, afirma que o Ministério Público abrange: I – O Ministério Público da União que compreende o Ministério Público Federal que atua junto à Justiça Federal, o Ministério Público do Trabalho, o Ministério Público Militar e o Ministério Público do Distrito Federal e Território; II – os Ministérios Públicos dos Estados.

6.2 O MINISTÉRIO PÚBLICO NO CPC

O Ministério Público participa no âmbito do processo civil, atuando na defesa da ordem jurídica, do regime democrático e dos interesses e direitos sociais e individuais indisponíveis, conforme destaca o art. 176 do CPC.

Dita participação de dá nos seguintes termos:

I – *como parte* (art. 177 do CPC), nos casos expressamente previstos em lei, tais como na ação de nulidade de casamento (art. 1.549 do Código Civil de 2002), na ação rescisória (art. 967, III, do CPC), na ação de inventário (art. 616, VII, do CPC), na ação civil pública (art. 5º, Lei n. 7.347/85), na ação coletiva (art. 82, I, do CDC) etc.;

II – como fiscal da ordem jurídica, ou *custos legis* (art. 178 do CPC).

Neste caso, será ele sempre intimado para que possa intervir como fiscal da ordem jurídica nas hipóteses devidamente previstas em lei bem como na Carta Maior e ainda nos processos que envolvam as seguintes questões:

I - interesse público ou social;

II - interesse de incapaz;

III - litígios coletivos pela posse de terra rural ou urbana.

Importante destacar aqui que nas ações de família, conforme o art. 698, *caput* do CPC, o Ministério Público somente intervirá quando houver interesse de incapaz e deverá ser ouvido previamente à homologação de acordo.

Com a edição da Lei n.13.894, de 29.10.2019, passa o Ministério Público também a intervir, quando não for parte, nas ações de família em que figure como parte vítima de violência doméstica e familiar, nos termos da Lei nº 11.340, de 07.08. 2006 (alcunhada de Lei Maria da Penha), *ex vi* do que preceitua o parágrafo único do art. 698 do CPC.

Na atividade de fiscal do ordenamento, terá o MP vista dos autos do processo sempre após as partes, sendo ainda intimado de todos os atos do processo. Poderá, igualmente produzir provas, requerer as medidas processuais que achar pertinentes e ainda, como cediço, recorrer.[102]

Lado outro, teve por bem o legislador frisar que a participação da Fazenda Pública no processo não configura, por si só, hipótese de qualquer intervenção por parte do Ministério Público na demanda (parágrafo único do art. 178).

No tocante aos prazos processuais, gozará o MP de prazo em dobro (do qual discordamos!)[103] para manifestar-se nos autos que terá início a partir de sua intimação pessoal, nos termos do art. 183, § 1º, no entanto não terá dito privilégio quando a lei, expressamente, lhe imputar prazo próprio (§2º do art. 180).

Dada sua participação na marcha procedimental, o membro do Ministério Público não ficará isento de suas responsabilidades sempre quando comprovada sua atuação na forma dolosa ou fraudulenta âmbito do exercício de suas funções (art. 181) [104], ou seja, quer como parte ou *custos legis*.[105]

---

102. Súmula n.99 do STJ: "O Ministério Público tem legitimidade para recorrer no processo em que oficiou como fiscal da lei, ainda que não haja recurso da parte."

103. Com toda razão está Celso Antônio Bandeira de Melo (*Conteúdo Jurídico do Princípio da Igualdade*. 3 ed. São Paulo: Malheiros, 2000, p.37), ao bem lecionar que " o ponto nodular para exame da correção de uma regra em face do princípio isonômico reside na existência ou não de correlação lógica entre o fatos erigido em critério de *discrimen* e a discriminação legal em função dele."

104. Registra-se que, falar o legislador de dolo ou fraude nos parece redundante, já que fraude exige, verdadeiramente, o dolo de fraudar. No mesmo sentido, NERY JÚNIOR, Nelson; NERY, Rosa Maria Andrade. *Comentários ao Código de Processo Civil*. São Paulo: RT, 2015, p.689.

105. Insta frisar que aquele prejudicado por ato doloso ou fraudulento imputado a membro do MP tem o efetivo direito de ser ressarcido por meio de demanda proposta em face do Pode Público, sobre-

7. ADVOCACIA PÚBLICA

A Advocacia Pública possui previsão constitucional nos arts. 131 e 132 da CF, como se segue:

> *Art. 131. A Advocacia-Geral da União é a instituição que, diretamente ou através de órgão vinculado, representa a União, judicial e extrajudicialmente, cabendo-lhe, nos termos da lei complementar que dispuser sobre sua organização e funcionamento, as atividades de consultoria e assessoramento jurídico do Poder Executivo.*
>
> *§ 1º A Advocacia-Geral da União tem por chefe o Advogado-Geral da União, de livre nomeação pelo Presidente da República dentre cidadãos maiores de trinta e cinco anos, de notável saber jurídico e reputação ilibada.*
>
> *§ 2º O ingresso nas classes iniciais das carreiras da instituição de que trata este artigo far-se-á mediante concurso público de provas e títulos.*
>
> *§ 3º Na execução da dívida ativa de natureza tributária, a representação da União cabe à Procuradoria-Geral da Fazenda Nacional, observado o disposto em lei.*
>
> *Art. 132. Os Procuradores dos Estados e do Distrito Federal, organizados em carreira, na qual o ingresso dependerá de concurso público de provas e títulos, com a participação da Ordem dos Advogados do Brasil em todas as suas fases, exercerão a representação judicial e a consultoria jurídica das respectivas unidades federadas.*

Conforme se nota da dicção do art. 131, o termo Advocacia Pública é aplicado aos advogados dos órgãos estatais, tendo o CPC seguindo o mesmo significado, ao prever no art. 182 que incumbe à Advocacia Pública, na forma da lei, defender e promover os interesses públicos da União, dos Estados, do Distrito Federal e dos Municípios, tudo por meio da representação judicial, em todos os âmbitos federativos, das pessoas jurídicas de direito público que integram a administração direta e indireta.[106]

Ao contrário, em regra, da advocacia privada, a advocacia pública tem como finalidade a proteção e defesa do interesse público, laborando, em síntese, sob 3 funções específicas:

---

tudo, pautado no art. 37, §6 da CF/88. Cf. CAHALI, Yussef Said. *Responsabilidade Civil do Estado*. São Paulo: RT, 1982, p. 220.

106. Entende Diogo de Figueiredo Moreira Neto ser a expressão "advocacia de Estado", mais apropriada para fins de designação aos procuradores da União, Estado, Municípios, autarquias e fundações públicas. Para o eminente autor a razão "mais evidente dessa opção é que a designação de advogado público é equívoca, confundindo-o com o defensor público, pois que este é também, etimologicamente, um advogado público (e até duplamente público, porque não só a sua função é pública, como também o é o seu atendimento, pois que dirigido ao público). *A Responsabilidade do Advogado de Estado*. Disponível em: http://abrap.org.br/wp-content/uploads/2012/12/res.pdf. Acesso em: 07.11.2015.

Representando a União, os Estados, o Distrito Federal, os Municípios, autarquias e fundações públicas judicial e extrajudicialmente.

Prestando consultoria jurídica ao Poder Executivo.

Assessorando o Poder Executivo.

Terá a Advocacia Pública no CPC/2015 prazo em dobro em todas as suas manifestações processuais (o que para nós não se justifica!)[107], sempre a partir de sua intimação pessoal, sendo esta realizada por carga, remessa ou meio eletrônico (§1º do art. 183).

Vale ressaltar que quando a lei dispuser, expressamente, de prazo próprio para o ente público, não se aplicará o privilégio do aludido prazo em dobro.

Nota-se ainda que, diferentemente do advogado privado, este que, em regra, é intimado pelo Diário da Justiça, o advogado público será pessoalmente para se manifestar nos autos do processo.

Coube ao art. 184 do CPC regrar acerca da responsabilidade do advogado público quando agir com dolo ou fraude no exercício de suas funções, impondo ressaltar que estará ele sujeito a infrações disciplinares também previstas na Lei n.8.906/94, mais precisamente em seu art. 34.

No mesmo sentido, para Nery Jr. e Andrade Nery,[108] tendo em vista que os advogados públicos se sujeitam ao Estatuto da OAB, não há como o CPC imputar-lhes somente responsabilidade por dolo ou fraude, sem falar em culpa *stricto sensu*, ou seja, negligência, imprudência ou imperícia.

Ainda nisso, falar de dolo ou fraude nos parece redundante, já que, smj., fraude exige, verdadeiramente, o dolo de fraudar.

Por fim, em relação aos honorários de sucumbência, terão direito a eles os Advogados Públicos, conforme regra disposta no art. 85, §19, no entanto tal direito deverá ser regulado por lei específica para tanto.

8. DEFENSORIA PÚBLICA

Nossa Carta Constitucional de 1988, mais precisamente no art. 5º, LXXIV, preceitua o direito à assistência jurídica integral e gratuita aos que comprovarem a insuficiência de recursos financeiros para fins de arcar com os custos do processo judicial.

Seja pelo aspecto do acesso à informação (assistência jurídica) e/ou judicial (acesso gratuito ao Poder Judiciário), tal desiderato mirado pela Constituição Federal significa, em caráter finalístico - ainda que muito longe de se alcan-

107. Como já citado em notas anteriores, correto está Celso Antônio Bandeira de Melo (*Conteúdo Jurídico do Princípio da Igualdade*. 3 ed. São Paulo: Malheiros, 2000, p.37), para quem " o ponto nodular para exame da correção de uma regra em face do princípio isonômico reside na existência ou não de correlação lógica entre o fatos erigido em critério de *discrimen* e a discriminação legal em função dele."

108. Ob. cit., p. 689.

çar hoje, infelizmente uma desejosa realidade[109] - importante componente de concretização a um acesso à justiça.

Ainda em sede constitucional, tivemos, por força da Emenda Constitucional n.80, de 04.6.2014, a criação de uma seção específica para a Defensoria Pública na CF/88, como infradestacado:

> *SEÇÃO IV*
>
> *DA DEFENSORIA PÚBLICA*
>
> *Art. 134. A Defensoria Pública é instituição permanente, essencial à função jurisdicional do Estado, incumbindo-lhe, como expressão e instrumento do regime democrático, fundamentalmente, a orientação jurídica, a promoção dos direitos humanos e a defesa, em todos os graus, judicial e extrajudicial, dos direitos individuais e coletivos, de forma integral e gratuita, aos necessitados, na forma do inciso LXXIV do art. 5º desta Constituição Federal*
>
> *§ 1º Lei complementar organizará a Defensoria Pública da União e do Distrito Federal e dos Territórios e prescreverá normas gerais para sua organização nos Estados, em cargos de carreira, providos, na classe inicial, mediante concurso público de provas e títulos, assegurada a seus integrantes a garantia da inamovibilidade e vedado o exercício da advocacia fora das atribuições institucionais.*
>
> *§ 2º Às Defensorias Públicas Estaduais são asseguradas autonomia funcional e administrativa e a iniciativa de sua proposta orçamentária dentro dos limites estabelecidos na lei de diretrizes orçamentárias e subordinação ao disposto no art. 99, § 2º.*
>
> *§ 3º Aplica-se o disposto no § 2º às Defensorias Públicas da União e do Distrito Federal*
>
> *§ 4º São princípios institucionais da Defensoria Pública a unidade, a indivisibilidade e a independência funcional, aplicando-se também, no que couber, o disposto no art. 93 e no inciso II do art. 96 desta Constituição Federal.*
>
> *Art. 135. Os servidores integrantes das carreiras disciplinadas nas Seções II e III deste Capítulo serão remunerados na forma do art. 39, § 4º.*

A Defensoria Pública atua por meio de duas esferas, quais sejam: A Defensoria Pública da União e a Defensoria Pública Estadual.

A primeira presta assistência jurídica aos necessitados no âmbito da Justiça Federal e Justiças Especiais (Trabalhista Eleitoral e Militar); já a segunda, por exclusão, exerce seu ofício em sede estadual.

Temos como funções nominadas "típicas" da Defensoria Pública aquelas relativas à representação em juízo dos necessitados. De outro lado, têm-se como "atípicas", aquelas que seriam exercidas pela Defensoria Pública inde-

---

109. Mais profundamente sobre o assunto, confira o Introito "Processo, Direito e Desenvolvimento" na presente obra, assim como em outra produção por nós coordenada e nominada de "Direito e Desenvolvimento" (GAIO JÚNIOR, Antônio Pereira (Org.). *Direito e Desenvolvimento*. Curitiba: CRV, 2015.

pendentemente da situação econômica do beneficiário[110], sendo neste caso, objeto de julgamento na ADI 3.022/RS pelo Supremo Tribunal Federal, onde ficara entendido que "são inconstitucionais as normas atacadas, que autorizam a defesa pela Defensoria Pública do Estado, de servidores processados civil ou criminalmente".

O CPC, ao regular a Defensoria Pública, como de certo, procurou harmonizar seus dispositivos com a Carta Maior, inserindo disposições antes não contidas no CPC/1973.

Nestes termos, bem aponta o art. 185:

"A Defensoria Pública exercerá a orientação jurídica, a promoção dos direitos humanos e a defesa dos direitos individuais e coletivos dos necessitados, em todos os graus, de forma integral e gratuita."

Com relação às práticas dos atos processuais, tem o Defensor Público prazo em dobro (do qual discordamos!)[111] para todas as suas manifestações processuais, sendo tal benefício estendido aos escritórios de prática jurídica das faculdades de Direito reconhecidas na forma da lei bem como às entidades que prestam assistência jurídica gratuita em razão de convênios firmados com a Defensoria Pública, *ex vi* do §3º do art. 186 do CPC.

Insta pontuar que, em sede de Defensoria Pública, dito prazo somente terá início com a intimação pessoal do Defensor, esta podendo ser realizada por carga, remessa ou meio eletrônico (art. 186, *caput* e §1º do CPC).

Lado outro, não gozará a Defensoria Pública de prazo em dobro quando a lei estabelecer, de forma expressa, prazo próprio para a mesma.

Quanto à intimação, por mais que o Defensor Público tenha a prerrogativa da intimação pessoal, como acima já destacado, é possível que, diante de seu próprio requerimento, possa o magistrado determinar a intimação pessoal da parte patrocinada quando o ato processual depender de providência ou informação que somente por ela possa ser realizada ou prestada. (§2º do art. 186 do CPC).

Por fim, dispõe o art. 187 do CPC acerca da responsabilidade do Defensor Público quando agir com dolo ou fraude no exercício de suas funções.

Reprisa-se: falar de dolo ou fraude nos parece redundante, já que, smj., fraude exige, verdadeiramente, o dolo de fraudar.

---

110. Cf. WAMBIER, Teresa Arruda Alvim *et al. Primeiros Comentários ao Novo Código de Processo Civil.* São Paulo: RT, 2015, p.340.

111. Como já referido em notas anteriores, bem leciona Celso Antônio Bandeira de Melo (*Conteúdo Jurídico do Princípio da Igualdade.* 3 ed. São Paulo: Malheiros, 2000, p.37), ao destacar que "o ponto nodular para exame da correção de uma regra em face do princípio isonômico reside na existência ou não de correlação lógica entre o fatos erigido em critério de *discrimen* e a discriminação legal em função dele."

9. JUIZ

9.1 CONCEITO E GARANTIA

Denomina-se juiz a pessoa física que exerce, de modo imparcial, a função jurisdicional. Para que isso aconteça, este deve ser regularmente investido, ou seja, ingressar na carreira, em primeiro grau de jurisdição, inicialmente como juiz substituto por meio de concurso público de provas e títulos, com a participação da Ordem dos Advogados do Brasil em todas as fases, sendo exigido do bacharel em Direito três anos de atividade jurídica, no mínimo (art. 93, I, da CF) e, no caso dos tribunais, também pelo quinto constitucional para o ingresso de advogados e membros do Ministério Público no cargo de juiz nos tribunais colegiados de 2º grau de jurisdição (art. 94 da CF).

Somente o cidadão nestas formas investido possui competência para julgar, dizer o direito que deve disciplinar no caso concreto submetido ao Poder Judiciário.

Representando o Estado, o juiz é servidor público que integra a relação jurídica processual, colocando-se entre as partes. Objetivando poder exercer suas funções com total independência, o magistrado usufrui das seguintes garantias (art. 95 da CF; art. 25 da Lei Complementar n. 35/79, LOM): vitaliciedade, inamovibilidade, irredutibilidade de vencimentos. Além das garantias citadas, o art. 33 da LOM define várias outras prerrogativas, entre elas: ser recolhido em prisão especial; poder portar arma de defesa pessoal.

9.2 PODERES E DEVERES

De maneira geral (*lato sensu*), os poderes do juiz podem ser classificados em "poderes jurisdicionais", relacionados ao exercício da função jurisdicional, e "poderes de polícia", que provêm da sua qualidade como autoridade judiciária (art. 360 do CPC).

Ordinariamente, os poderes jurisdicionais são classificados em: *poderes instrumentais*, que consentem ao juiz tomar decisões que envolvam os atos de direção e documentação do processo, originário do princípio do impulso oficial; *poderes instrutórios*, que fazem do juiz não o destinatário da prova, porque esta se endereça à verdade, mas como o responsável pela sua colheita, dentro, fundamentalmente, das circunstâncias que o processo exige; *poderes finais*, que proporcionam ao juiz o cumprimento do típico poder jurisdicional, dizendo o direito e, no caso de ser necessário e requerido, autorizar medidas propensas a garantir a efetividade do direito, quer de maneira interlocutória no correr da marcha processual, quer nos casos de reconhecimento pela sentença (*v.g.*, imposição e multa, busca e apreensão, expropriação de bens do devedor etc.).

Por outro lado, o magistrado tem como dever fundamental prestar a efetiva tutela jurisdicional, decidindo no processo, conforme seu convencimento, mas sempre devidamente motivado, i.e., com o dever de indicar, analiticamente, as razões deste seu convencimento (art. 371 do CPC), sob pena de restar imotivada ou não fundamentada a sua decisão, seja ela interlocutória, sentença ou acórdão (§1º do art. 489).

O juiz não pode afastar-se da jurisdição, deixando de cumprir o seu dever sob a alegação da existência de lacuna ou obscuridade no ordenamento jurídico, conforme bem expressa o art. 140.

Traz o CPC/2015 questões ontológicas relativas à própria figura do julgador enquanto representante do Estado no exercício da prestação do serviço público da justiça e consolidação qualitativa de seu compromisso com os fins sociais e às exigências do bem comum, resguardando e promovendo a dignidade da pessoa humana, observando, com diligência em seus atos, a proporcionalidade, razoabilidade, legalidade, publicidade e eficiência (*ex vi* do art. 8º), o que deve, satisfatoriamente, refletir na edificação de um Processo Justo em sua razão de ser e efetivo em sua razão de realizar.

Na mesma toada, impõe o novel CPC a realização intensa do contraditório como sagrado preceito de um Estado Constitucional de Direito, ao prever em dois importantes dispositivos o melhor diálogo entre as partes e o órgão julgador, não deixando prevalecer o monólogo judicante ante o ínsito espírito dialético, democrático e multilateral do instrumento Processo.

Nisso, insta registrar os arts. 9º e 10:

> *Art. 9º Não se proferirá decisão contra uma das partes sem que esta seja previamente ouvida.*
>
> *Parágrafo único. O disposto no caput não se aplica:*
>
> *I – à tutela provisória de urgência;*
>
> *II – às hipóteses de tutela da evidência previstas no art. 309, incisos II e III;*
>
> *III – à decisão prevista no art. 699.*
>
> *Art. 10. O juiz não pode decidir, em grau algum de jurisdição, com base em fundamento a respeito do qual não se tenha dado às partes oportunidade de se manifestar, ainda que se trate de matéria sobre a qual deva decidir de ofício.*

Além disso, cabe indissociavelmente à figura do juiz no âmbito do processo (art. 139 do CPC):

I - assegurar às partes igualdade de tratamento;

II - velar pela duração razoável do processo;

III - prevenir ou reprimir qualquer ato contrário à dignidade da justiça e indeferir postulações meramente protelatórias;

IV - determinar todas as medidas indutivas, coercitivas, mandamentais ou sub-rogatórias necessárias para assegurar o cumprimento de ordem judicial, inclusive nas ações que tenha por objeto prestação pecuniária;

V - promover, a qualquer tempo, a autocomposição, preferencialmente com auxílio de conciliadores e mediadores judiciais;

VI - dilatar os prazos processuais e alterar a ordem de produção dos meios de prova, adequando-os às necessidades do conflito de modo a conferir maior efetividade à tutela do direito;

VII - exercer o poder de polícia, requisitando, quando necessário, força policial, além da segurança interna dos fóruns e tribunais;

VIII - determinar, a qualquer tempo, o comparecimento pessoal das partes, para inquiri-las sobre os fatos da causa, hipótese em que não incidirá a pena de confesso;

IX - determinar o suprimento de pressupostos processuais e o saneamento de outros vícios processuais;

X - quando deparar com diversas demandas individuais repetitivas, oficiar o Ministério Público, a Defensoria Pública e, na medida do possível, outros legitimados a que se referem o art. 5º da Lei n. 7.347, de 24 de julho de 1985, e o art. 82 da Lei n. 8.078, de 11 de setembro de 1990, para, se for o caso, promover a propositura da ação coletiva respectiva.[112]

O presente dispositivo merece importantes apontamentos dada a sua larga extensão deontológica, assim como dogma e pragmática.

Trata-se o inciso I do respeito incondicional àquele princípio representativo do espírito democrático pelo qual deve mirar o Processo hodierno: a isonomia. Cabe, indistintamente ao magistrado o seu zelo, de modo a estabelecer e manter a igualdade de tratamento em sua abrangência mais ampla possível, o que certamente, requer compromisso com o equilíbrio de armas e oportunidades dos partícipes da marcha processual, aliás, característica marcante em processo que aspira ser comparticipativo.

O lapso temporal pelo qual deve se desenvolver o procedimento, findando na prestação de uma tutela jurisdicional efetiva – porque útil a quem dela espera – é um compromisso de trabalho do magistrado, conforme expressa o inciso II. No entanto, caberá igualmente às partes cooperar para tal intuito.

---

112. Vale anotar que no plano do Processo Cooperativo, onde, dentre outras características, o diálogo processual leal, plenamente garantido e igualmente conduzido pelo juiz, somando-se ao reforço das posições jurídicas das partes, conferem marcas ao processo, o "juiz tem o seu papel redimensionado, assumindo uma dupla posição: mostra-se paritário na condução do processo, no diálogo processual, sendo, contudo, assimétrico quando da decisão da causa." MITIDIERO, Daniel. *Colaboração no Processo Civil.* 2 ed. São Paulo: RT, 2011, p. 114.
Ainda sobre o Processo pautado no princípio da cooperação, ver por todos, SOUZA, Miguel Teixeira de. *Estudos sobre o Novo Processo Civil.* 2 ed. Lisboa: Lex, 1997.

Se diz que um processo teve prazo razoável quando das ausências (i) da prática de atos considerados inúteis e/ou protelatórios bem como (ii) de retenção indevida do mesmo pelo órgão julgador, o que confira, igualmente, protelação no ato de decidir ou promover atos relativos ao próprio impulso oficial.

Ao contrário disso, o inciso VI se faz justificador de autorização ao julgador de, diante da necessidade da demanda em questão, dilatar prazos processuais, ainda que por meio de negócio jurídico processual realizado entre as partes *ex adversas*, assim como alterar a ordem de produção dos meios de prova, tudo com vistas às necessidades do conflito a fim de prestar uma tutela jurisdicional efetiva.

Sucedâneo da ideia de processo cooperativo, atributo que deve se valer o processo como instrumento democrático, cabe ao magistrado, conforme regra o inciso III, a competência em prevenir ou reprimir qualquer ato contrário à dignidade da justiça, conforme já comentários acerca do art. 77, assim como indeferir postulações meramente protelatórias, o que não somente atenta contra a boa-fé processual, mas sobretudo se relaciona com a mora processual.

Com relação ao inciso IV, necessário frisar que ao aplicar qualquer das medidas arroladas ali arroladas, deve o magistrado levar em consideração todo o ambiente ao qual as mesmas podem servir, harmonizando-as com os limites balizados pelo próprio ordenamento, mirando sempre o respeito aos valores e normas fundamentais da Carta Constitucional (art. 1º do CPC), aos fins sociais e às exigências do bem comum, sempre resguardando e promovendo a dignidade da pessoa humana e ainda, observando a proporcionalidade, a razoabilidade, a legalidade, e porque não, a publicidade e a eficiência (art. 8º do CPC), de modo a que não se possa oportunizar o uso arbitrário e desmensurado de determinada medida, portanto, sem deixar de cotejá-la com o grau de força judicial necessária para que o fim objetivado – cumprimento de ordem judicial – não se transforme em pano de fundo para o aviltamento a direitos fundamentais e ao devido e justo processo constitucional[113].

São situações relativas à aplicação de medidas atípicas caracterizadoras da cláusula geral autorizadora do IV do art. 139, dentre outras, a dívida de veículos ensejando a suspensão da CNH; a dívida de alimentos gerando a possibilidade da apreensão do passaporte para impedir viagens e gastos no exterior; a dívida de cartão de crédito visando impedir a concessão de novas linhas de crédito ou de outros benefícios bancários, apreensão do valor correspondente ao limite de cheque especial, restrição de utilização de áreas comuns do condomínio, bloqueio de página na internet, aviso de débito ou descumprimento de obrigações de qualquer natureza em redes sociais e/ou no site do devedor, vedação à participação em concursos públicos ou em licitações, direito de trabalhar mediante aviso ao juízo, proibição de frequentar estádios.

---

113. GAIO JÚNIOR, Antônio Pereira. **Instituições de Direito Processual Civil.** 3 ed. Salvador: JusPodivm, 2017, p. 231-232.

Em verdade, não se pode permitir que a medida coercitiva seja incompatível com o fim visado, de modo a acabar impossibilitando o réu de cumprir a ordem, como, por exemplo, impor ao devedor como medida coercitiva a proibição, que ele não desenvolva atividade produtiva, pois que a própria solvabilidade dele é já se configura pressuposto prático relevante para o cumprimento da ordem.[114]

Ainda assim, pensamos ser oportuno que os meios típicos sejam racionalizados com os meios atípicos para fins de aplicabilidade de qualquer medida executiva, não somente pelo regrado no art. 4º do CPC, onde é reconhecido às partes o direito de obter em prazo razoável a solução integral do mérito, incluída a atividade satisfativa, como também pelo respeito ao princípio da menor onerosidade (menor sacrifício) do executado, este consagrado pelo art. 805, onde se entende que, quando diante de vários meios puder o exequente promover a execução, o juiz mandará que se faça pelo modo menos gravoso para o executado, notadamente, cabendo a este ao alegar ser a medida executiva mais gravosa "*indicar outros meios mais eficazes e menos onerosos, sob pena de manutenção dos atos executivos já determinados*" (parágrafo único do art. 805).

Nestes termos, há quem sustente o esgotamento dos meios típicos de medidas executivas, notadamente, trilhadas sob a ideia da execução direta e meios de sub-rogação, para então, não logrando sucesso, *ex vi* quando da ocultação ou blindagem patrimonial e mesmo da resistência infundada ao cumprimento da obrigação, lançar mão das medidas de execução indireta, capituladas como de natureza atípica.[115]

Aliás, neste mesmo sentido caminhou o Tribunal de Justiça de São Paulo:

> *AGRAVO DE INSTRUMENTO. AÇÃO DE EXECUÇÃO. TÍTULO JUDICIAL. ADOÇÃO DE MEDIDAS EXECUTIVAS ATÍPICAS FUNDADAS NO ART. 139, IV, DO CPC/2015. NÃO CABIMENTO. EXISTÊNCIA DE MEDIDAS EXECUTIVAS TÍPICAS. CARÁTER SUBSIDIÁRIO DAQUELAS EM RELAÇÃO A ESTAS. RECURSO PARCIALMENTE PROVIDO. As medidas executivas fundadas no art. 139, IV, do CPC/2015, em razão de sua atipicidade, devem ser adotadas excepcionalmente, de forma subsidiária àquelas típicas já previstas no ordenamento jurídico. É dizer, só devem ser utilizadas após esgotados todos os meios tradicionais de execução, de forma subsidiária. (TJ-SP. 31ª Câmara de Direito Privado. Agravo de Instrumento 20175118420178260000. Rel. Des. Adilson de Araújo, Julg. 11/04/ 2017, DJe 11/04/2017).*

114. No mesmo sentido, TALAMINI, Eduardo. Poder geral de adoção de medidas executivas e sua incidência, nas diferentes modalidades de execução. *In*: TALAMINI, Eduardo; MINAMI, Marcos Youji (Coords.). Poder Geral de Adoção de Medidas Executivas e sua incidência nas diferentes modalidades de execução. Salvador: JusPodivm, 2018, p.32.

115. GAIO JÚNIOR, Antônio Pereira; FAIRBANKS, Alexandre de Serpa Pinto. Medidas de Execução indireta (típicas e atípicas) e a busca pela satisfação efetiva dos direitos. *In*: Revista de Processo, vol. 294, agosto/2019, São Paulo: Revista dos Tribunais, p.169-196.

Importante ressaltar que, constituem deveres das partes e de seus procuradores bem como de todos aqueles que, de qualquer forma, participem do processo, dentre outros, cumprir com exatidão as decisões jurisdicionais, de natureza provisória ou final, e não criar embaraços à sua efetivação (art.77, IV).

Uma vez recalcitrante quanto ao cumprimento supracitado, tal falta constituirá em verdadeiro ato atentatório à dignidade da justiça, devendo o juiz, sem prejuízo das sanções criminais, civis e processuais cabíveis, aplicar ao responsável, multa de até 20% (vinte por cento) do valor da causa, de acordo com a gravidade da conduta, *ex vi* do §2º do art. 77.

Caso aludida multa não venha ser quitada no prazo fixado pelo órgão judicial, será a mesma inscrita como dívida ativa da União ou do Estado após o trânsito em julgado da decisão que a fixou e sua execução observará o procedimento da execução fiscal, revertendo-se aos fundos previstos no art. 97. (§3º do art. 77).

Cabe destacar ainda que a supracitada multa poderá ser fixada independentemente da incidência daquelas previstas nos arts. 523, § 1º, e 536, § 1º, conforme sustenta o §4º do art. 77, dada a verdadeira diversidade de sua natureza, aqui reconhecida como decorrente de ato que atenta à própria dignidade da atividade jurisdicional em si.

Nota-se que legislador, tal qual já regrava o revogado CPC/1973, procurou assentar ônus sobre atos que venham impedir o cumprimento de medida judicial, o que diretamente reflete na própria satisfação de um direito, reforçando o ideário da eficiência na prestação jurisdicional (art. 8º do CPC), o que certamente, não divorciada da realização efetiva e específica do direito reclamado em juízo.

O inciso V atribui ao juiz a promoção a qualquer tempo, da autocomposição, preferencialmente com auxílio de conciliadores e mediadores judiciais, num claro incentivo à busca pela política do consenso em detrimento à política do conflito, o que ratifica a indicação dos §§2º e 3º do art.3º do CPC, onde se coloca a solução consensual dos conflitos como pressuposto fundamental de promoção pelo Estado, inclusive não se limitando à figura do órgão julgador como estimulador deste fomento, mas, igualmente, Advogados, Defensores Públicos e membros do Ministério Público.

O Poder de Polícia e o seu exercício pelo juiz, requisitando, quando necessário, força policial, além da segurança interna dos fóruns e tribunais se faz presente entre as incumbências daquele julgador, previsão alocada no inciso VII; assim como no inciso VIII se faz presente a competência para determinar, a qualquer tempo, o comparecimento pessoal das partes para fins de inquiri-las sobre os fatos relativos à causa em questão, hipótese em que não incidirá a pena de confesso.

O aproveitamento ao máximo do rendimento processual, evitando a ocorrência de vícios insanáveis e/ou insupríveis é uma das marcas do princípio da primazia da decisão de mérito, ao qual se relaciona umbilicalmente com o inciso IX , este que prevê importante comando ao julgador, ao determinar que o mesmo se incumba de possibilitar às partes o suprimento de pressupostos processuais e o saneamento de outros vícios processuais, evidentemente, desde que possíveis, como por exemplo, em sede recursal, regra o art. 932, parágrafo único.

Por fim, o inciso X trata de conteúdo eminentemente pragmático e que tenta prestigiar a necessária busca pela isonomia e previsibilidade das decisões, a partir do entendimento de que demandas com similaridade de pretensões devam receber o mesmo tratamento, e sendo de índole coletiva, competirá ao magistrado quando deparar com diversas demandas individuais repetitivas, oficiar o Ministério Público, a Defensoria Pública e, na medida do possível, outros legitimados a que se referem o art. 5º da Lei n. 7.347, de 24 de julho de 1985, e o art. 82 da Lei n. 8.078, de 11 de setembro de 1990, para, se for o caso, promover a propositura da ação coletiva respectiva.

9.3 IMPEDIMENTO E SUSPEIÇÃO

9.3.1 DISPOSIÇÕES GERAIS

A imparcialidade do juiz é um dos pressupostos essenciais para que o Estado possa prestar, adequadamente, a tutela jurisdicional; com o objetivo de alcançar esta pretensão, proíbe-se a participação no processo do juiz que seja "impedido" (art. 144 e 147 do CPC) ou "suspeito" (art. 145 do CPC). O impedimento ou suspeição do juiz deve ser alegado mediante incidente que consiste em petição escrita autônoma, direcionada ao próprio magistrado, quando o excipiente declarará seus motivos e apontará as provas que pretende produzir, observando-se o procedimento previsto no art. 146 do CPC e conforme será verificado em itens seguintes da presente obra.

Importante se faz ressaltar ainda que os motivos de impedimento e de suspeição aplicar-se-ão igualmente ao órgão do Ministério Público, aos serventuários de justiça e aos demais sujeitos tidos como imparciais no processo, *v.g.* os peritos. (art. 148 do CPC).

9.3.2 JUIZ IMPEDIDO

Denomina-se juiz impedido aquele que está completamente proibido de exercer as suas funções no processo visto que há presunção absoluta, *juris et de jure*, de que ele será parcial ao julgar a lide. O CPC, no seu art. 134, afirma que o juiz é impedido de exercer as suas funções no processo: I - em que interveio como mandatário da parte, oficiou como perito, funcionou como membro do Ministério Público ou prestou depoimento como testemunha; II - de que conheceu em outro grau de jurisdição, tendo proferido decisão; III - quando nele estiver postulando, como defensor público, advogado ou membro do Ministério Público, seu cônjuge ou companheiro, ou qualquer parente, consanguíneo ou afim, em linha reta ou colateral, até o terceiro grau, inclusive; IV - quando for parte no processo ele próprio, seu cônjuge ou companheiro, ou parente, consanguíneo ou afim, em linha reta ou colateral, até o terceiro grau, inclusive; V - quando for sócio ou membro de direção ou de administração de pessoa jurídica parte no processo; VI - quando for herdeiro presuntivo, donatário ou empregador de qualquer das partes; VII - em que figure como parte instituição de ensino com a qual tenha relação de emprego ou decorrente de contrato de prestação de serviços; VIII - em que figure como parte cliente do escritório de advocacia de seu cônjuge, companheiro ou parente, consanguíneo ou afim, em linha reta ou colateral, até o terceiro grau, inclusive, mesmo que patrocinado por advogado de outro escritório; IX - quando promover ação contra a parte ou seu advogado.

Importante se faz observar que, conforme a norma do art. 147 do CPC, quando 2 (dois) ou mais juízes forem parentes, consanguíneos ou afins, em linha reta ou colateral, até o terceiro grau, inclusive, o primeiro que conhecer do processo impedirá que o outro nele atue, caso em que o segundo juiz se escusará, remetendo aí os autos do processo ao seu substituto legal. Além disso, deve-se lembrar do art. 128 da Lei Complementar n. 35, de 14.03.1979, que determina que

> *nos tribunais, não poderão ter assento na mesma turma, câmara ou seção, cônjuges e parentes consangüíneos ou afins em linha reta, bem como em linha colateral até o terceiro grau. Parágrafo único. Nas sessões do tribunal pleno ou órgão que o substituir, onde houver, o primeiro dos membros mutuamente impedidos, que votar, excluirá a participação do outro no julgamento.*

9.3.3 JUIZ SUSPEITO

O chamado "juiz suspeito", ao contrário do que acontece com o juiz impedido, não está impedido de exercer suas funções no processo, já que neste caso há somente uma presunção relativa, *juris tantum*, de que o magistrado possa ser parcial. Nesta hipótese, quando tomar conhecimento do motivo que causa a suspeição, a parte interessada deverá optar pelo manejo ou não da exceção de suspeição. No caso da parte não se manifestar, ocorrerá a preclusão, passando o juiz a ser considerado imparcial. O CPC, no seu art. 145, determina que se repute suspeito o juiz quando: I - amigo íntimo ou inimigo de qualquer das partes ou de seus advogados; II - que receber presentes de pessoas que tiverem interesse na causa antes ou depois de iniciado o processo, que aconselhar alguma das partes acerca do objeto da causa ou que subministrar meios para atender às despesas do litígio; III - quando qualquer das partes for sua credora ou devedora, de seu cônjuge ou companheiro ou de parentes destes, em linha reta até o terceiro grau, inclusive; IV - interessado no julgamento do processo em favor de qualquer das partes.

Notadamente, poderá o próprio magistrado se declarar suspeito por motivo de foro íntimo; no entanto o §1º do art. 145 atesta que, neste caso, não terá ele a necessidade de declarar suas razões, o que, pensamos, não se coaduna com processo como instrumento público e democrático, onde cediço é - até para fins de conhecimento das partes – a publicidade da motivação é de relevância para atestar a própria veracidade da argumentação.

Por outro lado, atesta-se como ilegítima a alegação de suspeição quando provocada por quem a alega ou quem a alega houver praticado ato que signifique manifesta aceitação do arguido, tudo de acordo com §2º do art.145.

9.4 INCIDENTE DE IMPEDIMENTO E SUSPEIÇÃO

9.4.1 Conceituação e Noções Gerais

Trata-se de incidente através do qual as partes (autor e réu) cogitam o impedimento ou a suspeição do juiz (arts. 144 e 145).

Tanto na exceção de impedimento como na de suspeição o que se objetiva é afastar o juiz (pessoa física), supostamente parcial para julgar a causa, visando também à declaração de nulidade dos atos por ele praticados.

Nas exceções de impedimento e suspeição, figurará como excipiente autor ou réu e, como excepto o próprio magistrado, assemelhando-se sua posição à de um réu comum, podendo, inclusive, ser condenado nas custas processuais, caso seja acolhida pelo tribunal a alegação de seu impedimento ou suspeição (§5º do art. 146 do CPC).

9.4.2 Procedimento

No prazo de 15 (quinze) dias, a contar do conhecimento do fato, a parte poderá alegar o impedimento ou a suspeição do magistrado do processo, sempre em petição específica dirigida a ele, indicando o fundamento da recusa, podendo instruí-la com documentos em que se fundar a alegação e com rol de testemunhas (art. 146, *caput* do CPC).

Uma vez recebida a petição e reconhecendo seu impedimento ou a suspeição, caberá ao o juiz ordenar, imediatamente, a remessa dos autos a seu substituto legal.

Por outro lado, não reconhecendo qualquer impedimento ou suspeição, determinará a autuação da peça em apartado e, no prazo de 15 (quinze) dias, apresentará suas razões, acompanhadas de documentos e de rol de testemunhas, se houver, ordenando a remessa do incidente ao tribunal (§1º do art. 146 do CPC).

Distribuído o incidente no tribunal competente, acorda o art. 146, §2º que o relator deverá declarar os seus efeitos, sendo que, se o incidente for recebido:

I - sem efeito suspensivo, o processo voltará a correr;

II - com efeito suspensivo, o processo permanecerá suspenso até o julgamento do incidente.

Enquanto pender a respectiva declaração do efeito a que é recebido o incidente ou mesmo, quando este for recebido com efeito suspensivo, ocorrendo eventual necessidade de solicitação de tutela de urgência no processo, esta será requerida ao substituto legal, tudo em sintonia com §3º do art. 146 do CPC.

Verificando o tribunal que a alegação de impedimento ou de suspeição é improcedente, deverá o mesmo rejeitá-la.

De outro modo, sendo a mesma acolhida, tratando-se de impedimento ou de manifesta suspeição, o tribunal condenará o juiz nas custas e remeterá os autos ao seu substituto legal, podendo o juiz recorrer da decisão.

Dito reconhecimento da existência de impedimento ou suspeição levará o tribunal a fixar o momento a partir do qual o magistrado não poderia ter atuado no processo, decretando, inclusive, a nulidade dos atos por ventura praticados quando já se fazia presente o motivo de impedimento ou de suspeição do julgador (§§6º e 7º do art. 146).

Por fim, ressalta-se que o afastamento por qualquer motivo (morte, aposentadoria, promoção etc.) do juiz arguido de impedimento ou suspeição não prejudica o incidente, quando há atos cuja invalidade necessita ser decretada.

9.5 O DEVER DA ORDEM CRONOLÓGICA DE CONCLUSÃO DOS JULGADOS

O CPC/2015 prevê em seu art. 12, novata regra acerca de julgamento das demandas. Trata-se do que se denomina "ordem cronológica de conclusão dos julgados".

Assim, deverão os órgãos jurisdicionais (juízes e tribunais) atender, de forma preferencial, à ordem crescente da data de conclusão dos processos para proferirem sentenças e acórdãos, o que se quer dizer que o julgamento deverá obedecer à ordem de chegada dos processos em sede de gabinete dos julgadores.

Neste sentido, conforme inteligência de todo o contexto do art. 12, será elaborada pela secretaria do juízo uma lista de processos aptos a julgamento, devendo ela estar permanentemente à disposição para consulta pública de qualquer interessado e ainda sendo disponibilizada na rede mundial de computadores (*internet*), conforme sustenta o §1º do art. 12.

Trata-se, na verdade, de uma lista de espera, esta de acordo com a chegada dos autos do processo ao gabinete do órgão julgador em sede de conclusão.

Notadamente, sobre dita lista pesam exceções tidas pelo legislador como excetuadas da digitada lista ou mesmo inclusas na mesma, mas em posição privilegiada de ocupação.

Assim, temos que, como excetuadas da lista cronológica de julgados, os seguintes conteúdos referendados pelo art. 12, §2º:

> *I - as sentenças proferidas em audiência, homologatórias de acordo ou de improcedência liminar do pedido;*
>
> *II - o julgamento de processos em bloco para aplicação de tese jurídica firmada em julgamento de casos repetitivos;*
>
> *III - o julgamento de recursos repetitivos ou de incidente de resolução de demandas repetitivas;*
>
> *IV - as decisões proferidas com base nos arts. 485 e 932;*
>
> *V - o julgamento de embargos de declaração;*
>
> *VI - o julgamento de agravo interno;*
>
> *VII - as preferências legais e as metas estabelecidas pelo Conselho Nacional de Justiça;*
>
> *VIII - os processos criminais, nos órgãos jurisdicionais que tenham competência penal;*
>
> *IX - a causa que exija urgência no julgamento, assim reconhecida por decisão fundamentada.*

Apenas a título de destaque, imperioso asseverar que o supracitado inciso IX do §2º. do art. 12 deve, verdadeiramente, caracterizar-se como uma cláusula geral de exclusão da lista, pois que, no momento em que o legislador aponta como exceção "*a causa que exija urgência no julgamento, assim reconhecida por decisão fundamentada*", deverá o interessado comprovar aludida urgência, demonstrando ao órgão julgador, inequívoca necessidade de urgência de julgamento pretensão em questão. Daí, uma vez reconhecida a aludida urgência pelo juízo, deverá os autos do processo sair da lista e ser julgado mesmo fora da ordem cronológica de conclusão. Pensamos, conforme inteligência do art.12 em seu *caput* tratar-se aí de pretensão final e não de medida de caráter incidental como *v.g.*, a tutela de urgência antecipada.

Já no tocante à ocupação na lista, basicamente, em seu primeiro lugar, cuida o §6º do art. 12, nos seguintes termos:

> *§ 6º Ocupará o primeiro lugar na lista prevista no § 1º ou, conforme o caso, no § 3º, o processo que:*
>
> *I - tiver sua sentença ou acórdão anulado, salvo quando houver necessidade de realização de diligência ou de complementação da instrução;*
>
> *II - se enquadrar na hipótese do art. 1.040, inciso II.*[116]

Outrossim, temos também as preferências legais que deverão constar da respectiva lista, esta que deverá levar em conta a ditas preferências no momento da respectiva elaboração, *ex vi* do §3º do art. 12.

---

116. *"Art. 1.040 (...)*
II - o órgão que proferiu o acórdão recorrido, na origem, reexaminará o processo de competência originária, a remessa necessária ou o recurso anteriormente julgado, se o acórdão recorrido contrariar a orientação do tribunal superior;"

Nisso, o próprio texto do CPC/2015 cuida também das supracitadas preferências legais[117] em seu art. 1.048, nos seguintes termos:

a) em que figure como parte ou interessado pessoa com idade igual ou superior a 60 (sessenta) anos ou portadora de doença grave, assim compreendida qualquer das enumeradas no art. 6o, inciso XIV, da Lei no 7.713, de 22 de dezembro de 1988, tendo aí como exemplos a neoplasia maligna, síndrome da imunodeficiência adquirida, cardiopatia grave, dentre outras.

b) regulados pela Lei n. 8.069, de 13 de julho de 1990 (Estatuto da Criança e do Adolescente), cabendo aí, em caráter exemplificativo a guarda, perda/suspensão do poder familiar e a adoção.

Há de se destacar ainda a prioridade na tramitação processual e procedimentos judiciais e administrativos em que for parte ou interessada, em todos os atos e diligências da pessoa com deficiência tipificada pela Lei n. 13.146, de 06.07.2015, esta que Institui a Lei Brasileira de Inclusão da Pessoa com Deficiência (Estatuto da Pessoa com Deficiência). Dita prioridade supracitada encontra-se regrada seu art. 9ª, VII.

Impende pontuar aqui que a tramitação prioritária independe de qualquer deferimento pelo órgão jurisdicional e deverá ser imediatamente concedida diante da prova da condição de beneficiário (§4º do art. 1.048).

Em sendo a dinâmica processual caracterizadora do próprio procedimento, pode acontecer da necessidade de qualquer das partes requererem algo no processo e os autos deste já se encontrar acostado na lista. Nestes casos, não se tratando de reabertura de instrução e de conversão de julgamento em diligência (§4º do art. 12), deverá os autos do processo permanecer na posição originária, ou seja, onde sempre esteve na lista cronológica.

Assim, decidido o "requerimento previsto no § 4º, o processo retornará à mesma posição em que anteriormente se encontrava na lista" (§5º do art. 12).

No Livro Complementar do CPC/2015, este que trata das disposições finais e transitórias, encontra-se dispositivo relativo à formação da primeira lista de processos para o respectivo julgamento em ordem cronológica. É o que se segue:

---

117. Vale ressaltar que, para o exercício de ditas preferências legais no âmbito do processo, estabelece o art. 1.048 os seguintes trâmites:
"§ 1º A pessoa interessada na obtenção do benefício, juntando prova de sua condição, deverá requerê-lo à autoridade judiciária competente para decidir o feito, que determinará ao cartório do juízo as providências a serem cumpridas.
§ 2º Deferida a prioridade, os autos receberão identificação própria que evidencie o regime de tramitação prioritária.
§ 3º Concedida a prioridade, essa não cessará com a morte do beneficiado, estendendo-se em favor do cônjuge supérstite ou do companheiro em união estável."

> *Art. 1.046 (...)*
>
> *§5º A primeira lista de processos para julgamento em ordem cronológica observará a antiguidade da distribuição entre os já conclusos na data da entrada em vigor deste Código.*

Nota-se, portanto, que uma vez entrando em vigor o novel CPC, uma lista deverá ser elaborada com os processos já conclusos para julgamento, sendo nesta lista observada a antiguidade da distribuição entre os processos já conclusos quando da entrada em vigor do CPC/2015.

Por isso, entre os processos conclusos na data em que o novato *Codex* entrar em vigor, aqueles mais antigos (distribuição anterior) serão julgados antes dos mais novos, sendo, verdadeiramente, uma regra de transição, já que após a formação dessa primeira lista e a partir da entrada em vigor do novo Código de Processo Civil, devem ser seguidas, as regras estabelecidas pelo art. 12, inegavelmente.

Importante se faz observar os conteúdos pertinentes ao eventual descumprimento da regra de julgamento por ordem cronológica.

Coube ao CPC/2015 estabelecer comandos ao escrivão ou chefe de secretaria neste âmbito.

Conforme dispõe o art. 153 em seu *caput* e §1º, àquele servidor compete atender, preferencialmente, a ordem cronológica de recebimento da publicação e efetivação dos respectivos pronunciamentos judiciais, devendo ser a lista de processos recebidos ficar disponibilizada de forma permanente, inclusive para consulta pública.

Assim, a parte que se considerar preterida quanto à ordem cronológica dos autos de seu processo poderá reclamar, diga-se, nos próprios autos, junto ao magistrado do processo, este que requisitará informações ao servidor responsável pela elaboração da aludida lista de ordem cronológica dos processos, que terá 2 (dois) dias para prestá-las.

Uma vez constatada a alegada preterição, será determinado pelo juiz o imediato cumprimento do ato seguido da instauração do devido processo administrativo em face do servidor (§5º do art. 153).

CAPÍTULO 8

COMPETÊNCIA

1. BREVE NOÇÃO E CONCEITUAÇÃO

Todo juiz brasileiro possui jurisdição, sendo inerente à sua função a aptidão ao exercício da atividade jurisdicional. Sem esta qualidade, o Estado (na figura do juiz) não teria condições de realizar o escopo da pacificação de conflitos, proclamando o direito objetivo no caso concreto.

Assim, ao compreender que todo juiz possui jurisdição, poder-se-ia concluir que, em tese, todo juiz brasileiro estaria apto a processar e julgar qualquer demanda no território nacional seja de que natureza for. Não se pode, contudo, permitir uma situação totalmente inviável como esta, pois que, no mínimo, resultaria em uma desorganização do aparelho judiciário. Neste sentido, seria inimaginável um juiz localizado em Teresina – PI, processando e julgando uma ação de despejo de Curitiba – PR.

Neste sentido, fundamental se faz organizar a atividade jurisdicional, definindo determinadas causas para determinados juízes em órgãos jurisdicionais, segundo critérios relacionados à natureza da causa, das pessoas envolvidas, da especialidade da matéria, do território e do valor oriundo da demanda.

Esta forma de organização é determinada pela competência que se define como vinculação de uma causa a determinado órgão jurisdicional para o exercício da função judicante, segundo os critérios legais adotados, ou, se preferir, o âmbito dentro do qual o juiz pode exercer a jurisdição, representada pela delimitação da área (limite) onde o mesmo definirá o direito.

Insta ressaltar ainda que, o Código de Processo Civil pátrio bem frisa que causas cíveis serão processadas e decididas pelo juiz nos limites de sua competência, valendo destacar que às partes é facultado o direito de instituir respectivo juízo arbitral, na forma da lei (art. 42) e certamente, acerca de direitos transacionáveis.

2. DETERMINAÇÃO LEGISLATIVA DA COMPETÊNCIA

Uma vez obedecidos os limites estabelecidos pela Constituição Federal, a competência será determinada pelas normas previstas no Código de Processo Civil ou por legislação especial pertinente bem como pelas normas de organização judiciária e, mesmo, no que couber, pelas Constituições dos Estados, conforme bem dita o art. 44 do CPC.

Nestes termos, no âmbito do ordenamento pátrio, encontraremos a determinação legislativa de competência em diversos níveis:

– Na Constituição Federal: Especialmente a determinação das justiças (comum e especial) e dos Tribunais Superiores da União (STF, STJ, TST, STM e TSE).

– Na Lei Federal: CPC, CPP, CLT, especificamente as regras relacionadas ao foro competente (comarcas).

– Nas Constituições Estaduais: A competência originária dos tribunais locais (Tribunais de Justiça dos Estados).

– Nas Leis de Organização Judiciária: Regras sobre competência de juízo (varas especializadas, número de varas etc.).

Conforme observam Cintra, Pellegrini e Dinamarco[1], esta é uma indicação apenas aproximada, pois que é no estudo sistemático do Direito Processual, em suas diversas áreas, (civil, penal, trabalhista etc.) que poderemos identificar com maior precisão as regras com que o direito positivo regulamenta a competência.

Assim, por exemplo, o Tribunal de Justiça é competente para processos-crimes contra o prefeito (art. 29, X, da CF), mas o prefeito se for demandado numa causa civil, a competência será do juiz inferior, portanto, como se vê, os critérios são muitas vezes variáveis.

3. OS LIMITES DA JURISDIÇÃO NACIONAL E A COOPERAÇÃO INTERNACIONAL

3.1 DOS LIMITES DA JURISDIÇÃO NACIONAL

Qualquer forma de autolimitação do país na necessária extensão que atribui à sua própria jurisdição é, verdadeiramente, pressuposto básico para a possibilidade de reconhecimento do exercício das jurisdições alienígenas.

Como muito bem leciona Liebman, em obra dedicada particularmente ao estudo sobre o Processo Civil brasileiro, o problema da competência internacional da justiça de um país é mais precisamente o do limite de sua jurisdição.

Assim, pontua o mestre italiano:

> Falta, na verdade, um legislador que delimite a esfera de competência da justiça dos vários estados, e é essa função da lei interna, vale dizer – para o Brasil - a lei brasileira, a única que pode estabelecer explícita ou implicitamente, em que casos é possível propor uma demanda junto aos órgãos judiciários e quando, inversamente, devem êstes se recusar a julgar por tratar-se de controvérsia irrelevante para a ordem brasileira.[2]

1. CINTRA, Antônio Carlos de Araújo; GRINOVER, Ada Pellegrini; DINAMARCO, Cândido Rangel. Teoria geral do processo. 22 ed. São Paulo: Malheiros Editores, 2006, p. 247.

2. LIEBMAN, Enrico Tullio. Estudos sobre o Processo Civil Brasileiro. São Paulo: Saraiva, 1947, p.12.

Nestes termos, os limites da Jurisdição Nacional estão elencados no Livro II da Parte Geral, mais precisamente no Título II, Capítulo I, arts. 21 a 25 do CPC.

Inicialmente, vale ressaltar, conforme já de muito defendíamos,[3] a despeito do CPC/1973, entre os arts. 88 a 90 (Livro I, Título IV, Capítulo II) denominá-los de competência internacional, na verdade e bem ratificado pelo novel CPC no Capítulo em tela, a matéria ali tratada não é de competência, mas sim de jurisdição.

Assim, relativos aos limites afeitos à jurisdição nacional, o CPC/2015 inicia-se com conteúdos em semelhança ao texto revogado, conforme se depreende da análise comparada dos arts. 88 do CPC/1973 e 21 do CPC/2015.

Conforme se nota do art. 21 do CPC/2015, será a jurisdição concorrente quando a própria jurisdição brasileira puder ser aplicada em conjunto com a estrangeira, nos seguintes termos:

> *I - o réu, qualquer que seja a sua nacionalidade, estiver domiciliado no Brasil;*
>
> *II - no Brasil tiver de ser cumprida a obrigação;*
>
> *III - o fundamento seja fato ocorrido ou ato praticado no Brasil.*
>
> *Parágrafo único. Para o fim do disposto no inciso I, considera-se domiciliada no Brasil a pessoa jurídica estrangeira que nele tiver agência, filial ou sucursal.*

A inovação neste conteúdo se dá adiante, ou seja, no art. 22 do CPC/2015, este que elenca hipóteses também de jurisdição concorrente (que muito bem poderia incluir-se no próprio art. 21) nas ações de alimentos; de credor com domicílio ou residência no Brasil; de réu com vínculos no Brasil, estes relativos à posse ou propriedade de bens, recebimento de renda ou mesmo a obtenção de benefícios econômicos, bem como, e que nos parece de particular relevância, as ações decorrentes de relação de consumo quando o consumidor tiver domicílio ou residência no Brasil.[4] Por fim, casos em que as partes, expressa ou tacitamente, submetem-se à jurisdição pátria.

---

3. GAIO JÚNIOR, Antônio Pereira. Direito Processual Civil. Vol. I. Belo Horizonte: Del Rey, 2006, p. 143.

4. Inegável é que, nos processos de regionalização e globalização econômica, a proteção dos consumidores tornou-se conteúdo imprescindível tanto no tocante à necessidade de conciliar interesses da sociedade e, em singular, do cidadão, com os anseios da economia e do livre comércio quanto ao que diz respeito às condições a serem implementadas, tudo com o intuito de proteger os interesses daquele hipossuficiente numa era global.
Com efeito, é de se enfocar, dentro de uma base racional relativa à proteção do consumidor, o papel atuante e essencial que este exerce para o real funcionamento do mercado, merecendo, por isso, fundamentalmente, atenção diferenciada, já que sua confiança no mercado é pré-requisito para o sucesso deste.
Neste contexto, temos que a regulação jurisdicional para a proteção das pretensões consumeristas, de muito, torna-se de vital importância.

Quanto aos casos de competência exclusiva da autoridade brasileira, o art. 23 do CPC/2015 manteve a sistemática do art. 89 do CPC/1973 com regulação mais clara das questões sucessórias para nacionais ou estrangeiros, nos seguintes termos:

> *Art. 23. Compete à autoridade judiciária brasileira, com exclusão de qualquer outra:*
>
> *I – conhecer de ações relativas a imóveis situados no Brasil;*
>
> *II - em matéria de sucessão hereditária, proceder à confirmação de testamento particular, inventário e partilha de bens situados no Brasil, ainda que o autor da herança seja de nacionalidade estrangeira ou tenha domicílio fora do território nacional;*
>
> *III - em divórcio, separação judicial ou dissolução de união estável, proceder à partilha de bens situados no Brasil, ainda que o titular seja de nacionalidade estrangeira ou tenha domicílio fora do território nacional.*

As regras para litispendência e conexão entre ações propostas perante Tribunais estrangeiros mantiveram-se muito semelhantes– conforme se vê dos art. 90 do CPC/1973 e art. 24 do CPC/2015, valendo destacar o parágrafo único do art. 24, o qual sustenta que a pendência de demanda perante a jurisdição brasileira não impede a homologação de sentença judicial estrangeira, quando da exigência desta para produzir efeitos no Brasil. Nisso reconhecemos a preponderância daquilo que defendemos, ou seja, de que tal homologação deve ocorrer antes da sentença proferida por juiz brasileiro transitar em julgado, para que a mesma se sobreponha à ação aqui intentada, levando o juiz ou tribunal a extinguir o processo pátrio sem resolução do mérito (art. 267, V do CPC/1973 e art. 485, V do CPC/2015), por já existir, então, coisa julgada sobre a questão.[5]

Destaque-se ainda garantia de proteção de tratados internacionais e acordos bilaterais (art. 24, *caput, in fine* do CPC/2015) ausente no diploma revogado, bem como melhorias procedimentais na tramitação da sentença judicial estrangeira, ainda que suprimido pelo Projeto da Câmara dos Deputados (PL

Como de muito, já temos enfrentado (ex vi dos nossos A Proteção do Consumidor no Mercosul. São Paulo. LTR, 2004; O Consumidor e sua Proteção na União Europeia e Mercosul. Pesquisa Conjuntural como Contribuição Política Desenvolvimentista de Proteção Consumerista nos Blocos. Lisboa: Juruá Editorial, 2014), com a previsão de instâncias jurisdicionais protetivas (União Europeia) ou não (Mercosul), as relações consumeristas se propalam por uma multiplicidade de ambientes e o NCPC vem a regrar relevante conteúdo, de cuja ausência, ainda que, aplicando-se de forma direta ou indiretamente a Lei de Introdução à Normas do Direito Brasileiro, havia, de fato, ausência de conteúdo explícito no que concerne à proteção consumerista consolidada fora do território nacional, o que, no novel Código Processual Civil, vem registrar a necessidade de o consumidor possuir domicílio ou residência no Brasil, ainda que a relação de consumo tenha se dado em território estrangeiro.

5. GAIO JÚNIOR, Antônio Pereira. Instituições de Direito Processual Civil. 2 ed. Belo Horizonte: Del Rey, 2013, p. 153.

n. 8.046/2010) o vocábulo "*ou arbitral*" sugerido, inicialmente, no Projeto do Senado, mas com a aprovação do texto ora em comento, agora adotando-se a via exclusivamente judicial nesta matéria.

As hipóteses de exclusão de competência estão reguladas no art. 25 do CPC/2015 – matéria não contemplada pelo diploma de 1973.

Nestes termos, dispõe o aludido art. 25, *in verbis*:

> *Art. 25. Não compete à autoridade judiciária brasileira o processamento e o julgamento da ação quando houver cláusula de eleição de foro exclusivo estrangeiro em contrato internacional, arguida pelo réu na contestação.*
>
> *§ 1º Não se aplica o disposto no caput às hipóteses de competência internacional exclusiva previstas neste Capítulo.*
>
> *§ 2º Aplicam-se à hipótese do caput o art. 63, §§ 1º a 4º.*

Nota-se que, em sede de contratos internacionais, a escolha de cláusula de foro exclusivamente estrangeiro exclui a autoridade judiciária brasileira do conhecimento de ação nela intentada.

É bem verdade que se trata de atitude volitiva das partes a escolha do foro para eventuais desavenças decorrentes de relações obrigacionais por elas convencionadas e, neste caso, opta o legislador pátrio por fazer valer a vontade negocial, desde que não implique nas matérias as quais o próprio Código entende serem de competência concorrente ou exclusiva da jurisdição brasileira (*ex vi* dos arts. 21, 22 e 23 do CPC/2015).

Ademais, cabe trazer a lume as novas regras de impugnação do Foro de Eleição dispostas no art. 63 do CPC/2015, estas a serem arguidas nas preliminares da contestação do réu sob pena de preclusão.

3.2 COOPERAÇÃO INTERNACIONAL

Justificado pela dinâmica social, notadamente por processos de adaptação do sistema capitalista – como o fenômeno da Globalização – a legislação processual civil em reforma não mais se comporta de forma suficiente acerca da relação jurisdicional de característica internacional.[6]

Em que pese uma variedade de tratados na seara na cooperação jurídica internacional[7], a matéria não é de simples trato, dado que envolve uma di-

6. Sobre o tema do Direito Comunitário tem-se o Tribunal de Justiça da União Europeia: "Trata-se do principal órgão supranacional do sistema jurisdicional de solução de controvérsias da União Europeia". GAIO JÚNIOR, Antônio Pereira. O Consumidor e sua Proteção na União Europeia e Mercosul: pesquisa conjuntural como contribuição à política desenvolvimentista de proteção consumerista nos blocos. Curitiba: Juruá, 2014, p. 73.

7. Ver por todos, o excelente de trabalho de CASELLA, Paulo Borba; SANCHEZ, Rodrigo Elian (Orgs.). Cooperação Judiciária Internacional. Rio de Janeiro: Renovar, 2002.

nâmica em determinados momentos e circunstâncias muito mais políticas do que jurídicas.[8]

De pronto, cabe pontuar que a terminologia cooperação internacional, aqui jurídica ou jurisdicional, significa, em um amplo sentido, o intercâmbio internacional para o efetivo cumprimento extraterritorial de medidas processuais entre Poderes Judiciários de diferentes nações, valendo destacar que, hodiernamente, têm-se novas possibilidades de atuações em ditas dinâmicas cooperativas, tendo importante lugar aquela de natureza administrativa dos Estados em modalidades de contato direto entre os entes estatais.[9]

---

8. Neste contexto, aliás, nota-se a intensificação dos Estados nas relações internacionais, sobretudo, após a Segunda Guerra Mundial, o que, para Eduardo Matias (MATIAS, Eduardo Felipe. A humanidade e suas fronteiras – do Estado soberano à sociedade global. Rio de Janeiro: Paz e Terra, 2005 p. 206), deve-se, sobretudo, a dois importantes fatores:
"O primeiro relaciona-se com a consciência dos Estados quanto ao fato de que não são autossuficientes, de que o isolamento representa um retrocesso e de que o crescimento está vinculado à cooperação. O segundo fator é a coexistência de múltiplos Estados independentes."
É fato o paradigma europeu neste processo, a começar pelo Tratado de Paris de 1951, avançando-se para fusões, integrações e alargamentos a partir do Tratado de Roma de 25.03.1957.
Hodiernamente, no âmbito da União Europeia, os tribunais nacionais desempenham um papel importantíssimo na aplicação do Direito da União e, portanto, tendo a cooperação entre ambos um ponto característico.
Por força do princípio da aplicação descentralizada do Direito da União Europeia pelos Estados-membros, são os tribunais nacionais os tribunais comuns do contencioso da União ou os "tribunais comunitários de Direito Comum".
É assim "porque a jurisdição do juiz nacional na aplicação do Direito da União é geral, por oposição à jurisdição do TJUE, que tem competência por atribuição, por força, desde logo, do artigo 8º, n.º 2 da EU." (QUADROS, Fausto de. Direito da União Europeia. 3 ed. Coimbra: Almedina, 2013, p. 688-689).
Importante ainda neste contexto, é a análise sob a ótica do Direito Processual Civil e a Tutela del diritto o dell'interesse legittimo nei diversi orbini do giurisdizione em COMOGLIO, Luigi Paolo; FERRI, Corrado; TARUFFO, Michele. Lezioni sul processo civile. I. Il processo ordinário di cognizione. Bologna:il Mulino, 1995 p.118-119.

9. Vale destacar, em sede do Mercado Comum do Sul – MERCOSUL, mais precisamente em relação às controvérsias entre particulares de Estados-partes diferentes, há ainda, neste momento, incipiência no tocante aos instrumentos efetivos que cuidam da resolução de tal tipo de conflito.
Neste sentido, continuam tais controvérsias a ser resolvidas no âmbito dos Poderes Judiciários dos respectivos Estados-membros, guardando, entretanto, importância para tal questão, principalmente com relação a determinados entraves procedimentais, protocolos assinados na esfera do MERCOSUL, tais como: Protocolo sobre Jurisdição Internacional em Matéria Contratual (Protocolo de Buenos Aires); Protocolo de Cooperação e Assistência Jurisdicional em Matéria Civil, Comercial, Trabalhista e Administrativa (Protocolo de Las Leñas); Protocolo de Medidas Cautelares; Protocolo sobre Responsabilidade Civil Emergente de Acidentes de Trânsito entre os Estados-partes do Mercosul (Protocolo de San Luis); Protocolo sobre Jurisdição Internacional em Matéria de Relações de Consumo (Protocolo de Santa Maria) e Protocolo de Olivos.
Há de se observar ainda que os particulares em suas relações comerciais dispõem de um importante instrumento que são as arbitragens comerciais internacionais. GAIO JÚNIOR, Antônio Pereira. O Consumidor e sua Proteção na União Europeia e Mercosul: pesquisa conjuntural como contribuição à política desenvolvimentista de proteção consumerista nos blocos. Lisboa: Juruá Editorial, 2014, p. 181.

Vale ainda assentar que o campo da cooperação em tela é de domínio interdisciplinar.

Em verdade, no campo do processo civil internacional, ela se divide em três vertentes, a saber: (i) competência internacional; (ii) reconhecimento e execução de sentenças estrangeiras e (iii) tramitação internacional de atos processuais.

Têm-se como objetivo de ditas vertentes, respectivamente, a regulação dos conflitos internacionais de jurisdição, a determinação das condições necessárias para o devido reconhecimento e execução de atos decisórios, sejam eles condenatórios, constitutivos ou executivos, emanados por autoridade estrangeira competente no exercício da função jurisdicional e ainda, a realização em uma jurisdição, de atos processuais de interesse de outra jurisdição.[10]

O Brasil é partícipe de uma multiplicidade de convenções multilaterais e mesmo bilaterais. Nisso

> quando é preciso cooperar com um Estado estrangeiro, no curso de um processo, convivemos com situações semelhantes reguladas de forma diferenciada, a saber: a) se é preciso cooperar com um país com o qual o Brasil não possui qualquer convênio, aplicar-se-ão as regras do DIPr e de Processo Civil Interno brasileiro, *tout court*; b) se houver um acordo bilateral, este será aplicável, v.g., as regras da Convenção de Cooperação Brasil x França; c) se houver um acordo multilateral, este será aplicado, v.g., os Protocolos de cooperação vigente no Mercosul, ou país signatário do Código Bustamante. É o caso típico da convivência de normas gerais com normas especiais, afastando-se as primeiras ante a existência das segundas.[11]

Dito isso, a norma disposta no art. 26 do CPC/2015 contribui para aclarar as bases da cooperação jurídica internacional em sede processual civil, conforme se percebe a seguir:

> *Art. 26. A cooperação jurídica internacional será regida por tratado do qual o Brasil seja parte e observará:*
>
> *I – o respeito às garantias do devido processo legal no Estado requerente;*
>
> *II – a igualdade de tratamento entre nacionais e estrangeiros, residentes ou não no Brasil, em relação ao acesso à justiça e à tramitação dos processos, assegurando-se assistência judiciária aos necessitados;*
>
> *III – a publicidade processual, exceto nas hipóteses de sigilo previstas na legislação brasileira ou na do Estado requerente;*
>
> *IV – a existência de autoridade central para recepção e transmissão dos pedidos de cooperação;*

---

10. No mesmo sentido, CASELLA, Paulo Borba; SANCHEZ, Rodrigo Elian (Orgs.). Ob. cit., p.3- 4.

11. Idem, p. 6.

V – a espontaneidade na transmissão de informações a autoridades estrangeiras.

§ 1º Na ausência de tratado, a cooperação jurídica internacional poderá realizar-se com base em reciprocidade, manifestada por via diplomática.

§ 2º Não se exigirá a reciprocidade referida no § 1º para homologação de sentença estrangeira.

§ 3º Na cooperação jurídica internacional não será admitida a prática de atos que contrariem ou que produzam resultados incompatíveis com as normas fundamentais que regem o Estado brasileiro.

§ 4º O Ministério da Justiça exercerá as funções de autoridade central na ausência de designação específica.

Nota-se, como não poderia ser diferente, a cooperação jurídica internacional a ser regida por tratado do qual o Brasil seja signatário, deve se fundar nas próprias bases de um modelo democrático e constitucional de processo justo, com respeito às garantias do devido processo legal no âmbito do próprio Estado requerente da cooperação, a isonomia no tratamento entre brasileiros e estrangeiros, ainda que não residentes no Brasil, sobretudo em relação ao acesso à justiça e à tramitação dos processos, devendo ser assegurada a assistência judiciária daqueles que dela necessitarem.

Salvo as hipóteses que exigem sigilo em relação à demanda (*v.g.*, art. 189) bem como na legislação do Estado requerente da cooperação, a publicidade processual deve ser garantida.

Por outro lado, notam-se questões de ordem pragmática e burocrática para fins do ideal cumprimento da requisição de cooperação internacional: a existência de "autoridade central" para a recepção e transmissão dos pedidos de cooperação (no Brasil, conforme dispõe o §4º do art. 26, caberá ao Ministério da Justiça tal *munus*, isso ante a ausência de designação específica) e espontaneidade na transmissão de informações a autoridades estrangeiras.

Tais disposições supracitadas, que se registre, devem ser levadas a cabo ainda que o Brasil não tenha para com o país requerente tratado de cooperação.

Assim, não obstante o §1º do digitado art. 26 esteja a prever que ante a ausência de tratado, a cooperação jurídica internacional se dará com base no princípio da reciprocidade,[12] este manifestado pela via diplomática, não se quer dizer que prescindirá aí de quaisquer das garantias processuais constitucionais ora referidas em sede de existência de tratado.

Ratificando o que já fora alhures afirmado, o §3 do artigo em comento acentua que não será admitida a prática de atos que contrariem ou produzam

12. Consiste o Princípio de Reciprocidade em permitir a aplicação de efeitos jurídicos em determinadas relações de Direito, quando esses mesmos efeitos são aceitos igualmente por países estrangeiros. Segundo o Direito Internacional, a reciprocidade implica o direito de igualdade e de respeito mútuo entre os Estados, tendo o mesmo servido de base para atenuar a aplicação do princípio de territorialidade das leis.

resultados contrários, por isso, incompatíveis com as normas fundamentais que regem o Estado brasileiro, reafirmando o compromisso com o modelo constitucional do processo pátrio e sua necessária efetivação.[13]

Dentro do contexto pragmático, os pedidos de cooperação internacional têm por objeto os seguintes atos processuais:

a) citação, intimação e notificação judicial e extrajudicial;

b) colheita de provas e obtenção de informações;

c) homologação e cumprimento de decisão;

d) concessão de medida judicial de urgência;

e) assistência jurídica internacional;

f) qualquer outra medida judicial ou extrajudicial não proibida pela lei brasileira.

3.3 AUXÍLIO DIRETO

Trata o Auxílio Direto de procedimento de caráter administrativo em sede cooperação internacional, quando a medida requerida não decorrer diretamente de decisão da autoridade jurisdicional alienígena a ser submetida a juízo de delibação no Brasil, como se depreende do art. 28 do CPC.

Neste caso, a solicitação de auxílio direto será encaminhada pelo órgão estrangeiro interessado à autoridade central do Estado requerido, cabendo ao Estado requerente assegurar, respectivamente, a autenticidade e clareza do pedido realizado (art. 29).

Para fins de melhor definir quais conteúdos são passíveis de requisição por meio do auxílio direto, teve por bem o legislador do novato CPC dispor em rol os seguintes objetos:

> *Art. 30. Além dos casos previstos em tratados de que o Brasil seja parte, o auxílio direto terá os seguintes objetos:*
>
> *I – obtenção e prestação de informações sobre o ordenamento jurídico e sobre processos administrativos ou jurisdicionais findos ou em curso;*
>
> *II – colheita de provas, salvo se a medida for adotada em processo, em curso no estrangeiro, de competência exclusiva de autoridade judiciária brasileira;*
>
> *III – qualquer outra medida judicial ou extrajudicial não proibida pela lei brasileira.*

A fim de demonstrar a operacionalização do auxílio direto, o CPC/2015 disciplinou entre os arts. 31 a 34 detalhes alusivos à necessária compreensão de seu *modus operandi*.

---

13. Para tanto, cf. THEODORO JÚNIOR, Humberto. A Constitucionalização do Processo no Estado Democrático de Direito. In: GAIO JÚNIOR, Antônio Pereira e CÂMARA, Alexandre Freitas. Novo CPC: reflexões e perspectivas. Belo Horizonte: Del Rey, 2014.

Nestes termos é que a autoridade central brasileira (o Ministério da Justiça, em não sendo designada outra específica), comunicar-se-á diretamente com suas congêneres e, uma vez sendo necessário, com outros órgãos estrangeiros responsáveis pela tramitação e pela execução de pedidos de cooperação enviados e recebidos pelo Estado brasileiro, em tudo respeitando disposições particulares constantes de tratado que rege a matéria.

Em sendo caso de auxílio direto para a prática de atos que, de acordo com a lei brasileira, não necessitem de prestação jurisdicional, a autoridade central adotará as providências necessárias para seu efetivo cumprimento.

Por outro lado, recebido o pedido de auxílio direto passivo, i.e, que dele necessite medida de cunho jurisdicional, a autoridade central o encaminhará à Advocacia-Geral da União, que requererá em juízo a medida solicitada, cabendo ressaltar que, uma vez sendo o Ministério Público a autoridade central, a ele caberá requerer em juízo a medida solicitada.

Por fim, em sede judicial, compete ao juízo federal do lugar em que deva ser executada a medida, apreciar pedido de auxílio direto passivo que demande, notadamente, prestação de atividade jurisdicional.

3.4 A CARTA ROGATÓRIA

Carta rogatória é ato processual clássico de comunicação entre autoridades judiciárias estrangeiras para fins de solicitação ao cumprimento do conteúdo da mesma.

No CPC/1973, mais especificamente, com relação à carta rogatória, tratava o art. 210, dispondo acerca das denominadas cartas rogatórias ativas, isto é, aquelas decorrentes de atos endereçados ou rogados a magistrado estrangeiro por intermédio de juiz nacional.

Já no que toca ao cumprimento de carta rogatória passiva, essa corresponde a ato rogado por juiz estrangeiro à autoridade judiciária pátria,[14] regulava o art. 211 do CPC/1973, tendo o seu cumprimento dependente de *exequatur*,[15] cuja competência, ainda hoje, se faz conferida ao Superior Tribunal de Justiça pela Constituição Federal de 1988, com seu art. 105, I, *i*, a preceituar que cabe à aludida Corte a homologação de sentenças estrangeiras e a concessão de *exequatur* às cartas rogatórias.

No que se refere ao CPC/2015, trata o art. 36 das questões atinentes à presente carta, notadamente, com conteúdos voltados ao alcance da mesma, ou

14. Cf. MARQUES, José Frederico. Instituições de Direito Processual Civil. Vol. II. 4 ed. Rio de Janeiro: Forense, 1971, p.334.

15. A palavra exequatur, expressão latina, forma verbal, significa execute-se, cumpra-se, sendo empregada no Brasil para fins de admissão da carta rogatória. Vale destacar que doutrina estrangeira, notadamente relativa a outros sistemas jurídicos, emprega-a para fins de aceitação de sentença, o que, em princípio, não ocorre entre a doutrina e legislação brasileiras que preferem referir-se à homologação ou ao reconhecimento como o caminho para a exequibilidade da sentença alienígena.

seja, ao que ela se destina. No entanto, como de conhecimento, a Presidência da República vetou o aludido art. 35, este que estabelecia o pedido de cooperação entre órgãos jurisdicionais estrangeiros por meio de carta rogatória objetivando a prática de atos processuais, tais quais citações, intimações e notificações judiciais, colheita de provas, obtenção de informações e cumprimento de decisões interlocutórias, sempre que o ato estrangeiro constituísse em decisão a ser executada no Brasil, correspondendo aí na carta rogatória passiva, o que, notadamente, vale também para a ativa, dentro dos interesses da autoridade judiciária brasileira.

E quais foram as razões do veto:

"Consultados o Ministério Público Federal e o Superior Tribunal de Justiça, entendeu-se que o dispositivo impõe que determinados atos sejam praticados exclusivamente por meio de carta rogatória, o que afetaria a celeridade e efetividade da cooperação jurídica internacional que, nesses casos, poderia ser processada pela via do auxílio direto."

Parece-nos, no entanto, que o veto, longe de qualquer dúvida, não levou em consideração a própria e clara dicção do que fora firmado pelo art. 28, citado alhures, no que se refere, propriamente, à serventia do Auxílio Direito.

Ora! O auxilio direto se presta a medidas sem a necessidade de juízo de delibação, o que, aliás, se vê ratificado no §2º do art. 216-O do Regimento Interno do STJ.

Assim, bastaria que já nos Projetos que antecederam à aprovação da Lei n. 13.105/2015 (novo CPC), o art. 35 viesse com a simples menção da necessidade do juízo de delibação no tocante à prática dos atos indicados ali por via rogatória ou nem mesmo isso, pois que o supracitado RISTJ já por bem, expressa tal entendimento, inequivocamente.

Em verdade, o que se quer aqui esclarecer para fins de se evitar interpretação dúbia é que, a *contrario sensu*, com o nebuloso veto, não se está a negar que os conteúdos do art. 35 ora vetado não se encontram presentes para fins de serem otimizados por meio da Carta Rogatória, mas tão somente que, diante da desnecessidade de juízo delibatório, possam ser praticados via auxílio direto. Nada mais, nada menos que isso. É smj., o que pensamos e espera-se, sem surpresas...!

Dando seguimento, conforme já expressado em linhas atrás, o procedimento da carta rogatória passiva se dá perante o Superior Tribunal de Justiça, possuindo caráter de jurisdição contenciosa, devendo respeitar o devido processo legal com todas as garantias constitucionais do processo, importando ainda ressaltar a possibilidade de recusa ao cumprimento de seu conteúdo, isso caso se configure manifesta ofensa à ordem pública brasileira conforme regra o art. 39.

Trata o RISTJ, em substituição à Resolução n. 09 do próprio Tribunal, da regulação procedimental para a homologação de Sentença Estrangeira.

Não obstante a isso, o novel CPC de 2015 e aí, em sentido amplo e naquilo que se faça necessário, estabelece balizas para o respeito aos conteúdos afeitos ao ato processual solicitado na carta.

De início, considera-se autêntica a documentação que instruir o pedido inicial de cooperação jurídica internacional, com respectiva tradução para a língua portuguesa (isso vale tanto para a carta rogatória, homologação de sentença estrangeira ou mesmo o auxílio direto), quando devidamente encaminhado por meio de autoridade central ou por via diplomática estrangeira, dispensando-se neste caso ajuramentação, autenticação ou qualquer outro procedimento de legalização para tal (art. 41, *caput*). Nota-se aí que, decorrente de órgão judicial, eventuais documentos que venham a instruir o pedido de cooperação, não necessariamente prescindirão de ditos procedimentos para apurar a autenticidade/veracidade dos mesmos, podendo ainda o Estado brasileiro lançar mão do uso da reciprocidade de tratamento para tais questões.

Já, com relação a conteúdos voltados à dinâmica procedimental, disciplinam os §§1º e 2º do art. 36:

> *§ 1º A defesa restringir-se-á à discussão quanto ao atendimento dos requisitos para que o pronunciamento judicial estrangeiro produza efeitos no Brasil.*
>
> *§ 2º Em qualquer hipótese, é vedada a revisão do mérito do pronunciamento judicial estrangeiro pela autoridade judiciária brasileira.*

Lado outro, com relação ao pedido de cooperação internacional por autoridade brasileira, será ele, uma vez traduzido para língua oficial do Estado requerido, encaminhado pela autoridade brasileira (judicial ou administrativa) competente à autoridade central (Ministério da Justiça ou outra especificamente designada), esta que então providenciará o envio ao Estado estrangeiro requerido, para fins de lograr êxito ao seu cumprimento, portanto, tem-se a autoridade central como responsável final para o envio do pedido de cooperação.

Por fim, faz frisar o CPC/2015 que, para fins cooperação internacional relativa à execução de decisão estrangeira - esta que se dará junto a órgão judicial pátrio - consideram-se meios hábeis a carta rogatória ou a ação de homologação de sentença estrangeira (art. 40), sendo o auxilio direto, conforme bem visto em item anterior, se prestando-se a outras serventias.

4. COMPETÊNCIA INTERNA E SEUS CRITÉRIOS DETERMINATIVOS

4.1 COMPETÊNCIA INTERNA

a) Distribuição da competência – "Repartição Tríplice"

Baseado em um critério elaborado por Chiovenda, conhecido como "repartição tríplice", o CPC/2015 mantém o mesmo critério de seu antecessor de 1973.

Tal critério ou esquema tem o mérito de elencar de forma sistemática elementos que podem definir ou mesmo solucionar os problemas relativos à determinação da competência; porém, conforme observam com bastante propriedade Cintra, Pellegrini e Dinamarco[16], o presente critério foi elaborado para estruturas judiciárias diversas da brasileira, sendo aos poucos ajustado à nossa realidade.

O presente critério tríplice se esquematiza da seguinte forma:

– Critério objetivo

Levando-se em conta demandas:

- em razão da matéria;
- em razão das pessoas;
- em razão do valor da causa.

– Critério funcional

Regulado em razão das competências funcionais exercidas por juízes e tribunais dispostas de maneira diversificada em normas de organização judiciária, leis federais e Constituição Federal.

– Critério territorial

Aplicado em razão da divisão do território nacional em circunscrições judiciárias:

- pelo domicílio das partes (em regra, domicílio do réu – art. 46 do CPC);
- pela situação da coisa (caso de bens imóveis);
- pelo lugar de certos atos ou fatos (como, por exemplo, reparação de danos por acidente de veículos, inclusive aeronaves – art.53, V, do CPC).

b) Competência em espécie[17]

b.1) Critério Objetivo

– *Em razão da matéria*

Nosso Código Processual Civil não regula tal competência de maneira exaustiva, deixando a Constituição Federal (ex.: determinação de certas causas que serão de competência da Justiça Federal) e as leis de organização judiciária de cada Estado (ex.: varas especializadas) por conta de tal regulação.

Apenas os incisos I e II do art. 45 é que definem questões em torno da matéria como objeto de competência.

Em um sentido geral, na justiça estadual, a competência em razão da matéria serve de critério para a especialização de determinadas varas, como, p.ex.,

---

16. Idem, p.251-252.
17. Sobre a competência interna e suas reflexões ainda no plano dos projetos para um Novo CPC, ver por todos, NEVES, Daniel A. A. A Competência no Projeto do Novo Código de Processo Civil. In: GAIO JÚNIOR, Antônio Pereira; CÂMARA, Alexandre Freitas. (Coords.). Novo CPC: Reflexões e Perspectivas. Belo Horizonte: Del Rey, 2014, p.105-132.

uma separação judicial, esta que será de competência da vara de família, onde houver esta especialização, sendo que, neste caso específico, quem define é a Lei de Organização Judiciária de cada Estado.

– *Em razão das pessoas*

A competência, em razão das pessoas, baseia-se, especificamente, na qualidade da(s) pessoa(s) partícipe(s) da demanda (ex.: art. 109, I, da CF):

> *As causas em que a União, entidade autárquica ou empresa pública federal forem interessadas na condição de autoras, rés, assistentes ou oponentes, exceto as de falência, as de acidente do trabalho e os sujeitos à Justiça Eleitoral e à Justiça do Trabalho, competirá aos juízes federais processar e julgar.*

O novel Código de Processo Civil, no tocante à competência em razão das pessoas, procurou questões atinentes à competência da justiça federal ao contrário do silente CPC/1973.

Nestes termos, preconiza o art. 45 que tramitando o processo perante outro juízo, os autos serão remetidos ao juízo federal competente se nele intervier a União, suas empresas públicas, entidades autárquicas e fundações, ou conselho de fiscalização de atividade profissional, na qualidade de parte ou de terceiro interveniente, exceto as ações:

I - de recuperação judicial, falência, insolvência civil e acidente de trabalho;

II - sujeitas à justiça eleitoral e à justiça do trabalho. Insta dizer que não serão os autos remetidos caso houver pedido cuja apreciação seja de competência do juízo perante o qual foi proposta a ação. Ainda neste caso, o juiz, ao não admitir a cumulação de pedidos em razão de sua incompetência para apreciar qualquer deles, não examinará o mérito daquele em que presente esteja interesse da União, de suas entidades autárquicas ou de suas empresas públicas (§§1º e 2º do art. 45).

Por outro lado, uma vez remetido os autos do processo para a justiça federal, o juízo federal os restituirá ao juízo estadual sem suscitar conflito caso o ente federal cuja presença ensejou a aludida remessa for excluído do processo, *ex vi* §3º do art. 45.

Como acontece com a aquela em razão da matéria, a competência em razão das pessoas também serve para especializar juízos na justiça estadual, como, p.ex., as varas da fazenda Pública quando uma das partes é o estado ou autarquia estadual.

– *Em razão do valor da causa*

Este tipo de competência é estabelecido em decorrência do critério econômico deduzido pela demanda proposta (ex.: causas de até 40 salários mínimos poderão ser propostas nos Juizados Especiais – Lei n. 9.099/95).

O CPC não utiliza do presente critério para fixar a competência, entretanto, podem, por exemplo, as normas de organização judiciária, segundo o preceito do art. 44 do CPC, utilizar-se do critério "valor da causa" para criar juízos privativos.

b.2) Critério Funcional

O critério funcional compreende na função que cada órgão jurisdicional exerce para a prática de atos processuais em determinado processo, bem como o grau de jurisdição exercido pelos órgãos jurisdicionais, para se fixar determinada competência.

O primeiro caso, denominado também de competência funcional pelas fases do procedimento, é regulado pelo CPC, tendo como exemplos o art. 845, §2º, ao preceituar que a competência para os atos da fase da penhora, avaliação e procedimento será deslocada para o juízo da situação dos bens; quando as testemunhas ou o objeto a ser periciado se encontrarem fora de circunscrição territorial do juiz da causa; no tocante à ação rescisória, quando, por exemplo, não obstante a competência originária ser dos Tribunais Superiores, sempre que se necessitar de prova a ser colhida, o relator delegará a competência ao juiz de direito onde a mesma deva ser produzida, conforme sustenta o art. 972 do CPC.

Já o segundo caso, trata-se de competência funcional dos tribunais, também denominada de competência hierárquica, consistindo esta na atribuição concedida aos tribunais para julgar originariamente e também, em grau de recurso, determinadas demandas.

Importante se faz ressaltar que no CPC, de modo geral, cabe a fixação da competência dos juízes de primeiro grau quanto à competência originária e recursal dos tribunais superiores, a CF fica a cargo de fixá-las (ex.: art. 102, I, "a", e II, "a", da CF que trata da competência originária e em grau de recurso – recurso ordinário – do Supremo Tribunal Federal).

Quanto à fixação da competência originária dos tribunais estaduais de justiça, competirá, em regra, à Constituição Estadual tal encargo como o é no estado de Minas Gerais, podendo em outros estados, a Lei de Organização Judiciária estadual (LOJ) fixar a citada competência. Não obstante a isso, o CPC determina, por exemplo, a competência dos tribunais para conhecer de algumas espécies de demandas, como no caso da ação rescisória (art. 966 e ss.) bem como em sede de competência recursal.

– *Competência funcional pelo objeto do juízo*

Parte da doutrina se refere a este critério de competência funcional. Pautado nos ensinamentos de José Frederico Marques[18], ocorre a incidência de tal competência quando órgãos do mesmo grau de jurisdição devem decidir sobre partes, ou aspectos do mesmo processo, dando origem a uma decisão subjetivamente complexa.

---

18. MARQUES, José Frederico. Instituições de direito processual civil. V. I. 4. ed. Rio de Janeiro: Forense, 1971, p. 334-335.

Assim, quando pontos de uma mesma causa são decididos por juízos distintos, estaremos diante de tal critério funcional pelo objeto do juízo, como, p.ex., no caso do incidente de arguição de inconstitucionalidade (arts. 948 a 950). Neste tipo de procedimento, a Câmara ou Turma decide o recurso, cabendo ao Pleno ou Órgão Especial do Tribunal decidir o incidente.

b.3) Critério territorial

Inicialmente, importante se faz dizer que, tendo a jurisdição brasileira o limite do território nacional, aos juízes e tribunais pátrios delimita-se o exercício jurisdicional ao território competente (nominado pelo CPC/2015 também de competência de foro).

Sendo assim, os juízes estaduais têm competência para julgar ações, que a critério do CPC, devam ser propostas no juízo da sua comarca (município ou conjunto de municípios).

Aos juízes federais compete julgar ações que devam ser propostas em sua seção judiciária (cada uma corresponde ao território do respectivo Estado).

O critério da competência territorial nos leva a determinar o foro competente (comarca ou local competente), ou seja, o local onde deva ser ajuizada ação em face de determinada pessoa.

Esta determinação do foro competente, de acordo com o nosso ordenamento processual civil, está relacionada com o domicílio das partes (domicílio civil no Código Civil, arts. 70 a 78 – lugar onde se estabelece sua residência com ânimo definitivo), com a situação da coisa (objeto da demanda) ou mesmo com o lugar de certos atos ou fatos, incentivadores ou justificadores da demanda etc.

O CPC, de forma exaustiva, regula a competência territorial, estabelecendo um foro geral ou comum (fixado em razão do domicílio do réu) e diversos foros especiais (fixados em razão da situação da coisa demandada, do lugar da prática de certos atos ou fatos, pela qualidade de certas pessoas partícipes da lide etc.).

Foro geral ou comum **(art. 46)**

Trata-se de regra principal estabelecida pelo CPC, por isso, denominada de foro geral ou comum.

As ações fundadas em direito pessoal e em direito real sobre bens móveis serão propostas, em regra, no foro de domicílio do réu. Este é o foro geral. No entanto, tal como o CPC/1973, o novel CPC/2015 estabelece algumas variações nos seguintes termos:

a) Tendo mais de um domicílio, o réu será demandado no foro de qualquer deles.

b) Sendo incerto ou desconhecido o domicílio do réu, ele poderá ser demandado onde for encontrado ou no foro de domicílio do autor.

c) Quando o réu não tiver domicílio ou residência no Brasil, a ação será proposta no foro de domicílio do autor, e, se este também residir fora do Brasil, a ação será proposta em qualquer foro.

d) Havendo 2 (dois) ou mais réus com diferentes domicílios, serão demandados no foro de qualquer deles, à escolha do autor.

Em se tratando de Execução Fiscal (Lei n. 6.830/1980), esta promovida pelo fisco federal, estadual ou municipal, a ação proposta no foro de domicílio do réu, no de sua residência ou no do lugar onde for encontrado.

***Foros especiais* (arts. 47 a 53)**

Tais foros são também adotados pelo CPC para a distribuição da competência dos órgãos jurisdicionais.

São os chamados foros especiais para o julgamento de determinadas demandas.

Tais foros afastam de um modo geral, as normas previstas no art. 46.

São eles:

- Art. 47: Nas as ações fundadas em direito real sobre imóveis é competente o foro de situação da coisa. No entanto, poderá o autor pode optar pelo foro de domicílio do réu ou pelo foro de eleição se o litígio não recair sobre direito de propriedade, vizinhança, servidão, divisão e demarcação de terras e de nunciação de obra nova (§1º do art. 47). Neste sentido, temos como exemplo como possibilidades de opção do autor as ações relativas a execução hipotecária, aos direitos reais sobre coisas alheias (usufruto, comodato, hipoteca); rescisão ou anulação de compromisso de compra e venda irretratável etc.

Ainda neste âmbito, optou o CPC/2015 por regrar a competência para as ações possessórias imobiliárias de maneira inequívoca em relação àquelas ditas fundadas em direito real sobre imóveis.

Nisso, prescreve então o §2º do art. 47:

"§ 2º A ação possessória imobiliária será proposta no foro de situação da coisa, cujo juízo tem competência absoluta."

- Art. 48: Inventário, a partilha, a arrecadação, o cumprimento de disposições de última vontade, a impugnação ou anulação de partilha extrajudicial e para todas as ações em que o espólio for réu, ainda que o óbito tenha ocorrido no estrangeiro → foro do domicílio do autor da herança no Brasil.

Não possuindo domicílio certo o autor da herança, será competente: competente:

I - o foro de situação dos bens imóveis;

II - havendo bens imóveis em foros diferentes, qualquer destes;

III - não havendo bens imóveis, o foro do local de qualquer dos bens do espólio (parágrafo único do art. 47).

- Art. 49: Ações em face do ausente, bem como o inventário, partilha e arrecadação de seus bens e cumprimento de disposições testamentárias → foro do último domicílio.

- Art. 50: Ações em que o incapaz for réu → foro do domicílio de seu representante ou assistente.

- Art. 51 As causas em que seja autora a União → É competente o foro de domicílio do réu

Já, as causas em que a União for a demandada, a ação poderá ser proposta no foro de domicílio do autor, no de ocorrência do ato ou fato que originou a demanda, no de situação da coisa ou no Distrito Federal (parágrafo único do art. 51).

- Art. 52: As causas em que seja autor Estado ou o Distrito Federal → É competente o foro de domicílio do réu.

Por outro lado, sendo demandado o Estado ou o Distrito Federal, a ação poderá ser proposta no foro de domicílio do autor, no de ocorrência do ato ou fato que originou a demanda, no de situação da coisa ou na capital do respectivo ente federado (parágrafo único do art. 52).

Com pontuais modificações, o art. 53 CPC/2015 se difere de seu antecessor - art. 100 do CPC/1973 - já no que toca em seu inciso I, onde se tem que, para ações acerca de divórcio, separação, anulação de casamento e reconhecimento ou dissolução de união estável, a regra geral para a propositura será no foro de domicílio do guardião de filho incapaz. Não havendo filho incapaz, competente será o foro do último domicílio do casal. Por fim, caso nenhuma das partes residirem no antigo domicílio do casal, a ação deverá ser promovida no domicílio do réu.

O inciso II estabelece a competência do domicílio ou residência do alimentando para ação em que se pedem alimentos.

No que se refere ao inciso III, a competência para a propositura da demanda será do lugar onde está a sede, para a ação em que for ré pessoa jurídica; do local onde se acha agência ou sucursal, quanto às obrigações que a pessoa jurídica contraiu; do lugar onde exerce suas atividades, para a ação em que for ré sociedade ou associação sem personalidade jurídica; de onde a obrigação deve ser satisfeita, para a ação em que se lhe exigir o cumprimento; da de residência do idoso, para a causa que verse sobre direito previsto no respectivo estatuto; da sede da serventia notarial ou de registro, para a ação de reparação de dano por ato praticado em razão do ofício.

O art. 53 em seu inciso IV estabelece competências relativas às ações para a reparação de dano bem como de hipóteses em que o réu for administrador ou gestor de negócios alheios. Tais situações, competente será o foro do lugar do ato ou do fato.

Por fim, para a ação de reparação de dano sofrido em razão de delito ou acidente de veículos, inclusive aeronaves, competente será o foro do domicílio do autor ou do local do fato, conforme regra o inciso V do dispositivo em comento.

Por tudo, é o que vê a seguir:

- Art. 53: I - Para a ação de divórcio, separação, anulação de casamento e reconhecimento ou dissolução de união estável:

a) de domicílio do guardião de filho incapaz;

b) do último domicílio do casal, caso não haja filho incapaz;

c) de domicílio do réu, se nenhuma das partes residirem no antigo domicílio do casal;

d) de domicílio da vítima de violência doméstica e familiar, nos termos da Lei nº 11.340, de 7 de agosto de 2006 (Lei Maria da Penha).

Vale ressaltar que a alínea "*d*" supra, fora acrescida ao CPC pela Lei n.13.894 de 29 de outubro de 2019. Trata tal alínea do foro competente para a propositura de ação de divórcio, separação, anulação de casamento e reconhecimento ou dissolução de união estável quando decorrente de de violência doméstica e familiar.

Entendemos, neste caso, a presença da vulnerabilidade desta vítima que opta pela cisão da relação com o seu agressor, tendo o seu domicílio como competente para a propositura das ações em tela, ou mesmo podendo ela optar pelos foros sucessivos expressamente destacados nas situações hipotéticas descritas nas alíneas *a*, *b* e *c* , logicamente respeitando, a começar, pela alínea *a*, inclusive onde já se faz presente também a vulnerabilidade, esta configurada pela própria existência de filho incapaz.

- Art. 53, II: ações de alimentos e execução da prestação alimentícia → foro do domicílio ou da residência do alimentado.

- Art. 53, III - Do Lugar:

a) onde está a sede, para a ação em que for ré pessoa jurídica;

b) onde se acha agência ou sucursal, quanto às obrigações que a pessoa jurídica contraiu;

c) onde exerce suas atividades, para a ação em que for ré sociedade ou associação sem personalidade jurídica;

d) onde a obrigação deve ser satisfeita, para a ação em que se lhe exigir o cumprimento;

e) de residência do idoso, para a causa que verse sobre direito previsto no respectivo estatuto;

f) da sede da serventia notarial ou de registro, para a ação de reparação de dano por ato praticado em razão do ofício;

- Art. 53, IV - Do lugar do ato ou fato, para as seguintes ações:

a) de reparação de dano;

b) em que for réu administrador ou gestor de negócios alheios;

- Art. 53, V: Ação de reparação de dano sofrido em razão de delito ou acidente de veículos, inclusive aeronaves → domicílio do autor ou do local do fato.

c) Princípio da *Perpetuatio Jurisdictionis*

Aponta o art. 43 do CPC:

> *Determina-se a competência no momento do registro ou da distribuição da petição inicial, sendo irrelevantes as modificações do estado de fato ou de direito ocorridas posteriormente, salvo quando suprimirem órgão judiciário ou alterarem a competência absoluta.*

Do regramento supra, nota-se que a competência se faz determinada no momento da do registro ou da distribuição da petição inicial, o que depreende serem irrelevantes as modificações do estado de fato ou de direito que por ventura venham a ocorrer a *posteriori*, exceto quando da supressão de órgão judiciário ou ocorrerem alterações em sede de competência absoluta.

Nestes termos, o Código de Processo Civil pátrio adota o princípio da *perpetuatio iurisdictionis*, significando que uma vez determinada a competência do juízo, deverá a mesma manter-se inalterada durante toda a marcha procedimental.

Assim, modificações denominadas pelo legislador de "irrelevantes", tais como, aquelas relativas ao "*do estado de fato*" – *v.g.* mudanças de residências ou domicílios das partes – "*ou de direito*" – *v.g.* alteração na lei que venha a modificar o critério para determinação da competência relacionada com a espécie de demanda correspondente àquela em andamento – operadas de forma superveniente à propositura da demanda, não causarão qualquer modificação aos rumos da competência já definida na mesma.

Vale ressaltar que dita modificação relativa "*a direito*", esta tida como irrelevante pelo legislador, merece oportuna consideração no contexto em que ocorre, sobretudo, quanto à distinção entre as chamadas competências absoluta e relativa.

Nisso, caso a competência firmada quando do registro ou da distribuição da petição inicial for territorial ou em razão do valor da causa (em regra, relativas), em nada afetará a competência de processo em curso, caso haja alteração legislativa.

Do contrário, isto é, sendo suprimido órgão judiciário perante o qual tramitava o processo, e ainda, se a alteração legislativa referir-se à competência em razão da matéria ou hierarquia (absolutas), o feito será imediatamente alcançado[19] e, neste caso, os autos deverão ser encaminhados ao órgão que se tornou competente para aquela demanda.[20] Neste último caso, como exemplo temos a própria questão da união estável, onde os processos que em trâmite estavam nas varas cíveis foram remetidos as vara de família, tudo em decorrência de lei superveniente que alterou competência sobre a matéria supra. O

---

19. Confira NERY JUNIOR, Nelson; ANDRADE NERY, Rosa Maria. Código de processo civil comentado e legislação extravagante. 12 ed. São Paulo: RT, 2012, p. 391.
"O princípio da perpetuatio iurisdictionis só admite a modificação posterior da competência, nas hipóteses de competência absoluta (material ou funcional)" (RT 539/107).

20. "A alteração de competência ratione materiae tem aplicação imediata, se não ressalvada na lei que trouxe a modificação, e se aplica independentemente da fase em que se encontre o processo (STJ. 2ª Seção, CC 948, Min. Sávio de Figueiredo. Julg. 14.3.1990, DJU 9.4.1990).

presente raciocínio, igualmente, deve ser aplicado aos casos de competência funcional.[21]

Quando a hipótese se relacionar com desmembramento ou subdivisão de comarca, os processos também serão divididos entre os dois órgãos judiciários decorrentes de tal subdivisão. Nesta hipótese, o juiz da comarca desmembrada será o competente para a continuação dos processos iniciados na outra, observando-se, notadamente, as regras gerais de competência tais como o local do domicílio do réu, a situação da coisa[22] e mesmo questões que se sujeitam às competências em razão da matéria e funcional, por exemplo.[23]

Importante observação em sede *perpetuatio iurisdictionis* se faz necessária quanto aos meios de prorrogação da competência (legal e convencional), estes que serão vistos mais adiante, ainda neste capítulo. Na verdade, o instituto da *perpetuatio iurisdictionis* parte-se da ideia de que o foro proposto foi o correto quando da propositura de respectiva ação, pois que, por exemplo, em se tratando de competência relativa, caso haja a interposição da demanda em foro equivocado, poderá a parte ré alegar a incompetência relativa do juízo em sede de preliminar da sua contestação (art. 64), objetivando a exata correção da competência. Daí que o momento do registro ou da distribuição da petição inicial como delimitadores da correta competência do órgão julgador e por isso, perpetuando-a (inteligência do art. 43 do CPC), parte-se de uma ideia "fisiológica" e não "patológica" do próprio legislador quanto ao comportamento de quem move a respectiva *actio*, o que, por isso, deve ser assim considerada.

4.2 AVERIGUAÇÃO DA COMPETÊNCIA (POSSÍVEL ROTEIRO METODOLÓGICO)

Segue abaixo, específico roteiro para se averiguar a determinação da competência do órgão julgador de uma ação a ser impetrada, devendo-se ressaltar que tais passos respeitam o caráter didático na qual a presente obra se pauta.

- Verificar se é hipótese de apreciação pela justiça brasileira.

- Definir qual a justiça competente, isto é, se é hipótese de *Justiça Especial* ou *Justiça Comum*.

---

21. No mesmo sentido, THEODORO JÚNIOR, Humberto. Curso de Direito Processual Civil. Vol. I. 47 ed. Rio de Janeiro, Forense, 2007, p. 191.

22. "O juiz da comarca desmembrada onde se situa o imóvel é o competente para processar e julgar causa pendente que verse sobre 'direito de propriedade, vizinhança, servidão, posse, divisão, demarcação de terras, e nunciação de obra nova', pois nestas matérias a competência do forum rei sitae é absoluta e inderrogável, tornando inaplicável o princípio da perpetuatio jurisdictionis." (RF 319/191).

23. Ibidem.

– Definir a competência originária dos tribunais superiores (STF, STJ, TST, STM, TSE, TRF, TJ).

– Definir a competência territorial, isto é, verificar o foro – comarca ou seção judiciária competente.

– Definir a competência do juízo (vara), isto é, se existente no foro vários juízos competentes, determinar qual deles será o competente. Neste caso, os critérios da distribuição, conexão ou continência e prevenção definirão a competência.

– Definir a competência recursal através das normas dispostas nas Constituições Federal e Estadual bem como nas legislações processuais.

4.3 COMPETÊNCIAS RELATIVA E ABSOLUTA

a) Relativa

Será competência relativa aquela verificada, em geral, pelo critério territorial e valor da causa.

De acordo com a sistemática processual pátria, tais critérios integram a chamada esfera da disponibilidade de direito das partes e, portanto, sendo uma demanda proposta de forma contrária aos critérios acima citados (especialmente o territorial), ocorrerá a chamada "incompetência relativa" (arts. 64, *caput* e 65 do CPC).

Neste caso, deve a parte lesada arguir a incompetência nas preliminares da contestação (arts. 64 e 337, II do CPC) a fim de modificar a competência, deslocando a demanda do juiz relativamente incompetente para o juiz competente.

Sendo ausente tal arguição ou realizada de forma equivocada, ocorrerá a preclusão temporal ou consumativa, não podendo discutir mais sobre a determinada questão.

Com isso, ocorrerá o efeito processual conhecido como "prorrogação da competência", tornando o juiz que era relativamente incompetente em juiz competente (art. 65, *caput* do CPC).

Importante destacar como exceção à prorrogabilidade da competência territorial, os litígios sobre direitos de propriedade, vizinhança, servidão, divisão e demarcação de terras e de nunciação de obra nova bem como ações possessórias imobiliárias (art. 47, §§1º e 2º do CPC). Neste caso, não obstante tratar-se de competência territorial, estaremos diante de uma competência considerada absoluta, não podendo, portanto, ser modificada.

b) Absoluta

Será competência absoluta aquela fixada em razão da matéria, em razão das pessoas ou decorrente do critério funcional.

Tratando-se de demanda proposta de forma errônea no tocante aos conteúdos supracitados, teremos então, a chamada "incompetência absoluta", uma vez que o dito erro aborda norma de ordem pública e indispensável, indicando um equívoco processual grave.

Verificando tal hipótese, não haverá prorrogação da competência, mas deslocamento do processo ao juízo competente, seja de ofício pelo magistrado incompetente ou a requerimento da parte, nas preliminares da contestação ou a qualquer tempo, independente do grau de jurisdição (§1º do art. 64 do CPC). Em verdade, uma vez alegada a incompetência absoluta, o juiz deverá ouvir a outra parte, decidindo então, imediatamente, a alegação de incompetência. Daí que, uma vez acolhida, serão os autos remetidos ao juízo tido como competente (§§2º e 3º do art. 64).

Atesta ainda o §4º do art. 64 acerca dos efeitos de decisão proferida pelo juízo incompetente:

"Salvo decisão judicial em sentido contrário, conservar-se-ão os efeitos de decisão proferida pelo juízo incompetente até que outra seja proferida, se for o caso, pelo juízo competente."[24]

Mesmo com o processo transitado em julgado, a incompetência absoluta poderá ser objeto de matéria em ação rescisória da sentença nos termos contidos no art. 966, II do CPC.

4.4 PRORROGAÇÕES DA COMPETÊNCIA

Dá-se quando determinado órgão judicial tem sua competência ampliada, podendo conhecer de causas que normalmente não estariam dentro da sua esfera de competência.

O nosso sistema processual admite a prorrogação da competência sob dois aspectos: Prorrogação Legal e Prorrogação Voluntária.

a) Prorrogação legal

Decorrente de imposição específica da lei, impulsionada por motivos de ordem pública, bem como de economia processual, levando-se em consideração a necessidade de se evitar decisões contraditórias. Dar-se-á tal prorrogação pelos institutos da Conexão e Continência.

Conforme regra o art. 54 do CPC, a competência relativa poderá modificar-se pela conexão ou pela continência.

Denomina-se Conexão o fenômeno processual que importará em uma reunião 2 (duas) ou mais ações quando lhes for comum o pedido ou a causa de pedir[25] (art. 55, *caput* do CPC).

---

24. Enunciado n. 238 do FPPC: "O aproveitamento dos efeitos de decisão proferida por juízo incompetente aplica-se tanto à competência absoluta quanto à relativa."

25. A causa de pedir comum expressa no art. 55 tem a intenção de se evitar decisões contraditórias, por isso, deve ser entendida em termos, não se exigindo a perfeita identidade, senão que haja um liame que os faça possível de decisão unificada (Ementário do STJ 4, 462, 180/181).

Em nome da segurança jurídica, evitando-se por isso, decisões contraditórias, os processos decorrentes de ações conexas serão reunidos para decisão conjunta, exceto se qualquer deles já houver sido sentenciado.[26]

Como já era de longínquo reconhecimento jurisprudencial[27], coube ao legislador regular (§3º do art. 55) a necessidade de se ter julgamento conjunto de processos que possam gerar risco de prolação de decisões conflitantes ou contraditórias caso decididos separadamente, ainda que *sem conexão entre eles*.

São exemplos de Conexão pelo "pedido":

Ex. 1: Vários herdeiros em ações distintas pleiteiam a nulidade do testamento (objeto comum).

Ex. 2: A existência de duas ações em face de dois coobrigados diferentes (devedor e fiador) pela cobrança da mesma dívida (pedido comum).

São exemplo de Conexão pela "causa de pedir":

Ex. 1: O locador ingressa com ação requerendo o despejo por falta de pagamento de aluguéis e, concomitantemente, o locatário ingressa com ação de consignação ou pagamento dos aluguéis.

Ex. 2: Uma pessoa pede nulidade geral do contrato e o seu não cumprimento e outra pessoa ingressa com ação de execução de obrigação de fazer, a fim de satisfazer o cumprimento da obrigação oriunda do mesmo contrato.

Ressalta-se que o contrato (fato jurídico) serve de base às diversas pretensões, sendo o fato jurídico um só.

Por outro lado, o CPC/2015 avançou quanto às possibilidades de reconhecimento do fenômeno da Conexão, mesmo quando decorrentes de ações que transitam sob Processos diferentes, mas tendo em comum o mesmo ato jurídico perquirido por ambas, e mesmo o reconhecimento da conexão em sede de Processo de Execução, senão vejamos ambas as hipóteses:

---

26. Em um sentido mais amplo, Lucon estabelece uma classificação de conexões, merecendo destaque a conexão própria ou imprópria:
"A conexão própria é aquela que leva em conta a identidade parcial em relação aos elementos identificadores da demanda, causa de pedir e/ou pedido. Há conexão própria subjetiva quando há identidade entre as partes em duas ou mais causas ou quando entre as mesmas partes pendem duas ou mais, sendo uma delas mais abrangente em relação ao pedido do que as outras (...).
Já a conexão própria objetiva se revela quando há identidade entre a causa de pedir e/ou o pedido entre duas ou mais demandas (art.55). Por sua vez, a conexão imprópria leva em consideração o modo como duas ou mais demandas podem se relacionar. A conexão imprópria pode ser qualificada pela acessoriedade (art.61), por prejudicialidade (art.313, V), por reconvenção (art.343), por homogeneidade (art.55, §3º) ou por razões pontuais (*ad exemplum*, arts. 55, §2º e 60)." LUCON, Paulo Henrique dos Santos. *Relações entre Demandas*. 2 ed. Brasília: Gazeta Jurídica, 2018, p.83.

27. A jurisprudência não leva com rigor excessivo o conceito de conexão e continência. Basta que haja mera possibilidade de julgamento conflitante para determinar a reunião das ações (vide STJ. 3ª T. REsp 3.511/RJ. Rel. Min. Waldemar Zveiter. Julg. 10.12.1990, DJU 11.03.1991).

> *Art. 55 (...)*
>
> *§ 2º Aplica-se o disposto no caput:*
>
> *I - à execução de título extrajudicial e à ação de conhecimento relativa ao mesmo ato jurídico;*
>
> *II - às execuções fundadas no mesmo título executivo.*[28]

Já a Continência corresponde ao fenômeno processual que, igualmente, importará na reunião de duas ou mais ações, quando as partes e a causa de pedir tiverem identidade, mas o pedido de uma das ações, por ser mais amplo, abrangerá o da(s) outra(s), conforme disciplina o art. 56.

Cabe, entretanto, trazer à luz apontamento contido no art. 57, cuja verificação se faz necessário, nos seguintes termos:

"Quando houver continência e a ação continente tiver sido proposta anteriormente, no processo relativo à ação contida será proferida sentença sem resolução de mérito, caso contrário, as ações serão necessariamente reunidas."

Temos assim, duas situações:

a) Quando a ação continente (pedido mais amplo) tiver precedência, a ação contida

(pedido menor) será extinta sem resolução de mérito (art. 57, 1ª parte), pois que estaremos aí diante de uma litispendência parcial entre as demandas, ensejando, portanto, sua extinção em sintonia com art. 485, V do CPC.

b) Caso a ação contida (pedido menor) venha ser proposta anteriormente à ação continente (pedido mais amplo), a reunião entre ambas será obrigatória (art. 57, *in fine*). Notadamente, ambas as ações devem se encontrar em situações propícias para efeitos de continência, de modo que caso a ação com pedido menor, por exemplo, já estiver sentenciada, impedida estará sua reunião com a ação de pedido mais amplo, obstaculizando, portanto, o ideal que seria a realização de decisões simultâneas, aliás, como reza o art. 58.

Temos como exemplo de Continência:

Ex. 1: credor propõe em face de um mesmo devedor duas ações, uma cobrando os juros de um empréstimo pecuniário e outra cobrando o próprio empréstimo pecuniário.

Ex. 2: "A" propõe uma ação declaratória de reconhecimento de dívida em face de "B". Em ação distinta, "A" pleiteia condenação de "B" no pagamento da mesma dívida.

Importante se faz salientar abaixo, algumas observações pertinentes:

– Os processos devem estar no mesmo grau de jurisdição, tendo como termo final a sentença.

---

28. Enunciado n. 237 do FPPC: "O rol do art. 55, §2º, I e II é exemplificativo."

- As competências material e a funcional, por serem absolutas, não podem ser modificadas pela conexão ou continência (RTJ 110/901; RJTJSP 99/252; JTACivSP 94/175; STJ. 1ª T, AgRg no Ag. 1385227-MS. Rel. Min. Benedito Gonçalves, *DJe* 26.10.2012, dentre outros).
- Forma de alegação de conexão: deve ser alegada pelo réu em preliminar de contestação (art. 337, VIII). Caso o réu não alegue na contestação, poderá qualquer das partes fazê-lo posteriormente, podendo o Ministério Público arguir a conexão, bem como deve o juiz conhecer dessa matéria de ofício (art. 337, § 5º).
- Inexiste conexão ou relação de acessoriedade entre ação civil e penal (Código Civil, art. 935), no entanto, pode o juiz determinar a suspensão da ação civil se o conhecimento do mérito depender de verificação da existência de fato delituoso, o juiz pode determinar a suspensão do processo até que se pronuncie a justiça criminal. Caso a ação penal não venha a ser proposta no prazo de 3 (três) meses, contado da intimação do ato de suspensão, cessará o efeito desse, incumbindo então ao magistrado cível examinar incidentemente a questão prévia (art. 315, *caput* e §1º do CPC).

Por outro lado, uma vez sendo proposta a ação penal, ficará o processo suspenso pelo prazo máximo de 1 (um) ano, ao final, cessará o efeito da suspensão, incumbindo então ao juiz cível examinar, incidentemente, a questão prévia (art. 315, §2º do CPC).

Outras situações decorrentes de prorrogação legal:

- Ação acessória (art. 61). Entende-se como acessória aquela dependente de outra que exige complementação posterior, ou mesmo que é decorrente de outra ação, como por exemplo a ação anulatória de ato jurídico (art. 966, §4º do CPC), esta que é oriunda de outra, nos termos em que tal demanda anulatória surge a partir de um respectivo ato processual praticado no âmbito do processo originário que se encontra em curso.

b) Prorrogação voluntária

Decorre da possibilidade de, por conveniência ou disposição, as partes modificarem determinada competência relativa, já que a competência absoluta se faz inderrogável por convenção das partes, *ex vi* do art. 62 do CPC.

Assim, a prorrogação voluntária possui ocorrência em duas formas:

1ª) Eleição de foro contratual (arts. 63, do CPC e 78 do Código Civil), também chamada de prorrogação voluntária expressa.

Vale destacar que a eleição de foro somente produzirá efeito quando constar de instrumento escrito e, de forma expressa, aludir a determinado negócio jurídico.

Ocorrendo demanda judicial com propositura da ação nos termos da competência acertada em cláusula contratual de foro, nada impede de ser esta considerada abusiva pelo juiz. Neste caso, antes da citação do réu, poderá o magistrado, de ofício, reconhecê-la como ineficaz, remetendo os autos do processo ao juízo do foro de domicílio do réu (§3º do art. 63 do CPC), como se dá , p. ex., nas relações de consumo, em sede de contrato de adesão.

Outrossim, caso o magistrado não se manifeste de ofício, caberá ao réu uma vez citado, alegar a abusividade da digitada cláusula em sua contestação, sob pena de incidir na preclusão temporal para tanto e daí passando o foro eleito a ser o apto para o decorrer do processo (§4º do art. 63 do CPC).

Duas observações de fazem necessárias:

A primeira se refere ao próprio foro eleito pelas partes, este que obrigará aos herdeiros e sucessores dos contratantes (§2º do art. 63 do CPC); a segunda, relacionada a qualquer tipo contratual, e não como fazia o CPC/1973, quando restringia dita possibilidade somente aos contratos de adesão, como dispunha o parágrafo único do art. 112.

2ª) Ausência, por parte do réu, de opor exceção declinatória do foro e de juízo em sede de preliminar da contestação (arts. 65 e 337, II do CPC).

4.5 PREVENÇÃO

É o fenômeno por meio do qual o juiz tem a sua competência pré-fixada para o conhecimento de demandas que devam ser reunidas por conexão ou continência.

O instituto de prevenção é de fundamental importância tanto pelo ponto de vista da economia processual quanto pela necessidade de se evitar decisões contraditórias.

Regula-se a prevenção nos termos estabelecidos pelo art. 59, ou seja, uma registrada ou distribuída a petição inicial, prevento estará o juízo.

Nota-se que a regra da data do registro se dará nos casos de comarcas de vara única, ao passo que o critério relativo à data da distribuição se aplicará às comarcas com pluralidade de varas.

Destaca-se ainda que a prevenção também se faz utilizada como critério de modificação da competência quando a ação versar sobre imóvel situado em mais de um Estado, comarca, seção ou subseção judiciária, hipótese em que será competente o juízo prevento sobre a totalidade do imóvel (art.60 do CPC).

4.6 CONFLITO DE COMPETÊNCIA

a) Art. 66 do CPC – formas de conflito

- Conflito positivo: quando dois ou mais juízes (na verdade, juízos) se declaram competentes.

- Conflito negativo: quando dois ou mais juízes se declaram incompetentes, atribuindo um ao outro a referida competência.

Interessante observar que, diferentemente do CPC/1973, o CPC/2015 tratou de regular o procedimento para a solução do Conflito de Competência no Livro III da Parte Especial, livro este nominado "Dos Processos nos Tribunais e dos Meios de Impugnação das Decisões Judiciais", mais precisamente, nos arts. 951 a 959.

Poderá o conflito ser suscitado por qualquer das partes, pelo Ministério Público ou mesmo pelo juiz ao tribunal hierarquicamente superior aos juízes envolvidos na divergência (art. 953), devendo-se levar em consideração a exceção do art. 952, *caput*, onde se proíbe de suscitar o conflito a parte que, no processo, arguiu a incompetência relativa.

Serão as informações prestadas pelos juízes envolvidos ou por apenas um deles (art. 954). Isto, caso não haja, (i) súmula do STF, do STJ ou do próprio tribunal; (ii) tese firmada em julgamento de casos repetitivos ou em incidente de assunção de competência, pois que, em tais casos, poderá o relator decidir, de plano, o conflito de competência(parágrafo único do art. 955).[29] No âmbito do tribunal, o conflito será distribuído a um relator que designará, de ofício ou a requerimento de qualquer das partes, um dos juízes para resolver em caráter provisório, as medidas urgentes (art. 955, *caput*), preceituando o art. 957 sobre a decisão do conflito, bem como pronunciamento sobre a validade dos atos praticados pelo juiz incompetente.

Urge, aqui, fazer os seguintes apontamentos:

- O Ministério Público somente será ouvido nos conflitos de competência que envolva interesse público ou social, interesse de incapaz e em litígios coletivos pela posse de terra rural ou urbana (art. 178 do CPC). Por outro lado, terá qualidade de parte naqueles em que suscitar (art. 951, parágrafo único), tratando-se, pois, de matéria de ordem ou interesse público.
- Nos conflitos que envolver órgãos fracionários dos tribunais (*v.g.*, Turmas, Seções, Câmaras), caberá ao Regimento Interno do respectivo tribunal regular o conflito (art. 958).[30]

b) Forma de caracterização do conflito

- Conflito positivo (art. 66, I): quando dois ou mais juízos se dão por competentes para julgar a mesma causa, sendo, portanto, necessário que se esteja diante de causa única.

Não há necessidade de que haja decisão expressa proclamando a competência para que se caracterize o conflito positivo de competência, basta a prática de atos por ambos, indicando que, implicitamente, se deram por

---

29. Trata-se, como se nota, de uma opção do relator em proferir o julgamento de forma monocrática, obviamente, desde que esteja seguro e convencido para tanto.
Aliás, neste aspecto, vale ressaltar a importante lição de DINAMARCO, ao relevar que deve o relator "com honestidade profissional, abster-se de julgar quando sentir que a matéria não é tão segura que legitime esses verdadeiros atalhos procedimentais instituídos pela lei." DINAMARCO, Cândido Rangel. O relator, a jurisprudência e os recursos. In: WAMBIER, Tereza Arruda Alvim; NERY JR., Nelson. (Coords.) Aspectos polêmicos e atuais dos recursos cíveis. São Paulo: RT, 1999, p. 127- 145.

30. Súmula n. 3 do STJ: "Compete ao Tribunal Regional Federal dirimir conflito de competência verificado, na respectiva região, entre juiz federal e juiz estadual investido de jurisdição federal."

competentes. Ex.: processo de execução com precatória para que outro juízo penhore bens. Neste caso, a competência para se conhecer dos embargos é do juízo deprecante e não do deprecado. Neste sentido, não pode o juízo deprecado conhecer dos embargos à execução, sob pena de configurar um conflito positivo.[31]

– Conflito negativo (art. 66, II): quando dois ou mais juízos se dão por incompetentes para o julgamento da mesma causa, no entanto, atribuindo um ao outro a competência.

Se o juízo para quem foi endereçada a causa se der por incompetente e remetê-la para o que julga ser o competente, não existirá ainda o conflito se este também se der por incompetente e remeter os autos a um terceiro juízo, conforme se depreende do parágrafo único do art. 66 do CPC:

"O juiz que não acolher a competência declinada deverá suscitar o conflito, salvo se a atribuir a outro juízo."[32]

Nisso, o conflito negativo só se caracteriza quando um deles se der por incompetente e afirmar a competência de um dos juízos que já se declarou incompetente.[33]

---

31. PROCESSO CIVIL. CONFLITO POSITIVO DE COMPETÊNCIA. AÇÕES RELACIONADAS À ESCOLHA DE DIRIGENTES SINDICAIS. COMPETÊNCIA DO JUÍZO DO TRABALHO. 1. Conflito positivo de competência suscitado em 2008, visando à definição do Juízo competente para o processamento de ações que versam a escolha de dirigentes sindicais. 2. "Após a Emenda Constitucional n.º 45/04, a Justiça do Trabalho passou a deter competência para processar e julgar não só as ações sobre representação sindical (externa - relativa à legitimidade sindical, e interna - relacionada à escolha dos dirigentes sindicais), como também os feitos intersindicais e os processos que envolvam sindicatos e empregadores ou sindicatos e trabalhadores" (CC 48.891/PR, Rel. Min. Castro Meira, 1ª Seção, DJ de 01/08/2005). 3. Conflito de competência conhecido para declarar a competência do Juízo do Trabalho.
(STJ. 2ª Seção. CC: 113723 SP 2010/0149135-1, Rel. Min. Nancy Andrighi. Julg. 13.08.2014, DJe 19.08.2014).
CONFLITO POSITIVO DE COMPETÊNCIA. FALÊNCIA. COMPENSAÇÃO DE CRÉDITO E OUTORGA DE ESCRITURA. JUÍZOS CÍVEL COMUM E FALIMENTAR. ATOS DE EXECUÇÃO. COMPETÊNCIA DO JUÍZO EM QUE SE PROCESSA A FALÊNCIA. 1. O art. 24, § 2º, II, do Decreto-Lei n. 7.661/1945 teve sua redação revogada com o advento da Lei n. 11.101/2005 (art. 6º, § 1º), acarretando redução das hipóteses não submetidas aos efeitos da falência/recuperação. De fato, o cotejo dos dispositivos legais permite concluir que, com a restrição ocorrida após a entrada em vigor da nova Lei de Falências e Recuperação Judicial, as demandas relativas à quantia ilíquida continuam tramitando no juízo em que estiverem sendo processadas. 2. Na verdade, na hipótese em julgamento, busca-se a execução de crédito remanescente reconhecido em favor do autor em ação de conhecimento que tramitou no Juízo de Direito da 20ª Vara Cível de Cuiabá, ou seja, o pagamento de crédito apurado em outro órgão judicial, cuja competência é do Juízo da falência para o prosseguimento dos atos de execução em desfavor da massa falida (in casu, a Encol S.A.). 3. Conflito de competência conhecido para declarar competente o Juízo de Direito da 11ª Vara Cível de Goiânia/GO. (STJ. 2ª Seção. CC: 118734 GO 2011/0203069-3, Rel. Min. Luis Felipe Salomão. Julg. 14.08.2014, DJe 25.08.2014).

32. Súmula n.59 do STJ: "Não há conflito de competência se já existe sentença com trânsito em julgado, proferida por um dos juízos conflitantes."

33. CONFLITO DE COMPETÊNCIA NEGATIVO. INTERDIÇÃO. FORO DO DOMICÍLIO DO INTERDITANDO. PRINCÍPIO DA PERPETUATIO JURISDICTIONIS. Para efeitos de definição da competência tra-

c) Conflito acerca da reunião ou separação de processos (art. 66, III)

– O réu alega conexão e pede a reunião dos processos e o juiz da causa nega a remessa dos autos ao juízo prevento, dando-se também como competente (conflito positivo).

– O juiz acolhe a alegação do réu e remete os autos ao juízo prevento que rejeita também a competência para julgar a causa, suscitando então o conflito, dado considerar ser competente aquele que lhe declinou a competência (conflito negativo).

De qualquer forma, somente após a manifestação expressa de dois ou mais juízos que discutem a reunião das ações conexas é que poderá se caracterizar o conflito de competência (art. 66, III).[34]

4.7 COOPERAÇÃO NACIONAL

A eficiência do Poder judicante se relaciona com a sua própria presteza e interesse no âmbito da prestação do serviço de justiça estatal qualitativo.

Nestes termos, teve por bem o novel Código de Processo Civil levar a cabo e em destaque, determinado tópico regulador da cooperação jurisdicional entre os órgãos do Poder Judiciário, tanto em sede estadual como também em nível federal, em todas as instâncias e graus de jurisdição, incluso aí os Tribunais Superiores. Bem por isso, pontua o seu art. 67:

---

tando-se de interdição, é competente o foro do domicílio do interditando, que é a sua própria residência, e não a clínica onde esteve ou está internado. Ainda que no curso da lide a interditanda venha a ser internada numa clínica ou qualquer outro estabelecimento, tal fato não altera a competência determinada quando da propositura da ação, nos termos do art. 87 do CPC que consagra o princípio da perpetuatio jurisdictionis. Competente é o juízo em que se situa o endereço da residência da interditanda, e não o que abrange o endereço da clínica. Provimento do conflito declarando a competência do Juízo suscitado. (TJ-RJ. 22ª Câmara Cível CC: 00157643620148190000 RJ 0015764-36.2014.8.19.0000. Rel. Des. Rogerio de Oliveira Souza. Julg. 03.04.2014, DJe 07.04.2014).

CONFLITO DE COMPETÊNCIA. NEGATIVO. MULTA ELEITORAL. EXECUÇÃO FISCAL. AÇÃO DECLARATÓRIA DE NULIDADE. PROCEDENCIA DO CONFLITO. DECLARADA A COMPETENCIA DO JUÍZO DA 71ª ZONA ELEITORAL. -Conflito julgado procedente para declarar a competência do Juízo da 71ª Zona Eleitoral. -Deve-se reconhecer a competência do Juízo que proferiu a decisão supostamente ilegal para processar e julgar a ação anulatória de multa eleitoral, bem como a execução fiscal dela decorrente. - Ocorrência de conexão por prejudicialidade (art. 103 do CPC). (TRE-PB.CC: 1973 PB. Rel. Des. Breno Wanderley César Segundo. Julg. 02.10.2014, DJe 06.10.2014).

34. CONFLITO POSITIVO DE COMPETÊNCIA. CONFIGURAÇÃO. CONTROVÉRSIA ACERCA DA REUNIÃO DE PROCESSOS. CPC, ART. 115, III. ADEMAIS, POSSIBILIDADE DE DECISÕES CONFLITANTES. INTERPRETAÇÃO EXTENSIVA DO REFERIDO DISPOSITIVO LEGAL. PRECEDENTES. INAPLICABILIDADE DO ÓBICE ESTABELECIDO NO ART. 117 DO CPC. ESTATUTO DA CRIANÇA E DO ADOLESCENTE. AÇÕES EM QUE SE DISCUTEM, ALÉM DO DIVÓRCIO DO CASAL, A GUARDA DE MENOR. AJUIZAMENTO DE DIVERSAS DEMANDAS EM ESTADOS DIFERENTES PELO PAI E PELA MÃE. FIXAÇÃO DA COMPETÊNCIA DO JUÍZO DO DOMICÍLIO DE QUEM EXERCE A GUARDA DA MENOR. (STJ. 2ª Seção. CC: 127109 AM 2013/0060534-5. Rel. Min. Paulo de Tarso Sanseverino. Julg. 26.06.2013, DJe 01.07.2013).

> *Art. 67. Aos órgãos do Poder Judiciário, estadual ou federal, especializado ou comum, em todas as instâncias e graus de jurisdição, inclusive aos tribunais superiores, incumbe o dever de recíproca cooperação, por meio de seus magistrados e servidores.*

Dito isso, autorizados são os juízos a formularem entre si pedidos de cooperação para prática de quaisquer atos processuais (art. 68), ainda que entre órgãos jurisdicionais de diferentes ramos do Poder Judiciário (§3º do art. 69), como por exemplo, um juiz estadual formular pedido de cooperação para um juiz federal.[35]

Deve o pedido de cooperação jurisdicional ser prontamente atendido, prescindindo de forma específica e podendo ser executado como:

I - auxílio direto;

II - reunião ou apensamento de processos;

III - prestação de informações;

IV - atos concertados entre os juízes cooperantes.

Por outro lado, em sendo a cooperação jurisdicional solicitada por meio das cartas de ordem, precatória e arbitral,[36] ter-se-á maior rigor formal quanto ao ato processual, seguindo-se, por isso, o regime a elas pertinente, *ex vi* dos arts. 260 a 268.

Com relação ao conteúdo dos atos concertados entre os juízes cooperantes (§2º do art. 69), poderão estes consistir, sem prejuízo de outros, no estabelecimento de procedimento para:

I - a prática de citação, intimação ou notificação de ato;

II - a obtenção e apresentação de provas e a coleta de depoimentos;

III - a efetivação de tutela provisória;

IV - a efetivação de medidas e providências para recuperação e preservação de empresas;

V - a facilitação de habilitação de créditos na falência e na recuperação judicial;

VI - a centralização de processos repetitivos;

VII - a execução de decisão jurisdicional.

---

35. Enunciado n. 5 do FPPC: "O pedido de cooperação jurisdicional poderá ser realizado também entre o árbitro e o Poder Judiciário."

36. Enunciado n. 4 do FPPC: "A carta arbitral tramitará e será processada no Poder Judiciário de acordo com o regime previsto no Código de Processo Civil, respeitada a legislação aplicável."

CAPÍTULO 9

ATOS PROCESSUAIS

1. CONCEITO

É a manifestação da vontade de um dos sujeitos do processo, dentro de uma das categorias elencadas no ordenamento jurídico processual que tem por fim criar, modificar, desenvolver ou extinguir a relação processual, ou seja, ato processual é toda a ação humana que produz efeito jurídico ao processo.

Vale dizer que o processo forma-se, desenvolve-se e finda-se através de uma multiplicidade de atos realizados pelos sujeitos que dele participam. Estes, denominados atos processuais constituem espécies dos atos jurídicos em geral, distinguindo-se pela característica de pertencerem ao processo, produzindo efeitos diretos e imediatos sobre a relação jurídica processual.[1]

São exemplos do fato processual a morte da parte, a perda da capacidade processual (interdição), sendo considerados como atos processuais, dentre muitos, a petição inicial, a contestação, a sentença como também atos relativos à execução forçada, tias como a penhora de bens, a realização das modalidades expropriadoras de bens em sede processual.

Como bem ensina Pontes de Miranda, "todos os atos de promoção e incoação do processo, de formação da relação jurídica processual, de definitivação do processo, de desenvolvimento e de terminação da relação jurídica processual e do processo (nem sempre contemporâneas), são *atos processuais*."[2]

O CPC/2015 dedica um Livro inteiramente aos Atos Processuais (Livro IV), desde a sua forma, lugar, tempo, nulidades, de forma a contemplar as práticas do foro para a plena realização da marcha procedimental.

Antes de partirmos para o desenvolvimento do presente capítulo, importante se faz observar, mais especificamente com relação à prática dos atos no processo, que o legislador vem, de muito, aproximando da rotina forense a via tecnológica da transmissão de dados, de modo a flexibilizar o ofício prático dos atos processuais, também por meios pouco tradicionais em nosso sistema jurisdicional. Foi assim, dentre outras, com a Lei n. 9.800, de 26 de maio de 1999, permitindo a utilização do sistema de transmissão de dados para a prática de atos processuais bem como com a edição da Lei n. 11.419, de 19 de dezembro de 2006, esta responsável por dispor sobre a informatização do processo judicial – o denominado "Processo Eletrônico".

---

1. Cf. LIEBMAN, Enrico Tullio. *Manuale di Diritto Processuale Civile.* Vol.1. 3 ed. Milano: Giuffrè, 1973, p. 175.
2. PONTES DE MIRANDA, Francisco Cavalcanti. *Comentários ao Código de Processo Civil.* Tomo III. 4 ed. Rio de Janeiro: Forense, 1998, p. 13.

O CPC/2015, seguindo os trilhos das supracitadas leis dispõe de seção específica denominada "Da Prática Eletrônica de Atos Processuais" (Seção II do Capítulo I, Livro IV da Parte Geral), não obstante, notadamente, em consonância com o que já bem regra a Lei n.11.419/2006. Além disso, permite o novo estatuto processual civil que os atos processuais possam se dar por meio de videoconferência ou outro recurso tecnológico de transmissão de sons e imagens em tempo real, conforme autoriza o §3º do art. 236, avançando-se frente a obstáculos geográficos e oportunizando, em muitas passagens, a aplicação norteadora dos princípios da celeridade e instrumentalidade das formas, desde que sem perder de vista a identidade do órgão julgador com os conteúdos aí arrolados.

2. CLASSIFICAÇÃO DOS ATOS PROCESSUAIS

Diversos são os critérios utilizados para a classificação dos atos processuais, porém é o critério chamado "subjetivo" aquele empregado pelos Códigos de 1973 e do atual – CPC/2015 (arts. 200 a 211) - bem como por relevante doutrina processual, a partir de Chiovenda[3], passando por Moniz de Aragão[4] e Lopes da Costa[5]. São os atos processuais classificados da seguinte forma:

a) Atos das partes (arts. 200 a 202)

São atos praticados pelo autor, réu, terceiros, intervenientes ou pelo Ministério Público no uso de seus poderes ou direitos, objetivando o cumprimento a ônus, deveres e obrigações oriundas da relação processual.[6]

Podem ser eles atos de obtenção ou causação.

Os primeiros objetivam a satisfação de um pedido requerido nos autos, como por exemplo, atos de petição (pedido do autor para alguma providência jurisdicional); atos de afirmação (atos que a parte não postula e sim age materialmente, *v.g.*, exibição de documento, prestação de caução, oferecimento de penhora, pagamento de custas); atos de prova (atos em que o pedinte elenca nos autos os meios de demonstrar ao juiz os fatos obrigados na ação em sua defesa).

Os segundos objetivam criar, modificar ou extinguir situações processuais.

---

3. CHIOVENDA, Giuseppe. *Instituições de Direito Processual Civil*. Vol. III. 3 ed. São Paulo: Saraiva, 1969, p. 16.

4. MONIZ DE ARAGÃO, Egas Dirceu. *Comentários ao Código de Processo Civil*. Vol. II. Rio de janeiro: Forense, 1974, p. 13.

5. LOPES DA COSTA, Alfredo Araújo. *Direito Processual Civil Brasileiro*. Vol. II. 2 ed. Rio de Janeiro: Forense, 1959, p. 110.

6. A Lei n. 11.419/2006, em seu art. 10, *caput*, estabelece que, nos processos eletrônicos, "a distribuição da petição inicial e a juntada da contestação, dos recursos e das petições em geral, todos em formato digital, nos autos de processo eletrônico, podem ser feitas diretamente pelos advogados públicos e privados, sem necessidade da intervenção do cartório ou secretaria judicial, situação em que a autuação deverá se dar de forma automática, fornecendo-se recibo eletrônico de protocolo". Registre-se, ainda, que a Lei n. 11.419/2006 impõe que os órgãos do Poder Judiciário deverão manter equipamentos de digitalização e de acesso à rede mundial de computadores à disposição dos interessados para distribuição de peças processuais (art. 10, § 3º).

Tem-se como exemplo atos de submissão (réu reconhece a procedência do pedido do autor, art. 487, III, *a* do CPC); atos de desistência (quando há desistência do processo ou renúncia ao direito nele postulado, sendo considerados unilaterais, como se vê dos arts. 487, VIII e 487, III, *c* do CPC); atos de transação (podem se referir ao mérito da causa – conciliação ou transação, quanto a questões tipicamente processuais, como em casos de aumento ou diminuição prazos - art. 190 - ou adiamento de audiência - art. 362, I)

Em geral, os atos das partes produzem seus efeitos imediatamente (art. 200, *caput*), porém determinados atos (desistência da ação, conciliação, transação), para produzir seus efeitos processuais, exigem homologação judicial (art. 200, parágrafo único).

a.1) Os Negócios Jurídicos Processuais (arts. 190 e 191)

- *Noções gerais*:

Os negócios jurídicos processuais são atos processuais de natureza negocial[7] que permitem às partes demasiada manifestação da autonomia da vontade privada na flexibilização procedimental de seus direitos, faculdades, ônus e deveres[8]. Para, com isso, produzir efeitos, antes ou durante a marcha processual na criação, modificação ou extinção, voluntária, de determinada matéria de caráter processual.

Deste modo, são mecanismos de flexibilização procedimental que objetivam a adequação do processo à realidade escolhida a partir da manifestação da autonomia privada das partes, sendo, portanto, caminho de efetivação da instrumentalidade do processo à realidade material, uma vez que na ordem jurídica do Estado Democrático de Direito, não há mais legitimidade para o processo aplicado como um fim em si mesmo, mas, tão somente, àquele como meio; instrumento[9] capaz de satisfazer os interesses legítimos e condizentes com a realidade fática dos jurisdicionados.[10]

---

7. NOGUEIRA, Pedro Henrique Pedrosa. *Negócios Jurídicos Processuais: Análise dos provimentos judiciais como atos negociais.* Salvador: Tese de Doutorado da UFBA, 2011, p. 124.

8. CABRAL, Trícia Navarro Xavier. *Convenções em matéria processual. In: Revista de Processo: RePro,* v. 40, n. 241, p. 489-517, mar. 2015. São Paulo: Revista dos Tribunais, 2015, p. 513.

9. Cabe por bem salientar, que “a maneira como diante da escala axiológica da sociedade contemporânea são interpretadas as garantias constitucionais de igualdade substancial entre as pessoas (e entre as partes), da inafastabilidade de controle jurisdicional, da ampla defesa, e do contraditório, do devido processo legal – todos eles endereçados à efetividade do processo em sua função de instrumento a serviço da ordem constitucional e legal – conduz à existência de um processo acessível a todos e a todas as suas causas (por mais humildes que sejam aqueles e menor expressão econômica tenham estas), ágil e simplificado, aberto à participação efetiva dos sujeitos interessados e contando com a atenta vigilância do juiz sobre a instrução e sua interferência até o ponto em que não atinja a própria liberdade dos litigantes”. DINAMARCO, Cândido Rangel. *A Instrumentalidade do Processo.* 15. ed. São Paulo: Malheiros, 2015, p. 36.

10. “Não é qualquer tutela que serve: a tutela deve ser justam efetiva e adequada. Justa, na medida que dê razão a quem a tem, ou na medida que respeite a vontade livre e informada das partes. Efe-

Para fins de se levar a cabo a efetividade qualitativa de negócios jurídicos no plano processual, torna-se imprescindível a cooperação entre todos os sujeitos do processo[11], o que impõe às partes e advogados[12] mútuo respeito, colaboração e boa-fé e, ao magistrado[13], precipuamente, o dever de dialogar com aqueles, para esclarecer, prevenir, auxiliar ou sanar eventuais percalços procedimentais[14]. E, a partir disto, dar "concretude ao dever de cooperação entre juiz e as partes, por meio do diálogo, do esclarecimento, do auxílio e da prevenção"[15], sempre intentando a tutela efetiva ao caso concreto.

- *Os negócios jurídicos processuais nos planos da existência, validade e eficácia*:

Nos negócios jurídicos processuais, assim como nos materiais, também é verificada a teoria dos planos para determinar se o negócio existe, é válido e eficaz. É no plano da existência que são determinados os limites do que é ou não jurídico para, em seguida, ser analisado se o ato é válido ou inválido; eficaz ou ineficaz. Deste modo, as partes devem firmar cláusulas que respeitem o ordenamento, "sob pena de sofrer o necessário e adequado controle jurisdicional em torno de sua validade, executoriedade e consequente eficácia processual"[16].

---

tiva porque o direito ou interesse objetivo de tutela deve poder ser realmente fruído. Adequada, porque a efetividade da justa tutela só pode ser alcançado por intermédio de uma via processual idônea a solucionar o conflito.". GRINOVER, Ada Pellegrini. *Ensaio Sobre a Processualidade – Fundamentos para uma nova teoria geral do processo.* Brasília: Gazeta Jurídica, 2016, p. 35.

11. "O artigo 6º do NCPC determina que todo aquele que participar como sujeito processual deve cooperar entre si. Dai é possível afirmar que a relação jurídica processual é, pois, uma relação processual de cooperação entre as partes com o propósito de se obter uma decisão de mérito no menor prazo possível". GAIO JÚNIOR, Antônio Pereira; MELLO, Cleyson de Moraes. *Novo Código de Processo Civil Comentado.* Belo Horizonte: *Del Rey*, 2016, p. 27.

12. FARIA, Marcela Kohlbach de. *Negócios Jurídicos Processuais Unilaterais e o Parcelamento do Débito: uma análise sob o ponto de vista da advocacia privada. In:* LUCON, Paulo Henrique dos Santos; APRIGLIANO, Ricardo de Carvalho; SILVA, João Paulo Hecker da; VASCONCELOS, Ronaldo; ORTHMANN, André (coord.). *Processo em Jornadas.* Salvador: JusPodivm, 2016, p. 706-717.

13. No que toca a atuação do magistrado, muito bem coloca é a afirmação de Pedro Henrique Nogueira, na qual, "o juiz pratica negócios jurídicos processuais quando emite pronunciamentos se as normas jurídicas lhe outorgam poder o poder de autorregramento da vontade, por meio do qual lhe é dado escolher desde a categoria jurídica até o conteúdo das situações jurídicas decorrentes de seu ato, conforme o caso". Assim, "as decisões quando ostentam caráter de negócio jurídico processual, podem, em certas ocasiões, conter determinações inexas (condições ou termo, tal como definidos no código civil)". CUNHA, Leonardo Carneiro. *Negócios jurídicos processuais no processo civil brasileiro. In:* CABRAL, Antonio do Passo; NOGUEIRA, Pedro Henrique (org.). *Negócios Processuais.* Salvador: Editora JusPodivm, 2015, p 207.

14. Idem, p. 46.

15. CABRAL, Trícia Navarro Xavier. *Negócios Processuais Sob a Perspectiva do Juiz.* In: LUCON, Paulo Henrique dos Santos; APRIGLIANO, Ricardo de Carvalho; SILVA, João Paulo Hecker da; VASCONCELOS, Ronaldo; ORTHMANN, André (coord.). *Processo em Jornadas.* Salvador: JusPodivm, 2016, p. 971.

16. CABRAL, Trícia Navarro Xavier. *Convenções em matéria processual. In: Revista de Processo: RePro*, v. 40, n. 241, p. 489-517, mar. 2015. São Paulo: Revista dos Tribunais, 2015, p. 511.

Em primeiro lugar, para que o negócio jurídico processual exista é necessária a manifestação da vontade de criar ou aceitar o negócio[17] e, a partir disto determinar a categoria jurídica processual pertinente para a configuração de superveniente eficácia processual. [18]

Já no que toca à validade, deverão ser atendidos os requisitos subjetivos e objetivos do direito processual. Os subjetivos em relação à postulação são: a capacidade processual (art.70 do CPC) e a capacidade postulatória (art. 103 do CPC); e, e relação aos negócios judiciais, são: a competência (art. 42 do CPC) e a imparcialidade do magistrado (art. 144 e 145do CPC). Já os objetivos são aqueles em que se exige atenção ao formalismo do processo, tal como a petição inicial apta (art. 319 do CPC) e a atenção às formalidades da citação (art. 239 do CPC).

Por fim, quanto ao plano da eficácia, ressalta-se que a norma processual é eficaz por si só, de modo que ao manifestar vontade na constituição de negócio jurídico processual as partes se submetem às opções legislativas do CPC. A regra é que não seja possível a estipulação de termo ou encargo, tal como no Direito material, todavia, em não afetando a eficácia do processo em vias à satisfação dos interesses dos jurisdicionados, nada obsta que as partes no exercício da autonomia da vontade privada, por exemplo, suspendam voluntariamente o processo (art. 313, II, § 4º do CPC) ou mesmo fixem calendário processual (art. 191 do CPC), sujeitando, portanto, o processo a termo.[19]

- Negócios Jurídicos no plano do CPC/2015

O Código de Processo Civil de 2015 otimiza com real destaque a possibilidade superlativa do negócio jurídico processual.

Em sede de atos processuais, estabelece o art. 190 do CPC:

Versando o processo sobre direitos que admitam autocomposição, é lícito às partes plenamente capazes estipular mudanças no procedimento para ajustá-lo às especificidades da causa e convencionar sobre os seus ônus, poderes, faculdades e deveres processuais, antes ou durante o processo.[20-21]

---

17. "No âmbito judicial, a possibilidade das partes convergirem em matéria processual pode se dar de duas formas: a) através de duas declarações de vontade que se fundem para formar um ato uno, novo, com a produção de efeitos específicos; e (b) quando a lei vincula os efeitos do ato de uma parte à concordância do outro litigante e ao pronunciamento judicial". CABRAL, Trícia Navarro Xavier. *Convenções em matéria processual. In: Revista de Processo: RePro,* v. 40, n. 241, p. 489-517, mar. 2015. São Paulo: Revista dos Tribunais, 2015, p. 499.

18. NOGUEIRA, Pedro Henrique Pedrosa. *Negócios Jurídicos Processuais: Análise dos provimentos judiciais como atos negociais.* Salvador: Tese de Doutorado da UFBA, 2011, pp. 160-163.

19. NOGUEIRA, Pedro Henrique Pedrosa. *Negócios Jurídicos Processuais: Análise dos provimentos judiciais como atos negociais.* Salvador: Tese de Doutorado da UFBA, 2011, pp. 165-168.

20. Neste ínterim, vale aqui destacar importante enunciado de n. 403 do FPPC: "A validade do negócio jurídico processual, requer agente capaz, objeto lícito, possível, determinado ou determinável e forma prescrita ou não defesa em lei."

21. Enunciado n.115 do FPPC: "O negócio jurídico celebrado nos termos do art. 190 obriga herdeiros e sucessores."

Nota-se daí a real possibilidade de as partes plenamente capazes estabelecerem negócios jurídicos processuais, acertarem mudanças no procedimento, adaptando-o às suas específicas necessidades e, consequentemente, permitindo a melhor resolução do caso concreto marcado pelo ajuste de vontades.

É típico do sistema de regras rigidamente preestabelecidas por lei que, uma vez decorrendo eventual violação normativa, opera-se a respectiva invalidade do próprio ato, de todo o procedimento ou mesmo do processo. Tal sistema ainda é prevalecente entre nós, dada inclusive a necessária previsibilidade dos atos e momentos processuais e ainda, como meio hábil de controle junto às atividades estatais, evitando um possível e deliberado arbítrio do órgão julgador em sua atuação, portanto, escopos da segurança jurídica que devem encarnar o Processo como instrumento ético, justo e democrático.

Lado outro, se faz notar que a possibilidade da adequação do procedimento às necessidades das partes, objetivando a operação do procedimento de forma mais efetiva possível ao caso concreto e às necessidades ínsitas àquele momento pré ou endo processual, em nítida vontade regida pelos partícipes da contenda, logicamente, respeitando em sentido pleno, o consagrado devido processo legal, é fator importante para o enfrentamento de uma incomparável diversidade fática de conflitos e interesses no mundo hodierno, e mais especificamente no Brasil, país de dimensões continentais e com culturas reconhecidamente díspares em vários de seus territórios.

A flexibilização do procedimento por vontade das partes pode, por exemplo, ser fator importante para assegurar isonomia na prática de atos processuais quando uma das partes possuir verdadeiro obstáculo geográfico para o cumprimento de determinada obrigação processual, o que em sentido lato, contribui para o aperfeiçoamento da prática cooperativa visando o estabelecimento do justo processual.

Nota-se que o dispositivo supracitado (art. 190), admite a celebração de negócios processuais sujeitos à autocomposição, entendido aí como direitos transacionáveis, facultando ainda às partes a convenção de seus ônus, poderes, faculdades e deveres processuais, tanto em fase que antecede a judicialização da demanda quanto no próprio decorrer do processo judicial.[22]

Neste âmbito, é bem possível depreender questões afeitas ao comando facultativo das partes em sede de negócios jurídicos processuais, tais como, dentre outros, acordo de ampliação de prazos de qualquer natureza, pacto de impenhorabilidade,[23] convenção sobre a distribuição diversa do ônus da prova,

---

22. Sobre os negócios jurídicos processuais típicos e atípicos, ver GAIO JÚNIOR, Antônio Pereira; gomes, Júlio César do Santos; FAIRBANKS, Alexandre de S.P. Negócios Jurídicos Processuais e as bases para a sua consolidação no CPC/2015. In: ALVIM, Teresa Arruda; DIDIER JR. Fredie. (Orgs.). Doutrinas Essenciais. Novo Processo Civil. 2 ed. São Paulo: RT, 2018, p.1.089-1.093.

23. Enunciado n.152 da II Jornada de Direito Processual Civil do Conselho da Justiça Federal (CJF): "O pacto de impenhorabilidade (arts. 190, 200 e 833, I) produz efeitos entre as partes, não alcançando terceiros."

acordo de rateio de despesas processuais, dispensa consensual de assistente técnico, acordo para não promover execução provisória, acordo para realização de sustentação oral, acordo para ampliação do tempo de sustentação oral, julgamento antecipado da lide convencional, convenção sobre prova, redução de prazos processuais, tudo em sintonia como entendimentos já acostados em enunciados do Fórum Permanente de Processualistas Civis.[24-25]

Por outro lado, é fato que questões de ordem pública devem ser entendidas como não integrantes do rol negocial ou de liberalidade das próprias partes, tais como, a titulo exemplificativo, a modificação de competência absoluta, acordo para a supressão de qualquer instância ou mesmo acordo para a não presença do Ministério Público em determinada demanda, de cuja presença se faz reconhecidamente necessária, acordo estipulando prazo para a prolação da sentença.[26]

É também possível às partes, em comum acordo com o juiz, fixarem calendário para a prática dos atos processuais, quando assim se fizer necessário, sendo que uma vez estabelecido dito calendário, o mesmo vinculará a partes e o juiz, sendo que os prazos nele previstos somente serão modificados em casos excepcionais, devidamente justificados (§1º do art. 191).

Uma vez estabelecido o calendário com acertamento das datas para a prática de determinado ato processual ou mesmo a realização de audiências, dispensar-se-á a intimação de qualquer das partes para o seu devido cumprimento (§2º do art. 189).

Por fim, e de não menos necessária regulação, atenta o parágrafo único do art. 190 que caberá ao juiz, de ofício ou a requerimento, a responsabilidade pelo controle do cumprimento das convenções estabelecidas pelas partes, todavia, "recusando-lhes aplicação somente nos casos de nulidade ou de inserção abusiva em contrato de adesão ou em que alguma parte se encontre em manifesta situação de vulnerabilidade."

---

24. Cf. DIDIER JR. Fredie; BUENO, Cássio Sarpinella; CRAMER, Ronaldo. III Encontro do Fórum Permanente de Processualistas Civis. *In*: *Revista de Processo*, Vol. 233. São Paulo RT, 2014, p. 298-299.

25. Enunciado n.19 do FPPC: "São admissíveis os seguintes negócios processuais, dentre outros: pacto de impenhorabilidade, acordo de ampliação de prazos das partes de qualquer natureza, acordo de rateio de despesas processuais, dispensa consensual de assistente técnico, acordo para retirar o efeito suspensivo de recurso, acordo para não promover execução provisória; pacto de mediação ou conciliação extrajudicial prévia obrigatória, inclusive com a correlata previsão de exclusão da audiência de conciliação ou de mediação prevista no art. 334; pacto de exclusão contratual da audiência de conciliação ou de mediação prevista no art. 334; pacto de disponibilização prévia de documentação (pacto de *disclosure*), inclusive com estipulação de sanção negocial, sem prejuízo de medidas coercitivas, mandamentais, sub-rogatórias ou indutivas; previsão de meios alternativos de comunicação das partes entre si."

26. Enunciado n.392 do FPPC: "As partes não podem estabelecer, em convenção processual, a vedação da participação do *amicus curiae*".

- *Consequências do descumprimento do negócio jurídico processual*:

Todo e qualquer ato de má-fé ou atentatório à dignidade a justiça deve ser rechaçado. Em havendo descumprimento do pactuado por uma das partes, imediatamente haverá a incidência das sanções previstas na legislação, bem como das penalidades estabelecidas no acordo.

Em atenção a esse imperativo moralizante é de vital importância que as partes estabeleçam, previamente, as consequências de um eventual descumprimento do negócio jurídico processual, sendo facultado ao magistrado, ainda, estabelecer outras sanções de modo a preservar a adequada prestação jurisdicional do Estado[27].

Na hipótese de o prejuízo advindo com o descumprimento extrapolar a esfera processual, atingindo bens ou interesses tutelados pelo direito material, a exemplo das previsões constantes nos arts. 389, 402, 430, 439, 443, 465, 475 e outros da legislação civil pátria, surge a possibilidade de manejo de uma ação de cognição em face da parte que infringiu as cláusulas do negócio jurídico processual, com o fito de condená-la quanto a eventuais prejuízos sofridos com dito descumprimento.

- *Extinção e invalidação do negócio jurídico processual*:

A extinção do negócio jurídico processual por revogação das partes pode se dar por resilição unilateral ou por distrato, podendo ocorrer antes do ajuizamento do processo ou mesmo durante a marcha processual.

Importante destacar que, na hipótese de resilição unilateral, deve o magistrado analisar o caso com cautela, com vistas a preservar o regular andamento do processo e não comprometer atos ou fases processuais em andamento.[28] Como dito anteriormente, a má-fé deve ser rechaçada por completo em âmbito processual, não podendo a revogação ser utilizada de modo a prejudicar a outra parte ou a dignidade da justiça.

No que concerne ao controle jurisdicional, o negócio jurídico processual pode ser invalidado pela decretação de nulidade em ato do próprio magistrado. Atento à licitude e disponibilidade do objeto convencionado, bem como à forma e à capacidade civil dos sujeitos envolvidos, o juiz controla o conteúdo da convenção com vistas a promover o equilíbrio das partes, atendendo o princípio do devido processo legal em sua potencialidade máxima.[29] Os termos do negócio jurídico processual só produzirão efeitos após o pronunciamento judicial, que validará ou não o ato praticado. Constatando irregularidades, o julgador deverá observar o regime das nulidades processuais, sendo relevante destacar o entendimento constante no Enunciado 16 do Fórum Permanente de Processualistas Civis:

---

27. CABRAL, Trícia Navarro Xavier. *Convenções em matéria processual. In: Revista de Processo: RePro*, v. 40, n. 241, p. 489-517, mar. 2015. São Paulo: Revista dos Tribunais, 2015, p. 510.

28. Idem, p. 512.

29. Ibidem.

"O controle dos requisitos objetivos e subjetivos de validade de convenção de procedimento deve ser conjugado com a regra segundo a qual não há invalidade do ato sem prejuízo".

Assim, o controle jurisdicional objetivará, sempre, a manutenção da ordem pública processual.

A teoria da imprevisão, por seu turno, só será aplicável aos negócios jurídicos processuais se forem atendidos os seguintes requisitos materiais: (i) alteração das condições iniciais, do momento da contratação; (ii) advento de uma nova situação, imprevisível e extraordinária[30].

b) Pronunciamentos do Juiz[31] (arts. 203 a 205)

Conforme dispõe o nosso CPC (art. 203), os pronunciamentos do juiz consistirão em sentenças, decisões interlocutórias e despachos.

- *Sentenças* (art. 203, § 1º):

Define-se sentença como o pronunciamento por meio do qual o magistrado, com fundamento nos arts. 485 e 487, põe fim à fase cognitiva do procedimento comum, bem como extingue a execução. Nesse sentido, teremos as seguintes denominações de sentenças:

- Terminativas: sem resolução de mérito (art. 485).
- Definitivas: com resolução de mérito, no todo ou em parte (art. 487).

Insta notar que o CPC/1973, em seu art. 162, § 1º, em redação anterior à Lei n. 11.232/05 conceituava sentença como "ato pelo qual o juiz põe termo ao processo, decidindo ou não o mérito da causa".

Já era entendimento da doutrina, de um modo geral, que o juiz ao proferir a sentença, nem sempre colocava fim ao processo ora iniciado, pois que, haveria ainda a possibilidade de recurso a instância superior ou mesmo, diante da incidência de embargos declaratórios, haveria possibilidade de, p.ex., o próprio magistrado proferir novo julgado completando o anterior.

Com uma nova definição comandada pela lei supracitada, o legislador do código revogado não mais situou o final do processo somente com a simples prolação da sentença, levando ele em conta também a possibilidade da incidência de outros casuísmos, dando margem a que o próprio processo, mesmo depois de dito pronunciamento do ato decisório, pudesse ter como encerrado apenas um procedimento ou fase cognitiva (de conhecimento), *v.g.*, nos casos do procedimento de liquidação de sentença (arts. 475-A a H do CPC/1973) e

30. ALMEIDA, Diogo Assumpção Rezende de. *Das convenções processuais no processo civil*. Tese de Doutorado em Direito, Universidade do Estado do Rio de Janeiro, Rio de Janeiro, 2014, p. 182.

31. O CPC/2015, ao contrário do CPC/1973, traz o termo "pronunciamentos" ao invés de "atos" do juiz, pois que devem ser entendidos os atos como gênero que compreende, além dos respectivos pronunciamentos, outros conteúdos como, p. ex., inspeção judicial, interrogatórios das partes, inquirição de testemunhas.

do cumprimento da sentença (arts. 475-I a R do CPC/1973), etapas finais de um processo de conhecimento, onde neste último, após um *tempus iudicati*, satisfar-se-ia o direito sem a necessidade, muitas vezes, de instauração de um novo processo, este de execução.

Assim, conjugando as diversas situações e possibilidades decorrentes da prolação da sentença, pode então conceituá-la como pronunciamento do juiz que contém algumas das situações previstas nos arts. 267 e 269 do CPC/1973, e que, poderia extinguir o processo ou procedimento, resolvendo ou não o mérito.

Já no CPC/2015, nota-se que o legislador além de acostar, conceitualmente, a sentença "o pronunciamento por meio do qual o juiz, com fundamento nos arts. 485 e 487 põe fim à fase cognitiva do procedimento comum", determinando então específica etapa da marcha procedimental em 1º grau como delimitação de incidência de sua existência (diga-se, havendo ou não interposição recursal!), estendendo sua presença, de maneira formal-conceitual também ao ato que encerra a execução, entendido aí, pois, atividade executiva, portanto, tanto o Cumprimento de Sentença quanto o Processo de Execução.

– *Decisão interlocutória* (art. 203, § 2º)

É todo pronunciamento judicial de natureza decisória que não seja sentença, portanto, que não ponha fim à fase cognitiva do procedimento comum ou venha a extinguir a execução. Trata-se pois, pronunciamento do juiz, no decorrer do processo, resolvendo tanto questões incidentais, como, p.ex., deferimento ou não de produção de determinadas provas, pedidos de liminar, efetivação de saneamento do processo, quanto conteúdos atinentes à parte do mérito da causa, como se dá no julgamento antecipado parcial de mérito (art. 356 do CPC/2015).

Aliás, neste ponto é de se notar o avanço formal do CPC/2015 quanto a possibilidade de uma decisão que enfrenta questão representativa de parte do mérito ser considerada como de natureza interlocutória, desafiadora, por isso, do recurso de Agravo de Instrumento (§5º do art. 356). Expressa-se, inequivocamente, o novel *codex* quanto a não limitação das decisões interlocutórias apenas a questões incidentais ou acessórias, relevando assim sua serventia a conteúdos atinentes ao objeto litigioso, ainda que de forma parcial, encerrando, portanto, discussões em sede doutrinaria sobre a unidade do objeto sob litígio e mesmo a unicidade da sentença, com relevantes repercussões sobre a própria formação da coisa julgada material e sua consequente invalidade reclamada em sede de ação rescisória.[32]

– *Despachos* (art. 203, §3º)

A definição de despacho (art. 203, § 3º) é bem verdade, nada esclarece, havendo necessidade de se recorrer ao art. 1.001 do CPC que qualifica os despachos irrecorríveis, sendo então, verdadeiramente, de mero expediente.

32. No mesmo sentido, THEODORO JÚNIOR, Humberto. *Curso de Direito Processual Civil*. Vol. I. 56 ed. Rio de Janeiro: Forense, 2015, p.489.

Assim, despachos de mero expediente são aqueles sem conteúdo decisório, não tendo, por isso, o condão de causar sucumbência às partes, ou seja, não causam gravame de ordem material ou processual, – todavia a verificação da existência ou não de gravame depende de exame do caso concreto.

Neste sentido, observa Vicente Greco Filho[33] que "um simples J., digam", exarado em petição que pede a juntada de documento, é, em princípio, despacho de mero expediente, podendo, no entanto, consubstanciar-se em verdadeira conclusão na hipótese de tal despacho vir a provocar o adiantamento de uma audiência previamente designada, portanto, a sucumbência, em concreto, depende da verificação de que tal ato praticado pelo juiz, qualquer que seja a sua forma, tenha violado uma expectativa processual ou material da parte.[34]

Sendo assim, havendo violação de expectativa, não estamos diante de despacho de mero expediente, mas sim, de decisão interlocutória, esta, sujeita à impugnação por meio de agravo de instrumento ou de preliminar de apelação, conforme inteligência dos arts. 1.009,§1º e 1.015, respectivamente. Ressalva-se ainda, a hipótese de que a decisão possa ser considerada ilegal e, portanto, passível de ser atacada por mandado de segurança.[35]

Com relação aos atos tidos como meramente ordinatório, dispõe o §4º do art. 203, ser aqueles que independem de despacho, tais como a juntada e a vista obrigatória, devendo ser praticados de ofício pelo servidor e revistos pelo juiz quando se fizer necessário.

Como alhures já afirmado em nota, importante observar que o art. 203 do CPC não esgota todos os atos processuais praticados pelo juiz, até porque deve ser entendido os atos como gênero.

Assim, além dos presentes pronunciamentos, o magistrado pratica atos não decisórios, tais como: oitiva de testemunha (art. 453), inspeção judicial de pessoas e coisas (art. 481), interrogatórios das partes (art. 361, II), inquirição de testemunhas (art. 361, III), dentre outros.

---

33. *Direito processual civil brasileiro.* Vol. II. 18. ed. São Paulo: Saraiva, 2007, p.339.

34. "Em regra, é indiscutível não caber recurso contra despacho de mero expediente. O despacho aqui analisado determina à autoridade coatora o cumprimento, de imediato, da ordem concedida em mandado de segurança, no sentido de promover o recorrido a Cabo da Polícia Militar. Em miúdos, tal despacho determina, antes de haver trânsito em julgado, que seja dado cumprimento à decisão concedida em mandado de segurança. Dessa forma, o despacho possui claro conteúdo decisório, pois nele existe um cunho indiciário de execução provisória, especialmente porque enseja prejuízo aos interesses do ora recorrente, tratando-se, portanto, de decisão interlocutória, e não de despacho de mero expediente, razão pela qual o disposto no art. 504 do CPC (*de 1973, este que corresponde ao art. 1.001 do CPC/2015*) não impede o exame do agravo apresentado em face de tal decisão (STJ. 2ª T. REsp 1.244.553/DF, rel. Min. Mauro Campbell Marques. Julg. 07.02.2012). Grifo nosso.

35. No mesmo sentido, MEDINA, José Miguel Garcia. *Novo Código de Processo Civil Comentado.* 3 ed. São Paulo: RT, 2015, p. 1.364.

– *Acórdão* (art. 204)

O julgamento colegiado proferido pelos tribunais recebe a denominação de Acórdão (art. 204).

Como já salientávamos em edições anteriores, ainda sob a égide do CPC/1973, importante mencionar que Acórdão é decisão do órgão colegiado do tribunal, *v.g.*, turma, câmara, seção, órgão especial, plenário. Nota-se aí que, o art. 204 não faz referência aos atos praticados nos tribunais por juiz singular (desembargadores e ministros), aludindo-se, portanto, apenas aos atos colegiados, sendo verdade que nos tribunais existem atos realizados, singularmente, por desembargadores ou ministros na qualidade de relator, presidente, vice-presidente, no tocante a questões concernentes à sua competência.[36]

c) Atos do escrivão ou chefe de secretaria

O sistema do CPC brasileiro desenvolve a marcha do processo pelo método do impulso oficial, logo, os próprios agentes do órgão judicial é que impulsionam o andamento do processo (após o seu início), mesmo que as partes estejam inertes.

Neste sentido, para que os atos processuais possam atingir os seus objetivos, devem ser documentados e comunicados às partes. Daí, o fundamento da existência do principal órgão auxiliar do juiz que é o escrivão ou chefe de secretaria, encarregado de documentar, comunicar e movimentar o processo conforme observa o art. 152 do CPC.[37]

A despeito do que dispõem algumas leis de organização judiciária dos Estados, podemos classificar os atos do escrivão ou chefe de secretaria em atos de documentação e atos de comunicação.

– *Atos de documentação*

São atos que representam em escritos as declarações de vontade dos participantes do processo, onde temos, como exemplo, a lavratura do termo pelo escrivão das declarações de uma parte ou testemunha. A documentação, neste caso, vem a ser a lavratura.

Importante é que, mesmo em atos praticados processualmente, para que estes possam criar efeitos no processo e integrá-lo, deverão se submeter à documentação que será promovida pelo escrivão.

Até mesmo a sentença precisa ser documentada.

---

36. No mesmo sentido, NERY JR., Nelson; ANDRADE NERY, Rosa Maria de. *Código de Processo Civil Comentado e Legislação Extravagante*. 9 ed. São Paulo: RT, 2006, p. 378.

37. Em sede de processo eletrônico, convém destacar o art. 10, da Lei n. 11.419/06:
"Art. 10. A distribuição da petição inicial e a juntada da contestação, dos recursos e das petições em geral, todos em formato digital, nos autos de processo eletrônico, podem ser feitas diretamente pelos advogados públicos e privados, sem necessidade da intervenção do cartório ou secretaria judicial, situação em que a autuação deverá se dar de forma automática, fornecendo-se recibo eletrônico de protocolo."

– *Atos de comunicação*

São atos fundamentais para que os partícipes do processo tomem conhecimento dos atos ocorridos no procedimento e possam exercer os seus direitos assegurados ou suportar os ônus estipulados pela legislação processual.

Os principais atos de comunicação são as citações e as intimações.

c.1) Autuação (arts. 206 e 207)[38]

Ao escrivão, ao receber a petição inicial de qualquer processo, o escrivão ou chefe de secretaria a autuará, mencionando o juízo, a natureza do processo, o número de seu registro, os nomes das partes e a data do seu início; e procederá do mesmo modo quanto aos volumes que se forem formando.[39] Ainda, numerará e rubricará todas as folhas dos autos, procedendo do mesmo modo quanto aos autos suplementares. Importante neste ínterim, destacar que o § 1º, do art. 12, da Lei n. 11.419/2006 dispensa a formação de autos suplementares quando se tratar de processos eletrônicos, devendo os autos ser protegidos por meio de sistemas de segurança de acesso e armazenados em meio que garanta a preservação e integridade dos dados.

c.2) Termos processuais (art. 208)

Os termos processuais comuns que o escrivão ou chefe de secretaria redige no curso do procedimento são a juntada, vista, conclusão e recebimento e que se apresentam como notas datadas e rubricadas pelos supracitados serventuários da justiça.

– Juntada

É o ato pelo qual o escrivão certifica o ingresso de uma petição ao documento nos autos.

Vale lembrar que, consoante a Lei n. 11.419/2006, quando os documentos cuja digitalização for tecnicamente inviável devido ao grande volume ou por motivo de ilegibilidade deverão ser apresentados ao cartório ou secretaria no prazo de 10 (dez) dias contados do envio de petição eletrônica comunicando o fato, os quais serão devolvidos às partes após o trânsito em julgado (art. 11, § 5º).

---

38. Quando os autos de processos eletrônicos tiverem de ser remetidos a outro juízo ou instância superior que não disponham de sistema compatível deverão ser impressos em papel, autuados na forma dos arts. 206 a 209 do CPC/2015, ainda que de natureza criminal, trabalhista ou pertinente ao juizado especial (art. 12, § 2º, da Lei n. 11.419/06). Dessa forma, deverá o escrivão ou chefe de secretaria certificar os autores ou a origem dos documentos produzidos nos autos, acrescentando, ressalvada a hipótese de existir segredo de justiça, a forma pela qual o banco de dados poderá ser acessado para aferir a autenticidade das peças e das respectivas assinaturas digitais (art. 12, § 3º, da Lei n. 11.419/06). Feita a autuação na forma estabelecida no § 2º do art. 12, o processo seguirá a tramitação legalmente estabelecida para os processos físicos (art. 12, § 4º, da Lei n. 11.419/06).

39. Relativamente ao processo eletrônico, dispõe o art. 8º, *caput*, da Lei n. 11.419/2006: "Os órgãos do Poder Judiciário poderão desenvolver sistemas eletrônicos de processamento de ações judiciais por meio de autos total ou parcialmente digitais, utilizando, preferencialmente, a rede mundial de computadores e acesso por meio de redes internas e externas."

– Vista

É a informação que o escrivão faz nos autos para que o advogado da parte se manifeste sobre determinado evento processual.

Em sede de Processo Eletrônico, o § 1º, do art. 9º, da Lei n. 11.419/2006, considera que "*as citações, intimações, notificações e remessas que viabilizem o acesso à íntegra do processo correspondente serão consideradas vista pessoal do interessado para todos os efeitos legais*".

– Conclusão

É o ato que certifica o encaminhamento dos autos ao juiz, para determinada deliberação.

– Recebimento

É o ato que documenta o momento em que os autos voltaram a cartório após uma vista ou conclusão.

c.3) Forma dos termos (arts. 209 e 211)

Os atos e termos do processo serão assinados pelas pessoas que neles intervierem, todavia, caso essas não possam ou não queiram firmá-los, caberá o escrivão ou o chefe de secretaria certificará a respectiva ocorrência, *ex vi* do que expressa o *caput* do art. 209.

No que toca à forma dos termos processuais, os parágrafos do art. 209 dispõem de outras informações importantes, mais precisamente relativas à existência de processo total ou parcialmente documentado em autos eletrônicos, *In verbis*:

> *§ 1º Quando se tratar de processo total ou parcialmente documentado em autos eletrônicos, os atos processuais praticados na presença do juiz poderão ser produzidos e armazenados de modo integralmente digital em arquivo eletrônico inviolável, na forma da lei, mediante registro em termo, que será assinado digitalmente pelo juiz e pelo escrivão ou chefe de secretaria, bem como pelos advogados das partes.*
>
> *§ 2º Na hipótese do § 1º, eventuais contradições na transcrição deverão ser suscitadas oralmente no momento de realização do ato, sob pena de preclusão, devendo o juiz decidir de plano e ordenar o registro, no termo, da alegação e da decisão.*

Ainda nesta toada, é plenamente lícito o uso da taquigrafia, da estenotipia, ou de outro método idôneo, em qualquer juízo ou tribunal (art. 210), não se admitindo nos atos e termos, espaços em branco, bem como entrelinhas, emendas ou rasuras, exceto se aqueles forem inutilizados e estas expressamente ressalvadas, conforme regula o art. 211 do CPC.

3. FORMA DOS ATOS PROCESSUAIS

Forma seria o conjunto de solenidades que devem ser observadas para que o ato jurídico seja plenamente eficaz.

Notadamente, como já tivemos oportunidade de realçar em outro momento[40], o Processo é instrumento para satisfação dos direitos, cabendo esta instrumentalidade repousar na ideia de não ser aquele um fim em si mesmo, mas meio de atingir a realização do direito, propiciando também por isso, maior utilidade aos provimentos jurisdicionais e atos processuais em geral.[41]

De acordo com o art. 188 do CPC, os atos e termos processuais não dependem de forma determinada, senão quando a lei expressamente a exigir.[42]

Sendo assim, quanto à forma os atos processuais são classificados em atos solenes e não solenes.

- Solenes

São aqueles para os quais a própria lei determina uma forma como pressuposto de realidade. Submetem-se, na maioria das vezes, à forma escrita, a tempo e lugar previstos em lei. Ex.: A petição inicial será sempre escrita (art. 319) bem como a contestação (art. 336 e ss).

- Não solenes

São os atos que podem ser praticados independentemente de qualquer solenidade e que podem ser provados por quaisquer meios de convencimento admitidos em direito, tendo como exemplo, dentre outros, a produção de prova de maneira lícita.

4. PUBLICIDADE DOS ATOS PROCESSUAIS

Em geral, os atos processuais são públicos[43], existindo, porém, casos em que por interesse público e social, por questões de foro íntimo ou mesmo questões que versem sobre arbitragem, desde que pactuada a respectiva cláusula de confidencialidade a ser comprovada em juízo (art. 189), o CPC limita a publicidade apenas às partes e seus procuradores, aos defensores públicos e

---

40. *Tutela Específica das Obrigações de Fazer*. 5 ed. Curitiba: Juruá, 2015, p.14.

41. Aliás, para Cappelletti, uma das primeiras e mais elementares noções ao se levar a cabo o ensino de direito processual é apresentação do caráter instrumental do Processo. Nisso, o festejado autor define: "*Una de las primeras y más elementares nociones de las cuales suele tomar el impulso la enseñanza del derecho procesal es la noción de su carácter instrumental: la instrumentalidad, del proceso como género, y del proceso como especie. El derecho procesal no es en verdad un fin en si mismo, sino instrumento para el fin de la tutela del derecho sustancial, público y privado; está, en suma, por decirlo así, al servicio del derecho sustancial, del cual tiende a garantizar la efectividad, o sea la observancia, y, para el caso de inobservancia, la reintegración.*" CAPPELLETTI, Mauro. *Proceso, Ideologías, Sociedad*. Buenos Aires: Ediciones Jurídicas Europa-América, 1974, p. 05.

42. Veja-se que, de acordo com o parágrafo único, do art. 8º, da Lei n. 11.419/2006, resta consignada a regra de que "todos os atos processuais do processo eletrônico serão assinados eletronicamente na forma estabelecida nesta Lei".

43. Insta trazer sempre à luz o art. 11 do CPC: *"Todos os julgamentos dos órgãos do Poder Judiciário serão públicos, e fundamentadas todas as decisões, sob pena de nulidade."*

Ministério Público (parágrafo único do art. 11)[44], estabelecendo então o denominado "sigilo de justiça".

Caberá ao terceiro que demonstrar interesse jurídico, a faculdade de requerer ao magistrado certidão do dispositivo da sentença, e mesmo de inventário e de partilha resultantes de divórcio ou separação.

Nestes termos, aponta o dispositivo infra:

> *Art. 189. Os atos processuais são públicos, todavia tramitam em segredo de justiça os processos:*
>
> *I - em que o exija o interesse público ou social;*
>
> *II - que versem sobre casamento, separação de corpos, divórcio, separação, união estável, filiação, alimentos e guarda de crianças e adolescentes;*
>
> *III - em que constem dados protegidos pelo direito constitucional à intimidade;*
>
> *IV - que versem sobre arbitragem, inclusive sobre cumprimento de carta arbitral, desde que a confidencialidade estipulada na arbitragem seja comprovada perante o juízo.*
>
> *§ 1º O direito de consultar os autos de processo que tramite em segredo de justiça e de pedir certidões de seus atos é restrito às partes e aos seus procuradores.*
>
> *§ 2º O terceiro que demonstrar interesse jurídico pode requerer ao juiz certidão do dispositivo da sentença, bem como de inventário e de partilha resultantes de divórcio ou separação.*

A própria Constituição de 1988 tornou a publicidade dos atos processuais (em sentido geral, até administrativamente) norma constitucional, como direito fundamental do cidadão (art. 5º, LX): "A lei só poderá restringir a publicidade dos atos processuais quando a defesa da intimidade ou do interesse social o exigirem."

No caso do interesse público, na prática, se revelará quando o juiz observar que a publicidade dos atos poderá acarretar danos morais às partes ou mesmo prejuízo à própria ordem pública, como por exemplo, impedir a publicidade em processo que se discute a respeito de indenização por estupro; quando se corra risco de a publicidade provocar desordem.

5. A PRÁTICA ELETRÔNICA DOS ATOS PROCESSUAIS

Mais especificamente com relação à prática dos atos no processo, vem o legislador pátrio, de muito, aproximando a rotina forense da via tecnológica relativa à transmissão de dados, de modo a flexibilizar o ofício prático dos atos

---

44. *"Nos casos de segredo de justiça, pode ser autorizada a presença somente das partes, de seus advogados, de defensores públicos ou do Ministério Público."*

processuais, também por meios ainda pouco tradicionais em nosso sistema jurisdicional.

Foi assim, dentre outras, com a Lei n. 9.800, de 26 de maio de 1999, permitindo a utilização do sistema de transmissão de dados para a prática de atos processuais bem como com a edição da Lei n. 11.419, de 19 de dezembro de 2006, esta responsável por dispor sobre a informatização do processo judicial – o denominado "Processo Eletrônico".

O CPC/2015, seguindo os trilhos das supracitadas leis dispõe de seção específica denominada "Da Prática Eletrônica de Atos Processuais" (Seção II do Capítulo I, Livro IV da Parte Geral), não obstante, notadamente, em consonância com o que já bem regra a Lei n.11.419/2006.

É certo que se tenta, com a informatização do processo, empreender esforços para o êxito quanto à duração razoável do processo, conteúdo de índole constitucional e reprisado no texto do novel CPC (arts. 4º e 6º), tendo em vista o notório congestionamento de processos por que passa o serviço público da justiça no país, e daí, fortificar a política da prestação jurisdicional por meios mais prestos e com menos acúmulos materiais, pode simplificar e otimizar os ofícios judiciais.

Entendemos que se trata de uma política institucional que não abriga, *de per si*, tão somente o Poder Judiciário.

Como cediço, a inclusão digital em um país com dimensões continentais como o é o Brasil, necessita de esforços institucionais múltiplos[45], compreendendo o acesso à inclusão digital como questão de política pública, de modo a projetar e, efetivamente, realizar o ingresso amplo da sociedade destinatária do serviço público da justiça ao meios para propícios de conhecimento e uso das plataformas digitais.[46]

Outrossim, quanto aos profissionais do foro, ainda é realidade as múltiplas dúvidas, incertezas e mesmo vivências quanto ao exercício prático do processo eletrônico, o que se soma aos lamentáveis múltiplos sistemas de funcionamento dos processos eletrônicos nos tribunais, requerendo necessária

---

45. Segundo o IBGE, em pesquisa realizada no ano de 2017, 63% dos brasileiros possuem acesso à internet. Disponível em: https://www.ibge.gov.br/estatisticas-novoportal/sociais/saude/9127-pesquisa-nacional-por amostra-de-domicilios.html?edicao=10500&t=resultados. Acesso em 24.07.2019.

46. Segundo a pesquisa "Barômetro Cisco" (pesquisa que mede a evolução da adoção das tecnologias de acesso à Internet em banda larga no País), existem apenas 5,8 conexões fixas de banda larga para cada 100 brasileiros, sendo que a grande maioria da população ainda é obrigada a navegar aos trancos e barrancos da conexão discada, aquela que às vezes pega, às vezes não pega, que ocupa a linha do telefone e obriga o usuário a navegar de olho no relógio, já que é cobrada por hora. SALVADORI, Fausto. Banda larga no Brasil é cara e ruim; entenda. In: Revista Galileu. 05/2010. Disponível em: <http://revistagalileu.globo.com/Revista/Common/0,,ERT138571-17770,00.html Acesso em: 28.07.2018. Acesso em: 10.10.2019.

uniformidade procedimental para a obrigatória segurança jurídica dos feitos processuais.[47]

Não obstante na presente obra já referendarmos em notas remissivas, vários dos atos processuais e suas nuances pela via do Processo Eletrônico, passemos a analisar as regras ditadas pelo CPC/2015 quanto à prática eletrônica dos atos processuais.

De início, o art. 193, referendando a Lei n.11.419/2006, informa em caráter geral sobre a possibilidade prática dos atos processuais na forma digital, seja de maneira integral ou mesmo parcial, de modo a permitir que sejam produzidos, comunicados, armazenados e validados por meio eletrônico, portanto, nota-se, de certo, a possibilidade de coexistência dos autos físicos com os autos eletrônicos.

Insta destacar que, a prática eletrônica dos atos se estende no que for aplicável aos atos notariais e de registro (parágrafo único do art. 193).

No que se refere à prática eletrônica dos atos processuais, devem, notadamente, os sistemas de automação processual respeitar a

> *publicidade dos atos, o acesso e a participação das partes e de seus procuradores, inclusive nas audiências e sessões de julgamento, observadas as garantias da disponibilidade, independência da plataforma computacional, acessibilidade e interoperabilidade dos sistemas, serviços, dados e informações que o Poder Judiciário administre no exercício de suas funções* (art. 194).

Quanto á publicidade dos atos, não se pode deixar de levar em conta as regras referentes ao segredo de justiça, já por nós explicadas em tópicos anteriores e referendadas pelo art. 189 do CPC. Nestes termos, na demanda ao qual necessitar de restrição à publicidade (ressalvados para aqueles permitidos por lei ao acesso), o processo virtual tramitará com a devida restrição de confidencialidade. [48]

---

47. Sobre o assunto, cf. também THEODORO JÚNIOR, Humberto *et ali. Novo CPC. Fundamentos e Sistematização.* 2 ed. Rio de Janeiro: Forense, 2015, p.174.

48. Vale destacar aqui a edição da Lei n.13.793, de 03 de janeiro de 2019, esta que alterou as Leis ns. 8.906, de 4 de julho de 1994, 11.419, de 19 de dezembro de 2006, e 13.105, de 16 de março de 2015 (Código de Processo Civil), para fins de assegurar a advogados o exame e a obtenção de cópias de atos e documentos de processos e de procedimentos eletrônicos.
Nestes termos, no intuito de conceder acesso ao advogado, de conteúdo constante em autos eletrônicos, fora incluso ao art. 107 do CPC, o novato §5º, nos seguintes termos:
"*Art. 107. O advogado tem direito a:*
I - examinar, em cartório de fórum e secretaria de tribunal, mesmo sem procuração, autos de qualquer processo, independentemente da fase de tramitação, assegurados a obtenção de cópias e o registro de anotações, salvo na hipótese de segredo de justiça, nas quais apenas o advogado constituído terá acesso aos autos;
(...)
§ 5º O disposto no inciso I do caput *deste artigo aplica-se integralmente a processos eletrônicos.*"

Importante ainda no contexto do art. 194 é a garantia de disponibilidade, i.e., não interrupção do acesso. Verdade é que, como cediço, não se pode garantir o pleno acesso ininterrupto do sistema eletrônico de dados e prova disso é o que assegura o próprio art. 197 em seu parágrafo único: "*Nos casos de problema técnico do sistema e de erro ou omissão do auxiliar da justiça responsável pelo registro dos andamentos, poderá ser configurada a justa causa prevista no art. 223, caput e § 1º.*"

A independência da plataforma computacional é outra garantia prometida pelo art. 194, onde se quer compreender que os sistemas não devem ser projetados para funcionarem atrelados a determinado sistema operacional, software, equipamentos, estrutura de dados e mesmo não serem dependentes de eventuais tecnologias específicas, de modo a limitar ou obstruir o devido acesso à pratica dos atos.

Quanto à acessibilidade como garantia, certamente, trata-se de conteúdo da maior relevância e relacionado com as variadas questões dispostas nos diversos artigos acostados nesta seção.

Veja- se, em exemplo, os arts. 198 e 199:

> *Art.198. As unidades do Poder Judiciário deverão manter gratuitamente, à disposição dos interessados, equipamentos necessários à prática de atos processuais e à consulta e ao acesso ao sistema e aos documentos dele constantes.*
>
> *Parágrafo único. Será admitida a prática de atos por meio não eletrônico no local onde não estiverem disponibilizados os equipamentos previstos no caput.*
>
> *Art. 199. As unidades do Poder Judiciário assegurarão às pessoas com deficiência acessibilidade aos seus sítios na rede mundial de computadores, ao meio eletrônico de prática de atos judiciais, à comunicação eletrônica dos atos processuais e à assinatura eletrônica.*

Ainda como garantia inclusa no art. 194 está a interoperabilidade, esta relacionando-se com a comunicação entre sistemas de tribunais, possibilitando ao advogado, por exemplo, a desnecessidade de possuir um infindável número de códigos para operar junto ao Poder Judiciário.

Com relação ao registro de um ato processual eletrônico, este deverá ser realizado em padrões tidos como "abertos", estes que são padrões disponíveis para livre acesso e implementação, que independem de royalties e outras taxas, não possuindo ainda qualquer discriminação de uso.

Assim, em extensão a tal entendimento, regra o art. 195:

> *O registro de ato processual eletrônico deverá ser feito em padrões abertos, que atenderão aos requisitos de autenticidade, integridade, temporalidade, não repúdio, conservação e, nos casos que tramitem em segredo de justiça, confidencialidade, observada a infraestrutura de chaves públicas unificada nacionalmente, nos termos da lei.*

Convém aqui explicitar o entendimento aos requisitos apontados.

Quanto a autenticidade, objetiva esta garantir a autoria do documento ou a prática do ato processual, de modo a, inequivocamente, atribuir, de fato, quem o tenha realizado.

No que se refere à integralidade, visa afiançar o respectivo conteúdo do documento, da forma este o era antes da transmissão pelo sistema.

Já, em relação à temporalidade, garante-se o aspecto temporal da prática do ato, registrando-se a data e hora da prática do mesmo, de modo a conceder a certeza do momento em que se deu.

Quanto à locução do "não repúdio", significa esta qualquer negativa ao estabelecimento de obstáculos para fins de conhecimento quanto a autoria do ato ou documento eletrônico praticado.

Por fim, no que toca à conservação, corresponde aos meios de se preservar a integralidade das informações ora disponíveis nos sistemas operacionais. Certamente, isso advém de regras claras quanto ao que se refere a cópias de segurança e recuperação de dados, o que se faz de necessidade premente em virtude de eventuais incidentes que podem originar do próprio sistema eletrônico de dados, possibilitando lamentáveis perdas de informações.

Caberá ao Conselho Nacional de Justiça e de modo supletivo, aos tribunais, regulamentar a prática e a comunicação oficial dos atos processuais pela via eletrônica, garantindo sempre a compatibilidade dos sistemas e ainda, da maior importância, disciplinar a incorporação progressiva de novos avanços tecnológicos, editando para tal fim, os atos que se fizerem necessários, mas sempre respeitando as normas fundamentais garantidas pelo CPC, *ex vi* do que estabelece o art. 196.

Aos tribunais caberá a responsabilidade de divulgar as informações constantes de seu sistema de automação em página própria na rede mundial de computadores, gozando a referida divulgação de presunção de veracidade e confiabilidade (art. 197).

6. O TEMPO E LUGAR DOS ATOS PROCESSUAIS

Em geral, os atos processuais serão praticados em dias úteis, das 6 às 20 horas Serão, porém, concluídos após as 20 (vinte) horas os atos iniciados antes, quando o adiamento prejudicar a diligência ou causar grave dano (art. 212, *caput* e §1º do CPC). Aqui se refere aos atos processuais externos, ou seja, diligências..

Quanto aos atos internos, desde que praticado por meio de petição em autos não eletrônicos, a lei de organização judiciária de cada estado é que determinará o respectivo expediente (§3º do art. 212).

Por outro lado, independentemente de autorização judicial, as citações, intimações e penhoras poderão realizar-se no período de férias forenses, onde as houver, e nos feriados ou dias úteis fora do horário supracitado, observado o disposto no art. 5º, inciso XI, da Constituição Federal,[49] de acordo com o que regra o §2º do art. 212.

Assim, não há proibição para que, por exemplo, em feriado, se pratique determinado ato processual (*v.g.*, citação), mesmo que a lei de organização judiciária determine que não haja expediente forense em tal dia, valendo ressaltar que, além daqueles declarados em lei, sábados, domingos e dias onde não haja expediente forense são equiparados, para efeitos forenses, aos feriados, de acordo com o art. 216 do Código de Processo Civil.

Sendo assim, importante é não confundir a prática externa dos atos processuais com o expediente forense.

O expediente pode encerrar às 17 horas, porém o ato externo poderá ser praticado até às 20 horas, podendo, ainda, conforme dito em linhas atrás, ser concluído após a citada hora caso o ato já se tenha iniciado, desde que o adiamento possa prejudicar a diligência ou causar grave dano.[50]

Já, quanto à prática eletrônica de ato processual, este poderá ocorrer em qualquer horário até as 24 (vinte e quatro) horas do último dia do prazo[51], sendo considerado horário vigente para fins de atendimento do prazo, aquele do juízo perante o qual o ato deve ser praticado, como expressa o art. 213 e seu parágrafo único.

No que se refere aos atos internos e sua prática durante as férias forenses, tratam os arts. 214 e 215 de definirem as diretrizes delimitadoras do possível exercício. *In verbis*:

> *Art. 214. Durante as férias forenses e nos feriados, não se praticarão atos processuais, excetuando-se:*
>
> *I - os atos previstos no art. 212, § 2o;*
>
> *II - a tutela de urgência.*
>
> *Art. 215. Processam-se durante as férias forenses, onde as houver, e não se suspendem pela superveniência delas:*

---

49. "Art. 5º, XI da CF/88: "*a casa é asilo inviolável do indivíduo, ninguém nela podendo penetrar sem consentimento do morador, salvo em caso de flagrante delito ou desastre, ou para prestar socorro, ou, durante o dia, por determinação judicial;*".

50. Cabe lembrar que, em sede de Juizados especiais, os atos poderão ser realizados em horário noturno conforme dispuser a lei de organização judiciária (Lei n. 9.099/95, art. 12). Sobre o assunto, cf. o nosso *O Processo nos Juizados Especiais Cíveis Estaduais, Federais e da Fazenda Pública*. 2 ed. Belo Horizonte: Del Rey, 2015.

51. Nisso, igualmente, estabelece a regra contida no § 1º, do art. 10, da Lei n. 11.419/2006, ao prescrever que quando o ato processual tiver que ser praticado em determinado prazo, por meio de petição eletrônica, serão considerados tempestivos os efetivados até as 24 (vinte e quatro) horas do último dia, salvo se o sistema do Poder Judiciário se tornar indisponível por motivo técnico, caso em que o prazo será automaticamente prorrogado para o primeiro dia útil seguinte à resolução do problema (art. 10, § 2º).

I - os procedimentos de jurisdição voluntária e os necessários à conservação de direitos, quando puderem ser prejudicados pelo adiamento;

II - a ação de alimentos e os processos de nomeação ou remoção de tutor e curador;

III - os processos que a lei determinar.

Quanto ao lugar, de acordo com o art. 217, os atos processuais, ordinariamente, realizar-se-ão na sede do juízo, entretanto poderão ser praticados em outro lugar em razão de deferência (audição do Presidente, governadores, desembargadores), de interesse do Poder Judiciário (inspeção judicial realizada fora da sede de juízo, por interesse do juízo, ou mesmo a presença do réu em audiência para prestar depoimento pessoal, a ser emitido sob pena de ocorrer perigo de ordem pública), da natureza do ato (realização de penhora e avaliação de bem localizado fora da comarca onde o processo tramita) ou de obstáculo arguido pelo interessado e acolhido pelo juiz (a hipótese do art. 751,§1º, que permite ao interditando incapaz ser ouvido onde estiver, quando não puder se deslocar ao local do juízo).

Importante ressaltar que, quando da necessidade de prática de ato em outra circunscrição territorial (comarca), como, por exemplo, realização de citações e mesmo oitiva de testemunhas não domiciliada na comarca onde a demanda foi judicialmente instaurada, deverá o magistrado utilizar-se da carta precatória, para que o ato possa se realizar validamente perante outra comarca competente para tal, como se vê do art. 260 do CPC.

No entanto, admitindo-se, por exemplo, a citação pela via postal (art.247), possível será o alcance aos limites territoriais de outro foro, para fins de se determinar a prática válida do ato processual desejado.

Os atos judiciais a serem praticados fora dos limites da jurisdição brasileira, poderão ser alcançados por meio da denominada carta rogatória (art. 36 e ss.; art. 260).

7. PRAZOS

7.1 INTRODUÇÃO

Sob pena de preclusão, os atos processuais serão realizados nos prazos previstos em lei, conforme preceitua o art. 218 do Código de Processo Civil.[52]

Para efeito conceitual, deve-se entender o prazo processual como o período em que o ato processual da parte pode ser validamente praticado. Esse prazo é determinado por dois momentos ou termos. Assim, há o momento ou termo inicial, quando se inicia a faculdade de a parte realizar o ato processual.

---

52. Enunciado n.22 do FPPC: "O Tribunal não poderá julgar extemporâneo ou intempestivo recurso, na instância ordinária ou na extraordinária, interposto antes da abertura do prazo."

Há, ainda, o momento ou termo final, quando se encerra essa mesma faculdade, ou seja, em um primeiro instante, emerge a faculdade para a prática do ato, e, findo o prazo para a sua concretização, extingue-se aquela faculdade, realizado ou não o ato.

A maioria dos prazos para a realização de atos processuais vem consignada em lei. Omissa esta sobre o prazo para a prática de certo ato do processo, aquele deve ser indicado, a partir de critérios de razoabilidade e complexidade para a sua realização pelo juiz (§1º do art. 218), no entanto, se o juiz não indicar o prazo para a realização do ato, será ele de cinco dias, conforme previsão do art. 218, §3º do CPC).

Ainda, conforme sustenta o §2º do art. 218, quando a lei ou o juiz não determinar o prazo, as intimações somente obrigarão a comparecimento depois de decorridas 48 (quarenta e oito) horas.

Em novata regra, o CPC/2015 estabelece o reconhecimento da tempestividade de ato praticado mesmo antes de seu termo inicial (§4º do art. 218), ou seja, em forma prematura, garantindo à partes, que mesmo tomando ciência de determinada decisão antes de sua efetiva publicação, poderão praticar atos processuais pertinentes, v.g. interposição do recurso da apelação, antes de publicada a sentença.

Trata-se de primar pela instrumentalidade das formas, não violando, de certo, os princípios do contraditório e da ampla defesa, já que a ciência do ato se fez presente de outro modo, autorizando a prática, desde logo, do ato desejado.

Insta ressaltar que a jurisprudência se colocava até então contrária à presente autorização, no sentido de se considerar, por exemplo, o recurso interposto antes da publicação da decisão como intempestivo, no entanto, nota-se, em sintonia com o comando ora explicitado pelo §4º do art. 218 do CPC, a reafirmação da necessidade de garantia de deste entendimento.[53]

53. "O Superior Tribunal de Justiça no julgamento dos Embargos de Divergência n. 492.461/MG, modificando entendimento há muito consolidado, passou a considerar tempestivo o recurso especial interposto antes da publicação oficial, haja vista a nova realidade da publicidade das decisões judiciais em meio eletrônico que possibilitam às partes o conhecimento prévio do acórdão antes mesmo de sua veiculação oficial. Tal orientação foi novamente alterada pela Corte Especial no julgamento dos EDcl na SEC 3660/GB, no sentido de ser intempestivo o especial interposto antes da publicação do acórdão recorrido no Diário Oficial. 2. Contudo, imperiosa a revisão desse último entendimento, visto que o Superior Tribunal de Justiça, como Tribunal da cidadania, não pode se dissociar da realidade, notadamente da grande evolução dos meios de comunicação e informação nos dias atuais, em obediência aos princípios da instrumentalidade das formas, da igualdade, da boa-fé objetiva, celeridade e lealdade processuais. 3. Entretanto, apesar de se constatar a tempestividade do especial, o recurso não comporta provimento quanto ao seu mérito. Isso porque, para o acolhimento da tese da legítima defesa, com a consequente absolvição sumária do ora agravante, seria imprescindível exceder os fundamentos do acórdão impugnado e adentrar no exame do conjunto fático-probatório, o que é vedado no recurso especial, consoante o que dispõe o enunciado n. 7 da Súmula do Superior Tribunal de Justiça(...)." (STJ. 5ªT. AgRg no AREsp: 399793 PR 2013/0318813-9, Rel. Min. Marco Aurélio Bellizze. Julg. 12.08.2014, *DJe* 21.08.2014).

7.2 CLASSIFICAÇÃO

Existem diversas classificações para os prazos processuais, dentre as quais destacamos as que se seguem.

7.2.1 Prazos Legais, Judiciais e Convencionais

Os *prazos legais* são aqueles que, como o próprio nome indica, vêm estabelecidos em lei. Assim, por exemplo, é legal o prazo para a apresentação de contestação no rito ordinário, que, segundo o art. 335 do Código de Processo Civil, é de quinze dias.

Os *prazos judiciais* são aqueles que, não indicados em lei, são estabelecidos pelo juiz, segundo critérios de razoabilidade. Dentre estes, destacamos as datas de audiências ou os prazos para o cumprimento de cartas precatórias.

Os *prazos convencionais* são aqueles ajustados livremente por acordo entre as partes do processo. Como exemplo desses prazos pode-se mencionar a disposição do art. 313, II, do CPC que possibilita a suspensão do processo pelo prazo acordado entre as partes.

7.2.2 Prazos Comuns e Prazos Particulares

Os *prazos comuns* são aqueles estabelecidos, simultaneamente, para as duas partes, correndo a um só tempo para ambas. Assim, no caso de reconhecimento parcial da pretensão, proferida sentença de procedência parcial do pedido, ambas as partes serão vencedoras e perdedoras concomitantemente. O autor vencerá em parte, mas também perderá em parte a causa, o mesmo ocorrendo com o réu. Logo, ambos terão interesse em ingressar com o recurso. Iniciado, pois, o prazo para o ingresso com o recurso, este será comum, correndo a um só tempo para ambos os interessados em recorrer.

A observância dos prazos comuns se faz de fundamental importância também quanto ao tempo de retirada dos autos do processo da Secretaria do juízo. É o que dispõe o art. 107, §§2º e 3º do CPC:

> *§ 2º Sendo o prazo comum às partes, os procuradores poderão retirar os autos somente em conjunto ou mediante prévio ajuste, por petição nos autos.*
>
> *§ 3º Na hipótese do § 2º, é lícito ao procurador retirar os autos para obtenção de cópias, pelo prazo de 2 (duas) a 6 (seis) horas, independentemente de ajuste e sem prejuízo da continuidade do prazo.*

Os prazos particulares são aqueles abertos no interesse de uma só das partes. Assim, por exemplo, o prazo para contestar é aberto única e exclusivamente em favor do réu. Da mesma forma, presente uma das hipóteses do art. 326 do CPC, o prazo ali consignado é aberto unicamente em prol do autor.

7.2.3 PRAZOS DILATÓRIOS E PRAZOS PEREMPTÓRIOS

Dilatórios são os prazos fixados pela lei, mas que admitem a sua ampliação ou redução, quer por decisão judicial, quer por acordo das partes. Esse prazo tinha a sua previsão legal no art. 181 do Código de Processo Civil de 1973. No regime do CPC/1973, tal mudança do prazo por convenção das partes, necessitava da observância explícita dos seguintes requisitos: a) haver o requerimento antes de vencer o prazo indicado em lei; b) existência de fundado motivo para a redução ou prorrogação; c) aprovação do juiz que, no caso de prorrogação (art. 181, §1º do CPC/1973), indicaria o dia de vencimento do prazo.

Notadamente, no CPC/2015 a ampliação ou redução dos denominados prazos dilatórios tem, igualmente, na convenção das partes, sua possibilidade. O negócio jurídico processual expressamente tipificado no art. 190 autoriza que, em questões envoltas a direitos que possibilitam a autocomposição, podem as partes capazes ajustar mudanças no procedimento para ajustá-lo às especificidades da causa bem como convencionar sobre os seus ônus, poderes, faculdades e deveres processuais, antes ou durante o processo.

Fato é que tais convenções, estando em curso o processo, deverão ter certo controle do juiz para a efetiva validade, como expressa o parágrafo único do art. 190:

> *De ofício ou a requerimento, o juiz controlará a validade das convenções previstas neste artigo, recusando-lhes aplicação somente nos casos de nulidade ou de inserção abusiva em contrato de adesão ou em que alguma parte se encontre em manifesta situação de vulnerabilidade.*

No mesmo sentido, atesta o art. 191, ao se referir acerca do calendário para a prática de atos processuais:

"Art. 191. De comum acordo, o juiz e as partes podem fixar calendário para a prática dos atos processuais, quando for o caso."

Podem ser considerados de prazo dilatório, *v.g.*, aqueles relativos à realização de determinadas diligências solicitadas pelo juiz, relativos ao arrolamento de testemunhas, juntada de documentos.[54]

Peremptórios são os prazos indicados por lei que não podem ser modificados pela vontade das partes ou por determinação judicial. No CPC/1973, havia a indicação de que somente nos casos excepcionais de dificuldade de transporte para comarcas localizadas em local de difícil acesso, ou na ocorrência de calamidade pública, é que poderia haver modificação do prazo peremptório (art. 182, *caput*, segunda parte, e parágrafo único).

---

54. No mesmo sentido, THEODORO JÚNIOR, Humberto. *Curso de Direito Processual Civil*. Vol. I. 56 ed. Rio de Janeiro: Forense, 2015, p.510.

No CPC/2015, ainda que dita hipótese continue válida, no entanto, com a prorrogação de prazos para até 2 (dois) meses (art. 222), o legislador conferiu ao magistrado a possibilidade de dilatar os prazos processuais, adequando-os às necessidades do conflito, de modo a conferir maior efetividade à tutela do direito (art. 139, VI).

Por outro lado, vedada é ao juiz a redução de prazos peremptórios sem a anuência das partes, conforme determina o §1º do art. 222.

Tradicionalmente, são tidos pela doutrina como peremptórios, dentre outros, os prazos para contestar e recorrer, o que hoje, com a possibilidade mais "elástica" do negócio jurídico processual, será possível, dependendo da natureza do objeto da demanda, convencionarem lapso temporal diferenciado.

Por tudo, é de afirmar que do Código de Processo Civil não se extraem regras específicas para a determinação de quais seriam os prazos dilatórios e os peremptórios; a natureza dos prazos, segundo essa classificação, vem sendo delineada especialmente pela jurisprudência.

7.2.4 Prazos Próprios e Prazos Impróprios

São *próprios* os prazos fixados para as partes. Assim, por exemplo, é próprio o prazo para a juntada de contestação ou o prazo para ingresso com recurso.

Impróprios são os prazos concedidos ao juiz e aos demais auxiliares de justiça para a concretização do ato processual. Como exemplo de prazo impróprio teríamos o disposto nos arts. 226 e 228 do CPC.

Interessa aqui destacar que poderá o juiz, em qualquer grau de jurisdição e desde que havendo motivo justificado, exceder, por igual tempo, os prazos a que esteja submetido (art. 227).

7.3 CONTAGEM DOS PRAZOS

Para a contagem dos prazos algumas regras legais devem ser analisadas.

Salvo disposição em contrário, inicia-se a contagem do prazo com a exclusão do seu termo inicial e a inclusão do seu termo final – na forma do art. 224 do Código de Processo Civil.

O termo inicial dos prazos vem esculpido no art. 231 do Código de Processo Civil. No dia seguinte aos atos ali indicados, inicia-se a contagem dos prazos, como determina o art. 224 já citado. Percebe-se daqueles dispositivos, em síntese, que se tentou determinar o termo inicial do prazo a partir do momento em que viesse aos autos o documento comprobatório da convocação da parte contrária para a sua realização. É óbvio que, somente a partir da ciência do ato e da confirmação dessa ciência nos autos do processo, a parte terá condições de realizá-lo. Frise-se, no entanto, que uma coisa é termo inicial do prazo *(dies a quo) e* outra é o início da contagem de prazo. O termo inicial do prazo vem inscrito no art. 231 do CPC: já o início da contagem do prazo é obtido da conjugação desse dispositivo com o disposto no art. 224, *caput*, e § 3º do mesmo Código – como exposto acima, a contagem inicia-se com a exclusão do termo inicial do prazo. *Dies a quo nom computator in termino.*

De fundamental relevância é a contagem do prazo estipulada §3º do art. 231, nos seguintes termos:

> *Quando o ato tiver de ser praticado diretamente pela parte ou por quem, de qualquer forma, participe do processo, sem a intermediação de representante judicial, o dia do começo do prazo para cumprimento da determinação judicial corresponderá à data em que se der a comunicação.*

Nota-se neste caso que, o termo inicial do prazo (*dies a quo*) se dará tão logo a parte receba a comunicação, portanto, não haverá a necessidade de juntada aos autos do processo para que tal termo inicial se dê, sendo aí a contagem se dando no primeiro dia útil subsequente à comunicação recebida pela parte.

Há de se ressaltar que tal hipótese se dará, quando, sem a necessidade de representante judicial, a parte tiver que cumprir determinação judicial, como, por exemplo, pagar, fazer, não fazer determinada obrigação ou mesmo entregar coisa já efetivamente reconhecida como devida por decisão judicial.

Novidade trazida pelo CPC/2015 é aquela relativa aos dias computados na contagem do prazo, sendo agora considerados apenas os dias úteis como aptos para se contar:

"Art. 219. Na contagem de prazo em dias, estabelecido por lei ou pelo juiz, computar-se-ão somente os dias úteis."

Assim, por exemplo, juntando o mandado de intimação realizada por correio, instrumento esse que comprova que houve cientificação pela parte de que deverá realizar o ato, começa-se a contagem no primeiro dia útil imediatamente posterior à juntada (art. 224, *caput* c/c art.231, I, do CPC).

No exemplo anterior, se foi feita a juntada na sexta-feira, o primeiro dia útil após a intimação será a segunda-feira. Se a juntada se processou na quinta-feira, a contagem inicia-se na sexta-feira, lembrando que o dia não considerado útil não fará parte no computo da contagem.

De acordo com o §1º do art. 224, há de se destacar ainda que os dias do começo e do vencimento do prazo serão protraídos para o primeiro dia útil seguinte, se coincidirem com dia em que o expediente forense for encerrado antes ou iniciado depois da hora normal ou houver indisponibilidade da comunicação eletrônica.

Por outro lado e em critério geral (autos físicos ou eletrônicos), no caso superveniência do recesso forense, este compreendido entre 20 de dezembro a 20 de janeiro, haverá suspensão do prazo (art. 220), reiniciando-se a sua contagem no primeiro dia útil após o final destas.[55] Assim, se até o advento do recesso transcorreram dez dias, de um prazo de vinte, haverá a sua suspensão, com o reinício da contagem – faltam dez dias – no primeiro dia útil após o fim das férias.

Na suspensão, há paralisação da contagem, com o seu reinício no momento indicado em lei, considerando-se os dias já transcorridos. Na interrupção, por sua vez, há paralisação da contagem, com o seu reinício do começo, sem considerar dias já eventualmente contados, finda essa paralisação.

Vale destacar que, excetuadas férias individuais e os feriados instituídos por lei, os juízes, os membros do Ministério Público, da Defensoria Pública e da Advocacia Pública bem como os auxiliares da Justiça exercerão suas atribuições durante o período do recesso supracitado (art. 220, §1º). No entanto, durante dita suspensão temporal, não serão realizadas audiências nem sessões de julgamento, conforme pontua o §2º do art. 220.

A regra da suspensão dos prazos aplica-se, igualmente, a outras ocorrências, conforme bem aponta do art. 221 do CPC:

> *Art. 221. Suspende-se o curso do prazo por obstáculo criado em detrimento da parte ou ocorrendo qualquer das hipóteses do art. 313, devendo o prazo ser restituído por tempo igual ao que faltava para sua complementação.*
>
> *Parágrafo único. Suspendem-se os prazos durante a execução de programa instituído pelo Poder Judiciário para promover a autocomposição, incumbindo aos tribunais especificar, com antecedência, a duração dos trabalhos.*

Alguns conteúdos ainda são de relevância considerar:

- A contagem do prazo não se exclui o termo final (*dies ad quem*), como ocorre com o termo inicial, portanto, o último dia do prazo, assinalado na lei ou por determinação judicial, deve ser considerado para efeitos de contagem.

- Diante da inexistência de indicação legal ou determinação judicial no despacho ou decisão, será de 5 (cinco) dias o prazo para a prática de ato processual a cargo da parte (§3º do art. 218 do CPC).

- No caso de contagem de prazos para efeitos recursais, o seu termo inicial será o da leitura da sentença em audiência, se esta ali for proferida; da intimação dos advogados, da sociedade de advogados, da Advocacia Pública, da Defensoria Pública ou do Ministério Público, na forma já mencionada para os prazos em geral; ou da publicação do acórdão, no caso de decisão em instância superior. A respeito há que se observar as disposições dos arts. 231 e 1.003, *caput* e §1º.

- Os prazos poderão ser contados em minutos (*v.g.* art. 364 CPC), em horas (*v.g.*, §2º do art. 218), em dias (*v.g.*, art. 335) ou em meses (art. 313,§2º, I). O

55. Enunciado n. 269 do FPPC: "A suspensão de prazos de 20 de dezembro a 20 de janeiro é aplicável aos Juizados Especiais."

art. 313, § 4º, do Código de Processo Civil, considera, inclusive, o prazo de um ano para os efeitos ali previstos.

Não sendo realizado no prazo determinado o ato, ocorrerá a perda da faculdade de sua realização. A esse fenômeno denominamos *preclusão* temporal que evita o desenvolvimento infinito e arbitrário do processo. Somente ocorrendo justa causa, esta provada pela parte e deferida pelo juiz, não ocorrerá a preclusão, podendo ser reaberto prazo para a realização do ato processual, se for o caso. A questão é disciplinada pelo art. 223 e seus parágrafos, o que enfrentaremos em tópico mais adiante.

- É possível que a parte possa renunciar de prazo estabelecido, exclusivamente, a seu favor, desde que a faça de forma expressa (art. 225).

- No que se refere aos atos de comunicação por carta precatória, rogatória ou de ordem, a realização da citação ou da intimação será informada imediatamente por via eletrônica, pelo juiz deprecado ao juiz deprecante (art. 232).

- O prazo para a parte, o procurador, a Advocacia Pública, a Defensoria Pública e o Ministério Público será contado da citação, da intimação ou da notificação.

7.3.1 O Benefício dos prazos em dobro no CPC

A União, os Estados, o Distrito Federal, os Municípios bem como as suas autarquias e fundações de direito público, em vista do interesse público que cerca as demandas que os envolvem e para fins de se evitar que este seja corroído pelas dificuldades administrativas de auto-organização, os prazos serão contados em dobro para todas as suas manifestações processuais, cuja contagem terá início a partir da intimação pessoal (art. 183, *caput*). O mesmo se estende para o Ministério Público (art. 180, *caput*) e Defensoria Pública (art. 186, *caput*).

Coube ao legislador, por conseguinte, conceder tal benefício do prazo em dobro aos escritórios de prática jurídica das faculdades de Direito reconhecidas na forma da lei e às entidades que prestam assistência jurídica gratuita em razão de convênios firmados com a Defensoria Pública, conforme assegura o §3º do art. 186 do CPC.

Há de se atentar que, para todos os beneficiários do lapso temporal em dobro supracitados, não será aplicado a benesse da contagem dobrada quando a lei estabelecer, de forma expressa, prazo próprio para qualquer deles.

Ressalta-se que as sociedades de economia mista e empresas públicas não se aplica o presente benefício, já que possuem regime jurídico de direito privado e como cediço, integram apenas a administração indireta, de acordo com o Decreto-lei 200, de 25.02.1967.[56]

---

56. STJ. 1ºT. Ag.Rg. no REsp 788.820/RS. Rel. Min. Denise Arruda. Julg.04.09.2008, *DJe* 22.09.2008; STJ. 2ºT. Ag.Rg no REsp 652.055/RS, Rel. Min. Herman Benjamin. Julg. 01.09.2009, *DJe* 08.09.2009.

No caso de litisconsórcios com diferentes procuradores, de escritórios de advocacia distintos, terão eles os prazos contados em dobro para todas as suas manifestações, em qualquer juízo ou tribunal, independentemente de requerimento, de acordo com o *caput* do art. 229. No entanto, cessará a contagem do prazo em dobro quando, havendo apenas 2 (dois) réus, é oferecida defesa por apenas um deles (§1º do art. 229). Nesta hipótese, tornando-se revel um dos litisconsortes, não haverá de se falar mais em prazos em dobro para se ambos se manifestarem nos autos do processo.[57]

Tal benefício concedido aos litisconsortes na forma supracitada, não se aplica aos processos que tramitam em autos eletrônicos (§2º do art. 229).

7.3.2 O Mecanismo Eletrônico e a contagem dos prazos

Quando se tratar de ato judicial divulgado pelo mecanismo do Diário Oficial eletrônico, para fins de contagem, a data da publicação a ser considerada corresponderá ao primeiro dia útil subsequente à própria divulgação, consoante dispõe a Lei n. 11.419/2006 (art. 4º, §§ 3ºe 4º)[58], agora reprisado pelos §§3º e 4º do art. 224 do CPC/2015. *In casu*, por exemplo, se a disponibilização do acórdão no diário oficial eletrônico ocorreu em 04.08.2015, primeiro dia útil após a sua divulgação será o da publicação, ou seja, dia 05.08.2015, tendo o início da contagem do prazo em 06.08.2015.[59]

Ainda quanto ao mecanismo eletrônico e a sua incidência no tocante à contagem de prazos, o legislador do CPC/2015, em consonância com a Lei n.11.419/2006, regulou a hipótese de comunicação pessoal fora do Diário da Justiça eletrônico, esta que pode ser ela realizada em portal próprio para aqueles que se cadastrarem junto ao Poder Judiciário[60], de acordo

---

57. Súmula n.641 do STF: "Não se conta em dobro o prazo para recorrer, quando só um dos litisconsortes haja sucumbido."

58. *"Art. 4º Os tribunais poderão criar Diário da Justiça eletrônico, disponibilizado em sítio da rede mundial de computadores, para publicação de atos judiciais e administrativos próprios e dos órgãos a eles subordinados, bem como comunicações em geral.*
(...)
§3º Considera-se como data da publicação o primeiro dia útil seguinte ao da disponibilização da informação no Diário da Justiça eletrônico.
§ 4º Os prazos processuais terão início no primeiro dia útil que seguir ao considerado como data da publicação."

59. STJ – RECURSO. ATO JUDICIAL. PUBLICAÇÃO. DIA ÚTIL SUBSEQUENTE. DIÁRIO DA JUSTIÇA. DIÁRIO ELETRÔNICO. PRAZO RECURSAL. CONTAGEM. LEI 11.419/2006, ART. 4º, § 4º. CPC, ART. 184. (STJ. Mand. de Seg. 16.180/2012 – DF – Rel.: Min. Castro Meira. Julg. em 05.10.2011, *DJ* 01.02.2012).

60. Lei n.11.419/2006, art. 2º: "*O envio de petições, de recursos e a prática de atos processuais em geral por meio eletrônico serão admitidos mediante uso de assinatura eletrônica, na forma do art. 1o desta Lei, sendo obrigatório o credenciamento prévio no Poder Judiciário, conforme disciplinado pelos órgãos respectivos.*
§ 1º O credenciamento no Poder Judiciário será realizado mediante procedimento no qual esteja assegurada a adequada identificação presencial do interessado.

com as regras que os próprios órgãos judiciais instituírem (art. 5º da Lei n.11.419/2006).

Assim, por exemplo, na hipótese intimação pessoal realizada por meio de portal próprio, considera-se a mesma realizada no "dia útil seguinte à consulta ao teor da citação ou da intimação ou ao término do prazo para que a consulta se dê, quando a citação ou a intimação for eletrônica" (art. 231, V do CPC).

O aperfeiçoamento da comunicação, contudo, não ficará à escolha voluntária do destinatário, ou seja, do mesmo consultar ou não a mensagem eletrônica à ele dirigida. Isso porque, de acordo com o art. 5, §3º da Lei n.11.419/2015 a consulta deverá *"ser feita em até 10 (dez) dias corridos contados da data do envio da intimação, sob pena de considerar-se a intimação automaticamente realizada na data do término desse prazo."*

7.4 PRECLUSÃO

É a perda da faculdade de praticar determinado ato processual, estando ela diretamente relacionada com a ideia de ônus processual.

A preclusão é destinada principalmente às partes, entretanto, estenderá sobre determinados poderes do magistrado, que não poderá decidir novamente questões já decididas *(v.g.*, art. 507 do CPC), salvo as de ordem pública, estas não atingidas pela preclusão.

Explica-se. Não podendo mais as partes suscitar determinada questão, ocorrerá, como de regra, obstáculo a que, igualmente, o faça o magistrado, salvo, conforme já dito em linhas anteriores, questões que deveria ele conhecer de ofício. Note-se que, ainda que por outros motivos, fica o magistrado impedido de se debruçar pelo que já fizera anteriormente.

É vedado ao órgão jurisdicional *venire contra factum proprium*, pressuposto que se baseia na cláusula geral do princípio da boa-fé objetiva (*ex vi* do art. 5º do CPC). Veda o CPC ainda que o juiz, de regra, altere a sentença ou decida questões já decididas (arts. 494 e 505, respectivamente).

Em verdade, considerando ou não a preclusão para o juiz, "fato é que a lei processual, ao impedir ao magistrado voltar atrás ou alterar o que já fez, manifesta a mesma aspiração de quando impõe a preclusão à partes: fazer com que o procedimento siga, progressivamente"[61], objetivando que o instrumen-

---

§ 2º Ao credenciado será atribuído registro e meio de acesso ao sistema, de modo a preservar o sigilo, a identificação e a autenticidade de suas comunicações.

§ 3º Os órgãos do Poder Judiciário poderão criar um cadastro único para o credenciamento previsto neste artigo."

61. MEDINA, José Miguel Garcia. *Novo Código de Processo Civil Comentado*. 3 ed. São Paulo: RT, 2015, p. 376.
Sobre o assunto, cf. também RUBIN, Fernando. *A Preclusão na Dinâmica do Processo Civil*. 2 ed. São Paulo: Atlas, 2014, p. 142-144.

to da jurisdição chegue ao seu destino final que é a prestação jurisdicional qualitativa.

Pode a preclusão ser temporal, lógica ou consumativa.

a) Temporal

Trata-se da perda da faculdade de praticar determinado ato processual tendo em vista o decurso do prazo legal.

Assim, tendo o réu prazo de 15 dias para contestar determinada ação e não a fazendo neste lapso de tempo, ocorrerá a preclusão temporal, não podendo o ato ser acolhido se realizado posteriormente, salvo ocorrendo justa causa para a não prática do ato, hipótese esta provada pela parte e deferida pelo juiz, quando então não ocorrerá a preclusão, podendo ser reaberto prazo para a realização do ato processual, se for o caso.

Nestes termos, claramente regra o art. 223:

> *Art. 223. Decorrido o prazo, extingue-se o direito de praticar ou de emendar o ato processual, independentemente de declaração judicial, ficando assegurado, porém, à parte provar que não o realizou por justa causa.*
>
> *§ 1º Considera-se justa causa o evento alheio à vontade da parte e que a impediu de praticar o ato por si ou por mandatário.*
>
> *§ 2º Verificada a justa causa, o juiz permitirá à parte a prática do ato no prazo que lhe assinar.*

b) Lógica

É entendida como a impossibilidade em que se encontra a parte de praticar determinado ato ou postular certa providência judicial em razão da incompatibilidade entre aquilo que agora a parte pretende e sua própria conduta processual anterior.

Como exemplo, temos o réu, que, condenado pela sentença, comparece em juízo e paga o valor da condenação, contudo, depois de praticar dito ato, estando ainda a fluir o prazo para recurso, volta ao cartório para apelar da mesma sentença. A aceitação da sentença, expressa pela conduta da parte em comparecer espontaneamente e cumprir a condenação, importa em ter-lhe por preclusa a oportunidade para recurso (art. 1.000, *caput* do CPC).

c) Consumativa

Dá-se quando uma determinada faculdade processual já foi devidamente exercida no momento propício, tornando-se impossível praticar novamente ou emendar o ato de que o interessado já se valeu.

Nota-se que o CPC/2015 adotou certa mitigação à preclusão consumativa. É que o legislador admitiu a emenda ou correção de peças processuais, desde que por determinação judicial, conforme se observa dos arts. 321, 801, 932, parágrafo único do CPC. Assim, dentro do lapso temporal correto para a prática do ato, caberá à parte autorizada corrigir ou emendar determinada petição.

Dito isso, antes de considerar inadmissível um recurso, caberá ao relator, por exemplo, conceder o prazo de 5 (cinco) dias ao recorrente para que seja sanado vício ou complementada a documentação exigível, *ex vi* do art. 932, parágrafo único.

7.5 VERIFICAÇÕES DOS PRAZOS E PENALIDADES

Estabelece o CPC regramento atinente à verificação ao cumprimento dos prazos com respectivas penalidades em caso de eventual descumprimento de qualquer dos partícipes da marcha processual.

De início, caberá ao juiz, de ofício, verificar se o serventuário responsável excedeu aos prazos estabelecidos em lei sem qualquer motivo legítimo para tanto. Uma vez constatada falta, deverá o magistrado ordenar a instauração do devido processo administrativo para fins do cabimento de respectiva punição (art. 233 e §1º do CPC). Qualquer das partes, o Ministério Público ou a Defensoria Pública também poderão representar ao juiz contra o serventuário que exceder os prazos previstos em lei de forma injustificada (art. 233, §2º do CPC).

Com relação aos advogados públicos ou privados, ao defensor público e ao membro do Ministério Público, devem todos, indistintamente, restituírem os autos do processo no prazo do ato a ser praticado, de acordo com o regramento ditado pelo *caput* do art. 234.

Com relação ao advogado privado, é lícito que qualquer interessado o exija os autos quando o mesmo exceder ao prazo legal estabelecido. Uma vez intimado o advogado, caso este não devolva os autos no prazo de 3 (três) dias, perderá o direito à vista fora de cartório, incorrendo ainda em multa correspondente à metade do salário-mínimo (§§1º e 2º do art. 234), cabendo ao juiz, diante da verificação da falta, comunicará o fato à seção local da Ordem dos Advogados do Brasil para fins de instauração do procedimento disciplinar bem como imposição de multa (§3º do art. 234).

Já, incorrendo na falta membro do Ministério Público, da Defensoria Pública ou da Advocacia Pública, a multa, sendo o caso, será aplicada ao agente público responsável pelo ato, cabendo ao juiz, uma vez verificada a falta, oficiar do fato o órgão competente responsável pela instauração de procedimento disciplinar contra o membro que atuou no feito (§§4º e 5º do art. 234 do CPC).

No que se refere ao próprio magistrado ou relator, qualquer das partes, o Ministério Público ou mesmo a Defensoria Pública poderá representar ao corregedor do tribunal ou ao Conselho Nacional de Justiça contra os mesmos, quando se verificar que excederam quanto aos prazos previstos em lei, regulamento ou regimento interno, de maneira injustificada (art. 235).

Neste caso, o próprio CPC regula o procedimento da representação supracitada:

> *Art. 235 (...)*
>
> *§1º Distribuída a representação ao órgão competente e ouvido previamente o juiz, não sendo caso de arquivamento liminar, será instaurado*

procedimento para apuração da responsabilidade, com intimação do representado por meio eletrônico para, querendo, apresentar justificativa no prazo de 15 (quinze) dias.

§2º Sem prejuízo das sanções administrativas cabíveis, em até 48 (quarenta e oito) horas após a apresentação ou não da justificativa de que trata o § 1º, se for o caso, o corregedor do tribunal ou o relator no Conselho Nacional de Justiça determinará a intimação do representado por meio eletrônico para que, em 10 (dez) dias, pratique o ato.

§3º Mantida a inércia, os autos serão remetidos ao substituto legal do juiz ou do relator contra o qual se representou para decisão em 10 (dez) dias.

8. COMUNICAÇÃO DOS ATOS PROCESSUAIS

8.1 CITAÇÃO

Trata-se do ato pelo qual são convocados o réu, o executado ou o interessado para integrar a relação processual. (art. 238), vinculando-os ao processo e aos seus efeitos.

É um ato solene, portanto, a falta de alguma de suas formalidades legais a torna nula, anulando, consequentemente, todos os atos que se seguirem.

Tem a citação caráter fundamental no processo civil moderno, traduzindo-se em uma característica essencial para a garantia de um processo democrático e justo, pois é por intermédio da citação que o réu passa a ter conhecimento da demanda e do que pretende o autor da mesma.[62]

Ausente a citação, não se completa o *actum trium personarum* (relação jurídica processual), não tendo, neste caso, o processo qualquer efeito ou validade, o que se faz atestado pelo próprio art. 239 do CPC.[63]

Sendo a citação um ato de cientificação, o comparecimento espontâneo do réu ou executado supre a falta de citação ou a convalida no caso de sua irregularidade (art. 239, § 1º), fluindo a partir da data do aludido comparecimento, o prazo para a apresentação da contestação ou dos embargos à execução. Ocorre, por conseguinte, neste caso, a substituição do ato formal de se levar ao réu o conhecimento da demanda (citação), pelo conhecimento espontâneo que é

---

62. Ver, por todos, VÉSCOVI, Enrique. *Teoría General del Proceso.* 2 ed. Santa Fé de Bogotá:1999, p.239 e ss.

63. "*La notificasione, come procedimento direto a far conoscere a uma parte l'atto, intorno al quale conviene stimolarla al contraddittorio, costituisce pertanto uno strumento e perciò un istituto complementare del contraddittorio: non si può avere il contraddittorio sulla domanda se quaesta non sai notificada (se la parte non sai citada (...) non si può aceitare il potere di gravame contro la sentensa sensa che ne avenga la notificasione.*" CARNELUTTI, Francesco. *Lezioni di Diritto Processuale Civile.* Vol.2. Padova: Cedam, 1933, p. 156-157.

o comparecimento do demandado para responder, pressupondo, com isso, a ausência de prejuízo para o mesmo.

Por outro lado, em casos de alegação pelo réu de nulidade da citação, sendo a mesma rejeitada, e tratando-se de processo de conhecimento, será o réu considerado revel. Já em sede de processo de execução, o feito terá o seu devido prosseguimento, conforme estabelece o § 2º do art. 239.

8.1.1 DESTINATÁRIO DA CITAÇÃO INICIAL

Em regra, a citação deve ser feita pessoalmente ao réu, executado ou interessado, ao procurador legalmente autorizado ou, caso o réu for incapaz, à pessoa do seu representante legal (caso o réu for incapaz, na pessoa do seu pai, tutor ou curador), *ex vi* do art. 242, *caput* do CPC.

Não obstante o comando geral da citação pessoal,[64] o Código admite exceções à obrigatoriedade desta forma de citação:

– Citação das pessoas jurídicas do direito público:

A citação da União, dos Estados, do Distrito Federal, dos Municípios e de suas respectivas autarquias e fundações de direito público será realizada perante o órgão de Advocacia Pública responsável por sua representação judicial (art. 239, §3º).

- Citação realizada na pessoa do mandatário, administrador, preposto ou gerente:

Quando ausente o citando e desde que decorra de atos praticados pelas referidas pessoas (art. 242, §1º).

Importante esclarecer que a digitada ausência do citando se refere ao fato do mesmo se encontrar fora de seu domicílio e de forma prolongada e indefinida, maliciosamente ou não, de modo a embaraçar a sua devida citação de maneira pessoal.[65]

- Citação do administrador de imóvel:

Em casos onde o locador de imóvel se ausentar do Brasil sem cientificar o locatário de que deixou, na localidade onde estiver situado o imóvel, procurador com poderes para receber citação, citado será na pessoa do administrador do imóvel encarregado do recebimento dos aluguéis, este que será considerado habilitado para representar o locador em juízo (art. 242, §2º).

---

64. No âmbito do Cumprimento da Sentença ou Processo de Execução, a citação poderá se dar por meio da modalidade postal. Nos mesmos termos é o entendimento do Enunciado n.85 da I Jornada de Direito Processual Civil do Conselho da Justiça Federal (CJF), ex vi:
"Na execução de título extrajudicial ou judicial (art. 515, § 1º, do CPC) é cabível a citação postal."

65. No mesmo sentido, cf. NERY JR., Nelson; ANDRADE NERY, Rosa Maria de. *Comentários ao Código de Processo Civil.* São Paulo: RT, 2015, p. 785.

– Citação das pessoas jurídicas de direito privado:

Serão citadas nas pessoas designadas nos seus estatutos[66], ou quando não designadas, nas pessoas dos seus diretores[67], sendo válida a entrega do mandado a pessoa com poderes de gerência geral ou de administração ou, ainda, a funcionário responsável pelo recebimento de correspondências (§2º do art. 248); as pessoas jurídicas estrangeiras, na pessoa do seu gerente, representante ou administrador de sua filial, agência ou sucursal aberta ou instalada no Brasil. As sociedades, associações irregulares e outros entes organizados sem personalidade jurídica serão citadas na pessoa a quem couber a administração de seus bens.

– Citação das denominadas "pessoas formais":

A massa falida na pessoa do síndico; a herança jacente ou vacante na pessoa do seu curador; o espólio na pessoa do inventariante, salvo quando dativo, caso em que deverão ser citados todos os herdeiros; o condomínio na pessoa de seu administrador ou de seu síndico.

8.1.2 Impedimento Legal de Realização da Citação

Conforme expressa o art. 244, não se fará a citação, salvo para evitar o perecimento do direito:

I - de quem estiver participando de ato de culto religioso; II - de cônjuge, de companheiro ou de qualquer parente do morto, consanguíneo ou afim, em linha reta ou na linha colateral em segundo grau, no dia do falecimento e nos 7 (sete) dias seguintes; III - de noivos, nos 3 (três) primeiros dias seguintes ao casamento; IV - de doente, enquanto grave o seu estado.

Ainda em sede de não realização do ato citatório, esta também não se dará diante da verificação de que o citando é mentalmente incapaz ou está impossibilitado de recebê-la.

---

66. Cabe ao autor indicar, na petição inicial, e não ao oficial de justiça pesquisar, o nome de quem deve ser citado pela pessoa jurídica (RT 513/200).
Em sentido contrário:
"CITAÇÃO DE PESSOA JURÍDICA POR CORREIO TEORIA DA APARÊNCIA - Admite-se a citação postal de pessoa jurídica, efetuada no endereço de seu estabelecimento, e recebida por pessoa que se apresenta como seu representante, sobretudo quando a recebe e nada diz a respeito de suas atribuições Não é incumbência do autor investigar quem realmente tem poderes de administração e para receber citação, nem se lhe pode exigir que conheça toda organização e estrutura administrativa da empresa requerida. Também não se pode exigir que o funcionário do correio proceda à verificação da legitimidade daquele que se apresenta para receber a carta citatória em nome do réu, pessoa jurídica, assinando, inclusive, o aviso de recebimento Incidência da teoria da aparência Citação válida - RECURSO DESPROVIDO." (TJ-SP .23ª Câmara de Direito Privado. AG: 1668546720128260000 SP 0166854-67.2012.8.26.0000, Rel. Des. Sérgio Shimura. Julg. 28.11.2012, *DJ* 30.11.2012).

67. "PROCESSUAL CIVIL. AGRAVO REGIMENTAL NO AGRAVO EM RECURSO ESPECIAL. CITAÇÃO DE PESSOA JURÍDICA VIA POSTAL. RECEBIMENTO DA CARTA POR FUNCIONÁRIO DO ESTABELECIMENTO. VALIDADE. APLICAÇÃO DA TEORIA DA APARÊNCIA. PRECEDENTES. 1. "Esta Corte possui entendimento no sentido de que é válida a citação realizada na pessoa que se identifica como funcionário da empresa e que a recebe sem qualquer ressalva a respeito da falta de poderes para tanto" (AgRg no AREsp 180.504/SP, Rel. Min. Sidnei Beneti, *DJe* de 29/6/2012). 2. Agravo regimental a que se nega provimento." (STJ. 4ªT. Rel. Min. Raul Araújo. Julg. 26.11.2013).

Neste caso, conforme regula o art. 245 em seus parágrafos:

> *§ 1º O oficial de justiça descreverá e certificará minuciosamente a ocorrência.*
>
> *§ 2º Para examinar o citando, o juiz nomeará médico, que apresentará laudo no prazo de 5 (cinco) dias.*
>
> *§ 3º Dispensa-se a nomeação de que trata o § 2o se pessoa da família apresentar declaração do médico do citando que ateste a incapacidade deste.*
>
> *§ 4º Reconhecida a impossibilidade, o juiz nomeará curador ao citando, observando, quanto à sua escolha, a preferência estabelecida em lei e restringindo a nomeação à causa.*
>
> *§ 5º A citação será feita na pessoa do curador, a quem incumbirá a defesa dos interesses do citando.*

8.1.3 LUGAR DA CITAÇÃO

Efetuar-se-á a citação em qualquer lugar em que se encontre o réu, o executado ou o interessado, entretanto o militar, em serviço ativo, caso não seja conhecida a sua residência ou mesmo nela não for ele encontrado, poderá o mesmo ser citado na unidade em que estiver servindo (art. 243 e seu parágrafo único).

8.1.4 TIPOS DA CITAÇÃO

O CPC prevê a s seguintes modalidades de citação (art. 246):

I - pelo correio;

II - por oficial de justiça;

III - pelo escrivão ou chefe de secretaria, se o citando comparecer em cartório;

IV - por edital;

V - por meio eletrônico, conforme regulado em lei.

Importante atentarmos para alguns detalhes trazidos pelo CPC/2015, mais precisamente, nos parágrafos do art. 246:

– Com exceção das microempresas e das empresas de pequeno porte, as empresas públicas e privadas são obrigadas a manter cadastro nos sistemas de processo em autos eletrônicos, para efeito de recebimento de citações e intimações, as quais serão efetuadas, preferencialmente, por esse meio, aplicando-se tão disposição também à União, aos Estados, ao Distrito Federal, aos Municípios e às entidades da administração indireta.

– Na ação de usucapião de imóvel, os confinantes serão citados pessoalmente, salvo quando tiver por objeto unidade autônoma de prédio em condomínio, caso em que tal citação é dispensada.[68]

---

68. Enunciado n. 25 do FPPC: "A inexistência de procedimento judicial especial para a ação de usucapião e de regulamentação da usucapião extrajudicial não implica vedação da ação, que remanesce no sistema legal, para qual devem ser observadas as peculiaridades que lhe são próprias, especialmente a necessidade de citação dos confinantes e a ciência da União, do Estado, do Distrito Federal e do Município."

Chamamos de "real" a citação praticada por mandado (art. 250) através do oficial de justiça ou pelo correio em que há a certeza da ciência do réu, sendo chamada de "ficta" aquela exercida por meio de edital ou pela chamada citação com hora certa, esta praticada também por oficial.

a) Citação por correio

É realizada por conta do escrivão, encaminhada ao réu pelo Correio, com aviso de recebimento.

Seguramente é a regra geral atualmente, porém há casos em que não poderá ser aplicada (*ex vi* do art. 247, por exemplo, nas ações de estado, quando for ré pessoa incapaz, quando for ré pessoa de direito público).

Deverá a carta de citação conter os seguintes conteúdos arrolados pelo art. 250:

a) os nomes do autor e do citando e seus respectivos domicílios ou residências.

b) a finalidade da citação, com todas as especificações constantes da petição inicial, bem como a menção do prazo para contestar[69], sob pena de revelia[70], ou para embargar a execução.

c) a aplicação de sanção para o caso de descumprimento da ordem, se houver.

d) se for o caso, a intimação do citando para comparecer, acompanhado de advogado ou de defensor público, à audiência de conciliação ou de mediação, com a menção do dia, da hora e do lugar do comparecimento.

e) a cópia da petição inicial, do despacho ou da decisão que deferir tutela provisória.

f) a assinatura do escrivão ou do chefe de secretaria e a declaração de que o subscreve por ordem do juiz.

Uma vez deferida a citação pelo correio, o escrivão ou o chefe de secretaria remeterá ao citando cópias da petição inicial e do despacho do juiz e comunicará o prazo para resposta, o endereço do juízo e o respectivo cartório.

A carta será registrada para entrega ao citando, cabendo ao carteiro, ao fazer a entrega, exigir-lhe que assine o recibo.

O prazo para a resposta do réu só começa a fluir a partir da juntada do aviso de recebimento aos autos (art. 231, I).

Destaca o CPC/2015, por meio do §4º do art. 248 que, tratando-se de condomínios edilícios ou nos loteamentos com controle de acesso, válida será a entrega do mandado a funcionário da portaria responsável pelo recebimento de cor-

---

69. Não basta a simples alusão ao prazo, devendo constar expressamente do mandado o prazo em dias para a respectiva apresentação, pelo réu, de sua defesa. (STJ. 4ªT. REsp 35.250/MA. Rel. Min. Sálvio de Figueiredo Teixeira. Julg. 24.06.1993, *DJ* 30.08.1993).

70. Já se decidiu que a ausência de dita advertência torna a citação ineficaz apenas com relação à presunção de veracidade das alegações fáticas realizadas pelo autor. (STJ. 4ªT. REsp 10.137/MG. Rel. Min. Athos Gusmão Carneiro.Julg.27.06.1991, *DJ* 12.08.1991).

respondência, que, entretanto, poderá recusar o recebimento, caso declarar, por escrito, sob as penas da lei, que o destinatário da correspondência está ausente.

Caso a citação postal se frustre (*v.g.*, destinatário se negar a assinar o recibo ou não sendo encontrado), caberá ao autor renovar o pedido de citação por meio de mandado, cobrando, posteriormente, do réu, as custas da diligência fracassada.

a) Citação por oficial de justiça

Far-se-á por meio de oficial de justiça nas hipóteses previstas pelo Código de Processo Civil ou em lei, ou quando frustrada a citação pelo correio.

São hipóteses de citação por oficial, constantes do estatuto processual civil (art. 247):

> *I - nas ações de estado, observado o disposto no art. 695, § 3o;*
>
> *II - quando o citando for incapaz;*
>
> *III - quando o citando for pessoa de direito público;*
>
> *IV - quando o citando residir em local não atendido pela entrega domiciliar de correspondência;*
>
> *V - quando o autor, justificadamente, a requerer de outra forma.*

Por meio de mandado, deverá o oficial de justiça dirigir-se à localização do réu e com o intuito de dar-lhe conhecimento da ação, procedendo da seguinte forma (art. 251):

– Fará a leitura do mandado e, em seguida, entregará ao demandado a contrafé (cópia do mandado e seus anexos).

– Certificará do recebimento ou recusa da contrafé pelo demandado.

– Obterá a nota ciente ou certificará que o réu não a redigiu no mandado.

a.1) Citação com hora certa (arts. 252 a 254)

Existem dois requisitos para que aconteça a citação com hora marcada:

– Requisito objetivo: procurar o réu por 2 (duas) vezes em seu domicílio sem localizá-lo.

– Requisito subjetivo: deverá ocorrer suspeita de ocultação.

Dito isso, quando por 2 (duas) vezes, o oficial de justiça houver procurado o citando em seu domicílio ou residência sem encontrá-lo, deverá, havendo suspeita de ocultação, intimar qualquer pessoa da família ou, em sua falta, qualquer vizinho de que, no dia útil imediato, voltará a fim de efetuar a citação, na hora que designar.

Importante regra advém do parágrafo único do art. 252, onde, em casos de condomínios edilícios ou loteamentos com controle de acesso, válida será a referida intimação feita a funcionário da portaria responsável pelo recebimento de correspondência.

Quanto a eventuais erros de pessoa, ou seja, equívocos na identificação pessoal do citando, já decidiu o 1º TaCiv-SP Apel. n. 386.030:

> Existindo na certidão do oficial de justiça, erro fundamental de identificação pessoal do citando, a citação é nula, ainda mais se, efetivada por hora certa, foi a contrafé entregue a pessoa da família que não tenha interesse em fazer chegar o fato citatório ao efetivo conhecimento do réu e nem lhe foi entregue a carta de ciência determinada no art. 229 do CPC.

O horário das diligências deve constar claramente da certidão do oficial de justiça, sob pena de invalidar a citação.

Uma vez realizada a citação com hora certa, o escrivão ou chefe de secretaria enviará ao réu, executado ou interessado, no prazo de 10 (dez) dias, contado da data da juntada do mandado aos autos, carta, telegrama ou correspondência eletrônica, dando-lhe de tudo ciência (art. 254).

Por fim, na mesma trilha do CPC/1973, destaca o art. 255 que nas comarcas contíguas de fácil comunicação e bem como naquelas que se situem na mesma região metropolitana, *o oficial de justiça poderá efetuar, em qualquer delas, citações, intimações, notificações, penhoras e quaisquer outros atos executivos.*

c) Citação por edital

É forma de citação ficta, tendo apenas cabimento nos casos previstos no art. 231:

I – Quando desconhecido ou incerto o citando.

Nota-se que há um desconhecimento ou incerteza de quem seja o citando com exatidão, tendo como exemplos usucapião, espólio, herdeiros, sucessores. É chamado desconhecimento subjetivo (desconhece-se a própria pessoa do réu).

II – Quando ignorado, incerto ou inacessível o lugar em que se encontrar o citando.

Neste caso, se conhece o citando, mas não se sabe onde encontrá-lo (desconhecimento objetivo) ou, embora seja conhecido o lugar onde o mesmo se encontra, tal lugar é inacessível à Poder Judiciário.

Entende-se ainda como lugar incerto, inacessível ou ignorado as disposições constantes dos §§ 1º, 2º e 3º do art. 256, *in verbis*:

> *§ 1º Considera-se inacessível, para efeito de citação por edital, o país que recusar o cumprimento de carta rogatória.*
>
> *§ 2º No caso de ser inacessível o lugar em que se encontrar o réu, a notícia de sua citação será divulgada também pelo rádio, se na comarca houver emissora de radiodifusão.*
>
> *§ 3º O réu será considerado em local ignorado ou incerto se infrutíferas as tentativas de sua localização, inclusive mediante requisição pelo juízo de informações sobre seu endereço nos cadastros de órgãos públicos ou de concessionárias de serviços públicos.*

III – Nos casos expressos em lei.

Procedimentos em que a citação por edital vem expressamente determinada por lei como, por exemplo, na Recuperação Judicial (Lei n.11.101/2005, art. 52, §1º), na Falência (Lei n.11.101/2005, art.99, parágrafo único), na insolvência (art. 761, II do CPC/1973, dispositivo este mantido pelo art.1.052, parágrafo único do CPC/2015).

Destaca ainda o art. 259 que, editais deverão ser publicados nas seguintes ações: na ação de usucapião de imóvel; na ação de recuperação ou substituição de título ao portador; em qualquer ação em que seja necessária, por determinação legal, a provocação, para participação no processo, de interessados incertos ou desconhecidos.

c.1) Requisitos para a validade da citação por edital (art. 257)

São requisitos a serem considerados para correta validação da modalidade de citação por edital:

- a afirmação do autor ou a certidão do oficial informando a presença das circunstâncias autorizadoras, lembrando que quando houver, por lei, a necessidade da via editalícia como regra para a citação, conforme visto em item anterior, tal requisito não se faz necessário;

- a publicação do edital na rede mundial de computadores, no sítio do respectivo tribunal e na plataforma de editais do Conselho Nacional de Justiça, que deve ser certificada nos autos;

- a determinação, pelo juiz, do prazo, que variará entre 20 (vinte) e 60 (sessenta) dias, fluindo da data da publicação única ou, havendo mais de uma, da primeira;

- a advertência de que será nomeado curador especial em caso de revelia.

Quando o citado por edital deixa de comparecer e contestar a ação, nomeará o juiz um curador especial para fins acompanhar o processo em seu nome e defender seus interesses na causa em questão, como se observa dos arts. 72, II e 257, IV.

c.2) Dolo processual (art. 258)

A parte que requerer a citação por edital, alegando dolosamente as circunstâncias ensejadoras para sua realização, como p. ex. a incerteza do local onde o citando possa ser encontrado, incorrerá em multa de 5 (cinco) vezes o salário mínimo vigente, sendo a multa revertida em benefício do citando.

d) Citação por meio eletrônico

A fim de otimizar a realização da citação de forma mais presta, ou seja, dentro do menor tempo possível, o art. 246, V do CPC estabelece como modalidade citatória aquela operada por meio eletrônico, dispondo ainda que, com exceção das microempresas e das empresas de pequeno porte, as empresas públicas e privadas são obrigadas a manter cadastro nos sistemas de processo em autos eletrônicos, para efeito de recebimento de citações e intimações, as quais serão efetuadas, preferencialmente, por esse meio, aplicando-se tão disposição também à União, aos Estados, ao Distrito Federal, aos Municípios e às entidades da administração indireta.

O art. 9º, *caput*, da Lei n. 11.419/2006 possui regramento no seguinte sentido:

"No processo eletrônico, todas as citações, intimações e notificações, inclusive da Fazenda Pública, serão feitas por meio eletrônico, na forma desta Lei."

Quando, todavia, por motivo técnico, for inviável o uso do meio eletrônico para a realização dos referidos atos, esses poderão ser praticados segundo as regras ordinárias, digitalizando-se o documento físico, que deverá ser posteriormente destruído, de acordo com o art. 9º, § 2º da lei retro referida.

8.1.5 Efeitos da Citação

Conforme o disposto no art. 240 do CPC, a citação válida, ainda que ordenada por juiz incompetente, gera alguns efeitos, tais como a indução de litispendência e a litigiosidade da coisa, a constituição do devedor em mora,[71] ressalvado o disposto nos arts. 397 e 398 da Lei n. 10.406, de 10 de janeiro de 2002 (Código Civil)[72] e ainda a interrupção da prescrição.[73/74]

São considerados efeitos processuais da citação a litispendência e a litigiosidade da coisa, sendo efeitos materiais a constituição em mora bem como a interrupção da prescrição.

a) Litispendência

É o fato processual oriundo da existência de um processo em andamento, produzindo, por isso, como efeito negativo, a impossibilidade de haver outro processo idêntico (mesmas partes, mesmo pedido e mesma causa de pedir) concomitantemente.

Assim, se já instaurado um segundo processo, deve ser ele extinto e se ainda não instaurado, deve ser rejeitado (art. 485, V).

A proibição de existir ações idênticas em curso é matéria de ordem pública (evitar desgaste da atividade jurisdicional bem como decisões divergentes), podendo, por isso, o juiz conhecer de ofício, a qualquer tempo, em qualquer grau de jurisdição.

---

71. Súmula n.380 do STJ: "A simples propositura da ação de revisão de contrato não inibe a caracterização da mora do autor."

72. *"Art. 397. O inadimplemento da obrigação, positiva e líquida, no seu termo, constitui de pleno direito em mora o devedor.*
Parágrafo único. Não havendo termo, a mora se constitui mediante interpelação judicial ou extrajudicial."
"Art. 398. Nas obrigações provenientes de ato ilícito, considera-se o devedor em mora, desde que o praticou."

73. Súmula n.153 do,STF: "Simples protesto cambiário não interrompe a prescrição."
Súmula n.154 do STF: "Simples vistoria não interrompe a prescrição."

74. Enunciado n.10 do FPPC: "Em caso de desmembramento do litisconsórcio multitudinário, a interrupção da prescrição retroagirá à data de propositura da demanda original."
Enunciado n.117 do FPPC: "Em caso de desmembramento do litisconsórcio multitudinário ativo, os efeitos mencionados no art. 240 são considerados produzidos desde o protocolo originário da petição inicial."

c) Litigiosidade

Consiste tal efeito em tornar litigioso o bem jurídico litigado pelas partes no processo, quando da citação válida, vinculando dito bem ao resultado da demanda.

Para grande parte da doutrina, não será permitida a alienação ou a alteração do bem jurídico, objeto da pretensão processual, pois que poderia configurar-se atentado ou mesmo fraude à exceção.

Entende-se que, para a litigiosidade atingir terceiros, é necessária a prévia inscrição da citação no Registro Público, ou, na ausência desta, a comprovação de que terceiro agiu de má-fé.

d) Mora

Ficará o devedor em mora, ou seja, em situação de descumprimento da obrigação quando da citação válida.

Trata-se aqui da chamada mora *ex persona* e não da mora *ex re* (aquela que ocorre a partir do vencimento).

No caso da mora *ex persona*, ficará o devedor em mora a partir da citação, sendo esta oportunidade para que o réu deixe de se opor ao cumprimento da obrigação sem ônus, como, por exemplo, em uma Ação de Integração de Posse de coisa dada em comodato sem prazo determinado. Caso resistir ao cumprimento e vindo perder a demanda, arcará, obrigatoriamente, com os efeitos da mora desde a citação, incidindo, inclusive, juros legais (Lei n. 6.899 de 08.04.1981, esta que instituiu correção monetária sobre qualquer débito resultante de decisão judicial).

e) Prescrição

A citação interrompe a prescrição consoante também com entendimento anunciado no art. 202, I, do Código Civil.

Há de se observar, entretanto, critérios para que a interrupção da prescrição possa retroagir á data da propositura da ação. Para isso, prescreve os §§1º e 2º do art. 240 do CPC:

> *§ 1º A interrupção da prescrição, operada pelo despacho que ordena a citação, ainda que proferido por juízo incompetente, retroagirá à data de propositura da ação.*
>
> *§ 2º Incumbe ao autor adotar, no prazo de 10 (dez) dias, as providências necessárias para viabilizar a citação, sob pena de não se aplicar o disposto no § 1º.*

Tal efeito retroativo prescritivo tipificado no §1º supra, aplica-se, igualmente, à decadência assim como a outros prazos extintivos previstos em lei (§4º do art. 240).

Insta ressaltar que a parte não poderá ser prejudicada pela demora imputada, exclusivamente, ao serviço judiciário, portanto, não merecendo qualquer prejudicialidade ao seu direito por tal motivo.

Por outro lado, caso a citação não se realize dentro dos ditames do §2º retro, e aí por culpa exclusiva do autor, não se concretizará o efeito retroativo da prescrição à data da propositura da ação, mas somente a partir da data em que se praticou a presente citação.

Ao Juiz cabe, de ofício, decretar a prescrição, quer de direitos patrimoniais ou não (com relação ao estado e capacidade das pessoas) assim como a decadência, incumbindo neste caso ao escrivão ou chefe de secretaria, comunicar ao réu o resultado do julgamento, tão logo haja o trânsito em julgamento da sentença meritória, (art. 241).

Observa-se ainda que, os efeitos materiais da citação (a constituição em mora e a interrupção da prescrição) se produzem ainda que a citação tenha sido ordenada por juiz incompetente na esteira do entendimento de Ernane Fidélis dos Santos[75], visto que não são efeitos processuais, sendo de menos importância a regularidade consubstanciada na competência do juiz, bastando a investidura (jurisdição) para assegurar a solenidade e segurança necessária à produção dos efeitos de direito material.

8.2 INTIMAÇÃO

Intimação é o ato pelo qual se dá ciência a alguém dos atos e termos do processo para que faça ou deixe de fazer alguma coisa.

O Processo Civil brasileiro é guiado pelo chamado impulso oficial (art. 2º), sendo as intimações efetuadas de ofício, independentemente de requerimento da parte, pois que cabe ao juiz e aos seus auxiliares o andamento regular e célere do processo.

É a intimação o instrumento propiciador da efetividade do sistema preclusivo, delimitando o momento e o tempo para o conhecimento e/ou produção de atos no processo.

Na sistemática do CPC, em regra, as intimações dos atos processuais são realizadas na pessoa do advogado da parte. Porém, quando se tratar de ato a ser cumprido pela parte, pessoalmente, terá ela que ser intimada diretamente, como, por exemplo, na hipótese do art. 313, §3º, esta relativa à constituição de novo advogado, quando da morte daquele que a representava no processo; na questão indicada pelo *caput* do art. 528, onde, a requerimento do exequente, intimado será executado para, em 3 (três) dias, pagar o débito, provar que o fez ou justificar a impossibilidade de efetuá-lo.

Interessante a novidade trazida pelo CPC/2015, onde se autoriza que o ato de intimação seja levado a cabo pelo próprio advogado[76] de uma das

---

75. SANTOS, Emane Fidélis dos. *Manual de direito processual civil.* Vol. I. 11. ed. São Paulo: Saraiva, 2006, p. 336-337.

76. Tal prática já é comum em ordenamentos estrangeiros. Em Portugal, por exemplo, dispõe o art. 229.º-A do Código de Processo Civil:

partes, pela via do correio, juntando aos autos do processo, posteriormente, cópia do ofício de intimação bem como do aviso de recebimento (§1º do art. 269). Ressalta-se que aludido ofício de intimação deverá ser instruído com a cópia do despacho, da decisão ou da sentença a que se refere (§2º do art. 269).

Quanto à intimação dos entes públicos - União, dos Estados, do Distrito Federal, dos Municípios e de suas respectivas autarquias e fundações de direito público – esta se dará perante o órgão de Advocacia Pública responsável por sua representação judicial (§3º do art. 269).

8.2.1 MODALIDADES DE INTIMAÇÃO

a) Por meio eletrônico

Coube ao legislador adotar como regra geral, a intimação por via eletrônica, conforme se atesta da leitura do art. 270:

"As intimações realizam-se, sempre que possível, por meio eletrônico, na forma da lei."

É de lembrar que o art. 9º, *caput*, da Lei n. 11.419/2006 possui regramento no seguinte sentido:

"No processo eletrônico, todas as citações, intimações e notificações, inclusive da Fazenda Pública, serão feitas por meio eletrônico, na forma desta Lei."

Mais especificamente, com relação aos detalhes da intimação por meio eletrônica, regra o art. 5º os conteúdos pertinentes à sua valida realização:

> *Art. 5º As intimações serão feitas por meio eletrônico em portal próprio aos que se cadastrarem na forma do art. 2º desta Lei, dispensando-se a publicação no órgão oficial, inclusive eletrônico.*
>
> *§ 1º Considerar-se-á realizada a intimação no dia em que o intimando efetivar a consulta eletrônica ao teor da intimação, certificando-se nos autos a sua realização.*
>
> *§ 2º Na hipótese do § 1º deste artigo, nos casos em que a consulta se dê em dia não útil, a intimação será considerada como realizada no primeiro dia útil seguinte.*
>
> *§ 3º A consulta referida nos §§ 1º e 2º deste artigo deverá ser feita em até 10 (dez) dias corridos contados da data do envio da intimação, sob pena de considerar-se a intimação automaticamente realizada na data do término desse prazo.*

"1 - Nos processos em que as partes tenham constituído mandatário judicial, os atos processuais que devam ser praticados por escrito pelas partes após a notificação da contestação do réu ao autor, são notificados pelo mandatário judicial do apresentante ao mandatário judicial da contraparte, no respetivo domicílio profissional, nos termos do artigo 260.º-A.
2 - O mandatário judicial que assuma o patrocínio na pendência do processo comunica o seu domicílio profissional e endereço de correio eletrónico ao mandatário judicial da contraparte."

> *§ 4º Em caráter informativo, poderá ser efetivada remessa de correspondência eletrônica, comunicando o envio da intimação e a abertura automática do prazo processual nos termos do § 3º deste artigo, aos que manifestarem interesse por esse serviço.*
>
> *§ 5º Nos casos urgentes em que a intimação feita na forma deste artigo possa causar prejuízo a quaisquer das partes ou nos casos em que for evidenciada qualquer tentativa de burla ao sistema, o ato processual deverá ser realizado por outro meio que atinja a sua finalidade, conforme determinado pelo juiz.*
>
> *§ 6º As intimações feitas na forma deste artigo, inclusive da Fazenda Pública, serão consideradas pessoais para todos os efeitos legais.*

Com relação às intimações por via eletrônica ao Ministério Público, à Defensoria Pública e à Advocacia Pública, aplicam-se os mandamentos do § 1º do art. 246, ou seja, são obrigados a manter cadastro nos sistemas de processo em autos eletrônicos, para efeito de recebimento de citações e intimações, as quais serão efetuadas preferencialmente por esse meio.

b) Pela publicação em órgão oficial

Por outro lado, não sendo realizadas por meio eletrônico, considerar-se-ão feitas as intimações pela publicação dos atos no órgão oficial (art. 272, *caput* do CPC).

Para isso, estabeleceu o legislador ordinário, conteúdos relativos ao seu aperfeiçoamento.

Primeiro, com relação aos diários eletrônicos, a Lei n.11.419/2006 em seu art. 4º, bem pontuou que poderão os Tribunais criar Diário da Justiça eletrônico, disponibilizado em sítio da rede mundial de computadores, para fins de publicação de atos judiciais e administrativos próprios e dos órgãos a eles subordinados, bem como comunicações em geral.

Nisso, elaborou regras atinentes ao conteúdo, contagem de prazo e publicidade dos atos constantes do referido meio, como se acosta abaixo:

> *§ 1º O sítio e o conteúdo das publicações de que trata este artigo deverão ser assinados digitalmente com base em certificado emitido por Autoridade Certificadora credenciada na forma da lei específica.*
>
> *§ 2º A publicação eletrônica na forma deste artigo substitui qualquer outro meio e publicação oficial, para quaisquer efeitos legais, à exceção dos casos que, por lei, exigem intimação ou vista pessoal.*
>
> *§ 3º Considera-se como data da publicação o primeiro dia útil seguinte ao da disponibilização da informação no Diário da Justiça eletrônico.*
>
> *§ 4º Os prazos processuais terão início no primeiro dia útil que seguir ao considerado como data da publicação.*
>
> *§ 5º A criação do Diário da Justiça eletrônico deverá ser acompanhada de ampla divulgação, e o ato administrativo correspondente será publicado durante 30 (trinta) dias no diário oficial em uso.*

Em complementação aos conteúdos inseridos na publicação da intimação via diário oficial, estabelece o CPC alguns contornos relevantes.

De início, relativo aos próprios dados do advogado, onde poderão requerer que, na intimação a eles dirigida, figure apenas o nome da sociedade a que pertençam, desde que devidamente registrada na Ordem dos Advogados do Brasil (§1º do art. 272).

Ainda, na mesma trilha nominativa e sob pena de nulidade do ato intimatório, é indispensável que da publicação constem os nomes das partes e de seus advogados, com o respectivo número de inscrição na Ordem dos Advogados do Brasil, ou, se assim requerido, da sociedade de advogados (§2º do art. 272).

No que toca à grafia dos nomes constantes da publicação, a grafia dos nomes das partes não deve conter abreviaturas, devendo os nomes dos advogados corresponder ao nome completo, sendo o mesmo daquele que constar da procuração ou que estiver registrada na Ordem dos Advogados do Brasil (§§3º e 4º do art. 272).

Vale relevar que, uma vez constando dos autos pedido expresso para que as comunicações dos atos processuais sejam realizadas em nome dos advogados indicados, o seu desatendimento implicará nulidade, nos termos que frisa o §5º do art. 272.

c) Pelo escrivão ou chefe de secretaria

Sendo inviável a intimação por meio eletrônico e não havendo na localidade publicação em órgão oficial, incumbirá ao escrivão ou chefe de secretaria intimar de todos os atos do processo os advogados das partes, nas seguintes formas:

I - pessoalmente, se tiverem domicílio na sede do juízo;

II - por carta registrada, com aviso de recebimento, quando forem domiciliados fora do juízo.

III - Se presentes em cartório, diretamente.

Aliás, neste contesto da pessoalidade, frisa-se que a retirada dos autos do cartório ou da secretaria em carga pelo advogado, por pessoa credenciada a pedido do advogado ou da sociedade de advogados, pela Advocacia Pública, pela Defensoria Pública ou pelo Ministério Público implicará, de certo, a intimação de qualquer decisão contida no processo retirado, ainda que pendente de publicação (§6º do art. 272).[77]

---

77. EMBARGOS DE DECLARAÇAO NO RECURSO ESPECIAL REPRESENTATIVO DE CONTROVÉRSIA (PROCESSUAL CIVIL. INTIMAÇAO. NÚMERO DE INSCRIÇAO DO ADVOGADO NA ORDEM DOS ADVOGADOS DO BRASIL - OAB. DESNECESSIDADE. SUFICIÊNCIA DOS NOMES DAS PARTES E DO ADVOGADO. ARTIGO 236, 1º, DO CPC. ALEGADA HOMONÍMIA NAO CONFIRMADA PELO ACÓRDAO REGIONAL.). MANIFESTO INTUITO INFRINGENTE. MULTA POR EMBARGOS DE DECLARAÇAO PROCRASTINATÓRIOS (ARTIGO 538, DO CPC). APLICAÇAO. "(...)1. A intimação é o ato pelo qual se dá ciência à parte ou ao interessado dos atos e termos do processo, visando a que se faça ou se abstenha de fazer algo, revelando-se indispensável, sob pena de nulidade, que da publicação constem os nomes das partes e de seus advogados, dados suficientes para sua identificação (artigo 236, 1º, do CPC).

Deverá tanto o advogado quanto a sociedade de advogados requerer o respectivo credenciamento para a retirada de autos por preposto (§7º do art. 272), certamente nominando-o.

d) Pelo correio

Não dispondo a lei de outro modo, as intimações serão feitas às partes, aos seus representantes legais, aos advogados e aos demais sujeitos do processo pelo correio, conforme disciplina o art. 274, *caput* do CPC, presumindo-se válidas, inclusive, aquelas dirigidas ao endereço constante dos autos, ainda que não recebidas pessoalmente pelo interessado, se a modificação temporária ou definitiva não tiver sido devidamente comunicada ao juízo, fluindo os prazos a partir da juntada aos autos do comprovante de entrega da correspondência no primitivo endereço.

e) Pelo oficial de justiça

Frustrada a realização por meio eletrônico ou pelo correio, a intimação será feita por oficial de justiça (art. 275, *caput* do CPC). Nota-se, portanto, o seu caráter supletivo.

Para tanto, a certidão de intimação deverá necessariamente conter:

a) a indicação do lugar e a descrição da pessoa intimada, mencionando, quando possível, o número de seu documento de identidade e o órgão que o expediu;

b) a declaração de entrega da contrafé;

c) a nota de ciente ou a certidão de que o interessado não a apôs no mandado.

Por fim, sendo necessário, poderá a intimação ser realizada com hora certa ou ainda por edital, nos termos do §2º do art. 275 do CPC.

8.2.2 NULIDADE DA INTIMAÇÃO

A nulidade da intimação poderá ser alegada sempre em razão da inobservância dos requisitos dispostos no art. 272.

Assim, caberá à parte interessada, conforme o mandamento do art.272,§8º, arguir a nulidade da intimação em forma preliminar do próprio ato que lhe

---

2. A regra é a de que a ausência ou o equívoco quanto ao número da inscrição do advogado na Ordem dos Advogados do Brasil - OAB não gera nulidade da intimação da sentença , máxime quando corretamente publicados os nomes das partes e respectivos patronos, informações suficientes para a identificação da demanda (Precedentes do STJ: 1ª T. REsp 1.113.196/SP , Rel. Min. Benedito Gonçalves. Julg. 22.09.2009, *DJe* 28.09.2009; STJ. 4ª T. AgRg no Ag 984.266/SP , Rel. Min. Aldir Passarinho Júnior. Julg. 27.05.2008, *DJe* 30.06.2008; e STJ. 2ª T. AgRg no REsp 1.005.971/SP , Rel. Min. Castro Meira, Julg. 19.02.2008, *DJe* 05.03.2008).

3. Nada obstante, é certo que a existência de homonímia torna relevante o equívoco quanto ao número da inscrição na OAB, uma vez que a parte é induzida em erro, sofrendo prejuízo imputável aos serviços judiciários." (STJ. Corte Especial. EDcl no REsp n. 1.131.805 - SC (2009/0060462-5). Rel. Min. Luiz Fux. Julg. 18.08.2010).

caiba praticar, o qual será tido por tempestivo caso o vício seja reconhecido pelo órgão julgador.

Lado outro, não sendo possível a prática imediata do ato diante da necessidade de acesso prévio aos autos, *a parte limitar-se-á a arguir a nulidade da intimação, caso em que o prazo será contado da intimação da decisão que a reconheça* (§9º do art. 272).

8.3 CARTAS DE ORDEM, PRECATÓRIA, ROGATÓRIA E ARBITRAL

8.3.1 NOÇÕES GERAIS

A prática de atos processuais fora dos limites territoriais da competência do juiz da causa realiza-se por meio das denominadas cartas de ordem, rogatória, precatória e arbitral.

Assim, dar-se-á por carta de ordem os atos a serem praticados pelo juízo subordinado ao tribunal que a expedir, se o ato necessitar de realizar-se fora dos limites territoriais do local da sede dele; mediante carta rogatória, quando tratar de solicitação dirigida à autoridade judiciária estrangeira ou mesmo decorrente desta, para fins de cooperação jurídica internacional[78]; por meio carta de precatória, para que órgão jurisdicional brasileiro pratique ou determine o cumprimento, na área de sua competência territorial, de ato relativo a pedido de cooperação judiciária formulado por órgão jurisdicional de competência territorial diversa e por carta arbitral - novidade inclusa no CPC/2015[79] - para que órgão do Poder Judiciário pratique ou determine o cumprimento, na área de sua competência territorial, de ato objeto de pedido de cooperação judiciária formulado por juízo arbitral, inclusive os que importem efetivação de tutela provisória, tudo conforme expressa o art. 236.

Cabe ainda observar que, caso o ato relativo a processo em curso na justiça federal ou em tribunal superior tenha que ser praticado em local onde não haja vara federal, poderá a carta ser dirigida ao juízo estadual da respectiva comarca.

8.3.2 REQUISITOS

As cartas de ordem, rogatória e precatória possuem requisitos fixados pelos art. 260 e 261, *caput* do CPC. Nisto temos:

---

78. Para um aprofundamento maior quanto ao conteúdo da Carta Rogatória, sugerimos ao leitor que se dirija ao Capítulo 8 da presente obra, este relativo à Competência, mais precisamente no item "Os Limites da Jurisdição Nacional e a Cooperação Internacional".

79. Enunciado n.24 do FPPC: "Independentemente dos locais em que se realizem os atos da arbitragem, a carta arbitral poderá ser expedida diretamente ao órgão do Poder Judiciário do local da efetivação da medida ou decisão."

> *Art. 260. São requisitos das cartas de ordem, precatória e rogatória:*
>
> *I - a indicação dos juízes de origem e de cumprimento do ato;*
>
> *II - o inteiro teor da petição, do despacho judicial e do instrumento do mandato conferido ao advogado;*
>
> *III - a menção do ato processual que lhe constitui o objeto;*
>
> *IV - o encerramento com a assinatura do juiz.*
>
> *(...)*
>
> *Art. 261. Em todas as cartas o juiz fixará o prazo para cumprimento, atendendo à facilidade das comunicações e à natureza da diligência.*

É de se ressaltar, conforme nota o § 1º do art. 260 do CPC, que ao magistrado caberá ordem de trasladar, na carta, quaisquer outras peças bem como instruí-la com mapa, desenho ou gráfico, sempre que esses documentos devam ser examinados, na diligência, pelas partes, pelos peritos ou pelas testemunhas, e ainda, em sendo objeto da carta exame pericial sobre documento, este será remetido em original, ficando nos autos reprodução fotográfica (§ 2º do art. 260).

Importante se faz destacar ainda que, os requisitos supracitados são igualmente aplicáveis à carta arbitral, esta que também será instruída com a convenção de arbitragem, além as provas da nomeação do árbitro e de sua aceitação da função, tudo disposto pelo §3º do art. 260.

Vale dizer que o juiz, em todas as cartas, fixará o prazo para cumprimento das mesmas, necessariamente atendendo à facilidade das comunicações e à natureza da diligência. Por conseguinte, deverá o magistrado intimar as partes do ato de expedição da carta.

Uma vez expedida, as partes acompanharão o cumprimento da diligência perante o juízo destinatário, este ao qual competirá a prática dos atos de comunicação.

Diga-se que à parte a quem interessar o cumprimento da diligência cooperará para que a mesma seja cumprida dentro do lapso temporal assinado pelo juiz para a sua efetiva realização (art.261, §§1º, 2º e 3º do CPC).

8.3.3 EXPEDIÇÃO E CUMPRIMENTO

Nota-se do art. 263 do CPC que, em regra, as cartas deverão, preferencialmente, ser expedidas por meio eletrônico, caso em que a assinatura do juiz deverá ser eletrônica, na forma da lei, o que, certamente, fez o legislador do CPC/2015 acompanhar os ditames da Lei n. 11.419/06, ao qual já bem frisava em seu art. 7º: "*As cartas precatórias, rogatórias, de ordem e, de um modo geral, todas as comunicações oficiais que transitem entre órgãos do Poder Judiciário, bem como entre os deste e os dos demais Poderes, serão feitas preferentemente por meio eletrônico.*"

Sem frisar para o conteúdo da urgência, como o fazia o CPC/1973 (art. 205), o CPC/2015 em seu art. 264, indica que as cartas de ordem e a precatória, seja por meio eletrônico, por telefone ou por telegrama, conterão, em resumo substancial, os requisitos mencionados no art. 250, especialmente, quanto à aferição da autenticidade.

Em se tratando da hipótese de carta por telefone, o secretário do tribunal, o escrivão ou o chefe de secretaria do juízo deprecante transmitirá, por telefone, a carta de ordem ou a carta precatória ao juízo em que houver de se cumprir o ato, por intermédio do escrivão do primeiro ofício da primeira vara, se houver na comarca mais de um ofício ou de uma vara, observando-se, quanto aos requisitos, respeitados os requisitos do art. 264, acima aludidos, como regra o *caput* do art. 265 do CPC.

Em sequência, o escrivão ou o chefe de secretaria, no mesmo dia ou no dia útil imediato, telefonará ou enviará mensagem eletrônica ao secretário do tribunal, ao escrivão ou ao chefe de secretaria do juízo deprecante, lendo-lhe os termos da carta e disso solicitando que os sejam confirmados. Uma vez confirmada, o escrivão ou o chefe de secretaria submeterá a carta a despacho do magistrado (§§1º 2 º do art. 265).

Serão praticados de ofício os atos requisitados por meio eletrônico e por telegrama, tendo a parte que depositar, na secretaria do tribunal ou no cartório do juízo deprecante, a importância correspondente às despesas que serão realizadas no juízo em que houver de praticar-se o ato, conforme expressa o art. 266, havendo o pagamento das custas quando da devolução da carta, depois de cumprida, ao juízo deprecante, devolução esta que deverá ocorrer no prazo de 10 (dez) dias após o seu cumprimento, independentemente de traslado (art. 268).

Outro aspecto de realce neste tema é o que expressa o art. 262, apontando a possibilidade de a carta ter caráter itinerante, objetivando com isso, a que a mesma possa ser apresentada a juízo diverso do que nela consta, sendo de extrema utilidade tal indicativo, sobretudo, nas hipóteses de atos que devam recair sobre pessoas ou coisas que se deslocam territorialmente.

Cabe ao juiz deprecado a recusa no cumprimento da carta precatória ou arbitral. Tal atitude se justifica, especificamente, nas hipóteses contidas no art. 267, quais sejam: não esteja a carta revestida dos requisitos legais; carecer o juiz de competência em razão da matéria ou da hierarquia; e ainda pairar dúvidas quanto à sua autenticidade.[80] Segundo Dall'Agnol, também cabe a recusa no caso de requisição de ato manifestamente ilegal.[81]

Mais especificamente, com relação à carta rogatória, temos a carta rogatória passiva, essa correspondente a ato rogado por juiz estrangeiro à autoridade judiciária pátria, e a denominada carta rogatória ativa, isto é, aquela decor-

---

80. Enunciado n.27 do FPPC: "Não compete ao juízo estatal revisar o mérito da medida ou decisão arbitral cuja efetivação se requer por meio da carta arbitral."

81. DALL'AGNOL, Antônio. *Comentários ao Código de Processo Civil.* São Paulo: RT, 2002, p. 458.

rente de ato endereçado ou rogado a magistrado estrangeiro por intermédio de juiz nacional.

A carta rogatória passiva depende de *exequatur*[82] do Presidente do Superior Tribunal de Justiça (Art. 105, I, *i* da CF/1988).

Seu procedimento se dá, pois, perante o Superior Tribunal de Justiça, possuindo caráter de jurisdição contenciosa, devendo respeitar o devido processo legal com todas as garantias constitucionais do processo, importando ainda ressaltar a possibilidade de recusa ao cumprimento de seu conteúdo, isso caso se configure manifesta ofensa à ordem pública brasileira conforme regra o art. 39 do CPC.

Trata o RISTJ, em substituição à Resolução n.09 do próprio Tribunal, da regulação procedimental para a homologação de Sentença Estrangeira.

Não obstante a isso, o novel CPC de 2015 e aí, em sentido amplo e naquilo que se faça necessário, estabelece balizas para o respeito aos conteúdos afeitos ao ato processual solicitado na carta.

De início, considera-se autêntica a documentação que instruir o pedido inicial de cooperação jurídica internacional, com respectiva tradução para a língua portuguesa (isso vale tanto para a carta rogatória, homologação de sentença estrangeira ou mesmo o auxílio direto), quando devidamente encaminhado por meio de autoridade central ou por via diplomática estrangeira, dispensando-se neste caso ajuramentação, autenticação ou qualquer outro procedimento de legalização para tal (art. 41, caput). Nota-se aí que, decorrente de órgão judicial, eventuais documentos que venham a instruir o pedido de cooperação, não necessariamente prescindirão de ditos procedimentos para apurar a autenticidade/veracidade dos mesmos, podendo ainda o Estado brasileiro lançar mão do uso da reciprocidade de tratamento para tais questões.

Já, com relação a conteúdos voltados à dinâmica procedimental, disciplinam os §§1º e 2º do art. 36:

> *§ 1º A defesa restringir-se-á à discussão quanto ao atendimento dos requisitos para que o pronunciamento judicial estrangeiro produza efeitos no Brasil.*
>
> *§ 2º Em qualquer hipótese, é vedada a revisão do mérito do pronunciamento judicial estrangeiro pela autoridade judiciária brasileira.*

Com relação à carta rogatória ativa, esta se dá, igualmente, perante cooperação jurídica internacional, o que pedimos ao leitor que se dirija ao Capítulo referente à Competência, mais precisamente ao item 3.2 *Cooperação Internacional.*

---

82. A palavra *exequatur*, expressão latina, forma verbal, significa *execute-se, cumpra-se,* sendo empregada no Brasil para fins de admissão da carta rogatória. Vale destacar que doutrina estrangeira, notadamente relativa a outros sistemas jurídicos, emprega-a para fins de aceitação de sentença, o que, em princípio, não ocorre entre a doutrina e legislação brasileiras que preferem referir-se à homologação ou ao reconhecimento como o caminho para a exequibilidade da sentença alienígena.

9. OUTROS ATOS PROCESSUAIS – "REGISTRO E DISTRIBUIÇÃO"

Ao se provocar a jurisdição é de atentar para a prática do ato ali concebido.

Requer a organização judiciária para a correta administração de seus trabalhos, sobretudo, tendo em vista estar diante de um serviço público ofertado ao jurisdicionado e que deve se esmerar pela qualidade e organicidade, registrar os feitos à ele apresentados, documentando-os no cartório, possibilitando assim identifica-los numericamente e através da causa em exame, servindo, igualmente para fins de controle estatístico.

Nestes termos, bem regra o art. 284, *caput* do CPC que todos os processos estão sujeitos a registro e daí, devem ser distribuídos onde houver mais de um juiz, garantindo-se com a livre distribuição o respeito ao princípio do juiz natural, representação explícita do devido processo constitucional.

Nota-se então que, uma vez registrada a petição inicial, será ela distribuída a um dos julgadores caso haja mais de um deles, isso dentro de uma comarca, logicamente, competente para a matéria que se posta a ser examinada, cabendo ao serventuário responsável – distribuidor – encarregar dos trabalhos da distribuição dos feitos, em regra, sob a fiscalização do juiz que dirige as atividades do foro, de acordo com o que vier a definir a Lei de Organização Judiciária do Estado.

Poderá a distribuição se dar na forma eletrônica, sendo então alternada e aleatória, obedecendo-se rigorosa igualdade e, por conseguinte, devendo a lista de distribuição ser publicada no Diário da Justiça (art. 285 e parágrafo único), garantindo a publicidade de tal prática processual.

É facultada à parte, por seu procurador, ao Ministério Público e à Defensoria Pública a fiscalização da distribuição (art. 289 do CPC), no entanto, poderá o juiz, de ofício ou a requerimento corrigir eventual erro ou compensar a ausência de distribuição. Cuida-se aí, na verdade, de problemas que podem, eventualmente, ocorrer em decorrência de má distribuição da carga de trabalho a determinado juízo.

Cuidou o CPC das demandas que se relacionam por dependência, ou seja, ações que se relacionam por questões comuns, por isso necessitando-se atenção a fim de se evitar decisões contraditórias entre as mesmas.

Notadamente, se tem também como preocupação o uso abusivo do direito de demandar. Neste caso, por exemplo, pode ocorrer a propositura de ações idênticas de forma concomitante, objetivando a conquista de liminar em uma delas e, logo em seguida, a desistência das demais.[83]

---

83. PROCESSUAL CIVIL. DISTRIBUIÇÃO MÚLTIPLA. LIMINAR. LITISPENDÊNCIA. PROSSEGUIMENTO NOS AUTOS DA PRIMEIRA DEMANDA PROPOSTA. 1. Os efeitos da litispendência, para o autor, são produzidos desde a propositura da demanda. O fato de a relação processual ainda estar incompleta antes do ato citatório não significa que inexiste ação, uma vez que a pretensão já se encontra materializada por meio do petitório inicial. 2. Nos casos de múltipla distribuição na busca de provimento liminar, o resguardo do princípio do juiz natural faz-se com a prevalência da primeira ação ajuizada, extinguindo-se a outra. Aplicação do art. 263 do CPC. 3. Consoante disposto no art.

Vale então que, em regra, a distribuição da petição inicial se faz de forma autônoma, conforme se alue o art. 285. No entanto, havendo qualquer tipo de relação com outra ação já proposta, de modo a que, temerariamente, possa ensejar a ocorrência do que acima aludimos, necessária se faz a distribuição por dependência.

Nisso, bem cuida o CPC nos seguintes termos:

> *Art. 286. Serão distribuídas por dependência as causas de qualquer natureza:*
>
> *I - quando se relacionarem, por conexão ou continência, com outra já ajuizada;*
>
> *II - quando, tendo sido extinto o processo sem resolução de mérito, for reiterado o pedido, ainda que em litisconsórcio com outros autores ou que sejam parcialmente alterados os réus da demanda;*
>
> *III - quando houver ajuizamento de ações nos termos do art. 55, § 3º, ao juízo prevento.*
>
> *Parágrafo único. Havendo intervenção de terceiro, reconvenção ou outra hipótese de ampliação objetiva do processo, o juiz, de ofício, mandará proceder à respectiva anotação pelo distribuidor.*

Uma vez apresentada a petição inicial com o objeto a ser conhecido pelo órgão julgador, deve a mesma vir acompanhada de procuração, que conterá os endereços do advogado, eletrônico e não eletrônico.

Pode-se, entretanto, dispensar-se a juntada da procuração parta fins de se evitar preclusão, decadência ou prescrição, ou para praticar ato considerado urgente, sendo que caberá ao advogado, independentemente de caução, exibir a procuração no prazo de 15 (quinze) dias, prorrogável por igual período por despacho do juiz, *ex vi* do art. 104, §1º do CPC.

Uma vez não sendo não sendo apresentada respectiva procuração, será considerado ineficaz o ato relativamente àquele em cujo nome foi praticado, respondendo o advogado pelas despesas e por perdas e danos (§2º do art. 104 do CPC).

São ainda consideradas motivações legais para a ausência de juntada da devida procuração, ação onde a parte estiver representada pela Defensoria Pública bem como representação decorrer diretamente de norma prevista na Constituição Federal ou em lei (art. 287, II e III do CPC).

No caso do advogado manejar ação em causa própria, cediço é que não haverá necessidade de juntada de procuração, inclusive pela própria inteligência do art. 106 do CPC.

Há de se ressaltar, por fim, que deverá o autor realizar o pagamento das custas iniciais para a correta propositura da ação, exigindo então a prestação

253, II, do CPC, mesmo que haja a extinção do feito sem resolução do mérito, como na hipótese de desistência, o ajuizamento de idêntica demanda deve ser realizado perante o juízo onde ocorreu a propositura da primeira. 4. Agravo regimental não provido. (STJ. 2ª T, AgRg no AREsp 51.513/RS. Rel. Min. Castro Meira. Julg. 20.03.2012).

do serviço da justiça estatal, tratando-se aí de taxa devidamente regulada pelo Regimento de Custa da Justiça Federal bem como pelas leis estaduais.

Dito isso, uma vez não paga as devidas custas e despesas de ingresso da ação, será a parte intimada na pessoa de seu advogado, para que em 15 (quinze) dias, possa realizar os devidos pagamentos. Não cumprindo no lapso temporal citado, cancelada será a distribuição da demanda, o equivale ao indeferimento da petição inicial, sendo então determinado por sentença (art. 203, §1º do CPC).

10. NULIDADES

10.1 INTRODUÇÃO

O ato processual, entendido como a ação humana apta a influir na relação jurídico-processual, está subordinado às mesmas condições de validade para os atos jurídicos em geral, quais sejam: agente capaz, objeto lícito e forma prescrita ou não proibida por lei. Além disso, para garantia da transparência do próprio processo judicial, estabelece o arts. 11 e 189 do CPC, que os atos processuais devem ser públicos, salvo aqueles acobertados pelo segredo de justiça, hipótese em que o interesse privado se sobrepõe ao coletivo.

Assim, para que o ato processual cumpra a sua finalidade, mister se faz que determinadas fórmulas sejam seguidas, ou seja, que exista a capacidade da parte que o pratica – capacidade processual e postulatória quanto ao autor e o réu e competência e imparcialidade no tocante ao juiz; que o objeto visado seja lícito, sendo dever do magistrado impedir que as partes utilizem o processo para fins escusos ou meramente protelatórios (arts. 139, III, e 142); que a forma escolhida para o ato corresponda à exigência da lei nos casos por ela expressamente determinados, consoante o princípio da legalidade das formas adotado pelo CPC, no art. 188.

Desta feita, praticado o ato com infração a quaisquer das condições acima, torna-se este passível de ser anulado sempre que a violação resultar em prejuízo para qualquer das partes ou para o próprio processo conforme prescreve os art. 273 e seguintes do CPC.

10.2 ATOS NULOS E INEXISTENTES

A fim de entendermos a sistemática do Código acerca da nulidade, devemos compreender as diferentes formas que os atos processuais podem assumir quando eivados de vícios.

Daí temos que inexistentes são os atos que, de tal forma imperfeitos, não chegam a encontrar a existência jurídica, por não possuírem os mínimos requisitos de subsistência, como ocorre com todos os atos praticados por advogado que, sem ter procuração nos autos e não atuando em caráter urgente ou para fins de evitar a preclusão, decadência ou prescrição, não apresenta o devido instrumento de mandato no prazo assinalado pelo juiz – art. 104 do CPC.

Já os atos nulos são aqueles que, embora também imperfeitos, possuem existência e o tema em discussão passa a ser o da sua validade ou invalidade, de acordo com as regras processuais vigentes, bem como o da possibilidade ou não da sua convalidação, aspecto esse gerador de importante diferenciação quanto a ser a nulidade absoluta ou relativa.

Antes, porém, de tratarmos de tal distinção, cumpre esclarecer que há muito já dissemos que as normas processuais são de ordem pública e, por isso, imperativas, todavia, dentro desse panorama, existem normas que não podem ser aviltadas sob qualquer argumento, posto que essenciais, enquanto que outras podem ser relevadas desde que alcançada a sua finalidade, ainda que por meio diverso.

Conceitua-se a nulidade absoluta como sendo aquela decorrente da prática de ato processual que não leva em conta determinado fator que a lei considera indispensável, ocasionando a impossibilidade da sua correção e, consequentemente, a nulidade do processo, seja a requerimento da parte, seja mediante o reconhecimento de ofício pelo juiz, haja vista o grande interesse público em tela. É o que acontece nas hipóteses de competência em razão da matéria ou das pessoas, da observância de certos princípios como o do contraditório, da ampla defesa e o da imparcialidade do juiz, ou no caso de sentença proferida por juiz aposentado etc.

Por outro lado, a nulidade relativa, como o próprio nome já diz, visa tutelar, primordialmente, o interesse das partes, representando, desse modo, o ato com vício sanável, ou passível de convalidação, ora através da realização do fim almejado, não obstante a existência do defeito, ora por meio da inércia do lesado, que não argui a nulidade no momento previsto, suportando, assim, o prejuízo. Como exemplos, podemos elencar o caso da citação irregular da parte que comparece, espontaneamente, em juízo para se defender, ou a não alegação de incompetência por razões territoriais quando oportuna.

10.3 O CPC E O REGRAMENTO DAS NULIDADES

Para a decretação da nulidade, seja ela absoluta ou relativa, cuidou o Código de adotar o princípio da instrumentalidade das formas e dos atos processuais, consoante estabelece o art. 277 do CPC, de modo que somente serão anulados os atos praticados com inobservância de preceito legal e que não alcancem o objetivo visado, gerando, assim, prejuízos. Desta feita, praticado o ato de modo diverso ao previsto, mas atingida a sua finalidade, restará válido o ato posto que surtiu o efeito almejado sem trazer danos ao processo – art. 282, § 1º, do CPC.

Sua arguição, conforme estabelece o art. 278, será feita pela parte na primeira oportunidade que surgir nos autos para se manifestar, sob pena de preclusão, todavia, tal penalidade não será aplicada, sempre que o requerente puder provar que houve legítimo impedimento, bem como não haverá limitação temporal nas hipóteses de violação de ato para o qual a lei prescreva forma específica, com cominação de nulidade para o seu descumprimento, quando a parte poderá alegá-la a qualquer momento, inclusive por via de ação rescisória ou de embargos à execução.

Constituindo outra exceção à regra acima mencionada, temos as hipóteses em que a decretação da nulidade deve ser feita de ofício pelo magistrado, haja vista os casos de decisão proferida por juiz impedido ou incompetente; as situações nas quais as citações ou as intimações são feitas sem a observância das prescrições legais (art. 280); ou quando não for feita a intimação do *Parquet* para atuar em processo no qual estiver obrigado a intervir (art. 279). Aliás, neste último caso, duas importantes observações:

a) Caso o processo tiver tramitado sem conhecimento do membro do Ministério Público, caber ao magistrado juiz invalidar os atos praticados a partir do momento em que ele deveria ter sido intimado.

b) A decretação de nulidade somente poderá se dar após a intimação do Ministério Público, este que se manifestará sobre a existência ou a inexistência de prejuízo.

Ademais, ainda inspirado pelo princípio da instrumentalidade, jamais a parte causadora da nulidade poderá dela se aproveitar, mas tão somente o prejudicado poderá argui-la (art. 276), e dela usufruir, desde que não exista nos autos elementos ensejadores de decisão de mérito a ele favorável, quando a declaração da nulidade será dispensada, para que haja o proferimento da sentença.

Por fim, são consequências da decretação da nulidade, arroladas nos arts. 281 e 282 do CPC, também norteados pelos princípios da economia processual e da instrumentalidade das formas, as seguintes:

- a anulação de um ato processual importará na anulação de todos os atos subsequentes e que dele sejam dependentes, ao passo que permanecem válidos todos os atos independentes;[84]
- para que a nulidade exista e surtam efeitos sobre a demanda é obrigação de o juiz decretá-la, determinando a sua abrangência e especificando as peças que deverão ser retificadas ou renovadas, salvo no tocante ao impedimento do próprio julgador, quando caberá a anulação de todo o processo, ou seja, a sua extinção sem resolução de mérito;
- o mero erro de forma, entendido como aquele que não acarreta gravames à defesa, não ensejará a anulação, reputando-se válidos os atos praticados.

10.4 DA *QUERELA NULLITATIS*

Dentre o universo de atos processuais, sabido é que a citação tem significado fundamental, sobretudo, no Estado Democrático de Direito, dado encarnar a própria garantia do contraditório, sendo que o réu, ao ser citado validamen-

84. Enunciado n.277 do FPPC: "Para fins de invalidação, o reconhecimento de que um ato subsequente é dependente de um ato defeituoso deve ser objeto de fundamentação específica à luz de circunstâncias concretas."

te, repercute não somente na formação integral da relação processual bem como oportuniza ao próprio demandado o conhecimento exato da pretensão diante a ele reclamada, além da incidência de todo aquele rol de efeitos ditados pelo art. 240 do CPC.

Assim, pelo acima dito, uma vez realizando-se tal ato de comunicação e permanecendo o réu inerte quanto à apresentação de sua peça contestatória, dar-se-á a incidência da revelia em sentido estrito cujos efeitos desta, inegavelmente, serão danosos ao réu.

Ocorre que tal citação pode estar eivada de vício (falta ou nulidade), implicando, ainda que do silêncio e inércia do réu, ofensa ao direito sublime de ser citado.

O defeito em questão, realmente, é de grande repercussão de modo que sua problemática envolve a perspectiva de ataque à sentença proferida em processo no qual foi a citação omitida, ou, se realizada, configurou-se nula, levando-se ainda assim o réu à condição de revel, salvo, evidentemente, a escusa contidas no § 1º do art. 239 do CPC.

Para o enfrentamento de inescrupulosa sentença, têm doutrina[85] e jurisprudência[86] se esmerado para a defesa no tocante à subsistência da chamada *querela nullitatis*.[87]

Leciona Calamandrei[88] que o instituto da *querela nullitatis* é advindo de elaboração havida no período medieval com a fusão de elementos romanos e germânicos, tendo como serventia combater uma sentença maculada de vícios de forma *(errores in procedendo)*.

Daí, elaborada foi a *actio nullitatis*, via de impugnação autônoma cuja função era a de reparar os vícios formais que pudessem tornar nula a sentença.

Ainda que tal vício fosse passível de se alegar em sede recursal à sentença prolatada, restou claro que, mesmo após o trânsito em julgado, poderia o processo ter-se respaldado em uma sentença eivada de vício que subsistisse,

---

85. Ver, dentre outros, CALAMANDREI, Piero. Sopravvivenza della querella di nullità nel proceso civile vigente. *In*: *Revista di Diritto Processuale*, n. VI, 1951, p. 112-128; SILVA, Ovídio Baptista. Sobrevivência da querella nullitatis. In: *Revista Forense*, n. 333, jan-mar, 1996, p.115-122; MACEDO, Alexander dos Santos Macedo. *Da Querella Nullitatis – Sua Subsistência no Direito Brasileiro*. 3. ed. Rio de Janeiro: Lumen Júris, 2005; MARTINS, Sandro Gilbert. *A Defesa do Executado por meio de ações autônomas*. 2. ed. São Paulo: RT, 2005, p. 265-273.

86. Dentre outros julgados, STJ. 3ª T. REsp. 12.586/SP. Rel. Min. Waldemar Zveiter. Julg. 08.10.1991, *DJU* 04.11.1991.

87. A dificuldade, apenas aparente, de se defender a sobrevivência da *querella nullitatis* advém do fato de que a combinação das várias fontes de ataque à decisão judicial culminou com o sistema que atualmente vige, que muito embora ainda não seja unanimidade nos mais diversos ordenamentos – diga-se de passagem, que pese, inclusive, aqueles que mantêm a coisa julgada ou mesmo a possibilidade de seu combate – indica a tendência de se reduzir as formas de ataque extraordinário à sentença que contenha vícios. Sobre o assunto, ver MARTINS, Sandro Gilbert. Ob. cit., p. 267.

88. CALAMANDREI, Piero. *Opere Giuridiche*. Napoli: Morano Editore, p. 131-145, v. VI.

mesmo que após a preclusão dos meios de impugnação endoprocessuais, consubstanciando-se em vício de natureza insanável.[89]

Conforme já salientado, enfrenta-se a sentença por meio de recursos ou mesmo por ações autônomas, essas a serem manejadas sobre a coisa julgada.

Nisso, formando-se a denominada coisa julgada material e caso não seja mais possível o manejo da ação rescisória (estar-se-ia aqui diante do que o nosso festejado José Frederico Marques nos coloca como "coisa soberanamente julgada"), em tese, preclusa estará a possibilidade de se discutir acerca de eventuais nulidades havidas no processo, essas que se convalidarão.

Ocorre que, a bem da verdade, determinados vícios são de tamanho gravame ou ofensa ao devido processo legal (sendo a falta ou nulidade de citação vício dessa espécie), sem se esquecer do Estado Democrático de que falamos recentemente, que não haveria aqui quaisquer óbices decorrentes da formação da coisa julgada que pudesse evitar o combate aos vícios contidos na sentença, portanto, tal ato decisório estaria sujeito ao ataque da *actio nullitatis*, não permitindo que dito *decisium* passasse em julgado.[90]

É de se notar que a sentença existe materialmente, possuindo ainda aparência de se constituir num provimento judicial válido, mas juridicamente ela se torna ineficaz perante o réu, *ex vi* do art. 312, *in fine*, valendo aqui as exatas ponderações de Adroaldo Furtado Fabrício, onde leciona que "o déficit de que padece o processo onde não se fez citação hábil diz respeito à validade, não à existência, sem embargos do volume e da autoridade das opiniões em contrário".[91]

Assim, o meio autônomo adequado de declarar que a sentença, ainda que materialmente existente, se faz ineficaz no plano jurídico, dada a existência de um grave vício de forma, como no caso da ausência ou nulidade da citação no processo à qual foi ela proferida, será por meio da *querela nullitatis* ou *actio nullitatis*.

Não estará ela sujeita a qualquer prazo prescricional,[92] tendo por outro lado como fundamento legal o art. 19 do CPC, visto que sequer se operou a

---

89. Sobre o assunto e indo ainda mais adiante, muito bem salienta Teresa Arruda Alvim Wambier, no sentido de que a "sentença proferida em processo a que faltou citação do réu, *mesmo em casos de não se tratar de um único réu, mas de um dos réus, litisconsortes necessários, não passa em julgado*". WAMBIER, Tereza Arruda Alvim. *Nulidades do Processo e da Sentença.* 4. ed. São Paulo: RT, 1998, p. 365.

90. No mesmo sentido, ver dentre outros, THEODORO JR., Humberto. Nulidade, Inexistência e Rescindibilidade da Sentença. *In: Revista de Processo*, n. 19, São Paulo: RT, jul./set., 1980, p.29-31; KOMATSU, Roque. *Da invalidade no processo civil.* São Paulo: RT, 1991, p. 161; WAMBIER, Tereza Arruda Alvim. Ob. cit., p. 365.

91. FABRÍCIO, Adroaldo Furtado. Réu revel não citado, *querella nullitatis* e ação rescisória. *In: Revista de Processo*, n. 48, São Paulo: RT, out./dez.1987, p. 33.

92. STJ. 1ª T. Ag.Rg REsp. 616.348/MG, Rel. Min. Teori Albino Zavascki. Julg. 14.12.2005, *DJU* 14.02.2005; STJ. 2ª T. REsp. 666.563/RJ, Rel. Min. João Otávio de Noronha. Julg. 5.10.2004, *DJU* 29.11.2004.

formação, de maneira completa, da relação jurídica processual, consoante as dicções tanto de validade do próprio processo (art. 239, *caput*) como também os efeitos operados sobre a pessoa do réu (art. 312).

O procedimento desta *actio* será o comum, cuja competência caberá ao juízo onde se processou ou ainda está em andamento o processo– neste último caso, seja a fase do cumprimento de sentença ou mesmo o processo de execução – em que incidiu o vício da falta ou nulidade de citação com a respectiva revelia, quer esteja o aludido processo em de 1º ou 2º graus de jurisdição.

Cabe frisar que a *querela nullitatis* é meio hábil atuante no Processo de Conhecimento, no Procedimento do Cumprimento da Sentença e mesmo no Processo de Execução.

No Processo de Conhecimento e mesmo no Procedimento do Cumprimento da Sentença, será ela manejada tendo em vista a verificação do defeito da citação (ausência ou nulidade), levando-se com isso, certamente, à ineficácia da sentença exequenda e, como consequência, reflexo prejudicial direto na própria formação do título executivo, configurando-se na falta de condições de ação para exigibilidade do mesmo, podendo ainda ser alegada a nulidade da execução judicial no âmbito do cumprimento da sentença, dentre outros motivos, pela ausência ou nulidade de citação no processo de conhecimento, através de apresentação da Impugnação (art. 525, §1º, I do CPC).

Já no que toca ao segundo, verificado o vício ou ausência do ato citatório (art. 803, II) a partir deste processo, somente os atos executivos posteriores à citação serão atingidos, competindo ao executado protestar sobre tal vício de forma ou ausência da citação por simples petição nos próprios autos, solicitando declaração de nulidade da execução, independentemente de embargos - via exceção de pré-executividade (art. 803, II e parágrafo único)[93], por interposição dos próprios embargos à execução (art. 917, VI), ou mesmo por meio da *querela nullitatis.*[94]

Escolhendo a via desta *actio nullitatis*, estará o executado, ainda que temporariamente, se defendendo da invasão patrimonial oriunda da própria execução.

---

93. É de se observar que o CPC/2015, admite que o executado apresente tal alegação de nulidade por via da exceção de pré-executividade, ainda que não a nomeie com esse termo, *ex vi* do inciso II e parágrafo único do art. 803, *in verbis*:
"*Art. 803. É nula a execução se:*
(...)
II - o executado não for regularmente citado;
(...)
Parágrafo único. A nulidade de que cuida este artigo será pronunciada pelo juiz, de ofício ou a requerimento da parte, independentemente de embargos à execução."
No mesmo sentido, ver MEDINA, José Miguel Garcia. *Novo Código de Processo Civil Comentado.* São Paulo: RT, 2015, p. 1.088.

94. No mesmo sentido, MARTINS, Sandro Gilbert. Ob. cit., p. 270.

Como se percebe, na primeira hipótese (Processo de Conhecimento e Procedimento do Cumprimento da Sentença),

> o vício objeto da *querella nullitatis* tem caráter prejudicial que importará, no caso de procedência do pedido declaratório, a liberação total do executado, porque o título executivo era incapaz de fundamentar uma execução.[95]

Já na segunda situação (Processo de Execução), o caráter prejudicial atinge apenas os atos executivos posteriores à citação ausente ou inválida, mas não tornará o executado livre da execução. Depois de reconhecido o vício de ausência ou nulidade de citação, caso o executado queira se defender contra a execução que prosseguirá, terá que fazê-lo por meio de nova defesa (embargos ou com outra ação autônoma e prejudicial etc.).[96]

Pode-se, em síntese, portanto, apontar que a sentença condenatória proferida à revelia do réu que não fora citado ou fora de modo irregular, assim como a execução que se segue sem a citação ou citado o executado de forma inválida, constitui vício de tamanha gravidade que pode em todo e qualquer processo ser comprovado, mesmo mediante ação autônoma própria.

---

95. Idem, p. 271.

96. A prejudicialidade causada pela *querela nullitatis*, é bem verdade, não traz em si maiores dificuldades de compreensão, pois que no próprio art. 803 contempla-se tal matéria dentre aquelas as quais poderá executado apontar, seja em petição autônoma nos próprios autos do processo de execução, em sede embargos à execução, ou mesmo de ofício pelo juiz, portanto, conteúdo não estranho ao próprio processo de execução.

PARTE II

PROCESSO DE CONHECIMENTO

CAPÍTULO 10

FORMAÇÃO, SUSPENSÃO E EXTINÇÃO DO PROCESSO

1. FORMAÇÃO DO PROCESSO

A formação, suspensão e extinção do processo correspondem, no CPC/2015, ao respectivo Livro VI. Portanto, coube ao legislador dedicar, por questão de organicidade, um livro para ditas ocorrências, estas de relevantíssimas ordens para a marcha procedimental.

Por iniciativa da parte é que se dá a formação do processo, enquanto que o seu desenvolvimento se regerá por impulso oficial, *ex vi* do art. 2º do CPC, muito embora existam casos excepcionais, quando a iniciativa do processo fica a cargo do juiz (*v.g.*, art. 738 do CPC, hipótese de herança jacente; art. 744 do CPC, questões envoltas à arrecadação de bens de ausente).

Assim, considera-se proposta a ação pelo autor mediante o protocolo da petição inicial e, portanto iniciado estará o processo, ainda que pendente de integralização da relação jurídica processual posto que esta somente se dará por completa com a citação válida do réu - art. 312do CPC.[1]

É de se frisar que, com o registro ou a distribuição da peça exordial, importantes questões já se apresentam no feito uma vez que é nesta oportunidade que se abre espaço para a fixação da jurisdição por meio da conexão, continência ou prevenção (art. 59), bem como se iniciam os seus efeitos para o réu, caso haja a determinação de liminar *inaudita altera pars*. Outro elementar aspecto é o da possibilidade de modificação do pedido ou da causa de pedir por parte do autor que, apenas arcando com as custas judiciais excedentes (art. 329, I), poderá alterar a demanda ou mesmo desistir da ação, sem qualquer interferência do réu, ainda não citado; porém, com o advento da citação válida, tal alteração somente será possível desde que feita com a anuência do réu e até a fase de saneamento (art. 329, II), salvo no tocante às substituições das partes determinadas por lei, como no caso da sucessão *inter vivos* ou *causa mortis*.

Por fim, atente-se que, na hipótese de litisconsórcio passivo necessário, desde que já citado qualquer dos réus, restará inválida a regra da modificação unilateral da pretensão pelo autor; haja vista que a relação jurídica processual já se encontra parcialmente formada, aproveitando-se os demais réus dos efeitos da citação inicial.[2]

---

1. Enunciado n. 367 do FPPC: "Para fins de interpretação do art. 1.054, entende-se como início do processo a data do protocolo da petição inicial."

2. Enunciado n.117 do FPPC: "Em caso de desmembramento do litisconsórcio multitudinário ativo, os efeitos mencionados no art. 240 são considerados produzidos desde o protocolo originário da petição inicial."

2. SUSPENSÃO DO PROCESSO

Uma vez proposta a ação, sabemos que o desenvolvimento do processo se dará por impulso oficial, entretanto, existem causas, voluntárias ou não, que geram a sua suspensão, ou seja, a paralisação temporária e geralmente delimitada do seu andamento, quando se torna defeso a prática de qualquer ato processual, com exceção daqueles considerados urgentes, pois que visam assegurar o afastamento de dano irreparável (melhor, de difícil reparação) ao direito da parte, salvo casos de arguição de impedimento e de suspeição (art. 314 do CPC).

Desta forma, para que ocorra a suspensão do processo, mister se faz a análise das hipóteses arroladas no art. 313 do Código, quais sejam:

I – Pela morte ou perda da capacidade processual de qualquer das partes, de seu representante legal ou de seu procurador.

Ocorrendo a morte de qualquer das partes, prejudicada fica a relação jurídica processual a partir daquele momento, o que, certamente, necessitará de providências para o seu correto prosseguimento.

Versando a demanda sobre direito intransmissível (*v.g.*, ações relativas a alimentos, separação entre cônjuges), incabível será a suspensão do processo, tendo em vista a impossibilidade de habilitação nos autos de herdeiros e/ou sucessores do *de cujus*, fato esse gerador da sua extinção (art. 485, IX).

No entanto, versando a ação sobre direitos transmissíveis, falecendo qualquer das partes, deverá o juiz determinar a suspensão do processo para fins de que seja promovida a respectiva habilitação (art. 689 do CPC) do espólio ou sucessores do falecido (art. 313,§1º do CPC).

Daí, não ocorrendo o ajuizamento de dita habilitação, caberá ao magistrado determinar uma das seguintes medidas:

a) Falecido o réu (§2º, I do art. 313) - ordenará a intimação do autor para que promova a citação do respectivo espólio, de quem for o sucessor ou, se for o caso, dos herdeiros, no prazo que designar, sendo esse de no mínimo 2 (dois) e no máximo 6 (seis) meses.

b) Falecido o autor (§2º, II do art. 313) - determinará a intimação de seu espólio, de quem for o sucessor ou, se for o caso, dos herdeiros, pelos meios de divulgação que reputar mais adequados, para que manifestem interesse na sucessão processual e promovam a devida e necessária habilitação no prazo designado, sob pena de extinção do processo sem resolução de mérito.

Com relação à perda da capacidade de qualquer das partes, esta, igualmente, ensejará a suspensão do feito.

Como se sabe, a capacidade para o exercício da vida civil (art. 5º do Código Civil) é pressuposto essencial para a correta validade da relação jurídica processual (art. 70 do CPC), neste sentido, notório é que diante de sua perda, necessária será a adoção de providências para fins de continuidade da marcha processual.

Assim, ocorrendo a perda da capacidade, necessário será a suspensão do processo, a fim de que o curador se habilite a representar o incapaz nos autos do processo. Do contrário, ou seja, não havendo curador que se habilite à representação do incapaz, caberá ao magistrado nomear um curador especial (art. 72, I).

Por outro lado, se o falecimento for do procurador de qualquer das partes, ainda que iniciada a audiência de instrução e julgamento, determinará o juiz que a parte constitua novo mandatário, no prazo de 15 (quinze) dias, ao final do qual extinguirá o processo sem resolução de mérito, se o autor não nomear novo mandatário, ou ordenará o prosseguimento do processo à revelia do réu, se falecido o procurador deste (§3º do art.313). Por último, tratando-se da perda da capacidade do procurador de qualquer das partes, a despeito do CPC não estipular qualquer previsão normativa regulatória para tal, aplicar-se-á, por analogia, o §3º do art. 313, suspendendo-se o processo a fim de as partes constituam novo advogado.[3]

II – Pela convenção das partes.

Mediante a apresentação de petição conjunta e fundamentada, poderão as partes acordar acerca da suspensão do processo. E uma vez apresentado o pedido, em conformidade com os requisitos acima descritos, não poderá o juiz da causa indeferi-lo, mas tão somente assegurar que o início da suspensão não prejudique a conclusão de qualquer ato processual pendente, nem que ultrapasse o prazo máximo de 06 (seis) meses (§ 4º do art. 313).

É de se ressaltar que, uma vez esgotado tal lapso temporal suspensivo, o juiz determinará o prosseguimento do processo, conforme prescreve o §5º do art. 313.

III – Pela arguição de impedimento ou de suspeição.

As arguições de impedimento (art. 144 do CPC) e suspeição (art.145 do CPC) são incidentes processuais voltados a afastar à pessoa física do juiz da condução do processo, portanto, alegam-se vícios que se referem à figura pessoal do julgador, sendo possível que tanto o impedimento quanto a suspeição possam aparecer em qualquer fase processual, abrindo-se então, o prazo de 15 (quinze) dias para a propositura da respectiva arguição, contados a partir do momento em que os fatos se tornaram conhecidos pelo possível lesado (art. 146, *caput* do CPC).

Cabe destacar que, tanto os motivos ensejadores de impedimento quanto de suspeição são, igualmente, aplicáveis ao membro do Ministério Público, aos auxiliares da justiça bem como aos demais sujeitos imparciais do processo (art. 148, *caput* do CPC).

---

3. No mesmo sentido, NERY JÚNIOR, Nelson; ANDRADE NERY, Rosa Maria. *Comentários ao Código de Processo Civil.* São Paulo: RT, 2015, p.875.

IV- Pela admissão de incidente de resolução de demandas repetitivas.

O Incidente de resolução de demandas repetitivas (IRDR) é novidade edificada pelo CPC/2015, sendo regulado pelo arts. 976 a 987.

Trata-se de instituto cabível em situações onde, decorrente de demandas em andamento, for detectada respectiva controvérsia que, na exata dicção do texto (*ex vi* do art. 976), possuam, simultaneamente, efetiva repetição de processos que contenham controvérsia sobre mesma questão unicamente de direito e daí, potencializando-se em risco de ofensa à isonomia e à segurança jurídica. Portanto, da relevância e serventia do IRDR, caso o juiz, de ofício; ou, por petição, as partes, o Ministério Público e a Defensoria Pública, em sintonia com os incisos I, II e III do art.977, durante o curso do processo, identificar que *in casu*, tratar-se de possível processo repetitivo e que este ainda não fora devidamente apreciado pelo incidente, oficiará ao tribunal, cabendo a devida suspensão do processo.

Uma vez dirigido o pedido (ofício ou petição) de instauração do IRDR ao Presidente do Tribunal, será ele então distribuído ao órgão colegiado competente para o julgamento, porém, antes, dito órgão realizará o juízo de admissibilidade sobre o Incidente, cabendo ao relator, uma vez admitido o IRDR, tomar as várias atitudes regidas dispostas pelo art.982, mas dentre elas, suspender os processos pendentes, individuais ou coletivos, que tramitam no Estado ou na região, conforme o caso, que venham a possuir idêntica questão de direito, capaz de causar grave insegurança jurídica decorrente do risco de coexistência de decisões conflitantes, isto no estado ou na região, dependendo da própria alegação e comprovação territorial da questão, o que será realizado, obviamente por qualquer das partes legitimas.

Dita suspensão será diretamente comunicada aos órgãos jurisdicionais competentes (§1º do art. 982 do CPC), o que se dará, certamente, mediante ofício.

A despeito da aludida suspensão de ações pendentes, havendo necessidade de adoção de tutela de urgência no âmbito de tais demandas, autoriza o §2º do art. 982 o pedido de dita tutela ao juízo do processo suspenso.

Vale destacar ainda que a suspensão de processos pendentes, quer individuais ou coletivos que tramitem no Estado ou região será cessada, caso não seja interposto recurso especial ou recurso extraordinário desafiando a decisão proferida no próprio IRDR, conforme dicção do §5º do art. 982.

Uma vez superado o motivo da suspensão, os processos individuais e coletivos retomarão os seus cursos normais, sendo então julgados de acordo com a tese jurídica firmada no incidente, pelo próprio tribunal, de acordo com o que estabelece o art. 985, I do CPC.[4]

---

4. Enunciado n.92 do FPPC: A suspensão de processos prevista neste dispositivo é consequência da admissão do incidente de resolução de demandas repetitivas e não depende da demonstração dos requisitos para a tutela de urgência.

V – Quando a sentença de mérito:

a) depender do julgamento de outra causa, ou da declaração da existência ou inexistência da relação jurídica, que constitua o objeto principal de outro processo pendente.

Contempla a norma acima a figura da questão prejudicial, entendida esta como toda e qualquer contenda litigiosa, de fato ou de direito, que influencie na decisão do processo, pode a questão prejudicial ser interna quando submetida a julgamento pelo próprio juiz da causa, sem obedecer a procedimento específico, ou externa, quando o ponto controvertido depender de decisão em outro processo, fazendo suspender a causa afetada até o julgamento da questão prejudicial, desde que tal suspensão não ultrapasse o prazo máximo de 01 (um) ano conforme preceitua o § 4º do art. 313.

Trata a presente alínea da questão prejudicial externa, Neste sentido, seria o caso de se estar discutindo em certo processo a condição de servidor público de X, sendo que, em outro processo, têm-se como objeto o pleito deste X a um direito, dado a condição de ser um servidor público. Ora, deve este último ficar suspenso, pois que caso o primeiro processo julgue não ser X servidor público, de certo, não teria ele legitimidade para pleitear direito relativo à esta condição.[5]

O mesmo se pode observar em questões envoltas ao pedido de alimentos pleiteados em uma demanda por Y em face de seu pai P, sendo que em outro processo, P discute a negativa de paternidade de Y. A prejudicialidade externa se vislumbra notória na *questio*.

Havendo, no entanto, a prorrogação da competência, por conexão ou continência, bem como a possibilidade de reunião dos feitos, haja vista a compatibilidade de procedimentos, afastada estará a hipótese da suspensão processual enunciada já que desaparecida a necessidade de decisões distintas que, afinal, constitui o seu fundamento.[6]

b) tiver de ser proferida somente após a verificação de determinado fato ou a produção de certa prova, requisitada a outro juízo. Aqui temos a suspensão provocada em um processo, quando a sua sentença depender do cumprimento de uma diligência em outro juízo, através da expedição da carta apropriada, seja ela precatória, rogatória ou mesmo o auxílio direto, desde que a sua expedição tenha sido requerida antes da decisão de saneamento e ainda, que a prova solicitada em tais atos processuais de comunicação apresentar-se imprescindível, tudo por força do que dispõem o art. 377 do CPC.

---

5. No mesmo entendimento, WAMBIER, Teresa Arruda *et ali. Primeiros comentários ao Novo Código de Processo Civil.* São Paulo: RT, 2015, p.536.

6. Já fora decidido que "havendo continência e prejudicialidade entre os embargos do devedor e a ação exoneratória de débitos, não tendo sido reunidos os feitos oportunamente, para julgamento conjunto, cabível é a suspensão dos embargos nos termos do art. 265, IV, a do CPC *(de 1973)*". (STJ. 4ªT.REsp 392.680/RS. Rel. Min. Barros Monteiro. Julg. 16.04.2002). Grifo nosso.

VI – Por motivo de força maior.

Embora o Código se refira apenas às hipóteses de força maior, por interpretação heterotópica do art. 393 do Código Civil, abrangidos estão também neste conceito os incidentes imputáveis ao caso fortuito já que ambos correspondem a situações imprevistas, previsíveis ou não, oriundas da ação humana ou dos caprichos da natureza, respectivamente, que tornam impossível o regular seguimento do processo, advindo daí a justificativa da sua suspensão pelo prazo que se fizer necessário ao encerramento do evento impeditivo.

Como exemplos ensejadores de tal paralisação, podemos citar a greve dos serventuários da justiça ou as situações de calamidade pública, como no caso de enchente que afete as instalações físicas do Tribunal.

VII - Quando se discutir em juízo questão decorrente de acidentes e fatos da navegação de competência do Tribunal Marítimo.

Possui o Tribunal Marítimo, jurisdição em todo o território nacional, sendo órgão, autônomo, mas auxiliar do Poder Judiciário, vinculado ao Ministério da Marinha no que se refere ao provimento de pessoal militar e de recursos orçamentários para pessoal e material destinados ao seu funcionamento, tendo como atribuições julgar os acidentes e fatos da navegação marítima, fluvial e lacustre e as questões relacionadas com tal atividade (Lei n.2.180/1954).

Assim, uma vez em curso análise do Tribunal Marítimo acerca de determinado acidente ou fato relativo à navegação, eventual processo que esteja em curso no âmbito do Poder Judiciário relativo ao conteúdo sob análise daquele Tribunal deverá permanecer suspenso até que a Corte Marítima possa finalizar sua verificação *in concreto.*

Notadamente, as decisões do Tribunal Marítimo podem ser reexaminadas pelo Superior Tribunal de Justiça e, neste sentido, é que deve ser entendido o presente inciso.[7]

VIII – Nos demais casos que este Código regula.

IX – pelo parto ou pela concessão de adoção, quando a advogada responsável pelo processo constituir a única patrona da causa.

Neste caso, o período de suspensão do processo será de 30 (trinta) dias, contado a partir da data do parto ou da concessão da adoção, mediante apresentação de certidão de nascimento ou documento similar que possa comprovar a realização do parto, ou de termo judicial que tenha concedido a adoção, desde que haja notificação ao cliente, conforme regra o §6º do art. 313.

X – quando o advogado responsável pelo processo constituir o único patrono da causa e tornar-se pai.

---

7. CIVIL. RESPONSABILIDADE CIVIL. TRIBUNAL MARÍTIMO. As decisões do Tribunal Marítimo podem ser revistas pelo Poder Judiciário; quando fundadas em perícia técnica, todavia, elas só não subsistirão se esta for cabalmente contrariada pela prova judicial. Recurso especial conhecido e provido. (STJ. 3ªT. REsp: 38082 PR 1993/0023708-0. Rel. Min. Ari Pargendler. Julg. 20.05.1999, *DJ* 04.10.1999).

Em tal hipótese, de acordo com o §7º do art. 313, o período de suspensão do processo será de 8 (oito) dias, contado a partir da data do parto ou da concessão da adoção, mediante apresentação de certidão de nascimento ou documento similar que comprove a realização do parto, ou de termo judicial que tenha concedido a adoção, desde que haja notificação ao cliente.

Finalmente, além das possibilidades expressamente arroladas acima, outros casos de suspensão processual são permitidos pelo CPC, tais como a incapacidade processual ou irregularidade da representação da parte (art. 76), como também na hipótese de oferecimento de embargos à execução (art. 921, II), execução frustrada por ausência de bens penhoráveis (art. 921, III), dentre outros.

Vale ainda destacar a possibilidade de suspensão do processo quando dele depender a verificação de fato delituoso (art. 315 do CPC). Neste caso, poderá o magistrado determinar a aludida suspensão até que a justiça criminal se pronuncie.

Teremos daí então, duas situações:

1ª) Caso a necessária ação penal não venha a ser proposta no prazo de 3 (três) meses, contado da intimação do ato de suspensão, cessará o efeito suspensivo, incumbindo ao juiz cível examinar incidentemente a questão prévia (§1ºdo art. 315).

2ª) Uma vez proposta a ação penal, o processo ficará suspenso pelo prazo máximo de 1 (um) ano, após, caberá ao magistrado dar curso novamente ao processo, examinando de forma incidente a respectiva questão prévia (§2º do art. 315).

3. EXTINÇÃO DO PROCESSO

3.1 NOÇÕES GERAIS

Como já pontuado, o processo é o meio pelo qual a jurisdição opera, objetivando a pacificação social com a aplicação efetiva da prestação jurisdicional, esta, inicialmente instrumentalizada através do comando da sentença. Sob a ótica finalista, este é o fim visado pelo processo. Nestes termos, tal fim objetivado se refere a uma sentença de mérito, que decida a questão posta em juízo dizendo a quem pertence o direito. A sentença assim propalada, se transitada em julgado, ficará protegida pela força da coisa julgada material (CF, art. 5º, XXXVI, e art. 502, do CPC), sendo denominada de definitiva.

Ocorre que podem surgir algumas situações que não permitem o exame do mérito, impondo a resolução do processo por sentença terminativa. Esta sentença, se transitada em julgado, estará protegida só pela força da coisa julgada formal, mas não pela material. A coisa julgada formal é uma preclusão impeditiva da alteração do processo, enquanto a material impede a reapreciação da questão em qualquer juízo ou tribunal do País em qualquer processo.

As hipóteses que provocam a extinção do processo sem resolução do mérito (extinção anormal) são as do art. 485; as que provocam a resolução, decidindo o mérito (extinção normal) são as do art. 487.

No novel CPC/2015, optou o legislador quanto a temática da extinção do processo disposta no Livro VI, por dispor apenas quanto à breve referência da sentença como ato decisório apto à extinção do processo e ainda, da possibilidade, caso possível, de saneamento do vício pela parte interessada, quando da extinção do processo sem resolução de mérito, oportunidade esta que deverá o juiz ofertar, conforme se depreende dos art. 316 e 317.

Pois bem. Lado outro, para o enfrentamento das hipóteses determinantes para a extinção do processo, i.e., os motivos determinantes para se decidir um processo, com ou sem julgamento de mérito, preferiu o legislador alocar em outro momento do código: no Livro I da Parte Especial, em capítulo destinado à "Sentença e Coisa Julgada", mais precisamente nos arts. 485 a 487.

3.2 EXTINÇÃO DO PROCESSO SEM RESOLUÇÃO DE MÉRITO

Neste item enfrentaremos os conteúdos relativos a ocorrência da devida extinção do processo sem julgamento de seu mérito, o que corresponde à denominada sentença terminativa.

Dito isso, ocorrendo qualquer das hipóteses previstas no art. 485 do CPC, frustra-se a finalidade para qual foi instaurado o processo. Como tais ocorrências fulminam de morte a existência deste instrumento da Jurisdição, impõe-se a decretação de sua falência através de uma sentença que obste a continuidade da marcha processual rumo à resolução da lide. Termina o processo, mas sem alcançar o objetivo para o qual se formou: a solução do litígio, por isso, diz-se que a sentença que põe termo ao processo pela ocorrência de qualquer das causas do art. 485 é terminativa. O processo só tem fim por não poder mais prosseguir, não porque tenha cumprido sua missão.

Primeiro determinante da extinção do processo sem resolução do mérito é o *indeferimento da petição inicial* (art. 485, I).

Indefere-se a petição inicial pelas causas arroladas no art. 330, das quais a primeira é a inépcia da petição inicial.

Como se sabe, a petição inicial é a peça processual pela qual se provoca a jurisdição, dando início à marcha processual, aquela por que se exercita o direito de ação. Trata-se, portanto, de peça formal, que necessita reunir os requisitos essenciais do art. 319 do CPC para atingir os objetivos a que se propõe. Dentre esses requisitos avulta o pedido formulado pelo autor, sobre o qual incidirá a sentença. O pedido é resultante dos fatos e do fundamento jurídico e assim, inepta será a petição inicial sempre que dela não constar o pedido ou a causa de pedir, quando os fatos forem narrados de tal forma que deles não se possa extrair conclusão lógica, ou quando, havendo mais de um pedido, forem eles incompatíveis entre si (art. 330, §1º).

Também não será aceita a petição inicial como veículo hábil para a propositura da demanda quando a parte – ativa ou passiva – for manifestamente ilegítima. Verificando o juiz, por ocasião do primeiro despacho ordinatório, a ilegitimidade inconteste de uma das partes, não poderá permitir que o processo se desenvolva, cabendo-lhe determinar sua extinção sem exame da matéria de mérito, porque a decisão da lide não pode dar-se em face de quem não tenha legitimidade para suportar seus efeitos.

O mesmo tratamento dá o Código à outra condição da ação – interesse processual – já que, se à vista da petição inicial conclui o juiz pela desnecessidade da sentença do mérito, só lhe compete desacolher a peça exordial, considerando-a inepta para alcançar o objetivo colimado pelo processo.

No inciso IV, o art. 330 aponta como causa de indeferimento da petição inicial o não atendimento às prescrições dos arts. 106 e 321, sendo elas:

a) Quando postular em causa própria, caberá ao advogado:

> *I - declarar, na petição inicial ou na contestação, o endereço, seu número de inscrição na Ordem dos Advogados do Brasil e o nome da sociedade de advogados da qual participa, para o recebimento de intimações;*
>
> *II - comunicar ao juízo qualquer mudança de endereço.*

Descumprindo o que dispõe o inciso I supra, caberá ao juiz ordenará que o mesmo supra a omissão, no prazo de 5 (cinco) dias, antes de determinar a citação do réu, sob pena de indeferimento da petição.

b) Por outro lado, infringindo o advogado quanto ao que prevê o aludido inciso II, serão consideradas válidas as intimações enviadas por carta registrada ou meio eletrônico ao endereço constante dos autos.

c) Verificando o juiz que a petição inicial não preenche os requisitos dos arts. 319 e 320 ou que apresenta defeitos e irregularidades capazes de dificultar o julgamento de mérito, determinará que o autor, no prazo de 15 (quinze) dias, a emende ou a complete, indicando com precisão o que deve ser corrigido ou completado. Uma vez não cumprida citada diligência, caberá o magistrado indeferir a petição inicial.

Neste ínterim, cabe trazer à luz ainda, a determinação contida no §2º do art. 330 do CPC, cujo conteúdo é de total pertinência para se ter como incluso na petição inicial:

> *Nas ações que tenham por objeto a revisão de obrigação decorrente de empréstimo, de financiamento ou de alienação de bens, o autor terá de, sob pena de inépcia, discriminar na petição inicial, dentre as obriga-*

ções contratuais, aquelas que pretende controverter, além de quantificar o valor incontroverso do débito.

Em tais casos, portanto, caberá ao autor discriminar em sua inicial, dentre as obrigações contratuais inerentes ao próprio negócio jurídico, aquelas às quais interessa controverter, devendo, necessariamente, quantificar o valor incontroverso, ou seja, aquele que não se está a discutir e, portanto, excludente da controvérsia a ser instaurada, devendo o aludido *quantum* incontroverso continuar a ser pago, seja no tempo e modo respectivamente ora contratados (§3º do art. 330).

Segunda causa determinadora da extinção do processo sem julgamento de mérito é a *paralisação do processo por mais de um ano por negligência das partes* (inciso II do art. 485), que haverá de ser examinada conjuntamente com aquela estabelecida pelo inciso III do art. 485: *abandono da causa pelo autor.*

Ao autor concedeu a lei processual o prazo máximo de 30 (trinta) dias para o cumprimento de atos e diligências a seu cargo, pressupondo o desinteresse na continuidade do processo caso a realização não se dê até esse termo.

Para a definição do desinteresse conjunto de ambas as partes, estabeleceu o Código prazo bem maior: 1 (um) ano.

Nos dois casos, porém, só haverá decretação de extinção do processo sem resolução de mérito após a intimação pessoal, ordenada pelo juiz, para suprimento da falta em 5 (cinco) dias.

Vale a pena frisar neste ínterim, que o CPC/2015, com relação ao "abandono da causa" por parte do autor, entende que caso já tenha sido apresentada a contestação pelo réu, somente será levada a cabo a extinção do processo mediante requerimento do próprio réu para tanto, conforme disciplina o § 6º do art. 485.

Quanto às despesas, se a extinção for provocada pelo desinteresse manifestado por ambas as partes, a responsabilidade pelo pagamento é proporcional, respondendo integralmente o autor se o mesmo abandonar a causa (art. 485, §§ 1º e 2º).

A *ausência dos pressupostos de validade e regularidade processuais* impede o desenvolvimento do processo, razão pela qual prevê o inciso IV do art. 485 seu término diante dessa ocorrência.

Pressupostos processuais são "filtros" capazes de impedir que a lide seja indevidamente julgada; são pré-requisitos da discussão sobre a questão de mérito.

Referem-se aos sujeitos da relação jurídica processual e à regularidade dos atos processuais, tendo em vista a forma legal para eles adotada. Se, por exemplo, o juiz for incompetente, a parte não for processualmente capaz, o instrumento de mandato não tiver sido juntado aos autos ou, ainda o ato processual estiver eivado de nulidade, fica comprometida a possibilidade de julgamento de mérito; faltam os pré-requisitos para que tal se dê.

Categoria diferente de pressupostos processuais e, por isso mesmo, merecedora de disciplina apartada (art. 485, V), é a que engloba a *perempção, a litispendência e a coisa julgada*, todas ensejadoras, se ocorrentes, de extinção do processo sem resolução de mérito.

Dá-se a perempção sempre que o autor, por abandono, causar a extinção do processo sem julgamento de mérito por três vezes, perdendo, por isso, o direito de propor novamente a mesma ação.

A litispendência é o fenômeno processual caracterizado pelo fato de correrem, a um só tempo, dois processos idênticos, caso em que será extinto o segundo e prevalecerá o primeiro, observadas as regras relativas à prevenção.

Também a coisa julgada tem como característica a reprodução de ação anteriormente ajuizada, com a diferença de já ter havido, quanto à primeira, julgamento de mérito com sentença transitada em julgado, o que impede nova apreciação.

Dá azo também à extinção do processo sem resolução do mérito a *falta das condições da ação* (art. 485, VI), sendo conveniente salientar que as condições da ação devem estar presentes no momento do julgamento, sem o que este é inviabilizado. Por essa razão, podem ser objeto de exame pelo juiz até o momento da prolação da sentença de mérito.

Para a solução de suas disputas podem as partes, como já visto, adotar o procedimento da arbitragem nos casos e formas previstos pela Lei n. 9.307/96. Essa instauração pode substituir o exercício da ação, evitando a formação do processo, e se pode dar já no curso de um processo.

Optando as partes pela adoção da arbitragem, renunciam o julgamento pelo órgão jurisdicional e, uma vez que é esse o fim útil do processo, não tem ele o porquê de prosseguir. Daí estabelecer o inciso VII do art. 485 sua extinção sem que tenha havido solução de mérito, na hipótese *de celebração da convenção de arbitragem* ou *mesmo quando o juiz arbitral conhecer sua competência* (*kompetenz-kompetenz*).[8]

8. "DIREITO CIVIL E PROCESSUAL CIVIL. ARBITRAGEM. ACORDO OPTANDO PELA ARBITRAGEM HOMOLOGADO EM JUÍZO. PRETENSÃO ANULATÓRIA. COMPETÊNCIA DO JUÍZO ARBITRAL. INADMISSIBILIDADE DA JUDICIALIZAÇÃO PREMATURA. 1.- Nos termos do artigo 8º, parágrafo único, da Lei de Arbitragem a alegação de nulidade da cláusula arbitral instituída em Acordo Judicial homologado e, bem assim, do contrato que a contém, deve ser submetida, em primeiro lugar, à decisão do próprio árbitro, inadmissível a judicialização prematura pela via oblíqua do retorno ao Juízo. 2.- Mesmo no caso de o acordo de vontades no qual estabelecida a cláusula arbitral no caso de haver sido homologado judicialmente, não se admite prematura ação anulatória diretamente perante o Poder Judiciário, devendo ser preservada a solução arbitral, sob pena de se abrir caminho para a frustração do instrumento alternativo de solução da controvérsia. 3.- Extingue-se, sem julgamento do mérito (CPC, art. 267, VII), ação que visa anular acordo de solução de controvérsias via arbitragem, preservando-se a jurisdição arbitral consensual para o julgamento das controvérsias entre as partes, ante a opção das partes pela forma alternativa de jurisdição.

Têm-se a *desistência da ação pelo autor*, o motivo capitulado no art. 485, VIII, para a extinção do processo sem resolução de mérito, devendo-se destacar que tal atitude do demandante não implica renúncia ao direito em que se baseia o pedido de tutela jurisdicional. Inúmeras razões podem determinar que o autor, momentaneamente, não deseje prosseguir com o processo instaurado, podendo fazê-lo em outra ocasião.

É fato ser permitido ao autor apresentar a desistência da ação até sentença (§5º do art. 485), no entanto, uma vez apresentada a contestação, o autor somente poderá desistir da ação com o devido consentimento do réu, prenunciando o disposto na regra do § 4º do art. 485 que a vinculação se opera desde que o réu apresente sua resposta, portanto, tratando-se de réu revel, entendemos que não há por que exigir seu consentimento.

Importante aqui observar que, na hipótese de ocorrência de litisconsórcio passivo necessário, não se admitirá a desistência parcial contra apenas um ou alguns dos réus.

Determinadas ações, como, *v.g.*, a de alimentos, a de separação judicial, são intransmissíveis, porque intransmissíveis são os direitos subjetivos materiais nelas pleiteados.

Assim, se no curso de *ação intransmissível* o autor ou o réu falecerem, impõe-se a extinção do processo sem julgamento do mérito porque desaparece o sujeito a quem a sentença de mérito deveria dirigir-se. É a inteligência do inciso IX do art. 485.

Estabelece o § 3º do art. 485 que as matérias enumeradas nos incisos IV, V, VI e IX do mesmo artigo são conhecíveis de oficio pelo juiz e em qualquer grau de jurisdição, enquanto não ocorrer o regular trânsito em julgado.

Com relação à permissão expressa do § 3º supracitado, a matéria, por ser de ordem pública ou de natureza tipicamente intransmissível, não preclui, podendo o juiz dela conhecer enquanto não for proferida a sentença de mérito.

A possibilidade de conhecimento *ex officio*, todavia, não exclui a obrigação de o réu de arguir as causas extintivas do processo como preliminares de mérito na contestação, o que não se quer dizer que o mesmo estará impedido de fazê-lo posteriormente. Extinguindo-se o processo sem resolução de mérito, não há solução da lide que poderá ser buscada através da instauração de outro processo (art. 486). No entanto, duas são as condições para que a novata propositura se dê regularmente:

a) Em se tratando de extinção do processo em razão da presença de litispendência assim como nos casuísmos relativos aos incisos I, IV, VI e VII do art. 485, a propositura da nova ação dependerá da correção do vício que motivou levar a sentença ao julgamento sem resolução do mérito (§1º do art.486).

4.- Recurso Especial provido e sentença que julgou extinto o processo judicial restabelecida." (STJ. REsp 1.302.900/MG. Rel. Min. Sidnei Beneti. Julg. 09.10.2012).

b) A petição inicial, não será despachada pelo juízo sem a prova do pagamento ou do depósito das custas e dos honorários de advogado (§2º do art. 486).

Somado a tais questões supracitadas, entendemos que a presente sentença terminativa também impedirá a propositura de nova demanda quando da extinção do processo sem julgamento de mérito motivada pela presença de óbices constantes do inciso V do art. 485, quais sejam, a a ocorrência de perempção, litispendência e coisa julgada, o que vinha explícito no CPC/1973, através do disposto no art. 268.

Cuida ainda o art. 486 em seu §3º da ocorrência da perempção e seus limites para a alegação do objeto da demanda contaminada por sua presença, nos seguintes termos:

> *Se o autor der causa, por 3 (três) vezes, a sentença fundada em abandono da causa, não poderá propor nova ação contra o réu com o mesmo objeto, ficando-lhe ressalvada, entretanto, a possibilidade de alegar em defesa o seu direito.*

Cabe, por fim, sublinhar questão de importante relevância que é a possibilidade de retratação do juiz.

Conforme regra o §7º do art. 485, uma vez interposta a apelação diante de sentença que julgou o processo extinto sem a resolução de seu mérito, poderá o magistrado retratar-se no prazo de 5 (cinco) dias. Se por ventura, optar por não se retratar, deverá remeter os autos processo ao tribunal competente para o devido julgamento daquele recurso, notadamente, sem qualquer manifestação referente ao cabimento ou não da apelação interposta (§3º do art. 1.010).

3.3 EXTINÇÃO DO PROCESSO COM RESOLUÇÃO DE MÉRITO

Dando azo ao que falamos nas primeiras linhas do item anterior, os motivos ensejadores para a extinção do processo com resolução do mérito estão dispostos no art. 487, correspondendo, portanto, ao que se denomina sentença definitiva.

De início, importa afirmar que a decisão quanto ao objeto da lide (quando de sua existência) é o que objetiva o processo; seu caminhar se dá todo nessa direção com a realização de atos válidos e regulares.

Uma vez desenvolvida a atividade processual sem os incidentes já examinados, capazes de suspendê-la temporariamente ou extingui-la, sem que haja decisão da lide, o processo chega ao seu fim normal e previsto.

Embora, a rigor, só contemple o art. 487, em seu inciso I, uma hipótese de julgamento da lide, todas as demais causas definidas nos incisos II e III, produzem o mesmo efeito da sentença que decide o litígio.

Acolhendo ou rejeitando o pedido formulado pelo autor ou pelo reconvinte, define o juiz quem tem razão, quem tem direito ao objeto litigioso do processo.

Neste sentido, ao expor em juízo sua pretensão ao objeto, formula o autor ou o reconvinte pedido para que a tutela jurisdicional o acolha, dependendo, contudo, de conseguir provar, ao longo da marcha processual, que o direito subjetivo material invocado assiste a ele, sendo que, do pedido formulado resultará uma declaração jurisdicional (sentença) determinando o acolhimento ou a rejeição do mesmo.

Prolatada a sentença, fica decidida a controvérsia entre as partes, tomando-se definitiva e imutável a decisão após seu trânsito em julgado, ou seja, quando dela não mais couber recurso algum.

A hipótese contemplada pelo inciso II do art. 487 se refere à possibilidade de reconhecimento de ofício pelo juiz ou a requerimento da parte, a ocorrência de prescrição ou decadência do direito, objeto da lide.

Tanto a prescrição quanto a decadência extinguem direitos. A decadência os extingue de uma maneira direta e imediata em razão da inércia do seu titular. A prescrição também os extingue indiretamente porquanto, extinguindo a possibilidade de manejo da ação sobre aquele direito, extingue também a conquista daquela pretensão em juízo.

Extinto o direito subjetivo material ou processual, não tem sentido o processo. Prescrição e Decadência, portanto, são causas extintivas do processo, cabendo ao juiz, ao reconhecê-las, inclusive de ofício, como dito alhures, não apreciar o pedido formulado. Atenta-se, entretanto que, caberá ao magistrado, antes de reconhecê-las por sentença, conceder oportunidade às partes para manifestar-se sobre a existência ou não das mesmas, reconhecendo nisso o necessário dever do diálogo, possibilitando às partes *ex adversas* da demanda, o direito de influir na decisão, a partir deste importante contraditório.

Dita hipótese não acoberta os casos de decisão liminar de improcedência fundada em prescrição ou decadência (parágrafo único do art. 487), pois que aí há possibilidade de retratação pelo próprio magistrado, *ex vi* do §3º do art. 332.

No inciso III do art. 487, será possível a extinção do processo com resolução do mérito quando o juiz homologar:

a) O reconhecimento da procedência do pedido formulado na ação ou na reconvenção.

Revela-se aí o desaparecimento da própria lide posto que, ao reconhecer que o pedido formulado pelo autor procede, reconhece o réu que aquele tem razão. A sentença, então, passa a ser desnecessária, do ponto de vista da manifestação da convicção do juiz, mas imprescindível para declarar que o pedido do autor é procedente. Se o procurador do réu tiver poderes especiais para reconhecer a procedência do pedido, poderá fazê-lo em nome daquele; mas, só é admissível essa forma de extinção do processo com resolução do mérito se a lide versar sobre direitos disponíveis.

b) A transação

A transação como forma de autocomposição do litígio, pode-se dar tanto na fase pré-processual como no decorrer o processo. Desta última hipótese é que cuida a presente alínea, concedendo ao entendimento das partes quanto ao objeto litigioso do processo, o *status* de solução da lide, com exclusão do pronunciamento judicial acerca da questão de mérito.

Para que a transação possa ser válida, mister é que as partes sejam capazes, que o entendimento se opere quanto a direitos disponíveis e que o ato tenha regularidade formal.

Verificados esses requisitos, caberá ao juiz homologar a transação entre as partes e extinguir o processo como se tivesse sido prolatada decisão quanto ao mérito.

Importante salientar que, desde a assinatura do documento de transação, toma-se ela irretratável, mesmo que ainda não tenha sido homologada pelo juiz. Se alguma pretensão nascer do negócio jurídico celebrado entre as partes sob a forma de transação, dará ensejo à nova lide e, consequentemente, a novo processo para resolvê-la porque a lide primitiva já se resolveu com o ato negocial.

c) A renúncia à pretensão formulada na ação ou na reconvenção.

Tal causa permissiva de extinção do processo com resolução de mérito diz respeito à renúncia, pelo autor, do direito pleiteado.

O que afirma a ação é que, justamente, houve violação de um direito subjetivo material, devendo a sentença de mérito requerida permitir seu livre exercício. Se o autor renuncia a esse direito, sua pretensão deixa de ter sustentação, passa a inexistir. Sem pretensão, não há demanda. Como, ao renunciar ao direito litigioso, soluciona o autor a lide; o juiz deve declarar essa solução em sentença que extinga o processo com efeitos de resolução do mérito.

Somente são renunciáveis os direitos disponíveis e, para renunciar, precisa o autor ser maior e capaz.

Pode o advogado renunciar em nome da parte, mas desde que do mandato a ele conferido constem poderes especiais para tal ato.

Muito importante é não confundir a renúncia ao direito com a desistência da ação.

Desiste-se da ação temporariamente, podendo-se voltar a exercer o direito subjetivo processual em torno da mesma lide através de outro processo.

A renúncia ao direito sobre o que versa a lide, ao contrário, impede que esta seja novamente discutida, portanto, desaparecendo o direito pretendido, resolve-se a lide; por isso é que a desistência da ação tem como consequência a extinção do processo sem resolução de mérito, enquanto a renúncia ao direito extingue o processo com resolução de mérito.

Por derradeiro, o CPC/2015 acosta em seu art. 488 o entendimento de que, havendo possibilidade, "*o juiz resolverá o mérito sempre que a decisão for favorável à parte a quem aproveitaria eventual pronunciamento nos termos do art. 485.*"

Disso, demonstra-se corretamente, a preferência por soluções substanciais aos litígios em face de soluções tão somente processuais. É que quando se puder decidir o mérito a favor da parte a quem aproveitaria a decretação de determinada invalidade processual, o magistrado não a pronunciará, não mandará repetir ou retificar o ato, nem mesmo ordenará a suprir-lhe a falta, aplicando aí, efetivamente, o princípio da primazia da decisão de mérito.

Nota-se, de tudo, que o art. 488 do CPC bem autoriza a quebra da ordem tradicional de exame das questões no processo civil, portanto, sempre que possível, vislumbrando o julgador a possibilidade de resolver o mérito, ainda que na ausência de determinado requisito para concessão da pretendida tutela jurisdicional, deverá fazê-lo, desde que a sentença definitiva proteja igualmente aquela parte a que aproveitaria a sentença terminativa.[9]

Por outro lado, há de se atentar para do rol das hipóteses do art. 485, têm-se conteúdos que, ante a sua incidência quer positiva (presença), quer negativa (ausência) poderão ensejar em requisito processual que tutela maior interesse do Estado ou das partes. Um exemplo seria a existência de coisa julgada. Não poderá o magistrado pronunciar-se sobre o mérito ante a existência de coisa julgada, ainda que se trate de conteúdo motivador da extinção do processo sem resolução do mérito.[10]

Por outro lado, é perfeitamente possível que, diante da incapacidade processual da parte autora, estando o juiz convencido das alegações e conteúdo probal do réu, decidir a lide a seu favor, mesmo que diante da ausência daquele pressuposto processual.

Aliás, vale dizer que o Código de Processo Civil português traz dispositivo que se assemelha a este pátrio, mas com contornos mais exatos, inclusive quanto às possibilidades acimas referidas.

Diz o art. 288º, 3 do CPC lusitano:

> *As exceções dilatórias só subsistem enquanto a respetiva falta ou irregularidade não for sanada, nos termos do n.º 2 do artigo 265.º; ainda que subsistam,* ***não terá lugar a absolvição da instância quando, destinando-se a tutelar o interesse de uma das partes, nenhum outro motivo obste, no momento da apreciação da exceção, a que se conheça do mérito da causa e a decisão deva ser integralmente favorável a essa parte.*** (grifo nosso).

---

9. Cf. no mesmo sentido, Cf. MARINONI, Luiz Guilherme; MITIDIERO, Daniel. *O Projeto do CPC. Críticas e propostas.* São Paulo: RT, 2010, p. 127-128; MARINONI, Luiz Guilherme; ARENHART, Sérgio Cruz; MITIDIERO, Daniel. *Novo Código de Processo Civil Comentado.* São Paulo: RT, 2015, p. 490.

10. No mesmo sentido, ver MEDINA, José Miguel. *Novo Código de Processo Civil Comentado.* 3 ed. São Paulo: RT, 2015, p.730-731.

CAPÍTULO 11

PROCEDIMENTO COMUM E SUAS FASES

1. INTRODUÇÃO

Muito embora já enfrentado no Capítulo 6,[1] com elevada reflexão crítica, colocando-o em sintonia com o hodierno pensamento da doutrina processualística bem como em aderência com a sociedade moderna, esta que busca efetivamente a real fruição do direito garantido, ou ao menos reconhecido pelo Estado, cabe aqui apenas rememorar alguns aspectos do Processo como, p.ex., sua natureza etimológica significando "caminhada", "marcha adiante" (do latim, *procedere* = seguir adiante).

Durante muito tempo, foi ele confundido com uma simples sucessão de atos processuais (procedimento), sendo comuns as conceituações que o colocaram nesse plano, porém os conceitos de processo e procedimento são fundamentalmente distintos.

Tem-se como processo, no tocante ao aspecto social, o método pelo qual se opera a jurisdição com vistas à composição de situações incertas e conflituosas, sendo, portanto, instrumento de realização da justiça.

No sentido formal-tecnicista e, sobretudo, voltado fundamentalmente à sua natureza jurídica, existe o processo como a síntese (somatório) dos atos que lhe dão corpo e da relação entre eles (procedimento), juntamente com as relações entre os seus sujeitos (relação processual).

Temos, neste sentido, o Procedimento como o meio extrínseco pelo qual se instaura, desenvolve-se e termina o processo, sendo entendido, portanto, como uma coordenação de atos que se sucedem e, através de fases, relacionando-se e dando corpo àquele instrumento da Jurisdição.

Cabe aqui, igualmente, rememorar as espécies de procedimento reguladas pelo ordenamento processual civil pátrio.

–Espécies de procedimento:

- **Comum**:

- comum (art. 318 e ss.)

No CPC/2015, o Processo de Conhecimento está alocado na Parte Especial, mais precisamente em seu Livro I, tendo seu rito concentrado em um único,

---

1. Sugerimos ao leitor a leitura do "Introito" da presente obra bem como o Capítulo 6, a fim de se aprofundar no estudo da dinâmica, natureza e amplitude do Processo, este enquanto instrumento democrático, político e ideológico.

este denominado "comum", disposto no Titulo I do aludido Livro (substituindo os ritos do CPC/1973, no caso, ordinário e sumário), sendo o referido procedimento comum aplicável aos Procedimentos Especiais e ao Processo de Execução de forma subsidiária, como de fato esclarece o art. 318 e seu parágrafo único do novo Ordenamento Processual Civil pátrio:

> *Art. 318. Aplica-se a todas as causas o procedimento comum, salvo disposição em contrário deste Código ou de lei.*
>
> *Parágrafo único. O procedimento comum se aplica subsidiariamente aos demais procedimentos especiais e ao processo de execução.*

Especial:

- de jurisdição contenciosa[2] (arts. 539 a 718 e legislação extravagante);
- de jurisdição voluntária (arts. 719 a 770);
- das execuções (art. 771 a 925);
- das tutelas provisórias de urgência antecipadas e cautelares de natureza antecedente (arts. 294 a 310).

Antes de adentramos no Procedimento Comum, convém ao leitor fazer uma remissão ao Capítulo 6 desta obra, pois que lá encontrará os critérios determinativos para a escolha do respectivo procedimento acerca da tutela jurisdicional a ser requerida no âmbito do Direito Processual Civil brasileiro.

2. FASE POSTULATÓRIA

2.1 PETIÇÃO INICIAL

É o vínculo de manifestação formal da demanda com o conteúdo da providência jurisdicional a ser requerida.

2.1.1 Requisitos (art. 319 do CPC)

- *O juízo a que é dirigida e não em nome próprio do juiz.*
- *Os nomes, os prenomes, o estado civil, a existência de união estável, a profissão, o número de inscrição no Cadastro de Pessoas Físicas ou no Cadastro Nacional da Pessoa Jurídica, o endereço eletrônico, o domicílio e a residência do autor e do réu.*

Importante pontuar que caso o autor não disponha de qualquer das informações supracitadas, poderá ele, na própria petição inicial, requerer ao juiz diligências necessárias a fim de lograr êxito na obtenção (§1º do art. 319).

Não obstante a isso, a petição inicial não será indeferida se, a despeito da ausência de informações catalogadas no presente item, for possível a citação do réu

2. Insta ressaltar que o CPC/2015, diferente do que fazia CPC/1973, denomina os procedimentos de jurisdição contenciosa, simplesmente, de "Procedimentos Especiais".

(§2º do art. 319), da mesma forma, não será indeferida a exordial quando a obtenção de tais informações tornar impossível ou excessivamente oneroso o acesso ao Poder Judiciário pela parte interessada, como se vê do §3º do art. 319. Trata-se de importante opção do legislador, ao primar pela superação de qualquer obstáculo formal frente à possibilidade de acesso ao serviço público da justiça.[3]

Obviamente, ainda que com tais possibilidades, não se abre mão do comunicado inequívoco ao réu quanto à propositura da demanda, o que, necessariamente, se faz pela efetiva citação válida e, somente então com esta é a que a relação processual se completa, criando, inclusive, os efeitos decorrentes do art. 340 do CPC.

– *O fato e os fundamentos jurídicos do pedido.*

Deve o autor descrever não somente o fato ocorrido como também demonstrar consequências jurídicas capazes de justificar o pedido constante da petição inicial.

Insta lembrar que conforme já visto no capítulo referente à ação e seus elementos identificadores, a causa de pedir se subdivide em: causa remota (relacionada no fato) e causa próxima (relacionada ao fundamento jurídico, ou seja, às consequências jurídicas deste fato).[4]

– *O Pedido com as suas especificações*

Do fato e fundamento jurídico decorrerá logicamente o pedido, devendo ser este formulado com clareza e precisão.

É sobre ele que recai a decisão e, consequentemente, a coisa julgada.

O pedido é definido em duas extensões: em caráter imediato, significando a providência jurisdicional solicitada (condenação, declaração, constituição, modificação ou extinção da relação jurídica) e em caráter mediato, correspondendo este no bem jurídico material a ser alcançado (validade do contrato, demolição de obra, pagamento, desocupação de imóvel).

Por outro lado, no tocante à própria propositura da ação e mesmo ao seu desenvolvimento, cabe ao autor, em sendo possível, desde já solicitar a concessão de prioridade no trâmite processual da demanda, isso diante de ocorrências especiais conforme garante o art. 1.048, respectivamente, como, por exemplo, em casos de idade (acima de 60 anos) ou mesmo, diante da parte estar acometida por doença grave.

---

3. "(...) sem escapar ao regramento que disciplina o nosso sistema processual, o julgador não pode estar apegado ao formalismo exacerbado e desnecessário, devendo-se esforçar ao máximo para encerrar a sua prestação jurisdicional apresentando uma composição para a lide, cumprindo assim a atribuição que lhe foi deferida." (STJ. 1ºT. REsp 707.997/PE. Rel. Min. Francisco Falcão. Julg. 14.03.2006, *DJ* 27.03.2006).

4. Enunciado n. 281 do FPPC. "O enquadramento normativo dos fatos não é requisito da petição inicial e, uma vez existente, não vincula o órgão julgador."
Enunciado n 282 do FPPC. "Para julgar com base em enquadramento normativo diverso daquele invocado pelas partes, ao juiz cabe observar o dever de consulta, previsto no art. 10."

Nisso:

> *Art. 1.048. Terão prioridade de tramitação, em qualquer juízo ou tribunal, os procedimentos judiciais:*
>
> *I - em que figure como parte ou interessado pessoa com idade igual ou superior a 60 (sessenta) anos ou portadora de doença grave, assim compreendida qualquer das enumeradas no art. 6º, inciso XIV, da Lei nº 7.713, de 22 de dezembro de 1988;*
>
> *II - regulados pela Lei nº 8.069, de 13 de julho de 1990 (Estatuto da Criança e do Adolescente).*

Para tanto, a pessoa interessada na obtenção da prioridade supra referida, ao requerê-la, deverá juntar prova de sua condição, e uma vez deferida a prioridade, os autos receberão identificação própria, de modo a evidenciar que tramita na forma prioritária (§§1º e 2º do art. 1.048).

Vale dizer por tudo que, uma vez a parte provando a condição de beneficiário da prioridade no trâmite processual, deverá o órgão jurisdicional competente, imediatamente, determinar as providências para tanto, junto ao cartório do juízo. (§§1º e 4º do art. 1.048).

Cabe salientar que diante da aludida concessão de prioridade, essa não cessará com a morte do beneficiado, *estendendo-se em favor do cônjuge supérstite ou do companheiro em união estável* (§3º do art. 1.048).

No tocante ao idoso, insta ressaltar que a Lei n.13.466/17, mais precisamente em seu art. 2º, veio a assegurar prioridade especial aos maiores de 80 (oitenta) anos, atendendo-se suas necessidades sempre preferencialmente em relação aos demais idosos.

– *O Valor da Causa.*

A toda causa será atribuído valor certo, ainda que não possua conteúdo econômico auferível no momento da propositura, devendo o valor da causa constar sempre da petição inicial e, quando presente, da reconvenção.

Tal requisito possui finalidades processuais específicas, como, por exemplo:

- parametrizar o *quantum* relativo à pretensão solicitada pela parte.
- influenciar na fixação de honorários do advogado.
- possibilitar, em sede de juizados especiais, a adoção do rito sumaríssimo.

As normas constantes dos arts. 291 a 293 do CPC cuidam do regramento referente ao valor da causa,[5] tendo o art. 292 apontado os fatores para se chegar ao valor que deverá contar da peça exordial. *In verbis*:

5. Súmula n.449 do STF: "O valor da causa, na consignatória de aluguel, corresponde a uma anuidade."

> *Art. 292. O valor da causa constará da petição inicial ou da reconvenção e será:*
>
> *I - na ação de cobrança de dívida, a soma monetariamente corrigida do principal, dos juros de mora vencidos e de outras penalidades, se houver, até a data de propositura da ação;*
>
> *II - na ação que tiver por objeto a existência, a validade, o cumprimento, a modificação, a resolução, a resilição ou a rescisão de ato jurídico, o valor do ato ou o de sua parte controvertida;*
>
> *III - na ação de alimentos, a soma de 12 (doze) prestações mensais pedidas pelo autor;*
>
> *IV - na ação de divisão, de demarcação e de reivindicação, o valor de avaliação da área ou do bem objeto do pedido;*
>
> *V - na ação indenizatória, inclusive a fundada em dano moral, o valor pretendido;*[6]
>
> *VI - na ação em que há cumulação de pedidos, a quantia correspondente à soma dos valores de todos eles;*
>
> *VII - na ação em que os pedidos são alternativos, o de maior valor;*
>
> *VIII - na ação em que houver pedido subsidiário, o valor do pedido principal.*
>
> *§ 1º Quando se pedirem prestações vencidas e vincendas, considerar-se-á o valor de umas e outras.*
>
> *§ 2º O valor das prestações vincendas será igual a uma prestação anual, se a obrigação for por tempo indeterminado ou por tempo superior a 1 (um) ano, e, se por tempo inferior, será igual à soma das prestações.*

Por outro lado, caberá ao juiz, de ofício ou por arbitramento, corrigir o valor da causa quando verificar que este não corresponde ao conteúdo patrimonial em discussão ou ao proveito econômico perseguido pelo autor (vale dizer, não podemos perder de norte aqui o preceito do art. 10 do CPC).[7]

Daí que, caberá ao autor, o recolhimento das custas correspondentes à diferença apurada (§3º do art. 292). Poderá também o réu se opor ao valor atribuído pelo autor à causa, e o fará nas preliminares da contestação, sob pena de preclusão.[8]

---

6. Entendemos neste caso, mesmo que em sede de dano moral, da possibilidade de pedido genérico, desde que não seja possível determinar, desde logo, i.e., quando da propositura da ação, as consequências do ato ou fato – o próprio dano moral -, como bem autoriza o §1º, II do art. 324 do CPC.
7. *"O juiz não pode decidir, em grau algum de jurisdição, com base em fundamento a respeito do qual não se tenha dado às partes oportunidade de se manifestar, ainda que se trate de matéria sobre a qual deva decidir de ofício."*
8. A reciproca, igualmente, se faz verdadeira, ou seja, uma vez o autor sendo intimado para se manifestar acerca da preliminar de impugnação ao valor da causa alegada pelo réu e a deixa de fazer, tal atitude corresponderá à aceitação tácita do valor indicado pelo réu, cabendo ao juiz acolher a citada preliminar impugnativa e proceder à correção valorativa da demanda.

Uma vez julgada pelo magistrado, caso procedente a alegação do réu, serão as custas complementadas pelo autor (art.293).

– *As provas com que o autor pretende demonstrar a verdade dos fatos alegados.*

Tem o autor que indicar as provas que pretende demonstrar a veracidade de suas alegações. No entanto, entende-se que, na inicial, pode o autor manifestar apenas a intenção (protesto) de produzir provas por todos os meios em direito admitidos (art. 369), sendo que apenas no silêncio da parte, em responder o despacho de especificação de provas faz precluir o direito à produção, implicando desistência do pedido genérico formulado na inicial.[9]

Dita permissão é admitida visto que, na grande maioria das vezes, a indicação precisa das provas somente é possível após a contestação, pois que esta poderá até admitir os fatos alegados na inicial como verdadeiros, tornando, desde que possível de influir na convicção do julgador, inócua a instrução probatória.[10]

- A opção do autor pela realização ou não de audiência de conciliação ou de mediação.

Conforme já mencionado alhures, no CPC/2015 o Processo de Conhecimento tem seu rito concentrado em um único, este denominado comum.

Dentre as características deste Procedimento Comum está a "Audiência de Conciliação ou Mediação" já no início do procedimento, esta necessariamente conduzida por conciliador ou mediador, certamente, onde houver (§1º do art. 334).

Assim, uma vez estando a petição inicial com seus requisitos essenciais preenchidos e não sendo o caso de improcedência liminar do pedido, o juiz designará audiência de conciliação ou de mediação com antecedência mínima de 30 (trinta) dias, devendo o réu ser citado com pelo menos 20 (vinte) dias de antecedência (art. 334, *caput*). No entanto, dita audiência não se realizará nos seguintes casos:

I – se ambas as partes manifestarem, expressamente, desinteresse na composição consensual; II – quando não se admitir a autocomposição (§4º do art. 334).

No caso de ato manifestado pelas partes, em sendo o autor, deverá ele indicar já na petição inicial o seu desinteresse pela autocomposição; outrora, partindo do réu dita manifestação, caberá ao mesmo apresentá-la com 10 (dez) dias de antecedência, contados da audiência (§5° do art. 334).

Em havendo litisconsortes, o desinteresse na realização da audiência deverá ser manifestado por todos eles (§6º do art. 334).

---

9. STJ. 3ªT. REsp 329.034/MG. Rel. Min. Humberto Gomes de Barros. Julg. 14.02.2006, *DJ* 20.03.2006.

10. Admite-se o direito de produzir prova ainda que omitida na inicial a sua indicação (RT 495/83).

Cabe frisar que o não comparecimento injustificado do autor ou do réu à audiência de conciliação será considerado ato atentatório à dignidade da justiça e sancionado com multa de até dois por cento da vantagem econômica pretendida ou do valor da causa, revertida em favor da União ou do Estado, *ex vi* do §8º do art. 334.

As partes devem estar acompanhadas por seus advogados ou defensores públicos, podendo qualquer delas constituir representante, por meio de procuração específica, com os devidos poderes para negociar e transigir (§§9º e 10º do art.334).

Insta ainda destacar que, a presente audiência de conciliação ou de mediação poderá ser realizada por meios eletrônicos (*v.g.*, *skype*), e uma vez ocorrendo a autocomposição, será ela reduzida a termos e homologada por sentença, como se nota dos §§7º e 11 do art. 334.

– *Os documentos indispensáveis à propositura da ação.*

Sustenta o art. 320 do CPC que a petição inicial será instruída com os documentos necessários à impetração da ação. Fato é que ao autor faculta a juntada à sua petição inicial de documentos que entenda serem úteis e aptos a justificarem a sua pretensão, demonstrando a seu critério a conformidade daquilo que pede.

No entanto, coube ao legislador indicar a indispensabilidade da juntada de determinados documentos em sede de petição inicial, sempre de acordo com a pretensão que se faz deduzida em juízo por qualquer interessado.

Nisto, temos como exemplo de documentos tidos como indispensáveis à propositura da ação, dentre outros:

- em ação reivindicatória, a "escritura devidamente registrada";
- em ação de separação judicial, divórcio ou mesmo anulação de casamento, a "certidão de casamento";
- em ação desconstitutiva de contrato escrito, o "instrumento do contrato";
- em ação de execução fundada em título executivo extrajudicial, o "título executivo extrajudicial".[11]

Diante da ausência de documento indispensável, conforme os exemplos supracitados, deverá o juiz ordenar a juntada do mesmo[12] (art. 321, *caput* do CPC),[13] sob pena de indeferir a petição inicial, *ex vi* do parágrafo único do art. 321 c/c art. 330, IV do CPC.

---

11. Confira outros exemplos em NERY, Nelson; NERY, Rosa Maria de Andrade. *Comentários ao Código de Processo Civil*. São Paulo: RT, 2015, p. 889.
12. "Não estando a inicial acompanhada dos documentos indispensáveis, deve o juiz determinar o suprimento e, não, indeferir de plano a inicial" (RSTJ 100/197).
13. Enunciado n.284 do FPPC: "Aplica-se à ação rescisória o disposto no art. 321."

Neste ínterim, cabe trazer à luz ainda, a determinação contida no §2º do art. 330 do CPC, cujo conteúdo é de total pertinência para se ter como incluso na petição inicial:

> *Nas ações que tenham por objeto a revisão de obrigação decorrente de empréstimo, de financiamento ou de alienação de bens, o autor terá de, sob pena de inépcia, discriminar na petição inicial, dentre as obrigações contratuais, aquelas que pretende controverter, além de quantificar o valor incontroverso do débito.*

Em tais casos, portanto, caberá ao autor discriminar em sua inicial, dentre as obrigações contratuais inerentes ao próprio negócio jurídico, aquelas às quais interessa controverter, devendo, necessariamente, quantificar o valor incontroverso, ou seja, aquele que não se está a discutir e, portanto, excludente da controvérsia a ser instaurada, devendo o aludido *quantum* incontroverso continuar a ser pago, seja no tempo e modo, respectivamente ora contratados (§3º do art. 330).

2.1.2 Despacho

Com a distribuição da petição inicial no órgão jurisdicional onde há mais de um juiz competente ou sendo apenas um juízo o competente, com o registro da peça exordial, será ela examinada nos seus requisitos elementares para, então, ser devidamente despachada, estando, desde já, instaurada a relação processual autor-juiz.

Poderá o despacho assumir as seguintes feições:

- *deferir a petição inicial*, com o juiz designando a audiência de conciliação ou de mediação com antecedência mínima de 30 (trinta) dias, devendo ser citado o réu com pelo menos 20 (vinte) dias de antecedência (art. 334 do CPC).

- deferir a petição inicial, determinado a citação do réu para contestar a pretensão do autor, em casos onde a audiência de conciliação ou de mediação não puder ser realizada por não se admitir a autocomposição acerca do direito material, objeto da lide (art.334, §4º, II do CPC).

- *determinar ao autor a emenda ou a complementação da petição inicial* no prazo de 15 (quinze) dias, quando o juiz verificar que a exordial não preenche os requisitos dos arts. 319 e 320 ou que apresenta defeitos e irregularidades capazes de dificultar o julgamento de mérito, cabendo ainda ao julgador indicar, com precisão, o que deve ser corrigido ou completado na naquela peça inicial (321 do CPC).

Caso o autor não venha cumprir a supracitada determinação no lapso temporal apontado, o juiz indeferirá a petição inicial (art. 321, parágrafo único).

- *indeferir a petição inicial* (arts. 330 e 331 do CPC).

Nesta hipótese, uma vez indeferida a petição inicial, caberá ao autor a faculdade de apelar de tal decisão e ao juiz, no prazo de 5 (cinco) dias, retratar-se.[14]

Uma vez não ocorrendo aludida retratação, o réu deverá ser citado para responder ao recurso.

Julgado o recurso de Apelação e sendo a sentença reformada pelo tribunal competente, o prazo para a contestação da parte ré começará a correr da intimação do retorno dos autos, observando-se aí o disposto no art. 334.

Por outro lado, caso não seja interposta a apelação pelo autor, será o réu intimado do trânsito em julgado da sentença (art.331, §3º), o que deverás ser importante para fins de possível alegação futura do réu envolvendo, por exemplo, casos de perempção, quando o autor der causa à extinção do processo decorrente da mesma pretensão pelo menos outras duas vezes.

Nesta hipótese ainda, pensamos ser razoável que, em sendo o vício sanável, v.g., "falta de pedido" (§1º, I do art.330), caberá ao magistrado conceder o prazo de 15 (quinze) dias para que o autor possa saná-lo, sempre em sintonia com o art. 321 bem como com o seu parágrafo único, e em prestígio ao art. 10, em sendo o caso.

– *julgar, desde já, improcedente a demanda, extinguindo o processo* (art. 332).

Com relação a esta última possibilidade concede o legislador poderes ao juiz de, neste momento, ainda que no nascedouro da demanda proposta e, portanto, de *prima facie*, antes de integralizar totalmente a relação jurídica processual com a citação do réu, proferir sentença de improcedência do pedido reclamado pelo autor.

Tal atitude é permissiva ao magistrado nas causas que dispensem a fase instrutória (típicas matérias tão somente de direito) e quando o pedido autoral contrariar:

I - enunciado de súmula do Supremo Tribunal Federal ou do Superior Tribunal de Justiça;

II - acórdão proferido pelo Supremo Tribunal Federal ou pelo Superior Tribunal de Justiça em julgamento de recursos repetitivos;

III - entendimento firmado em incidente de resolução de demandas repetitivas ou de assunção de competência;

IV - enunciado de súmula de tribunal de justiça sobre direito local.

Poderá o juiz, do mesmo modo, julgar liminarmente improcedente o pedido do autor quando, desde já, observar a ocorrência de decadência ou prescrição do direito. (§1º do art. 332). Aliás, ainda que o art. 487, parágrafo único do CPC autorize que o juízo possa, de ofício, reconhecer nesta hipótese a impro-

---

14. Enunciado 68 da I Jornada de Direito Processual Civil do CJF: "A intempestividade da apelação desautoriza o órgão a quo a proferir juízo positivo de retratação."

cedência sem ouvir as partes – diga-se, a contrário senso do que estabelece o art. 10 - temos que seja possível e muitas vezes prudente ao juiz oportunizar a manifestação das partes neste contexto, não somente pelo próprio preceito do ora art. 10 supracitado, como em razão da possibilidade de existência de causas interruptivas e suspensivas do prazo prescricional.[15]

A sentença prolatada nas hipóteses do art. 332, por ser de improcedência, é considerada de mérito (art. 487, I, do CPC),[16] resultando na possibilidade de operar-se a coisa julgada material (art. 502 do CPC).

Ao autor caberá a oportunidade de apelar no prazo de 15 (quinze) dias, admitindo-se ao juiz o juízo de retratação no prazo de 5 (cinco) dias, conforme dita o próprio art. 332 em seu § 3º[17], neste caso, uma vez ocorrendo a aludida retratação, o magistrado determinará o prosseguimento do processo, restando sem efeito a Apelação e sendo então citado o réu para a continuidade da marcha processual sob a égide do que determina o art.334, caput. Por outro lado, em não havendo a aludida retratação prosseguirá a demanda com a citação do réu para a sua devida resposta, esta por meio das contrarrazões e no prazo de 15 (quinze) dias.

Importante observar que o presente art. 332, incute a ideia de racionalização da atividade judiciária, tentando aí compatibilizar verticalmente as decisões judiciais, otimizando a economia processual, mas com prestígio elevado à isonomia, ou seja, conceder mesmo tratamento às situações jurídicas semelhantes como se vê em outras oportunidades do nosso ordenamento processual civil, *ex vi* do art. 932, IV do CPC.

Em verdade, é cediça a multiplicidade de demandas repetitivas sobre assuntos seguidamente julgados, como questões que envolvem tributos, previdência, relações de consumo e que, notadamente, se prendem somente a uma questão.

Em meio a tal contexto problemático, não foge à análise que a alusiva multiplicidade de demandas de semelhante teor (litigiosidade de massas), desaguada em uma estrutura técnica procedimental edificada sob outro paradigma e que, por isso, vem o legislador, ainda de pouco, buscando alternativas para o enfrentamento de numerário avassalador das supracitadas lides, em que pese a problemática envolta na questão possuir tentáculos para uma variedade de causas, sendo, a nosso ver, das mais graves, o incontestável déficit em políticas públicas voltadas ao arranjo estrutural - e aí incluso o pessoal – qualitativo, apto a otimizar necessário impacto na qualidade do serviço público da justiça no país.

---

15. STJ. 2ºT. REsp 1.005.209/RJ. Rel. Min. Castro Meira, *DJe* 22.04.2008.

16. Importante enunciado do FPPC é aquele de n. 36: "As hipóteses de impossibilidade jurídica do pedido ensejam a improcedência liminar do pedido."

17. Enunciado 68 I Jornada de Direito Processual Civil do CJF: "A intempestividade da apelação desautoriza o órgão a quo a proferir juízo positivo de retratação."

Por outro lado, somando-se à problemática quantitativa, tem-se a necessidade de melhor equalização das decisões judiciais aos casos concretos com nítida similitude, ou seja, nota-se, de muito, uma variedade de julgados com comandos discrepantes sobre uma mesma situação de direito, fortalecendo o sentimento de insegurança jurídica, realçado em sua face subjetiva, ou seja, na confiança legítima dos cidadãos quanto à calculabilidade e previsibilidade dos atos dos poderes públicos, contrariando assim o próprio e verdadeiro escopo da visão democrática a que o processo, como instrumento de liberdade, deva encarnar e incansavelmente perquirir: o empenho à igualdade de todos perante o direito.

Tal escopo se mostra indissociável do próprio Estado de Direito, com o equilíbrio das relações sociais, ainda que, a partir da concepção abstrata da lei, mas que razoavelmente pondera o seu exercício prático à razoabilidade através de soluções comuns à mesma medida do conflito a ser dissolvido pelo Poder Judicante estatal.

Ilógico e, por isso, inaceitável que, diante da analogia em casos concretos, repousem decisões gravemente discrepantes. Neste mesmo diapasão, bem norteiam Marinoni e Mitidiero[18] :

> Não há Estado Constitucional e não há mesmo Direito no momento em que casos idênticos recebem diferentes decisões do Poder Judiciário. Insulta o bom senso que decisões judiciais possam tratar de forma desigual pessoas que se encontram na mesma situação.

Trata-se, de fato, de um dos vetores mobilizadores na edificação do novel CPC/2015, o compromisso com o respeito ao tratamento isonômico das decisões, por meio da verticalização e respeito aos precedentes das cortes superiores, o que se será mais especificamente abordado quando do enfrentamento de tópico relativo aos "Precedentes Judiciais".

Por ora, convém alertar que ao autor caberá a maior das atenções quanto à propositura de demandas sob conteúdos já reconhecidos em julgados vinculantes ditados pelos incisos I, II, III e IV do art. 332, dado que deverá estabelecer como elemento argumentativo viabilizador do pedido e causa de pedir, a distinção ou superação da matéria discutida em sua *actio* frente ao "precedente", este cuja tese (*ratio decidendi*) já se encontra vinculativa aos demais órgãos jurisdicionais.

2.1.3 Casos de Indeferimento da Petição Inicial

Já enfrentado na presente obra, mais precisamente em sede de extinção do processo sem resolução de mérito, os motivos ensejadores para a decisão pelo indeferimento da petição inicial estão arrolados no art. 330.

---

18. MARINONI, Luiz Guilherme; MITIDIERO, Daniel. *O Projeto do CPC. Críticas e propostas.* São Paulo: RT, 2010, p. 17-18.

São de duas espécies:

- De ordem formal (incisos I; IV; §1º e §2º do art. 330).

- Fundado na inadmissibilidade da ação, carecendo de condição essencial ao julgamento do mérito (incisos II e III do art. 330).

Posto isso, indefere-se a petição inicial pelas causas arroladas no art. 330, das quais a primeira é a inépcia da petição inicial.

Como se sabe, a petição inicial é a peça processual pela qual se provoca a jurisdição, dando início à marcha processual, aquela por que se exercita o direito de ação. Trata-se, portanto, de peça formal, que necessita reunir os requisitos essenciais do art. 319 do CPC para atingir os objetivos a que se propõe. Dentre esses requisitos avulta o pedido formulado pelo autor, sobre o qual incidirá a sentença. O pedido é resultante dos fatos e do fundamento jurídico e assim, *inepta* será a petição inicial, sempre que dela não constar o pedido ou a causa de pedir, quando os fatos forem narrados de tal forma que deles não se possa extrair conclusão lógica, ou quando, havendo mais de um pedido, forem eles incompatíveis entre si (art. 330, I e §1º).

Trata-se de caso de inépcia da petição inicial, o desrespeito à regra prevista no §2º do art. 330. *In verbis*:

> *Nas ações que tenham por objeto a revisão de obrigação decorrente de empréstimo, de financiamento ou de alienação de bens, o autor terá de, sob pena de inépcia, discriminar na petição inicial, dentre as obrigações contratuais, aquelas que pretende controverter, além de quantificar o valor incontroverso do débito.*

Em tais casos,[19] portanto, caberá ao autor discriminar em sua inicial, dentre as obrigações contratuais inerentes ao próprio negócio jurídico, aquelas às quais interessa controverter, devendo, necessariamente, quantificar o valor incontroverso, ou seja, aquele que não se está a discutir e, portanto, excludente da controvérsia a ser instaurada, devendo o aludido *quantum* incontroverso continuar a ser pago, seja no tempo e modo, respectivamente ora contratados (§3º do art. 330).

Também não será aceita a petição inicial como veículo hábil para a propositura da demanda quando a parte – ativa ou passiva – for *manifestamente ilegítima*. Verificando o juiz, por ocasião do primeiro despacho ordinatório, a ilegitimidade inconteste de uma das partes, não poderá o magistrado permitir que o processo se desenvolva, cabendo-lhe determinar sua extinção sem exame da matéria de mérito, porque a decisão da lide não pode dar-se em face de quem não tenha legitimidade para suportar seus efeitos.

O mesmo tratamento dá o Código à outra condição da ação – *interesse processual* – já que, se à vista da petição inicial conclui o juiz pela impossibilidade

19. Enunciado n. 290 do FPPC: "A enumeração das espécies de contrato previstas no § 2º do art. 330 é exemplificativa."

da sentença do mérito, só lhe compete desacolher a peça exordial, considerando-a inepta para alcançar o objetivo colimado pelo processo, em casos de vícios desta grandeza.

No inciso IV do art. 330 aponta-se como causa de indeferimento da petição inicial o não atendimento às prescrições dos arts. 106 e 321, sendo elas:

a) Quando postular em causa própria, caberá ao advogado:

I - declarar, na petição inicial ou na contestação, o endereço, seu número de inscrição na Ordem dos Advogados do Brasil e o nome da sociedade de advogados da qual participa, para o recebimento de intimações;

II - comunicar ao juízo qualquer mudança de endereço.

Descumprindo o que dispõe o inciso I supra, caberá ao juiz ordenará que o mesmo supra a omissão, no prazo de 5 (cinco) dias, antes de determinar a citação do réu, sob pena de indeferimento da petição.

b) Por outro lado, infringindo o advogado quanto ao que prevê o aludido inciso II, serão consideradas válidas as intimações enviadas por carta registrada ou meio eletrônico ao endereço constante dos autos.

c) Verificando o juiz que a petição inicial não preenche os requisitos dos arts. 319 e 320 ou que apresenta defeitos e irregularidades capazes de dificultar o julgamento de mérito, determinará que o autor, no prazo de 15 (quinze) dias, a emende ou a complete, indicando com precisão o que deve ser corrigido ou completado. Uma vez não cumprida citada diligência, caberá o magistrado indeferir a petição inicial.

2.1.4 EXTENSÃO DO INDEFERIMENTO

Pode o indeferimento da petição inicial ser total ou parcial. Será parcial quando houver pedidos cumulados, como, por exemplo, quando o órgão judicial seja absolutamente incompetente quanto a um ou alguns dos pedidos acumulados ou quando da narração dos fatos não decorre lógica sobre um dos pedidos.

Indeferida parcialmente a inicial, trata-se então de uma decisão interlocutória.

Sendo a inicial totalmente indeferida, estaremos diante de uma sentença.

Interposta a apelação contra o indeferimento total inicial, poderá o juiz exercer o juízo de retratação no prazo de 5 (cinco) dias, reformando a decisão (art. 331, *caput*) ou não (§1º do art. 331).[20]

---

20. Enunciado n. 293 do FPPC: "Se considerar intempestiva a apelação contra sentença que indefere a petição inicial ou julga liminarmente improcedente o pedido, não pode o juízo a quo retratar-se."

2.2 PEDIDO

2.2.1 Classificação

Conforme já observado quando do Capítulo referente à Ação e seus elementos identificadores,[21] deve o pedido ser identificado sob duas formas:

– Pedido imediato: representa o desejo do autor de obter do Estado-juiz uma sentença quer seja condenatória constitutiva, ou mesmo meramente declaratória, a fim de dar comando à sua própria pretensão (o bem da vida).

– Pedido mediato: é o próprio bem da vida, ou seja, o *quantum* pretendido pelo autor face ao réu (*v.g.*, a indenização, os alimentos, a propriedade etc.).

2.2.2 Pedido como Limitador da Atividade Jurisdicional

Deve a atividade jurisdicional limitar-se dentro do princípio da congruência (ou da correspondência), mantendo uma relação exata entre o pedido e a sentença conforme preceituam os arts. 141 e 492 do CPC.

Sendo assim, é defeso ao órgão judicial ditar sobre aquilo que não foi objeto específico de manifestação do titular do interesse, devendo ainda, a interpretação do pedido, considerar o conjunto da postulação pretendida pela parte, notadamente, sempre em observância ao princípio indissociável de uma prestação jurisdicional legítima, que se faz encarnado naquele da "boa-fé".

Baseado, portanto, no princípio dispositivo, o pedido (tanto imediato quanto mediato) é que delimitará a extensão da atividade jurisdicional.

Pode, por isso, a atividade jurisdicional desviar os limites do pedido nas seguintes hipóteses:

- *Extra Petita*: é a sentença que decide sobre pedido diverso daquele que consta da petição inicial.

- *Ultra Petita*: trata-se de sentença que alcança além da própria extensão do pedido, isto é, aprecia-se além do que foi pleiteado.

Importante ressaltar que não constitui decisão *ultra petita*, embora nenhum desses pedidos conste da inicial:

– A que concede correção monetária ou que condena ao pagamento de juros legais (art. 322, §1º).[22]

– A que expressa as despesas e honorários advocatícios (art. 322, §1º).

– A que condena às prestações vincendas (art. 323).

– Aquela que, em ação de rescisão de promessa de compra e venda (Decreto-lei n. 58/37, art. 12), determina a restituição das prestações pagas.

---

21. Capítulo 5.

22. Enunciado n.254 do STF: "Incluem-se os juros moratórios na liquidação, embora omisso o pedido inicial ou a condenação."

Na ocorrência de sentença *ultra petita*, o tribunal não anulará a mesma, devendo, por isso, reduzi-la aos limites do pedido.

- *Citra Petita*: constitui na sentença que não examina em toda sua amplitude, o pedido formulado na inicial ou na defesa do réu. Como exemplo, temos a hipótese onde o autor propõe respectiva ação de indenização por danos emergentes e lucros cessantes. O juiz julga procedente o pedido relacionado aos danos emergentes, porém não faz quaisquer menções aos solicitados lucros cessantes.

2.2.3 PEDIDO GENÉRICO

Em regra, o pedido deve ser sempre certo (art. 322, *caput* do CPC) e determinado (art. 324, *caput* do CPC).

No tocante à certeza, significa que o pedido (mediato ou imediato) deve ser sempre expresso quanto ao gênero do objeto pretendido e nunca implícito.

Quanto à determinação, esta correspondente à definição dos limites daquilo que se pede, ou seja, à sua extensão. Assim, por exemplo, o autor pede a condenação do réu em perdas e danos. Neste caso, o pedido é certo, mas não determinado; o autor pede que seja o réu condenado a pagar R$ 10.000,00 a título de perdas e danos. O pedido, neste caso, é certo e determinado.

A certeza e a determinação do pedido são fundamentais tanto pelo aspecto de se evitar que o órgão julgador atue sob dúvidas ou hipóteses, como também no tocante à fixação do objeto litigioso, determinando mais claramente a possibilidade de evitar a ocorrência de litispendência, perempção e a invasão à coisa julgada.

Porém, em exceção aos ditames da certeza e determinação do pedido está a disposição do §1º do art. 324, onde se permite a formação de pedido de natureza genérica, ou seja, pedido certo quanto à existência e gênero, contudo não especificamente individualizado quanto à quantidade e extensão.

Assim, dispõe o art. 324, §1º as seguintes hipóteses permissivas de pedido genérico:

I – *nas ações universais, se o autor não puder individuar os bens demandados* como acontece em casos relativos à "herança".

Não sendo possível especificar desde logo os bens, pode o autor pedir parcela de direito que lhe toca; apresentará, neste caso, pedido certo, ainda que a amplitude seja verificada quando for possível a individuação de todos os bens que integram a herança.

II – *quando não for possível determinar, desde logo, as consequências do ato ou do fato.*

Nisso, *v.g.*, caso se busque a indenização por atropelamento, é perfeitamente possível que somente após o término do tratamento médico, a amplitude dos danos físicos sejam apuráveis, sendo as sequelas oriundas do acidente, reversíveis ou não.

III – *quando a determinação do objeto ou do valor da condenação depender de ato que deva ser praticado pelo réu.*

É o que ocorre nas obrigações de fazer (art. 821, parágrafo único) quando o autor opta pela indenização em virtude do inadimplemento da avença.

Somente em tais situações se admite pedido genérico.

Da mesma forma, será possível ao magistrado proferir sentença ilíquida, quando: I - não for possível determinar, de modo definitivo, o montante devido; II - a apuração do valor devido depender da produção de prova de realização demorada ou excessivamente dispendiosa, assim reconhecida na sentença.(art. 491 do CPC), devendo então o montante ser apurado em sede de liquidação (§1º do art. 491 do CPC).

Importante destacar ainda que, as hipóteses previstas no art. art. 324, §1º são igualmente aplicáveis à reconvenção, conforme bem expressa o §2º do art. 324.

2.2.4 Pedido Cominatório

Quando o pedido mediato do autor cingir no sentido de que a parte *ex adversa* pratique ou se abstenha de praticar algo, ou mesmo que tolere alguma atividade ou entregue alguma coisa, faculta este próprio autor requerer ao juiz que imponha pena pecuniária a fim de que se impeça o réu de atrasar ou mesmo descumprir a sentença ou decisão oriunda de tutela provisória, *ex vi* do art. 297 do CPC.

A despeito da lei processual apenas facultar ao autor o requerimento para a fixação da aludida pena (também conhecida como *astreinte*), em situações que envolvem obrigações de fazer, não fazer ou entregar, como forma de compelir o devedor recalcitrante no cumprimento de sua obrigação, e que, em muitas vezes só podem ser prestadas pelo próprio devedor (*intuito personae*), poderá o juiz, de ofício, a fim de garantir a efetividade de sua decisão, inclusive para obrigações de natureza pecuniária, estipular tal pena conforme inteligência, dentre outros, dos arts. 139, IV, 497 e 536, §1º do CPC.

2.2.5 Pedido Alternativo

O pedido alternativo fundamenta-se no sentido de ter por objeto duas ou mais prestações das quais, apenas uma, será efetivada pelo devedor, como, por exemplo, na pretensão do depositário sobre um bem depositado, onde o autor poderá pedir a entrega da coisa depositada ou o equivalente em dinheiro, ou mesmo em se tratando de venda de um imóvel, onde se estipulou o preço por medida de extensão, e esta não corresponder às dimensões dadas, terá o comprador o direito de exigir o complemento da área, e, não sendo isso possível, *o de reclamar a resolução do contrato ou abatimento proporcional ao preço*, conforme o art. 500 do Código Civil.

Quando, ao se exigir judicialmente o cumprimento de obrigação alternativa, onde a escolha entre as prestações recaia sobre o devedor, seja em virtude de contrato, seja em razão da lei (art. 252 do Código Civil), deverá o autor formular o pedido igualmente de forma alternativa, possibilitando, assim, ao réu exercitar seu direito à escolha conforme o parágrafo único do art. 325 do CPC.

2.2.6 Pedidos Sucessivos

É uma modalidade de pedido alternativo, porém eventual, pois que, na verdade, há um pedido principal e um ou vários subsidiários, sendo estes examinados somente na eventualidade de rejeição do primeiro (art. 326).

Podemos citar como exemplo: o autor pede a entrega do apartamento, não sendo dito pedido possível que então lhe devolva as prestações pagas.

Vale destacar que o parágrafo único do art. 326 permite ao autor, por exemplo, acostar em sua peça inicial mais de um pedido subsidiário, alternativamente, de modo a que o juiz possa acolher um deles, portanto, admite-se o pedido sucessivo alternativo.

Viola o art. 326 quando o magistrado, ao negar o pedido principal, deixa de analisar o pedido subsidiário, configurando-se aí em decisão *citra petita*.[23]

Caso a sentença venha acolher o pedido sucessivo, rejeitando, contudo, o principal, poderá o autor recorrer para insistir na procedência deste último.[24]

2.2.7 Pedido de Prestações Periódicas

Também conhecida como prestações de trato sucessivo, é regulada pelo art. 323, este que permite ao magistrado que inclua na condenação as prestações periódicas mesmo que o autor não as tenha requerido.

Vencendo as prestações no curso da demanda, serão as mesmas incluídas na sentença; vencendo após a prolação da sentença, a inclusão é implícita.

Sendo assim, a sentença abrangerá as prestações vencidas ao tempo da propositura da ação, aquelas que se vencerem no decorrer do processo e as vincendas, isto é, aquelas que se referem à duração da obrigação. Como exemplo, temos as prestações alimentícias, aluguéis.

Tal norma tem por objetivo evitar que novas demandas sejam propostas sobre prestações sucessivas oriundas de um mesmo objeto.

2.2.8 Cumulação de Pedidos

Contrariamente ao que ocorre na cumulação de pedidos sucessivos (art. 289), permite o art. 327 que o autor cumule, na mesma ação, mais de um pedido em face do mesmo réu a fim de que o juiz conheça de ambos conjuntamente.[25]

---

23. STJ. 1ªT.REsp211.558/SP. Rel. Min. Milton Luiz Pereira. Julg. 06.12.2001, *DJ* 11.03.2002.

24. STJ. 5ªT.EDcl no AgRg. no REsp. 646.104/RS. Rel. Min. Gilson Dipp. Julg.16.12.2004, *DJ* 28.02.2005.

25. Súmula n.387 do STJ: "É lícita a cumulação das indenizações de dano estético e dano moral."

Trata-se, na verdade, da possibilidade de se acumular mais de uma ação em razão de um mesmo réu, porém, baseada no princípio da economia processual e da finalidade política do processo que é o instrumento para a pacificação social e estabilidade nas relações jurídicas, permite o nosso ordenamento processual civil, a formulação de mais de um pedido em face do mesmo réu, ainda que não haja relação entre os tais pedidos.

Temos como exemplos:

- cumulação simples (independente): a cobrança simultânea de duas dívidas oriundas de fatos diversos.
- cumulação sucessiva (dependente): a investigação de paternidade cumulada com pedido de herança; rescisão de contrato e consequentes perdas e danos.

a) Requisitos para admissibilidade da cumulação (art. 327, §§ 1º e 2º)

I – Pedidos sejam compatíveis entre si, portanto não podendo ser incompatíveis, como por exemplo, quando o autor pede a entrega do bem e a devolução da quantia paga.

II – Seja competente para conhecer dos pedidos o mesmo juízo.

Competência absoluta: o juiz, de ofício, deverá repelir a cumulação, porém, sendo competente para um ou alguns dos pedidos, deverá prosseguir no julgamento deste(s), ressalvado ao autor a possibilidade de formular o(s) pedido(s) indeferido(s) perante o órgão competente.

Competência relativa: deverá o juiz aguardar a manifestação do réu, pois que, se o mesmo não manifestar sobre dita incompetência no momento oportuno (*in casu*, na peça contestatória), terá o juízo prorrogado na sua competência.

III – Que seja adequado para todos os pedidos o mesmo procedimento.

No aspecto geral, só haverá possibilidade de acumulação de pedidos quando entre eles houver possibilidade de uniformidade dos procedimentos.

Assim, se os diversos pedidos tiverem procedimentos distintos, a cumulação estará impossibilitada, salvo, contudo, se o autor empregou o procedimento comum (art. 327, § 2º), caso em que estará abrindo mão dos ritos específicos de um ou de alguns dos pedidos pretendidos.

Vale destacar que, o §2º do art. 327 bem frisa a possibilidade de cumulação de pedidos sem prejuízo do emprego das técnicas processuais diferenciadas previstas nos procedimentos especiais a que se sujeitam um ou mais pedidos cumulados, desde que não forem incompatíveis com as disposições sobre o procedimento comum, como por exemplo, a adoção de medidas urgentes para o alcance de uma das pretensões solicitadas ao juízo.

Cabe observar que não poderá haver cumulação quando se tratar de processos distintos, como, por exemplo, conhecimento e execução.

2.2.9 ADITAMENTO AO PEDIDO

Objetivando a estabilidade do processo, o art. 329 estabelece momentos aos quais será facultada ao autor a possibilidade de modificação de sua pretensão e/ou causa de pedir, mesmo que diante de eventual provocação da jurisdição já realizada.

Nisso, poderá o autor aditar ou alterar o pedido e/ou a causa de pedir até a citação, independentemente do consentimento do réu, visto que a relação processual ainda é linear, não causando prejuízos à defesa do mesmo (art. 329, I do CPC).

Uma vez realizada a citação[26] e até o saneamento, poderá o autor aditar ou alterar o pedido e/ou a causa de pedir somente com a anuência do réu, assegurado a este o contraditório, mediante a possibilidade de manifestação no prazo de 15 (quinze) dias, facultando, inclusive, requerimento de prova suplementar (art. 329, II do CPC). Sendo o réu revel, deverá o mesmo ser citado novamente para que possa tomar conhecimento e se manifestar diante de aditamento ou alteração de pedido e/ou causa de pedir; caso o réu tenha advogado nos autos, deverá este ser intimado regularmente.

Neste ínterim, vale fazer menção ao art. 493 do CPC, esse que indica ao magistrado tomar em consideração, mesmo que após a propositura da demanda, de ofício ou a requerimento da parte interessada, fato constitutivo, modificativo ou extintivo do direito que deva influir no julgamento da lide, sendo o momento propício para tal aquele da prolação da sentença.[27]

Assim, diante do *ius superveniens*, este que, fundamentalmente, deva possuir o condão de influenciar no julgamento da lide em questão, caberá ao juiz levá-lo em consideração, independentemente de quem vier a ser o beneficiário de tal prática,[28] ligando-se por isso ao desiderato objetivado pelo processo

---

26. Considera-se realizada a citação por ato do escrivão ou do chefe de secretaria, ou ainda quando juntado aos autos do processo o aviso de recebimento, o mandado cumprido ou quando finda a dilação assinada pelo juiz, conforme o art. 231 do CPC.
    Já se decidiu por isso que, deve ser acolhida a solicitação do autor para fins de alteração do pedido e/ou da causa de pedir, independente de qualquer consentimento do réu, se dito requerimento do autor vem aos autos antes da juntada do respectivo aviso de recebimento ou mandado cumprido, ainda que já postada a carta ou expedido o devido mandado. (STJ. 4ªT.REsp 400.042/PE. Rel. Min. Sálvio de Figueiredo Teixeira. Julg.21.05.2002, *DJ* 02.09.2002).

27. Importante anotar aqui posicionamentos jurisprudenciais que, reconhecendo a possibilidade do conhecimento em sede recursal, de fato superveniente ao proferimento da sentença, indica, caso a caso – e na medida do possível! – a necessidade de realização do processo como instrumento hábil à consecução do justo. Nisto: "O fato tido por superveniente, que possa influenciar no julgamento da causa, deve ser considerado pelo julgador, ainda que em sede recursal, não havendo óbice para que a parte requeira o seu conhecimento por meio de contra-razões recursais." (STJ. 1ª T. REsp 847.831. Min. Francisco Falcão. Julg. 28.11.2006, *DJU* 14.12.2006). Na mesma toada, ver dentre outros, RSTJ 42/352, 87/237, STJ-RT 687/200 e STJ-Bol. AASP 1.787/122.

28. Não importa se o fato novo beneficia o autor ou o réu; a quem quer que seja, deverá ser levado em consideração (Ver STJ. 2ª T. AgRg no REsp 548.700/PE. Rel. Min. Eliana Calmon. Julg. 3.8.2006, *DJ* 17.8.2006, p. 336).

enquanto instrumento hábil à satisfação efetiva do direito molestado, importando por isso, na compreensão do julgador de que verdades formais divorciadas do que, de fato reza a realidade, transforma o processo em modelo estéril de atuação do justo.

Por outro lado, insta afirmar que o fato superveniente não terá serventia para alterar a causa de pedir ou mesmo o pedido.[29]

De tudo afirmado aqui, insta pontuar também o seu cabimento em sede de reconvenção. (parágrafo único do art. 329 do CPC).

2.3. TUTELA PROVISÓRIA (URGÊNCIA E EVIDÊNCIA)

2.3.1 Introdução

É fato que no Estado contemporâneo de direito, marcadamente por sua leitura constitucional e democrática, no que toca aos anseios e conquistas que povoam aqueles que nele creem, o serviço público da justiça merece atenção e contornos mais que especiais, pois que são depositadas ali variadas formas de felicidade e de um futuro promissor quando se tem a convicção de (re)conquista de um bem da vida, quer agredido, aviltado ou mesmo prometido.

A jurisdição não se deve prestar tão somente à realização concreta da vontade da lei, mas mais do que isso: deve conceder a proteção em tempo razoável e de forma efetiva do direito material pretendido.

Notadamente, é através do instrumento processo que o Estado deve buscar o aperfeiçoamento das atividades nele realizadas para dar concretude real de gozo e fruição àquele que teve seu direito inadimplido, de modo a tornar as pessoas mais felizes ou menos infelizes.

Verdade é que, diante dos desafios da prestação jurisdicional qualitativa, tenta-se aprimorar o sistema jurisdicional a partir de medidas voltadas ao equilíbrio entre as técnicas de tutela substancial e o respeito e realização das garantias processuais constitucionais.[30]

Descrevendo os males que, de certo, determinam o retardamento da tutela jurisdicional almejada, Proto Pisani[31] aponta que a ideologia liberal-individualista dos fins do século XIX e da primeira parte do século XX imaginava com a mais absoluta certeza que a técnica do procedimento ordinário resultava-se idônea ao se prestar a tutelar um rol infinito de direitos, decorrendo daí o caráter mistificador do pressuposto teórico da estéril igualdade formal.

Na mesma toada e sob a égide do CPC/1973, bem acentuava Marinoni que o procedimento ordinário, como o é intuitivo "faz com que o ônus do tempo do

---

29. STJ.5ª T. REsp 620.828. Rel. Min. Felix Fischer. Julg. 17.8.2006, *DJU* 18.9.2006, p. 351.
30. Cf. CRUZ E TUCCI, José Rogério. *Tempo e Processo*. São Paulo: RT, 1997, p.121.
31. PISANI, Andrea Proto. *Appunti sulla giustiza civile*. Bari: Cacucci, 1982, p.18 e ss.

processo recaia unicamente sobre o autor, como se este fosse o culpado pela demora ínsita à cognição dos direitos."[32]

É preciso que se condicione o tempo do processo, possibilitando, pela própria razão prática, a eliminação de injustiça, esta que se torna ainda mais acentuada diante daquele que necessita - por que tem razão- da tutela.

Por outro lado, a urgência no uso e gozo de determinada pretensão de direito caminha na mesma perspectiva, ou seja, se requer muitas vezes a tutela de forma provisória, seja pelo seu caráter de urgência e/ou mesmo pela percepção do direito demonstrado como evidente no plano da razão probatória e que, certamente, já condicionaria ao seu necessário gozo e fruição de forma efetiva, ainda que em momento antecedente à sua provável e possível concessão definitiva.

Como cediço, não se trata de qualquer novidade em sede de direito pátrio a obtenção de uma tutela de natureza provisória urgente.

A única maneira de conseguir uma tutela de urgência antes da Lei n. 8.952/94, que deu origem a um ciclo de minirreformas do CPC/1973, era através do processo cautelar, onde o autor, após comprovar o *periculum in mora* e o *fumus boni iuris*, requisitava uma medida assecuratória com o escopo de preservar a efetividade de eventual tutela a ser concedida em futuro processo de conhecimento, contudo, a citada lei modificou o mecanismo lógico e natural do processo de cognição, qualquer que seja o procedimento, determinando um novo tipo de tutela de urgência denominada "antecipação de tutela" que facultava ao juiz, diante de provas não exauríveis e mediante decisão interlocutória fundamentada (art. 273, § 1º, do CPC/1973), outorgar total ou parcialmente a tutela que, de regra, deveria ser concedida apenas no final do processo, depois do encerramento da fase de instrução – quando da sentença de mérito, possibilitando, assim, que o autor, de imediato, tivesse satisfação da sua pretensão.

A despeito de ser uma medida que se deve primar, mais do que nunca, por uma equilibrada razoabilidade do juízo, uma vez que, compreende a alteração da ordem natural do processo, a tutela antecipada fora justificada pela necessidade de o Estado-juiz ter de tornar realmente eficiente o processo, o que, às vezes, não é possível quando se faz necessário esperar um lapso de tempo exacerbado até que, por fim, seja prolatada uma sentença e esta se torne executável, via de regra, depois do seu trânsito em julgado.

Em um contexto mais amplo, notadamente, voltado ao equilíbrio dos planos da urgência e da evidência do direito frente ao próprio lapso temporal do processo, dedica o CPC/2015 um livro específico à denominada "Tutela Provisória".

Trata-se do Livro V da Parte Geral onde a Tutela Provisória se faz considerada como gênero do qual são espécies as Tutelas de Urgência de Evidência.

---

32. MARINONI, Luiz Guilherme. *Tutela Antecipatória, Julgamento Antecipado e Execução Imediata da Sentença.* São Paulo: RT, 1997, p.17.

No Título I do presente Livro, mais precisamente nos arts. 294 a 299 são tratadas as disposições gerais referentes à tutela provisória; em seguida, constando do Título II – arts. 300 a 310 – encontramos o regramento pertinente à tutela de urgência e, por fim, no Título III, especificamente no art. 311, pontifica a regulação da tutela da evidência.

2.3.2 Tutela Provisória e suas especificidades

De início, observa-se que o legislador do novel CPC/2015 optou por adotar o termo Tutela Provisória como gênero, tendo como suas espécies as Tutelas de Urgência (Antecipada e Cautelar) e de Evidência, podendo as primeiras ser concedidas tanto em caráter antecedente quanto incidentalmente no processo, *ex vi* do art. 294 e seu parágrafo único.

A tutela provisória (de urgência ou da evidência), uma vez concedida, conservará a sua eficácia na pendência do processo, no entanto poderá ser, a qualquer momento, revogada ou modificada, ressaltando-se que, salvo decisão judicial, conservará a sua eficácia ainda que durante a eventual suspensão do processo (art. 296 e parágrafo único).

A competência para a concessão da tutela provisória será daquele juízo competente para conhecer da pretensão principal, portanto, o requerimento da desejada tutela provisória será dirigido ao órgão julgador apto ao conhecimento da tutela definitiva, podendo o magistrado determinar as medidas que considerar adequadas para a sua efetivação (art. 297).

Aliás, devemos aqui salientar que tal poder do juiz em determinar medidas adequadas à sua consideração acerca do bem/situação jurídica apresentada na *actio* possui caráter mais amplo do que o poder geral de cautela que se fazia previsto no CPC/1973 (art. 798), pois que, no CPC/2015, dito poder se faz estendido ao gênero Tutela Provisória, portanto, em tutelas de natureza urgente ou de evidência, inclusive não se prendendo a medidas típicas, dependendo então das exigências do caso concreto apresentado para tanto.[33]

Insta destacar que, especificamente, na ação de competência originária de tribunal bem como em sede recursal, a tutela provisória será requerida, evidentemente, ao órgão julgador responsável por apreciar o mérito do pedido principal, ressalvada qualquer outra disposição especial (art. 299 e parágrafo único).

Uma vez requerida a tutela provisória em caráter incidental, esta não exigirá o pagamento de custas (art. 295).

Diante do requerimento da tutela em comento, quer de forma antecedente ou incidentalmente, sendo esta negada ou concedida e mesmo que, após sua concessão, venha operar-se sua modificação ou mesmo revogação, não se eximirá o magistrado, diante de qualquer destas decisões, de motivar o seu

33. Enunciado n.31 do FPPC: "O poder geral de cautela está mantido no NCPC."

convencimento, sempre de modo claro e preciso (art. 298), o que, aliás, torna-se despicienda tal referência, já que por próprio preceito constitucional (art. 93, IX da CF/88), impedido está o órgão julgador de proferir decisões sem o respeito integral à imprescindível motivação e, por isso, a uma fundamentação analítica e justificada.[34]

Para efetivação da tutela provisória, serão observadas, no que couberem, as regras que regem o cumprimento provisório da sentença, consoante aponta o parágrafo único do art. 297.

Conforme já assinalado, a competência para a concessão da tutela provisória será daquele juízo competente para conhecer da pretensão principal, portanto, o requerimento da desejada tutela provisória será dirigido ao órgão julgador apto ao conhecimento da tutela definitiva e, ressalvado disposição em contrário, na ação de competência originária de tribunal bem com em sede recursal, a Tutela Provisória será devidamente requerida ao órgão competente naquele tribunal para apreciar o mérito (art. 299 e seu parágrafo único).

Por fim, cumpre afirmar, pela própria natureza de gênero por que dota a Tutela Provisória, que tais disposições ora em comento são aplicáveis em geral às tutelas de urgência e de evidência, espécies, como já dito, daquela.

2.3.3 TUTELAS DE URGÊNCIA

Conforme já salientado, consiste a Tutela de Urgência em uma das espécies de Tutela Provisória, subdividindo-se em Tutela de Urgência Antecipada e Tutela de Urgência Cautelar.

A Tutela Provisória de Urgência, seja ela antecipada ou cautelar, será concedida quando houver elementos que evidenciem a probabilidade do direito e o perigo de dano ou risco ao resultado útil do processo, o que pode ser traduzido na demora da prestação jurisdicional (art. 300, *caput* do CPC/2015), em referência ao seu correspondente no CPC/1973, *in casu*, o art. 273, *caput* e inciso I. *In verbis*:

"Art. 300. A tutela de urgência será concedida quando houver elementos que evidenciem a probabilidade do direito e o perigo de dano ou o risco ao resultado útil do processo."

---

34. Importante neste âmbito são os enunciados do FPPC abaixo:
N.29: "A decisão que condicionar a apreciação da tutela antecipada incidentalmente ao recolhimento de custas ou a outra exigência não prevista em lei equivale a negá-la, sendo impugnável por agravo de instrumento."
N.30: "O juiz deve justificar a postergação da análise liminar da tutela antecipada de urgência sempre que estabelecer a necessidade de contraditório prévio."
N.141: "O disposto no art. 298 do CPC, aplica-se igualmente à decisão monocrática ou colegiada do Tribunal."
N.142: "Da decisão monocrática do relator que concede ou nega o efeito suspensivo ao agravo de instrumento ou que concede, nega, modifica ou revoga, no todo ou em parte, a tutela jurisdicional nos casos de competência originária ou recursal, cabe o recurso de agravo interno nos termos do art. 1.021 do CPC."

De pronto, é de se notar a aproximação dos requisitos da tutela antecipada e cautelar, ambas consideradas pelo legislador do CPC/2015 como tutelas voltadas à urgência fática e jurídica para a sua concessão, restando, portanto, clara a escolha quantos aos elementos ou requisitos comuns à ambas, mais uma vez: a) probabilidade do direito (*fumus boni iuris*); b) perigo de dano ou risco ao resultado útil do processo (*periculum in mora*).

Aliás, ratificando dito entendimento está o Enunciado n. 143 do Fórum Permanente de Processualistas Civis:

> A redação do art. 300, *caput*, superou a distinção entre os requisitos da concessão para a tutela cautelar e para a tutela satisfativa de urgência, erigindo a probabilidade e o perigo na demora a requisitos comuns para a prestação de ambas as tutelas de forma antecipada.

É de se lembrar, conforme já explicitado quando da análise da tutela provisória, que as tutelas de urgência antecipada ou cautelar podem ser requeridas e concedidas tanto em caráter antecedente quanto incidentalmente no processo, conforme assegura o art. 294, parágrafo único.

Em sede de concessão da tutela de urgência, poderá o magistrado exigir caução real ou fidejussória idônea para ressarcir os danos que a outra parte, por ventura, possa vir a sofrer, podendo ser dispensada se a parte economicamente hipossuficiente não puder oferecê-la (art. 300, §1º).

Nota-se, conforme supracitado, a possibilidade de a parte *ex adversa* vir a sofrer danos decorrentes da concessão de medida de urgência e nisso dispõe o art. 302 de hipóteses resultantes de realização da tutela de urgência no plano prático.

Atesta o presente dispositivo legal:

> *Art. 302. Independentemente da reparação por dano processual, a parte responde pelo prejuízo que a efetivação da tutela de urgência causar à parte adversa, se:*
>
> *I - a sentença lhe for desfavorável;*
>
> *II - obtida liminarmente a tutela em caráter antecedente, não fornecer os meios necessários para a citação do requerido no prazo de 5 (cinco) dias;*
>
> *III - ocorrer a cessação da eficácia da medida em qualquer hipótese legal;*
>
> *IV - o juiz acolher a alegação de decadência ou prescrição da pretensão do autor.*
>
> *Parágrafo único. A indenização será liquidada nos autos em que a medida tiver sido concedida, sempre que possível.*

Pode a tutela de urgência ser concedida liminarmente ou após justificação prévia (§2º do art. 300). Justifica-se tal hipótese quando o juiz, por exemplo, ao examinar o pedido de tutela de urgência, não se convença da real presença de *fumus boni iuris* e/ou do *periculum in mora*, necessitando, pois, designar audiência de justificação prévia para fins de certificar-se probalmente da necessidade da medida requerida, logicamente, com a presença do autor e, uma vez pautando-se em pedido de tutela de urgência *inaudita altera pars*, certamente, a presença do réu neste caso, redundaria no próprio esvaziamento da medida objetivada.

Destaca-se que a tutela de urgência de natureza antecipada não será concedida quando houver perigo de irreversibilidade dos efeitos da decisão ora pretendida (§3º do art. 300).

Em verdade, é possível que a concessão da medida e sua respectiva realização venham a ocasionar, realmente, a irreversibilidade do bem jurídico objeto da referida tutela, como, por exemplo, em casos onde se obtém uma tutela antecipada para demolição de um prédio de valor histórico ou arquitetônico. De certo, sua reconstrução não terá o condão fiel de substituir o original e, daí, o que teríamos seria uma irreversibilidade de fato, sendo razoável a não concessão da tutela de urgência antecipada.

Tal irreversibilidade também é conhecida, dentre outros, no seguinte julgado:

> EMBARGOS DE DECLARAÇÃO NO AGRAVO REGIMENTAL. TUTELA ANTECIPATÓRIA EM AÇÃO RESCISÓRIA. IDADE AVANÇADA DA RÉ. CARÁTER ALIMENTAR. EXISTÊNCIA DO PERICULUM IN MORA INVERSO. EMBARGOS DECLARATÓRIOS ACOLHIDOS, COM EFEITOS MODIFICATIVOS, PARA REVOGAR A ANTECIPAÇÃO DA TUTELA.
>
> 1. Na hipótese dos autos, em que se informam a idade avançada da ré e a ausência de recursos financeiros para sua subsistência, verifica-se a existência do periculum in mora inverso, ante o caráter alimentar da pensão especial de ex-combatente, concedida pelo julgado que se pretende rescindir com a presente ação. Em verdade, diante de tais fatos, noticiados na petição dos embargos de declaração, imperioso concluir que a manutenção da antecipação da tutela, suspendendo a execução do julgado rescindendo, pode ocasionar danos irreparáveis à parte ré, em razão da demora do processo. **Trata-se, pois, de irreversibilidade de fato, que impede a concessão da tutela antecipatória, porquanto insuscetível de ser resolvida em perdas e danos (artigo 273, 2º, do Código de Processo Civil).**
>
> 2. Embargos de declaração acolhidos, com efeitos modificativos, a fim de revogar a decisão que concedeu tutela antecipatória, determinando, por conseguinte, o prosseguimento da execução do julgado rescindendo.[35] (Grifo nosso).

35. STJ.3ª Seção EDcl no AgRg na AR 3.163 - PR Rel.Min. Hélio Quaglia Barbosa.Julg. 08.03.2006, DJ 20.03.2006.

Por outro lado, em se tratando da possibilidade de reparação por perdas e danos diante da concessão de medida antecipada, entende doutrina[36] e jurisprudência (o próprio acórdão acima), de possível obtenção da tutela de urgência antecipada, ainda que diante de possível irreversibilidade, *in casu*, tida como de direito.[37/38]

Ainda que façamos comentários mais adiante sobre esta questão, encontramos também dentro do conteúdo geral da tutela de urgência, disposição atinente, especificamente, à tutela de urgência de natureza cautelar, onde por meio do art. 301 do CPC disposto está a possibilidade de a citada tutela ser efetivada mediante arresto, sequestro, arrolamento de bens, registro de protesto contra alienação de bem e qualquer outra medida idônea para asseguração do direito, demonstrando na locução "qualquer outra medida idônea", a ideia de que a tônica das medidas cautelares inominadas corresponde ao regramento adotado pelo legislador do CPC/2015, dado que com a extinção do Livro III do CPC/1973, este inteiramente dedicado ao Processo Cautelar e em especial, às cautelares nominadas, procura o novel *codex* de 2015 elencar as medidas cautelares a título nominalmente exemplificativo, como acima se viu no art. 301, possibilitando que qualquer outra medida idônea para asseguração do direito possa ser adotada e/ou adaptada ao bem e/ou situação jurídica desejada para o acautelamento.

No que se refere à fungibilidade das tutelas de urgência antecipada e cautelar, o legislador não repetiu a integralidade da regra entre ditas medidas como no CPC/1973.

Certo é que encontramos a fungibilidades de aludidas medidas de urgência no art. 305, *caput* e parágrafo único do CPC/2015, que assim expressa:

> *Art. 305. A petição inicial da ação que visa à prestação de tutela cautelar em caráter antecedente indicará a lide e seu fundamento, a exposição sumária do direito que se objetiva assegurar e o perigo de dano ou o risco ao resultado útil do processo.*
>
> *Parágrafo único. Caso entenda que o pedido a que se refere o caput tem natureza antecipada, o juiz observará o disposto no art. 303.*

Denota-se do dispositivo suprarreferido que a fungibilidade entre as tutelas provisórias de urgência antecipada (caráter satisfativo) e a cautelar (cará-

---

36. Por muitos, ver, MEDINA, José Miguel Garcia. Ob. cit., p.476.

37. NERY JR., Nelson; ANDRADE NERY, Rosa Maria. Ob. cit., p.859.
Entendendo como possível a obtenção da tutela de urgência antecipada em quaisquer casuísmos, ou seja, não sendo a irreversibilidade óbice à obtenção da medida, dentre outros, MARINONI, Luiz Guilherme; ARENHART, Sérgio Cruz; MITIDIERO, Daniel. *Novo Código de Processo Civil Comentado...*, p.313.

38. Enunciado 40 da I Jornada de Processo Civil do Conselho da Justiça Federal (CJF): "A irreversibilidade dos efeitos da tutela de urgência não impede sua concessão, em se tratando de direito provável, cuja lesão seja irreversível."

ter conservativo) encontra-se, textualmente, restrita no que se refere ao momento do seu requerimento, ou seja, naqueles casos onde se postula a tutela provisória de urgência na forma antecedente.

Assim, ainda que os requisitos para a concessão das medidas urgentes sejam os mesmos, parece apontar o legislador para a impossibilidade ampla de fungibilidade entre as mesmas.

Não obstante isso, entendemos que o melhor pensamento seria aquele voltado ao prestígio da economia processual em sintonia com o princípio da duração razoável do processo, de modo a que, dentro da perspectiva de uma razoável fungibilidade, não ser a mesma desprezada, quer entre tutelas provisórias de urgência cautelar e antecipada ou mesmo vice versa, quer antecedente ou incidentalmente, não se coadunando a edificação de óbices para tal diante de questões especificamente formais, quando, em verdade, se põe como de relevo a imprescindibilidade de realização da efetividade processual[39], ideal indissociável da prestação do serviço público da justiça e de respeito aos valores constitucionais.

2.3.3.1 Tutela de Urgência Antecipada

Conforme já salientado, a Tutela de Urgência se divide em antecipada e cautelar, podendo ambas ser concedidas em caráter antecedente ou incidental (parágrafo único do art. 294 do CPC).

Mais precisamente, com relação à *tutela de urgência antecipada*, temos a sua possibilidade de concessão tanto em sede anterior ao próprio pedido principal da demanda quanto junto a este e mesmo, incidentalmente, ou seja, no decorrer do processo.

a) *Tutela de urgência antecipada requerida em caráter antecedente (com pretensão à estabilização)*

Com relação à tutela antecipada requerida em caráter antecedente, o art. 303 do CPC trata de iniciar a regulação de seu procedimento, nos seguintes termos:

> *Art. 303. Nos casos em que a urgência for contemporânea à propositura da ação, a petição inicial pode limitar-se ao requerimento da tutela antecipada e à indicação do pedido de tutela final, com a exposição da lide, do direito que se busca realizar e do perigo de dano ou do risco ao resultado útil do processo.*

Nota-se daí a possibilidade de se requerer os efeitos da pretensão final quando a urgência da medida antecipatória for contemporânea à própria propositura da ação a qual se objetiva a tutela final.

---

39. BEDAQUE, José Roberto dos Santos. *Tutela Cautelar e Tutela Antecipada: tutelas sumárias de urgência*. 3 ed. São Paulo: Malheiros, 2003, p.291.

No caso em tela, a petição inicial pode limitar-se ao pedido de tutela antecipada com a indicação do pleito de tutela final, expondo aí a lide, o direito que deseja alcançar bem como o perigo de dano ou risco ao necessário resultado útil do processo, portanto, uma peça simplificada[40], não obstante capaz de motivar o órgão julgador a conhecer da pretensão desejada e, por isso, o conteúdo probatório da alegação deve ser, inexoravelmente, acostado. Ainda na peça exordial deverá constar o valor da causa, este que deve levar em consideração o pedido de tutela final e a indicação de que pretende o autor se valer da aludida medida antecipada de caráter antecedente à tutela final (§§4º e 5º do art. 303).

Pois bem. Uma vez deferida a tutela de urgência antecipada de caráter antecedente, deverá o autor aditar à petição inicial, nos mesmos autos e sem novas custas (§3º do art. 303), a respectiva complementação de sua argumentação, possibilitando a juntada de novos documentos e a confirmação do pedido de tutela final, em 15 (quinze) dias ou em outro prazo maior que o juiz poderá fixar, *ex vi* do art. 303, §1º, I. Não levando a cabo o supracitado aditamento no tempo e forma prevista, o processo será extinto sem resolução do mérito (§2º do art. 303).[41]

Poderá ainda o juízo entender da inexistência de elementos para a concessão da medida antecipada em caráter antecedente. Neste caso, será determinada ao autor a emenda da petição inicial no prazo de 5 (cinco) dias (diga-se, sem possibilidade de alargamento temporal), o que significa dizer que deverá o mesmo, caso seja de seu interesse, efetivar o próprio pedido de tutela final em sua extensão; caso contrário, haverá indeferimento da petição inicial e a consequente extinção do processo sem resolução do mérito (§6º do art. 303).

Assim, uma vez deferida a medida, será o réu citado e intimado para a audiência de conciliação ou de mediação (II do §1º do art. 303).

Cabe aqui elencar alguns apontamentos.

A citação neste caso dar-se-á para que o réu, logicamente, tenha a ciência da concessão da medida antecipatória de caráter *inaudita altera pars* e, mais do que isso, possibilitar a interposição do respectivo recurso[42/43] (agravo de

---

40. Cf. WAMBIER, Teresa Arruda Alvim *et ali*. *Primeiros Comentários ao Novo Código de Processo Civil.* São Paulo: RT, 2015, p.507.

41. Aliás, no tocante à necessidade de aditamento da petição inicial, muito bem andou o Tribunal de Justiça de Minas Gerais que, ao editar enunciados sobre o Novo Código de Processo Civil de 2015, expressou no Enunciado de número 19 - ao qual concordamos - o seguinte entendimento: "O autor do requerimento de tutela antecipada antecedente concedida só estará obrigado a aditar a petição inicial se houver a interposição de recurso."

42. Entendendo da possibilidade de o réu se opor à presente decisão concessiva de tutela antecipada antecedente, não somente por meio de recurso, mas por qualquer outra forma de oposição ao *decisum*, *v.g.*, contestação, reconvenção, a fim de se evitar a extinção do processo, cf., WAMBIER, Teresa Arruda Alvim *et ali*. Ob. cit., p.512.

43. Destaca-se que o 3ª Turma do Superior Tribunal de Justiça (REsp 1760966/SP) interpretou de forma ampla o artigo 304 do Código de Processo Civil de 2015, entendendo que outras formas de impug-

instrumento, art. 1.015, I do CPC) diante da decisão interlocutória de admissão da medida antecipada, dado que não recorrendo o réu da referida decisão, ocorrerá a denominada "estabilização da tutela antecipada" (art. 304, *caput* do CPC), concedendo presunção de força e estabilidade ao pedido que até então era de caráter provisório, sendo o processo extinto com resolução do mérito conforme atesta o §1º do art. 304.[44-45]

Neste caso, ocorrendo a citada estabilidade da tutela antecipada, esta conservará seus efeitos enquanto não for revista, reformada ou invalidada por decisão de mérito decorrente de ação revocatória a ser promovida por qualquer das partes para tais fins, dentro do prazo de 2 (dois) anos, estes contados da ciência da decisão que extinguiu o processo, concedendo a referida estabilidade (§§2º,3º e 5º do art. 334), cabendo frisar que para dita *actio*, prevento será o juízo que concedeu a medida de urgência antecipada antecedente.[46]

Vale dizer, por conseguinte, que qualquer das partes poderá, igualmente, solicitar desarquivamento dos autos em que fora concedida a medida ora estabilizada, com o intuito de instruir a petição da ação revocatória de revisão,

---

nação, como a contestação, servem para impedir a estabilização da tutela antecipada. A despeito de restar de forma clara e evidente a locução "recurso" no caput do art.304, o relator do REsp, ministro Marco Aurélio Bellizze, entendeu que, embora o caput do artigo 304 do CPC de 2015 determine que 'a tutela antecipada, concedida nos termos do artigo 303, torna-se estável se da decisão que a conceder não for interposto o respectivo recurso', a leitura que deve ser realizada do dispositivo legal é que a estabilização somente ocorrerá se não houver qualquer tipo de impugnação pela parte contrária, do qual, notadamente, discordamos pela própria literalidade inequívoca do texto legal.

44. Interessante, neste caso, parece ser o fato de que a decisão interlocutória concessiva da medida de urgência antecipada antecedente, caso não enfrentada pelo respectivo recurso do agravo de instrumento, se "converterá" em sentença.
Para NERY JR., Nélson e NERY, Rosa Maria Andrade. (*Comentários ao Código de Processo Civil. Novo CPC – Lei 13.105/2015...*, p.864), "cria-se um problema que não havia na concessão da tutela antecipada do CPC/1973, relativamente a casos nos quais o pedido de antecipação de tutela seja exauriente e consista no único provimento requerido na ação principal", corroborando neste ínterim com a presença, então, de uma tutela de índole satisfativa."
Verdade é que o autor, smj, somente terá interesse em tal modalidade de demanda de urgência antecipada antecedente, caso a tutela consistir no único objeto da ação principal a ser proposta.
Na mesma toada entende Leonardo Greco, para quem o "mecanismo engendrado constituirá extraordinário desestímulo à propositura da tutela antecipada em caráter antecedente, porque ficará prejudicado o pedido principal do requerente pela inércia do requerido, tendo aquele de contentar-se com a decisão concessiva da antecipação que, apesar de estável, não fará coisa julgada, pois revogável por ação de iniciativa do requerido." *A Tutela da Urgência e a Tutela da Evidência no Código de Processo Civil de 2014/2015*. Disponível em: http://www.redp.com.br/arquivos/redp_ht14_edicao.pdf. Acesso em 15.09.2015.

45. O Tribunal de Justiça de Minas Gerais ao editar enunciados sobre o Novo Código de Processo Civil de 2015 expressou no Enunciado de número 22 o seguinte entendimento:
"O réu absolutamente incapaz não se submete ao regime de estabilização da tutela antecipada."

46. Enunciado n.43 da I Jornada de Direito Processual Civil do Conselho da Justiça Federal (CJF): "Não ocorre a estabilização da tutela antecipada requerida em caráter antecedente, quando deferida em ação rescisória."

reforma ou invalidez da tutela antecipada antecedente estável, nos termos do § 4º do art. 304.

Questão importante é aquela que toca os § 6º do art. 304. *In verbis*:

> *§6º A decisão que concede a tutela não fará coisa julgada, mas a estabilidade dos respectivos efeitos só será afastada por decisão que a revir, reformar ou invalidar, proferida em ação ajuizada por uma das partes, nos termos do § 2º deste artigo.*

Em bom sentido, compreender como coisa julgada pretensão decidida de forma não exauriente[47] é sempre questão temerária, de modo que merece encômios o preceito legislativo em tela.

Por outro lado, conforme firmado em linhas atrás, passados 2 (dois) anos da ciência da decisão que extinguiu o processo, incorrerá, inegavelmente, a decadência o direito de propor a citada ação revocatória (§ 5º do art. 304) e daí sobrevirá, efetivamente, a coisa julgada.[48/49]

Outrossim, pela própria dicção normativa, havendo a interposição do recurso, independente do sucesso do mesmo, deverá o autor realizar o supracitado aditamento do pedido de tutela final, sob pena de ver extinto o processo, de acordo com o já digitado §2º do art. 303.[50]

Notadamente, interposto recurso e ocorrendo aludido aditamento da peça inicial, ocorrerá a audiência de conciliação ou mediação, nos termos do art.

---

47. O Tribunal de Justiça de Minas Gerais ao editar enunciados sobre o Novo Código de Processo Civil de 2015 acostou no Enunciado de número 21 a razão infra:
"A Fazenda Pública se submete ao regime de estabilização da tutela antecipada, por não se tratar de cognição exauriente sujeita a remessa necessária."

48. Na mesma *ratio*, cf. GRECO, Leonardo, Idem; NERY JR., Nélson e NERY, Rosa Maria Andrade. (*Comentários ao Código de Processo Civil. Novo CPC – Lei 13.105/2015...*, p.864).
Importante é o Enunciado n.33 do Fórum Permanente de Processualistas Civis, que acrescenta neste contexto, o seguinte entendimento:
"Não cabe ação rescisória nos casos de estabilização da tutela antecipada de urgência."

49. Há de se atentar que, no mesmo sentido de cognição não exauriente com possibilidades de se operar os efeitos da formação de Coisa Julgada encontra-se em sede de Ação Monitória com a ausência de interposição dos Em-bargos Monitórios pelo réu, não sendo, portanto, casuísmo interpretativo isolado, senão vejamos:
"Art. 701. Sendo evidente o direito do autor, o juiz deferirá a expedição de mandado de pagamento, de entrega de coisa ou para execução de obrigação de fazer ou de não fazer, concedendo ao réu prazo de 15 (quinze) dias para o cumprimento e o pagamento de honorários advocatícios de cinco por cento do valor atribu-ído à causa.
(...)
§ 2º Constituir-se-á de pleno direito o título executivo judicial, independentemente de qualquer formalidade, se não realizado o pagamento e não apresentados os embargos previstos no art. 702, observando-se, no que cou-ber, o Título II do Livro I da Parte Especial.
§ 3ª É cabível ação rescisória da decisão prevista no caput quando ocorrer a hipótese do § 2º."

50. No mesmo sentido, BUENO, Cássio Scarpinella. *Novo Código de Processo Civil Anotado*. São Paulo: Saraiva, 2015, p. 224.

334 do CPC, isso caso não ocorra pedido formal das partes para sua não realização, cabendo ao réu apresentar sua contestação de acordo com o que preceitua o art. 335:

> *Art. 335. O réu poderá oferecer contestação, por petição, no prazo de 15 (quinze) dias, cujo termo inicial será a data:*
>
> *I - da audiência de conciliação ou de mediação, ou da última sessão de conciliação, quando qualquer parte não comparecer ou, comparecendo, não houver autocomposição;*
>
> *II - do protocolo do pedido de cancelamento da audiência de conciliação ou de mediação apresentado pelo réu, quando ocorrer a hipótese do art. 334, § 4º, inciso I;*
>
> *III - prevista no art. 231, de acordo com o modo como foi feita a citação, nos demais casos.*

b) *Tutela de urgência antecipada requerida em caráter inicial e incidental (sem pretensão à estabilização)*

No que toca ao pedido incidental da tutela de urgência antecipada, poderá o autor requerer a medida já na própria petição inicial, portanto, cumulativamente com o pedido principal, necessariamente apontando a incidência dos requisitos basilares da medida, prevalecendo a partir daí o procedimento comum.

Em se tratando de pedido de liminar de antecipação *inaudita altera pars*, o que se justifica quando o risco do dano se faz imediato, sendo imprescindível a concessão da medida sem qualquer oitiva da parte contrária em um primeiro momento, já que comprovada a possibilidade de a parte requerida causar embaraços à plena consecução da medida antecipada, o magistrado, convencendo-se dos argumentos supracitados e desde que presentes os conteúdos autorizadores da tutela em questão, i.e., a probabilidade do direito (*fumus boni iuris*) e perigo de dano ou risco ao resultado útil do processo (*periculum in mora*), deferirá, liminarmente, a medida já no momento em que aceita a peça inicial autoral.[51]

---

51. Digno de nota é prática frequente do juízo que posterga a análise de pedido antecipatório acostado na petição inicial, para momento subsequente ao da resposta do réu. Tal atitude silente possui a capacidade de causar verdadeiro gravame à parte que clama por urgência, os efeitos antecipados da tutela do direito material pretendido.
Nisto, tal postergação do ato judicial corresponde, em termos práticos, a uma verdadeira denegação, ainda que temporária da medida antecipatória solicitada, tratando-se, inequivocadamente, de uma decisão interlocutória cujo enfrentamento tem como via recursal o agravo na modalidade instrumento.
Na mesma toada expressa, acertadamente, Joel Dias Figueira Jr. no tocante ao cabimento do Agravo de Instrumento e uma possível supressão da instância recursal, dado a possibilidade de inexistência de ato denegatório formal diante da solicitação de tutela antecipada no caso em tela: "(...) não há supressão de instância ou violação ao princípio do juiz natural o conhecimento do pedido e concessão da tutela antecipatória pelo tribunal *ad quem*, na exata medida em que o juiz originário foi instado a manifestar-se e optou pelo não-conhecimento imediato do pedido, causando grava-

Insta destacar a possibilidade de incidência § 1º do art. 300:

> *Para a concessão da tutela de urgência, o juiz pode, conforme o caso, exigir caução real ou fidejussória idônea para ressarcir os danos que a outra parte possa vir a sofrer, podendo a caução ser dispensada se a parte economicamente hipossuficiente não puder oferecê-la.*

Daí, o contraditório da parte *ex adversa* deverá ser realizado, em um momento subsequente ao provimento da medida requerida[52], frise-se, caso seja comprovada a real necessidade de se evitar que a parte ré cause qualquer embaraço à plena consecução da medida antecipada.

Assim, uma vez deferida a tutela em comento, será a parte requerida intimada da concessão da liminar de antecipação da tutela de urgência podendo a ela se opor por meio de agravo de instrumento (art. 1.015, I do CPC), sendo, por conseguinte, conforme o rito comum citada para a audiência de conciliação ou de mediação (art. 334 do CPC).

Lado outro, é possível o requerimento da tutela de urgência antecipada na forma incidental, ou seja, no decorrer do andamento processual, evidentemente, dotado dos requisitos essenciais já reiteradamente acostados em linhas atrás, para o seu conhecimento e possível aceite pelo órgão julgador.

Neste caso, uma vez requerida a pretensão antecipada por qualquer das partes e sendo a mesma deferida, a parte requerida será intimada para o devido contraditório, este a realizar-se no prazo de 5 (cinco) dias, já que não se faz previsto qualquer prazo específico para dita questão (art. 218, §3º), salvo se o magistrado estipular outro lapso temporal para tal fim.

Sendo o pedido de tutela provisória de urgência em sede incidental indeferido, caberá ao requerente interpor o agravo de instrumento para que possa tentar a concessão da medida perante o juízo *ad quem* (art. 1.050, I do CPC).

c) Observações importantes em sede de Tutela Provisória de Urgência Antecipada

---

me ao autor." E ainda adverte: "(...) mesmo que se entenda haver violação aos princípios apontados no item anterior, faz-se mister equacioná-los com outros princípios identicamente constitucionais em conflito, tais como o direito de obtenção de tutela estatal hábil a sanar a lesão ou evitar ameaça a direito (acesso à jurisdição) e o direito de receber a proteção jurisdicional de maneira célere e em tempo razoável (compatível com a hipótese em concreto)", posição que, seguramente, encontra respaldo em bases sólidas ditadas por direitos fundamentais. FIGUEIRA JR., Joel Dias. Do recurso cabível contra ato judicial que posterga a análise de pedido de antecipação de tutela para momento subsequente ao oferecimento de resposta. *In*: FABRÍCIO, Adroaldo Furtado (Coord.). *Meios de Impugnação ao Julgado Civil. Estudos em homenagem a José Carlos Barbosa. Moreira*. Rio de Janeiro: Forense, 2007, p. 354-355.

52. Conforme bem pontua MARINONI, Luiz Guilherme; ARENHART, Sérgio Cruz; MITIDIERO, Daniel. *Novo Curso de Processo Civil.* Vol. 2. São Paulo: RT, 2015, p. 207: "A possibilidade de o *tempo* ou a *atuação* da parte contrária frustrar a efetividade da tutela sumária constitui pressuposto para *postergação* do contraditório no processo civil."

- Tutela Antecipada em face do Poder Público[53]

Tema com interesse frequente e alvo de enfrentamento pela doutrina é aquele relativo à possibilidade de medida antecipatória quando em questão está o Poder Público, mais especificamente, a União, os Estados, o Distrito Federal bem como Municípios, como alvo de tal.

O art. 1.059 do CPC/2015 afirma que à tutela provisória requerida contra a Fazenda Pública aplica-se o disposto nos arts. 1º a 4º da Lei no 8.437, de 30 de junho de 1992, e no art. 7º, § 2º, da Lei no 12.016, de 7 de agosto de 2009.

Pois bem. A Lei n.12.016/2009, esta que rege o Mandado de Segurança, aponta no §2º do art. 7º a limitação de concessão de liminares em determinados conteúdos, nos seguintes termos:

> *§ 2º Não será concedida medida liminar que tenha por objeto a compensação de créditos tributários, a entrega de mercadorias e bens provenientes do exterior, a reclassificação ou equiparação de servidores públicos e a concessão de aumento ou a extensão de vantagens ou pagamento de qualquer natureza.*

Observa-se, pois, as matérias objetadas de possível concessão por meio de medida liminar em sede de mandado de segurança, o que, certamente, se estende ao mesmo entendimento das medidas de urgência antecipada.

Por outro lado, em sede de tutela de urgência de natureza cautelar, vem a Lei n. 8.437/92, em seus arts. 1º, 3º, e 4º, respectivamente, limitar, igualmente, a sua permissividade:

> *Art. 1º Não será cabível medida liminar contra atos do Poder Público, no procedimento cautelar ou em quaisquer outras ações de natureza cautelar ou preventiva,* ***toda vez que providência semelhante não puder ser concedida em ações de mandado de segurança, em virtude de vedação legal****.*
>
> *Art. 3º O recurso voluntário ou 'ex officio', interposto contra sentença em processo cautelar, proferida contra pessoa jurídica de direito público ou seus agentes, que importe em outorga ou adição de vencimentos ou de reclassificação funcional, terá efeito suspensivo.*
>
> *Art. 4º Compete ao presidente do tribunal, ao qual couber o conhecimento do respectivo recurso, suspender, em despacho fundamentado, a execução da liminar nas ações movidas contra o Poder Público ou seus agentes, a requerimento do Ministério Público ou da pessoa jurídica de direito público interessada, em caso de manifesto interesse público ou*

53. Conforme já exteriorizado em notas anteriores, em relação à regulação da Tutela Provisória de Evidência no CPC/2015, entendemos que os óbices à concessão da tutela antecipada em face da Fazenda Pública não se aplicam em sede de Tutela de Evidência. Aliás, em importante Enunciado de n. 35 do FPPC do qual ratificamos, bem explícito está o seguinte entendimento:
"As vedações à concessão de tutela provisória contra a Fazenda Pública limitam-se às tutelas de urgência."

> *de flagrante ilegitimidade, e para evitar grave lesão à ordem, à saúde, à segurança e à economia públicas.*(Grifo nosso).

Observa-se que, diante das supracitadas leis, não se encontra afastada a possibilidade de obtenção de tutelas de urgência em face do Poder Público, senão nas matérias pelas *legis* apontadas, isto é, que tratam de *compensação de créditos tributários, a entrega de mercadorias e bens provenientes do exterior, a reclassificação ou equiparação de servidores públicos e a concessão de aumento ou a extensão de vantagens ou pagamento de qualquer natureza.*

Por outro lado, importante ressaltar que, em uma análise mais detida, tem-se em entendimento, inclusive em sede doutrinária, de que a tutela de urgência antecipada encontraria lugar em demandas ajuizadas em face da Fazenda Pública, no entanto, aplicando-se igualmente outras ressalvas, máxime aquelas decorrentes da imprescindibilidade do regime estabelecido pelo precatório, este exigido para pagamentos devidos pelo erário em virtude de sentença judiciária. A própria Lei n. 9.469/97 aponta tal questão nos seguintes termos:

> *Art. 6º Os pagamentos devidos pela Fazenda Pública federal, estadual e municipal e pelas autarquias e fundações públicas, em virtude de sentença judiciária, far-se-ão, exclusivamente, na ordem cronológica da apresentação dos precatórios judiciários e à conta do respectivo credito.*
>
> *Parágrafo único. É assegurado o direito de preferência aos credores de obrigação de natureza alimentícia, obedecida entre eles à ordem cronológica de apresentação dos respectivos precatórios judiciários.*

Fato é que a própria doutrina admite como lícita a antecipação da tutela de urgência, mesmo que relativamente a débitos do erário, processando-se imediata expedição de precatório, adquirindo aí efetiva primazia na ordem cronológica.[54] Atendido no devido tempo o precatório e efetuado o pagamento pela Fazenda, o respectivo numerário ficaria, no entanto, depositado à ordem da autoridade judiciária para entrega ao credor somente após a prolação de sentença final condenatória do respectivo Ente Público.

Bem colocada por Athos Gusmão, ainda sob a égide do CPC/1973, é a ideia que parte da construção de óbices à obtenção da tutela antecipada em face da Fazenda Pública, levando-se em conta a existência da exigência ao regime do reexame necessário da sentença (recurso de ofício), capitulado no art. 496 do CPC/2015 (art. 475 do CPC/1973), afirmando nisto que "se nem a sentença definitiva, proferida após a instrução da causa, pode produzir *imediato* efeito quando proferida contra entidade de direito público, muito menos tal efeito poderia decorrer de um julgamento provisório e revogável."[55]

---

54. LOPES, João Batista. *Aspectos Polêmicos da Antecipação de Tutela*. São Paulo: RT, 1997, p. 214; MARINONI, Luiz Guilherme. *A Antecipação da Tutela*. 3. ed. São Paulo: Malheiros,1997, p. 212-213.

55. CARNEIRO, Athos Gusmão. *Da Antecipação de Tutela no Processo Civil*. Rio de Janeiro: Forense, 1998, p. 71.

Mais adiante e acertadamente, contudo, subscreve:

> (...) poder-se-á superar tal argumento pela consideração de que a exigência do duplo grau refere-se apenas às sentenças porque apenas estas possuem aptidão, exatamente pela prévia cognição exauriente, de adquirir o selo da imutabilidade pelo trânsito material em julgado (art. 467) do CPC/*1973* (*art. 502 do CPC/2015*); destarte, constitui valiosa garantia para o erário que esta peculiar eficácia somente seja adquirida após a apreciação da causa não só no juízo monocrático como também no juízo colegiado.
>
> Já a AT, esta é concedida através decisão interlocutória, de caráter provisório, modificável ou revogável pelo próprio juiz que a proferiu, e cuja eficácia pode igualmente ser suspensa pelo presidente do tribunal, em concorrendo as circunstâncias referidas no art. 4º da Lei n. 8.437, de 30.06.92 (cuja incidência às AT foi tornada explicita pelo art. 1º da Lei n. 9.494, de 10.09.97)[56].(*Inclusão nossa*).

Vale ainda aqui registrar que, com relação à Tutela Antecipada Antecedente, o Tribunal de Justiça de Minas Gerais, ao editar enunciados sobre o Código de Processo Civil de 2015 expressou em seu Enunciado de número 21 o entendimento de que "Fazenda Pública se submete ao regime de estabilização da tutela antecipada, por não se tratar de cognição exauriente sujeita a remessa necessária", centrando-se, como se nota, no caráter não exauriente bem como na desnecessidade de remessa necessária para fins de autorização da referida medida antecipatória em face da Fazenda Pública, o que concordamos em parte, já que é certo da possibilidade de concessão da Tutela Antecipada Antecedente em face da fazenda pública, no entanto, por todos os motivos já por nós expostos no presente item, onde, inclusive, não se reconhece a remessa necessária como elemento condicional para o deferimento de medida antecipatória.

- Antecipação da Tutela Específica

Diante de tudo que já fora até aqui enfrentado e levando-se em conta as disposições que regem a tutela provisória de urgência antecipada, notória é a possibilidade que as mesmas concedem, estabelecendo a viabilidade de ser antecipada a tutela específica alusiva às obrigações de fazer e não fazer, quando houver elementos que evidenciem a probabilidade do direito e o perigo de dano ou risco ao resultado útil do processo (tutela de urgência de natureza antecipada ou incidental)[57], ou mesmo, decorrente do art. 311, independentemente da demonstração de perigo de dano ou de risco ao resultado útil do processo (tutela de evidência), o que se verá mais adiante.

---

56. Idem, p. 72.

57. Sobre o assunto, ver o nosso *Tutela Específica das Obrigações de Fazer*. 5 ed. Curitiba: Juruá, 2015, p;126-135.

2.3.4 Tutela de Urgência Cautelar

Conforme outrora visto, trata o CPC/2015 da Tutela Provisória admitindo duas espécies a ela integrantes, qual seja, as Tutelas de Urgência e Evidência, sendo que a primeira se subdivide em Antecipada (de natureza satisfativa) e cautelar (de natureza conservativa).

Nestes termos, enfrentaremos neste item a Tutela Provisória de Urgência Cautelar em suas duas formas de interposição: antecedente e incidental.

Mister se faz compreender que a medida de natureza cautelar configura-se em um meio legal de proteção do bem ou da situação jurídica, direta ou indiretamente, ligados à causa, afastando-se, com isso, o risco do seu perecimento e, consequentemente, a inutilidade de toda a atividade jurisdicional.

Bem por isso, visa dar garantias à efetividade da tutela pretendida em um pedido principal, não podendo, pois, veicular pretensão satisfativa, salvo no caso de acolhimento, pelo juiz, da alegação de prescrição ou decadência de direito (art. 310 do CPC).

Sendo uma tutela de urgência, obrigatoriamente, para a sua concessão deverá possuir os requisitos para a concessão de qualquer tutela provisória de caráter urgente, quais sejam: (i) a probabilidade do direito (*fumus boni iuris*) e (ii) perigo de dano ou risco ao resultado útil do processo (*periculum in mora*).

A título do novato regramento das medidas de natureza cautelar, insta afirmar que no revogado CPC/1973, tínhamos um livro inteiramente dedicado ao Processo Cautelar – Livro III – este que regulava, especificamente, as cautelares tidas como "nominadas" e aquelas imputadas como inominadas.

As primeiras – típicas – notadamente eram aquelas que possuíam descrição ou regulamentação exaurida pelo CPC/1973, detalhadamente, em capítulo próprio, como, p.ex., o arresto (arts. 813 a 821 do CPC/1973); o sequestro (arts. 822 a 240, 825 do CPC/1973); a busca e apreensão (arts. 839 a 843 do CPC/1973) dentre outras.

Já as segundas – atípicas – correspondiam às providências que, mesmo sem contar com previsão legal de caráter específico, poderiam e deveriam ser formuladas e outorgadas pelo juiz, sempre que houvesse fundado receio de que uma parte, antes do julgamento da lide, cause ao direito da outra lesão grave e de difícil reparação, consoante com o que rezava o art. 798 do CPC/1973, segunda parte, residindo sua fundamentação, portanto, no denominado poder geral de cautela, este que compete ao magistrado quando da condução do processo.

É de notar que no novel *Codex* de 2015, não possuindo qualquer livro com dedicação especificamente ao Processo Cautelar, as providências de natureza acautelatória foram acostadas junto às tutelas provisórias urgentes, e mais detidamente, na modalidade "cautelar", *ex vi* dos arts. 294; 300 a 302; 305 a 310.

Com relação às já digitadas medidas cautelares de natureza nominada e inominada, pode o CPC/2015, estabelecer o como regra as tutelas de urgência cautelares inominadas, nominando de forma ilustrativa possíveis medidas de alcance de tal tutela acautelatória, como se depreende do art. 301:

"Art. 301. A tutela de urgência de natureza cautelar pode ser efetivada mediante arresto, sequestro, arrolamento de bens, registro de protesto contra alienação de bem e qualquer outra medida idônea para asseguração do direito."

Observa-se que, ao contrário do CPC/1973, onde para cada medida nominada havia, em regra, detalhes de um rito específico, no CPC/2015 isto não se dá, tendo, portanto, o legislador adotado uma regulação procedimental comum, bastando a existência dos elementos condicionantes à concessão da tutela urgente cautelar, ou seja, a probabilidade do direito (*fumus boni iuris*) e perigo de dano ou risco ao resultado útil do processo (*periculum in mora*).

Notadamente, continua sendo entendido que *arresto* consiste em uma medida cautelar que visa resguardar de um perigo de dano o direito à tutela ressarcitória; que o *sequestro* trata de medida cautelar voltada a proteger de um perigo eventual de dano à tutela do direito à coisa; que o *arrolamento de bens* consiste numa medida cautelar em descrever, apreender e depositar determinado numerário de bens expostos um risco de dano e o *registro de protesto contra alienação de bem* como medida cautelar que objetiva assegurar, em virtude de perigo de dano decorrente da aludida alienação, a tutela reparatória ou ressarcimento do direito agredido.

Pela própria extensão do dispositivo supracitado, tem-se uma amplitude de medidas cautelares de forma ilimitada, sobretudo, quando o legislador expressa *"qualquer outra medida idônea para asseguração do direito"*.

Assim, apenas a título exemplificativo, teríamos "admissão de exercício provisório de servidão de passagem", quando objeto de litígio; "proibição de dispor", como medida conservativa da posse do dono, interditando tão somente a possibilidade de alienação da coisa ou mesmo conteúdos deveras conhecidos como "sustação de protesto de títulos", "medidas destinadas a prevenir riscos de dilapidação de fortuna", "proibição de utilização de nome comercial", dentre muitas.

2.3.4.1 Tutela de Urgência Cautelar Antecedente

Sempre que se fizer necessária a tutela de urgência cautelar de forma preparatória, objetivando conservar bens, pessoas ou provas que possam sofrer perigo de dano em decorrência da demasiada delonga por que passa a marcha processual, o CPC/2015 estabeleceu um procedimento específico.

a) **Petição Inicial**

Além do dever de respeitar os elementos ínsitos a uma petição inicial (art. 319), ou seja, autoridade competente endereçada, qualificação das partes, pedido com suas especificações, o valor da causa bem como as provas que pretende comprovar os fatos alegados, regra, especificamente, o art. 305 demais conteúdos necessários a compor a petição inicial do pedido de tutela de urgência cautelar de caráter antecedente:

> *Art. 305. A petição inicial da ação que visa à prestação de tutela cautelar em caráter antecedente indicará a lide e seu fundamento, a exposição sumária do direito que se objetiva assegurar e o perigo de dano ou o risco ao resultado útil do processo.*

Assim, deverá a petição inicial conter:

– *Indicação da lide* (conflito de interesse qualificado por pretensão resistida) *e seu fundamento*. Trata-se da necessidade de constar da petição inicial a lide que será objeto meritório do pedido principal a ser formulado posteriormente - como se verá adiante - bem como o fundamento jurídico decorrente da mesma, portanto, traduzindo-se na própria causa *petendi* da demanda, ainda que de forma sumária, já que a própria causa de pedir, em sua extensão, poderá ser aditada no momento da formulação do pedido principal, conforme regra o §2º do art. 308.

– *Exposição sumária do direito que se objetiva assegurar*. Significa a probabilidade do direito que se entende ser necessário acautelar, traduzindo-se no *fumus boni iuris*, o que repercute também no interesse de agir do requerente da medida de urgência cautelar antecedente, pois que a necessidade da medida precisa ser demonstrada em princípio, aparentando-se no "bom direito" e, por isso, ligando em nexo de referibilidade com o pedido principal.

– *Perigo de dano ou o risco ao resultado útil do processo*. Necessidade de se evidenciar o *periculum in mora*, representado pelo potencial risco de lesão que pode a parte requerente experimentar diante da não concessão da medida de urgência cautelar conservativa.

Como já exposto em outro momento da presente temática (vide item *Tutela de urgência*), caso o autor venha requerer tutela de urgência de natureza cautelar (conservativa) e, na verdade, tratar-se de tutela de urgência antecipada (satisfativa), caberá ao magistrado aplicar a fungibilidade das pretensões, conhecendo então da pretensão satisfativa ou invés da conservativa (*ex vi* do parágrafo único do art. 305 do CPC) e vice-versa.

b) **Despacho da petição inicial e citação do réu**

Uma vez recebida a petição inicial, caberá ao juízo a análise da mesma.

Havendo pedido liminar *inaudita altera pars*, poderá concedê-la desde que existentes os elementos para tal ou mesmo após justificação prévia do autor (art. 300, §2º do CPC).

Deferida a peça inicial, será o réu citado para contestar o pedido de tutela de urgência cautelar antecedente, devendo sua peça de defesa ser apresentada em 5 (cinco) dias, cabendo na mesma indicar ainda as provas que pretende produzir, situação na qual o procedimento comum deverá ser observado (arts. 306 e 307, parágrafo único).

Por outro lado, sendo o pedido de tutela de urgência cautelar antecedente negado, o processo será extinto, sem necessitar, obviamente, da obrigatoriedade do autor em apresentar o pedido principal. No entanto nada impede que o autor formule o pedido principal, inaugurando uma nova ação em autos próprios, sendo esta de cognição plena, abarcando então o pedido principal, tendo em vista que a tutela de urgência cautelar é que fora negada, salvo se o motivo que a obstou for o reconhecimento de decadência ou de prescrição (art. 310).

Não sendo contestado o pedido pelo réu, presumir-se-ão aceitos os fatos alegados na exordial e cabendo ao magistrado decidir a tutela provisória em 5 (cinco) dias, conforme *caput* do art. 307.

c) **Formulação do pedido principal**

Uma vez deferida e efetivada a medida de urgência cautelar, o pedido principal terá de ser formulado pelo autor no prazo de 30 (trinta) dias, sendo apresentado nos mesmos autos em que deduzido o pedido de tutela cautelar, não dependendo do adiantamento de novas custas processuais (art. 308, *caput*).

É de chamar a atenção para a contagem do prazo retro referido: este se dará da efetivação da medida (cumprimento do mandado judicial que concedeu a tutela acautelatória) e não do seu deferimento, logicamente, excluindo o dia do começo e incluindo o do vencimento (arts. 219 e 224 do CPC).

Sendo o pedido principal apresentado, as partes serão intimadas para a audiência de conciliação ou de mediação, na forma do art. 334, por seus advogados ou pessoalmente, sem necessidade de nova citação do réu (§3º do art. 308).

Não ocorrendo a autocomposição, o prazo para contestação será contado na forma do art. 335.[58]

d) **Cessação da tutela de urgência concedida de forma antecedente**

Expressa o art. 309 do CPC:

> *Art. 309. Cessa a eficácia da tutela concedida em caráter antecedente, se:*
>
> *I - o autor não deduzir o pedido principal no prazo legal;*
>
> *II - não for efetivada dentro de 30 (trinta) dias;*

58. *"Art. 335. O réu poderá oferecer contestação, por petição, no prazo de 15 (quinze) dias, cujo termo inicial será a data:*
I - da audiência de conciliação ou de mediação, ou da última sessão de conciliação, quando qualquer parte não comparecer ou, comparecendo, não houver autocomposição;
II - do protocolo do pedido de cancelamento da audiência de conciliação ou de mediação apresentado pelo réu, quando ocorrer a hipótese do art. 334, § 4o, inciso I;
III - prevista no art. 231, de acordo com o modo como foi feita a citação, nos demais casos."

> *III - o juiz julgar improcedente o pedido principal formulado pelo autor ou extinguir o processo sem resolução de mérito.*

Dito isso, entende-se no inciso I que, concedida a medida em procedimento preparatório, terá a parte 30 (trinta) dias, contados da sua efetivação, para ingressar com a ação principal. Logo, a norma visa repelir a inércia imotivada do autor que pudesse prolongar indefinidamente a situação litigiosa, enquanto perdurassem os efeitos da medida constritiva, como, p.ex., o arresto ou o sequestro em face do réu.

Já, o inciso II, reporta à situação de não efetivada em 30 (dias) a medida já deferida pelo juízo; por isso, desde que o requerente receba o deferimento da tutela de urgência cautelar pretendida, abre-se o prazo de 30 (trinta) dias para a sua execução, contados do seu deferimento. Ultrapassado o período assinalado, contudo, a inatividade será tida como renúncia tácita, ensejadora da cessação dos efeitos da medida.[59]

Por fim, no inciso III, devemos considerar a possibilidade de afastamento total da eficácia da tutela de urgência cautelar quando a) advier o trânsito em julgado da decisão contrária ao requerente; ou b) quando ocorrer a sua substituição por um provimento final satisfativo, quer dizer, capaz de liquidar a sua pretensão. Porquanto, sempre que passível de recurso, ou pendente o seu cumprimento, será possível não ter a sentença o condão absoluto de acabar com os efeitos da tutela cautelar outrora deferida.

Completando o raciocínio supra,

> pode acontecer de excepcionalmente a sentença de improcedência não levar à cessação da eficácia da tutela cautelar. Isso porque existem situações em que o dano pode ser tão grave e ocorrer automaticamente depois da sentença de improcedência que pode o juiz decidir julgar improcedente o pedido, mas manter a proteção cautelar, mormente se vislumbra a possibilidade de o tribunal modificar a decisão.[60]

Por fim, resta o entendimento de que, qualquer que seja a causa da cessação da eficácia da tutela cautelar, ficará vedado à parte renovar o pedido feito, salvo se puder apresentar nova fundamentação, impondo aí importante restrição ao requerente daquela tutela (parágrafo único do art. 308).

---

59. Enunciado 46 da I Jornada de Processo Civil do Conselho da Jutiça Federal (CJF): "A cessação da eficácia da tutela cautelar, antecedente ou incidental, pela não efetivação no prazo de 30 dias, só ocorre se caracterizada omissão do requerente."

60. MARINONI, Luiz Guilherme; ARENHART, Sérgio Cruz; MITIDIERO, Daniel. *Novo Código de Processo Civil Comentado...*, p.320.

2.3.4.2 Tutela de urgência cautelar requerida em caráter inicial e incidental

No que toca ao pedido incidental da tutela de urgência cautelar, poderá o autor requerer a medida já na própria petição inicial, portanto, cumulativamente, com o pedido principal (§1º do art. 308), necessariamente apontando a incidência dos requisitos basilares da medida, prevalecendo a partir daí o procedimento comum.

Em se tratando de pedido de liminar em cautelar *inaudita altera pars*, o que se justifica quando o risco do dano se faz imediato, sendo imprescindível a concessão da medida sem qualquer oitiva da parte contrária em um primeiro momento, já que comprovada a possibilidade de a parte requerida causar embaraços à plena consecução da medida acautelatória, o magistrado, convencendo-se dos argumentos supracitados e desde que presentes os conteúdos autorizadores da tutela em questão, i.e., a probabilidade do direito (*fumus boni iuris*) e perigo de dano ou risco ao resultado útil do processo (*periculum in mora*), deferirá, liminarmente, a medida já no momento em que aceita a peça inicial autoral.

Insta destacar a possibilidade de incidência § 1º do art. 300:

> *Para a concessão da tutela de urgência, o juiz pode, conforme o caso, exigir caução real ou fidejussória idônea para ressarcir os danos que a outra parte possa vir a sofrer, podendo a caução ser dispensada se a parte economicamente hipossuficiente não puder oferecê-la.*

Daí, o contraditório da parte *ex adversa* deverá ser realizado, em um momento subsequente ao provimento da medida requerida.[61] Frise-se caso seja comprovada a real necessidade de se evitar que a parte ré cause qualquer embaraço à plena consecução da medida cautelar.

Assim, uma vez deferida a tutela em comento, será a parte requerida intimada da concessão da liminar da tutela de urgência cautelar, podendo a ela se opor por meio de agravo de instrumento (art. 1.015, I do CPC), sendo, por conseguinte, conforme o rito comum citada para a audiência de conciliação ou de mediação (art. 334 do CPC).

Por outro lado, é possível o requerimento da tutela de urgência cautelar na forma incidental, ou seja, no decorrer do andamento processual (art. 294, parágrafo único do CPC), evidentemente, dotado dos requisitos essenciais já reiteradamente acostados em linhas atrás, para o seu conhecimento e possível aceite pelo órgão julgador.

---

61. Conforme bem pontua MARINONI, Luiz Guilherme; ARENHART, Sérgio Cruz; MITIDIERO, Daniel. *Novo Curso de Processo Civil.* Vol. 2. São Paulo: RT, 2015, p. 207: "A possibilidade de o *tempo* ou a *atuação* da parte contrária frustrar a efetividade da tutela sumária constitui pressuposto para *postergação* do contraditório no processo civil."

Neste caso, uma vez requerida a pretensão cautelar por qualquer das partes e sendo a mesma deferida, a parte requerida será intimada para o devido contraditório, este a realizar-se no prazo de 5 (cinco) dias, já que não se faz previsto qualquer prazo específico para dita questão (art. 218, §3º), salvo se o magistrado estipular outro lapso temporal para tal fim.

Por outro lado, sendo o pedido de tutela provisória de urgência em sede incidental indeferido, caberá ao requerente interpor o agravo de instrumento para que possa tentar a concessão da medida perante o juízo *ad quem* (art. 1.050, I do CPC).

2.3.5 Poder Geral de Cautela

Nota-se da dicção do art. 297 do CPC, a possibilidade de o magistrado determinar medidas que considerar adequadas para a efetivação da tutela provisória. Nestes termos:

"*Art. 297. O juiz poderá determinar as medidas que considerar adequadas para efetivação da tutela provisória.*"

Trata-se do denominado Poder Geral de Cautela do órgão julgador.

Ainda sob a égide do CPC/1973, vinha aludido poder permitido no art. 798, da seguinte forma:

> *Além dos procedimentos cautelares específicos, que este Código regula no Capítulo II deste Livro, poderá o juiz determinar as medidas provisórias que julgar adequadas, quando houver fundado receio de que uma parte, antes do julgamento da lide, cause ao direito da outra lesão grave e de difícil reparação.*

Já dizíamos naquela época do Código revogado, que a existência de tal poder justifica-se com fulcro no argumento de que, ao legislador, seria impossível prever e dispor, taxativa e exaustivamente, sobre todas as formas de perigo exequíveis e suas possíveis soluções. Dessa feita, caberá ao magistrado, quando provocado, a tarefa de determinar, em face do caso concreto, as medidas necessárias para o enfrentamento das situações de direito merecedoras de proteção.[62]

Pois bem, no CPC/2015, além ratificamos as ideias supracitadas, podemos avançar inclusive para os próprios deveres do juiz, que se entende ser aquele de interesse do Estado também, ao chamar para si a tutela jurisdicional. Dizemos isso sob a luz do incontestável indicador disposto no art. 139, IV:

> *Art. 139. O juiz dirigirá o processo conforme as disposições deste Código, incumbindo-lhe:*
>
> *(...)*
>
> *IV - determinar todas as medidas indutivas, coercitivas, mandamentais ou sub-rogatórias necessárias para assegurar o cumprimento de*

62. *Instituições de Direito Processual Civil.* 2 ed. Belo Horizonte: Del Rey, 2013, p.661.

> *ordem judicial, inclusive nas ações que tenham por objeto prestação pecuniária;(...).*

Nota-se, por tudo, que a promoção da tutela voltada à estimulação da efetividade processual se mostra como tônica forte nos ideários da novel legislação processual civil, o que reforça a permissão do emprego de uma diversidade de técnicas processuais voltadas ao cumprimento necessário de situações jurídicas substanciais.

No presente caso, o do poder geral de cautela, não poderá o magistrado, evidentemente, prescindir da existência dos requisitos necessários para a devida aplicação de medida apta à pretensão objetivada pela parte requerente da tutela de urgência cautelar, ou seja, a probabilidade do direito (*fumus boni iuris*) e perigo de dano ou risco ao resultado útil do processo (*periculum in mora*).

2.3.6 TUTELA DE EVIDÊNCIA

O artigo 311 do CPC/2015 trata especificamente da presente tutela.

É de se notar, de pronto, que a Tutela de Evidência, espécie de Tutela Provisória, objetiva o acolhimento no todo ou em parte, do pedido principal do autor da ação, independente da presença de urgência, quando a existência do direito se mostra *prima facie* indiscutível, de acordo com as hipóteses prevista no art. 311.[63]

Justificando a adoção da tutela em tela, ainda que em sede do anteprojeto de 2010, Fux expressou sua necessidade sob o argumento de que

> Nas hipóteses em que uma parte ostenta direito evidente, não se relevaria justo, ao ângulo do princípio da isonomia, postergar a satisfação daquele que se apresenta no processo com melhor direito, calcado em prova inequívoca, favorecendo a parte que, ao menos *prima facie*, não tem razão.[64]

Em verdade, não se quer dizer que a tutela de evidência venha ser concedida sem o devido e sagrado contraditório, a favor de qualquer direito evidente. Não.

Para sua concessão há de respeitar o efetivo diálogo em contraditório somado à demonstração de probabilidade do direito sustentado em sede de requerimento de tutela de evidência, ainda que a urgência não seja a tônica da medida em tela, cabendo seu requerimento e concessão, em regra, na forma incidental[65], consoante interpretação do parágrafo único do art. 294 do CPC. No entanto, ocorre que, em determinadas situações, há certa presunção de que

63. Cf. GRECO, Leonardo. *Instituições de Processo Civil*. Vol. 2. 3 ed. Rio de Janeiro: Forense, 2015, p.370.

64. FUX, Luiz. O Novo Processo Civil. In: FUX, Luiz (Coord.). *O Novo Processo Civil Brasileiro. Direito em Expectativa*. Rio de Janeiro: Forense, 2011, p.18.

65. GRECO, Leonardo. Ob. cit., p.370.

a possível defesa do réu será inconsistente[66] (art. 311, II e III), autorizando o legislador a concessão da tutela de evidência de forma liminar (art. 311, parágrafo único).

Cabe destacar ainda que sua concessão funda-se em cognição sumária, não sendo sua decisão suscetível de coisa julgada.

As hipóteses que abarcam a autorização para o requerimento da tutela de Evidência estão dispostas no art. 311, caput, nos seguintes termos:

> *Art. 311. A tutela da evidência será concedida, independentemente da demonstração de perigo de dano ou de risco ao resultado útil do processo, quando:*
>
> *I - ficar caracterizado o abuso do direito de defesa ou o manifesto propósito protelatório da parte;*
>
> *II - as alegações de fato puderem ser comprovadas apenas documentalmente e houver tese firmada em julgamento de casos repetitivos ou em súmula vinculante;*
>
> *III - se tratar de pedido reipersecutório fundado em prova documental adequada do contrato de depósito, caso em que será decretada a ordem de entrega do objeto custodiado, sob cominação de multa;*
>
> *IV - a petição inicial for instruída com prova documental suficiente dos fatos constitutivos do direito do autor, a que o réu não oponha prova capaz de gerar dúvida razoável.*

Insta, desde já, esclarecer que as supracitadas hipóteses não se confundem com aquelas em que é permitido ao juiz, de forma antecipada, julgar o mérito (*ex vi* dos arts. 355 e 356), porquanto a decisão em sede de tutela de evidência, diferentemente do julgamento antecipado se pauta em cognição sumária e, por isso, como já bem salientado alhures, traduz em uma decisão revogável e provisória.[67]

Como já expressado conceitualmente no início do presente item, na tutela da evidência não se exige a presença da urgência para o seu deferimento, pois que se pauta na evidência da pretensão solicitada, portanto, não se está a cogitar o *periculum in mora*, mas sim a probabilidade do direito da parte,[68] o que, à exceção do inciso I do art. 311, se mostra de total necessidade nos demais incisos o convencimento do órgão julgador quanto ao provável direito da parte requerente.

---

66. Nos mesmos termos, MARINONI, Luiz Guilherme; ARENHART, Sérgio Cruz; MITIDIERO, Daniel. *Novo Código de Processo Civil Comentado.* São Paulo: RT, 2015, p. 322.

67. Cf. também sobre a questão, WAMBIER, Teresa *et ali. Primeiros comentários ao Novo Código de Processo Civil.* São Paulo: RT, 2015, p. 523.

68. No mesmo sentido está o Enunciado 47 da I Jornada de Processo Civil do Conselho da Justiça Federal (CJF): "A probabilidade do direito constitui requisito para concessão da tutela da evidência fundada em abuso do direito de defesa ou em manifesto propósito protelatório da parte contrária."

Não obstante isso, ainda que o inciso I supra não faça referência a qualquer conteúdo documental, não seria razoável a concessão da medida somente pelo comprovado *abuso do direito de defesa ou o manifesto propósito protelatório da parte*, sem que, sequer, mostre-se provável o pedido do autor, e daí tem-se coerência com o espírito de antecipação da tutela de evidência, ratificando-se, inclusive, a própria diferença entre esta tutela e aquela da urgência.

Por tudo, é de se afirmar que, em qualquer das hipóteses, deverá o requerente da medida comprovar a evidência e a probabilidade do seu direito, independentemente da demonstração de perigo de dano ou de risco ao resultado útil do processo.

Com relação ao inciso I do art. 331, despiciendo afirmar que o mesmo possui similitude com o *caput* e inciso II do art. 273 do CPC/1973. Trata-se da possibilidade de concessão da tutela de evidência quando caracterizado o abuso do direito de defesa ou o manifesto propósito protelatório da parte contrária, portanto, sendo a defesa abusiva, excessiva ou mesmo inadequada e com o propósito de frustrar ou retardar a prestação jurisdicional, *v.g.*, repetir alegações já indeferidas ou mesmo insistir na discussão de matéria tida como preclusa, demonstrando claramente o intuito procrastinatório da atitude volitiva da parte, seja na defesa como na própria marcha processual.

No que toca ao inciso II do art. 331, temos a concessão da medida de evidência quando *as* alegações de fato colacionadas pelo requerente puderem ser comprovadas apenas documentalmente e houver tese firmada em julgamento de casos repetitivos ou em súmula vinculante a respeito, valendo destacar entendimento do Enunciado n.48 da I Jornada de Processo Civil do Conselho da Justiça Federal (CJF), onde se entende e nos parece, com acerto, a extensão também para as teses firmadas em sede de Repercussão Geral e Súmulas dos Tribunais Superiores. *In verbis*:

"Enunciado 48 – É admissível a tutela provisória da evidência, prevista no art. 311, II, do CPC, também em casos de tese firmada em repercussão geral ou em súmulas dos tribunais superiores."

De pronto, observa-se que, nesta hipótese, independe de qualquer atitude do réu, devendo o autor comprovar documentalmente (e lógico, de forma idônea) suas alegações de fato bem como estar a mesma assentada em tese firmada em julgamento de casos repetitivos (entende-se, decorrentes de incidente de resolução de demandas repetitivas – arts. 976 a 987 e recursos repetitivos – arts. 1.036 a 1.041) ou em súmula vinculante. Mostra-se aí a preocupação do legislador em prestigiar os precedentes jurisprudenciais dos Tribunais Superiores, em clara demonstração ao respeito à isonomia dos julgamentos através da verticalização das decisões, como no caso de recursos repetitivos e súmulas vinculantes ou mesmo de jurisprudência firmada em incidente de resolução de demandas repetitivas nos Tribunais de Justiça ou nos Tribunais Regionais Federais.[69]

---

69. Em acerto, seria de efetiva concessão da tutela de evidência em ações onde se questionasse a exigência de depósito para a admissão de recurso administrativo (Súmula Vinculante n.21) ou se

Aponta o inciso III para a possibilidade de concessão da tutela de evidência quando se tratar *de pedido reipersecutório fundado em prova documental adequada do contrato de depósito, caso em que será decretada a ordem de entrega do objeto custodiado, sob cominação de multa.*

Digitada hipótese se relaciona com o contrato de depósito, este devidamente regulado pelo Código Civil, nos arts. 627 e ss.

Em síntese apertada, no aludido contrato, o depositário tem por obrigação guardar e conservar a coisa depositada como se dele fosse e, notadamente, deve restituí-la com seus frutos ao depositante, correndo as despesas da restituição por conta do próprio depositante. Poderá o depositário reter o depósito até que se lhe pague a retribuição devida, o líquido valor das despesas, ou dos prejuízos a que se refere o artigo anterior, provando imediatamente esses prejuízos ou essas despesas.

No modelo do CPC/1973, uma vez negada a devolução do bem e havendo prova literal do depósito (conforme era expresso no art. 902 do CPC/1973), o depositante ingressava com a respectiva ação de depósito, mirando então o exato cumprimento obrigacional, i.e., a devolução do bem pelo depositário.

No CPC/2015, pode o legislador prever dita hipótese como possível em sede de tutela provisória de evidência, cabendo ao depositante, fundado em prova documental adequada ao contrato de depósito, reivindicar a coisa, inclusive com a cominação de multa ao depositário, caso seja recalcitrante no cumprimento espontâneo do comando judicial.

Por fim, preceitua o inciso IV do art. 331, como forma de admissão de tutela de evidência, hipótese onde a *petição inicial for instruída com prova documental suficiente dos fatos constitutivos do direito do autor, a que o réu não oponha prova capaz de gerar dúvida razoável.*

Neste caso, caberá ao requerente da medida de evidência instruir sua peça inicial com prova documental satisfatória para comprovar os fatos constitutivos que alega ter razão e, diante disso, ter carecido parte *ex adversa* de oferecer conteúdo probante capaz de estabelecer dúvida razoável aos fatos e, por isso, razões do autor do pedido daquela medida.

Perceba-se que não se trata da denominada incontrovérsia (como se vê do art. 356, nos casos de julgamento antecipado de mérito), mas de ausência de prova de forma consistente por parte do réu, que pudesse fazer frente àquela apresentada pelo autor do pedido de tutela de evidência.[70]

---

pretendesse matrícula em Universidade Pública sem sujeitar-se ao pagamento de taxa (Súmula Vinculante n.12).

70. Enunciado n. 35 do FPPC: "As vedações à concessão de tutela provisória contra a Fazenda Pública limitam-se às tutelas de urgência."

2.4 AUDIÊNCIA DE CONCILIAÇÃO OU DE MEDIAÇÃO

Conforme já mencionado alhures, no CPC/2015 o Processo de Conhecimento tem seu rito concentrado em um único, este denominado comum.

Dentre as características deste Procedimento Comum está a "Audiência de Conciliação ou Mediação" já no início do procedimento, esta necessariamente conduzida por conciliador ou mediador, certamente, onde houver (§1º do art. 334).

A presente audiência, em sintonia com o art. 165, deverá ser realizada, em regra, no Centro Judiciário de Solução de Controvérsias de Conflitos, este que pode ser externo ao Poder Judiciário, cabendo tão somente como exceção – *v.g.*, a ausência de auxiliares da justiça[71] – a realização da aludida audiência na sede do juízo, com a condução do próprio magistrado.[72]

Assim, uma vez estando a petição inicial com seus requisitos essenciais preenchidos e não sendo o caso de improcedência liminar do pedido, o juiz designará audiência de conciliação ou de mediação com antecedência mínima de trinta dias, sendo o autor intimado na pessoa de seu advogado para a respectiva audiência (§3º do art. 334) e quanto ao réu, será ele citado pessoalmente, com pelo menos vinte dias de antecedência (art. 334, *caput*).[73] No entanto, dita audiência não se realizará nos seguintes casos:

I – se ambas as partes manifestarem, expressamente, desinteresse na composição consensual; II – quando não se admitir a autocomposição (§4º do art. 334).

No caso de ato manifestado pelas partes, em sendo o autor, deverá ele indicar já na petição inicial o seu desinteresse pela autocomposição; outrora, partindo do réu dita manifestação, caberá ao mesmo apresentá-la com dez dias de antecedência, contados da audiência (§5° do art. 334).

Em havendo litisconsortes, o desinteresse na realização da audiência deverá ser manifestado por todos eles (§6º do art. 334). Trata-se de regra que não parece ser a de melhor caminho, pois generalizante. Penso que devemos analisá-la sob o manto da dependência ou não da relação litisconsorcial, i.e., sendo ele simples ou unitário, a depender do real interesse da pretensão bem como da possibilidade ou não de solução diferente para o mesmo objeto, como na possibilidade, em sendo simples, de se ter a liberdade do litisconsorte desejar ou não a composição do litígio frente ao outro litisconsorte que as-

---

71. Enunciado 23 da I Jornada de Processo Civil do Conselho da Justiça Federal (CJF): "Na ausência de auxiliares da justiça, o juiz poderá realizar a audiência inaugural do art. 334 do CPC, especialmente se a hipótese for de conciliação. "

72. No mesmo sentido, DIDIER JR., Fredie. *Curso de Direito Processual Civil.* Vol. 1. 20 ed. Salvador: JusPodivm, 2018, p.720.

73. Enunciado n. 273 do FPPC: "Ao ser citado, o réu deverá ser advertido de que sua ausência injustificada à audiência de conciliação ou mediação configura ato atentatório à dignidade da justiça, punível com a multa do art. 334, § 8º, sob pena de sua inaplicabilidade."

sim não o deseje, desde que possa a pretensão ser juridicamente divisível e transacionável.

Vale destacar a possibilidade de manifestação bilateral das partes pelo desinteresse na realização da presente audiência por meio de negócio jurídico processual, este celebrado sob o manto autorizador do art. 190, sendo que em tal hipótese, caberá ao autor juntá-lo em sua petição inicial.[74]

Cabe frisar que o não comparecimento injustificado do autor ou do réu à audiência de conciliação será considerado ato atentatório à dignidade da justiça e sancionado com multa de até dois por cento da vantagem econômica pretendida ou do valor da causa, revertida em favor da União ou do Estado, *ex vi* do §8º do art. 334.[75]

As partes devem estar acompanhadas por seus advogados ou defensores públicos, podendo qualquer delas constituir representante, por meio de procuração específica, com os devidos poderes para negociar e transigir (§§9º e 10º).

Insta ainda destacar que, a presente audiência de conciliação ou de mediação poderá ser realizada por meios eletrônicos (v.g., *skype*), e uma vez ocorrendo a autocomposição, será ela reduzida a termos e homologada por sentença, como se nota dos §§7º e 11 do art. 334.

O legislador fez questão de regrar o intervalo mínimo para realização de uma audiência e outra. Nisso, regra o §12 do art. em tela:

"A pauta das audiências de conciliação ou de mediação será organizada de modo a respeitar o intervalo mínimo de vinte minutos entre o início de uma e o início da seguinte."

Será ainda possível a realização de mais de uma sessão destinada à conciliação e/ou à mediação, não podendo, notadamente, exceder a 2 (dois) meses da data de realização da primeira sessão, desde que necessárias à composição das partes (§3º do art. 334).

2.5 RESPOSTA DO RÉU

2.5.1 Noções Gerais

No tocante ao papel do réu quando citado para responder a uma demanda, poderá o mesmo ter reações diversas, isto é, permanecer inerte, confessar a procedência do pedido do autor, apresentar pedido em face deste e mesmo optar pela sua própria defesa.

---

74. DIDIER JR., Fredie. Ob. cit.., p.721.

75. Ainda que a parte multada venha, ao final do processo, sair como vencedora da demanda, haverá interesse recursal de sua parte para pleitear a impugnação da referida multa do art. 334, § 8º, do CPC, tudo por meio de apelação. Vide Enunciado n.67 da I Jornada de Direito Processual Civil do Conselho da Justiça Federal (CJF).

É bem verdade que o Código de Processo Civil de 1973 optou por considerar como resposta do réu apenas três institutos específicos: contestação, exceção e reconvenção (art. 297 do CPC/1973); porém já se podia vislumbrar outras tantas reações do réu, tanto as já citadas como também outras mais esporádicas e particulares como, por exemplo, a utilização pelo réu de algumas figuras jurídicas de intervenção de terceiros; uma possível indagação ao valor da causa etc.

Já o CPC/2015 considera como defesa clássica a peça da contestação, onde em seu bojo, poderão se arguidas a reconvenção e a própria incompetência do juízo, ou seja, tanto a absoluta quanto a relativa (esta última, objeto da denominada exceção de incompetência em peça apartada no CPC/1973), além de impugnação ao valor da causa e mesmo, a impugnação à concessão de gratuidade de justiça.

O direito de defesa é considerado um contraposto ao direito de ação, isto é, corresponde ao seu equivalente.

Importante ressaltar que ação e defesa se diferenciam quanto ao seu conteúdo: ambas têm conteúdo imediato, mas a defesa, apenas por exceção, tem conteúdo mediato.

A defesa, em geral, mostra-se como forma pela qual o réu objetiva uma decisão de improcedência do pedido.

Existem ainda, outras formas onde pode o réu em sua própria defesa, formular o pedido, como, por exemplo, no que toca à proteção possessória (art. 556), ou ainda em sede de pedido contraposto, no âmbito dos juizados especiais cíveis estaduais (Lei n. 9.099/95 em seu art. 31, 2ª frase).

Em um sentido geral, como já bem dito, tem-se que o direito de defesa se expressa na tentativa de o réu buscar a improcedência do pedido do autor.

2.5.2 Classificação das Espécies de Defesa

A defesa processual possui conteúdo estritamente formal, tendo o réu como objetivo tentar atingir o processo propriamente dito, inutilizando-o parcial ou totalmente, dentro dos seus limites técnicos (formais).

Dilatórias são as defesas processuais as quais, sendo deferidas, não provocam a extinção do processo, mas sim o paralisam temporariamente até que o obstáculo processual seja removido. Como exemplos, temos: alegações de inexistência ou nulidade de citação; incompetências absoluta e relativa, incorreção do valor da causa; conexão; deficiência na representação da parte; ausência de caução ou de outra prestação que a lei exige como preliminar da ação, indevida concessão do benefício da gratuidade de justiça (art. 337, incisos I, II, III, VIII, IX, XII e XIII).

Por outro lado, *peremptórias* são as defesas processuais que, uma vez acolhidas, extinguem o processo, pois que o vício alegado é sumamente relevante para a ordem jurídica processual, incluindo assim, a validade do processo e a sua aptidão para se obter a devida tutela jurisdicional. Podemos citar como exemplo: inépcia da inicial, incapacidade de parte, perempção litispendência, coisa julgada etc. (art. 337, incisos IV, V,VI, VII e IX).

É variável o procedimento a ser formulado para as alegações das defesas processuais visto que poderão tais defesas ser arroladas, em regra, como preliminares da contestação (art. 337) ou mesmo após esta, como no caso de ausência de condições da ação (interesse de agir ou ilegitimidade *ad causam*), onde o interesse de ordem pública sugere e potencializa na possibilidade de alegar o vício no próprio correr da demanda.

É decisão interlocutória o ato do juiz que rejeita a defesa processual dilatória ou que julga sanada a falha que a originou.

É sentença o ato que acolhe a defesa processual peremptória, extinguindo a relação processual.

A defesa de mérito é a defesa propriamente dita, quando o réu visa atacar o mérito da causa, objetivando demonstrar que o autor não tem razão naquilo que pleiteia. Pode ser direta ou indireta.

Ocorre defesa direta quando o réu contesta o próprio fato alegado pelo autor (*v.g.*, nega a existência de um dano causado por ele), ou suas consequências jurídicas (ex.: reconhece o fato ocorrido, mas nega que do fato resultou algum dano). Trata-se de ser considerada direta, pois ataca a própria pretensão do autor, destruindo os fundamentos de fato e de direito.

Já a defesa indireta é a defesa do réu que, embora reconhecendo a existência do fato, a este se contrapõe alegando outro que seja impeditivo, modificativo ou extintivo do direito pleiteado pelo autor. Como exemplo, temos: o réu alegar prescrição de direito do autor, o réu alegar pagamento da obrigação.

2.6 CONTESTAÇÃO

2.6.1 Noções Gerais

É o instrumento processual pelo qual o réu se opõe à pretensão formulada pelo autor, oposição esta de conteúdo formal e/ou material.

A contestação representa para o réu tudo aquilo tal qual a petição inicial representa para o autor, cabendo ao réu, neste instrumento, alegar "toda a matéria de defesa" (art. 336) no que diz respeito à matéria de mérito.

Importante se faz salientar que na contestação vigora o "princípio da concentração da defesa", onde, uma vez apresentada na contestação, a defesa de mérito (relativa ao direito material alegado pelo autor) terá caráter preclusivo, consumando-se o direito de defesa de mérito, não podendo o réu formular novas alegações, exceto se relacionadas a direito superveniente.

De forma diferente ocorre quanto à defesa processual elencada no art. 337 quando, então, a matéria poderá ser conhecida de ofício pelo juiz, com exceção apenas quanto à incompetência relativa e convenção de arbitragem, *ex vi* do art.337, §5º do CPC. Vale destacar, no entanto, que ante a ausência de alegação da existência de convenção de arbitragem por parte do réu em sua peça contestatória, implica em aceitação da jurisdição estatal e por isso, reconhecida renúncia ao juízo arbitral (§6º do art. 337).[76]

2.6.2 Conteúdo da Contestação

A petição deve seguir a mesma ordem estrutural da petição inicial, expressada no art. 319. É dirigida ao juiz da causa mesmo que o réu venha alegar a incompetência do juízo.

É importante uma ordem lógica na apresentação da defesa, devendo ser apresentadas, primeiro, as preliminares processuais (peremptórias e dilatórias conforme observadas no art. 337 do CPC), que podem levar à dispensa de exame do mérito principal. Em seguida, a defesa de mérito, quando o réu atacará de maneira direta e/ou indireta a pretensão do autor.

Deve o réu especificar provas que pretende produzir (art. 336), juntando também os documentos destinados a provar suas alegações (art. 434).

Deve acompanhar a contestação a procuração outorgada pelo réu ao advogado, sendo que este é quem deverá assinar a contestação.

2.6.3 Prazo

Dentro do procedimento comum, o prazo para a apresentação da contestação, é de 15 dias (art. 335), cujo termo inicial será a data:

a) da audiência de conciliação ou de mediação, ou da última sessão de conciliação, quando qualquer das partes não comparecer ou, comparecendo, não houver autocomposição;

b) do protocolo do pedido de cancelamento da audiência de conciliação ou de mediação apresentado pelo réu, quando ocorrer a hipótese do art. 334, § 4º, inciso I, portanto, se ambas as partes manifestarem, expressamente, desinteresse na composição consensual;

c) prevista no art. 231, de acordo com o modo como foi feita a citação, nos demais casos, como, por exemplo, quando o objeto da demanda não admitir a autocomposição.

No caso de litisconsórcio passivo, ocorrendo o pedido de cancelamento da audiência por todos eles ou de algum(ns) deles e, em igual sentido, já havendo manifestação por parte do autor, o termo inicial para cada um dos réus será a data do protocolo de seu respectivo pedido de cancelamento da audiência

---

76. Enunciado n.153 do FPPC: "A superveniente instauração de procedimento arbitral, se ainda não decidida a alegação de convenção de arbitragem, também implicará a suspensão do processo, à espera da decisão do juízo arbitral sobre a sua própria competência."

(§1º do art. 335 do CPC), sendo que para aquele(s) que não solicitou(aram) o cancelamento da mesma, o termo inicial para apresentação da contestação continuará sendo aquele do art. 335, I .

Por outro lado, tratando-se de ação em que não se admita autocomposição, havendo litisconsórcio passivo e tendo o autor desistido da ação em relação a réu ainda não citado, o prazo para resposta correrá da data de intimação da decisão que homologar a aludida desistência, conforme determina o §2º do art. 335 do CPC.

Insta destacar a referência aos prazos em dobro no CPC/2015.

Nisso, quanto à União, aos Estados, ao Distrito Federal, aos Municípios bem como as suas autarquias e fundações de direito público, em vista do interesse público que cerca as demandas que os envolvem e para fins de se evitar que este seja corroído pelas dificuldades administrativas de auto-organização, os prazos serão contados em dobro para todas as suas manifestações processuais, cuja contagem terá início a partir da intimação pessoal (art. 183, *caput*). O mesmo se estende para o Ministério Público (art. 180, *caput*) e Defensoria Pública (art. 186, *caput*).

Coube ao legislador, por conseguinte, conceder tal benefício do prazo em dobro aos escritórios de prática jurídica das faculdades de Direito reconhecidas na forma da lei e às entidades que prestam assistência jurídica gratuita em razão de convênios firmados com a Defensoria Pública, conforme assegura o §3º do art. 186 do CPC.

Há de se atentar que, para todos os beneficiários do lapso temporal em dobro supracitados, não será aplicado a benesse da contagem dobrada quando a lei estabelecer, de forma expressa, prazo próprio para qualquer deles.

Ressalta-se que as sociedades de economia mista e empresas públicas não se aplica o presente benefício, já que possuem regime jurídico de direito privado e como cediço, integram apenas a administração indireta, de acordo com o Decreto-lei 200, de 25.02.1967.[77]

No caso de litisconsórcios com diferentes procuradores, de escritórios de advocacia distintos, terão eles os prazos contados em dobro para todas as suas manifestações, em qualquer juízo ou tribunal, independentemente de requerimento, de acordo com o *caput* do art. 229. No entanto, cessará a contagem do prazo em dobro quando, havendo apenas 2 (dois) réus, é oferecida defesa por apenas um deles (§1º do art. 229). Nesta hipótese, tornando-se revel um dos litisconsortes, não haverá de se falar mais em prazos em dobro para ambos se manifestarem nos autos do processo.

Tal benefício concedido aos litisconsortes na forma supracitada, não se aplica aos processos que tramitam em autos eletrônicos (§2º do art. 229).

---

77. STJ. 1ºT. Ag.Rg. no REsp 788.820/RS. Rel. Min. Denise Arruda. Julg.04.09.2008, *DJe* 22.09.2008; STJ. 2ºT. Ag.Rg no REsp 652.055/RS, Rel. Min. Herman Benjamin. Julg. 01.09.2009, *DJe* 08.09.2009.

2.6.4 FORMA

Será a contestação deduzida por petição sempre na forma escrita.

Em se tratando de processo eletrônico, a Lei n. 11.419/2006, em seu art. 10 expressa que a distribuição da petição inicial e juntada da contestação, dos recursos e das petições em geral, todos em formato digital, nos autos de processo eletrônico, podem ser feitas diretamente pelos advogados, públicos e privados, sem necessidade da intervenção do cartório ou secretaria judicial, situação em que a autuação deverá se dar de forma automática, fornecendo-se recibo eletrônico de protocolo.

2.6.5 ALEGAÇÃO DE ILEGITIMIDADE *AD CAUSAM*

Poderá o réu alegar ser parte ilegítima ou não ser o responsável pelo prejuízo invocado pelo autor em sua peça exordial.[78]

Para tanto, incumbirá ao réu, obrigatoriamente, indicar o sujeito passivo da relação jurídica discutida sempre que tiver conhecimento, sob pena de arcar com as despesas processuais e de indenizar o autor pelos prejuízos decorrentes da falta de indicação (art. 339, *caput* do CPC).

Neste caso, caberá ao o juiz facultar ao autor o prazo de 15 (quinze) dias, para fins de alteração da petição inicial substituindo o polo passivo na mesma (art. 338, *caput* do CPC).[79]

Aceitando o autor a indicação da parte *ex-adversa*, procederá no prazo supracitado a alteração de sua peça inicial e ainda reembolsará as despesas processuais ao réu excluído bem como honorários ao procurador deste, que serão fixados entre três e cinco por cento do valor da causa ou, sendo este irrisório, nos termos do art. 85, §8º (art. 338, parágrafo único do CPC).

Conforme inteligência do §2º do art. 339 convém lembrar que, ao autor é facultada a opção de alterar a petição inicial para incluir a pessoa indicada pelo réu como litisconsorte passivo, mantendo, portanto, o réu originário e aquele por este indicado.

2.6.6 ALEGAÇÃO DE INCOMPETÊNCIA

Com cediço, as alegações de incompetência relativa e absoluta em sede do novo CPC se darão no próprio corpo da peça contestatória.

Assim, havendo qualquer das ditas alegações, a contestação poderá ser protocolada pelo réu em seu próprio domicílio, fato este que será comunicado imediatamente ao juízo da causa, e, conforme o *caput* do art. 340, preferencialmente por meio eletrônico.

---

78. Enunciado n. 44 do FPPC: "A responsabilidade a que se refere o art. 339 é subjetiva."

79. Enunciado n. 296 do FPPC: "Quando conhecer liminarmente e de ofício a ilegitimidade passiva, o juiz facultará ao autor a alteração da petição inicial, para substituição do réu, nos termos dos arts. 339 e 340, sem ônus sucumbenciais."

Sendo o réu citado por carta precatória, a sua contestação será juntada aos autos, sendo aí remetida ao juízo da causa. Por outro lado, sendo o réu citado por outro meio, *v.g.*, por correio, será a contestação submetida à livre distribuição no foro de domicílio do réu, sendo em seguida enviada ao juízo da causa (art. 340, §1º do CPC).

Ressalta-se que, uma vez alegada a incompetência do juízo, suspensa será a audiência de conciliação ou de mediação, caso já tenha sido designada data para a realização, conforme reza o §3º do art. 340 do CPC.

Reconhecida a competência do foro indicado pelo réu em sua peça contestatória, o juízo onde fora distribuída a contestação ou a carta precatória será considerado prevento para aquela demanda (§2º do art. 340 do CPC).

Por fim, reconhecida e definida a competência do juízo, caberá a este designar nova data para a realização da audiência de conciliação ou mediação (§4º do art. 340 do CPC).

2.6.7 ÔNUS DA IMPUGNAÇÃO ESPECIFICADA

Expressa o art. 341, *caput*, que o réu tem o ônus de impugnar especificamente os fatos elencados na petição inicial.

Diante disso, decorre a ineficácia da contestação baseada na chamada "negativa geral", ou, no entendimento de Calmon de Passos,[80] a defesa por meio da qual o réu se limita a dizer não serem verdadeiros os fatos aduzidos pelo autor.

Deve, portanto, o réu manifestar-se de forma precisa e específica sobre cada um dos fatos elencados na inicial pelo autor, expressando fundamentação em suas alegações, isto é, descrevendo como os fatos ocorreram e o porquê da negativa dos mesmos, sob pena de serem admitidos como verdadeiros, caso não especificamente impugnados.

Não havendo impugnação específica do réu sobre os fatos narrados pelo autor na inicial, entende a doutrina, então, como verdadeiros ou incontroversos os mesmos, dispensando-se prova a seu respeito (art. 374, III), podendo o juiz julgar antecipadamente todo o mérito da pretensão (art. 355, I) ou mesmo, parcela dele (art. 356, I), logicamente, desde que a falta de impugnação específica enseje sobre um fato fundamental para a solução do litígio ou parte dele.

É de atentar para as exceções quanto à veracidade dos fatos não impugnados especificamente pelo réu na contestação, estas contidas nos incisos I, II e III do art. 341, quais sejam: (i) se diante das alegações constantes da petição inicial não for admissível, a seu respeito, a confissão; (ii) se a petição inicial não estiver acompanhada de instrumento que a lei considerar da substância do ato e, (iii) se as alegações do autor em sua peça exordial estiverem em contradição com a própria defesa, considerada em seu conjunto.

---

80. CALMON DE PASSOS, J.J. *Comentários ao Código de Processo Civil*. Vol. III. Rio de Janeiro: Forense, 1974, nº 150, p.274.

Importante sublinhar que a o ônus da impugnação especificada dos fatos alegados pelo autor não se aplicará ao defensor público, ao advogado dativo e ainda ao curador especial, de acordo com o que estabelece o parágrafo único do art. 341 do CPC.

Coube ao legislador delimitar momentos aos quais poderá o réu deduzir novas alegações após a contestação. Sendo assim, será lícito ao réu apresentar novatas argumentações quando:

> *Art. 342 (...)*
>
> *I - relativas a direito ou a fato superveniente;*
>
> *II - competir ao juiz conhecer delas de ofício;*
>
> *III - por expressa autorização legal, puderem ser formuladas em qualquer tempo e grau de jurisdição.*

2.7 RECONVENÇÃO

2.7.1 CONCEITUAÇÃO

Classicamente, a doutrina conceitua reconvenção como a ação proposta pelo réu (reconvinte) em face do autor (reconvindo) no âmbito do mesmo processo instaurado por este em face daquele.[81]

Já bem notava no CPC/1973, ora revogado, a regulação da reconvenção como modalidade de "resposta do réu", tratando-se, na verdade, de uma ação distinta da originária, devendo conter então todos os elementos essenciais, tais como as condições de ação e os devidos pressupostos processuais.

Com o presente instituto, tem o réu, no seu uso, a necessidade de contra-atacar o autor, portanto, se defender na contestação (lide originária) e atacará o autor em outra lide dentro do mesmo processo (lide reconvencional).

Com o CPC/2015, o espírito do ato reconvencional, de certo, se mantem o mesmo, ou seja, caso o réu se interesse por pretensão substancial em face do autor, por economia processual, poderá fazer uso da mesma marcha processual, e por isso, ampliando o objeto do processo e, por conseguinte, dilatando os limites objetivos da coisa julgada.

No entanto, trouxe o novel CPC a denominada "contestação reconvencional", onde o réu, ao contrário do CPC/1973 que exigia a reconvenção em peça separada da petição contestatória, ainda que não se desse em autuação apartada, o CPC/2015 opta pela dedução do pedido reconvencional no próprio bojo da contestação, significando assim que teremos em uma mesma peça a contestação da parte ré e, em sendo de seu interesse, o pedido reconvencional, este formando um outro capítulo da própria contestação, fazendo, portanto, parte desta, *ex vi* do art. 343, *caput* do CPC.

---

81. MONTEIRO, João. *Programa do Curso de Processo Civil.* 3 ed. São Paulo: Duprat, 1912, p.346.

É de se destacar ainda que, o modelo de acostar pretensão em peça contestatória por parte do réu não o exime de formular de forma explícita a tutela reconvencional que objetiva, pois que caso a sua defesa tiver simplesmente o propósito de resistir ao pedido do autor, certamente, a solução da demanda ficará restrita ao indeferimento ou improcedência da causa de pedir pleiteada pelo autor da ação.[82]

Como dito alhures, no CPC/2015, a reconvenção será proposta dentro da própria contestação, se assemelhando com o que já tínhamos em sede do CPC/1973 com o que se denominava "pedido contraposto", por exemplo, em sede de rito sumário ou mesmo em ações consideradas dúplices, tais como as ações possessórias, consignatórias, renovatórias, de prestação de contas, dentre outras, no entanto, sempre necessário a invocação expressa do réu para acerca de sua pretensão.[83]

Importante ressaltar que o uso da reconvenção não é obrigatório (art. 343 do CPC), podendo o réu reconvir ou não, mas, baseado no princípio da economia processual, fundamento do presente instituto, caso o réu já tenha um pedido a ser formulado em face do autor e dito pedido seja submisso aos pressupostos exigidos para a interposição da reconvenção, pode se evitar a propositura de uma ação em separado.

2.7.2 Pressupostos

Além de a reconvenção estar subordinada às condições da ação e aos pressupostos processuais, pré-requisitos ínsitos a qualquer demanda, tem o presente instituto pressupostos básicos e particulares para a sua pretensa validade.

São eles:

a) Legitimidade das partes

Somente quem é parte no processo estará apto a reconvir.

Assim, exige-se que as partes figurem na mesma qualidade jurídica na ação e na reconvenção, conforme a inteligência do art. 343, §5º. Por isso, será necessário que exista identidade subjetiva bilateral entre ação e reconvenção.

---

82. No mesmo sentido, THEODORO JÚNIOR, Humberto. *Curso de Direito Processual Civil*. Vol. I. 56 ed. Rio de Janeiro: Forense, 2015, p.801.

83. PROCESSUAL CIVIL. LOCAÇÃO. AÇÃO RENOVATÓRIA. CARÁTER DÚPLICE. CONTESTAÇÃO. ALTERAÇÃO CONTRATUAL. JULGAMENTO ULTRA-PETITA. OCORRÊNCIA. INTERPRETAÇÃO RESTRITIVA. PEDIDO. 1. Malgrado possua a ação renovatória caráter dúplice, possibilitando ao réu, na contestação, formular pedidos em seu favor, não exigindo reconvenção, caracteriza julgamento ultra petita decisão fixando novo quantum do aluguel, sem que haja requerimento nesse sentido, mas, tão-somente, informação no tocante ao seu valor de mercado. 2. O pedido deve ser interpretado restritivamente (art. 293-CPC), ou seja, há necessidade de invocação expressa da pretensão pelo autor e, na espécie, também pelo réu. 3. Recurso especial conhecido e provido (STJ. 6ºT. REsp 285.472/SP. Rel. Min. Fernando Gonçalves. Julg.16.10.2011, *DJU* 05.11.2011).

Dito isso, em caso de substituição processual, caso o autor for substituto processual, o réu reconvinte deverá afirmar ser titular de direito em face do substituído, sendo então a reconvenção proposta em face do autor, também na qualidade de substituto processual (art. 343, §5º do CPC).

Outrossim, o CPC/2015 possibilita a que havendo relação litisconsorcial passiva, um dos litisconsortes apenas reconvenha em face do autor, assim como também nada impede que o réu venha propor reconvenção em face de apenas um autor, em se tratando de litisconsortes ativos.

No mesmo compasso, autoriza o legislador a propositura de pedido reconvencional em face do autor e terceiro bem como ser a reconvenção manejada pelo réu em litisconsorte com terceiro (§§3º e 4º do art. 343).

Em verdade, o CPC admite tais possibilidades em relações subjetivas ampliadas, a fim de oportunizar um melhor aproveitamento e rendimento do processo, certamente, ansiando pela real viabilidade de solucionar os litígios em determinado momento, evitando-se a certeira perpetuação de contendas, mesmo em relações jurídicas que poderiam se formar em outros novatos processos relacionados com aquele de origem.

Se houver litisconsórcio passivo necessário na ação principal, todos deverão figurar como reconvintes na reconvenção.

b) Conexão com a ação principal ou com os fundamentos da defesa (contestação)

1º) Com a ação principal:

– Por identidade do pedido: quando os pedidos das duas partes visam ao mesmo fim. Por exemplo, o autor pede que se decrete a separação do casal, fundamentado em injúrias graves da ré. A ré reconvém, pleiteando a mesma separação com fundamento em adultério praticado pelo autor; outro exemplo: o autor pede a rescisão do contrato por culpa do réu. O réu pede a mesma rescisão, mas por culpa do autor.

– Por identidade da causa de pedir (fato e fundamento jurídico): tem fundamento no mesmo fato ou fundamento jurídico. Por exemplo, autor pede a condenação do réu a cumprir o contrato mediante a entrega do objeto vendido e o réu reconvém, pedindo a condenação do autor a pagar o saldo do preço fixado no contrato.

2º) Com os fundamentos da defesa:

Como exemplo, temos: o autor faz cobrança de dívida e o réu alega compensação, com crédito seu a receber. Em reconvenção pode cobrar a diferença. Outro exemplo: o autor pede o domínio de imóvel e o réu contesta, afirmando ser o real proprietário do prédio ocupado pelo autor e, em reconvenção, o reivindica.

Tendência na doutrina e na jurisprudência é a de não se limitar à estreita definição do art. 55 e reconhecer conexão quando haja, pelo menos, identidade de uma das questões da lide.

c) Competência

Ação e Reconvenção são julgadas simultaneamente e, portanto, se faz necessário que o juiz seja competente para ambas.

Tratando-se de competência absoluta (improrrogável), restará a reconvenção impossibilitada, devendo o réu intentar ação em juízo competente.

Já no caso de competência relativa, será admissível a reconvenção, visto ocorrer neste caso a prorrogação, haja vista a presença de conexão.

Assim, pois, somente haverá possibilidade de reconvenção quando o juiz da causa principal for competente para conhecer da ação reconvencional.

d) Possibilidade do procedimento

Exige-se unidade procedimental entre ação e reconvenção.

Assim, o rito da ação principal deve ser o mesmo da reconvenção.

Se é certo que não há previsão legal para tanto, há de ser pressuposto lógico de tal sistemática o respeito ao art. 327, §1º, III do CPC, onde se regula o processo quando de pedidos cumulados em casos de conexão e que, em verdade, se apresenta como gênero da *actio* reconvencional.

Em síntese, o réu somente poderá pleitear a reconvenção caso essa se acomodar ao procedimento da demanda inicial ou se ambas admitirem o processamento pelo rito comum, em analogia ao art. 327, §2º do CPC.

2.7.3 Procedimento

Como já referido, a reconvenção será proposta dentro da própria contestação (art. 343, *caput* do CPC).

A despeito disso, autoriza o §6º do art. 343 que o réu reconvinte poderá propor a reconvenção independentemente de ofertar a contestação, notadamente, assumindo eventuais ônus em decorrência de tal prática, sobretudo, quando a própria reconvenção for indeferida ou julgada improcedente como, p. ex., não se configurar conexa com a ação principal ou com os próprios fundamentos da defesa do ora réu reconvinte.

Neste caso, é bem verdade, será considerado revel quanto à ação principal e nela poderá se sucumbir, cabendo destacar que, caso obtenha êxito na pretensão reconvencional, certamente, reduzirá os efeitos daquela possível revelia, em sendo os pedidos conexos.

Em exemplo disso temos a situação em o réu não negue o inadimplemento de uma prestação a que tinha por dever pagá-la, mas por outro lado, reconvenha quanto ao direito de cobrar do autor multa por inadimplemento obrigacional deste, decorrente do mesmo contrato.

Pois bem. Uma vez apresentado o pedido reconvencional e deferido, será o reconvindo (autor da ação principal) intimado (possuindo aqui os mesmos efeitos da citação) na pessoa de seu advogado, para apresentar sua resposta no prazo de 15 (quinze) dias, esta que deverá ser elaborada com observância de todas as exigências aplicáveis a uma peça contestatória e que se encontram nos arts. 335 a 342 do CPC.

É de ressaltar neste ínterim que, pela própria natureza da reconvenção, uma vez não respondendo a ela, o reconvindo será, de certo, considerado revel (art. 344 do CPC).

Respondendo o reconvindo, dita resposta obedecerá a todas as regras referentes à contestação, contidas nos arts. 335 a 341.

Depois de contestada a reconvenção, esta, em regra, seguirá os mesmos trâmites da ação principal, com instrução e sentença conjuntas.

Bem leciona Barbosa Moreira, para quem a sentença conjunta, indubitavelmente, se desdobra em dois capítulos, cada um tendo validade por decisão autônoma, em princípio, para fins de recorribilidade e formação da coisa julgada.[84]

O relatório e os fundamentos (art. 489, incisos I e II) comportam exposição conjunta, mas no dispositivo, sob pena de nulidade, o juiz há de julgar explícita e discriminadamente a ação originária e a reconvenção.

No entanto, pode não ser possível a ocorrência de julgamentos conjuntos entre ambas, pois que uma demanda poderá sofrer sua extinção por algum vício insanável (*v.g.*, inciso VI do art. 485 do CPC) ou motivo que enseje julgamento antecipado de alguns dos pedidos (art. 356 do CPC). Assim, diante de tal ocorrência, a primeira decisão que ocorrer no procedimento ensejará o recurso de agravo de instrumento (arts. 354, parágrafo único e 1.015, II do CPC), caso em que a segunda desafiará o recurso da apelação (art. 1.009 do CPC).[85]

2.7.4 AUTONOMIA DA RECONVENÇÃO

Não obstante estar inserida dentro do contexto da ação principal, a ação reconvencional primará sempre pela sua autonomia, portanto, havendo extinção por qualquer motivo de uma das ações, não existirá óbice para que a outra prossiga sua marcha (art. §2º do art. 343).

Ressalta-se que a lei não proíbe e a doutrina admite como viável a reconvenção da reconvenção.

Os argumentos contrários se situam no campo em que o autor poderia fazer o pedido com a propositura da ação ou ainda sob a égide do CPC/1973, afirmava-se que o art. 316 (hoje, §1º do art. 343) falava em contestação do re-

---

84. BARBOSA MOREIRA, José Carlos. *O Novo Processo Civil Brasileiro.* 24. ed. Rio de Janeiro: Forense, 2006, p.46.

85. No mesmo sentido, MARINONI, Luiz Guilherme; ARENHART, Sérgio Cruz; MITIDIERO, Daniel. *Novo Código de Processo Civil Comentado.* São Paulo: RT, 2015, p.371.

convindo e não em resposta do mesmo (locação esta alterada pelo CPC/2015); e mesmo que caberia ao autor construir outra relação processual.[86]

Já, os argumentos que militam no campo favorável apontam que nenhum dano poderá causar, posto que o autor é quem sabe o momento de conveniência e oportunidade para elencar outro pedido.

Ainda, em argumentos autorizadores da hipótese presente, atesta Calmon de Passos[87], ainda sob o manto do Código Buzaid:

> o autor ignorava que o réu iria reconvir; e por outro lado o seu interesse pode ter surgido justamente em razão da reconvenção; mas que o soubesse, a cumulação dos pedidos não é dever de ordem substancial nem de natureza processual; b) as ações entre só duas partes são em número finito e logo se exaurem; inclusive a exigência de um nexo entre a ação e a reconvenção ainda opera como fator limitativo de maior eficácia; c) a impugnação da reconvenção contestação é (hoje, inclusive, é assim denominada) sob qualquer aspecto que seja examinada. E esta nos parece a posição correta.

De fato, no âmbito do CPC/2015, assim como já afirmávamos acerca do CPC revogado, não encontramos qualquer óbice a que se possa realizar a *reconventio reconventionis*, logicamente, desde que se preencham os requisitos inerentes à espécie e que a nova reconvenção tenha surgido à vista de um novato material fático acarreado pelo reconvinte em sede de reconvenção.

Certamente, a própria boa fé processual e a legítima paridade de armas entre as partes, aliás, muito bem consagradas nos arts. 5º e 7º do CPC dão o efetivo sustento à presente possibilidade.

2.8 REVELIA E RECONHECIMENTO DO PEDIDO

2.8.1 Revelia – Conceito

Consiste a revelia na falta de apresentação da contestação dentro do prazo legal, por parte do réu desde que citado regularmente.

Tem o réu o ônus de apresentação da contestação (e não dever), pois que na ausência desta, caracterizando-se a revelia, o réu revel será encarado como um ausente na relação jurídica processual.

O conceito de revelia supracitado é denominado pela doutrina mais embasada de "revelia em sentido estrito".

Por outro lado, é entendida a existência da chamada "revelia em sentido amplo", esta caracterizada pela situação em que o réu, não obstante se defen-

86. MARQUES, José Frederico. *Manual de Direito Processual Civil*. Vol. II. São Paulo: Saraiva, 1974, p. 95.

87. *Comentários ao Código de Processo Civil*. Vol III, 9 ed. Rio de Janeiro: Forense , 2004, p.348.

der descumpre algum outro ônus processual a ele imputado (ex.: arts. 76, §1º, II e 313, § 3º do CPC).

2.8.2 Efeitos da Revelia em Sentido Estrito

São dois os efeitos oriundos da revelia em sentido estrito:

a) As alegações dos fatos afirmados pelo autor presumir-se-ão como verdadeiras (art. 344) – *vide* fatos incontroversos (art. 374, IV); julgamento antecipado da lide (art. 355, II).

Tal efeito não é absoluto, visto que nada impede o juiz sentenciar pela improcedência do pedido, já que poderá entender que as provas não são suficientes ou que, mesmo sendo os fatos verdadeiros, deles não decorre direito contido no pedido.

b) Os prazos processuais correrão para o revel independente de intimação (art. 346).

Importante salientar que, caso o revel venha a intervir posteriormente no processo, dito efeito desaparecerá, conforme se depreende da inteligência do parágrafo único do art. 346.

Para Arruda Alvim, o efeito da revelia deve ser atenuado em determinadas situações, tais como para o autor alterar seu pedido, caso em que deverá ser dada ciência ao réu para manifestar sobre tal questão.[88]

Outros casos em que deverá se dar nova oportunidade ao réu para manifestar-se:

a) (art. 485, § 4º) Deverá o réu ser intimado para falar a respeito do pedido de desistência do autor relativo à demanda proposta por este.

b) Deverá o réu ser comunicado quanto ao pedido de exibição de documento ou coisa, formulado pelo autor.

c) Deverá ser intimado para prestar seu depoimento pessoal.

d) Deverá ser intimado para a prática de ato ou abstenção de fato que tenha sido pedido pelo autor.

Não obstante o réu não contestar, poderá fazer contraprova aos fatos alegados pelo autor.

Aliás, conforme bem atesta o art. 349, será lícita ao revel a produção de provas, contrapostas às alegações do autor, desde que se faça representar nos autos a tempo de praticar os atos processuais indispensáveis à aludida produção. Com isto, aproxima-se ao máximo a "verdade formal" da "verdade real" e, certamente, prestigiando os preceitos indissociáveis do processo democrático, tais como aquele do contraditório e o da paridade de armas, muito bem elencados pelo CPC em seus arts. 7º e 10, respectivamente.

---

88. ALVIM, ARRUDA. *Manual de Direito Processual Civil*. Vol. II. 7 ed. São Paulo: RT, 2000, p. 331-332.

2.8.3 Efeitos da Revelia em Sentido Amplo

Apenas um efeito poderia ser vislumbrado neste aspecto de revelia:

os prazos processuais correrão para o revel, independente de intimação, ilustrado pelos casuísmos dos arts. 76, §1º II e 313, § 3º do CPC.

2.8.4 Não Incidência dos Efeitos da Revelia

Mesmo que havendo uma ausência de contestação, é perfeitamente possível que os efeitos da revelia sejam abrandados nas seguintes hipóteses (art. 345):

a) Se havendo pluralidade de réus, alguns deles contestar a ação.

Havendo vários réus, a contestação de algum(ns) deles poderá ser aproveitada pelos demais, não incidindo o efeito prescrito no art. 344.

Neste sentido, importante será verificar se a identidade dos fatos alegados pelo autor diz respeito a todos os litisconsortes.

Havendo dita identidade, a contestação de um dos réus afasta o efeito da revelia em relação aos demais no tocante ao fato contestado, como nos casos de litisconsortes necessários *ex vi* do art. 73, §1º (direitos reais imobiliários).

Poderão existir situações em que haja interesses conflitantes entre os litisconsortes, não afastando, portanto, os efeitos da revelia.

Como exemplos, podemos citar:

– "Reparação de danos em virtude de acidente de veículos"

Sendo intentada ação em face do condutor e do proprietário, somente este contesta, negando ser o proprietário do veículo (buscando, neste caso, se eximir de uma eventual responsabilidade solidária).

Esta contestação do suposto proprietário não tem força a ponto de afastar os efeitos da revelia quanto ao condutor, caso este não conteste.

– "Ação reivindicatória em face de B e C"

"A" alega em ação judicial que "B" se apossou injustificadamente da coisa, e, posteriormente, vendeu para "C".

"C" contestar alegando justo título, porém, não nega o ato praticado por "B", nisso incindindo sobre este os efeitos da revelia, visto que aqui se trata de fatos eminentemente distintos (posse injusta, transmissão fraudulenta).

b) Se o litígio versar sobre direitos indisponíveis

Neste caso, não haverá a incidência do efeito da revelia (art. 344).

Assim, haverá necessidade da produção de provas, inclusive não se admitindo a confissão relacionada a fatos tidos como de direito indisponível (art. 392).

c) Se a petição inicial não estiver acompanhada do instrumento público que a lei considere indispensável à prova do ato

Determinados atos jurídicos são indispensáveis à propositura da ação como, por exemplo, a escritura pública para a aquisição de imóvel.

Na ausência de dito instrumento, o fato não se tem por provado, devendo o autor produzir prova.

d) Caso as alegações de fato formuladas pelo autor forem inverossímeis ou estiverem em contradição com prova constante dos autos.

Notadamente, imprescindível será que as pretensões do autor possam ser verossímeis e assentada em provas às quais possuam conteúdo apto a empreender o convencimento logicamente motivado do órgão julgador, caso contrário, ainda que não contestada ação, não se vislumbrarão motivos para levar à presunção de veracidade as respectivas alegações e fatos afirmados pelo autor.

Além dos casos contidos no art. 345, outros possuem efeitos inibidores da ocorrência de revelia, entre eles:

I – Citação ficta (art. 72, inciso II).

Aquele que citado por edital ou por hora certa que compareça e peça vista aos autos, deixando, entretanto, de produzir contestação, incorrerá em revelia. Por outro lado, aquele que mantiver totalmente ausente e sua citação for resultado apenas de uma presunção legal, não incorrerá no efeito do art. 344.

II – Procedimento sumário (art. 277, §§ 2º e 3º do CPC/1973).

A despeito da revogação do Código de Processo Civil de 1973, bem dispõe o art. 1.046, §1º do CPC/2015 que:

> *As disposições da Lei nº 5.869, de 11 de janeiro de 1973, relativas ao procedimento sumário e aos procedimentos especiais que forem revogadas aplicar-se-ão às ações propostas e não sentenciadas até o início da vigência deste Código.*

Nestes termos, então, vale destacar que, em se tratando de aludido procedimento comum sumário, caso o réu deixar de comparecer à audiência, reputar-se-ão verdadeiros os fatos alegados na inicial (art. 344), salvo se o contrário resultar da prova dos autos.

É fundamental, porém, lembrar que, de acordo com o §3º do próprio art. 277 do CPC/1973, poderá o réu fazer-se representar por preposto com poderes para transigir.

2.8.5 Reconhecimento da Procedência do Pedido

Vimos que poderá o réu usar de sua contestação bem como reconvir ou mesmo ficar inerte com relação ao pedido formulado pelo autor.

Outra atitude que poderá o réu tomar será reconhecer a procedência do pedido exposto pelo autor na inicial, ensejando a extinção do processo com julgamento de mérito conforme expressa o art. 487, III, *a* do CPC.

Fundamental ressaltar que o reconhecimento do pedido não se confunde com "confissão", que, como bem observa Barbosa Moreira[89], esta última é, na verdade, um simples meio de prova, referindo a um ou a alguns dos fatos arrolados pela parte contrária.

Neste sentido, o reconhecimento da procedência do pedido corresponde a um todo, ou seja, verdadeira adesão do réu ao pedido formulado pelo autor, refletindo em uma real autocomposição da lide.

Com isso, dispensa-se o magistrado de ofertar a sua própria solução do mérito.

3. FASE SANEADORA

3.1 PROVIDÊNCIAS PRELIMINARES E DO SANEAMENTO

3.1.1 Breve Introdução

Como bem expressa o art. 347, com o fim do prazo para a contestação, tomará o magistrado, conforme o caso, as providências preliminares necessárias ao saneamento do processo.

Resta cediço que, com o encerramento da fase postulatória, vários aspectos da relação processual encontram-se efetivamente delineados.

Ocorre que, muito embora ditos aspectos estejam definidos, o magistrado, por vezes, tem a necessidade de sanar determinadas irregularidades com o intuito de regularizar o procedimento, completando também o contraditório.

Às atitudes do juiz, visando o objetivo supracitado, dá-se o nome de "Providências Preliminares".

Na verdade, tais providências constituem a primeira etapa da fase de saneamento, estando elencadas nos arts. 348 a 353 do CPC, sendo seguida por outra fase denominada "Julgamento conforme o Estado do Processo".

Cumpre, por fim, ressaltar que a atividade saneadora do juiz é permanente, tendo sempre por objetivo organizar o processo para um julgamento válido.

3.1.2 Hipóteses para a Incidência ou não das Providências Preliminares

a) Havendo contestação.

- O réu simplesmente nega os fatos através da defesa direta de mérito. Neste caso, não haverá providências preliminares a serem adotadas no processo.

89. *O Novo Processo Civil Brasileiro*. 24 ed. Rio de Janeiro: Forense, 2006, p.47.

– O réu alega, na contestação, fato impeditivo, modificativo ou extintivo de direito do autor, – defesa de mérito indireta – haverá a incidência das providências preliminares (art. 350 do CPC).

Neste caso, será o autor ouvido no prazo de 15 (quinze) dias, permitindo-lhe o juiz a produção de prova.

– O réu alega alguma das matérias do art. 337 do CPC – defesas processuais – haverá a incidência das providências preliminares, *ex vi* do art. 351.

Assim, verificando o magistrado a existência de irregularidades ou de vícios sanáveis, determinará sua correção pelo em prazo nunca superior a 30 (trinta) dias (art. 352).

Cabe neste ínterim, uma importante observação. No novel CPC, o conteúdo relativo à denominada ação declaratória incidental prevista no CPC/1973 em seu art. 325, fora retirado do âmbito das providências preliminares, se fazendo reconhecido agora como "questão prejudicial" decidida expressa e incidentalmente no processo, quando de sua resolução (§1º do art. 503):

I - depender o julgamento do mérito;

II - a seu respeito tiver havido contraditório prévio e efetivo, não se aplicando no caso de revelia;

III - o juízo tiver competência em razão da matéria e da pessoa para resolvê-la como questão principal.

Destarte, está regulada em sessão relativa à Coisa Julgada, justamente pelo fato de que, seja o julgamento de mérito total ou parcial, terá ele força de lei nos limites da questão principal expressamente decidida, operando-se a coisa julgada material em tal contexto.

Lado outro, quanto às limitações para o aprofundamento da análise cognitiva da questão prejudicial, assevera o §2º do art. 503:

"*§ 2º A hipótese do § 1º não se aplica se no processo houver restrições probatórias ou limitações à cognição que impeçam o aprofundamento da análise da questão prejudicial.*"

Destaca-se ainda que, diante de qualquer suscitação de questão prejudicial dentro da fase das "providências preliminares", deverá o magistrado adotar a mesma atitude relativa às defesas de mérito indiretas (art. 350 do CPC), ou seja, abrir vista à parte contrária para que se manifeste num prazo de 15 (quinze) dias, permitindo-lhe a produção de prova.

b) Não havendo contestação.

Se o réu não contestar a ação, duas são as alternativas possíveis:

1ª) Aplica-se o efeito da revelia, caso o réu não tenha requerido prova (art. 349 do CPC), podendo o juiz julgar antecipadamente a lide consoante uma das hipóteses do "julgamento conforme o estado do processo" (art. 355, II).

2ª) Não se aplica o efeito da revelia, como, por exemplo, em questões relativas a direitos indisponíveis (art. 345, II do CPC), devendo o processo prosseguir com a produção de provas (art. 348 do CPC).

Uma vez cumpridas as providências preliminares ou não havendo necessidade delas, estabelece o art. 353 que o juiz proferirá julgamento conforme o estado do processo, observando o que dispõe o Capítulo X, este relativo ao julgamento conforme o estado do processo.

4. JULGAMENTO CONFORME O ESTADO DO PROCESSO

4.1 BREVES NOÇÕES

Com fundamento no princípio da economia processual, o CPC pátrio delimita em determinados casos um possível percurso que o processo de cognição pode trilhar.

Neste sentido é que caminha o presente instituto (julgamento conforme o estado do processo), tendo o legislador dado a opção de se antecipar o julgamento de processo para o momento em que normalmente seria proferido o despacho saneador.

Assim, cumpridas as providências preliminares, ou não havendo necessidade das mesmas, poderá o magistrado, desde logo, norteado pelos ditames contidos nos arts. 354, 355 e 356, proferir sentença de mérito total ou parcial, ou mesmo extinguir o processo sem julgamento do dito mérito, abreviando-se, neste caso, a marcha processual pela não ocorrência de uma audiência de instrução e julgamento, esta, de caráter frequentemente exaustivo.

4.2 EXTINÇÃO DO PROCESSO

Ocorrendo qualquer das hipóteses previstas nos arts. 485 e 487, II e III, o juiz proferirá sentença (art. 354 do CPC).

4.3 JULGAMENTO ANTECIPADO DO MÉRITO

Com relação ao julgamento antecipado do mérito, ainda que existam variações textuais no CPC/2015, ao final se chega à proximidade da ideia anteriormente prevista no CPC/1973 quanto ao denominado julgamento antecipado da lide.

Assim, para que possa o magistrado julgar antecipadamente o mérito da demanda, duas são as hipóteses autorizadoras (art. 355, I e II):

> *"I – não houver necessidade de produção de outras provas;*
>
> *II – o réu for revel, ocorrer o efeito previsto no art. 344 e não houver requerimento de prova, na forma do art. 349."*

No inciso II supra, é de ressaltar que ao revel é permitida a produção de provas contrapostas às alegações do autor, desde que se faça representar nos autos ainda em tempo de praticar os atos processuais indispensáveis a dita produção (art. 349), o que aliás, é assentado pela própria Súmula n.231 do STF.[90]

Trata-se aqui de julgamento do mérito, portanto, sentença definitiva.

Nisso, em exemplo, quando a questão de fato encontra-se pautada apenas na interpretação de documentos já instruídos pelas partes nos autos do processo;[91] quando não houver requerimento ou necessidade de provas testemunhais; ocorrer os efeitos da revelia e não havendo requerimento de provas por patê do revel, o juiz não marcará a audiência de instrução e julgamento, visto tratar-se de medida inócua para o efetivo deslinde do processo e mesmo, por economia das formas e correta instrumentalidade do processo, somando-se à necessária celeridade da prestação jurisdicional.[92]

4.4 JULGAMENTO ANTECIPADO PARCIAL DO MÉRITO

O CPC/2015, em corretos e importantes termos, prevê a possível divisibilidade do objeto litigioso quanto ao próprio julgamento do mérito do mesmo.

De certo, sob o ponto de vista da temporalidade da prestação jurisdicional, é extremamente injusto que a parte espere o total deslinde da demanda para se ter determinada pretensão satisfeita quando parcela de seu pedido não depender de qualquer ato processual posterior para que seja considerada devida.

Nestes termos, permite o art. 356 do CPC que o juiz possa decidir, ainda que parcialmente, o mérito de um ou mais pedidos invocados pelo autor em sua peça inicial, quando:

> *"I - mostrar-se incontroverso;*
>
> *II - estiver em condições de imediato julgamento, nos termos do art. 355."*

Julgado parcialmente o mérito de um ou mais pedidos, estaremos diante de uma verdadeira decisão interlocutória de mérito, estando sujeita à impugnação pelo recurso do agravo de instrumento, conforme reza o §5º do art. 356.

Nota-se ainda que, a decisão que julgar parcialmente o mérito poderá reconhecer a existência de obrigação líquida ou ilíquida. Neste caso, poderá a parte executar diretamente ou, em sendo ilíquida, liquidá-la antes para, posteriormente, executá-la, independente de caução e mesmo sob a pendência

---

90. "O revel, em processo cível, pode produzir provas, desde que compareça em tempo oportuno".

91. GRECO FILHO, Vicente. *Direito Processual Civil Brasileiro*. V. II. 18. ed. São Paulo: Saraiva, 2007, p.185.

92. Enunciado n.297 do FPPC: "O juiz que promove julgamento antecipado do mérito por desnecessidade de outras provas não pode proferir sentença de improcedência por insuficiência de provas."

de eventual recurso interposto da decisão de sua concessão (§§1º e 2º do art. 356), tratando-se então de execução de forma provisória.

De outro modo, transitando em julgado a decisão parcial do mérito, a execução se dará na forma definitiva (§3º do art. 356).

Vale ainda sublinhar que, tanto a liquidação quanto o cumprimento da decisão que julgar parcialmente o mérito de um ou mais pedidos poderão ser processados em autos suplementares e isso se dará por requerimento da parte interessada ou por próprio critério do julgador (§4º do art. 356).

4.5 SANEAMENTO E ORGANIZAÇÃO DO PROCESSO. DESPACHO SANEADOR

Não ocorrendo nenhuma das hipóteses reconhecidas e por nós enfrentadas no âmbito do julgamento conforme o estado do processo deverá o magistrado avançar para a fase relativa ao saneamento do processo, realizando verdadeiro despacho, de forma a organizar o feito para a sua correta instrução e posterior decisão.

Assim, caberá ao magistrado a decisão de sanear e organizar o processo neste momento, a fim de, conforme os incisos do art. 357:

I - resolver as questões processuais pendentes, se caso houver;

II - delimitar as questões de fato sobre as quais recairá a atividade probatória, especificando, de certo, os meios de prova admitidos;

III – definir a distribuição do ônus da prova, observado o art. 373;

IV – delimitar as questões de direito relevantes para a decisão do mérito da demanda;

V – designar, quando necessário, a devida audiência de instrução e julgamento.

Como novidade do novel CPC, expressa no §1º do art. 357 que terão as partes o direito de pedir ao juízo, esclarecimentos ou mesmo solicitar ajustes na decisão saneadora, tudo num prazo comum de 5 (cinco) dias, findo o qual a decisão tornar-se-á estável.

De fato, há uma imprecisão técnica do legislador quanto à utilização do termo "estável". Na verdade, bem nos parece que se a intenção do legislador fora a de referir-se ao caráter "preclusivo" da decisão saneadora após possíveis pronunciamentos das partes quanto a pedido de esclarecimentos ou solicitação de ajustes no lapso temporal supracitado, aquele não se fará presente, seja pelo fato de que é plenamente possível a interposição dos Embargos de Declaração para fins de oportunizar o esclarecimento de obscuridades, eliminar contradições, suprir omissões de ponto ou questão sobre o qual deveria se pronunciar o magistrado, de ofício ou a requerimento, ou ainda corrigir erro material (*ex vi* do art. 1.022 do CPC/15), e mesmo, em exemplo, possibilitar o manejo do Agravo de Instrumento em situações tipicamente reguladas pelo art. 1.015, como nos casos de exclusão de litisconsorte ou/e redistribuição do ônus da prova.[93]

Há de se acostar, igualmente, a não preclusão de matérias não inclusas no rol do art.1.015, estas que podem ser suscitadas em preliminar de apelação, eventualmente interposta contra a decisão final, ou nas contrarrazões (art. 1.009, §1º),[94] aliás, o que reforça a contrariedade da locução "estável" contida no digitado no § 1º do art. 357.

Ainda nesta toada e em verdadeiro negócio jurídico processual, podem as partes apresentar ao magistrado, para fins de homologação, delimitação consensual das questões de fato e de direito a que se referem os incisos II e IV do art. 357.

Uma vez homologada dita delimitação, a esta estarão vinculadas as partes e o juiz (§2º do art. 357).

Interessante notar a possibilidade de designação de audiência nesta fase, quando a causa apresentar complexidade em matéria de fato e/ou de direito.

Neste caso, deverá o juiz designar a citada audiência com o intuito de esclarecimentos acerca das aludidas complexidades, em uma demonstração de cooperação de todos os partícipes do processo para um qualitativo saneamento do feito, o que é de interesse de todos para os avanços, rumo a uma melhor instrução das matérias alçadas ao próprio processo. Neste ínterim, em sendo o caso, poderá o juiz convidar as partes a integrar ou esclarecer suas alegações, conforme depreende o §3º do art. 357.

O saneamento é o momento, como se sabe, de deferimento das atividades probatórias, e nisso, o Código de Processo Civil, com relação às provas testemunhal e pericial, assim regra:

> *Art. 357 (...)*
>
> *§ 4º Caso tenha sido determinada a produção de prova testemunhal, o juiz fixará prazo comum não superior a 15 (quinze) dias para que as partes apresentem rol de testemunhas.*
>
> *§ 5º Na hipótese do § 3º, as partes devem levar, para a audiência ali prevista, o respectivo rol de testemunhas.*
>
> *§ 6º O número de testemunhas arroladas não pode ser superior a 10 (dez), sendo 3 (três), no máximo, para a prova de cada fato.*

---

93. Para Sica, "o art. 357, § 1º. de fato intensificou o regime preclusivo do sistema jurídico no que toca às matérias preliminares, mas ainda assim, persiste um rol de matérias que, por expressa disposição legal, podem ser revistas a qualquer tempo, quais sejam, aquelas referidas nos arts. 342, I, e 493 (matéria superveniente) e art. 966 (matérias ensejadoras de rescindibilidade de subsequentes(s) decisão(ões) de mérito)." SICA, Heitor Vitor Mendonça, Evolução legislativa da fase de saneamento e organização do processo. *In*: *Revista de Processo*, vol. 255, maio. São Paulo: RT, 2016, p. 443-444.

94. No mesmo sentido, THEODORO JÚNIOR, Humberto, *Curso de Direito Processual Civil.* Vol. I. 56. ed. Rio de Janeiro: Forense, 2015, p.831-832.

§ 7º O juiz poderá limitar o número de testemunhas levando em conta a complexidade da causa e dos fatos individualmente considerados.

§ 8º Caso tenha sido determinada a produção da prova pericial, o juiz deve observar o disposto no art. 465 e, se possível, estabelecer, desde logo, calendário para sua realização.

§ 9º As pautas deverão ser preparadas com intervalo mínimo de 1 (uma) hora entre as audiências.

5. FASE INSTRUTÓRIA OU PROBATÓRIA

5.1 INTRODUÇÃO CONCEITUAL

É reconhecido o direito que tem as partes de empregar todos os meios legais possíveis, bem como os moralmente legítimos, ainda que não especificados no CPC, para fins de provar a verdade dos fatos[95] em que se funda o pedido ou a defesa, possibilitando assim influir de forma efetiva na convicção do magistrado, conforme inteligência do art. 369 do Código de Processo Civil.

Nisso o autor, ao ajuizar uma ação, comunica uma série de fatos que, de acordo com sua avaliação, têm condições de justificar o seu direito e necessidade da intervenção judicial. O réu, da mesma maneira, o faz quando apresenta a sua defesa, ressaltando fatos que, de algum modo, justificam, no seu entender, a sua resistência à pretensão do autor.

Assim, na fase de instrução do processo, estabelecida a controvérsia, será de competência das partes a produção das provas que irão demonstrar a veracidade de suas alegações, possibilitando o convencimento do magistrado e, logicamente contribuindo para sua persuasão racional[96], pois que apreciará a prova constante dos autos, independentemente do sujeito que a tiver promovido, devendo indicar em decisão as razões da formação de seu convencimento (*ex vi* do art. 370 do CPC).

---

95. Utilizada no processo como meio de fundamentar a razão das partes nas questões controversas, a prova é em seu fim a ponte para que seja atingida uma possível verdade, ou mesmo, que nos aproximemos o mais perto possível deste ideal quiçá muitas vezes inatingível. Sobre o assunto, confira a célebre obra Castro Mendes sobre o assunto: *O Conceito de Prova em Processo Civil*. Lisboa: Ática,1961.

96. Pautado na importância de uma decisão racional do juiz, esta orientada pela própria determinação da verdade dos fatos , leciona com propriedade, Michele Taruffo (*Simplemente la verdad. El juez y la construcción de los hechos.* Madrid: Macial Pons,2010, p. 220) :
"(...) la decisión sobre los hechos no puede ser tampoco el fruto de uma intuición irracional, o de uma introspección a través de La cual el juez penetre em los pliegues más recônditos de su espíritu para emerger com uma certeza subjetiva (tal vez calificable como 'moral' o 'absoluta', inescrutable y misteriosa, sobre La verdad de los hechos.
Por el contrario, el estar orientada hacia La determinación de La verdad de los hechos, La decisión debe constituir el resultado de um procedimiento racional, que se desarrolla conforme a reglas y principios, esto es, conforme a um método que permita someterla a control y que determine su validez."

Pode-se, então, concluir que provar é demonstrar ao Estado, personificado na figura do juiz, circunstanciado nas necessidades probatórias que o processo em si necessita i.e., a verdade de um fato ou de uma alegação nele deduzida.

Muito embora caiba às partes a produção das provas (princípio dispositivo), o art. 370 do CPC pontua em boa hora a importância participativa do juiz na persecução da pacificação social e segurança jurídica – principais escopos do Estado no monopólio da atividade jurisdicional – esclarecendo dito dispositivo legal ser de competência do juiz, de ofício ou a requerimento da parte, determinar as provas necessárias à instrução do processo, indeferindo as diligências inúteis ou meramente protelatórias (parágrafo único do art. 370), tudo em busca do ideário da verdade real, sempre que possível ou o mais próximo deste ideário, conforme já sinalizado.

Insta pontuar neste ínterim que tal interesse dos partícipes do processo – diga-se aqui, as partes e o juiz – na construção qualitativa probatória, cujo alcance, repito, interessa inegavelmente a todos, é razão inspiradora de um Processo Cooperativo[97], onde o diálogo processual leal, plenamente garantido e igualmente conduzido pelo juiz somando-se ao reforço das posições jurídicas das partes, conferem marcas ao processo civil cooperativo[98], manifestando-se ao longo de toda a marcha processual.[99]

Importante ainda observar que, a despeito do objetivo do processo ser a busca da verdade real, entendida aqui como a mais próxima do que seria o ideal de justiça, hão de ter vozes que, reacionariamente, procuram ainda hoje declarar que o direito processual se satisfaz somente no campo da denominada verdade formal, ou processual, *quod non est in actis non est in mundo* (o que não está no processo não está no mundo).

5.2 ÔNUS DA PROVA

O ônus da prova é divido da seguinte maneira no art. 373 do CPC:

I - ao autor, quanto ao fato constitutivo de seu direito;

---

97. "O processo cooperativo parte da ideia de que o Estado tem como dever primordial propiciar condições para a organização de uma sociedade livre, justa e solidária, fundado que está na dignidade da pessoa humana. Indivíduo, sociedade civil e Estado acabam pó ocupar, assim, posições coordenadas. O direito a ser concretizado é um direito que conta com a *juris prudentia*, nada obstante concebido, abstrativamente, como *scientia juris*. Por essa vereda, o contraditório acaba assumindo novamente um local destaque na construção do formalismo processual, sendo instrumento ótimo para a viabilização do diálogo e da cooperação no processo, que implica, de seu turno, necessariamente, a previsão deveres de conduta tanto para as partes como para o órgão jurisdicional (deveres de esclarecimento, consulta, prevenção e auxílio)." MITIDIERO, Daniel. *Colaboração no Processo Civil*. 2 ed. São Paulo: RT, 2011, p. 114.

98. Agora, expressamente consignado no texto do CPC/2015:
"Art. 6º Todos os sujeitos do processo devem cooperar entre si para que se obtenha, em tempo razoável, decisão de mérito justa e efetiva."

99. MITIDIERO, Daniel. Ob. cit., p. 114.

II - ao réu, quanto à existência de fato impeditivo, modificativo ou extintivo do direito do autor.

Quando o réu, na contestação, se limita a negar o fato que fundamenta o pedido do autor, o ônus da prova recai todo sobre este último (*actori incumbit onus probandi*). Como exemplo, pode-se citar: em ação de indenização, o réu nega ter causado o dano; em ação de despejo fundada em contrato de locação verbal, o réu nega que existe contrato de locação entre as partes etc. Nestes casos, se o autor não obtiver sucesso ao demonstrar o fato constitutivo do seu direito, seu pedido será julgado improcedente sem que o réu tenha sido obrigado a produzir qualquer tipo de prova (*actori non probante réus absolvitur*).

Lado outro, caso o réu alegue, na sua defesa, fato impeditivo, modificativo ou extintivo do direito do autor (art. 350 do CPC), o ônus da prova passa a ser dele já que suas declarações tornam incontroversos os fatos constitutivos do direito do autor. *Ad exemplum:* fato impeditivo, em ação de reivindicação, o réu alega ocorrência de usucapião; deve, assim, provar a ocorrência da prescrição aquisitiva; fato modificativo, em ação de cobrança, o réu alega ocorrência de compensação, deve, portanto, provar o seu crédito; fato extintivo em ação de despejo por falta de pagamento, o réu alega que já pagou os aluguéis; logo deve juntar os comprovantes de tal pagamento.

Destaca-se aqui que, com o advento do CPC/2015, se fez reconhecida formalmente a possibilidade do juiz atribuir ônus da prova de modo diverso, ou seja, a distribuição dinâmica do ônus probatório, como já cediço, p. ex., em conflitos com a presença forte de hipossuficiência de uma das partes como se dá comumente em conflitos envoltos às relações de consumo, isso desde que, por evidente decisão fundamentada, no entanto, concedendo à parte oportunidade de se desincumbir do ônus a que lhe fora atribuído.

Os §§ 1º e 2º do art. 373 bem retratam tal hipótese:

> *§ 1º Nos casos previstos em lei ou diante de peculiaridades da causa relacionadas à impossibilidade ou à excessiva dificuldade de cumprir o encargo nos termos do caput ou à maior facilidade de obtenção da prova do fato contrário, poderá o juiz atribuir o ônus da prova de modo diverso, desde que o faça por decisão fundamentada, caso em que deverá dar à parte a oportunidade de se desincumbir do ônus que lhe foi atribuído.*
>
> *§ 2º A decisão prevista no § 1º deste artigo não pode gerar situação em que a desincumbência do encargo pela parte seja impossível ou excessivamente difícil.*

É possível ainda pelo próprio *Codex,* que as partes *ex adversas* possam convencionar entre si a distribuição diversa do ônus probante, ou seja, definem, de acordo com a sua vontade, quem deve provar determinados fatos e, portanto, qual deles assumirá as consequências da ausência de prova sobre eles,[100]

100. Cf. MACÊDO, Lucas Buril de; PEIXOTO, Ravi. *Ônus da Prova e sua Dinamização.* 2 ed. Salvador: JusPodivm, 2016, p. 121

salvo quando a prova recair sobre direito indisponível de uma delas ou tornar-se excessivamente difícil a uma parte o exercício do direito, ou seja, da própria produção da prova em si (§3º do art. 373).

Cabe ainda destacar a possibilidade de tal convenção ser pactuada durante o processo ou mesmo antes dele, tal como autoriza o §4º do art. 373, notadamente, configurando autêntico negócio jurídico processual, à luz do que já disciplina o art. 190 do CPC.

5.3 FATOS QUE INDEPENDEM DE PROVA

Somente os fatos controvertidos ou controversos dependem de prova no processo, isto é, alegados por um e negados pela outra parte, que sejam relevantes para o destino da causa. Importante observar ainda que o art. 374 do CPC expressa claramente que não dependem de prova os fatos:

a) Notórios

Quanto à definição do que seriam fatos notórios, há certa dissensão entre doutrinas. A divergência se fixa principalmente quanto à abrangência que o conceito deve invocar. A despeito de divergências, podem-se conceituar fatos notórios como aqueles conhecidos e tidos como verdadeiros dentro de certo grupo social (*v.g.*, não é preciso provar o dano moral que advém: da morte do filho, da morte do cônjuge, devolução indevida de cheque; protesto indevido de duplicata etc.). O juiz deverá, em caso concreto, quando fixar os pontos controvertidos no despacho de saneamento do processo, avaliar, considerando o lugar, o tempo, a cultura e as regras da experiência se, de fato, prescinde ou não de prova.

b) Afirmados por uma parte e confessados pela parte contrária.

A redação deste inciso não se faz absoluta uma vez que assevera não depender de prova os fatos afirmados por uma parte e confessados pela parte contrária, não sendo lembrado pelo legislador que a "confissão" é um meio de prova (art. 389 do CPC). Na verdade, se na sua contestação ou em depoimento pessoal a parte afirma ser verdadeiro fato que é contrário aos seus interesses, esta afirmação dispensa outras provas, entretanto, caso o magistrado desconfie da atitude das partes ou perceba que o fato confessado se apresenta contraditório, poderá determinar a realização de outras provas com o objetivo de verificar a veracidade dos fatos, tudo pautado, inclusive, no interesse do Estado, em estabelecer a preservação do ordenamento e segurança jurídica.

c) Admitidos, no processo, como incontroversos.

Cabe ao réu, ao contestar a ação, impugnar especificamente os fatos articulados na petição inicial pelo autor, sob pena de serem tidos como verdadeiros os fatos que não forem impugnados expressamente (verdade formal), exceto se não for admissível a seu respeito a confissão (*v.g.*, escritura pública); se estiverem em contradição com a defesa, considerada em seu conjunto (art. 341 do CPC).

d) Em cujo favor milita presunção legal de existência ou de veracidade.

Presunção é o processo mental através do qual se deduz o desconhecido ou ignorado, partindo-se de um fato conhecido, ou seja, é a consequência ou conclusão que a lei ou o juiz tiram, tendo como base um fato conhecido, para chegar a outro ignorado. Existem dois tipos de "presunção legal": absoluta (*juris et de jure*), que não admite prova em contrário (*v.g.*, todos conhecem a lei, art. 3º, LINB) ou relativa (*juris tantum*), que admite prova em contrário (*v.g.*, a entrega do título ao devedor firma a presunção de pagamento, arts. 322 e 324 do Código Civil).

O art. 376 do CPC ressalta, quanto às leis, que, se a parte alegar direito municipal, estadual, estrangeiro ou consuetudinário, provar-lhe-á o teor e a vigência, caso o juiz o determine.

5.4 PRODUÇÃO ANTECIPADA DA PROVA

5.4.1 Noções gerais. Cabimento

No CPC/1973 a produção antecipada da prova mirava-se sempre para sua utilidade em processo futuro. Assim, em regra, tínhamos que, no processo de conhecimento, o momento específico para que as partes pudessem produzir as provas capazes de demonstrar a veracidade das suas alegações e, consequentemente, contribuir para a persuasão racional do juiz, era a da fase instrutória ou probatória.

Antes disso, porém, como cediço, havendo fundado receio de que o meio probatório pudesse vir a perecer, em face do decurso de tempo, poderia o interessado, mediante processo cautelar antecedente ou incidental, requerer a produção antecipada da prova, desde que concernente ao interrogatório da parte, inquirição de testemunhas e exame pericial (art. 846 do CPC/1973).

Com o CPC/2015, a produção antecipada da prova não somente contempla as situações onde haja justificado receio de que venha a tornar-se impossível ou muito difícil a verificação de certos fatos na pendência da ação (art. 381, I), como também em situações onde a prova a ser produzida possa ser suscetível de viabilizar a autocomposição ou mesmo outro meio adequado de solução de conflito (art. 381, II) ou ainda se preste ao conhecimento prévio de fatos que possam justificar ou evitar eventual ajuizamento de uma ação (art. 381, III).

É perceptível a índole voltada à política do consenso tentada nesta forma de produção probante. Ao se obter a prova de forma antecipada é possível que aquele à qual a ela se preste, promova a tentativa de solução da *questio* pelos meios extraprocessuais, pois que será plenamente factível a possibilidade da outra parte em conflito de interesses reconhecer eventual pretensão reclamada e diante do objeto da prova conquistada de forma antecipada, transacionar ou mesmo submeter-se plenamente a eventual argumento daquela que lhe apresenta aludida prova, ocorrendo então a solução da controvérsia, prescindindo de qualquer provocação ao aparelho jurisdicional estatal.

De outro modo, poderá a parte que obteve a prova antecipada reconhecer a impropriedade de seu direito e diante disso, evitar a propositura de uma eventual ação judicial.

Destaca-se ainda que àquele que pretender justificar simplesmente a existência de algum fato ou relação jurídica para simples documento e sem caráter contencioso, também se aplica o procedimento da produção antecipada da prova, devendo neste caso o interessado expor em petição circunstanciada, esta sua intenção, conforme bem salienta o §5º do art. 381 do CPC.

Por fim, atesta o §1º do art. 381 que o procedimento da produção antecipada de provas aplica-se ao arrolamento de bens, isso quando este tiver por finalidade tão somente o assentamento documental dos mesmos e não a prática de atos de apreensão daqueles bens.

5.4.2 COMPETÊNCIA

Para o peticionamento acerca da produção antecipada da prova, competente será o juízo do foro onde deva ser produzida a prova desejada ou ainda o foro do domicílio do réu (§2º do art. 381), portanto, como se nota, caso estejamos ou não na pendência do processo.

Por outro lado, é de se frisar que caso não haja demanda em andamento para tal serventia da prova a ser requisitada antecipadamente, ocorrendo o pedido da mesma perante o juízo onde a prova deva ser produzida, não ocorrerá a prevenção deste juízo para a ação que futuramente vier a ser proposta (§3º do art. 381), pois que o critério de competência aí, certamente será orientado pelas próprias particularidades da demanda em si e não pela vinculação ao pedido anterior da produção antecipada da prova.

Quando a produção antecipada da prova for requerida em face da União, de Entidade Autárquica ou de Empresa Pública Federal, caso ausente vara federal na localidade, a competência será do juízo estadual.

5.4.3 PROCEDIMENTO

O requerimento da medida, que poderá ser feito tanto pelo autor quanto pelo réu do processo principal, bem como pelo terceiro interessado, será apresentado mediante petição fundamentada na qual constará as razões da necessidade de antecipação da prova e a menção precisa dos fatos sobre os quais deverá a prova recair (art. 382, *caput*). Importante ainda o pedido de intimação dos interessados, no caso de inquirição de testemunhas, para comparecimento à audiência a ser designada e a solicitação de concessão liminar, se for o caso.

O magistrado determinará de ofício ou a requerimento da parte, a citação de interessados na produção da prova ou no fato a ser provado, exceto se inexistente caráter contencioso (§1º do art. 382). Caberá ainda ao juiz: a) no tocante ao interrogatório das partes e à inquirição das testemunhas, marcar a audiência, na qual serão tomados os depoimentos, seguindo o feito os parâmetros estabelecidos nos arts. 455 a 463 do CPC ou; b) quanto à prova pericial, nomear o perito e determinar a citação do réu, a fim de que esse possa indicar o seu assistente técnico e formular os quesitos, observando-se no mais o disposto nos arts. 464 a 480.

Insta ressaltar que, os interessados poderão requerer a produção de qualquer outra prova no mesmo procedimento, desde que relacionada ao mesmo fato, exceto se aludida produção acarretar demora tida como excessiva (§3º do art. 382).

Concluída a prova, o juiz a homologará por sentença, dando por realizado o procedimento. Em seguida, ficarão os autos retidos em cartório por 1 (um) mês, podendo os interessados solicitar as certidões que quiserem. Uma vez encerrado o tal prazo, os autos serão entregues ao promovente da medida (art. 383, *caput* e parágrafo único).

Observa-se que o juiz não se pronunciará sobre a ocorrência ou inocorrência do fato nem mesmo quanto às possíveis consequências jurídicas decorrentes do mesmo (*ex vi* do §2º do art. 382), ou seja, a sentença homologatória não abrangerá qualquer decisão acerca do mérito da prova colhida, sendo sua valoração se dando tão somente no âmbito da ação principal quando da sua instrução, isso caso haja produção em processo pendente ou mesmo a propositura de ação posterior à produção antecipada da prova, caso então que a parte interessada fará uso da prova colhida antecipadamente.[101]

À guisa final depreende-se do §4º do art. 382 que, no procedimento em tela, não será admitida defesa ou qualquer recurso, exceto contra decisão que indeferir totalmente a produção probatória pleiteada pelo requerente originário.

Em verdade, o presente dispositivo é completamente conflitante com o Estado Constitucional de Direito que vivemos e/ou desejamos vivenciar (a depender da ótica e sentimentos de cada membro do tecido social) e mesmo com o próprio Código de Processo Civil enquanto sistema de regramento, não sendo demais apontar a garantia ao contraditório substancial e efetivo como direito de influir na decisão do órgão julgador, *ex vi* dos arts. 7º, 9º e 10 do CPC.

Seria um devaneio pensar que, tão somente pelo simples fato de não se definir a a cognição meritória da antecipação de uma prova para o objeto a ser mirado posteriormente com a mesma, que não se teria interesse em contraditar e/ou recorrer da pretensão ora antecipatória da prova.

---

101. Destaca-se sempre a lição de Pontes de Miranda, reconhecendo este mestre que se trata de ação de natureza constitutiva, dado pré-constituir prova judicial para os interessados, haja vista a sua própria serventia como documentação judicial de fatos. (PONTES DE MIRANDA, Francisco Cavalcanti. *Comentários ao Código de Processo Civil*. Vol. VIII. Rio de Janeiro: Forense, 1959, p.369.

5.5 ATA NOTARIAL

De acordo com o art. 384 tem-se que a existência bem como o modo de existir de algum determinado fato pode ser atestado ou documentado para fins de comprovação da própria realidade mediante ata notarial, esta que a requerimento do interessado será lavrada pelo tabelião.

Trata-se, portanto, a ata notarial de instrumento devidamente elaborado pelo tabelião objetivando documentar fatos jurídicos.

De acordo com o art. 7º, III da Lei n.8.935/1994, esta que dispõe sobre os serviços notariais e de registro, compreende a ata notarial de ato privativo do tabelião, conforme se observa abaixo:

> *Art. 7º Aos tabeliães de notas compete com exclusividade:*
>
> *I - lavrar escrituras e procurações, públicas;*
>
> *II - lavrar testamentos públicos e aprovar os cerrados;*
>
> ***III - lavrar atas notariais ;***
>
> *IV - reconhecer firmas;*
>
> *V - autenticar cópias.*

De certo, pela fé pública que possuem dito tabelião, é de se presumir a veracidade dos fatos por ele atestados em sede de ata notarial, e como consequência da fé pública do notário, depreende-se o próprio caráter valorativo da ata em tela.

Assim, imprescindível será que o notário tenha presenciado o fato descrito, de modo a abalizar o efetivo caráter valorativo da declaração contida no documento notarial.

De certo, assim a ata notarial terá o mesmo valor que qualquer outro documento público.

Por outro lado, conforme reza o art. 27 da lei n.8.935/1994, impedimentos ao notário são possíveis, como por exemplo, praticar pessoalmente, qualquer ato de seu interesse, ou de interesse de seu cônjuge ou mesmo de parentes, na linha reta, ou na colateral, consanguíneos ou afins, até o terceiro grau, tendo ainda a ata notarial seu valor reduzido quando elaborada por tabelião incompetente, em sintonia com o que estabelece o art. 407 do CPC, *in verbis*:

> *"Art. 407 O documento feito por oficial público incompetente ou sem a observância das formalidades legais, sendo subscrito pelas partes, tem a mesma eficácia probatória do documento particular."*

Por fim cabe destacar que poderão ainda constar da ata notarial dados representativos decorrentes de imagem ou som gravados em arquivos eletrônicos (parágrafo único do art. 384 do CPC).

5.6 MODALIDADES DE PROVAS

Conforme já pontuado em linhas atrás, sustenta o art. 369 do CPC que

> *As partes têm o direito de empregar todos os meios legais, bem como os moralmente legítimos, ainda que não especificados neste Código, para provar a verdade dos fatos em que se funda o pedido ou a defesa e influir eficazmente na convicção do juiz.*

Nestes termos, o Código, mediante aludida norma, determina o princípio da atipicidade dos meios de prova, isto é, além dos meios de provas expressamente indicados pela lei, no CPC ou no Código Civil (art. 212), usados para demonstrar a verdade de um fato, outra forma que seja moralmente legítima pode ser usada. Neste sentido, importante observar o inciso LVI do art. 5º da Constituição Federal que afirma que "são inadmissíveis, no processo, as provas obtidas por meios ilícitos" (*v.g.*, gravação oculta de diálogo por terceiros estranhos à conversa, gravação clandestina). Geralmente, compete ao juiz avaliar, no caso concreto, se determinada prova apresentada pela parte pode o não ser usada no processo.

O CPC determina claramente os seguintes meios de prova:

I – ata notorial (art. 384);

II – depoimento pessoal (arts. 358 a 388);

III – confissão (arts. 389 a 395);

IV – exibição de documento ou coisa (arts. 396 e 404);

V – prova documental (arts. 405 a 441);

VI – prova testemunhal (arts. 442 a 463);

VII – prova pericial (arts. 464 a 480);

VIII – inspeção judicial (arts. 481 a 484);

IX – prova emprestada (art. 372).

O autor deve mencionar, na petição inicial, os meios de prova que tenciona produzir (art. 319, VI), devendo o réu fazer o mesmo na contestação (art. 336 do CPC). Ressalta-se que simples protesto genérico de provas é insuficiente para atender à determinação legal; é preciso que a parte aponte explicitamente as provas que pretende produzir, sob pena de preclusão.

5.7 DEPOIMENTO PESSOAL

Esta prova pode ser produzida mediante requisição de qualquer das partes ou do próprio juízo, que, na audiência de instrução e julgamento, poderá ordenar o comparecimento pessoal das partes para interrogá-las sobre os fatos da causa (art. 385 do CPC).

Da mesma maneira, as partes poderão requisitar o depoimento pessoal da outra na petição inicial, caso o requerente seja o autor, ou na contestação se for o réu. Geralmente, na realidade, o juiz propicia oportunidade para as partes especificarem as provas que objetivam produzir na fase das providências preliminares, todavia esta prática se pauta em *praxis* e não em normatividade já que compete ao autor especificar provas que têm intenção de produzir na petição inicial (art. 319, VI do CPC) e ao réu na contestação (art. 336 do CPC), sendo que a norma do art. 348 do CPC, que permite ao autor, caso ainda não tenha solicitado, especificar provas na fase das providências preliminares, tendo esta disposição efetiva aplicação somente não tenha apresentado sua contestação e ainda não serem aplicados ao caso os efeitos da revelia.

Estabelecida a produção da prova, a parte será intimada a comparecer pessoalmente na audiência, sendo advertida da pena de confesso, caso não compareça ou, comparecendo, se recusar a depor, cabendo então ao julgador aplicar-lhe a aludida pena, *ex vi* do §1º do art. 385 do CPC.

Por outro lado, quando a parte, sem motivo justificado, deixar de responder ao que lhe for perguntado ou empregar evasivas, o magistrado, apreciando as demais circunstâncias e os elementos de prova, declarará, na sentença, se houve recusa de ao respectivo depoimento (art. 386 do CPC).

Poderá o depoimento pessoal ser realizado por meio de vídeo conferência ou ainda outro meio tecnológico de transmissão de sons e imagens em tempo real, quando parte depoente residir em comarca, seção ou subseção judiciária diversa daquela onde tramita o processo, valendo ressaltar que, de acordo com o §3º do art. 385, tal situação poderá se dar mesmo durante a realização da audiência de instrução e julgamento.

Não será permitida a quem não tenha dado o seu depoimento pessoal assistir ao interrogatório da outra parte.

Quando do depoimento, o depoente responderá ao interrogatório pessoalmente, não podendo se valer de escritos anteriormente preparados, podendo, entretanto, permitir o juiz que se faça consulta a notas breves, caso estas objetivarem a completar os esclarecimentos a ser prestados, hipótese esta autorizada pelo art. 387 do CPC.

Insta destacar que o depoente não é obrigado a falar sobre fatos criminosos ou torpes que lhe forem atribuídos; a cujo respeito, por estado ou profissão, deva guardar sigilo; acerca dos quais não possa responder sem desonra própria, de seu cônjuge, de seu companheiro ou de parente em grau sucessível ou mesmo que coloque em perigo a vida do depoente, do seu cônjuge, do seu companheiro ou de parente em grau sucessível, exceto no caso de se tratar de ações relativas ao estado e à família (art. 388 do CPC).

5.8 CONFISSÃO

Podemos conceituar confissão como o ato de reconhecer, judicial ou extrajudicialmente, a veracidade de um fato afirmado pela parte *ex adversa* que seja contrário ao seu interesse. Neste sentido, o art. 389 do CPC afirma que há confissão, judicial ou extrajudicial, "*quando a parte admite a verdade de fato contrário ao seu interesse e favorável ao do adversário.*"

A confissão judicial pode ser espontânea ou provocada. A primeira pode se dar na contestação ou por termos nos próprios autos, podendo ser realizada pela própria parte ou por representante como poderes para tanto; já a provocada conseguida quando do depoimento pessoal da parte (art. 390, §§1º e 2º do CPC).

A confissão é, em regra, indivisível, isto é, o interessado não pode aceitar apenas partes dela, podendo, no entanto, cindir-se caso o confitente venha apresentar fatos novos, capazes de constituir fundamento de defesa de direito material ou de reconvenção, de acordo com o que estabelece o art. 395 do CPC.

Conforme acima salientado, cediço é que a confissão somente terá validade , quando realizada pela própria parte, esta que deve ser maior e capaz, ou ainda por representante com poderes especiais, no entanto, somente se poderá valer-se de tal ato probal quando se tratar de fatos relativos a direitos disponíveis (art. 392, *caput* do CPC).

Destaca-se que, nas ações que versarem sobre bens imóveis ou direitos reais sobre imóveis alheios, a confissão de um cônjuge ou companheiro não terá valor sem a do outro, exceto se o regime bens do casamento for aquele da separação absoluta, conforme dispõe o parágrafo único do art. 391.

O ato confessional é de caráter irrevogável, no entanto, caso se origine de erro, dolo ou coação, poderá ser revogado seja por ação anulatória. Importante frisar que aludida ação ter legitimidade o próprio confitente, podendo ser esta transferida a seus herdeiros caso aquele confitente venha a falecer após a propositura da demanda anulatória, *ex vi* do parágrafo único do art. 393.

No caso de ter validade, a confissão tem o efeito de fazer prova plena contra o confidente, podendo, inclusive, motivar o julgamento antecipado do mérito ou de parte dele, se disser respeito a todos ou parte os fatos que dão arrimo à pretensão (ões) do autor.

Por fim, em se tratando da confissão extrajudicial, quando realizada oralmente, somente apresentará eficácia nos casos em que a lei não exija prova literal, ou seja, documento escrito. Assim, somente prova com testemunhas, sendo admissível como valor probante em atos jurídicos tidos como não solenes.

Nestes termos, por exemplo, não será eficaz provar com testemunhas em confissão extrajudicial que determinada pessoa confessou ser fiadora, visto que somente tal declaração não basta para que se realize a fiança, conforme inteligência do art. 819 do Código Civil.

5.9 EXIBIÇÃO DE DOCUMENTO OU COISA

Geralmente, todas as pessoas estão legalmente obrigadas a cooperar para o descobrimento da verdade, auxiliando o Estado na realização de sua função de dizer o direito, sob pena de, em caso de descumprimento de tal cooperação, poder o magistrado determinar, além da imposição de multa, outras medidas indutivas, coercitivas, mandamentais ou sub-rogatórias, para fins de se alcançar a desejada ajuda (arts. 380 e parágrafo único do art. 400 do CPC).

Posto isso e de acordo a presente obrigação, a lei outorgou ao juiz o poder de estabelecer à parte, ou a terceiro a exibição de documento ou coisa que se encontre em seu poder e que seja relevante para o deslinde do feito.[102] Com efeito, o art. 396 do CPC declara que *"o juiz pode ordenar que a parte exiba documento ou coisa que se encontre em seu poder"*.[103] Já o art. 401 do CPC informa, em complemento, que quando *"o documento ou coisa estiver em poder de terceiro, o juiz ordenará sua citação para responder no prazo de 15 (quinze) dias."*

A determinação quanto à produção deste tipo de prova poder ser do próprio juiz, *ex officio* (art. 370 do CPC), ou da parte interessada. De acordo com o art. 397 do CPC, quando o pedido for manifestado pela parte deverá indicar:

I – a individuação tão completa quanto possível, do documento ou da coisa;

II- a finalidade da prova, indicando os fatos que se relacionam com o documento ou com a coisa;

III – as circunstâncias em que se fundamenta o requerente para afirmar que o documento ou a coisa existe e se encontra em poder da parte contrária.

O pedido de apresentação de documento estabelece incidente processual que corre nos próprios autos do processo e pode ser proposto na própria petição inicial, na contestação ou até posteriormente, desde que o requerente o faça justificadamente.

Havendo os requisitos legais (art. 397 do CPC), o juiz ordenará que a parte requerida seja intimada a fim de que se manifeste no prazo de 5 (cinco) dias e uma vez apresentado o documento, o incidente se resolve. Do contrário, i.e., caso o requerido venha afirmar que não possui determinado documento ou coisa, o juiz permitirá que requerente prove por todos os meios possíveis que a declaração do requerido não se faz veraz (parágrafo único do art. 398 do CPC).

Ainda nesta toada, não se admitirá a recusa do requerido quando (i) este tiver obrigação legal de exibir o documento ou a coisa; (ii) tiver ele aludido ao documento ou a coisa no processo, com o objetivo de constituir prova; (iii) sendo o documento, por seu conteúdo, comum às partes.

---

102. Determina o art. 13, *caput*, da Lei n. 11.419/2006, que "o magistrado poderá determinar que sejam realizados por meio eletrônico a exibição e o envio de dados e documentos necessários à instrução do processo", que poderão ser acessados por qualquer meio tecnológico disponível, preferencialmente o de menor custo, considerada sua eficiência (art. 13, § 2º).

103. Súmula n.514 do STJ: "A CEF é responsável pelo fornecimento dos extratos das contas individualizadas vinculadas ao FGTS dos Trabalhadores participantes do Fundo de Garantia do Tempo de Serviço, inclusive para fins de exibição em juízo, independentemente do período em discussão."

Caberá ao juiz, ao decidir sobre o pedido, admitir como verdadeiros fatos que a parte pretendia provar por meio do documento ou da coisa, quando o requerido não efetuar a exibição nem fizer nenhuma declaração no prazo a ele dado pelo art. 398 ou ainda sendo a recusa considerada ilegítima (art. 400. I, II e III do CPC).

Já no caso de terceiro, conforme já pontuado anteriormente, este será citado para se manifestar no prazo de 15 (quinze) dias.

Negando o terceiro a obrigação quanto a exibir a posse do documento ou da coisa, caberá ao magistrado designar audiência especial para fins de tomar o seu depoimento, bem como o das partes e, caso seja necessário, de eventuais testemunhas, sendo que em seguida proferirá a respectiva decisão sobre a questão (art. 402 do CPC).

Lado outro, recusando o terceiro, sem justo motivo, a efetuar a exibição de documento ou coisa, o juiz ordenará para que o mesmo deposite em cartório ou em outro lugar a ser designado, no prazo de 5 (cinco) dias, impondo ao requerente que o ressarça pelas despesas que tiver para o exercício do aludido ato. Daí, descumprindo mandamento judicial, caberá ao juiz expedir mandado de apreensão, podendo, caso necessário, se fazer valer de força policial para a consecução do ato, notadamente, sem prejuízo do terceiro responder por crime de desobediência, pagamento de multa e eventuais outras medidas indutivas, coercitivas, mandamentais ou sub-rogatórias patas a satisfazer o cumprimento efetivo da decisão judicial, conforme reza o art. 403 e seu parágrafo único.[104/105]

Nota-se que, em algumas situações, a parte ou o terceiro não estarão obrigados a mostrar o documento ou coisa requerida. Nestes termos, intimado ou citado, o requerido pode recusar a apresentação, desde que o motivo de sua recusa seja legítimo, na chamada "escusa legal". Assim, de acordo com o art. 404 do CPC, a parte e o terceiro se eximem de apresentar, em juízo, o documento ou a coisa:

> *I - concernente a negócios da própria vida da família;*
>
> *II - sua apresentação puder violar dever de honra;*
>
> *III - sua publicidade redundar em desonra à parte ou ao terceiro, bem como a seus parentes consanguíneos ou afins até o terceiro grau, ou lhes representar perigo de ação penal;*
>
> *IV - sua exibição acarretar a divulgação de fatos a cujo respeito, por estado ou profissão, devam guardar segredo;*

---

104. Enunciado n. 53 do FPPC: "Na ação de exibição não cabe a fixação, nem a manutenção de multa quando a exibição for reconhecida como impossível."

105. Na linha do que sempre defendemos em várias edições e obras anteriores, ainda que por outros motivos, está o Enunciado n. 54 do FPPC: "Fica superado o enunciado 372 da súmula do STJ ("*Na ação de exibição de documentos, não cabe a aplicação de multa cominatória*") após a entrada em vigor do CPC, pela expressa possibilidade de fixação de multa de natureza coercitiva na ação de exibição de documento."

V - subsistirem outros motivos graves que, segundo o prudente arbítrio do juiz, justifiquem a recusa da exibição;

VI - houver disposição legal que justifique a recusa da exibição.

Vale destacar que, caso os motivos explicitados nos incisos I a VI supracitados disserem respeito a apenas uma parcela do documento, a parte ou o terceiro deverá exibir a outra em cartório, para que dela seja extraída cópia reprográfica, sendo de tudo lavrado auto circunstanciado (parágrafo único do art. 404).

5.10 PROVA DOCUMENTAL

Em sentido amplo, documento é todo registro material de um fato, podendo citar como exemplo as certidão de nascimento, o contrato escrito de compra e venda, um recibo de pagamento, fotografias, filmes, fita magnética, *e-mail*, cartas, bilhetes, telegramas, pinturas etc.

O documento, não se pode negar, sempre foi um tipo de prova singular no processo devido à inegável força de convencimento que possui sobre o espírito do julgador.

O autor como regra geral, deve juntar os documentos que tem na petição inicial e o réu, na contestação. Deste modo, afirmar o art. 434 do CPC: "*Incumbe à parte instruir a petição inicial ou a contestação com os documentos destinados a provar suas alegações.*"

A juntada de documentos novos fora destas ocasiões só é legalmente permitida quando eles forem destinados a fazer prova de fatos que aconteceram após a distribuição da petição inicial ou o protocolo da contestação (art. 397 do CPC), cabendo ao juiz possibilitar oportunidade para que a parte contrária se manifeste no prazo de 15 (quinze) dias, podendo o juiz, a requerimento da parte, dilatar aludido prazo para manifestação sobre a prova documental produzida, levando em consideração para isso a quantidade e a complexidade da documentação (art. 437, §§1º e 2º do CPC).

Na mesma toada, o parágrafo único do art. 435 autoriza a possibilidade da juntada posterior de documentos formados após a petição inicial ou a contestação e ainda aqueles documentos que se tornaram conhecidos, acessíveis ou disponíveis após tais atos processuais, cabendo à parte que os produzir comprovar o motivo que a impediu de juntá-los anteriormente e incumbindo ao juiz, em qualquer caso, avaliar a conduta da parte de acordo com a boa-fé processual (art. 5º do CPC).

Importante observar, em coro com a questão supra, que o próprio art. 493, ao especificar que se "*depois da propositura da ação, algum fato constitutivo, modificativo ou extintivo do direito influir no julgamento do mérito, caberá ao juiz tomá-lo em consideração, de ofício ou a requerimento da parte, no momento de proferir a decisão*", vetoriza para o propósito de que, mais que as partes, o próprio Estado tem o "interesse direto" (entendido aqui como justificador do próprio monopólio jurisdicional) na consecução da pacificação social e, observando ou mesmo sendo provocado acerca de questões que podem influir na decisão do julgado, deve determinar o recebimento de provas, evitando-se, muitas vezes, a prática automática e condenável da preclusão temporal das mesmas, arrastando com isto o julgado para soluções que, em nome da celeridade, são por diversas vezes eivadas de uma carência de instrução razoável ou mesmo plena e desejável.[106]

Não podemos deixar de reconhecer a crescente prática da ideia supra no âmbito da judicatura, onde dotados de tal espírito estão juízes, amparados na vontade de buscar a verdade real, com intuito de que a futura decisão seja a mais justa possível para o caso *sub judice*.

Aliás, corroborando com importante ideário, o CPC/2015 estabelece no próprio art. 493, mais precisamente em seu parágrafo único que, poderá o juiz constatar o fato novo. Neste caso, notadamente, ouvirá as partes sobre ele antes de decidir.

Caso a parte discorde quanto à autenticidade de documento juntado pela outra parte, seja na petição inicial, na contestação ou, posteriormente, poderá o interessado alegar "incidente de falsidade" [107] na própria contestação, em preliminar, ou, quando for o caso, da juntada de documento aos autos, no prazo de 15 (quinze) dias por petição devidamente fundamentada que deverá denotar ainda os meios pelos quais o requerente pretende provar a referida falsidade (arts. 430 e 431 do CPC).

Uma vez arguida, a falsidade será resolvida como questão incidental, salvo se a parte requerer que o juiz a decida como questão principal, nos termos do inciso II do art. 19.[108] Em todos os casos, o juiz mandará intimar a parte

---

106. Neste assunto, pertinente é o contributo de Jordi Ferrer Beltrán (*La valoración racional de la prueba*. Madrid: Marcial Pons, 2007, p.54-55), assentado na importância ilimitada da produção probal, seja no aspecto temporal ou mesmo em sede de conteúdo:
"*La debida protección de este derecho (direito a utilizar todas as provas de que se dispões para demonstrar a verdade dos fatos que fundam a pretensão) supone que se imponga a los jueces y tribunales el deber de admitir todas lãs pruebas relevantes aportadas por La partes. ES decir, deberán ser admitidas todas aquellas pruebas que hipotéticamente puedan ser idôneas para aportar, directa o indirectamente, elementos de juicio acerca de los hechos que deben ser probados. (...). Por otro lado, también supodría uma violación del derecho a la prueba la limitación a La posibilidad de aportar pruebas relevantes impuesta, no ya por el órgano juzgador, sino legislativamente.*"

107. Nos processos eletrônicos, "a arguição de falsidade do documento original será processada eletronicamente na forma da lei processual em vigor" (art. 11, § 2º, da Lei n. 11.419/2006), devendo os originais de tais documentos ser preservados pelo seu detentor até o trânsito em julgado da sentença ou, quando admitida, até o final do prazo para interposição de ação rescisória (art. 11, § 3º, da Lei n. 11.419/2006).

108. "*Art. 19. O interesse do autor pode limitar-se à declaração:*
(...)
II - da autenticidade ou da falsidade de documento."

que apresentou o documento para responder no prazo de 15 (quinze) dias, sendo-lhe facultado requerer a retirada do documento contestado, o que será estipulado pelo juiz caso não se oponha aquele que produziu o incidente. Se achar necessário, o juiz estipulará a realização de exame pericial no documento, devendo observar que o ônus da prova neste aspecto é dividido pelo ordenamento processual civil, art. 429, da seguinte forma:

> *Art. 429. Incumbe o ônus da prova quando:*
>
> *I - se tratar de falsidade de documento ou de preenchimento abusivo, à parte que a arguir;*
>
> *II - se tratar de impugnação da autenticidade, à parte que produziu o documento.*

Caso a declaração sobre a falsidade do documento venha a ser suscitada como questão principal do processo, esta constará da parte dispositiva da sentença e sobre ela incidirá também a autoridade da coisa julgada (art. 433 do CPC).

5.10.1. Prova Documental e Documento Eletrônico

O art. 369 do CPC aponta para a ideia de que todos os meios legais, bem como os moralmente legítimos, ainda que não especificados no *codex*, são hábeis para provar a verdade dos fatos, em que se funda a ação ou a defesa.

Todavia, a doutrina aponta outros meios probatórios e, conforme bem salienta Theodoro Júnior, [109] têm-se meios de prova descritos em outras legislações, sendo que algumas das formas de se provar não estão diretamente contempladas na legislação tal como a "presunção", esta referendada no art. 212 do Código Civil – Lei n. 10.406 de 2002, mas com relevância no processo hodierno, sendo admissível desde que em sintonia para com as garantias do contraditório e com a participação da parte contra quem deva operar, devendo-se também não perder de mira o próprio art. 5º, inciso LVI da Carta Maior, onde, conforme cediço, assinala como inadmissíveis no processo as provas obtidas por meios ilícitos.

Partindo deste pressuposto, toma-se a linha da prova documental, revelando no contexto geral a definição de documento já trazida alhures, como todo registro material de um fato, conforme se tem mediante uma certidão de nascimento, um contrato escrito de compra e venda, um recibo de pagamento, filmes, fotografias, fita magnética, *e-mail*, bilhetes, telegramas, cartas, pinturas, dentre outros.

A legislação vigente e a doutrina ainda tratam o fator físico da prova documental como legitimador de sua veracidade, tropeçando-se em um antigo princípio conferido ao meio físico do documento que é o princípio da cartu-

109. THEODORO JÚNIOR, Humberto. *Curso de Direito Processual Civil*. Vol. 1. 50 ed. Rio de Janeiro: Forense, 2009, p. 425.

laridade, mesmo que aludia ideia venha perdendo fôlego com a novata visão sobre a produção documental eletrônica.

Em se tratando da prova documental apresentada na legislação e sua relação com a aceitação da prova eletrônica no processo, se faz necessária a indicação do conceito que referencia o Documento Eletrônico como dado relevante em um processo, tomando assim como base os apontamentos de Patrícia Peck[110] analisando conceitualmente o documento conforme transcrito no Decreto Italiano nº 513/97, i.e., "*a representação eletrônica ou digital de atos, fatos ou dados juridicamente relevantes.*"

Sob a ótica pátria, temos na mesma direção a Portaria do Ministério da Fazenda n. 528/96, de 2 de setembro de 1996, publicada no *DOU* em 10.10.1996, que regulamentou o Sistema Setorial de Gestão de Documentação e Informações – SGDI, do Ministério da Fazenda, onde expressa que "*compreende-se por documento, qualquer que seja o suporte utilizado, o conjunto de informações que registre o conhecimento humano, de forma que possa ser utilizado como elemento de consulta, estudo e prova.*"

Bem se observa, portanto, conforme se faz presente em outros ordenamentos já algum tempo, uma tentativa em demonstrar a possível aceitação do documento produzido em meio eletrônico, entre os demais admitidos no universo jurídico, desde que sendo relevantes ao esclarecimento de fatos, apresentem-se na demonstração de atos ou mesmo passível de consulta e estudos probantes na questão discutida.

Vê-se desta forma a preocupação por parte do legislador brasileiro em propor soluções às questões que cercam os paradigmas eletrônicos, sendo cediça a necessidade de verdadeira atenção à questão, dado não existirem moldes que contenham de maneira aceitável uma referência representativa das condições criadas pelas novas proposições tecnológicas.

Cabe ainda ressaltar o papel do Código Civil brasileiro onde, em cláusula genérica versa sobre a regulação de documentos produzidos por equipamentos eletrônicos passíveis de aceitação como meios probatórios:

> *Art. 225. As reproduções fotográficas, cinematográficas, os registros fonográficos e, em geral, quaisquer outras reproduções mecânicas ou eletrônicas de fatos ou de coisas fazem prova plena destes, se a parte, contra quem forem exibidos, não lhes impugnar a exatidão.*

Ao tratar da criação e reprodução de arquivos em máquinas e equipamentos mecânicos ou eletrônicos o legislador legitima os documentos produzidos como registro válido na constituição da prova documental, desde que sejam conferidos alguns cuidados para a efetiva validação do arquivo como válido, seguindo o deferimento pelo juiz e a aceitação do documento pela contra parte, este poderá compor a instrução probatória do processo.

---

110. PINHEIRO, Patrícia Peck. *Direito Digital*. 3 ed, São Paulo: Saraiva, 2009. p. 300.

O documento armazenado no papel é idêntico ao produzido em suporte eletrônico, e guardadas as devidas proporções, se faz necessário que sejam tomados os mesmos cuidados em uma situação da verificação da autenticidade como se presta a um documento em papel.

Para que se entenda como é possível demonstrar que a prova documental produzida por meio eletrônico, assim como os meios de sua produção sejam aceitos e valorados dentro de um processo, é preciso que se conheça a construção do Direito Eletrônico, em seu papel de explicar diante de alguns aspectos jurídicos como os novos meios de circulação de documentos e suas particularidades no meio eletrônico podem assegurar a veracidade da informação neles contida.

5.10.2 ASPECTOS JURÍDICOS DO DOCUMENTO ELETRÔNICO

Em diversas situações o documento tem deixado de se apresentar por meio do papel, ou deve-se dizer, por meio de uma mídia considerada como uma forma padrão que ateste sua originalidade, tendo em vista a facilidade de armazenagem ou troca de dados por outros meios de mídia, o que vem gerando diversos questionamentos sobre a veracidade dos documentos em questão até que a lei os regulamente.

Conforme lembra Patrícia Peck [111]

> A questão sobre documentos eletrônicos não é criação da Internet. É um assunto que já se discute há muito tempo devido à documentação de operações em redes eletrônicas de bancos, seja via intranet de computadores ligados com operadoras de cartão de crédito, seja quanto a aplicações financeiras realizadas remotamente na Bolsa de Valores, seja via telefone em operações conduzidas pelo cliente em uma gravação eletrônica, nos serviços de *bank phone*.

O fato é que tais operações são realizadas há bastante tempo, muito antes que se falasse em uma rede mundial de computadores, portanto, se vê que os documentos eletrônicos já estão presentes há muito no mundo jurídico. Há algum tempo atrás os arquivos eram armazenados em grandes computadores, em cartões perfurados, em antigas fitas cassette ou DAT; ou em antigos disquetes, de 5 e ¼ ou de 3 e ½; ou mesmo em grandes centrais telefônicas, utilizados para a armazenagem de um grande número de dados em menor espaço, visando à recuperação rápida destes dados para que o cliente conseguisse em tempo hábil e satisfatoriamente resolver seu problema com a empresa.

Hoje, continuam presentes em outras mídias, como CDs, DVDs, *Pen Drives*, *memory cards* e outras memórias de armazenagem em diversas espécies de aparelhos eletrônicos.

111. Ob. cit., p. 151.

Alguns exemplos das legislações que balizaram as operações em rede são dados pela supracitada autora, quando esta faz referência à lei da Microfilmagem, – Lei n. 5.433/68 – que regula a microfilmagem de documentos particulares e oficiais arquivados, criada no Brasil muito antes de se pensar em compartilhamento de dados pela web; ou a Lei de registros públicos – Lei n. 6.015/73 que dispõe sobre os registros públicos e dá outras providências, alterada posteriormente por vários diplomas legais, mas que mantém o propósito de que cabe ao tabelião de registro de títulos e documentos fazer o registro de documentos particulares para fazer prova de obrigações convencionais independendo do valor a elas atribuído.

Neste contexto, vale lembrar que na atualidade já é utilizado em cartórios de registro o armazenamento de informações por meio de mídias digitais, e que seus tabeliães estão balizados na legislação vigente para se prestar a tal situação. Por conseguinte os documentos eletrônicos nesses termos já são presumidos como válidos ou passíveis de validação, se considerados os requisitos de prestação de fé pública depositado aos tabeliães de registro de documentos, portanto, perfeitamente utilizáveis como prova, ao se cercarem deste argumento.

Entretanto há que se trabalhar neste meio com algumas feições inerentes ao documento, projetado como passível de representatividade probante no processo, que serão tratados adiante.

Dentre as diversas representações apresentadas por um documento passível de se aceitar como prova válida em um processo, a integridade é o primeiro aspecto que deve ser tomado como relevante.

Conforme bem observa Bennucci,[112] a integridade de um documento parte do pressuposto de que o mesmo "não tenha sido alterado durante a transmissão em meio eletrônico." Para que esta validade seja conferida, há que se tomar em consideração a relação entre a identidade do criador do documento produzido em meio eletrônico e a autenticidade do próprio documento, visto que o documento eletrônico, analisado isoladamente, não possui qualquer atributo que lhe confira tal pessoalidade. [113]

Em se tratando de tais perspectivas, para que se considerem relevantes, a integridade e a autenticidade devem ser tomadas com cautela, pois, até que se cerque da certeza de que é valido o documento em questão, se faz necessária a observação de alguns requisitos de segurança e validade para demonstrar as garantias de que o documento é proveniente de quem alega tê-lo fabricado. O papel de verificação de tais requisitos prestado pelo juiz no procedimento probatório, nesses casos necessita de auxílio da tecnologia para atestar a devida confiabilidade às informações contidas no documento digital.

112. BENUCCI, Renato Luís. *A tecnologia aplicada ao Processo Judicial.* Campinas: Millenium, 2006. p. 86.

113. Ibidem.

5.10.3. O Direito à Prova Documental Eletrônica

Com as hodiernas tecnologias o Direito Processual se vê diante de perspectivas que ainda assombram o referencial jurídico e desafiam a sociedade de modo agressivo oferecendo uma nova maneira de viver em sociedade diante de uma nova ordem mundial que se agrega a sede de conhecimento e trabalha oferecendo informações em abundância ao alcance de um só clique. Percebe-se assim que "a informação já não pode ser dispensada, quer pela qualidade, quer pela quantidade, pois se transformou em novo *bem jurídico*, de primeiríssima ordem para o homem contemporâneo." [114]

Ao tratar das novidades advindas da informatização que representam um novo momento para a sociedade e ainda para o Direito, Paesani esclarece que:

> a própria realidade das coisas não é somente a *material*, mas se limitou em produzir seus efeitos para transformar-se em *virtual*. A desmaterialização não de limitou em produzir seus efeitos na linguagem, mas incide frontalmente em fundamentadas teorias jurídicas e cita-se como exemplo, a *transferência eletrônica de fundos (Eletronic Fund Transfer*, EFT), que se destina a desmaterializar o título de crédito do papel. Para Galgano (1989:359), o fenômeno já existe em diversos países e nas relações interbancárias, a circulação do papel termina nas mãos do banqueiro que o detiver em primeiro lugar. Afirma: "*a teoria do Título de Crédito, admirável criação de diversas gerações de juristas, deverá ser revista desde a base, visto que está fundamentada na materialidade do papel, como coisa móvel suscetível de apropriação e, portanto, de aquisição a* non domino.[115]

Tratando o contexto eletrônico como o responsável pela desmaterialização do documento de maneira geral, e demonstrando que há uma tendência em se desprender os conceitos enredados no mundo jurídico, da materialidade como referencial participativo do conceito de documento, sem, contudo, se desprender de todo o aporte referencial jurídico, vista a necessidade de se manter as teorias basilares do Direito nutridas de suas capacidades de definição dos preceitos legais, o Direito se vê desafiado pelo aporte tecnológico na construção de conceitos em que se concedam as características de seus institutos, sem que estas se prendam a detalhes tecnicistas sobre o suporte a que devam se submeter para a efetivação de sua validade no universo jurídico.

Outrossim, baseado na formalização e tratamento das informações, na sua divulgação de maneira própria através da *telemática*[116] e do conteúdo a que

---

114. PAESANI, Liliana Minardi. *Direito de Informática: comercialização e desenvolvimento internacional do software*. 5 ed. São Paulo: Atlas, 2005. p. 18.

115. *Idem*, p. 25.

116. Neste sentido, Paesani apresenta o conceito de telemática, nos seguintes termos: "Telemática corresponde ao procedimento da elaboração das informações à distância e, por conseguinte, ao movimento de circulação automática dos dados informáticos, que ocorrem no diálogo com os

se prestam essas informações que, uma vez transformadas em dados, são disponibilizadas a todos aqueles que, interessando-se, podem buscá-las em um ambiente multifacetado, trocando-as entre si por meio de ferramentas próprias deste ambiente, se valendo para tanto, do universo eletrônico e de suas técnicas.

Disso, portanto, podem os indivíduos produzir informações que, de maneira geral, serão tratadas como documentação e, por consequência, como prova jurídica.

Cabe ao Direito, contudo, ajustar o que vem de novo, atrelando-se a técnicas de segurança eletrônicas e ao tratamento de dados circulantes no ambiente virtual, tarefa árdua que certamente irá demandar dos profissionais da informática e dos juristas um trabalho amplo que deverá se realizar, dentro de seus parâmetros, em conjunto.

Ademais, tratando-se do ambiente virtual, chamado de *internet*, e conjuntamente dos computadores ou de outros equipamentos capazes de produzirem um texto e lançá-lo ao ambiente em tela, entende-se que é possível a produção e o tráfego de um documento capaz de, se tratado em seus devidos aspectos, ser utilizado como meio probatório no âmbito processual.

Dito isso, bem resolveu o Código de Processo Civil cuidar, ainda que timidamente, do documento eletrônico como elemento probatório.

Autoriza a *lex* supra da admissão de documentos eletrônicos produzidos e conservados com observância da legislação específica sobre o tema[117], *ex vi* do art. 441 do CPC.

Com relação ao uso de documentos eletrônicos em processo convencional, este dependerá de sua conversão à forma impressa e da verificação de sua autenticidade para a respetiva valoração do mesmo.

Importante frisar que o art. 11, *caput* da Lei n. 11.419/2006, determina que *"os documentos produzidos eletronicamente e juntados aos processos eletrônicos com garantia da origem e de seu signatário, na forma estabelecida nesta Lei, serão considerados originais para todos os efeitos legais"*.

Além disso, por força do § 1º do mesmo artigo,

> *os extratos digitais e os documentos digitalizados e juntados aos autos pelos órgãos da Justiça e seus auxiliares, pelo Ministério Público e seus auxiliares, pelas procuradorias, pelas autoridades policiais, pelas repartições públicas em geral e por advogados públicos e privados têm a mesma força probante dos originais, ressalvada a alegação motivada e fundamentada de adulteração antes ou durante o processo de digitalização.*

---

calculadores eletrônicos, utilizando os terminais inteligentes, capazes de receber e transmitir. A Telemática contribuiu para colocar a informação em liberdade, conferindo-lhe plena autonomia de circulação". Ibidem.

117. Lei n. 11.419/2006.

Por fim, poderá o órgão julgador apreciar o valor probante do documento eletrônico não convertido na forma impressa, cabendo ao julgador conceder o devido acesso das partes ao seu inteiro teor (art. 440 do CPC).

Em se tratando de prova documental, o CPC autoriza a admissão de documentos eletrônicos produzidos e conservados com observância da legislação específica sobre o tema[118], *ex vi* do art.441.

Com relação ao uso de documentos eletrônicos em processo convencional, este dependerá de sua conversão à forma impressa e da verificação de sua autenticidade para a respetiva valoração do mesmo.[119]

No entanto, poderá o órgão julgador apreciar o valor probante do documento eletrônico não convertido na forma impressa, cabendo ao julgador conceder o devido acesso das partes ao seu inteiro teor (art.440 do CPC).

5.10.4. À GUISA FINAL: O APLICATIVO WHATSAPP E SEU RECONHECIMENTO PROBATÓRIO

Denomina-se WhatsApp um software para smartphones utilizado para troca de mensagens de texto instantaneamente, além de vídeos, fotos e áudios através de uma conexão a internet.

Segundo pesquisa feita pelo MEF (*Mobile Ecosystem Forum*) publicada na revista Exame[120] em 30 de junho de 2016, 76% dos assinantes móveis no Brasil faziam uso regular do *WhatsApp*, que é o comunicador instantâneo mais popular no País. O aludido aplicativo, conforme referido, possibilita aos usuários realizar a troca de mensagens, fotos, áudios, documentos e até mesmo fazer ligações para outros usuários que utilizam a tecnologia. Disso, inegavelmente passa a surgirem indagações acerca da possibilidade probatória e sua respectiva valoração no que tange às provas obtidas por meio de tal aplicativo.

Fato inconteste é que o Direito deve acompanhar as transformações sofridas pela sociedade, respondendo com presteza aos acontecimentos cotidianos, sob pena de tornar-se, em muitas passagens, inútil. Assim, se tais aconte-

---

118. Lei n. 11.419/2006.

119. Importante frisar que o art. 11, *caput* (Lei n. 11.419/2006), determina que "*os documentos produzidos eletronicamente e juntados aos processos eletrônicos com garantia da origem e de seu signatário, na forma estabelecida nesta Lei, serão considerados originais para todos os efeitos legais*".
Além disso, por força do § 1º do mesmo artigo, "*os extratos digitais e os documentos digitalizados e juntados aos autos pelos órgãos da Justiça e seus auxiliares, pelo Ministério Público e seus auxiliares, pelas procuradorias, pelas autoridades policiais, pelas repartições públicas em geral e por advogados públicos e privados têm a mesma força probante dos originais, ressalvada a alegação motivada e fundamentada de adulteração antes ou durante o processo de digitalização*".
Frise-se, ainda, que tais documentos somente estarão disponíveis para acesso por meio da rede externa para suas respectivas partes processuais e para o Ministério Público, respeitando-se as situações de sigilo e de segredo de justiça (art. 11, § 6º).

120. Disponível em: <http://exame.abril.com.br/tecnologia/brasil-e-um-dos-paises-que-mais-usam-whatsapp-diz-pesquisa/#>. Acesso em 11 de outubro de 2018.

cimentos ocorrem no ambiente virtual e tecnológico, torna-se claro que neste ambiente, igualmente, o Direito deve atuar e regular.

À luz do art. 441 do CPC/2015, como retro frisado, admite-se documentos eletrônicos como prova processual e bem por isso, o Código de Processo Civil de 2015 em consonância com o Marco Civil da Internet (Lei n. 12.965/14), incorporou o uso da tecnologia ao adotar a possibilidade da constituição de provas por meio de documento eletrônico.

Como alhures notado, poderia se questionar que tal novidade confrontasse com princípio amplamente aplicado pela doutrina e jurisprudência durante muito tempo, o qual enfatiza a necessidade das provas documentais serem físicas, podendo ser apresentadas em juízo somente se respeitada à formalidade na constituição do documento. É o que se convencionou chamar de princípio da cartularidade e já bem enfrentado por nós no item 6.

De fato, aceitar a apresentação de provas obtidas por meios eletrônicos, como no caso do *WhatsApp*, é o mesmo que relativizar o princípio da cartularidade, impondo, assim, transformações no reconhecimento jurídico do "documento" e ampliando o acesso à possibilidade de reconhecimento de direitos, uma vez que facilitaria a constituição probatória em determinas circunstâncias, evitando-se a inviabilidade de se provar em juízo fato constitutivo de direito.

Em verdade, tendência do mundo moderno é a praticidade, facilitando cada vez mais a comunicação e, consequentemente a realização de negócios jurídicos, o que eleva o uso de documentos de mídia. Assim, em vários casos, os documentos têm deixado de ser apresentados fisicamente, isto é, impressos em papel, tendo em vista a praticidade de armazenamento em mídias eletrônicas, o que vem suscitando dúvidas quanto a validade e veracidade dos mesmos.

Sob esse prisma, estabelece o art. 439 do CPC que a "*utilização de documentos eletrônicos no processo convencional dependerá de sua conversão à forma impressa e da verificação de sua autenticidade, na forma da lei.*"

Assim, apesar de inovar permitindo que documentos eletrônicos sejam aceitos no processo (v.g., uma conversa pelo aplicativo *WhatsApp* na qual as partes constituem um contrato de compra e venda), também ressalvou que o uso deve ser feito sob verificação da autenticidade do documento, evitando, assim, as fraudes. Tal limitação garante um maior grau de confiabilidade à prova gerada por documento eletrônico quando sua autenticidade é verificada.

Como existem hipóteses em que a verificação da autenticidade não pode ser realizada ou, se assim feita, não garante resultados idôneos, o legislador, conforme já apontado em item anterior, autoriza ao juiz apreciar o valor do documento como prova, como nos casos em que se torna claro por outros meios a validade do documento eletrônico, *ex vi* do art. 440.

Prestigiando a própria inteligência do que regra o CPC/2015 acerca da validade e uso de documentos eletrônicos, verifica-se, por exemplo, decisão proveniente da 5ª vara da família e sucessões da comarca de São Paulo[121], no ano de 2014, fruto das mudanças trazidas pelo Marco Civil da Internet, em que o magistrado deferiu, liminarmente, alimentos gravídicos à autora gestante essencialmente com base em um histórico de conversa virtual nesse aplicativo.

No mesmo sentido, o STJ concedeu efeito suspensivo ao Recurso Especial[122] interposto pelo alimentante em ação de alimentos em fase de execução, suspendendo assim, o mandado de prisão por não pagamento. Isso porque, entendeu o Ministro Relator, no que pese haver nos autos petição informando o desejo da alimentada em prosseguir com a ação, a mesma não conseguiu demonstrar a necessidade no recebimento da pensão. Nestes termos, o Relator considerou válida a renúncia aos direitos de pensão feito pela alimentada, que inclusive salientou a desnecessidade no recebimento dos alimentos, em uma conversa realizada entre as partes no aplicativo *WhatsApp*, a qual foi certificada e autenticada por um tabelião.

Oportuno se faz trazer os seguintes fragmentos da conversa:

"Oi minha filha... acabei de receber intimaçao da execuçao de alimentos., mais de 20 mil. Nao tenho a menor condicao de pagar... parece q tudo entrou em parafuso... nem sei o q fazer"; às 15h01min mensagem enviada por Liriana: " ahh de quem? pra que?"; às 15h02min mensagem enviada pelo solicitante: "Atua nél!!"; em seguida às 15h03min mensagem enviada por Liriana: "eu nem sei disso., nem to ai.. nao preciso de dinheiro.."; às 15h05min mensagem enviada pelo solicitante: "Sei disso mas teus avos e a advogada permanecem litigando em teu nome.., ameaça de prisão pra mim.."; às 15h06min mensagem enviada pelo solicitante: "Preciso q fales com eles... "; às 15h07min mensagem enviada pelo solicitante: "Pago aqueles 3 mil em tres parcelas... é so o q posso conseguir... To em desespero"; às 15h09min mensagem enviada por Liriana: "eu falo com eles as vezes sobre isso. Mas depois daquela vez.. Pensei que tinha acabado com isso.. Bem de qualquer modo vou falar com eles hoje a noite. Não se preocupena... Eu não intendo nada dessas coisas. Vocês tem de fazer um acordo. Não precioso de dinheiro nenhum."[123] (grifos nossos).

Insta ainda ratificar aqui o que outrora fora afirmado: para asseverar a autenticidade contida em um documento decorrente do ambiente virtual, é possível uso de cartórios de registro.

Assim, os documentos eletrônicos como elementos probatórios já serão presumidos como válidos ou passíveis de validação, se considerados os requi-

---

121. Disponível em: http://s.conjur.com.br/dl/decisao-alimentos-gravidicos-vara.pdf. Acesso em 04 novembro de 2018.

122. STJ. Rel. Min. Luis Felipe Salomão Pet. 11.626 - RS (2016/0217487-8). DJ 12.08.2016.

123. Conteúdo extraído das folhas 155 e 156 dos autos da ação supramencionada, conforme fundamento da decisão do relator.

sitos de prestação de fé pública depositado aos tabeliães de registro de documentos, portanto, perfeitamente utilizáveis como prova, ao se cercarem deste argumento.[124]

5.11 PROVA TESTEMUNHAL

5.11.1 Conceito e delimitação

Prova testemunhal traduz-se na convocação de pessoas físicas a fim de prestarem, diante do juiz, declarações relativas a fatos do processo. Geralmente, este tipo de prova é aceitável, exceto quando da solicitação da mesma para fazer prova de fatos sobre os quais já estejam provados por documentos ou pela própria confissão da parte, além dos casos em que os fatos só podem ser provados por documento ou por exame pericial (art. 442 e 443 do CPC).

Se as partes desejarem a produção deste tipo de prova, deverão solicitá-la na petição inicial, no caso do autor, e na contestação, no caso do réu, sendo competência do juiz apreciar a pertinência de sua produção quando do despacho saneador. Após deferir a produção da prova testemunhal, o juiz determinará prazo de 15 (quinze) dias para que as partes depositem em cartório o rol de testemunhas, indicando seus nomes, profissões, estado civil, idade, o número de inscrição no Cadastro de Pessoas Físicas, o número de registro de identidade e o endereço completo da residência e do local de trabalho (arts. 357, §4º e 450 do CPC).

É de se ressaltar que o número de testemunhas arroladas por cada parte não pode ser superior a 10 (dez), sendo 3 (três), no máximo, para a prova de cada fato, podendo o magistrado poderá limitar o número de testemunhas levando em conta a complexidade da causa e dos fatos individualmente considerados (§§ 6º e 7º do art. 357).

Depois de apresentado o rol de testemunhas, a parte pode apenas substituir a testemunha que falecer; que, por enfermidade, estiver impossibilitada de depor ou que, tendo mudado de residência, não for encontrada pelo oficial de justiça (art. 451 do CPC).

Juntamente com a apresentação do rol de testemunhas, poderá ainda solicitar a intimação pessoal das pessoas arroladas para comparecer em audiência de instrução e julgamento a ser designada pelo juízo. Tal pedido implica no reconhecimento de diligências do Oficial de Justiça, motivo pelo qual se pode optar também por informar, quando da apresentação do rol, que as testemunhas comparecerão na audiência independentemente de intimação. No primeiro caso, faltando testemunha sem motivo justificado, a parte poderá requerer uma nova designação de audiência e a condução coercitiva da teste-

---

124. Ainda sobre o assunto, cf. GAIO JÚNIOR, Antônio Pereira; RAMOS, Rafaella Cardoso. Prova Documental Eletrônica como objeto probatório no contexto do Processo Civil Brasileiro. *In*: *Revista de Processo*. Ano 43, n.282. São Paulo: RT, 2018, p.179-200.

munha que responderá pelas despesas do adiamento. Já no segundo caso, se a parte dispensar a intimação da testemunha, o seu não comparecimento na audiência provoca a suposição de que a parte que a arrolou desistiu de sua oitiva, ficando prejudicada a produção da prova em si (§§ 2º, 3º e 5º do art. 455 do CPC).

5.11.2 CAPACIDADE PARA DEPOR

De acordo com o art. 405 do CPC, todas as pessoas, salvo as incapazes, impedidas ou suspeitas podem depor como testemunhas. Tais hipóteses – incapacidade, impedimento ou suspeição – são capazes de impedir o depoimento da testemunha desde que denunciado no tempo próprio quando da audiência.

Tratou o art. 447 de explicitar o que o legislador entende por incapaz, impedido e suspeito em tais questões. Nestes termos:

> *§ 1º São incapazes:*
>
> *I - o interdito por enfermidade ou deficiência mental;*[125]
>
> *II - o que, acometido por enfermidade ou retardamento mental, ao tempo em que ocorreram os fatos, não podia discerni-los, ou, ao tempo em que deve depor, não está habilitado a transmitir as percepções;*[126]
>
> *III - o que tiver menos de 16 (dezesseis) anos;*
>
> *IV - o cego e o surdo, quando a ciência do fato depender dos sentidos que lhes faltam.*[127]
>
> *§ 2º São impedidos:*
>
> *I - o cônjuge, o companheiro, o ascendente e o descendente em qualquer grau e o colateral, até o terceiro grau, de alguma das partes, por consanguinidade ou afinidade, salvo se o exigir o interesse público ou, tratando-se de causa relativa ao estado da pessoa, não se puder obter de outro modo a prova que o juiz repute necessária ao julgamento do mérito;*
>
> *II - o que é parte na causa;*
>
> *III - o que intervém em nome de uma parte, como o tutor, o representante legal da pessoa jurídica, o juiz, o advogado e outros que assistam ou tenham assistido as partes.*
>
> *§ 3º São suspeitos:*
>
> *I - o inimigo da parte ou o seu amigo íntimo;*
>
> *II - o que tiver interesse no litígio.*

---

125. Observar a Lei n. 13.146, de 6 de julho de 2015, esta que institui a Lei Brasileira de Inclusão da Pessoa com Deficiência (Estatuto da Pessoa com Deficiência).

126. Observar a Lei n. 13.146, de 6 de julho de 2015, esta que institui a Lei Brasileira de Inclusão da Pessoa com Deficiência (Estatuto da Pessoa com Deficiência).

127. Observar a Lei n. 13.146, de 6 de julho de 2015, esta que institui a Lei Brasileira de Inclusão da Pessoa com Deficiência (Estatuto da Pessoa com Deficiência).

Na prática, apesar do referido na norma legal, é competência do juiz, perante o fato concreto, decidir se vai ou não ouvir o depoimento de determinada testemunha, mesmo que esteja legalmente impedida de depor. Neste sentido, o art. 228, parágrafo único do Código Civil determina que "*para a prova de fatos que só elas conheçam, pode o juiz admitir o depoimento das pessoas a que se refere este artigo.*" Tal norma é complementada com o § 4º do art. 447 do CPC, que afirma que sendo necessário, poderá o juiz admitir o depoimento das testemunhas menores, impedidas ou suspeitas, sendo nestes casos, prestados independentemente de compromisso, cabendo ao julgador atribuir o valor merecido (§5º do art. 447). Apesar de depor ser uma obrigação legal (art. 278 do CPC), a testemunha pode requerer ao juiz que a dispense de depor (art. 457, § 3º, do CPC) ou mesmo não ser obrigada a tanto (art. 448 do CPC), quando se tratar de fatos: (i) que lhe acarretem grave dano, bem como ao seu cônjuge ou companheiro e aos seus parentes consanguíneos ou afins, em linha reta ou colateral, até o terceiro grau; (ii) a cujo respeito, por estado ou profissão, deva guardar sigilo.

5.11.3 PROCEDIMENTO

Geralmente, as testemunhas depõem na sede do juízo, salvo as que são inquiridas por carta, as que, por doença, ou outra razão relevante, estão impossibilitadas de comparecer em juízo, caso em que o juiz estabelecerá, de acordo com a situação, dia, hora e lugar para ouvi-las (art. 449, parágrafo único do CPC). Há, ainda, um grupo de pessoas que, por consideração à importância do cargo que ocupam, são ouvidas, conforme o art. 454 do CPC, em sua residência, ou onde exercem a sua função, sendo elas:

> *I - o presidente e o vice-presidente da República;*
>
> *II - os ministros de Estado;*
>
> *III - os ministros do Supremo Tribunal Federal, os conselheiros do Conselho Nacional de Justiça e os ministros do Superior Tribunal de Justiça, do Superior Tribunal Militar, do Tribunal Superior Eleitoral, do Tribunal Superior do Trabalho e do Tribunal de Contas da União;*
>
> *IV - o procurador-geral da República e os conselheiros do Conselho Nacional do Ministério Público;*
>
> *V - o advogado-geral da União, o procurador-geral do Estado, o procurador-geral do Município, o defensor público-geral federal e o defensor público-geral do Estado;*
>
> *VI - os senadores e os deputados federais;*
>
> *VII - os governadores dos Estados e do Distrito Federal;*
>
> *VIII - o prefeito;*
>
> *IX - os deputados estaduais e distritais;*
>
> *X - os desembargadores dos Tribunais de Justiça, dos Tribunais Regionais Federais, dos Tribunais Regionais do Trabalho e dos Tribunais*

Regionais Eleitorais e os conselheiros dos Tribunais de Contas dos Estados e do Distrito Federal;

XI - o procurador-geral de justiça;

XII - o embaixador de país que, por lei ou tratado, concede idêntica prerrogativa a agente diplomático do Brasil.

As pessoas arroladas, no dia e hora estipulados, depõem diante do juiz da causa, que as ouvirá separada e sucessivamente.

Inicialmente, serão inquiridas as testemunhas do autor e, em seguida, as do réu, de maneira que uma não escute o depoimento das outras (art. 456 do CPC). Poderá o juiz, no entanto, alterar a ordem das inquirições supracitadas, isso desde que as parte concordem, *ex vi* do parágrafo único do art. 456.

A testemunha será qualificada antes de depor, devendo manifestar se há parentesco com a parte ou interesse no objeto do processo. Neste instante, a parte contrária pode "contraditar" a testemunha, alegando que a mesma está, na forma da lei (art. 405 do CPC), impedida de depor bem como, caso a testemunha negue os fatos que lhe são imputados, provar a contradita com documentos ou com testemunhas, até 3 (três), apresentadas no ato e inquiridas em separado. Inquirida a parte que a arrolou, o juiz resolverá o incidente, e sendo provados ou confessados os fatos acima referidos, o juiz dispensará a testemunha ou lhe tomará o depoimento como informante (§§ 1º e 2º do art. 457 do CPC).

Ao começar a indagação, o juiz deve tomar compromisso da testemunha no sentido de que esta está obrigada a dizer a verdade, advertindo-a que incorrerá em sanção penal aquele que faça afirmação falsa, cala ou oculta a verdade (art. 458, *caput* e parágrafo único) notadamente configurando-se em falso testemunho (art. 342 do Código Penal).[128]

O magistrado inquirirá a testemunha sobre os fatos proferidos pelas partes, seja na petição inicial ou na contestação, em seguida propiciará oportunidade para que as partes façam perguntas que venham a elucidar ou completar o depoimento. O advogado da parte que arrolou a testemunha se manifestará primeiro, depois o advogado da parte contrária conforme delibera o art. 459. Se o juiz indeferir alguma pergunta da parte, por compreendê-la impertinente, capciosa ou vexatória, esta poderá solicitar que a pergunta indeferida seja transcrita no termo.

---

128. "*Art. 342. Fazer afirmação falsa, ou negar ou calar a verdade como testemunha, perito, contador, tradutor ou intérprete em processo judicial, ou administrativo, inquérito policial, ou em juízo arbitral:*
Pena - reclusão, de 2 (dois) a 4 (quatro) anos, e multa.
§ 1º As penas aumentam-se de um sexto a um terço, se o crime é praticado mediante suborno ou se cometido com o fim de obter prova destinada a produzir efeito em processo penal, ou em processo civil em que for parte entidade da administração pública direta ou indireta.
§ 2º O fato deixa de ser punível se, antes da sentença no processo em que ocorreu o ilícito, o agente se retrata ou declara a verdade."

O depoimento da testemunha poderá ser documentado por meio de gravação.

No entanto, quando digitado ou registrado por taquigrafia, estenotipia ou outro método idôneo de documentação, será o depoimento assinado pelo juiz, pelo depoente e pelos procuradores (§1º do art. 460 do CPC).

De outro modo caso houver recurso em processo em autos não eletrônicos, o depoimento somente será digitado quando for impossível o envio de sua documentação eletrônica (§2º do art. 460 do CPC).

5.12 PROVA PERICIAL

Caso o esclarecimento da lide necessitar de resposta a fatos e/ou questões que exijam conhecimento técnico-científico específico, o juiz poderá recorrer a um auxiliar de sua confiança, denominado perito, que tenha a formação técnica necessária para responder de maneira coerente às perguntas do juízo e das partes, com o objetivo de gerar segurança quanto à verdade dos fatos discutidos no processo. Assim, perícia é o meio de prova através do qual o juiz utiliza um auxiliar com conhecimento técnico específico para elucidar questões fáticas controvertidas.

Apesar de não haver diferença quanto à disciplina legal, tanto que o Código Civil, art. 212, inciso V, cita somente genericamente "perícia", o art. 464 do CPC classifica a prova pericial em: *exame*, caso a perícia envolva a inspeção de bens móveis ou pessoas, com intuito de responder a questões formuladas pelo juízo e pelas partes; *vistoria*, da mesma forma como o exame que compreende a inspeção de bens; no entanto, neste caso de bens imóveis, com o objetivo de também responder às questões formuladas pelo juízo e pelas partes; *avaliação*, esta praticada no caso de inspeção de bens móveis ou imóveis, a fim de imputar, de acordo com regras técnicas, preço ou valor à coisa ou obrigação.

Solicitada a prova pericial na petição inicial ou na contestação, o magistrado, levando em conta a sua utilidade para o esclarecimento da causa, deferirá ou não a sua produção.

Convencendo-se da necessidade, o juiz nomeará perito de sua confiança, determinando o prazo para a entrega do laudo, que deverá se dar com pelo menos 20 (vinte) dias antes da audiência de instrução e julgamento (art. 477 do CPC), incumbindo às partes a oportunidade de arguir o impedimento ou a suspeição do perito, se for o caso; de indicar, no prazo de 15 (quinze) dias, assistente técnico e apresentar quesitos (§1º do art. 465 do CPC).

Vale lembrar, conforme bem reza o art. 371 do CPC que o juiz apreciará a prova constante dos autos, independentemente do sujeito que a tiver promovido, devendo indicar na decisão as razões da formação de seu convencimento. Nestes termos, caberá ao magistrado, ao julgar, indicar na sentença os motivos que o levaram a considerar ou a deixar de considerar as conclusões do laudo, levando em conta o método utilizado pelo perito, *ex vi* do art. 479 do CPC.

5.13 INSPEÇÃO JUDICIAL

O juiz deve manter-se imparcial, equidistante das partes, permitindo que elas tenham a iniciativa da produção das provas que acham necessárias e pertinentes, todavia pode o juiz, por iniciativa própria ou a pedido de uma das partes, deixar a sua natural impassividade e de forma participativa, pessoalmente examinar pessoas ou coisas, indo ao local onde se encontram para elucidar-se de fatos que sejam relevantes para o esclarecimento da demanda (art. 481 do CPC).

Insta ressaltar aqui que tal iniciativa participativa do magistrado, demonstra claramente a ideia do Estado como o principal interessado na solução dos conflitos, pois que, ao chamar o monopólio da jurisdição para si, interessa, fundamentalmente, a ele a possibilidade de se buscar a verdade real, escopo elucidativo da pretensão solicitada, desde que operacionalizada pelo juiz de acordo com as circunstâncias que o próprio processo exige, já que o principal destinatário das provas é, sem sombra de dúvidas, a própria verdade.

Dessa forma, o art. 483 do CPC afirma que

> *o juiz irá ao local onde se encontre a pessoa ou a coisa quando:*
>
> *I - julgar necessário para a melhor verificação ou interpretação dos fatos que deva observar;*
>
> *II - a coisa não puder ser apresentada em juízo sem consideráveis despesas ou graves dificuldades;*
>
> *III - determinar a reconstituição dos fatos.*

Ainda neste ínterim, ressalta-se que as partes possuem sempre direito a assistir à inspeção judicial, prestando esclarecimentos e mesmo apontando observações que creem de seu interesse para a causa (parágrafo único do art. 483 do CPC).

Findada a diligência, caberá ao magistrado ordenar a lavratura do auto circunstanciado, citando nele tudo quanto for útil ao julgamento da causa, podendo dito auto ser instruído com desenho, gráfico ou fotografia (art. 484 do CPC).

5.14 PROVA EMPRESTADA

Reconhece o CPC/2015, a partir de seu art. 372, a possibilidade de o juiz admitir a utilização de prova produzida em outro processo, atribuindo-lhe o valor que considerar o mais adequado, mas devendo sempre observar o contraditório para seu uso e validade.

Prova emprestada, portanto, é aquela que foi obtida em outro processo, seja entre as mesmas partes ou não. Obrigatoriamente, a prova deve ser produzida dentro do próprio processo, sob a análise do contraditório; entretanto não existe impedimento legal para que a parte interessada faça a juntada, ou requisite que o juízo oficie, requerendo o translado de, por exemplo, depoimentos ou perícia obtidos em outro processo, competindo ao magistrado, por conseguinte, valorar a prova conforme as circunstâncias e o tempo em que foi colhida.

Cabe ressaltar que, a nosso juízo, a despeito do que foi acima expresso e ainda que entendamos ter a prova emprestada qualificada serventia elucidativa, devemos observar com certa parcimônia tal modalidade probal, não perdendo de vista a importante identidade física do juiz com as provas, bem como o contraditório operado em virtude da mesma. Assim, ainda que haja agora autorização normativa expressa, há de se conjugar a prática com o respeito à efetividade processual sintonizada com um devido e qualitativo processo legal.[129]

5.15 AUDIÊNCIA DE INSTRUÇÃO E JULGAMENTO

5.15.1 Conceituação e Breves Considerações

Consiste a audiência em "ato solene", revestido de publicidade (exceto quanto às situações consignadas no art. 189 do CPC), substancial ao processo que se realiza sob a presidência do juiz e que se presta à instrução, discussão e decisão da causa.

Pela sistemática do nosso CPC, a audiência de instrução e julgamento é indispensável quando houver necessidade de coleta de prova oral e/ou esclarecimentos do perito e de assistentes técnicos, podendo, inclusive, em muitos casos, no tocante a estes últimos, dispensar a realização de audiência, pois que podem tais esclarecimentos ser postados pela forma escrita.

Importante lembrar que nas hipóteses de extinção do processo (art. 354 do CPC) bem como na de julgamento antecipado (art. 355, I e II, do CPC), devido ao abreviamento do procedimento, não havendo necessidade para a realização da audiência de instrução e julgamento.

O momento adequado à designação (se necessária) da audiência de instrução e julgamento pelo magistrado é no despacho saneador (art. 357, V do CPC), oportunidade através da qual o juiz deferirá as provas a serem produzidas.

Importante salientar que a "audiência de instrução e julgamento" é aquela minuciosamente detalhada pelo CPC, não obstante o nosso ordenamento processual prever outras audiências como, *v.g.*, a audiência de conciliação e de mediação (art. 334 do CPC) e a audiência de justificação nas ações possessórias (art. 562 do CPC).

---

129. PROCESSUAL CIVIL. AGRAVO REGIMENTAL. OFENSA AO ART. 535 DO CPC NÃO CONFIGURADA. OMISSÃO. INEXISTÊNCIA. REEXAME DOS FATOS. SÚMULA 7/STJ. PROVA EMPRESTADA. CONTRADITÓRIO. DEVIDO PROCESSO LEGAL. AGRAVO NÃO PROVIDO. 1. A solução integral da controvérsia, com fundamento suficiente, não caracteriza ofensa ao art. 535 do CPC. O recorrente não aponta, de forma clara, o vício em que teria incorrido o acórdão impugnado. 2. Quanto à violação dos artigos 330 e 332, ambos do CPC, o entendimento do STJ é no sentido de que não há cerceamento de defesa pela utilização de prova emprestada se esta tiver sido produzida com a observância do contraditório e do devido processo legal. 3. O acórdão recorrido está em sintonia com o atual entendimento do Superior Tribunal de Justiça, razão pela qual não merece prosperar a irresignação. Incide, in casu, o princípio estabelecido na Súmula 83/STJ. 4. Agravo Regimental não provido. (STJ. 2ª Turma. AgRg no AREsp: 301724 CE 2013/0047650-6. Rel. Min. Herman Benjamin. Julg. 25.03.2014, *DJe* 15.04.2014).

5.15.2 CARACTERÍSTICAS

a) Publicidade

Em regra, será pública a audiência (art. 368 do CPC e art. 93, IX da CF/88), significando que qualquer um do foro poderá assistir a ela, porém, será realizada a portas fechadas quando a defesa da intimidade ou o interesse social o exigirem (art. 5º, LX, da CF), como nos casos contidos no art. 155 do CPC (*v.g.*, casamento, separação de corpos, divórcio, separação, união estável, filiação, alimentos e guarda de crianças e adolescentes).

b) Direção formal do magistrado (arts. 358 a 360 do CPC)

O magistrado é o presidente da audiência, portanto, declarará aberta a audiência de instrução e julgamento e mandará apregoar as partes e os respectivos advogados, bem como outras pessoas que dela devam participar; instalada a audiência, tentará conciliar as partes, independentemente do emprego anterior de outros métodos de solução consensual de conflitos, como a mediação e a arbitragem, sendo que qualquer manifestação está submetida ao seu consentimento.

c) Unicidade e continuidade (art. 365 do CPC)

É a audiência de natureza unitária no tocante à concentração dos atos, podendo ser concluída em sessões seguintes, caso não seja possível o seu encerramento em uma só sessão – daí também a sua característica de continuidade – como, por exemplo, em situações constantes de um número excessivo de pessoas a depor, casos de vários litisconsortes ou mesmo de testemunhas a serem ouvidas por via de carta precatória.

Importante salientar que não se poderá apresentar novamente rol de testemunhas.

d) Solenidade

É de entender a audiência de instrução e julgamento como ato solene ao qual se deve garantir a observância inequívoca dos princípios processuais indispensáveis à eficiência do ato processual.

5.15.3 ATIVIDADES PREPARATÓRIAS

– Intimação das partes e de seus respectivos advogados

A intimação das partes é de extrema importância, pois que, além do seu depoimento pessoal (se não a intimar há obstáculo à "confissão ficta"), há a possibilidade de conciliação, sendo também a partir da intimação que se abre a oportunidade para que a parte requeira esclarecimento do perito e dos assistentes técnicos.

Caso haja requerimento de intimação dos peritos e assistentes técnicos serão eles intimados por meio eletrônico, com pelo menos 10 (dez) dias de antecedência da audiência (art. 477, §4º do CPC).

– Apresentação do rol de testemunhas

Em sede de despacho saneador, conforme já explicado, sendo determinada a produção de prova testemunhal, o juiz fixará prazo comum não superior a 15 (quinze) dias para que as partes apresentem rol de testemunhas. Caso a demanda apresente complexidade em matéria de fato ou de direito, autorizando o magistrado a produção de prova testemunhal no saneamento do processo, as partes deverão levar a audiência de instrução em julgamento o respectivo rol de testemunhas (§3º do art. 357 do CPC).

Destaca-se ainda que o número de testemunhas arroladas não poderá ser superior a 10 (dez), sendo 3 (três), no máximo, para a prova de cada fato, cabendo ao juiz a possibilidade de limitar o número de testemunhas, isso levando em conta a complexidade da causa e dos fatos individualmente considerados (§§6º e 7º do art. 357 do CPC).

5.15.4 A Audiência e suas Fases

– Abertura, com o pregão das partes e respectivos advogados bem como de outras pessoas que dela devam participar (art. 358).

– Tentativa de conciliação (art. 359).

– Esclarecimentos do perito e dos assistentes técnicos, se requeridos os chamados "quesitos de esclarecimentos" (arts. 361, I e 477,§3º).

– Depoimentos pessoais do autor e do réu (art. 361 II).

– Inquirição das testemunhas arroladas (art. 361, III).

– Debates, podendo ser substituído por razões finais, isso diante de questões complexas de fato ou de direito (art. 364, *caput* e §2º).

– Sentença, desde logo ou em 30 (trinta) dias (art. 366).

a) Comentários Pertinentes

– Quanto à Conciliação

Não obstante, em regra, já ocorrida a audiência de conciliação ou de mediação (art. 334), deve a jurisdição mirar-se pela política do consenso e não pela do conflito, estando, inclusive, inegavelmente estampada já no Livro I do CPC ("Das Normas Processuais Civis") tal perspectiva ideológica assumida pelo legislador, ao prescrever no §2º do art. 3º que o "*Estado promoverá, sempre que possível, a solução consensual dos conflitos*", cabendo ainda o reforço do art. 139, V, este que demonstra não haver sequer limitação temporal para o dever no exercício conciliatório entre as partes, incumbindo ao juiz, por isso, promover, a qualquer tempo, a autocomposição.

Assim, uma vez instalada a audiência, o juiz tentará conciliar as partes, independentemente do emprego anterior de outros métodos de solução consensual de conflitos, como *in casu* a mediação.

– Quanto à instrução

Não obtida a conciliação, terá lugar, então, a produção das provas.

– Quanto ao depoimento pessoal

O depoimento pessoal é ato personalíssimo. Admite-se, porém, o depoimento por meio de procurador, desde que tenha poderes especiais para prestar o depoimento.

O juiz toma o depoimento das partes, primeiro do autor e depois do réu, de modo que aquele que ainda não depôs, não assista ao interrogatório do outro (art. 385, §2º).

O advogado da parte que está sendo interrogada não pode fazer perguntas, isto pelo fato de que o que o autor tinha a dizer já foi dito na inicial; da mesma forma, o que o réu tinha a dizer já foi dito da resposta.[130]

As perguntas dos advogados são dirigidas ao juiz que as formulará à parte.

– Quanto às testemunhas

O juiz inquirirá as testemunhas separadas e sucessivamente, primeiro as do autor e depois as do réu, e providenciará para que uma não ouça o depoimento das outras. Tal ordem poderá ser modificada pelo magistrado, isso desde que haja concordância das partes (art. 456, *caput* e parágrafo único). Importante sublinhar que as perguntas serão formuladas pelas partes diretamente à testemunha, começando por aquela que a arrolou, não admitindo o juiz perguntas que puderem induzir a resposta, não tiverem relação com as questões de fato objeto da atividade probatória ou importarem repetição de outra já respondida.

Ainda que as partes façam as suas perguntas, poderá o julgador também inquirir a testemunha tanto antes quanto depois da inquirição feita pelas partes (art. 459, §1º).

Caso o juiz venha a indeferir perguntas realizadas por qualquer das partes, serão elas transcritas no termo, caso a parte assim requerer.

Fato é que as testemunhas devem ser tratadas com urbanidade, não se lhes sendo dirigidas perguntas ou considerações tidas como impertinentes, capciosas ou vexatórias (art. 459, §2º).

– Quanto aos debates

Tal momento é de fundamental importância, sendo representado pela devida sustentação dos embasamentos técnicos, doutrinários e jurisprudenciais, devendo, evidentemente, se ater aos fatos e fundamentos jurídicos ínsitos à demanda.

Assim, encerrada a instrução, o magistrado concederá a palavra ao advogado do autor e do réu, bem como ao membro do Ministério Público, se for o

130. A jurisprudência e a doutrina orientam-se no sentido de considerar defeso ao advogado do depoente apresentar perguntas ao próprio constituinte, "eis que, dentro do processo, ambos se confundem, falando o mandatário em nome e em lugar de seu representado" (TRSP, RT 271/374). Seria uma inutilidade fazer o litigante perguntas a si mesmo (TJSP, RT 330/523), trazendo até "o perigo de retratação confessional" (3ª Câmara Cível do TJRS, *in* RJTJRS, 53/221). Ver, por todos CARNEIRO, Athos Gusmão. *Audiência de Instrução e Julgamento e Audiências Preliminares*. 14 ed. Rio de Janeiro: Forense, 2009, p. 97.

caso de sua intervenção, sucessivamente, pelo prazo de 20 (vinte) minutos para cada um, prorrogável por 10 (dez) minutos, a critério daquele julgador, tudo de acordo com art. 364.

Destaca-se que havendo *"litisconsorte ou terceiro interveniente, o prazo, que formará com o da prorrogação um só todo, dividir-se-á entre os do mesmo grupo, se não convencionarem de modo diverso"* (§1º do art. 364).

Não poderá o juiz, entretanto, suprimir tanto o debate oral como as razões finais, mas se o fizer e as partes se omitirem na arguição da causa de nulidade, ocorrerá preclusão (art. 278 do CPC).

Como alhures citado, caso a causa apresente questões complexas de fato ou de direito, poderá o debate oral ser substituído por razões finais escritas, estas que serão apresentadas pelo autor e pelo réu, bem como pelo Ministério Público, se for o caso de sua intervenção, em prazos sucessivos de 15 (quinze) dias, assegurada vista dos autos.

Pensamos ser cabível em sede de negócio jurídico processual, que as partes venham a convencionar a substituição do debate oral pela apresentação das razões finais, independente da complexidade da demanda, mas por simples ato de disposição das mesmas, não estando excetuada a presente razão daquela que lhe é autorizada, *ex vi* do art. 190 do CPC.

– Quanto à sentença

Encerrado o debate ou entregue as razões finais, o juiz proferirá a sentença na própria audiência, ditando-a ao servidor ou no prazo de 30 (trinta) dias. Os atos realizados em audiência bem como, por extenso, os despachos, as decisões e a sentença, se proferida no ato, serão documentados pelo servidor por meio de lavratura de termo ditado pelo juiz (art. 367 do CPC) e, posteriormente, será trasladado para os autos cópia autêntica do termo da audiência, ato a ser realizado pelo escrivão ou chefe de secretaria (art. 367, § 3º).

O traslado poderá ser copiado em forma manuscrita, datilografado ou por reprodução mecânica (xerox), mas, obrigatoriamente, terá a autenticação do escrivão.

Enquanto ao registro da audiência, estabelece o CPC importantes disposições, nos seguintes termos:

> *Art.367 (...)*
>
> *§5º A audiência poderá ser integralmente gravada em imagem e em áudio, em meio digital ou analógico, desde que assegure o rápido acesso das partes e dos órgãos julgadores, observada a legislação específica.*
>
> *§ 6º A gravação a que se refere o § 5º também pode ser realizada diretamente por qualquer das partes, independentemente de autorização judicial.*

5.15.5 POSSIBILIDADES DE ADIAMENTO DA AUDIÊNCIA

Poderá a audiência ser adiada:

– Por convenção das partes:

Hipótese que o adiamento só será admissível uma vez, sustentando Ernane Fidélis que pode o juiz conceder mais de um adiamento.[131]

Como exemplo, podemos citar: em razão do princípio dispositivo, podem as partes convencionar em tal permissivo quando, conseguindo chegar a um meio-termo, precisam de um maior tempo, ou mesmo para revelar melhor suas provas.

– Por impossibilidade de comparecimento:

Quando da ausência das pessoas que deveriam participar da audiência (perito, assistente técnico, partes, testemunhas e advogados), como regra geral, o adiamento só será deferido se o impedimento for devidamente comprovado até a abertura da audiência.

Perito, assistente técnico e testemunhas devem comparecer quando regularmente intimados, sendo os dois primeiros, por meio eletrônico e com pelo menos 10 (dez) dias de antecedência da audiência (art. 477, §4º), já as testemunhas pelos próprios advogados das partes que as arrolaram (art. 455).

Caso não compareçam injustificadamente, podem ser conduzidos coercitivamente (art. 455, §5º, por interpretação analógica), sendo, por vezes, obrigada a prorrogação da audiência, quando impossível a condução no momento.

Estando ausente a parte injustificadamente, quando deveria prestar depoimento pessoal em razão de requerimento da parte contrária, desde que regularmente intimada, conduzirá o juiz aplicar-lhe a pena de confissão (art. 385, §1º).

Quando ausente o advogado, defensor público ou mesmo o ministério público sem justificativa, poderá a audiência ser normalmente realizada, facultando ao juiz, inclusive, dispensar a prova requerida pela parte (art. 362, § 2º).

Ocorre que, muitas vezes, pode o advogado ficar impossibilitado de apresentar suas razões de impedimento antes da abertura da audiência (como, por exemplo: doença súbita, acidente grave, morte de pessoa da família etc., ou seja, questões que podem ser aceitas pelo prudente arbítrio do juiz), caso em que as apresentará posteriormente.

Neste sentido, não tendo ainda o magistrado proferido sentença, poderá acatar tal justificativa de impedimento e, portanto, decretar a nulidade da audiência; porém, se já prolatada esta, não cabe mais ao magistrado acatar dita justificativa, visto já cumprir com a prestação jurisdicional. Neste caso, poderá o próprio advogado alegar o seu justo impedimento em recurso de apelação

131. SANTOS, Ernane Fidélis dos. *Manual de Direito Processual Civil*. Vol. I. 11 ed. São Paulo: Saraiva, 2006, p.582.

e, encontrando provados os fatos impeditivos do comparecimento, deverá o tribunal anular a sentença e a audiência, determinando sua renovação.[132]

Por fim, ocorrendo em falta injustificada dos advogados das partes, do defensor ou do ministério público é facultado ao magistrado colher as provas presentes ou mesmo dispensar a instrução julgando a lide,[133] podendo, ainda, determinar que os autos fiquem em cartório para eventual manifestação das partes, dispensando também, neste caso, a instrução.

Importante lembrar que a inatividade das partes, por mais de 1 (um) ano, poderá levar à extinção do processo sem julgamento de mérito (art. 485, II e § 1º), sendo o processo arquivado.

– Por atraso injustificado de seu início em tempo superior a 30 (trinta) minutos do horário marcado.

6. FASE DECISÓRIA – SENTENÇA

6.1 SENTENÇA

6.1.1 Conceituação e Noções Gerais

Define-se sentença como o pronunciamento por meio do qual o magistrado, com fundamento nos arts. 485 e 487 põe fim à fase cognitiva do procedimento comum, bem como extingue a execução, *ex vi* do art.203, §1º do CPC.

Insta notar que o CPC/1973, em seu art. 162, § 1º, em redação anterior à Lei n. 11.232/05 conceituava sentença como *"ato pelo qual o juiz põe termo ao processo, decidindo ou não o mérito da causa"*.

Já era entendimento da doutrina, de um modo geral, que o juiz ao proferir a sentença, nem sempre colocava fim ao processo ora iniciado, pois que, haveria ainda a possibilidade de recurso à instância superior ou mesmo, diante da incidência de embargos declaratórios, haveria possibilidade de, p.ex., o próprio magistrado proferir novo julgado completando o anterior.

Com uma nova definição comandada pela lei supracitada, o legislador do código revogado não mais situou o final do processo somente com a simples prolação da sentença, levando ele em conta também a possibilidade da incidência de outros casuísmos, dando margem a que o próprio processo, mesmo depois de dito pronunciamento do ato decisório, pudesse ter como encerrado apenas um procedimento ou fase cognitiva (de conhecimento), *v.g.*, nos casos do procedimento de liquidação de sentença (arts. 475-A a H do CPC/1973) e do cumprimento da sentença (arts. 475-I a R do CPC/1973), etapas finais de

---

132. Entendimento também do STF, RE n. 73.316 de 02.05.1972.

133. No mesmo sentido, THEODORO JÚNIOR, Humberto. *Curso de Direito Processual Civil*. Vol. I. 47 ed., Rio de Janeiro: Forense, 2007, p. 549.

um processo de conhecimento, onde neste último, após um *tempus iudicati*, satisfar-se-ia o direito sem a necessidade, de instauração de um novo processo.

Assim, conjugando as diversas situações e possibilidades decorrentes da prolação da sentença, pode então conceituá-la como pronunciamento do juiz que contém algumas das situações previstas nos arts. 267 e 269 do CPC/1973 e que poderia extinguir o processo ou procedimento, resolvendo ou não o mérito.

No CPC/2015, nota-se que o legislador, além de acostar conceitualmente à sentença "o pronunciamento por meio do qual o juiz, com fundamento nos arts. 485 e 487 põe fim à fase cognitiva do procedimento comum" (§1º do art.203), determina então específica etapa da marcha procedimental em 1º grau como delimitação de incidência de sua existência (diga-se, havendo ou não interposição recursal!), estendendo sua presença, de maneira formal-conceitual também ao ato que encerra a execução, entendido aí, pois, atividade executiva, portanto, tanto o Cumprimento de Sentença quanto o Processo de Execução.

Daí, portanto, tem-se que o conceito de sentença operado pelo CPC/2015 leva em consideração o somatório das matérias arroladas como fundamentação do ato decisório (arts. 485 e 487) bem como a fase procedimental (*põe fim à fase cognitiva do procedimento comum, bem como extingue a execução*).

6.1.2 SENTENÇAS TERMINATIVA E DEFINITIVA

6.1.2.1 Terminativa

Chamamos de terminativa a sentença que põe termo ao processo sem resolução do mérito da demanda, seja por motivo decorrente da ausência de pressuposto processual, falta de condições da ação ou mesmo de ato motivado pela(s) parte(s) (*vide* art. 485 do CPC).

Pode a sentença terminativa ser proferida a qualquer momento no processo, visto que a matéria relacionada tanto aos pressupostos processuais quanto às condições da ação não são passíveis de preclusão (*vide* art. 485, § 3º).

Por fim, deve-se ressaltar que a extinção do processo decorrente de sentença terminativa em virtude da inocorrência da coisa julgada material (apenas faz coisa julgada formal) não impede que a parte intente novamente a demanda, no entanto, ocorrendo a extinção em razão de litispendência e nos casos dos incisos I, IV, VI e VII do art. 485, a propositura da nova ação dependerá da correção do vício que levou à sentença sem resolução do mérito. E mais: a petição inicial nestes casos, somente será despachada com mediante prova do pagamento ou do depósito das custas e dos honorários de advogado (§2º do art. 486).

6.1.2.2 Definitiva

É sentença definitiva aquela que põe fim ao processo com resolução do mérito da causa, no todo ou em parte.

Importante se faz salientar que, não obstante o vocábulo "definitiva", tal sentença não se torna absolutamente imutável, pois que o dito vocábulo significa que houve, a princípio, um pronunciamento final do juiz de 1º grau, definindo o mérito da questão em litígio (acertamento do direito). Tornará, sim, imutável, quando transitada em julgado e passado o lapso de tempo para a propositura da ação rescisória (art. 975 – 2 anos), não permitindo, portanto, nova discussão sobre o mérito já decidido; tudo isto por força da chamada coisa julgada material, refletindo os efeitos da sentença para o mundo externo ao processo.

A presente sentença se faz representada pelo art. 487 e seus incisos.

6.1.3 Elementos da Sentença

No CPC/1973 já fazíamos crítica acerca do termo usado pelo legislador naquela oportunidade. Tratava o Código do termo "Requisitos da Sentença" e dizíamos sobre isso:

> Antes de analisar ditos requisitos, faz-se importante esclarecer que o termo 'requisito' foi etimologicamente mal colocado visto que requisito vem a ser uma espécie de condição ou condicionamento para que se chegue a determinado objetivo e, portanto, anterior lógico ao seu objetivo.[134]

O termo correto deveria ser "quesitos" ou "elementos".

Pois bem. Assim o fez então o CPC/2015, ou seja, trata agora em bons termos, dos denominados Elementos da Sentença, conforme ilustra o art. 489, sendo eles o relatório, os fundamentos e o dispositivo.

– *O relatório*

Consiste precisamente na exposição clara de toda a marcha procedimental, ou seja, um histórico de todas as ocorrências do processo bem como os elementos básicos da demanda (partes, causa de pedir, pedido).

Constitui, em sentido amplo, uma verdadeira demonstração de que o magistrado compreendeu a casuística que lhe foi submetida.

– *Fundamentação ou motivação*

Momento no qual o magistrado expõe especificamente as suas razões de convencimento, bem como os motivos relevantes que o conduzirá a dirimir a lide em questão (desta ou daquela maneira).

Digno de elogios é a preocupação do legislador no tocante ao que se entende por decisão judicial fundamentada e adequada, consubstanciando em forma analítica ao prever o dever do órgão julgador, dentre outros, de enfrentar todos os argumentos deduzidos no processo capazes de, em tese, infirmar a conclusão adotada pelo mesmo, o que, smj., sempre fora obrigação deontoló-

134. *Instituições de Direito Processual Civil*. 2 ed. Belo Horizonte: Del Rey, 2013, p.277.

gica daquele que, em nome do Estado, presta a atividade judicante na solução dos litígios e, por isso, nos destinos da sociedade.

Por oportuno, vale lembrar Calamandrei,[135] onde, já de muito, esclarecia que em um Estado de Direito acende a exigência que o órgão julgador julgue em conformidade com a lei e não, a pretexto de aplicar a Constituição, conduza a sua interpretação de maneira inteiramente incompatível com os preceitos atinentes àquela Carta Maior.

Em verdade, o CPC/2015 elenca as hipóteses onde qualquer decisão judicial, seja ela interlocutória, sentença ou acórdão, não se faz considerada fundamentada.

Assim, acostamos os incisos do § 1º bem como os §§ 2º e 3º, todos do art. 489, onde se enfrenta a problemática das decisões judiciais carecedoras de fundamentação, problema que, infelizmente, se observa com mais frequência a partir do último quartel do séc. XX nos mais diversos foros deste país de dimensões continentais, algumas vezes agravada pela própria complexidade das relações sociais e a baixa densidade normativa de alguns textos legais. *In verbis*:

> *§ 1º Não se considera fundamentada qualquer decisão judicial, seja ela interlocutória, sentença ou acórdão, que:*
>
> *I - se limitar à indicação, à reprodução ou à paráfrase de ato normativo, sem explicar sua relação com a causa ou a questão decidida;*
>
> *II - empregar conceitos jurídicos indeterminados, sem explicar o motivo concreto de sua incidência no caso;*
>
> *III - invocar motivos que se prestariam a justificar qualquer outra decisão;*
>
> *IV - não enfrentar todos os argumentos deduzidos no processo capazes de, em tese, infirmar a conclusão adotada pelo julgador;*
>
> *V - se limitar a invocar precedente ou enunciado de súmula, sem identificar seus fundamentos determinantes nem demonstrar que o caso sob julgamento se ajusta àqueles fundamentos;*
>
> *VI - deixar de seguir enunciado de súmula, jurisprudência ou precedente invocado pela parte, sem demonstrar a existência de distinção no caso em julgamento ou a superação do entendimento.*
>
> *§ 2º No caso de colisão entre normas, o juiz deve justificar o objeto e os critérios gerais da ponderação efetuada, enunciando as razões que autorizam a interferência na norma afastada e as premissas fáticas que fundamentam a conclusão.*
>
> *§ 3º A decisão judicial deve ser interpretada a partir da conjugação de todos os seus elementos e em conformidade com o princípio da boa-fé.*

Conforme determina o inciso I, do §1º em destaque, não basta a sentença se limitar a indicar, reproduzir ou parafrasear o ato normativo, devendo,

135. CALAMANDREI, Piero. *Opere Giuridiche*. Vol. I. Napoli: Morano Editore, 1965, p. 643-644.

efetivamente, explicar sua relação com a causa ou a questão decidida, ou seja, com o caso concreto, e não simplesmente transcrever o enunciado da regra em questão para fins de somente indicar em que se fundamenta o julgado.

Fundamental é, por tudo, que o magistrado explique especificamente o motivo da escolha da norma empregada.

Com relação ao entendimento do inciso II supra, deve qualquer decisão judicial empregar conceitos jurídicos determinados, explicando o motivo concreto de sua incidência no caso.

É fato que não somente legislativamente, mas, em igual ocorrência na experiência da vida forense, é prática extremamente comum o uso reiterado de conceitos jurídicos vagos e indeterminados,[136] tudo com o fito de se ter "espaço" para a justificável adequação em específica realidade quando do enfrentamento de uma questão, e por mais incrível que pareça, sendo esta de reconhecida complexidade ou não, levando-se inúmeras vezes a um uso irracional de pan-principiologismo, verdadeira usina de produção de princípios despidos de qualquer normatividade.[137]

Já o inciso III nos demonstra que a sentença não poderá invocar motivos que se prestariam a justificar qualquer outra decisão, devendo-se ter uma explicação para aquele caso concreto debruçado. Evita-se assim a denominada decisão "padrão", como por exemplo, ao deferir uma liminar onde simples e lacunosamente o julgador se presta apenas a dizer em sua decisão *"estão presentes os pressupostos legais"*, como se faz o padrão em qualquer outra decisão judicial.[138]

O inciso IV mostra a necessidade de o magistrado enfrentar todos os argumentos arguidos pelas partes no processo capazes de infirmar a sua conclusão frente à demanda enfrentada. Decorre daí, inegavelmente, o prestígio quanto à realização do contraditório como direito de influência (arts. 5º, LV, da CF/88; 9º e

---

136. Em obra clássica enfrentando o tema, bem ensina Karl Engisch ser conceito jurídico indeterminado um conceito cujo conteúdo e extensão são em larga medida incertos, causando insegurança e relativa desvinculação na aplicação da lei. (*Introdução ao Pensamento Jurídico*. 8 ed. Trad. J. Baptista Machado. Lisboa: Calouste Gulbenkian, 2001, p. 208-210.

137. Em excelente texto sobre o assunto, cf. STRECK Lenio Luiz. *O pan-principiologismo e o sorriso do lagarto*. Disponível em: <http://www.conjur.com.br/2012-mar-22/senso-incomum-pan-principiologismo-sorriso-lagarto>. Acesso em: 29.11.2015.

138. HABEAS CORPUS. SENTENÇA MANTIDA EM SEDE DE APELAÇÃO. ABSOLUTA FALTA DE FUNDAMENTAÇÃO. ACÓRDÃO QUE SE LIMITA A MANTER OS FUNDAMENTOS DO JUIZ E ADOTAR O PARECER MINISTERIAL. NULIDADE. ORDEM CONCEDIDA. 1. O dever de motivar as decisões implica necessariamente cognição efetuada diretamente pelo órgão julgador. Não se pode admitir que a Corte estadual limite-se a manter a sentença por seus próprios fundamentos e a adotar o parecer ministerial, sendo de rigor que acrescente fundamentação que seja própria do órgão judicante. 2. A mera repetição da decisão atacada, além de desrespeitar o regramento do art. 93, IX, da Constituição Federal, causa prejuízo para a garantia do duplo grau de jurisdição, na exata medida em que não conduz a substancial revisão judicial da primitiva decisão, mas a cômoda reiteração. (STJ. 6º T. HC 232.653/SP. Rel. Min. Maria Thereza de Assis Moura. Julg. 24.04.2012, *DJe* 07.05.2012).

10 do CPC). Tem as partes da controvérsia o direito de conhecer da razão adotada pelo órgão julgador quando de qualquer decisão judicial e para isso, inegável o enfrentamento dos argumentos deduzidos por elas. É o mínimo que se espera de uma prestação jurisdicional qualitativa, enquanto serviço público prestado.

No que se refere ao inciso V, este aponta ser é defeso a qualquer decisão judicial se limitar a invocar precedente ou enunciado de súmula, sem identificar seus fundamentos determinantes e nem mesmo demonstrar que a *questio* em julgamento se ajusta àqueles fundamentos.

Assim, deve o julgador demonstrar a semelhança do caso que está a debruçar com o respectivo precedente utilizado ou mesmo com o conteúdo inventariado pelo qual se construiu a súmula em apreço, objetivando justificar adequadamente a utilização do precedente em questão em sua decisão e, igualmente, sua concordância com o caso em julgamento.

Por fim, o inciso VI, último inciso do fundamental dispositivo que é o §1º do art. 489, determina que não poderá a decisão judicial deixar de seguir enunciado de súmula, jurisprudência ou precedente invocado pela parte, sem demonstrar a existência de distinção no caso em julgamento ou a devida superação do entendimento.

Há de se entender neste ínterim pela importância da fundamentação analítica e adequada do comando judicial, justificadora aqui da autorização para que o julgador deixe de aplicar enunciado de súmula, jurisprudência ou precedente manifestado por qualquer das partes.

Ainda que no capítulo 15 da presente obra estaremos a enfrentar a temática relevante dos Precedentes e vários de seus institutos, de certo, pertinentes ao seu manejo, trata-se aqui, em um sentido geral, das figuras do *distinguishing* e do *overruling*.

Com relação ao *distinguishing*, se presta a uma técnica ou método de confronto, sendo através desta que se faz a distinção entre os casos para efeito de se subordinar, ou não, o caso sob julgamento a um precedente. Para isso é necessário que se faça a identificação da *ratio decidendi* do precedente, bem como sua delimitação. Raciocina-se do particular para o geral.

Não basta ao juiz apontar fatos diferentes sob o argumento de realizar a *distinguishing;* cabe-lhe, sim, argumentar para demonstrar que a distinção é material e que, portanto, há justificativa para não se aplicar o precedente.

Já, com relação ao *overruling* trata-se da revogação de um precedente. No entanto, para que se possa realizar o *overruling*, deve-se realizar a adequada confrontação entre os requisitos básicos, ou seja, a perda da congruência social e o surgimento de inconsistência sistêmica, além dos critérios que ditam as razões para a estabilidade ou para a preservação do precedente – basicamente, a confiança justificada e a prevenção contra a surpresa injusta.

Por tudo, infere-se sobre ao referido §1º e todos seus incisos, a evidência de que resultará, esperamos, em maior segurança e previsibilidade nas decisões judiciais, não privando o cidadão das fundamentações genéricas que o obstruem de saber as devidas e necessárias razões que levaram o Poder Judiciário a tomar determinada decisão.[139]

Aliás, bem dispondo sobre a racionalidade das decisões, atesta Ronaldo Kochem: [140]

> A racionalidade das decisões judiciais é entendida como a possibilidade de realizar uma recognição analítica da decisão, isto é: a possibilidade de reconhecer da decisão judicial analiticamente, as diferentes operações realizadas (ou melhor: justificadas) pelo intérprete e, tendo em conta o método de cada uma dessas operações, de aferir a correção das operações. É por isso que a exigência constitucional de motivação das decisões judiciais deve ser lida como verdadeira exigência de fundamentação jurídica, i. e., de justificação racional da determinação dos fatos e da interpretação e aplicação da norma jurídica ao caso. Somente dessa forma a imputação das consequências jurídicas por meio do processo pode ser tida como não arbitrária.

Chama ainda atenção os §§2º e 3º do art. 489 do CPC.

Com relação ao §2º, dispõe este que havendo de colisão entre normas, deverá o julgador justificar o objeto e os critérios gerais da ponderação efetuada, enunciando as razões que autorizam a interferência na norma afastada, assim como as premissas fáticas que fundamentam a conclusão.

Por certo, cabe ao magistrado, diante da colisão entre normas, a demonstração de por que um determinado postulado deve ser preterido em face de outro para fins de solução do caso concreto, como, por exemplo, em questões que envolvem a alcunhada "relativização da coisa julgada"[141] e aí, a colisão entre segurança do julgado (art. 5º XXXVI da CF/88) e justiça da decisão (art. 5º, XXXV da CF/88).

No que toca ao §3º, indica seu texto que a decisão judicial deve ser interpretada a partir da conjugação de todos os seus elementos e em conformidade com o princípio da boa-fé, regra que se relaciona com o art. 322, §2º, este relativo aos pedidos endereçados pelas partes ao órgão judicial.

É de importância sublinhar que o aludido §3º deverá ter sua interpretação alcançada verdadeiramente junto aos próprios elementos da sentença, a dizer: relatório, fundamentação e dispositivo em seu conjunto e não de forma isolada.

– Dispositivo ou conclusão

Momento em que o juiz resolve as questões principais submetidas a ele pelas partes, acolhendo ou rejeitando o(s) pedido(s) do autor (sentença de-

---

139. Enunciado n. 308 do FPPC: "Aplica-se o art. 489, § 1º, a todos os processos pendentes de decisão ao tempo da entrada em vigor do CPC."

140. KOCHEM, Ronaldo. Racionalidade e decisão - A fundamentação das decisões judiciais e a interpretação jurídica. *In*: *Revista de Processo*, v. 244. São Paulo: Revista dos Tribunais, 2015. p. 68.

141. Sobre o assunto, ver o item *5.2.4* do presente Capítulo.

finitiva) ou mesmo extinguido o processo sem resolução de mérito (sentença terminativa).

O CPC, no art. 489, III, omite que a parte dispositiva ou conclusiva é a que, efetivamente, definirá a resolução do pedido, isto em uma análise em sentido literal; porém, devemos entender a palavra "questões" ao sentido do pedido e da controvérsia para, então, compreendermos a solução da lide na frase "o juiz resolverá as questões principais que as partes lhe submeterem" (art. 489, III, do CPC).

Cabe aqui relacionar um conjunto de três observações:

Obs. 1: Ausência dos Elementos

– Sentença sem relatório, por infringência à disposição contida no art. 489, I é sentença nula.[142]

– Sentença sem fundamentação ou motivação é sentença nula por infringência a enunciado constitucional (art. 93, IX da CF/88) e mesmo infraconstitucional (art. 489, II do CPC), não obstante o legislador reconhecer aí um caso de omissão, o que possibilitará o manejo dos Embargos de Declaração, *ex vi* do art. 1.022, parágrafo único, II do CPC.

– Sentença sem dispositivo é vício processual de tal ordem que leva à inexistência do próprio ato, ou seja, a sentença.

Obs. 2: Princípio da Congruência ou da Correspondência (arts. 141 e 492).

Deve a atividade jurisdicional limitar-se dentro do princípio da congruência (ou da correspondência), mantendo uma relação exata entre o pedido e a sentença conforme preceituam os arts. 141 e 492 do CPC.

Sendo assim, é defeso ao órgão judicial ditar sobre aquilo que não foi objeto específico de manifestação do titular do interesse, devendo ainda, a interpretação do pedido, considerar o conjunto da postulação pretendida pela parte, notadamente, sempre em observância ao princípio indissociável de uma prestação jurisdicional legítima, que se faz encarnado naquele da "boa-fé".

Baseado, portanto, no princípio dispositivo, o pedido (tanto imediato quanto mediato) é que delimitará a extensão da atividade jurisdicional.

Pode, por isso, a atividade jurisdicional desviar os limites do pedido nas seguintes hipóteses:

– *Extra Petita*: é a sentença que decide sobre pedido diverso daquele que consta da petição inicial.

– *Ultra Petita*: trata-se de sentença que alcança além da própria extensão do pedido, isto é, aprecia-se além do que foi pleiteado.

---

142. Cabe salientar que, no tocante aos Juizados Especiais Estaduais – Lei n. 9.099/95 –, por disposição legal (art. 38), poderá o juiz dispensar o relatório.
Sobre o assunto, ver o nosso *O Processo nos Juizados Especiais Cíveis Estaduais, Federais e da Fazenda Pública*. 3 ed. Belo Horizonte: Del Rey, 2019.

Importante ressaltar que não constitui decisão *ultra petita*, embora nenhum desses pedidos conste da inicial:

– A que concede correção monetária ou que condena ao pagamento de juros legais (art. 322, §1º).

– A que expressa as despesas e honorários advocatícios (art. 322, §1º).

– A que condena às prestações vincendas (art. 323).

– Aquela que, em ação de rescisão de promessa de compra e venda (Decreto-lei n. 58/37, art. 12), determina a restituição das prestações pagas.

Na ocorrência de sentença *ultra petita*, o tribunal não anulará a mesma, devendo, por isso, reduzi-la aos limites do pedido.

- *Citra Petita*: constitui na sentença que não examina em toda sua amplitude, o pedido formulado na inicial ou na defesa do réu. Como exemplo, temos a hipótese onde o autor propõe respectiva ação de indenização por danos emergentes e lucros cessantes. O juiz julga procedente o pedido relacionado aos danos emergentes, porém não faz quaisquer menções aos solicitados lucros cessantes.

Obs. 3: Pedido Genérico e liquidez da sentença.

Em regra, o pedido deve ser sempre certo (art. 322, *caput* do CPC) e determinado (art. 324, *caput* do CPC).

No tocante à certeza, significa que o pedido (mediato ou imediato) deve ser sempre expresso quanto ao gênero do objeto pretendido e nunca implícito.

Quanto à determinação, esta correspondente à definição dos limites daquilo que se pede, ou seja, à sua extensão. Assim, por exemplo, o autor pede a condenação do réu em perdas e danos. Neste caso, o pedido é certo, mas não determinado; o autor pede que seja o réu condenado a pagar R$ 10.000,00 a título de perdas e danos. O pedido, neste caso, é certo e determinado.

A certeza e a determinação do pedido são fundamentais tanto pelo aspecto de se evitar que o órgão julgador atue sob dúvidas ou hipóteses, como também no tocante à fixação do objeto litigioso, determinando mais claramente a possibilidade de evitar a ocorrência de litispendência, perempção e a invasão à coisa julgada.

Porém, em exceção aos ditames da certeza e determinação do pedido está a disposição do §1º do art. 324, onde se permite a formação de pedido de natureza genérica, ou seja, pedido certo quanto à existência e gênero, contudo não especificamente individualizado quanto à quantidade e extensão.

Assim, dispõe o art. 324, §1º as seguintes hipóteses permissivas de pedido genérico:

I – *nas ações universais, se o autor não puder individuar os bens demandados* como acontece em casos relativos à "herança".

Não sendo possível especificar desde logo os bens, pode o autor pedir parcela de direito que lhe toca; apresentará, neste caso, pedido certo, ainda que a amplitude seja verificada quando for possível a individuação de todos os bens que integram a herança.

II – *quando não for possível determinar, desde logo, as consequências do ato ou do fato.*

Nisso, *v.g.*, caso se busque a indenização por atropelamento, é perfeitamente possível que somente após o término do tratamento médico, a amplitude dos danos físicos sejam apuráveis, sendo as sequelas oriundas do acidente, reversíveis ou não.

III – *quando a determinação do objeto ou do valor da condenação depender de ato que deva ser praticado pelo réu.*

É o que ocorre nas obrigações de fazer (art. 821, parágrafo único) quando o autor opta pela indenização em virtude do inadimplemento da avença.

Somente em tais situações se admite pedido genérico.

Da mesma forma, será possível ao magistrado proferir sentença ilíquida, quando: I - não for possível determinar, de modo definitivo, o montante devido; II - a apuração do valor devido depender da produção de prova de realização demorada ou excessivamente dispendiosa, assim reconhecida na sentença.(art. 491 do CPC), devendo então o montante ser apurado em sede de liquidação (§1º do art. 491 do CPC).[143]

Importante destacar ainda que, as hipóteses previstas no art. art. 324, §1º são igualmente aplicáveis à reconvenção, conforme bem expressa o §2º do art. 324.

6.1.4 EMENDAS À SENTENÇA

Publicada a sentença, o juiz somente poderá alterá-la pelos motivos contidos no art. 494, I e II, de ofício ou a requerimento das partes.

No inciso I, o próprio juiz (de ofício ou a requerimento das partes) poderá corrigir inexatidões materiais ou erros de cálculo, erros aritméticos, tais como omissão quanto à inclusão de parcela devida e não constante do cálculo efetuado (erro de cálculo); omissão do nome de uma das partes (inexatidão material).

Entendem-se aqui como correções em que não venham a incompatibilizar o entendimento e a vontade do juiz com o que consta expressamente no conteúdo objetivado pela sentença.

No inciso II, o juiz poderá emendar a sentença, desde que seja motivado pelo recurso denominado "embargos de declaração" impetrado pela parte interessada, quando, necessariamente, terá esta que alegar obscuridade, contradição ou omissão quanto a algum ponto sobre o qual o juiz deveria pronunciar-se (*vide* arts. 1.022 a 1.026 do CPC).

---

143. Súmula n.318 do STJ: "Formulado pedido certo e determinado, somente o autor tem interesse recursal em arguir o vício da sentença ilíquida."

6.1.5 CLASSIFICAÇÃO DAS SENTENÇAS E SEUS EFEITOS

As sentenças são classificadas pela doutrina por diversos aspectos e óticas diferentes, contudo a classificação mais relevante, cientificamente falando, é aquela que leva em conta a "natureza da prestação jurisdicional concedida" à parte, nas palavras de José Frederico Marques,[144] ou seja, o conteúdo da sentença.

Neste sentido, podem as sentenças ser classificadas em:

a) Meramente declaratórias

São aquelas que simplesmente declaram a existência ou inexistência de uma relação jurídica ou a autenticidade ou falsidade de um documento (art. 19 do CPC).

Temos como exemplo a declaração da existência ou não de um crédito ou débito; a declaração de validade ou não de um contrato.

Na verdade, toda sentença tem a sua parte declaratória, isto porque, sempre de início, visa a uma declaração positiva ou negativa de um fato ou direito.

No presente caso, trata-se de sentença meramente declaratória (*stricto sensu*), que, por si só, se torna suficiente para o exercício do direito declarado, não comportando, portanto, execução.

Importante se faz ressaltar que os efeitos da declaração retroagem à época da formação do objeto (relação jurídica ou documento) que subsidia o pedido da parte interessada (efeito *ex tunc*).

Qualquer sentença que julgue improcedente o pedido, independente da natureza deste, é denominada "declaratória negativa" visto que apenas declara a inexistência do direito pleiteado.

b) Constitutivas

São as sentenças que, além do elemento declaratório (comum a todos os tipos de sentença), criam, modificam ou extinguem uma relação ou situação jurídica.

As sentenças constitutivas não necessitam de execução, portanto, são suficientes para alterar a realidade jurídica, objeto da decisão judicial.

Geralmente as sentenças constitutivas possuem efeito *ex nunc* (para o futuro), tendo, como exceção a esta regra, os casos de vício de consentimento (art. 182 do Código Civil) cujo ato jurídico é anulado, causando o efeito *ex tunc* e, portanto, as partes são restituídas ao estado em que se achavam antes do ato anulado (ex.: sentença que anula casamento).

São exemplos de sentenças constitutivas, entre outros, as que decidem uma rescisão contratual, anulação de ato jurídico, separação e divórcio.

---

144. MARQUES, José Frederico. *Manual de Direito Processual Civil*. Vol. III. São Paulo: Saraiva, 1975, p.33.

c) Condenatórias

São aquelas que, além do elemento declaratório (comum a todos os tipos de sentença), impõem ao réu o cumprimento de uma obrigação (dar, fazer, não fazer).

Neste sentido, tal sentença acerta o direito da parte (objeto do pedido), condenando o vencido ao cumprimento de decisão judicial passível de execução forçada.

Assim, a sentença condenatória confere um título judicial ao vencedor da demanda, que lhe possibilitará o exercício do cumprimento da sentença.

Os efeitos da sentença condenatória, geralmente, retroagem para alcançar situações pretéritas (*ex tunc*), devendo lembrar que, em relação à mora *ex persona* (art. 240 do CPC), os efeitos se dão a partir da citação (data em que o devedor é constituído em mora) como, por exemplo, os juros moratórios fixados em sentença.

Exemplos desta sentença: aquela que condena à reparação de danos, a realizar determinada obrigação ou mesmo desfazer o que se realizou.

- *Importantes observações*

1) Regra geral é que as sentenças condenatórias e meramente declaratórias produzem efeito *ex tunc*, enquanto que a constitutiva só produz efeitos para o futuro. Excepcionalmente, porém a sentença condenatória pode ter efeitos *ex nunc* (como na ação de despejo, cuja sentença não projeta efeitos pretéritos) ou mesmo, ainda que excepcionalmente, algumas sentenças constitutivas possuem efeitos direcionados à data da propositura da ação (*v.g.*, ação para a rescisão de contrato por inadimplemento ou mesmo por vício de consentimento).

2) Temos, ao lado da tripartição tradicional, uma outra classificação doutrinária que, além das já citadas sentenças, elenca mais dois tipos de sentenças aptas a generalizar o efeito principal deste ato processual: as sentenças executiva *lato sensu* e mandamental.[145]

A primeira (executiva *lato sensu*) é entendida como uma sentença condenatória, possuindo ainda uma eficácia especial que consiste em, além de condenar, legitimar cumprimento da sentença ou processo de execução. Como exemplos, temos: as ações possessórias, ação de despejo, sentença em ação de adjudicação compulsória, ação executiva de obrigação de prestar declaração de vontade.[146]

Já a segunda (mandamental) tem por objetivo a obtenção de uma sentença à qual o juiz, ao invés de substituir as partes na solução da demanda, emite

---

145. Sobre tal assunto, ver com destaque o Capítulo 5 da presente obra.

146. Sobre o assunto, ver como temática principal o nosso GAIO JÚNIOR. *Tutela Específica das Obrigações de Fazer*. 7. ed. Curitiba: Juruá, 2017.
Nos Capítulos 13 e ss. da presente obra, trataremos com maior incidência a executiva *Lato Sensu*, sobretudo no tocante às Tutelas Específicas de Obrigações de Fazer, Não Fazer e de Entregar a Coisa, quando do enfrentamento do tema "Cumprimento da Sentença".

uma ordem de autoridade, que, caso não cumprida da forma determinada, implicará sujeição daquele obrigado a cumpri-la.

Em sentido exato ao magistério de Pontes de Miranda, nas sentenças mandamentais, o juiz não constitui: "manda". Assim, a parte pede ao magistrado que mande, não somente que declare, ou condene ou nasça de seu ato uma eficácia constitutiva, por isso, não se pode pedir que dispense o "mandado".

Outra característica aludida pelo eminente autor é que, na sentença condenatória, o ato do magistrado poderá ser praticado pela parte obrigada, espontaneamente, ao passo que na ação mandamental só o juiz poderia praticá-lo por sua estatalidade.[147]

Dentre os exemplos típicos da presente ação, estão o mandado de segurança, ação de nunciação de obra nova, interdito proibitório, *habeas data*, tutelas inibitórias de um modo geral, aquelas proferidas para a retificação do nome pelo oficial de registro público etc.

3) Efeitos secundários ou acessórios da sentença[148]

São efeitos que atuam em virtude da própria lei, não dependendo de pedido específico das partes no processo para a ocorrência dos mesmos. Neste sentido, leciona o mestre italiano:

> Produz a sentença, às vezes, ao lado de seus efeitos principais, os efeitos secundários, que se distinguem dos primeiros, não por seu caráter exclusivamente privatístico, nem por sua importância menor, porque, não raro, são praticamente os mais relevantes, mas por sua falta absoluta de autonomia; são simplesmente acessórios e consequentes aos efeitos principais e ocorrem automaticamente por força da lei, quando se produzem os principais.[149]

Assim, temos como exemplo:

– Hipoteca judicial (art. 495 do CPC) – direito de sequela e não preferência.

A Hipoteca Judiciária mereceu do CPC/2015 uma maior atenção do que o código revogado.

Procurou o legislador do novel Código detalhar que, qualquer decisão condenatória de obrigação de pagar ou mesmo aquelas que determinam a conversão de prestação de fazer, de não fazer ou de dar coisa em prestação pecuniária, terão valor como título constitutivo de hipoteca judiciária (art. 495, *caput*).[150]

---

147. PONTES DE MIRANDA. *Tratado das ações*, t. I, p. 211.

148. Cf. em LIEBMAN, Enrico Tullio. *Eficácia e Autoridade da Sentença e outros escritos sobre a coisa julgada.* 3 ed. Rio de Janeiro: Forense, 1984, p. 71-76.

149. Idem, p. 75.

150. Enunciado n. 310 do FPPC: "Não é título constitutivo de hipoteca judiciária a decisão judicial que condena à entrega de coisa distinta de dinheiro."

Foi ainda mais longe o legislador, e exteriorizou outras questões atinentes a decisões que produzem, igualmente, a devida hipoteca judiciária em comento bem como seu registro na entidade cartorária.

Disso, toma a questão o §1º e seus incisos, todos pertencentes ao art. 495, que a decisão produzirá hipoteca judiciária: (i) embora a condenação seja genérica; (ii) ainda que o credor possa promover o cumprimento provisório da sentença ou esteja pendente arresto sobre bem do devedor e, mesmo que (iii) seja impugnada por recurso dotado de efeito suspensivo.

Poderá a hipoteca em tela ser realizada mediante apresentação de cópia da sentença junto o cartório de registro imobiliário, independentemente de ordem judicial, de declaração expressa do juiz ou de demonstração de urgência na questão.

Uma vez realizada a hipoteca no cartório competente, a parte, no prazo e 15 (quinze) dias de tal realização a informará ao juízo da causa e este determinará a intimação da outra parte para que tome ciência do ato.

É de acentuar que, uma vez constituída a hipoteca judiciária, implicará para o credor hipotecário o direito de preferência quanto ao pagamento, isso em relação a outros credores, observada a prioridade no registro (§4º do art.495 do CPC).

Certo de que a hipoteca representa um direito de preferência ainda que o processo esteja em andamento, caso sobrevenha a reforma ou a invalidação da decisão que impôs o pagamento de quantia ao vencedor da demanda, portanto, titular da hipoteca realizada, este responderá, independentemente de culpa, pelos danos que a outra parte tiver eventualmente sofrido em razão da constituição da garantia hipotecária, devendo o valor da indenização ser liquidado e executado nos próprios autos, *ex vi* do §5º do art.495 do CPC.

– Perempção (art. 486, §3º do CPC).

– Perda do direito de usar o sobrenome do outro cônjuge, caso declarado culpado em respectiva ação de separação judicial (art. 1.578 do Código Civil).

– Condenação em ação de obrigação de emitir declaração de vontade (art. 501 do CPC), onde a sentença, uma vez transitada em julgado, produzirá todos os efeitos da declaração não emitida.

4) Protesto de decisão judicial transitada em julgado

Trata-se o protesto de técnica de indução, objetivando a forçar o devedor ao adimplemento da obrigação devida, por isso, somente podendo ser requerido depois de esgotado respectivo lapso temporal para o pagamento voluntário do devedor.

O CPC/2015 optou por regular a possibilidade de protestar título judicial.

Nestes termos, assenta o *caput* o art. 517:

> *"A decisão judicial transitada em julgado poderá ser levada a protesto, nos termos da lei, depois de transcorrido o prazo para pagamento voluntário previsto no art. 523."*

Para levar a cabo o protesto da sentença transitada em julgado, caberá ao próprio credor, por ato voluntário, i.e., não dependente de autorização judicial, otimizar o ato.

Assim, para fins de efetivar o protesto, incumbirá ao exequente a apresentação da certidão de teor da decisão, esta que deverá ser fornecida no prazo de 3 (três) dias e indicará o nome e a qualificação do exequente e do executado, o número do processo, o valor da dívida e a data de decurso do prazo para pagamento voluntário (§§1º e 2º do art. 517).

Uma vez purgada a integral obrigação devida, caberá ao executado requerer ao juiz o cancelamento do protesto, o que se dará mediante ofício a ser expedido ao cartório, no prazo de 3 (três) dias, contado da data de protocolo do requerimento, desde que comprovada a satisfação integral da obrigação (§4º do art. 517).

Por outro lado, caso o executado tenha proposto ação rescisória para fins de impugnar a decisão exequenda, poderá ele requerer, a suas expensas e sob sua responsabilidade, a anotação da propositura da referida ação rescindenda junto à margem do título protestado, conforme se denota do §3º do art. 517.

6.1.6 Duplo Grau de Jurisdição (Devolução Oficial ou Recurso de Ofício)

Objetiva o duplo grau de jurisdição garantir a justiça das decisões, fundando-se em uma possível falibilidade humana do juiz monocrático (de 1º grau), ao sentenciar sobre qualquer ação a ele submetida; podendo tal possibilidade de falha ser corrigida ou mesmo ser reconhecida como inexistente por um tribunal superior, composto por juízes mais experientes, por meio da interposição de recurso pela parte derrotada.

Dentro de um aspecto geral, caberá à parte vencida em processo tramitado no 1º grau de jurisdição, provocar o órgão jurisdicional através de recurso próprio, objetivando modificar a sentença proferida pelo juiz de 1º grau; porém, excepcionalmente, o nosso ordenamento jurídico prevê situações em que, não obstante inexista provocação da parte vencida, haverá sempre a necessidade do duplo grau de jurisdição, devido a interesses públicos relevantes ("devolução oficial ou Recurso de Ofício"),[151/152] como em algumas das hipóteses do art. 496 do CPC:[153]

> *Art. 496. Está sujeita ao duplo grau de jurisdição, não produzindo efeito senão depois de confirmada pelo tribunal, a sentença:*

---

151. Súmula n.423 do STF: "Não transita em julgado a sentença por haver omitido o recurso 'ex officio', que se considera interposto 'ex lege'."

152. Súmula n.620 do STF: "A sentença proferida contra autarquias não está sujeita a reexame necessário, salvo quando sucumbente em execução de dívida ativa."

153. Enunciado n.164 do FPPC: "A sentença arbitral contra a Fazenda Pública não está sujeita à remessa necessária."

I - proferida contra a União, os Estados, o Distrito Federal, os Municípios e suas respectivas autarquias e fundações de direito público;

II - que julgar procedentes, no todo ou em parte, os embargos à execução fiscal.

§ 1º Nos casos previstos neste artigo, não interposta a apelação no prazo legal, o juiz ordenará a remessa dos autos ao tribunal, e, se não o fizer, o presidente do respectivo tribunal avocá-los-á.

§ 2º Em qualquer dos casos referidos no § 1o, o tribunal julgará a remessa necessária.

§ 3º Não se aplica o disposto neste artigo quando a condenação ou o proveito econômico obtido na causa for de valor certo e líquido inferior a:

I - 1.000 (mil) salários-mínimos para a União e as respectivas autarquias e fundações de direito público;

II - 500 (quinhentos) salários-mínimos para os Estados, o Distrito Federal, as respectivas autarquias e fundações de direito público e os Municípios que constituam capitais dos Estados;

III - 100 (cem) salários-mínimos para todos os demais Municípios e respectivas autarquias e fundações de direito público.

§ 4º Também não se aplica o disposto neste artigo quando a sentença estiver fundada em:

I - súmula de tribunal superior;

II - acórdão proferido pelo Supremo Tribunal Federal ou pelo Superior Tribunal de Justiça em julgamento de recursos repetitivos;

III - entendimento firmado em incidente de resolução de demandas repetitivas ou de assunção de competência;

IV - entendimento coincidente com orientação vinculante firmada no âmbito administrativo do próprio ente público, consolidada em manifestação, parecer ou súmula administrativa.

6.1.7 Julgamento das Ações Relativas às Prestações de Fazer, de Não Fazer e de Entregar Coisa

Ao tratar do julgamento das demandas que tenham por objeto prestação de fazer, não fazer ou entregar coisa, o CPC/2015 optou, em princípio, manter em manifesta igualdade de termos, o *caput* do art.461 do CPC/1973 estabelecendo que em ditas demandas, sendo procedente o pedido, o magistrado concederá a Tutela Específica ou mesmo determinará providências que assegurem o resultado prático equivalente ao adimplemento do direito material agredido. Ainda, tratando-se de entrega de coisa, será fixado pelo juízo o prazo para o cumprimento da obrigação, sendo tal locução, entendemos nós, extensiva às obrigações de fazer ou não fazer, não se configurando aí qualquer objeção. Eis os dispositivos:

Art. 497. Na ação que tenha por objeto a prestação de fazer ou de não fazer, o juiz, se procedente o pedido, concederá a tutela específica ou determinará providências que assegurem a obtenção de tutela pelo resultado prático equivalente.(...).

Art. 498. Na ação que tenha por objeto a entrega de coisa, o juiz, ao conceder a tutela específica, fixará o prazo para o cumprimento da obrigação.

Parágrafo único. Tratando-se de entrega de coisa determinada pelo gênero e pela quantidade, o autor individualizá-la-á na petição inicial, se lhe couber a escolha; se a escolha couber ao réu, este a entregará individualizada, no prazo fixado pelo juiz.

Na mesma toada do CPC/1973, tem-se a possibilidade de conversão em perdas e danos das obrigações retro referidas, quando o autor a requerer e ainda, se impossível a concessão da Tutela Específica ou a exata obtenção do resultado prático equivalente ao adimplemento da obrigação ora devida, neste caso, pelo próprio órgão julgador. *In verbis*:

"Art. 499. A obrigação somente será convertida em perdas e danos se o autor o requerer ou se impossível a tutela específica ou a obtenção de tutela pelo resultado prático equivalente."

Ainda neste ínterim, ressalta-se que indenização por perdas e danos dar-se-á sem prejuízo da multa fixada periodicamente, de modo a compelir o réu ao cumprimento específico da obrigação reconhecida como devida (art.500), sendo de relevante importância notar a compreensão de que eventual a multa cominatória, conforme afirmado a pouco, possui o caráter inibitório sobre o réu recalcitrante no cumprimento da obrigação a ele exigida[154], valendo daí trazer à luz a exata lição do saudoso Alcides de Mendonça Lima[155]:

> (...) enquanto o devedor tiver ânimo para suportar o ônus da incidência das *astreintes*, ele pagará a pena, inclusive, se houver obstinação irreversível. Não se pode deixar de reconhecer, como JOSSERAND adverte, que 'não há fortuna que possa resistir a uma pressão contínua e incessantemente acentuada; a capitulação do devedor é fatal; vence-se a sua resistência, sem haver exercido violência sobre sua pessoa; procede-se contra seus bens, contra sua fortuna, contra seus recursos materiais.

Disso queremos dizer que eventual limitação de valores e/ou tempo de incidência da multa, a despeito do próprio ordenamento não impor tais limites, deve ser sopesado pelo órgão julgador, seja na questão que envolve a própria efetividade da sanção pecuniária, já que valores e/ou tempo incipientes podem gerar inegável resistência do réu, sobretudo quando este vislumbrar o minús-

---

154. Cf. o nosso *Tutela Específica....*, p.90-91.

155. LIMA, Alcides de Mendonça. *Comentários ao Código de Processo Civil*, Rio de Janeiro: Forense, Vol. VI, Tomo II, 1979, p. 869.

culo impacto da medida em que seu erário ou mesmo de modo a inviabilizar o respectivo cumprimento de todo o montante obrigacional a ele (réu) exigido.[156]

Prevendo tais circunstâncias, coube ao legislador do CPC/2015 pontuar a atividade volitiva do juiz na concessão da multa, balizando em importantes termos tanto o avanço quanto a redução da medida cominatória (o que, aliás, já o fez em outros termos o parágrafo único do art. 645 do revogado CPC/1973).

Assim, a despeito de estar contemplado em capítulo que trata do "cumprimento" da sentença que reconheça a exigibilidade de obrigação de fazer, de não fazer ou de entregar coisa e não do "julgamento", onde por ora estamos, expressa bem o § 1º do art. 537 do CPC/2015:

> *§1º O juiz poderá, de ofício ou a requerimento, modificar o valor ou a periodicidade da multa vincenda ou excluí-la, caso verifique que:*
>
> *I – se tornou insuficiente ou excessiva;*
>
> *II – o obrigado demonstrou cumprimento parcial superveniente da obrigação ou justa causa para o descumprimento.*

Cabe para momento ainda explicitar que a multa independerá de requerimento da parte e poderá ser concedida tanto na fase de conhecimento, em sede de tutela provisória ou na sentença, ou ainda na fase de execução, desde que seja suficiente e compatível com a obrigação e que se determine prazo razoável para cumprimento do preceito, *ex vi* do *caput* do art. 537.

Digno de nota é a destinação dos valores auferidos pela multa.

Nisso, o NCPC prevê como destinatário da multa o próprio exequente (§2º do art. 537),[157] independente do valor a que a mesma alçar.

6.1.7.1 A obrigação de emissão de declaração de vontade[158]

Contrariamente ao modelo do CPC/1973, e a nosso ver, com acerto, o CPC/2015 oportunizou dispor em único dispositivo o julgamento das obrigações de emitir (prestar) declaração de vontade.

Destaca-se que o CPC/1973, mais precisamente nos arts. 466-A, 466-B e 466-C, tratava de regular a presente obrigação em diferentes dispositivos, ainda que de maneira tautológica em alguns de seus conteúdos/e ou situações circunstanciais de incidência da dita obrigação.

---

156. "A cominação da multa deve ser forte, mas não deve inviabilizar a execução propriamente dita, que, no caso, é a resultante das perdas e danos. De nada vale levar o devedor à insolvência se, insolvente, não puder atender sequer ao prejuízo real causado ao credor". GRECO FILHO, Vicente. *Direito Processual Civil Brasileiro*. Vol.3. São Paulo: Saraiva, 1995, p. 69.

157. *"Art. 534 (...)*
§2º O valor da multa será devido ao exequente."

158. Cf. nossa obra totalmente dedicada ao tema em tela: *Tutela Específica das Obrigações de Fazer*. 7 ed. Curitiba: Juruá, 2017.

Verdade é que a presente obrigação vem sofrendo seguidas modificações relativas à sua localização no ordenamento processual civil pátrio.

Originariamente, localizava-se, teratologicamente, no Livro II do CPC/1973.

Conforme já pudemos salientar em outras oportunidades[159], modificação operada pela Lei n. 11.232, de 22.12.2005 veio situar nos termos corretos a localização normativa desta tutela obrigacional, pois que, de forma meândrica, estava ela, a despeito de seu caráter cognitivo, assentada no Livro II , Título II , Capítulo III, mais precisamente nos arts. 639 a 641 do CPC/1973, figurando-se formalmente em um Processo de Execução quando, na verdade, não o é.

Neste sentido, já asseverava BARBOSA MOREIRA que[160]

> na verdade, apesar da localização no texto do Código, o assunto de que tratou os arts. 639 e 641 nada tem que ver com o processo de execução, que, por supérfluo, nem sequer chega a formar-se. Aqueles dispositivos regulam questões pertinentes à atividade cognitiva do órgão judicial. O lugar apropriado seria o Capítulo referente aos efeitos da sentença.

Como dissemos e com acerto, o novel Código de 2015 disciplina o julgamento das obrigações de emitir declaração de vontade nos seguintes termos:

> *Art.501. Na ação que tenha por objeto a emissão de declaração de vontade, a sentença que julgar procedente o pedido, uma vez transitada em julgado, produzirá todos os efeitos da declaração não emitida.*

Despiciendo notar que se trata de ação pessoal, abrangendo as declarações de vontade inadimplidas, comumente decorrentes de um negócio jurídico unilateral ou bilateral que tenha por objeto tanto bens móveis quanto imóveis.

Assim, por exemplo, desde que uma parte, em contrato preliminar, assuma uma obrigação de contratar, bem como de emitir declaração de vontade e a isso deixe de fazer ou se recuse a fazê-la, poderá a outra parte acioná-la judicialmente, objetivando com isso obter uma sentença que produza os mesmos efeitos da declaração não emitida pelo obrigado.

A presente solução encontra-se consubstanciada na ideia da denominada "infungibilidade jurídica", quando o Estado, através do provimento jurisdicional, cria urna situação jurídica equivalente à que se verificaria se a declaração de vontade fosse prestada pelo próprio devedor.[161]

---

159. Idem, p.100.

160. BARBOSA MOREIRA, José Carlos. Aspectos da Execução em Emitir Declaração de Vontade *In*: *Temas de Direito Processual.* Sexta Série. São Paulo: Saraiva, 1997, p. 236.

161. Sobre o efeito jurídico da sentença substitutiva da vontade, vale lembrar LIEBMAN ao afirmar: "o respeito à vontade individual não pode ser tão absoluto a ponto de impedir a produção do efeito jurídico que a declaração de vontade produziria, quando existe obrigação anterior de emitir essa declaração e o obrigado se recusa a cumpri-la" (LIEBMAN, Enrico Tullio. *Embargos do Executado.* São Paulo: Saraiva, 1952, p. 161).

6.2 COISA JULGADA

6.2.1 CONCEITO E NOÇÕES GERAIS

– Conceito: é a autoridade que torna imutável e indiscutível a decisão de mérito não mais sujeita a qualquer recurso.[162]

O instituto da coisa julgada se fundamenta, eminentemente, na necessidade da paz social, neste caso, representada pela segurança jurídica que a tutela jurisdicional deve prestar ao cidadão.

Já dizia Chiovenda que a sentença substitui o comando da lei e, neste sentido, deve prover com o objetivo da dita lei que é a pacificação social.

Assim, é a própria lei que concede à sentença a autoridade da coisa julgada e dentro de um critério político-processual, assegura a imutabilidade e indiscutibilidade do julgado judicial.

No entanto, há de se observar que o legislador do CPC/2015, ao contrário do que expressa o CPC/1973, optou pela substituição do termo "sentença" por "decisão de mérito", levando-se em consideração que, por exemplo, decisões interlocutórias que julgam o mérito de forma parcial (*ex vi* do art.356) podem se encobrir do manto da imutabilidade e indiscutibilidade, notadamente, uma vez não mais sujeitas a qualquer recurso.

É instituto assegurado por preceito constitucional (art. 5º, XXXVI), de onde se conclui a sua importância técnica e alto relevo social.

– Coisa julgada formal: dissemos que há coisa julgada formal quando a imutabilidade da decisão atinge apenas a relação processual naquele processo, ou seja, quando se extingue o processo sem resolução do mérito, como na sentença terminativa, não cabendo mais recurso algum; porém, neste caso, como não houve qualquer repercussão em torno do direito material (relação material discutida), não há óbice algum que impeça o autor de ajuizar novamente a demanda, no entanto, ocorrendo a extinção em razão de litispendência e nos casos dos incisos I, IV, VI e VII do art. 485, a propositura da nova ação dependerá da correção do vício que levou à decisão sem resolução do mérito. E ainda: a petição inicial nestes casos, somente será despachada com mediante prova do pagamento ou do depósito das custas e dos honorários de advogado (§2º do art. 486).

– Coisa julgada material: ocorre a coisa julgada material quando a decisão de mérito não só atinge a relação processual, mas também a relação de direito material controvertida entre as partes, ou seja, extingue-se o processo com resolução de mérito, como na sentença definitiva, ocorrendo também a impossibilidade de interposição de qualquer recurso.

---

162. Enunciado n.401 do STJ: "O prazo decadencial da ação rescisória só se inicia quando não for cabível qualquer recurso do último pronunciamento judicial."

Neste caso, decisão – igualmente como ocorre na coisa julgada formal – é imutável e indiscutível, porém tal imutabilidade e indiscutibilidade avançam, sobretudo, para o direito material controvertido.[163]

6.2.2 LIMITES DA COISA JULGADA

Segundo a concepção de Carnelutti, "lide integral" é aquela deduzida com todos os seus fundamentos, enquanto que "lide parcial" é aquela que não contém todos os seus fundamentos.[164]

A referência à lide total (ou integral) e à lide parcial tem o intuito de esclarecer que a coisa julgada incidirá sobre a demanda tal como posta em juízo e tal como decidida pelo juiz.

Tal questão é bem exemplificada no trecho do acórdão abaixo::

> (...) mesmo tendo o autor direito de dimensão maior, a sentença limitar-se-á, sempre, à dimensão do pedido ajuizado, e eventual resíduo não pedido nem julgado poderá ser objeto de novo pedido. A sentença cobre-se da autoridade de coisa julgada, ou seja, em toda extensão da demanda proposta. Na linguagem do art. 468 do CPC, ela tem força de lei nos limites da lide e das questões decididas. Não se pode, pois, atribuir-lhe autoridade que vá além dos limites da lide posta e decidida, ou seja, que vá além do objeto do processo por ela definido (Ac. unânime do TJSP de 31.03.87, na Apel. n. 83.753-1, Rel. Des. Rangel Dinamarco).

A distinção entre lide "integral" e "parcial" tem diminuída a sua relevância, até porque, no conceito de Liebman (que parece ser o adotado pelo CPC), embora o pedido seja o mesmo, tantas lides haverá quantos forem os fundamentos do pedido.

a) *Limites objetivos da coisa julgada*

A definição dos limites objetivos da causa julgada está relacionada à questão de se saber quais partes da decisão estão cobertas pela coisa julgada.

O CPC, no art. 504, expressamente define o que não faz coisa julgada em uma sentença.

Neste sentido, a partir do conhecimento dos elementos necessários de tal ato processual (relatório, fundamentação e dispositivo), resulta entendimento de que apenas o dispositivo da sentença, ou seja, a parte que contém a norma concreta (preceito enunciado pelo juiz) é que está apto a revestir-se de coisa julgada.

Outrossim, ainda que se leve à conclusão de que somente faz coisa julgada (material) o dispositivo da sentença, isto é, a sua conclusão tornando-se imu-

---

163. Em importantíssima reflexão sobre o tema da imutabilidade e indiscutibilidade da Coisa Julgada, sob o título *"¿Dura eternamente la Cosa Juzgada?"*,ver, por todos, FENOLL, Jordi Nieva. *Jurisdicción y Proceso*. Madri: Marcial Pons, 2009, p.88-89.

164. *Sistema del Diritto Processuale Civile*. Vol. I. Padova: CEDAM, 1936, p. 907.

tável, por exemplo, a condenação do réu, a declaração de falsidade de um documento, a anulação de um casamento, no processo civil moderno, os fatos e a certificação da verdade não podem ser ignorados quando do estabelecimento dos limites da coisa julgada. Quer-se com isso entender que "a coisa julgada abrange não só a resposta contida no dispositivo da sentença, mas se estende à relação jurídica material básica acertada em função das questões solucionadas para compor a situação jurídica controvertida."[165]

Na mesma toada, bem pontua Vicente Greco Filho[166] que, em princípio, a parte dispositiva deve estar concentrada e resumida no final da sentença, no entanto pode ocorrer que o juiz, ao fazer a fundamentação, decida algum ponto da lide principal, sem depois reproduzir, em resumo, no dispositivo. Neste caso, tal decisão fará coisa julgada, visto que, apesar de formalmente não fazer parte do dispositivo, tem conteúdo dispositivo.

Como exemplo, temos: se o juiz, ao discutir o cabimento ou não, de uma multa já paga, vem a entendê-la incabível e depois, no dispositivo, condena o réu em quantia fixa que corresponde ao principal, a falta de referência à multa no dispositivo, na verdade, não deixa de tê-la excluído e, neste sentido, de maneira substancial, pertencerá também ao dispositivo e será atingida pelo efeito da imutabilidade quando transitado em julgado tal sentença.

Nas ideias de Liebman,[167] é exato dizer que a coisa julgada se restringe à parte dispositiva da sentença; essa expressão, todavia, deve dar-se em sentido substancial e não formalista, de modo que abranja não só a parte final da sentença, como também qualquer outro ponto em que tenha o juiz eventualmente provido sobre os pedidos das partes.

a.1) *Questões prejudiciais*

A questão prejudicial é um antecedente lógico e necessário, é uma premissa subordinante, ou seja, questão relativa à outra relação ou estado que se apresenta como principal em uma relação controversa e que poderia, *de per si*, com figurar-se em uma ação autônoma.

Para entender a questão prejudicial e suas devidas implicações, verifiquemos um exemplo prático: o autor propõe ação de alimentos, fundamentando o pedido no vínculo de parentesco (alega ser filho do alimentante e junta certidão de nascimento, na qual consta que a declarante foi a mãe), na necessidade dos alimentos e na possibilidade do alimentante de prestá-los.

Neste caso, a filiação constitui uma relação jurídica de cuja existência ou inexistência depende o julgamento da lide – é uma premissa lógica e necessária da sentença.

---

165. THEODORO JÚNIOR, Humberto. *Curso de Direito Processual Civil*. Vol. I. 56 ed. Rio de Janeiro: Forense, 2015, p.1119.

166. *Direito Processual Civil Brasileiro*. Vol. II. 18 ed. São Paulo: Saraiva, 2007, p.278-279.

167. *Estudos sôbre o Processo Civil Brasileiro*. São Paulo: Saraiva, 1947, p. 168.

A essa relação, teoricamente, dá-se o nome de questão prejudicial, podendo ser ela objeto de uma ação autônoma[168] (investigação de paternidade).

O CPC em seu art. 503 estabelece que a decisão que julgar total ou parcialmente o mérito terá força de lei nos limites da questão principal expressamente decidida.

Mais adiante, em seu §1º atesta que o disposto acima se aplica também à resolução de questão prejudicial, decidida expressa e incidentemente no processo, demonstrando com isso que, a coisa julgada atingirá, igualmente, as questões prejudiciais eventualmente ocorridas e decididas no âmbito do processo, desde que:

I - dessa resolução dependa o julgamento do mérito;

II - a seu respeito tiver havido contraditório prévio e efetivo, não se aplicando no caso de revelia;

III - o juízo tiver competência em razão da matéria e da pessoa para resolvê-la como questão principal.

Aliás, ainda neste ínterim vale pontuar importante Enunciado do Fórum Permanente de Processualistas Civis:

"438. É desnecessário que a resolução expressa da questão prejudicial incidental esteja no dispositivo da decisão para ter aptidão de fazer coisa julgada."

Necessário, de outro modo, se faz frisar que tal entendimento que tal entendimento acerca da questão prejudicial não se aplicará caso ocorram restrições probatórias ou limitações à cognição no processo que impeçam o aprofundamento da análise da questão prejudicial, conforme inteligência do §2º do art. 503.

b) *Limites subjetivos da coisa julgada*

A definição dos limites subjetivos da coisa julgada está relacionada à questão de se saber quem é atingido pela coisa julgada material.

O CPC, em seu art. 506, bem expressa que a "*sentença faz coisa julgada às partes entre as quais é dada, não prejudicando terceiros.*"

Na verdade, a sentença é ato processual com força de pronunciamento estatal e, portanto, vale para todos. O que realmente terá limite é a imutabilidade e indiscutibilidade da sentença, ou seja, a coisa julgada, esta sim não poderá prejudicar terceiros estranhos à relação processual onde fora proferida decisão transitada em julgado.

Faz-se fundamental aqui referência à doutrina de Liebman[169] quanto à extensão da coisa julgada:

---

168. Enunciado n. 111 do FPPC: "Persiste o interesse no ajuizamento de ação declaratória quanto à questão prejudicial incidental."

169. *Eficácia e Autoridade da Sentença e outros escritos sobre a coisa julgada.* 3 ed. Rio de Janeiro: Forense, 1984.

– Eficácia natural da sentença (relacionada com o respeito quanto ao pronunciamento estatal e sua força): vale para todos (*erga omnes*) tal como acontece com qualquer ato.

– Autoridade da coisa julgada (relacionada à imutabilidade e indiscutibilidade): incide sobre as partes, atuando somente sobre elas.

É de se notar que o terceiro (estranho) é alcançado pela eficácia natural da sentença, e, sentindo-se juridicamente prejudicado pela tal eficácia, poderá se insurgir contra aquilo que foi julgado entre as partes.

c) *Classificação dos terceiros quanto ao grau de influência dos efeitos de uma sentença sobre as suas relações jurídicas*

– Terceiros absolutamente indiferentes: nada podem fazer.

– Terceiros com interesse de fato: nada podem fazer.

Ex.: "A" é credor de "B" por título ainda não vencido e "B" perde um imóvel em ação reivindicatória; a existência do imóvel aumenta a garantia do credor "A", mas este não tem interesse jurídico atingido, mesmo porque sua dívida ainda não está vencida; alterou-se, apenas a sua expectativa de recebimento mais fácil do crédito caso não ocorresse o pagamento voluntário de "B".

– Terceiros juridicamente interessados: é todo aquele que, sem ter sido parte no processo, for titular de alguma relação jurídica material afetada pela decisão da causa.

Ex. 1.: Fiador com relação à sentença que decidiu a relação jurídica entre o credor e o afiançado, tendo aquela o atingido.

Ex. 2: O dono de um imóvel, que tem conhecimento de que o seu bem foi objeto de ação reivindicatória entre outros, havendo aí a declaração da propriedade do imóvel para um dos demandantes. Neste caso, o terceiro, que não é atingido, como se disse, pela imutabilidade da coisa julgada, tem ação própria (ou oposição, dependendo do prazo) para pleitear o seu direito contra quem se diz atualmente dono.

Nestes casos, o terceiro irá em busca de uma nova sentença que proclame o seu direito próprio.

– Terceiros e as causas relativas ao estado das pessoas

Deve-se entender que a sentença, no tocante ao estado da pessoa, está tão internamente ligada à personalidade, que ninguém poderá ignorá-la, visto não ser possível, por exemplo, ter um tipo de estado para uns e para outros não; ser casado para alguns somente e, para outros, estar divorciado.

Assim, ninguém poderá ignorar o efeito natural da sentença, ou seja, o *status* nela firmado.

Ex.: Emancipação, interdição, divórcio, separação anulação de casamento, ação suspensiva de pátrio poder, ação de nulidade ou de impugnação de adoção etc.

É de se observar, contudo, que parte da doutrina entende que a coisa julgada nestas sentenças relacionadas ao estado da pessoa tem, realmente, eficácia *erga omnes* com efeito de imutabilidade e indiscutibilidade.

É de se notar, porém, que o terceiro que tenha interesse jurídico na matéria decidida, não fica impedido de discuti-la se não foi citado. Nesta esteira temos que:

> A sentença que dá pela procedência da ação de investigação de paternidade, não faz coisa julgada contra terceiro que, não tendo sido parte no processo, diga ser o verdadeiro pai e move declaratória visando à nulidade e reforma do assento de nascimento feito com base na sentença da ação de investigação (Bol. AASP – 541/151).

O Sistema do CPC não pretende que a discussão sobre as questões de estado seja aberta a terceiros que não sejam os legitimados expressamente para demandar e contestar.

Por exemplo: seria absurdo mandar citar um credor do casal em ação de separação judicial ou anulação de casamento porque teria interesse na solução da causa em virtude da separação do patrimônio; seria inadequada a citação de um credor com quem um interditando celebrou contrato para intervir em processo de interdição e discutir sua capacidade.

Conclui-se então que devem ser citados, exclusivamente, os legitimados a contrariar o pedido, isto é, aqueles que podem alegar-se titulares do estado sobre o qual a sentença vai se pronunciar e teriam uma legitimidade igual àquela das partes.

Assim, na interdição deve ser citado apenas o interditando; na ação de investigação de paternidade apenas o alegado pai; na separação judicial ou anulação de casamento apenas os cônjuges etc.

6.2.3 Relações jurídicas continuativas

Em sentido geral, decidida uma vez a questão, o juiz estará impossibilitado de decidi-la novamente, isto em virtude da ocorrência de coisa julgada ou mesmo da preclusão (arts. 505, *caput* e 507 do CPC).

O nosso sistema processual, entretanto, no tocante às chamadas relações jurídicas continuativas excetuou o entendimento supracitado, onde, através do art. 505. I e II possibilita àquelas relações com características de continuidade, uma vez ocorrendo alteração dos elementos fáticos que subsidiaram a sentença, a devida revisão (exceção à imutabilidade e indiscutibilidade da sentença).

Ex. 1: Ação de alimentos, na qual a prestação alimentícia, uma vez fixada por sentença, poderá ser revisada desde que subsidiada em alterações decorrentes da possibilidade de pagamento do alimentante, como também da real necessidade do alimentado (ou alimentando).

Ex. 2: Regulamentação da guarda de filhos, podendo ser revisada em virtude das circunstâncias do momento.

Em tais hipóteses (relações jurídicas continuativas) há coisa julgada formal, isto é, impede-se a discussão em torno de questões relativas à relação jurídica processual, no entanto não proíbe que qualquer das partes ajuíze outra ação com fundamento em mudança superveniente (relacionada com o direito material discutido).

Assim, a sentença a ser prolatada em ação revisional integrará aquela já proferida em ação anterior, constituindo em uma nova situação jurídica, porém, agora, de acordo com o tempo atual das coisas.

6.2.4 A COISA JULGADA MATERIAL E SUA RELATIVIZAÇÃO

a) *Breve introdução à ideia*

Intensos questionamentos têm surgido acerca da possibilidade/necessidade de exercício da denominada "relativização da coisa julgada material", independentemente do manejo da ação rescisória e mesmo posterior a ela.

Dita questão se posta ante a própria noção do princípio da segurança jurídica dos atos jurisdicionais,[170] constantemente questionado em vista da crescente mutação social bem como incertezas no mundo da cultura do efêmero que perpassa a sociedade e os meios de controle social de que dispomos para a exata efetividade da fruição de direitos e "certezas" que, por vezes, imaginamos poder alcançar. Trata-se, por tudo, da existente tensão entre a facticidade (*Faktizität*) e a validade (*Geltung*) do direito; a tensão entre a justiça e a segurança.[171]

De conhecimento de todos, temos ainda hoje a prevalência da ideia de que os direitos legislados bem com a norma do caso concreto produzida pelo Judiciário são de validade plena, pois que assim advieram do legítimo Poder do Soberano em declarar e não, notadamente, por caráter eminentemente de justo.

Como já outrora esculpido em outro momento da presente obra,[172] a aludida noção de Direito se debruça, verdadeiramente, na concepção de validade do Direito de Thomas Hobbes[173] que, por sua vez, faz em largo sentido a base do pensamento de Kelsen.

---

170. Sobre o assunto, ver por todos SOUZA, Carlos Aurélio Mota de. *Segurança Jurídica e Jurisprudência*. São Paulo: LTr, 1996.

171. HABERMAS, Jürgen. *Direito e Democracia – entre facticidade e validade*. 2. ed. Rio de Janeiro: Tempo Brasileiro, 2003, p. 245-246.

172. Capítulo 4.

173. Bobbio sustenta com razão que, para Hobbes, "o estado de natureza constitui um estado de anarquia permanente, no qual todo homem luta contra os outros, no qual – segundo a fórmula hobbesiana – existe um 'bellum omnium contra omnes'. Para sair desta condição, é preciso criar o Esta-

Em se tratando de um caráter absoluto ou totalitário, a raiz do positivismo normativista de Hans Kelsen e mesmo de Hart, debruçada, por exemplo, na ideia de que determinada decisão deve ser definitiva simplesmente porque proferida pelo Estado-Juiz, demonstra hoje equívoca racionalidade que não se coaduna com as novas realidades ou evidentes mutações sociais do nosso tempo.

Nesse ínterim, não é difícil afirmar que o código processual civil pátrio, ao prever a própria existência de hipóteses legais autorizando a ação rescisória, evidencia não aplicar em caráter absoluto a concepção hobbesiana de direito.

Outrossim, ainda que pudéssemos ter como possível o manejo de ações como a citada rescisória, somente tal possibilidade mesmo que somada ao reconhecimento do primado do princípio da dignidade humana como vetor do sistema de direitos, não garantem *per si*, de certo, exatas condições para que o instrumento "processo" sempre chegue a um resultado ou destino satisfatoriamente justo.

Diante disso, indaga-se da possibilidade e conveniência decorrente de circunstâncias possivelmente reparadoras de um injusto julgado, abrindo-se a oportunidade para uma revisão de sentenças transitadas em julgado, de tal sorte que implicaria na aceitação de que a coisa julgada devesse ser "relativizada", desmistificando, por conseguinte, aquela ideia surreal de colocar este importante instituto processual como sempre capaz de criar outra realidade, nisto fazer de *album in nigrum* e mudar *falsum in verum* (Pontes de Miranda).[174]

b) *As bases para uma relativização da coisa julgada material*

Tem a doutrina,[175] frequentemente, lançado mão de exemplos aptos a dar o exato suporte fático como fundamento à tese da "relativização", sendo um deles aquele da ação de investigação de paternidade, do qual decorre uma sentença que, uma vez transitada em julgado, declara o autor como não filho do réu (ou o inverso), vindo, posteriormente, à baila um exame de DNA a demonstrar exatamente o contrário.

Diante disso e a fim de tornar possível a rediscussão do conteúdo reconhecido pela sentença transitada em julgado, argumenta-se que a indiscutibilidade da coisa julgada não pode prevalecer sobre a realidade ou verdade

---

do, é preciso, portanto, atribuir toda a força a uma só instituição: o soberano" (BOBBIO, Norberto. *O positivismo jurídico*. Trad. Márcio Pugliesi. São Paulo: Ícone, 1995, p. 35).

174. DINAMARCO, Cândido Rangel. *A nova era do Processo Civil*. São Paulo: Malheiros, 2003, p. 227.

175. Sobre o tema bem como suas devidas justificativas, ver dentre outros DINAMARCO, Cândido Rangel. Ob. cit.; DELGADO, José Augusto. Efeitos da coisa julgada e os princípios constitucionais. *In:* NASCIMENTO, Carlos Valder (Coord.). *A Coisa Julgada Inconstitucional*. 3. ed. Rio de Janeiro: América Jurídica, 2003; THEODORO JR., Humberto, DE FARIA, Juliana Cordeiro. A Coisa Julgada Inconstitucional e os Instrumentos para seu Controle. *In:* NASCIMENTO, Carlos Valder (Coord.). *A Coisa Julgada Inconstitucional*. 3. ed. Rio de Janeiro: América Jurídica, 2003, WAMBIER, Teresa Arruda Alvim; MEDINA, José Miguel Garcia e. *O dogma da coisa julgada: hipóteses de relativização*. São Paulo: RT, 2003.

real posteriormente deflagrada, não sendo neste compasso verdadeiramente razoável, legitimando, portanto, uma possível revisão do julgado ora transitado. É o que se segue abaixo:

> PROCESSO CIVIL. INVESTIGAÇÃO DE PATERNIDADE. REPETIÇÃO DE AÇÃO ANTERIORMENTE AJUIZADA, QUE TEVE SEU PEDIDO JULGADO IMPROCEDENTE POR FALTA DE PROVAS. COISA JULGADA. MITIGAÇÃO. DOUTRINA. PRECEDENTES. DIREITO DE FAMÍLIA. EVOLUÇÃO. RECURSO ACOLHIDO.
>
> I – Não excluída expressamente a paternidade do investigado na primitiva ação de investigação de paternidade, diante da precariedade da prova e da ausência de indícios suficientes a caracterizar tanto a paternidade como a sua negativa, e considerando que, quando do ajuizamento da primeira ação, o exame pelo DNA ainda não era disponível e nem havia notoriedade a seu respeito, admite-se o ajuizamento de ação investigatória, ainda que tenha sido aforada uma anterior com sentença julgando improcedente o pedido.
>
> II – Nos termos da orientação da Turma, 'sempre recomendável a realização de perícia para investigação genética (HLA e DNA), porque permite ao julgador um juízo de fortíssima probabilidade, senão de certeza' na composição do conflito. Ademais, o progresso da ciência jurídica, em matéria de prova, está na substituição da verdade ficta pela verdade real.
>
> III – A coisa julgada, em se tratando de ações de estado, como no caso de investigação de paternidade, deve ser interpretada *modus in rebus*. Nas palavras de respeitável e avançada doutrina, quando estudiosos hoje se aprofundam no reestudo do instituto, na busca sobretudo da realização do processo justo 'a coisa julgada existe como criação necessária à segurança prática das relações jurídicas e as dificuldades que se opõem à sua ruptura se explicam pela mesmíssima razão. Não se pode olvidar, todavia, que numa sociedade de homens livres, a Justiça tem de estar acima da segurança, porque sem Justiça não há liberdade'.
>
> IV – Este Tribunal tem buscado, em sua jurisprudência, firmar posições que atendam aos fins sociais do processo e às exigências do bem comum. (STJ. 4ª T. REsp n. 226.436/PR. Rel. Min. Sálvio de Figueiredo Teixeira, *DJU* de 04.02.2002).

Por conseguinte, na esteira do julgado acima, acosta-se abaixo acórdão decorrente do Egrégio Tribunal de Justiça do Estado do Rio de Janeiro onde, para a tutela ao princípio da dignidade humana, entende-se por bem admitir a relativização da coisa julgada, ainda que nos casos onde a primeira ação foi julgada procedente ou improcedente por argumento que não seja aquele da falta de provas. É a orientação:

> Investigação de paternidade. Propositura de nova ação. Defesa consistente na alegação de existência de coisa soberanamente julgada. Decisão que admite o prosseguimento do feito, pois na ação anterior

> não houve o exame de DNA. Interpretação *modus in rebus* da coisa julgada em ações de estado. Possibilidade da nova ação. Categórico parecer do MP pela manutenção da decisão. Desprovimento. (TJRJ. 9ª Câmara Cível. Agravo de Instrumento n. 2003.002.04051. Rel. Des. Ruyz Alcântara, Julg. em 21.10.2003).

Ratificando ainda tal necessária relativização é o voto proferido pelo Ministro José Augusto Delgado, quando relator na Primeira Turma do Superior Tribunal de Justiça, no sentido de não reconhecer o caráter absoluto à coisa julgada, inclusive entendendo não ser possível esta mesma coisa julgada só pelo fato de impor segurança jurídica, sobrepor-se aos princípios da moralidade pública e da razoabilidade em obrigações assumidas pelo Estado.[176]

Em tal julgado, a Fazenda Pública do Estado de São Paulo havia saído como vencida em processo por desapropriação indireta e depois feito acordo com os adversários para parcelamento do débito. Após pagas algumas parcelas, voltou ela a juízo com uma demanda a qual intitulou "ação declaratória de nulidade de ato jurídico cumulada com repetição de indébito". Sua alegação se fundava no argumento de que houvera erro de julgamento da ação expropriatória, causado em decorrência da perícia, uma vez que a área supostamente apossada pelo Estado já a ele pertencia.

Assim, a despeito do trânsito em julgado e do acordo, posteriormente, realizado entre as partes, o Min. José Delgado votou no sentido de restabelecer, em sede de recurso especial, a tutela antecipada a qual o juiz monocrático concedera à Fazenda Pública ora citada e o Tribunal paulista, "invocando a *auctoritas rei judicata*, viera a negar. A tese do Ministro prevaleceu por três votos a dois e a tutela antecipada foi concedida".[177]

Na mesma toada, em convergência com a ideia da relativização da coisa julgada e, sobretudo, pautando-se no princípio constitucional da dignidade humana, o plenário do Supremo Tribunal Federal, por votação majoritária, decidiu no RE 363889/DF (Rel. Min. Dias Toffoli. Julg. em 02.06.2011. *DJE* n. 111, publicado em 09/06/2011), conceder a um jovem de Brasília o direito de voltar a pleitear de seu suposto pai a realização de exame de DNA, depois que um primeiro processo de investigação de paternidade foi extinto na primeira instância do Poder Judiciário do Distrito Federal e transitado em julgado, por motivo relacionado ao fato de a genitora do então menor carecer condições de custear esse exame.

No voto-vista do Min. Luiz Fux, acompanhando o voto do Relator, empreendida foi ponderação de direitos, cotejando princípios constitucionais em tese antagônicos neste âmbito, como os da intangibilidade da coisa julgada e, por outro lado, o da dignidade da pessoa humana, *in casu*, envolvendo o direito

---

176. Cf. STJ. 1ª T., REsp n. 240.712. Rel. Min. José Delgado. Julg. 15.2.2000.

177. DINAMARCO, Cândido Rangel. Ob. cit., p. 229.

de o jovem saber quem é seu pai, optando-se neste sentido, pela precedência deste último.[178]

É de se notar, portanto, que para o reconhecimento da relativização da coisa julgada, três princípios, de um modo geral, são apontados nas diversas argumentações, a saber:

a) o da instrumentalidade, onde o processo como instrumento da jurisdição, somente terá sentido na medida em que o seu julgamento se pautar por uma aderência à realidade, esta imbuída pelos ideais de justiça e mesmo por respectiva razoabilidade diante do reconhecimento de uma verdade a *posteriori*;

b) o da legalidade, onde se afirma que, como o poder do Estado deve trilhar nos limites da lei, não é possível pretender conferir a proteção da coisa julgada a uma sentença totalmente dissonante do direito positivo;

c) o da proporcionalidade, sustentando-se que a coisa julgada, *por ser mais um dos valores* protegidos constitucionalmente, não tem o condão de prevalecer sobre outros valores que têm, em tese, o mesmo grau hierárquico. Admitindo-se que a coisa julgada pode-se chocar com outros princípios igualmente dignos de proteção, conclui-se que a ela pode ceder diante de outro valor merecedor, *in casu*, de necessário e premente agasalho, como, p.ex., pautado na relevância do que reza o art. 5º, XXXV, da CF/88.

Não se nega, como óbvio, a importância e necessidade da segurança jurídica como reflexo da prosperada imutabilidade da sentença decorrente do efetivo trânsito em julgado. Aliás, mostra-se em grande parte das vezes imprescindível ao próprio crédito do nosso ordenamento jurídico e segurança das relações, como bem demonstra o seu *status* constitucional, cuja regra inserta no art. 5º, XXXVI, bem pontua, expressamente, no sentido de julgada.

Por outro lado, parece-nos ser predicado essencial à tutela jurisdicional aquele da justiça das decisões, notadamente, permeado pela lógica do razoável (razoabilidade interpretativa),[179] ao qual mesmo o *l'uomo della strada*, de Calamandrei, teria certa consciência em observar os malgrados do desequilíbrio de uma decisão injusta.

Salienta-se que a solução pela flexibilização ou relativização da coisa julgada há de ser excepcional, sendo invocada em situações extraordinárias com o fito de afastar julgados abusivos/absurdos[180] ou, por Couture, a denominada "coisa julgada delinquente ".

Com relação ao CPC, convém salientar que, em sede de conteúdo relativo à Ação Rescisória, cediço é que o prazo para interpô-la é de 2 (dois) anos contados do trânsito em julgado da última decisão proferida no processo (art. 975),

---

178. Cf. em *http://www.stf.jus.br/portal/processo/verProcessoAndamento.asp.*

179. SICHES, Luis Ricaséns. *Tratado General de Filosofia del Derecho.* 9. ed. México: Porrúa, 1986.

180. Sobre tais julgados, ver por todos, DINAMARCO, Cândido Rangel. Ob. cit., p. 249.

não obstante a isso, quis o legislador possibilitar o seu manejo em tempo mais estendido (5 anos) em determinada situação, mais precisamente aquela relativa ao inciso VII do art. 966, ou seja, "*obtiver o autor, posteriormente ao trânsito em julgado, prova nova cuja existência ignorava ou de que não pôde fazer uso, capaz, por si só, de lhe assegurar pronunciamento favorável*".

Assim, sustenta o art. 975, §2º do CPC:

> *Art. 975. O direito à rescisão se extingue em 2 (dois) anos contados do trânsito em julgado da última decisão proferida no processo.*
>
> *(...)*
>
> *§ 2º Se fundada a ação no inciso VII do art. 966, o termo inicial do prazo será a data de descoberta da prova nova, observado o prazo máximo de 5 (cinco) anos, contado do trânsito em julgado da última decisão proferida no processo.*

Em verdade, a despeito de importante acréscimo realizado pelo novel CPC/2015, é preciso entender que os fatos da vida não são palpáveis pelo decurso ou ação do tempo, ainda que isso fosse muito desejável em benefício à segurança jurídica. Mas o tempo da vida não é o tempo do direito, de modo que não conseguimos pela ação humana solucionar todos os problemas. É preciso reconhecer que o direito não resolve tudo!

Como limitar temporalmente a descoberta de uma prova? Qual a repercussão jurídica da limitação ou não do lapso temporal para a descoberta? Qual a valoração normativa ou critério racional, a despeito da ação ideológica do sistema para empreender escolhas entre os bens jurídicos afetados pela limitação do tempo na descoberta de uma verdade mais próxima da real?

Enfim, são questões que, em que pese o esforço do legislador para possibilitar alguma normatividade em tal contexto fático e jurídico, pensamos na limitação da ação humana para edificar uma proposição ao menos razoável no sentido de não proliferar injustiças em nome de uma segurança jurídica muitas vezes estéril, se comparada com a (in)certeza dos fatos na vida.

Por fim, é de se repensar, como bem tem feito a doutrina e jurisprudência de nosso tempo, no valor absoluto e inequívoco da coisa julgada que, sob o manto de uma garantia constitucional (art. 5°, XXXVI, da CF/88), não poderá ser instrumento legitimador, muitas vezes, de injustiças sob o pretexto de se evitar a eternização de incertezas.

CAP. 11 – PROCEDIMENTO COMUM E SUAS FASES

PROCEDIMENTO COMUM

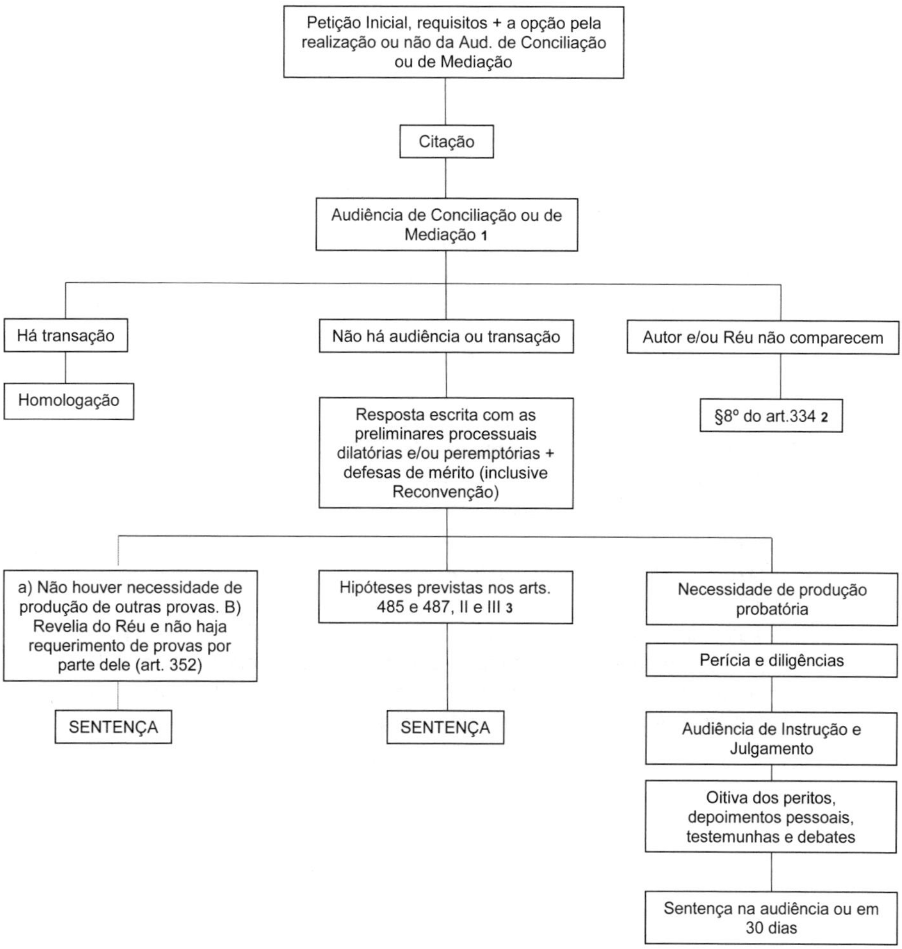

1- *"Art. 334.*

(...)

§ 4º A audiência não será realizada:

I - se ambas as partes manifestarem, expressamente, desinteresse na composição consensual;

II - quando não se admitir a autocomposição.

§ 5º O autor deverá indicar, na petição inicial, seu desinteresse na autocomposição, e o réu deverá fazê-lo, por petição, apresentada com 10 (dez) dias de antecedência, contados da data da audiência."

2- *"Art. 334.*

(...)

§ 8º O não comparecimento injustificado do autor ou do réu à audiência de conciliação é considerado ato atentatório à dignidade da justiça e será sancionado com multa de até dois por cento da vantagem econômica pretendida ou do valor da causa, revertida em favor da União ou do Estado."

3 – *"Art. 485. O juiz não resolverá o mérito quando: I - indeferir a petição inicial; II - o processo ficar parado durante mais de 1 (um) ano por negligência das partes; III - por não promover os atos e as diligências que lhe incumbir, o autor abandonar a causa por mais de 30 (trinta) dias; IV - verificar a ausência de pressupostos de constituição e de desenvolvimento válido e regular do processo; V - reconhecer a existência de perempção, de litispendência ou de coisa julgada; VI - verificar ausência de legitimidade ou de interesse processual; VII - acolher a alegação de existência de convenção de arbitragem ou quando o juízo arbitral reconhecer sua competência; VIII - homologar a desistência da ação; IX - em caso de morte da parte, a ação for considerada intransmissível por disposição legal; e X - nos demais casos prescritos neste Código."*

"Art. 487. Haverá resolução de mérito quando o juiz: I - acolher ou rejeitar o pedido formulado na ação ou na reconvenção; II - decidir, de ofício ou a requerimento, sobre a ocorrência de decadência ou prescrição; III - homologar: a) o reconhecimento da procedência do pedido formulado na ação ou na reconvenção; b) a transação; c) a renúncia à pretensão formulada na ação ou na reconvenção."

CAPÍTULO 12

PROCEDIMENTO SUMÁRIO

1. PRÉVIAS CONSIDERAÇÕES

Conforme já mencionado em momentos outros da presente obra, no CPC/2015 o Processo de Conhecimento tem seu rito concentrado em um único, este denominado "comum" (diferentemente do que regrava o CPC/1973, no caso, com os ritos ordinário e sumário), sendo dito rito comum aplicável aos Procedimentos Especiais e ao Processo de Execução de forma subsidiária, como de fato esclarece o art. 318 e seu parágrafo único do novel *Codex* pátrio:

> *Art. 318. Aplica-se a todas as causas o procedimento comum, salvo disposição em contrário deste Código ou de lei.*
>
> *Parágrafo único. O procedimento comum aplica-se subsidiariamente aos demais procedimentos especiais e ao processo de execução.*

Assim, é de ressaltar que o rito sumário não possui previsão no CPC/2015 como uma espécie de rito comum.

Por outro lado, coube ao Livro Complementar "Das Disposições Finais e Transitórias", estabelecer a transição dos processos em curso pelo rito sumário.

Estabelece o §1º do art. 1046 que, as "*disposições da Lei nº 5.869, de 11 de janeiro de 1973, relativas ao procedimento sumário e aos procedimentos especiais que forem revogadas aplicar-se-ão às ações propostas e não sentenciadas até o início da vigência deste Código.*"

Ainda em sede de procedimento sumário, adverte o parágrafo único do art. 1.049 que, quando "*a lei remeter ao procedimento sumário, será observado o procedimento comum previsto neste Código, com as modificações previstas na própria lei especial, se houver.*"

Nestes termos é que se justifica ainda o enfrentamento das questões atinentes ao procedimento sumário, de modo que, tendo em vista o próprio direito intertemporal, necessário será o domínio de seu conteúdo com vistas aos feitos ainda em andamento e não sentenciados até o início da vigência do estatuto processual civil de 2015.

2. ÂMBITO DO PROCEDIMENTO SUMÁRIO

O CPC/1973 elenca o procedimento sumário dos arts. 276 a 281, especificando, no art. 275, o rol de causas a ele submetidas.

Tal procedimento foi incluído no Código Processual Civil Pátrio, em 1973, por ditame Constitucional, sendo mais simplificado do que outros similares do direito comparado (é de origem luso-brasileira).

Guia-se, estritamente, pelo princípio da oralidade, inclusive com defesa oferecida em audiência, porém, não obstante o nome sumário, não é de cognição sumária, isto é, superficial.

O procedimento sumário é também de cognição plena, produzindo sentença com a mesma força e igual estabilidade da sentença produzida no procedimento ordinário. A diferença está, somente, na concentração de atos e na maior ou menor variedade de atos procedimentais. Altera-se a maneira de proceder, mas em nada o conteúdo do provimento jurisdicional.

3. CAUSAS SUJEITAS AO PROCEDIMENTO SUMÁRIO (ART. 275, I E II DO CPC/1973 E LEIS EXTRAVAGANTES)

São dois os critérios alternativos para a adoção do procedimento sumário: o do valor da causa e o da natureza da causa.

Art. 275, inciso I do CPC/1973:

No procedimento sumário, serão manejadas ações cujo valor não exceda a 60 (sessenta) vezes o valor do salário mínimo.

O valor a ser considerado para a fixação do procedimento é o do momento da propositura da ação, sendo irrelevantes alterações posteriores. Neste sentido, deveremos respeitar o seguinte raciocínio:

- Cumulação de pedidos: considera-se a soma de todos.
- Pedidos alternativos: considera-se o de maior valor.
- Pedidos subsidiários: considera-se o valor do principal.

Art. 275, inciso II do CPC/1973:

II – Nas causas, qualquer que seja o valor.

a) São causas relativas a contratos de arrendamento rural e parceria agrícola; contratos estes de direito agrário, regulados pela Lei n. 4.504, de 30.11.1964, (Estatuto da Terra, art. 107) e Lei n. 4.947 de 6.4.1966.

A expressão "parceria agrícola" deve ser entendida como parcerias rurais, isto é, parcerias pecuárias, agroindustriais e extrativas.

b) Neste caso, trata-se de quantias devidas ao condomínio pelo condômino quanto à manutenção do prédio, ou seja, suas cotas-parte.

Sendo o condomínio cobrando o condômino as cotas atrasadas, a ação obedecerá ao rito sumário (exceto documento com força executiva), porém, se é o condômino locador, fundado em contrato de locação escrito, que cobra do inquilino, a ação própria é a de execução (art. 585, V do CPC/1973).

c) Trata-se, neste caso, de ação de indenização de natureza patrimonial a fim de reparar danos em prédio urbano ou rústico (rural).

Deve-se entender prédio como bem imóvel com ou sem edificações. Como exemplo, temos a ação indenizatória por danos causados a plantações existentes em prédio rústico, devendo ser processada pelo rito sumário (STJ, 4ª T. Ag. 8.438-PR, *DJU* 10.06.1991).

Deve-se observar que a ação para compelir o vizinho a fazer ou deixar de fazer alguma coisa em virtude do uso nocivo da propriedade, dependendo do caso, ou é ação de nunciação de obra nova (art. 934 do CPC/1973) ou ação de condenação ou obrigação de fazer ou não fazer com base no art. 287 do CPC/1973.

d) É a mais comum das causas em procedimento sumário, aplicando tanto a danos a bens quanto a pessoas.

Importante observar que o rito sumário somente pode ser aplicado em se tratando de veículos terrestres (carro, trem, trator, carroça, bicicleta).

Como bem salienta Humberto Theodoro Júnior[1], não importa se o demandado dirigia ou não o veículo na ocasião do dano. Desde que a causa do acidente tenha sido um veículo, a ação de responsabilidade seguirá o rito sumário, mesmo que se trate de responsabilizar terceiros, isto é, patrão e o preposto, ou pai ou responsável pelo incapaz.

e) Tal situação submete-se ao rito sumário quando a ação objetivar a cobrança de seguro, desde que os danos tenham sido causados em acidente de veículo (qualquer veículo e não somente os terrestres) e não resultem morte ou incapacidade.

Versando a ação sobre cobrança de seguro de vida e de acidentes pessoais de que resultem morte ou incapacidade, quer seja em virtude de acidente de veículo ou não, deverá ser observado o processo de execução (art. 585, inciso III do CPC/1973).

Caso os danos não sejam decorrentes de acidente de veículo e não resultam em morte, poderá ser adotado o procedimento sumário ou o ordinário, dependendo, no caso, do valor da causa (art. 275, inciso I do CPC/1973).

f) Profissional liberal: pessoa física, de nível superior que presta serviços de forma autônoma, recebendo, por isso, honorários.

Convém ressaltar a figura dos advogados e seus honorários.

Caso os honorários sejam fixados em contrato, suprindo os requisitos do art. 585, inciso II do CPC/1973, tem lugar ação de execução, cabendo geralmente a execução se tais honorários foram incluídos na condenação por arbitramento ou sucumbência (Lei n. 8.906/94, art. 23 – Estatuto da Advocacia).

Não sendo tais casos, caberá ao advogado ajuizar ação de cobrança pelo rito sumário.

Conforme observa Ernane Fidélis dos Santos[2], na sucumbência, compreende regra a parte vencida pagar honorários advocatícios da parte vencedora,

---

1. *Curso de Direito Processual Civil*. Vol. I. 47 ed. Rio de Janeiro: Forense, 2007, p. 384.
2. *Manual de Direito Processual Civil*. Vol. I. 11 ed. São Paulo: Saraiva, 2006, p. 788.

porém poderá o advogado ter direito de receber honorários da própria parte por serviços prestados no processo, o que, aliás, acontece, em regra, quando a sucumbência não for da outra.

A Lei n. 4.215/63 previa, em tais hipóteses, o arbitramento em "processo preparatório" quando não houvesse contrato (art. 100, parágrafo único). O Estatuto (Lei n. 8.906/94) fala, agora, apenas em arbitramento judicial (art. 22, § 2º). Neste caso, consagra-se ser o arbitramento objeto exclusivo do processo de conhecimento, sujeito a duas regras: o procedimento sumário mais a competência sempre do juiz onde correu o processo em 1º grau, por se tratar de caso típico de acessoriedade (art. 108).

g) Trata-se de hipóteses que versem sobre questões relacionadas à "revogação de doação", alínea esta inclusa no art. 275, II do CPC/1973, pelo advento da Lei nº 12.122, de 15 de dezembro de 2009.

Importante se faz observar que o procedimento sumário também se aplica, entre outras, às ações decorrentes de adjudicação compulsória (Decreto-lei n. 58 de 10.12.1937); de usucapião especial (Lei n. 6.969 de 10.12.1981); ações discriminatórias de terras devolutas da União (Lei nº 6.383 de 07.12.1976).

4. INDISPONIBILIDADE DO RITO SUMÁRIO

A forma do procedimento não é colocada em função do interesse das partes, mas sim no interesse da própria justiça.

5. ATOS DO PROCEDIMENTO SUMÁRIO

Iremos, aqui, nos cingir, na maioria dos itens, apenas às referências aos artigos em si, visto terem os mesmos sido contemplados com suas devidas explicações quando do desenvolvimento do procedimento ordinário, cabendo, portanto, ao leitor realizar as devidas remições.

5.1 PETIÇÃO INICIAL E SEU DESPACHO

- Petição inicial: Requisitos do art. 282 do CPC do CPC/1973, com rol de testemunhas, requerimento de perícia, quesitos e indicação de assistente técnico se for o caso (art. 276 do CPC do CPC/1973).

- Despacho: indeferimento (art. 295 do CPC/1973); emenda (art. 284 do CPC/1973); apelação (art. 296 do CPC/1973); designação da audiência de conciliação.

5.2 CITAÇÃO

- Citação (art. 277 do CPC/1973): o juiz designará audiência de conciliação a ser realizada no prazo de 30 (trinta) dias, citando-se o réu com antecedência mínima de 10 (dez) dias. Sendo sujeito passivo a Fazenda Pública, o prazo em questão será duplicado.

A inobservância do referido prazo acarretará em nulidade de todos os atos processuais posteriores à citação.

Tendo, porém, o réu comparecido à audiência e oferecido a contestação sem arguir a inobservância do art. 278 do CPC/1973, entender-se-á que o mesmo renunciou ao prazo que era a seu favor (preclusão).

5.3 AUDIÊNCIA DE CONCILIAÇÃO

Prevê o CPC/1973 duas audiências no procedimento sumário, sendo a primeira objetivando uma possível conciliação e, não sendo esta possível, a apresentação da resposta do réu e uma segunda determinando a instrução e julgamento.

- Art. 277, § 3º do CPC/1973: as partes comparecerão pessoalmente à audiência, podendo fazer-se representar por preposto com poderes para transigir.
- Art. 277, § 2º do CPC/1973: na ausência injustificada do réu ou de seu preposto, desde que também a do advogado com poderes para transigir, reputar-se-ão verdadeiros os fatos alegados na petição inicial (art. 319 do CPC/1973), salvo se o contrário resultar da prova dos autos, proferindo o juiz, desde logo, a sentença.

Na ausência do réu ou do preposto (que poderá ser o próprio advogado) sem justificativa, a conciliação ficará prejudicada, passando-se à fase seguinte da audiência.

Art. 277, § 1º do CPC/1973: obtida a conciliação, esta será reduzida a termo e homologada por sentença, hipótese em que o processo será extinto por resolução de mérito (art. 269, III do CPC/1973).

Convém observar aqui que o uso de conciliadores no procedimento sumário depende de norma regulamentadora que pode ser editada pelo Estado (CF, art. 24, XI).

Art. 277, § 4º do CPC/1973: não obtida a conciliação, o juiz apreciará, de plano, a impugnação ao valor da causa ou a controvérsia sobre a natureza da demanda, determinado, se for o caso, a conversão do procedimento de sumário para ordinário. Tal situação, diga-se de passagem, deve ser observada pelo juiz quando do despacho da inicial e o seu possível indeferimento (art. 295 do CPC/1973).

Art. 277, § 5º do CPC/1973: poderá ocorrer conversão do rito sumário em ordinário quando houver necessidade de prova técnica de maior complexidade.

5.3.1 RESPOSTA DO RÉU

Afastadas as hipóteses de conciliação e conversão de ritos, oferecerá o réu sua resposta.

Poderá ela consistir em contestação e/ou exceções, estas disciplinadas nos arts. 306 a 314 do CPC/1973.

No caso de contestação, deve o réu arguir toda a matéria de defesa processual (preliminares) e de mérito sob pena de preclusão (arts. 300 a 303 do CPC/1973).

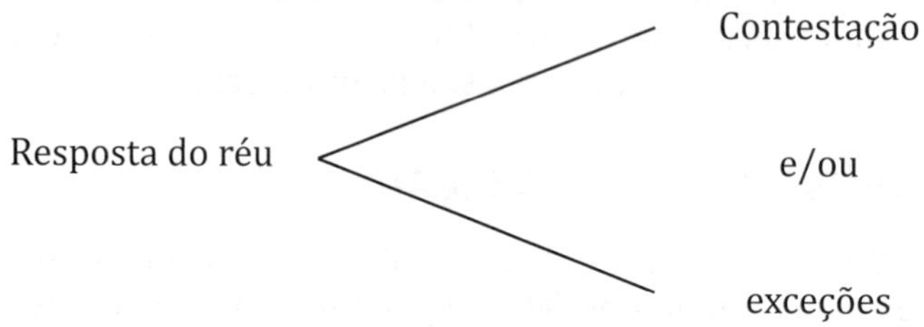

No que se refere às preliminares, se na contestação o réu alegou como preliminares (art. 301 do CPC/1973), fato impeditivo, modificativo ou extintivo do direito pleiteado na inicial, bem como formulou pedido contraposto (art. 278, § 1º do CPC/1973), terá o autor oportunidade de se manifestar, sem interrupção da audiência, no prazo de 10 (dez) dias no caso de pedido contraposto desde que requerido (aplicação por analogia do art. 277 do CPC/1973).

No caso das exceções (incompetência, impedimento e suspeição), o processo ficará suspenso até que se resolva tal incidente. A doutrina é extremamente vacilante quanto a tal disciplina, visto o rito sumário possuir objetivos eminentemente céleres.

Ao encerrar-se a fase postulatória (propositura da ação, resposta do réu e possível manifestação do autor quando de pedido contraposto pelo réu – art. 278, § 1º do CPC/1973), procederá o juiz no julgamento conforme o estado do processo, que consistirá em uma das seguintes providências:

- extinção do processo com ou sem resolução do mérito, conforme se tratar das hipóteses dos art. 267 e art. 269, incisos II a V do CPC/1973;

- julgamento antecipado da lide, isto é, quando o réu for revel ou se não houver necessidade de provas em audiência (art. 330, incisos I e II do CPC/1973);

- saneamento do processo, com rejeições das preliminares arguidas (art. 301 do CPC/1973) e apreciação das provas requeridas pelas partes (perícia ou prova oral).

5.3.2 Audiência de Instrução e Julgamento. Sentença

Havendo necessidade de prova oral e não ocorrendo qualquer das hipóteses previstas nos arts. 329 e 330, incisos I e II do CPC/1973, designada será a audiência de instrução e julgamento para data próxima, não excedente de 30 (trinta) dias, ressalvando-se no caso de haver determinação de perícia (art. 278, § 2º do CPC/1973).

Findada a instrução e os debates orais, proferirá o magistrado a devida sentença na própria audiência ou no prazo de 10 (dez) dias.

Importante inclusão nos trouxe a Lei n. 11.232/2005, no que toca à liquidez da sentença proferida em rito sumário.

Sustenta o art. 475-A, em seu § 3º do CPC/1973, que nos processos submetidos ao procedimento comum sumário, mais precisamente nas hipóteses do art. 275, II, "*d*" e "*e*" do CPC/1973, defesa é a sentença ilíquida, cumprindo ao magistrado, se for o caso, fixar de plano e a seu prudente critério, o valor a ser devido pelo condenado na demanda. Observa-se aí a preocupação do legislador com possíveis delongas nos procedimentos liquidatários, especialmente nas matérias às quais a experiência demonstra a ocorrência corriqueira de decisões ilíquidas.

Não se pode, contudo, perder de vista a prudência pela qual o juiz há de se pautar, pois que a experiência é critério revelador nesses casos, sobretudo, diante da dimensão do *quantum* bem como da extensão do dano das questões que a ele cercam, como *v.g.*, nos casos de ressarcimento de danos decorrentes de veículo de via terrestre, levando-se em conta não somente os prejuízos imediatos, mas os de conteúdos relevantes, eventuais lucros cessantes, impossibilitados de serem auferidos pela parte debilitada pelo infortúnio ocorrido – o acidente com seu veículo.

Por fim, importante orientação nos traz o art. 280 do CPC/1973, expressando que no procedimento sumário não serão admissíveis a ação declaratória incidental, bem como a intervenção de terceiros, ressalvando a assistência, o recurso de terceiro prejudicado e ainda a intervenção fundada em contrato de seguro.

PARTE III

RECURSOS, ORDEM DOS PROCESSOS NOS TRIBUNAIS, INCIDENTES E AÇÕES ORIGINÁRIAS

CAPÍTULO 13

TEORIA GERAL DOS RECURSOS

1. INTRODUÇÃO

Trata-se o presente capítulo da análise da sistemática recursal pátria em tópico relativo à sua Teoria Geral.

Para tanto, optamos por vezes e quando necessário, chamar à luz artigos do CPC/1973 ora revogado, a fim de esclarecer ao leitor quanto às diferenças do que fora modificado ou não, possibilitando nisso descortinar sintonias e absonâncias com o modelo hodierno do CPC/2015 bem como denotar possíveis avanços a novos horizontes pelos quais urge o serviço público de prestação da justiça neste país.

2. RECURSOS

2.1 BREVES CONSIDERAÇÕES PRELIMINARES

A natureza humana, não só em um sentido *amplo, mas também finalístico* é a principal justificativa para o inconformismo inerente às relações interpessoais na sociedade moderna.[1]

Nesta toada, podemos conceituar, ainda que preambularmente, recurso como o direito que a parte vencida tem, no todo ou em parte, de provocar o reexame de determinada decisão judicial, objetivando sua reforma ou mesmo modificação por órgão competente e hierarquicamente superior,[2] notadamente, portanto, não podendo ser confundido com outros meios autônomos de impugnação a uma decisão judicial, como, *v.g.* ação rescisória ou mandado de segurança.

---

1. Gabriel Rezende Filho, em clássicas palavras e decorrente de um sentido ao qual nominava "psicológico", já bem afirmara que "o recurso corresponde a uma irresistível tendência humana. Ninguém, via de regra, se conforma com o juízo ou parecer do primeiro árbitro ou censor. Todos procuram recorrer a outras opiniões ou julgamentos. Ademais, ninguém é perfeito: o erro é próprio da humanidade.
   E com erro deve-se ter em conta a possibilidade da corrupção.
   Esta convicção geral sobre a falibilidade dos julgamentos humanos foi a força criadora dos recursos judiciários." *Curso de Direito Processual Civil.* Vol. III. São Paulo: Saraiva, 1960, p.77-78

2. Pontes de Miranda bem destaca, certeiramente, o "interesse geral" que, inclusive, justifica o próprio exercício da jurisdição pelo Estado, caracterizando-se no que é para nós, a exigência de prestação qualitativa do serviço público de justiça à sociedade. Pontua o Mestre alagoano:
   "Na finalidade do recurso está interesse das partes, ou legitimados a recorrer, e interesse geral, porque o Estado tem empenho em que se realize o direito objetivo e se faça justiça. O juiz é órgão do Estado; porém não o Estado mesmo." MIRANDA, F. C. Pontes de. *Comentários ao Código de Processo Civil.* Tomo VII. 3 ed. Rio de Janeiro: Forense, 1999, p.2.

Neste sentido, pode-se depreender que o pressuposto essencial de qualquer recurso é a sucumbência, isto é, a desigualdade entre o que foi pedido e o que foi concedido pelo Estado-juiz. A sucumbência pode ser total ou parcial, conforme o juiz conceda total ou parcialmente o pedido do autor, por exemplo: o autor pede indenização por danos morais e materiais, sendo todo o pedido julgado improcedente (o autor sofreu sucumbência total); o autor pede indenização por danos morais e materiais, sendo que o juiz concede apenas indenização por danos materiais, negando o pedido de danos morais (o autor e réu sofreram sucumbência parcial).

De forma geral, pode-se deduzir também que os recursos são manejados a fim de se conseguir a substituição da decisão judicial desfavorável por outra que, de acordo com o recorrente, satisfaça os seus interesses, sendo, inclusive, esta é a ideia do art. 1.005 do CPC, onde se afirma que "*o julgamento proferido pelo tribunal substituirá a decisão impugnada no que tiver sido objeto de recurso.*"

A título introdutório, vale desde já pontuar que o CPC expressa em seu art. 994 o cabimento dos seguintes recursos, quais sejam:

I – apelação;

II – agravo de instrumento;

III – agravo interno;

IV – embargos de declaração;

V – recurso ordinário;

VI – recurso especial;

VII – recurso extraordinário;

VIII – agravo em recurso especial ou extraordinário;

IX – embargos de divergência.

É de se notar, portanto, a não contemplação dos recursos de agravo retido bem como dos Embargos Infringentes[3] como fazia o revogado Código Buzaid, ao passo que, inclusos formalmente foram os recursos dos Agravos Interno

3. Ainda que não conste do rol elencado no art. 994, encontra-se presente no art. 942, algo que se assemelha com o objetivo que no CPC/1973 representava o manejo dos Embargos Infringentes (art. 530), que é a sua oposição diante de acórdão não unânime reformando, em grau de apelação, a sentença de mérito, ou julgado procedente ação rescisória.
A despeito de debruçarmos neste este tema no Capítulo 14, vale a pena neste momento anotar que no modelo do CPC/2015, temos que, de ofício - portanto, diferentemente de um recurso de iniciativa de qualquer das partes insatisfeitas com os desígnios da decisão contrária à sua pretensão - quando o resultado da apelação não for unânime, terá o julgamento prosseguimento em sessão a ser designada com a presença de outros julgadores, estes que serão convocados de acordo com o, previamente, definirá o regimento interno do tribunal em questão, de modo a que se tenha número suficiente de julgadores para garantir a possibilidade de inversão do resultado inicial, notadamente, assegurando às partes e a eventuais terceiros juridicamente interessados, o direito de sustentar oralmente suas razões diante dos novos julgadores, *ex vi* do *caput* do art. 942.

e de Agravo em Recurso Especial ou Extraordinário, este último, na verdade, em substituição ao que se tinha no CPC/1973, denominado "Agravo nos Próprios Autos."

Quanto à natureza jurídica do recurso, a doutrina já possuiu dissensos.

Neste ínterim, duas das principais correntes assim definiam a divergência: (a) o recurso é uma ação autônoma relativamente àquela que lhe deu origem, ação esta de natureza constitutiva;[4] (b) o recurso é continuação do exercício do direito de ação em fase posterior do procedimento.[5]

Despiciendo se faz afirmar que, hodiernamente, há o reconhecimento da natureza do recurso como um desdobramento, ou mesmo, um prolongamento do direito de ação, este manifestado pelo recorrente quando do ajuizamento da demanda e que só se tem por efetivamente realizado ou mesmo esgotado, com o devido trânsito em julgado da decisão judicial, o que fatalmente ocorre após ter decorrido o prazo para apresentação de eventual recurso ou pelo esgotamento de todas as formas recursais previstas no âmbito do processo civil pátrio,[6] estas no art. 994 do CPC.

Nota-se que no caso supramencionado, bastará a simples existência da "não unanimidade" para com o resultado da apelação diante da sentença ora recorrida, o que quer dizer, seja mantendo-a ou reformando-a de forma não unânime. Aliás, hipótese esta que se assemelha àquela que tínhamos antes do advento da Lei n.10.352/2001.

Por outro lado, será cabível também aludido procedimento em sede de Ação Rescisória e Agravo de Instrumento, no entanto, em hipóteses diferentes daquela disposta para a Apelação, nos seguintes termos:

"Art.942

(...)

§ 3º A técnica de julgamento prevista neste artigo aplica-se, igualmente, ao julgamento não unânime proferido em:

I – ação rescisória, quando o resultado for a rescisão da sentença, devendo, nesse caso, seu prosseguimento ocorrer em órgão de maior composição previsto no regimento interno;

II – agravo de instrumento, quando houver reforma da decisão que julgar parcialmente o mérito."

É bem verdade que, diante de todas as possibilidades supracitadas, não somente temos que as hipóteses para algo com a similitude dos revogados "Embargos Infringentes" continuam presentes, como também se ampliaram, ainda que não dependente de atitude volitiva das partes, o que denota a inexistência de qualquer impacto com a abolição do modelo anterior. Pelo contrário! Ampliaram-se ordinariamente as possibilidades bem como em procedimento já tipificado em vários dos regimentos internos de tribunais brasileiros.

4. *"Il potere d'impugnare uma sentenza é un'azione, che dalle altre azioni differisce per le speciali caractteristiche de' suoi elementi costitutivi e per la natura dela ragione cui è coordinata."* BETTI, Emílio. *Diritto Processuale Civile Italiano*. Roma: Foro Italiano, 1936, p.638.

5. Neste sentido, de longe já asseverava Marco Tullio Zanzucchi. (*Diritto Processuale Civile*. Vol. II. Milano: Dott. A. Giuffrè, 1938, p. 119) que *"quando la causa di estinzione sia, come di solito, una sentenza di merito o meno, il rapporto processuale, anche dopo l'emanazione di essa, puó rivivere e continuare a svolgersi in una più fasi ulteriori poste in essere mercè l'impugnazione della sentenza stessa."*

6. Ver, por todos, MOREIRA, José Carlos Barbosa. *O Novo Processo Civil Brasileiro*. 24 ed. Rio de Janeiro, 2006, p. 113-114.

2.2 ATOS SUJEITOS A RECURSO

Consta expressamente do art. 1.001 do CPC que dos despachos não cabe recurso, estes entendidos como "*todos os demais pronunciamentos do juiz praticados no processo, de ofício ou a requerimento da parte*" (§3º do art. 203 do CPC), ou seja, por exclusão, onde não se configure em sentença decisão interlocutória ou mesmo acórdão.[7]

Nestes termos, apenas os atos do juiz que, de acordo com os arts. 203, §§1º e 2º e 204 do CPC, constituem-se em sentenças, decisões interlocutórias e acórdãos, estão sujeitos a recurso. Conforme dicção do art. 203, § 1º, pode-se definir sentença como o pronunciamento pelo qual o juiz, "*com fundamento nos arts. 485 e 487 põe fim à fase cognitiva do procedimento comum bem como extingue a execução.*" Nota-se que ensejará na extinção do processo ou mesmo do procedimento em 1º grau, com ou sem resolução do mérito, sempre dependendo para tal ocorrência, da atividade volitiva da parte em interpor ou não recurso do ato sentencial; decisão interlocutória é entendida como todo pronunciamento judicial de natureza decisória que não se enquadre no conceito de sentença, portanto, naqueles atos decisórios interlocutórios (§2º do art. 203 do CPC); acórdão é a denominação do julgamento colegiado proferido pelos tribunais (art. 204 do CPC).

2.3 PRINCÍPIOS GERAIS DOS RECURSOS

O instituto do recurso é amparado e informado por diversos princípios, dentre os quais merecem aqui destaque especial os princípios do duplo grau de jurisdição, da unicidade, da fungibilidade e da *reformatio in pejus*.

O ***princípio do duplo grau de jurisdição*** determina, como norma no processo, a possibilidade de revisão das decisões judiciais, de preferência por órgão jurisdicional de grau superior àquele que pronunciou a decisão recorrida. Procura-se, pela sucessiva reapreciação da matéria, garantir uma melhor justiça.

---

7. Vale ressaltar que os atos tidos como "meramente ordinatórios", *v.g.*, juntada e vista obrigatória, independem de despacho, devendo ser praticados de ofício pelo servidor e revistos pelo juiz, quando se fizer necessário, *ex vi* do §4º do art. 203 do NCPC.
Daí nota-se o que, já de muito, tem-se garantido nos ordenamentos da Europa ocidental, concedendo maior carga de responsabilidade a atos, a princípio, não meritórios aos auxiliares do foro. Notadamente, é de exclamar, em sintonia com o que já apontávamos nas várias edições do nosso *Manual de Direito Processual Civil*. Vol. 1 assim como nas *Instituições de Direito Processual Civil* que de meros despachos tidos como "ordinatórios" podem gerar prejuízos para qualquer das partes quando, por exemplo, sequer fora dada vista, como de direito, a um dos polos da demanda, caracterizando-se em obstrução a um direito, decorrendo daí possível prejuízo manifesto. Não sem razão, encontraremos ambiente propício para repreensão a tal ato.
Assim, à luz do CPC/1973 atentamos que o art. 504 do CPC determina que contra os despachos não cabe recurso, entretanto a parte não se deve deixar levar pela simples denominação do ato uma vez que existem aqueles que são tidos como despachos, como ainda se vê na prática do foro, *v. g.*, despacho saneador, todavia tem inegável caráter decisório, sujeitos assim a recurso. Cf. no nosso *Instituições de Direito Processual Civil*. 2 ed. Belo Horizonte: Del Rey, 2013, p.308-309.

A despeito dos vários filtros processuais já presentes em nosso ordenamento processual civil – e que permanecem presentes no CPC/2015, mesmo que com algumas nuances normativas diferenciadas - estas que, em regra, se estabelecem no sentido de uma racionalidade voltada à limitação e alcance junto às vias jurisdicionais superiores, quando da interposição de recursos sem sintonia com as decisões já firmadas pelas ditas vias (casos da Súmula Impeditiva de Recursos, das normas reguladoras da Multiplicidade de Recursos Extraordinários e Especiais Repetitivos e, mesmo em sede constitucional, da denominada Súmula Vinculante) e ainda, de conteúdo enfrentado em sede recursal quando ausente de dotação do binômio "relevância e transcendência" na matéria discutida (caso típico da Repercussão Geral), tem-se o duplo grau de jurisdição como conteúdo principiológico norteador no sistema processual pátrio.

Certamente, a discussão em sede doutrinária e mesmo jurisprudencial no tocante ao alcance de seu status constitucional, seja como princípio garantido pela Carta Maior de forma explícita ou implicitamente; como uma própria garantia constitucional daquele insatisfeito com o resultado da lide ou ainda como um princípio processual, mas limitado pela própria Constituição ainda permanece frequente.[8]

Outrossim, chama atenção disciplina que, no PL n.8.046/10 (Substitutivo da Câmara dos Deputados ao PLS n.166/2010 do Senado Federal, ambos até então, Projetos de Lei para um Novo Código de Processo Civil), em seus arts. 520 a 522 denominava-se "Precedente Judicial", mas que no texto do CPC/2015 sancionado, dando origem à Lei n.13.105/2015, fora acostada no Capítulo I "Disposições Gerais", do Título I "Da Ordem dos Processos e dos Processos de Competência Originária dos Tribunais", ambos inclusos no Livro III da Parte Geral, este denominado "Dos Processos nos Tribunais e dos Meios de Impugnação das Decisões Judiciais".

Neste sentido, a despeito de não dar o título ao Capítulo como "Precedente Judicial", o CPC o faz na essência quanto a importantes dispositivos herdados do PL supracitado.

Da combinação dos conteúdos contidos nos arts. 926 e 927, já se nota, objetivamente, a serventia do dito instituto assim como o *modus operandi* de sua aplicabilidade, a começar pela própria disciplina relativa ao regramento para a sua aplicação, notadamente, no respeito ao contraditório (art. 10) bem como às balizas necessárias, e por isso exigíveis à sua fundamentação (§1ª do art. 486), conteúdos estes devidamente indicados no art. 927, mais precisamente em seu §1º: "*§ 1º Os juízes e os tribunais observarão o disposto no art. 10 e no art. 489, § 1º, quando decidirem com fundamento neste artigo.*"

A fim de não se estender em excesso no enfrentamento do tema, pois que dedicaremos no Capítulo 14 espaço específico para a presente temática, im-

---

8. Cf. GAIO JÚNIOR, Antônio Pereira; GAIO, Raphael B. Duplo Grau de Jurisdição no quadro dos Direitos e Garantias Processuais Constitucionais. *In*: GAIO JÚNIOR, Antônio Pereira (Org.). *Direito Processual em Movimento*. Vol. III. Curitiba: CRV, 2013, p. 141-146.

porta-nos, aqui pontuar o dispositivo que abre o regramento do que era denominado pelo PL n.8.046/2010 (Substitutivo da Câmara dos Deputados) "Precedente Judicial", no CPC/2015: o art. 926. *In verbis*:

> *Art. 926. Os tribunais devem uniformizar sua jurisprudência e mantê-la estável, íntegra e coerente.*
>
> *§ 1º Na forma e segundo os pressupostos fixados no regimento interno, os tribunais editarão enunciados de súmula correspondentes a sua jurisprudência dominante.*
>
> *§ 2º Ao editar enunciados de súmula, os tribunais devem ater-se às circunstâncias fáticas dos precedentes que motivaram sua criação.*

De pronto, observa-se o dever, em bom sentido, das Cortes Julgadoras em promover a uniformidade de suas decisões, mantendo-as estáveis, integras e coerentes, prestigiando, sobretudo, a segurança jurídica e o princípio da confiança, dada a necessidade de previsibilidade dos jurisdicionados frente à interpretação dos conteúdos legislativos que regulam a sua vida, interpretação esta de forma coerente e não polissêmica por quem concede o serviço público da justiça, destacando-se ainda por isso, conforme aponta o §2º supra, a necessária correspondência na edição do enunciado de súmula com as circunstâncias de conteúdo fático que, indubitavelmente, deve encarná-la, a ponto de se levar à sua criação, cabendo tal responsabilidade e policiamento formal ao próprio Tribunal editor do enunciado sumular. [9]

Cabe ressaltar, em verdade, que os enunciados de súmula sem conformidade exata para com o conteúdo fático sobre o qual fora editado é causador de sua própria generalidade, sendo reiteradamente usado para fins diversos daquele justificador de sua própria circunstância criativa.

Na mesma toada, apenas a título de ratificação da retro referida uniformidade, mas avançando nos destinatários cujo dever se insere no plano da razão prática para consolidar os intentos da regulação do presente instituto, segue-se o art. 927 e seus incisos:

> *Art. 927. Os juízes e os tribunais observarão:*
>
> *I – as decisões do Supremo Tribunal Federal em controle concentrado de constitucionalidade;*
>
> *II – os enunciados de súmula vinculante;*
>
> *III – os acórdãos em incidente de assunção de competência ou de resolução de demandas repetitivas e em julgamento de recursos extraordinário e especial repetitivos;*
>
> *IV – os enunciados das súmulas do Supremo Tribunal Federal em matéria constitucional e do Superior Tribunal de Justiça em matéria infraconstitucional;*

---

9. Enunciado n.166 do FPPC: "A aplicação dos enunciados das súmulas deve ser realizada a partir dos precedentes que os formaram e dos que os aplicaram posteriormente."

> *V – a orientação do plenário ou do órgão especial aos quais estiverem vinculados;*

Observa-se que se trata não de mera faculdade, mas dever dos juízes e tribunais em seguir[10] *as decisões do Supremo Tribunal Federal em controle concentrado de constitucionalidade, enunciados de súmula vinculante, os acórdãos em incidente de assunção de competência ou de resolução de demandas repetitivas e em julgamento de recursos extraordinário e especial repetitivos, os enunciados das súmulas do Supremo Tribunal Federal em matéria constitucional, do Superior Tribunal de Justiça em matéria infraconstitucional e a orientação do plenário ou do órgão especial aos quais tiverem vinculados.*

Nota-se que a vinculação aos precedentes arrolados no art. 927 se junta, verdadeiramente, ao rol dos filtros processuais recursais, de modo que a força do comando "devem" traduz no estabelecimento vertical da uniformidade racional realizadora do *decisum*, o que, sem exercício empírico para com a certeza no funcionamento do sistema, ainda que pese as virtudes da estabilização dos julgados e previsibilidade das razões e decisões, catalisadores neste âmbito, dos princípios da segurança jurídica, confiança e isonomia, além do princípio da duração razoável do processo, há de se prever ainda uma série de aperfeiçoamentos pragmáticos no âmbito dos tribunais a fim de favorecer o cumprimento exato e reiterado do comportamento dos órgãos judiciais envolvidos, desde aquele responsável pela edição do precedente, passando pelos tribunais hierarquicamente inferiores, até chegar aos juízes monocráticos de 1º grau. Trabalho árduo e que se não operar de forma intermitente, não poucas vezes encontrará óbices ao seu cumprimento, dada a própria cultura forense pátria, onde é de conhecimento farto que os juízes pouco conhecem e/ou não se interessam pelos posicionamentos judicantes dos tribunais que, hierarquicamente, acima se estabelecem.

Por outro lado, com intuito de evitar a estagnação *ad eternum* de um precedente já sedimentado, mas divorciado do tecido social é fundamental que se possibilite a modificação do mesmo através de procedimento provocado em decorrência, dentre outras alegações, de revogação ou modificação de norma em que se fundou a tese solicitante de modificação do precedente ou mesmo em alteração econômica, política ou social referente à matéria decidida, fundamento do precedente que clama por modificação.

Como apoio aos trabalhos em prol da análise para possível alteração do precedente, abre-se a possibilidade, caso necessário, da realização de audiências públicas e da participação de pessoas, órgãos ou entidades que possam contribuir para a rediscussão da tese jurídica, conforme sustenta o §2º do art. 927, *in verbis*:

> *§ 2º A alteração de tese jurídica adotada em enunciado de súmula ou em julgamento de casos repetitivos poderá ser precedida de audiências*

10. Nos mesmos termos é o Enunciado n, 170 do FPPC: "As decisões e precedentes previstos nos incisos do caput do art. 927 são vinculantes aos órgãos jurisdicionais a eles submetidos."

> *públicas e da participação de pessoas, órgãos ou entidades que possam contribuir para a rediscussão da tese.*

No que se refere ainda à modificação de enunciado de súmula, de jurisprudência pacificada ou de tese adotada em julgamento de casos repetitivos, deverá dita mudança vir acompanhada, notadamente, de fundamentação adequada e específica, considerando os princípios já anteriormente referidos, ou seja, segurança jurídica, proteção da confiança e isonomia (§4º do art. 927).

Lado outro, não passou despercebido pelo novato Código de Processo Civil a possibilidade de modulação dos efeitos decorrentes dos precedentes (súmula de jurisprudência dominante do STF e dos Tribunais Superiores, e ainda aquelas oriundas de julgamentos de casos repetitivos), seja com relação à sua retroatividade – *ex tunc* - ou na forma prospectiva - *ex nunc* - tudo devidamente fundamentado.

Nestes termos, pontua o §3º do art. 927:

> *§ 3º Na hipótese de alteração de jurisprudência dominante do Supremo Tribunal Federal e dos tribunais superiores ou daquela oriunda de julgamento de casos repetitivos, pode haver modulação dos efeitos da alteração no interesse social e no da segurança jurídica.*

De tudo, caberá aos tribunais dar publicidade a seus precedentes, organizando-os por questão jurídica decidida e divulgando-os, preferencialmente, na rede mundial de computadores. (§5º do art. 927).

A fim de não pairar dúvidas sobre o real sentido do "julgamento de casos repetitivos" no assunto em tela ou mesmo em outras passagens do próprio CPC, o legislado optou por ratificar a significância do tema nos seguintes termos:

> *Art. 928. Para os fins deste Código, considera-se julgamento de casos repetitivos a decisão proferida em:*
>
> *I – incidente de resolução de demandas repetitivas;*
>
> *II – recursos especial e extraordinário repetitivos.*
>
> *Parágrafo único. O julgamento de casos repetitivos tem por objeto questão de direito material ou processual.*

Outro filtro processual também edificado pelo CPC/2015, com o fito de dinamizar o princípio da duração razoável do processo e mesmo com a manutenção da segurança jurídica e isonomia na aplicação do conjunto normativo pátrio é o do "*Incidente de resolução de demandas repetitivas*"[11], este regulado, respectivamente, pelos arts. 976 a 987.

---

11. Sobre o aludido instituto, ver GAIO JÚNIOR, Antônio Pereira. Incidente de resolução de Demandas repetitivas no Projeto do novo CPC – breves apontamentos. *In*: *Revista de Processo*. São Paulo: Revista dos Tribunais, ano 36, n. 199, setembro de 2011, p. 247-256.

O ***princípio da unicidade***, por sua vez, também chamado de princípio da singularidade ou princípio da unirrecorribilidade, denota a proibição da interposição simultânea de mais de um recurso contra o mesmo conteúdo de uma decisão. Neste sentido, o CPC pressupõe um recurso para cada tipo de conteúdo decisório, o que torna incorreto, de regra, a impetração simultânea de dois recursos para tal.

Nisso se faz oportuno dizer, por exemplo, que uma sentença pode ser atacada por dois recursos ainda que sucedâneos, desde que cada um deles enfrente conteúdos diversos naquele ato decisório, neste caso omissão (Embargos de Declaração) e mérito da decisão (Apelação).

De outra banda, insta ressaltar que coube à 3ª Turma do Superior Tribunal de Justiça reconhecer que o princípio da unirrecorribilidade não veda a interposição de um único recurso para impugnar mais de uma decisão e, ainda que não seja prática comum, não há na legislação processual, qualquer impedimento a esta prática.[12]

O ***princípio da fungibilidade*** não estava previsto no CPC/1973, como o era em seu antecessor (CPC/1939), fato que se buscou adequar um recurso a cada tipo de decisão judicial, contudo, doutrina e jurisprudência, de maneira geral, sempre se posicionaram pela sua subsistência, caso a decisão judicial apresentasse dúvida objetiva com relação ao recurso cabível para sua impugnação. De qualquer modo, o aproveitamento do recurso ficava condicionado à verificação dos requisitos de admissibilidade, sobretudo quanto à tempestividade.[13]

Já, no que tange ao CPC/2015, nota-se, de forma expressa, a previsão do presente princípio em casos, por exemplo, relativos aos Embargos de Declaração.

Neste sentido, estabelece o §3º do art. 1.024 do novel *codex* que o Órgão Julgador dos Embargos de Declaração poderá conhecê-lo como Agravo Interno, caso seja este recurso cabível, cabendo neste caso a intimação do recorrente para fins de complementar as razões recursais, de modo a ajustá-las às exigências do recurso, isto no prazo de 5 (cinco) dias. *In verbis*:

> *Art. 1.024:*
>
> *(...)*

12. "DIREITO PROCESSUAL CIVIL. RECURSO ESPECIAL. AÇÃO DE CANCELAMENTO DE PROTESTO CUMULADA COM COMPENSAÇÃO DE DANOS MORAIS. INTERPOSIÇÃO DE UM ÚNICO RECURSO PARA ATACAR TRÊS DECISÕES DISTINTAS. POSSIBILIDADE." (STJ.3T. REsp. n. 1.628.773 - GO (2016/0255170-0). Rel. Min. Nancy Andrighi. Julg. 21.05.2019).

13. No tocante ao processamento da fungibilidade recursal, merece realce aqui apontamento de Teresa Arruda Alvim Wambier sobre a matéria: "Para que haja a fungibilidade, não há a necessidade da possibilidade de conversão de uma medida na outra. Acho que a aplicabilidade plena, do princípio da fungibilidade, harmônica e em conformidade com os Princípios Constitucionais, leva à necessidade de que o Judiciário aceite uma medida por outra e não converta uma medida na outra. Porque há muitos casos em que os entraves procedimentais são muitos e que essa conversão seria extremamente problemática". WAMBIER, Teresa Arruda Alvim. O agravo e o conceito de sentença. *In*: *Revista de Processo*. ano 32, vol. 144, São Paulo, RT, fevereiro de 2007, p. 245.

> *§ 3º O órgão julgador conhecerá dos embargos de declaração como agravo interno se entender ser este o recurso cabível, desde que determine previamente a intimação do recorrente para, no prazo de 5 (cinco) dias, complementar as razões recursais, de modo a ajustá-las às exigências do art. 1.021, § 1º.*

Insta ressaltar que a previsão expressa do cabimento do Agravo Interno encontra no CPC/2015, mais precisamente no art. 1.021 e seus parágrafos, tendo seu *caput* a indicar o cabimento do presente Agravo em face de decisão proferida pelo relator, sendo ele impetrado para o respectivo órgão colegiado, observadas quanto ao processamento, as regras do regimento interno do Tribunal endereçado.

Por outro lado, o art. 1.022 apresenta os casuísmos aos quais se abrigam as possibilidades de impetração dos Embargos de Declaração:

> *Art. 1.022. Cabem embargos de declaração contra qualquer decisão judicial para:*
>
> *I – esclarecer obscuridade ou eliminar contradição;*
>
> *II – suprir omissão de ponto ou questão sobre o qual devia se pronunciar o juiz de ofício ou a requerimento;*
>
> *III – corrigir erro material.*
>
> *Parágrafo único. Considera-se omissa a decisão que:*
>
> *I - deixe de se manifestar sobre tese firmada em julgamento de casos repetitivos ou em incidente de assunção de competência aplicável ao caso sob julgamento;*
>
> *II - incorra em qualquer das condutas descritas no art. 489, § 1º.*

Nota-se que diante da possibilidade expressa de fungibilidade, ainda que não haja a omissão *in concreto* infringindo, por exemplo, o princípio da congruência, como nas hipóteses do inciso I do parágrafo único, a impetração dos Embargos de Declaração encontra lugar, pois que, hipoteticamente, achou por bem o legislador reconhecer ali omissão, isto pela própria necessidade de controle uniforme do sistema de decisões vinculantes, exigindo do magistrado a manifestação em seus julgados daquilo que já fora tido, *v.g.*, como tese firmada em julgamento de demandas repetitivas.

Nisso, nada impediria que, ao se rebelar o recorrente contra decisão do Relator e daí, interpondo os citados Embargos e não encontrando lugar este, possa o órgão Judicial competente recebê-lo como se Agravo Interno fosse, visto que razoável seria o seu reconhecimento em virtude de acostar em seu julgado, equivocadamente, tese firmada decorrente de julgamento em caso repetitivo sem consonância com o assunto da lide, ou mesmo em hipóteses do art. 489, §1º, onde ao se achar que o órgão julgador não fundamentou a decisão e que a princípio, fundamentada fora, mas que o argumento dos Embargos impetrados avançou em demais conteúdos, havendo por bem aproveitá-los em forma de Agravo Interno.

Em sede jurisprudencial, a 3ª Turma do STJ reconheceu também a possibilidade de fungibilidade entre os recursos de Apelação e Agravo de Instrumento, mais especificamente na Ação de Exigir Contas, na decisão referente a sua 1ª fase (art.550 e ss. do CPC, §5°). Em verdade, trata-se da situação à qual a depender da natureza da decisão que se prolata, haverá de ocorrer efeitos distintos.

Assim, entendeu o julgamento daquela turma que, uma vez ocorrendo reconhecimento de que o pronunciamento jurisdicional que encerra a 1ª fase de tal procedimento da *Actio* acima referida possui, a depender do conteúdo, diferentes naturezas jurídicas, decorrerá a conclusão inarredável de que o recurso interponível se definirá secundum eventum litis, pois, se julgada procedente a 1ª fase, caberá agravo de instrumento (artigo 1.015, II, do CPC), outrossim, se julgado improcedente ou extinto o processo sem resolução de mérito naquela 1ªfase, o recurso cabível será o da apelação (artigo 1.009, *caput*, do CPC).

Porém, frisa a relatora do REsp n. 1.746.337 – RS, Ministra Nancy Andrighi, que havendo dúvida na doutrina sobre o cabimento do agravo de instrumento ou da apelação, deve ser aplicado o princípio da fungibilidade recursal, afastando-se a hipótese de erro grosseiro na escolha da parte.[14]

Por fim, o princípio da ***reformatio in pejus*** repousa na ideia de que não se admite no Direito Processual Civil pátrio que o recorrente possa ter o risco de ver sua situação piorada, decorrente de resultado do julgamento do próprio recurso por ela impetrado[15], ou seja, que possa ser imposto ao recorrente um gravame maior do que aquele constante da decisão reexaminada em sede recursal e ainda, vale lembrar que não tenha sido objeto, igualmente, de recurso

---

14. CIVIL. PROCESSUAL CIVIL. AÇÃO DE EXIGIR CONTAS. NEGATIVA DE PRESTAÇÃO JURISDICIONAL E OMISSÃO. INOCORRÊNCIA. PRONUNCIAMENTO JURISDICIONAL QUE JULGA A PRIMEIRA FASE DA AÇÃO DE EXIGIR CONTAS. NATUREZA JURÍDICA NO CPC/15. DÚVIDA ACERCA DA NATUREZA DE SENTENÇA, IMPUGNÁVEL POR APELAÇÃO, OU DA NATUREZA DE DECISÃO INTERLOCUTÓRIA, IMPUGNÁVEL POR AGRAVO DE INSTRUMENTO. MODIFICAÇÃO SUBSTANCIAL, PELO CPC/15, DOS CONCEITOS DE SENTENÇA, DEFINIDA A PARTIR DE CRITÉRIO FINALÍSTICO E SUBSTANCIAL, E DE DECISÃO INTERLOCUTÓRIA, DEFINIDA A PARTIR DE CRITÉRIO RESIDUAL. ATO JUDICIAL QUE ENCERRA A PRIMEIRA FASE. NECESSIDADE DE OBSERVÂNCIA DO CONTEÚDO. PROCEDÊNCIA DO PEDIDO QUE RESULTA EM DECISÃO PARCIAL DE MÉRITO RECORRÍVEL POR AGRAVO. IMPROCEDÊNCIA DO PEDIDO OU EXTINÇÃO SEM RESOLUÇÃO DO MÉRITO QUE RESULTAM EM SENTENÇA RECORRÍVEL POR APELAÇÃO. CONTROVÉRSIA DOUTRINÁRIA E JURISPRUDENCIAL. DÚVIDA OBJETIVA. INEXISTÊNCIA DE ERRO GROSSEIRO. **APLICAÇÃO DO PRINCÍPIO DA FUNGIBILIDADE RECURSAL.** PRETENSÃO GENÉRICA DE EXIGIR CONTAS. INOCORRÊNCIA. DESCRIÇÃO SUFICIENTE NA PETIÇÃO INICIAL E DELIMITAÇÃO JUDICIAL NA DECISÃO JUDICIAL QUE JULGOU PROCEDENTE O PEDIDO. ART. 54, §2º, DA LEI Nº 8.245/91. FACULDADE DO LOCATÁRIO. IMPEDIMENTO A PROPOSITURA DA AÇÃO DE EXIGIR CONTAS. INOCORRÊNCIA. (STJ. 3 T. REsp. n. 1.746.337 – RS. Rel. Min. Nancy Andrighi. Julg. 09.04.2019). Grifo nosso.

15. Cf. BARBOSA MOREIRA, José Carlos. *Comentários ao Código de Processo Civil.* 7 ed. Rio de Janeiro: Forense, 1998, p.426.

do adversário do recorrente, como de fato acontece no denominado Recurso Adesivo.[16]

Lado outro, importante se faz analisar regra decorrente do art. 1.013, §3º do CPC, esta que permite ao Tribunal em sede de recurso de apelação, decidir desde logo mérito da causa, portanto, sem aguardar o pronunciamento do juízo de 1º grau, desde que o processo já esteja em condições de imediato julgamento.

Para tanto, o dispositivo supra elenca em quais conteúdos se encontra dita prerrogativa de julgamento:

> *I - reformar sentença fundada no art. 485;*
>
> *II - decretar a nulidade da sentença por não ser ela congruente com os limites do pedido ou da causa de pedir;*
>
> *III - constatar a omissão no exame de um dos pedidos, hipótese em que poderá julgá-lo;*
>
> *IV - decretar a nulidade de sentença por falta de fundamentação.*

É preciso tecer algumas observações decorrentes de tais regras.

Em primeiro, tem-se que o legislador deixou por inteira conveniência do órgão de 2º grau a decisão de julgar ou não o conteúdo dito "maduro", nisso cremos que há de se observar dado desrespeito ao próprio princípio dispositivo (art.2º do CPC) da parte recorrente em desejar ou não o enfrentamento da matéria em grau recursal, sendo perfeitamente possível, por exemplo, o autor recorrer de uma sentença que extinguiu o feito em 1º grau por ausência de condições da ação (art.485, VI) e, ao recorrer para que mesma seja reformada, possibilitando o retorno dos autos ao 1º grau, se vê ampliado o seu julgamento para questões não suscitadas pelo mesmo, por meio de entendimento unívoco do órgão recursal quanto à qualidade do conteúdo de imediato julgamento, isso sem sequer operados debates pelas partes em sede recursal.

Malgrado, nota-se daí ser possível a mitigação ao princípio da *reformatio in pejus*, pois que diante de uma sentença sem resolução de mérito sobre a pretensão acostada em 1º grau, pode o apelante se deparar com uma decisão de improcedência de seu pedido em 2º grau.[17]

Ainda, na mesma seara hipotética da regra em questão, é possível notar flagrante agressão ao princípio do contraditório efetivo e substancial (arts. 9º

---

16. No mesmo sentido, THEODORO JÚNIOR, Humberto. *Curso de Direito Processual Civil*. Vol. I. 47 ed. Rio de Janeiro: Forense, 2007, p.634.

17. O STJ, ainda sob a égide do CPC revogado, teve o seguinte entendimento sobre a matéria: "No julgamento do mérito subsequente à cassação da sentença terminativa, é permitido ao tribunal decretar a improcedência da demanda, sem que isso esbarre nas vedações à reformatio in pejus" (STJ. 2ºT. REsp 859595/RJ. Min. Eliana Calmon. Julg. em 21.08.2008, *DJe* 14.10.2008).

e 10 do CPC), pois que são vedados julgamentos sobre questões não propostas pela parte, decisões sobre questões sem submissão prévia a ambas as partes e ainda decisões com base em fundamento a respeito do qual não se tenha dado àquelas partes oportunidade de se manifestarem, mesmo que se trate de matéria sobre a qual se deva decidir de ofício.

É certo que ainda em sede do CPC/1973, o Superior Tribunal de Justiça já havia se pronunciado sobre a temática, que naquele *Codex* se encontrava disposta no art.515, §3º, *ex vi*:

"A aplicação prática do art. 515, §3º independe de pedido expresso do apelante, basta que o tribunal considere a cauda pronta para julgamento."[18]

Não obstante a isso, já era mais que cediça as dificuldades em sede pretoriana, de se ler as regras processuais à luz da sua necessária de constitucionalidade.

Avançando mais sobre a *questio* que envolve a "causa madura", o legislador do CPC/2015, mais precisamente no §4º do art. 1.013, estendeu tal lógica também para julgamentos de mérito em 1º grau, ao prescrever que:

"§ 4º Quando reformar sentença que reconheça a decadência ou a prescrição, o tribunal, se possível, julgará o mérito, examinando as demais questões, sem determinar o retorno do processo ao juízo de primeiro grau."

Por tudo, atenta-se aí que os problemas já pontuados quando do enfrentamento do §3º do art.1.013 supra acendem do mesmo modo no §4º, onde temos que, cassando a decisão de mérito, o Tribunal poderá passar a enfrentar outras matérias possivelmente não atacadas pelo recorrente em suas razões de Apelação, o que se continua a negar uma leitura das regras da "causa madura" à luz da principiologia constitucional, esta que no plano formal se faz precisamente absorvida, mas que requer, necessariamente, o seu alcance pragmático, a fim de possibilitar a realização efetiva de um processo justo e por isso, democrático.

2.4 RECURSO ADESIVO

No caso de a decisão gerar prejuízo a ambas as partes, sucumbência recíproca, qualquer delas poderá recorrer no prazo comum. Nessas circunstâncias, pode ocorrer que uma das partes, conforme com a decisão, não interponha o recurso cabível no prazo legal que, como foi dito, é comum. Em seguida, surpreendida com o recurso da outra parte, que coíbe o trânsito em julgado e tem o poder de fazer subir os autos para superior instância, permite-se que faça a sua adesão ao recurso da parte contrária, ou seja, que no prazo para expor suas contrarrazões apresente também recurso quanto à parte que sucumbiu, aproveitando-se da iniciativa da mesma.

18. STJ. 4º T. REsp 836.932/RO, Rel. Min. Fernando Gonçalves, Julg. Em 06.11.2008, *DJe* 24.11.2008.

Deste modo, o novel CPC, quase que manteve o regramento do art. 500 do CPC/1973, apontando, no entanto, a admissibilidade do recurso adesivo aos recursos da Apelação, Extraordinário e Especial:

> *Art. 997 Cada parte interporá o recurso, independentemente, no prazo e em observância às exigências legais.*
>
> *§ 1º Sendo vencidos autor e réu, ao recurso interposto por qualquer deles poderá aderir o outro.*
>
> *§ 2º O recurso adesivo fica subordinado ao recurso independente, sendo-lhe aplicáveis as mesmas regras deste quanto aos requisitos de admissibilidade e julgamento no tribunal, salvo disposição legal diversa, observado, ainda, o seguinte:*
>
> *I – será dirigido ao órgão perante o qual o recurso independente fora interposto, no prazo de que a parte dispõe para responder;*
>
> *II – será admissível na apelação, no recurso extraordinário e no recurso especial;*
>
> *III – não será conhecido, se houver desistência do recurso principal ou se for ele considerado inadmissível.*

Pode-se notar que o recurso adesivo deve ser interposto no prazo para a resposta do recurso principal, conquanto se deva registrar que a sua interposição não substitui a apresentação das contrarrazões que devem ser expressas em petição autônoma. As mesmas normas do recurso independente quanto às condições de admissibilidade e julgamento no tribunal superior, são aplicadas no recurso adesivo, ou seja, não é suficiente que o recurso principal seja admitido; é preciso que ainda o recurso adesivo satisfaça todos os requisitos de admissibilidade a ele exigidos.

Outrora, no parágrafo único do art. 500 do CPC/1973,[19] o legislador fazia questão de mencionar o requisito do "preparo" em separado das condições de admissibilidade, ambos relativos ao recurso principal, como subordinação a que o adesivo deveria respeitar.

Já, art. 997 do CPC/2015 não fez menção explicita ao preparo, certamente pelo fato de o próprio "preparo" ser, verdadeiramente, um dos requisitos de admissibilidade, não necessitando de traduzi-lo literalmente, mas o deixando em aplicação à disposição legal diversa, ou seja, seguindo o recurso principal quando da exigência de este possuir preparo ou não dependendo das Leis de Organização Judiciária do Estado, *in casu*, racionalidade esta cabível aqui ao recurso de apelação.

O rumo do recurso adesivo está submetido ao do recurso principal, isto é, só será conhecido se aquele for conhecido. Quando houver desistência, deserção ou de não ser admitido o recurso principal, o adesivo também fica prejudicado.

---

19. "*Parágrafo único. Ao recurso adesivo se aplicam as mesmas regras do recurso independente, quanto às condições de admissibilidade, preparo e julgamento no tribunal superior.*"

2.5 REQUISITOS DE ADMISSIBILIDADE

Há quanto ao número e classificação dos requisitos de admissibilidade dos recursos no processo civil, alguma discordância na doutrina. Alguns autores classificam os requisitos em "objetivos e subjetivos", outros os classificam em "intrínsecos e extrínsecos". De modo geral, os requisitos de admissibilidade podem ser classificados da seguinte maneira: I – requisitos subjetivos, ou intrínsecos, reunindo legitimidade e inexistência de fato impeditivo; II – requisitos objetivos, ou extrínsecos, reunindo recorribilidade da decisão, adequação do recurso, tempestividade, preparo, forma e motivação.

2.5.1 LEGITIMIDADE

O vencido, o terceiro prejudicado e o Ministério Público[20] possuem legitimidade para recorrer conforme dispõe o art. 996 do CPC.

Denomina-se vencida a parte, autor ou réu, cujo pedido foi desatendido, total ou parcialmente, pelo juiz, ou seja, aquele que sofreu a sucumbência quer total ou parcial.

Pode-se ainda considerar vencido o litisconsorte bem como aqueles partícipes de uma intervenção de terceiros.

Já o terceiro prejudicado é a pessoa estranha ao processo que é atingida, mesmo que por via reflexa, pela sentença (*v.g.*, adquirente de direito material litigioso, fiador, avalista etc.). Em sintonia com o próprio sistema processual que condiciona o interesse jurídico como fundamental para se intervir em uma relação jurídica processual, o parágrafo único do art. 996 do CPC, expressa em bom sentido, dita possibilidade interventiva recursal, inclusive, estendendo-a a hipóteses não somente relativas a um terceiro prejudicado como titular do direito, como também a um possível substituto processual do referido "terceiro prejudicado" apto a participar da demanda enquanto tal, conforme se observa em situações triviais - *v.g.*, sindicatos, partidos políticos etc., de acordo com o dispositivo infra:

> *Art. 996*
>
> *(...)*
>
> *Parágrafo único. Cumpre ao terceiro demonstrar a possibilidade de a decisão sobre a relação jurídica submetida à apreciação judicial atingir direito de que se afirme titular ou que possa discutir em juízo como substituto processual.*

O Ministério Público, por sua vez, possui legitimidade para recorrer nos processos em que é parte, bem como naqueles em que oficia como fiscal da ordem jurídica, nas palavras do *caput* do art. 996.

20. Súmula n.99 do STJ: "O Ministério Publico tem legitimidade para recorrer no processo em que oficiou como fiscal da lei, ainda que não haja recurso da parte."

O recorrente, qualquer que seja, deve manifestar seu interesse na reforma parcial ou total da decisão, dado que a ele é concedido o direito de impugnar no todo ou em parte o ato judicial entendido como insatisfatório (art. 1.002 do CPC). Tal interesse deve sempre basear-se na demonstração da ocorrência do binômio "utilidade e necessidade": utilidade da providência judicial pleiteada; necessidade da via que se escolhe para obter essa providência.

2.5.2 Inexistência de Fato Impeditivo

Está impossibilitado de recorrer aquele que praticou algum ato incompatível com a vontade de recorrer, tal como a renúncia e/ou a aceitação do comando da decisão. A renúncia deve ser clara e pode acontecer apenas antes da interposição recursal e não dependendo da aceitação da outra parte, explicitando tal comando a regra do art. 999 do CPC onde menciona expressamente que "*a renúncia ao direito de recorrer independe da aceitação da outra parte.*"

Já a aceitação do comando da decisão, que pode ser expressa ou tácita (art. 1.000 do CPC), engloba a prática de ato que seja incompatível com a vontade de recorrer, como, por exemplo: nas ações de cobrança, no pagamento da dívida; nas ações de reintegração de posse ou de despejo, na entrega das chaves.

Vale destacar que em sede de Cumprimento Provisório de Sentença (art.520 e ss.), caso o executado compareça tempestivamente e deposite o valor da dívida reconhecida por sentença, ato com a específica finalidade de eximir da multa de 10%, esta que decorre do não pagamento no lapso legal exigido (art.523, §1º do CPC), tal atitude não será tida como incompatível com o ato de se recorrer da decisão judicial que o condenou, portanto, não incidindo aí a racionalidade relativa ou equivalente a uma renúncia tácita, como bem regula o §3º do art. 520 do CPC).

2.5.3 Recorribilidade da Decisão

Conforme já pronunciado em letras anteriores, apenas os atos judiciais que, de acordo com os arts. 203, §§1º e 2º e 204 do CPC, constituem-se em sentenças, decisões interlocutórias, e acórdãos, estão sujeitos a recurso.[21]

Neste sentido, não é toda decisão judicial que admite recurso, tais como despachos de mero expediente, estes previstos no §4º do art. 203 do CPC, nos quais, mesmo que "aparentemente", inexista lesividade para as partes, sendo assim, irrecorríveis.

Por outro lado, em sintonia com o que já fora pontuado anteriormente, o termo despacho é por vezes usado de forma inadequada, como no caso do "despacho saneador", ainda de uso corrente nos foros em geral e que, como é notório, compreende decisão a respeito de questões incidentes, sujeitas, então, a recurso. Logo, é importante ter certeza de que o "despacho" é, realmen-

21. Ver item 2.2.

te, de mero expediente (*v.g.*, determinando sejam os autos enviados ao MP; determinando a juntada aos autos de petição; determinando ao autor que se manifeste sobre documentos juntados pelo réu etc.), ou então oculta uma decisão sobre questão incidente levantada pelas partes e, neste sentido, causando prejuízo, mesmo que processual a quaisquer delas, caracterizando-se em típica decisão interlocutória, desafiando quando possível, o recurso de agravo de instrumento.

Vale ressaltar, no entanto, que pelo regime do Código de Processo Civil/2015, o cabimento do Agravo de Instrumento está disciplinado em *numerus clausus*, consignando a tipificação da matéria que estará disposta a recepcionar o recurso em tela.

Nisto temos que:

> *Art. 1.015. Cabe agravo de instrumento contra as decisões interlocutórias que versarem sobre:*
>
> *I – tutelas provisórias;*
>
> *II – mérito do processo;*
>
> *III – rejeição da alegação de convenção de arbitragem;*
>
> *IV – incidente de desconsideração da personalidade jurídica;*
>
> *V – rejeição do pedido de gratuidade da justiça ou acolhimento do pedido de sua revogação;*
>
> *VI – exibição ou posse de documento ou coisa;*
>
> *VII – exclusão de litisconsorte;*
>
> *VIII – rejeição do pedido de limitação do litisconsórcio;*
>
> *IX – admissão ou inadmissão de intervenção de terceiros;*
>
> *X – concessão, modificação ou revogação do efeito suspensivo aos embargos à execução;*
>
> *XI – redistribuição do ônus da prova nos termos do art. 373, § 1º;*
>
> *XII – (VETADO)*
>
> *XIII – outros casos expressamente referidos em lei.*
>
> *Parágrafo único. Também caberá agravo de instrumento contra decisões interlocutórias proferidas na fase de liquidação de sentença ou de cumprimento de sentença, no processo de execução e no processo de inventário.*

Assim, em não estando enquadrado nas hipóteses legais,[22] o manejo recursal frente às interlocutórias prejudiciais será objeto de Apelação, devendo o recorrente ou recorrido, portanto, em sede das razões ou contrarrazões da

22. Ressalta-se a decisão do STJ em sede de Recursos Repetitivos, por meio de sua Corte Especial no REsp n. 1.696.396-MT (2017/0226287-4), de relatoria da Ministra Nancy Andrighi e com julgamento em 05.12.2018, que fixou tese jurídica autorizadora da taxatividade mitigada na interpretação do art. 1.015, nos termos em que *"o rol do art. 1.015 do CPC é de taxatividade mitigada, por*

própria Apelação, pontuar o conteúdo do *decisum* interlocutório que quer seja enfrentado antes da análise do mérito do citado recurso interposto, a fim de que o Tribunal dele conheça primeiro, em consonância com o que dita o art. 1.009 do CPC:

> *Art. 1.009. Da sentença cabe apelação.*
>
> *§ 1º As questões resolvidas na fase de conhecimento, se a decisão a seu respeito não comportar agravo de instrumento, não são cobertas pela preclusão e devem ser suscitadas em preliminar de apelação, eventualmente interposta contra a decisão final, ou nas contrarrazões.*
>
> *§ 2º Se as questões referidas no § 1º forem suscitadas em contrarrazões, o recorrente será intimado para, em 15 (quinze) dias, manifestar-se a respeito delas.*
>
> *§ 3º O disposto no caput deste artigo aplica-se mesmo quando as questões mencionadas no art. 1.015 integrarem capítulo da sentença.*

Apenas a título de apontamento, é de se registrar que o CPC/2015 impõe à parte recorrente e recorrida um novo ônus. Trata-se da nova incidência de honorários advocatícios em sede recursal, conforme reconhece o §1º de seu art. 85, nos seguintes termos:

> *"§ 1º São devidos honorários advocatícios na reconvenção, no cumprimento de sentença, provisório ou definitivo, na execução, resistida ou não, e nos recursos interpostos, cumulativamente."*

Reforça tal dispositivo, os §§11 e 12 do art. 85:

> *§ 11. O tribunal, ao julgar recurso, majorará os honorários fixados anteriormente levando em conta o trabalho adicional realizado em grau recursal, observando, conforme o caso, o disposto nos §§ 2º a 6º, sendo vedado ao tribunal, no cômputo geral da fixação de honorários devidos ao advogado do vencedor, ultrapassar os respectivos limites estabelecidos nos §§ 2º e 3º para a fase de conhecimento.*
>
> *§ 12. Os honorários referidos no § 11 são cumuláveis com multas e outras sanções processuais, inclusive as previstas no art. 77.*

Nota-se com isso, o reforço na ideia de desestimular qualquer das partes a recorrer de julgados, querendo o legislador imprimir melhor compromisso com o respeito a decisões originárias.

Lado outro, insta destacar que os honorários advocatícios merecem tal prestígio, sobretudo, em razão de atividades distintas a se realizar quando alçado trabalho em grau recursal, sobrelevando no CPC/2015 o reconhecimento mais do que merecido de seu status alimentar, gozando dos mesmos privilé-

---

isso admite a interposição de agravo de instrumento quando verificada a urgência decorrente da inutilidade do julgamento da questão no recurso de apelação."

Mais profundamente sobre om assunto, confira na presente obra o Capítulo 14, este relativo aos Recursos em Espécie.

gios dos créditos decorrentes da legislação laboral, conforme bem destaca o §14 do art. 85, em registro:

> *"§ 14. Os honorários constituem direito do advogado e têm natureza alimentar, com os mesmos privilégios dos créditos oriundos da legislação do trabalho, sendo vedada a compensação em caso de sucumbência parcial."*

2.5.4 ADEQUAÇÃO DO RECURSO

O recurso que vai ser interposto não pode ser escolhido pelo vencido uma vez que o ordenamento já estabelece qual a via recursal específica contra cada tipo de decisão judicial que se quer enfrentar (princípio da singularidade). Assim, deve o recurso ser adequado a fim de impugnar o ato decisório de acordo com o previsto na lei processual.

A interposição de um recurso por outro pode induzir ao seu não conhecimento já que são muitas as diversidades entre as vias recursais. Contudo, caso o recorrente não cometa erro teratológico e estando o recurso tempestivo, entendemos ser possível a admissibilidade do mesmo, tudo em prestígio ao princípio da fungibilidade dos recursos já por nós enfrentado devidamente no item 2.3.[23]

2.5.5 TEMPESTIVIDADE

As pessoas que podem legalmente recorrer devem fazê-lo dentro do prazo legal, dado não ser possível a interposição de recurso fora do lapso temporal previsto, ou seja, de forma intempestiva.[24]

Os prazos – fatais e peremptórios - variam de recurso para recurso, cabendo ressaltar que o CPC/2015 procurou, praticamente, uniformizar o lapso temporal dos recursos por ele regulado, considerando o prazo de 15 (quinze) dias para todos os recursos catalogados no art. 994, exceto quanto aos Embargos de Declaração, este que se manteve no mesmo prazo do CPC/1973 – 5 (cinco) dias – conforme nos informa o §5º do art. 1.003:

> *§ 5º Excetuados os embargos de declaração, o prazo para interpor os recursos e para responder-lhes é de 15 (quinze) dias.*

---

23. No CPC, conforme assinalado alhures, temos reconhecidamente pelo texto legal a hipótese de fungibilidade entre os Embargos de Declaração e o Agravo interno:
"Art. 1.024:
(...)
§ 3º O órgão julgador conhecerá dos embargos de declaração como agravo interno se entender ser este o recurso cabível, desde que determine previamente a intimação do recorrente para, no prazo de 5 (cinco dias), complementar as razões recursais, de modo a ajustá-las às exigências do art. 1.021, § 1º."

24. Enunciado n.. 22 do FPPC: "O Tribunal não poderá julgar extemporâneo ou intempestivo recurso, na instância ordinária ou na extraordinária, interposto antes da abertura do prazo."

Quanto à contagem dos prazos para a interposição recursal, estabelece o art. 1.003 do CPC o que se segue:

> *Art. 1.003. O prazo para interposição de recurso conta-se da data em que os advogados, a sociedade de advogados, a Advocacia Pública, a Defensoria Pública ou o Ministério Público são intimados da decisão.*
>
> *§1º Os sujeitos previstos no caput considerar-se-ão intimados em audiência quando nesta for proferida a decisão.*
>
> *§ 2º Aplica-se o disposto no art. 231, incisos I a VI, ao prazo de interposição de recurso pelo réu contra decisão proferida anteriormente à citação.*

Nota-se disso que, caso a prolação da decisão se der em audiência, os entes arrolados no *caput* do art. 1.003 já se darão por intimados, ao passo que, não sendo a decisão proferida em audiência, os mesmo serão intimados na forma como disciplina os incisos I ao VIII do art. 231.

Daí que, a partir da referência aos incisos I ao VIII do art. 231, é que teremos a incidência de importantes conteúdos relativos à contagem, inclusive, em sede de publicação eletrônica. *In verbis*:

> *Art. 231. Salvo disposição em sentido diverso, considera-se dia do começo do prazo:*
>
> *I – a data de juntada aos autos do aviso de recebimento, quando a citação ou a intimação for pelo correio;*
>
> *II – a data de juntada aos autos do mandado cumprido, quando a citação ou a intimação for por oficial de justiça;*
>
> *III – a data de ocorrência da citação ou da intimação, quando ela se der por ato do escrivão ou do chefe de secretaria;*
>
> *IV – o dia útil seguinte ao fim da dilação assinada pelo juiz, quando a citação ou a intimação for por edital;*
>
> *V – o dia útil seguinte à consulta ao teor da citação ou da intimação ou ao término do prazo para que a consulta se dê, quando a citação ou a intimação for eletrônica;*
>
> *VI – a data de juntada do comunicado de que trata o art. 232 ou, não havendo esse, a data de juntada da carta aos autos de origem devidamente cumprida, quando a citação ou a intimação se realizar em cumprimento de carta;*
>
> *VII – a data de publicação, quando a intimação se der pelo Diário da Justiça impresso ou eletrônico;*
>
> *VIII – o dia da carga, quando a intimação se der por meio da retirada dos autos, em carga, do cartório ou da secretaria.*

Neste ínterim ainda, o Código de Processo Civil propõe relevante modificação quanto aos prazos contados em dias, o que repercute, diretamente, nos prazos recursais.

Frisa o art. 219 que, na contagem de prazos em dias, sejam eles legais ou judiciais, computar-se-ão tão somente em dias úteis, o que, de fato, resta verdadeira e efetiva a própria possibilidade da prática dos mesmos, muito mais pelo aspecto material do ato e seu manejo pelo servidor do foro diante da receptividade forense em si do que por sua própria prática, já que pela via eletrônica nada impediria a relação entre dia útil ou não para a prática do ato e seu recebimento, não obstante sabermos que, a bem da verdade, a realidade de acesso aos meios eletrônicos pela população e mesmo sua crescente dinâmica em um território de dimensões continentais como é o Brasil, ainda se situa em uma realidade turva e aquém do desejado,[25] agravando-se ainda mais quando se trata do uso da rede mundial de computadores no sistema de "banda larga", este otimizador de transferência de dados em velocidade adequada, seja pelo acesso quanto pelo volume dos dados que se quer transmitir e arquivos que se deseja transferir.[26]

Sensível às mais variadas questões, sobretudo aquelas de ordens geográficas, que, para nós, saltam-se aos olhos neste imenso país, o *caput* do art. 222 do CPC concedeu poderes ao juiz para exceder, quando necessário e por até 2 (dois) meses aos prazos a que está submetida qualquer das partes na seguinte situação hipotética:

> *"Art. 222. Na comarca, seção ou subseção judiciária onde for difícil o transporte, o juiz poderá prorrogar os prazos por até 2 (dois) meses."*

---

25. No Brasil, 59% da população está conectada à internet, segundo relatório sobre economia digital divulgado pela Conferência das Nações Unidas sobre Comércio e Desenvolvimento (UNCTAD).
Mesmo com tal contigente de brasileiros conectados, dados da pesquisa TIC Domicílios, do Núcleo de Informação e Comunicação do Comitê Gestor da Internet (CGI-Br), apontam que ainda há desigualdade no acesso à internet. De acordo com o levantamento, divulgado em setembro, o percentual de lares conectados é de 59% nos centros urbanos, contra 26% nas áreas rurais. No recorte regional, o índice é de 40% no Nordeste, contra 64% no Sudeste.
A disparidade também aparece quando observada a situação econômica. De acordo com a pesquisa do CGI-Br, a internet está em 29% das casas com famílias com renda de até um salário mínimo, contra um índice de 97% naquelas que ganham até 10 salários mínimos. Enquanto na classe A a penetração é de 98%, nas classes D e E ela fica em 23%. Disponível em :http://agenciabrasil.ebc.com.br/geral/noticia/2017-10/relatorio-aponta-brasil-como-quarto-pais-emnumer o-de-usuarios-de-internet. Acesso em 01.11.2019..

26. Segundo a pesquisa "Barômetro Cisco" (pesquisa que mede a evolução da adoção das tecnologias de acesso à Internet em banda larga no País), existem apenas 5,8 conexões fixas de banda larga para cada 100 brasileiros, sendo que a grande maioria da população ainda é obrigada a navegar aos trancos e barrancos da conexão discada, aquela que às vezes pega, às vezes não pega, que ocupa a linha do telefone e obriga o usuário a navegar de olho no relógio, já que é cobrada por hora. SALVADORI, Fausto. Banda larga no Brasil é cara e ruim; entenda. In: Revista Galileu. 05/2010. Disponível em: <http://www.revistagalileu.globo.com/Revista/Common/0,,EMI138571-17770,00BANDA+LARGA+NO+BRASIL+E+CARA+E+RUIM+ENTENDA.html.> Acesso em: 02.11.2019.
Muito embora o Brasil tenha um contigente de pessoas conectadas acima da média global, a velocidade ainda é ruim e o acesso muito baseado em telefones celulares, com planos pré-pagos e franquias baixas, que muitas vezes não duram até o fim do mês. Disponível em: http://agenciabrasil.ebc.com.br/geral/noticia/2017-10/relatorio-aponta-brasil-como-quarto-pais-emnumer o-de-usuarios-de-internet. Acesso em 02.11.2019.

Os prazos processuais para atos judiciais, na mesma toada, poderão ser excedidos quando o órgão julgador, em qualquer instância, fundamentar-se em motivo justificado para a não prática dos mesmos no lapso temporal definido pelo NCPC. Assim, em ordem, os arts. 226 e 227 do novato ordenamento em tela:

> *Art. 226. O juiz proferirá:*
>
> *I – os despachos no prazo de 5 (cinco) dias;*
>
> *II – as decisões interlocutórias no prazo de 10 (dez) dias;*
>
> *III – as sentenças no prazo de 30 (trinta) dias.*
>
> *Art. 227. Em qualquer grau de jurisdição, havendo motivo justificado, pode o juiz exceder, por igual tempo, os prazos a que está submetido.*

Há de se observar que, no prazo para a interposição do recurso, deverá a petição do mesmo ser protocolada em cartório, ou segundo norma específica de organização judiciária, sempre ressalvado o que se dispuser em regra especial (§3º do art. 1.003 do CPC).

Exemplo de dita "regra especial" encontramos no §2º do art. 1.017 do CPC, mais precisamente com relação ao Agravo de Instrumento, onde o legislador estabelece multiplicidade de opções à interposição do aludido recurso. Assim então é disposto:

> *§ 2º No prazo do recurso, o agravo será interposto por:*
>
> *I – protocolo realizado diretamente no tribunal competente para julgá-lo;*
>
> *II – protocolo realizado na própria comarca, seção ou subseção judiciárias;*
>
> *III – postagem, sob registro, com aviso de recebimento;*
>
> *IV – transmissão de dados tipo fac-símile, nos termos da lei;*
>
> *V – outra forma prevista em lei.*

Deverá o recorrente sempre comprovar a ocorrência de feriado local no ato de interposição do recurso (§6º do art. 1.003 do CPC), sob pena de vê-lo ser inadmitido em caso de intempestividade, configurando-se, inclusive, vício insanável.[27] No entanto, e do qual concordamos por se tratar de vício sanável, sobretudo pelo novel apoio do art. 932, par. Único, o Enunciado n. 66 da I Jornada de Direito Processual Civil do Conselho da Justiça Federal (CJF) estabelece posição diametricamente oposta, nos seguintes termos:

"Admite-se a correção da falta de comprovação do feriado local ou da suspensão do expediente forense, posteriormente à interposição do recurso, com fundamento no art. 932, parágrafo único, do CPC."

Ponto de importante realce é aquele que tocava ao modelo do CPC/1973 de conceder prazo em dobro para recorrer à Fazenda Pública, ao Ministério

---

27. A Corte Especial do Superior Tribunal de Justiça, nos mesmos termos, definiu no AREsp 957.821 de relatoria do Min. Raúl Araújo que a falta de comprovação de feriado local ou suspensão de prazo processual no tribunal de origem no momento em que o recurso especial é interposto o torna intempestivo por um vício insanável.

Público bem como ao Defensor Público, ou quem lhe faça as vezes, além das partes com diferentes procuradores.

O CPC/2015 seguiu o mesmo caminho na oferta de dobro do prazo recursal aos entes apontados alhures.

Assim, a União, dos Estados, do Distrito Federal, dos Municípios bem como as suas autarquias e fundações de direito público, em vista do interesse público que cerca as demandas que os envolvem e para fins de se evitar que este seja corroído pelas dificuldades administrativas de auto-organização, terão os prazos serão contados em dobro para todas as suas manifestações processuais, cuja contagem terá início a partir da intimação pessoal (art. 183, *caput*). O mesmo se estende para o Ministério Público (art. 180, *caput*) e Defensoria Pública (art. 186, *caput*).

Coube ao legislador, por conseguinte, conceder tal benefício do prazo em dobro aos escritórios de prática jurídica das faculdades de Direito reconhecidas na forma da lei e às entidades que prestam assistência jurídica gratuita em razão de convênios firmados com a Defensoria Pública, conforme assegura o §3º do art. 186 do CPC.

Há de se atentar que, para todos os beneficiários do lapso temporal em dobro supracitados, não será aplicado a benesse da contagem dobrada quando a lei estabelecer, de forma expressa, prazo próprio para qualquer deles.

Ressalta-se que as sociedades de economia mista e empresas públicas não se aplica o presente benefício, já que possuem regime jurídico de direito privado e como cediço, integram apenas a administração indireta, de acordo com o Decreto-lei 200, de 25.02.1967.[28]

No caso de litisconsórcios com diferentes procuradores, de escritórios de advocacia distintos, terão eles os prazos contados em dobro para todas as suas manifestações, em qualquer juízo ou tribunal, independentemente de requerimento, de acordo com o *caput* do art. 229. No entanto, cessará a contagem do prazo em dobro quando, havendo apenas 2 (dois) réus, é oferecida defesa por apenas um deles (§1º do art. 229). Nesta hipótese, tornando-se revel um dos litisconsortes, não haverá de se falar mais em prazos em dobro para ambos se manifestarem nos autos do processo.

Tal benefício concedido aos litisconsortes na forma supracitada, não se aplica aos processos que tramitam em autos eletrônicos (§2º do art. 229).

Já o terceiro prejudicado dispõe do mesmo prazo que as partes para recorrer.

De acordo com o art. 1.004, caso durante o prazo para a interposição do recurso, venha se dar o falecimento da parte ou de seu advogado ou ocorrer motivo de força maior que suspenda o curso do processo, será aludido prazo

28. STJ. 1ºT. Ag.Rg. no REsp 788.820/RS. Rel. Min. Denise Arruda. Julg.04.09.2008, *DJe* 22.09.2008; STJ. 2ºT. Ag.Rg no REsp 652.055/RS. Rel. Min. Herman Benjamin, Julg, 01.09.2009, *DJe* 08.09.2009.

restituído em proveito da parte, do herdeiro ou do sucessor, contra quem começará a correr novamente após a intimação.

Destaca-se ainda que a interposição de embargos de declaração terá o efeito de interromper o prazo para a interposição de outros recursos (art. 1.026, *caput* do CPC). Assim, o prazo integral voltará a correr somente após a intimação da decisão sobre os embargos (art. 1.003, *caput* do CPC).

2.5.6 Preparo

Denomina-se preparo o recolhimento das custas e despesas processuais, até mesmo porte de remessa e retorno dos autos. Compete ao recorrente, no caso da interposição de recurso e desde que exigível, comprovar o preparo, ou seja, o pagamento das custas e despesas processuais, sob pena de o mesmo ser considerado deserto (art. 1.007, *caput* do CPC), isto é, descabido, abandonado, gerando a coisa julgada da decisão recorrida.

Conforme entendimento do STF, não cabe recurso para decisão que revela a pena de deserção.[29]

O art. 1.007 do CPC em seu § 2º estabelece que a insuficiência no valor do preparo, inclusive porte de remessa e de retorno, implicará deserção caso o recorrente, uma vez intimado na pessoa de seu advogado, não venha a supri-lo no prazo de 5 (cinco) dias, esclarecendo ainda o §3º do mesmo dispositivo legal que, tratando-se de processos em autos eletrônicos, os portes de remessa e retorno não são exigíveis.

Regra ainda o novel CPC/2015 que, uma vez não comprovado o recolhimento do preparo, inclusive porte de remessa e retorno no ato da interposição do recurso, o recorrente será intimado na pessoa de seu advogado para realizar o recolhimento em dobro (§4º do art. 1007), sob pena de deserção, valendo destacar que, após dita intimação e respectivo recolhimento, caso venha o recorrente, por eventual lapso, recolher a menos, ou seja, de forma insuficiente, será vedada a complementação (§5º do art. 1007), portanto, caracterizando em recurso deserto.[30/31]

Nesta toada, insta pontuar que o CPC, atento para a possibilidade de justo impedimento do recorrente para realizar o preparo[32] bem como possível

---

29. STF. 1ª T. ARE: 796464 RJ. Rel. Min. Marco Aurélio, Julg. 22.04.2014, *DJe* 16.05.2014.
30. Súmula n.187 do STJ: "É deserto o recurso interposto para o superior tribunal de justiça, quando o recorrente não recolhe, na origem, a importância das despesas de remessa e retorno dos autos."
31. Súmula n.484 do STJ: "Admite-se que o preparo seja efetuado no primeiro dia útil subsequente, quando a interposição do recurso ocorrer após o encerramento do expediente bancário."
32. Em algumas comarcas do Brasil, *v.g.*, do estado de Minas Gerais, tem-se que, diante da ausência de protocolo integrado para a interposição do Agravo de Instrumento, caberá à parte agravante interpô-lo pela via dos correios, o que, indubitavelmente, há custos, o que não é novidade. No entanto, sendo o próprio agravante beneficiário da Justiça Gratuita, em muitos casos, caberá na "boa vontade" de seu advogado o custeamento para a impetração do aludido recurso, situação à

equívoco no preenchimento da guia de custas, situações típicas de ocorrência forense no dia a dia.

Assim dispõe o dito Código:

> *Art. 1007.*
>
> *(...)*
>
> *§ 6º Provando o recorrente justo impedimento, o relator relevará a pena de deserção, por decisão irrecorrível, fixando-lhe prazo de 5 (cinco) dias para efetuar o preparo.*
>
> *§ 7º O equívoco no preenchimento da guia de custas não implicará a aplicação da pena de deserção, cabendo ao relator, na hipótese de dúvida quanto ao recolhimento, intimar o recorrente para sanar o vício no prazo de 5 (cinco) dias.*

Os recursos interpostos pelo Ministério Público, pela União, pelo Distrito Federal, pelos Estados, pelos Municípios, e respectivas autarquias, bem como pelos que gozam de isenção legal, como, por exemplo, os beneficiários da justiça gratuita, estão isentos de preparo, tudo conforme reza no §1º do art. 1.007.

2.5.7 FORMA E MOTIVAÇÃO

Semelhante aos atos processuais em geral, o recurso deve obediência à forma, *modus procedendi*, prevista em lei. Não é possível, por exemplo, interpor o recurso de apelação oralmente. Além disso, a motivação, isto é, os motivos pelos quais o recorrente almeja a modificação da decisão, são pressupostos de admissibilidade do recurso e devem ser oferecidos concomitantemente com a petição de interposição.

3. JUÍZO DE ADMISSIBILIDADE

Juízo de admissibilidade é o controle realizado pelo órgão jurisdicional competente frente ao recurso ora interposto, a fim de se averiguar nele a presença ou não dos necessários requisitos de admissibilidade.

No novel CPC de 2015, tal controle cabe, primordialmente, ao órgão com competência para julgar o recurso (juízo *ad quem*).

Assim, p. ex., quando da interposição da Apelação, caberá ao juízo *a quo* (prolator da decisão recorrida) intimar o apelado para apresentar suas contrarrazões no prazo de 15 (quinze) dias.

---

qual solta aos olhos em não adequá-la a um mínimo de razoabilidade, inclusive para situações que deveriam, a bem da verdade, ser excepcionais.

A Resolução n. 642/2011, esta que dispõe sobre o Serviço de Protocolo Postal no âmbito do Poder Judiciário do Estado de Minas Gerais, tratou de disciplinar a questão supra, nos seguintes termos:

"Art. 3º

(...)

Parágrafo único: Os custos devidos pela utilização do Protocolo de que trata esta Resolução serão de exclusiva responsabilidade do usuário, independentemente do gozo da assistência judiciária gratuita."

Uma vez, apresentada a aludida resposta pelo apelado, o juízo monocrático remeterá os autos para o Tribunal competente, independentemente de qualquer juízo de admissibilidade (§3º do art. 1.010 do CPC).

Neste sentido, temos que

> *Art. 1.010. A apelação, interposta por petição dirigida ao juízo de primeiro grau, conterá:*
>
> *I - os nomes e a qualificação das partes;*
>
> *II - a exposição do fato e do direito;*
>
> *III - as razões do pedido de reforma ou de decretação de nulidade;*
>
> *IV - o pedido de nova decisão.*
>
> *§ 1º O apelado será intimado para apresentar contrarrazões no prazo de 15 (quinze dias).*
>
> *(...)*
>
> *Art. 1.011. Recebido o recurso de apelação no tribunal e distribuído imediatamente, o relator:*
>
> *(...)*

O mesmo se sucede quanto da interposição pelo apelado, de Apelação Adesiva. Uma vez interposta, o juiz *a quo* intimará o apelante para apresentar suas contrarrazões (§2º do art. 1.010), determinando então a remessa dos autos do processo ao juízo *ad quem* (respectivo Tribunal).

Após averiguar a existência dos requisitos de admissibilidade e permitir o seguimento do recurso, fala-se que o juízo *ad quem*, "conheceu o recurso". Tal juízo positivo, uma vez realizado pelo próprio juízo *ad quem* possibilita a apreciação do mérito, ou juízo de mérito, do recurso.

Relevante modificação em tal rito fora realizada pelo advento da Lei n.13.256, de 04.02.2016, esta que disciplina o processo e o julgamento do recurso extraordinário e do recurso especial, alterando a Lei n. 13.105, de 16 de março de 2015 - Código de Processo Civil, e dando ainda outras providências.

Nestes termos, trouxe a referida lei modificações em diversos e consideráveis dispositivos, dentre eles, o art. 1.030 do CPC/2015, com a inclusão de incisos, alíneas e parágrafos, passando então, caso aprovado, à seguinte redação:

> *Art. 1.030. Recebida a petição do recurso pela secretaria do tribunal, o recorrido será intimado para apresentar contrarrazões no prazo de 15 (quinze) dias, findo o qual os autos serão conclusos ao presidente ou ao vice-presidente do tribunal recorrido, que deverá:*
>
> *I - negar seguimento:*
>
> *a) a recurso extraordinário que discuta questão constitucional à qual o Supremo Tribunal Federal não tenha reconhecido a existência de repercussão geral ou a recurso extraordinário interposto contra acórdão que esteja em conformidade com entendimento do Supremo Tribunal Federal exarado no regime de repercussão geral;*

b) a recurso extraordinário ou a recurso especial interposto contra acórdão que esteja em conformidade com entendimento do Supremo Tribunal Federal ou do Superior Tribunal de Justiça, respectivamente, exarado no regime de julgamento de recursos repetitivos;

II – encaminhar o processo ao órgão julgador para realização do juízo de retratação, se o acórdão recorrido divergir do entendimento do Supremo Tribunal Federal ou do Superior Tribunal de Justiça exarado, conforme o caso, nos regimes de repercussão geral ou de recursos repetitivos;

III – sobrestar o recurso que versar sobre controvérsia de caráter repetitivo ainda não decidida pelo Supremo Tribunal Federal ou pelo Superior Tribunal de Justiça, conforme se trate de matéria constitucional ou infraconstitucional;

IV – selecionar o recurso como representativo de controvérsia constitucional ou infraconstitucional, nos termos do § 6º do art. 1.036;

V – realizar o juízo de admissibilidade e, se positivo, remeter o feito ao Supremo Tribunal Federal ou ao Superior Tribunal de Justiça, desde que:

a) o recurso ainda não tenha sido submetido ao regime de repercussão geral ou de julgamento de recursos repetitivos;

b) o recurso tenha sido selecionado como representativo da controvérsia; ou

c) o tribunal recorrido tenha refutado o juízo de retratação.

§ 1º Da decisão de inadmissibilidade proferida com fundamento no inciso V caberá agravo ao tribunal superior, nos termos do art. 1.042.

§ 2º Da decisão proferida com fundamento nos incisos I e III caberá agravo interno, nos termos do art. 1.021.

Nota-se que, diferentemente da regra geral edificada pelo CPC/2015 acerca do juízo de admissibilidade recursal (realização primordial pelo juízo *ad quem*), nos casos de interposição de RE e REsp, com o advento da modificação supra, retornaremos ao exercício do regime praticado no CPC ora revogado (CPC/1973), ou seja, duplo juízo de admissibilidade, onde o juízo a quo (Tribunal recorrido) realiza o primeiro juízo de admissibilidade para, então, estando o recurso adequado nos termos legais assentados no dispositivo em tela (art. 1.030), enviar para o juízo ad quem (Tribunal Superior competente), a fim de que este, antes da possibilidade de conhecer do recurso, realize, respectivamente, o segundo juízo de admissibilidade recursal.

Por outro lado, caso estivesse ausente um dos requisitos da admissibilidade no modelo do CPC/1973, tínhamos que, em regra, o juízo *ad quem* não permitisse o seguimento do recurso, dizendo-se então que o mesmo "não conheceu do recurso", o que impossibilitava a apreciação do mérito. Dado o juízo negativo de admissibilidade, conceder-se-ia ao recorrente interpor agravo ao órgão competente para conhecer do recurso (arts. 522, 544 e 557 do CPC/1973).

Ocorre que o CPC/2015 inovou ao expressar o que a jurisprudência, em variados e não uniformes casos já acenava, que é a possibilidade de conceder um lapso temporal para que o recorrente possa sanar vício ou mesmo complementar documentos exigíveis (*v.g.*, nos agravos de instrumento), como se nota do parágrafo único do art. 932:

> *Parágrafo único. Antes de considerar inadmissível o recurso, o relator concederá o prazo de 5 (cinco) dias ao recorrente para que seja sanado vício ou complementada a documentação exigível.*

4. EFEITOS DOS RECURSOS

A interposição do recurso impede o trânsito em julgado da decisão impugnada o que impossibilita a formação da coisa julgada material (art. 502 do CPC). Além disso, o CPC confere, tradicionalmente, aos recursos outros efeitos, quais sejam: *devolutivo, suspensivo, translativo, expansivo e obstativo.*

O ***efeito devolutivo***, comum a todos os recursos, baseia-se na transferência para o juízo *ad quem* do conhecimento de toda a matéria impugnada e, evidentemente, no limite da impugnação (*tantum devolutum quantum apellatum*), conforme regra do art. 1.002, ao afirmar que a "*decisão pode ser impugnada no todo ou em parte.*"

Exceção à regra geral, ou seja, transferência da matéria impugnada para o órgão *ad quem* são os embargos de declaração, estes que interrompem o prazo para interposição de outro recurso, retornando o conhecimento da matéria para o próprio juízo prolator da decisão impugnada, consoante sustenta o art. 1.026, *caput* ao apontar que os "*embargos de declaração não possuem efeito suspensivo e interrompem o prazo para a interposição de recurso.*"

Já o ***efeito suspensivo*** impossibilita toda a eficácia da decisão, isto é, conserva a situação decidida, objeto do recurso, da mesma forma em que se encontra até nova decisão pelo órgão *ad quem*. De maneira diversa do que acontece com o efeito devolutivo, o efeito suspensivo não é comum a todos os recursos.

Na seara do efeito suspensivo, o CPC/2015 imprimiu a possibilidade de sua ocorrência em boa maioria dos recursos, tais como na Apelação (art. 1.012, caput e §4º), no Agravo de Instrumento (art. 1.019, I), nos Embargos de Declaração (art. 1.026, §1º), nos Recursos Extraordinário e Especial (art. 1.029, §5º), bem como na hipótese do incidente de julgamento de recursos extraordinário e especial repetitivos (arts. 1.036, §1º e 1.037, II). Aqui cabe novamente acrescer, como igualmente é na realidade da processualística atual, o entendimento jurisprudencial,[33] ainda que no silêncio da lei processual in-

---

33. "AGRAVO REGIMENTAL. PROCESSUAL CIVIL. MEDIDA CAUTELAR. RECURSO ORDINÁRIO. EFEITO SUSPENSIVO. ARTS. 34, INCISO XVIII; E 288, § 2º, AMBOS DO REGIMENTO INTERNO DO STJ.

1. O STJ firmou o entendimento segundo o qual somente em casos excepcionalíssimos, restritamente considerados, se atribui efeito suspensivo a recurso que normalmente não o possui, desde que presentes os requisitos do fumus boni iuris e do periculum in mora.

2. A possibilidade de concessão de efeito suspensivo ao recurso ordinário estreita-se ainda mais quando admitido na origem, como no caso em exame. Em termos diversos, o efeito suspensivo

fraconstitucional, da possibilidade de efeito suspensivo em sede de Recurso Ordinário.[34]

Tem-se ainda o denominado ***efeito translativo***, este que, semelhante ao devolutivo, devolve matéria ao tribunal, mas diferentemente do devolutivo, opera-se ainda que sem a expressa manifestação de vontade da parte recorrente.

Está ele relacionado com matérias as quais compete ao Poder Judicante conhecer em qualquer tempo ou grau de jurisdição, ainda que sem qualquer manifestação das partes, como, por exemplo, os conteúdos enumerados no art. 337 (competência absoluta, litispendência, coisa julgada, perempção, dentre outros, exceto a convenção de arbitragem e a competência relativa).

Verdade é que, sendo aludidas matérias de conhecimento em qualquer tempo ou grau de jurisdição, é fato a possibilidade de sua apreciação em sede recursal.

Assim, estará o tribunal autorizado a conhecer de aludidos conteúdos ainda que o juiz de 1º grau não tenha se pronunciado sobre os tais ou mesmo se não forem deduzidos nas razões do recurso interposto pelo recorrente.

Lado outro, temos como efeito recursal aquele tido como ***expansivo***, onde se entende que o recurso pode atingir outras pessoas que não o recorrente (expansivo subjetivo) ou outros atos processuais que não o recorrido (expansivo objetivo).

Com relação ao efeito expansivo subjetivo, temos como exemplo a situação pontificada pelo art. 1.005 do CPC, onde "o recurso interposto por um dos

---

conferido à insurgência da ora agravada considerou aspectos relativos ao juízo de verossimilhança e ao perigo de dano irreparável ou de difícil reparação.

3. A concessão de liminar em ação cautelar ajuizada com o fim de suspender efeito suspensivo de recurso ordinário não merece provimento, porquanto envolve sobremaneira questões de mérito, apreciáveis no Tribunal de origem; caso contrário, estar-se-ia, sob juízo de cognição sumária, a realizar a prestação jurisdicional sobre a possibilidade de êxito da pretensão, a ampliar indevidamente seu objeto.

4. A liminar pretendida pela requerente, ora agravante, não reúne condições para a sua concessão, pois inviável a preliminar aferição das razões recursais, a obstar a pronta concessão da medida, com base nos arts. 34, inciso XVIII; e 288, § 2º, ambos do Regimento Interno do STJ.

5. Agravo regimental a que se nega provimento." (STJ. 6ª T. Rel. Min. Celso Limongi (Desembargador Convocado do TJ/SP). AgRg na MC 16189 CE 2009/0206819-2. Julg.11.05.2010. *DJe* 07.06.2010).

34. Bem sustentava Manoel Caetano Ferreira. Filho (Comentários ao Código de Processo Civil. Vol. 7, São Paulo: RT, 2001, p. 340) ainda sob a égide do CPC Buzaid, mas que perfeitamente possível em sede do CPC/2015, que tanto pela aplicação do art. 558, parágrafo único do CPC/1973 (atual art.1.012, §4º do CPC/2015), que contempla regra relativa ao procedimento da apelação, quanto pela incidência das normas insculpidas no art. 21, IV e V, do RISTF, o relator do recurso ordinário poderá atribuir-lhe efeito suspensivo, restabelecendo, por exemplo, liminar concedida em mandado de segurança e depois cassada pelo acórdão que o denegou. Na verdade, trata-se de solução que não encontra qualquer óbice na Súmula 405 do STF e já vinha tendo acolhimento pela própria jurisprudência (RSTJ 99/106 e 110/41)..

litisconsortes a todos aproveita, salvo se distintos ou opostos os seus interesses", ao passo que, como efeito expansivo objetivo, temos como representação deste, a hipótese descrita no art. 282, *caput*, onde, ao se pronunciar a nulidade, esta objeto do próprio recurso, o juiz declarará que atos serão atingidos, ordenando providências necessárias a fim de que sejam repetidos ou retificados, como *v.g.*, anulação de um prova colhida de forma ilícita, o que, certamente, levará à própria nulidade da sentença nela fundamentada.

Por fim, como efeito recursal, reconhecido é a presença do ***efeito obstativo***, este que se faz entendido como um óbice a geração da preclusão e formação da coisa julgada.

Por isso, uma vez existindo lapso temporal para tanto e interposto o recurso de forma tempestiva, impede-se a preclusão do ato recursal e, por isso, o trânsito em julgado das decisões judiciais, mantendo, portanto, o processo pendente até o respectivo julgamento daquele recurso impetrado.

5. EXTINÇÃO ANORMAL DO RECURSO

O pedido de desistência é ato unilateral, não dependendo assim da concordância do recorrido ou de terceiros, impedindo, por conseguinte, o juízo de mérito conclusivo do procedimento recursal.

Assim, dita possibilidade de desistir do recurso interposto mereceu do CPC/2015 o seguinte regramento:

"Art. 998. O recorrente poderá, a qualquer tempo, sem a anuência do recorrido ou dos litisconsortes, desistir do recurso."

No tocante ainda ao ato de desistir do recurso interposto, muito embora a atitude volitiva do recorrente seja fundamental para constituir o ato de desistência, estabelece o CPC/2015, diante de tamanha importância da matéria ora vinculada no recurso interposto, sobretudo, nos casos de Repercussão Geral já nela reconhecida – onde, diante da forte presença do binômio da "relevância e transcendência"[35] da questão ventilada, tem-se que o interesse ultrapassa aquele subjetivo das partes da demanda - e mesmo nos casos de matéria que envolve objeto de julgamento de recursos extraordinários ou especiais repetitivos - dada a relevância e abrangência do que neles se resolve, de interesse para toda a coletividade, haja vista a oportunidade de empreender esforços na uniformização isonômica e segurança jurídica da conteúdo sob análise no recurso - a simples desistência daquele recorrente não impedirá a análise da questão envolta no mesmo pelos próprios Tribunais.

> *Art. 998 (...)*
>
> *Parágrafo único. A desistência do recurso não impede a análise de questão cuja repercussão geral já tenha sido reconhecida e daque-*

35. Cf. o Capítulo 14, mais precisamente no item dedicado ao Recurso Extraordinário.

> *la objeto de julgamento de recursos extraordinários ou especiais repetitivos.*[36/37]

Demostra-se, com isso, que o papel da jurisdição como serviço público voltado ao interesse da sociedade que dele é consumidora, detém um compromisso muito mais acentuado do que o de simples papel coadjuvante na solução dos interesses de quaisquer das partes em sede judicial. E mais. Ao mirar um horizonte com olhos para muito além daqueles que, em um dado momento, usufruem com legitimidade dos seus serviços para fins de salvaguardar bens, situações jurídicas e paz de consciência, preocupa-se com as dimensões sociais, políticas, jurídicas e econômicas que, de certo, devem encarnar a prestação de seus serviços públicos de justiça e, porque públicos tocam a todos aqueles que mesmo sem estarem no uso imediato de seus julgados, poderão se servir, pelo menos em nível mediato, de segurança jurídica e previsibilidade em suas mais variadas relações.

---

36. Importante enunciado de n. 213 do FPPC: "No caso do art. 998, parágrafo único, o resultado do julgamento não se aplica ao recurso de que se desistiu."

37. Enunciado n. 65 da I Jornada de Direito Processual Civil do Conselho da Justiça Federal (CJF): "A desistência do recurso pela parte não impede a análise da questão objeto do incidente de assunção de competência."

CAPÍTULO 14

RECURSOS EM ESPÉCIE

1. APELAÇÃO

1.1 CONCEITO E DELIMITAÇÃO

Denomina-se apelação o recurso cabível contra sentença (art. 1.009 do CPC), esta já definida como o pronunciamento por meio do qual o magistrado, com fundamento nos arts. 485 e 487 põe fim à fase cognitiva do procedimento comum, bem como extingue a execução (art. 203, §1º do CPC). Semelhante à ideia dos demais recursos de um modo geral, o objetivo da apelação é gerar o reexame de uma decisão judicial pelo órgão judiciário, aqui, a Corte de segundo grau, com propósito de sua reforma ou modificação, total ou parcial (art. 1.002 do CPC). Para sua admissibilidade não importa se a sentença foi de mérito (art. 487 do CPC) ou sem resolução de mérito (art. 485 do CPC), assim como a natureza do procedimento onde foi pronunciada (conhecimento, execução, especial), ou se o processo é de jurisdição voluntária ou contenciosa.

Aqui, importante observar que, caso o processo seja entre, de um lado, Estado estrangeiro ou organismo internacional e, de outro, Município ou pessoa residente ou domiciliada no país, caberá o recurso ordinário para o STJ que, neste caso, se iguala ao de apelação (art. 1.027, II, *b*, do CPC).

Com objetivo de averiguar o cabimento ou não do "recurso de apelação" em um caso concreto, o recorrente deve certificar se a decisão judicial, da qual se deseja recorrer, pôs fim ao processo, decidindo ou não o pedido do autor. Se a decisão judicial da qual se pretenda recorrer tenha posto fim apenas a um incidente (*v.g.*, tutela provisória), o recurso será o de agravo de instrumento, certamente, dentre das hipóteses a este cabíveis (*ex vi* do art. 1.015 do CPC).

Neste ínterim, inova o CPC/2015 ao prever, com a extinção do recurso denominado Agravo Retido (art. 522 e ss. do CPC/1973), a não preclusão das matérias decididas interlocutoriamente no decorrer do processo e que não seja objeto permissivo de enfrentamento por meio do Agravo de Instrumento (confira o rol do art. 1.015).

Nestes termos, admite o §1º do art. 1.009:

> *As questões resolvidas na fase de conhecimento, se a decisão a seu respeito não comportar agravo de instrumento, não são cobertas pela preclusão e devem ser suscitadas em preliminar de apelação, eventualmente interposta contra a decisão final, ou nas contrarrazões.*

Por outro lado, caso as questões decididas no decorrer da demanda e que delas não caiba o agravo de instrumento, sejam acostadas nas contrarrazões da apelação, será o recorrente o intimado para, em 15 (quinze) dias, manifestar-se a respeito delas (§2º do art. 1.009).

Vale destacar que, mesmo as matérias contidas no rol do art. 1.015,[1] quando integrarem capítulo da sentença serão objeto do procedimento previsto no §1º do art. 1.009, conforme em destaque acima..

Compete também recurso de apelação contra sentença em mandado de segurança, negando ou concedendo tal remédio constitucional, decidida por juiz singular (art. 14, *caput* da Lei n. 12.016/09, LMS).

1.2 INTERPOSIÇÃO

O art. 1.010 do CPC esclarece que a apelação deve ser interposta através de petição escrita encaminhada ao juiz de primeiro grau, sendo seus requisitos formais: I – os nomes e qualificações das partes; II - a exposição do fato e do direito; III - as razões do pedido de reforma ou de decretação de nulidade; IV - o pedido de nova decisão.

No caso de o recorrente e de o recorrido já estarem qualificados nos autos, apesar do declarado no texto legal, não é necessário que a petição de interposição contenha nova qualificação, todavia é indispensável que o apelante apresente os motivos do seu inconformismo, evidenciando os vícios e erros da sentença, impugnando os argumentos que lhe dão suporte e, finalmente, fazendo pedido explícito ao órgão *ad quem* de nova decisão que modifique total ou parcialmente aquela expedida pelo juiz de primeiro grau.

Quando da interposição do recurso, o apelante deverá comprovar, se exigido pela legislação adequada (estadual ou federal), o recolhimento do respectivo preparo, que envolve custas e despesas, até mesmo porte de remessa e de retorno, sob pena de ter seu recurso declarado deserto, conforme o art. 1.007 do CPC. A formalização da interposição do recurso de apelação acontece apenas com o efetivo protocolo da petição de interposição, acompanhada dos motivos, no protocolo da Comarca ou conforme as normas de organização judiciária (§3º do art. 1.003). Não é suficiente, para caracterizar sua tempestividade, o mero despacho com o juiz competente, sendo preciso a entrega no respectivo cartório.

1.3 PRAZO

O prazo para interpor o recurso de apelação, assim como para as contrarrazões é de 15 (quinze) dias (arts. 1.003, §5º e 1.010, §1º CPC),

1. Tutelas provisórias; mérito do processo; rejeição da alegação de convenção de arbitragem; incidente de desconsideração da personalidade jurídica; rejeição do pedido de gratuidade da justiça ou acolhimento do pedido de sua revogação; exibição ou posse de documento ou coisa; exclusão de litisconsorte; rejeição do pedido de limitação do litisconsórcio; admissão ou inadmissão de intervenção de terceiros; concessão, modificação ou revogação do efeito suspensivo aos embargos à execução; redistribuição do ônus da prova nos termos do art. 373, bem como outros casos expressamente referidos em lei.

No caso de contagem de prazos para efeitos recursais, o seu termo inicial será o da leitura da sentença em audiência, se esta ali for proferida ou da intimação dos advogados, da sociedade de advogados, da Advocacia Pública, da Defensoria Pública ou do Ministério Público, na forma já mencionada para os prazos em geral. A respeito, há que se observar as disposições dos arts. 231 e 1.003, *caput* e §1º.

No caso da União, dos Estados, do Distrito Federal, dos Municípios bem como de suas autarquias e fundações de direito público, em vista do interesse público que cerca as demandas que os envolvem e para fins de se evitar que este seja corroído pelas dificuldades administrativas de auto-organização, os prazos serão contados em dobro para todas as suas manifestações processuais, cuja contagem terá início a partir da intimação pessoal (art. 183, *caput*). O mesmo se estende para o Ministério Público (art.180, *caput*) e Defensoria Pública (art. 186, *caput*).

Destaca-se que coube ao legislador, por conseguinte, conceder tal benefício do prazo em dobro aos escritórios de prática jurídica das faculdades de Direito reconhecidas na forma da lei e às entidades que prestam assistência jurídica gratuita em razão de convênios firmados com a Defensoria Pública, conforme assegura o §3º do art. 186 do CPC.

Importante ressaltar que, para todos os beneficiários do lapso temporal em dobro supracitados, não será aplicada a benesse da contagem dobrada quando a lei estabelecer, de forma expressa, prazo próprio para qualquer deles.

No que se refere às sociedades de economia mista e empresas públicas não se aplica o presente benefício, já que possuem regime jurídico de direito privado e como cediço, integram apenas a administração indireta, de acordo com o Decreto-lei 200, de 25.02.1967.[2]

No caso de litisconsórcios com diferentes procuradores, de escritórios de advocacia distintos, terão eles os prazos contados em dobro para todas as suas manifestações, em qualquer juízo ou tribunal, independentemente de requerimento, de acordo com o *caput* do art. 229. No entanto, cessará a contagem do prazo em dobro quando, havendo apenas 2 (dois) réus, é oferecida defesa por apenas um deles (§1º do art. 229). Nesta hipótese, tornando-se revel um dos litisconsortes, não haverá de se falar mais em prazos em dobro para se ambos se manifestarem nos autos do processo.

Tal benefício concedido aos litisconsortes na forma supracitada, não se aplica aos processos que tramitam em autos eletrônicos (§2º do art. 229).

O prazo para interposição do recurso é suspenso quando "sobrevier o falecimento da parte ou de seu advogado, ou ocorrer motivo de força maior, que suspenda o curso do processo" (art. 1.004 do CPC), sendo que este prazo deve ser restituído integralmente. Ocorre, além disso, interrupção do prazo pela in-

2. STJ. 1ºT. Ag.Rg. no REsp 788.820/RS. Rel. Min. Denise Arruda. Julg. 04.09.2008, *DJe* 22.09.2008; STJ. 2ºT. Ag.Rg no REsp 652.055/RS. Rel. Min. Herman Benjamin, Julg, 01.09.2009, *DJe* 08.09.2009.

terposição de embargos de declaração (art. 1.026 do CPC). Neste caso, o prazo integral voltará a correr somente após a intimação da decisão sobre os embargos (art. 1.003, *caput* do CPC).

1.4 EFEITOS

A apelação, de regra, além de impedir o trânsito em julgado da sentença, possui duplo efeito: o devolutivo e o suspensivo.

O efeito devolutivo baseia-se na transferência para o órgão *ad quem* do conhecimento de toda a matéria efetivamente impugnada pelo recorrente e, evidentemente, no limite da impugnação (*tantum devolutum quantum appellatum*). Desta forma, estabelece a regra do art. 1.013 e seus parágrafos, que:

> *A apelação devolverá ao tribunal o conhecimento da matéria impugnada.*
>
> *§ 1º Serão, porém, objeto de apreciação e julgamento pelo tribunal todas as questões suscitadas e discutidas no processo, ainda que não tenham sido solucionadas, desde que relativas ao capítulo impugnado.*
>
> *§ 2º Quando o pedido ou a defesa tiver mais de um fundamento e o juiz acolher apenas um deles, a apelação devolverá ao tribunal o conhecimento dos demais.*

Nota-se que o efeito devolutivo proporciona ao tribunal o conhecimento de todas as questões suscitadas e discutidas no processo, mesmo que a sentença não as tenha solucionado por inteiro, desde que relacionada com o capítulo impugnado.

Pode, até mesmo, deferir fundamento alternativo da defesa, previamente rejeitado pelo juiz de primeiro grau.

Estabelece ainda o art. 1.013, em seu §3º o que se tem como "causa madura", ou seja, situações onde o processo já se encontra com todas as alegações necessárias realizadas bem como as provas admissíveis produzidas, autorizando o tribunal a julgar, desde já, a demanda, ainda que a partir de matéria não apreciada em 1º grau ou mesmo que apreciada de forma ineficiente. Nestes termos:

> *§ 3º Se o processo estiver em condições de imediato julgamento, o tribunal deve decidir desde logo o mérito quando:*
>
> *I - reformar sentença fundada no art. 485;*
>
> *II - decretar a nulidade da sentença por não ser ela congruente com os limites do pedido ou da causa de pedir;*
>
> *III - constatar a omissão no exame de um dos pedidos, hipótese em que poderá julgá-lo;*
>
> *IV - decretar a nulidade de sentença por falta de fundamentação.*

Estando o processo em condições de imediato julgamento, portanto, a causa restando efetivamente madura, expressa o inciso I retro que, deverá o tribunal decidir o mérito desde logo quando o juiz de primeiro grau tiver extinguido o processo sem resolução de mérito (art. 485), neste caso, pensamos que, desde que as partes não tenham nada mais a alegar ou provar,[3] inclusive pela própria força da Súmula n.7 do STJ.

Deverá o Tribunal, nos dizeres do inciso II, decretar a nulidade da sentença quando esta não respeitar o princípio da congruência, i.e., discrepante em relação aos limites do pedido ou da causa de pedir (*ultra petita* ou *extra petita*).

Caso constatar respectiva omissão em um dos pedidos arrolados pela parte no âmbito do procedimento de 1º grau (decisão *citra petita*), estabelece o inciso III que poderá o tribunal julgá-lo, desde logo. Já, no caso do inciso IV supra, deverá decretar a nulidade da sentença por ausência de fundamentação, esta, devidamente qualificada no art. 489, §1º.[4]

Ressalta-se ainda aqui alguns apontamentos gerais acerca do §3º do art. 1.013.

Vale notar que o legislador deixou por inteira conveniência do órgão de 2º grau a decisão de julgar ou não o conteúdo dito "maduro", nisso cremos que há de se afirmar notável desrespeito ao próprio princípio dispositivo (art.2º do CPC) da parte recorrente em desejar ou não o enfrentamento da matéria em grau recursal, sendo perfeitamente possível, por exemplo, o autor recorrer de uma sentença que extinguiu o feito em 1º grau por ausência de condições da ação (art.485, VI) e, ao recorrer para que mesma seja reformada, possibilitando o retorno dos autos ao 1º grau, se vê ampliado o seu julgamento para questões não suscitadas pelo mesmo, por meio de entendimento unívoco do órgão recursal quanto à qualidade do conteúdo de imediato julgamento, isso sem sequer operados debates pelas partes em sede recursal.

Disso, possível será a mitigação ao princípio da *reformatio in pejus*, pois que diante de uma sentença sem resolução de mérito sobre a pretensão acos-

---

3. No mesmo sentido, MARINONI, Luiz Guilherme; ARENHART, Sérgio Cruz; MITIDIERO, Daniel. *Novo Código de Processo Civil Comentado*. São Paulo: RT, 2015, p. 944.

4. "*Art. 489*
(...)
§ 1º Não se considera fundamentada qualquer decisão judicial, seja ela interlocutória, sentença ou acórdão, que:
I - se limitar à indicação, à reprodução ou à paráfrase de ato normativo, sem explicar sua relação com a causa ou a questão decidida;
II - empregar conceitos jurídicos indeterminados, sem explicar o motivo concreto de sua incidência no caso;
III - invocar motivos que se prestariam a justificar qualquer outra decisão;
IV - não enfrentar todos os argumentos deduzidos no processo capazes de, em tese, infirmar a conclusão adotada pelo julgador;
V - se limitar a invocar precedente ou enunciado de súmula, sem identificar seus fundamentos determinantes nem demonstrar que o caso sob julgamento se ajusta àqueles fundamentos;
VI - deixar de seguir enunciado de súmula, jurisprudência ou precedente invocado pela parte, sem demonstrar a existência de distinção no caso em julgamento ou a superação do entendimento."

tada em 1º grau, pode o apelante se deparar com uma decisão de improcedência de seu pedido em 2º grau.[5]

Ainda, na mesma seara hipotética da regra em questão, é possível notar flagrante agressão ao princípio do contraditório efetivo e substancial (arts. 9º e 10 do CPC), pois que são vedados julgamentos sobre questões não propostas pela parte, decisões sobre questões sem submissão prévia a ambas as partes e ainda decisões com base em fundamento a respeito do qual não se tenha dado àquelas partes oportunidade de se manifestarem, mesmo que se trate de matéria sobre a qual se deva decidir de ofício.

É certo que ainda em sede do CPC/1973, o Superior Tribunal de Justiça já havia se pronunciado sobre a temática, que naquele *Codex* se encontrava disposta no art.515, §3º, *ex vi*:

"A aplicação prática do art. 515, §3º independe de pedido expresso do apelante, basta que o tribunal considere a causa pronta para julgamento."[6]

Não obstante a isso, já era mais que cediça as dificuldades em sede pretoriana, de se ler as regras processuais à luz da sua necessária constitucionalidade.

Ainda nesta toada, sustenta o §4º do art. 1.013 que quando o Tribunal vier a reformar sentença que reconheça a decadência ou a prescrição, se possível, julgará o mérito, examinando as demais questões, sem determinar o retorno do processo ao juízo de primeiro grau.

Nota-se que continua se seguindo a linha da translação, ou seja, competirá ao tribunal, se possível, ao reformar sentença que reconheceu a decadência ou prescrição, examinar a demais questões da demanda, julgando então o mérito da pretensão, sem que determine o retorno dos autos ao juízo de 1º grau.

É de se destacar que, quando do comando do CPC/1973, com raríssimas exceções, uma vez afastada a prescrição no plano recursal, eram os autos devolvidos ao juízo monocrático, para fins de julgar as questões tidas como remanescentes. Com o CPC/2015, procedendo o Tribunal da forma acima citada, julgará o mérito diretamente, não havendo, portanto, o retorno dos autos ao juízo de origem (1º grau).

Há de se considerar aqui que os problemas já pontuados quando do enfrentamento do §3º do art.1.013 supra acendem do mesmo modo no §4º, onde temos que, cassando a decisão de mérito, o Tribunal poderá passar a enfrentar outras matérias possivelmente não atacadas pelo recorrente em suas razões de Apelação, o que se continua a negar uma leitura das regras da "causa madura" à luz da principiologia constitucional, esta que no plano formal se faz precisamente absorvida, mas que requer, necessariamente, o seu alcance

---

5. O STJ, ainda sob a égide do CPC revogado, teve o seguinte entendimento sobre a matéria: "No julgamento do mérito subsequente à cassação da sentença terminativa, é permitido ao tribunal decretar a improcedência da demanda, sem que isso esbarre nas vedações à reformatio in pejus" (STJ. 2ºT. REsp 859595/RJ. Min. Eliana Calmon. Julg. em 21.08.2008, *DJe* 14.10.2008).

6. STJ. 4º T. REsp 836.932/RO, Rel. Min. Fernando Gonçalves, Julg. Em 06.11.2008, *DJe* 24.11.2008.

pragmático, a fim de possibilitar a realização efetiva de um processo justo e por isso, democrático.

Finalizando o art. 1.013 do CPC/2015, adverte seu §5º que o "*capítulo da sentença que confirma, concede ou revoga a tutela provisória é impugnável na apelação*", o que já fora objeto de comentários no âmbito da teoria geral dos recursos.

Determinado o alcance do efeito devolutivo, conclui-se que o apelante pode recorrer parcialmente quanto à questão de mérito, sendo que a matéria não impugnada transitará em julgado, operando a coisa julgada e proporcionando a execução definitiva. Temos como exemplo desta situação o caso do réu que é condenado a pagar indenização por danos materiais e morais e apela apenas quanto aos danos morais. Neste caso, a sentença, quanto aos danos materiais, transitará em julgado, possibilitando ao autor o ajuizamento da execução definitiva.

O efeito devolutivo gera outra conclusão: a proibição da *reformatio in pejus*. Neste sentido, no caso de a parte contrária se conformar com os limites da sentença, o recorrente que, no exercício de um direito, procurar a revisão da decisão judicial, não poderá ter a sua situação modificada para pior.

Por outro lado, o efeito suspensivo impossibilita a eficácia da decisão judicial, conservando a situação decidida, nos limites da matéria impugnada pelo recurso, no mesmo estado em que se encontra, até nova decisão pelo órgão *ad quem*. Apesar de, em regra, a apelação ser recebida no duplo efeito (devolutivo e suspensivo), existem, conforme preceitua o art. 1.012, §1º do CPC, algumas exceções a esta regra geral, aplicando-se somente o efeito devolutivo à apelação, significando como isso que, a própria sentença começara a produzir seus efeitos imediatamente após a sua publicação, e isso se dará quando a apelação enfrentar dito ato sentencial que: I - homologa divisão ou demarcação de terras; II - condena a pagar alimentos; III - extingue sem resolução do mérito ou julga improcedentes os embargos do executado; IV - julga procedente o pedido de instituição de arbitragem; V - confirma, concede ou revoga tutela provisória; VI - decreta a interdição. Poderá, nestes termos, o apelado solicitar ao juízo o cumprimento provisório da sentença, isso após a sua publicação (§2º do art. 1.012 do CPC).

Por outro lado, em tais hipóteses do §1º do art. 1.012, ainda que, em regra, não ensejem efeito suspensivo à apelação frente a elas impetrada, o recorrente que almejar obter o aludido efeito suspensivo deverá, ao interpor o recurso de apelação, requerer explicitamente que, apesar de se tratar de caso para o qual a lei não prevê efeito suspensivo, o juiz o receba no duplo efeito, pois que relevante sua fundamentação, havendo risco de dano grave ou de difícil reparação; ou ainda o apelante demonstrar ao relator de seu recurso, a probabilidade do provimento solicitado (§4º do art. 1.012).

Insta frisar que, o supracitado pedido de efeito suspensivo, em tais hipóteses, será dirigido ao:

- tribunal, no período compreendido entre a interposição da apelação e sua distribuição, ficando o relator designado para seu exame prevento para julgá-la;

- relator, se já distribuída a apelação.

Além disso, importante observar que a Lei n. 8.245/91, a denominada Lei do Inquilinato, determina, no seu art. 58, V, que os recursos interpostos contra as sentenças proferidas nas ações de despejo, consignação em pagamento de aluguel e acessórios de locação, revisionais de aluguel e renovatórias de locação terão apenas o efeito devolutivo.

Finalmente, merece atenção especial a situação da apelação interposta contra o indeferimento da petição inicial (art. 330 do CPC), onde é facultado ao juiz, no prazo de 5 (cinco) dias, contados do termo de conclusão, modificar sua decisão (art. 331 do CPC). Neste sentido, acontece a mitigação do efeito devolutivo visto que a interposição do recurso de apelação permite ao próprio juiz, prolator da sentença, modificar sua decisão, configurando exceção à norma prevista no art. 494 do CPC. Caso haja modificação da decisão que indeferiu a petição inicial, o processo terá regular prosseguimento. Caso contrário, o juiz mandará citar o réu para responder ao recurso (art. 331, §1º do CPC).

Uma vez sendo a sentença reformada pelo tribunal competente, o prazo para a contestação começará a correr da intimação do retorno dos autos, observado o disposto no art. 334 (art. 331, §2º do CPC).

Lado outro, não interposto a apelação, o réu será intimado do trânsito em julgado da sentença (art. 331, §3º do CPC).

1.5 QUESTÕES NOVAS

O recorrente poderá propor na apelação questões de fato não suscitadas no juízo de primeiro grau conquanto prove que não o fez oportunamente por razão de força maior. Deste modo, o art. 1.014 do CPC é claro sobre o tema, estabelecendo que "*as questões de fato não propostas, no juízo inferior, poderão ser suscitadas na apelação, se a parte provar que deixou de fazê-lo por motivo de força maior*". Importante ressaltar, contudo, que o referido dispositivo não permite a modificação da causa de pedir (*causa petendi*).

Neste sentido, querendo o recorrente propor questão nova quando da apelação, deverá tomar o cuidado de, anteriormente, expor e provar a razão de força maior que dá suporte a sua pretensão, para, assim, ter a questão apreciada pelo tribunal. Aplica-se esta mesma regra para a juntada de novos documentos na apelação, isto é, a parte deve justificar as razões que a impossibilitaram de fazê-lo oportunamente. A alegação de prescrição dispensa a prova de razão de força maior, podendo ser alegada em qualquer grau de jurisdição (art. 193 do Código Civil).

1.6 PROCEDIMENTO

Quando a interposição do recurso de apelação for formalizada, o juiz *a quo*, o receberá, e determinará a intimação da parte para, se desejar, responder. Caso exista recurso adesivo, o juiz deverá respeitar o mesmo procedimento, recebendo o recurso e abrindo, posteriormente, prazo para a manifestação da parte contrária (§2º do art. 1.010). Deve-se observar que a apresentação do recurso adesivo não dispensa a parte de contra-arrazoar o recurso principal.

Logo após, apresentadas, ou não, as contrarrazões, o juiz estabelecerá a subida dos autos para o órgão *ad quem*. Observa-se, portanto, que não haverá juízo de admissibilidade a ser realizado pelo juízo de 1º grau, como era a regra do CPC/1973, estabelecendo o novel CPC/2015, em seu art. 1.010, §3º que após "*as formalidades previstas nos §§ 1º e 2º, os autos serão remetidos ao tribunal pelo juiz, independentemente de juízo de admissibilidade*." Como observação, há de ressaltar que havendo agravo de instrumento, este será julgado antes da apelação interposta no mesmo processo. Outrossim, caso ambos os recursos houverem de ser julgados na mesma sessão, terá precedência o agravo de instrumento (art. 946, *caput* e parágrafo único do CPC).

Uma vez recebido o recurso de apelação no tribunal e distribuído imediatamente, o relator[7] realizará o juízo de admissibilidade recursal bem como manifestará sobre os efeitos que recebe o recurso de apelação, e daí poderá tomar as seguintes atitudes:

- *Decidir monocraticamente a apelação, isso apenas nas hipóteses do art. 932, incisos III a V.*

Ditas hipóteses consistem em:

1º) não conhecer de recurso inadmissível, prejudicado ou que não tenha impugnado especificamente os fundamentos da decisão recorrida.

No caso de inadmissibilidade do recurso, como no caso de ausência de quaisquer requisitos de admissibilidade, caberá ao relator, antes mesmo de se considerar inadmissível aludido recurso, concederá prazo de 5 (cinco) dias ao recorrente para que seja sanado vício ou complementada a documentação exigível (parágrafo único do art. 932).

2ª) negar provimento a recurso que for contrário a:

a) súmula do Supremo Tribunal Federal, do Superior Tribunal de Justiça ou do próprio tribunal;

---

7. É fato que o CPC/2015 não permite que o relator, monocraticamente, decida com base em jurisprudência dominante. Aliás, termo de uma vagueza vacilante.
Não obstante a isso, o STJ insistiu na questão e editou súmula permitindo tal hipótese, configurando-se, em verdade, numa forma de "repristinação" do texto referente ao *Codex* de 1973. *In verbis*: Súmula 568: *O relator, monocraticamente e no Superior Tribunal de Justiça, poderá dar ou negar provimento ao recurso quando houver entendimento dominante acerca do tema.* (Grifo nosso).

b) acórdão proferido pelo Supremo Tribunal Federal ou pelo Superior Tribunal de Justiça em julgamento de recursos repetitivos;

c) entendimento firmado em incidente de resolução de demandas repetitivas ou de assunção de competência;

3º) depois de facultada a apresentação de contrarrazões, dar provimento ao recurso se a decisão recorrida for contrária a:

a) súmula do Supremo Tribunal Federal, do Superior Tribunal de Justiça ou do próprio tribunal;

b) acórdão proferido pelo Supremo Tribunal Federal ou pelo Superior Tribunal de Justiça em julgamento de recursos repetitivos;

c) entendimento firmado em incidente de resolução de demandas repetitivas ou de assunção de competência;

- *se não for o caso de decisão monocrática, elaborará seu voto para julgamento do recurso pelo órgão colegiado.*

Da decisão do relator que nega seguimento ou dá provimento, caberá agravo interno (art. 1.021, *caput* do CPC), no prazo de 15 (quinze) dias, para o respectivo órgão colegiado, sendo que quanto ao processamento deste, observadas serão as normas do regimento interno do tribunal em questão.

2. AGRAVO

2.1 CONCEITO E MODALIDADES

Recebe o nome de agravo o recurso cabível contra as decisões interlocutórias, estas denominadas pelo CPC, como todo pronunciamento judicial de natureza decisória que não seja sentença (art. 203, §2º), portanto, que não ponha fim à fase cognitiva do procedimento comum ou venha a extinguir a execução.

Trata-se, pois, de pronunciamento do juiz, no decorrer do processo, resolvendo tanto questões incidentais, como, p.ex., deferimento ou não de produção de determinadas provas, pedidos de liminar, efetivação de saneamento do processo, quanto conteúdos atinentes à parte do mérito da causa, como se dá no julgamento antecipado parcial de mérito (art. 356 do CPC/2015).

No CPC/1973 tínhamos a figura do agravo retido, este que era, pelo menos formalmente – *ex vi* do art. 522 do CPC revogado - a regra, sendo o agravo de instrumento a exceção, sendo este reservado quando a decisão interlocutória fosse suscetível de causar à parte, lesão grave e de difícil reparação, bem como nos casos de inadmissão da apelação e nos relativos aos efeitos em que a apelação era recebida.

Pois bem. O novel CPC/2015 passa agora a regular os seguintes agravos em espécie, tendo cada sua tipicidade exclusiva:

- Agravo de Instrumento (arts. 1.015 a 1.020).
- Agravo Interno (art. 1.021).
- Agravo em Recurso Especial e em Recurso Extraordinário (art. 1.042)

2.2 LEGITIMIDADE

No CPC/2015, temos que, de acordo com o art. 996 do CPC, o recurso poderá ser interposto pela parte vencida, pelo terceiro prejudicado e pelo Ministério Público, como parte ou como fiscal da ordem jurídica, cumprindo ao terceiro, entretanto, demonstrar a possibilidade de a decisão sobre a relação jurídica submetida à apreciação judicial atingir direito de que se afirme titular ou que possa discutir em juízo como substituto processual.

No entanto, no que toca ao agravo de instrumento, por exemplo, como bem observam Nery Jr. e Andrade Nery[8], a situação do terceiro parece ficar sem solução, visto que pode ele recorrer, mas não pode contrarrazoar, já que não teria interesse para tanto.

> Poderia, então, correr o risco de não questionar a decisão interlocutória, caso a decisão final revertesse a favor de seus interesses? Pode ser até que a lide propriamente dita não traga nenhum prejuízo à esfera jurídica do terceiro, mas apenas aquela questão específica, incidental, periférica. De duas uma: ou se admite que o terceiro possa interpor agravo de instrumento, ou então que seja possível a apelação apenas para discutir uma questão preliminar.

Em verdade, o terceiro prejudicado possui legitimidade para interpor recursos de maneira geral, porém não possui legitimidade para interpor o recurso do agravo, de vez que não faz parte da relação jurídica processual e, segundo foi mencionado, o recurso de agravo é cabível contra ato do juiz que decide questão incidente do processo, atingindo especificamente as partes.

O agravante, além de possuir legitimidade, deve manifestar interesse na alteração da decisão, que, certamente, desatendeu a pedido seu e mesmo lhe gerou algum prejuízo.

2.3 PRAZO PARA INTERPOSIÇÃO

Para a interposição de qualquer das modalidades de agravo bem como para as contrarrazões do mesmo tem-se o prazo de 15(quinze) dias (art. 1.003, §5º do CPC),

No caso de contagem de prazos para efeitos recursais, o seu termo inicial será da intimação da decisão passível de interposição do agravo, aos advogados, à sociedade de advogados, à Advocacia Pública, à Defensoria Pública

8. NERY, JR, Nelson; ANDRADE NERY, Rosa Maria de. *Comentários ao Código de Processo Civil*. São Paulo: RT, 2015, p. 2.080.

ou ao Ministério Público, na forma já mencionada para os prazos em geral. A respeito, há que se observar as disposições dos arts. 231 e 1.003, *caput* e §1º.

Tendo na demanda a presença da União, dos Estados, do Distrito Federal, dos Municípios bem como as suas autarquias e fundações de direito público, em vista do interesse público envolvido e para fins de se evitar que as dificuldades administrativas de auto-organização prejudiquem o próprio exercício de ato processual, os prazos serão contados em dobro para todas as suas manifestações processuais, cuja contagem terá início a partir da intimação pessoal (art. 183, *caput*). O mesmo se estende para o Ministério Público (art.180, *caput*) e Defensoria Pública (art. 186, *caput*).

O CPC concede ainda a oportunidade do prazo em dobro aos escritórios de prática jurídica das faculdades de Direito reconhecidas na forma da lei e às entidades que prestam assistência jurídica gratuita em razão de convênios firmados com a Defensoria Pública, conforme assegura o §3º do art. 186 do CPC.

Destaca-se aqui que para todos os beneficiários do lapso temporal em dobro supracitados, não será aplicada a benesse da contagem dobrada quando a lei estabelecer, de forma expressa, prazo próprio para qualquer deles.

No que toca as sociedades de economia mista e empresas públicas, não será aplicado o presente benefício, pois que possuem regime jurídico de direito privado, daí integrando tão somente a administração indireta, de acordo com o Decreto-lei n. 200, de 25.02.1967.[9]

Litisconsortes com diferentes procuradores, de escritórios de advocacia distintos, terão igualmente prazos contados em dobro para todas as suas manifestações, em qualquer juízo ou tribunal, independentemente de requerimento, conforme regra o *caput* do art. 229. Entretanto, dita contagem do prazo em dobro cessará quando, havendo apenas 2 (dois) réus, é oferecida defesa por apenas um deles (§1º do art. 229). Nesta hipótese, tornando-se revel um dos litisconsortes, não haverá de se falar mais em prazos em dobro para se ambos se manifestarem nos autos do processo.

O supracitado benefício concedido aos litisconsortes na forma supracitada, não se aplica aos processos que tramitam em autos eletrônicos (§2º do art. 229).

2.4 EFEITOS

O recurso de agravo, em regra geral, possui apenas o efeito devolutivo, que é, desta forma, da própria natureza dos recursos. Baseia-se na transferência para o juízo *ad quem* da matéria impugnada, ou seja, submete a decisão a um juízo hierarquicamente superior para reexame, não impedindo, contudo, o andamento do feito principal.

9. STJ. 1ºT. Ag.Rg. no REsp 788.820/RS. Rel. Min. Denise Arruda. Julg.04.09.2008, *DJe* 22.09.2008; STJ. 2ºT. Ag.Rg no REsp 652.055/RS. Rel. Min. Herman Benjamin. Julg, 01.09.2009, *DJe* 08.09.2009.

Apesar de, a princípio, o agravo ser desprovido do efeito suspensivo, que impediria a eficácia da decisão, o recorrente pode requerer, quando for agravo de instrumento, por exemplo, que o relator, ao recebê-lo, atribua-lhe efeito suspensivo ou defira a antecipação de tutela, total ou parcialmente, informando sua decisão ao juiz de primeiro grau (art. 1.019, I do CPC).

2.5 AGRAVO DE INSTRUMENTO

2.5.1 CABIMENTO E FORMA DE INTERPOSIÇÃO

Conforme já manifestado alhures, ainda sob a égide do Código Buzaid (CPC/1973), previa este a existência, dentre outros, de dois agravos clássicos: o retido e o de instrumento. Ambos voltados ao enfrentamento de uma decisão interlocutória.

Vem o CPC/2015 neste ínterim, alterar a forma de questionamento de uma decisão interlocutória nos seguintes termos: desaparecendo o agravo retido, as questões resolvidas por meio de decisões interlocutórias não suscetíveis de serem enfrentadas por agravo de instrumento, poderão ser atacadas pela via da Apelação ou das contrarrazões desta, mais especificamente, no âmbito de suas preliminares, conforme já fora outrora enfrentado, mais detidamente no art. 1.009, §1º do CPC.

Já, quanto ao agravo de instrumento, passa o seu manejo a ser permitido no decorrer do processo, apenas em matérias devidamente arroladas pelo legislador,[10] estas que se encontram presentes no art. 1.015, *em numerus clausus*, como se vê abaixo:

> *Art. 1.015. Cabe agravo de instrumento contra as decisões interlocutórias que versarem sobre:*
>
> *I - tutelas provisórias;*
>
> *II - mérito do processo;*
>
> *III - rejeição da alegação de convenção de arbitragem;*
>
> *IV - incidente de desconsideração da personalidade jurídica;*
>
> *V - rejeição do pedido de gratuidade da justiça ou acolhimento do pedido de sua revogação;*[11]

---

10. Ressalta-se a decisão do STJ em sede de Recursos Repetitivos, por meio de sua Corte Especial no REsp n. 1.696.396-MT (2017/0226287-4), de relatoria da Ministra Nancy Andrighi e com julgamento em 05.12.2018, onde fora fixada a tese jurídica autorizadora da taxatividade mitigada na interpretação do art. 1.015, nos termos em que "o rol do art. 1.015 do CPC é de taxatividade mitigada, por isso admite a interposição de agravo de instrumento quando verificada a urgência decorrente da inutilidade do julgamento da questão no recurso de apelação." Ainda sobre o assunto em tela, confira os comentários seguintes neste próprio item, no corpo do texto.

11. Enunciado n. 612 do FPPC: "Cabe agravo de instrumento contra decisão interlocutória que, apreciando pedido de concessão integral da gratuidade da Justiça, defere a redução percentual ou o parcelamento de despesas processuais."

VI - exibição ou posse de documento ou coisa;

VII - exclusão de litisconsorte;

VIII - rejeição do pedido de limitação do litisconsórcio;

IX - admissão ou inadmissão de intervenção de terceiros;

X - concessão, modificação ou revogação do efeito suspensivo aos embargos à execução;

XI - redistribuição do ônus da prova nos termos do art. 373, § 1º;

XII - (VETADO)

XIII - outros casos expressamente referidos em lei.

Parágrafo único. Também caberá agravo de instrumento contra decisões interlocutórias proferidas na fase de liquidação de sentença ou de cumprimento de sentença, no processo de execução e no processo de inventário.[12]

Entendemos que a opção adotada pelo legislador, de muito, limita o alcance exato quanto às possibilidades de prejudicialidade para qualquer das partes no que se refere a eventuais decisões interlocutórias, sobretudo, por tentar o legislador realizar um verdadeiro "juízo de futurologia" quanto ao que poderia ou não ser objeto de interposição do recurso em tela.

É cediço que a dinâmica que envolve o procedimento, a depender da própria natureza da pretensão ajuizada, pode levar a tipicidades processuais diferentes, como, por exemplo, a negativa do juízo quanto à realização de uma prova pericial para fins de se apurar a responsabilidade decorrente de um acidente automobilístico ou de um crime cibernético. O indeferimento de provas não se faz presente no rol do art. 1.015 e a necessidade e urgência quanto a tal prova no exemplo supracitado é, em regra, premente, de modo que esperar pelo apelo em sede de razões ou contrarrazões da Apelação significa, em várias circunstâncias, a própria perda do objeto ou mesmo o possível indeferimento interlocutório de um pedido de segredo de justiça e ainda, questões referentes à decisão que examina a competência do juízo. Poderíamos lançar aqui rios de tinta para tipificar outros exemplos, mas daí já se basta para notar que houve uma involução na recorribilidade das interlocutórias no processo civil brasileiro.

Em tais hipóteses supracitadas, já sustentávamos a possibilidade do manejo do Mandado de Segurança, aliás, já reconhecida como possível pelo Superior Tribunal de Justiça,[13] a despeito da regra prevista no art.5º, II da Lei n.12.016/09, pois que a presença de recurso com possibilidades de efeito

---

12. Enunciado n.69 do CJF: "A hipótese do art. 1.015, parágrafo único, do CPC abrange os processos concursais, de falência e recuperação."

13. Informativo 636 do STJ: "Código de Processo Civil de 2015. Decisão interlocutória que examina competência. Dúvida razoável sobre o cabimento de agravo de instrumento. Mandado de Segurança. Cabimento (RMS 58.578-SP, Rel. Min. Raul Araújo, por unanimidade, julgado em 18.10.2018, *DJe* 25.10.2018)."

suspensivo somente ao final do procedimento em 1º grau significa a própria inutilidade da pretensão mirada e negada interlocutoriamente, o que não se justifica diante de um processo civil de resultados, onde o predicado inconteste de um eficiente Serviço Público da Justiça se encontra prometido constitucionalmente – *ex vi* do art. 37 da CF/88 – como também pelo próprio art.8º do CPC/2015.

Outrossim, diante decisão do STJ em sede de REsp Repetitivo,[14] portanto, com força de precedente normativo vinculante, passa a admitir, como alhu-

---

14. RECURSO ESPECIAL REPRESENTATIVO DE CONTROVÉRSIA. DIREITO PROCESSUAL CIVIL. NATUREZA JURÍDICA DO ROL DO ART. 1.015 DO CPC/2015. IMPUGNAÇÃO IMEDIATA DE DECISÕES INTERLOCUTÓRIAS NÃO PREVISTAS NOS INCISOS DO REFERIDO DISPOSITIVO LEGAL. POSSIBILIDADE. TAXATIVIDADE MITIGADA. EXCEPCIONALIDADE DA IMPUGNAÇÃO FORA DAS HIPÓTESES PREVISTAS EM LEI. REQUISITOS. 1- O propósito do presente recurso especial, processado e julgado sob o rito dos recursos repetitivos, é definir a natureza jurídica do rol do art. 1.015 do CPC/15 e verificar a possibilidade de sua interpretação extensiva, analógica ou exemplificativa, a fim de admitir a interposição de agravo de instrumento contra decisão interlocutória que verse sobre hipóteses não expressamente previstas nos incisos do referido dispositivo legal. 2- Ao restringir a recorribilidade das decisões interlocutórias proferidas na fase de conhecimento do procedimento comum e dos procedimentos especiais, exceção feita ao inventário, pretendeu o legislador salvaguardar apenas as "situações que, realmente, não podem aguardar rediscussão futura em eventual recurso de apelação". 3- A enunciação, em rol pretensamente exaustivo, das hipóteses em que o agravo de instrumento seria cabível revela-se, na esteira da majoritária doutrina e jurisprudência, insuficiente e em desconformidade com as normas fundamentais do processo civil, na medida em que sobrevivem questões urgentes fora da lista do art. 1.015 do CPC e que tornam inviável a interpretação de que o referido rol seria absolutamente taxativo e que deveria ser lido de modo restritivo. 4- A tese de que o rol do art. 1.015 do CPC seria taxativo, mas admitiria interpretações extensivas ou analógicas, mostra-se igualmente ineficaz para a conferir ao referido dispositivo uma interpretação em sintonia com as normas fundamentais do processo civil, seja porque ainda remanescerão hipóteses em que não será possível extrair o cabimento do agravo das situações enunciadas no rol, seja porque o uso da interpretação extensiva ou da analogia pode desnaturar a essência de institutos jurídicos ontologicamente distintos. 5- A tese de que o rol do art. 1.015 do CPC seria meramente exemplificativo, por sua vez, resultaria na repristinação do regime recursal das interlocutórias que vigorava no CPC/73 e que fora conscientemente modificado pelo legislador do novo CPC, de modo que estaria o Poder Judiciário, nessa hipótese, substituindo a atividade e a vontade expressamente externada pelo Poder Legislativo. 6- Assim, nos termos do art. 1.036 e seguintes do CPC/2015, fixa-se a seguinte tese jurídica: **O rol do art. 1.015 do CPC é de taxatividade mitigada, por isso admite a interposição de agravo de instrumento quando verificada a urgência decorrente da inutilidade do julgamento da questão no recurso de apelação.** 7- Embora não haja risco de as partes que confiaram na absoluta taxatividade serem surpreendidas pela tese jurídica firmada neste recurso especial repetitivo, pois somente haverá preclusão quando o recurso eventualmente interposto pela parte venha a ser admitido pelo Tribunal, modulam-se os efeitos da presente decisão, a fim de que a tese jurídica apenas seja aplicável às decisões interlocutórias proferidas após a publicação do presente acórdão. 8- Na hipótese, dá-se provimento em parte ao recurso especial para determinar ao TJ/MT que, observados os demais pressupostos de admissibilidade, conheça e dê regular prosseguimento ao agravo de instrumento no que se refere à competência, reconhecendo-se, todavia, o acerto do acórdão recorrido em não examinar à questão do valor atribuído à causa que não se reveste, no particular, de urgência que justifique o seu reexame imediato. 9- Recurso especial conhecido e parcialmente provido. (Grifo nosso). STJ. Corte Especial. REsp n. 1.696.396-MT (2017/0226287-4). Rel. Min. Nancy Andrighi. Julg. 05.12.2018.

res referido, a possibilidade de interposição do Agravo de Instrumento em situações hipotéticas não previstas no rol do art. 1.015 do CPC, desde que seja comprovada a urgência da matéria obstada pela interlocutória decorrente da inutilidade do julgamento da questão em futuro recurso de apelação.

Há de compreender que o conceito de "urgência" é verdadeiramente indeterminado, de modo que deverá ser demonstrado categoricamente a urgência material da questão aventada.

Em seu voto, a Min. relatora procura fortalecer o argumento da urgência nos seguintes termos:

"A tese que se propõe consiste em, a partir de um requisito objetivo - a ***urgência*** *que decorre da inutilidade futura do julgamento do recurso diferido da apelação – , possibilitara recorribilidade imediata de decisões interlocutórias fora da lista do art. 1.015 do CPC, sempre em caráter excepcional e desde que preenchido o requisito* ***urgência****, independentemente do uso da interpretação extensiva ou analógica dos incisos do art. 1.015 do CPC, porque, como demonstrado, nem mesmo essas técnicas hermenêuticas são suficientes para abarcar todas as situações."*[15]

Em verdade, a opção incorreta do legislador deixou de considerar toda a experiência negativa que esta técnica legislativa de previsão (agravo casuístico em hipóteses taxativas) trouxe ao processo civil brasileiro com o CPC/1939.[16] Ainda assim, a despeito de não concordarmos com o rol taxativo do art. 1.015 do CPC, entendemos que qualquer forma de revogação legal deve se dar no âmbito do poder competente para tal – *in casu*, o Legislativo - e não em forma de ativismo volitivo de qualquer órgão judicial.

Vale destacar que caberá agravo de instrumento contra decisões interlocutórias proferidas na fase de liquidação de sentença ou de cumprimento de sentença, no processo de execução e no processo de inventário (parágrafo único do artigo 1.015 do CPC). Ainda assim, a despeito da clareza e inquestionável possibilidade contida no supracitado parágrafo único do art. 1.015, o STJ, por meio de sua 2ª Turma, no REsp 1700305 / PB, entendeu pela possibilidade de limitação ao cabimento do Agravo de Instrumento, sob o pretexto da busca pela celeridade e efetividade no caso concreto, o que, deveras, discordamos, ainda que a situação no REsp em comento se encontra envolta aos Embargos à Execução, cuja natureza se tem como autônoma, mas integrante e vinculada procedimentalmente - porque conexa - ao Processo de Execução.[17]

---

15. Idem.

16. No mesmo sentido, ver NERY JUNIOR, Nelson Nery; NERY, Rosa Maria de Andrade. *Código de Processo Civil Comentado*. 16 ed. São Paulo: Revista dos Tribunais, 2016, p.2233.

17. PROCESSUAL CIVIL. AGRAVO DE INSTRUMENTO CONTRA DECISÃO QUE DETERMINOU A IDA DOS CÁLCULOS À CONTADORIA. ART. 1.015, PARÁGRAFO ÚNICO DO CPC. CLÁUSULA ABERTA. POSSIBILIDADE DE O MAGISTRADO DECIDIR CONFORME O CASO CONCRETO. BUSCA DA CELERIDADE E EFETIVIDADE. 1. Preliminarmente, esclareço que a Corte Especial do STJ afetou o ProAfR no REsp 1.696.396/MT ao rito dos Recursos Repetitivos, art. 1.036 e ss. do CPC, para defi-

Seguindo, deve o agravo de instrumento ser interposto através de petição, esta endereçada diretamente ao Tribunal competente para conhecer da matéria, objeto na demanda proposta, isto de acordo com regras de organização judiciária de cada Estado, sendo que a petição de interposição deverá obedecer, conforme o art. 1.016 do CPC, aos seguintes requisitos:

I - os nomes das partes;

II - a exposição do fato e do direito;

III - as razões do pedido de reforma ou de invalidação da decisão e o próprio pedido;

IV - o nome e o endereço completo dos advogados constantes do processo.

A petição de interposição poderá ser protocolada diretamente na secretaria do Tribunal competente, no protocolo realizado na própria comarca, seção ou subseção judiciárias, por postagem, sob registro, com aviso de recebimento pela via de transmissão de dados tipo fac-símile, nos termos da lei ou mesmo

---

nir a natureza do rol do art. 1.015 do CPC e verificar a possibilidade de sua interpretação extensiva, contudo determinou pela não suspensão do processamento dos recursos de Agravo de Instrumento que versem "sobre idêntica questão em tramitação no território nacional." O processo sub examine não aborda análise do art. 1.015 do CPC, mas do seu parágrafo único. 2. O TRF decidiu que não cabe o recurso de Agravo de Instrumento contra despacho do juiz que determinou o envio dos autos ao contador judicial para elaboração de cálculos, "orientando a utilização do Manual de Cálculos da Justiça Federal para fins de atualização do valor devido.", porque tal decisão se destina "ao andamento do processo" e sua viabilidade não está inserta no art. 1.015 do CPC. 3. No entendimento correto do Tribunal de origem, o novo CPC buscou dar maior efetividade e celeridade ao trâmite processual, restringindo as hipóteses de utilização do recurso de Agravo de Instrumento. Dessarte, o rol do art. 1.015 do Código de Processo Civil deverá ser interpretado taxativamente. 4. É certo que as hipóteses de Agravo de Instrumento trazidas pelo art. 1.015 do CPC de 2015 são taxativas, principalmente quando tratar do Processo de Conhecimento, localizado no Livro I da parte especial, mas também é correto que o exegeta pode valer-se de interpretação extensiva em decorrência das especificidades de cada caso. 5. Ninguém questiona que a "Ação de Embargos à Execução"- apesar da impropriedade da utilização do termo "ação" pelo Tribunal a quo, pois a ação se caracteriza por ser, segundo a teoria abstrata, nas lições Cândido Dinamarco Rangel, Teoria Geral do Novo Processo Civil, Ed. Malheiros, pag. 49, "o direito a obter um pronunciamento do juiz acerca de uma pretensão (decisão de mérito), independentemente de esse pronunciamento ser favorável ou desfavorável àquele que o pede."- é autônoma à demanda executiva, contudo está englobada no Processo de Execução, contido no Livro II da parte especial. 6. Assim sendo, ao contrário do entendimento do Tribunal de origem, a interposição do Agravo de Instrumento no Processo de Execução é prevista expressamente no parágrafo único do art. 1.015 do CPC, portanto o seu cabimento foi delineado pelo legislador. 7. Contudo, **para a otimização do Código de Processo Civil, deve o exegeta interpretar restritivamente o dispositivo legal no sentido de que o Agravo de Instrumento não pode ser utilizado como meio de impugnação de toda e qualquer decisão interlocutória proferida no Processo de Execução, porquanto tal liberdade iria de encontro à celeridade que se espera do trâmite processual**. Ademais, se, a cada decisão proferida pelo juiz a quo, o Tribunal de revisão for instado a se manifestar imediatamente sobre o seu acerto ou desacerto, haverá drástica diminuição na efetividade do processo. 8. Não obstante o decisum impugnado possuir conteúdo decisório, desnecessário, neste momento, a interposição do recurso de Agravo de Instrumento contra despacho ou decisão do magistrado que determina a elaboração dos cálculos judiciais. 9. Recurso Especial não provido. (Grifo nosso). STJ. 2 T. REsp 1700305 / PB. Rel. Min. Herman Benjamin. Julg. 25.09.2018, *DJe* 27.11.2018.

por outra forma prevista em lei (§2º do art. 1.017 do CPC). Após interpor o agravo, o agravante terá prazo de 3 (três) dias para requerer a juntada aos autos do processo principal, de cópia da petição do agravo de instrumento e do comprovante de sua interposição, bem como a relação dos documentos que instruíram o recurso (art. 1.018, *caput* e §2° do CPC). A medida citada ocorre a fim de possibilitar o juízo de retratação do juiz prolator da decisão recorrida, assim como proporcionar o conhecimento dos termos do recurso por parte do agravado. O desatendimento desta regra, desde que arguida e provada pelo agravado implicará na inadmissibilidade do agravo pelo tribunal (§3º do art. 1.018 do CPC).

Por outro lado, em se tratando de processo em autos eletrônicos, dita providência não será necessária, conforme sustenta o próprio §2º do art. 1.018.

2.5.2 Documentos Obrigatórios

Com objetivo de preparar o instrumento, o agravante deverá, obrigatoriamente, instruir a petição de agravo de instrumento com os seguintes documentos (art. 1.017, I e II do CPC):

a) cópias da petição inicial, da contestação, da petição que ensejou a decisão agravada, da própria decisão agravada, da certidão da respectiva intimação ou outro documento oficial que comprove a tempestividade[18] e das procurações outorgadas aos advogados do agravante e do agravado.

b) declaração de inexistência de qualquer dos documentos referidos no inciso I, feita pelo advogado do agravante, sob pena de sua responsabilidade pessoal.

Já, facultativamente, com outras peças que o agravante reputar úteis (art. 1.017, III do CPC).

Tratando-se de processo em autos eletrônicos, se faz dispensável todas as peças obrigatórias acima referidas, facultando o agravante, no entanto, anexar outros documentos que, ao seu alvitre, sejam úteis para a devida compreensão da controvérsia, objeto da interposição do recurso em tela (§5º do art. 1.017).

A ausência de qualquer destes documentos prejudica o conhecimento do recurso. Certamente, as cópias da petição inicial, da contestação e da petição da decisão agravada e da própria decisão agravada proporcionarão aos julgadores o preciso conhecimento dos termos da decisão recorrida, sendo essencial para a emissão de um juízo de valor quanto ao seu acerto ou desacerto.

Por outro lado, a cópia da certidão que declara intimadas as partes sobre a decisão agravada pretende demonstrar ao tribunal a tempestividade, ou não do recurso. Neste sentido, levando-se em conta que o recurso de agravo de instrumento é interposto diretamente em segunda instância, a juntada do citado

18. Súmula n.223 do STJ: "A certidão de intimação do acórdão recorrido constitui peça obrigatória do instrumento de agravo."

documento é indispensável para demonstrar a ocorrência ou não da preclusão. Finalmente, a juntada das procurações pretende proporcionar o correto conhecimento do nome e qualificação dos advogados que representam os recorrentes, tudo com o fito no recebimento de futuras intimações.

A juntada destes documentos, como salientado, é obrigatória, todavia o agravante poderá acostar outros que achar úteis para alcançar a sua pretensão.

Conforme já vinha de entendimentos jurisprudenciais, o CPC/2015 passou a considerar possível que o recorrente possa complementar a documentação exigível, ainda que após a impetração do recurso, tudo com o fito de se evitar a inadmissão do recurso, cooperando com o aproveitamento da atividade jurisdicional, já tão cara para todos, bem como primando pela instrumentalidade do processo e o aproveitamento, ao máximo, dos atos processuais sanáveis.

Nisso então, autoriza o §3º do art. 1.017 que ante a ausência da cópia de qualquer peça ou mesmo, no caso de algum outro vício que comprometa a admissibilidade do agravo de instrumento, deve o relator levar a cabo a aplicação da regra disposta no art. 932, parágrafo único do CPC, esta que, expressamente, se traduz nos seguintes termos:

"Antes de considerar inadmissível o recurso, o relator concederá o prazo de 5 (cinco) dias ao recorrente para que seja sanado vício ou complementada a documentação exigível."[19]

Por fim, destaca-se que em sendo o recurso interposto por sistema de transmissão de dados tipo fac-símile ou similar, as referidas peças, quer obrigatórias e facultativas devem, ser juntadas no momento de protocolo da petição original, de acordo com o §4º do art. 1.017 do CPC.

---

19. Vale destacar aqui informativo da Primeira Turma do STF acerca da aplicação do art.932, parágrafo único e sua dimensão saneadora:
"Ausência de impugnação e parágrafo único do art. 932 do CPC:
O prazo de cinco dias previsto no parágrafo único do art. 932 do CPC/2015 ["Art. 932. Incumbe ao relator: ... III - não conhecer de recurso inadmissível, prejudicado ou que não tenha impugnado especificamente. ... Parágrafo único. Antes de considerar inadmissível o recurso, o relator concederá o prazo de 5 (cinco) dias ao recorrente para que seja sanado vício ou complementada a documentação exigível"] só se aplica aos casos em que seja necessário sanar vícios formais, como ausência de procuração ou de assinatura, e não à complementação da fundamentação. Com base nessa orientação, a Primeira Turma, por maioria, negou provimento a agravo regimental e condenou a parte sucumbente ao pagamento de honorários advocatícios. Inicialmente, a Turma rejeitou proposta do Ministro Marco Aurélio de afetar a matéria ao Plenário para analisar a constitucionalidade do dispositivo, que, ao seu ver, padeceria de razoabilidade. Na sequência, o Colegiado destacou que, na situação dos autos, o agravante não atacara todos os fundamentos da decisão agravada. Além disso, estar-se-ia diante de juízo de mérito e não de admissibilidade. O Ministro Roberto Barroso, em acréscimo, afirmou que a retificação somente seria cabível nas hipóteses de recurso inadmissível, mas não nas de prejudicialidade ou de ausência de impugnação específica de fundamentos. Vencido o Ministro Marco Aurélio, que provia o recurso.ARE 953221 AgR/SP, rel. Min. Luiz Fux, 7.6.2016. (ARE-953221)". (Grifo nosso).

2.5.3 Preparo

O recurso de agravo de instrumento acha-se suscetível ao recolhimento de custas e despesas, sob pena de deserção. No caso de justiça estadual, compete à parte averiguar se há lei estadual determinando ou não a cobrança.

Isto posto, no momento da interposição do presente recurso, a petição deverá estar acompanhada do comprovante de pagamento das respectivas custas bem com o do porte de retorno, isso quando devidos, sempre de acordo com a tabela publicada pelos tribunais.

2.5.4 Procedimento no Tribunal

O relator, ao receber o agravo de instrumento, poderá indeferi-lo devido à ausência de algum dos requisitos de admissibilidade (isso depois de concedido o prazo para que o agravante sane o vício ou complemente a documentação exigível) ou ainda julgá-lo improcedente pelos motivos tipificados nos incisos III e IV do art. 932, quais sejam:

III - não conhecer de recurso inadmissível, prejudicado ou que não tenha impugnado especificamente os fundamentos da decisão recorrida;

IV - negar provimento a recurso que for contrário a:

a) súmula do Supremo Tribunal Federal, do Superior Tribunal de Justiça ou do próprio tribunal;

b) acórdão proferido pelo Supremo Tribunal Federal ou pelo Superior Tribunal de Justiça em julgamento de recursos repetitivos;

c) entendimento firmado em incidente de resolução de demandas repetitivas ou de assunção de competência;

Pode o relator, além do juízo negativo, dar provimento, de imediato, ao recurso, no denominado "efeito ativo", ao atribuir efeito suspensivo ao próprio agravo ou deferir, liminarmente, em antecipação de tutela, total ou parcialmente, a pretensão recursal, comunicando ao juiz sua decisão (art. art. 1.019, I do CPC).[20]

Após o recurso ser conhecido, concedido ou não o efeito suspensivo ou mesmo, liminarmente, a antecipação da tutela requerida em sede recursal, o relator ordenará a intimação do agravado pessoalmente, por carta com aviso de recebimento, quando não tiver procurador constituído, ou pelo Diário da Justiça ou por carta com aviso de recebimento dirigida ao seu advogado, para que responda no

---

20. Ainda sob a égide do CPC/1973, bem apontava MEDINA, José Miguel Garcia. (*Código de Processo Civil Comentado*. São Paulo: RT, 2011, p. 525):
"Com a antecipação dos efeitos da tutela recursal, permite-se que se produzam os efeitos que se pretende obter com o julgamento do recurso, embora antes de seu julgamento. (...). Sob certo ponto de vista, com o efeito suspensivo *também* se pretende a antecipação dos efeitos da tutela recursal, já que se pretende, com a obtenção de tal efeito, *impedir* que a decisão recorrida produza efeitos e que este estado de não produção de efeitos perdure, após o julgamento do recurso. O art. 527, inc. III não esclarece quais os requisitos para a antecipação. A previsão expressa do art. 527, inciso III, deve ser considerada mero desdobramento do instituto previsto no art. 273, razão pela qual os requisitos a serem observados pelo relator deverão ser aqueles referidos neste dispositivo legal."

prazo de 15 (quinze) dias, facultando-lhe juntar a documentação que entender necessária ao julgamento do recurso (art. 1.019, II). Concluídas as providências supracitadas, o relator, determinará a intimação do Ministério Público, preferencialmente por meio eletrônico, isso, quando da necessidade de sua intervenção (art. 178 c/c art. 1.019, III), para que o mesmo se manifeste num prazo de 15 (quinze) dias e então, solicitará dia para julgamento, que deverá acontecer em até 1 (um) mês da intimação do agravado (art. 1.020 do CPC).

2.6 AGRAVO INTERNO

2.6.1 CABIMENTO E FORMA DE INTERPOSIÇÃO

Trata-se o agravo interno, assim como já o era no CPC/1973, de recurso voltado a enfrentar as decisões monocráticas do relator e levá-las ao órgão colegiado.

Como cediço, vem o relator, de forma monocrática, arregimentando nos últimos tempos, uma série de poderes decisórios em sede de tribunal,[21] o que, no CPC/2015, foi fortalecido dito poder, seja visando a adequação da tutela jurisdicional, *ex vi* do art. 932, II ou mesmo objetivando a economia processual e a plena e efetiva aplicação dos julgados coletivos vinculantes e dos precedentes, como se vê dos incisos III a V do art. 932 do CPC.

Pelo dito acima, bem expressa o art. 1.021, *caput* do CPC que contra "*decisão proferida pelo relator caberá agravo interno para o respectivo órgão colegiado, observadas, quanto ao processamento, as regras do regimento interno do tribunal.*"

No recurso do Agravo Interno, deverá o agravante impugnar, especificamente os fundamentos da decisão agravada, demonstrando, por exemplo, nos casos em que enfrenta decisão fundada em jurisprudência do próprio órgão fracionário (art. 932, III a V), que há distinção entre o que se recorre com a situação objeto do entendimento jurisprudencial, sob pena de não conhecimento do agravo.

Quanto à sua interposição, será o agravo interno apresentado no prazo de até 15(quinze) dias da intimação da decisão a ser recorrida, sendo dirigido ao relator, este que intimará o agravado para manifestar-se também em 15 (quinze) dias e, ao final, não havendo retratação pelo aludido relator, este levará o recurso a julgamento pelo órgão colegiado, com a sua devida inclusão na

21. Sob o manto do CPC/1973, já fora objeto de reconhecimento por parte do STF que o julgamento monocrático de recursos busca acentuar o elemento da celeridade nos tribunais:
"A aplicação do art. 557 do CPC supõe que o julgador, ao isoladamente, negar seguimento ao recurso, confira à parte prestação jurisdicional equivalente à que seria concedida caso o processo fosse julgado pelo órgão colegiado. A *ratio essendi* do dispositivo, com redação dada pelo art. 1º da Lei 9.756/98, visa desobstruir as pautas dos tribunais, dando preferência a julgamentos de recursos que encerrem matéria controversa." (STF. 1ªT. AgRg no Ag 740.396/RJ. Rel. Min. Luiz Fux. Julg. 03.08.2006).

pauta (§2º do art. 1.021 do CPC). Observe-se, portanto, que o órgão colegiado é quem julgará o agravo interno.

Quanto ao julgamento do agravo interno, estabelece o §3º do art. 1.021 ser vedado ao relator limitar-se à reprodução dos fundamentos da decisão agravada para julgar improcedente o agravo interno interposto.

Como prática reiterada nos tribunais, observa-se a transcrição literal no acórdão que julga ao agravo interno, daquela decisão a que fora objeto a interposição deste próprio agravo, como se não tratasse de recursos distintos.

Nisso, ainda que a fundamentação do agravo interno reprise aquela do recurso original, deverá o agravo em tela possuir fundamentação própria e específica, ainda que para reconhecer que o agravante nada acostou de novidade ou esclarecimento em sua peça recursal de agravo interno.

Uma vez interposto o agravo interno e sendo ele declarado manifestamente inadmissível ou improcedente em votação unânime, o órgão colegiado, sempre em decisão fundamentada, condenará o agravante a pagar ao agravado multa fixada entre um e cinco por cento do valor atualizado da causa.[22/23]

A aludida multa, uma vez estabelecida, terá no depósito prévio relativo ao seu valor, elemento condicional para que a parte condenada à mesma possa vir a interpor qualquer outro recurso, salvo com relação à Fazenda Pública e ao beneficiário de gratuidade da justiça, estes que, caso tenham sido condenados à referida multa, a quitarão quando do termo final do processo. É o que garante o §5º do art. 1.021, *in verbis*:

---

22. Enunciado n.358 do FPPC: "A aplicação da multa prevista no art. 1.021, § 4º, exige manifesta inadmissibilidade ou manifesta improcedência."
    Enunciado n. 359 do FPPC: "A aplicação da multa prevista no art. 1.021, § 4º, exige que a manifesta inadmissibilidade seja declarada por unanimidade."

23. Ressalte-se aqui que a Segunda Seção do Superior Tribunal de Justiça em decisão no EREsp nº1120356 / RS, de relatoria do Min. Marco Aurélio Bellizze, entendeu que a aplicação da multa prevista no § 4º do artigo 1.021 do Código de Processo Civil não é automática, pois não se trata de mera decorrência lógica do não provimento do agravo interno em votação unânime.
    Destacou o aludido Relator em seu voto, que o § 4º do artigo 1.021 condiciona a aplicação de multa à situação na qual o agravo interno é considerado manifestamente inadmissível ou improcedente. *In verbis:*
    "A condenação do agravante ao pagamento da aludida multa, a ser analisada em cada caso concreto, em decisão fundamentada, pressupõe que o agravo interno se mostre manifestamente inadmissível ou que sua improcedência seja de tal forma evidente que a simples interposição do recurso possa ser tida, de plano, como abusiva ou protelatória".
    Importante ressaltar que o próprio texto legal não condiciona a supracitada multa a qualquer prática tida como abusiva ou protelatória, mas "inadmissível ou improcedente", o que demonstra a edificação de um possível balizamento em nível pretoriano, do qual, de certo, temos que ser cautelosos quanto à configuração "abusiva ou protelatória" do recurso em questão, pois que muitas vezes, de difícil percepção, o que trabalha para com a subjetividade de tal decisão, dificultando a nossa concordância com tal posição e seu acerto pelo órgão julgador em destaque (STJ).

"A interposição de qualquer outro recurso está condicionada ao depósito prévio do valor da multa prevista no § 4º, à exceção da Fazenda Pública e do beneficiário de gratuidade da justiça, que farão o pagamento ao final."

Nota-se daí que, a aludida multa possui caráter inibitório, isso para fins de desencorajar o *improbus litigator*, ou seja, aquela que maneja de forma irresponsável a via recursal.[24]

Por outro lado, cabe destacar aqui que as hipóteses de agravo interno foram alargadas. Isso se deu diante do advento da Lei n.13.256, de 04.02.2016, esta que disciplina *"o processo e o julgamento do recurso extraordinário e do recurso especial; altera a Lei nº 13.105, de 16 de março de 2015 — Código de Processo Civil; e dá outras providências."*

Nestes termos, traz a referida Lei alterações em diversos e consideráveis dispositivos da Lei n.13.105/2015 – O Novo CPC - dentre eles, o art. 1.030 do CPC/2015, com a inclusão de incisos, alíneas e parágrafos, repercutindo, inclusive, em sede de Agravo Interno, nos seguintes termos:

> *Art. 1.030. Recebida a petição do recurso pela secretaria do tribunal, o recorrido será intimado para apresentar contrarrazões no prazo de 15 (quinze) dias, findo o qual os autos serão conclusos ao presidente ou ao vice-presidente do tribunal recorrido, que deverá:*
>
> *I – negar seguimento:*
>
> *a) a recurso extraordinário que discuta questão constitucional à qual o Supremo Tribunal Federal não tenha reconhecido a existência de repercussão geral ou a recurso extraordinário interposto contra acórdão que esteja em conformidade com entendimento do Supremo Tribunal Federal exarado no regime de repercussão geral;*
>
> *b) a recurso extraordinário ou a recurso especial interposto contra acórdão que esteja em conformidade com entendimento do Supremo Tribunal Federal ou do Superior Tribunal de Justiça, respectivamente, exarado no regime de julgamento de recursos repetitivos;*
>
> *II – encaminhar o processo ao órgão julgador para realização do juízo de retratação, se o acórdão recorrido divergir do entendimento do Supremo Tribunal Federal ou do Superior Tribunal de Justiça exarado, conforme o caso, nos regimes de repercussão geral ou de recursos repetitivos;*
>
> *III – sobrestar o recurso que versar sobre controvérsia de caráter repetitivo ainda não decidida pelo Supremo Tribunal Federal ou pelo Superior Tribunal de Justiça, conforme se trate de matéria constitucional ou infraconstitucional;*
>
> *IV – selecionar o recurso como representativo de controvérsia constitucional ou infraconstitucional, nos termos do § 6º do art. 1.036;*

24. STF.2ªT. EDclAgRgAg 238677-1/SC Rel. Min. Celso de Mello. Julg.13.6.2000, *DJ* 08.6.2001.

V - realizar o juízo de admissibilidade e, se positivo, remeter o feito ao Supremo Tribunal Federal ou ao Superior Tribunal de Justiça, desde que:

a) o recurso ainda não tenha sido submetido ao regime de repercussão geral ou de julgamento de recursos repetitivos;

b) o recurso tenha sido selecionado como representativo da controvérsia; ou

c) o tribunal recorrido tenha refutado o juízo de retratação.

§ 1º Da decisão de inadmissibilidade proferida com fundamento no inciso V caberá agravo ao tribunal superior, nos termos do art. 1.042.

§ 2º Da decisão proferida com fundamento nos incisos I e III caberá agravo interno, nos termos do art. 1.021. (Grifo nosso).

A supracitada *Lex* ainda avança em mais conteúdos decorrentes da decisão do presidente ou do vice-presidente do tribunal de origem (*a quo*), passiveis de enfrentamento pela via do Agravo Interno.

Assim, sob as letras da Lei n.13.256/2016, de acordo com o art. 1.035, §7º, caberá, igualmente, da decisão que indeferir o requerimento referido no § 6° deste artigo ("*O interessado pode requerer ao presidente ou ao vice-presidente do tribunal de origem, que exclua da decisão de sobrestamento e inadmita o recurso extraordinário que tenha sido interposto intempestivamente*") ou que aplicar entendimento firmado em regime de repercussão geral ou em julgamento de recursos repetitivos, quando então caberá apenas agravo interno.

No mesmo sentido está o art. 1.036, §3º, ou seja, da decisão que indeferir o requerimento referido no § 2° também deste artigo ("*O interessado pode requerer, ao presidente ou ao vice-presidente, que exclua da decisão de sobrestamento e inadmita o recurso especial ou o recurso extraordinário que tenha sido interposto intempestivamente*"), caberá apenas agravo interno, nos termos do art. 1.021.

2.7 AGRAVO EM RECURSO ESPECIAL E EM RECURSO EXTRAORDINÁRIO

2.7.1 Cabimento e Forma de Interposição

O presente agravo não possui correspondência exata com o modelo adotado no CPC/1973.

Caberá agravo contra decisão do presidente ou do vice-presidente do tribunal recorrido que inadmitir recurso extraordinário ou recurso especial, salvo quando fundada na aplicação de entendimento firmado em regime de repercussão geral ou em julgamento de recursos repetitivos, conforme expressa o art. 1.042, *caput*.[25]

25. Nova redação dada pela Lei n.13.256/2016.

O Agravo em Recurso Especial ou em Recurso Extraordinário deverá ser interposto no prazo de 15 (quinze) dias da intimação da decisão a ser recorrida, sendo a petição dirigida ao presidente ou vice-presidente do tribunal de origem, independe do pagamento de custas e despesas postais, aplicando-se a ela o regime de repercussão geral e dos recursos especiais repetitivos, inclusive quanto à possibilidade de sobrestamento e de juízo de retratação de acordo com a regra do art. 1.042, §2º.[26/27]

Vale destacar, ainda que sob o manto do revogado CPC/1973, mas, notadamente, em referência ao agravo decorrente de decisão de inexistência de repercussão geral em recurso extraordinário, a exigência firmada pelo Supremo Tribunal Federal quanto à necessidade de justificativa da existência de Repercussão Geral nas razões do até então "agravo nos próprios autos", a ser impetrado, quando do não conhecimento do Recurso Extraordinário, exatamente por inexistência neste, da preliminar sustentando a incidência de Repercussão Geral na matéria discutida.

É o que se depreende da seguinte ementa, de cuja relatoria é da lavra da Min. Carmen Lúcia:

> AGRAVO EM RECURSO EXTRAORDINÁRIO. PROCESSUAL CIVIL. INTIMAÇÃO DO JULGADO RECORRIDO APÓS 3.5.2007. INEXISTÊNCIA DE PRELIMINAR DE REPERCUSSÃO GERAL. NÃO ATENDIMENTO AO DISPOSTO NO § 2º DO ART. 543-A DO CÓDIGO DE PROCESSO CIVIL E NO ART. 327 DO REGIMENTO INTERNO DO SUPREMO TRIBUNAL FEDERAL. PRECEDENTES. AGRAVO AO QUAL SE NEGA SEGUIMENTO.[28]

Uma vez interposto do agravo em tela, será o agravado intimado para apresentar suas contrarrazões também no prazo de 15 (quinze) dias.

Recebida as razões e contrarrazões do agravo, não havendo juízo de retratação por parte do tribunal de origem, será o agravo remetido ao tribunal superior competente, ou seja, STJ ou STF.

Em sendo o caso, poderá o agravo ser julgado conjuntamente com o recurso especial ou extraordinário, assegurado, notadamente, o direito à sustentação oral, observado o regimento interno do respetivo tribunal superior (§5º do art. 1.042). Mostra-se, neste caso, que o tribunal superior – STJ ou STF – podem, numa mesma sentada, conhecer do agravo e dar-lhe provimento, passando-se ao julgamento do REsp ou RE.

Importante destacar que, interpostos conjuntamente os recursos extraordinário e especial, deverá o agravante, se for de seu interesse, interpor um agravo para cada recurso não admitido (§6º do art. 1.042). Neste caso, os au-

---

26. Redação dada pela Lei n. 13.256/2016.
27. Enunciado n. 225 do FPPC: "O agravo em recurso especial ou extraordinário será interposto nos próprios autos."
28. STF. ARE: 725897 SP. Rel. Min. Cármen Lúcia. Julg.11.12.2012, *DJe* 17.12.2012.

tos serão remetidos ao STJ, uma vez concluído o julgamento do agravo e se for o caso, do REsp., independentemente de pedido, serão os autos remetidos ao STF para a devida apreciação do agravo a ele dirigido, exceto se estiver prejudicada sua análise. (§§7º e 8º do art. 1.042).

Ao contrário, havendo apenas um agravo, o recurso será remetido ao tribunal superior competente para a sua apreciação (§7º do art. 1.042).

3. EMBARGOS DE DECLARAÇÃO

3.1 DELIMITAÇÃO

No caso da decisão judicial deixar de analisar alguma questão requerida pela parte ou conteúdo sobre o qual deveria o magistrado ter se pronunciado de ofício for incompreensível com relação a algum ponto do processo, manifestar aspectos contraditórios ou mesmo necessitar de eventual correção de erro material a parte interessada poderá interpor o denominado recurso de "embargos de declaração" com objetivo de que o órgão julgador, prolator da decisão, se declare sobre, *v.g.*, a omissão, ou elucide a questão que ficou obscura ou apresentou contradição.[29]

Desse modo, a regra do art. 1.022 do CPC estabelece, nos seguintes termos o cabimento dos embargos em tela:

> *Art. 1.022. Cabem embargos de declaração contra qualquer decisão judicial para:*
>
> *I - esclarecer obscuridade ou eliminar contradição;*
>
> *II - suprir omissão de ponto ou questão sobre o qual devia se pronunciar o juiz de ofício ou a requerimento;*
>
> *III - corrigir erro material.*

O CPC/2015, diferentemente do CPC/1973, além de alocar para o rol de hipóteses de cabimento dos Embargos de Declaração a "correção de erro material", avançou em grau de extensão com relação ao próprio conteúdo do que se deve entender também por "omissão" em uma decisão judicial.

Assim, além de se considerar uma decisão *citra petita* como inegável hipótese tradicional de omissão, regra o parágrafo único do art. 1.022 demais caracterizações da existência de decisão judicial tida como omissa.

Nestes termos, considera-se presente a omissão em uma decisão judicial quando o órgão julgador (i) deixe de se manifestar sobre tese firmada em julgamento de casos repetitivos ou em incidente de assunção de competência

---

29. Enunciado n. 394 do FPPC: "As partes podem opor embargos de declaração para corrigir vício da decisão relativo aos argumentos trazidos pelo amicus curiae."

aplicável ao caso sob julgamento; (ii) incorra em qualquer das condutas descritas no art. 489, § 1º.[30/31]

Nota-se aí a importância da disposição supra, permitindo às partes a possibilidade de objetar via embargos de declaração decisões que venham a desrespeitar os critérios de fundamentação adequada impostos pelo novel *Codex* bem como a própria adequação da decisão aos precedentes judiciais, fortalecendo a dinâmica do respeito às decisões verticais, por isso, em prol da isonomia e segurança jurídica.

Seguindo a linha do que já defendíamos em edições anteriores de nossas Instituições de Direito Processual Civil, o CPC/2015 reconhece explicitamente, a possibilidade de uso do recurso de Embargos de Declaração frente a qualquer decisão judicial que a faça contemplar as hipóteses a ele cabíveis, e não mais somente contra sentença e acórdão, como autorizava o Código de 1973.[32]

---

30. *"Art. 489*
(...)
§ 1º Não se considera fundamentada qualquer decisão judicial, seja ela interlocutória, sentença ou acórdão, que:
I - se limitar à indicação, à reprodução ou à paráfrase de ato normativo, sem explicar sua relação com a causa ou a questão decidida;
II - empregar conceitos jurídicos indeterminados, sem explicar o motivo concreto de sua incidência no caso;
III - invocar motivos que se prestariam a justificar qualquer outra decisão;
IV - não enfrentar todos os argumentos deduzidos no processo capazes de, em tese, infirmar a conclusão adotada pelo julgador;
V - se limitar a invocar precedente ou enunciado de súmula, sem identificar seus fundamentos determinantes nem demonstrar que o caso sob julgamento se ajusta àqueles fundamentos;
VI - deixar de seguir enunciado de súmula, jurisprudência ou precedente invocado pela parte, sem demonstrar a existência de distinção no caso em julgamento ou a superação do entendimento."

31. Enunciado n. 76 do Conselho da Justiça Federal (CJF): "É considerada omissa, para efeitos do cabimento dos embargos de declaração, a decisão que, na superação de precedente, não se manifesta sobre a modulação de efeitos."

32. Já dizíamos, ainda sob as rédeas do CPC/1973, o seguinte:
"Embora a regra legal limite, explicitamente, o alcance dos embargos de declaração às sentenças e acórdãos, doutrina e jurisprudência já estabeleceram há muito tempo que os embargos podem ser opostos em face de qualquer decisão judicial, em qualquer grau de jurisdição que demonstre obscuridade, contradição e/ou omissão." (*Instituições de Direito Processual Civil.* 2 ed. Belo Horizonte: Del Rey, 2013, p.333.
Sobre o tema, nota, com acerto, NEGRÃO, Theotonio; GOUVÊA, José Roberto F. (*Código de Processo Civil e legislação processual em vigor.* 40. ed. São Paulo: Saraiva, 2008, p. 723): "A garantia constitucional de motivação das decisões judiciais consagra o cabimento dos embargos contra todo o pronunciamento judicial."
Cf. também dentre muitos, NERY, Nelson; NERY, Rosa Maria de Andrade. *Código de Processo Civil Comentado.* 10. ed., p. 907.
"Decisão interlocutória. Os embargos declaratórios são cabíveis contra qualquer decisão judicial e, uma vez interpostos, interrompem o prazo recursal. A interpretação meramente literal do art. 535 do CPC atrita com a sistemática que deriva do próprio ordenamento processual, notadamente após ter sido erigido a nível constitucional o princípio da motivação das decisões

Tal conclusão está de acordo com o intento objetivado por este recurso, que possibilita à parte interessada requerer ao prolator da decisão judicial o seu complemento quando houver omissão com relação a ponto ou questão sobre a qual deveria se pronunciar e/ou casuais esclarecimentos relacionados às obscuridades ou contradições existentes no pronunciamento judicial.

De acordo com esta hipótese, seus benefícios são inegáveis visto que valoriza o diálogo entre as partes e o juiz, possibilitando a rápida correção de erros, omissões e contrariedades, frutos, na maior parte das vezes, do excesso de trabalho a que são submetidos os julgadores no sistema jurisdicional pátrio. É importante salientar que os embargos de declaração não são a forma adequada para impugnar o mérito da decisão judicial ou levantar questões novas.

Por outro lado, convém ressaltar que, uma vez o magistrado sanando eventual obscuridade ou mesmo contradição ou lacuna no ato sentencial, inegável por vezes será a ocorrência de alguma alteração no julgado, sobretudo no que se refere ao seu conteúdo, em que pese não ser este o desiderato do instituto em tela, pois que possíveis novidades introduzidas na sentença primitiva não podem ir além daquilo ao qual objetiva a solicitação de obscuridade, lacuna ou contradição, certamente, relativa à pretensão já exigida, bem como a sua defesa, ou seja, possível efeito infringente deve ser resultante da complementação lacunosa ou mesmo obscura ou contraditória decorrente do pedido objeto da lide.[33]

Para isso, teve por bem e de forma prudente o legislador do CPC/2015, ao prescrever no §2º do art. 1.023 que, caso o eventual acolhimento dos Embargos de Declaração implique na modificação da decisão embargada, o juiz intimará o embargado para, querendo, manifestar-se, no prazo de 5 (cinco) dias, sobre os embargos opostos. Questão que merece análise é aquela que diz respeito à impetração de recurso principal pela parte interessada quando, posteriormente, a outra parte lança mão, ainda dentro do lapso temporal adequado (5 dias), dos respectivos Embargos de Declaração, dado que com possíveis efeitos infringentes, pode-se ensejar modificação substantiva no conteúdo sentencial, refletindo diretamente nas razões acostadas pelo apelante.

Theodoro Júnior, ainda sob a vigência do CPC/1973 revogado, muito bem pontificava tal situação:

> Que ocorre se uma parte já havia interposto o recurso principal, quando a outra lançou mão dos embargos de declaração? Duas são as situações a considerar: a) o objeto dos embargos não interfere no do recurso principal, de maneira que o julgamento daqueles nada

---

judiciais" (STJ-RF 349/235 e RP 103/327 Corte Especial, 10 votos a 4). Na mesma ideia, dentre outros, RSTJ 94/277, 97/277, 145/59, RJTAMG 65/56, RTJE 165/224.

33. "Os embargos de declaração só podem ter efeitos infringentes quando estes resultarem diretamente de omissão ou contradição do acórdão" (STJ. EDcl. em AGMC 1.228/SP. Rel. Min. Ari Pargendler. Julg. 23.9.1998, *DJU* 16.11.1998). Ver também, dentre outros, STJ. EDcl. no Emb. Div. no REsp. 19.683/SP. Rel. Min. Peçanha Martins. Julg. 06.11.1998, *DJU* 29.3.1999.

> alterou quanto à matéria impugnada no último; b) o objeto dos embargos incide sobre questões enfocadas no recurso principal. No primeiro caso, não haverá necessidade de ser renovado ou ratificado o recurso anteriormente interposto; no segundo, todavia, a reiteração se faz necessária, porque, uma vez julgados e acolhidos os embargos, a decisão recorrida já não será a mesma que o recurso principal atacara.[34]

Pois bem. O CPC/2015 passou a regular a matéria, colocando-a nos seguintes termos:

> *§4º Caso o acolhimento dos embargos de declaração implique modificação da decisão embargada, o embargado que já tiver interposto outro recurso contra a decisão originária tem o direito de complementar ou alterar suas razões, nos exatos limites da modificação, no prazo de 15 (quinze) dias, contado da intimação da decisão dos embargos de declaração.*
>
> *§5º Se os embargos de declaração forem rejeitados ou não alterarem a conclusão do julgamento anterior, o recurso interposto pela outra parte antes da publicação do julgamento dos embargos de declaração será processado e julgado independentemente de ratificação.*

É de notar em bom sentido, que restarão prejudicadas as razões da apelação em vista dos efeitos infringentes decorrentes, por exemplo, de específica complementação do juízo em sede de Embargos de Declaração, quando do reconhecimento de omissão com posterior reforma da decisão embargada.

Com efeito, a infringência aí se dá como uma consequência necessária do provimento dos Embargos, restando imperiosa a reiteração, complementação ou alteração das razões do recurso principal para o enfrentamento, na verdade, de uma "nova decisão", conforme garantido pelo §4º do art. 1.024 do CPC.[35] Tal questão é observada, *v.g.*, quando há sentença de procedência acolhendo em parte o pedido do autor, no entanto omissa quanto à preliminar de prescrição alegada pelo réu; caso o magistrado acolha os EDcl, indubitavelmente, restará modificado o julgado, no caso, de procedência ainda que parcial, para improcedência do pedido.[36]

Por derradeiro, no que toca à multicitada infringência e sua incidência nos presentes Embargos, bem pontua Araújo Cintra sobre a possibilidade de modificação da decisão embargada, acordando para aludida situação no respecti-

---

34. THEODORO JR., Humberto. *Curso de Direito Processual Civil*. 47. ed. Rio de Janeiro: Forense, 2007, p. 700.

35. "Na verdade, não haverá propriamente infringência do julgado, mas decisão nova, pois a matéria não foi objeto de consideração pela decisão embargada" (NERY, Nelson; NERY, Rosa Maria de Andrade. *Código de Processo Civil Comentado.*10 ed., p. 908).

36. Importante trazer a lume o reconhecimento explícito do TST sobre o assunto no Enunciado de Súmula n. 278: "A natureza da omissão suprida pelo julgamento de embargos de declaração pode ocasionar o efeito modificativo do julgado."

vo recurso "sempre que seja necessário para atender a sua finalidade legal de esclarecer a obscuridade, resolver a contradição ou suprir a omissão verificada naquela decisão." E bem adverte:

> Qualquer restrição que se oponha a essa força modificativa dos embargos de declaração nos estritos limites necessários à consecução de sua finalidade específica constituirá artificialismo injustificável, que produzirá mutilação do instituto.[37]

3.2 INTERPOSIÇÃO

A interposição dos embargos de declaração deve ser realizada mediante petição endereçada ao juiz da causa ou ao relator, segundo o caso, contendo indicação precisa do erro, da obscuridade, contradição ou omissão que se alega. Tal interposição não depende de preparo anterior (art. art. 1.023 do CPC).

3.3 PRAZO

O prazo para interposição dos embargos de declaração, seja de decisão interlocutória, sentença ou acórdão, é de 5 (cinco) dias (art. 1.023 do CPC).

Conforme comentado, os Embargos em tela cabem de qualquer decisão judicial.

Assim, de acordo com o ato judicial a atacado pelo respectivo recurso, o seu termo inicial, para fins de contagem, por exemplo, poderá começar da leitura da sentença em audiência, se esta ali for proferida; da intimação dos advogados, da sociedade de advogados, da Advocacia Pública, da Defensoria Pública ou do Ministério Público, na forma já mencionada para os prazos em geral; ou da publicação do acórdão, no caso de decisão em instância superior. A respeito há que se observar as disposições dos arts. 231 e 1.003, *caput* e §1º.

Tratando-se da União, dos Estados, do Distrito Federal, dos Municípios bem como das suas autarquias e fundações de direito público, em vista do interesse público que cerca as demandas que os envolvem e para fins de se evitar que o tempo seja corroído pelas dificuldades administrativas de auto-organização, os prazos serão contados em dobro para todas as suas manifestações processuais, cuja contagem terá início a partir da intimação pessoal (art. 183, *caput*). O mesmo se estende para o Ministério Público (art. 180, *caput*) e Defensoria Pública (art. 186, *caput*).

Ao legislador coube, por conseguinte, conceder tal benefício do prazo em dobro aos escritórios de prática jurídica das faculdades de Direito reconhecidas na forma da lei e às entidades que prestam assistência jurídica gratuita

---

37. CINTRA, Antônio Carlos de Araújo. Sobre os embargos de declaração. In: *Revista dos Tribunais*, n. 618, São Paulo, RT, abril/1987, p. 194.

em razão de convênios firmados com a Defensoria Pública, conforme assegura o §3º do art. 186 do CPC.

Importante ressaltar que, para todos os beneficiários do lapso temporal em dobro supracitados, não será aplicado a benesse da contagem dobrada quando a lei estabelecer, de forma expressa, prazo próprio para qualquer deles.

Já quanto às sociedades de economia mista e empresas públicas não será aplicado o presente benefício, já que possuem regime jurídico de direito privado e como cediço, integram apenas a administração indireta, de acordo com o Decreto-lei 200, de 25.02.1967.[38]

Quanto a litisconsórcios com diferentes procuradores, de escritórios de advocacia distintos, terão eles os prazos contados em dobro para todas as suas manifestações, em qualquer juízo ou tribunal, independentemente de requerimento, de acordo com o *caput* do art. 229. No entanto, cessará a contagem do prazo em dobro quando, havendo apenas 2 (dois) réus, é oferecida defesa por apenas um deles (§1º do art. 229). Nesta hipótese, tornando-se revel um dos litisconsortes, não haverá de se falar mais em prazos em dobro para se ambos se manifestarem nos autos do processo.

Aludido benefício concedido aos litisconsortes na forma supracitada, não se aplica aos processos que tramitam em autos eletrônicos (§2º do art. 229).

Por fim, destaca-se que o prazo para interposição do recurso será suspenso quando sobrevier o falecimento da parte ou de seu advogado ou ocorrer motivo de força maior que suspenda o curso do processo (art. 1.004 do CPC). Nesta hipótese, o prazo citado deve ser totalmente restituído, em proveito da parte, do herdeiro ou do sucessor, contra quem começará a correr novamente depois da intimação.

3.4 EFEITOS

Os embargos de declaração não possui efeito suspensivo garantindo, portanto, há imediata eficácia da decisão embargada.

No entanto, será possível a concessão de efeito suspensivo ao presente recurso. Isso se dará quando demonstrado pelo embargante em sua peça recursal dirigida ao juiz ou ao relator, a probabilidade de provimento do recurso interposto ou, sendo relevante a fundamentação, houver risco de dano grave e de difícil reparação (§1º do art. 1.026 do CPC).

Importante característica dos embargos de declaração está no fato de que sua interposição interrompe o curso do prazo para interposição de outros recursos por qualquer das partes (art. 1.026, caput do CPC). Vale destacar que tal interrupção consiste na concessão de novo prazo para interposição de ou-

38. STJ. 1ºT. Ag.Rg. no REsp 788.820/RS. Rel. Min. Denise Arruda. Julg. 04.09.2008, *DJe* 22.09.2008; STJ. 2ºT. Ag.Rg no REsp 652.055/RS. Rel. Min. Herman Benjamin. Julg, 01.09.2009, *DJe* 08.09.2009.

tro recurso contra a decisão embargada que terá início somente após a intimação da decisão sobre os embargos.

Neste sentido, no caso de impetração do presente recurso com o intuito de servir a manobras protelatórias, o juiz ou o tribunal, em decisão fundamentada, condenará o embargante a pagar ao embargado multa não excedente a 2 (dois) por cento sobre o valor atualizado da causa. (§2º do art. 1.026).[39/40]

Na reiteração de embargos de declaração reconhecidos como manifestamente protelatórios, a multa será elevada a até 10 (dez) por cento sobre o valor atualizado da causa, e a interposição de qualquer recurso ficará condicionada ao depósito prévio do valor da multa, à exceção da Fazenda Pública e do beneficiário de gratuidade da justiça, que a recolherão ao final. (§3º do art. 1.026 do CPC).

Destaca-se ainda que, não serão admitidos novos embargos de declaração caso os 2 (dois) anteriores houverem sido considerados protelatórios, conforme dicção do §4º do art. 1.026 do CPC.

Vale ainda pontuar que da decisão Embargos de Declaração é possível gerar majoração dos honorários advocatícios, na linha do que se entende o art. 85, §11 e devidamente ratificado pelo Supremo Tribunal Federal, no acordão infra:

---

39. AGRAVO INTERNO NOS EMBARGOS DE DECLARAÇÃO. AGRAVO EM RECURSO ESPECIAL. HONORÁRIOS RECURSAIS. NÃO CABIMENTO. APLICAÇÃO DO ENUNCIADO 7 DO PLENÁRIO DO STJ. EMBARGOS DE DECLARAÇÃO PROTELATÓRIOS. MULTA. 1. Enunciado 7 do Plenário do STJ: Somente nos recursos interpostos contra decisão publicada a partir de 18 de março de 2016, será possível o arbitramento de honorários sucumbenciais recursais na forma do art. 85, § 11, do novo CPC. Precedentes do STJ. 2. Diante do caráter protelatório dos embargos de declaração manejados pelo agravante, deve ser mantida a multa inserta no art. 538, parágrafo único, do CPC/73. 3. Agravo interno não provido. (STJ. 3ª T. AgInt nos EDcl nos EDcl na DESIS no AREsp: 994949 SP 2016/0262956-0, Rel. Min. Nancy Andrighi, Julg.: 24.10.2017, *DJe* 13.11.2017).

40. A 1ª Turma do Superior Tribunal de Justiça decidiu que se o valor da causa for considerado "baixo", significando o não atendimento ao preceito sancionador, será possível a multa elevar para além do teto de 2 (dois) por cento sobre o valor atualizado da causa, o que, em verdade, não se faz permitido pelo texto legal. Eis a ementa do acórdão:
"PROCESSUAL CIVIL. EMBARGOS DE DECLARAÇÃO. OMISSÃO. INOCORRÊNCIA. RECURSO PROTELATÓRIO. MULTA. CABIMENTO. 1. Os embargos de declaração têm ensejo quando há obscuridade, contradição, omissão ou erro material no julgado, a teor do disposto no art. 1.022 do CPC/2015. 2. O art. 1.026, § 2º, do CPC/2015 permite a aplicação de multa não excedente a dois por cento do valor atualizado da causa quando interpostos embargos de declaração reputados, fundamentadamente, manifestamente protelatórios. 3. Hipótese em que a embargante reiterou o teor dos argumentos deduzidos no agravo interno, sem explicitar nenhum dos vícios previstos no dispositivo supramencionado, razão por que se consideram protelatórios os presentes embargos. 4. Fixado o valor da causa em um mil reais, o percentual a incidir sobre esse quantum não atingirá o escopo pretendido no preceito sancionador, pelo que cabível o arbitramento daquela multa em R$ 2.000,00 (dois mil reais). 5. Embargos de declaração rejeitados, com imposição de multa.(STJ. 1ª T. EDcl no AgInt no AREsp: 1268706 MG 2018/0067781-0. Rel. Ministro Gurgel de Faria, Data de Julgamento: 25/10/2018, Data de Publicação: *DJe* 05/11/2018)."

> Ementa: EMBARGOS DE DECLARAÇÃO NO AGRAVO REGIMENTAL NA AÇÃO ORIGINÁRIA. AUSÊNCIA DE QUAISQUER DOS VÍCIOS PREVISTOS NO ART. 1.022 DO CPC/2015. TENTATIVA DE MERA REDISCUSSÃO DO QUE JÁ AFIRMADO PELO ACÓRDÃO EMBARGADO. FIXAÇÃO DE HONORÁRIOS SUCUMBENCIAIS RECURSAIS. DESESTÍMULO AOS RECURSOS PROTELATÓRIOS. EMBARGOS DE DECLARAÇÃO DESPROVIDOS. MAJORAÇÃO DA CONDENAÇÃO AO PAGAMENTO DE HONORÁRIOS ADVOCATÍCIOS, NOS TERMOS DO ART. 85, § 11, DO CPC/2015. APLICAÇÃO DA MULTA DO ART. 1.026, § 2º, DO CPC/2015. 1. O inconformismo que tem como real escopo a pretensão de reformar o decisum não pode prosperar, porquanto inocorrentes as hipóteses de omissão, contradição, obscuridade ou erro material, sendo inviável a revisão da decisão em sede de embargos de declaração, em face dos estreitos limites do art. 1.022 do CPC/2015. 2. In casu, os embargos de declaração demonstram mera tentativa de rediscussão do que foi decidido pelo acórdão embargado, inobservando a parte embargante que os restritos limites desse recurso não permitem o rejulgamento da causa. 3. É cabível a condenação em honorários advocatícios na via recursal como desestímulo a recursos protelatórios, independentemente da causação de trabalho adicional à parte adversa. 4. In casu, os embargos revelam-se manifestamente protelatórios, impondo-se a aplicação da multa prevista no art. 1.026, § 2º, do CPC/2015. 5. Embargos de declaração desprovidos, condenação ao pagamento de honorários advocatícios majorada para 10% (dez por cento) sobre o valor da causa (art. 85, § 11, do CPC/2015) e aplicada a multa de 2% (dois por cento) sobre o valor da causa (1.026, § 2º, do CPC/2015)". (AO 1779 AgR-ED, 1ª T., Rel. Min. Marco Aurélio, Rel p/ Acórdão: Min. Luiz Fux, *DJe* 2.5.2017).

3.5 PROCEDIMENTO

A lei processual guardou procedimento rápido e simples para os embargos de declaração, com alguma variação, se interposto no primeiro ou segundo grau.

Assim, em primeiro grau, recebidos os embargos, os autos serão conclusos ao juiz, que deverá decidir no prazo de 5 (cinco) dias.

Conforme já enfrentado em item anterior, o embargado será intimado, caso o eventual acolhimento dos embargos interpostos implique em modificação da decisão embargada. Neste sentido, será o aludido embargado intimado para se manifestar no prazo de 5 (cinco) dias.[41]

Cabe frisar ainda neste ínterim que, em sendo a matéria de ordem pública e que, certamente, deva o juiz, de ofício, conhecer, mesmo que a questão não tenha sido debatida no processo, não poderá o órgão judicial decidi-la sem

---

41. "A garantia constitucional do contraditório impõe que se ouça, previamente, a parte embargada na hipótese excepcional de os embargos de declaração haverem sido interpostos com efeito modificativo." (JSTF 206/221).

ouvir as partes, pois que não se admite "decisão surpresa" no sistema legal pátrio, *ex vi* da própria Carta Maior (art. 5º, LV da CF/88) e mesmo do nosso ordenamento processual civil (art. 10 do CPC).

Já, em sede de segundo grau, uma vez recebidos os embargos, o relator os apresentará em mesa na sessão subsequente, proferindo voto. Caso não haja julgamento nessa sessão, será o recurso incluído em pauta automaticamente. (art. §1º do art. 1.024 do CPC). Nota-se aí que o relator profere seu voto, sendo colhidos também os votos dos demais julgadores.

De outro modo, sendo os embargos de declaração opostos em face de decisão monocrática do relator ou de qualquer outra decisão unipessoal proferida no tribunal, logicamente, decorrente de qualquer das hipóteses do art. 1.022 do CPC, será o próprio relator quem terá competência para julgá-lo (§2º do art. 1.024 do CPC).

Ressalta-se que, em qualquer dos casos, a decisão acerca dos embargos integrará a decisão embargada, isto é, seu conteúdo poderá sofrer impugnação no mesmo recurso interposto contra a decisão original.

Por fim, duas relevantes observações devem ser aqui acostadas para fins de compreensão da dinâmica dos presentes Embargos.

A primeira se orienta através da aplicabilidade legal do princípio da fungibilidade no recurso em tela.

O legislador do CPC/2015 optou por regrar a possibilidade de reconhecimento da fungibilidade entre embargos de declaração e agravo interno. Assim, interpondo o recorrente embargos de declaração, quando na verdade, o que se objetiva com o seu recurso não se refere à matéria atinente aos embargos, mas sim ao agravo interno, será lícito ao órgão julgador receber os embargos como se agravo interno fosse, desde que determine, previamente, a intimação do recorrente para, em 5 (cinco) dias, complementar as razões recursais caracterizadoras do correto recurso, *in casu*, o agravo interno – art. 1.021, §1º – dado que ambos os recursos possuem estrutura distinta em seus conteúdos (§3º do art. 1.024 do CPC).

Dita fungibilidade já era admitida pela jurisprudência,[42] contudo, nos parece que o reconhecimento desta possibilidade se dá muito mais pelo próprio conteúdo da questão a ser enfrentada, esta à qual os embargos não seriam aptos para tal, do que propriamente um erro grosseiro ou má-fé, por isso, realmente, uma fungibilidade de meios.[43]

Com relação à segunda observação, esta toca ao conteúdo do denominado "pré-questionamento".

---

42. STJ. 4ªT. EDclREsp 1338937/PR. Rel.Min. Luis Felipe Salomão. Julg. 03.04.2014, *DJUE* 11.04.2014.
43. No mesmo sentido, NERY JR, Nelson; NERY, Rosa Maria de Andrade, Ob. cit., p. 2.133.

Ainda que seja assunto do qual dedicaremos maior atenção quando do estudo dos recursos Extraordinário e Especial, optou o legislador, com propriedade, fazer a eles, desde já, referências em sede de Embargos de Declaração.

Para operar a viabilidade da interposição do Recurso Especial ou do Recurso Extraordinário, necessário será que a decisão recorrida tenha, respectivamente, enfrentada uma questão federal ou constitucional suscitada.

Dita afirmativa advém do próprio texto constitucional, mais especificamente, das disposições contidas nos arts. 102 e 105 da CF/88.

Nisto temos que, os recursos excepcionais supracitados, terão razão de ser manejados na medida em que a decisão recorrida venha contrariar norma constitucional ou lei federal, e mesmo julgar como válida lei ou ato de governo local contestado em face da Constituição ou de lei federal.

Assim, é dever das partes questionar antes, ou seja, "pré-questionar"[44] todas as matérias determinantes e necessárias para a lide em questão, sendo certo o dever do juiz de, igualmente, enfrentá-las de forma indubitável e adequadamente. Aliás, neste aspecto, bem adverte José Miguel Garcia Medina[45] que a questão surge não somente quando a parte contesta as razões a ela direcionadas pela outra parte, como também quando ditas questões são colocadas pelo próprio julgador.

Mais precisamente, com relação ao Recurso Especial, caso a questão federal, p. ex., muito embora viesse a ser discutida no bojo da demanda, não for devidamente apreciada no acórdão julgador da referida *actio*, a parte interessada em manejar Recurso Especial, necessitará interpor o recurso dos Embargos de Declaração, a fim de buscar de forma explícita e inequívoca a declaração judicial da matéria ora omissa.

No entanto, vale pontuar que, a despeito da interposição do aludido Embargos de Declaração, deveras até então, não seria ele muitas das vezes suficiente para fins de exigibilidade de prequestionamento, visto que a própria Súmula n.211 do Superior Tribunal de Justiça sustenta ser "*inadmissível recurso especial quanto à questão que, a despeito da oposição de embargos declaratórios, não foi apreciada pelo Tribunal a quo*".

Pois bem. O CPC/2015 vem acrescentar dispositivo, na linha de tantos, outros, de modo a enfrentar a denominada "jurisprudência defensiva", em frequência no Superior Tribunal de Justiça.

---

44. Muito embora doutrina e jurisprudência manifestem o termo "pré-questionamento" com elevada frequência, certo é que a referida exigência, a despeito de ter recebido tratamento em diversas Constituições brasileiras, não teve na Carta Magna de 1988 o mesmo indicativo, tendo o constituinte optado por excluir o termo "questionar" de sua redação na presente temática. Sobre o assunto, ver entre muitos, BOCCUZZI NETO, Vito Antônio. Recursos excepcionais – O prequestionamento e a matéria de ordem pública. *In*: NERY JR., Nelson; WAMBIER, Teresa Arruda Alvim. (Coords,). *Aspectos Polêmicos e Atuais dos Recursos Cíveis*. Vol. 11. São Paulo: RT, 2007, p. 442.

45. MEDINA, José Miguel Garcia. O prequestionamento e os pressupostos dos recursos extraordinário e especial. *In*: WAMBIER, Teresa Arruda Alvim (Coord.) *Aspectos Polêmicos e atuais do Recurso Especial e Extraordinário*. São Paulo: RT, 1998, p. 261.

Em sintonia com o que já se contenta o STF, entendendo este que a simples presença de prequestionamento de forma implícita, ou seja, a própria interposição dos Embargos de Declaração já seria suficiente para se dar como prequestionada a matéria para fins de RE, optou o legislador no novel Código a regrar desta forma a seguinte situação:

> *Art. 1.025. Consideram-se incluídos no acórdão os elementos que o embargante suscitou, para fins de pré-questionamento, ainda que os embargos de declaração sejam inadmitidos ou rejeitados, caso o tribunal superior considere existentes erro, omissão, contradição ou obscuridade.*

Portanto, caberá à parte interpor embargos de declaração antes da interposição de RE ou REsp, quando, evidentemente, entender acerca da presença de omissão no acórdão proferido, a fim de que se possa perfazer o requisito do prequestionamento da matéria que se quer como objeto nas razões para o manejo dos recursos supracitados.

Assim, apresentado os Embargos sobre o ponto omisso, reputar-se-á preenchido o requisito do prequestionamento, mesmo que o órgão julgador dos embargos de declaração entenda que a decisão ora embargada não possua qualquer omissão.

Por tudo, compreende-se, nestes termos, que é como se o acórdão ora embargado passasse então a conter o julgamento da questão tida pelo embargante como omissa, não havendo necessidade de um recurso para compelir o órgão julgador a decidir sobre o ponto que entendeu não omisso, após a interposição dos referidos embargos.[46]

Vale destacar, como óbvio, que os Embargos de Declaração não possuem cabimento quando se prestarem a solicitar pela primeira vez, matéria sobre a qual o magistrado ou tribunal não tinha o dever de pronunciar-se, ou seja, que sequer tenha havido qualquer omissão sobre a mesma.

4. RECURSO ORDINÁRIO

4.1 DELIMITAÇÃO

O art. 1.027 do CPC, na mesma toada do revogado art. 539 do CPC/1973, como notório, ao apropriar sua redação às regras do art. 102, II, e art. 105, II, da Constituição Federal, prevê o denominado Recurso Ordinário, tendo sua abrangência delimitada ao órgão julgador destinatário.

Neste sentido e ao que nos interessa em sede de Processo Civil, regra o citado artigo que compete ao STF julgar, em recurso ordinário, os mandados

46. Enunciado n.98 do STJ: "Embargos de declaração manifestados com notório propósito de prequestionamento não tem caráter protelatório".

de segurança, os *habeas data* e os mandados de injunção decididos em única instância (competência originária), pelos Tribunais Superiores (STJ, TSE, TST, STM), no caso de denegatória a decisão (art. 1.027, I).

Do mesmo modo, é competência do STJ julgar, em recurso ordinário, os mandados de segurança resolvidos em única instância (competência originária), pelos Tribunais Regionais Federais ou pelos Tribunais dos Estados e do Distrito Federal, se for denegatória a decisão (art. 1.027, II, *a*).

Nos dois casos, a expressão "denegatória a decisão", que limita a legitimidade deste recurso ao autor (impetrante), não se utiliza apenas à rejeição do mérito, mas ainda à decisão que extingue o processo sem resolução de mérito. Deve-se ressaltar que, se a decisão judicial outorgar total ou parcialmente o pedido do autor, o ente público vencido poderá interpor, de acordo com o caso, recurso especial ou extraordinário (arts. 102, III, e 105, III da CF/88).

Além disso, cabe recurso ordinário para o STJ no caso de causas em que forem partes Estado estrangeiro ou organismo internacional, de um lado, e Município ou pessoa residente ou domiciliada no país, de outro (art. 1.027, II, *b*). Assim, neste caso, o recurso ordinário se iguala ao de apelação.

Ainda nesta hipótese como bem atesta o parágrafo único do art. 1.027 do CPC, as decisões interlocutórias são impugnáveis por agravo de instrumento, nas hipóteses cabíveis por este recurso (*ex vi* do art. 1.015 do CPC), este que será dirigido ao Superior Tribunal de Justiça.

Importante destacar que, em todas as hipóteses de cabimento do recurso ordinário possível será a aplicação da cauda madura[47] (art. 1013, §3º), portanto, estando a causa em condições de imediato julgamento, poderá o tribunal decidir, desde logo, o mérito da pretensão, isso sempre nas hipóteses mencionadas pelo referido art. 1.013, §3º.

4.2 INTERPOSIÇÃO

Em melhor redação que seu antecessor (art. 540 do CPC/1973), o art. 1.028 do CPC declara que ao recurso ordinário decorrente da hipótese prevista no art. 1.027, II, *b*, se emprega, quanto aos requisitos de admissibilidade e procedimento, as regras pertinentes à apelação bem como o RISTJ. Ainda, nas decisões interlocutórias decorrentes daquela mesma hipótese - art. 1.027, II, *b* – serão aplicáveis as disposições concernentes ao agravo de instrumento, assim como o RISTJ. (art. 1.028, *caput* e §1º).

A interposição do recurso ordinário deve ser realizada através de petição endereçada ao juiz federal de primeiro grau (art. 109, II da CF/88) nas causas em que forem partes Estado estrangeiro ou organismo internacional, de um

47. Sobre a Teoria da Causa Madura, confira neste capítulo, o item relativo ao estudo da Apelação, onde desenvolvemos com maior extensão tal temática.

lado, e Município ou pessoa residente ou domiciliada no país (art. 1.027, II, *b*) ou ao tribunal de origem que proferiu a decisão, nas situações previstas pelo art. 1.027, I e II, *a*. Além do afirmado no texto legal, no caso de o recorrente e do recorrido já estarem qualificados nos autos, não é necessário que a petição de interposição contenha, *ipsis literis*, nova qualificação, no entanto é essencial que o recorrente apresente os motivos do seu inconformismo, evidenciando os vícios e os erros do acórdão, impugnando os argumentos que lhe dão suporte e, por fim, fazendo pedido explícito ao órgão *ad quem* de nova decisão, que modifique total ou parcialmente aquela impugnada.

No caso de a legislação pertinente exigir, o recorrente deverá, no ato da interposição, provar o recolhimento do respectivo preparo que compreende as custas e despesas, até mesmo porte de remessa e de retorno, sob pena de ter seu recurso declarado deserto, segundo o art. 1.007 do CPC.

4.3 PRAZO

Tanto o prazo para interpor quanto para a apresentação das contrarrazões no recurso ordinário será de 15 (quinze) dias (art. 1.003, §5º do CPC).

Quando a demanda envolver a União, os Estados, o Distrito Federal, os Municípios bem como as suas autarquias e fundações de direito público, em vista do interesse público que as cerca e para fins de se evitar que o tempo seja corroído pelas dificuldades administrativas de auto-organização, serão os prazos contados em dobro para todas as suas manifestações processuais, cuja contagem terá início a partir da intimação pessoal (art. 183, *caput*). O mesmo se estende para o Ministério Público (art. 180, *caput*) e Defensoria Pública (art. 186, *caput*).

Tal benefício do prazo em dobro foi concedido igualmente aos escritórios de prática jurídica das faculdades de Direito reconhecidas na forma da lei e às entidades que prestam assistência jurídica gratuita em razão de convênios firmados com a Defensoria Pública, conforme assegura o §3º do art. 186 do CPC.

Vale lembrar, como já referido outras tantas vezes no presente capítulo, que para todos os beneficiários do lapso temporal em dobro supracitados, não será aplicado a benesse da contagem dobrada quando a lei estabelecer, de forma expressa, prazo próprio para qualquer deles.

Quanto às sociedades de economia mista e empresas públicas não se aplica o presente benefício, já que possuem regime jurídico de direito privado e como cediço, integram apenas a administração indireta, de acordo com o Decreto-lei 200, de 25.02.1967.[48]

Havendo litisconsórcios com diferentes procuradores, de escritórios de advocacia distintos, terão eles os prazos contados em dobro para todas as suas

48. STJ. 1ºT. Ag.Rg. no REsp 788.820/RS. Rel. Min. Denise Arruda. Julg. 04.09.2008, *DJe* 22.09.2008; STJ. 2ºT. Ag.Rg no REsp 652.055/RS. Rel. Min. Herman Benjami.,Julg. 01.09.2009, *DJe* 08.09.2009.

manifestações, em qualquer juízo ou tribunal, independentemente de requerimento, de acordo com o *caput* do art. 229. No entanto, cessará a contagem do prazo em dobro quando, havendo apenas 2 (dois) réus, é oferecida defesa por apenas um deles (§1º do art. 229). Nesta hipótese, tornando-se revel um dos litisconsortes, não haverá de se falar mais em prazos em dobro para se ambos se manifestarem nos autos do processo.

Destaca-se que o benefício concedido aos litisconsortes na forma supracitada, não se aplica aos processos que tramitam em autos eletrônicos (§2º do art. 229).

O prazo para interposição do recurso é suspenso quando "*sobrevier o falecimento da parte ou de seu advogado, ou ocorrer motivo de força maior, que suspenda o curso do processo*" (art. 1.004 do CPC), sendo que este prazo deve ser restituído integralmente. Ocorre, além disso, interrupção do prazo pela interposição de embargos de declaração (art. 1.026 do CPC). Neste caso, o prazo integral voltará a correr somente após a intimação da decisão sobre os referidos embargos (art. 1.003, *caput* do CPC).

4.4 EFEITOS

Além do efeito devolutivo, em regra, característico de todo ato recursal, o §2º do art. 1.027 do CPC expressa ser aplicável ao recurso ordinário o mesmo tratamento de pedido concessivo de efeito suspensivo que se tem para os recursos extraordinário e especial (art. 1.029,§5º do CPC).

Assim, estabelece o §5º do art. 1.029:

> *§5º O pedido de concessão de efeito suspensivo a recurso extraordinário ou a recurso especial poderá ser formulado por requerimento dirigido:*
>
> *I - ao tribunal superior respectivo, no período compreendido entre a interposição do recurso e sua distribuição, ficando o relator designado para seu exame prevento para julgá-lo;*
>
> *II - ao relator, se já distribuído o recurso;*
>
> *III - ao presidente ou vice-presidente do tribunal local, no caso de o recurso ter sido sobrestado, nos termos do art. 1.037.*

Diante do acima referido, conclui-se, portanto, que o recurso ordinário, pelo menos incialmente, não é dotado de efeito suspensivo *ope legis*, regra esta que o diferencia, neste particular, da apelação.

4.5 PROCEDIMENTO

Conforme alhures expressado, a interposição do recurso ordinário deve ser realizada através de petição endereçada ao juiz federal de primeiro grau (art. 109, II da CF/88) nas causas em que forem partes Estado estrangeiro ou organismo internacional, de um lado, e Município ou pessoa residente ou domiciliada no país (art. 1.027, II, *b*) ou ao tribunal de origem que proferiu a decisão, nas situações previstas pelo art. 1.027, I e II, *a*, conforme pontua o §2º do art. 1.028 do CPC.

Após formalizar a interposição do recurso e intimado o recorrido para a apresentação de suas contrarrazões, também no prazo de 15 (quinze) dias, os autos serão remetidos ao STF ou STJ (juízo *ad quem*), conforme o caso, para que se processe o juízo de admissibilidade do recurso ordinário (§3º do art. 1.028), seguindo-se, então ao julgamento de seu mérito, logicamente, caso, esteja ele em condições para tanto.

5. RECURSO ESPECIAL

5.1 DELIMITAÇÃO

A Constituição Federal, no seu art. 105, III, afirma que é competência do STJ julgar, em recurso especial, as causas decididas, em única ou última instância, pelos Tribunais Regionais Federais ou pelos Tribunais dos Estados e Distrito Federal, no caso da decisão recorrida: I – contrariar tratado ou lei federal, ou negar-lhe vigência; II – julgar válido ato de governo local contestado em face de lei federal; III – der à lei federal interpretação divergente da que lhe haja atribuído outro tribunal.

Fica claro, segundo as três hipóteses de cabimento citadas pela Constituição, que o pressuposto essencial do recurso especial é a existência da questão federal (*quaestio juris*), ou seja, divergência em relação à correta interpretação ou aplicação de tratado ou lei federal, devendo o recorrente, com objetivo de que seu recurso seja admitido, apontar, explicitamente, os dispositivos legais violados e, se o recurso for fundamentado em interpretação divergente de tribunais, comprovar, analiticamente, que as circunstâncias que compreendem os acórdãos são as mesmas, todavia não é cabível, mediante recurso especial, a impugnação de questões de fatos e de direito local.

Importante aqui pontuar que a jurisprudência já se firmou no sentido de não caber recurso especial contra as decisões proferidas pela turma ou órgão de segundo grau dos juizados especiais (Súmula 203 do STJ: "Não cabe recurso especial contra decisão proferida, nos limites de sua competência, por órgão de segundo grau dos juizados especiais").

5.2 INTERPOSIÇÃO

A interposição do recurso especial deve ocorrer mediante petição endereçada ao presidente, ou vice-presidente do Tribunal que proferiu a decisão, tendo, de acordo com o art. 1.029 do CPC, os seguintes requisitos formais: I – a exposição do fato e do direito; II – a demonstração do cabimento do recurso interposto; III – as razões do pedido de reforma da decisão recorrida.

Quando o recurso estiver fundamentado em dissídio jurisprudencial, o recorrente deve transcrever em seus motivos o trecho do acórdão, necessariamente de outro tribunal, onde se averigua a divergência com o acórdão recorrido, desenvolvendo, assim, análise criteriosa da questão de direito. Deverá também, conforme o art. 1.029 do CPC, em seu §1º, produzir prova da divergência através de certidão, cópia citação do repositório de jurisprudência, oficial ou credenciado, inclusive de mídia eletrônica em que tiver sido publicada a decisão divergente, ou ainda com a reprodução de julgado disponível na rede mundial de computadores, com indicação da respectiva fonte, devendo-se, em qualquer caso, mencionar as devidas circunstâncias que identifiquem ou assemelhem os casos confrontados.

O CPC/2015, ainda em sede de que recurso impetrado sob o fundamento de ocorrência de dissídio jurisprudencial ia mais além, ou seja, vedava ao tribunal a possibilidade de inadmiti-lo tão somente com base em fundamento genérico de que as circunstâncias fáticas dos casos sejam diferentes, sem ao menos demonstrar a existência de verdadeira distinção entre os julgados, objeto motivador do dissidio jurisprudencial alegado no recurso (§2º do art. 1.029 do CPC).

Tratava-se, neste caso, do respeito ao dever de fundamentação, muitas vezes de caro cumprimento, bem como do direito ao contraditório como direito de influência (art. 93, IX da CF/88; arts. 7º, 9º, 10,11 e 489,§1º, IV do CPC).

Lamentavelmente, tal conteúdo foi revogado pela Lei n.13.256/2016, o que aqui repudiamos com veemência pelo que dissemos acima.

Não obstante a isso, é de asseverar que em qualquer julgado deverá o tribunal fundamentar suas decisões em exposição analítica das razões pelas quais julga sob as razões assentadas. A correta vedação ao não conhecimento por fundamento tido como genérico (o que tocava diretamente ao §2º do art. 1.029 revogado) é, verdadeiramente, uma resposta simétrica ao ônus de exposição analítica das razões, como se vê do §1º do art. 1.029.[49]

Como já observado em outros recursos, em estímulo ao conhecimento do mérito recursal, será possível também em sede de Recurso Extraordinário ou Recurso Especial, STF ou STJ desconsiderarem vício formal de recurso tempestivo em qualquer daqueles supracitados, ou mesmo determinar sua exata correção, isso desde que não se considere aludido vício como de natureza grave.

Assim, por exemplo, diante da inexistência de demonstração articulada de prequestionamento em sede de RE ou REsp, mas desde que possível fosse vislumbrar tão conteúdo claramente estampado na decisão recorrida, seria um caso de vício formal reputado como não grave.

No caso de exigência da legislação pertinente, o apelante deverá provar, no ato de interposição do recurso, o recolhimento do respectivo preparo, este

49. Cf. MARINONI, Luiz Guilherme; ARENHART, Sérgio Cruz; MITIDIERO, Daniel. *Novo Código de Processo Civil Comentado*. São Paulo: RT, 2015, p. 970.

que compreende custas e despesas, até mesmo porte de remessa e de retorno, sob pena de ter seu recurso declarado deserto, segundo o art. 1.007 do CPC.

Faz-se necessário ressaltar que, no caso de o acórdão recorrido compreender questão federal e constitucional, a parte deverá interpor, ao mesmo tempo, em petições diversas e no prazo comum, o recurso especial e extraordinário, sob pena de a questão não impugnada transitar em julgado (Súmula 126 do STJ: "É inadmissível recurso especial, quando o acórdão recorrido assenta em fundamentos constitucional e infraconstitucional, qualquer deles suficientes, por si só, para mantê-lo, e a parte vencida não manifesta recurso extraordinário").

Ainda, na hipótese supra, uma vez interpostos de forma conjunta, RE e REsp, os autos serão remetidos para o Superior Tribunal de Justiça e daí, conforme os §§1º,2º e 3º do art. 1.031 do CPC:

- Concluído o julgamento do recurso especial, os autos serão remetidos ao Supremo Tribunal Federal para apreciação do recurso extraordinário, se este não estiver prejudicado.

- Caso o relator do recurso especial venha considerar prejudicial o recurso extraordinário, em decisão irrecorrível, sobrestará o julgamento e remeterá os autos ao Supremo Tribunal Federal.

- Na hipótese acima, caso o relator do recurso extraordinário, em decisão irrecorrível, rejeitar a aludida prejudicialidade, devolverá os autos ao Superior Tribunal de Justiça para o julgamento do recurso especial.

Por outro lado, entendendo o relator do recurso especial que este recurso versa sobre questão constitucional, deverá ser concedido prazo de 15 (quinze) dias ao recorrente, para que o mesmo demonstre a existência de repercussão geral da questão constitucional aventada e desta também se manifeste, tudo conforme dicção do art. 1.032 do CPC.

Uma vez praticado o ato pelo recorrente, caberá ao relator do REsp remeter o recurso para o STF, a fim de que este realize o juízo de admissibilidade do mesmo, podendo, inclusive devolvê-lo ao STJ (parágrafo único do art. 1.032 do CPC), quando entender não se tratar de matéria afeita ao seu julgamento.

De outro modo, já em sede de recurso extraordinário, caso o seu relator entenda como reflexa a ofensa à Constituição Federal nele deduzida, e daí, por pressupor a revisão da interpretação de lei federal ou tratado, matéria pertinente ao recurso especial, remeterá dito recurso ao STJ, para fins de julgamento como recurso especial (art. 1.033 do CPC).

Ainda nisso, admitindo-se *o recurso extraordinário ou o recurso especial por um fundamento, devolve-se ao tribunal superior o conhecimento dos demais fundamentos para a solução do capítulo impugnado* (parágrafo único do art. 1.034 do CPC).

Vale dizer que, admitido o recurso extraordinário ou o recurso especial, o STF ou STJ julgará o processo, aplicando o direito a ele pertinente, conforme as letras do art. 1.034, *caput*, querendo dizer com isso que não se limitam a tão somente cassar a decisão recorrida e reenviando-a para novo julgamento, como cortes de cassação. Na verdade, em tal perspectiva, tratam-se de tribunais que conhecem as violações à Carta Maior e à legislação federal e, sendo o caso, decidem a contenda de modo definitivo, tanto em RE quanto em REsp.

5.3 PRAZO

O prazo para a interposição e contrarrazões no recurso especial será de 15 (quinze) dias (arts. 1.003, §5º e 1.030 do CPC).

Como já destacado em outros itens do presente capítulo, quando a demanda envolver a presença da União, dos Estados, do Distrito Federal, dos Municípios bem como as suas autarquias e fundações de direito público, em vista do interesse público que as cerca e objetivando se evitar que o tempo seja corroído pelas próprias dificuldades administrativas de auto-organização, os prazos serão contados em dobro para todas as suas manifestações processuais, cuja contagem terá início a partir da intimação pessoal (art. 183, *caput*). O mesmo sentido se aplicará ao Ministério Público (art. 180, *caput*) bem como à Defensoria Pública (art. 186, *caput*).

Aos escritórios de prática jurídica das faculdades de Direito reconhecidas na forma da lei e às entidades que prestam assistência jurídica gratuita em razão de convênios firmados com a Defensoria Pública, conforme assegura o §3º do art. 186 do CPC, aplicado será o mesmo benefício do prazo em dobro.

Para todos os beneficiários do lapso temporal em dobro supracitados, não será aplicado benefício de tal contagem quando a lei estabelecer, de forma expressa, prazo próprio para qualquer deles.

Destaca-se aqui que quanto às sociedades de economia mista e empresas públicas não se aplica o presente benefício, posto que possuem regime jurídico de direito privado, integrando apenas a administração indireta, de acordo com o Decreto-lei 200, de 25.02.1967.[50]

Havendo litisconsórcios com diferentes procuradores, de escritórios de advocacia distintos, os prazos serão contados em dobro para todas as suas manifestações, em qualquer juízo ou tribunal, independentemente de requerimento, de acordo com o *caput* do art. 229. No entanto, cessará a contagem do prazo em dobro quando, havendo apenas 2 (dois) réus, é oferecida defesa por apenas um deles (§1º do art. 229). Nesta hipótese, tornando-se revel um dos litisconsortes, não haverá de se falar mais em prazos em dobro para se ambos se manifestarem nos autos do processo.

---

50. STJ. 1ºT. Ag.Rg. no REsp 788.820/RS. Rel. Min. Denise Arruda. Julg. 04.09.2008, *DJe* 22.09.2008; STJ. 2ºT. Ag.Rg no REsp 652.055/RS. Rel. Min. Herman Benjamin. Julg, 01.09.2009, *DJe* 08.09.2009.

Como já assinalado variadas vezes no presente capítulo, aos litisconsortes na forma supracitada, não se aplica aos processos que tramitam em autos eletrônicos (§2º do art. 229).

5.4 EFEITOS

Além do efeito devolutivo, em regra, característico de todo ato recursal, o §5º do art. 1.029 do CPC[51] expressa ser possível a concessão de efeito suspensivo que se tem para o recurso especial nos seguintes termos:

> *§5º O pedido de concessão de efeito suspensivo a recurso extraordinário ou a recurso especial poderá ser formulado por requerimento dirigido:*
>
> *I - ao tribunal superior respectivo, no período compreendido entre a publicação da decisão de admissão do recurso e sua distribuição, ficando o relator designado para seu exame prevento para julgá-lo;*
>
> *II - ao relator, se já distribuído o recurso;*
>
> *III - ao presidente ou ao vice-presidente do tribunal recorrido, no período compreendido entre a interposição do recurso e a publicação da decisão de admissão do recurso, assim como no caso de o recurso ter sido sobrestado, nos termos do art. 1.037.*

Diante do acima referido, conclui-se, portanto, que o recurso especial, pelo menos incialmente, não é dotado de efeito suspensivo *ope legis*.

De outra banda, cabe aqui consignar também a possibilidade de concessão de efeito suspensivo ao recurso especial em questões relacionadas ao incidente de resolução de demandas repetitivas.

Expressa o §4º do art. 1.029, em harmonia com os §§3º, 4º e 5º do art. 982 que, quando por ocasião do processamento do incidente de resolução de demandas repetitivas, for recebido pelo presidente do Supremo Tribunal Federal ou do Superior Tribunal de Justiça, requerimento de suspensão de processos onde se discuta questão federal constitucional ou infraconstitucional, poderá, levando-se em consideração razões de segurança jurídica ou de excepcional interesse social, estender a suspensão a todo o território nacional, até ulterior decisão do recurso extraordinário ou do recurso especial a ser interposto.

Notadamente, havendo a interposição de recurso extraordinário ou recurso especial para fins de enfrentamento à decisão proferida no incidente de resolução de demandas repetitivas, não teria sentido que quaisquer dos supracitados recursos fossem recebidos sem o devido efeito suspensivo; isso pela própria importância da extensão da decisão relativa ao incidente em questão, alcançando, de certo, todos os processos individuais e coletivos em andamento no território nacional, decisão esta que será dada em sede de quaisquer dos

---

51. Com nova redação da pela Lei n. 13.256/2016.

recursos em tela manejados, logicamente, dependendo da matéria constitucional ou infraconstitucional assentada.

5.5 PROCEDIMENTO

Após a formalização da interposição do recurso, deverá ser determinada a intimação do recorrido com objetivo de que apresente as contrarrazões no prazo de 15 (quinze) dias, findo o qual, de acordo com o art. 1.030, os autos serão conclusos ao presidente ou ao vice-presidente do tribunal recorrido, que deverá:

I – negar seguimento:

a) a recurso extraordinário que discuta questão constitucional à qual o Supremo Tribunal Federal não tenha reconhecido a existência de repercussão geral ou a recurso extraordinário interposto contra acórdão que esteja em conformidade com entendimento do Supremo Tribunal Federal exarado no regime de repercussão geral;

b) a recurso extraordinário ou a recurso especial interposto contra acórdão que esteja em conformidade com entendimento do Supremo Tribunal Federal ou do Superior Tribunal de Justiça, respectivamente, exarado no regime de julgamento de recursos repetitivos;

II – encaminhar o processo ao órgão julgador para realização do juízo de retratação, se o acórdão recorrido divergir do entendimento do Supremo Tribunal Federal ou do Superior Tribunal de Justiça exarado, conforme o caso, nos regimes de repercussão geral ou de recursos repetitivos;

III – sobrestar o recurso que versar sobre controvérsia de caráter repetitivo ainda não decidida pelo Supremo Tribunal Federal ou pelo Superior Tribunal de Justiça, conforme se trate de matéria constitucional ou infraconstitucional;

IV – selecionar o recurso como representativo de controvérsia constitucional ou infraconstitucional, nos termos do § 6º do art. 1.036;

V – realizar o juízo de admissibilidade e, se positivo, remeter o feito ao Supremo Tribunal Federal ou ao Superior Tribunal de Justiça, desde que:

a) o recurso ainda não tenha sido submetido ao regime de repercussão geral ou de julgamento de recursos repetitivos;

b) o recurso tenha sido selecionado como representativo da controvérsia; ou

c) o tribunal recorrido tenha refutado o juízo de retratação.

§ 1º Da decisão de inadmissibilidade proferida com fundamento no inciso V caberá agravo ao tribunal superior, nos termos do art. 1.042.

§ 2º Da decisão proferida com fundamento nos incisos I e III caberá agravo interno, nos termos do art. 1.021.[52]

---

52. Conteúdo acrescentado pela Lei n. 13.256/2016.
Nota-se que, diferentemente da regra geral edificada pelo CPC/2015 acerca do juízo de admissibilidade recursal (realização apenas pelo juízo *ad quem*), nos casos de interposição de **RE** e **REsp**,

Admitido o recurso especial, o STJ o julgará, aplicando o direito a ele pertinente, conforme prescreve o art. 1.034, *caput* do CPC.

Por derradeiro e conforme já pontuado em itens anteriores, quando ocorrer a interposição simultânea dos recursos especial e extraordinário, primeiro será processado e julgado o especial e apenas posteriormente é que os autos serão remetidos ao STF, para fins de que seja o recurso extraordinário apreciado, caso não esteja prejudicado (art. 1.031, §§1º, 2º e 3º do CPC).

5.6 DO PREQUESTIONAMENTO

Para operar a viabilidade da interposição do Recurso Especial ou do Recurso Extraordinário, necessário será que a decisão recorrida tenha, respectivamente, enfrentado uma questão federal ou constitucional suscitada.

Dita afirmativa advém do próprio texto constitucional, mais especificamente, das disposições contidas nos arts. 102 e 105.

Nisto temos que, os recursos excepcionais supracitados, terão razão de ser manejados na medida em que a decisão recorrida venha contrariar norma constitucional ou lei federal, e mesmo julgar como válida lei ou ato de governo local contestado em face da Constituição ou de lei federal.

Assim, é dever das partes questionar antes, ou seja, "prequestionar"[53] todas as matérias determinantes e necessárias para a lide em questão, sendo certo o dever do juiz de, igualmente, enfrentá-las de forma indubitável e adequadamente. Aliás, neste aspecto, bem adverte José Miguel Garcia Medina[54] que a questão surge não somente quando a parte contesta as razões a ela direcionadas pela outra parte, como também quando ditas questões são colocadas pelo próprio julgador.

Mais precisamente, com relação ao Recurso Especial, caso a questão federal, p. ex., muito embora viesse a ser discutida no bojo da demanda, não for

---

com o advento da modificação supra, retornaremos ao exercício do regime praticado no CPC ora revogado (CPC/1973), ou seja, duplo juízo de admissibilidade, onde o juízo *a quo* (Tribunal recorrido) realiza o primeiro juízo de admissibilidade para, então, estando o recurso adequado nos termos legais assentados no dispositivo em tela (art. 1.030), enviar para o juízo *ad quem* (Tribunal Superior competente), a fim de que este, antes da possibilidade de conhecer do recurso, realize, respectivamente, o segundo juízo de admissibilidade recursal.

53. Muito embora doutrina e jurisprudência manifestem o termo "prequestionamento" com elevada frequência, certo é que a referida exigência, a despeito de ter recebido tratamento em diversas Constituições brasileiras, não teve na Carta Magna de 1988 o mesmo indicativo, tendo o constituinte optado por excluir o termo "questionar" de sua redação na presente temática. Sobre o assunto, ver entre muitos, BOCCUZZI NETO, Vito Antônio.Recursos excepcionais – O prequestionamento e a matéria de ordem pública. In: NERY JR., Nelson; WAMBIER, Teresa Arruda Alvim. (Coords,). *Aspectos Polêmicos e Atuais dos Recursos Cíveis*. Vol. 11. São Paulo: RT, 2007, p. 442.

54. MEDINA, José Miguel Garcia. O prequestionamento e os pressupostos dos recursos extraordinário e especial. In:WAMBIER, Teresa Arruda Alvim (Coord.) *Aspectos Polêmicos e atuais do Recurso Especial e Extraordinário*. São Paulo: RT, 1998, p. 261.

devidamente apreciada no acórdão julgador da referida *actio*, a parte interessada em manejar Recurso Especial, necessitará interpor o recurso dos Embargos de Declaração, a fim de buscar de forma explícita e inequívoca a declaração judicial da matéria ora omissa.

No entanto, vale pontuar que, a despeito da interposição do aludido Embargos de Declaração, deveras até então, não seria ele muitas das vezes suficiente para fins de exigibilidade de prequestionamento, visto que a própria Súmula n.211 do Superior Tribunal de Justiça sustenta ser "*inadmissível recurso especial quanto à questão que, a despeito da oposição de embargos declaratórios, não foi apreciada pelo Tribunal a quo*".

Pois bem. O CPC/2015 vem acrescentar dispositivo, na linha de tantos, outros, de modo a enfrentar a denominada "jurisprudência defensiva", em frequência no Superior Tribunal de Justiça.

Em sintonia com o que já se contenta o STF, entendendo este que a simples presença de prequestionamento de forma implícita, ou seja, a própria interposição dos Embargos de Declaração já seria suficiente para se dar como pré-questionada a matéria para fins de RE, optou o legislador no novel Código a regrar desta forma a seguinte situação:

> *Art. 1.025. Consideram-se incluídos no acórdão os elementos que o embargante suscitou, para fins de pré-questionamento, ainda que os embargos de declaração sejam inadmitidos ou rejeitados, caso o tribunal superior considere existentes erro, omissão, contradição ou obscuridade.*

Portanto, caberá à parte interpor embargos de declaração antes da interposição de RE ou REsp, quando, evidentemente, entender acerca da presença de omissão no acórdão proferido, a fim de que se possa perfazer o requisito do prequestionamento da matéria que se quer como objeto nas razões para o manejo dos recursos supracitados.

Assim, apresentado os Embargos sobre o ponto omisso, reputar-se-á preenchido o requisito do prequestionamento, mesmo que o órgão julgador dos embargos de declaração entenda que a decisão ora embargada não possua qualquer omissão.

Por tudo, compreende-se, nestes termos, que é como se o acórdão ora embargado passasse então a conter o julgamento da questão tida pelo embargante como omissa, não havendo necessidade de um recurso para compelir o órgão julgador a decidir sobre o ponto que entendeu não omisso, após a interposição dos referidos embargos.

Vale destacar, como óbvio, que os Embargos de Declaração não possuem cabimento quando se prestarem a solicitar pela primeira vez, matéria sobre a qual o magistrado ou tribunal não tinha o dever de pronunciar-se, ou seja, que sequer tenha havido qualquer omissão sobre a mesma.

6. RECURSO EXTRAORDINÁRIO

6.1 DELIMITAÇÃO

De acordo com a Constituição Federal, em seu art. 102, III, é competência do STF julgar, por meio de recurso extraordinário, as causas decididas em única ou última instância, caso a decisão recorrida: I - contrariar dispositivo da Constituição Federal; II - declarar a inconstitucionalidade de tratado ou lei federal; III - julgar válida lei ou ato de governo local contestado em face da Constituição Federal; IV - julgar válida lei local contestada em face de lei federal. Resta evidente, em todas as hipóteses aludidas pela Constituição, que o principal pressuposto do recurso extraordinário é a existência da questão constitucional (*quaestio juris*), ou seja, divergência com relação à correta interpretação ou aplicação da Constituição Federal. Deste modo, não é cabível, através do recurso extraordinário, a impugnação de questões de fato.

A Emenda Constitucional n. 45/2004, procurando reduzir as hipóteses de incidência do recurso extraordinário, incluiu o § 3º ao art. 102 da Constituição Federal que afirma que

> *no recurso extraordinário o recorrente deverá demonstrar a repercussão geral das questões constitucionais discutidas no caso, nos termos da lei a fim de que o Tribunal examine a admissão do recurso, somente podendo recusá-lo pela manifestação de dois terços de seus membros.*

A redação do parágrafo deixa claro que o recorrente deverá demonstrar, anteriormente, que a questão constitucional aventada no recurso não é particular, mas geral, ou seja, significativo para uma parcela da população, no mesmo espírito motivador da ideia de súmula vinculante, esta inclusa no art. 103-A da Constituição Federal de 1988, por meio da Emenda Constitucional supracitada, regulamentada pela Lei n. 11.417, de 19.12.2006.

Neste sentido, operou o acréscimo do art. 543-A, com o advento da Lei n. 11.418/2006, detalhando o aspecto procedimental do conhecimento do recurso extraordinário, quando não versada nele questão considerada de repercussão geral.

No mesmo sentido, o CPC/2015 mantem regramentos acerca da repercussão geral, valendo pelo menos de início, atestar os seguintes termos do art. 1.035. *In verbis*:

> *O Supremo Tribunal Federal, em decisão irrecorrível, não conhecerá do recurso extraordinário quando a questão constitucional nele versada não tiver repercussão geral, nos termos deste artigo.*
>
> *§1º Para efeito de repercussão geral, será considerada a existência ou não de questões relevantes do ponto de vista econômico, político, social ou jurídico que ultrapassem os interesses subjetivos do processo.*
>
> *(...)*

> *§ 3º Haverá repercussão geral sempre que o recurso impugnar acórdão que:*
>
> *I - contrarie súmula ou jurisprudência dominante do Supremo Tribunal Federal;*
>
> *II - tenha sido proferido em julgamento de casos repetitivos;*
>
> *III - tenha reconhecido a inconstitucionalidade de tratado ou de lei federal, nos termos do art. 97 da Constituição Federal.*

O recurso extraordinário, de maneira contrária ao recurso especial, pode ser manejado contra decisões de órgãos de primeiro grau não impugnáveis por outra via (*v.g.*, a decisão da turma sobre recurso contra sentença do Juizado Especial Cível, art. 41, § 1º, Lei n. 9.099/95).[55]

6.2 INTERPOSIÇÃO

O recurso extraordinário deverá ser interposto mediante petição endereçada ao presidente, ou vice-presidente do Tribunal que proferiu a decisão, tendo, de acordo com o art. 1.029 do CPC, os seguintes requisitos formais: I – a exposição do fato e do direito; II – a demonstração do cabimento do recurso interposto; III – as razões do pedido de reforma da decisão recorrida.

Além disso, a repercussão geral das questões constitucionais discutidas no caso deve ser demonstrada (art. 102, § 3º, da CF).

Quando a decisão impugnada for de primeiro grau (art. 41, § 1º, Lei n. 9.099/95), a petição deve ser endereçada ao juiz da causa, com explícita solicitação de que encaminhe para o presidente, ou vice-presidente do órgão de segundo grau, *in casu*, a Turma Recursal a fim de que este, por sua vez, encaminhe para o STF.

Como já outrora observado em outros recursos, como estímulo ao conhecimento do mérito do recurso, será possível também em sede de Recurso Extraordinário, o STF desconsiderar vício formal de recurso extraordinário tempestivo, ou mesmo determinar sua exata correção, isso desde que não se considere aludido vício como de natureza grave (§3º do art. 1.029 do CPC).

Assim, por exemplo, diante da inexistência de demonstração articulada de prequestionamento em sede de RE, mas desde que possível fosse vislumbrar tão conteúdo claramente estampado na decisão recorrida, seria um caso de vício formal reputado como não grave.

No caso de exigência da legislação pertinente, o apelante deverá provar, no ato de interposição do recurso, o recolhimento do respectivo preparo, este que compreende custas e despesas, até mesmo porte de remessa e de retorno, sob pena de ter seu recurso declarado deserto, segundo o art. 1.007 do CPC.

---

55. Sobre o assunto, ver o nosso *O Processo nos Juizados Especiais Cíveis Estaduais, Federais e da Fazenda Pública*. 2 ed. Belo Horizonte: Del Rey, 2015.

Conforme já citado em itens passados, no caso de o acórdão recorrido compreender questão federal e constitucional, a parte deverá interpor, ao mesmo tempo, em petições diversas e no prazo comum, o recurso especial e extraordinário, sob pena de a questão não impugnada transitar em julgado (Súmula 126 do STJ: "É inadmissível recurso especial, quando o acórdão recorrido assenta em fundamentos constitucional e infraconstitucional, qualquer deles suficientes, por si só, para mantê-lo, e a parte vencida não manifesta recurso extraordinário").

Ainda, na hipótese supra, uma vez interpostos de forma conjunta, RE e REsp, os autos serão remetidos para o Superior Tribunal de Justiça e daí, conforme os §§1º,2º e 3º do art. 1.031 do CPC:

- Concluído o julgamento do recurso especial, os autos serão remetidos ao Supremo Tribunal Federal para apreciação do recurso extraordinário, se este não estiver prejudicado.

- Caso o relator do recurso especial venha considerar prejudicial o recurso extraordinário, em decisão irrecorrível, sobrestará o julgamento e remeterá os autos ao Supremo Tribunal Federal.

- Na hipótese acima, caso o relator do recurso extraordinário, em decisão irrecorrível, rejeitar a aludida prejudicialidade, devolverá os autos ao Superior Tribunal de Justiça para o julgamento do recurso especial.

Por outro lado, entendendo o relator do recurso especial que este recurso versa sobre questão constitucional, deverá ser concedido prazo de 15 (quinze) dias ao recorrente, para que o mesmo demonstre a existência de repercussão geral da questão constitucional aventada e desta também se manifeste, tudo conforme dicção do art. 1.032 do CPC.

Uma vez cumprido o ato pelo recorrente, caberá ao relator do REsp remeter o recurso para o STF, a fim de que este realize o juízo de admissibilidade do mesmo, podendo, inclusive devolvê-lo ao STJ (parágrafo único do art. 1.032 do CPC), quando entender não se tratar de matéria afeita ao seu julgamento.

De outro modo, já em sede de recurso extraordinário, caso o seu relator entenda como reflexa a ofensa à Constituição Federal nele deduzida, e daí, por pressupor a revisão da interpretação de lei federal ou tratado, matéria pertinente ao recurso especial, remeterá dito recurso ao STJ, para fins de julgamento como recurso especial (art. 1.033 do CPC).

Ainda nisso, admitindo-se *o recurso extraordinário ou o recurso especial por um fundamento, devolve-se ao tribunal superior o conhecimento dos demais fundamentos para a solução do capítulo impugnado* (parágrafo único do art. 1.034 do CPC)

Vale dizer que, admitido o recurso extraordinário ou o recurso especial, o STF ou STJ julgará o processo, aplicando o direito a ele pertinente, conforme as letras do art. 1.034, *caput*, querendo dizer com isso que não se limitam a tão somente cassar a decisão recorrida e reenviando-a para novo julgamento, como cortes de cassação. Na verdade, em tal perspectiva, tratam-se de tribunais que conhecem as violações à Carta Maior e à legislação federal e, sendo o caso, decidem a contenda de modo definitivo, tanto em RE quanto em REsp.

6.3 PRAZO

O prazo para interpor o recurso extraordinário assim como para a apresentação das contrarrazões será de 15 (quinze) dias (arts. 1.003, §5º e 1.030 do CPC).

A União, dos Estados, do Distrito Federal, dos Municípios bem como as suas autarquias e fundações de direito público, em vista do interesse público que cerca as demandas que os envolvem e para fins de se evitar que o tempo seja corroído pelas dificuldades administrativas de auto-organização, os prazos serão contados em dobro para todas as suas manifestações processuais, cuja contagem terá início a partir da intimação pessoal (art. 183, *caput*). O mesmo se estende para o Ministério Público (art. 180, *caput*) e Defensoria Pública (art. 186, *caput*).

Coube ao legislador, por conseguinte, conceder tal benefício do prazo em dobro aos escritórios de prática jurídica das faculdades de Direito reconhecidas na forma da lei e às entidades que prestam assistência jurídica gratuita em razão de convênios firmados com a Defensoria Pública, conforme assegura o §3º do art. 186 do CPC.

Há de se atentar que, para todos os beneficiários do lapso temporal em dobro supracitados, não será aplicada a benesse da contagem dobrada quando a lei estabelecer, de forma expressa, prazo próprio para qualquer deles.

Importante frisar, como já atentado em outras passagens, no que se refere às sociedades de economia mista e empresas públicas não será aplicado o prazo em dobro, já que possuem regime jurídico de direito privado e como de conhecimento, compõem apenas a administração indireta, de acordo com o Decreto-lei 200, de 25.02.1967.[56]

Instar lembrar aqui que litisconsórcios com diferentes procuradores, de escritórios de advocacia distintos, terão os prazos contados em dobro para todas as suas manifestações, em qualquer juízo ou tribunal, independentemente de requerimento, de acordo com o *caput* do art. 229. Por outro lado, cessará a contagem do prazo em dobro quando, havendo apenas 2 (dois) réus, é oferecida defesa por apenas um deles (§1º do art. 229). Em dita hipótese, tornando-se revel um dos litisconsortes, não haverá de se falar mais em prazos em dobro para se ambos se manifestarem nos autos do processo.

Aludido benefício concedido aos litisconsortes na forma supracitada, não será aplicado aos processos que tramitam em autos eletrônicos (§2º do art. 229).

56. STJ. 1ºT. Ag.Rg. no REsp 788.820/RS. Rel. Min. Denise Arruda. Julg.04.09.2008, *DJe* 22.09.2008; STJ. 2ºT. Ag.Rg no REsp 652.055/RS. Rel. Min. Herman Benjamin. Julg. 01.09.2009, *DJe* 08.09.2009.

6.4 EFEITOS

Além do efeito devolutivo, em regra, característico de todo ato recursal, o §5º do art. 1.029 do CPC expressa ser possível a concessão de efeito suspensivo para o recurso extraordinário nos seguintes termos:

> *§5º O pedido de concessão de efeito suspensivo a recurso extraordinário ou a recurso especial poderá ser formulado por requerimento dirigido:*
>
> *I - ao tribunal superior respectivo, no período compreendido entre a interposição do recurso e sua distribuição, ficando o relator designado para seu exame prevento para julgá-lo;*
>
> *II - ao relator, se já distribuído o recurso;*
>
> *III - ao presidente ou vice-presidente do tribunal local, no caso de o recurso ter sido sobrestado, nos termos do art. 1.037.*

Diante do acima referido, conclui-se, portanto, que o recurso extraordinário, pelo menos incialmente, não é dotado de efeito suspensivo *ope legis.*

De outra banda, cabe aqui consignar também a possibilidade de concessão de efeito suspensivo ao recurso extraordinário em questões relacionadas ao incidente de resolução de demandas repetitivas.

Regra o §4º do art. 1.029 em consonância com os §§3º, 4º e 5º do art. 982, que, quando por ocasião do processamento do incidente de resolução de demandas repetitivas, for recebido pelo presidente do Supremo Tribunal Federal ou do Superior Tribunal de Justiça, requerimento de suspensão de processos onde se discuta questão federal constitucional ou infraconstitucional, poderá, levando-se em consideração razões de segurança jurídica ou de excepcional interesse social, estender a suspensão a todo o território nacional, até ulterior decisão do recurso extraordinário ou do recurso especial a ser interposto.

Conforme já assinalado em outro momento da presente obra, havendo a interposição de recurso extraordinário ou recurso especial para fins de enfrentamento à decisão proferida no incidente de resolução de demandas repetitivas, não teria sentido que quaisquer dos supracitados recursos fossem recebidos sem o devido efeito suspensivo, isso pela própria importância da extensão da decisão relativa ao incidente em questão, alcançando, de certo, todos os processos individuais e coletivos em andamento no território nacional, decisão esta que será dada em sede de quaisquer dos recursos em tela manejados, logicamente, dependendo da matéria constitucional ou infraconstitucional assentada.

6.5 PROCEDIMENTO

Após a formalização da interposição do recurso, deverá ser determinada a intimação do recorrido com objetivo de que apresente as contrarrazões no prazo de 15 (quinze) dias, findo o qual, de acordo com o art. 1.030, os autos serão conclusos ao presidente ou ao vice-presidente do tribunal recorrido, que deverá:

I – negar seguimento:

a) a recurso extraordinário que discuta questão constitucional à qual o Supremo Tribunal Federal não tenha reconhecido a existência de repercussão geral ou a recurso extraordinário interposto contra acórdão que esteja em conformidade com entendimento do Supremo Tribunal Federal exarado no regime de repercussão geral;

b) a recurso extraordinário ou a recurso especial interposto contra acórdão que esteja em conformidade com entendimento do Supremo Tribunal Federal ou do Superior Tribunal de Justiça, respectivamente, exarado no regime de julgamento de recursos repetitivos;

II – encaminhar o processo ao órgão julgador para realização do juízo de retratação, se o acórdão recorrido divergir do entendimento do Supremo Tribunal Federal ou do Superior Tribunal de Justiça exarado, conforme o caso, nos regimes de repercussão geral ou de recursos repetitivos;

III – sobrestar o recurso que versar sobre controvérsia de caráter repetitivo ainda não decidida pelo Supremo Tribunal Federal ou pelo Superior Tribunal de Justiça, conforme se trate de matéria constitucional ou infraconstitucional;

IV – selecionar o recurso como representativo de controvérsia constitucional ou infraconstitucional, nos termos do § 6º do art. 1.036;

V – realizar o juízo de admissibilidade e, se positivo, remeter o feito ao Supremo Tribunal Federal ou ao Superior Tribunal de Justiça, desde que:

a) o recurso ainda não tenha sido submetido ao regime de repercussão geral ou de julgamento de recursos repetitivos;

b) o recurso tenha sido selecionado como representativo da controvérsia; ou

c) o tribunal recorrido tenha refutado o juízo de retratação.

§ 1º Da decisão de inadmissibilidade proferida com fundamento no inciso V caberá agravo ao tribunal superior, nos termos do art. 1.042.

§ 2º Da decisão proferida com fundamento nos incisos I e III caberá agravo interno, nos termos do art. 1.021.[57]

---

57. Conteúdo incluso pela Lei n.13.256/2016.
Nota-se que, diferentemente da regra geral edificada pelo CPC/2015 acerca do juízo de admissibilidade recursal (realização apenas pelo juízo *ad quem*), nos casos de interposição de **RE** e **REsp**, com a possibilidade do advento da modificação supra, retornaremos ao exercício do regime praticado no CPC ora revogado (CPC/1973), ou seja, duplo juízo de admissibilidade, onde o juízo *a quo* (Tribunal recorrido) realiza o primeiro juízo de admissibilidade para, então, estando o recurso adequado nos termos legais assentados no dispositivo em tela (art. 1.030), enviar para o juízo *ad quem* (Tribunal Superior competente), a fim de que este, antes da possibilidade de conhecer do recurso, realize, respectivamente, o segundo juízo de admissibilidade recursal.

Admitido o recurso extraordinário, o STF o julgará, aplicando o direito a ele pertinente, conforme prescreve o art. 1.034, *caput* do CPC.

Por derradeiro e conforme já pontuado em itens anteriores, quando ocorrer a interposição simultânea dos recursos especial e extraordinário, primeiro será processado e julgado o especial e apenas posteriormente é que os autos serão remetidos ao STF, para fins de que seja o recurso extraordinário apreciado, caso não esteja prejudicado (art. 1.031, §§1º, 2º e 3º do CPC).

6.6 DO PREQUESTIONAMENTO

Conforme já enfrentado na presente obra, quando do estudo do Recurso Especial, também aqui, em sede de Recurso Extraordinário, incide a temática do prequestionamento.

Aqui, como lá, para operar a viabilidade da interposição de um Recurso Extraordinário, necessário será que a decisão recorrida tenha, respectivamente, enfrentado uma questão constitucional suscitada.

Dita afirmativa advém do próprio texto constitucional, mais especificamente, das disposições contidas nos art. 102.

Corroborando com dito entendimento, está a Súmula 282 do Supremo Tribunal Federal: "*É inadmissível o recurso extraordinário, quando não ventilada, na decisão recorrida, a questão federal suscitada*".

Nisto temos que, um recurso excepcional como o é o Recurso Extraordinário, terá razão de ser manejado na medida em que a decisão recorrida enfrente conteúdo de índole constitucional.

Assim, é dever das partes questionar antes, ou seja, "pré-questionar"[58] todas as matérias determinantes e necessárias para a lide em questão, sendo certo o dever do juiz de, igualmente, enfrentá-las de forma indubitável e adequadamente.

Para maiores esclarecimentos acerca do tema "pré-questionamento", sugerimos ao leitor reportar ao assunto já deveras desenvolvido no item referente ao "Recurso Especial".

No entanto, cabe destacar que, na esteira do que já entendia o STF [59], em que a simples presença de prequestionamento de forma implícita, ou seja, a

58. Conforme já comentado em outro momento, muito embora doutrina e jurisprudência manifestem o termo "prequestionamento" com elevada frequência, certo é que a referida exigência, a despeito de ter recebido tratamento em diversas Constituições brasileiras, não teve na Carta Magna de 1988 o mesmo indicativo, tendo o constituinte optado por excluir o termo "questionar" de sua redação na presente temática. Sobre o assunto, ver entre muitos, BOCCUZZI NETO, Vito Antônio. Recursos excepcionais – O prequestionamento e a matéria de ordem pública. *In*: NERY JR., Nelson; WAMBIER, Teresa Arruda Alvim. (Coords,). *Aspectos Polêmicos e Atuais dos Recursos Cíveis*. Vol. 11. São Paulo: RT, 2007, p.442.

59. AI-ED 439920/SP-São Paulo- Emb.Decl.no Agl. Rel. Min. Sepúlveda Pertence. Julg. 06.12.2005. Ementa: "*(...) II – Recurso extraordinário, embargos de declaração e prequestionamento: a recusa do órgão julgador em suprir omissão apontada pela parte através da oposição pertinente de embargos*

própria interposição dos Embargos de Declaração já seria suficiente para se dar como prequestionada a matéria para fins de RE, optou o legislador no novel Código a regrar desta forma a seguinte situação:

> *Art. 1.025. Consideram-se incluídos no acórdão os elementos que o embargante suscitou, para fins de pré-questionamento, ainda que os embargos de declaração sejam inadmitidos ou rejeitados, caso o tribunal superior considere existentes erro, omissão, contradição ou obscuridade.*

Nota-se, conforme o dispositivo supra, que caberá à parte interpor embargos de declaração antes da interposição de RE ou REsp, quando, evidentemente, entender acerca da presença de omissão no acórdão proferido, a fim de que se possa perfazer o requisito do prequestionamento da matéria que se quer como objeto nas razões para o manejo dos recursos supracitados.

Assim, apresentado os Embargos sobre o ponto omisso, reputar-se-á preenchido o requisito do prequestionamento, mesmo que o órgão julgador dos embargos de declaração entenda que a decisão ora embargada não possua qualquer omissão.

Compreende-se, nestes termos, que é como se o acórdão ora embargado passasse então a conter o julgamento da questão tida pelo embargante como omissa, não havendo necessidade de um recurso para compelir o órgão julgador a decidir sobre o ponto que entendeu não omisso, após a interposição dos referidos embargos.

De tudo, exige-se o enfrentamento do ponto omisso por meio dos próprios Embargos de Declaração, ainda que perdure a omissão,[60] na mesma linha do que define a Súmula 356 do próprio STF, "*O ponto omisso da decisão, sobre o qual não foram opostos embargos declaratórios, não pode ser objeto de recurso extraordinário, por faltar o requisito do prequestionamento.*"

Vale destacar, como óbvio, que os Embargos de Declaração não possuem cabimento quando se prestarem a solicitar pela primeira vez, matéria sobre a qual o magistrado ou tribunal não tinha o dever de pronunciar-se, ou seja, que sequer tenha havido qualquer omissão sobre a mesma.

7. REPERCUSSÃO GERAL

7.1 INTRODUÇÃO

A atualização das bases estruturantes do modelo processual civil brasileiro é ponto comum entre as últimas reformas legislativas voltadas a esta es-

---

declaratórios não impede que a matéria omitida seja examinada pelo STF, como decorre "a contrario sensu" da Súmula 356. III. Recurso extraordinário: admissibilidade: acórdão recorrido fundado na Orientação Jurisprudencial 177, do Tribunal Superior do Trabalho, de conteúdo constitucional. (...)."

60. Nesse sentido, dentre outros julgados: STF. RE-AgR 376607/DF.Rel. Min. Eros Grau. Julg. 28.03.2006. Ementa: "(...) 1 – A oposição de embargos declaratórios visando à manifestação do Tribunal "a quo" sobre matéria anteriormente suscitada atende ao requisito do prequestionamento, ainda que persista a omissão. (...)."

fera da Ciência Jurídica, onde se deve ter como um dos vetores (e virtudes), a constante preocupação com a proteção real e efetiva do direito denegado ou em vias de sê-lo, cujo tratamento acurado e intenso merece atenção de todos, sobretudo dos responsáveis em dotar a normatividade de um sentido prosperador e apto ao desenvolvimento com melhor qualidade de vida por parte de jurisdicionados, usuários do serviço público ofertado pelo Estado, por meio da função judicante.

Já por nós anotado,[61] também Marinoni e Mitidiero assinalam com propriedade que o direito a um processo justo "tem de levar em conta, necessariamente, o perfil judiciário brasileiro".[62]

Nesse sentido, observa-se como ponto comum no corpo das últimas reformas legislativas operadas no campo do processo civil pátrio, a presença constante, até porque igualmente necessária em nosso sistema, do binômio "celeridade-efetividade",[63] traduzindo-se aí na preocupação do legislador em enfrentar patologias em constante crescimento, não somente pelo volume de cidadãos que todos os dias batem na porta do Poder Judiciário em busca da tão prometida chiovendiana "vontade da lei" acerca das mais diversas demandas. Sobretudo, pela incipiência pragmática de institutos construídos sobre outras realidades – quer sociais, quer científicas – em que, no terreno das construções dogmáticas, enfrentam a quebra de paradigmas[64] operadas por constantes evoluções do próprio sistema de proteção de direitos fundamentais, como o é o direito a um processo justo, tradução exata do encontro entre devido processo legal processual com a efetiva satisfação dos direitos.

Dentro da presente perspectiva, interessa-nos neste momento, a análise do instituto da Repercussão Geral, cuja finalidade ainda que aqui, preambularmente, pode-se acostar por meio do entendimento da própria Corte Suprema pátria, em documento por ela mesmo disponibilizado:[65]

---

61. Direito, Processo e Desenvolvimento: Pacto de Estado e a Reforma do Judiciário. *In: Revista Magister de Direito Empresarial, Concorrencial e do Consumidor*, v. 19, Magister: Porto Alegre, fev./mar. 2008, p. 31-34.

62. MARINONI, Luiz Guilherme; MITIDIERO, Daniel. *Repercussão Geral no Recurso Extraordinário*. São Paulo: RT, 2007, p. 12.

63. É de se notar neste sentido, além do novo Código de Processo Civil de 2015, outras leis que o antecederam, dentre elas, a Lei n. 8.952/94 (Tutelas Antecipada e Específica); Lei n. 10.444/02 (Tutela Específica nas obrigações de entrega de coisa); Lei n. 11.187/05 (Agravos); Lei n. 11.232/05 (Cumprimento da Sentença); Lei n. 11.382/06 (Processo de Execução); Lei n. 11.417/06 (Regulamentação do enunciado de Súmula Vinculante pelo STF); Lei n. 11.418 (Regulamentação da Repercussão Geral); Lei n. 11.419/06 (Informatização dos processo judiciais); Lei n. 11.441/07 (Possibilidade de realização de inventário, partilha, separação consensual e divórcio consensual por via administrativa).

64. KUHN, Thomas. *A Estrutura das Revoluções Científicas*. São Paulo: Perspectiva, 2003, p. 13 e ss.

65. Supremo Tribunal Federal. G*abinete Extraordinário de Assuntos Institucionais.* Repercussão Geral no Recurso Extraordinário, p. 1. Disponível em: <www.stf.gov.br>.

- Firmar o papel do STF como Corte Constitucional e não como instância recursal.
- Ensejar que o STF só analise questões relevantes para a ordem constitucional, cuja solução extrapole o interesse subjetivo das partes.
- Fazer com que o STF decida uma única vez cada questão constitucional, não se pronunciando em outros processos com idêntica matéria.

7.2 BREVES NOÇÕES DE ORDEM NORMATIVA

Por força da Emenda Constitucional n. 45, de 8 de dezembro de 2004, o Recurso Extraordinário, esse, como sabido, de índole constitucional, veio sofrer relevantes modificações, dentre elas a que figurou no novo § 3º acrescido ao art. 102 da Constituição Federal de 1988, *in verbis*:

> *Art. 102.*
>
> *(...)*
>
> *§ 3º No recurso extraordinário o recorrente deverá demonstrar a repercussão geral das questões constitucionais discutidas no caso, nos termos da lei, a fim de que o Tribunal examine a admissão do recurso, somente podendo recusá-lo pela manifestação de dois terços de seus membros.*

De princípio, cabe destacar que aludido parágrafo sinaliza que ao recorrente caberá, logicamente, no corpo de seu recurso extraordinário, realizar específica demonstração da "repercussão geral das questões constitucionais discutidas no caso".

Da inteligência de tal dispositivo, é de se notar que ao Supremo Tribunal Federal caberá recusar, diante da manifestação de dois terços de seus membros, o respectivo recurso extraordinário se, preliminarmente, entender que não restou demonstrada a "repercussão geral" das questões sobre as quais versa respectivo apelo.

Notadamente, o texto constitucional não teve o condão de conceituar o que deveria se entender por "repercussão geral", no entanto a necessária regulamentação do aludido dispositivo constitucional inovador se fez, primeiro, por meio da Lei n. 11.418, de 19 de dezembro de 2006, esta que acrescentou ao Código de Processo Civil de 1973 dois novos artigos, no que toca ao recurso extraordinário, quais sejam: o art. 543-A e o art. 543-B.

De pronto, já no art. 543-A, ditadas foram as regras definidoras da extensão do que se deva entender por repercussão geral das "questões constitucionais debatidas no caso" além de questões afins, estas relativas à aprovação ou negação da incidência do instituto; quanto ao art. 543-B, este se pautou por dispor das regras relativas ao trâmite de uma multiplicidade de recursos extraordinários pendentes, cuja controvérsia se pautam em fundamentos idênticos.

Com o novel CPC/2015, as regras relativas ao instituto da repercussão geral não somente foram mantidas, mas tiveram acréscimos em seu conteúdo, notadamente, na própria extensão do reconhecimento e incidência do presente instituto, *ex vi* dos incisos II e III do §3º do art.1.035. É o que veremos a seguir.

7.3 REPERCUSSÃO GERAL E SUA CONCEITUAÇÃO LEGAL

De reconhecimento da própria Corte Suprema Pátria, tem o instituto da repercussão geral finalidades pontuais:

Expressa o art. 1.035, *caput* do CPC/2015:

> *"Art. 1.035. O Supremo Tribunal Federal, em decisão irrecorrível, não conhecerá do recurso extraordinário quando a questão constitucional nele versada não tiver repercussão geral, nos termos deste artigo."*

Observa-se que tal dispositivo, ao dispor que o Supremo Tribunal Federal, em decisão irrecorrível, deixará de conhecer o recurso extraordinário, quando a questão constitucional nele versada não oferecer repercussão geral,[66] aponta, já de início, a sua função de requisito intrínseco de admissibilidade recursal

---

66. Importante pontuar que, necessariamente, há de se ter uma decisão clara, firme e sem lacunas no tocante à afirmação de inexistência da repercussão geral, dado que, do contrário, lugar encontrarão os Embargos de Declaração em dito tema, por razões óbvias, na medida em que a completa racionalidade das decisões e toda sua completude são democraticamente exigíveis e verdadeiramente imprescindíveis.
Mesmo que não se vislumbre a alteração do julgado (a despeito da possibilidade real de seus efeitos infringentes), aos Embargos de Declaração deposita-se, quando da necessidade de impetração do mesmo, a compreensão do posicionamento do juízo (neste caso, do STF) acerca da clara evidência ou não do binômio relevância-transcendência em sede de repercussão geral.
Com prudência, nunca é demais lembrar que o cabimento dos referidos embargos estará sempre subordinado à afirmativa de omissão, contradição ou obscuridade, não cabendo aqui qualquer desvio de objeto ao mesmo, sob pena do enquadrá-lo em manifestamente protelatório, ou seja, ato de improbidade processual por parte de seu impetrante, conforme atestado pelo art. 1.026, §2º do CPC.
Por outro lado e acertadamente, acresce-se ao tema a afirmativa de Marinoni e Mitidiero (ob. cit., p. 57), para quem, do não recebimento de recurso extraordinário por ausência de repercussão geral, caberá a parte recorrente, entendendo ser tal negativa decorrente de análise equivocada por parte da própria Corte Suprema pátria, impetrar respectivo mandado de segurança.
Apontam os supracitados autores que, muito embora "existam precedentes do Supremo Tribunal Federal que não admitem mandado de segurança contra ato de seus Ministros, certo é que a Constituição autoriza a cogitação de seu cabimento (art. 102, I, *d*), grifando a jurisprudência dessa mesma Corte o regime de direito estrito dessa previsão, que não admite nem a sua ampliação, nem, tampouco, a sua restrição. (...) Teoricamente, a solução vai sustentada pela contingência dos conceitos de relevância e transcendência constituírem conceitos jurídicos indeterminados que reclamam preenchimento com valorações objetivas."
No caso do referido *mandamus*, a competência para o seu conhecimento é do Plenário do STF.

para o RE,[67] para só então em momento subsequente – § 1º do mesmo dispositivo – conceituar o que seja a *repercussão geral*, considerando, assim, a sua existência quando a questão discutida apresentar relevância do ponto de vista econômico, político, social ou jurídico, que ultrapasse os interesses subjetivos do processo, como se comprova em letra fria:

> *§ 1º Para efeito de repercussão geral, será considerada a existência ou não de questões relevantes do ponto de vista econômico, político, social ou jurídico que ultrapassem os interesses subjetivos do processo.*

A despeito de tamanha subjetividade, tornando-se aí, verdadeiramente, um conceito juridicamente indeterminado,[68] percebe-se como nota de referência a incidência do binômio *relevância* e *transcendência*[69] como fundamental

---

67. Ainda que figure a repercussão geral como requisito intrínseco de admissibilidade do Recurso Extraordinário, há dissenso no tocante ao momento de análise de tal requisito em relação aos demais também intrínsecos.
Notadamente, pontua Arruda Alvim (A EC n. 45 e o instituto da repercussão geral. In: *Reforma do Judiciário.* São Paulo: RT, 2005, p. 64) que o "exame da repercussão geral deverá ser prévio à admissibilidade propriamente dita, ou à admissibilidade em sentido técnico, como assunto preliminar, já quando e dentro do âmbito do julgamento do recurso". De outra banda, sustenta Cruz e Tucci – A "Repercussão Geral" como Pressuposto de Admissibilidade do Recurso Extraordinário. *In*: FABRÍCIO, Adroaldo Furtado (Coord.). *Meios de Impugnação ao Julgado Civil. Estudos em homenagem a José Carlos Barbosa Moreira.* Rio de Janeiro: Forense, 2007, p. 435 – que caberá ao relator do recurso extraordinário examinar "com precedência, todos os demais pressupostos de admissibilidade do recurso extraordinário. Sendo positivo o juízo de admissibilidade, só então é que a questão da repercussão geral será levada primeiramente à apreciação da turma".

68. Na esteira do que esclarece Karl Engisch (*Introdução ao Pensamento Jurídico*. Trad. J. Baptista Machado. 8. ed. Lisboa: Fundação Caloust Gulbenkian, 2001, p. 209), os conceitos juridicamente indeterminados são formados por um "núcleo conceitual" (certeza do que é ou não é), bem como um "halo conceitual" (dúvida do que pode ser). Em termos, esclarece Engisch: "Sempre que temos a uma noção clara do conteúdo e da extensão dum conceito, estamos no domínio do núcleo conceitual. Onde as dúvidas começam, começa o halo do conceito."

69. Situando-se no contexto do aludido binômio, o STF, recentemente, em importante documento de gestão estratégica acostou na forma de indicativos, questões a ele chegadas em sede de RE, de cujo conteúdo se observa o entendimento da própria Corte acerca da incidência, sob o signo dos efeitos da relevância e transcendência, a ensejar o reconhecimento da presença de repercussão geral.
Neste sentido e a título exemplificativo, podem-se apontar, dentre muitas, tais matérias:
- Contribuição Social / Base de Cálculo / Pis / Cofins / inclusão do ICMS / Desembaraço Aduaneiro.
- Execução Fiscal / Contribuição Previdenciária/Prescrição.
- Servidor Público / Vencimentos / Conversão em URV.
- Imposto de Renda Pessoa Física / IR / Repetição de Indébitos.
- Ordem Social / Saúde / Fornecimento de Medicamento.
- Execução Fiscal / Contribuição Previdenciária / Responsabilidade-Redirecionamento – Sócio de Empresa.
- Militar / Vencimentos. Assessoria de Gestão Estratégica
- Aplicabilidade, ou não, do regime de precatórios às entidades da Administração Indireta que prestam exclusivamente serviços públicos essenciais.
- Justiça competente para processar e julgar as ações de cobrança ou de execução de honorários advocatícios arbitrados em favor de advogado dativo em ações cíveis e criminais.

para, em termos corretos, exercitar a aplicabilidade com efeitos práticos para os quais se destinam os resultados esperados do presente instituto, traduzindo-se, portanto, em limitar a incidência de recursos extraordinários por meio de um específico "filtro",[70] este que, voltado à observância da questão *relevante* debatida em sede recursal extraordinária, somado à *transcendência* que esta mesma questão atinge (ultrapassar os interesses subjetivos da própria causa), possa-se alcançar a diminuição da massa recursal,[71] prestigiando a tão desejosa e esperada razoável duração do processo, reforçando-se o caráter humanizador deste instrumento da jurisdição, racionalizando-se, por conseguinte, a própria atividade judicante.[72]

Ainda que pese a subjetividade acima referida, observa-se que no próprio art. 1.035 é encontrada assentada a previsão de alguns casos em que a repercussão geral se faz imperativamente reconhecida, sendo tal afirmativa regrada nos seguintes termos:

– Constitucionalidade, ou não, da exigência de depósito prévio como requisito de admissibilidade de recurso administrativo.

– Constitucionalidade ou não, da exigência de exame psicotécnico, sem previsão em lei, como requisito para ingresso no serviço público, e da adoção de critérios, alegadamente subjetivos, para a avaliação do candidato.

– Exigibilidade, ou não, do prévio requerimento administrativo, perante o Instituto Nacional do Seguro Social – INSS, órgão especializado, como requisito para o exercício do direito à postulação jurisdicional.

– Superação da coisa julgada para possibilitar nova ação de investigação de paternidade proposta em razão de novas condições de viabilidade de realização de exame de DNA.

– Alcance do direito de sucessão legítima decorrente de união estável homoafetiva.

– Possibilidade, ou não, da aplicação do regime estabelecido pela Emenda Constitucional nº 62/2009

– no que se refere ao sequestro de verbas públicas – aos precatórios anteriores à referida emenda constitucional.

– Possibilidade, ou não, de reconhecimento jurídico de união estável e de relação homoafetiva concomitantes, com o consequente rateio de pensão por morte.

– Possibilidade, ou não, de extensão de direitos concedidos aos servidores públicos efetivos aos servidores e empregados públicos contratados para atender necessidade temporária e excepcional do setor público.

– Responsabilidade civil objetiva do Estado por morte de detento

– Possibilidade, ou não, do sequestro de verbas públicas para pagamento de crédito a portador de doença grave sem observância à regra dos precatórios. STF. Fonte: Sistema Informatizado do STF, disponível em: <www.stf.jus.br>.

70. MACEDO, Elaine Harzheim, Repercussão Geral das questões constitucionais: nova técnica de filtragem do recurso extraordinário, *Revista Direito e Democracia*, v. 6, n. 1, Canoas, Editora da Ulbra, 2005, p. 88.

71. Observa THEODORO JR., Humberto (*Curso de Direito Processual Civil*. Vol. III. 50. ed. Rio de Janeiro: Forense, 2017, p. 1112): "Foi, sem dúvida, a necessidade de controlar e reduzir o sempre crescente e intolerável volume de recursos da espécie que passou a assoberbar o Supremo Tribunal a ponto de comprometer o bom desempenho de sua missão de Corte Constitucional, que inspirou e justificou a reforma operada pela EC nº 45."

72. No mesmo sentido, MARINONI, Luiz Guilherme; MITIDIERO, Daniel, ob. cit., p. 79.

> *§3º Haverá repercussão geral sempre que o recurso impugnar acórdão que:*
>
> *I - contrarie súmula ou jurisprudência dominante do Supremo Tribunal Federal;*
>
> *II - revogado pela Lei n.13.256/2016*
>
> *III - tenha reconhecido a inconstitucionalidade de tratado ou de lei federal, nos termos do art. 97 da Constituição Federal.*

O inciso I já outrora presente no revogado CPC/1973, foi mantido pelo CPC/2015.

Nele é de se esclarecer que a referência à súmula, não toca, necessariamente, que seja vinculante, mas tão-somente retrate a jurisprudência consolidada como dominante, visto que, a despeito de inexistir qualquer súmula, a incidência da repercussão geral restará configurada em qualquer julgamento que afronte a denominada jurisprudência dominante do Supremo Tribunal Federal, valendo ainda notar que por "jurisprudência dominante", deve-se ter a que resulta de posição pacífica, seja porque não há acórdãos divergentes, seja porque as eventuais divergências já tenham se pacificado no seio do STF.

Ao inciso foram acrescidos pelo novel *Codex*, os incisos II[73] e III.

No inciso II, revogado pela Lei n. 13.256/2016, tínhamos também como reconhecimento da presença de repercussão geral no RE, quando o mesmo viesse impugnar acórdão que tivesse sido proferido em sede de julgamento de casos repetitivos (IRDR ou julgamento de recurso especial e recurso extraordinário, no regime de recursos repetitivos).

Já no inciso III, a presença de repercussão geral da matéria discutida no RE se dá quando este impugnar acórdão que tenha reconhecido a inconstitucionalidade de tratado ou lei federal, nos exatos termos do art. 97 da Carta Política.[74]

Por outro lado, conforme anteriormente destacado, cumpre ressaltar que, para que o recurso extraordinário alcance o seu destino fim – o STF – ao recorrente caberá a demonstração, em preliminar do recurso, da presença de repercussão geral (art. 1.035, § 2º) em seu apelo. Nisso, deve ficar desde já aqui devidamente consignado que a presente apreciação da matéria em tela será exclusiva da Corte Constitucional, ou seja, a avaliação da repercussão geral não enfrenta análise ou crivo do tribunal de origem (*a quo*), sendo ainda importante ratificar o preceito disposto no art. 1.035, *caput*, esse que sublinha a irrecorribilidade da decisão acerca do pronunciamento pelo STF sobre tal assunto.

---

73. Revogado pela Lei n. 13.256/2016.

74. *"Art. 97. Somente pelo voto da maioria absoluta de seus membros ou dos membros do respectivo órgão especial poderão os tribunais declarar a inconstitucionalidade de lei ou ato normativo do Poder Público."*

Vale a pena aqui ainda destacar que, a bem verdade, um modelo de filtragem sobre demandas recursais extraordinárias aptas ou não a desembocarem na Corte Maior não é novidade entre nós, dada a própria existência da denominada "Arguição de Relevância" quando sob os auspícios da Constituição anterior (art. 119, III, *a* e *d* c/c § 1º da CF de 1967, alterada pela Emenda Constitucional 1, de 1969 c/c arts. 325, I a XI, e 327, § 1º, do RISTF, com redação dada pela Emenda Regimental n. 2 de 1985) expediente esse repelido pela Constituição de 1988.[75]

É de se notar, no entanto, que, a despeito da denominada "filtragem recursal", Arguição de Relevância e Repercussão Geral, realmente, não se confundem, dado que

> enquanto a Arguição de Relevância funcionava como um instituto que visava possibilitar o conhecimento deste ou daquele recurso extraordinário *a priori* incabível, funcionando como um instituto com característica central inclusiva, a repercussão geral visa excluir do conhecimento do Supremo Tribunal Federal controvérsias que assim não se caracterizem.[76]

A dita diferença, além daquela formal, soma-se ainda a questão do binômio *relevância* e *transcendência*, pois que, enquanto na arguição de Relevância nítido é o aspecto da própria relevância como a tônica a ser objetivada para a devida viabilidade recursal, no que se refere à repercussão geral, esta exige dimensão em maior escala, isto é, além do aspecto da relevância da matéria constitucional conflituosa avençada, a transcendência da questão debatida é ponto obrigatório de viabilidade recursal extraordinária.

7.4 PROCEDIMENTO NO SUPREMO TRIBUNAL FEDERAL

No que toca ao desenvolvimento do procedimento relativo ao reconhecimento ou não da incidência dos efeitos da repercussão geral, conforme já atestado em linhas anteriores, dispõe o § 2º do art. 1.035 que o recorrente "*deverá demonstrar a existência de repercussão geral para apreciação exclusiva pelo Supremo Tribunal Federal.*"

Diante de tal dispositivo, cabem aqui, de início, duas importantes observações: 1ª) diferentemente do que ocorre com todos os requisitos de admissibilidade do recurso extraordinário, a repercussão geral é matéria a ser exclusivamente analisada pelo STF, sendo, pois, defeso ao juízo *a quo* avançar no campo apreciativo do presente requisito; 2ª) ainda que não acostado de forma expressa (diferentemente do que melhor fazia o art. 543-A, §2º do CPC/1973), é a repercussão geral, requisito antecedente e prejudicial a

75. Sobre o assunto, cf. THEODORO JR., Humberto, ob. cit., p. 1112.

76. MARINONI, Luiz Guilherme; MITIDIERO, Daniel, ob. cit., p. 30-31.

qualquer outro[77], cabendo, por isso, ao recorrente, antes mesmo de se enveredar para o apontamento de qualquer matéria, demonstrar o binômio *relevância e transcendência*, pois que, do contrário, não se conhecerá do RE impetrado.

De acordo com o art. 323, *caput* do Regimento Interno do Supremo Tribunal Federal (RISTF), quando não for caso de inadmissibilidade do recurso extraordinário por outra razão, o(a) Relator(a) ou o Presidente submeterá aos demais Ministros, por meio eletrônico, cópia de sua manifestação sobre a existência, ou não, de repercussão geral.

Insta destacar a possibilidade conferida ao Relator de, durante a análise da repercussão geral, permitir intervenção de terceiros interessados, por meio de procurador habilitado, tudo de acordo com o Regimento Interno do STF (§4º do art. 1.035 do CPC).

Na verdade, tal prática já era admitida nas ações que objetivam o controle de constitucionalidade, em que a presença do *amicus curiae* ("amigo da corte") tem todo sentido, na medida em que, além de aprimorar as decisões judiciais, amplia o canal participativo da sociedade no âmbito do próprio processo, firmando ainda mais seu caráter democrático e, mesmo se justificando em face da importância da repercussão que o julgamento pode ter sobre eventuais outros recursos, além daquele sob análise no momento.

Uma vez recebida a manifestação do(a) relator(a), *"os demais Ministros encaminhar-lhe-ão, também por meio eletrônico, no prazo comum de vinte dias, manifestação sobre a questão da repercussão geral"*(art. 324 do RISTF).Daí, eventual ministro que ficar vencido quanto à discussão preliminar acerca da repercussão geral da matéria objeto do RE, sendo ele o relator, perderá a relatoria do processo, havendo nova distribuição, excluindo-se desta redistribuição os demais ministros que acompanharam o voto vencido.

Por outro lado, não havendo no prazo de 20 (vinte) dias, manifestações suficientes para a recusa do RE (dois terços do Plenário, de acordo com o §3º do art. 102 da CF/1988), reputar-se-á como presente a repercussão geral.

Nota-se a que, a decisão sobre a presença de repercussão geral no RE realiza-se em plenário virtual (ou eletrônico), o que poderá ser acompanhado por meio do site do STF.

Notadamente, como bem salienta Medina[78], não se descarta a "possibilidade de a repercussão geral da questão não ser objeto de discussão em plenário virtual, mas em plenário presencial", visto já decidido pelo STF que

---

77. Art. 327, *caput* do RISTF: " *A Presidência do Tribunal recusará recursos que não apresentem preliminar formal e fundamentada de repercussão geral, bem como aqueles cuja matéria carecer de repercussão geral, segundo precedente do Tribunal, salvo se a tese tiver sido revista ou estiver em procedimento de revisão.*"

78. MEDINA, José Miguel Garcia. *Novo Código de Processo Civil Comentado.* 3 ed. São Paulo: RT, 2015, p.1450.

> o reconhecimento da repercussão geral de matéria pelo Plenário Virtual não obstaculiza o superveniente julgamento pelo Pleno desta Corte no sentido do não conhecimento do Recurso Extraordinário com fundamento na exigência de interpretação da legislação infraconstitucional e do direito local.[79]

Uma vez reconhecida a repercussão geral, o relator no Supremo Tribunal Federal determinará a suspensão do processamento de todos os processos pendentes, individuais ou coletivos, que versem sobre a questão e tramitem no território nacional (§5º do art. 1.035 do CPC).

Poderá ainda o interessado pleitear junto ao presidente ou ao vice-presidente do tribunal de origem, que exclua da decisão de sobrestamento e inadmita o recurso extraordinário que tenha sido interposto intempestivamente, tendo o recorrente o prazo de 5 (cinco) dias para manifestar-se sobre esse requerimento. Do indeferimento do aludido pleito bem como da situação em que aplicar precedente de repercussão geral ou de recurso especial repetitivo caberá apenas agravo interno, nos termos do art. 1.021 do CPC (§§6º e 7º[80] do art. 1.035).

O CPC/2015 atento à regularidade temporal para os julgamentos do Poder Judiciário, estabeleceu em sede de RE com reconhecimento de repercussão geral, prazo para seu julgamento nos seguintes termos:

> *Art. 1.035.*
>
> *(...)*
>
> *§9º O recurso que tiver a repercussão geral reconhecida deverá ser julgado no prazo de 1 (um) ano e terá preferência sobre os demais feitos, ressalvados os que envolvam réu preso e os pedidos de habeas corpus.*

De outro modo, uma vez negada a repercussão geral no recurso extraordinário, a decisão do Pleno valerá para todos os recursos sobre matéria idêntica, portanto, caberá ao presidente ou o vice-presidente do tribunal de origem negar seguimento aos recursos extraordinários sobrestados na origem que versem sobre a matéria idêntica referida (§8º do art. 1.035), esses ainda pendentes de apreciação.

Por fim, sustenta § 11 do art. 1.035 que a súmula da decisão sobre a repercussão geral deverá constar de ata, essa que será publicada no Diário Oficial, valendo, então, como acórdão.

8. JULGAMENTO DOS RECURSOS EXTRAORDINÁRIO E ESPECIAL REPETITIVOS

A aferição da repercussão geral, bem como os efeitos de sua existência ou não, sofre específicas adaptações quando, diante de uma multiplicidade de

79. STF. Pleno. EDcl em RE 607.607/RS Rel. Min. Luiz Fux. Julg. 02.10.2013.
80. Nova redação ao §7º do art. 1.035 dada pela Lei n. 13.256/2016.

recursos aos quais se fundamentam em idêntica controvérsia, tal qual se observa com frequência, por exemplo, em conflitos de massa, ensejando-se daí múltiplos recursos que se pautam em uma mesma controvérsia jurídica.

Ao mesmo tempo, aludida situação também acontece em sede de recursos especiais, não tendo qualquer sentido exigir que tanto o Supremo Tribunal Federal como o Superior Tribunal de Justiça julgue inúmeras vezes dando a mesma solução a respeito de uma mesma questão de direito. Daí a necessidade de se julgar em bloco, sendo nominada pelo CPC/2015 dita ocorrência de "Julgamento dos Recursos Extraordinário e Especial Repetitivos".[81]

Diante disso, expressa o *caput* do art. 1.036 do CPC:

> *Sempre que houver multiplicidade de recursos extraordinários ou especiais com fundamento em idêntica questão de direito, haverá afetação para julgamento de acordo com as disposições desta Subseção, observado o disposto no Regimento Interno do Supremo Tribunal Federal e no do Superior Tribunal de Justiça.*

Dentro dessa perspectiva, continua em avanço o § 1º do supracitado artigo:

> *O presidente ou o vice-presidente de tribunal de justiça ou de tribunal regional federal selecionará 2 (dois) ou mais recursos representativos da controvérsia, que serão encaminhados ao Supremo Tribunal Federal ou ao Superior Tribunal de Justiça para fins de afetação, determinando a suspensão do trâmite de todos os processos pendentes, individuais ou coletivos, que tramitem no Estado ou na região, conforme o caso.*

Assim, existindo uma diversidade de recursos extraordinários ou especiais que tratem de uma mesma controvérsia, por amostragem, deverá o presidente ou o vice-presidente do tribunal *a quo* (Tribunal de Justiça ou Tribunal Regional Federal) selecionar 2 (dois) ou mais recursos que a representem, para, então, enviá-los ao Supremo Tribunal Federal ou Superior Tribunal de Justiça para fins de afetação, determinando o sobrestamento de todos os processos individuais e/ou coletivos pendentes, logicamente, sobre a mesma matéria e que tramitem no Estado ou região, até o pronunciamento definitivo sobre a questão por parte STF ou STJ.[82]

---

81. Enunciado n. 363 do FPPC: "O procedimento dos recursos extraordinários e especiais repetitivos aplica-se por analogia às causas repetitivas de competência originária dos tribunais superiores, como a reclamação e o conflito de competência."

82. É de se notar aqui que nada impede o recorrente de insurgir-se quanto à questão de uma possível indevida suspensão do seu recurso, como, por exemplo, entendendo não estar o seu apelo fundamentado em questão de idêntica controvérsia; nisto caberá ao próprio recorrente impetrar medida apta – *v.g.* mandado de segurança ou mesmo medida de natureza cautelar, havendo quem defenda a apresentação de um simples requerimento (ver MARINONI, Luiz Guilherme; MITIDIERO, Daniel, ob. cit., p. 60) – a fim de afastar o sobrestamento recursal autorizado.

Neste ínterim, há de se ponderar por uma escolha dialogada no tocante à remessa de específicos recursos para as Cortes Superiores, afigurando apropriado para o caso e quando viável ouvir "entidades de classe para proceder à escolha (por exemplo, OAB, MP etc.), quiçá organizando sessão pública para tanto",[83] podendo, inclusive, e de acordo com o art. 24, XI, da CF/88, tal expediente ser devidamente contemplado nos regimentos internos dos Tribunais de origem.

Interessante notar que a escolha dos recursos selecionados pelo tribunal pelo TJ ou TRF, conforme acima referido, não vinculará o relator no Tribunal Superior (STF ou STJ), este que poderá selecionar outros recursos representativos da controvérsia, como também poderá selecionar para julgamento da questão, 2 (dois) ou mais recursos representativos da controvérsia, independentemente da escolha do presidente ou do vice-presidente do tribunal de origem (§§4º e 5º do art. 1.036).

De certo, somente poderão ser selecionados recursos extraordinários ou recursos especiais que, efetivamente, contenham argumentação e discussão relativas ao enfrentamento da questão a ser decidida, como bem sustenta o §6º do art. 1.036 do CPC.

Poderá o interessado pleitear junto ao presidente ou ao vice-presidente do tribunal de origem, que exclua da decisão de sobrestamento e inadmita o recurso extraordinário que tenha sido interposto intempestivamente, tendo o recorrente o prazo de 5 (cinco) dias para manifestar-se sobre esse requerimento. Da decisão que indeferir o aludido requerimento caberá apenas agravo interno, nos termos do art. 1.021(§§2º e 3º[84] do art. 1.036).

8.1 OCORRÊNCIA DA AFETAÇÃO

Uma vez selecionados os recursos representativos da controvérsia, o relator, seja no STF ou no STJ, confirmando a presença da multiplicidade de recursos com idêntica questão de direito, proferirá decisão de afetação[85], esta que, de acordo com o art. 1.037 e seus incisos:

a) identificará com precisão a questão a ser submetida a julgamento;

b) determinará a suspensão do processamento de todos os processos pendentes, individuais ou coletivos, que versem sobre a questão e tramitem no território nacional.

---

83. MARINONI, Luiz Guilherme; MITIDIERO, Daniel, ob. cit., p. 60.

84. Nova redação dada ao §3º do art. 1.036 pela Lei n.13.256/2016.

85. Trata- se a afetação quando o relator do tribunal Superior constate a efetiva existência de multiplicidade de recursos extraordinários ou especiais repetitivos, ou seja, com fundamento em idêntica questão de direito, afetando então a questão para julgamento. Neste caso então caberá ao relator identificar com precisão a questão a ser submetida a julgamento. No mesmo sentido, ver MARINONI, Luiz Guilherme; ARENHART, Sérgio Cruz; MITIDIERO, Daniel. Ob. cit., p. 982.

Neste caso, as partes deverão ser intimadas da decisão de suspensão de seu processo, esta a ser proferida pelo juiz ao relator de seu processo (§8º do art. 1.037).

Poderão ainda as aludidas partes, desde que demonstrando a distinção entre a questão a ser decidida em seus processos e aquela a ser julgada em sede de RE ou REsp afetado, requerer o prosseguimento de seus processos, pedido este que será dirigido ao juiz (caso o processo esteja sobrestado em primeiro grau); ao relator (estando o processo sobrestado no tribunal de origem); ao relator do acórdão recorrido (caso seja sobrestado RE ou REsp. no tribunal de origem), ou ao relator, no tribunal superior (se for o RE ou REsp, cujo processamento tenha sido sobrestado do STF ou STJ), tudo conforme regrado pelo §§10, I, II, III, IV do art. 1.037 do CPC.

Deverá a outra parte ser ouvida acerca do presente requerimento, isso no prazo de 5 (cinco) dias (§11 do art. 1.037).

Uma vez reconhecida a distinção, objeto do digitado requerimento, o próprio juiz ou relator dará prosseguimento ao processo, exceto quanto ao relator do acórdão recorrido, caso seja sobrestado RE ou REsp no tribunal de origem. Em tal caso, deverá aludido relator comunicar a decisão ao presidente ou ao vice-presidente que houver determinado o sobrestamento, para que o RE ou REsp seja encaminhado ao respectivo tribunal superior, na forma do art. 1.030, parágrafo único.

Da decisão que decidir o presente requerimento, de acordo com o que determina o §13 do art. 1.037, I e II, caberá:

- agravo de instrumento, se o processo estiver em primeiro grau;
- agravo interno, se a decisão for de relator.

c) poderá requisitar aos presidentes ou aos vice-presidentes dos tribunais de justiça ou dos tribunais regionais federais a remessa de um recurso representativo da controvérsia.

Em tal hipótese, quando os recursos representativos da controvérsia possuir outras questões além daquela, objeto da afetação, caberá ao Tribunal Superior decidir sobre dita afetação em primeiro lugar, para então após, julgar as demais, aí em acórdão específico para cada processo, *ex vi* do §7º do art. 1.037 do CPC.

Havendo mais de uma afetação relativa à mesma controvérsia, encaminhada a relatores distintos, prevento será o relator que primeiro tiver proferido a decisão relativa à afetação inicial. (§3º do art. 1.037).

Insta ressaltar que, para fins de efetivar a própria duração razoável do processo, não respeitado o prazo para decisão acerca dos recursos afetados, prazo este de 1 (um) ano, cessam, automaticamente, em todo território nacional, a afetação e a suspensão dos processos, que voltarão ao seu curso normal.

Aludida questão é bem sublinhada pelo §4º do art. 1.037, nos seguintes termos:

> *§4º Os recursos afetados deverão ser julgados no prazo de 1 (um) ano e terão preferência sobre os demais feitos, ressalvados os que envolvam réu preso e os pedidos de habeas corpus.*

8.2 NÃO OCORRÊNCIA DA AFETAÇÃO

Caso, após o recebimento dos recursos selecionados pelo presidente ou pelo vice-presidente de tribunal de justiça ou de tribunal regional federal, não se proceder à afetação, deverá o relator, no tribunal superior (STF ou STJ), comunicar o fato ao presidente ou ao vice-presidente do tribunal de origem que os houver enviado, para que seja revogada a decisão de suspensão de todos os processos pendentes, individuais ou coletivos, que tramitem no Estado ou região, conforme o caso (§1º do art. 1.037).

8.3 JULGAMENTO DOS RECURSOS REPETITIVOS

Para que o relator possa elaborar seu relatório e voto, após a afetação dos recursos remetidos pelos tribunais de origem (Tribunal de Justiça ou Tribunal Regional Federal), poderá admitir as seguintes possibilidades participativas:

- solicitar ou admitir manifestação de pessoas, órgãos ou entidades com interesse na controvérsia, considerando a relevância da matéria e consoante dispuser o regimento interno;

- fixar data para, em audiência pública, ouvir depoimentos de pessoas com experiência e conhecimento na matéria, com a finalidade de instruir o procedimento;

- requisitar informações aos tribunais inferiores a respeito da controvérsia e, cumprida a diligência, intimará o Ministério Público para manifestar-se, sempre no prazo de 15 (quinze) dias (art. 1.038, *caput* e incisos I, II e III e §1º).

Daí

> *Art. 1.038*
>
> *(...)*
>
> *§2º Transcorrido o prazo para o Ministério Público e remetida cópia do relatório aos demais ministros, haverá inclusão em pauta, devendo ocorrer o julgamento com preferência sobre os demais feitos, ressalvados os que envolvam réu preso e os pedidos de habeas corpus.*
>
> *§3º O conteúdo do acórdão abrangerá a análise dos fundamentos relevantes da tese jurídica discutida..*[86]

Uma vez decididos os recursos afetados, o tribunal superior competente declarará prejudicados os demais recursos versando sobre a idêntica controvérsia ou, do contrário, decidirão aplicando a tese firmada (art. 1.039, *caput*).

---

86. Redação nova dada ao §3º do art. 1.038 pela Lei n.13.256/2016.

No caso e recurso extraordinário afetado, negada a existência de repercussão geral, serão considerados automaticamente inadmitidos os recursos extraordinários sobrestados na origem, de acordo com o que disciplina do parágrafo único do art. 1.039 do CPC.

Uma vez publicado o acórdão paradigma:

> *Art. 1.040 (...)*
>
> *I - o presidente ou o vice-presidente do tribunal de origem negará seguimento aos recursos especiais ou extraordinários sobrestados na origem, se o acórdão recorrido coincidir com a orientação do tribunal superior;*
>
> *II - o órgão que proferiu o acórdão recorrido, na origem, reexaminará o processo de competência originária, a remessa necessária ou o recurso anteriormente julgado, se o acórdão recorrido contrariar a orientação do tribunal superior;*
>
> *III - os processos suspensos em primeiro e segundo graus de jurisdição retomarão o curso para julgamento e aplicação da tese firmada pelo tribunal superior;*
>
> *IV - se os recursos versarem sobre questão relativa a prestação de serviço público objeto de concessão, permissão ou autorização, o resultado do julgamento será comunicado ao órgão, ao ente ou à agência reguladora competente para fiscalização da efetiva aplicação, por parte dos entes sujeitos a regulação, da tese adotada.*

Em se tratando de ação em curso no primeiro grau de jurisdição, a parte que a propôs poderá dela desistir, isso caso não haja sentença ainda proferida e desde que a questão nela discutida seja idêntica àquela resolvida pelo recurso representativo da controvérsia. Frise-se: tal desistência independe do consentimento do réu, ainda que já apresentada a contestação (§§1º e 3º do art. 1.040 do CPC).

Notadamente, ocorrendo a aludida desistência da demanda antes de oferecida a contestação, ficará a parte desistente isenta do pagamento de custas e de honorários sucumbenciais, conforme autorização do §2º do art. 1.040.

Por fim, consta previsão da possibilidade de o Tribunal de origem manter o acórdão por ele proferido, mesmo diante do julgamento em sede de recursos repetitivos, correspondendo em tal hipótese, na própria violação do precedente. Neste caso, deverá o recurso especial ou extraordinário ser remetido ao respectivo tribunal superior (art. 1.041, *caput* do CPC).

De outra banda, uma vez realizado o juízo de retratação pelo tribunal de origem, alterando assim o acórdão proferido, portanto, até então divergente do precedente firmado pelo tribunal superior em julgamento de recursos repetitivos, se for o caso, decidirá as demais questões ainda não decididas, cujo enfrentamento se tornou necessário em virtude da alteração supracitada (§1º do art. 1.041).

Havendo necessário reexame do recurso pelo tribunal de origem, objetivando com isso dar alinhamento à tese reconhecida no precedente firmado pelo tribunal superior em julgamento de recursos repetitivos, caberá ao presidente ou ao vice-presidente do tribunal recorrido, após dito reexame e independentemente de ratificação do recurso, sendo positivo o juízo de admissibilidade, determinar a remessa do recurso ao tribunal superior para julgamento das demais questões, tudo em sintonia com o que determina o §2º do art. 1.041.[87]

9. EMBARGOS DE DIVERGÊNCIA

9.1 DELIMITAÇÃO

O presente recurso tem como propósito uniformizar a jurisprudência tanto do Superior Tribunal de Justiça quanto do Supremo Tribunal Federal, ou como bem nota Barbosa Moreira[88], propiciar a uniformização da jurisprudência interna do tribunal quanto à interpretação do direito em tese.

Conforme dispõe o art. 1.043, I e III do CPC, os Embargos de Divergência possuem cabimento tanto para o STJ quanto para o STF, isso sempre que o acórdão de órgão fracionário:

I - em recurso extraordinário ou em recurso especial, divergir do julgamento de qualquer outro órgão do mesmo tribunal, sendo os acórdãos, embargado e paradigma, de mérito;

III - em recurso extraordinário ou em recurso especial, divergir do julgamento de qualquer outro órgão do mesmo tribunal, sendo um acórdão de mérito e outro que não tenha conhecido do recurso, embora tenha apreciado a controvérsia.

É de se notar a possibilidade de tal divergência pautar-se tanto no que se refere ao mérito da matéria em questão quanto na própria admissibilidade do recurso especial ou extraordinário.[89]

Outrossim, poderá a divergência se dar tanto na aplicação do direito material quanto do direito processual (§2º do art. 1.043).

Por outro lado, não se exige que para a admissibilidade dos embargos de divergência, tenha ocorrido divergência no julgamento do recurso especial ou extraordinário, ou seja, mesmo que a decisão em tais recursos seja unânime,

---

87. Redação dada pela Lei n.13.256/2016.

88. BARBOSA MOREIRA, José Carlos. *Comentários ao Código de Processo Civil*. Vol. V. 7. ed. Rio de Janeiro: Forense, 1998, n. 75, p. 602.

89. Súmula n.158 do STJ: "Não se presta a justificar embargos de divergência o dissídio com acórdão de Turma ou Seção que não mais tenha competência para a matéria neles versada."

em divergindo da decisão prolatada por outro órgão do mesmo tribunal, encontraremos lugar a ensejar os embargos de divergência.[90]

Autorizada está, em sede de embargos de divergência, a possibilidade de confronto entre teses jurídicas contidas em julgamentos de recursos e ações de competência originária (§1º do art. 1.043), portanto, pode-se ter como paradigma não somente RE ou REsp julgados, mas também acórdãos decorrentes de ações de competência originária tanto do STF quanto do STJ.

Não obstante, de muito, já existissem precedentes admitindo a interposição dos presentes embargos ainda que de divergência entre acórdãos da mesma turma, caso tenha ocorrido variação da composição desta,[91] o CPC/2015, regrou tal possibilidade no próprio §3º do art. 1.043: "*Cabem embargos de divergência quando o acórdão paradigma for da mesma turma que proferiu a decisão embargada, desde que sua composição tenha sofrido alteração em mais da metade de seus membros.*"

9.2 PRAZO

O prazo para a devida interposição dos embargos de divergência será de 15 (quinze) dias, a partir da publicação da decisão a ser embargada, sendo prazo para resposta também de 15 (quinze) dias *ex vi* do art. 1.003, §5º do CPC.

9.3 PROCESSAMENTO

Os respectivos Regimentos Internos do STJ e do STF é que regulam a forma procedimental do presente recurso de embargos de divergência, tal qual nos orienta o art. 1.044, *caput* do CPC.

Não obstante a isso, vale destacar conteúdos que orientam a adequada propositura dos embargos de divergência.

Assim, desde já, ressalta-se que a petição deverá estar acompanhada com a prova da divergência,[92] nos devidos termos e formas regradas pelo §4º do art. 1.041:

---

90. PINTO, Nelson Luiz. *Manual dos Recursos Cíveis.* 3. ed. São Paulo: Malheiros, 2004, p. 257.

91. *RTJ* 74/449.

92. "A utilização dos embargos de divergência reclama, sob pena de liminar recusa de seu processamento, que o dissídio interpretativo seja demonstrado de forma clara, objetiva e analítica, mencionando-se as circunstâncias que identificam ou tornam assemelhados os casos em confronto. Não basta, para esse efeito, a mera transcrição das ementas dos julgados invocados como referência paradigmática. Ausência, no caso, do necessário cotejo analítico. A específica função jurídico-processual dos embargos de divergência – que consiste em promover a uniformização da jurisprudência no âmbito do Supremo Tribunal Federal – não autoriza, sob pena de essa modalidade recursal revestir-se de um inadmissível caráter infringente, a revisão de premissas assentadas pelo acórdão embargado na resolução da causa." STF. Pleno. AgRg nos EDiv no RE 115.024-3-SP. Rel. Min. Celso de Mello. v.u., *DJU* 20.10.1995, *ADV* 21.1.1996).

> O recorrente provará a divergência com certidão, cópia ou citação de repositório oficial ou credenciado de jurisprudência, inclusive em mídia eletrônica, onde foi publicado o acórdão divergente, ou com a reprodução de julgado disponível na rede mundial de computadores, indicando a respectiva fonte, e mencionará as circunstâncias que identificam ou assemelham os casos confrontados.

Uma vez protocolado o presente recurso na secretaria de qualquer das Cortes supracitadas, de acordo com os arts. 335, do RISTF, e 266, § 3º, do RISTJ, ocorrerá a distribuição a um respectivo relator, esse que, inicialmente, avaliará os requisitos de admissibilidade dos embargos de divergência.

Não admitido respectivo recurso em tela, caberá contra essa decisão o recurso de agravo no prazo de 10 (dez) dias, devidamente endereçado para o órgão emissor de tal decisão denegatória.

Sublinha-se aqui a inadmissão dos embargos em tela pelos tribunais superiores - STF e STJ - deve se dar por fundamentação adequada, ou seja, apontando analiticamente a demonstração de distinção entre o recurso e o paradigma apresentado como fundamento para a interposição dos referidos embargos, por isso então, sendo vedado a qualquer daqueles tribunais inadmitirem o recurso com base em fundamento genérico de que as circunstâncias fáticas são diferentes, sem demonstrar a existência da distinção, ainda que pese a lamentável revogação do §5º do art. 1.043 do CPC/2015 pela Lei n.13.256/2016.

Do contrário, ou seja, admitidos os embargos de divergência, à parte contrária será aberto o prazo de 15 (quinze) dias para as suas contrarrazões, como de direito, e então, após tal contraditório, o recurso incluído será na pauta para o devido julgamento.

Por fim, insta pontuar que, no âmbito do STJ, a interposição dos embargos de divergência interrompe o prazo para a apresentação de eventual recurso extraordinário por qualquer das partes (§1º do art. 1.044).

Não obstante a isso, uma vez sendo os embargos de divergência desprovidos ou incapazes de alterar a conclusão do julgamento anterior, o recurso extraordinário interposto pela outra parte antes mesmo da publicação da decisão daqueles embargos, será regularmente processado e julgado, independentemente de qualquer ratificação do mesmo, conforme dispões o §2º do art. 1.044.

10. SÚMULA VINCULANTE

10.1 NOTAS INTRODUTÓRIAS. OBJETO E OBJETIVO DA SÚMULA VINCULANTE

A Reforma do Poder Judiciário[93], através da Emenda Constitucional n. 45/2004 trouxe expressivo acréscimo no campo referente à garantia da autoridade das decisões do Supremo Tribunal Federal com a previsão da denominada súmula vinculante no art. 103-A da CF/88.

Tem a súmula vinculante por objetivo superar controvérsia atual sobre a validade, a interpretação e a eficácia de normas determinadas, capazes de gerar insegurança jurídica e relevante multiplicação de processos, estando aí abrangidas questões atuais sobre a interpretação de normas constitucionais e mesmo destas em razão de normas infraconstitucionais, como bem indica o art. 103-A, da Constituição Federal, mais precisamente em seu § 1º:

> *A súmula terá por objeto a validade, a interpretação e a eficácia de normas determinadas, acerca das quais haja controvérsia atual entre órgãos judiciários ou entre esses e a administração pública que acarrete grave insegurança jurídica e relevante multiplicação de processos sobre questão idêntica.*

Nota-se, por isso, uma preocupação do legislador não somente com a razoável duração do processo, direito fundamental assegurado pelo inciso LXXVIII inserido no art. 5º da Carta Maior e parte componente de um "processo justo", como também o efetivo estabelecimento da segurança jurídica das decisões da Corte Constitucional[94], diante de um complexo sistema jurisdicional

---

93. Sobre a Reforma do Judiciário e seus efeitos nos campos material e processual, ver GAIO JÚNIOR, Antônio Pereira. Direito, Processo e Desenvolvimento: Pacto de Estado e a Reforma do Judiciário. *In: Revista Magister de Direito Empresarial, Concorrencial e do Consumidor*, Vol. 19, fev/mar., Magister : Porto Alegre, 2008, p.31-34.

94. Em análise inevitável e, por isso, essencial, da relação entre a atividade judicial – aí incluso o "Processo" como instrumento democrático e propiciador de liberdade – e seu impacto no desenvolvimento do país, sob a perspectiva da qualidade da oferta dos serviços públicos colocados à disposição do cidadão, nunca é demais ressaltar que o funcionamento do Poder Judiciário, compreendendo, de certo, a efetividade e segurança de suas decisões, são fatores fundamentais na análise da qualidade e estágio desenvolvimentista por que passa o Estado hodierno.
A dimensão transnacional da qualidade dos serviços públicos – aqui o Poder Judiciário – nos países em desenvolvimento tem sido fator de atentas análises por parte do Banco Mundial, este que junto a outros organismos multilaterais, iniciou nos anos 80 inúmeros projetos objetivando analisar o estágio do Poder Judiciário com vistas à sua modernização no âmbito de aludidos países.
Em relatório intitulado *O setor judicial na américa latina e no caribe: elementos da reforma,* delineia-se a visão de Poder judicante que deveria ser adotada por países em desenvolvimento, levando-se em conta a busca da ampliação de investimentos estrangeiros e maior inserção no mercado internacional.
O supracitado documento constata, e aí aplicável ao cenário brasileiro, que:

onde, inegavelmente, por circunstâncias de um tecido social largo e complexo e de disparidades notórias em país de dimensões continentais como o é o Brasil, crescente se encontra uma multiplicidade de questões relevantes e que ficam ao largo de demandas judiciais sobre pontos idênticos e que por isso merecem um posicionamento consensual ou unívoco do Poder Judiciário.

10.2 REQUISITOS E PROCESSAMENTO

A Lei n, 11.417, de 19.12.2006, regulamentou o art. 103-A da Constituição Federal de 1988, disciplinando a edição, revisão e cancelamento de enunciado de súmula vinculante pelo Supremo Tribunal Federal.

As Súmulas Vinculantes podem ser editadas, revisadas e mesmo canceladas por decisão de dois terços dos Ministros do Supremo Tribunal Federal - portanto, 8 Ministros[95] -, isto se dando por iniciativa própria da Corte ou mesmo por provocação, valendo pontuar que, neste último caso, tanto o §2º do art. 103-A da Constituição Federal de 1988[96] quanto o art. 3º da Lei n.

" (...) o Judiciário é incapaz de assegurar a resolução de conflitos de forma previsível e eficaz, garantindo assim os direitos individuais e de propriedade"; "(...) a reforma do Judiciário faz parte de um processo de redefinição do Estado e suas relações com a sociedade, sendo que o desenvolvimento econômico não pode continuar sem um efetivo reforço, definição e interpretação dos direitos e garantias sobre a propriedade. Mais especificamente, a reforma do judiciário tem como alvo o aumento da eficiência e equidade em solver disputas, aprimorando o acesso à justiça que atualmente não tem promovido o desenvolvimento do setor privado." (BANCO MUNDIAL. *O setor judicial na américa latina e no caribe: elementos da reforma.* Documento técnico do banco mundial n. 319S. Washington, D.C., 1997, p. 6-10).

Insta apontar que, para o Banco Mundial, a crise do Poder Judiciário é compreendida como a crise da Administração da Justiça, e sua ineficiência decorre da incapacidade de prestar um serviço público a um preço competitivo, rápido e eficaz, em resposta às demandas que lhe são submetidas. Por outro lado, notadamente, a concepção da atividade judicante como serviço é por demais estranha à tradição brasileira, onde o Poder Judiciário foi estabelecido historicamente como um dos três poderes de Estado. Cf. o Introito da presente obra, nomeadamente: "Uma introdução necessária: direito, processo e desenvolvimento". Contudo, tem-se "aos poucos repercutido na tradição político-jurídica nacional, e uma de suas faces visíveis são os diagnósticos e processos de avaliação que se tem produzido para analisar o funcionamento do Judiciário e propor mudanças em sua atuação". (BARBOSA, Claudia Maria. *Poder Judiciário: reforma para quê?.* Disponível em: <www.ambitojuridico.com.br/site/index.php?n_link=revi sta_artigos_leitura&artigo_id=2339>. Acesso em 26 .11. 2015).

De inegável contributo para as reformas processuais já operadas e em andamento - até porque não se pode combater as patologias sem não menos conhecê-las - são os diagnósticos apresentados anualmente pelo Conselho Nacional de Justiça, este que, desde sua instalação, tem prestado serviços relevantes nas áreas de inteligência e administração para a eficiência do serviço público de justiça realizado pelo Poder Judiciário Brasileiro.

95. "O quórum qualificado contribui para a legitimidade da vinculação imposta, além de promover segurança jurídica, atestando a estabilidade do entendimento sumulado." BARROSO, Luís Roberto. *O Controle de Constitucionalidade no Direito Brasileiro.* 5 ed. São Paulo: Saraiva, 2011, p.105-106.

96. "Art. 103-A.
(...)

11.417/2006 apontam os legitimados para dita provocação de edição, revisão ou cancelamento de enunciado de Súmula Vinculante.[97]

Interessante ainda se faz notar que o aludido art. 3º da Lei n. 11.417/2006 em seu § 1º, destaca que a proposta de edição, revisão ou cancelamento de enunciado de Súmula Vinculante pode decorrer de iniciativa de Município, sempre no âmbito do processo em que figura como parte, *ex vi*:

"1º O Município poderá propor, incidentalmente ao curso de processo em que seja parte, a edição, a revisão ou o cancelamento de enunciado de súmula vinculante, o que não autoriza a suspensão do processo."

Em compasso com o art. supracitado, é de se destacar que nem a CF/88 nem mesmo a Lei n. 11.417/2006 optou por prever que o processo deveria estar em trâmite no STF para oportunizar a propositura de dita edição, revisão ou mesmo cancelamento do enunciado de Súmula Vinculante, o que, portanto, bem autoriza a que o próprio Município, incidentalmente, no curso de eventual processo, possa provocar tal propositura, não gerando, inclusive, possível atraso no transcorrer da discussão principal do processo, dado não causar a sua suspensão.

Frise-se que, de qualquer forma, pensado é que a edição de uma Súmula Vinculante, indubitavelmente, deverá ser oriunda de reiteradas decisões da própria Corte Suprema acerca de questões de natureza constitucional relevan-

---

2º Sem prejuízo do que vier a ser estabelecido em lei, a aprovação, revisão ou cancelamento de súmula poderá ser provocada por aqueles que podem propor a ação direta de inconstitucionalidade."

97. *"Art. 3º São legitimados a propor a edição, a revisão ou o cancelamento de enunciado de súmula vinculante:*
I - o Presidente da República;
II - a Mesa do Senado Federal;
III - a Mesa da Câmara dos Deputados;
IV - o Procurador-Geral da República;
V - o Conselho Federal da Ordem dos Advogados do Brasil;
VI - o Defensor Público-Geral da União;
VII - partido político com representação no Congresso Nacional;
VIII - confederação sindical ou entidade de classe de âmbito nacional;
IX - a Mesa de Assembléia Legislativa ou da Câmara Legislativa do Distrito Federal;
X - o Governador de Estado ou do Distrito Federal;
XI - os Tribunais Superiores, os Tribunais de Justiça de Estados ou do Distrito Federal e Territórios, os Tribunais Regionais Federais, os Tribunais Regionais do Trabalho, os Tribunais Regionais Eleitorais e os Tribunais Militares."
Importante ressaltar, como se nota do artigo supra, mais precisamente, de seu inciso XI, a presença de Tribunais como legitimados aos atos atinentes à edição, revisão ou cancelamento de enunciado de súmula vinculante. Nisso, mostra-se de inegável acréscimo, haja vista que por estarem inseridos diretamente na atividade judicante, podem detectar, de forma inequívoca, questões jurídicas controvertidas e mesmo reincidentes, fomentando na necessidade de se propor possível edição, revisão ou mesmo cancelamento de eventuais súmulas vinculantes.

te e palco de controvérsias no âmbito dos Tribunais e mesmo entre estes e a Administração Pública.[98]

Nisto bem salienta Barroso que, "as decisões que são utilizadas como suporte à edição da súmula devem estar alinhadas em um mesmo sentido, sem prejuízo da possibilidade de que tenha havido controvérsia no Tribunal até se pacificar determinado entendimento."[99]

Nota-se que, nos textos normativos que envolvem a Súmula Vinculante, ou seja, CF/88 ou a já aludida Lei, não se tem previsto um número mínimo de decisões reiteradas antecedentes à edição da súmula, a fim de atestar a maturidade da matéria a ser sumulada, portanto, cabendo inegavelmente ao Supremo Tribunal Federal a rotina e experiência no trato com a questão controvertida ou mesmo já sazonada e que, certamente, se atente à matéria que trata de um problema jurídico-político atinente a todo povo brasileiro (em cujo nome o Poder é exercido – CF/1988, art. 1º, par. único) e não somente de uma singela questão processual *inter partes*.[100]

Por outro lado, cabe aqui ressaltar que, em 5 de dezembro de 2008, o Supremo Tribunal Federal, editou a importante Resolução de nº 388, esta que regulamenta o "Processamento de Propostas de Edição, Revisão e Cancelamento de Súmulas Vinculantes".

Assim, a partir de dita resolução os processos relativos às súmulas, vinculantes ou não, passaram a ser protocolados e autuados na Corte, tramitando em formato eletrônico. Em seguida, publica-se edital no Diário da Justiça, para que interessados se manifestem no prazo de cinco dias. Depois desse prazo, os ministros integrantes da Comissão de Jurisprudência devem analisar a adequação formal da proposta.

Caberá ao ministro presidente submeter a proposta ao Plenário, oportunidade em que o Procurador-Geral da República falará sobre o tema proposto.

Insta pontuar ainda neste ínterim e como destaque que, *a*s entidades representativas da sociedade civil passaram a ter acesso ao processo de edição de súmulas vinculantes.

Nisto, poderão enviar informações que venham contribuir com o julgamento das matérias apresentadas. A participação, é bem verdade, depende de autorização do STF, cujas informações se encontram disponíveis no *link* "Pro-

98. O pensamento afinado com a ideia de que o determinadas matérias, até pelo grau com que emergem importantes complexidades, devem receber da Corte Suprema efetivo amadurecimento até o seu julgamento definitivo é de prática comum no sistema norte-americano, tendo a própria Corte Constitucional se valido do requisito de admissibilidade (*ripeness)* no destacado mecanismo de acesso ao Tribunal (*writ of certionari*). Cf. entre outros, NOWAK, John; ROTUNDA, Ronald. *Constitutional Law.* 5 ed. St Paul: West Publishing, 2000, p. 90.

99. Ob. cit., p. 106.

100. Ver, por todos, MANCUSO, Rodolfo de Camargo. *Divergência Jurisprudencial e Súmula Vinculante.* 2ed. São Paulo: RT, 2002, p. 330-331.

posta de Súmula Vinculante", apresentada no ícone "Jurisprudência", incluso no portal do Supremo Tribunal Federal.

Vale lembrar que a participação de eventuais interessados nos processos que solicitem a edição, a revisão ou o cancelamento de súmulas vinculantes está prevista na Lei 11.417/06 (§ 2º do artigo 3º) e na Resolução 388/08.

A publicação dos editais referentes aos textos das propostas de súmula vinculante ou à própria súmula que se pretende revisar ou cancelar tem por objetivo assegurar, verdadeiramente, a participação ampla da sociedade interessada na matéria a que se pretende deliberar.[101]

10.3 EFICÁCIA DA SÚMULA VINCULANTE E OUTROS DESDOBRAMENTOS

Conforme outrora já ressaltado, a súmula vinculante tem por objetivo a superação de controvérsia atual sobre a validade, a interpretação e a eficácia de normas determinadas, capazes de gerar insegurança jurídica e relevante multiplicação de processos, estando aí abrangidas questões atuais[102] sobre a interpretação de normas constitucionais e mesmo destas em razão de normas infraconstitucionais, como bem indica o §1º do art. 103-A, da Constituição Federal de 1988.

De certo é que, em seu caráter instrumental, o enunciado de uma súmula vinculante estabelece um comando que, notadamente, passa a ser de observância obrigatória (ainda que sem meios operacionais para tanto em um primeiro momento, *ex vi* da Ação de Reclamação) para os demais órgãos do Poder Judiciário bem como para a Administração Pública em todos os seus níveis[103]. Vale aí ressaltar que a tese editada na súmula deve corresponder exatamente à decisão ou mesmo à *ratio decidendi* dos julgados aos quais lhe

101. Disponível em: <http://www.stf.jus.br/portal/cms/verNoticiaDetalhe.asp?idConteudo=118068.

102. Sobre "questão" ou mesmo, "controvérsia atual", tal qual indica o texto do §1º do art. 103-A da CF/88, Marinoni aponta importante posicionamento: "A súmula vinculante só poder ser editada quando houver controvérsia atual. Entretanto, por controvérsia atual não basta entender questão constitucional que está em discussão, ou que acaba de ser discutida, no Supremo Tribunal Federal. A controvérsia é atual quando há discussão, contemporânea, acerca da precisa *ratio decidendi* dos precedentes que dizem respeito a uma mesma questão constitucional. Controvérsia, portanto, não é sinônimo de objeto sobre o qual se discute judicialmente, mas pertence à dúvida sobre a *ratio decidendi* dos precedentes respeitantes a tal objeto."
Daí, no mesmo sentido ao qual pontuamos, adverte: "Ora, se os precedentes, uma vez proferidos, não geram dúvida quanto à *ratio decidendi*, não há razão para editar súmula. Quando os precedentes, ou o procedente do Plenário, têm *ratio decidendi* claramente decifrável, inexiste motivo para temer por insegurança jurídica." MARINONI, Luiz Guilherme. *Precedentes Obrigatórios*. São Paulo: RT, 2010, p. 488.

103. A aplicação automática das súmulas pelos seus endereçados requer, indubitavelmente, uma série de variáveis que não fogem do caso concreto sob a análise. Daí a importância de o julgador verificar, com cautela, parcimônia e interesse, o conteúdo *sub judice* e o enquadramento efetivo ao enunciado ao qual a súmula vinculante mereceu tabular.

deram origem e não em argumentos laterais (*obter dicta*) em face de um determinado assunto.

Nestes termos, o que se tenta operar com a súmula vinculante é a produção nas instâncias jurisdicionais e na Administração Pública, do respeito aos entendimentos da Corte Suprema acerca de tema já por ela legitimamente editado em súmula com eficácia vinculante, decorrendo de tal respeito, em sentido lógico, a promoção de valores como a isonomia e eficiência na prestação jurisdicional do Serviço Público da Justiça.

Ditos valores, representam, inegavelmente, o horizonte justificador da construção sumular em questão.

Aliás, vale mesmo notar que com relação à necessária isonomia nas decisões judiciais bem sublinha tal imperativo Ada Pellegrini Grinover[104], em importante passagem:

> Não temos no Brasil o precedente obrigatório jurisprudencial, de modo que entre nós é perfeitamente possível que haja diversas coisas julgadas entre partes distintas, relativamente à mesma questão jurídica, relativamente aos mesmos fatos que sejam controvertidos. É possível que uma causa seja decidida de determinada maneira, e outra, perfeitamente idêntica – salvo às partes – seja decidida de outra maneira. Porque a coisa julgada não tem como função, ou finalidade, a lógica das decisões jurídicas. Não tem como finalidade evitar as contradições lógicas, e sim, evitar as contradições práticas: a cada pessoa, uma sentença imutável para obedecer.

Na mesma toada, mas avançando num misto entre os valores da isonomia e eficiência lógica do serviço da justiça, Tourinho Neto acertadamente aponta que não se pode

> conceber que uma questão decidida pelo STF, a Corte mais alta do País, o Tribunal que dá a última palavra, receba decisão diferente, em causas idênticas, nos tribunais e juízes inferiores, obrigando o vencido a interpor recursos, percorrendo um caminho difícil, penoso demorado, para, depois de anos, chegar ao Supremo, a fim de obter a reforma daquela decisão.[105]

Importante pontuar que a orientação vinculante não aplicada ao caso concreto em virtude de particularidades ou circunstâncias excepcionais contidas neste, corresponde ao que os países de cultura anglo-saxã denominam de *distinguishing*, ou seja, a distinção que fazem os juízes quando estabelecem a diferença entre um caso e outro, demonstrando que a razão de um precedente não se aplica de forma razoável ou satisfatória ao caso sob julgamento. Ver, por todos, DUXBURY, Neil. *The nature and authority of precedent*. New York:Cambridge University Press, 2008, p.113.

104. *O Processo em evolução*. 2 ed. São Paulo: Forense Universitária, 1998, p. 147.

105. TOURINHO NETO, Fernando da Costa. Efeito Vinculante das decisões do Supremo Tribunal Federal: uma solução para o Judiciário. *In: Revista de Informação Legislativa*, n. 128, Brasília, out./dez. de 1995, p. 128.

Já, privilegiando a racionalidade do sistema jurisdicional com a necessária eficiência da atividade judicante como importante justificadora do contexto sumular vinculante, Marinoni em correta observação frisa que se

> o juiz de primeiro grau diverge de entendimento contido em súmula do Tribunal, a parte que sustenta a tese consagrada na súmula é obrigada a recorrer. No caso de demandas múltiplas, isto pode significar milhares de recursos. O que significa, entretanto, milhares de recursos? Significa, antes de mais nada, retardo na prestação jurisdicional e, portanto, prejuízo à parte que tem razão. Significa, ainda, a mais custos e, também, um acúmulo intolerável de processos em segundo grau de jurisdição. Ora, é óbvio que a interposição exagerada de recursos resulta na lentidão do serviço jurisdicional e, portanto, aprofunda a crise do Poder Judiciário, que tem o grave compromisso de atender ao Direito constitucional de todo cidadão a uma resposta jurisdicional tempestiva.[106]

Direcionando o discurso da necessidade de súmula de efeito vinculante para o plano da segurança jurídica e ainda nos idos dos anos oitenta, Alfredo Buzaid já preconizava que a súmula seria não para impor cega obediência ao primado da exegese, estancando, desvanecendo ou estiolando o espírito criador dos juristas em busca de fórmulas novas que atendessem ao objetivo da justiça.

> A sua finalidade é pôr um clima de segurança jurídica na ordem jurídica, sem a qual fenecem as esperanças na administração da justiça (...). Seguir uma orientação uniforme é um bem para a estabilidade da ordem jurídica. Inspira confiança, guarda acatamento aos órgãos superiores da Justiça e mantém autoridade.[107]

Notadamente, em que se pese a importância de se levar a cabo os compromissos com a isonomia das decisões e a eficiência na prestação jurisdicional, tudo decorrente do próprio respeito e aplicação do enunciado da súmula ora vinculante por parte do julgador ordinário, quando da decisão em solução ao caso concreto, merecidas são as reflexões em tal sede.

É fato que, como fonte que emana poder impositivo tal como se dá na norma-disposição em si, sabemos – ao menos em um primeiro momento – não ser a força que a Súmula Vinculante concretamente tem.

Tal constatação se releva ainda com mais rigor, na medida em que é de conhecimento dogmático e mesmo pragmático a existência de referenciais com

106. MARINONI, Luiz Guilherme. *Tutela Antecipada, julgamento antecipado e execução imediata da sentença*. São Paulo: RT, 1997, p. 181. No mesmo sentido, ver o nosso Incidente de Resolução de Demandas Repetitivas no Projeto do Novo CPC. In: GAIO JÚNIOR, Antônio Pereira (Org.). *Direito Processual em Movimento*. Curitiba: CRV, 2011, p. 12.

107. BUZAID, Alfredo. Uniformização da Jurisprudência. *In: Revista Ajuris*. n. 34, Porto Alegre, 1985, p. 212.

os quais poderá o magistrado guiar-se no julgamento do caso concreto, fazendo vezes de seu livre convencimento, notoriamente, motivado.

Se de um lado, a flexibilidade interpretativa do julgador se coloca como ponto de conquista secular, de outro, sua atuação orientada, visando à segurança jurídica operada pela previsibilidade/isonomia, se postam como objetivos seguramente sublimes em um Estado Constitucional de Direito.[108]

A racionalidade do sistema jurisdicional e que, indubitavelmente, tem o cidadão comum como seu principal destinatário, verdadeiro consumidor do serviço público da justiça, deve vetorizar-se para a coletividade, ou seja, a própria sociedade como a mira exata para efetivação isonômica dos julgados já consolidados em sede superior.

Aliás, dito caminho interpretativo "de cima para baixo" foi bem analisado por Calmon de Passos, ao se referir que a atuação dos Tribunais, se indiretamente redunda em benefício do litigante, objetiva, sobretudo, eliminar, quando possível, toda e qualquer forma de insegurança e de arbítrio decorrentes de entendimentos livres e conflitantes dos juízes e tribunais (Súmula Vinculante...). Deixa nítido que se sobrepõe ao interesse subjetivo dos contendores a preservação da eficácia do legislado (ou do direito como um todo), o que, deveras, ocorre quando existe respectivo entendimento final, abstrato e geral, obrigando todos como a lei (*v.g.*, súmula vinculante).[109]

Acrescentando substrato a toda razão de respeito aos precedentes vinculativos da Suprema Corte pátria, chama atenção Cruz e Tucci para o problema da lentidão da jurisdição estatal e o importante efeito que do respeito aos efeitos vinculantes das súmulas poderia se depreender.

Ao sublinhar para importância da desejada duração razoável do processo, exclama o aludido autor à noção de que para

> os juízes, a consequência primordial da lentidão do processo produz notório descrédito e desgaste ao Poder Judiciário, cuja imagem, a cada momento, fica mais desprestigiada; enquanto para as partes, a intolerável duração do *iter* processual constitui 'fenômeno que propicia a desigualdade, é fonte de injustiça social, porque a resistência do pobre é menor que a do rico; este, e não aquele, pode, via de regra,

---

108. Interessante neste ínterim, a posição de Canotilho, ao tratar da jurisprudência como princípio, possibilitando daí a conclusão de que estaria ela inserida dentre os princípios gerais de direito. Diz o importante constitucionalista luso que, "hoje, a subordinação à lei e ao direito por parte dos juízes reclama, de forma incontornável, a principialização da jurisprudência, ou seja, a mediação judicativo-decisória dos princípios jurídicos relevantes para a solução materialmente justa dos feitos submetidos a decisão judicial. CANOTILHO, José Joaquim Gomes. Principialização da Jurisprudência através da Constituição. *In*: *Revista de Processo*, São Paulo: RT, n.. 98, Ano 25, Abr/Jun. de 2000, p.83.

109. Cf. CALMON DE PASSOS, J. J. *Direito, Poder, Justiça e Processo. Julgando os que nos julgam.* Rio de Janeiro: Forense, 1999, p. 87 e ss. Ver também, PARENTE, Eduardo Albuquerque. *Jurisprudência. Da Divergência à Uniformização.* São Paulo: Atlas, 2006, p.43.

> a guardar, sem sofrer grave dano, uma injustiça lenta... Um processo longo beneficia, em última análise, a parte rica em detrimento da parte desafortunada.[110]

Por tudo dito alhures, Cruz e Tucci entende que foi em tal contexto da necessidade de prestação jurisdicional célere que a Súmula Vinculante ganhou corpo, portanto, fora ela concebida como mecanismo de aceleração dos julgamentos, em decorrência de obstáculo à reprodução de demandas fulcradas em teses jurídicas já pacificadas na jurisprudência dominantes. Daí, então, o próprio autor arrebata:

> Sem embargo daqueles que defendem contrária posição, imaginando que a súmula vinculante romperia o dogma da separação de poderes e produziria a estratificação e o engessamento da atividade judicial, entendemos que realmente não se vislumbra, em curto prazo, outra solução para minimizar a grave crise provocada pela justiça intempestiva.[111]

Fato é que a súmula vinculante faz tentar reproduzir nas instâncias ordinárias, a observância de seu enunciado, fomentando o prestígio pela sua observância, daí promovendo os valores da isonomia e eficiência na prestação jurisdicional.[112] Disso decorre que, no respeitar de tais valores por ela encarnados, traduzindo, mais uma vez, na correspondência fiel do que dita o seu enunciado e a consonância do conteúdo decisório dos julgados de origem, há de se afirmar aqui que sua edição, inegavelmente, não caracterizará qualquer usurpação da função legislativa.[113]

Conforme já assinalamos em linhas anteriores, a despeito da inexistência obrigatória de adoção do enunciado da súmula vinculante, ou seja, de seu efeito vinculativo-impositivo, quando de sua adoção pela EC n. 45 e a título de, verdadeiramente, fechar o sistema na promoção de sua aplicabilidade prática

---

110. CRUZ E TUCCI, José Rogério. *O Advogado, A Jurisprudência e outros temas de Processo Civil.* São Paulo: Quartier Latin, 2010, p.88-89. No mesmo sentido, ratifica Trocker, ao observar que uma justiça morosa é, obviamente, um grande mal social, na medida "provoca danos econômicos (imobilizando bens e capitais), favorece a especulação e a insolvência, acentua a discriminação entre os que têm a possibilidade de esperar e aqueles que, esperando, tudo têm a perder. Um processo que perdura por longo tempo transforma-se também em um cômodo instrumento de ameaça e pressão, uma arma formidável nas mãos dos mais fortes para ditar ao adversário as condições de rendição." TROCKER, Nicòlo. *Processo Civile e Costituzione.* Milano: Giuffrè, 1974, p.276-277.

111. *Idem*, p. 90.

112. Analisando o desenvolvimento judicial do Direito, decorrendo daí a força dos Precedentes Judiciais das Cortes Superiores seja em sede de *Common Law* quanto de Civil Law, ver interessante trabalho de MELLO, Patrícia Perrone Campos. *Precedentes. O desenvolvimento judicial do Direito no constitucionalismo contemporâneo.* Renovar: Rio de Janeiro, 2008.

113. No mesmo sentido, ver, por todos, BARROSO, Luiz Roberto. Ob. cit., p. 108. Igualmente, entendendo pela legitimidade da súmula vinculante e a inexistência de qualquer usurpação de competência legislativa, TAVARES, André Ramos. *Curso de Direito Constitucional.* 5 ed. São Paulo: Saraiva, 2007, p.367.

de resultados, estendida foi a denominada Ação de Reclamação ao desiderato de salvaguardar o resultado útil do comando contido nos enunciados de súmulas vinculantes; corresponderia, portanto, a utilíssima *actio* a realizar a vontade concreta do efeito vinculativo sumular, oportunizando uma verdadeira exigência na aplicabilidade da mesma, quando contrariada por qualquer decisão judicial ou mesmo administrativa. E o que se verá em item específico no próximo capítulo.

CAPÍTULO 15

ORDEM DOS PROCESSOS NOS TRIBUNAIS, INCIDENTES E AÇÕES ORIGINÁRIAS

1. DA ORDEM DOS PROCESSOS NOS TRIBUNAIS

Dentro do Livro III da Parte Especial do CPC, este nominado "Dos Processos nos Tribunais e dos Meios de Impugnação das Decisões Judiciais", mais precisamente em seu Capítulo II, encontramos disposições relativa à ordem dos processos nos tribunais regrado pelos arts. 929 a 946.

De início, cabe esclarecer que tais dispositivos constam, em regra, de coordenadas gerais acerca do trâmite de um recurso em sede de Tribunal, significando, por isso, um procedimento comum para os tribunais, no entanto, poderão as Cortes, dentro de seus Regimentos Internos, partindo da respeitabilidade a tais regramentos e dependendo do ato, adotarem, respectivamente, seus expedientes, como, p.ex., do art. 929 *caput* e seu parágrafo do CPC:

> *Os autos serão registrados no protocolo do tribunal no dia de sua entrada, cabendo à secretaria ordená-los, com imediata distribuição.*
>
> *Parágrafo único. A critério do tribunal, os serviços de protocolo poderão ser descentralizados, mediante delegação a ofícios de justiça de primeiro grau.*

Feita tal ressalta, é disposto em tal capítulo que todos os processos, ao chegarem ao Tribunal, seguem para o protocolo, onde se é registrada a data de sua entrada. Posteriormente, serão remetidos para a secretaria a fim de serem registrados, numerados e, então, encaminhados à distribuição para o juiz-relator.

Convém pontuar que, em consonância com o art. 930, a distribuição ocorrerá de acordo com o regimento interno de cada Tribunal, devendo ser observados os princípios da publicidade, da alternatividade e ainda o sorteio eletrônico.

Importante regra acostada pelo texto do CPC/2015 aquela que torna explícita a prevenção recursal, ou seja, decorrente da própria vinculação do órgão julgador no juízo *ad quem* para o conhecimento dos recursos interposto decorrentes de um mesmo processo ou de processo conexo.

Assim, o *primeiro recurso protocolado no tribunal tornará prevento o relator para eventual recurso subsequente interposto no mesmo processo ou em processo conexo* (parágrafo único do art. 930).

1.1 OS PODERES DO RELATOR

O CPC/2015 estabelece como poderes do relator os seguintes:

- *Dirigir* e *ordenar* o processo no tribunal, inclusive em relação à produção de prova, bem como, quando for o caso, homologar autocomposição das partes.

- *Apreciar* o pedido de tutela provisória nos recursos e nos processos de competência originária do tribunal.

- *Não conhecer* de recurso inadmissível, prejudicado ou que não tenha impugnado especificamente os fundamentos da decisão recorrida.[1]

- *Negar provimento* a recurso quando este for contrário a (i) súmula do Supremo Tribunal Federal, do Superior Tribunal de Justiça ou do próprio tribunal; (ii) acórdão proferido pelo Supremo Tribunal Federal ou pelo Superior Tribunal de Justiça em julgamento de recursos repetitivos e (iii) entendimento firmado em incidente de resolução de demandas repetitivas ou de assunção de competência, tratando aí de verdadeiros filtros processuais recursais impostos à racionalidade do sistema de respeito à verticalidade das decisões, o que se diga, aos precedentes das cortes.

-*Conceder provimento* ao recurso, depois de facultada a apresentação de contrarrazões, se a decisão recorrida for contrária à (i) súmula do Supremo Tribunal Federal, do Superior Tribunal de Justiça ou do próprio tribunal; (ii) acórdão proferido pelo Supremo Tribunal Federal ou pelo Superior Tribunal de Justiça em julgamento de recursos repetitivos; (iii) entendimento firmado em incidente de resolução de demandas repetitivas ou de assunção de competência.

- *Decidir* o incidente de desconsideração da personalidade jurídica, quando este for instaurado originariamente perante o tribunal.

- *Determinar* a intimação do Ministério Público, em sendo o caso.

- *Exercer* outras atribuições estabelecidas no regimento interno do respectivo tribunal.

Das decisões monocráticas do relator que negou seguimento ou deu provimento ao recurso cabe agravo regimental no prazo de 15 (quinze) dias para o respectivo órgão colegiado, observando-se, quanto ao processamento, as regras do regimento interno do próprio tribunal (art. 1.021, *caput* do CPC).

Vale ainda perceber, aliás, como já é ponto marcante do novel CPC em sede recursal que, antes de considerar inadmissível o recurso, o relator concederá o prazo de 5 (cinco) dias ao recorrente para que este sane vício ou complemente a documentação exigível para aquele recurso (parágrafo único do art. 932 do CPC).

1. Enunciado n. 83 do FPPC: "Fica superado o enunciado 115 da súmula do STJ após a entrada em vigor do CPC ('Na instância especial é inexistente recurso interposto por advogado sem procuração nos autos')."

1.2 JULGAMENTO COLEGIADO

Para fins de início de julgamento em sede de tribunal, insta destacar que, excetuando as preferências legais e regimentais, serão os recursos, a remessa necessária e os processos de competência originária dos tribunais julgados na seguinte ordem:

> *Art. 936 (...)*
>
> *I - aqueles nos quais houver sustentação oral, observada a ordem dos requerimentos;*
>
> *II - os requerimentos de preferência apresentados até o início da sessão de julgamento;*
>
> *III - aqueles cujo julgamento tenha iniciado em sessão anterior; e*
>
> *IV - os demais casos.*

Vale ainda dizer que, a fim de se evitar qualquer prejudicialidade no resultado do recurso, o agravo de instrumento será julgado sempre antes da apelação interposta no mesmo processo. Caso ditos recursos venham a ser julgados em uma mesma sessão, terá o agravo precedência sobre a apelação (art. 946 e seu parágrafo único).

Realizada a distribuição,[2] os autos serão imediatamente conclusos ao relator, este que terá o prazo de 30 (trinta) dias para vistá-los e elaborar o seu voto, restituindo-os, com o respectivo relatório, à secretaria (rt. 931 do CPC). Cabe aqui observação de que, nesta ocasião, o relator, ao receber o recurso, poderá, liminarmente, negar o seu seguimento com fundamento no art. 932, III do CPC.

Por outro lado, constatando o relator a ocorrência de fato superveniente à decisão recorrida, ou mesmo, questão apreciável de ofício ainda não examinada e, portanto, que devam ser levadas em consideração no julgamento do recurso interposto, aplicará, como de regra, o princípio do contraditório, intimando as partes para que estas possam se manifestar acerca de ditos conteúdos, sempre no prazo de 5 (cinco) dias. (art. 933, caput do CPC).[3]

---

2. Em sede de distribuição no Tribunal, no que toca à Prevenção regimental, importante acostar o seguinte julgado: "Constatada a distribuição a relatores diversos de dois recursos relativos às mesmas partes, caberia à agravante, antes do julgamento de qualquer um deles, ter suscitado a prevenção do relator a quem foi o primeiro recurso distribuído, já que a prevenção interna desta Corte, quando não verificada de ofício pelo julgador, poder ser argüida pelas partes ou pelo Ministério Público, porém apenas até o início do julgamento, consoante o disposto no art. 71, § 4º, do RISTJ. II. Realizando o julgamento, sem que tal alerta houvesse ocorrido, ainda que por relator diverso do prevento, a decisão não padece de nulidade. III. Rejeitam-se os embargos declaratórios quando inexistentes erro, omissão ou contradição." (STJ. 4ºT. EDcl no AgRg no Ag 579329/RJ. Rel. Min. Aldir Passarinho Junior. Julg. 7.12.2004, *DJ* 21.3.2005).

3. Enunciado n.60 da I Jornada de Direito Processual Civil do Conselho da Justiça Federal (CJF): "É direito das partes a manifestação por escrito, no prazo de cinco dias, sobre fato superveniente ou questão de ofício na hipótese do art. 933, § 1º, do CPC, ressalvada a concordância expressa com a forma oral em sessão."

Nisso

> *Art. 933 (...)*
>
> *§1º Se a constatação ocorrer durante a sessão de julgamento, esse será imediatamente suspenso a fim de que as partes se manifestem especificamente.*
>
> *§2º Se a constatação se der em vista dos autos, deverá o juiz que a solicitou encaminhá-los ao relator, que tomará as providências previstas no caput e, em seguida, solicitará a inclusão do feito em pauta para prosseguimento do julgamento, com submissão integral da nova questão aos julgadores.*

O presidente, ao receber os autos, designará dia para julgamento, mandando publicar a pauta no órgão oficial, valendo pontuar que, entre a data de publicação da pauta e a da sessão de julgamento, decorrerá, ao menos, o prazo de 5 (cinco) dias, incluindo-se em nova pauta os processos que não tenham sido julgados, exceto aqueles cujo julgamento tiver sido expressamente adiado para a primeira sessão seguinte, conforme determina o *caput* do art. 935.[4] Será permitido às partes ter vista dos autos em cartório, após a publicação da pauta de julgamento, sendo dita pauta fixada na entrada da sala onde se realizará a sessão de julgamento.

Em caráter geral, dispõe o art. 937 do CPC que, na sessão de julgamento, depois de realizada a exposição da causa pelo relator, o presidente dará a palavra, sucessivamente, ao recorrente, ao recorrido bem como ao Ministério Público nos casos necessários à sua intervenção, pelo prazo improrrogável de 15 (quinze) minutos para cada um, com o fito de sustentarem as respectivas razões do recurso, nas hipóteses de apelação; recurso ordinário; recurso especial; recurso extraordinário; embargos de divergência; ação rescisória, mandado de segurança; reclamação; agravo de instrumento interposto contra decisões interlocutórias que versem sobre tutelas provisórias de urgência ou da evidência[5] e em outras hipóteses previstas em lei ou no regimento interno do tribunal.

Vale destacar que, em sede de incidente de resolução de demandas repetitivas haverá, igualmente, possibilidade de sustentação oral, esta que será regulada pelo que dispõe o §1º do art. 984 do CPC.

Nos processos de competência originária previstos no inciso VI do art. 937 (ação rescisória, mandado de segurança e reclamação), caberá sustentação oral no agravo interno interposto contra decisão de relator que venha extingui-los.

---

4. Enunciado n. 84 do FPPC: "A ausência de publicação da pauta gera nulidade do acórdão que decidiu o recurso, ainda que não haja previsão de sustentação oral, ressalvada, apenas, a hipótese do §1º do art. 1.024, na qual a publicação da pauta é dispensável."

5. Enunciado n.61 da I Jornada de Direito Processual Civil do Conselho da Justiça Federal (CJF): " Deve ser franqueado às partes sustentar oralmente as suas razões, na forma e pelo prazo previsto no art. 937, caput, do CPC, no agravo de instrumento que impugne decisão de resolução parcial de mérito (art. 356, § 5º, do CPC)."

Para fins de realização da sustentação oral, deverá, o procurador que a desejar, requerer até o início da sessão que o processo seja julgado em primeiro lugar, logicamente, sem prejuízo das devidas preferências legais (§2º do art. 937 do CPC).

Para o procurador que tiver domicílio profissional fora da cidade onde está sediado o tribunal, o legislador possibilitou a realização da sustentação oral por meio de videoconferência ou qualquer outro recurso tecnológico de transmissão de sons e imagens em tempo real, isso desde que o interessado requeira tal forma até o dia anterior à sessão de julgamento (§4º do art. 937 do CPC).

Uma vez iniciado o julgamento e havendo questão preliminar a ser suscitada, esta será decidida antes da análise do mérito, não se conhecendo deste caso haja incompatibilidade com a decisão. Constatado a ocorrência de vício sanável, inclusive aquele que possa, de ofício, ser conhecido, o relator determinará a realização ou renovação do ato, seja no âmbito do próprio tribunal ou mesmo em primeiro grau de jurisdição, sendo as partes devidamente intimadas e prosseguindo o julgamento.

Havendo a necessidade de produção de prova, o relator converterá o julgamento em diligência, esta que será realizada no tribunal ou em primeiro grau de jurisdição, cabendo decidir o recurso tão logo após a conclusão da referida instrução, como regra o §3º do art. 938 do CPC. Cabe pontuar que pode o colegiado determinar, caso não o faça o relator, o necessário saneamento de eventual vício no recurso[6] ou mesmo a produção de prova.

Após o debate acerca das preliminares, caberá ao colegiado examinar o mérito do recurso, realizando na forma dos arts. 939 e 940.

Uma vez proferido os votos, o presidente anunciará o resultado do julgamento, cabendo a designação para a redação do acórdão o relator ou, caso vencido, o autor do primeiro voto vencedor (art. 941).

Ressalta-se que o voto poderá ser alterado até o momento da proclamação do resultado pelo presidente, exceto aquele já proferido por juiz afastado ou substituído. Em se tratando de julgamento dos recursos de apelação ou de agravo de instrumento, a decisão será tomada, no órgão colegiado, pelo voto de 3 (três) juízes. Ocorrendo voto vencido, este será, necessariamente, declarado e devidamente considerado parte integrante do acórdão para todos os fins legais, frise-se, inclusive para fins de prequestionamento, conforme disciplina o §3º do art. 941 do CPC.

Destaca-se aqui que, o CPC/2015 extinguiu o recurso denominado Embargos Infringentes. Não obstante isso, o art. 942 regula situação hipotética decorrente da não unanimidade no julgamento da apelação, da ação rescisória julgada procedente e do agravo de instrumento que reforma decisão que ante-

---

6. Enunciado n.. 82 do FPPC: "É dever do relator, e não faculdade, conceder o prazo ao recorrente para sanar o vício ou complementar a documentação exigível, antes de inadmitir qualquer recurso, inclusive os excepcionais."

cipa parcialmente o mérito (§3º do art. 942), expressando como se operacionaliza a forma de julgamento diante de tal resultado.

> *Art. 942. Quando o resultado da apelação for não unânime, o julgamento terá prosseguimento em sessão a ser designada com a presença de outros julgadores, que serão convocados nos termos previamente definidos no regimento interno, em número suficiente para garantir a possibilidade de inversão do resultado inicial, assegurado às partes e a eventuais terceiros o direito de sustentar oralmente suas razões perante os novos julgadores.*
>
> *§ 1º Sendo possível, o prosseguimento do julgamento dar-se-á na mesma sessão, colhendo-se os votos de outros julgadores que porventura componham o órgão colegiado.*
>
> *§ 2º Os julgadores que já tiverem votado poderão rever seus votos por ocasião do prosseguimento do julgamento.*

Trata-se, portanto, da ampliação do julgamento não unânime na apelação, na ação rescisória julgada procedente e do agravo de instrumento que reforma decisão que antecipa parcialmente o mérito.[7] De certo, não ocorrendo decisão unânime, o julgamento terá prosseguimento na mesma sessão, se possível ou em outra a ser designada, colhendo-se os votos de outros julgadores que, por ventura, componham a turma ou câmara ou serão convocados outros julgadores, de modo que haja número suficiente para garantir a possibilidade de inversão do resultado inicial, garantido às partes e eventuais terceiros o direito de realizar a sustentação oral de suas razões diante dos novos julgadores.

Dita nova sustentação oral poderá, inclusive, contribuir para a possibilidade reversão dos votos daqueles julgadores que já tiverem proferido seus votos quando do início do julgamento.

Interessante notar que o STJ por meio do REsp nº 1.771.815 – SP entendeu que, uma vez ocorrendo a ampliação do colegiado para o enfrentamento de matéria não unânime, poderão os julgadores, em sintonia com o §2º do art.942, reverem seus votos, mesmo em matéria que já foram decididas de forma unânime no próprio recurso.

A ementa do referido REsp se faz de necessário destaque:

> RECURSO ESPECIAL. PROCESSO CIVIL. AÇÃO DE PRESTAÇÃO DE CONTAS. APELAÇÃO. CÓDIGO DE PROCESSO CIVIL DE 2015. JULGAMENTO NÃO UNÂNIME. TÉCNICA DE AMPLIAÇÃO DO COLEGIADO. ART. 942 DO CPC/2015. NATUREZA JURÍDICA. TÉCNICA DE JULGAMENTO. CABIMENTO. MODIFICAÇÃO DE VOTO. POSSIBILIDADE. NULIDADE. NÃO OCORRÊNCIA. 1. Recurso especial interposto contra acórdão publicado na vigência do Código de Processo Civil de

7. Enunciado n.466 do FPPC: "A técnica do art. 942 não se aplica aos embargos infringentes pendentes ao tempo do início da vigência do CPC, cujo julgamento deverá ocorrer nos termos dos arts. 530 e seguintes do CPC de 1973."

> 2015 (Enunciados Administrativos nºs 2 e 3/STJ). 2. Cinge-se a controvérsia a aferir, preliminarmente, se houve negativa de prestação jurisdicional. No mérito, o propósito é definir a correta interpretação e a abrangência da técnica de ampliação de colegiado na hipótese de julgamento não unânime, nos termos do art. 942 do CPC/2015. 3. Não há falar em negativa de prestação jurisdicional se o Tribunal de origem motiva adequadamente sua decisão, solucionando a controvérsia com a aplicação do direito que entende cabível à hipótese, apenas não no sentido pretendido pela parte. 4. No caso concreto, diante da ausência de unanimidade no julgamento da apelação, foi aplicado, de ofício, o art. 942 do CPC/2015 a fim de ampliar o colegiado com a convocação de outros desembargadores. Na continuidade do julgamento, um dos desembargadores alterou o voto anteriormente proferido para negar provimento à apelação e manter a sentença, resultado que prevaleceu, por maioria. 5. A técnica de ampliação do colegiado consiste em significativa inovação trazida pelo CPC/2015, tendo cabimento nas hipóteses de julgamento não unânime de apelação; ação rescisória, quando o resultado for a rescisão da sentença; e agravo de instrumento, quando houver reforma da decisão que julgou parcialmente o mérito. 6. O art. 942 do CPC/2015 não configura uma nova espécie recursal, mas, sim, uma técnica de julgamento, a ser aplicada de ofício, independentemente de requerimento das partes, com o objetivo de aprofundar a discussão a respeito de controvérsia, de natureza fática ou jurídica, acerca da qual houve dissidência. 7. Constatada a ausência de unanimidade no resultado da apelação, é obrigatória a aplicação do art. 942 do CPC/2015, sendo que o julgamento não se encerra até o pronunciamento pelo colegiado estendido, ou seja, inexiste a lavratura de acórdão parcial de mérito. 8. Os novos julgadores convocados não ficam restritos aos capítulos ou pontos sobre os quais houve inicialmente divergência, cabendo-lhes a apreciação da integralidade do recurso. 9. O prosseguimento do julgamento com quórum ampliado em caso de divergência tem por objetivo a qualificação do debate, assegurando-se oportunidade para a análise aprofundada das teses jurídicas contrapostas e das questões fáticas controvertidas, com vistas a criar e manter uma jurisprudência uniforme, estável, íntegra e coerente. 10. Conforme expressamente autorizado pelo art. 942, § 2º, do CPC/2015, os julgadores que já tenham votado podem modificar o seu posicionamento. 11. Não cabe a esta Corte Superior reexaminar as premissas fáticas sobre as quais se fundamentou o Tribunal local, a fim de verificar se houve efetivamente divergência, haja vista o óbice da Súmula nº 7/STJ. 12. Recurso especial não provido. (STJ. 3ªT. REsp: 1771815 SP 2018/0232849-4, Rel. Min. Ricardo Villas Bôas Cueva. Julg: 13/11/2018, DJe 21/11/2018).

Lado outro, há de se ressaltar que a ampliação do presente julgamento não se aplica aos incidentes de resolução de demandas repetitivas e de assunção competência, da remessa necessária e ainda de julgamento não unânime proferido nos tribunais pelo plenário ou pela corte especial (§4º do art. 942).

Os votos, acórdãos e os demais atos processuais poderão ser registrados em documento eletrônico inviolável, sendo devidamente assinados eletronicamente, no entanto, sendo impressos para fins de juntada aos autos do processo, isso quando não se tratar de documento eletrônico, conforme observa o art. 943, *caput* do CPC.

Todo acórdão terá ementa, esta que será publicada no órgão oficial no prazo de 10 (dez) dias após lavrado o respectivo acórdão (§§1º e 2º do art. 943). Uma vez não ocorrendo a publicação do acórdão no prazo de 30 (trinta) dias, estes contados da data da sessão de julgamento, as notas taquígrafas o substituirão para todos os fins legais, o que ocorrerá independe de revisão.

É de ressaltar que o recurso de agravo será julgado e incluído em pauta antes da apelação. Por outro lado, em sendo o agravo decidido posteriormente à apelação, aquele somente ficará prejudicado caso a apelação for desfavorável ao agravante. Daí, em sendo a apelação desfavorável ao agravante e o agravo for provido, deverá a apelação ser novamente julgada, caso ocorrer a incompatibilidade do conteúdo de ambos os recursos em questão (agravo e apelação).

Caso a subscrição do pedido tenha sido requerida pelos advogados de todos os interessados, preceitua o parágrafo único do art. 565 do *Codex* Processual Civil que "*a preferência será concedida para a própria sessão*".

No que se refere ao julgamento recursal, conforme dita o art. 560 do CPC, a turma ou câmara decidirá em primeiro lugar, as preliminares processuais[8] e, em seguida, o mérito.

Ocorrendo nulidade apontada na preliminar e havendo possibilidade de seu suprimento, poderá o órgão julgador converter o julgamento em diligência, remetendo os autos à primeira instância, a fim de operar o saneamento do vício.

Sendo a preliminar rejeitada ou suprida, segue-se com a apreciação do mérito.

Prolatados todos os votos que julgam o recurso, será então anunciado pelo presidente o resultado do julgamento, determinando nisso que o relator, desde que o seu voto seja vencedor, redija o acórdão, o qual, necessariamente, deverá conter respectiva ementa (art. 563 do CPC). Em sendo vencido o voto do relator, determinado será que a redação do acórdão seja realizada pelo desembargador que proferiu o primeiro voto vencedor.

Uma vez lavrado o acórdão, as suas conclusões serão publicadas dentro do prazo de 10 (dez) dias no órgão oficial.

---

8. "Ocorre negativa de vigência ao art. 560 do CPC, se o Tribunal aprecia o mérito do agravo interposto do despacho que denegou relevação de deserção sem, antes, examinar a preliminar de intempestividade do agravo, levantada pelo agravado." (STF. 1ª T. RE n. 90.096-9-PR. Rel. Min. Carlos Thompson Flores. Julg. 26.6.1979, *DJ* 10.8.1979).

2. OS PRECEDENTES

2.1 NOÇÕES INTRODUTÓRIAS

Objetiva-se aqui o estudo dos Precedentes Judiciais enquanto fenômeno jurídico voltado a uma possível verticalização das decisões judiciais bem como em contributo ao prestígio de uma razão prática previsível e isonômica da prestação jurisdicional, sobretudo diante de novatas disposições alçadas em um novo estatuto processual civil edificado pela Lei n.13.105 de 16.03.2015.

A temática ora em destaque, como despiciendo, enfrentará a utilização, eficácia e efetividade dos precedentes nos sistemas *civil law* e *common law*, objetivando demonstrar os principais nuances, tratamentos, métodos e operacionalidade nestes diversos ambientes.

Por tudo, vale notar que nos encontramos, atualmente, às voltas com um Poder judicante em sede pátria, imerso a um verdadeiro colapso, seja em número de demandas judiciais propostas e recursos em interpostos, como em material humano e gestão, a despeito do importante e notável papel desempenhado pelo Conselho Nacional de Justiça no tocante à atribuição do "pensar" administrativo em vista do Serviço Público da Justiça brasileira.

Daí que, o aproximar das culturas jurídicas daria azo a um possível minoramento das questões a que estamos envoltos?

Tal como se vê no número excessivo de processos, acompanhado pela máquina de produção recursal que presenciamos hodiernamente, percebe-se de muito que boa parte das demandas em propositura se origina de conteúdos semelhantes, exigindo, por conseguinte, decisões em mesma monta, ou seja, em prestígio ao princípio da isonomia, cabendo aí o papel didático das decisões colegiadas nos juízos *ad quem*, ao experimentar em múltiplas causas dito problema, ponderando em sumular questões tidas como inquestionáveis naquele espaço temporal, de modo a se tentar consolidar a previsibilidade de seu pensamento, o que aliás possui – ou deveria possuir! - o direito enquanto ciência da vida: previsibilidade nas relações para promoção da segurança jurídica dos jurisdicionados.

Assim, neste ambiente patológico da discrepância de julgados, procura-se aqui visitar os sistemas supracitados e a conformidade de suas praxes, pontuando as características funcionais para o exercício da prestação judicante, traçando os respectivos perfis e com isso, compreender em melhor sentido, o possível exercício da prática decisória em sede do novel Código de Processo Civil brasileiro.

2.2 OS SISTEMAS DA *COMMON LAW* E DA *CIVIL LAW*: BREVES NOTAS

2.2.1 A *Commom Law*

O sistema da *common law,* é também conhecido por direito inglês ou direito anglo-saxão ou, ainda, direito da Grã-Bretanha. Contudo tais expressões poderiam ser consideradas espécies do gênero *common law,* uma vez que fazem parte deste sistema, assim como demonstram peculiaridades históricas do direito nascido na comunidade britânica. [9]

> Com o propósito de elucidar as origens do sistema da *common law,* observa René David, que a evolução deste sistema divide-se em períodos distintos. Com efeito, inicialmente foi regido sob a égide do direito anglo-saxônico, expressão cunhada em razão das tribos que dividiam a grande ilha – anglos, saxões e dinamarqueses. Apesar do povo inglês estar submetido a um único soberano, o direito era fracionado, guardando a característica de direito local. [10]

O direito comum, designado *common law*, iniciou seu desenvolvimento na Inglaterra no ano de 1066, através dos Tribunais Reais (Tribunais de Westminster), que eram, em princípio, cortes de exceção, tendo em vista que a intervenção do Rei em julgamentos somente se justificava em casos especiais, bem como o processo tinha seu curso marcado pela forma como a demanda era conduzida Esse cenário sofre modificações paulatinas e a jurisdição se expande sobre aquela desenvolvida pelas cortes senhoriais.[11]

Visando evitar a expansão dos poderes do Rei através da jurisdição dos Tribunais, estabeleceu-se, no Estatuto de Westminster II, de 1285, que os Tribunais Reais só concederiam *writs* em hipóteses em que já houvesse casos semelhantes decididos (precedentes) vedando-se, então, a criação de novas ações.[12]

Ainda, na esteira de René David, a cada writ corresponde, de fato, um dado processo que determina a sequência dos atos a realizar, a maneira de regular determinados incidentes, as possibilidades de representação das partes, as condições de admissão das provas e as modalidades da sua administração e os meios de fazer executar a decisão.[13]

---

9. PORTO, Sérgio Gilberto. *Sobre a common law, civil law e o precedente judicial.* <http://www.abdpc.org.br/abdpc/artigos/sergio%20porto-formatado.pdf>. Acesso em 19.08.2015.
10. *Ibidem.*
11. MELLO, Patrícia Perrone Campos. *Precedentes. O desenvolvimento Judicial do Direito no Constitucionalismo Contemporâneo.* Rio de Janeiro: Renovar, 2008, p.15.
12. *Idem,*p.17.
13. DAVID, René. *Os grandes sistemas do direito contemporâneo.* Trad.: Hermínio A. Carvalho. 4.ed.São Paulo: Martins Fontes,2002, p.289.

> Neste passo, é importante destacar que fica consagrada a expressão *"remedies precede rights".* Assim, era patente a presença de um direito formalista, apegado a regras processuais que conduziam a produção jurisprudencial da época.
>
> O excesso de formalismo da época, contudo, acabou por causar um certo desprestígio ao direito da *common law*, abrindo espaço para o surgimento de uma nova forma de solução dos conflitos. Desse modo, após a grande expansão da *common law,* sentida no século XIII, surge sistema rival, a *equity*, buscando solucionar as injustiças perpetradas pela *common law.* Criou-se, pois, uma forma de recorrer ao soberano quando a decisão dada pelos Tribunais de Westminster não satisfizesse as partes. Este recurso deveria ser apreciado pelo confessor do Rei, chamado Chanceler (Cousellor). Todavia, os casos excepcionais que deveriam ensejar tal recurso passaram a se tornar tão comuns que possibilitaram o desenvolvimento desta jurisdição paralela a ponto de gerar celeuma na justiça britânica. Esta foi resolvida através de pacto selado entre os Tribunais da *common lawe* a jurisdição do Chanceler, fazendo coexistir as duas formas de solução de conflitos no direito inglês.
>
> Por derradeiro, destaca-se o período moderno, marcado sobretudo pelas reformas do século XIX, e, também, pelo triunfo das idéias democráticas e influência de JEREMY BENTHAM. Nada obstante, a organização judiciária sofre profundas alterações nos anos de 1873-1875 pelos *Judicature Acts* que consolidaram o término da cisão entre os tribunais da *common Law* e da *equity*, cada qual podendo aplicar regras de uma ou outra jurisdição indistintamente.[14]

Diante das condições históricas do desenvolvimento, depreende-se que a jurisprudência foi a principal fonte irradiadora de normas do direito inglês.

No que se refere à experiência dos Estados Unidos, desde a época de sua colonização, vigora o sistema baseado no *case law.*

O direito norte americano também se desenvolveu com bases na *common law*, por terem sido os primeiros núcleos de povoamento dos Estados Unidos formados por ingleses. Todavia a opção pelo *judge made Law* sofreu uma resistência inicial, sendo superado após a percepção de que suas normas favoreciam a proteção das liberdades públicas contra o absolutismo real.

Por diversas razões, durante o século XVIII, o direito dos Estados Unidos distanciou-se da antiga tradição jurídica da Grã-Bretanha, entre elas o fato de ter sua estrutura constitucional assentada no federalismo e na rígida divisão de poderes, o que acarretou ao ordenamento jurídico norte-americano profundos contrastes em relação ao direito inglês.[15]

---

14. PORTO, doc cit.

15. CRUZ E TUCCI, José Rogério. Parâmetros de eficácia e critérios de interpretação do precedente judicial. *In:*WAMBIER, Teresa Arruda Alvim. *Direito Jurisprudencial.* São Paulo: Revista dos Tribunais, 2012, p.105.

O direito norte-americano, apesar de fragmentado, seguiu a experiência jurídica britânica até a promulgação da Constituição dos Estados Unidos em 1787, o que representou um marco no seu direito.

Quando da elaboração da Carta, nenhum dos membros da Convenção negou a manutenção do caráter de soberania aos treze estados norte-americanos.

Assim, o que se observa é que a Constituição norte-americana não emanou do povo, e sim, do pacto entre entidades soberanas. Dessa forma, conferiram ao Governo Central somente os poderes expressamente enumerados no instrumento constitucional, mantendo-se a autoridade não transferida ao Governo Federal com os próprios estados, o que faz com que o sistema constitucional americano se baseie numa divisão de poder entre o Governo Federal e os estados. Os poderes não concedidos aos Estados Unidos eram reservados aos estados.[16]

Contudo não se deve concluir que a autoridade federal na Constituição americana se limita ao que é expressamente concedido no instrumento político, tendo em vista que não descreve minuciosamente sua autoridade, o que faz com que possua não somente os poderes que lhe são especifica ou expressamente outorgados, como também os que são apropriados e necessários ao exercício efetivo dos poderes expressos. Poder enumerado não significa poder limitado.[17]

A divisão de poder entre Governo Federal e Governos estaduais estabelecidos pela Constituição Federal ficou reconhecida pela doutrina como federalismo dualista, cujos ocupantes governamentais se defrontam como autoridades absolutamente iguais.

Como a própria Constituição não se preocupou em definir os limites entre a autoridade federal e a estadual, a resolução dos conflitos entre as mesmas bem como a determinação da maioria dos casos constitucionais no sistema americano fica a cargo do Poder Judiciário.

> A simples leitura da Constituição, que foi elaborada no momento da criação do Estado norte-americano, em 1787, deixa evidente que se pretendeu dar ao Judiciário a condição de Poder do Estado, equivalente aos demais. Foi assegurada plena autonomia ao Poder Judiciário, com a possibilidade de atuação muito ampla, o que foi e tem sido intensamente aproveitado pelos juízes.[18]

Na visão de Schwartz, a consagração do Judiciário como verdadeiro Poder tornou-se definitiva com o julgamento do caso *Marbury vs. Madison*, em 1803, após voto magistral do então presidente da Corte, John Marshall, afirmando assim, a doutrina do amplo poder de controle judiciário sobre atos do Executivo e do Legislativo, através de interpretação das normas constitucionais, podendo até declarar nulos os atos dos demais Poderes julgados inconstitucionais.[19]

---

16. SCHWARTZ, Bernard. *Direito Constitucional Americano*. Forense: Rio de Janeiro,1955, p.47-49.
17. Idem,p.53-54.
18. DALLARI, Dalmo de Abreu. *O poder dos juízes*.2.ed.São Paulo: Saraiva, 2002, p.93.
19. SCHWARTZ. ob.cit, p.93-94.

É importante ressaltar que no sistema do *common law*, a lei não é a mais importante fonte, sendo também respeitadas como fontes a jurisprudência, a razão, o costume e a doutrina, tanto é assim que a marca caracterizadora deste sistema se dá no direito baseado, primordialmente, nos usos e costumes consagrados pelos precedentes firmados através das decisões dos tribunais.

> É assim, um Direito costumeiro-jurisprudencial, ao contrário do Direito continental europeu e latino-americano, filiado à tradição romanística, do Direito Romano medieval, no qual prevalece o processo legislativo como fonte de excelência das normas jurídicas.[20]

Ainda nesta toada, importante ponto característico do sistema da *common Law* é o da aplicabilidade da doutrina do *stare decisis* – decorrente de *stare decisis et non quieta movere* (cumprir as decisões e não criar distúrbio em relação a pontos já definidos).[21]

Trata-se de mecanismo onde as decisões proferidas pelos tribunais atuam como precedentes vinculantes relativamente às decisões de casos semelhantes.

Justifica-se comumente a presente doutrina através da igualdade, previsibilidade, economia e respeito. A aplicação da mesma regra a sucessivos casos similares resulta na inegável igualdade de tratamento entre os jurisdicionados, consistindo em obediência aos precedentes e ainda contribuindo para a previsibilidade diante de futuras demandas sobre a mesma questão.

No entanto, como bem lembra Marinoni[22], não há que se confundir *common law* com *stare decisis,* tendo em vista que a criação judicial do direito não constitui um pressuposto para aquele e que os costumes gerais que determinavam o comportamento dos *Englismen,* existiu, por vários séculos, sem *stare decisis* e *rule of precedent.*

Quando se diz que o juiz da *common law* cria o direito, não se está dizendo que sua decisão tem a mesma força e qualidade do produto elaborado pelo legislativo, porém se pode argumentar que por ter força obrigatória para os demais juízes constitui direito. O *common Law* considera o precedente como fonte de direito, o que não significa que o Judiciário tem o poder para criar o direito.[23]

---

20. REALE, Miguel. *Lições preliminares de direito.* 20.ed.São Paulo: Saraiva, 1993,p.97-98 (nota 1).

21. "De qualquer forma, com ou sem constituição e leis escritas, o ponto fulcral dos Direitos inglês e norte-americano (e dos demais sistemas de Direito que pertencem à mesma família) continua sendo a *doctrine of stare decisis.* Este é o elemento definidor que o distingue da tradição romano-germânica." RAMIRES, Maurício. *Crítica à aplicação de precedentes do Direito brasileiro.* Porto Alegre: Livraria do Advogado, 2010, p. 64.

22. MARINONI, Luiz Guilherme. *Precedentes obrigatórios.* São Paulo: Revista dos Tribunais, 2010, p.27,32.

23. Idem,p.38-39.

2.2.2 A *Civil Law*

No que se refere ao sistema da *civil law*, tem-se que o desencadeamento da Revolução Francesa foi responsável pelo desenvolvimento de um sistema jurídico novo, em que o ordenamento fosse claro e completo, a fim de evitar qualquer influência do sistema anterior e a abertura de espaço para que os juízes interpretassem a lei. Era necessário subordinar o poder do juiz à nova ordem jurídica traçada pelos representantes do povo.

Acreditava-se que com uma legislação clara e completa o juiz não necessitaria interpretar a lei, pois estaria pronta para a aplicação e a solução dos conflitos. Em caso de obscuridade ou falta de lei, o Legislativo deveria ser chamado para realizar a interpretação autorizada.

> Sendo assim, o civil law pode ser caracterizado pelo maior valor dado ao processo legislativo frente às demais fontes de direito, acentuando-se após a Revolução Francesa, momento em que a lei escrita passou a ser considerada como a única expressão autêntica por parte da nação, desenvolvida por meio da vontade geral da população.[24]

A codificação, no entanto, não pode, *de per si*, explicar a distinção entre o common Law e o *civil law*, até mesmo porque a produção legislativa nos países que adotam a *common law* ocorre em relevante escala.

Em verdade, o que diferencia os sistemas em destaque não é a Codificação ou a "completude" da legislação, e sim, significativamente, o que se atribui aos Códigos e à função que o juiz exerce ao considerá-los.

Ao realizar-se a análise do comportamento dos magistrados submetidos ao sistema do *civil law*, na atualidade, o que se percebe é que diante das lacunas existentes na legislação, acaba ele por criar direitos, mas diferentemente dos juízes da *common law*, não se submete aquele magistrado às suas próprias decisões em casos futuros, casos estes que, muitas vezes, que se assemelham àquele anteriormente por ele julgado, levando-se, inegavelmente, a um intenso grau de incerteza jurídica bem como acentuada ausência de isonomia.

Enquanto a *common law* evoluiu, possibilitando condições à realização da segurança jurídica aos seus jurisdicionados através do respeito às decisões pretéritas através da força vinculante atribuída a elas, o *civil law*, sob os ideais da Revolução Francesa, prendeu-se à codificação, de modo a não dar espaço à interpretação ou criação.

Contudo a concepção dogmática de que o direito se restringe ao produto do legislativo, baseada na ideologia da Revolução Francesa e no dogma de Monstesquieu da estrita separação dos poderes, não sobreviveu aos fatos his-

---

24. OLIVEIRA, Rodrigo de. *Evolução histórica dos precedentes nos sistemas de common law e civil law*. Disponível em: <http://www.tex.pro.br/home/artigos/175-artigos-set-2013/4794-evolucao-historica-dos-precedentes-judiciais-nos-sistemas-de-common-law-e-civil-law-1. Acesso em 26.09.2015.

tóricos, à conformação diversificada dos sistemas jurídicos do vários países do *civil law* e ao advento do constitucionalismo.[25]

O respeito à Constituição como lei maior do Estado passou a ser adotado a partir do momento em que se verificou que leis poderiam ser criadas de modo contrário aos interesses da população e aos princípios da justiça. Sentiu-se, então, a necessidade de introduzir os princípios nas Constituições a fim de que fossem resguardados, uma vez que, desse modo, passavam a estar acobertados pelo manto da rigidez, tendo em vista que a Constituição não pode ser modificada por lei ordinária.

Nesse ponto, possível é perceber uma aproximação dos sistemas em estudo, pois ao estar adstrito aos preceitos constitucionais, o juiz da *civil law*, ao interpretar a lei para aplicá-la, aproxima-se do juiz da *common law*.

A evolução do *civil law*, fundando-se no constitucionalismo, aproxima os dois sistemas, pois que aos órgão julgadores foi dada função similar ao Poder judicante da *common law*, este que consiste no controle da lei a partir da Constituição.

2.3 TEORIA DOS PRECEDENTES

2.3.1 CONCEITO

A denominação de Precedente, ainda que não se traduza, efetivamente, no pressuposto conceitual e interpretativo do que se pode compreender como tal,[26] se pauta na relevância de se zelar pela igualdade de tratamento em face das decisões judiciais dentro de um Estado Constitucional, pois

---

25. No mesmo sentido, MARINONI,ob.cit.,p. 41-42.

26. GAIO JÚNIOR, Antônio Pereira. O Conceito de Precedentes no Novo CPC. Disponível em: <http://portalprocessual.com/o-conceito-de-precedentes-no-novo-cpc/>.

É de se destacar que o conceito de Precedente bem como a definição de sua força vinculante, são pontos centrais para o seu funcionamento (cf. MELLO, Patrícia Perrone Campos. Ob. cit., p. 166-117). No entanto, fato é que sobre o próprio significado de precedente, ou seja, sua definição assume verdadeira imprecisão ou certo grau de indeterminação.

Conforme leciona Henry Paul Monaghan (Stare Decisis and Constitucional Adjudication.*In*: *Columbia. Law Review*, New York, Vol.88, n.4,May, 1988, p.763):

"The meaning of precedent-the definitional problem – assumed obvious importance in English law given the long refusal of the House of Lords to overrule its precedents. And not surprisingly, in the common-law context divergent concepts have been advanced."

Em sintonia com dita afirmativa, Marcelo Souza (SOUZA, Marcelo Alves Dias de. *Do Precedente Judicial à Súmula Vinculante*. Curitiba: Juruá, 2006, p.125) assenta que excetuando alguns pontos onde há certa concordância, "a doutrina diverge- e muito- na definição do que seja *ratio decidendi* e na escolha do método mais eficaz de identificá-la no bojo de um precedente judicial".

No entanto, há de se reconhecer a necessária força do precedente para fazer valer, efetivamente, a aplicabilidade do princípio básico da isonomia perante as decisões judiciais, de modo a termos tratamento racional nas mesmas, em respeito às matérias de direito já julgadas para casos iguais ou similares.

que nada nega tanto a igualdade quanto dar a quem já teve um direito violado ou sofre iminente ameaça de tê-lo, uma decisão em desacordo com o padrão de racionalidade já definido pelo Poder Judicante em querelas verdadeiramente idênticas.[27] Portanto, *"és um principio básico de La administración de justicia que los casos similares deben ser decididos de manera similar."*[28]

Nisso, em sentido amplo, a decisão de um caso tomada anteriormente pelo Poder Judiciário constitui, para os casos a ele idênticos, um Precedente Judicial.[29]

Assim se observa de forma nítida e sem maiores esforços que o Precedente Judicial existe, invariavelmente, em qualquer sistema jurídico.

Lado outro, em sentido específico, deveras relacionados a um determinado ordenamento jurídico, Precedente Judicial pode ser considerado como a própria norma jurídica criada por decisão judicial, ou seja, a tese jurídica que se coloca como parâmetro decisório para posteriores casos idênticos.[30]

Contudo, há de se observar que o que difere as amplas conotações dos Precedentes em dado ambiente são seus atributos, i.e., seu poder meramente declarativo ou criativo, seu caráter obrigatório ou tão somente persuasivo, e então, é nestes aspectos que se pautam os contornos atribuídos a ele em um determinado sistema jurídico.

2.3.2. CLASSIFICAÇÃO

Podem os Precedentes Judiciais ser classificados nos seguintes termos:

a) Precedentes Declarativos e Precedentes Criativos;

b) Precedentes Persuasivos e Precedentes (absoluta ou relativamente) Obrigatórios.

Nisso, em relevante consideração sobre as variadas formas de como o precedente atua, Cross e Harris, apontam que *"puede ser simplementeuma certainclinación a repetir lo que otroshanhecho antes, o puede ser el resultado de uma obligación positiva impuesta a losjueces de acuerdo com lacuallosmismosdeben seguir lasdecisiones previas em ausência de uma justificación para separarse de ellas."* (CROSS, Rupert; HARRIS, J.W. *El precedente em elDerecho Inglês.* Madrid: Marcial Pons, 2012, p.23).

27. No mesmo sentido, MARINONI, Luiz Guilherme. *O STJ enquanto corte de precedentes.* 2 ed. São Paulo: RT, 2014, p.164.

28. CROSS, Rupert; HARRIS, J.W. Ob.cit., p.23.

29. Cf., igualmente, MARINONI, Luiz Guilherme. Precedentes Obrigatórios. São Paulo: RT, 2010, p.2016; TUCCI, José Rogério Cruz e. Parâmetros de eficácia e critérios de interpretação do Precedente Judicial. *In*: WAMBIER, Teresa Arruda Alvim et. al (Coord.) *Direito Jurisprudencial.* São Paulo: RT, 2012, p.98.

30. Em mesma sintonia, confira CRAMER, Ronaldo. *Precedentes Judiciais. Teoria e Dinâmica.* Rio de Janeiro: Forense, 2016, p.77.

- Precedentes Declarativos e Precedentes Criativos:

Denomina-se declarativo o precedente que tão somente reconhece e aplica uma norma jurídica já existente, ao passo que o precedente criativo se traduz naquele que cria e aplica uma nova norma jurídica.

Assim, entende-se que no primeiro caso (precedente declarativo), a norma é aplicada porque já constitui Direito, enquanto que no segundo (precedente criativo), a norma se transforma em Direito para o futuro, pois que é agora aplicada.[31]

Vale notar ainda que o precedente declarativo, sobretudo, nos sistemas jurídicos onde a imensa maioria das questões já se encontra regulada por atos do Legislativo ou mesmo por decisões judiciais anteriores, se vê em prática mais comum, restando às decisões judiciais novas apenas declarar dito Direito preexistente.

Por outro lado, os precedentes criativos possuem uma importância ímpar, já que procuram criar o Direito onde ele ainda não existia, não obstante serem menos frequentes nos mais variados sistemas jurídicos.

Não obstante as particularidades, ambos os precedentes são fontes do Direito, cada qual dentro de suas peculiaridades aplicativas.

- Precedentes Persuasivos e Precedentes (absoluta ou relativamente) Obrigatórios[32]

Quanto à classificação dos Procedentes em Persuasivos e Obrigatórios, a questão está em identificar qual o seu grau de autoridade, ou seja, a que ponto um determinado precedente influencia a decisão judicial de um respectivo caso semelhante.

É muito comum a classificação dos precedentes em persuasivos, relativamente obrigatórios e absolutamente obrigatórios.

Considera-se *persuasivo* o precedente quando o juiz de determinada demanda não se vê obrigado a segui-lo. Nisso, se tem por bem segui-lo, significa que está convencido de que o mesmo ali se aplica, estando certo, portanto, de sua significativa aplicabilidade ao caso em questão.

Insta destacar que o grau de convencimento de um precedente persuasivo, além de seu acertamento ao caso em concreto, depende de vários outros fatores, tais como: a posição do tribunal que proferiu a decisão na hierarquia do Poder Judiciário, o prestígio do Juiz condutor da decisão, a data da decisão, se foi unânime ou não, a boa fundamentação, dentre outros.

---

31. SESMA, Victoria Iturralde. *El precedente em el commom law*. Madri: Civitas, 1995, p. 231.

32. Observa-se que a qualificação de um precedente como persuasivo, relativamente obrigatório ou absolutamente obrigatório, para cada caso a ser julgado, depende de fatores extrínsecos, tais como a hierarquia entre os tribunais do precedente e do julgamento e a real semelhança entre os dois casos, dentre outros, razão pela qual alguns autores, optam por não entenderem da utilidade na divisão em absoluto ou relativamente obrigatórios, reconhecendo apenas a existência de dois tipos de precedentes: obrigatório (verdadeiro precedente) e persuasivo.

Quanto ao denominado *precedente relativamente obrigatório*, este se dá quando o órgão judicial tem o poder de afastá-lo, desde que existam, verdadeiramente, fundadas razões para tanto.

Neste caso, a proposição prevista no precedente é tão incorreta que, no interesse da administração da Justiça, deve ser rejeitada.

Conforme sustenta Victoria Sesma[33], um precedente pode ser considerado incorreto, deixando aí de ser aplicado, diante das seguintes ocorrências:

> Quando é contrário ao Direito e quando é contrário à razão. É contrário ao Direito quando já existe uma norma jurídica estabelecida sobre o ponto em questão e o precedente não se conforma com ela. O segundo caso (ser contrário à razão) acontece quando não há Direito declarado que possa ser seguido e os tribunais podem fazer o Direito para essa ocasião. Ao fazê-lo, a sua obrigação é seguir a razão e, na medida em que errarem ao fazê-lo, suas decisões são incorretas e os princípios estabelecidos nela têm o caráter de autoridade defeituosa.

Por fim, no que se refere ao *precedente absolutamente obrigatório* (também tido como coercitivo), considera-se este como o que deve ser seguido, ainda que o órgão judicial do caso a ser julgado e vinculado a aplicá-lo, o considere incorreto ou irracional. Atém-se ao precedente judicial e não se move o que está quieto, justificando em tudo o brocardo no *stare decisis* (*stare decisis et non quieta movere*).

Insta destacar ainda a possibilidade de um específico precedente ser obrigatório para um determinado caso e persuasivo para outro. Nisso, temos como exemplo a situação em que o precedente de uma determinada corte obriga as cortes inferiores a ela, mas não as superiores.

2.3.3 *Ratio decidendi. Obter dictum*

Para Tucci[34] e a nosso ver, com acerto, a ***Ratio Decidendi*** ou ***Holding***, *"é a tese jurídica suficiente a decidir o caso concreto (rule of law), e não a parte dispositiva da decisão, que produz eficácia vinculante e que deve nortear a interpretação judicial em momento posterior."*

Nestes termos, trata-se daquilo que deve ser considerado como a força matriz para a efetiva decisão, as razões de decidir, ou seja, as razões de direito que podem ser consideradas para fins de fundamentação do *decisum*.[35]

---

33. Ibidem.

34. CRUZ E TUCCI. ob.cit.,p.100-101.

35. No mesmo sentido, ver LIMA, Tiago Asfor Rocha. *Precedentes judiciais civis no Brasil.* São Paulo: Saraiva, 2013, p. 171-172.
Dentro da mesma questão, importa reproduzir o que já fora assentado em notas anteriores, agora sob a temática da *ratio decidendi*, onde vale acentuar que, excetuando-se alguns pontos onde há certa concordância, "a doutrina diverge- e muito- na definição do que seja *ratio decidendi* e na

No que toca a ***Obter Dictum***, sua indicação não é em tudo, de fácil acepção, dado o seu atrelamento com a *ratio decidendi*. Todavia prevalece o entendimento de que seria ela relativa às questões secundárias, discutidas para se formar a *ratio*. Pode se apresentar de diversas formas, *v.g.*, aquelas não necessárias ao resultado da decisão ou as que são dirigidas a um ponto que nenhuma das partes buscou atingir, daí são questões que, de fato, não estão sendo decididas ou sobre as quais a Corte não foi chamada a decidir, mas que para chegar a *ratio* necessita passar pelas mesmas.[36]

Por tudo, são conteúdos mencionados no corpo de uma decisão judicial, mas que não são consideradas pelo juiz quando de sua atividade cognitiva, i.e., reflexões que fazem parte do raciocínio do julgador, mas que não podem ser consideradas isoladamente, como justificativa para a conclusão judicial. São elementos que servem de reforço argumentativo.[37]

Dito isso, para melhor compreensão, poderíamos assentar o seguinte exemplo:

O art. 53 do Código de Defesa do Consumidor impede que, nos contratos de compra e venda de imóveis, seja estabelecida a perda total das prestações em benefício do credor, caso haja inadimplemento do adquirente. Num contrato celebrado no ano de 1988 houve inadimplemento por parte do compromissário comprador. A construtora pleiteia em juízo a resolução do contrato e a perda das prestações que o adquirente moroso desembolsou até então. Questão relevante, no caso *sub judice*, é saber se o Código de Defesa do Consumidor incide nos contratos celebrados antes do seu advento. O tribunal afirma que, veiculando normas de ordem pública, a Lei Federal n. 8.078/1990 pode reger negócios pretéritos. E vai além, frisando que, mesmo que se entendesse inaplicável o Código de Defesa do Consumidor em face de anterioridade do compromisso, a perda das prestações teria natureza penal compensatória, havendo lugar para a redução a que alude o art. 413 do Código Civil.

Supondo estarmos em um sistema de precedentes, apenas a tese da efetiva aplicabilidade do Código do Consumidor aos contratos pretéritos seria obrigatória. A *ratio decidendi* seria: veiculando normas de ordem pública, a Lei Federal 8.078/1990 incide em negócios celebrados antes do seu advento. A aplicabilidade do art. 413 do CC foi afirmada *de passagem*, apenas para enriquecer a fundamentação e demonstrar que, ainda que não se aplicasse o Código de Defesa do Consumidor, estaria afastada a possibilidade de perda integral das prestações; seria, *in casu*, um *obiter dictum*.[38]

---

escolha do método mais eficaz de identificá-la no bojo e um precedente judicial". (SOUZA, Marcelo Alves Dias de. Ob. cit., p. 125).

36. Os pronunciamentos que dizem respeito a pedido não formulado e a causa de pedir não invocada são, para Marinoni, inegavelmente, *obter dicta*. Cf. MARINONI, *Precedentes...*, p. 279.

37. Em mesma sintonia, ver LIMA, ob.cit.,p.171.

38. Cf. MUSCARI, Marco Antônio Botto. *Súmula vinculante*. São Paulo: Juarez de Oliveira, 1999, p. 82-83.

2.3.4 TÉCNICAS DE CONFRONTO E DE SUPERAÇÃO DOS PRECEDENTES

Dentre as técnicas de confronto tem-se o ***distinguishing***.

Os precedentes, muito embora devam ter caráter universalizante, em casos distintos devem receber tratamento diferenciado. Este é realizado através da técnica da distinção do caso sob julgamento, o que permite o desenvolvimento do direito mediante a elaboração de novos precedentes que abarcam particularidades distintas.[39]

Essa técnica é denominada *distinguishing* (método de confronto), sendo por meio desta que se faz a distinção entre os casos para efeito de se subordinar, ou não, o caso sob julgamento a um precedente. Para isso, é necessário que se faça a identificação da *ratio decidendi* do precedente, bem como sua delimitação. Raciocina-se do particular para o geral.

Não basta ao juiz apontar fatos diferentes sob o argumento de realizar a *distinguishing;* cabe-lhe, sim, argumentar para demonstrar que a distinção é material e que, portanto, há justificativa para não se aplicar o precedente.[40]

Isso não dá ao juiz ou ao tribunal o poder de manipular o precedente, como se pudesse deixar de aplicá-lo quando isso lhe conviesse. O fato de os juízes terem o poder de distinguir não significa que podem negar os precedentes quando lhes for conveniente.[41]

A não aplicação do precedente pelo *distinguishing* não significa que o precedente está equivocado ou deve ser revogado, significa apenas que é *inapplicable law*.[42]

Importante se faz aqui a menção à técnica do *sinaling*.

É que em determinados sistemas jurídicos de precedentes vinculativos, *ex vi* dos Estados Unidos da América, verifica-se a utilização de técnicas de distinção e superação do precedente situadas entre o *distinguishing* e o *overruling,* este último que se verá a seguir.

A função do *sinaling*, cinge-se a preparar os casos de superação de precedentes quando o órgão julgador admite tal necessidade em questão, no entanto, entende da indispensabilidade de respectiva preparação da sociedade para receber um novo comando vinculante, prestigiando neste caso a confiança do jurisdicionado para com o precedente entendido como já não mais aderente.[43]

---

39. MARINONI,Luiz Guilherme.*O STJ ...*, p. 138-139.
40. MARINONI, *Precedentes ...*,p. 327.
41. MARINONI, *O STJ ...*, p. 139.
42. MARINONI. *Precedentes ...*, p. 327.
43. Enunciado n.320 do FPPC: "Os tribunais poderão sinalizar aos jurisdicionados sobre a possibilidade de mudança de entendimento da corte, com a eventual superação ou a criação de exceções ao precedente para casos futuros."

Bem por isso, não modifica imediatamente o seu posicionamento frente àquele precedente, entretanto sinaliza que o fará em um futuro próximo.[44]

De tudo, em respeito à dita confiança e ainda à segurança jurídica, o órgão julgador aplica a interpretação do julgado anterior e deixa de revogá-la, preferindo apontar para a sua perda de consistência, sinalizando para sua futura revogação.

Como técnicas de superação, pode-se citar:

a) *overriding* → este que não se confunde com o *overruling,* apenas limita ou restringe a incidência do precedente, aproximando-se, de uma revogação parcial, sendo então, a necessidade de compatibilização do precedente com um entendimento posteriormente formado.

b) *overruling* → trata-se da revogação de um precedente. No entanto, para que se possa realizar o *overruling*, deve-se fazer a adequada confrontação entre os requisitos básicos, ou seja, a perda da congruência social e o surgimento de inconsistência sistêmica, além dos critérios que ditam as razões para a estabilidade ou para a preservação do precedente – basicamente, a confiança justificada e a prevenção contra a surpresa injusta.

Para a alteração, não basta uma nova compreensão "pessoal" da questão de direito, deve ocorrer uma alteração da compreensão do direito na comunidade jurídica, de modo que não restem dúvidas de que a tese de direito embutida no precedente não é mais admissível. Importante salientar que não é suficiente que a maioria dos julgadores tenha entendimento diverso; o ônus de argumentar recai sobre a compreensão geral acerca do direito ter se alterado. Pode ainda ocorrer a revogação em caso de erro ou equívoco.

Conforme bem assevera Marinoni:

> A revogação do precedente, fora das hipóteses de modificação das proposições sociais- em que o ônus argumentativo recai sobre o impacto dos novos fatos sociais-, exige i) argumentação capaz de demonstrar uma nova concepção geral acerca do direito ou ii) argumentação hábil a demonstrar que o precedente contém um verdadeiro "erro".[45]

Além dos modelos de superação do Precedente, a Corte pode realizar ainda a denominada *transformation*, que é a transformação ou a reconfiguração do precedente sem revogá-lo, ou seja, uma nova atribuição de sentido ao direito, operando-se a modificação do Precedente para a sua aplicação ou não ou não ao caso em exame.[46]

---

44. PEIXOTO, Ravi. *Superação do Precedente e Segurança Jurídica.* 3 ed. Salvador: Jus Podivm, 2018, p.258.
45. MARINONI. *O STJ ...*, p. 142.
46. EISENBERG, Melvin Aron. *The nature of common law.* Cambridge: Havard University Press, 1998, p.133.

Com relação à superação do Precedente no tempo, temos ainda a seguinte distinção:[47]

a) ***retrospective overruling*** → quando a revogação opera efeitos *ex tunc*, isto é, a decisão anterior, que fora substituída, não pode ser invocada como paradigma para casos pretéritos que aguardam julgamento;

b) ***prospective overruling*** → o precedente é revogado com eficácia *ex nunc*, ou seja, aplica-se somente aos casos sucessivos, o que significa que a *ratio decidendi* substituída continua a ser aplicada como precedente vinculante aos fatos anteriormente ocorridos;

c) ***antecipatory overruling*** → é a revogação preventiva pelos tribunais inferiores sob o fundamento de que não mais constitui *good law*, por já ter sido assim reconhecido pelo próprio tribunal *ad quem*.

2.4. ANÁLISE DO SISTEMA BRASILEIRO FRENTE AOS PRECEDENTES

Foi com base no modelo americano que a Constituição brasileira de 1891 adotou o federalismo e o presidencialismo, bem como deu aos juízes o poder de declarar a inconstitucionalidade dos diplomas legislativos e dos atos executivos, tendo em vista que no topo do poder, ao lado do Presidente e do Congresso, apontava-se como a mais original das instituições americanas, garantidora, através do gênio de seus juízes, da adaptação da Constituição às novas realidades em perpétua mudança, a Corte Suprema, esta que serviu de paradigma ao Supremo Tribunal Federal brasileiro.[48]

Com fundamento no modelo norte-americano é que desde o advento da República adota-se no Brasil o controle difuso, por via incidental, outorgando-se competência a qualquer órgão do Poder Judiciário para conhecer a questão da inconstitucionalidade.

Por controle difuso ou aberto entende-se o controle de constitucionalidade que pode ser exercido, de forma incidental, por qualquer juiz ou tribunal, dentro do âmbito de sua competência, tendo como finalidade a proteção dos direitos subjetivos.

Através do controle difuso faz-se a análise na fundação da decisão de uma questão incidental, podendo, então, ser a inconstitucionalidade reconhecida até mesmo de ofício, ou seja, sem provocação das partes.

Além do controle difuso, adota-se também, no Brasil, o controle concentrado introduzido na Constituição brasileira de 1946 através da emenda Constitucional 16/1965.

47. CRUZ E TUCCI. ob.cit.,p. 109.

48. RODRIGUES, Leda Boechat. *A Corte de Warren*. Rio de Janeiro: Civilização Brasileira, 1991, p. 12.

O controle concentrado é exercido de forma abstrata, tendo por finalidade precípua a defesa da ordem constitucional objetiva e pode ser exercido, entre outros, através dos seguintes mecanismos: Ação Direta de Inconstitucionalidade (ADI); Ação Declaratória de Constitucionalidade (ADC) e Arguição de Descumprimento de Preceito Fundamental (ADPF).

Por se tratar de controle concentrado, a competência para processar e julgar essas ações quando o parâmetro for a Constituição da República, é reservada ao Supremo Tribunal Federal.[49]

Diferentemente do controle difuso, no controle concentrado não há, propriamente, partes, o que urge a necessidade da indicação de legitimados ativos, através de previsão legal (artigo 103 da Constituição Federal de 1988), para a propositura da ação.

A lei n. 9.868 de 1999 foi que regulamentou o processo e julgamento da ação direta de inconstitucionalidade e da ação declaratória de constitucionalidade perante o Supremo Tribunal Federal.

> Esse diploma legal acabou ampliando de modo expressivo a eficácia vinculante dos precedentes do STF no tocante ao controle direto de constitucionalidade das leis. Abriu-se assim, a passos largos, o caminho para a adoção do precedente judicial com força vinculante (...).[50]

a) **ADI e a ADC →** têm os mesmos legitimados, bem como o mesmo parâmetro de controle, diferenciando-se no aspecto espacial, tendo em vista ser o objeto da ADC mais restrito que o da ADI, pois esta pode ter como objeto lei ou ato normativo federal ou estadual, enquanto aquela apenas federal.

Diferem-se ainda, no procedimento, por ser o da ADC mais simplificado e quanto aos requisitos formais exigidos para a petição inicial, sendo a indicação de existência de controvérsia judicial relevante (art.14, III da Lei n. 9.868/1999), o único diverso dos exigidos para a ADI (art. 3º da Lei n. 9.868/1999).

> A ADI e a ADC são ações de *mesma natureza*. Por *terem* um caráter dúplice ou ambivalente, no caso de uma mesma norma federal ser, simultaneamente objeto de ambas as ações, estas deverão ser julgadas conjuntamente, uma vez que a diferença será apenas em relação ao resultado, o qual terá um "sinal trocado": procedente/improcedente (Lei 9868/1999, art. 24). Com exceção do *sentido inverso*, os efeitos produzidos pela decisão proferida na ADI serão exatamente os mesmos (...) na ADI.[51]

b) **ADPF →** no que se refere ao processo e julgamento admite-se a aplicação, por analogia, das regras contidas na Lei n. 9.868/1999. Possui caráter

---

49. No mesmo sentido, NOVELINO, Marcelo. *Manual de direito constitucional*. 9.ed. Rio de Janeiro: Forense; São Paulo: Método, 2014, p. 264.

50. CRUZ E TUCCI. Ob.cit., p. 121.

51. NOVELINO. Ob. cit., p. 307.

subsidiário, ou seja, é cabível apenas quando não há outro meio capaz de sanar a lesividade (art. 4º, §1º da Lei n. 9.882/1999) com a mesma efetividade, imediaticidade e amplitude, podendo existir outros meios para afastar sua aplicação, como, por exemplo, o procedimento para interpretação, cancelamento, revisão de súmula vinculante (Lei n. 11.417/2006).

Para o cabimento da ADPF, o parâmetro constitucional violado deve ser um preceito fundamental (art. 1º, *caput* da Lei n.11.417/2006), ou seja, uma norma constitucional (princípio ou regra) imprescindível para preservar a identidade da Constituição, o regime por ela adotado ou ainda que consagre um direito fundamental.

Podem ser entendidos como preceitos fundamentais os princípios fundamentais; direitos e garantias fundamentais; princípios constitucionais sensíveis (art. 34, VII da CF/88) e as cláusulas pétreas.

Nota-se, conforme já expresso em linhas anteriores que o sistema constitucional brasileiro é composto por um controle jurisdicional misto, o que permite que o controle de constitucionalidade possa se dar por via de ação direta dirigida ao Supremo Tribunal Federal (STF), portanto, de forma concentrada ou no curso de qualquer demanda voltada para a solução de um caso concreto que envolva situação conflituosa.

> Cumpre ainda acrescentar que a Lei 9882/1999, que regulamentou o processo e julgamento da arguição de descumprimento de preceito fundamental, seguindo a mesma diretriz dos já aludidos mecanismos de controle direto da constitucionalidade da lei, determina no art. 10,§3º, que, no caso de procedência do pedido: "a decisão terá eficácia contra todos e efeito vinculante relativamente aos demais órgãos do Poder Público."
>
> Não há dúvida, outrossim, de que a força vinculante *erga omnes*, supra referenciada, acentua o caráter de fonte de direito dos precedentes judiciais do STF.[52]

Diante deste quadro, Tucci bem pontuou que o direito brasileiro (até então) adotava, um modelo misto quanto à eficácia dos precedentes judiciais.[53]

---

52. CRUZ E TUCCI. Ob. cit., p. 122.

53. Idem, p. 112-118.
Podiam ser classificados em:
- *Precedentes com eficácia meramente persuasiva*: aqueles que constituem valioso subsídio a auxiliar na hermenêutica dos casos concretos, muito embora desprovidos de força vinculante. Para exemplificar tal hipótese, ilustrava o autor naquele momento como exemplo as súmulas do STJ (Superior Tribunal de Justiça) que proporcionavam maior estabilidade ao direito e facilitavam o exercício profissional do advogado, mas despidas de eficácia normativa.
Destaca-se, como veremos mais adiante no corpo na nossa obra, que os enunciados das súmulas do Superior Tribunal de Justiça em matéria infraconstitucional e do Supremo Tribunal Federal em matéria constitucional constituem hoje em precedentes com eficácia vinculante no CPC/2015, *ex vi* do art. 927, IV.

Fato é que no sistema brasileiro, notava-se até antes do advento do CPC/2015 a existência de um grande número de súmulas editadas, mas não respeitadas pelos órgãos de hierarquia inferior, o que acabava por gerar instabilidade, insegurança jurídica, bem como agredida se fazia a isonomia prometida pela Constituição, além da ocorrência de certa provocação desnecessária do Serviço Público da justiça e perda de tempo, redundando em notório desrespeito para com a sempre pretendida celeridade e a economia processual. Diante desse quadro, tem-se que o respeito aos precedentes confere aos jurisdicionados a estabilidade da interpretação jurídica.

Em verdade, o Poder Judiciário deve se preocupar com a uniformização de suas decisões de modo a que o jurisdicionado possa desenvolver suas atividades pautado em condutas constitucionais.[54]

Aqui, é preciso bem frisar que *stare decisis* não se confunde com coisa julgada. Esta garante às partes a imutabilidade da decisão, enquanto aquele tem o significado de manutenção do que foi decidido, servindo de base para decisões futuras, por fornecer linhas reguladoras a serem aplicadas em outros casos submetidos a julgamento.

Tratar da mesma forma casos similares é algo fundamental para a estabilidade do poder e para a manutenção da segurança necessária ao desenvolvimento das relações sociais. As decisões não podem ser incompreensíveis ou destituídas de significado claro pela mera razão de que o jurisdicionado precisa de parâmetros para definir seu comportamento.

É diante desse cenário que se vislumbra a segurança jurídica almejada por um Estado que se diz Constitucional de Direito, onde as premissas da estabilidade, previsibilidade e continuidade da ordem jurídica são preceitos essenciais.

Assim, no modelo atual teremos como exemplo de "Precedentes com eficácia meramente persuasiva" as súmulas dos TJs e TRFs para com os Tribunais Superiores.

- *Precedentes com relativa eficácia vinculante*: esses podiam ser extraídos do instituto da uniformização da jurisprudência, cuja instauração não constituía uma faculdade, mas sim, dever do juiz. Esse incidente tinha por finalidade provocar o prévio pronunciamento do tribunal acerca da interpretação de determinada tese ou norma jurídica quando a seu respeito ocorresse divergência.
- *Precedentes com eficácia vinculante*: no Brasil, até então possuíam eficácia vinculante as decisões do Supremo Tribunal Federal em controle concentrado de constitucionalidade; os enunciados de súmula vinculante, e ainda as decisões proferidas no incidente de processos repetitivos, estes em sede de Recurso Extraordinário e Especial.

Importante observar aqui que, mais adiante, no próprio corpo da nossa obra, notaremos o alargamento de tais "Precedentes com eficácia vinculante", a partir de um maior número de casuísmos reconhecidos como de necessária observância pelos juízes e tribunais, tudo por força do art. 927 do CPC e seus incisos.

54. Aliás, sempre viva a lição do Min. Sálvio de Figueiredo Teixeira ao proferir o voto condutor no julgamento do Recurso Especial n. 14.945-0- MG, concluindo ele que "não se justifica que os órgãos julgadores se mantenham renitentes à jurisprudência sumulada, cujo escopo, dentro do sistema jurídico, é alcançar a exegese que dê certeza aos jurisdicionados em temas polêmicos, uma vez que ninguém ficará seguro de seu direito ante jurisprudência incerta". STJ, 4ª Turma, *DJU* de 13.04.1992.

> (...) a previsibilidade das consequências oriundas da prática de conduta ou ato pressupõe univocidade em relação à qualificação das situações jurídicas, o que torna esses elementos indissociavelmente ligados.(...) E isso se aplica tanto à legislação quanto à produção judicial, embora ainda não haja, na prática dos tribunais brasileiros, qualquer preocupação com a estabilidade das decisões. Frise-se que a uniformidade na interpretação e na aplicação do direito é um requisito indispensável.[55]

Possível, então, notar que o sistema jurídico brasileiro mostra-se ainda privado de efetividade, uma vez que não é capaz de permitir previsões e qualificações jurídicas unívocas. Exemplo claro pode ser encontrado no Superior Tribunal de Justiça, cujas decisões, por diversas vezes, são desrespeitadas dentro da própria Corte.

> No Brasil, (...) ainda se pensa que o juiz tem poder para realizar a sua "justiça" e não para colaborar com o exercício do dever estatal de prestar a adequada tutela jurisdicional, para o que é imprescindível a estabilidade das decisões.
>
> Respeitar precedentes não significa torná-los imutáveis. Ao contrário, a ideia de respeito aos precedentes traz em si a possibilidade de sua revogação. O precedente deve ser modificado diante da alteração de valores e de circunstancias, derivadas da evolução da sociedade e do avanço da tecnologia, assim como quando se constata a partir de robusta fundamentação, que ele se fundamentou em equívoco.
>
> Nessa perspectiva é conhecida a técnica do *distinguished*, imposta pela teoria da compreensão e da utilização dos precedentes no âmbito do *common law*. Basicamente, *distinguishing* é o que fazem os juízes do *common law* quando realizam a distinção entre um caso e outro. Para tanto, como é óbvio, é necessário entender o precedente, separando a sua *ratio decidendi* de tudo aquilo que nele é *obter dicta*. Fazem parte da *ratio decidendi* os fatos materialmente relevantes para a decisão, enquanto os fatos irrelevantes são ditos *obter dicta. (...).*[56]

As razões de decidir ou os fundamentos da decisão, no que tange aos precedentes, não dizem respeito apenas às partes, diferentemente do que ocorre com a coisa julgada material no sistema da *civil law*. Nesses casos, a decisão é válida apenas para as partes que participaram daquela relação jurídica, diferente do que ocorre com os precedentes que são utilizados para situações futuras que se assemelham a uma que já fora decidida anteriormente e que possuem as mesmas razões de decisão, muito embora o fato seja diferente.

O significado de um precedente está, essencialmente, em sua fundamentação, por isso, não basta focar os olhos apenas para a parte dispositiva de uma sentença ou acórdão, como ocorre na coisa julgada material.

---

55. MARINONI. *O STJ...*, p.123-124
56. Idem, pp. 131, 186, 191.

A *ratio decidendi* não tem correspondente no processo civil brasileiro adotado, pois não se confunde com a fundamentação ou com a parte dispositiva, é algo externo a ambos. Também não é a lei a *ratio*, mas sim o que a Corte afirma como a interpretação correta da lei.

Nestes termos, assevera Tucci no sentido de que a *ratio decidendi*

> constitui a essência da tese jurídica suficiente para decidir o caso concreto (*rule of law*). É esse regra de direito (e, jamais de fato) que vincula os julgamentos futuros *inter alia*.
>
> Sob o aspecto analítico, três são os elementos que a integram:(a) a indicação dos fatos relevantes (*statement of material facts*); (b) o raciocínio lógico-jurídico da decisão (*legal reasoning*); e (c) o juízo decisório (*judgement*).
>
> Cumpre esclarecer que a *ratio decidendi* não é pontuada ou individuada pelo órgão julgador que profere a decisão. Cabe aos juízes, em momento posterior, ao examinarem-na como precedente, extrair a "norma legal" (abstraindo-a do caso) que poderá ou não incidir na situação concreta.
>
> (...)
>
> A *ratio decidendi* encerra uma escolha, uma opção hermenêutica de cunho universal.[57]

Para os operadores americanos, o precedente terá força obrigatória pan-processual quando possuir um grau de generalização em relação ao próprio julgado.[58]

As questões que são discutidas pelos julgadores, mas que não foram arguidas pelas partes, são consideradas *obter dictum*. É a passagem da motivação do julgamento que contém a argumentação marginal ou simples opinião, prescindível para o deslinde da controvérsia, não podendo ser invocado como precedente vinculante em caso análogo, mas sim, utilizado como argumento de persuasão.[59]

É bem verdade que a *obter dictum*, a despeito de não possuir verdadeira autoridade para predeterminar futuros julgamentos, goza de valor persuasivo, diretamente proporcional ao prestígio da corte que os expressa; algo equiparável a um trabalho de ordem doutrinária.[60]

Contudo, quando sua não aplicação se torna rotineira, isso demonstra que seu conteúdo não está sendo aceito na comunidade jurídica, por estar, talvez, em desacordo com a atualidade.

---

57. CRUZ E TUCCI. Ob.cit., p.123.

58. Idem, p.124.

59. Para o enfrentamento de tal questão, ver GALGANO, Francesco. *L'interpretazione del precedente giudiziario. Contratto e impresa*. Padova: Cedam, 1985, p.701 e ss.

60. Cf. MATTEI, Ugo. *Precedente giudiziario e stare decisis. Digesto dele dicscipline privatistiche*. Sezione Civile. 4 ed. Torino: Utet, 2007, p. 155.

Insta salientar que a superação do precedente judicial está para os sistemas do *civil law* como o *overruling* está para os sistemas do *common law*. Daí, a possibilidade de o tribunal estabelecer efeitos prospectivos às variações do Direito judicado, fazendo prevalecer princípios como da segurança jurídica e da irretroatividade do Direito.[61]

Muito embora possam estar presentes razões justificadoras para a revogação do precedente judicial, o mesmo pode ser preservado em virtude dos fundamentos da estabilidade.

No que tange à sumula vinculante, assim como os precedentes, pode haver sua revisão ou cancelamento de modo a acompanhar a evolução da sociedade, desde que respeitados os mesmos requisitos que são exigidos para a sua edição. Requisitos estes expressos na Constituição Federal de 1988, artigo 103-A.[62]

Pelo exposto, depreende-se a importância para o Poder Judicante pátrio em se adaptar ao direito jurisprudencial e às respectivas nuances de cunho isonômico e previsível, procurando, com isso, por tudo, minorar os impactos da insegurança do jurisdicionado em uma justiça "bipolar", evitando-se que se presuma ser o tratamento particularizado a demandas semelhantes em matéria de direito, uma tônica sempre reafirmada como realidade indestrutível e draconiana.

Por outro lado, com o advento do Novo Código de Processo Civil, este representando pela Lei n. 13.105 de 16.03.2015, os horizontes que aproximam o presente modelo dos precedentes judiciais coercitivos tendem a se tornarem realidades inequívocas, como se verá adiante.

2.5. O CPC/2015 E A VINCULAÇÃO OBRIGATÓRIA AOS JULGADOS – "PRECEDENTES"

A preocupação com a racionalidade e coerência das decisões judiciais é um dos pontos característicos do texto do Código de Processo Civil.

Cediço é que o descontrole com julgados sumamente divergentes, sobretudo em matéria de direito, constitui, inegavelmente, um afronta aos princípios da isonomia e da segurança jurídica.[63]

Já tivemos oportunidade de enfrentar a temática do desrespeito para com a razoável coerência do sistema judicante em sede de divergência jurispruden-

61. LIMA. Ob.cit., p.236.

62. GAIO JÚNIOR, Antônio Pereira. Súmula Vinculante: objeto, eficácia e outros desdobramentos. *In*: GAIO JÚNIOR, Antônio Pereira (Org.) *Direito Processual em Movimento*. Vol. II. Curitiba: CRV, 2012, p.11-24.

63. Por isso, nos parece irrefutável a afirmativa de Dennis Loyd: "A utilidade da sistematização racionalizada parece indiscutível, no que se refere ao direito, já que uma de suas finalidades vitais é proporcionar à vida social e econômica do homem uma medida tolerável de segurança e previsibilidade." (*A idéia de Lei*. São Paulo: Martins Fontes, 1985, p. 258).

cial[64] e, ainda que seja um hercúleo caminho em construção, necessário se faz munirmos com instrumentos voltados a empreender a plena consecução do objetivo acima traçado, ou seja, edificar bases para a estabilidade das relações sociais quando delas depender, notoriamente, a própria prestação jurisdicional, esta de natureza estabilizadora no que toca a sua essência, devendo os órgãos jurisdicionais proporcionar segurança e previsibilidade naquilo que for competente para tal.

O CPC/2015, para bem registrar a complexidade do problema das divergências jurisprudenciais em nosso tempo,[65] optou por consignar já no ponto de partida que abre o livro III da Parte Especial, nominado de "Dos Processos nos Tribunais e dos Meios de Impugnação das Decisões Judiciais", dispositivo apto a nortear a necessária estabilidade das decisões.

Assim então, prescreve o *caput* do art. 926:

> *"Os tribunais devem uniformizar a sua jurisprudência e mantê-la estável, íntegra e coerente".*

De relevada importância ditos adjetivos da estabilidade, integridade e coerência.

A estabilidade possui, verdadeiramente, uma relação direta com os julgados anteriores, na medida da "não surpresa" a qualquer custo e em tempos onde a própria imprevisibilidade dos julgados, ainda que sob o manto de uma mesma matéria de direito, nos sai muito cara.

Já, diferentemente da estabilidade, em pontuação muito feliz, sustenta bem Streck:

> Coerência significa dizer que, em casos semelhantes, deve-se proporcionar a garantia da isonômica aplicação principiológica. Haverá coerência se os mesmos princípios que foram aplicados nas decisões o forem para os casos idênticos; mas, mais do que isto, estará assegurada a integridade do direito a partir da força normativa da Constituição. A coerência assegura a igualdade, isto é, que os diversos casos terão a igual consideração por parte dos juízes. Isso somente pode ser alcançado através de um holismo interpretativo, constituído a partir do círculo hermenêutico. Já a integridade é duplamente composta, conforme Dworkin: um princípio legislativo, que pede aos legisladores que tentem tornar o conjunto de leis moralmente coeren-

---

64. GAIO JÚNIOR, Antônio Pereira. Incidentes de resolução de demandas repetitivas no projeto do novo CPC – Breves apontamentos. *In*: *Revista de Processo*, Vol. 199, setembro de 2011, São Paulo: RT, p. 247-256.

65. "Não há Estado Constitucional e não há mesmo Direito no momento em que casos idênticos recebem diferentes decisões do Poder Judiciário. Insulta o bom senso que decisões judiciais possam tratar de forma desigual pessoas que se encontram na mesma situação." MARINONI, Luiz Guilherme; MITIDIERO, Daniel. *O Projeto do CPC. Críticas e propostas*. São Paulo: RT, 2010, p. 17-18.

> te, e um princípio jurisdicional, que demanda que a lei, tanto quanto o possível, seja vista como coerente nesse sentido.[66]

Quanto a integridade, esta exige que os juízes construam seus argumentos de forma integrada ao conjunto do direito. Trata-se aí de uma garantia contra arbitrariedades interpretativas. A integridade limita a ação dos juízes; mais do que isso, coloca efetivos freios, através dessas comunidades de princípios, às atitudes solipsistas-voluntaristas. A integridade é uma forma de virtude política, significando rechaçar a tentação da arbitrariedade.[67]

Insta ainda pontuar ainda que o precedente, na tradição anglo-saxônica, se fundamenta na rejeição aos casuísmos, tendo o condão de preservar a integridade do Direito, no que bem ilustra Dworkin, de acordo com a imagem de um romance em cadeia (*chain novel*), onde cada julgador é o escritor de uma parcela ou capítulo em construção.[68] Nestes termos, todo escritor fica adstrito a criar um texto que seja coerente com o que os seus predecessores já escreveram, respeitando a história institucional da aplicação daquele precedente.

O art. 926 ainda contém dois importantes parágrafos.

O §1º estabelece que os Tribunais editarão enunciados de súmula correspondentes a sua jurisprudência dominante sempre forma estabelecida e regida pelos pressupostos fixados no regimento interno.

Já §2º fixa importantíssima regra ao determinar que os Tribunais, ao editarem seus enunciados de súmula, se atenham às circunstâncias fáticas dos precedentes que motivaram sua criação. Observa-se aqui a necessidade de se evitar enunciados de súmula completamente abstratos e sem relação alguma com o seu fato gerador que é a situação fática e concreta determinativa de sua própria origem, o que, smj, se faz em costume presente e de elevado número na produção dos enunciados sumulares editados pelos mais variados tribunais brasileiros no período pré CPC/2015. Ainda, quer se evitar também a prática corriqueira e costumeira no meio forense pátrio que é a aquela do uso indiscriminado de enunciados sumulares dos mais variados tribunais como fonte , argumento de autoridade ou reforço argumentativo, seja por parte do órgão julgador e/ou das partes sem que ele possua qualquer relação de identidade direta e intrínseca com o caso fático objeto da demanda em julgamento.

Por outro lado, no campo da vinculação dos Precedentes e seu respeito no âmbito da verticalização das decisões, pode o legislador direcionar a res-

---

66. STRECK, Lênio Luiz. Por que agora dá para apostar no projeto do novo CPC! Disponível em: <http://www.conjur.com.br/2013-out-21/lenio-streck-agora-apostar-projeto-cpc>. Acesso em 23.09.2015.
Ainda sobre a questão, bem pontua o Enunciado n. 454 do FPPC: "Uma das dimensões da coerência a que se refere o caput do art. 926 consiste em os tribunais não ignorarem seus próprios precedentes (dever de autorreferência)."
67. Ibidem.
68. DWORKIN. Ronald. *A Matter of Principle*. Cambridge: Harvard University Press, 1985, p. 159.

ponsabilidade pelo respeito às decisões dos órgãos superiores nos seguintes termos:

> *Art. 927. Os juízes e os tribunais observarão:*
>
> *I – as decisões do Supremo Tribunal Federal em controle concentrado de constitucionalidade;*
>
> *II – os enunciados de súmula vinculante;*
>
> *III – os acórdãos em incidente de assunção de competência ou de resolução de demandas repetitivas e em julgamento de recursos extraordinário e especial repetitivos;*
>
> *IV – os enunciados das súmulas do Supremo Tribunal Federal em matéria constitucional e do Superior Tribunal de Justiça em matéria infraconstitucional;*
>
> *V – a orientação do plenário ou do órgão especial aos quais estiverem vinculados.*

Duas observações se fazem necessárias.

A primeira, de índole objetiva, toca ao comando "dever" que, por certo, depreende-se da inteligência do dispositivo em comento, ao dispor que juízes e tribunais observarão ditas decisões, enunciados, acórdãos, súmulas, orientações a que os próprios incisos do art. 927 prestam conta.[69]/[70]

Logicamente, dito respeito não se faz às "cegas"! Como bem dita o §1º do próprio art. 927, ao decidir sob o manto do que estabelece os incisos supracitados, deverá o órgão julgador subordinar-se às exigências dos arts. 10 e 489, §1º, estes responsáveis pelas balizas relativas à correta validade dos fundamentos das decisões, prevendo o respeito à oportunidade das partes de terem se manifestado sobre o que se fulcrará como base da fundamentação, isso no decorrer da marcha processual (art. 10),[71] bem como se limitar a invocar precedente ou enunciado de súmula, sem identificar seus fundamentos determinantes nem demonstrar que o caso sob julgamento se ajusta àqueles fundamentos e ainda deixar de seguir enunciado de súmula, jurisprudência ou precedente invocado pela parte, sem demonstrar a existência de distinção no caso em julgamento ou a superação do entendimento, *ex vi* do art. 489, §1º, V e VI).

---

69. Enunciado n.169: "Os órgãos do Poder Judiciário devem obrigatoriamente seguir os seus próprios precedentes, sem prejuízo do disposto nos § 9º do art. 1.037 e §4º do art. 927."

70. Sobre os mais variados meios de controle do respeito aos Precedentes Normativos no Processo Civil brasileiro, ver GAIO JÚNIOR, Antônio Pereira; PIMENTEL, Patrícia da Silva Stefani. Código de Processo Civil brasileiro e os meios de controle jurisdicional para o respeito aos efeitos vinculantes das decisões judiciais (Precedentes Normativos).*In*: *Revista de Processo*, Vol. 292, Junho de 2019, São Paulo: RT, p.323-356.

71. Foi muito bem o enunciado n. 458 do FPPC ao sublinhar que: "Para a aplicação, de ofício, de precedente vinculante, o órgão julgador deve intimar previamente as partes para que se manifestem sobre ele."

Já a segunda observação se faz quanto ao caráter substantivo, ou seja, relativo aos conteúdos sob os quais tanto juízes quanto tribunais devem observar ao prolatar seus julgados, estes representados pelos aludidos incisos do art. 927.

Por tudo, trata-se não de mera faculdade, mas dever dos juízes e tribunais em seguir *as decisões do Supremo Tribunal Federal em controle concentrado de constitucionalidade, enunciados de súmula vinculante, os acórdãos em incidente de assunção de competência ou de resolução de demandas repetitivas e em julgamento de recursos extraordinário e especial repetitivos, os enunciados das súmulas do Supremo Tribunal Federal em matéria constitucional, do Superior Tribunal de Justiça em matéria infraconstitucional e a orientação do plenário ou do órgão especial aos quais tiverem vinculados.*[72]

Nota-se que a vinculação aos precedentes arrolados no art. 927 se junta, verdadeiramente, ao rol dos filtros processuais recursais, de modo que a força do comando "devem" traduz no estabelecimento vertical da uniformidade racional realizadora do *decisum*, o que sem exercício empírico para com a certeza no funcionamento do sistema, ainda que pese as virtudes da estabilização dos julgados e previsibilidade das razões e decisões, catalisadores neste âmbito, dos princípios da segurança jurídica, confiança e isonomia, além do princípio da duração razoável do processo, há de se prever ainda uma série de aperfeiçoamentos pragmáticos no âmbito dos tribunais a fim de favorecer o cumprimento exato e reiterado do comportamento dos órgãos judiciais envolvidos, desde aquele responsável pela edição do precedente, passando pelos tribunais hierarquicamente inferiores, até chegar aos juízes monocráticos de 1º grau. Trabalho árduo e que se não operar de forma intermitente, não poucas vezes encontrará óbices ao seu cumprimento dada a própria cultura forense pátria, onde é de conhecimento farto que os juízes pouco conhecem e/ou não se interessam pelos posicionamentos judicantes dos tribunais que, hierarquicamente, acima se estabelecem.

Por outro lado, com intuito de evitar a estagnação *ad eternum* de um precedente já sedimentado, mas divorciado do tecido social é fundamental que se possibilite a modificação do mesmo através de procedimento provocado em decorrência, dentre outras alegações, de revogação ou modificação de norma em que se fundou a tese solicitante de modificação do precedente ou mesmo em alteração econômica, política ou social referente à matéria decidida, fundamento do precedente que clama por modificação.

Como apoio aos trabalhos em prol da análise para possível alteração do precedente, abre-se a possibilidade, caso necessário, da realização de audiências públicas e da participação de pessoas, órgãos ou entidades que possam

72. Enunciado n.59 da I Jornada de Direito Processual Civil do Conselho da Justiça Federal (CNJ): "Não é exigível identidade absoluta entre casos para a aplicação de um precedente, seja ele vinculante ou não, bastando que ambos possam compartilhar os mesmos fundamentos determinantes."

contribuir para a rediscussão da tese jurídica, conforme sustenta o §2º do art. 927, *in verbis*:

> *§ 2º A alteração de tese jurídica adotada em enunciado de súmula ou em julgamento de casos repetitivos poderá ser precedida de audiências públicas e da participação de pessoas, órgãos ou entidades que possam contribuir para a rediscussão da tese.*

No que se refere ainda à modificação de enunciado de súmula, de jurisprudência pacificada ou de tese adotada em julgamento de casos repetitivos, deverá dita mudança vir acompanhada, notadamente, de fundamentação adequada e específica, considerando os princípios já anteriormente referidos, ou seja, segurança jurídica, proteção da confiança e isonomia (§4º do art. 927).

Lado outro, não passou despercebido pelo Código de Processo Civil a possibilidade de modulação dos efeitos decorrentes dos precedentes (súmula de jurisprudência dominante do STF e dos Tribunais Superiores e ainda aquelas oriundas de julgamentos de casos repetitivos), seja com relação à sua retroatividade – *ex tunc* - ou na forma prospectiva - *ex nunc*, tudo devidamente fundamentado.

Nestes termos, pontua o §3º do art. 927:

> *§ 3º Na hipótese de alteração de jurisprudência dominante do Supremo Tribunal Federal e dos tribunais superiores ou daquela oriunda de julgamento de casos repetitivos, pode haver modulação dos efeitos da alteração no interesse social e no da segurança jurídica.*

De tudo, caberá aos tribunais dar publicidade a seus precedentes, organizando-os por questão jurídica decidida e divulgando-os, preferencialmente, na rede mundial de computadores. (§5º do art. 927).

A fim de não pairar dúvidas sobre o real sentido do "julgamento de casos repetitivos" no assunto em tela ou mesmo em outras passagens do próprio CPC, o legislado optou por ratificar a significância do tema nos seguintes termos:

> *Art. 928. Para os fins deste Código, considera-se julgamento de casos repetitivos a decisão proferida em:*
>
> *I – incidente de resolução de demandas repetitivas;*
>
> *II – recursos especial e extraordinário repetitivos.*
>
> *Parágrafo único. O julgamento de casos repetitivos tem por objeto questão de direito material ou processual.*

3. INCIDENTE DE ASSUNÇÃO DE COMPETÊNCIA

3.1 DEFINIÇÃO. CARACTERÍSTICAS. FINALIDADE

O Incidente de Assunção de Competência comprende como um dos mecanismos do Direito Processual Civil pátrio, objetivando estabelecer padrões decisórios, os quais são necessários para fins de se evitar uma discrepância de entendimentos dos tribunais que se revela, notadamente, nos dias atuais, prática inaceitável, contribuindo, assim, o seu manejo para levar a cabo a necessária isonomia nas decisões judiciais, fator indissociável para o estabelecimento da segurança jurídica entre nós.

Oriunda do Projeto de Lei n. 3.474/01, cuja comissão foi liderada por Sálvio de Figueiredo Teixeira e Athos Gusmão Carneiro, mediante a justificativa de que o § 1º foi proposto com o fim de permitir, nos recursos de apelação e agravo, "o uso da técnica consagrada no RISTJ, art. 14, inc. II e art. 12 Parágrafo único, remessa de recurso a um colegiado maior, buscando compor e prevenir divergências entre turmas ou câmaras em relevante questão de direito."[73]

O mencionado projeto resultou na Lei n. 10.352/2001, dando origem ao § 1º do art. 555 do CPC/1973, constante no capítulo que tratava da 'Ordem dos Processos no Tribunal', compondo-se o referido dispositivo da seguinte redação:

> *No julgamento de apelação ou de agravo, a decisão será tomada, na câmara ou turma, pelo voto de 3 (três) juízes.*
>
> *§ 1º Ocorrendo relevante questão de direito, que faça conveniente prevenir ou compor divergência entre câmaras ou turmas do tribunal, poderá o relator propor seja o recurso julgado pelo órgão colegiado que o regimento indicar; reconhecendo o interesse público na assunção de competência, esse órgão colegiado julgará o recurso.*

Conforme observado, a assunção de competência regulada pelo art. 555,§ 1º do CPC/1973 estabeleceu seu conveniente uso quando do julgamento dos recursos de apelação ou agravo, desde que a matéria tivesse interesse público e fosse constatada divergência de posicionamento entre os magistrados, tanto em relação a outras câmaras como dentro da própria câmara, mediante direcionamento do relator para o colegiado que considerado competente, a fim de que este promovesse o julgamento.

Era o incidente julgado por todos os componentes da seção responsável pela matéria em que se inserisse a controvérsia e a tese vencedora serviria de orientação jurisprudencial nos julgamentos similares, de forma a evitar que pudessem existir decisões diferentes em situações idênticas.

---

73. <www://imagem.camara.gov.br/imagem/d/pdf/DCD23AGO2000.PDF#PAGE=94.> *Acesso em:* 16.08.2015.

Deste modo, a criação da assunção de competência sempre esteve imbuída do propósito de aprimorar a técnica de julgamento da causa, de maneira a promover, conforme linha atrás, a segurança jurídica ao jurisdicionado, sobretudo em razão do aumento superlativo de demandas judiciais, o que acaba, de certo, implicando na necessidade de se julgar inúmeras vezes a mesma matéria.

Conforme já mencionado, de acordo com o disposto no art. 555 § 1º do CPC/1973 supracitado, o instrumento da assunção de competência teria cabimento apenas nos casos referentes à apelação e ao agravo.

Porém, conforme sustenta com acerto Barbosa Moreira, ainda sob égide do Código revogado de 1973, razões militavam em favor da utilização do referido instituto no julgamento de outros recursos e até mesmo nas causas sujeitas obrigatoriamente ao duplo grau de jurisdição.

O autor justifica seu posicionamento com a afirmativa de que não é apenas quando se julgava apelação ou agravo que surgiria a questão de direito relevante, a cujo respeito seja conveniente prevenir ou compor divergências entre órgãos fracionários de um tribunal.[74]

No mesmo sentido, Dinamarco, para quem, muito embora a legislação ora revogada trouxesse expresso o cabimento da assunção de competência para apelação e agravo, ainda

> que se tenha sido a deliberada intenção do legislador, a ela não está adstrito o intérprete porque, como é elementar em boa hermenêutica, nem sempre a *mens legislatoris* é reveladora fiel da autêntica *mens legis*. Interprete-se o parágrafo 1º do art. 555 segundo os seus objetivos (interpretação teleológica) e inserido entre as demais técnicas contidas no Código de Processo Civil (interpretação sistemática) e ver-se-á que essa é uma regra de amplitude geral, pertinente a todos os recursos da competência dos tribunais locais e também às causas de competência originária.[75]

Embora o artigo seja expresso quanto ao uso da assunção de competência especificamente no julgamento de recurso de apelação e agravo e, ainda que haja posicionamento doutrinário no sentido de admitir sua utilização de forma mais ampla, é incontroverso que seu cabimento requer, como condição, que a matéria controvertida trate de relevante questão, ou seja, matéria que possui interesse social.

Pode-se, portanto, verificar que o próprio critério exigido para aplicabilidade do instituto em tela, implica na existência de um conceito jurídico indeterminado,[76] haja vista a subjetividade trazida no mesmo.

---

74. MOREIRA, José Carlos Barbosa. *Comentários ao Código e Processo Civil*. 15 ed. Rio de Janeiro: Forense, 2009, p. 676.

75. DINAMARCO, Cândido Rangel. *A Reforma da Reforma*. 3ed. São Paulo: Malheiros, 2002, p. 137.

76. ENGISCH, Karl. *Introdução ao Pensamento jurídico*. Trad. J. Baptista Machado. 8 ed. Lisboa: Fundação Calouste Gulbenkian, 2001, p. 209.

Assim, a fim compreender o que é considerado como sendo uma questão de grande relevância, utiliza-se como parâmetro a verificação da Repercussão Geral, já que esta, para ser declarada pelo Supremo Tribunal Federal, requer como critério que a matéria em questão possua também grande relevância, já tendo o STF avançado um pouco mais na identificação de tal conceito.[77]

3.2 O INCIDENTE DE ASSUNÇÃO DE COMPETÊNCIA NO CPC/2015

3.2.1 Introdução

A lógica de um cotidiano estável é anseio vislumbrado em qualquer sociedade que reconhece no direito o pontecializador de desejosa realidade amparada pela segurança jurídica.[78]

Bem assinala Dennis Lloyd que a "utilidade sa sistematização racionalizada parece indicutível, no que se refere ao direito, já que uma de suas finalidades vitais é proporcionar à vida social e econômica do homem uma medida tolerável de segurança e previsibilidade."[79]

A ideologia da isonomia e verticalização das decisões, aqui ponto característico no Código de Processo Civil de 2015 vetoriza, dentre outras questões, aquela que para nós parece ser a mais relevante e revitalizadora do direito dos nossos tempo, que é a da previsibilidade das deciões, judiciais, de modo a possibilitar em um transcurso natural, a seguraça jurídica à sociedade, esta consumidora do serviço público da justiça.

Ao cabo de uma cultura do conflito pela qual padece a população brasileira já de muito, cediço é que o volume de demandas que transbordam nas secre-

---

77. A Repercussão Geral é um requisito de admissibilidade do Recurso Extraordinário, inserido na Constituição Federal de 1988, por meio da Emenda Constitucional 45, de 08.12.2004, que resultou na inserção do § 3º do art. 102, cuja análise é feita pelo plenário do STF. E, de acordo com o art. 1.035, §1º do CPC: *"Para efeito de repercussão geral, será considerada a existência ou não de questões relevantes do ponto de vista econômico, político, social ou jurídico que ultrapassem os interesses subjetivos do processo"*.
A identificação da repercussão geral, enquanto conceito jurídico indeterminado requer a verificação da incidência do binômio relevância e transcendência, como fundamental para, em termos corretos, exercitar a aplicabilidade com efeitos práticos para os quais se destinam os resultados esperados do presente instituto.
Desta forma, quando a matéria discutida apresentar relevância dentro dos critérios acima explicitados, de forma a ultrapassar o interesse subjetivo da causa, tem-se repercussão geral. Servindo tal identificação do que vem a ser considerado como questão de grande relevância, também para fins de análise do cabimento da assunção de competência.

78. Entendemos em Bobbio ser que a segurança jurídica não apenas uma exigência decorrente da coexistência ordenada do homem, como também um elemento intrínseco do Direito, destinado a afastar o arbítrio e a garantir a isonomia, não cabendo sequer imaginar um ordenamento jurídico sem que subsista um a mínima garantia de segurança. (BOBBIO, Norberto. La certezza del Diritto é un mito? *In*: *Rivista Internazionale di Filosofia del Diritto*, n.28. Milano: Giuffrè, 1951, p-150-151.

79. LLOYD, Dennis. *A Ideia de Lei*. Trad. Álvaro Cabral. São Paulo: Martins Fontes, 1985, p. 258.

tarias das numerosas comarcas que compõem a estrutura do Poder Judiciário pátrio é por demais insuportável.[80]

Notadamente, boa parte de ditas demandas relacionam-se com conflitos que possuem, em seu particular âmago, similitude na causa de pedir, gerando, inegavelmente, lides envoltas em questões ora denominadas repetitivas.[81]

Tal panorama se mostra indissociável do próprio Estado Constitucional de Direito com o equilíbrio das relações sociais, ainda que, a partir da concepção abstrata da lei, mas que razoavelmente pondera o seu exercício prático à razoabilidade através de soluções comuns à mesma medida do conflito a ser dissolvido pelo Poder Judicante estatal.

Ilógico e, por isso, inaceitável que, diante da analogia em casos concretos, repousem decisões gravemente discrepantes. Neste mesmo diapasão bem norteiam Marinoni e Mitidiero:

"Não há Estado Constitucional e não há mesmo Direito no momento em que casos idênticos recebem diferentes decisões do Poder Judiciário. Insulta o bom senso que decisões judiciais possam tratar de forma desigual pessoas que se encontram na mesma situação."[82]

Soma-se ao problema da isonomia sublinhado acima, a tormentosa questão que envolve a excessiva e discrepante variação interpretativa dos textos legais, o que ao contrário de qualquer aspecto democrático que valha rotineira prática, por sua razão, demonstra indubitavelmente a incoerência geradora da ausência de estabilidade da decisões judiciais, gerando, de certo, efeitos em várias searas, sobressaindo a econômica, não permitindo, como cediço, a um mínimo planejamento de vida sequer a longo prazo.[83]

O presente Incidente de Assunção de Competência se presta à virtude de tentar minorar as discrepâncias decisórias quando diante de questão de direito dotada de repercussão social, esta objeto de recurso interposto, cabendo ainda o seu manejo de forma conveniente e preventiva, para fins de evitar

---

80. Cf. GAIO JÚNIOR, Antônio Pereira. *Instituições de Direito Processual Civil.* 3 ed. Salvador: JusPodivm, 2018, p.35 e ss.

81. Como bem pontua Ada Pellegrini, "a grande massa de processo que aflige aos tribunais, elevando sobremaneira o número de demandas e atravancando a administração da justiça, é constituída em grande parte por causas em que se discutem e se reavivam questões de direito repetitivas". GRINOVER, Ada Pellegrini. O Tratamento dos processos repetitivos. In: JAYME, Fernando Gonzaga; FARIA, Juliana Cordeiro de; LAUAR, Maira Terra. (Coords.). *Processo civil: novas tendências. Estudos em homenagem ao Prof. Humberto Theodoro Júnior.* Belo Horizonte: Del Rey, 2008, p.1.

82. MARINONI, Luiz Guilherme; MITIDIERO, Daniel. *O Projeto do CPC.* Críticas e propostas. São Paulo: RT, 2010, p. 16.

83. Nestes termos, bem ratifica Barral: "A consequência disso é o aumento do risco, sobretudo para o investimento de longo prazo, como são os investimentos em infra-estrutura." BARRAL, Welber. Direito e Desenvolvimento: um modelo de análise. *In: Direito e Desenvolvimento. Análise da ordem jurídica brasileira sob a ótica do desenvolvimento.* São Paulo: Singular, 2005, p.55.

possíveis decisões antagônicas sobre uma mesma questão de direito com repercussão social e ainda, como já de muito conhecida no revogado CPC/1973, a interposição do incidente no intuito de compor divergência entre câmaras e turmas de um respectivo tribunal.

De fato, todas estas hipotéticas situações legais, como veremos mais adiante, nos conduz, se responsavelmente levadas a cabo, a uma desejada segurança das decisões, potencializando o objetivo da previsibilidade quer material e/ou processual, favorecedora de um cotidiano verdadeiramente estável.[84]

3.2.2 O Incidente e seus requisitos

Ainda que não seja novidade entre nós,[85] procurou o CPC/2015 atestar em capítulo próprio o "Incidente de Assunção de Competência" (IAC).

Comprende o presente incidente como um dos mecanismos do Direito Processual Civil pátrio com o fito de estabelecer padrões decisórios, os quais são necessários para fins de se evitar uma discrepância de entendimentos dos tribunais que se revela, notadamente, prática inaceitável não obstante ainda em ocorrência, contribuindo, assim, o seu manejo, para levar a cabo a necessária isonomia nas decisões judiciais, fator indissociável para o estabelecimento da segurança jurídica entre nós.

Vale dizer que no sistema do CPC/1973 revogado, quando ocorresse no julgamento de apelação ou agravo, relevante questão de direito que fosse conveniente prevenir ou compor divergência entre câmaras ou turmas do tribunal, poderia o relator propor que fosse o recurso julgado pelo órgão colegiado que o regimento indicasse; daí, uma vez reconhecido o interesse público na assunção de competência, dito órgão colegiado julgaria o recurso, *ex vi* do que expressava o art. 555, § 1º do CPC/1973.[86]

Pois bem. Já no CPC/2015, o presente incidente de Assunção de Competência se encontra disposto na Parte Especial, Livro III (*Dos Processos nos Tribunais e dos Meios de Impugnação das Decisões Judiciais*), Título I (*Da Ordem*

---

84. "Se analisarmos os direitos fundamentais e, mais concretamente, os direitos, liberdades e garantias inscritos genericamente nas diferentes Constituições políticas dos Estados ocidentais podemos verificar que muitos, sobretudo os políticos e económicos, os sociais e os culturais, visam a estabilidade da vida das pessoas como salvaguarda última da condição humana, nas suas múltiplas dimensões." FONTES, José. *O direito ao quotidiano estável*. Coimbra: Coimbra Editora, 2013, p. 20.

85. Sobre a historicidade do instituto, cf. o nosso *Instituições de Direito Processual Civil*. 3 ed. Salvador: JusPodivm, 2017, p. 618-619.

86. "*Art. 555. No julgamento de apelação ou de agravo, a decisão será tomada, na câmara ou turma, pelo voto de 3 (três) juízes.*
§ 1º Ocorrendo relevante questão de direito, que faça conveniente prevenir ou compor divergência entre câmaras ou turmas do tribunal, poderá o relator propor seja o recurso julgado pelo órgão colegiado que o regimento indicar; reconhecendo o interesse público na assunção de competência, esse órgão colegiado julgará o recurso."

dos Processos e dos Processo de Competência Originária dos Tribunais), Capitulo III, art. 947.[87]

Dispõe o digitado artigo em seu *caput*:

"Art. 947. É admissível a assunção de competência quando o julgamento de recurso, da remessa necessária ou de causa de competência originária envolver relevante questão de direito, com grande repercussão social, sem repetição em múltiplos processos."

Nota-se que, diferentemente do modelo no CPC/1973, não há qualquer limitação quanto a recurso específico para a incidência hipotética de manejo do presente incidente.

Como dito, no *Codex* revogado os recursos da Apelação e de Agravo eram aqueles aptos à possível assunção de competência quando em relevante questão de direito se fizesse conveniente prevenir ou compor divergência entre câmaras ou turmas do tribunal.

No CPC/2015, entende-se que seja decorrente do julgamento de qualquer recurso, remessa necessária ou mesmo causa de competência originária do tribunal, ensejando o envolvimento de questão de direito, esta com notável repercussão social[88/89] e, como expresso pelo legislador, sem repetição em uma multiplicidade de processos,[90/91] demonstrando aí a ideia de seu caráter

---

87. O dispositivo em tela possui origem inocultável na previsão contida no art. 14, II do Regimento Interno do STJ. No mesmo sentido, MARINONI, Luiz Guilherme; ARENHART, Sérgio Cruz; MITIDIERO, Daniel. *O Novo Processo Civil*. 3 ed. São Paulo: RT, 2017, p.602.

88. Enunciado n. 469 do FPPC: "A 'grande repercussão social', pressuposto para a instauração do incidente de assunção de competência, abrange, dentre outras, repercussão jurídica, econômica ou política."

89. Diferentemente do conceito abstrato e vazio que o CPC impôs à Repercussão Geral (*ex vi* do art. 1.035, §1º), a CLT ao contrário, esclarece, ainda que de forma sintética, o que seria uma transcendência em nível social, econômica, jurídica ou política, necessária para que possa interpor eventual Recurso de Revista.
Nos parece que a aplicação paradigmática do art. 869-A, §1º da CLT (incluído pela Lei nº 13.467, de 2017) se faz de bom sentido para o possível esclarecimento acerca do que o legislador do CPC/2015 poderia "querer dizer" quanto ao termo repercussão social.
Veja-se *in verbis*:
"Art.896-A - O Tribunal Superior do Trabalho, no recurso de revista, examinará previamente se a causa oferece transcendência com relação aos reflexos gerais de natureza econômica, política, social ou jurídica. (Incluído pela Medida Provisória nº 2.226, de 4.9.2001)
§ 1º São indicadores de transcendência, entre outros:
I - econômica, o elevado valor da causa;
II - política, o desrespeito da instância recorrida à jurisprudência sumulada do Tribunal Superior do Trabalho ou do Supremo Tribunal Federal;
III - social, a postulação, por reclamante-recorrente, de direito social constitucionalmente assegurado;
IV - jurídica, a existência de questão nova em torno da interpretação da legislação trabalhista."

90. Enunciado n. 334 do FPPC: "Por força da expressão "sem repetição em múltiplos processos", não cabe o incidente de assunção de competência quando couber julgamento de casos repetitivos."

91. Enunciado n.141da II Jornada de Direito Processual Civil do Conselho da Justiça Federal (CJF): "É possível a conversão de Incidente de Assunção de Competência em Incidente de Resolução de De-

preventivo, ou seja, manejado o incidente antes de configurado o indesejado dissídio jurisprudencial.

Assim, teríamos como requisitos para a admissibilidade e instauração do IAC em um primeiro momento: i) a questão ser decorrente de recurso, da remessa necessária ou de causa de competência originária; ii) contiver relevante questão de direito com grande repercussão social e iii) não ocorrência da questão repetida em múltiplos processos.

É preciso compreender que o *caput* do art.947 não esgotam os ditos requisitos, já que encontramos na disposição conferida pelo §2º do próprio art. 947, o reconhecimento do interesse público na questão envolta à assunção de competência, justificadora do próprio deslocamento do julgamento do recurso, da remessa necessária ou da causa de competência originária para um órgão coletivo especial para tanto. Nisso:

> *"Art.947*
>
> *(...)*
>
> *§ 2º O órgão colegiado julgará o recurso, a remessa necessária ou o processo de competência originária se reconhecer interesse público na assunção de competência."*

No entanto, nos parece tautológica a questão já que o próprio requisito da "*grande repercussão social*" já nos demonstra, no mínimo ínsita a necessária relevância da matéria posta para fins de admissibilidade do exame em sede do IAC, de modo que o interesse público aí se converge.

Avançando um pouco mais, é possível encontrar na disposição expressa no §4º do art. 947, uma possível sobreposição de requisitos, nos seguintes termos:

> *"Art.947.*
>
> *(...)*
>
> *§ 4º Aplica-se o disposto neste artigo quando ocorrer relevante questão de direito a respeito da qual seja conveniente a prevenção ou a composição de divergência entre câmaras ou turmas do tribunal."*

Veja-se que a prevenção é ponto nodal do incidente de assunção de competência, aliás, uma de suas virtudes, evitando-se que prospere qualquer tipo de dissídio jurisprudencial e com isso macule a desejada previsibilidade e segurança jurídica do ordenamento.

Fora a prevenção, será possível também o manejo do IAC quanto diante de divergência entre câmaras ou turmas de um mesmo tribunal, e aí há de se registrar que para fins de uniformização de entendimento em matéria de relevância e repercussão social, objetivando com a instauração do presente incidente e de seu resultado a sintonia para pôr fim a decisões díspares, sempre em consonân-

---

mandas Repetitivas, se demonstrada a efetiva repetição de processos em que se discute a mesma questão de direito."

cia com o princípio da isonomia no resultado dos julgados frente a uma mesma questão de direito, entende-se como não unívoca para os propósitos do presente Incidente, a disposição contida no art. 947, *caput, in fine*, onde se limita o manejo do incidente quando da inexistência de multiplicidade de processos.[92]

Ora, como o próprio §4º do art. 947 expressa, a assunção de competência é aplicável, igualmente, quando ocorrer relevante questão de direito a respeito da qual seja conveniente a prevenção ou a composição de divergência entre câmaras ou turmas do tribunal.[93]

Neste caso, é perfeitamente possível a incidência de questões de direito em divergência entre câmaras ou turmas de um mesmo tribunal sobre assuntos que se projetam em uma variedade de recursos, portanto, processos, *ex vi*, em exemplo, das apelações TJ-RS - Apelação Cível AC 70057657892 RS (TJ-RS); TJ-RS - Apelação Cível AC 70057457012 RS (TJ-RS); TJ-RS - Apelação e Reexame Necessário REEX 70057601510 RS (TJ-RS); TJ-RS - Apelação Cível AC 70058319880 RS (TJ-RS); TJ-RS - Apelação Cível AC 70058319666 RS (TJ-RS), onde se discutia o direito do servidor público ao reajuste do vale-refeição no Estado do Rio Grande do Sul no período de 2000 a 2010 e ainda em exemplo, conforme se observa do reconhecimento em acórdão recente do Tribunal de Justiça de Santa Catarina:

"PROCESSUAL CIVIL - INCIDENTE DE ASSUNÇÃO DE COMPETÊNCIA - PRESSUPOSTOS NÃO PREENCHIDOS - RELEVANTE QUESTÃO DE DIREITO

---

92. No mesmo sentido, THEODORO JÚNIOR, Humberto. *Curso de Direito Processual Civil.* Vol. III. 50 eds. Rio de Janeiro: Forense, 2017, p.926.

93. Insta ressaltar que no caso de divergência entre câmaras ou turma, o TJRJ entendeu pela não necessidade da matéria objeto do IAC possuir grande relevância social, interpretando o §4º do art. 947 de forma isolada do art. 947, *caput.* Eis a ementa:
"Incidente de Assunção de Competência e Conflito de Competência. Admissibilidade. Requisitos. 1- Em sua nova fisionomia, substitutiva daquela consagrada pelo artigo 555, § 1º, do CPC de 1973, visa o Incidente de Assunção de Competência a atribuir a órgão colegiado de maior hierarquia o julgamento do recurso, remessa necessária ou processo de competência originária, sempre que presente questão de direito de significativa repercussão social, vinculando-se os órgãos fracionários do Tribunal à tese adotada, até a sua eventual revisão (artigo 947, § 3º, CPC 2015). 2- Ao lado da hipótese do caput do artigo 947, previu o legislador a *modalidade autônoma* do seu § 4º, em que dispensado o requisito da grande repercussão social, e conferiu-se ao incidente a função de compor a divergência entre as Câmaras, em tudo assemelhando-se ao antigo Incidente de Uniformização de Competência. 3- Fixação da tese ou solução do conflito entre as câmaras que se faz, de qualquer modo, no julgamento do recurso, remessa necessária ou ação de competência originária, por acórdão contra o qual cabíveis os recursos constitucionais pertinentes, sempre que, respectivamente, presente a interpretação de lei federal ou da Constituição. 4- Despropósito de se instaurar incidente para julgamento de recurso, remessa ou ação originária manifestamente inadmissíveis, se é ao apreciá-los, em seu mérito, ainda que de natureza processual, que fixará a Corte seu entendimento sobre a matéria controversa. 5- Incidente de Assunção de Competência suscitado em conflito de competência inadmissível, vez que voltado contra acórdão já transitado em julgado da Turma Recursal dos Julgados Especiais. 6- Incidente não instaurado. (TJ-RJ. Seção Cível Comum. Incidente de Assunção de Competência: 00495402220178190000. Rel. Sergio Ricardo de Arruda Fernandes, Julg. 23.11.2017, *DJe* 09.01.2018). (Grifo nosso).

INEXISTENTE - DIVERGÊNCIA NAS CÂMARAS DE DIREITO CIVIL AUSENTE - CPC, ART. 947, § 4º - NÃO CONHECIMENTO *A questão de direito debatida em múltiplos processos pode ser conhecida em incidente de assunção de competência com fundamento na exceção prevista no § 4º do art. 947 do Código de Processo Civil.* Os pressupostos do procedimento, porém, não restaram preenchidos, pois, além de inexistir divergência entre as Câmaras de Direito Civil, o tema em debate - parâmetros dos consectários legais incidentes sobre indenização por danos morais decorrentes de responsabilidade por ato ilícito perpetrado por delegatários ou concessionários de serviço público (in casu, companhia aérea) - não versa sobre relevante questão direito, que reclame cognição ampliada, com contraditório mais qualificado e fundamentação reforçada. (TJSC. Grupo de Câmaras de Direito Civil. Incidente de Assunção de Competência: 03001148520148240047 Papanduva 0300114-85.2014.8.24.0047, Rel. Luiz Cézar Medeiros. Julg. 13.02.2019). (Grifo nosso).

Reforça-se mais uma vez que o incidente em tela visa compor divergência interpretativa dentro de um tribunal (divergência interna) e não entre tribunais (divergência externa), esta que tem a unidade confiada ao recurso especial (art. 102. III, c da CF/88).[94]

3.2.3 Legitimidade

Regra o §1º do art. 947 do CPC que, ocorrendo a hipótese de assunção de competência, caberá ao relator, de ofício ou a requerimento da parte, do Ministério Públicoou da Defensoria Pública, propor o incidente para que seja o recurso, a remessa necessária ou a causa originária julgada pelo órgão colegiado ao qual o regimento interno do tribunal reportar.[95]

Como nota, insta destacar que CPC/2015 ampliou o rol dos legitimados para o que se objetiva no IAC, já que o art. 555, §1º do CPC/1973 conforme alhures já referido, apenas ofertava legitimidade ao relator.

3.2.4 Apontamentos procedimentais

Uma vez provocado e reconhecendo os requisitos para a incidência da assunção de competência, logicamente, estes devidamente comprovados pelo ofício do relator ou a requerimento da parte, do Ministério Público ou da Defensoria Pública, o órgão colegiado regimentalmente competente julgará o recurso, a remessa necessária ou a causa de competência originária do tribunal em questão (§2º do art. 947) e mesmo, em sendo conveniente, a prevenção quanto à questão de direito reconhecida como relevante em sede de divergência entre câmaras ou turmas do próprio tribunal, como já alhures observado no §4º do 947 do CPC/2015.

94. Nos mesmos termos, cf. MARINONI, Luiz Guilherme; ARENHART, Sérgio Cruz; MITIDIERO, Daniel. *O Novo Processo Civil.* 3 ed. São Paulo: RT, 2017, p.603.

95. Enunciado n. 468 do FPPC: "O incidente de assunção de competência aplica-se em qualquer tribunal."

Poderá ainda o aludido órgão julgador do incidente negar a ocorrência dos requisitos para a ocorrência da necessidade de instauração do incidente de assunção de competência – envolvimento de relevante questão de direito, com grande repercussão social, sem repetição em múltiplos processos, ou ainda não ocorrência de divergência entre câmaras ou turmas de um mesmo tribunal. Neste caso, o processo retornará ao órgão fracionário primitivo.[96]

Em todos os casos, pensamos, necessário será o direito à sustentação oral por parte dos legitimados constantes dos arts. 984 e 947, §1º quando da sessão de julgamento designada da análise do juízo de admissibilidade do IAC, respeitando-se a própria integração do microssistema dos precedentes.[97]

Vale pontuar que, da instauração do incidente, prudente se fará a suspensão das demandas que versarem sobre a mesma matéria, até que se resolva a controvérsia presente.

Proferido o acórdão no âmbito do presente incidente, este vinculará, indistintamente, todos os juízes e órgãos fracionários a ele submetidos, salvo, evidentemente, a revisão da tese ali reconhecida (§3º do art. 947).

Ainda em sede procedimental, é forçoso reconhecer que uma vez o incidente de assunção de competência integrando o microssistema dos precedentes normativos (efeito vinculante das decisões judiciais) estabelecido pelo CPC/2015, possível será a aplicação por analogia ao IAC dos regramentos contidos nos arts.976, §1º e 998, parágrafo único, onde previsto está que a desistência de eventual recurso não impedirá o exame da questão que o motivo, justamente pela própria e relevante matéria e grande repercussão social que dela pode se projetar.[98]

3.2.5 CASUÍSMOS DA ASSUNÇÃO DE COMPETÊNCIA

A respeito da prática da assunção de competência pelos tribunais brasileiros, muitas foram as decisões no sentido de utilizá-la, possibilitando assim, o direcionamento ao colegiado destinado pelo relator, a fim de que a matéria fosse por aquele julgada, eliminando, desta forma, possíveis divergências sobre o tema, afastando o desconforto de decisões contrapostas em situações idênticas.

Ainda sob a égide do CPC/1973,[99] mas dentro dos mesmos propósitos a que se destina o IAC hoje, tem-se como exemplo a situação oriunda do vale-re-

96. Cf. THEODORO JÚNIOR, Humberto. *Curso de Direito Processual Civil.* Vol. III. 50 ed. Rio de Janeiro: Forense, 2017, p.816.

97. No mesmo sentido segue o Enunciado nº 651 do FPPC.

98. Enunciado nº 65 da I Jornada de Direito Processual Civil do Conselho da Justiça Federal (CJF): "A desistência do recurso pela parte não impede a análise da questão objeto do incidente de assunção de competência. "

99. Enunciado nº 655 do FPPC: "Desde que presentes os requisitos de cabimento, os incidentes de uniformização de jurisprudência pendentes de julgamento na vigência do CPC/2015 deverão ser

feição, instituído pela lei estadual (RS) n. 10.002/93, em favor dos servidores estaduais, mas que, em razão do valor pecuniário do mesmo ter sido fixado pela última vez pelo decreto n. 35.139/1994, os pedidos judiciais de pagamento acabaram resultando em entendimentos judiciais distintos, ou seja, alguns magistrados entenderam não ser devido pelo Estado o vale- refeição, já que não se tinha novos valores fixados, enquanto outros juízes decidiam em sentido contrário.

Tal circunstância resultou num dissídio entre a 3ª Câmara Cível do TJRS, que reconheceu o direito dos servidores ao referido benefício e a 4ª Câmara Cível do TJRS, com entendimento contrário.

E na sessão de julgamento da 4ª Câmara, de 19.5.2010, foi reconhecida a assunção de competência, na forma do art. 555, §1°, do CPC/1973, determinando a suspensão de todos os recursos pertinentes ao tema no TJRS. Ao final, o incidente foi julgado pela 2ª Turma do TJRS (processo n° 70036863231 e acolhido por unanimidade (8 votos).

Na mesma oportunidade, a referida Turma julgou as apelações, reconhecendo o direito de os servidores públicos estaduais receberem o vale-refeição mensal, por maioria (5x3), resolvendo a divergência existente e promovendo o alcance da segurança jurídica.

Então, a assunção de competência se mostrou instrumento útil na promoção da economia processual, bem como no alcance à segurança jurídica.[100]

Na dicção do Ministro Sidnei Benetti, do STJ, "talvez mais nociva que a morosidade e a perda da qualidade jurisdicional, contudo, seja a dispersão jurisprudencial decorrente do julgamento individualístico (...). Essa dispersão gera perplexidades nos participantes dos negócios e incompreensão pública das coisas da Justiça(...) (RP 171/12)."[101]

Outro exemplo diz respeito ao direito de uma gratificação por assiduidade, paga aos professores do Estado de São Paulo. A Seção de Direito Público do Tribunal de Justiça do Estado de São Paulo, na ocasião presidida pelo desembargador Antônio Carlos Viana Santos, fez uso do instituto da assunção de competência previsto no §1º do artigo 555 do Código de Processo Civil de 1973.

No caso em tela, o que se discutia era o direito ou não ao pagamento da referida gratificação que o Governo do Estado de São Paulo oferecia no final do ano aos professores que foram assíduos durante o ano letivo. Beneficiários de ex-docentes, que recebiam pensão estadual, pediam a incorporação da gratificação em seus benefícios. Em defesa, o Instituto de Previdência do Estado

---

processados conforme as regras do incidente de resolução de demandas repetitivas ou do incidente de assunção de competência, especialmente as atinentes ao contraditório. "

100. Disponível em: <https://espaco-vital.jusbrasil.com.br/noticias/2263924/o-fim-do-desconforto-de-decisoes-judiciais-opostas-em-situacoes-identicas>. Acesso em: 03.09.2019.

101. Idem.

de São Paulo- Ipesp rebatia o pedido com base no argumento de que a gratificação chamada 'bônus mérito' é uma vantagem em prol do trabalho que está sendo realizado. Desta forma, ao cessar o trabalho, desaparece o fato que dá causa à gratificação e o seu pagamento deve ser suspenso.

A juíza de Primeira Instância julgou a favor do Ipesp e, diante da apelação dos pensionistas, a Décima Câmara de Direito Público – em julgamento que teve a participação dos desembargadores Antônio Celso Aguillar Cortez, Reinaldo Miliuzzi, Antônio Carlos Villen e Teresa Ramos Marques – decidiu evocar a assunção de competência e encaminhar a questão à Seção de Direito Público. Por conta do elevado número de processos que tratava do mesmo tema e da divergência que vinha ocorrendo entre as câmaras, a Décima Câmara considerou importante "dar a todos aqueles que estão em idêntica situação jurídica idêntico tratamento."[102]

De acordo com Teresa Ramos Marques, relatora da apelação, em seu voto, "o deslocamento do julgamento permitiria o conhecimento da jurisprudência dominante sobre o tema, ensejando não só maior celeridade no julgamento dos demais processos em andamento, como também a influência do entendimento majoritário". E ainda afirmou que, embora a decisão dali gerada não fosse vinculante, "o entendimento jurisprudencial dominante convence a minoria, que também prefere evitar a injustiça do tratamento desigual". E concluiu que a tomada de posição uniforme "reflete até mesmo na conduta processual das partes, pois tendem a cessar a interposição de recursos quando constatam que serão ineficazes".

Ao final, a tese vencedora, votada pelos membros da Seção de Direito Público, foi no sentido de que não cabe aos pensionistas e aposentados o direito de receber o bônus.[103]

Já na constância do CPC/2015, o Superior Tribunal de Justiça admitiu e julgou o primeiro incidente de assunção de competência desde que esse instituto foi revitalizado e fortalecido pelo aludido *Codex*.

Com a aprovação do incidente, a 2ª Seção do STJ julgou o recurso especial EREsp nº 1604412 / SC (2016/0125154-1, inicialmente distribuído à Terceira Turma – que discutiu os seguintes temas: cabimento da prescrição intercorrente e a eventual imprescindibilidade de intimação prévia do credor; necessidade de oportunidade para o autor dar andamento ao processo paralisado por prazo superior àquele previsto para a prescrição da pretensão veiculada na demanda, restando na ementa do julgado os seguintes termos:

RECURSO ESPECIAL. INCIDENTE DE ASSUNÇÃO DE COMPETÊNCIA. AÇÃO DE EXECUÇÃO DE TÍTULO EXTRAJUDICIAL. PRESCRIÇÃO INTERCORRENTE DA PRETENSÃO EXECUTÓRIA. CABIMENTO. TERMO INICIAL. NECESSIDADE

---

102. Disponível em: <https://tj-sp.jusbrasil.com.br/noticias/170044/secao-de-direito-publico-se-reune-para-firmar-jurisprudencia?ref=topic_feed>. Acesso em: 21.10.2018.

103. Idem.

DE PRÉVIA INTIMAÇÃO DO CREDOR-EXEQUENTE. OITIVA DO CREDOR. INEXISTÊNCIA. CONTRADITÓRIO DESRESPEITADO. RECURSO ESPECIAL PROVIDO. 1. As teses a serem firmadas, para efeito do art. 947 do CPC/2015 são as seguintes: 1.1 Incide a prescrição intercorrente, nas causas regidas pelo CPC/73, quando o exequente permanece inerte por prazo superior ao de prescrição do direito material vindicado, conforme interpretação extraída do art. 202, parágrafo único, do Código Civil de 2002. 1.2 O termo inicial do prazo prescricional, na vigência do CPC/1973, conta-se do fim do prazo judicial de suspensão do processo ou, inexistindo prazo fixado, do transcurso de um ano (aplicação analógica do art. 40, § 2º, da Lei 6.830/1980). 1.3 O termo inicial do art. 1.056 do CPC/2015 tem incidência apenas nas hipóteses em que o processo se encontrava suspenso na data da entrada em vigor da novel lei processual, uma vez que não se pode extrair interpretação que viabilize o reinício ou a reabertura de prazo prescricional ocorridos na vigência do revogado CPC/1973 (aplicação irretroativa da norma processual). 1.4. O contraditório é princípio que deve ser respeitado em todas as manifestações do Poder Judiciário, que deve zelar pela sua observância, inclusive nas hipóteses de declaração de ofício da prescrição intercorrente, devendo o credor ser previamente intimado para opor algum fato impeditivo à incidência da prescrição. 2. No caso concreto, a despeito de transcorrido mais de uma década após o arquivamento administrativo do processo, não houve a intimação da recorrente a assegurar o exercício oportuno do contraditório. 3. Recurso especial provido. (STJ. Segunda Seção. REsp: 1604412 SC 2016/0125154-1, Rel. Ministro Marco Aurélio Bellizze, Julg. 27.06.2018, *DJe* 22.08.2018).

Importa ainda destacar do trâmite procedimental do IAC supra, que o relator do recurso, Ministro Felix Fischer, propôs a assunção de competência para que o caso fosse julgado na Segunda Seção, tendo em vista a relevância das questões jurídicas e a divergência de entendimentos entre a Terceira e a Quarta Turmas do tribunal, especializadas em direito privado.

A decisão do relator seguiu as regras do **artigo 271-B** do Regimento Interno do STJ e do **art. 947** do novo CPC.

Nisso, conforme já referido, o IAC pode ser proposto pelo relator, quando o processo envolver relevante questão de direito, com grande repercussão social e sem repetição em múltiplos processos (quando o caso pode ser submetido ao rito dos recursos repetitivos).

A partir do regramento do próprio CPC, o STJ operou regulamentação em seu Regimento Interno a partir da publicação da **Emenda Regimental 24,** de 28 de setembro de 2016. Por meio do incidente, o processo pode ser julgado por um órgão fracionário diferente daquele que teria, originalmente, competência para a matéria.

Assim como os recursos especiais repetitivos e os enunciados de súmula do STJ, os acórdãos proferidos em julgamento de IAC são identificados como "precedentes qualificados" (art. 121-A do Regimento Interno). Na prática, isso significa que as teses adotadas em assunção de competência devem ser observadas de forma estrita por juízes e tribunais.

Vale acrescentar que, para garantir a observância dos acórdãos proferidos em julgamento de IAC, caberá Reclamação da parte interessada ou do Ministério Público, conforme o inciso IV do **artigo 988** do CPC.[104]

A título de apontamentos para fins de observância do incidente em tela e sua maior abrangência em demais áreas, importante se faz destacar que a assunção de competência alcança, igualmente, o Direito Processual do Trabalho,[105] sendo, até antes do advento do CPC/2015, utilizada pelos tribunais trabalhistas por meio de aplicação subsidiária do art. 555 do §1º do CPC/1973. No entanto, passou a ser por utilizada pelos respectivos tribunais laborais, mais especificamente no Recurso de Revista, por força da Lei n.13.015, de 21 de julho de 2014, que promoveu profundas alterações na CLT, sobretudo no capítulo atinente aos recursos trabalhistas, em especial sobre os Recursos de Revista, tratando ainda de temas de relevância, como uniformização da jurisprudência, recursos repetitivos e assunção de competência.

No que se refere à aplicação da assunção de competência pela Justiça do Trabalho, ainda por meio de utilização subsidiária do Código de Processo Civil revogado, quando não se tinha lei específica afeta à matéria, pôde-se ilustrar através da situação específica apresentada no Agravo de Petição, interposto no processo de Execução Fiscal originário da 4ª Vara do Trabalho de Vitória- Tribunal Regional do Trabalho da 17ª Região, (Processo n. 0104100-25.2005.5.17.0004),[106] cujo Relator foi o Desembargador Carlos Henrique Bezerra Leite, ocasião em que se discutia a aplicação ou não da remissão prevista na Lei n.11.941/09, no tocante à interpretação do § 1º, do artigo 14, ocasião em que o Relator, considerando tratar-se de matéria envolvendo interesse público, manifestou-se no sentido de submeter a questão ao Tribunal Pleno, aplicando, assim, a assunção de competência para o julgamento do recurso nos termos do artigo 555, § 1º do CPC/1973.

---

104. Cf. GAIO JÚNIOR, Antônio Pereira. Ação de Reclamação como instrumento processual no controle da atuação judicante dos tribunais e seu lugar no novo CPC. *In*: DIDIER JR. et al. (Coords.). *Precedentes*. 2 ed. Salvador: JusPodivm, 2016, p.631-632.
    Sobre a Reclamação, vale ainda pontuar o importante Enunciado nº 558 do FPPC: "Caberá reclamação contra decisão que contrarie acórdão proferido no julgamento dos incidentes de resolução de demandas repetitivas ou de assunção de competência para o tribunal cujo precedente foi desrespeitado, ainda que este não possua competência para julgar o recurso contra a decisão impugnada. "

105. Enunciado nº 167 do FPPC: "Os tribunais regionais do trabalho estão vinculados aos enunciados de suas próprias súmulas e aos seus precedentes em incidente de assunção de competência ou de resolução de demandas repetitivas. "
    Enunciado nº 335 do FPPC: "O incidente de assunção de competência aplica-se ao processo do trabalho."

106. Disponível em:< http://www.trt17.gov.br>. Acesso em 18.10.2019.

Em consonância com o posicionamento do relator, os demais julgadores, por unanimidade, se posicionaram favoráveis à submissão da questão ao Tribunal Pleno do referido TRT, o qual foi submetido à sessão ordinária do Pleno do dia 23/06/10, ante o pedido de vista do Desembargador José Luiz Serafini, após, por maioria, admitir a assunção de competência no tocante à interpretação do § 1º, do artigo 14, da Lei 11.941/09 e, quanto ao ônus da União demonstrar a dívida separada ou globalmente sobre cada débito, isto porque o mencionado dispositivo legal determina, justamente, que a remissão se dará dentro dos limites de prazo e valores estabelecidos no caput do art. 14 e que tal limite deve ser considerado por sujeito passivo, separadamente, de acordo com a natureza do débito com a união.

Em decorrência de a matéria ter sido debatida na sessão oriunda da assunção de competência pelo Pleno do referido Tribunal, foi editada a Súmula nº 12 do TRT/17, consolidando entendimento sobre o tema, evitando-se, assim, a proliferação de decisões divergentes.

Outra situação afeta ao processo do trabalho decorreu da necessidade de o Tribunal Regional do Trabalho do Paraná compor divergências decorrentes de entendimentos variados sobre o prazo prescricional para o exercício do direito de ação, no qual se pleiteava o pagamento de diferenças sobre a multa do FGTS, diferenças estas advindas de expurgos inflacionários.

Os pedidos eram pautados na Lei Complementar nº 110, de 29 de junho de 2001, que reconheceu as lesões praticadas e estabeleceu os índices devidos, atribuindo aos trabalhadores o direito à correção do FGTS pelos expurgos inflacionários relativos aos planos econômicos denominados "Collor I" e "Verão". E, a partir daí discussões surgiam quanto ao prazo prescricional para propositura da referida ação.

Assim, visando prevenir e/ou compor divergências, a Segunda Turma do TRT/PR, suscitou assunção de competência ao Pleno daquele Tribunal Regional e, tendo sido reconhecido o interesse público na matéria, o mesmo admitiu a referida assunção nos termos do art. 55, I do Regimento Interno, conforme Certidão de Julgamento no processo TRT-PR 51068-2004-658-09-00-6 (ROPS 01436-2004)- de 25.10.2004.[107]

Tendo como Relatora a Desembargadora Ana Carolina Zaina, o Pleno reconheceu o precedente intramuros, firmando sobre o tema o entendimento de ser "da data da publicação da lei complementar o termo inicial da prescrição para reclamar",[108] justificando o posicionamento com a afirmativa de que somente com o advento da Lei Complementar n. 110, de 29 de junho de 2001, restou reconhecido o direito dos trabalhadores à correção do FGTS pelos citados expurgos inflacionários. Logo, o direito de ação para os empregados dis-

---

107. Disponível em : <http:// www.trt9.jus.br.> Acesso em 20.10.2019.

108. Idem.

pensados antes da referida lei foi renovado, iniciando a fluência de prazo a partir da data de sua publicação.[109]

Com base em tal posicionamento firmado pelo Pleno Regional, a Justiça do Trabalho do Paraná, por meio de seus magistrados, passou a adotar o referido posicionamento de forma a se evitar decisões discrepantes. Evidencia-se, portanto, mais uma vez, a contribuição da assunção de competência na promoção do acesso à justiça.

Conforme redação atribuída ao *caput* do artigo 896-C da CLT, resultante da Lei n. 13.015/2014, a CLT passou a prever que quando houver multiplicidade de recursos de revista fundados em idêntica questão de direito, a questão poderá ser afetada à Seção Especializada em Dissídios Individuais ou ao Tribunal Pleno, por decisão da maioria simples de seus membros, mediante requerimento de um dos Ministros que compõem a Seção Especializada, considerando a relevância da matéria ou a existência de entendimentos divergentes entre os Ministros dessa Seção ou das Turmas do Tribunal.

E este é justamente o incidente de assunção de competência, tratado na lei trabalhista como afetação de competência, sendo cabível apenas para o Recurso de Revista no Tribunal Superior do Trabalho, mas buscando alcançar os mesmos propósitos já idealizados pelo processo civil quando de sua construção.

No que se refere ao procedimento a ser adotado pelo tribunal, neste caso específico de assunção de competência trabalhista, conforme determina o § 2º, do artigo 896-C, da CLT, o Presidente da Turma ou da Seção Especializada que afetar processo para julgamento sob o rito dos recursos repetitivos deverá expedir comunicação aos demais Presidentes de Turma ou de Seção Especializada, que poderão afetar outros processos sobre a questão para julgamento conjunto, a fim de conferir ao órgão julgador visão global da questão.

E, complementando o raciocínio, tem-se o § 5º do mesmo artigo, o qual deixa claro que o "*relator no Tribunal Superior do Trabalho poderá determinar a suspensão dos recursos de revista ou de embargos que tenham como objeto controvérsia idêntica à do recurso afetado como repetitivo.*"

Desta forma, fica evidenciado que a Lei n. 13.015/14, ao inserir a assunção de competência na CLT, se apropriou da técnica posteriormente prevista no CPC, visando obter não só maior celeridade no processamento dos julgamentos dos recursos de revista, mas também possibilitando a redução das divergências nos resultados dos julgados, o que implica na obtenção de segurança jurídica, convergindo também para o cumprimento do art. 5º, inciso LXXVIII, da CF e art. 6º do CPC/2015, sínteses garantistas da duração do processo em tempo razoável, com obtenção de decisão de mérito justa e efetiva.

---

109. Idem.

4. INCIDENTE DE ARGUIÇÃO DE INCONSTITUCIONALIDADE

Consta do Livro III, Título I, Capítulo IV, mais precisamente nos arts. 948 a 950 do CPC o denominado Incidente de Arguição de Inconstitucionalidade.

Na verdade, no âmbito do sistema constitucional brasileiro, tem-se como vias de realização do controle de constitucionalidade da lei: a) via direta, por meio de ação específica cuja competência é do Supremo Tribunal Federal, em controle concentrado (arts. 102, I, "a", e 103 da CF) e dos Tribunais Estaduais (art. 125, § 2º, da CF); b) via incidental, em controle difuso, facultando às partes, no curso do processo, suscitar o incidente de inconstitucionalidade, podendo, por isso, ser tal controle realizado ou conhecido por qualquer juiz de qualquer instância no âmbito do Poder Judiciário pátrio.[110]

4.1 PROCEDIMENTO

Qualquer das partes *ex adversas*, o próprio Ministério Público ou mesmo qualquer dos magistrados no decorrer da demanda, poderá suscitar incidentalmente a inconstitucionalidade de lei ou ato normativo do Poder Público, devendo o incidente ser sempre formado antes de concluído o julgamento do recurso (ou da ação originária) pelo colegiado, logicamente, por razões naturais,[111] sendo então, arguida a inconstitucionalidade em qualquer peça do processo, inclusive por meio de petição avulsa juntada aos autos durante a tramitação do mesmo perante o órgão fracionário, ou até, se for o caso, em sede de sustentação oral.

Entende-se que não há preclusão quanto à questão de direito que discute a inconstitucionalidade de uma lei ou ato normativo. Assim, observada no julgamento de determinado caso concreto a inconstitucionalidade de lei ou ato normativo do Poder Público, qualquer dos partícipes processuais supracitados, aptos para a alegação do presente incidente, poderá levantar a questão prejudicial, essa que envolve a inconstitucionalidade sobre matéria jurídica *in casu*, impedindo assim o prosseguimento da análise relativa ao conflito substancial, objeto da demanda.

Uma vez arguido em controle difuso inconstitucionalidade de determinada lei ou ato normativo do poder público e então paralisado o feito, caberá ao relator, após oitivas do Ministério Público e das partes, submeter a questão à turma ou à câmara à qual competir o conhecimento do processo.

Assim, em sendo a arguição de inconstitucionalidade de lei ou ato normativo rejeitada, prosseguirá o julgamento. Do contrário, ou seja, acolhida a ar-

110. Quando dito reconhecimento se der por órgão colegiado (Tribunal), determinado e apropriado procedimento deverá ser obedecido, conforme se depreende do art. 97 da CF.

111. MARINONI, Luiz Guilherme; ARENHART, Sérgio Cruz. *Manual do Processo de Conhecimento*. 2. ed. São Paulo: RT, 2003, p. 637.

guição, será a questão submetida ao plenário do Tribunal ou ao órgão especial para tanto, onde houver. Vale dizer que, de acordo com o parágrafo único do art. 949 do CPC, quando já houver pronunciamento da questão pelo plenário STF ou mesmo pelo plenário ou órgão especial do tribunal em questão, os órgãos fracionários não submeterão a arguição de inconstitucionalidade a tais órgãos (plenário ou órgão especial).[112]

A aplicabilidade de tal regra, portanto, se dará quando a decisão pacificada nos Tribunais advenha de ação direta de constitucionalidade movida no âmbito STF ou dos Tribunais, cujos efeitos vincularão a todos, indistintamente. Contrariamente, ocorre quando a decisão se faz prolatada no curso do processo, de forma incidental, a qual somente terá efeito entre os partícipes da demanda.

Enviada cópia do acórdão a todos os magistrados, o presidente do tribunal designará a respectiva data da sessão de julgamento.

Podem as pessoas jurídicas de direito público responsáveis pela edição do ato normativo questionado se manifestar no âmbito do incidente de inconstitucionalidade, isso caso requeiram, sempre observando os prazos e as condições para tanto, previstas do regimento interno do tribunal.

As pessoas legitimadas para a propositura das ações dispostas no art. 103 da Constituição Federal[113] poderão se manifestar, sempre por escrito, acerca da questão constitucional objeto de apreciação na arguição em tela, no prazo determinado pelo regimento interno do tribunal, sendo assegurado também o direito de apresentar memoriais ou de requerer a juntada de documentos (§2º do art. 950).

Vale dizer que poderá o relator, por sua análise e convencimento, considerando a relevância da matéria bem como a representatividade dos postulantes da referida arguição de inconstitucionalidade, admitir a manifestação de outros órgãos ou entidades e isso se dará por despacho irrecorrível (§3º do art. 950).

---

112. Súmula n.513 do STF: "A decisão que enseja a interposição de recurso ordinário ou extraordinário não é a do plenário, que resolve o incidente de inconstitucionalidade, mas a do órgão (câmaras, grupos ou turmas) que completa o julgamento do feito."

113. *"Art. 103. Podem propor a ação direta de inconstitucionalidade e a ação declaratória de constitucionalidade: (Redação dada pela Emenda Constitucional nº 45, de 2004)*
I - o Presidente da República;
II - a Mesa do Senado Federal;
III - a Mesa da Câmara dos Deputados;
IV a Mesa de Assembléia Legislativa ou da Câmara Legislativa do Distrito Federal;
V o Governador de Estado ou do Distrito Federal;
VI - o Procurador-Geral da República;
VII - o Conselho Federal da Ordem dos Advogados do Brasil;
VIII - partido político com representação no Congresso Nacional;
IX - confederação sindical ou entidade de classe de âmbito nacional."

Interessa aqui pontuar que ao plenário caberá o julgamento da questão referente especificamente à inconstitucionalidade e então ao órgão fracionado restará julgar a lide, aplicando ao caso concreto a decisão do plenário.[114]

Como já informado linhas atrás, da decisão do órgão fracionário, esse que se incumbirá da aplicação do entendimento fornecido pelo Tribunal acerca da inconstitucionalidade da regra ao caso concreto, caberá recurso específico de acordo com a natureza do conteúdo da decisão proferida.

Nisso sustenta a Súmula 513 do STF:

"A decisão que enseja a interposição de recurso ordinário ou extraordinário não é a do plenário, que resolve o incidente de inconstitucionalidade, mas a do órgão (Câmara, Grupos de Turmas) que completa o julgamento do feito."

5. CONFLITO DE COMPETÊNCIA

Conforme já fora estudado no Capítulo 8 da presente obra, dar-se-á o conflito de competência diante da discordância de dois ou mais juízos quanto a respeito da competência de determina demanda.

Nestes termos o incidente processual que serve à solução de tal *questio* é o Conflito de Competência.

É fato que, para a ocorrência do presente conflito, deve haver real e efetiva discordância entre os aludidos juízos.[115]

a) Art. 66 do CPC – formas de conflito

- Conflito positivo: quando dois ou mais juízes (na verdade, juízos) se declaram competentes.
- Conflito negativo: quando dois ou mais juízes se declaram incompetentes, atribuindo um ao outro a referida competência.

Interessante observar que, diferentemente do CPC/1973, o CPC/2015 tratou de regular o procedimento para a solução do Conflito de Competência no Livro III da Parte Especial, livro este nominado "Dos Processos nos Tribunais e dos Meios de Impugnação das Decisões Judiciais", mais precisamente, nos arts. 951 a 959.

Poderá o conflito ser suscitado por qualquer das partes, pelo Ministério Público ou mesmo pelo juiz ao tribunal hierarquicamente superior aos juízes envolvidos na divergência (art. 953), devendo-se levar em consideração a ex-

114. Nesta toada, anda bem a ideia acostada ao seguinte julgado: "Se o único fundamento da causa é a inconstitucionalidade de texto de lei, inexistindo matéria remanescente a ser decidida, é desnecessário que a Corte Especial devolva os autos ao órgão julgador que a suscitou, para completar-lhe o julgamento, devendo, desde logo, decidir o feito, a fim de evitar procrastinação incompatível com os princípios que regem o processo moderno." (RSTJ 90/23 – Corte Especial).

115. STJ. 3ª Seção. CC 77.818/RJ. Rel. Min. Maria Thereza de Assis Moura. Julg. 25.04.2007, *DJ* 14.05.2007.

ceção do art. 952, *caput*, onde se proíbe de suscitar o conflito a parte que, no processo, arguiu a incompetência relativa.

Serão as informações prestadas pelos juízes envolvidos ou por apenas um deles (art. 954). Isto, caso não haja, (i) súmula do STF, do STJ ou do próprio tribunal; (ii) tese firmada em julgamento de casos repetitivos ou em incidente de resolução de assunção de competência, pois que, em tais casos, poderá o relator decidir, de plano, o conflito de competência(parágrafo único do art. 955).[116] No âmbito do tribunal, o conflito será distribuído a um relator que designará, de ofício ou a requerimento de qualquer das partes, um dos juízes para resolver em caráter provisório, as medidas urgentes (art. 955, *caput*), preceituando o art. 957 sobre a decisão do conflito, bem como pronunciamento sobre a validade dos atos praticados pelo juiz incompetente.

Urge, aqui, fazer os seguintes apontamentos:

- O Ministério Público somente será ouvido nos conflitos de competência que envolva interesse público ou social, interesse de incapaz e em litígios coletivos pela posse de terra rural ou urbana (art. 178 do CPC). Por outro lado, terá qualidade de parte naqueles em que suscitar (art. 951, parágrafo único), tratando-se, pois, de matéria de ordem ou interesse público.

- Nos conflitos que envolver órgãos fracionários dos tribunais (*v.g.*, Turmas, Seções, Câmaras), caberá ao Regimento Interno do respectivo tribunal regular o conflito (art. 958).[117]

b) Forma de caracterização do conflito

- Conflito positivo (art. 66, I): quando dois ou mais juízos se dão por competentes para julgar a mesma causa, sendo, portanto, necessário que se esteja diante de causa única.

Não há necessidade de que haja decisão expressa proclamando a competência para que se caracterize o conflito positivo de competência, basta a prática de atos por ambos, indicando que, implicitamente, se deram por competentes. Ex.: processo de execução com precatória para que outro juízo penhore bens. Neste caso, a competência para se conhecer dos embargos é do juízo deprecante e não do deprecado. Neste sentido, não pode o juízo

---

116. Trata-se, como se nota, de uma opção do relator em proferir o julgamento de forma monocrática, obviamente, desde que esteja seguro e convencido para tanto.
Aliás, neste aspecto, vale ressaltar a importante lição de DINAMARCO, ao relevar que deve o relator "com honestidade profissional, abster-se de julgar quando sentir que a matéria não é tão segura que legitime esses verdadeiros atalhos procedimentais instituídos pela lei." DINAMARCO, Cândido Rangel. O relator, a jurisprudência e os recursos. *In*: WAMBIER, Tereza Arruda Alvim; NERY JR., Nelson. (Coords.) *Aspectos polêmicos e atuais dos recursos cíveis*. São Paulo: RT, 1999, p.127- 145.

117. Súmula n. 3 do STJ: "Compete ao Tribunal Regional Federal dirimir conflito de competência verificado, na respectiva região, entre juiz federal e juiz estadual investido de jurisdição federal."

deprecado conhecer dos embargos à execução, sob pena de configurar um conflito positivo.[118]

– Conflito negativo (art. 66, II): quando dois ou mais juízos se dão por incompetentes para o julgamento da mesma causa, no entanto, atribuindo um ao outro a competência.

Se o juízo para quem foi endereçada a causa se der por incompetente e remetê-la para o que julga ser o competente, não existirá ainda o conflito se este também se der por incompetente e remeter os autos a um terceiro juízo, conforme se depreende do parágrafo único do art. 66 do CPC:

"O juiz que não acolher a competência declinada deverá suscitar o conflito, salvo se a atribuir a outro juízo."

Nisso, o conflito negativo só se caracteriza quando um deles se der por incompetente e afirmar a competência de um dos juízos que já se declarou incompetente.[119]

---

118. "PROCESSO CIVIL. CONFLITO POSITIVO DE COMPETÊNCIA. AÇÕES RELACIONADAS À ESCOLHA DE DIRIGENTES SINDICAIS. COMPETÊNCIA DO JUÍZO DO TRABALHO. 1. Conflito positivo de competência suscitado em 2008, visando à definição do Juízo competente para o processamento de ações que versam a escolha de dirigentes sindicais. 2. "Após a Emenda Constitucional n.º 45/04, a Justiça do Trabalho passou a deter competência para processar e julgar não só as ações sobre representação sindical (externa - relativa à legitimidade sindical, e interna - relacionada à escolha dos dirigentes sindicais), como também os feitos intersindicais e os processos que envolvam sindicatos e empregadores ou sindicatos e trabalhadores" (CC 48.891/PR, Rel. Min. Castro Meira, 1ª Seção, DJ de 01/08/2005). 3. Conflito de competência conhecido para declarar a competência do Juízo do Trabalho."
(STJ. 2ª Seção. CC: 113723 SP 2010/0149135-1, Rel. Min. Nancy Andrighi. Julg. 13.08.2014, *DJe* 19.08.2014).
"CONFLITO POSITIVO DE COMPETÊNCIA. FALÊNCIA. COMPENSAÇÃO DE CRÉDITO E OUTORGA DE ESCRITURA. JUÍZOS CÍVEL COMUM E FALIMENTAR. ATOS DE EXECUÇÃO. COMPETÊNCIA DO JUÍZO EM QUE SE PROCESSA A FALÊNCIA. 1. O art. 24, § 2º, II, do Decreto-Lei n. 7.661/1945 teve sua redação revogada com o advento da Lei n. 11.101/2005 (art. 6º, § 1º), acarretando redução das hipóteses não submetidas aos efeitos da falência/recuperação. De fato, o cotejo dos dispositivos legais permite concluir que, com a restrição ocorrida após a entrada em vigor da nova Lei de Falências e Recuperação Judicial, as demandas relativas à quantia ilíquida continuam tramitando no juízo em que estiverem sendo processadas. 2. Na verdade, na hipótese em julgamento, busca-se a execução de crédito remanescente reconhecido em favor do autor em ação de conhecimento que tramitou no Juízo de Direito da 20ª Vara Cível de Cuiabá, ou seja, o pagamento de crédito apurado em outro órgão judicial, cuja competência é do Juízo da falência para o prosseguimento dos atos de execução em desfavor da massa falida (in casu, a Encol S.A.). 3. Conflito de competência conhecido para declarar competente o Juízo de Direito da 11ª Vara Cível de Goiânia/GO." (STJ. 2ª Seção. CC: 118734 GO 2011/0203069-3, Rel. Min. Luis Felipe Salomão. Julg. 14.08.2014, *DJe* 25.08.2014).

119. "CONFLITO DE COMPETÊNCIA NEGATIVO. INTERDIÇÃO. FORO DO DOMICÍLIO DO INTERDITANDO. PRINCÍPIO DA PERPETUATIO JURISDICTIONIS. Para efeitos de definição da competência tratando-se de interdição, é competente o foro do domicílio do interditando, que é a sua própria residência, e não a clínica onde esteve ou está internado. Ainda que no curso da lide a interditanda venha a ser internada numa clínica ou qualquer outro estabelecimento, tal fato não altera a competência determinada quando da propositura da ação, nos termos do art. 87 do

c) Conflito acerca da reunião ou separação de processos (art. 66, III)

– O réu alega conexão e pede a reunião dos processos e o juiz da causa nega a remessa dos autos ao juízo prevento, dando-se também como competente (conflito positivo).

– O juiz acolhe a alegação do réu e remete os autos ao juízo prevento que rejeita também a competência para julgar a causa, suscitando então o conflito, dado considerar ser competente aquele que lhe declinou a competência (conflito negativo).

De qualquer forma, somente após a manifestação expressa de dois ou mais juízos que discutem a reunião das ações conexas é que poderá se caracterizar o conflito de competência (art. 66, III).[120]

6. HOMOLOGAÇÃO DE DECISÃO ESTRANGEIRA E CONCESSÃO DO *EXEQUATUR*[121] À CARTA ROGATÓRIA

Em sintonia com os conteúdos já por nós enfrentados, quando da análise dos novos endereços jurisdicionais e o papel da soberania estatal perante

---

CPC que consagra o princípio da perpetuatio jurisdictionis. Competente é o juízo em que se situa o endereço da residência da interditanda, e não o que abrange o endereço da clínica. Provimento do conflito declarando a competência do Juízo suscitado." (TJ-RJ. 22ª Câmara Cível CC: 00157643620148190000 RJ 0015764-36.2014.8.19.0000. Rel. Des. Rogerio de Oliveira Souza. Julg. 03.04.2014. *DJ* 07.04.2014).

"CONFLITO DE COMPETÊNCIA. NEGATIVO. MULTA ELEITORAL. EXECUÇÃO FISCAL. AÇÃO DECLARATÓRIA DE NULIDADE. PROCEDENCIA DO CONFLITO. DECLARADA A COMPETENCIA DO JUÍZO DA 71ª ZONA ELEITORAL. -Conflito julgado procedente para declarar a competência do Juízo da 71ª Zona Eleitoral. -Deve-se reconhecer a competência do Juízo que proferiu a decisão supostamente ilegal para processar e julgar a ação anulatória de multa eleitoral, bem como a execução fiscal dela decorrente. - Ocorrência de conexão por prejudicialidade (art. 103 do CPC)." (TRE-PB.CC: 1973 PB, Rel. Des. Breno Wanderley César Segundo. Julg. 02.10.2014, *DJe* 06.10.2014).

120. "CONFLITO POSITIVO DE COMPETÊNCIA. CONFIGURAÇÃO. CONTROVÉRSIA ACERCA DA REUNIÃO DE PROCESSOS. CPC, ART. 115, III. ADEMAIS, POSSIBILIDADE DE DECISÕES CONFLITANTES. INTERPRETAÇÃO EXTENSIVA DO REFERIDO DISPOSITIVO LEGAL. PRECEDENTES. INAPLICABILIDADE DO ÓBICE ESTABELECIDO NO ART. 117 DO CPC. ESTATUTO DA CRIANÇA E DO ADOLESCENTE. AÇÕES EM QUE SE DISCUTEM, ALÉM DO DIVÓRCIO DO CASAL, A GUARDA DE MENOR. AJUIZAMENTO DE DIVERSAS DEMANDAS EM ESTADOS DIFERENTES PELO PAI E PELA MÃE. FIXAÇÃO DA COMPETÊNCIA DO JUÍZO DO DOMICÍLIO DE QUEM EXERCE A GUARDA DA MENOR." (STJ. 2ª Seção. CC: 127109 AM 2013/0060534-5. Rel. Min. Paulo de Tarso Sanseverino. Julg. 26.06.2013, *DJe* 01.07.2013).

121. A palavra *exequatur*, expressão latina, forma verbal que significa *execute-se, cumpra-se*, se faz empregada no Brasil para a admissão de carta rogatória. No entanto a doutrina alienígena, de um modo geral, designa-a para a aceitação de sentença, o que, em princípio, não ocorre entre os doutrinadores e legisladores brasileiros, que optam por referir-se à *homologação* ou ao *reconhecimento* como o caminho para a exequibilidade da sentença estrangeira. Quatro expressões – homologação, *exequatur*, reconhecimento e delibação, nessa ordem são, por vezes, empregadas para indicar a aceitação, pelo sistema jurídico brasileiro, da sentença estrangeira, ressaltando-se ser mais técnico e mais usado o termo *homologação*. Ver, entre muitos, DE'OLMO, Florisbal de Souza. *Direito Internacional Privado*. 6. ed. Rio de Janeiro: Forense, 2006, p. 71-72.

o movimento transformador ou mesmo flexibilizador da clássica construção conceitual da função judicante do Estado, a Jurisdição, seja ela poder, função ou mesmo atividade do Estado[122] é ato de soberania estatal e, nesse sentido, restringe-se, em princípio, aos seus limites territoriais.

Importantes princípios de cooperação internacional[123] recomendam que decisões proferidas em tribunais alienígenas possam produzir efeitos em uma variedade de países. O fenômeno é deveras interessante, pois que avança na ideia segundo a qual determinado magistrado nacional poderá recepcionar a decisão proferida por outro sistema jurisdicional.

Trata-se, portanto, da denominada Homologação de Decisão Estrangeira, tendo-se como homologação o ato que torna uma decisão estrangeira exequível na ordem jurídica interna, ou seja, permissão para que se efetive em um país a execução de determinada decisão proveniente de órgão judiciário de outro.

Por outro lado, cabe pontuar que o sistema de recepção de decisões estrangeiras não conhece uma regra universalmente harmônica, existindo, por isso, países que não atribuem valor às decisões decorrentes de Cortes estrangeiras, outros praticam a denominada *reciprocidade* pura sem formalidades, têm-se ainda aqueles que emprestam caráter meramente *probatório* aos provimentos estrangeiros e, por fim, os que reconhecem na decisão estrangeira a mesma eficácia da decisão nacional mediante um prévio *juízo de delibação*,[124] por meio do qual se verifica o cumprimento de requisitos necessários à nacio-

---

122. NEVES, Celso. *Estrutura Fundamental do Processo Civil*. Rio de Janeiro: Forense, 1997, p. 3. No mesmo sentido, confira o Capítulo 3 da presente obra.

123. Em se tratando, especificamente, do Processo Civil Internacional, tema que muito deve se ocupar o processualista hodierno, comprometido com seu tempo, sobretudo pelo que se tem com viva realidade em nossos tempos aquilo bem expressado por BOBBIO como uma real "mundialização" e "multiplicação" dos direitos (BOBBIO, Norberto. *A Era dos Direitos*. Rio de Janeiro: Campus, 1992, p. 68 e ss.) e a sempre necessária instrumentalização do processo como instrumento de realização do direito material,seja em nível interno ou mesmo externo ao nacional de qualquer Estado.
EDUARDO VESCOVI (*Derecho Procesal Civil Internacional*. Montevidéu: Idea, 2000, p. 17 e ss.), afinado com dito contexto jurídico, mas também e como se espera, não se desgrudando de aspectos políticos, econômicos e sociais, aponta 5 princípios que devem nortear as relações que envolvem a solução de controvérsias em mais de uma jurisdição: (i) A jurisdição razoável; (ii) o acesso à justiça; (iii) a não discriminação do litigante; (iv) a cooperação interjurisdicional; e (v) a circulação internacional das decisões estrangeiras.

124. O sistema de "delibação" advém do Direito italiano, cuja designação se originou de *delibare, verbo latino* que significa *colher* um pouco, tocar de leve, examinar (SARAIVA, F. R. dos Santos. *Novíssimo Diccionario Latino-Portuguez*. 3. ed. Rio de Janeiro: H. Garnier Livreiro Editor, s/d, p. 350).
O *giudizio de delibazione* surgiu em 1865, no *Codice di Procedura Civile* italiano, destinando-se a analisar a sentença estrangeira apenas em sua forma, portanto, sem tocar no conteúdo meritório da mesma.
Sobre o *giudizio de delibazione*, bem como a *delibazione della sentenza straniera* no âmbito do sistema jurídico e justiça italiana, ver por todos, FAZZALARI, Elio. *La Giustizia Civile nei Paesi Comunitari*. Padova: CEDAM, 1994, p. 283.

nalização do pronunciamento judicial para posterior reconhecimento e concessão de eficácia executivo-judicial.

O Brasil adota esse último sistema, ao qual não se enfrenta o mérito da demanda julgada em tribunal alienígena, mas, fundamentalmente, questões de ordem formal que, verdadeiramente, refletem no devido processo legal para o reconhecimento homologatório do ato decisório estrangeiro, tais como a competência, a observância do contraditório e a adaptação do julgado à nossa ordem pública, aos bons costumes e à soberania nacional.[125]

O órgão jurisdicional competente para examinar e, por conseguinte, homologar a decisão estrangeira no Brasil é o Superior Tribunal de Justiça (art. 105, I, alínea *i*, da CF/88),[126] concentrando-se, portanto, o nosso sistema jurídico tal atribuição a um único órgão jurisdicional e, por isso, favorecendo a produção de uma jurisprudência harmônica e daí uma qualificada possibilidade de certeza de direito (*Rechtssicherheit*).

Sendo jurisdicional a natureza do processo de homologação de decisão estrangeira, ao interessado que provoca a atividade jurisdicional para tal intento estará ele propondo, verdadeiramente, uma ação, essa de natureza homologatória e com rito especial perante o Superior Tribunal de Justiça.

Importante ressaltar que, no processo de homologação de decisão estrangeira a função judiciária do STJ limitar-se-á à observância da consonância do julgado proferido no exterior com os princípios basilares do ordenamento jurídico vigente no Brasil.[127]

É possível a homologação de decisão judicial definitiva, assim como decisão não judicial que, de acordo com a lei brasileira, teria natureza jurisdicional, como no caso de sentenças arbitrais estrangeiras, *ex vi* do §1º do art. 961 e §3º do art. 960, todos do CPC.

A homologação de decisão estrangeira também é cabível para fins de execução fiscal, isto quando previsto em tratado ou em promessa de reciprocidade devidamente apresentada à autoridade brasileira.

Vale consignar ainda que poderá a decisão estrangeira ser homologada parcialmente, conforme autoriza o §2º do art. 961.

Interessante observação é aquela relativa à sentença decorrente de divórcio consensual. Neste caso, produzirá ela efeitos no território brasileiro independentemente de homologação perante o STJ. Não obstante isso caberá

---

125. No mesmo sentido, FUX, Luiz. *Curso de Direito Processual Civil.* Rio de Janeiro: Forense, 2001, p. 963.

126. Anteriormente à edição da Emenda Constitucional n. 45, de 2004, o órgão competente para tal era o Supremo Tribunal Federal.

127. Além disso, o direito pátrio não exige do Estado estrangeiro tratamento recíproco com relação ao reconhecimento de sentenças brasileiras em seu território para que uma sentença originária de sua jurisdição possa ser homologada no Brasil. Ver, entre muitos, RECHSTEINER, Beat Walter. *Direito Internacional Privado.* 11. ed. São Paulo: Saraiva, 2008, p. 301.

a qualquer juiz no âmbito de sua competência, examinar a validade da decisão acerca do divórcio supra, seja a questão de caráter principal ou incidental (§§4º e 5º do art. 961).[128]

Ainda neste ínterim, quando dispensada a homologação para que a sentença estrangeira produza efeitos no Brasil, como o é o caso daquela relativa ao divórcio consensual, *a decisão concessiva de medida de urgência dependerá, para produzir efeitos, de ter sua validade expressamente reconhecida pelo juiz competente para dar-lhe cumprimento, dispensada a homologação pelo Superior Tribunal de Justiça* (§4º do art. 962 do CPC).

6.1 PROCEDIMENTO

O CPC/2015, diferentemente do CPC/1973, avançou em conteúdos reguladores da respectiva homologação de decisões estrangeiras e concessão de *exequatur* à carta rogatória.

Cabe de início afirmar que, salvo disposição em sentido contrário, a homologação de decisão estrangeira, aí inclusas sentença e decisão interlocutória (§1º do art. 960), será requerida por ação de homologação de decisão estrangeira, sendo lógico, portanto, que as decisão estrangeria somente terá eficácia no território brasileiro, após a homologação de sentença estrangeira ou a concessão do *exequatur* às cartas rogatórias, salvo disposição em sentido contrário de lei ou tratado (art. 961, *caput* do CPC).[129] Insta esclarecer, de acordo com o §2º do art. 950, que o procedimento da presente homologação obedecerá ao que dispuserem os tratados em vigor no Brasil bem como o Regimento Interno do Superior Tribunal de Justiça, órgão competente para a homologação e *exequatur* das decisões judiciais alienígenas no Brasil, conforme já pontuado alhures, sendo que, no âmbito deste, encontramos a Resolução n. 9 de 4 de maio de 2005,[130] cujo conteúdo dispõe sobre a competência acrescida ao Superior Tribunal de Justiça pela Emenda Constitucional n. 45/04, regulando a forma procedimental pela qual será homologada a sentença alienígena em território brasileiro, cabendo à Constituição Federal (art. 105, I, *i*), ao CPC (arts. 960 e 965), bem como à LINB (art. 15) disporem acerca de questões relativas à competência jurisdicional, assim como exigências homologatórias para a certeira validade da mesma no sistema jurídico nacional. Na mesma toada, acompanha a homologação de decisão arbitral estrangeira, esta que, igualmente, se subordina a tratados e leis em vigor, aplicando-se, subsidiariamente, as regras do CPC (§3º do art. 960).

---

128. Súmula n.381 do STF: "Não se homologa sentença de divórcio obtida, por procuração, em país de que os cônjuges não eram nacionais."

129. Súmula n.420 do STF: "Não se homologa sentença proferida no estrangeiro sem prova do trânsito em julgado."

130. A presente Resolução n. 9 do STJ entrou em vigor na data de sua publicação, 6 de maio de 2005, revogando aí a Resolução n. 22, de 31 de dezembro de 2004, e o Ato n. 15, de 16 de fevereiro de 2005.

Conforme determina o art. 963, constituem requisitos indispensáveis à homologação da decisão estrangeira:

I - ser proferida por autoridade competente;

II - ser precedida de citação regular, ainda que verificada a revelia;

III - ser eficaz no país em que foi proferida;

IV - não ofender a coisa julgada brasileira;

V – estar devidamente acompanhada de tradução oficial, salvo disposição que a dispense prevista em tratado;

VI - não conter manifesta ofensa à ordem pública.

Nisso, restando preenchidos em sua completude todos os requisitos, o STJ homologará a sentença estrangeira para que essa possa ser executada no Brasil.

Cabe afirmar aqui que se, eventualmente, as decisões estrangeiras dispuserem sobre conteúdos nos quais as autoridades brasileiras exerçam competência absoluta para apreciação, *ex vi* daqueles listados no art. 23 do CPC, não serão homologadas pelo STJ, o que também se aplica à concessão de *exequatur* às cartas rogatórias, tudo conforme dicção do art. 964 e parágrafo único do CPC. Nesses casos, há de se entender que ditas sentenças violam, fundamentalmente, a ordem pública brasileira (art. 6º da Resolução n. 9),[131] visto a não observância da competência absoluta do juiz pátrio.

A homologação será requerida pela parte interessada, devendo a petição inicial conter as indicações previstas no art. 319 do CPC, sendo instruída com a certidão ou cópia autêntica do texto integral da sentença estrangeira, bem como com os demais documentos indispensáveis, devidamente traduzidos e autenticados, conforme aponta o art. 3º da Resolução n. 9.

Prevê o art. 8º da Resolução que a parte interessada será citada para, no prazo de 15 (quinze) dias, contestar o pedido de homologação de sentença estrangeira, cabendo ressaltar que esta deverá se ater em sua defesa somente à matéria que verse sobre a autenticidade dos documentos, inteligência da decisão e respeitabilidade no que se refere aos requisitos necessários para a homologação (*ex vi* do art. 9º).

Nesses termos, havendo contestação à homologação de sentença estrangeira, de acordo com o § 1º do art. 9º da Resolução n. 9, o processo será distribuído para julgamento pela Corte Especial, cabendo ao Relator os demais atos relativos ao andamento, bem como a instrução do processo.

Por outro lado, sendo revel ou incapaz o requerido, ser-lhe-á nomeado curador especial, esse que será pessoalmente notificado (§ 3º do art. 9º).

O Ministério Público terá vista aos autos nas homologações de sentenças estrangeiras pelo prazo de 10 (dez) dias, podendo, inclusive, impugná-las (art. 10).

---

131. *"Art. 6º Não será homologada sentença estrangeira ou concedido exequatur a carta rogatória que ofendam a soberania ou a ordem pública."*

Por derradeiro, cabe frisar que, conforme sustenta o art. 11 da Resolução n. 9, das decisões do Presidente na homologação de sentença estrangeira caberá o recurso do agravo regimental.

Ainda em sede de homologação de sentença estrangeira, alguns pontos importantes ainda merecem realce especial:

a) Sentenças autossuficientes ou não – Dependendo do direito pretendido na sentença estrangeira, poderá ela necessitar ou não de cumprimento, ou seja, ser autossuficiente ou não para atingir o seu desiderato.

Assim, sendo de natureza declaratória ou mesmo constitutiva, a simples homologação da sentença já será suficiente para outorgar tutela ao direito do demandante. De outro modo, tendo natureza condenatória, mandamental ou executiva, não bastará a mera homologação, pois que a tutela do direito só será prestada ao demandante depois de cumprida a sentença, sendo que, neste último caso, far-se-á o cumprimento da sentença perante a Justiça Federal, assim como demais decisões estrangeiras e sempre a requerimento da parte, conforme bem regra o art. 965, aliás, em consonância com o texto constitucional (art. 109, X da CF/88).[132]

Cabe ressaltar que o pedido de execução deverá ser instruído com cópia autenticada da decisão homologatória ou do *exequatur*, de acordo com o caso (parágrafo único do art. 965 do CPC).

b) *Medidas Cautelares* – As decisões estrangeiras em processo cautelares são equiparadas às sentenças proferidas por juiz estrangeiro de modo que necessitam de prévia homologação do STJ[133] para que possam ser efetivamente cumpridas no Brasil.[134]

É de se notar que o regime jurídico das medidas cautelares, perante o direito processual civil internacional é, de regra, examinado de forma separada

132. No mesmo sentido, MARINONI, Luiz Guilherme; ARENHART, Sérgio Cruz; MITIDIERO, Daniel. *Novo Curso de Processo Civil...*, p. 587.

133. Ver, dentre muitos, STJ. EDcl na SE contestada – Corte Especial. Rel. Min, Gilson Dipp. Julg. 6.12.2006, *RT*, *860*:187-94; se contestada 802-EX – Corte Especial. Rel. Min. José Delgado. Julg. 17.8.2005, *DJU*, 19.9.2005, p. 175.

134. Importante aqui observar que com o Protocolo de Medidas Cautelares para o Mercosul, esse assinado pelos Países-Membros no dia 16 de dezembro de 1994 em Ouro Preto/MG, em vigor atualmente em todos os países do bloco mercosulino, pretendendo modificar esta sistemática, ditou que não seria mais necessária a homologação das medidas cautelares para fins de execução em território brasileiro, sendo exigida apenas a solicitação de cumprimento da medida por carta rogatória.
A autoridade judiciária requerida, no entanto, pode apreciar o conteúdo da carta no que se refere à ofensa da ordem pública e daí recusando o cumprimento da medida. Ainda assim, o cumprimento da medida não implica, necessariamente, no reconhecimento da possibilidade de execução de futura sentença proferida em sede de processo principal.
Ocorre que, a despeito da própria promulgação no Brasil por meio do Decreto n. 2.626/98, não resta ainda pacificada a forma como suas disposições serão aplicadas no Brasil, perante as disposições constitucionais que exigem a homologação de sentença pelo STJ e ainda de jurisprudência vacilante.

das demais sentenças.[135] Confirma-se, para tanto, a Conferência Especializada Interamericana de Direito Internacional Privado, onde se teve como elaborada a Convenção Interamericana sobre a Eficácia Extraterritorial das Sentenças e Laudos Arbitrais Estrangeiros, esta datada de 8 de maio de 1979, bem como e em mesma data a Convenção Interamericana sobre o Cumprimento de Medidas Cautelares.

c) Tutelas de Urgência – Poderá a autoridade deferir pedidos de urgência também como realizar atos de execução provisória no âmbito de processos de homologação de decisão estrangeira, de acordo com a autorização do §3º do art. 961, aliás, em consonância com o que já estabelecia a Resolução n.9 do STJ, mais precisamente no § 3º do art. 4º da Resolução n. 9 do STJ, justificando a preocupação do próprio Tribunal Superior com possíveis situações que, decorrentes de elástico lapso temporal e mesmo pelo caráter de urgência na prestação jurisdicional à qual exige o direito reclamado, possa vir a agredir direito subjetivo objeto da sentença homologanda, decorrendo daí danos de difícil reparação ao interessado.[136]

Nestes termos, no âmbito do CPC, pode o legislador assentar regramento relativo à concessão e execução de medida de urgência nos seguintes termos:

> *Art. 962. É passível de execução a decisão estrangeira concessiva de medida de urgência.*
>
> *§1º A execução no Brasil de decisão interlocutória estrangeira concessiva de medida de urgência dar-se-á por carta rogatória.*
>
> *§2º A medida de urgência concedida sem audiência do réu poderá ser executada, desde que garantido o contraditório em momento posterior.*
>
> *§3º O juízo sobre a urgência da medida compete exclusivamente à autoridade jurisdicional prolatora da decisão estrangeira.*

d) *Litispendência internacional* – Conforme explícito no art. 24 do Código de Processo Civil:

> *A ação proposta perante tribunal estrangeiro não induz litispendência e não obsta a que a autoridade judiciária brasileira conheça da mesma causa e das que lhe são conexas, ressalvadas as disposições em contrário de tratados internacionais e acordos bilaterais em vigor no Brasil.*

Justificam-se, portanto, os questionamentos diante da possibilidade de coexistência de sentença estrangeira em fase de homologação no Brasil e demanda em andamento na Justiça brasileira sobre o mesmo objeto.

---

135. Sobre o assunto, ver, dentre outros, WALTER, Gerhard. *Internationales Zivilprozessrechts in Italien. Zeitschrift für Zivilprozess (ZZP)*, 109: 3-28, 1996, p. 322-323.

136. Ver, dentre outros julgados: STF, SE contestada 5.378-1, República Francesa, TP. Rel. Min. Maurício Correa. Julg. 3.2.2000, *DJU*, 25.2.2000, *RT*, *778*:193-6-2000; SE contestada 5.847, Reino Unido da Grã-Bretanha e da Irlanda do Norte, TP, *RTJ*, 172:868-82.

Pela mesma razão, a existência de sentença proferida em outro país, em fase de homologação, não produz litispendência, podendo prosseguir ambos os processos.

Daí, tão logo ocorra homologação de decisão alienígena, a lide em andamento no Judiciário pátrio deverá ser extinta, pois que passa aí então a operar a coisa julgada. A homologação pelo Superior Tribunal de Justiça terá tornado executável a decisão sobre a lide, não mais havendo, perante nossa ordem jurídica, o que ser submetido a julgamento, ocorrendo, nos mesmos termos, em relação à coisa julgada proveniente do processo que no Judiciário brasileiro operou-se, primeiramente, a coisa julgada.

Assim, se no decurso do processo de homologação do julgado estrangeiro transitar em julgado a sentença proferida sobre a demanda que correu diante de juiz brasileiro, não poderá o STJ prosseguir na homologação daquela sentença forasteira, devendo, por isso, extingui-la sem resolução de mérito.[137]

e) *Convenção da ONU sobre prestação de alimentos no estrangeiro* - O frequente volume de sentenças acerca da prestação de alimentos, proferidas em um Estado com o fito de serem executadas em outro, impulsionou, certeiramente, a elaboração e concretude no âmbito da Organização das Nações Unidas (ONU) da *Convenção sobre a Prestação de Alimentos no Estrangeiro*, cuja assinatura se deu em 1956, sendo propriamente promulgada no Brasil em 1965.

Nisso, cumpre anotar que, em sede da aludida Convenção, cada Estado designará uma autoridade administrativa ou judiciária para nele exercer as funções de Autoridade Remetente, bem como um organismo público ou particular para as funções de Instituição Intermediária, encarregando-se esses, especificamente, do envio da sentença proferida em determinado Estado e da recepção do ato sentencial decorrente de outro Judiciário. Ambas as tarefas, no Brasil, estão a cargo da Procuradoria-Geral da República, respectivamente.

7. AÇÃO RESCISÓRIA

7.1 CONCEITO

Os recursos previstos na legislação processual civil podem, primariamente, impugnar a sentença, acórdão ou decisão interlocutória. Caso não sejam usados no limite temporal previsto para a sua impetração ou se esgotem em suas possibilidades, levará, indubitavelmente, ao trânsito em julgado da de-

137. Ver, dentre outros: STJ, SE contestada 832-EX - Corte Especial. Rel. Min. Barros Monteiro. Julg. 15.6.2005, *DJU*, 1º.8.2005, *RT*, *839*:184-6, 2005; STJ,SE contestada 841-EX - Corte Especial. Rel. Min. José Reinaldo da Fonseca. Julg. 15.6.2005, *DJU*, 29.8.2005, p. 134; STJ,SE contestada 1039-EX - Corte Especial. Rel. Min. Carlos Alberto Menezes Direito. Julg. 29.6.2005, *DJU*, 5.9.2005, p. 195.

cisão judicial, formando a coisa julgada (*res judicata*), que é a autoridade que torna imutável e indiscutível o comando da decisão judicial de mérito não mais sujeita a recurso (art. 502 do CPC); no entanto, apesar de todos os cuidados tomados pelo Estado-juiz, pode ocorrer que a sentença ou o acórdão estejam dotados de algum vício que os tornem nulos.

Neste sentido, a fim de se evitar que a parte prejudicada fique sem um meio jurídico para sanar o vício, a lei processual prevê a ação rescisória que representa o meio que tem a parte de valer-se para intentar a declaração de invalidade de uma decisão judicial com resolução de mérito (art. 487 do CPC). Importante ressalvar que não é recurso, mas sim uma nova ação que gera uma nova relação processual, tendo como objetivo a desconstituição, isto é, a rescisão da decisão judicial maculada, possibilitando, assim, a constituição de nova decisão sobre as questões que foram objeto de apreciação na demanda reincidente.

O art. 966 do CPC declara, expressamente, as hipóteses em que a ação rescisória é cabível, observando-se que não há cabimento da mesma face àquelas decisões proferidas no juizado especial cível, segundo regra expressa do art. 59 da Lei n. 9.099/95, assim como contra as decisões proferidas em ação de alimentos que não transitam em julgado, consoante regra do art. 15 da Lei n. 5.478/68.

7.2 HIPÓTESES DE CABIMENTO

De acordo com o art. 966 do CPC, a decisão de mérito,[138] transitada em julgado, pode ser rescindida, ou seja, anulada, quando:

I - *Se verificar que foi proferida por força de prevaricação, concussão ou corrupção do juiz* (art. 966, I).

No Código Penal, em capítulo que se refere aos crimes praticados por funcionários públicos contra administração em geral, tem-se no art. 319 a definição de "prevaricação" como crime consistente em "retardar ou deixar de praticar, indevidamente, ato de ofício, ou praticá-lo contra disposição expressa em lei, para satisfazer interesse ou sentimento pessoal." Nos arts. 316 e 317, os crimes de "concussão" e "corrupção" são definidos, respectivamente, como "exigir, para si ou para outrem, direta ou indiretamente, ainda que fora da função ou antes de assumi-la, mas em razão dela, vantagem indevida" e "solicitar ou receber, para si ou para outrem, direta ou indiretamente, ainda que fora da função ou antes de assumi-la, mas em razão dela, vantagem indevida, ou aceitar promessa de tal vantagem".

Em sede de ação rescisória, é suficiente que fique demonstrado o ato de corrupção do juiz prolator da decisão que se quer rescindir. Deverá a sentença

138. Enunciado n. 336 do FPPC: "Cabe ação rescisória contra decisão interlocutória de mérito."

rescisória, nesta hipótese, afirmar a invalidade da decisão anterior, bem como de acordo com as circunstâncias, toda a instrução do processo.

II - *For proferida por juiz impedido ou por juízo absolutamente incompetente* (art. 966, II).

Denomina-se juiz impedido aquele que não pode exercer as suas funções no processo visto que há presunção absoluta, *juris et de jure*, de que ele será parcial, ao julgar a lide (arts. 144 e 145 do CPC). Destarte, conforme as regras de distribuição da jurisdição, o juízo que seja absolutamente incompetente em exercer as suas funções no feito está proibido para tanto. No caso de ser caracterizada qualquer destas hipóteses, a parte interessada poderá requerer a rescisão da sentença, bem como de todo o processo.

Importante observar que a regra citada não faz referência ao juiz suspeito e ao juiz relativamente incompetente, já que estas matérias estão sujeitas à preclusão, devendo a parte interessada levantá-las oportunamente, sob pena de o juiz não ser considerado suspeito e de a competência firmar-se naquele que era relativamente incompetente.

III - *Resultar de dolo ou coação da parte vencedora em detrimento da parte vencida ou, ainda, de simulação ou colusão entre as partes, a fim de fraudar a lei* (art. 966, III).

Todo aquele que participa da marcha processual deve agir com probidade e lealdade, isto é, defender suas razões dentro dos limites da ética, da moralidade e da boa-fé (*princípio da probidade processual*), relatando os fatos de acordo com a verdade (art. 77 do CPC). No caso de o vencido, posteriormente, descobrir que o vencedor agiu de maneira dolosa no trâmite do processo, ocultando de modo intencional prova que lhe seria útil ou dificultando a sua obtenção, poderá utilizar a ação rescisória a fim de anular a sentença, requerendo a prolação de outra que leve em conta as novas evidências.

No caso da simulação, é evidente esta quando as partes em juízo afirmam um litígio aparente, onde, na verdade, inexiste, a fim de conferir ou transmitir direitos simuladamente, agindo exclusivamente para fraudar a lei mirando obter aquilo que a própria legislação proíbe.

A colusão é bem expressada no CPC, através de seu art. 142, *in verbis*:

> *Convencendo-se, pelas circunstâncias, de que autor e réu se serviram do processo para praticar ato simulado ou conseguir fim vedado por lei, o juiz proferirá decisão que impeça os objetivos das partes, aplicando, de ofício, as penalidades da litigância de má-fé.*

Apesar da advertência legal, pode sobrevir que, na prática, as partes consigam o seu propósito, prejudicando ou lesando terceiros ou até mesmo a Fazenda Pública. Quando isto ocorrer, o Ministério Público ou os prejudicados poderão usar a ação rescisória a fim de rescindir a sentença que foi instrumento da simulação das partes. Como exemplo, pode-se citar, entre outros, a propositura pelo casal de ação de separação ou divórcio, onde todos os bens são deixados somente para uma das partes, com escopo de fraudar credores.

IV – *Ofender a coisa julgada* (art. 966, IV).

Em concordância com o princípio da unicidade da relação processual, impede-se a rediscussão das lides já decididas pelo Poder Judiciário, sendo que a sentença de mérito transitada em julgado, ou seja, que formou a coisa julgada faz lei entre as partes (art. 503 do CPC), no entanto a parte pode reiterar a mesma lide e, por qualquer motivo, usando, p.ex., a citação ficta, venha a outra parte deixar de indicar tal fato em preliminar (art. 337, VII, do CPC), o que poderá levar o Estado-juiz a proferir nova sentença sobre a mesma questão e entre as mesmas partes. Mesmo que esta nova sentença confirme a anterior, é rescindível visto que ofende a coisa julgada.

Nota-se, diante da matéria tratada neste inciso, que surge, quase naturalmente, a seguinte questão: No confronto entre as duas sentenças transitadas em julgado, qual deve prevalecer afinal? A doutrina fica dividida diante da resposta desta pergunta. Uma parte respeitável entende que seria a última, assegurando que, numa analogia ao direito constitucional, seria como se uma lei revogasse outra anterior, posto que é o próprio Código que afirma que a sentença faz lei entre as partes (art. 503 do CPC). Por outro lado, outra parte entende que seria a primeira sentença, já que a segunda estaria ofendendo a coisa julgada anterior e ainda, baseando-se no direito constitucional, ressalva que até a nova lei deve respeitar o direito adquirido, o ato jurídico perfeito e a coisa julgada. Entendemos como razoáveis os argumentos daqueles que defendem que, no confronto entre as duas coisas julgadas, prevalece a segunda. Na realidade, como já foi relatado, a própria necessidade do ajuizamento da ação rescisória objetiva a desconstituição da sentença de mérito e pode ter seu pedido julgado procedente ou improcedente como qualquer ação, estando, portanto, a mencionar a efetividade da última decisão judicial que terá vigência até que nova decisão, a ser proferida na ação rescisória, a rescinda.

V – *Violar manifestamente norma jurídica* (art. 966, V).[139]

Já no CPC Buzaid, havia, de muito, divergência entre a doutrina e a jurisprudência com relação ao real alcance da expressão "violar literal disposição de lei", esta contida no art. 485, V do CPC/1973. Entretanto o que resta incontroverso é que a ação rescisória só é cabível fundamentada neste dispositivo no caso de o juiz deixar, explicitamente, de considerar norma legal que se aplica à lide discutida nos autos, seja porque entendeu que a mesma não está em vigor ou porque deu interpretação oposta àquela que advém da regra. Observa-se que simples divergência de interpretação da regra é insuficiente para fundamentar a rescisão da sentença, segundo já estabeleceu o STF (Súmula

139. Súmula n.400 do STF: "Decisão que deu razoável interpretação à lei, ainda que não seja a melhor, não autoriza recurso extraordinário pela letra "a" do art. 101, III, da Constituição Federal."

343 do STF: "Não cabe ação rescisória por ofensa à literal dispositivo de Lei, quando a decisão rescindenda se tiver baseado em texto legal de interpretação controvertida nos tribunais").

Extensiva a tal questão, coube ao legislador do CPC/2015 substituir o texto revogado pela expressão "norma jurídica",[140] de modo a perceber o cabimento da rescisória quando da violação de princípio, regra, postulado normativo[141] e ainda de norma tida como consuetudinária.[142]

Vale destacar o advento da Lei n.13.256, de 04.02.2016, esta que disciplina "*o processo e o julgamento do recurso extraordinário e do recurso especial; altera a Lei nº 13.105, de 16 de março de 2015 — Código de Processo Civil; e dá outras providências.*"

Nestes termos, traz a referida Lei alterações em diversos dispositivos, dentre eles, o acréscimo de dois parágrafos ao art. 966 do CPC/2015 e que, diretamente, toca na extensão interpretativa relativa ao contexto do que seja a "norma jurídica" em comento. Assim, acrescido fora ao art. 966:

> *Art. 966.*
>
> *(...)*
>
> *§ 5º Cabe ação rescisória, com fundamento no inciso V do caput deste artigo, contra decisão baseada em enunciado de súmula ou acórdão proferido em julgamento de casos repetitivos que não tenha considerado a existência de distinção entre a questão discutida no processo e o padrão decisório que lhe deu fundamento.*
>
> *§ 6º Quando a ação rescisória fundar-se na hipótese do § 5º deste artigo, caberá ao autor, sob pena de inépcia, demonstrar, fundamentadamente, tratar-se de situação particularizada por hipótese fática distinta ou de questão jurídica não examinada, a impor outra solução jurídica.*

---

140. Conforme Humberto Ávila, "normas são os sentidos construídos a partir da interpretação dos textos normativos". ÁVILA, Humberto. *Teoria dos Princípios*. 9 ed. São Paulo: Malheiros, 2009, p. 30.

141. Há de se fazer notar aqui entendimento firmado pelo Superior Tribunal de Justiça no REsp 1163267-RS, no sentido de cabimento da Ação Rescisória quando a sentença rescindenda confrontar com jurisprudência pacificada por este tribunal.
Para a Quarta Turma do STJ, a recalcitrância judiciária não pode ser referendada em detrimento da segurança jurídica, da isonomia e da efetividade da jurisdição.
Apontou o relator do acórdão, Ministro Luis Felipe Salomão, respaldando-se, inclusive, na Súmula 343 do Supremo Tribunal Federal (STF), que esta não possui o propósito de chancelar da rebeldia judiciária, entendendo ainda que no caso concreto, o magistrado evitou aplicar a jurisprudência estabilizada do STJ de modo deliberado, recalcitrante e vaidoso, atentando contra valores fundamentais do Estado Democrático de Direito.
"PROCESSUAL CIVIL. AÇÃO RESCISÓRIA. SENTENÇA RESCINDENDA. JULGAMENTO CONTRÁRIO A ENTENDIMENTO SUMULADO NO STJ (SÚMULA N. 289). DISSÍDIO JURISPRUDENCIAL SUPERADO. SÚMULA N. 343/STF. NÃO INCIDÊNCIA. SEGURANÇA JURÍDICA. UNIFORMIDADE E PREVISIBILIDADE DA PRESTAÇÃO JURISDICIONAL. NECESSIDADE." (STJ. 4ª T. REsp 1163267-RS. Rel. Min. Luis Felipe Salomão. Julg. 19.09.2013, *DJe* 10.12.2013).

142. Cf. MARINONI, Luiz Guilherme; ARENHART, Sérgio Cruz; MITIDIERO, Daniel. *Novo Código de Processo Civil Comentado*. São Paulo: RT, 2015, p.902.

VI – *For fundada em prova cuja falsidade tenha sido apurada em processo criminal ou venha a ser demonstrada na própria ação rescisória* (art. 966, VI).

Com escopo de requerer a rescisão da sentença, baseando-se em falsidade de prova, o interessado deverá demonstrar que a citada prova foi o que impulsionou comando sentencial. No caso de existirem outras provas ou outros fundamentos a sustentar a decisão do juiz, a simples alegação de que determinada prova é falsa não será suficiente para invalidar o processo.

VII – *Obtiver o autor, posteriormente ao trânsito em julgado, prova nova cuja existência ignorava ou de que não pôde fazer uso, capaz, por si só, de lhe assegurar pronunciamento favorável* (art. 966, VII).

Embora a disposição legal não declare explicitamente, é consenso na doutrina e na jurisprudência desde os idos do CPC de 1973 que a prova nova, assim entendida como todo registro de um fato, que pode possibilitar a rescisão da sentença, é tão somente aquela que se refere aos fatos narrados na exordial ou na contestação e que já existia quando a sentença foi prolatada, deixando de ser utilizada, oportunamente, pelo interessado somente porque era desconhecida desde a sua existência ou, no caso de saber do fato, não podia usá-lo por desconhecer seu paradeiro (*v.g.*, retenção por terceiros ou extravio).

O dispositivo legal menciona também que a prova nova deve ser de tal ordem que possa garantir, por si só, pronunciamento favorável ao interessado. Não se pode negar que a regra legal se refere a um juízo subjetivo de valor que caberá em última análise, ao próprio julgador da ação rescisória emitir. Apesar de tal fato, é possível concluir que o legislador objetivou, com a citada ressalva, apontar que não é qualquer prova que causará a rescisão da sentença ainda que seja significativa e que a parte não tivesse, por qualquer motivo, acesso a ela em tempo oportuno. A nova prova deve ser evidentemente capaz de justificar a ação rescisória por si só sob pena de a ação ser declarada inadmissível.

VIII - *For fundada em erro de fato verificável do exame dos autos (art. 966, VIII).*

O CPC em seu art. 966, § 1º, menciona que há erro de fato "*quando a decisão rescindenda admitir fato inexistente ou quando considerar inexistente fato efetivamente ocorrido, sendo indispensável, em ambos os casos, que o fato não represente ponto controvertido sobre o qual o juiz deveria ter se pronunciado.*"

Decorre da regra legal que não se pode ajuizar ação rescisória, objetivando apenas buscar uma nova avaliação sobre os mesmos fatos. Dessa forma, declara que a indispensabilidade em ambos os casos, que o fato não represente ponto controvertido sobre o qual o juiz deveria ter se pronunciado. Nota-se, assim, que a ação rescisória não pode ser pretendida com escopo de reabrir discussão sobre fatos que, bem ou mal, já foram objeto de apreciação judicial nem mesmo sobre fato que não represente ponto controvertido ao qual o magistrado deveria ter se manifestado.[143] Para justificar a ação, é preciso que o

---

143. Em exemplo, já se decidiu pelo não cabimento da ação rescisória quando existente pronunciamento sobre a situação fática na decisão rescindenda (STJ. 5ª T. REsp 267.495/RS. Rel. Min. Félix Fischer. Julg. 19.03.2002, *DJ* 15.04.2002).

erro, relacionado à existência ou inexistência de fato, seja, portanto, crucial na decisão da causa, isto é, capaz, se reconhecido ou afastado, de modificar o deslinde da lide.

Por outro lado, em qualquer das hipóteses do art. 966 retro referidas, ainda que a decisão não se trate de julgamento de mérito, é passível do manejo de ação rescisória quando do seu trânsito em julgado. Isso será possível quando impeça, de acordo com o §2º do art. 966: (i) nova propositura da demanda; ou (ii) admissibilidade do recurso correspondente.

Poderá a ação rescisória ter por objeto tão somente 1 (um) capítulo da sentença.

Conforme determina o §4º do art. 966, no tocante aos atos de disposição de direitos, praticados pelas partes ou por outros participantes do processo e homologados pelo juízo, assim como os atos homologatórios praticados no curso da execução estão sujeitos à anulação e essa se dará por meio do manejo da ação anulatória, visando, portanto, à desconstituição de atos praticados pelos partícipes do processo. Segue dita ação o rito comum, sendo o prazo para sua propositura decadencial e regido pelo próprio direito material, *v.g.* o art. 178 do Código Civil. Quanto à competência para o seu conhecimento e julgamento, será do juízo de primeiro grau onde tramita ou tramitou o processo ao qual o ato pelo qual se quer desconstituir foi praticado, *ex vi* do próprio art. 61 do CPC.

7.3 LEGITIMIDADE

De acordo com o art. 967 do CPC, possui legitimidade para propor a ação rescisória: I – quem foi parte no processo ou o seu sucessor a título universal ou singular; II – o terceiro juridicamente interessado; III – o Ministério Público (caso não tenha sido ouvido no processo em que lhe era obrigatória a intervenção; quando a decisão rescindenda é o efeito de simulação ou de colusão das partes, a fim de fraudar a lei e ainda em outros casos em que se imponha sua atuação); IV - aquele que não foi ouvido no processo em que lhe era obrigatória a intervenção.

No caso do Ministério Público, vale destacar que em demandas onde envolvam interesse público ou social; interesse de incapaz ou litígios coletivos pela posse de terra rural ou urbana será o *parquet* intimado para intervir como fiscal da ordem jurídica (parágrafo único do art. 967).

7.4 AJUIZAMENTO

Deverá a petição inicial da ação rescisória ser dirigida diretamente ao órgão competente, para rescindir a decisão combatida, ou seja, o órgão hierarquicamente superior àquele que proferiu a decisão judicial. Importante se faz ressaltar que, no caso dos acórdãos, a competência é do mesmo Tribunal, devendo o julgamento ser realizado por órgão colegiado superior àquele que proferiu a decisão, segundo o regimento interno de cada Tribunal.

Os requisitos da petição inicial contidos no art. 319 devem ser observados, assim como se torna imprescindível que o autor descreva na petição inicial os motivos, entre aqueles apontados no art. 966 do CPC, que justifiquem o seu inconformismo com a decisão rescindenda, cumulando o pedido rescisório com o pedido de novo julgamento da causa. Ainda deve ser feito pelo autor um depósito no valor de 5% do valor da causa, a título de multa, caso a ação for, por unanimidade de votos, declarada inadmissível, ou improcedente (art. 968, II do CPC). Nesta hipótese, a multa será revertida a título de indenização para o réu, contudo, no caso da ação ser julgada procedente, ou não ser unânime o julgamento, o depósito será restituído ao autor, conforme inteligência do art. 974, *caput* e seu parágrafo único. A este respeito cabem, por conseguinte, três observações: (i) aludido depósito não poderá ser superior a 1.000,00 (mil) salários mínimos; (ii) será a petição inicial indeferida quando o depósito exigido não for realizado; (iii) a exigência de efetuação do depósito não se aplica à União, aos Estados, ao Distrito Federal, aos Municípios, às suas respectivas autarquias e fundações de direito público, ao Ministério Público, à Defensoria Pública bem como àqueles que tenham obtido o benefício de gratuidade da justiça (art. 968, § 1º, 2º e 3º do CPC).

À petição inicial devem ser juntados pelo autor todos os documentos que este entender serem úteis para provar a veracidade de suas afirmações; entre tais documentos deverão estar, obrigatoriamente, a cópia da decisão rescindida e certidão do seu trânsito em julgado.

Insta destacar que, conforme sustenta o §4º do art. 968, aplica-se à ação rescisória os casuísmos relativos à improcedência liminar do pedido, todos inclusos no art. 332 do CPC.

De outra banda, será possível o reconhecimento da incompetência do órgão julgador da ação rescisória.

Neste caso, uma vez reconhecida a incompetência do tribunal para julgar a referida ação, *v.g.*, em virtude de endereçamento equivocado por parte do autor, será este intimidado para emendar a sua peça inicial, tudo com o fito de adequá-la ao objeto da ação rescisória, isso quando a decisão apontada como rescindenda: *"I - não tiver apreciado o mérito e não se enquadrar na situação prevista no § 2º do art. 966; II - tiver sido substituída por decisão posterior"* (§5º do art. 968).[144/145]

Daí que, realizada a emenda da petição inicial, permitido será ao réu complementar os fundamentos de sua defesa e, em seguida, serem os autos enviados ao tribunal competente (§6º do art. 968).

---

144. Súmula n.515 do STF: "A competência para a ação rescisória não é do Supremo Tribunal Federal, quando a questão federal, apreciada no recurso extraordinário ou no agravo de instrumento, seja diversa da que foi suscitada no pedido rescisório."

145. Súmula n.249 do STF: "É competente o supremo tribunal federal para a ação rescisória, quando, embora não tendo conhecido do recurso extraordinário, ou havendo negado provimento ao agravo, tiver apreciado a questão federal controvertida."

Por fim, ainda que proposta a ação rescisória, não se terá criado óbices ao cumprimento da decisão rescindenda, salvo a concessão de tutela provisória obtida pelo autor da presente ação (art. 969 do CPC).

7.5 PRAZO

A propositura da ação rescisória possui um prazo, de natureza decadencial, de 2 (dois) anos, contados do trânsito em julgado da última decisão proferida no processo, prorrogando-se até o primeiro dia útil imediatamente subsequente a aludido prazo quando este expirar durante férias forenses, recesso, feriados ou em dia em que não houver expediente forense, *ex vi* do art. 975, *caput* e §1º do CPC). Por este motivo, é essencial que o autor junte à petição inicial certidão do trânsito em julgado da decisão rescindenda a fim de provar a tempestividade da interposição.[146]

Destaca-se aqui uma importante observação: caso a ação rescisória esteja fundada em obtenção de prova nova, de cuja existência a parte ignorava ou de que não pode fazer uso, sendo dita prova capaz de, por si só, assegurar pronunciamento favorável a quem a pleiteia, o termo inicial para a propositura da rescisória será da data da descoberta da digitada prova nova, observado o prazo máximo de 5 (cinco) anos, contados do trânsito em julgado da última decisão proferida no processo (§2º do art. 975).

Em se tratando de hipóteses de simulação ou de colusão das partes, de acordo com o §3º do art. 975, o prazo decadencial para a interposição da ação rescisória começará a contar, seja para terceiro prejudicado ou Ministério Público que não participou do processo, a partir do momento em que tem ciência da prática de simulação ou colusão anteriormente referida.

7.6 PROCEDIMENTO

Destaca-se aqui, inicialmente, que, distribuída a ação rescisória no tribunal competente, a escolha do relator recairá, sempre que possível, em juiz que não haja participado do julgamento rescindendo, conforme atesta o parágrafo único do art. 971 do CPC.

Dito isso, interposta a ação em tela, os autos serão conclusos ao relator para que verifique a regularidade formal da *actio*, até mesmo com relação ao depósito exigido pelo art. 968, II do CPC. Quando não for o caso de indeferimento liminar, ou corrigidas eventuais irregularidades, o relator determinará a citação do réu, concedendo-lhe prazo nunca inferior a 15 (quinze) nem superior a 30 (trinta) dias, para responder (art. 970 do CPC).

No que se refere à revelia do réu decorrente da não apresentação de contestação, esta não produzirá os efeitos previstos no art. 344 do CPC, pois que

146. Súmula n.401 do STJ: "O prazo decadencial da ação rescisória só se inicia quando não for cabível qualquer recurso do último pronunciamento judicial."

a decisão judicial impugnada pela ação rescisória estará protegida pela coisa julgada (direito público), cabendo ao autor demonstrar os motivos para sua rescisão (art. 373, I, do CPC).

Neste sentido, contestada ou não a ação rescisória, o processo seguirá o procedimento comum no que couber, sendo que o relator, observando que os fatos alegados pelas partes dependem de provas, delegará a competência ao juiz da comarca onde as mesmas devam ser produzidas, para atuar na direção de tais instruções, fixando-se prazo de 1 (um) a 3 (três) meses para a devolução dos autos (art. 972 do CPC).[147]

Após a conclusão da instrução, será dada vista, sucessivamente, ao autor e ao réu, pelo prazo de 10 (dez) dias, para que apresentem as alegações finais.

Por fim, os autos serão remetidos ao relator, este que após elaboração de seu relatório, devolverá os referidos autos à secretaria do tribunal que então expedirá cópias do relatório e as distribuirá entre os juízes que compuserem o órgão competente para o julgamento (art. 971 do CPC), o que se dará na forma do regimento interno de cada tribunal.

Resta sublinhar que o Ministério Público deverá ser intimado sempre para funcionar como fiscal da ordem jurídica, devido ao óbvio interesse público (art. 178, I do CPC) que envolve a ação rescisória, onde se opera a discussão acerca da validade de decisão judicial transitada em julgado.

8. INCIDENTE DE RESOLUÇÃO DE DEMANDAS REPETITIVAS

8.1 BREVES REFLEXÕES AO TEMA

É cediço o volume de demandas que transbordam nas secretarias das numerosas comarcas que compõem a estrutura do Poder Judiciário pátrio.

Notadamente, boa parte de ditas demandas relacionam-se com conflitos que possuem, em seu particular âmago, similitude na causa de pedir, gerando, inegavelmente, lides envoltas em questões ora denominadas repetitivas.[148]

Em meio a tal contexto problemático, não foge à análise que a alusiva multiplicidade de demandas de semelhante teor (litigiosidade de massas),[149] desagua-

147. Enunciado n. 340 do FPPC: "Observadas as regras de distribuição, o relator pode delegar a colheita de provas para juízo distinto do que proferiu a decisão rescindenda."

148. Como bem pontua Ada Pellegrini, "a grande massa de processo que aflige aos tribunais, elevando sobremaneira o número de demandas e atravancando a administração da justiça, é constituída em grande parte por causas em que se discutem e se reavivam questões de direito repetitivas". GRINOVER, Ada Pellegrini. O Tratamento dos processo repetitivos. In: JAYME, Fernando Gonzaga; FARIA, Juliana Cordeiro de; LAUAR, Maira Terra. (Coords.) *Processo civil: novas tendências. Estudos em homenagem ao Prof. Humberto Theodoro Júnior.* Belo Horizonte: Del Rey, 2008, p.1.

149. No mesmo sentido, THEODORO JÚNIOR, Humberto. Um novo código de processo civil para o Brasil. In: *Revista Magister de Direito Civil e Processual Civil.* Porto Alegre: Magister, Vol. 37, jul./ago. 2010, p. 89-90.

da em uma estrutura técnica procedimental edificada sob outro paradigma[150] e que, por isso, vem, ainda de pouco, buscando alternativas para o enfrentamento de numerário avassalador das supracitadas lides, em que pese a problemática envolta na questão possuir tentáculos para uma variedade de causas, sendo, a nosso ver, das mais graves, o incontestável déficit em políticas públicas voltadas ao arranjo estrutural - e aí incluso o pessoal – qualitativo, apto a otimizar necessário impacto na qualidade do serviço público da justiça no país.

Por outro lado, somando-se à problemática quantitativa, tem-se a necessidade de melhor equalização das decisões judiciais aos casos concretos com nítida similitude,[151] ou seja, nota-se, de muito, uma variedade de julgados com comandos discrepantes sobre uma mesma situação de direito, fortalecendo o sentimento de insegurança jurídica, realçado em sua face subjetiva, ou seja, na confiança legítima dos cidadãos quanto à calculabilidade e previsibilidade dos atos dos poderes públicos,[152] contrariando assim o próprio e verdadeiro escopo da visão democrática a que o processo, como instrumento de liberdade, deva encarnar e incansavelmente perquirir: o empenho à igualdade de todos perante o direito

Tal escopo se mostra indissociável do próprio Estado de Direito, com o equilíbrio das relações sociais, ainda que, a partir da concepção abstrata da lei, mas que razoavelmente pondera o seu exercício prático à razoabilidade através de soluções comuns à mesma medida do conflito a ser dissolvido pelo Poder Judicante estatal.

Ilógico e, por isso, inaceitável que, diante da analogia em casos concretos, repousem decisões gravemente discrepantes. Neste mesmo diapasão, bem norteiam Marinoni e Mitidiero: [153]

---

150. "Desde o último quartel do século passado, foi tomado vulto o fenômeno da 'coletivização' dos conflitos, à medida que, paralelamente, se foi reconhecendo a inaptidão do processo civil clássico para instrumentalizar essas megacontrovérsias, próprias de uma conflitiva sociedade de massas". MANCUSO, Rodolfo de Camargo. *A resolução de conflitos e a função judicial no contemporâneo estado de direito.* São Paulo: RT, 2009, p. 379-380).

151. Interessante notar aqui que Tubelis, apoiado em pesquisa do Jornal Folha de São Paulo realizada em 29.3.1987, esta que objetivava apurar o "prestígio" e o "poder" dentre 22 instituições nacionais e dando conta da posição final do Poder Judiciário (16º lugar na ordem decrescente), expressou exatamente no somatório dos problemas "morosidade" mais "aleatoriedade" (discrepância) das decisões judiciais, como causas preponderantemente apontadas pelos cidadãos entrevistados, no que tange ao afastamento da população em relação à jurisdição estatal. *In verbis*:
"O afastamento da população com relação ao Poder Judiciário e o princípio da participação são ncompatíveis entre si. Convém portanto, apreciar as duas causas apontadas em virtude das quais a população tende a se afastar do Poder Judiciário: a morosidade e a aleatoriedade das decisões judiciais." TUBELIS, Vicente Paulo. Divergência Jurisprudencial e participação. In: GRINOVER, Ada Pellegrini; DINAMARCO, Cândido Rangel; WATANABE, Kazuo (Coords.). *Participação e Processo.* São Paulo: RT, 1988, p. 395-403.

152. MARINONI, Luiz Guilherme; MITIDIERO, Daniel. *O Projeto do CPC.* Críticas e propostas. São Paulo: RT, 2010, p. 16.

153. *Idem*, p.17-18.

> Não há Estado Constitucional e não há mesmo Direito no momento em que casos idênticos recebem diferentes decisões do Poder Judiciário. Insulta o bom senso que decisões judiciais possam tratar de forma desigual pessoas que se encontram na mesma situação.

Ainda nesta toada e a título de exteriorizar a já antiga preocupação da doutrina pátria em tema de divergência jurisprudencial, João Mendes Júnior, ao tocar na temática, afirmava como causa final da atividade forense "a reparação do direito desconhecido, violado ou ameaçado" e sua "realização e segurança".[154] Indo ainda além no tema, Pontes de Miranda[155], na sua genialidade, lecionava que:

> Se alguma sentença ou outra decisão, que se não haja considerar sentença, diverge de outra, em qualquer elemento contenutístico relativo à incidência ou à aplicação de regra jurídica, uma delas é injusta.(...). Tem-se de evitar isso e aí está a razão de algumas medidas constitucionais ou de Direito Processual que têm por fito corrigir ou evitar a contradição na jurisprudência.

Assim, e em consonância com o que já fora dito linhas atrás, ainda que pesem esforços no sentido de abrandar as volumosas ações de caráter repetitivo, evitando-se, inclusive, discrepâncias nos julgados, *ex vi* de medidas então previstas no revogado CPC/1973 como a das "Súmulas Impeditivas de Recursos" - art. 518, §3º- (aplicando-se aí, no ato sentencial, jurisprudências consolidadas nos Tribunais Superiores, por isso, conteúdos já outrora e em similitude, julgados)[156] e mais intensamente em sede de Tribunais Superiores, dos institutos da Súmula Vinculante (art. 103, A da Constituição Federal de 1988) e da Repercussão Geral (arts. 543-A e 543-B do CPC/1973),[157] ambos afetos a contendas recursais endereçadas ao Supremo Tribunal Federal e igualmente de filtro recursal, visando obstar uma multiplicidade de Recursos Repetitivos decorrentes de mesma questão de direito, no âmbito do Superior Tribunal de Justiça (art. 543-C),[158] continuam-se os esforços no sentido de minorar cada

---

154. MENDES JÚNIOR, João. *Programa de ensino de prática forense*. Rio de Janeiro : Freitas Bastos, 1958, p.231.

155. PONTES DE MIRANDA, F. C. Comentários ao *Código de processo civil*. Tomo VI. 3 ed. Rio de Janeiro: Forense, 1998, p.3.

156. Confira no nosso. *Direito processual civil*. Vol. I 4 ed. Belo Horizonte: Del Rey, 2010, p.344-345.

157. Idem, p.370-384.

158. Vale ressaltar neste ínterim a título informativo que, no ano de 2010, dados do próprio STJ davam conta de julgamento recorde em número de processo nesta corte.
Segundo o presidente do Superior Tribunal de Justiça, Ministro Ari Pargendler, o número de julgados em 2010 foi da ordem de 323.350 processos decididos, uma média de 10.509 julgados por ministro. O anúncio foi feito na última sessão da Corte Especial em tal ano, nos seguintes termos: "Recebemos 214.437 processos novos e julgamos 323.350. Fechamos o ano com uma vantagem de 108.913 processos".
O ministro Pargendler ainda destacou que tal feito no número de julgamentos se deu em virtude do rito dos recursos repetitivos, previsto desde 2008 no artigo 543-C do Código de Processo Ci-

vez mais a incidência das ações decorrentes de mesmas questões de direito, aprimorando-se métodos já no canal inicial, por onde as aludidas demandas, possivelmente de índole repetitiva, procedimentalmente, iniciam sua trajetória, ou seja, nas instâncias judiciais originárias, mais frequentemente, diante do juízo monocrático.

Nestes termos é que encontra lugar a ideia de atuação do intitulado "Incidente de Resolução de Demandas Repetitivas."

8.2 NOÇÕES GERAIS E PROCEDIMENTO DO INCIDENTE DE RESOLUÇÃO DE DEMANDAS REPETITIVAS

8.2.1 Cabimento

Com previsão expressa no CPC/2015, mais precisamente nos arts. 976 a 987 encontra lugar o denominado "Incidente de Resolução de Demandas Repetitivas" (IRDR).[159]

Trata-se de instituto cabível em situações onde, decorrente de demandas em andamento, for detectada respectiva controvérsia que, na exata dicção do texto (*ex vi* do art. 976), possuam, simultaneamente, *"I - efetiva repetição de processos que contenham controvérsia sobre mesma questão unicamente de direito"* e daí, *"II- risco de ofensa à isonomia e à segurança jurídica."*

Notadamente e já em início de análise, é de se observar o não cabimento do incidente quando envolto apenas em questões tidas como de fato, portanto, necessário se faz repousar sobre questões de direito, como se depreende do supracitado art. 976, em seu inciso I.

Outrossim, não basta apenas a existência repetida de processos que contenham conflitos sobre uma mesma questão de direito.[160] É preciso notar que, diante de tal problemática, sempre se faz surgir o risco de possível ofensa ao tratamento equânime dado às decisões judiciais quanto ao seu comando ou tutela jurisdicional referente ao *casu in concreto*, gerando, variavelmente, mul-

---

vil/1973. Neste compasso, o STJ julgou 334 processos repetitivos. Disponível em: <http://www.stj.gov.br/portal_stj/publicacao/engine.wsp?tmp.area=398&tmp.texto=100283>. Acesso em 18.07. 2015.

159. No direito germânico tal incidente se assemelha ao denominado *Musterverfahren*, instituto que gera decisão-modelo para a resolução de um volume expressivo de processos, esses aos quais as partes estão em uma mesma situação de direito, não necessariamente sendo o mesmo autor ou mesmo réu. Ver, neste sentido, WITTMAN, Ralf-Thomas. Il 'contenzioso di massa' in Germânia. In: ALESSANDRO, Giorgetti; VALLEFUOCO, Valério. *Il contenzioso di massa in Itália, in Europa e nel mondo*. Milão: Giuffrè, 2008, p.178.

160. No mesmo sentido, enunciado n. 87 do FPPC: "A instauração do incidente de resolução de demandas repetitivas não pressupõe a existência de grande quantidade de processos versando sobre a mesma questão, mas preponderantemente o risco de quebra da isonomia e de ofensa à segurança jurídica."

tiplicidades de julgados que controvertem mais do que convergem, configurando em situações verdadeiramente teratológicas.

Pelo dito nas linhas supracitadas, temos como fundamentais pressupostos para a incidência do novel IRDR os incisos I e II do art. 976.

Dito isso, vale anotar o que prescreve o §3º do art.976:

"A inadmissão do incidente de resolução de demandas repetitivas por ausência de qualquer de seus pressupostos de admissibilidade não impede que, uma vez satisfeito o requisito, seja o incidente novamente suscitado."

Uma vez, portanto, inadmitida a instauração do incidente pela inexistência de qualquer dos pressupostos acima aludidos - ainda que crermos serem ambos umbilicalmente ligados! - será possível nova propositura do mesmo, possibilitando o seu aceite caso o órgão competente para sua admissibilidade entenda pela presença dos pressupostos nesta novata provocação.

Por outro lado, não será cabível o IRDR quando um dos tribunais superiores, certamente, em sua esfera de competência, já tiver afetado recurso para definição de tese acerca de questão de direito material ou processual repetitiva, ou seja, antecipa eventual tribunal superior em recurso tido como paradigma para a definição da questão repetitiva, não justificando, assim, a instauração do respectivo incidente, já que se espera ser a tese definida por aquele competente órgão julgador (§4º do art. 976).

8.2.2 LEGITIMIDADE

Quanto à legitimidade para suscitar o presente Incidente, podem fazê-lo o juiz ou o relator, de ofício; ou, por petição, as partes, o Ministério Público e a Defensoria Pública, em sintonia com os incisos I, II e III do art. 977, cabendo pontuar a não incidência de custas processuais para a instauração do IRDR (§5º do art. 976).[161]

Vale ressaltar, em situação similar ao que já bem acontece em sede de Ação Civil Pública (Lei n. 7.347/85, art. 5º, §3º), caso o Ministério Público não tenha sido o proponente do presente Incidente, intervirá obrigatoriamente e, em caso de abandono ou desistência pela parte, poderá assumir a titularidade do IRDR (§2º do art. 976).

Ainda no que toca às partes legitimas para provocação do Incidente, caso venha ocorrer eventual desistência ou abandono da causa, isso não será suficiente para que o órgão julgador deixe de examinar o mérito do IRDR, justificando, assim, a importância de instituto para a própria qualidade da prestação jurisdicional, afinal, riscos de ofensa à isonomia bem como à segurança jurídica decorrentes de decisões díspares em demandas múltiplas sobre

---

161. Enunciado n. 204 do FPPC: "Quando se deparar com diversas demandas individuais repetitivas, poderá o juiz oficiar o Ministério Público, a Defensoria Pública e os demais legitimados a que se refere o art. 988, § 3º, II, para que, querendo, ofereça o incidente de resolução de demandas repetitivas, desde que atendidos os seus respectivos requisitos."

mesma questão de direito, atenta-se, sobretudo, ao Estado Constitucional de Direito.[162]

8.2.3 Documentos e síntese dos requisitos essenciais

Apontamento importante e de ordem formal é aquele constante do parágrafo único do art. 977, onde se atenta para a questão documental, daí instrutória, no que tange ao pedido de instauração do incidente, *in verbis*:

"Parágrafo único. O ofício ou a petição será instruído com os documentos necessários à demonstração do preenchimento dos pressupostos para a instauração do incidente."

Em verdade, a documentação deverá demonstrar a incidência dos pressupostos para a viabilização da instauração e conhecimento do IRDR, sendo a comprovação, *v.g.*, decorrente de certidões de demandas simultâneas que contenham nítidas controvérsias sobre a mesma questão de direito, ensejando verdadeiro risco de agressão à isonomia e ao bem da segurança jurídica.

Nota-se, portanto, mesmo que em síntese apertada, a presença dos requisitos essenciais para a admissibilidade e julgamento do Incidente de Resolução de Demandas Repetitivas:

- A efetiva repetição de processos fundados em idêntica questão de direito, capaz de causar grave insegurança jurídica decorrente do risco de coexistência de decisões conflitantes, ferindo aí o direito fundamental da isonomia.
- A legitimidade para o pedido de instauração do Incidente.
- A instrução com os documentos necessários à demonstração da necessidade de instauração do incidente, logicamente, fundamentado na circunstância comprobatória da existência de controvérsia com potencial de gerar relevante multiplicação de processos fundados em idêntica questão de direito e de causar grave insegurança jurídica, decorrente do risco de coexistência de decisões conflitantes.

Vale consignar, por conseguinte, da necessidade de se dirigir o pedido de instauração do Incidente junto ao Presidente do Tribunal hierarquicamente superior (*caput* do art. 977).

8.2.4 Procedimento

Uma vez dirigido o pedido (ofício ou petição) de instauração do IRDR ao Presidente do Tribunal, será ele então distribuído ao órgão colegiado compe-

162. No mesmo sentido, bem acrescenta Marinoni que o "litigante habitual ou comum a todas as demandas repetitivas não pode desistir ou abandonar o processo de modo a inviabilizar o julgamento da questão de direito." (MARINONI, Luiz Guilherme. *Incidente de Resolução de Demandas Repetitivas: decisão de questão idêntica x precedente.* São Paulo: RT, 2016, p.82.

tente para o julgamento, porém, antes, dito órgão realizará o juízo de admissibilidade sobre o Incidente,[163] cabendo ao relator, uma vez admitido o IRDR, tomar as seguintes atitudes regidas dispostas pelo art. 982:

> *I – suspenderá os processos pendentes, individuais ou coletivos, que tramitam no Estado ou na região, conforme o caso;*
>
> *II – poderá requisitar informações a órgãos em cujo juízo tramita processo no qual se discute o objeto do incidente, que as prestarão no prazo de 15 (quinze) dias;*
>
> *III - intimará o Ministério Público para, querendo, manifestar-se no prazo de 15 (quinze) dias.*

O inciso I trata da suspensão de processos que venham possuir idêntica questão de direito,[164] capaz de causar grave insegurança jurídica decorrente do risco de coexistência de decisões conflitantes, isto no estado ou na região, dependendo da própria alegação e comprovação territorial da questão, o que será realizado, obviamente por qualquer das partes legitimas.[165]

Dita suspensão será diretamente comunicada aos órgãos jurisdicionais competentes (§1º do art. 982), o que se dará, certamente, mediante ofício.

Ainda neste compasso, mirando a desejada segurança jurídica, poderão as partes, Ministério Público ou Defensoria Pública requerer ao tribunal competente para conhecer do recurso extraordinário ou especial, que seja determinada a suspensão de todos os processos individuais ou coletivos em curso no país que versem sobre a mesma questão objeto do Incidente já instaurado, *ex vi* do §3º do art. 982.

A despeito dos legitimados supracitados, a parte constante de processo em curso, no qual se discuta a mesma questão objeto do incidente, independentemente dos limites da competência territorial onde está a correr sua demanda, é igualmente legitimada a solicitar ao tribunal competente para conhecer do RE ou REsp, a suspensão dos demais processos em curso no território nacional.

Cabe assinalar que, a despeito da aludida suspensão de ações pendentes, havendo necessidade de adoção de tutela de urgência no âmbito de tais de-

---

163. Enunciado n. 91 do FPPC: "Cabe ao órgão colegiado realizar o juízo de admissibilidade do incidente de resolução de demandas repetitivas, sendo vedada a decisão monocrática."

164. Enunciado n.142 da II Jornada de Direito Processual Civil do Conselho da Justiça Federal (CJF): "Determinada a suspensão decorrente da admissão do IRDR (art. 982, I), a alegação de distinção entre a questão jurídica versada em uma demanda em curso e aquela a ser julgada no incidente será veiculada por meio do requerimento previsto no art. 1.037, §10."

165. Enunciado n.140 da II Jornada de Direito Processual Civil do Conselho da Justiça Federal (CJF): "A suspensão de processos pendentes, individuais ou coletivos, que tramitam no Estado ou na região prevista no art. 982, I, do CPC não é decorrência automática e necessária da admissão do IRDR, competindo ao relator ou ao colegiado decidir acerca da sua conveniência."

mandas, autoriza o §2º do art. 982 o pedido de dita tutela ao juízo do processo suspenso.

Poderá o relator ainda, requisitar informações a órgãos em cujo juízo corre demanda em que se discute o objeto do Incidente, cabendo ao respectivo órgão prestá-las no lapso temporal de 15 dias (inciso II); e ainda, intimar o Ministério Público para, querendo, se manifestar também no prazo de 15 dias acerca do Incidente (inciso III).

Em suma, sendo rejeitado o Incidente, retoma-se ação originária, caso contrário, em regra, o relator suspenderá todas as ações pendentes conforme a dicção do inciso I do art. 982, fazendo valer também a incidência das hipóteses dos incisos II e III do referido dispositivo legal.

Ocorre que, para o devido processo legal referente ao próprio procedimento de julgamento do Incidente, notadamente, depois de o admitido, conforme apontado linhas atrás, serão ouvidas pelo relator as partes e todos os demais interessados, inclusive órgãos e entidades com interesse na controvérsia que, no prazo de 15 dias, poderão requerer juntada de documentos, além de necessárias diligências com o fito de elucidar a questão de direito controvertida, esta objeto do incidente; depois se ouve o Ministério Público pelo mesmo prazo de quinze dias, tudo em respeito ao *caput* do art. 983.

Vale destacar aqui que, será possível a participação do *amicus curiae*, sobretudo quando se está a discutir conteúdos jurídicos de amplo interesse social e/ou econômico por exemplo, o que não raramente se vê necessário, a fim de dissipação de divergência no âmbito da própria sociedade e/ou de determinado segmento nela representado.[166]

Em havendo necessidade de maiores instruções para a condução do incidente, é facultado ao relator designar data para realização de audiência pública, objetivando com essa colher depoimentos de experts acerca da matéria suscitada no IRDR (§1º do art. 983).

Uma vez concluídas as diligências tidas como necessárias, caberá ao próprio relator solicitar dia para o efetivo julgamento (§2º do art. 983), este que será realizado pelo órgão colegiado (plenário ou órgão especial, dependendo do Regimento Interno do respectivo Tribunal) e seguirá a seguinte ordem, *ex vi* do art. 984 e seus incisos:

1º) – o relator fará a exposição do objeto do incidente;

2º) – poderão sustentar suas razões, sucessivamente:

- o autor e o réu do processo originário e o Ministério Público, pelo prazo de 30 (trinta) minutos;

- os demais interessados, no prazo de 30 (trinta) minutos, divididos entre todos, sendo exigida inscrição com 2 (dois) dias de antecedência.

---

166. MARINONI, Luiz Guilherme. *Incidente de Resolução de Demandas Repetitivas: decisão de questão idêntica x precedente...* p. 91.

Importante sublinhar que, em virtude do número de inscritos, poderá o referido prazo ser ampliado (§ 1º do art. 984).

Sendo julgado o Incidente, a tese jurídica será aplicada a todos os processos, quer individuais ou coletivos que versem sobre idêntica questão de direito, mas que "*tramitem na área de jurisdição do respectivo tribunal, inclusive àqueles que tramitem nos juizados especiais do respectivo Estado ou região*" (art. 982, I), o que, diga-se de passagem e conforme já frisado, poderá se exteriorizar a demais estados e regiões, desde que partes, Ministério Público ou Defensoria Pública (legitimados do inciso II e III do art. 977) ou mesmo qualquer interessado que seja parte de processo em curso em que se discuta a mesma questão objeto do Incidente, provoquem o STF ou STJ, solicitando a suspensão de todos os processo individuais e coletivos em curso no território nacional, em cuja questão do incidente seja o objeto controvertido, como se nota da inteligência dos §§3º e 4º do art. 982, tudo em nome da desejada garantia da segurança jurídica e, notoriamente, isonomia das decisões judiciais.[167]

Vale destacar ainda neste ínterim que a suspensão de processos pendentes, quer individuais ou coletivos que tramitem no Estado ou região será cessada, caso não seja interposto recurso especial ou recurso extraordinário, desafiando a decisão proferida no próprio IRDR, conforme dicção do §5º do art. 982.

A tese jurídica reconhecida e julgada em sede de IRDR, igualmente, será aplicada aos processos futuros, desde que versem estes sobre idêntica questão de direito e que, no caso em tela, esteja a tramitar na delimitação territorial de competência do órgão julgador (art. 985, II), o que se aplica, *mutatis mutandis*, na mesma racionalidade em nível nacional, em se tratando de órgão julgador qualquer dos Tribunais Superiores retro referidos.[168]

Insta ressaltar que, favorável ou não, o conteúdo do acórdão em julgamento do IRDR deverá, notoriamente, abranger a análise de todos os fundamentos suscitados relativos à tese jurídica objeto da discussão que se coloca no plano da controvérsia (§2º do art. 984), não somente por razões legais e éticas, mas para fins de facilitação da divulgação futura de conteúdos voltados ao próprio contexto de tese repetitiva ou não.[169]

Em sede forense, rotineiras são as ações repetitivas que versam sobre questões idênticas de direito, de cujo conteúdo envolvem as mais primárias relações de consumo (telefonia, bancos etc.), passando pelos serviços públicos básicos de uso frequente de qualquer cidadão comum (energia, água, esgoto, dentre muitos).

---

167. Enunciado n. 93 do FPPC: "Admitido o incidente de resolução de demandas repetitivas, também devem ficar suspensos os processos que versem sobre a mesma questão objeto do incidente e que tramitem perante os juizados especiais no mesmo estado ou região."

168. Em sede recursal para o STF e STJ, ter-se-á o mesmo desiderato, *ex vi* do §2º do art. 987.

169. Enunciado n.143 II Jornada de Direito Processual Civil do Conselho da Justiça Federal (CJF): "O pedido de revisão da tese jurídica firmada no incidente de resolução de demandas repetitivas pode ser feita pelas partes, nos termos do art. 977, II, do CPC/2015."

Neste sentido, bem sustenta o §2º do art. 985 que, caso o IRDR tenha como objeto

> *questão relativa a prestação de serviço concedido, permitido ou autorizado, o resultado do julgamento será comunicado ao órgão, ao ente ou à agência reguladora competente para fiscalização da efetiva aplicação, por parte dos entes sujeitos a regulação, da tese adotada.*

Deverá o Incidente ser julgado no prazo de 1 (um) ano, tendo ele preferência sobre os demais processos, exceto aqueles relativos ao réu preso bem como os pedido de *habeas Corpus*. Daí que, uma vez superado o lapso temporal supracitado, cessará a suspensão dos processos a que fora determinado por ato do relator, salvo se este, em decisão fundamentada, decidir pelo contrário, tudo conforme regra o art. 980.

Caberá ainda ao órgão julgador do IRDR, devidamente indicado pelo regimento interno dentre aqueles responsáveis pela uniformização de jurisprudência do tribunal, julgar também o recurso, a remessa necessária ou ainda a causa de competência originária de onde se originou o digitado Incidente (art. 978 e seu parágrafo único), logicamente, em se tratando de recursos cabíveis à respectiva instância daquele órgão.

Por outro lado, em sede recursal a tribunal superior, qualquer das partes, o Ministério Público bem como eventual terceiro interessado poderão interpor recurso especial ou extraordinário (art. 987, *caput*), estes que, diferentemente da regra geral, serão dotados de efeito suspensivo, "*presumindo-se a repercussão geral da questão constitucional eventualmente discutida.*" (§1º do art.987).

Conforme já exteriorizado alhures, em sendo interpostos os respectivos recursos para o STF ou STJ e uma vez apreciado o mérito, a tese jurídica ali reconhecida será aplicada em todo território nacional e a todos os processos individuais e coletivos que, verdadeiramente, versarem sobre a idêntica questão de direito enfrentada no IRDR em compasso com o §2º do art. 987.

Não sendo interposto qualquer recurso especial ou extraordinário contra a decisão proferida no Incidente de Resolução de Demandas Repetitivas, determina o §5º do art. 982 que a suspensão dos processos individuais ou coletivos determinada pelo relator quando da admissão de tal Incidente (vide inciso I do art. 982) cessará.

Lado outro, uma vez julgado o Incidente, há de se ressaltar que não sendo observada a tese adotada na decisão paradigmática (proferida no IRDR), estabelece o art. §1º do art. 985 o cabimento a "Ação de Reclamação"[170] para o tribunal competente, esse que irá analisar e decidir se ocorreu desrespeito à

170. Trata-se a Reclamação de instituto com previsão constitucional, tendo sua regulamentação disciplinada hoje pela Lei n.8.038, de 28.05.1990, e agora também com previsão nos arts. 988 e 993 do CPC/2015.
Aliás, insta ressaltar que o art.1.069, IV do novel Código pode prever a revogação dos arts. 13 a 18, 26 a 29 e 38 da supracitada Lei nº 8.038/90.

autoridade de sua decisão, já que o próprio é responsável pelo firmamento da tese jurídica em sede de IRDR bem como por sua revisão, podendo, neste último caso, se dar por ofício ou mesmo mediante requerimento dos legitimados dispostos no inciso III do art. 988 para a instauração do Incidente (art. 986), i. e., Ministério Público ou Defensoria Pública.

Por derradeiro, no tocante à publicidade da existência de Incidentes por parte de qualquer interessado – aí incluindo os próprios tribunais – a fim de evitar, inclusive, que haja demandas atinentes a uma mesma questão de direito já tipificada como Incidente e que ainda estejam correndo isoladamente em seu itinerário procedimental[171], reza o art. 979 que o Incidente deverá ser submetido à ampla e específica divulgação, especialmente por meio de registro eletrônico no Conselho Nacional de Justiça (CNJ) que incluirá em cadastro devidamente alimentado por dados fornecidos pelos tribunais, já que manterão estes banco eletrônico de dados atualizados com específicas informações acerca das questões de direito submetidas ao Incidente (§1º do art. 979).

Com o intuito de facilitar a identificação das causas abrangidas pela decisão do IRDR, o registro eletrônico no CNJ referente a teses jurídicas que ficarão cadastradas, deverá conter, no mínimo, "*fundamentos da decisão e os dispositivos normativos a ela relacionados*" (§2º do art. 979), o que, inegavelmente, será de utilidade não somente para as demandas em andamento como, em muito, para possíveis avenças que poderiam congestionar o serviço público da justiça, tão assolapado nos últimos quartéis.

Tem a Reclamação por objetivo preservar, de forma efetiva, (i) as competências tanto do Supremo Tribunal Federal e Superior Tribunal de Justiça, bem como (ii) garantir o exercício da autoridade das decisões emanadas de ditas Cortes.

Especificamente sobre o novel instituto, ver, dentre muitos, o nossos *Direito processual civil*. Vol. I. 4 ed. Belo Horizonte: Del Rey, 2010, p. 387-412 e *Instituições de Direito Processual Civil*. 2 ed. Belo Horizonte: Del Rey, 2013, Cap. XII.

171. Foi com este espírito, certamente, que as palavras de Luiz Fux, Ministro do Superior Tribunal de Justiça e Presidente da Comissão de Juristas encarregada de levar a cabo a edificação de um novo estatuto processual civil para o Brasil, foram carregadas, em importante passagem no texto preambular de um primeiro relatório apresentado ao Presidente do Senado Federal José Sarney . *In verbis* :

"A Comissão, atenta à sólida lição da doutrina de que sempre há bons materiais a serem aproveitados da legislação anterior, bem como firme na crença de que a tarefa não se realiza através do mimetismo que se compraz em apenas repetir erros de outrora, empenhou-se na criação de um novo código erigindo instrumentos capazes de reduzir o número de demandas e recursos que tramitam pelo Poder Judiciário.

Esse desígnio restou perseguido, resultando do mesmo a instituição de um incidente de coletivização dos denominados litígios de massa, o qual evitará a multiplicação das demandas, na medida em que suscitado o mesmo pelo juiz diante, numa causa representativa de milhares de outras idênticas quanto à pretensão nelas encartada, imporá a suspensão de todas, habilitando o magistrado na ação coletiva, dotada de amplíssima defesa, com todos os recursos previstos nas leis processuais, proferir uma decisão com amplo espectro, definindo o direito controvertido de tantos quantos se encontram na mesma situação jurídica, plasmando uma decisão consagradora do principio da isonomia constitucional."

9. RECLAMAÇÃO

9.1 NOTA INTRODUTÓRIA

Trata o presente estudo da construção conceitual e pragmática da Reclamação, mecanismo processual de índole constitucional cujo objeto efetivo se encontra delimitado em abrigar o controle da competência dos Tribunais bem como realizar o cumprimento de suas decisões pelos demais Órgãos Judiciários e Administrativos do Estado brasileiro, potencializando-se, assim, em um efetivo instrumento de consolidação da necessária autoridade prática das decisões judiciais, notória lógica de um sistema que ao contrário, se vê, por vezes protagonizando temerários julgados que afrontam a segurança jurídica dos jurisdicionados, porque desencontrados e daí não cumpridos.

Acentua-se a tal cenário a relevância e interesse na prática harmônica do sistema de decisões, potencializada ainda pelo Novo Código de Processo Civil, onde se tem um alargamento do elenco de decisões aptas ao respeito vinculante por parte de juízes e tribunais, exigindo contornos efetivos à quebra da racionalidade dos critérios de competência operantes no sistema judiciário pátrio.

Nota-se, pelo dito, que a Reclamação é digna de merecimento de uma perquirição de suas virtudes para o enfrentamento de óbices que insistem em obstaculizar a construção plena de um processo de resultados, este fundamental expoente na construção de um Estado de Direito Democrático.

9.2 ESTADO, ATIVIDADE JUDICANTE E A PRESERVAÇÃO DA COMPETÊNCIA E DOS JULGADOS

Como notório, o Estado moderno, para melhor atingir seu objetivo, que é o bem comum, teve por bem dividir seu poder soberano em três outros: Poder Legislativo, Poder Executivo e Poder Judiciário, tendo cada um deles uma função estatal.

Assim, ao Legislativo compete a estruturação da ordem jurídica através da atitude legislativa; ao Executivo, a administração e ao Judiciário, de um modo geral, a composição dos litígios nos casos concretos.

À função de compor litígios, de declarar e realizar o Direito nominou-se de Jurisdição.

Etimologicamente, tem a palavra Jurisdição derivação do latim *jurisdictio*, nisto, ação de administrar a justiça, oriunda das expressões *jus dicere, jurisdictio.*[172]

Já bem expressava Celso Neves[173] que o vocábulo "jurisdição" teria amplitude reduzida ou mesmo insuficiente para demonstrar todo o alcance inte-

---

172. DE PLÁCIDO E SILVA. *Vocabulário jurídico*, 23 ed. Rio de Janeiro: Forense, 2003, p. 802.

173. NEVES, Celso. *Estrutura fundamental do processo civil*. Rio de Janeiro: Forense, 1997, p. 3.

lectivo e prático que se poderia delinear tal instituto, dificultando, inclusive, a construção uníssona para o seu entendimento, isso tanto em nível pátrio quanto na literatura estrangeira.

Sobre o assunto, apontava Couture que o conceito de Jurisdição seria, verdadeiramente, uma prova de fogo para os juristas e mesmo Calamandrei, de maneira vanguardista, quase que como premunição, sustentava não ser possível dar à Jurisdição uma definição para todos os tempos e para todos os povos, o que também lhe seguia Alfredo Rocco, ponderando ainda ser de um problema conceitual, por se decidir a ciência jurídica.

O fato é que, notoriamente, o homem, enquanto animal político encontra na coletividade organizada formas efetivas para o alcance de pretensões individuais, daí a concepção também de Estado.

Impulsionado pelo alargamento natural do Estado, Montesquieu sistematizou uma forma de separação de poderes que, a despeito das ideias mesmo que ainda incipientes nos escritos de Aristóteles e de Locke, partia da noção de que o próprio poder controlaria o poder, estabelecendo-se uma compartimentação entre os mesmos, definindo-se, portanto, em um sistema de freios e contrapesos. Daí, a concepção de tripartição dos Poderes em Legislativo, Executivo e Judiciário.[174]

Neste sentido, a cada um dos Poderes supracitados fica reservada a responsabilidade precípua em uma atividade específica.

Assim, ao Legislativo compete a atividade estrutural da ordem jurídica através da atitude legislativa; ao Executivo cabe, enquanto atividade principal, a administração da máquina pública, reservando ao Judiciário, como atividade primordial, aquela de índole jurisdicional, notadamente a composição de litígios diante dos casos concretos.

Convém ressaltar que nenhum dos aludidos Poderes realiza as funções acima referidas com exclusividade. Isto porque, ao Poder Legislativo, cabe, por conseguinte, julgar, em determinados casos, como nos crimes de responsabilidade de seus próprios pares, assim como também no que concerne ao Presidente da República; em outro passo, o Poder Executivo poderá normatizar determinadas situações através, por exemplo, das Medidas Provisórias; diferente também não se faz no âmbito do Poder Judiciário pelo qual este realizará atividades administrativas, quando da organização e forma de atuação de seus

---

174. Cabe notar que Montesquieu, em sua obra "Do Espírito das Leis", já abrandava a rigidez da divisão entre os diversos Poderes do Estado. Vale ressaltar ainda que, mais precisamente no Capítulo VI do Livro XI da referida obra, observa-se que diversamente do que alguns entendem, o aludido autor não sustenta os Poderes como conteúdos estanques, admitindo ele a unidade do denominado Poder Estatal, exclamava a ingerência de um dos Poderes do Estado em competências aparentemente alheias à sua área de abrangência.
É de se frisar, como já afirmava Léon Duguit (*Traité de droit constitucionnel*: La Théorie Génerale de l' État, v. II. Paris: DeBoccard, 1928, p. 663), que a confusão entre a separação de funções não provém de Montesquieu, mas de seus intérpretes.

servidores ou mesmo no que toca aos tribunais, quando de edições de resoluções, objetivando uma melhor otimização nos serviços cartorários.[175]

Isto posto, partindo da ideia de Jurisdição como atributo conferido ao exercício da atividade jurisdicional por parte de um dos Poderes do Estado, qual seja, o Poder Judiciário, o seu conceito – como já referido por Calamandrei em linhas acima – possui uma diversidade de alcances.

Para Chiovenda, a Jurisdição consiste na atuação da lei mediante a substituição da atividade alheia pela atividade dos órgãos públicos, afirmando ainda a existência de uma vontade da lei e colocando-a posteriormente em prática.[176]

Já para Francesco Carnellutti, a Jurisdição é entendida como um meio de que se vale o Estado para a justa composição da lide. Neste sentido, a atividade jurisdicional exercida pela autoridade estatal por meio do processo visa à composição de um conflito de interesses, sendo justa, pois, que se refere estar a solução da demanda de acordo com o Direito vigente, entendendo-se ainda por "lide" o conflito de interesses qualificado por uma pretensão resistida.[177]

Guasp e Aragones, após subdividirem a concepção de Jurisdição sob três pontos de vista, quais sejam: o objetivo (conjunto de matérias processuais em que intervêm os órgãos do Estado); subjetivo (conjunto de órgãos estatais que intervêm no processo) e atividade (conjunto de atos realizados pelos órgãos estatais, ao intervir no processo),[178] reduzem a ideia da mesma em uma "*función estatal de satisfacción de pretensiones*".[179]

Em critério mais amplo e, por isso, vetorizando de forma segura a incidência do instituto com a sua atuação primária nas órbitas dos poderes do Estado, somado ao real e efetivo comprometimento *lato* e *stricto sensu* com o exercício da atividade jurisdicional, Celso Neves[180] considerou a Jurisdição como *poder*, relacionando-a ao plano da soberania estatal, justificada pela manifestação do mo-

---

175. Oportuno trazer aqui as ideias de Calamandrei acerca do assunto, em que o mestre italiano sustenta que a distinção entre as funções dos Poderes Judiciário, Executivo e Legislativo, pode-se dar, pelo menos teoricamente, pelo exercício de três critérios, sendo eles o orgânico, o formal e o substancial.
O critério orgânico implica na distinção da função a partir do órgão que a exerce. Já, no que se refere ao critério formal, este corresponde a uma distinção realizada mediante a forma de como se revestem os atos praticados pelas três funções estatais. Quanto ao critério substancial, este dita a análise sob a óptica da natureza ou do conteúdo do ato em si bem como os seus efeitos jurídicos, independente do órgão que o exerce. CALAMANDREI. Piero. *Instituciones de derecho procesal civil*, v. 1. Buenos Aires: Depalma, 1943, p. 186.

176. CHIOVENDA, Giuseppe. *Principii di diritto processuale civile*,. Napole: Nicola Jovene, 1928, p. 301.

177. CARNELLUTTI. Francesco. *Instituciones del proceso civil*, Vol. 1. Buenos Aires: Ediciones Jurídicas Europa-America, 1956, p. 28.

178. GUASP, Jaime; ARAGONES, Pedro. *Derecho procesal civil*, t. I, 5. ed.. Madri: Civitas, 2002, p. 89.

179. Idem, p. 92.

180. NEVES, Celso. *Ob. cit.*, p. 28; CINTRA, Antônio Carlos de; GRINOVER, Ada Pellegrini; DINAMARCO, Cândido Rangel. *Teoria geral do processo*. 11. ed. São Paulo: Malheiros Editores,1995, p. 125.

nopólio estatal em sede de capacidade de decidir e impor, imperativamente, suas decisões; como *função*, justificada pelas atribuições que caracterizam os órgãos estatais, estas diretamente relacionadas à promoção da pacificação social por meio do processo; como *atividade*, já aí relacionada à prática dos atos no âmbito do processo – instrumento pelo qual a jurisdição opera – exercício este praticado pelo magistrado, oriundo do poder a ele conferido pelo próprio Estado.

Conforme se depreende, para a caracterização da Jurisdição, critérios e conceitos se diversificam na medida das concepções e do foco de observação do instituto enquanto fenômeno jurídico, no entanto, inegavelmente, a despeito de intensidades conceituais, o poder julgar decorrendo dele a garantia da autoridade no cumprimento das decisões judiciais e ainda a preservação da competência do órgão judicante entoam como notas firmes em qualquer atributo que se queira apontar como componente da atividade judicante estatal.

Nestes termos é que, hodiernamente, teve por bem a Constituição Federal de 1988, como texto representativo e, ao mesmo tempo, condutor da ordem jurídica pátria, expressar os atributos ou garantias pragmáticas do exercício jurisdicional – preservação da competência e garantia da autoridade das decisões – em seu bojo, o que, inequivocamente, o fez a partir dos próprios Tribunais Superiores, no caso o Supremo Tribunal Federal e o Superior Tribunal de Justiça, *ex vi* dos arts. 102, I, *l* e 105, I, *f*, tendo como instrumento apto a reprimir eventuais transgressões sobre o binômio supracitado o instituto denominado Reclamação.

9.3 A RECLAMAÇÃO

9.3.1 NOÇÃO CONCEITUAL

Trata-se a Reclamação de instituto com previsão constitucional, tendo sua regulamentação por mais de duas décadas disciplinada pela Lei n.8.038, de 28.05.1990, mais precisamente através de seus arts. 13 a 18.

Contudo, no advento do CPC 2015, através do que preceitua o seu art. 1.072, inciso IV, temos que tais dispositivos juntamente com os arts. 26 a 29 e 38, todos da mesma lei supracitada, ficaram revogados.

De tal revogação, verdadeiramente, tem-se como resultado o alargamento de matérias sob as quais se debruça o manejo da Ação de Reclamação.

Nestes termos, conforme reza o art. 988 do CPC/2015,[181] tem a Reclamação por objetivo:

I – preservar a competência do tribunal;

II – garantir a autoridade das decisões do tribunal;

---

181. Em redação dada pela Lei n.13.256/2016.

III - garantir a observância de enunciado de súmula vinculante e de decisão do Supremo Tribunal Federal em controle concentrado de constitucionalidade;

IV - garantir a observância de acórdão proferido em julgamento de incidente de resolução de demandas repetitivas ou de incidente de assunção de competência;

É de se lembrar ainda que, com o advento do art. 103-A, este regulando a promoção, proteção e aplicação das Súmulas Vinculantes, designada fora, igualmente, a Reclamação como instrumento apto e efetivo em levar a cabo dito respeito ao regramento sumular do Pretório Superior.

Observa-se, portanto, que das funções consagradas na Carta Maior referendadas ao instituto da Reclamação (*ex vi* dos arts. 102, I, *l* e 105, I, *f* e 103-A), este mecanismo processual atua, fundamentalmente, frente à tutela de dois princípios processuais de intensa índole constitucional: o do juiz natural e o da efetividade das decisões judiciais.

Por outro lado, vale ainda pontuar que, a despeito de sua inegável utilidade, não excluirá o seu manejo da possibilidade de utilização de outros remédios processuais existentes no ordenamento jurídico pátrio, quando necessários.

9.3.2 Breve historicidade

A construção sob o prisma histórico coloca a Reclamação e sua origem no mesmo compasso com a evolução do instituto da Correição Parcial, pois que ambos os mecanismos situam-se no plano das medidas aptas a evitar o descumprimento ou desobediência à ordem do tribunal (do Tribunal de Justiça, no caso da correição parcial; do Supremo Tribunal Federal ou do Superior Tribunal de Justiça, no caso da reclamação) pelos órgãos julgadores inferiores.

Aponta-se como a primeira manifestação do instituto da Reclamação o Direito Romano, na forma de impugnação denominada *suplicatio*, tendo esta cabimento apenas diante de decisões irrecorríveis, permitindo-se que a parte levasse ao conhecimento do Imperador o seu descontentamento com possíveis irregularidades de índole processual exercida pelos magistrados, sendo daí o remédio adequado para corrigir erros procedimentais, evitando-se, assim, que as desordens formais incidissem no trâmite do processo ora em curso.[182]

Destarte, instrumento semelhante fora contemplado, posteriormente, pelas Ordenações Filipinas (Livro III, título XX, §46) sob a denominação de "agravo de ordenação não guardada" e, mais adiante, no âmbito do Regulamento 737 de 1850 nominado como "agravo por dano irreparável".[183]

---

182. PINHEIRO, Wesson Alves. Reclamação ou correição parcial. *Revista de Processo*, São Paulo, v. 6, n. 21, jan./mar., 1989, p. 126.

183. PACHECO, José da Silva. A "reclamação" no STF e no STJ de acordo com a nova Constituição. *Revista dos Tribunais*, São Paulo, Vol.. 78, n. 646, ago., 1989, p. 20.

Já, em 1957, com a elaboração do Regimento Interno do Supremo Tribunal Federal, a Reclamação, que já vinha sendo aplicada em sede jurisprudencial fora aprovada e incorporada ao aludido Regimento e, portanto, regulamentada expressamente no Título II, Capítulo V- "A".[184]

Vale notar que a Carta Constitucional de 1967 autorizou o Supremo Tribunal Federal a estabelecer específica disciplina processual dos feitos sob sua competência, concedendo força de lei federal às disposições inclusas em seu Regimento Interno referentes aos seus processos, daí legitimando, definitivamente, o instrumento processual da Reclamação.[185]

Com o advento da Constituição de 1988, diante da previsão expressa da Reclamação no texto constitucional, mais precisamente nos arts. 102, I, *l* (Reclamação para a preservação da competência do STF e garantia da autoridade de suas decisões), 105, I, *f* (Reclamação para a preservação da competência do STJ e garantia da autoridade de suas decisões) e, mais recentemente, com o advento da EC n.45, a inclusão do art. 103-A (Reclamação contra ato administrativo ou decisão judicial que contrarie súmula de efeito vinculante), ratificou-se a sua constitucionalidade e *status* de competência constitucional, firmando, portanto, a competência para o processo e julgamento da matéria.[186]

Com a promulgação da Lei n. 8.038, de 28 de maio de 1990, que instituiu normas procedimentais para os processos manejados perante o Supremo Tribunal Federal e o Superior Tribunal de Justiça, regrou também do procedimento da reclamação em consonância com modelo do que era previsto nos respectivos regimentos internos de ambas as Cortes.

Por fim, com o advento do novel Código de Processo Civil e sua entrada em vigor, a Lei n. 8.038/90 restou revogada em seus dispositivos reguladores da Reclamação (arts. 13 a 18) juntamente com seus os arts. 26 a 29 e 38, tudo por meio do art. 1.072, IV do novo *Codex*.

Assim, temos que os artigos 988 a 993 são os responsáveis por disciplinar esta meritória *actio*.

Nota-se por tudo que a Reclamação se encontra efetiva e normativamente presente no sistema processual brasileiro, com notória índole constitucional, constituindo em útil ferramenta à disposição para a preservação da competência dos Tribunais e garantia da necessária autoridade de julgados decorrentes das mesmas.

---

184. Fora adotada a Reclamação pelo Regimento Interno do STF em 02.10.1957, em respeito à competência concedida pela própria Constituição de 1946, expressamente em seu art. 97, II.

185. No mesmo sentido, MENDES, Gilmar Ferreira; COELHO, Inocêncio Mártires; BRANCO, Paulo Gustavo Gonet. *Curso de direito constitucional.* 3 ed. São Paulo: Saraiva, 2008, p. 1.294.

186. Sobre a sistematização legislativa e cronológica acerca da Reclamação, ver por todos, PACHECO, José da Silva. *O Mandado de Segurança e outras ações constitucionais típicas.* 4 ed. São Paulo: Revista dos Tribunais, 2002, p. 601-635.

9.3.3 Natureza Jurídica

A natureza jurídica do instituto da Reclamação é posta em discussão pela doutrina e jurisprudência, sobretudo pelo fato de tal mecanismo transcender épocas de aplicabilidade eminentemente jurisprudencial até a sua previsão expressa e de ordem constitucional.

Em síntese bem apurada acerca da divergência sobre a natureza jurídica em tela, vale acostar aqui voto da lavra do Ministro Celso de Mello na Reclamação n. 336, *in verbis*:

> A reclamação, qualquer que seja a qualificação que se lhe dê – ação (Pontes de Miranda, 'Comentários ao Código de Processo Civil' tomo V/384, Forense), recurso ou sucedâneo recursal (Moacyr Amaral Santos, RTJ 56/546-548; Alcides de Mendonça Lima, 'O Poder Judiciário e a Nova Constituição', p. 80, 1989, Aide), remédio incomum (Orozimbo Nonato, apud Cordeiro de Mello, 'O processo no Supremo Tribunal Federal', vol. 1/280), incidente processual (Moniz de Aragão. 'A Correição Parcial', p. 110, 1969), medida de Direito Processual Constitucional (José Frederico Marques, 'Manual de Direito Processual Civil', vol. 3, 2ª parte, p. 199, item n. 653, 9ª Ed., 1987, Saraiva) ou medida processual de caráter excepcional (Ministro Djaci Falcão, RTJ 112/518-522) – configura, modernamente, instrumento de extração constitucional, inobstante a origem pretoriana de sua criação (RTJ 112/504), destinado a viabilizar, na concretização de sua dupla função de ordem político-jurídica, a preservação da competência e a garantia da autoridade das decisões do Supremo Tribunal Federal (CF, art. 102, I *l*) e do Superior Tribunal de Justiça (CF, art. 105, I, *f*).[187]

Nota-se, portanto, tamanha dificuldade no consenso em torno da definição quanto à exata natureza jurídica do presente instituto processual. Por outro lado, sua natureza jurisdicional já fora posta em cheque, onde em antiga discussão se colocava a possibilidade de tratar a Reclamação de uma medida administrativa, dada a sua identificação com a conhecida Correição Parcial, no entanto a própria jurisprudência do STF reconheceu na Reclamação o poder de produzir alterações pontuais em decisões já proferidas em processos judiciais, operando-se, inclusive, a produção de coisa julgada decorrente dos julgados em Reclamação, evidenciando, inegavelmente, o seu perfil de ordem jurisdicional.[188]

Ainda em sede do STF, encontramos posição aderente à noção da Reclamação como um direito constitucional de petição, atestando-se assim que "(...) a natureza jurídica da reclamação não é a de um recurso, de uma ação e nem de um incidente processual. Situa-se ela no âmbito de direito constitucional de petição previsto no art. 5º, XXXIV, da Constituição Federal."[189]

---

187. Rcl. 336. Rel. Min. Celso de Mello. Julg.19.12.1990, *DJU* 15.3.1991.

188. Ver, por todos DANTAS, Marcelo Navarro Ribeiro. *Reclamação constitucional no direito brasileiro.* Porto Alegre: Sérgio Fabris Editor, 2000, p. 438-439.

189. STF. Pleno. ADI nº 2.212/CE. Rel. Min. Ellen Gracie. Julg. 02.10.2003, *RTJ* 190/122.

Enfrentando a natureza jurídica da Reclamação, vale aqui pontuar posição do Ministro Amaral Santos, ao discutir a questão em excelente julgado, nominou como pressupostos da reclamação:

a) a existência de uma relação processual em curso; b) um ato que se ponha contra a competência do Supremo Tribunal ou que contrarie decisão deste, proferida nessa relação processual ou em relação processual que daquela seja dependente.[190]

Diante de tais pressupostos, o festejado Ministro se colocou aderente à ideia da reclamação como recursos, expressando ainda aos argumentos de que: "reclama-se, recorre-se, contra um ato da relação processual em curso."[191]

Em que pese autorizadas posições em contrário e já referendadas acima, em sede da natureza jurídica da Reclamação, entendemos ter essa natureza eminentemente de ação.[192]

Fundamenta-se tal posição na medida em que com a Reclamação se provoca a jurisdição, decorrendo daí solicitação da pretensão de tutela jurisdicional,

---

190. Reclamação n. 831 – DF, *RTJ* 56/539-50.

191. Ibidem.
Impende acostar aqui julgados do STF em Reclamação, de cuja ideia enfrenta e, por conseguinte, afasta a natureza jurídica recursal que por ventura se quisera dar ao mecanismo da Reclamação: "RECLAMAÇÃO. DECISÃO DO VICE-PRESIDENTE DO TRIBUNAL REGIONAL DO TRABALHO DA 19ª REGIÃO, QUE DETERMINOU O SEQUESTRO DE RECURSOS DA CONTA ÚNICA DO ESTADO DE ALAGOAS. ALEGAÇÃO DE DESRESPEITO AO JULGADO DO STF NA ADI 1.662. ATO FUNDAMENTADO NA QUEBRA DO DIREITO DE PRECEDÊNCIA EM PRECATÓRIOS. INVIABILIDADE DA VIA RECLAMATÓRIA. 1. Se a autoridade reclamada fundamentou sua decisão de sequestro (parte final do § 2º do art. 100 da CF) na quebra da ordem de apresentação dos precatórios, não desrespeitou a decisão do STF na ADI 1.662. 2. O instituto da reclamação constitucional não é via ordinária de irresignação das partes. Não cabe, nessa via processualmente contida, analisar o acerto da decisão reclamada. Se houve ou não quebra da ordem cronológica de apresentação dos precatórios é questão a ser enfrentada nas instâncias ordinárias, mediante interposição dos recursos cabíveis. Precedentes.3.Reclamação julgada improcedente." STF. Pleno. Rcl 4819/Al. Rel. Min. Carlos Britto. Julg. 05.03.2009, *DJU* 03.04.2009. "EMBARGOS DE DECLARAÇÃO EM RECLAMAÇÃO. CONVERSÃO EM AGRAVO REGIMENTAL. AUSÊNCIA DE ARGUMENTOS NOVOS. RECLAMAÇÃO UTILIZADA COMO SUCEDÂNEO RECURSAL. INEXISTÊNCIA DE AFRONTA AO ART. 93, INC. IX, DA CONSTITUIÇÃO DA REPÚBLICA. AGRAVO REGIMENTAL NÃO PROVIDO. 1. Não-cabimento de embargos de declaração contra decisão monocrática. Embargos convertidos em agravo regimental. 2. O fundamento adotado na decisão recorrida deve ser infirmado pelos recorrentes, sendo-lhes vedada a simples reiteração dos argumentos esposados na petição inicial. 3. O instituto da Reclamação não se presta para substituir recurso específico que a legislação tenha posto à disposição do jurisdicionado irresignado com a decisão judicial proferida pelo juízo a quo. 4. É desnecessária a manifestação, pelo magistrado, sobre toda a argumentação apresentada pela parte quando há outra razão suficiente para o julgamento da causa. 5. Agravo regimental não provido." STF. Pleno. Rcl-ED 546/ES. Rel. Min. Cármen Lúcia. Julg. 25.06.2008, *DJU* 15.08.2008.

192. "A *reclamação* não é recurso; é ação contra o juiz, suscetível de exame fora da via recursal.(...)Na reclamação, não se examina a matéria sobre o que se decidiu; a sua finalidade é rechaçar o ato do juiz, em si, ou porque usurpe competência do tribunal superior, ou porque não tenha reconhecido à decisão do tribunal a eficácia que Lea tem, ou porque haja retardado a remessa do recurso, ou de outro remédio processual, que seja da competência do tribunal, ou de outro corpo superior." PONTES DE MIRANDA, F. C. *Comentários ao código de processo civil.* Tomo V. 3 ed. Rio de Janeiro: Forense, 1997, p.287.

seja para solver conflito de competência decorrente de eventual invasão contrária à observância do órgão julgador competente, seja para se valer respeitar as respectivas decisões dos tribunais, inclusive os efeitos vinculantes sumulares bem como a efetividade no cumprimento dos seus julgados, ainda que pese a sua possibilidade de manejo em processos de índole objetiva, como, p. ex., nos casos referentes ao controle de constitucionalidade, servindo aí para assegurar a autoridade das decisões do Supremo Tribunal Federal e ainda a sua competência diante de eventual usurpação da mesma.

Acrescenta-se, pois que, na impetração da Reclamação, estar-se-á a discutir verdadeiramente, questões que se relacionam objetivamente com outra demanda, mas que, nitidamente, não se assemelham materialmente com o objeto desta, tendo por conta então fazer atuar o respeito ao devido processo legal a que se deva implementar e dar exato cumprimento quando outra ordem contrária à exigência legal se vê operando, obstruindo o ordeiro cumprimento normativo processual, sempre que se esteja diante de atos ou decisões ofensivas à competência ou à autoridade das decisões decorrentes do STF e STJ e mesmo, com o advento do NCPC, de qualquer tribunal.

Não se provoca a jurisdição para discutir, materialmente, a reversão de julgado ou qualquer acréscimo ou diminuição de pretensões materiais – ainda que indiretamente seja este o efeito por vezes operado, *v.g.*, o respeito à súmula vinculante diante de acórdão a ela contrário – mas para fazer valer o respeito à competência ou à autoridade das decisões oriundas dos órgãos julgadores supracitados.

Em sintonia com tal ideia está José da Silva Pacheco, acentuando de maneira clara que a Reclamação não se configura em um recurso, não só porque a ela são indiferentes os pressupostos recursais da sucumbência e da reversibilidade, ou os prazos, mas, sobretudo, pelo fato de ser desnecessário que haja sentença ou decisões, nem que se pugne pela reforma ou modificação daquelas, bastando que haja interesse em que se corrija eventual desvio de competência ou se elida qualquer estorvo à plena eficácia dos julgados dos tribunais.

Trata-se, na realidade, de ação, fundada no direito de que a resolução seja pronunciada por autoridade judicial competente; de que a decisão já proferida por quem tinha competência para fazê-lo tenha plena eficácia, sem quaisquer obstáculos indevidos e de que se eliminem os óbices que se opõem à plena eficácia das decisões ou à competência para decidir.[193]

Por tudo, dada a natureza jurídica de ação, vale ressaltar no tocante a uma razoável diferença entre ação e recurso, que este último deve ser exercitado dentro da mesma relação jurídica processual, enquanto ainda não tiver ocorrido o trânsito em julgado da decisão que se pretende impugnar. Ao contrário,

---

193. PACHECO, José da Silva. A "reclamação" no STF e no STJ de acordo com a nova Constituição, *Revista dos Tribunais*, São Paulo, Vol. 78, n. 646, ago., 1989, p. 30.

a ação autônoma de impugnação deve ser proposta em outra relação jurídica processual.[194]

Certo é que, pela pontual diferença, nota-se que a Reclamação se adequa com maior razão na ideia de ação autônoma de impugnação do julgado do que como recurso deste.

Cabe ainda notar que, para o ajuizamento da Ação de Reclamação não se tem como condição a exigência do trânsito em julgado da decisão que usurpa a competência dos tribunais ou desafia a autoridade de suas decisões,[195] ou mesmo a exigência de sua irrecorribilidade.[196]

Na mesma toada, aponta-se que Reclamação não é via adequada para discutir o ato impugnado que já se revestiu da coisa julgada, como exarado no seguinte acórdão da Corte Maior:

> Reclamação, que, no caso, se destina a preservação da competência do S.T.F. – Essa reclamação só e cabível se a decisão objeto dela – na hipótese, despacho que julgou deserto agravo de instrumento contra a decisão que não admitiu recurso extraordinário – ainda não transitou em julgado, pois a reclamação não é sucedâneo de ação rescisória" (Tribunal Pleno. Reclamação n. 365 de 28.05.1992. Rel. Min. Moreira Alves, *DJ* de 07.08.1992, p. 11778).

9.3.4 LEGITIMIDADE

São legitimados para a propositura da Reclamação a parte interessada (art.988, *caput do* CPC) – entendida aí não somente aquela beneficiada pela decisão do tribunal, mas também toda e qualquer pessoa afetada pela decisão contrária à orientação com efeito vinculante decorrente de súmula do STF, isto nos termos do entendimento dominante, especialmente a partir da Rcl 1.880,[197] o Ministério Público (art. 988, *caput*) bem como o Procurador Geral da República (art. 156 do RISTF).[198]

---

194. NERY JÚNIOR, Nelson. *Princípios fundamentais: teoria geral dos recursos.* 4. ed. São Paulo: Revista dos Tribunais, 1997, p. 190.

195. "A recorribilidade da decisão que usurpa a competência do STF ou desafia a autoridade de suas decisões não impede que, desde logo, seja ajuizada a ação de reclamação perante esta Corte (CF, art. 102, I, 1). Precedente citado: Rcl 329-SP (RTJ 132/620)" .STF. Pleno. AgRg. na Recl. 655/ES. Rel. Min. Sepúlveda Pertence. Julg. 10.04.1997, *DJU* 27.06.1997.

196. "RECLAMAÇÃO – CABIMENTO – STF: COMPETÊNCIA ORIGINÁRIA (CF, ART. 102, i "N") – A recorribilidade ou a efetiva interposição de recurso para o S.T.F. da decisão reclamada não ilide o cabimento da reclamação." STF. Pleno. Recl. nº 329-9-SP. Rel. Min. Sepúlveda Pertence. Julg. 30.05.1990, *DJU*, Seção I, 29.06.1990.

197. STF.Rcl. – AgRg 1.880. Rel. Maurício Corrêa. *DJ* de 19.03.2004.
No mesmo sentido, MENDES, Gilmar Ferreira; COELHO, Inocêncio Mártires; BRANCO, Paulo Gustavo Gonet. Ob. cit, p. 1.305.

198. Há de observar orientação do Supremo Tribunal Federal no sentido de que não se admite a reclamação requerida por terceiros que se dizem interessados na decisão proferida pelo STF em ação direta de inconstitucionalidade (RTJ 160/788).

Já a legitimidade passiva da Ação de Reclamação caberá à autoridade jurisdicional ou administrativa, ou seja, a quem for imputada atentar contra a competência de quaisquer tribunais ou descumprir o conteúdo dos julgados proferidos por esses tribunais.

Importante se faz ressaltar que os arts. 159 do RISTF; 189 do RISTJ e 990 do NCPC preceituam no sentido de que a qualquer interessado, entendendo-se aí, logicamente, aquele com interesse jurídico,[199] será facultado impugnar o pedido do reclamante, titular da Ação de Reclamação. Daí que o aludido interessado, além do reclamante, poderá intervir na demanda em tela, a fim de impugná-la, dirigindo-se para isso, ao relator do processo.[200]

9.4 RECLAMAÇÃO E A PRESERVAÇÃO DA COMPETÊNCIA CONSTITUCIONAL DOS TRIBUNAIS SUPERIORES – STF E STJ

A Constituição Federal de 1988 delimita a competência do Supremo Tribunal Federal e do Superior Tribunal de Justiça através dos arts. 102 e 105.

Neste sentido, ocorrendo ato que contrarie a competência do STF, quer para conhecer e julgar, originariamente, as causas mencionadas no inc. I do art. 102 da CF, quer no tocante ao conhecimento do recurso ordinário em habeas corpus, mandado de segurança, habeas data ou mandado de injunção de-

---

199. "1.INTERVENÇÃO DE TERCEIRO. Terceiro prejudicado ou interessado. Reclamação. Admissibilidade. Magistrado incluído em lista tríplice impugnada. Destinatário da eficácia gravosa de eventual decisão favorável à reclamante. Recepção da causa no estado em que a encontre. Poder de sustentação oral deferida. Aplicação do art. 15 da Lei nº 8.038/1990. Precedente. Admite-se, em reclamação, que intervenha terceiro juridicamente interessado ou prejudicado, com direito de exercer poderes processuais a partir do momento da intervenção, entre os quais o de fazer sustentação oral. 2. MAGISTRADO. Promoção por merecimento. Vaga única em Tribunal Regional Federal. Lista tríplice. Composição. Inclusão de magistrados que não pertenciam à primeira quinta parte da lista de antiguidade. Ilegalidade. Mandado de segurança concedido a juíza que era um dos três únicos magistrados que cumpriam todos os requisitos constitucionais. Trânsito em julgado. Recomposição sem inclusão nem recusa formal da impetrante. Inadmissibilidade. Descumprimento da decisão do Supremo. Reclamação julgada procedente. Desrespeita a autoridade de decisão do Supremo Tribunal Federal, o ato complexo de recomposição de lista tríplice para promoção de magistrados, sem inclusão nem recusa do nome de juiz a quem a Corte assegurou, mediante concessão de mandado de segurança, com trânsito em julgado, o direito líquido e certo de ser nela incluído, salvo recusa formal em procedimento específico, que não houve." STF. Pleno. Rcl 2772/DF. Rel. Min. Cezar Peluso. Julg. 24.11.2005, *DJU* 05.05.2006.

200. "A intervenção do interessado no processo de reclamação é caracterizada pela nota da simples facultatividade. Isso significa que não se impõe, para efeito de integração necessária e de válida composição da relação processual, o chamamento formal do interessado, pois este, para ingressar no processo de reclamação, deverá fazê-lo espontaneamente, recebendo a causa no estado em que se encontra. O interessado, uma vez admitido no processo de reclamação, e observada a fase procedimental em que este se acha, tem o direito de ser intimado dos atos e termos processuais, assistindo-lhe, ainda, a prerrogativa de fazer sustentação oral, quando do julgamento final da causa.." (STF. Pleno: RTJ 163/5 e RT 741/173).
Ainda sobre o assunto referente ao terceiro juridicamente interessado e a extensão de seu reconhecimento, ver o nosso *Direito Processual Civil.* Vol. 1. 2 ed, Belo Horizonte: Del Rey, 2008, p.120-121.

cididos em única ou última instância pelos tribunais superiores, se denegatória a decisão e ainda excedendo a presente competência exclusiva do STF para conhecer recurso extraordinário quando a decisão em única ou última instância contrariar dispositivo constitucional, declarar a inconstitucionalidade de tratado ou lei federal, ou julgar válida lei ou ato de governo local contestado perante a Constituição Federal, cabível será o instituto processual da Reclamação (art. 102, I *l* da CF/88), com o fito de restabelecer o exercício da correta competência da Corte Maior.

Na mesma toada se dá quando se refere ao STJ, nos termos de sua competência originária, ordinária e especial. Diante de tal aviltamento dessa competência, caberá a Ação de Reclamação (art. 105, I, *f*).

A título de exercício prático, vale anotar o que se traduz em sede jurisprudencial, mais precisamente nas matérias que, frequentemente, desafiam a propositura da Reclamação quando o assunto toca na usurpação de competência das Cortes Superiores já multicitadas.

Neste compasso, portanto, dentre outras, acrescente-se as seguintes questões, mais precisamente relativas às usurpações de competência em sede de Agravo de Instrumento:

- "Cabe reclamação para impedir que a Justiça de primeiro grau aprecie ação que não visa ao julgamento de uma relação jurídica concreta, mas ao da validade de lei em tese, o que, nos termos da CF, art. 102-I-'a', é da competência exclusiva do STF (STF, Pleno: RF 336/231)."
- "Interposto agravo de instrumento contra decisão denegatória de recurso extraordinário, é obrigatória sua remessa ao STF, sendo procedente a reclamação ajuizada para que o agravo suba." (RTJ 128/21, STF-RT 717/290, STF-RT 330/285).
- "AGRAVO DE INSTRUMENTO - OBSTÁCULO AO SEU PROCESSAMENTO IMPOSTO PELO JUÍZO RECORRIDO – IMPOSSIBILIDADE – Em face da lei processual (artigo 528), o juízo de admissibilidade não poderá negar seguimento ao agravo de instrumento, ainda que interposto fora do prazo legal. Uma vez interposto o agravo no prazo consignado na lei, contra decisão indeferitória do processamento do especial, as defecções porventura existentes no instrumento só podem ser consideradas obstáculo ao seu conhecimento por esta eg. Corte de Justiça. Reclamação que se julga procedente. Decisão unânime." (STJ - 1ª Seção; Ag. de Instr. nº 95.00.71247-4-MG; Rel. Min. Demócrito Reinaldo, julg. 10.04.1996, v.u., *DJU*, Seção I, 20.05.1996, p. 16.657, ementa – BAASP, 1955/46-e, de 12.06.1996).
- "A competência dos Tribunais locais, dada pela Lei n.º 8.038/90, é para exercer o Juízo de Admissibilidade (examinar

a petição de RE ou REsp), deferindo ou indeferindo o recurso. Tirado o Agravo de Instrumento do Despacho Denegatório, para o STF ou STJ, não pode a Corte local negar seguimento ao Agravo, já que compete aos Ministros do STF ou do STJ, apreciar o recurso. Trancado o Agravo na origem, cabe Reclamação para o STF ou STJ, conforme se trate de RE ou REsp por usurpação de competência (do STF ou STJ)." (STF, Recl. n.º 221-7/AL, 2a Seção, v.u, *DJU*-I, 09.5.1994, p. 10.794).

- "RECLAMAÇÃO – DESERÇÃO – AGRAVO DE INSTRUMENTO – A reclamação é via hábil para reformar a decisão que afirmou a deserção de agravo de instrumento contra a inadmissão de recurso especial. A instância ordinária não pode barrar o seguimento desses agravos de instrumento." Precedentes citados: Rcl 517-RJ, *DJ* 13.10.1998; Rcl 3-DF, *DJ* 02.10.1989; Rcl 48-MG, *DJ* 02.09.1991; Rcl 357-MG, *DJ* 20.05.1996, e Rcl 166-MG, *DJ* 24.05.1993. Rcl 693-SP, Rel. Min. Milton Luiz Pereira, julg. 25.05.2000.

9.5 RECLAMAÇÃO E GARANTIA DA AUTORIDADE DAS DECISÕES DOS TRIBUNAIS SUPERIORES – STF E STJ

O controle no cumprimento das decisões emanadas do Supremo Tribunal Federal e do Superior Tribunal de Justiça por parte dos tribunais locais compreende-se, verdadeiramente, em um dos pontos de estrangulamento processual enfrentado por ditas Cortes Superiores. É preciso que se estimulem por mecanismos aptos a assegurar, de forma efetiva, o cumprimento dos julgados emanados de tribunais superiores.

A preservação da autoridade das decisões e, diga-se, com o exato cumprimento, quer seja ela proferida em instância originária, quer em sede de recursos ordinário ou extraordinário, pelo STF; ou ainda, em instância originária por meio dos recursos ordinário ou especial pelo STJ, é de fundamental importância para a própria harmonização do sistema judicial pátrio e ainda consolida-se a segurança jurídica decorrente de decisões do Poder Judiciário.

Encontra-se lugar neste compasso, o importante manejo da Reclamação como instrumento processual viável a garantir a autoridade das decisões jurisdicionais.

Com efeito, a Reforma do Judiciário,[201] através da Emenda Constitucional n. 45/2004 trouxe expressivo acréscimo no campo referente à garantia da au-

201. Sobre a Reforma do Judiciário e seus efeitos nos campos material e processual, ver GAIO JÚNIOR, Antônio Pereira. Direito, Processo e Desenvolvimento: Pacto de Estado e a Reforma do Judiciário. In: *Revista Magister de Direito Empresarial, Concorrencial e do Consumidor*, Vol.19, fev/mar., Magister : Porto Alegre, 2008, p.31-34.

toridade das decisões do Supremo Tribunal Federal com a previsão da denominada súmula vinculante no art. 103-A da CF/88.[202]

Em linhas gerais, tem a súmula vinculante por objetivo superar controvérsia atual sobre a validade, a interpretação e a eficácia de normas determinadas, capazes de gerar insegurança jurídica e relevante multiplicação de processos, estando aí abrangidas questões atuais sobre a interpretação de normas constitucionais e mesmo destas em razão de normas infraconstitucionais, portanto, como bem indica a o art. 103-A, da Constituição Federal, mais precisamente em seu § 1º:

> *A súmula terá por objeto a validade, a interpretação e a eficácia de normas determinadas, acerca das quais haja controvérsia atual entre órgãos judiciários ou entre esses e a administração pública que acarrete grave insegurança jurídica e relevante multiplicação de processos sobre questão idêntica.*

Nota–se, por isso, uma preocupação do legislador não somente com a razoável duração do processo, direito fundamental assegurado pelo inciso LXXVIII inserido no art. 5º da Carta Maior e parte componente de um "processo justo", como também o efetivo estabelecimento da segurança jurídica das decisões da Corte Constitucional, diante de um complexo sistema jurisdicional onde, inegavelmente, por circunstâncias de um tecido social largo e complexo e de disparidades notórias em país de dimensões continentais como o é o Brasil, crescente se encontra uma multiplicidade de questões relevantes e que ficam ao largo de demandas judiciais sobre pontos idênticos e que por isso, merecem um posicionamento consensual ou unívoco do Poder Judiciário.

Diante da relevância do papel a que a criada súmula vinculante tende realizar, estabeleceu o art. 103-A, §3º da Constituição Federal de 1988 um novato alvo da Reclamação, ou seja, o seu manejo para se fazer cumprir o estabelecido em súmula editada com efeito vinculante quando ato administrativo ou decisão judicial a contrariar ou indevidamente a aplicar. Preceitua o aludido dispositivo, *in verbis*:

> *Art. 103-A*
>
> *(...)*
>
> *§ 3º Do ato administrativo ou decisão judicial que contrariar a súmula aplicável ou que indevidamente a aplicar, caberá reclamação ao Supremo Tribunal Federal que, julgando-se procedente, anulará o ato administrativo ou cassará a decisão judicial reclamada, e determinará que outra seja proferida com ou sem a aplicação da súmula, conforme o caso.*

---

202. A Lei n, 11.417, de 19.12.2006, regulamentou o art. 103-A da Constituição Federal, disciplinando a edição, revisão e cancelamento de enunciado de súmula vinculante pelo Supremo Tribunal Federal.

Nota-se, portanto, neste caso, a função relevante operada pela Reclamação quando da utilização da mesma para fins de se aplicar corretamente o destino vinculante dos efeitos da súmula editada pelo STF para tal desiderato.

Cabe asseverar, sem dúvida de errar, que a Administração Pública, nominada em tal dispositivo, indubitavelmente, é responsável por opor a uma centena de demandas judiciais de cunho homogêneo, o que de sorte, de significativa relevância sua nominação como uma das destinatárias dos efeitos vinculantes, restando, por conseguinte, um hercúleo desafio e o respeito por parte da mesma aos efeitos vinculantes, o que certamente reforça a necessidade de mecanismos processuais como o é este do objeto em estudo.

Neste ínterim e para efeitos práticos, importante se faz voltar os olhos para a repercussão da matéria em sede jurisprudencial, tomando circunstâncias pelas quais envolvem a preservação da autoridade das decisões emanadas dos Tribunais Superiores – STF e STJ - e o cabimento do mecanismo processual da Reclamação, este como apto a restaurar quaisquer eventuais insurgências ao sentido lógico do respeito aos julgados superiores e súmulas de efeitos vinculantes decorrentes do STF.

Das ementas acostadas, cabe realçar dentre outras questões ali enfrentadas, a óbvia necessidade do reclamante em apontar de forma inequívoca, o descumprimento da decisão do Tribunal Superior em questão, no caso, o STF; o desrespeito à autoridade da decisão da Corte Maior em sede de Habeas Corpus por parte de Tribunal Regional Federal; a violação ao conteúdo da decisão proferida em ADIn na temática referente aos "Precatórios" por parte de Tribunal Regional do Trabalho, reconhecendo o julgado do STF que somente a hipótese de preterição no direito de precedência é autorizadora do sequestro de recursos públicos. Por último, há de observar interessante decisão decorrente de Medida Cautelar em Reclamação, com alegação de ofensa à Súmula Vinculante de n.04 por parte de acórdão oriundo do Tribunal Superior do Trabalho e que ao Ministro Relator coube reconhecer liminarmente.

Por tudo, seguem-se as pontuais ementas:

- "RECLAMAÇÃO - DESCUMPRIMENTO DE ACÓRDÃO DO SUPREMO TRIBUNAL FEDERAL - DEMONSTRAÇÃO. Incumbe ao reclamante demonstrar o descumprimento da decisão da Corte, fazendo-o de forma clara e precisa, isso para ter sucesso na via excepcional da reclamação." (STF, Pleno, Rcl. 2634/PR,Rel. Min.Marco Aurélio, julg.29.06.2005, *DJU* 26.08.2005).
- "RECLAMAÇÃO. AGÊNCIA NACIONAL DE TELECOMUNICAÇÕES - ANATEL. CONTRATO TEMPORÁRIO. REGIME JURÍDICO ADMINISTRATIVO. DESCUMPRIMENTO DA AÇÃO DIRETA DE INCONSTITUCIONALIDADE N. 3.395. COMPETÊNCIA DA JUSTIÇA FEDERAL. 1. Contrato firmado entre a Anatel e a Interessada tem natureza jurídica temporária e subme-

te-se ao regime jurídico administrativo, nos moldes do inc. XXIII do art. 19 da Lei n. 9.472/97 e do inciso IX do art. 37 da Constituição da República. 2. Incompetência da Justiça Trabalhista para o processamento e o julgamento das causas que envolvam o Poder Público e servidores que sejam vinculados a ele por relação jurídico-administrativa. Precedentes. 3. Reclamação julgada procedente."(STF, Pleno, Rcl 5171 / DF Rel. Min. Cármen Lúcia, julg. 21.08.2008, *DJU* 03.10.2008).

- "Cabe reclamação, e não mandado de segurança, para fazer cumprir decisão de Tribunal não obedecida por juiz a ele subordinado" (STJ-3a Seção, MS 2.904-5-DF, rel. Min. Adhemar Maciel, julg. 07.10.1993, julgaram o impetrante carecedor da ação, *DJU* 22.11.1993).
- "RECLAMAÇÃO. ALEGAÇÃO DE DESRESPEITO À AUTORIDADE DA DECISÃO PROFERIDA PELO SUPREMO TRIBUNAL FEDERAL NO HC 90.216, PELO ACÓRDÃO PROFERIDO PELO TRIBUNAL REGIONAL FEDERAL DA 4ª REGIÃO, NOS AUTOS DO HC 2007.04.00.003907-5/PR. PROCEDÊNCIA. 1. Ao julgar o habeas corpus 90216, a 2ª Turma do Supremo Tribunal indeferiu, por votação unânime, o pedido de revogação do decreto de prisão preventiva, mas, de ofício, concedeu a ordem para assegurar aos pacientes o exercício do direito de contratar hospital de sua confiança e escolha, para ali permanecerem internados pelo prazo necessário à recuperação da saúde, às suas próprias expensas, sob a supervisão de médico de sua confiança e sob vigilância policial externa. Vencido, no ponto, o Min. Relator, que concedia aos pacientes prisão domiciliar. 2. A decisão reclamada, do Tribunal Regional Federal da 4ª Região, concedeu prisão domiciliar às mesmas pessoas que figuraram como pacientes no HC 90216. 3. Constitui afronta à decisão do STF o fato de o Tribunal Regional Federal da 4ª Região haver reexaminado os fundamentos jurídicos da prisão preventiva e concedido aos pacientes o direito de permanecerem em prisão domiciliar até o trânsito em julgado da sentença condenatória, com base nos mesmos argumentos que já haviam sido rechaçados pelo Supremo Tribunal Federal. Alegado fato novo que não constou do voto condutor do acórdão proferido por aquele Tribunal Regional Federal. 4. Reclamação julgada procedente para cassar o acórdão proferido pelo Tribunal Regional Federal da 4ª Região, nos autos do HC 2007.04.00.003907-5/PR, e para restabelecer a decisão da 2ª Turma do Supremo Tribunal Federal, como tal proferida no julgamento do HC 90.216, ficando entendido que: a prisão cautelar está mantida; os presos podem continuar a

receber alimentação especial e tratamento clínico no sistema prisional, tão logo se restabeleçam do tratamento hospitalar a que estejam sendo submetidos; cumprirá sempre ao Juiz Federal da 2ª Vara Federal Criminal de Curitiba dirimir eventuais controvérsias entre o médico particular e os médicos-peritos judiciais, decidindo o que melhor convier aos presos ao término da internação." (STF, Pleno, Rcl 5064 / PR, Rel. Min. Eros Grau, Relator p/ Acórdão: Min. Joaquim Barbosa, julg. 10.05.2007, *DJU* 22.06.2007).

- "ACÓRDÃO QUE RECONHECEU A PROCEDÊNCIA DE EMBARGOS DE EXECUTADO, DECLARANDO A INEFICÁCIA DA SENTENÇA EXEQÜENDA, AO FUNDAMENTO DE AUSÊNCIA DE CITAÇÃO, NO PROCESSO DE CONHECIMENTO, DE LITISCONSORTE ATIVO – CONTRARIEDADE A DECISÕES DO SUPREMO TRIBUNAL FEDERAL QUE CONCLUÍRAM PELA REGULARIDADE DA RELAÇÃO PROCESSUAL – Configuração da hipótese de desrespeito à autoridade das decisões do Supremo Tribunal Federal, legitimadora do uso da reclamação prevista no art. 102, I, l, da Constituição Federal. Reclamação julgada procedente, com cassação do acórdão impugnado". (STF, Recl. 565-8 /PR, Rel. Min. Ilmar Galvão, *DJU* 13.09.96).
- "Reclamação ajuizada pelo Estado do Mato Grosso do Sul em que se postula a cassação de ordem de seqüestro de recurso orçamentários de autarquia estadual, determinada pelo Tribunal Regional do Trabalho da 24ª Região, com o objetivo de ver cumprido precatório judicial. 2. Precatório derivado de reclamação trabalhista. 3. Cumprimento da ordem cronológica dos precatórios. 4. Interpretação do art. 100, §§ 1o e 2o, em combinação com o art. 78, § 4o, do ADCT. 5. Violação ao conteúdo da decisão proferida na ADI 1662 (Rel. Min. Maurício Corrêa), em que o STF reconheceu que somente a hipótese de preterição no direito de precedência autoriza o seqüestro de recursos públicos, a ela não se equiparando as situações de não-inclusão da despesa no orçamento, de vencimento do prazo para quitação e qualquer outra espécie de pagamento inidôneo, casos em que ficaria configurado o descumprimento de ordem judicial, sujeitando o infrator à intervenção. 6. Reclamação julgada procedente." (Rcl. 1903 / MS. Rel. Min. Marco Aurélio, Relator p/ Acórdão: Min. Gilmar Mendes, julg. 07.10.2004, *DJU* 04.03.2005).
- "RECLAMAÇÃO. FIANÇA CONCEDIDA PELO SUPREMO TRIBUNAL FEDERAL EM HABEAS CORPUS. 1. Tendo esta Corte, no julgamento do HC 77.524, concedido fiança ao

condenado, para defender-se solto até o trânsito em julgado da decisão condenatória, não se justifica a execução provisória determinada pela Vara das Execuções Penais, a pretexto do efeito simplesmente devolutivo do recurso especial ainda não julgado. 2. Reclamação julgada procedente." (STF, 2ª Turma, Rcl 2690/RJ, Rel. Min. Ellen Gracie julg. 24.08.2004, *DJU* 10.09.2004).

- "EMENTA: CONSTITUCIONAL. NORMA LEGAL QUE DECLARADA CONSTITUCIONAL GERA EFICÁCIA CONTRA TODOS E EFEITO VINCULANTE. DESRESPEITO A ESTA DECISÃO. CABIMENTO DA RECLAMAÇÃO. LIMINAR DEFERIDA. PRECEDENTES. AÇÃO JULGADA PROCEDENTE." (STF, Pleno, Rcl 757/ MG, Rel. Min. Nelson Jobim, julg. 02.10.2001, *DJU* 08.11.2002).

No julgado a seguir e em especial, importante despacho em sede de Medida cautelar em Reclamação, da lavra do Min. César Peluso, ao qual se questiona o descumprimento da Súmula Vinculante n.4 do STF pela 8ª Turma do Tribunal Superior do Trabalho em sede de Recurso de Revista:

- "DECISÃO: 1. Trata-se de reclamação, movida pelo Hospital das Clínicas da Faculdade de Medicina de Ribeirão Preto da Universidade de São Paulo, contra acórdão da 8ª Turma do Tribunal Superior do Trabalho (Processo nº TST-RR-214/2005-067-15-00-5), que fixou, para o adicional de insalubridade, base de cálculo sobre o salário total do empregado, contrariando o disposto na Súmula Vinculante nº 4 do STF (fls. 02/03). Sustenta o requerente que a 8ª Turma do TST deu parcial provimento ao recurso de revista 'para determinar que a base de cálculo do adicional de insalubridade seja o salário mínimo ou salário profissional se houver' (fls. 03). Requer, em síntese, seja deferido o pedido, para cassar a decisão judicial ora impugnada (fls. 04). 2. É caso de liminar. Com efeito, o acórdão questionado está em descompasso com o enunciado da Súmula Vinculante nº 4: 'SALVO NOS CASOS PREVISTOS NA CONSTITUIÇÃO, O SALÁRIO MÍNIMO NÃO PODE SER USADO COMO INDEXADOR DE BASE DE CÁLCULO DE VANTAGEM DE SERVIDOR PÚBLICO OU DE EMPREGADO, NEM SER SUBSTITUÍDO POR DECISÃO JUDICIAL'. Ademais, a tese da reclamação trabalhista, no sentido de fixar o valor do adicional de insalubridade com base na remuneração do servidor público estadual, encontra óbice na jurisprudência da Corte, que, examinando questão idêntica, assim decidiu: "EMENTA: CONSTITUCIONAL. ART. 7º, INC. IV, DA CONSTITUIÇÃO DA REPÚBLICA. NÃO-RECEPÇÃO

DO ART. 3º, PARÁGRAFO ÚNICO, DA LEI COMPLEMENTAR PAULISTA N. 432/1985 PELA CONSTITUIÇÃO DE 1988. INCONSTITUCIONALIDADE DE VINCULAÇÃO DO ADICIONAL DE INSALUBRIDADE AO SALÁRIO-MÍNIMO: PRECEDENTES. IMPOSSIBILIDADE DA MODIFICAÇÃO DA BASE DE CÁLCULO DO BENEFÍCIO POR DECISÃO JUDICIAL. RECURSO EXTRAORDINÁRIO AO QUAL SE NEGA PROVIMENTO'." STF, Rcl 7579 MC/DF, Medida Cautelar na Reclamação, Rel. Min. Cezar Peluso, julg. 11.02.2009, *DJU* 18.02.2009.

- "A jurisprudência do STF admite, excepcionalmente, reclamação para preservar a autoridade de decisão prolatada em ação direta de inconstitucionalidade, desde que haja identidade de partes e que a prática de atos concretos fundados na norma declarada inconstitucional promane do órgão que a editou" (STF, Pleno, Rcl 556-9/TO, Rel. Min. Maurício Corrêa. Julg. 11.11.96, julgaram procedente, dois votos vencidos, *DJU* 3.10.97).
- "Admite o STF o manejo da Reclamação, para assegurar a autoridade de suas decisões positivas em ação direta de inconstitucionalidade, quando o mesmo órgão de que emanara a norma declarada inconstitucional persiste na prática de atos concretos que lhe pressuporiam a validade." (STF, Pleno: RTJ 157/433 e RT 715/305, dois votos vencidos).

9.6 A RECLAMAÇÃO NO CPC/2015

A preocupação com a racionalidade e coerência das decisões judiciais é um dos pontos característicos do texto do Código de Processo Civil de 2015.

Cediço é que o descontrole com julgados sumamente divergentes, sobretudo em matéria de direito, constitui, inegavelmente, um afronta aos princípios da isonomia e da segurança jurídica.[203]

Já tivemos oportunidade de enfrentar a temática do desrespeito para com a razoável coerência do sistema judicante em sede de divergência jurisprudencial[204] e, ainda que seja um hercúleo caminho em construção, necessário se faz munirmos com instrumentos voltados a empreender a plena consecução do objetivo acima traçado, ou seja, edificar bases para a estabilidade das relações

203. Por isso, nos parece irrefutável a afirmativa de Dennis Loyd: "A utilidade da sistematização racionalizada parece indiscutível, no que se refere ao direito, já que uma de suas finalidades vitais é proporcionar à vida social e econômica do homem uma medida tolerável de segurança e previsibilidade." (*A idéia de Lei*. São Paulo: Martins Fontes, 1985, p. 258.)

204. GAIO JÚNIOR, Antônio Pereira. Incidentes de resolução de demandas repetitivas no projeto do novo CPC – Breves apontamentos. *In*: *Revista de Processo*, Vol. 199, setembro de 2011, São Paulo: RT, p. 247-256.

sociais quando delas depender, notoriamente, a própria prestação jurisdicional, esta de natureza estabilizadora no que toca a sua essência, devendo os órgãos jurisdicionais proporcionar segurança e previsibilidade naquilo que for competente para tal.

A Reclamação é um instrumento voltado à racionalidade do sistema judicante, na medida em que possui como fim, além de preservar a competência do respectivo tribunal, combatendo eventual aviltamento a esta, garantir a observância de suas decisões.[205]

O CPC, para bem registrar a complexidade do problema das divergências jurisprudenciais em nosso tempo,[206] optou por consignar já no ponto de partida que abre o livro III da Parte Especial, nominado de "Dos Processos nos Tribunais e dos Meios de Impugnação das Decisões Judiciais", dispositivo apto a nortear a necessária estabilidade das decisões.

Assim então, prescreve o *caput* do art. 926:

"Os tribunais devem uniformizar a sua jurisprudência e mantê-la estável, íntegra e coerente".

De relevada importância ditos adjetivos da estabilidade, integridade e coerência.

De acordo com o que já afirmamos em outra oportunidade na presente obra, a estabilidade possui, verdadeiramente, uma relação direta com os julgados anteriores, na medida da "não surpresa" a qualquer custo e em tempos onde a própria imprevisibilidade dos julgados, ainda que sob o manto de uma mesma matéria de direito, nos sai muito cara.

Já, diferentemente da estabilidade, bem atesta Streck:

> Coerência significa dizer que, em casos semelhantes, deve-se proporcionar a garantia da isonômica aplicação principiológica. Haverá coerência se os mesmos princípios que foram aplicados nas decisões o forem para os casos idênticos; mas, mais do que isto, estará assegurada a integridade do direito a partir da força normativa da Constituição. A coerência assegura a igualdade, isto é, que os diversos casos terão a igual consideração por parte dos juízes. Isso somente pode ser alcançado através de um holismo interpretativo, constituído a partir do círculo hermenêutico. Já a integridade é duplamente composta, conforme Dworkin: um princípio legislativo, que pede aos legisladores que tentem tornar o conjunto de leis moralmente coeren-

---

205. GAIO JÚNIOR, Antônio Pereira. Ação de reclamação como instrumento processual no controle da atuação judicante dos tribunais e seu lugar no Novo CPC. *In*: DIDIER JR., Fredie *et ali* (Orgs.). *Precedentes*. Salvador: Juspodivm, 2015, p. 607-631.

206. "Não há Estado Constitucional e não há mesmo Direito no momento em que casos idênticos recebem diferentes decisões do Poder Judiciário. Insulta o bom senso que decisões judiciais possam tratar de forma desigual pessoas que se encontram na mesma situação." MARINONI, Luiz Guilherme; MITIDIERO, Daniel. O Projeto do CPC. Críticas e propostas. São Paulo: RT, 2010, p. 17-18.

> te, e um princípio jurisdicional, que demanda que a lei, tanto quanto o possível, seja vista como coerente nesse sentido.[207]

Quanto a integridade exige esta que os magistrados edifiquem seus argumentos de maneira integrada ao conjunto do direito.

Trata-se, pois, de uma garantia contra possíveis arbitrariedades interpretativas.

De fato, a integridade limita a ação dos juízes, estabelecendo efetivos freios através dessas comunidades de princípios às atitudes solipsistas-voluntaristas. A integridade é uma forma de virtude política, significando rechaçar a tentação da arbitrariedade.[208]

Por outro lado, em sentido pragmático, sabidamente, não somente tal diretriz será suficiente para alçar o que se pretende, qual seja, a virtude do respeito quanto à verticalidade das decisões.

Para tanto, em seguida, pôde o legislador direcionar a responsabilidade pelo respeito às decisões dos órgãos superiores nos seguintes termos:

> *Art. 927. Os juízes e os tribunais observarão:*
>
> *I - as decisões do Supremo Tribunal Federal em controle concentrado de constitucionalidade;*
>
> *II - os enunciados de súmula vinculante;*
>
> *III - os acórdãos em incidente de assunção de competência ou de resolução de demandas repetitivas e em julgamento de recursos extraordinário e especial repetitivos;*
>
> *IV - os enunciados das súmulas do Supremo Tribunal Federal em matéria constitucional e do Superior Tribunal de Justiça em matéria infraconstitucional;*
>
> *V - a orientação do plenário ou do órgão especial aos quais estiverem vinculados.*

Duas observações já feitas em outro momento, merecem reprodução aqui:.

A primeira, de índole objetiva, toca ao comando "dever" que, por certo, depreende-se da inteligência do dispositivo em comento, ao dispor que juízes e tribunais observarão ditas decisões, enunciados, acórdãos, súmulas, orientações a que os próprios incisos do art. 927 prestam conta.

Logicamente, dito respeito não se faz às "cegas"! Como bem dita o §1º do próprio art. 927, ao decidir sob o manto do que estabelece os incisos supracitados, deverá o órgão julgador subordinar-se às exigências dos arts. 10 e 489, §1º, estes responsáveis pelas balizas relativas à correta validade dos

207. STRECK, Lênio Luiz. Por que agora dá para apostar no projeto do novo CPC! Disponível em: <http://www.conjur.com.br/2013-out-21/lenio-streck-agora-apostar-projeto-cpc>. Acesso em 23.09.2015.

208. Idem.

fundamentos das decisões, prevendo o respeito à oportunidade das partes de terem se manifestado sobre o que se fulcrará como base da fundamentação, isso no decorrer da marcha processual (art.10), bem como se limitar a invocar precedente ou enunciado de súmula, sem identificar seus fundamentos determinantes nem demonstrar que o caso sob julgamento se ajusta àqueles fundamentos e ainda deixar de seguir enunciado de súmula, jurisprudência ou precedente invocado pela parte, sem demonstrar a existência de distinção no caso em julgamento ou a superação do entendimento, *ex vi* do art, 489, §1º, V e VI).

Já a segunda observação se faz quanto ao caráter substantivo, ou seja, relativo aos conteúdos sob os quais tanto juízes quanto tribunais devem considerar, ao prolatar seus julgados, estes representados pelos aludidos incisos do art. 927.

Dito isso, conforme já pontuado alhures, observa-se que com o CPC/2015 possibilitou formalmente, o alargamento das matérias sob as quais se debruça a possibilidade de interposição da Ação de Reclamação, conforme elenca o art. 988 em seus incisos.

De pronto, procura regular o seu cabimento para fins de preservação de competência de qualquer tribunal bem como a garantia da autoridade de suas decisões (I e II); garantir a observância de enunciado de súmula vinculante e de decisão do Supremo Tribunal Federal em controle concentrado de constitucionalidade (III); garantir a observância de acórdão proferido em julgamento de incidente de resolução de demandas repetitivas ou de incidente de assunção de competência (IV)[209].

Vale notar que nas hipóteses relativas aos incisos III e IV, compreende- se em sede de aptidão para ter lugar a reclamação, uma determinada decisão que aplique indevidamente a tese jurídica reconhecida ou mesmo a sua não aplicação nos casos que a ela correspondam, conforme dicção do §4º do art. 988. [210]

Em verdade, projeta-se em bons termos a serventia da Reclamação, atribuindo-a formalmente amplo sentido, a função de imprimir coerência ao sistema quanto à razão prática da previsibilidade das decisões em tais contextos judicantes, quando de eventual ingerência no respeito às mesmas, sendo inadmissível seu manejo após o trânsito em julgado da decisão que se projeta reclamar[211] ou ainda quando proposta para garantir a observância de acórdão de recurso extraordinário com repercussão geral reconhecida ou de acórdão

---

209. Texto incluso pela Lei n.13.256/2016.

210. Enunciado n.138 da II Jornada de Direito Processual Civil do Conselho da Justiça Federal (CJF): "É cabível reclamação contra acórdão que aplicou indevidamente tese jurídica firmada em acórdão proferido em julgamento de recursos extraordinário ou especial repetitivos, após o esgotamento das instâncias ordinárias, por analogia ao quanto previsto no art. 988, § 4º, do CPC."

211. Súmula n.734 do STF: "Não cabe reclamação quando já houver transitado em julgado o ato judicial que se alega tenha desrespeitado decisão do Supremo Tribunal Federal."

proferido em julgamento de recursos extraordinário ou especial repetitivos, quando não esgotadas as instâncias ordinárias. (§5º, I e II do art. 988).[212]

Em destaque, é de sobrelevar a sua condição de propositura quando do desrespeito de precedentes, sejam eles, como dito, em sede de julgamento de casos repetitivos ou decorrentes de incidente de assunção de competência.

A denominação de Precedente insta anotar aqui, ainda que não se traduza efetivamente, no pressuposto conceitual e interpretativo do que se pode compreender como tal,[213] se pauta da relevância de se zelar pela igualdade de tratamento em face das decisões judiciais dentro de um Estado Constitucional, pois que nada nega tanto a igualdade quanto dar a quem já teve um direito violado ou sofre iminente ameaça de tê-lo, uma decisão em desacordo com o padrão de racionalidade já definido pelo Poder Judicante em querelas verdadeiramente idênticas.[214] Portanto, *"és um principio básico de la administración de justicia que los casos similares deben ser decididos de manera similar."*[215]

---

212. Texto incluso pela Lei n.13.256/2016.

213. É de se destacar que o conceito de Precedente bem como a definição de sua força vinculante, são pontos centrais para o seu funcionamento (cf. MELLO, Patrícia Perrone Campos. Precedentes. O desenvolvimento Judicial do Direito no Constitucionalismo Contemporâneo. Rio de Janeiro: Renovar, 2008, p.166-117). No entanto, fato é que sobre o próprio significado de precedente, ou seja, sua definição assume-se verdadeira imprecisão ou certo grau de indeterminação.
Conforme leciona Henry Paul Monaghan (Stare Decisis and Constitucional Adjudication. *In*: *Columbia. Law Review*, New York, Vol.88, n.4,May, 1988, p.763):
"The meaning of precedent-the definitional problem – assumed obvious importance in English law given the long refusal of the House of Lords to overrule its precedents. And not surprisingly, in the common-law context divergent concepts have been advanced."
Em sintonia com dita afirmativa, Marcelo Souza (SOUZA, Marcelo Alves Dias de. *Do Precedente Judicial à Súmula Vinculante*. Curitiba: Juruá, 2006, p.125) assenta que excetuando alguns pontos onde há certa concordância, "a doutrina diverge- e muito- na definição do que seja *ratio decidendi* e na escolha do método mais eficaz de identificá-la no bojo e um precedente judicial".
No entanto, há de se reconhecer a necessária força do precedente para fazer valer, efetivamente, a aplicabilidade do princípio básico da isonomia perante as decisões judiciais, de modo a termos tratamento racional nas mesmas, em respeito às matérias de direito já julgadas para casos iguais ou similares.
Nisso, em relevante consideração sobre as variadas formas de como o precedente atua, Cross e Harris, apontam que *"puede ser simplemente uma certa inclinación a repetir lo que otros han hecho antes, o puede ser el resultado de uma obligación positiva impuesta a los jueces de acuerdo com la cual los mismos deben seguir las decisiones previas em ausência de uma justificación para separarse de ellas."* (CROSS, Rupert; HARRIS, J.W. *El precedente em el Derecho Inglês*. Madrid: Marcial Pons, 2012, p.23).

214. No mesmo sentido, MARINONI, Luiz Guilherme. *O STJ enquanto corte de precedentes*. 2 ed. São Paulo: RT, 2014, p.164.

215. CROSS, Rupert; HARRIS, J.W. Ob. cit., p.23.

9.7 O PROCEDIMENTO DA RECLAMAÇÃO NO CPC/2015

A estrutura procedimental da Reclamação que era, basicamente, regulada pela Lei n.8.038/90, em seus arts. 13 a 18, conforme já dito em outro momento, foi objeto de revogação pelo CPC/2015:

Ainda assim, o texto do novato *Codex* não proporciona modificações significativas quanto ao conteúdo procedimental. Nestes termos, temos que:

I. a reclamação pode ser proposta perante qualquer tribunal, sendo certo a sua propositura perante o órgão jurisdicional cuja competência se busca preservar ou cuja autoridade se pretenda garantir, tendo em vista que será ele quem julgará a ação em tela, *ex vi* do §1º do art. 988.

II. a petição de Reclamação será dirigida ao Presidente do Tribunal, sendo instruída com prova documental (*ex vi* do §2º do art. 988), a fim de demonstrar o teor do ato tido como ofendido e aquele ato que ofendeu.

III. será recebida, autuada e distribuída ao relator da causa principal, sempre que possível (§3º do art. 988).

IV. o relator, ao despachar a petição de Reclamação,[216] requisitará informações da autoridade a que se aponta como praticante do ato impugnado, tendo esta prazo de 10 (dez) dias para prestá-las (Inciso I do art. 989).

Obs. I: Sendo necessário, poderá o relator, de forma cautelar, ordenar a suspensão do processo ou do ato impugnado, caso houver necessidade de se evitar dano irreparável (inciso II do art. 989).

Obs. II: conforme já enfrentado no presente estudo, poderá a Reclamação ser impugnada por qualquer interessado (art. 990) com evidente interesse jurídico.

Obs. III: o Ministério Público oficiará nas Reclamações onde não forem decorrentes de sua iniciativa, tendo vista do processo pelo lapso temporal de 5 (cinco) dias, isto após o decurso do prazo para a informações da autoridade a que se refere o inciso I do art. 989 bem como do oferecimento da contestação pelo beneficiário do ato impugnado (art. 991).

IV. uma vez acolhida a Reclamação, o Tribunal cassará a decisão exorbitante de seu julgado ou determinará, especificamente, medida adequada à solução da controvérsia (art. 992), assim como a preservação de sua competência.

V. mesmo antes da lavratura do acórdão, o Presidente determinará o imediato cumprimento da decisão (art. 993).

---

216. Enunciado n.64 da I Jornada de Direito Processual Civil do Conselho da Justiça Federal (CJF): "Ao despachar a reclamação, deferida a suspensão do ato impugnado, o relator pode conceder tutela provisória satisfativa correspondente à decisão originária cuja autoridade foi violada."

PARTE IV

CUMPRIMENTO DA SENTENÇA E PROCESSO DE EXECUÇÃO

CAPÍTULO 16

JURISDIÇÃO, EFETIVIDADE DO PROCESSO E A SATISFAÇÃO DOS DIREITOS

1. INTRODUÇÃO E NOÇÃO CONCEITUAL DE EXECUÇÃO

Notadamente, como já excessivamente tratado quando do desenvolvimento da jurisdição[1] bem como dos escopos pelos quais a atividade jurisdicional se pauta justificando, inclusive, sua atuação, tem ela, como norte, a finalidade precípua da segurança jurídica, realizada por meio do instrumento "processo", devendo este dar a quem tem um direito inadimplido exatamente aquilo a que teria direito, caso este mesmo direito não fosse por outrem molestado.[2]

Nesse sentido, são colocados pelo Estado à disposição de seus jurisdicionados meios propícios os quais, sendo legitimamente manejados, desde que aceitos pelo próprio Estado como aptos e necessários a salvaguardar o direito material dali pretendido, se estará cumprindo os desígnios justificadores do Poder de Julgar, uma das funções primárias do Estado Moderno.

O processo, instrumento pelo qual a jurisdição opera, possui, além das atividades cognitivas, onde se busca no ato sentencial o reconhecimento de um direito (Processo de Conhecimento), aquela desenvolvida por meio da atividade executiva, representada, classicamente, pelo Processo de Execução, visando à concretização da efetiva satisfação de um direito, seja este reconhecido judicialmente por intermédio de uma sentença judicial ou decorrente de títulos judiciais, denominados assim legalmente, porque cravados de mesma força impositiva; ou ainda de direitos oriundos de títulos executivos extrajudiciais, aos quais, optou também o legislador emprestar força executiva ficta de sentença judicial.

Assim, a atividade jurisdicional executiva tem caráter satisfativo na medida em que advém do reconhecimento prévio de um título – judicial ou extrajudicial – que consagra uma obrigação de o devedor adimplir seu credor, cabendo ao Estado, ao ser provocado pelo interessado, diante da inércia no cumprimento da aludida obrigação, entregar o bem jurídico a quem de direito, cumprindo, efetivamente, com sua função pacificadora, empregando a devida

1. Cf. Capítulo 6.

2. Conforme lição eterna de Chiovenda: "*Il processo deve dare per quanto è possibile praticamente a chi há um diritto quello e próprio quello ch'egli há diritto di conseguire*". CHIOVENDA, Giuseppe, "Dell Azione Nascente dal Contratto Preliminare." In: *Saggi di Diritto Processuale Civile*. 2. ed. Roma: Foro It.,1930, n. 3, p. 110.

segurança jurídica nas relações sociais e, por conseguinte, justificando o seu exercício e aptidão para tal.

Chiovenda empresta seu entendimento à execução, analisando-a como um conjunto de atividades atribuídas aos órgãos judiciários para a realização prática de uma vontade concreta da lei, previamente consagrada em um título.[3] Já, entre nós, Dinamarco a define como uma cadeia de atos de atuação da vontade sancionatória, isto é, como um conjunto de atos estatais por meio dos quais, com ou sem concurso da vontade do devedor – e mesmo contra ela –, invade-se seu patrimônio para, à custa dele, realizar o resultado prático desejado, concretamente, pelo direito objetivo material.[4]

Conceitualmente, podemos entender a execução como um conjunto de atos jurisdicionais aptos à invasão do patrimônio do devedor com o fito de satisfazer a obrigação reconhecida em um título com força executiva.

2. DIREITO PROCESSUAL CIVIL BRASILEIRO E O PANORAMA DA SATISFAÇÃO DOS DIREITOS: PROCESSO DE EXECUÇÃO E CUMPRIMENTO DA SENTENÇA

É contemplada pelo Código de Processo Civil de 2015, seguindo o seu antecessor – CPC/1973, uma variedade de procedimentos no âmbito do Processo de Execução, tais como a Execução por Quantia Certa contra devedor solvente[5]; Execução de Obrigação de Fazer e Não Fazer; Execução para Entrega de Coisa; Execução contra a Fazenda Pública; Execução de Alimentos, ficando também a cargo de legislações extravagantes outras matérias específicas com suas devidas particularidades, como no caso da Falência, a qual contempla execução coletiva e universal relativa ao patrimônio do devedor comerciante insolvente, por meio da Lei n. 11.101/2005; Execução Fiscal regulada pela Lei n. 6.830, de 22/09/1980; Execução de Créditos resultantes de financiamentos de bens móveis junto ao Sistema Financeiro de Habitação com previsão na Lei n. 5.741, de 01/12/1971; Execução de Cédulas Hipotecárias, regulada pelo Decreto-Lei n. 70, de 21/11/1966, assim como a Execução de Títulos de Crédito Rural ou Industrial, prevista nos Decretos-Leis n. 167, de 14/02/1967 e n. 413, de 09/01/1969.

Ocorre que, com o advento da Lei n. 11.232, de 22/12/2005, alterou-se, substancialmente, a sistemática da execução dos títulos executivos judiciais até

---

3. CHIOVENDA, Giuseppe. *Principii,di diritto processuale civile.* Napoli: Jovene, 1965, §10.

4. DINAMARCO, Cândido R. *Execução Civil.* 3. ed. São Paulo: Malheiros Editores, 1993, p. 111.

5. No CPC/2105, diferentemente do CPC/1973, não se vê contemplada a figura da Execução contra Devedor Insolvente. No entanto, no âmbito das disposições gerais, tal questão não passou despercebida pelo legislador, tendo o art. 1.052 disposto da seguinte forma:
"*Art. 1.052. Até a edição de lei específica, as execuções contra devedor insolvente, em curso ou que venham a ser propostas, permanecem reguladas pelo Livro II, Título IV, da Lei no 5.869, de 11 de janeiro de 1973.*"

então, com a instituição de um procedimento denominado "Cumprimento da Sentença", esse que era disposto no Livro I, com início no art. 475, I do CPC/1973.

A partir daí, e com as devidas adaptações do CPC/2015, para as execuções de títulos judiciais, não haverá necessidade da promoção, em processo autônomo – no caso, Processo de Execução – para satisfação do direito. Certo é que a sentença proferida em processo de conhecimento será satisfeita dentro deste, portanto, em uma mesma relação jurídica processual por meio de uma fase de execução (Cumprimento da Sentença) posterior àquela de cognição.

Por tudo, dentro da sistemática processual civil brasileira, no que tange à atividade jurisdicional executiva, tem-se o seguinte quadro diante do advento da Lei n.13.105/2015, mais precisamente, o novo CPC:

1) os títulos executivos extrajudiciais de obrigações de pagar quantia certa, fazer, não fazer e entregar coisa serão executados em processo executivo autônomo, regulados pelo Livro II da Parte Especial do CPC;

2) a sentença condenatória ao pagamento de quantia proferida em processo judicial civil (título executivo judicial) será executada dentro do próprio processo em que foi proferida mediante uma fase posterior à cognitiva, sendo a aludida fase denominada "Cumprimento de Sentença", possuindo procedimentos específicos (*ex vi* "Do Cumprimento de Sentença que Reconheça a Exigibilidade de Obrigação de Prestar Alimentos" e "Do Cumprimento de Sentença que Reconheça a Exigibilidade de Obrigação de Pagar Quantia Certa pela Fazenda Pública"), mas, no que se refere aos atos expropriatórios, caso necessários, aplicar-se-á, subsidiariamente, as disposições do Livro II da Parte Especial pertinentes à execução por quantia certa;

3) as sentenças prolatadas em processo judicial civil que imponham o cumprimento do dever de fazer, não fazer ou entregar coisa, por não possuírem somente eficácia condenatória, mas ainda e efetivamente eficácias executiva e/ou mandamental, serão satisfeitas por meio dos regramentos expressos nos arts. 536 e 537 ("Do Cumprimento de Sentença que Reconheça a Exigibilidade de Obrigação de Fazer ou de Não Fazer") e art. 538 ("Do Cumprimento de Sentença que Reconheça a Exigibilidade de Obrigação de Entregar Coisa").

Sendo assim, teremos em regra geral, o seguinte esquema:

Títulos Executivos e suas Vias Satisfativas

Títulos	Modalidade da Obrigação	Via Satisfativa
Títulos Executivos Extrajudiciais (Art. 784 do CPC)	Obrigação de fazer, não fazer, entregar coisa e pagar quantia certa.	Execução autônoma. Parte Especial. Livro II do CPC.

Títulos	Modalidade da Obrigação	Via Satisfativa
Títulos Executivos Judiciais (Art. 515 do CPC)	Pagamento de quantia certa.	Cumprimento da Sentença (art. 520 e ss.), aplicando, subsidiariamente, o Livro II do CPC (art. 513).
Títulos Executivos Judiciais (Art. 515 do CPC): a) Exigibilidade de obrigação em face da Fazenda Pública; b) Exigibilidade de obrigação de prestar alimentos.	Pagamento de quantia certa.	Do Cumprimento de Sentença que reconheça a exigibilidade de obrigação de pagar quantia certa pela Fazenda Pública; Do Cumprimento de Sentença que reconheça a exigibilidade de obrigação de prestar alimentos.
Títulos Executivos Judiciais (Art. 515 do CPC)	Obrigação de fazer, não fazer e entregar coisa.	Do Cumprimento de Sentença que reconheça a exigibilidade de obrigação de fazer, de não fazer ou de entregar coisa.

CAPÍTULO 17

TEORIA GERAL DA EXECUÇÃO

"CUMPRIMENTO DA SENTENÇA E PROCESSO DE EXECUÇÃO"

1. INTRODUÇÃO

A partir de elementos integrantes de toda a mecânica operada pela jurisdição estatal, busca-se a satisfação efetiva do direito material inadimplido e, reconhecidamente, quer judicial ou extrajudicialmente, observa-se, em contexto *lato*, a possibilidade de compendiar, em uma teoria geral – agora mais do que nunca necessária – conteúdos atinentes às duas vias executivas legalmente reconhecidas, representadas pelo procedimento incidental ao processo de cognição, denominado "Cumprimento da Sentença" (arts. 513 e ss.) e o Processo de Execução autônomo referente ao Livro II da Parte Especial do CPC.

Dada a objetividade e lógica que se deve depreender do conteúdo científico e metodológico da Ciência Processual Civil, o norte nesse item serão tópicos relacionados à principiologia e pragmática da execução, não se olvidando, já de início, atentarmos para as lembranças dos pontos essenciais de domínio relativos às condições da ação bem como dos pressupostos processuais já excessivamente tratados na presente obra.

Sendo assim, ainda que preambularmente, é de se afirmar que, no tocante às condições da ação (interesse processual e legitimidade *ad causam*) e aos pressupostos processuais (subjetivos e objetivos), serão eles, necessariamente, analisados no cumprimento da sentença e no processo de execução, tal como se observou no processo de conhecimento e, como se verá no item que se segue mais adiante, este relativo aos "requisitos necessários para execução", temos ainda, nas vias executivas, elementos específicos e fundamentais que, somados às condições e aos pressupostos supracitados, autorizam o manuseio desta via, tais como (i) o Inadimplemento do Devedor e (ii) a existência de Título Executivo de obrigação certa, líquida e exigível.

Veremos, a seguir, partindo dos princípios que repercutem de maneira especial na atividade executiva, conteúdos especificamente relativos tanto aos pressupostos processuais (partes, competência do juízo) e condições da ação (requisitos do título executivo e títulos executivos em espécie) assim como aqueles relacionados às questões envoltas à ordem procedimental (liquidação de sentença, execuções definitivas e provisórias) que, de modo mais intenso ou não, autorizam a organizá-los em uma perspectiva teórica geral no contexto de ambas as vias satisfativas de direito no âmbito da seara da processualística civil pátria.

2. PRINCÍPIOS DA EXECUÇÃO

2.1 PRINCÍPIOS GERAIS DO PROCESSO CIVIL E SUA APLICABILIDADE NA ATIVIDADE JURISDICIONAL EXECUTIVA

A principiologia do Processo Civil denota, em sua extensão, uma variedade de diretrizes que, a despeito de incidências em ideais políticos, jurídicos, econômicos e sociais[1], possuem, sistematicamente, uma coerência axiológica e mesmo teleológica.

Importa dizer que a abrangência de princípios como o da ampla defesa, do impulso oficial, da igualdade, da imparcialidade, da publicidade dos atos processuais etc., se faz sob o exercício da atividade jurisdicional desenvolvida por meio do instrumento "processo", cabendo ainda afirmar que esse, intensificado por sua natureza jurídica (leia-se procedimento + relação jurídica processual), transborda o aparelho estatal, para, então, espalhar seus princípios também às relações jurídicas privadas.[2]

Mais especificamente, no que toca à atividade executiva da jurisdição, importante analisar algumas particularidades que fazem insurgir comandos que, em sua extensão, guiarão, de forma sistêmica, o ordenamento jurídico na atividade jurisdicional executiva.

2.2 PRINCÍPIO DA REALIDADE (PATRIMONIALIDADE)

Dispõe o art. 789 que todos os bens do devedor, sejam eles presentes e futuros, respondem por suas obrigações, salvo restrições estabelecidas em lei, *v.g.* dívidas de alimentos (art. 5º, LXVII, da CF/88).

Assim, quando se afirma ser a execução sempre real, significa dizer que a atividade jurisdicional executiva objetiva a garantia do débito por meio do patrimônio e não a pessoa do devedor.

O direito processual moderno, em linhas gerais, não tolera a prisão civil decorrente de dívidas.[3]

O art. 921, III, traz, inclusive, preceito que, uma vez não dispondo o executado de bens penhoráveis, suspenderá o processo de execução.

---

1. 1 Ver sobre o assunto o Capítulo 6 da presente obra.
2. Sobre o processo como instrumento ideológico bem como sua presença e reflexos principiológicos aplicados às relações jurídicas de ordem privada, ver o cap. 6.
3. Observa-se que encontramos práticas em ordenamentos alienígenas, mais precisamente no americano e no alemão, onde a presença da prisão civil por descumprimento obrigacional, ainda que de ordem privada ou mesmo em desobediência à Corte, desemboca em constrições à liberdade de locomoção daquele recalcitrante no cumprimento de comandos legais. Sobre o assunto ver o nosso *Tutela Específica das Obrigações de Fazer*. 5 ed. Curitiba: Juruá, 2015, p. 68-69.

2.3 PRINCÍPIO DA ESPECIFICIDADE (EXATO CUMPRIMENTO)

Conforme sustenta o art. 797, a execução far-se-á no interesse do exequente, por isso, deve garantir lhe o mesmo resultado que obteria caso houvesse o adimplemento voluntário do devedor, traduzindo-se aí na execução específica da obrigação.

É de se notar, como veremos no tópico relativo à tutela específica que, na impossibilidade da satisfação exata da obrigação, poder-se-á convertê-la em equivalente pecuniário (arts. 499, 809 e 816).

Notadamente, diante, por exemplo, de obrigações de fazer infungíveis, mais precisamente aquelas naturais ou detentoras de limites que se esbarram na própria pessoa obrigada ao cumprimento *intuito personae* da obrigação, como, por exemplo, os dotes particulares da própria pessoa, no caso de um pintor de quadro que, ao optar pelo descumprimento da obrigação de fazer (pintar a tela), mesmo que incidindo do descumprimento, *astreintes* (pena pecuniária) por hora, dia, mês etc., inegável será a impossibilidade específica da obrigação a que tem direito o credor.

2.4 PRINCÍPIO DA UTILIDADE

Não se tolera o uso da execução apenas com o intuito de trazer prejuízos ao devedor sem que reverta em benefícios ao credor.

Sob o manto do art. 836, é de se afirmar que a penhora não será levada a efeito quando ficar evidente que o produto da execução dos bens encontrados for integralmente absorvido pelo pagamento das custas da execução. Guiado pelo presente princípio está também o disposto pelo art. 891, no qual se proíbe a arrematação de bens penhorados por meio de lanço que importe em preço vil, ou seja, de elevada desproporcionalidade ao estimado na avaliação, ou que, mesmo correspondendo à avaliação, tenha se defasado em relação ao mercado pelo lapso de tempo passado entre a perícia e a alienação judicial.[4]

2.5 PRINCÍPIO DA MENOR ONEROSIDADE (MENOR SACRIFÍCIO DO EXECUTADO)

Como já preceituado no princípio da especificidade, a execução far-se-á no interesse do exequente, no entanto, quando por vários meios puder ser satisfeita a obrigação, o magistrado mandará que se faça do modo menos gravoso possível, como norteia o art. 805, evitando-se onerações excessivas.

Compreende-se a incidência do princípio da proporcionalidade, onde o exequente, quando possível, tiver outros meios para concretizar a satisfação do seu direito já reconhecido.

São conteúdos executivos que levam a cabo tal direcionamento, dentre outros, o art. 847 (substituição do bem penhorado); o art. 840 (direito de ficar como

4. No mesmo sentido, THEODORO JUNIOR, Humberto. Ob. cit., p. 129.

depositário); os arts. 833 e 834 (impenhorabilidade de certos bens)[5]; art. 835 (ordem dos bens penhoráveis).

2.6 PRINCÍPIO DO ÔNUS DA EXECUÇÃO (RESPONSABILIDADE DO EXECUTADO)

Segundo Lopes da Costa[6], a execução, com as expensas do executado, trata de suportar as consequências pelo retardamento da obrigação devida.

---

5. Neste interim, inova o CPC/2015 ao reconhecer como penhoráveis os vencimentos, os subsídios, os soldos, os salários, as remunerações, os proventos de aposentadoria, as pensões, os pecúlios e os montepios, bem como as quantias recebidas por liberalidade de terceiro e destinadas ao sustento do devedor e de sua família, os ganhos de trabalhador autônomo e os honorários de profissional liberal, desde que excedentes a cinquenta salários mínimos mensais, além da hipótese de penhora para pagamento de prestação alimentícia, esta última não se configurando como novidade (art. 833, IV e §2º).
A racionalidade voltada para a ideia da penhorabilidade de vencimentos, de certa forma, já vem edificando entendimento no STJ, mais precisamente nos casos em que o valor excedente ao suprimento de necessidades básicas, perde o seu caráter alimentar e sua condição de impenhorabilidade. É o que se depreende do acórdão desta Corte Superior abaixo colacionado:
"PROCESSUAL CIVIL. RECURSO ESPECIAL. AÇÃO DE EXECUÇÃO. PENHORA EM CONTA CORRENTE. VALOR RELATIVO À RESTITUIÇÃO DE IMPOSTO DE RENDA. VENCIMENTOS. CARÁTER ALIMENTAR. IMPENHORABILIDADE. ART. 649, IV, DO CPC. - Trata-se de ação de execução, na qual foi penhorada, em conta bancária, quantia referente à restituição do imposto de renda. - A devolução do imposto de renda retido ao contribuinte não descaracteriza a natureza alimentar dos valores a serem devolvidos, quanto se trata de desconto parcial do seu salário. - É impenhorável o valor depositado em conta bancária, referente à restituição do imposto de renda, cuja origem advém das receitas compreendidas no art. 649, IV, do CPC. - A verba relativa à restituição do imposto de renda perde seu caráter alimentar, tornando-se penhorável, quando entra na esfera de disponibilidade do devedor. - Em observância ao princípio da efetividade, mostra-se desrazoável, em situações em que não haja comprometimento da manutenção digna do executado, que o credor seja impossibilitado de obter a satisfação de seu crédito, sob o argumento de que os rendimentos previstos no art. 649, IV, do CPC, gozam de impenhorabilidade absoluta. Recurso especial não provido." (STJ. 3ª T. REsp. n. 1.150.738 - MG (2009/0143763-6), Rel. Ministra Nancy Andrighi. Julg. 20.05.2010).
Há de se destacar no referido acórdão, o seguinte trecho:
"(...) Todavia, a constatação acima não leva à conclusão de que impenhorabilidade em conta corrente seja absoluta, porque, se assim fosse, como frisei no julgamento do RMS 25.397/DF, de minha relatoria, DJ 03.11.2008, estar-se-ia protegendo situações absurdas em que, por exemplo, o *"(...) trabalhador contraia empréstimos para cobrir seus gastos mensais, indo inclusive além do suprimento de necessidades básicas, de modo a economizar integralmente seu salário, o qual não poderia jamais ser penhorado. Considerando que, de regra, cada um paga suas dívidas justamente com o fruto do próprio trabalho, no extremo estar-se-ia autorizando a maioria das pessoas a simplesmente não quitar suas obrigações."*.
A interpretação mais correta a se atribuir ao art. 833, nessas situações, é aquela que se leve em consideração a *ratio legis* que norteia o dispositivo, qual seja, a proteção da quantia monetária necessária para a subsistência digna do devedor e de sua família.
O valor excedente ao suprimento de necessidades básicas, encontrando-se depositado em conta corrente, perde o seu caráter alimentar e sua condição de impenhorabilidade e passa a se enquadrar no art. 835. Esse dispositivo estabelece que a penhora terá como objeto, preferencialmente, dinheiro, em espécie ou em depósito ou aplicação em instituição financeira."
6. *Direito Processual Civil Brasileiro*. V. IV. Rio de Janeiro: Forense, 1959, n. 109, p. 101.

Ao executado, portanto, incumbe a responsabilidade pelas custas, despesas do processo e honorários de advogado (arts. 826 e 831). Mesmo nas execuções não embargadas, onde inexiste sentença condenatória, ao executado será imposta a obrigação de pagar os honorários em prol do exequente.[7]

Ainda assim, ocorrendo a oposição de embargos, torna-se cabível outra condenação, agora em razão do insucesso desta ação incidental (STJ. 1ª T. REsp 48.900-3/SP, Rel. Min. Humberto Gomes de Barros. Julg. 21.06.1994, RSTJ 71/358).

2.7 PRINCÍPIO DO CONTRADITÓRIO

Conforme já desenvolvido no Capítulo 6 da presente obra, quando da abordagem aos princípios gerais do processo, o contraditório é o princípio norteador ao espírito democrático pelo qual se deve pautar as instituições no Estado contemporâneo, por isso, e mais do que nunca, o processo, como instrumento da jurisdição na busca pela pacificação social, não pode prescindir de tal conteúdo, refletindo na procura permanente da almejada justiça das decisões.[8]

Merece relevo o princípio do contraditório, pautado em normas constitucionais, art. 5º, LIV e LV, da CF/88 – assim como em sede infraconstitucional – *ex vi* dos arts. 9º e 10 do CPC - aliás, tendo este último dispositivo como depositário do inexorável direito de influência dos partícipes do processo nas decisões, de modo a não permitir que o magistrado decida, em qualquer grau de jurisdição, com base em fundamento a respeito do qual não se tenha dado às partes oportunidade de se manifestar, ainda que se trate de matéria sobre a qual deva decidir de ofício.

Pois bem. Ante a necessidade de mais uma vez ratificar a incidência do princípio em tela, também, pragmaticamente, no processo de execução, ainda que depois da predominante aceitação pela aplicabilidade nesta modalidade de processo, doutrina tradicional continuara a sustentar a inexistência na execução.[9]

Argumenta Liebman[10] que no processo de execução não há mais equilíbrio entre as partes e mesmo o pedido do exequente não tem natureza dialética ou contraditória, provocando a realização de atividades direcionadas ao interesse do exequente por meio de progressiva realização da sanção.

---

7. Conforme reza o art. 826, antes mesmo da adjudicação ou alienação dos bens, pode o executado, a todo tempo, remir a execução, quitando ou consignando o importe da dívida atualizada, mais juros, custas e honorários advocatícios.

8. A citação como ato processual que se convoca o réu, o executado ou interessado para se manifestar em juízo pela 1ª vez, poderá ser realizada no âmbito do Cumprimento da Sentença ou Processo de Execução por meio da modalidade postal. Nos mesmos termos é o entendimento do Enunciado n.85 da I Jornada de Direito Processual Civil do Conselho da Justiça Federal (CJF), *ex vi*: "Na execução de título extrajudicial ou judicial (art. 515, § 1º, do CPC) é cabível a citação postal."

9. GRECO, Leonardo. *O Processo de Execução*. V. I. Rio de Janeiro: Renovar, 1999, p. 266.

10. *Processo de Execução*. 2. ed. São Paulo: Saraiva, 1963, p. 45.

De outro modo, autores, entre eles, Enrico Redenti[11] e José Frederico Marques[12], defenderam a existência no Processo de Execução de um contraditório mitigado, ou seja, sendo o executado titular de direitos subjetivos processuais, a despeito de não se opor ao cumprimento da prestação contida no título, interviria em atos executivos mais precisamente sobre o *modus procedendi.*

Inegável, porém, como bem assevera Greco, é

> o princípio da participação democrática ou da democracia participativa, que rege as relações entre os Poderes do Estado e os cidadãos nas atividades de todos os Poderes do Estado e que tem como seu instrumento no processo judicial o princípio do contraditório.[13]

Nessa baila, parece-nos notório que o equívoco na afirmativa de ausência do contraditório na execução se posta em não se atentar para o fato de que o que certamente inexistente é a discussão relativa ao mérito do crédito do exequente, pois que não será objeto de perquirição, por parte do magistrado, a existência de razão ou não acerca do crédito cobrado, pois que tal investigação com posterior debate já ocorrera, quer no processo de conhecimento anterior, originando em sentença (título executivo judicial), ou ainda ocorrerá em sede de embargos à execução (ação própria, geradora de processo de conhecimento) ou mesmo a impugnação no cumprimento da sentença, esse, procedimento incidente ao processo de conhecimento.

Evitando, por desnecessário, longa capitulação, nota-se a presença do contraditório na execução, tanto em conteúdos de ordem pública como, por exemplo, em matérias sobre as quais deverá o juiz conhecer de ofício, tais como ausência de pressupostos processuais, condições da ação, nulidade de atos da execução, não impedindo que o executado possa, caso o magistrado não o faça, suscitá-las, em respeito ao correto andamento do instrumento público e democrático que é o processo.

Ainda, no que toca especificamente às questões de ordem material, poderá o executado, no exercício constitucional do direito ao contraditório, fundamentar a ocorrência de erro na avaliação do bem objeto de penhora (art. 873), ou mesmo e após a penhora, requerer a redução da mesma aos bens suficientes que bastem à execução (art. 874, I), dentre outros requerimentos, esses aqui relacionados a atos já praticados no decorrer da marcha processual executiva, fundamentando-se, portanto, na ideia do direito ao exercício do contraditório e mesmo, na "igualdade de armas".[14]

---

11. REDENTI, Enrico. *Diritto Processuale Civile.* V. 3. Milano: Giuffrè, 1957, p. 113.
12. MARQUES, José Frederico. *Instituições de Direito Processual Civil.* V. V. 2 ed. Rio de Janeiro: Forense, 1963, p. 83.
13. GRECO, Leonardo. Ob. cit., p. 267-268.
14. Sobre o assunto, ver também o nosso *Tutela Específica das Obrigações de Fazer...*, p. 6.

3. PARTES

A legitimidade tanto ativa quanto passiva não encontra diferenças no que se refere às modalidades satisfativas do direito material.

Assim, os arts. 778 e 779 tratam de tal tópico, este último, invariavelmente aplicado à fase do Cumprimento da Sentença e ao Processo de Execução autônomo.

3.1 LEGITIMIDADE ATIVA

A legitimidade ativa consta de rol expresso nos art. 778

> *Art. 778. Pode promover a execução forçada o credor a quem a lei confere título executivo.*
>
> *§ 1º Podem promover a execução forçada ou nela prosseguir, em sucessão ao exequente originário:*
>
> *I - o Ministério Público, nos casos previstos em lei;*
>
> *II - o espólio, os herdeiros ou os sucessores do credor, sempre que, por morte deste, lhes for transmitido o direito resultante do título executivo;*
>
> *III - o cessionário, quando o direito resultante do título executivo lhe for transferido por ato entre vivos;*
>
> *IV - o sub-rogado, nos casos de sub-rogação legal ou convencional.*

a) Ordinária (art. 778, *caput*)

No que toca à legitimidade ativa ordinária, trata o art. 778, *caput*, da figura do credor, a quem a lei confere o título executivo. Tendo o título (judicial ou extrajudicial) consagrado uma obrigação a ser cumprida, caberá ao credor, diante da resistência do devedor, demandá-lo em juízo, a fim de buscar a concretização de seu direito material.[15]

Deve o credor ter capacidade processual; do contrário, haverá a necessidade de integrá-la pelos institutos da assistência ou da representação, caso ele seja relativa ou absolutamente incapaz.

A petição inicial há de vir firmada por quem tenha capacidade postulatória, o que demandará a outorga de procuração a advogado.

b) Extraordinária (art. 778,§1º, I)

Poderá o Ministério Público, como substituto processual, promover a execução, sendo até uma extensão à regra expressa pelo art. 177 do CPC, nesse caso, quanto ao processo de conhecimento.

---

15. Ainda que não figure como parte da relação jurídica, o Estatuto da Ordem dos Advogados do Brasil (Lei n. 8.906/1994), em seus arts. 23 e 24, I, expressa a legitimidade do advogado do vencedor da demanda a promover, em nome próprio, a execução dos honorários incluídos na condenação.

Somente nos casos expressos em lei, terá o Ministério Público legitimidade para agir; a autorização para tanto poderá ser, inclusive, específica para a execução como no caso, *v.g.*, da Ação Popular (Lei n. 4.717/65, em seu art. 16), diante de inércia do autor em promover a ação ou, ainda, nas ações civis públicas, quando decorrer o prazo de um ano sem que se habilitem interessados em número compatível com a gravidade do dano (Lei n. 8.078/90, art. 100).

Convém ressaltar que pode o MP agir também na qualidade de parte material, sendo exemplo típico desta atitude, quando do exercício na execução de honorários arbitrados na sentença que anula casamento em virtude de ação por ele proposta (art. 1.549 do Código Civil[16]). Nesse caso, estaremos diante de uma legitimidade ativa ordinária.

c) Sucessiva ou Superveniente (art. 778,§1º, II, III e IV)

Poderão os sucessores promover a execução ou mesmo prosseguir naquela já iniciada, seja por ato *inter vivos* ou em sucessão *causa mortis*, conforme dispõe o art. 778,§1º, II, o que se aplica perfeitamente às execuções decorrentes de títulos judiciais *ex vi* do art. 513 sobre tal permissiva.

Nesses termos, conforme disciplina o inciso II do §1º do art. 778, falecendo o credor, o seu espólio, seus herdeiros ou sucessores poderão promover a execução dos direitos resultantes do título executivo.

Não efetivada a partilha de bens, a legitimidade ativa para a execução será do espólio. Após a partilha, extinguir-se-á o espólio, devendo ser o credor sucedido por seus herdeiros ou sucessores.

Caso a morte do credor ocorra após o ajuizamento da execução, dar-se-á a sucessão no polo ativo conforme o art. 110 do CPC.

O inciso III, §1º do art. 778 também confere legitimidade ativa para promover, ou prosseguir na execução, o cessionário, por ato *inter vivos*.

Deverá a cessão de crédito ser realizada na forma do art. 286 do Código Civil. Feita antes de se estabelecer lide executiva, transfere ela desde logo ao cessionário a legitimidade ativa para dar início à atividade executiva, seja em Cumprimento da Sentença ou Processo de Execução. Por outro lado, em sendo a cessão feita após a citação no processo de execução, esse, em geral, por título extrajudicial, o cessionário assumirá o polo ativo, não havendo necessidade de obedecer ao disposto no art. 109, §2º do CPC/2015 (art. 42, § 1º, do CPC/1973), conforme já decidido pelo Supremo Tribunal Federal (RE 97.461-0-AgRg-RJ).

Por fim, ainda no inciso IV, §1º do art. 778, optou o legislador por atribuir legitimidade ativa ao sub-rogado, nos casos de sub-rogação (arts. 346 a 351 do Código Civil) legal ou convencional.

Entende-se por sub-rogado aquele que paga dívida alheia, assumindo todos os direitos, ações e privilégios que eram atribuídos ao credor primitivo.

---

16. *"Art. 1.549. A decretação de nulidade de casamento, pelos motivos previstos no artigo antecedente, pode ser promovida mediante ação direta, por qualquer interessado, ou pelo Ministério Público."*

Pode a sub-rogação decorrer de lei, como nos casos do art. 346 do Código Civil, ou de maneira convencional, no âmbito da vontade dos interessados conforme as situações do art. 347.

É permitido ao sub-rogado dar início à execução, ou nela prosseguir. Assim, se um terceiro pagar a dívida, sub-rogando-se nos direitos do credor, será possível requerer o prosseguimento nos próprios autos, sem necessidade de extinguir-se a execução originária.

O art. 794,§2° do CPC, faculta ao fiador que pagar a dívida pelo afiançado, sub-rogar-se no crédito, prosseguindo a execução do afiançado nos mesmos autos.

Muito embora a norma expresse especificamente o fiador, é de se notar que, ocorrendo sub-rogação, poderá o sub-rogado prosseguir nos mesmos autos do processo.

3.2 LEGITIMIDADE PASSIVA

> *Art. 779. A execução pode ser promovida contra:*
>
> *I - o devedor, reconhecido como tal no título executivo;*
>
> *II - o espólio, os herdeiros ou os sucessores do devedor;*
>
> *III - o novo devedor que assumiu, com o consentimento do credor, a obrigação resultante do título executivo;*
>
> *IV - o fiador do débito constante em título extrajudicial;*
>
> *V - o responsável titular do bem vinculado por garantia real ao pagamento do débito;*
>
> *VI - o responsável tributário, assim definido em lei.*

a) Ordinária (art. 779, I)

A execução deve ser ajuizada, em regra, em face do devedor, reconhecido como tal, no título executivo, conforme expresso no inciso I, tratando-se, assim, de típica legitimidade passiva ordinária, casos dentre outros, do condenado na sentença civil ou penal[17], do emitente do cheque etc.

b) Sucessiva ou Derivada (art. 779, II e III)

Falecido o devedor, deverão ser demandados o espólio, enquanto não se ultimar a partilha, ou os herdeiros e sucessores, partilhados os bens, já que o valor da execução não poderá ultrapassar as forças da herança.

---

17. A sentença penal que condena o preposto não enseja a propositura de execução contra o preponente. Embora responda pelos danos civis causados por seus empregados (Súmula 341 do STF), não há título executivo contra o empregador. Nesse caso, para que se possa atacar o patrimônio desse, necessária, invariavelmente, será a propositura de ação de cognição em face do mesmo, no qual, no entanto, será desnecessária a prova de culpa do empregado, se tiver havido condenação criminal deste. Sobre o assunto, ver também, NERY JR., Nelson; ANDRADE NERY, Rosa Maria. *Código de Processo Civil*. 9. ed. São Paulo: RT, 2006, p. 569.

Ocorrida a partilha, cada herdeiro responderá na proporção da parte que lhe couber na herança.

Havendo solidariedade passiva e falecendo um dos devedores solidários, seus herdeiros somente serão obrigados a pagar a quota que corresponder a seu quinhão hereditário, salvo se a obrigação era indivisível (art. 276 do Código Civil) ou, em sendo a obrigação personalíssima, não será ela transmitida aos herdeiros.

É também considerado legitimado passivo o novo devedor que assumiu o débito com o consentimento do credor. Ao contrário do que ocorre com a cessão de crédito que, em regra, independe do consentimento do devedor originário (art. 360, II c/c art. 362, ambos do Código Civil), a cessão de débito só se aperfeiçoa quando o credor anui.

Feita a cessão, será o patrimônio do cessionário que passará a responder pelo débito, justificando, com isso, a necessária anuência supracitada.

c) Responsáveis (art. 779, IV, V, VI)

Poderá o fiador do débito constante em título extrajudicial (art. 779, IV) assim como o responsável titular do bem vinculado por garantia real ao pagamento do débito (art. 779, V) e ainda responsável tributário (art. 779, VI) ser demandados para a satisfação de créditos por via de execução.

Considera-se fiador extrajudicial aquele que garante atos de direito material, diferente do fiador judicial, este que garante ato processual.

Pode a fiança ser convencional ou judicial.

Entende-se por convencional aquela decorrente de um contrato, possibilitando sua representação por um título extrajudicial, esse, instrumento escrito da fiança – contrato de caução – tipificado no art. 784, V. Nesse sentido, a fiança convencional só poderá ensejar execução quando da existência de título executivo extrajudicial contra o fiador.

Já a judicial decorre de ato processual e, por isso, quem prestar fiança judicial poderá ser executado pela obrigação afiançada, bastando para o início da execução, prova da existência de título executivo contra uma das partes e a demonstração de que esse débito é garantido por fiança judicial.

Nestes termos, o fiador extrajudicial cujo nome consta do título executivo será solidariamente responsável pela obrigação assumida pelo devedor afiançado, respondendo, portanto, pela execução do débito. Vale destacar que o fiador extrajudicial somente poderá integrar o polo passivo da execução caso figure no título executivo extrajudicial ou, no caso de cumprimento de sentença, se tiver participado da fase cognitiva, conforme regra o art. 513, §5º do CPC.[18]

---

18. Na mesma esteira da Súmula 268 do STJ: "O fiador que não integrou a relação processual na ação de despejo não responde pela execução do julgado."

Por outro lado, denomina-se fiador judicial terceiro que, no curso do processo, compromete-se perante o juízo a prestar garantia pessoal ao cumprimento da obrigação de uma das partes. Em resumo: poderá o fiador extrajudicial ser executado diretamente, diante do contrato de caução representando a fiança dada por terceiro como título executivo extrajudicial. Por outro lado, pode o fiador judicial ser executado, entretanto não em virtude de um contrato especificamente, mas por ter ele, em consequência de um ato processual, garantido a obrigação de uma das partes. Nesses termos, será ele executado a despeito de um título no qual não figura como parte.

Já, com relação ao denominado "responsável titular do bem vinculado por garantia real ao pagamento do débito", vale a pena, de início, registrar a diferença entre dívida e responsabilidade (*Schuld* e *Haftung*, do direito alemão)[19]. Por dívida temos a noção de direito material decorrente do vínculo jurídico entre dois sujeitos – credor e devedor -; já a responsabilidade, esta decorrente da vinculação patrimonial relativa à execução, independe da existência da dívida, sendo conceito processual neste âmbito.

Assim, o inciso V do art. 779 reconhece, literalmente, a legitimidade passiva do responsável, titular do bem que serviu de garantia real à execução, não se confundindo este com o devedor principal que é o sujeito passivo da obrigação contratual.[20]

Diante da presente regra, a execução poderá ser promovida diretamente em face do responsável garantidor.

A ideia supramencionada também vale para o responsável tributário (art. 779, VI).

O Código Tributário Nacional prevê a responsabilidade tributária nos arts. 128 a 138, contudo ressalta-se que não são todas as figuras previstas que se adequam à hipótese do art. 779 VI.

De melhor aderência a tal dispositivo seriam a regras que determinam como responsável terceiro que tem o dever de zelar pelo recolhimento do tributo de determinado contribuinte, sujeito a arcar com o valor do tributo bem como com multas, art. 134 do CTN. Aí se adequa a figura do inventariante em relação aos tributos devidos pela massa falida ou mesmo o concordatário – art. 134, V, do CTN.

A tendência se delineia na afirmação de que são esses responsáveis legitimados passivos extraordinários uma vez que figurariam na execução, respondendo pelo débito alheio. Vozes autorizadas entre os tributaristas, no entanto, afirmam que, em tais hipóteses, existe uma imposição relativa ao dever material específico para o responsável, portanto, diferente da própria obrigação tributária devida pelo contribuinte. Trata-se, nesse sentido, de dever que, dado o seu des-

---

19. Cf. o nosso *Tutela Específica das Obrigações de Fazer*. 5 ed. Curitiba: Juruá, 2015.

20. WAMBIER, Teresa Arruda Alvim *et ali. Primeiros Comentários ao Novo Código de Processo Civil. Artigo por Artigo*. São Paulo: RT, 2015, p.1.122.

cumprimento, será sancionado por penalidade referente ao valor da obrigação tributária, ideia que, de outro modo, decorreria de uma legitimação originária.[21]

Observações pertinentes:

Destaca o art. 780 que poderá o exequente cumular várias execuções, ainda que fundadas em títulos diferentes, quando o executado for o mesmo e desde que para todas elas seja competente o mesmo juízo e idêntico o procedimento.[22]

Outrossim, é admissível na execução o litisconsórcio, tanto ativo como passivo, sendo comum a incidência de relação litisconsorcial facultativa, seja por crédito ou dívida comum aos credores ou devedores, não se descuidando de hipóteses onde se sustenta a presença de litisconsórcio necessário, como naquelas relativas à entrega de coisa indivisível.

Por outro lado, diante da ocorrência de um elevado número, cada um dos credores poderá, livremente, executar a parte que lhe caiba, ou até a totalidade da dívida, na hipótese de solidariedade ativa, mas não se pode obrigar a totalidade dos credores a demandar conjuntamente.

Não tem lugar, tanto na fase do cumprimento da sentença como no processo autônomo de execução, quaisquer das formas de intervenção de terceiro.

Assim, ainda que tenha ocorrido tal intervenção no processo de conhecimento, não se estenderá sobre as atividades executivas acima aludidas.

Situação polêmica é aquela relativa à admissibilidade do cabimento da assistência na execução.

Conforme item já enfrentado no Capítulo 7 da presente obra, a assistência, em texto legal e de acordo com o art. 119 do CPC, consiste na ideia de que, pendendo causa entre 2 (duas) ou mais pessoas, "*o terceiro juridicamente interessado em que a sentença seja favorável a uma delas poderá intervir no processo para assisti-la.*"

Adiante, seu parágrafo único completa: "*A assistência será admitida em qualquer procedimento e em todos os graus de jurisdição, recebendo o assistente o processo no estado em que se encontre.*"

Alcides de Mendonça Lima[23] observa que a assistência deverá ser admitida caso a execução seja baseada em título executivo extrajudicial e houver embargos do devedor, propulsando por sua negativa em caso de execução por título judicial, dado que, nesta última, caberia ao processo de conhecimento esgotar toda a atividade relativa ao assistente, de tal modo que somente nos casos de

---

21. WAMBIER, Luiz Rodrigues (Coord.). *Curso Avançado de Direito Processual Civil.* vol. 2. 8. ed. São Paulo: RT, 2006, p. 107.

22. Súmula n.27 do STJ: "Pode a execução fundar-se em mais de um título extrajudicial relativo ao mesmo negócio."

23. *Comentários ao CPC.* Vol. VI. Rio de Janeiro: Forense, 1977, p. 117 e segs.

execução por título extrajudicial teria serventia a figura do assistente em auxiliar, cooperando e ajudando o assistido.

Não nos parece hoje, com toda vênia, ser exata tal afirmativa, na medida em que, ainda ao enfrentamento do título judicial, há de caber a impugnação do executado que, a despeito do limitado rol de argumentos elencados no art. 525,§1º do CPC, congrega efetiva viabilidade em possibilitar alguém, p.ex., terceiro com interesse jurídico na decisão da impugnação, auxiliar o impugnante em seu sucesso, ou mesmo, sendo exemplo bastante razoável, o fiador ingressar como assistente do credor-exequente na execução em face do devedor principal-executado com o intuito de auxiliá-lo em tal expropriação ou mesmo otimizar o andamento processual, de acordo com o art. 834 do Código Civil.

Para alguns, ainda há o argumento de que o art. 119 do CPC/2015 (art. 50 do CPC/1973) e seguintes, reguladores da assistência no processo de conhecimento, deveriam ser aplicados à execução com as devidas adaptações.[24]

Por outro lado, caso o devedor tenha a intenção de liberar-se da obrigação, não haverá óbice em ingressar com uma ação autônoma de consignação em pagamento.

O CPC não esgota as possibilidades de legitimidade ativa no âmbito da execução, havendo, por isso, legislações extravagantes que também tratam do tema.

Nisso temos, *v.g.*, a Lei n. 4.717/65 que trata da ação popular, concedendo legitimidade a qualquer cidadão que não tenha sido autor da referida ação para executar a sua sentença; a Lei n. 7.347/85, que regula a ação civil pública, autorizando por meio de seu art. 15, que, diante da inércia da associação autora em impetrar a devida execução de sentença dentro de 60 dias, poderá qualquer dos outros legitimados para a respectiva ação, inclusive o Ministério Público fazê-lo.

4. RESPONSABILIDADE PATRIMONIAL

Conforme o princípio da patrimonialidade, exceto no que toca ao devedor de alimentos a execução há de ser sempre patrimonial.[25]

Entende-se que o devedor garante o crédito junto aos credores por meio do seu patrimônio, respondendo, inclusive, conforme o art. 789, com todos os seus bens presentes e futuros, salvo as restrições legais pelo cumprimento das suas obrigações.

É sabido que, no âmbito do direito das obrigações, o débito *(schuld)* diferencia-se da responsabilidade patrimonial *(haftung)*, estando ambos os insti-

---

24. Sobre o assunto, ver, dentre outros, WAMBIER, Luiz Rodrigues (Coord.). Ob. cit., p. 110.

25. Fundamental trazer à lume neste ínterim, a Súmula Vinculante de n. 25:
"É Ilícita a Prisão Civil de Depositário Infiel, qualquer que seja a modalidade do depósito."

tutos, de regra, sempre associados, isto é, quem deve responder com seu patrimônio pela dívida.

Notadamente, no entanto, não compreendendo o direito como uma ciência exata, há de ter situações sob as quais débito e responsabilidade patrimonial se postam dissociadas, sendo, por isso, possível determinado cidadão dever, mas diferentemente do comum, não responder pela dívida assumida com o seu patrimônio, *v.g.*, nos casos de dívida de jogo, ao qual impedido estará de ser demandado, ainda que pese a existência da dívida contraída.

Por outro lado, ocorrem igualmente momentos em que determinada pessoa se vê compelida a responder com patrimônio próprio, dívidas por ela não contraídas, portanto, que não poderiam ser a ela atribuídas.

Correto será afirmar, como já dito, que em sede de via executiva judicial, devem ser atingidos apenas e tão somente os bens do devedor demandado, impedindo-se, via de regra, de agressão a bens de eventual terceiro. Do contrário, caberá ao terceiro impetrar respectiva ação de embargos de terceiro a fim de evitar, efetivamente, que seus bens participem de medidas judiciais, inclusive aquelas relativas à expropriação ainda que indevidas.

O art. 790 do CPC relaciona hipóteses excepcionais pelas quais terceiros, ainda que não tenham figurado como partes na execução, terem seus bens atingidos e, diante de tais previsões legais, estarem impossibilitados de opor com sucesso o supracitado embargo de terceiro.

Vale ressaltar que referidos terceiros não são devedores bem como não figuram no polo passivo da execução. A despeito disso, possuem responsabilidade patrimonial diante de determinada dívida, estando seus bens sujeitos à execução.

Assim, temos que a responsabilidade patrimonial estenderá sobre os bens:

a) *Do sucessor a título singular, tratando-se de execução fundada em direito real ou obrigação reipersecutória* (art. 790, I).

Conforme já visto em outro capítulo[26], quando da exposição relativa à sucessão das partes, a alienação da coisa ou do direito litigioso a título particular não altera a legitimidade das partes (*ex vi* do art. 109, *caput*), de modo que a sentença, uma vez proferida entre as partes originárias da demanda, terá seus efeitos refletidos sobre o adquirente ou o cessionário da coisa (art. 109, § 3º). Deve-se ter em mente que a alienação, nesse caso, é irrelevante ou ineficaz para o processo, ainda que para as órbitas da relação jurídica material possa ser válida, possibilitando, inclusive, responsabilidades do alienante perante o adquirente.

A Lei n. 11.382/2006 incluiu, expressamente, ao presente inciso a "obrigação reipersecutória", o que o CPC/2015 a manteve.

Reipersecutórias são aquelas ações pessoais em que "o autor demanda coisa que lhe pertence ou lhe é devida e não se encontra em seu patrimônio

26. Cf. Capítulo 7.

ou está em poder de terceiro" [27], não se importando em qual direito material esteja debruçando a demanda.

Sejam, portanto, direitos reais ou direitos pessoais (obrigações reipersecutórias), o presente inciso impõe o seu cabimento.

Assim, mantém-se o bem vinculado ao processo e à execução, podendo o terceiro, caso queira defender seu direito, fazê-lo em sede de embargos de terceiro e não em embargos do devedor, pois que não se altera a legitimidade das partes sem a anuência da parte contrária, ou seja, aquela *persona ex adversa* do alienante do bem e, não sendo o terceiro parte, caberá a sua defesa no modelo acima referido.

b) *Do sócio, nos termos da lei* (art. 790, II).

Nas legislações civil e comercial encontramos hipóteses onde tipos de sociedades têm, na figura do sócio, respectiva responsabilidade solidária e subsidiária pelas dívidas da empresa (*v.g.* sociedades em nome coletivo – art. 1.039 do Código Civil; sócio comanditado, nas sociedades em comandita simples – art. 1.045 do Código Civil etc.). Nesses termos, será plenamente possível, nas execuções ajuizadas em face de determinada empresa, ser atingidos bens de seus sócios.

Comumente, a regra é que a sociedade, como detentora de personalidade jurídica própria, responda por suas dívidas, e apenas, residualmente, responda pelos bens particulares dos sócios nos casos fixados por lei, de acordo com o art. 795, §1º. E, ainda que tal fato ocorra, poderá o sócio se resguardar, exigindo que, primeiro, sejam expropriados os bens da sociedade. Para tal benefício de ordem, tem o sócio executado o ônus de nomear os bens da sociedade, livres e desembaraçados na comarca, suficientes para pagar o débito, tudo conforme o art. 795, § 2º.

Pagando, eventualmente, a dívida da sociedade, terá o sócio direito de executar a própria sociedade nos autos do mesmo processo (art. 795, § 3º).

Serão de possível ocorrência casos em que o juiz, percebendo que o uso da empresa foi para empreender manifesta abusividade e má-fé, desconsiderar sua personalidade jurídica.

Nisso, convencendo-se o magistrado da utilização abusiva da sociedade, deve autorizar a penhora de bens dos sócios. Se eles não se conformarem, será facultado ajuizarem respectivos embargos do devedor ou de terceiro[28], em que a questão da desconstituição da personalidade jurídica poderá ser discutida com toda amplitude.

---

27. SÁNCHEZ, A. Cabanillas. *Enciclopédia Jurídica Básica*. Vol. I Madrid: Editorial Civistas, 1995, p. 131.

28. Há uma variedade de decisões cujo entendimento é o de que, determinada a desconstituição da personalidade jurídica, os sócios, até então terceiros, deverão ser citados com o fito de integrar a execução. Nesse entendimento, a defesa dos sócios deveria ser feita por meio dos embargos de devedor, e não de terceiro.

c) *Do devedor, ainda que em poder de terceiro* (art. 790, III).

Estando os bens do devedor, ainda que em poder de terceiro, continuará ele sujeito à execução, sem que seja necessário sequer recorrer às regras da responsabilidade patrimonial.

Nesse caso, caberá, residualmente, resolver a questão acerca dos eventuais direitos que envolvem o terceiro, esse, detentor ou mesmo possuidor daqueles bens e ainda a análise da relação jurídica deste com aquele devedor, fator de resolução a sobrepairar no negócio jurídico realizado entre ambos.

Com relação à eficácia da sentença e seus efeitos em face do terceiro, deverá ser observado o que já foi motivo de análise da alínea "*a*" supra, relativa ao casuísmo do art. 790, I, sendo o bem entregue ao exequente para posterior ato de expropriação, facultando ao terceiro propor respectiva ação de embargos de terceiro.

d) *Do cônjuge ou companheiro, nos casos em que seus bens próprios ou de sua meação respondem pela dívida* (art. 790, IV).

Existem casos em que os bens de um cônjuge ou companheiro respondem pelo cumprimento da obrigação contraída pelo outro cônjuge ou companheiro, muito embora aquele esteja formalmente incluso no título executivo apresentado pelo credor.

Conforme disciplina o art. 3º da Lei n. 4.121/62, (tendo consonância os arts. 1.644, 1.663, § 1º, 1.664 e 1.666, todos do Código Civil):

> *Pelos títulos de dívida de qualquer natureza, firmados por um só dos cônjuges, ainda que casados pelo regime de comunhão universal, somente responderão os bens particulares do signatário e os comuns até o limite de sua meação.*

Por outro lado, de acordo com o arts. 1.643 e 1.644 do Código Civil[29], um cônjuge responderá pelas dívidas do outro caso elas houverem revertido em proveito do casal ou da família, independente do regime de bens, portanto, se só o marido contraiu a dívida e se só ele está sendo executado, será possível atingir os bens ou a meação da mulher desde que a dívida tenha beneficiado a ambos.

Há, nesse sentido, uma presunção relativa de que a dívida contraída por um dos cônjuges ao outro se beneficia; por conseguinte, o cônjuge responde pela dívida do outro até provar que não foi beneficiado.

Se tal cônjuge quiser se livrar da penhora os seus bens ou a sua meação, deverá ele opor embargos de terceiro, no qual terá o ônus de demonstrar que

---

29. *"Art. 1.643. Podem os cônjuges, independentemente de autorização um do outro:*
I – comprar, ainda a crédito, as coisas necessárias à economia doméstica;
II – obter, por empréstimo, as quantias que a aquisição dessas coisas possa exigir.
Art. 1.644. "As dívidas contraídas para os fins do artigo antecedente obrigam, solidariamente, ambos os cônjuges."

a dívida não o favoreceu, mesmo tendo ele sido intimado da penhora, dado que não figuraria como parte na execução.[30]

Para fins de ajuizamento dos referidos embargos, bem expressa o §2º do art. 674 aqueles autorizados para tanto:

> *I - o cônjuge ou companheiro, quando defende a posse de bens próprios ou de sua meação, ressalvado o disposto no art. 843;*
>
> *II - o adquirente de bens cuja constrição decorreu de decisão que declara a ineficácia da alienação realizada em fraude à execução;*
>
> *III - quem sofre constrição judicial de seus bens por força de desconsideração da personalidade jurídica, de cujo incidente não fez parte;*
>
> *IV - o credor com garantia real para obstar expropriação judicial do objeto de direito real de garantia, caso não tenha sido intimado, nos termos legais dos atos expropriatórios respectivos.*

A meação do cônjuge ou companheiro, por isso, deve ser defendida, certamente, com específico pedido de exclusão da execução pelo manejo dos embargos de terceiro.

Por outro lado, se pretende discutir a validade ou a eficácia do título executivo, estará agindo como parte e, então, suas argumentações só poderão ser realizadas por meio dos embargos do devedor (art. 914) ou impugnação (art. 525,§1º), dependendo da via executiva.[31]

Em síntese, poderá o cônjuge ou companheiro do executado opor, alternativa ou cumulativamente, embargos de terceiro e do devedor ou impugnação, dependendo do que ele queira alegar. Em sendo intimado da penhora e querendo discutir validade ou a eficácia do título executivo e mesmo o débito, deverá opor embargos de devedor. Se pretender apenas livrar da constrição os seus bens, ou a sua meação, a via adequada serão os embargos de terceiro, valendo anotar que, caso o cônjuge intimado da penhora venha alegar questão pertinente à meação nos embargos de devedor, em lugar de embargos de terceiro, tratar-se-á de mera irregularidade formal, não acarretando prejuízo algum à parte contrária.

Do contrário, o que se não tolera é a situação bem colocada por Theodoro Jr. quando o cônjuge (ou companheiro) usa os embargos de terceiro, fora do prazo dos embargos do devedor – dependendo da via satisfativa, impugnação – para discutir o mérito da dívida do executado. Aí, sim, a preclusão da faculdade de embargar a execução inviabiliza o deslocamento da lide principal para o procedimento acessório.[32]

e) *Alienados ou gravados com ônus real em fraude de execução* (art. 790, V).

---

30. GRECO FILHO, Vicente. Ob. cit., p. 45.
31. Cf. THEODORO JR., Humberto. *Curso de Direito Processual Civil.* Vol. II. 41. ed. Rio de Janeiro: Forense, 2007, p. 204.
32. Ibidem.

Nesse caso, observar-se-á o item a seguir nominado "fraude à execução".

f) *Cuja alienação ou gravação com ônus real tenha sido anulada em razão do reconhecimento, em ação autônoma, de fraude contra credores* (art. 790, VI).

Uma vez reconhecida a fraude contra credores em eventual alienação ou oneração de bem, isso, decorrente de ação pauliana, anulada será a referida alienação ou oneração, devendo o bem estar sujeito à responsabilidade patrimonial, *ex vi* também do art. 158 do Código Civil.

Destaca-se a necessidade de reconhecimento da fraude contra credores em específica ação autônoma (ação pauliana), não se reconhecendo a fraude em tela pela via dos embargos de terceiro, conforme ilustra a Súmula 195 do STJ, nos seguintes termos:

"Em embargos de terceiro não se anula ato jurídico, por fraude contra credores".

g) *do responsável, nos casos de desconsideração da personalidade jurídica* (art. 790, VII).

No corpo do CPC, encontra-se disciplinado nos arts. 133 a 137 o intitulado "Incidente de Desconsideração da Personalidade Jurídica", esse que possui características de um incidente processual, querendo daí depreender que prescinde de ação própria para provocar sua cognição.

Neste sentido é que será nos próprios autos do processo, após provocação para tal, que o magistrado estabelecerá o contraditório e a ampla defesa para o pleno conhecimento e análise meritória do pedido de desconsideração da personalidade jurídica em questão.

É bem verdade que a configuração em natureza incidental para o conhecimento de dito instituto representa o prestígio da economia processual e se bem levada a cabo, igualmente, pelo Princípio da Cooperação dos partícipes da demanda, surtirá efetivos efeitos na tão desejosa, mas ainda desprestigiada celeridade processual, notabilizada por sua garantia formal no art. 5ª, LXXVIII da CF/88.

Insta ressaltar que o novo diploma processual, além de consignar a desconsideração da personalidade jurídica, frisa em sentido explícito a também relevante desconsideração inversa. É o que manifesta o seu art. 133:

> *Art. 133. O incidente de desconsideração da personalidade jurídica será instaurado a pedido da parte ou do Ministério Público, quando lhe couber intervir no processo.*
>
> *§ 1º O pedido de desconsideração da personalidade jurídica observará os pressupostos previstos em lei.*
>
> *§ 2º Aplica-se o disposto neste Capítulo à hipótese de desconsideração inversa da personalidade jurídica.*

Cediço é, portanto, que os bens do sócio respondem pelas dívidas da pessoa jurídica, desde que, decorrente de instauração do incidente de desconsideração da personalidade jurídica, se reconheça dita possibilidade.

Ainda nesta toada, podem os bens da pessoa jurídica responder pelas dívidas dos sócios, conforme alhures denominada desconsideração inversa. Igualmente, para esta desconsideração, há de ter instaurado o respectivo incidente de desconsideração.

De outra banda, tratando-se de direito de superfície, quis o legislador estabelecer regramento de responsabilidades patrimoniais quando envoltas à aludida temática.

De certo, destaca-se a autonomia entre o direito de superfície e o direito de propriedade (art. 1.369 do Código Civil; art. 21 e ss. da Lei n.10.257/2001).

Assim, sublinha então o art. 791 do CPC, *caput, in verbis*:

> *Se a execução tiver por objeto obrigação de que seja sujeito passivo o proprietário de terreno submetido ao regime do direito de superfície, ou o superficiário, responderá pela dívida, exclusivamente, o direito real do qual é titular o executado, recaindo a penhora ou outros atos de constrição exclusivamente sobre o terreno, no primeiro caso, ou sobre a construção ou a plantação, no segundo caso.*

É bem possível o proprietário do terreno conceder a outrem o direito de construir ou mesmo de plantar, decorrendo daí o direito de superfície, ficando os direitos reais sobre o terreno e a superfície coexistindo perfeitamente e de forma autônoma, muito embora seja certo de que o direito real do superficiário dependa do direito real do proprietário. No entanto, a penhora da construção ou da plantação não implicará na penhora do terreno e vice-versa.[33]

Havendo atos de constrição ou penhora sobre o terreno, construção ou plantação, tal como se refere o caput do art. 791, serão eles averbados separadamente na matrícula do imóvel, com a identificação do executado, do valor do crédito e do objeto sobre o qual recai o gravame, devendo o oficial destacar o bem que responde pela dívida, se o terreno, a construção ou a plantação, tudo de modo a assegurar respectiva publicidade da responsabilidade patrimonial de cada um deles pelas dívidas e pelas obrigações que a eles estão vinculadas (§1º do art. 791 do CPC).

Nos casos relativos à enfiteuse, à concessão de uso especial para fins de moradia e à concessão de direito real de uso, aplica-se no que couberem as disposições retro referidas pelo art. 791, ou seja, por se constituírem direito autônomo em relação à propriedade do bem, podem ser objeto de constrição judicial independentemente da penhora do próprio bem imóvel.

Destaca-se que a penhora desses direitos reais limitados não se estende ao imóvel, notadamente, pois que nem sempre a titularidade de um bem está relacionada para com a dívida, objeto da execução.[34]

---

33. Cf. MEDINA, José Miguel Garcia. *Novo Código de Processo Civil Comentado*. São Paulo: RT, 2015, p.1.067-1.068.

34. No mesmo sentido, MARINONI, Luiz Guilherme; ARENHART, Sérgio Cruz; MITIDIERO, Daniel. *Novo Código de Processo Civil Comentado*. São Paulo: RT, 2015, p. 754-755.

4.1 FRAUDE À EXECUÇÃO

O art. 792 do CPC enumera as hipóteses de alienação ou oneração de bens em fraude à execução nos seguintes termos:

I- quando sobre o bem pender ação fundada em direito real ou com pretensão reipersecutória, desde que a pendência do processo tenha sido averbada no respectivo registro público, se houver;

II- quando tiver sido averbada, no registro do bem, a pendência do processo de execução na forma do art. 828;

III- quando tiver sido averbado, no registro do bem, hipoteca judiciária ou outro ato de constrição judicial originário do processo onde foi arguida a fraude;

IV- quando, ao tempo da alienação ou da oneração, tramitava contra o devedor ação capaz de reduzi-lo à insolvência;

V- nos demais casos expressos em lei.

O inciso I do art. 792 aponta que, em se tratando de ação relativa a direito real ou com pretensão reipersecutória, a configuração de fraude à execução restará dependente da averbação da pendência do processo no respectivo registro público do bem, caso exista.

Assim, em sede de processo de conhecimento, a despeito de inexistência de qualquer tutela antecipatória do feito, no caso da alienação ou oneração de bens, quando sobre estes bens estiver pendente ação fundada em direito real ou com pretensão reipersecutória, *ex vi* do art. 792, I, deverá o autor da ação registrar a citação válida nas margens do próprio registro do bem, p. ex., em sendo imóvel, no próprio Cartório Imobiliário e, com isso, dar efetiva publicidade do ato, tornando absoluta a presunção da ciência da demanda por parte do adquirente, configurando-se presunção *juris et de jure*, e daí abrindo espaço para a comprovação de aquisição do bem por parte de adquirente de má-fé.

Vale ressaltar que todo entendimento do necessário registro da citação encontra importante fundamento legal na própria Lei de Registros Públicos, *ex vi* de seu art. 167, I, 21, *in verbis*:

> *Art. 167 – No Registro de Imóveis, além da matrícula, serão feitos.*
>
> *I – o registro:*
>
> *(...)*
>
> *21) das citações de ações reais ou pessoais reipersecutórias, relativas a imóveis;*

Por outro lado, não sendo levado a cabo o registro da citação como alhures, caberá ao autor (credor) provar que o terceiro tinha ciência da ação, prova esta, em boa parte, de difícil comprovação.

Do contrário, no caso de aquisição de bem não sujeito a registro, o terceiro adquirente tem o ônus de provar que adotou as cautelas necessárias para a aquisição, mediante a exibição das certidões pertinentes, obtidas no domicílio do vendedor e no local onde se encontra o bem (§2º do art. 792 do CPC).

Na mesma toada se encontra o inciso II do art. 972.

De pronto, nota-se a consonância com o que já dispunha a Súmula n.375 do STJ:

> *"O reconhecimento da fraude de execução depende do registro da penhora do bem alienado ou da prova de má-fé do terceiro adquirente."*

Nestes termos, ainda que ocorra a alienação ou oneração do bem no curso da demanda, não mais somente se considerará motivo para que, indubitavelmente, reconheça-se a presença inequívoca de fraude à execução.

Soma-se, a partir da supracitada súmula editada pelo STJ e agora, de forma explícita, através do CPC/2015 que, somente a partir do registro da pendência do processo de execução devidamente levado ao registro do bem, é que a alienação se configura fraude à execução, sendo imprescindível a ciência pelo adquirente, a pendência do processo de execução, entendendo-se aí, igualmente, em sede de Cumprimento da Sentença ou mesmo diante de eventual concessão antecipatória de Tutela de Urgência.

Para levar a efeito o registro da pendência de processo de execução nas margens de registro do bem, regula o art. 828 do CPC os necessários termos:

> *Art. 828. O exequente poderá obter certidão de que a execução foi admitida pelo juiz, com identificação das partes e do valor da causa, para fins de averbação no registro de imóveis, de veículos ou de outros bens sujeitos a penhora, arresto ou indisponibilidade.*
>
> *§1º No prazo de 10 (dez) dias de sua concretização, o exequente deverá comunicar ao juízo as averbações efetivadas.*
>
> *§2º Formalizada penhora sobre bens suficientes para cobrir o valor da dívida, o exequente providenciará, no prazo de 10 (dez) dias, o cancelamento das averbações relativas àqueles não penhorados.*
>
> *§3º O juiz determinará o cancelamento das averbações, de ofício ou a requerimento, caso o exequente não o faça no prazo.*
>
> *§4º Presume-se em fraude à execução a alienação ou a oneração de bens efetuada após a averbação.*
>
> *§5º O exequente que promover averbação manifestamente indevida ou não cancelar as averbações nos termos do §2º indenizará a parte contrária, processando-se o incidente em autos apartados.*

De tudo, conforme bem frisa o §1º, a alienação em fraude à execução é ineficaz em relação ao exequente.

Na mesma linha dos raciocínios alhures cotejados, encontra-se o inciso III do art. 792 do CPC, ou seja, será reconhecida a fraude à execução diante da alienação ou oneração de bem, isto quando tiver sido averbado, no registro do próprio bem, hipoteca judiciária ou outro ato de constrição judicial originário do processo onde foi arguida a fraude.

Outra hipótese configuradora da fraude à execução relativa à alienação ou oneração de bens é aquela esculpida no inciso IV do art. 792, isto é, quando corre contra o devedor demanda capaz de reduzi-lo à insolvência.

Em tal caso, como nos anteriores acima enfrentados, para que se configure a fraude à execução, necessário é que haja demanda em curso, ainda que seja ação de conhecimento.

Importante aqui ressaltar contínua controvérsia acerca do momento inicial a partir do qual a alienação de bens seria configurada como em fraude de execução: do ajuizamento da ação (art. 312) ou seria necessária a citação.

Em se tratando de alienação ou oneração de bens ao tempo em que corria demanda em face do devedor-alienante, esta capaz de reduzi-lo a insolvência, da mesma forma, haverá presunção absoluta quando o adquirente souber da existência da ação, ou por já constar no cartório registral do bem algum registro dando conta de sua existência, ou porque o credor por outros meios provou que do ajuizamento da ação o adquirente tinha ciência.

Cabe aqui pontuar que, muito embora tendo semelhanças, fraudes contra credores e de execução, são institutos com conteúdos que não se confundem.

É a fraude contra credores instituto relacionado ao direito material, recebendo tratamento pelo Código Civil (arts. 158 a 165) como defeito do negócio jurídico. Já a fraude de execução é instituto, eminentemente, de trato processual, configurando-se em ato atentatório à dignidade da justiça do art. 774, I do CPC.

São institutos semelhantes na medida em que em ambos o devedor aliena bens, tomando-se insolvente.

Diferem-se, no entanto, pois que, na fraude contra credores, a dívida já existe, porém ainda não há ação judicial em andamento ou, ainda que haja, não ocorreu a citação válida do devedor – réu[35] ao passo que, na fraude de execução, o credor – autor litiga, judicialmente, em face do devedor – réu, estando este, inclusive, já citado. Ambas prejudicam diretamente os interesses do credor, todavia a fraude de execução, exclusivamente, fere também a dignidade da justiça.

As duas modalidades fraudulentas geram a ineficácia da alienação, contudo dita ineficácia só poderá ser reconhecida por meio do manejo de uma ação

---

35. "A alienação, pelo devedor executado, de bens a terceiros antes da citação, para responder à ação que poderia reduzi-lo à insolvência, não caracteriza fraude à execução, podendo, quando muito, configurar fraude contra credores, reclamável por meio de ação pauliana". (RP 6/314). No mesmo sentido, STJ. 4ª T. REsp. 37931-6-RJ. Rel. Min. Fontes de Alencar. v.u., *DJU* 20.02.1995, Ementas STJ 16, 296, 146; STJ. 4ª T. REsp. 55884-0-RS. Rel. Min. Sálvio de Figueiredo. Julg. 12.12.1994, v.u., *DJU* 20.02.1995, p. 3193 e BolAASP 1897/45e.

própria denominada "pauliana" e, desde que provada a má-fé do adquirente, quando da hipótese de fraude contra credores. Já, ocorrendo a fraude de execução, essa que advém de uma ação judicial em andamento, ante o conhecimento da ocorrência de alienação, sua ineficácia poderá ser decretada nos próprios autos, sendo desnecessário o ajuizamento da respectiva ação pauliana, presumindo-se ainda a má-fé do adquirente.[36]

No tocante ao nosso momento da matéria, iniciada a execução e constatada a insolvência do devedor, cujos bens não foram encontrados, ou o foram em valor insuficiente e reconhecida pelo juiz a fraude à execução, declarará este a ineficácia das alienações ocorridas a partir da citação do devedor, já no pretérito processo de conhecimento.

Ainda, de acordo com o inciso IV do art. 792 do CPC, haverá a incidência da fraude à execução quando a lei assim o determinar, sendo caso exemplificativo aquele do art. 856, § 2º.

Insta destacar que, antes de declarar a fraude à execução, caberá ao magistrado intimar o terceiro adquirente, que, se quiser, poderá opor embargos de terceiro, no prazo de 15 (quinze) dias, tudo em respeito ao §4º do art. 792 do CPC.

Já, nos casuísmos que envolvem eventual desconsideração da personalidade jurídica, a fraude à execução verifica-se a partir da citação da parte cuja personalidade se pretende desconsiderar (§3º do art. 792 do CPC).

A necessidade de reprimir com severidade a fraude de execução levou o legislador a considerá-la ato atentatório à dignidade da justiça.

São tipificadas no art. 774 as condutas comissivas ou omissivas do executado consideradas atentatórias, i.e., quando ele:

I- frauda a execução;

II- se opõe de forma maliciosa à execução, empregando ardis e meios artificiosos;

III- dificulta ou embaraça a realização da penhora;

IV- resiste injustificadamente às ordens judiciais;

V- intimado, não indica ao magistrado quais são e onde estão os bens sujeitos à penhora e os respectivos valores, nem exibe

36. Tem a jurisprudência, de longos tempos, condicionado a alienação em fraude à execução, ao conhecimento real ou presumido de terceiro adquirente no que se refere à existência de ação real pendente sobre o objeto litigioso, visto o caráter obrigatório da inscrição das ações imobiliárias no Registro Público – Lei n. 6.015/73 – questão consolidada após a própria exigência da lei de que a penhora sobre bem imóvel também viesse a ter sua inscrição no registro competente – Lei n. 8.953/94.
Assim, tem-se que, sem o prévio assento no registro público de imóveis relativo à demanda pendente, a alienação de imóvel litigioso não será objetivamente havida como fraudulenta. STF. 1º T.. AI 96.838 – Ag. Rg, Rel. Min. Alfredo Buzaid. Julg. 20.03.1984, *RTJ* 111/690.

prova de sua propriedade e, se sendo o caso, a certidão negativa de ônus.

Em seguida, de maneira expressa, prevista está pelo parágrafo único do art. 774 a devida punição para tal conduta do executado, competindo ao magistrado a aplicação de multa de 20% (vinte por cento) do valor atualizado do débito em execução, sem prejuízo de outras sanções cabíveis, quer sejam elas de ordem material e/ou processual, atentando-se que o valor da multa será revertido em favor do exequente, exigível no âmbito nos próprios autos da execução.

5. COMPETÊNCIA

Como sabido, trata-se a competência do juízo, pois, de um pressuposto processual subjetivo e, por isso, também com aptidão abalizadora de um regular andamento da marcha processual, recebendo do legislador, como já observado em outro momento, relevante controle de sua correção pelo juízo, em quaisquer das fases ou graus de jurisdição, sobretudo naquelas competências de característica absoluta, como aquelas, dentre outras, relativas aos critérios funcionais e em razão da matéria.

Já desenvolvida com bastante atenção e rigor no Capítulo 8 da presente obra, pois que se trata de conteúdo de tamanha complexidade e, por vezes, dotado de discrepância entre a herança doutrinária por nós herdada e os contornos singulares da organização política e judiciária pátria, o CPC regulou a competência judicante apta para o desenvolvimento do Cumprimento da Sentença, procedimento esse realizável à satisfação de obrigações decorrentes de títulos executivos judiciais bem como no que toca ao Processo de Execução, este voltado à satisfação dos títulos executivos extrajudiciais inadimplidos, salvo, evidentemente, as competências especiais previstas em leis extravagantes.

5.1 COMPETÊNCIA PARA OS TÍTULOS JUDICIAIS (ART. 516)

Conforme sustenta o art. 516, o cumprimento da sentença será efetuado perante:

> *I - os tribunais, nas causas de sua competência originária;*
>
> *II - o juízo que decidiu a causa no primeiro grau de jurisdição;*
>
> *III - o juízo cível competente, quando se tratar de sentença penal condenatória, de sentença arbitral, de sentença estrangeira ou de acórdão proferido pelo Tribunal Marítimo.*
>
> *Parágrafo único. Nas hipóteses dos incisos II e III, o exequente poderá optar pelo juízo do atual domicílio do executado, pelo juízo do local onde se encontrem os bens sujeitos à execução ou pelo juízo do local onde deva ser executada a obrigação de fazer ou de não fazer, casos em que a remessa dos autos do processo será solicitada ao juízo de origem.*

Dos incisos I e II se extrai que a execução fundada em título judicial deverá ser processada perante o juízo no qual o título se formou, caracterizando-se, então, pelo critério funcional de competência.

Assim, no caso do inciso I, sendo a causa de competência originária dos Tribunais, como, por exemplo, a ação demandada pela União em face de um Estado federado brasileiro, que tem a sua propositura diretamente no STF (art. 102, I, *f*, da CF), será executada perante este mesmo tribunal superior.

No inciso II, temos que o juízo de primeiro grau será o competente para a atividade executiva, mesmo que a sentença por ele proferida tenha enfrentado recursos em esferas superiores.

Ainda que, em nível superior, tenha o tribunal reformado a decisão do juiz de primeiro grau, a competência para execução do título permanecerá com este último, ou seja, o magistrado em primeiro grau.

No inciso III, é de se entender que, quando o título executivo for sentença penal condenatória, sentença arbitral ou sentença estrangeira, a execução correrá perante o juízo cível competente (nota-se que, a despeito do presente inciso acostar "acórdão proferido pelo Tribunal Marítimo", este fora literalmente vetado pela Presidência da República como modalidade de título executivo judicial, como bem se depreende do inciso X do art. 515 do CPC, de modo que deve ser desconsiderado).

Importante frisar que, nesses casos bem como no que se refere à decisão interlocutória após a concessão do *exequatur* à carta rogatória pelo Superior Tribunal de Justiça, haverá execução autônoma, em que o devedor será citado para o cumprimento da sentença ou para a liquidação no prazo de 15 (quinze) dias e não simplesmente intimado (art. 515, §1º), no entanto nota-se que o procedimento desenvolvido será nas regras do Cumprimento da Sentença.

O parágrafo único do art. 515 do CPC alarga regra já prevista no CPC/1973: naquelas execuções que deveriam tramitar perante o juízo em que se processou a causa no primeiro grau de jurisdição (inciso II do art. 515) bem como nos títulos executivos judiciais indicados pelo inciso III do art. 515, o exequente poderá optar pelo atual domicílio do executado, pelo juízo do local onde se encontram bens sujeitos à expropriação[37] (verdadeira "execução itinerante") ou pelo juízo do local onde deva ser executada a obrigação de fazer ou de não

---

37. Importante análise de Greco Filho, ao se referir à possibilidade de que seja escolhido novo foro em caráter sucessivo, caso os bens, no primeiro foro para o qual o processo de execução foi deslocado, não forem suficientes para solver o débito. E diz: "Proposta a execução num foro diferente do da ação, este passa a ter a competência para tal, e o princípio da *perpetuatio jurisdictionis* nele concentra a competência para todas as providências executivas; se, porém, a execução esgotou-se naquele juízo porque os bens se exauriram, não vejo impedimento em que o credor requeira o prosseguimento da execução em novo foro em que outros bens que se encontrarem, do qual serão solicitados os autos do processo original. Tal fato pode acontecer, por exemplo, no caso de bens que são encontrados posteriormente em comarca distante." Ob. cit., p. 22.
De fato, a efetividade da execução deve ser a tônica na persecução pela satisfação do direito material já reconhecido.

fazer, casos em que a remessa dos autos do processo será solicitada ao juízo de origem. . Tem-se um abrandamento da competência funcional, concedendo o legislador opções ao credor.

Nesse caso, surgem, então, quatro foros competentes para a execução por título judicial comum: o do local em que correu o processo de conhecimento; aquele em que o executado tiver bens, o que pode facilitar a penhora, avaliação e expropriação, o local do domicílio atual do executado e o do local onde deva ser executada a obrigação de fazer ou de não fazer, o que pode facilitar as intimações necessárias.

A escolha deve ser feita pelo exequente e não pelo executado que, por isso, não pode apresentar exceção de incompetência diante da escolha de alguns dos três foros competentes.

Nesse raciocínio, o exequente deverá propor a execução diretamente no foro de sua opção. Se esse não coincidir com aquele em que correu o processo de conhecimento, será solicitada, pelo juízo da execução ao juízo de origem, a remessa dos autos do processo.

Isso pode trazer alguma dificuldade prática, porque cumprirá ao juízo da execução julgar eventual impugnação na qual se poderá alegar, por exemplo, falta ou nulidade de citação ou inexigibilidade do título, vícios que advêm do processo de conhecimento, este que correu em outro juízo. Haverá a possibilidade de um juízo declarar inexequível sentença proferida por outro. Isso, porém, é admitido em nosso ordenamento e mesmo na sistemática antiga já era possível, em embargos, reconhecer-se a falta de citação no processo de conhecimento *(querela nullitatis)* ou algum outro vício que pudesse tornar inexigível o título.

O fato de a lei ter atribuído opções ao exequente não significa que a competência para execução por título judicial seja relativa. Pelo contrário, será absoluta (critério funcional), dado que, se o exequente a propuser fora das opções que o ordenamento lhe autorizou, deverá o juiz se dar por incompetente de ofício e isso a qualquer tempo e grau de jurisdição (art. 771 c/c art. 64, §1º do CPC), visto tratar-se de conteúdo de ordem pública, consubstanciando-se de verdadeira objeção.[38]

5.2 COMPETÊNCIA PARA OS TÍTULOS EXTRAJUDICIAIS (ART. 781)

Conforme o art. 781, a execução fundada em título extrajudicial será processada perante o juízo competente, observando-se os seguintes termos:

38. Sobre o assunto, ver Capítulo 8.

> I- poderá ser proposta no foro de domicílio do executado, de eleição constante do título ou ainda de situação dos bens a ela sujeitos;
>
> II- tendo mais de um domicílio, o executado poderá ser demandado no foro de qualquer deles;
>
> III- sendo incerto ou desconhecido o domicílio do executado, a execução poderá ser proposta no lugar onde for encontrado ou no foro de domicílio do exequente;
>
> IV- havendo mais de um devedor, com diferentes domicílios, a execução será proposta no foro de qualquer deles, à escolha do exequente;
>
> V- a execução poderá ser proposta no foro do lugar em que se praticou o ato ou em que ocorreu o fato que deu origem ao título, mesmo que nele não mais resida o executado.

Assim, para a execução por título extrajudicial, será competente o foro do domicílio do executado, o foro eleito pelas partes para o cumprimento da obrigação objeto do título executivo extrajudicial, devendo aludido foro constar, expressamente, naquele do título executivo, ou ainda competente será o local da situação dos bens sujeitos à execução. (inciso I do art. 781). Caso o executado tenha mais de um domicílio, poderá o exequente demandá-lo no em qualquer daqueles foros (inciso II do art. 781).

Caso seja incerto ou desconhecido o domicílio do executado, poderá a execução ser proposta no lugar onde o mesmo for encontrado ou no próprio foro de domicílio do exequente (inciso III do art. 781).

De outro modo, havendo mais de um devedor, com diferentes domicílios, a execução será proposta no foro de qualquer deles, isso à escolha do exequente, conforme reza o inciso IV do art. 781.

Por derradeiro, estabelece o inciso V do art. 781 que a execução poderá ser proposta no foro do lugar em que se praticou o ato ou em que ocorreu o fato que deu origem ao título, mesmo que nele não mais resida o executado.

Importante se faz ressaltar que a competência para execução de título extrajudicial é de natureza relativa, podendo, por isso, ser modificada.[39]

No caso, a arguição de incompetência deverá ser alegada no bojo dos Embargos do Devedor (art. 917, V do CPC).

Por fim, cabe lembrar que no tocante à Execução Fiscal, é ela regulada pela Lei n. 6.830/80, Inicialmente, será competente para apreciar a execução fiscal o foro de domicílio do executado, sendo perfeitamente possível a aplicação subsidiária do art. 781 do CPC, no que couber, este que resolve uma série de

39. Súmula n.480 do STJ: "O juízo da recuperação judicial não é competente para decidir sobre a constrição de bens não abrangidos pelo plano de recuperação da empresa."

questões atinentes à própria dinâmica relativa ao foro do executado de um modo geral. No entanto, por força do disposto no art. 5º da Lei n. 6.830/80, o juízo será sempre absoluto e, assim, terá precedência sobre os demais, incluindo-se o juízo da falência, da concordata, da liquidação, da insolvência e do inventário.[40]

5.3 ATOS JUDICIAIS RELATIVOS À EXECUÇÃO

Cumpre aqui destacar alguns atos executivos que possibilitarão o cumprimento regular e mesmo satisfativo de determinada obrigação exigida, seja ela decorrente de títulos executivos judiciais ou extrajudiciais

Nisto, não dispondo a lei de modo diverso, caberá ao juiz determinará e ao oficial de justiça cumprir os seguintes atos executivos, devidamente elencados pelo art. 782:

> § 1º O oficial de justiça poderá cumprir os atos executivos determinados pelo juiz também nas comarcas contíguas, de fácil comunicação, e nas que se situem na mesma região metropolitana.
>
> § 2º Sempre que, para efetivar a execução, for necessário o emprego de força policial, o juiz a requisitará.
>
> § 3º A requerimento da parte, o juiz pode determinar a inclusão do nome do executado em cadastros de inadimplentes.[41]
>
> § 4º A inscrição será cancelada imediatamente se for efetuado o pagamento, se for garantida a execução ou se a execução for extinta por qualquer outro motivo.

Ainda, conforme sustenta o §5º do art,. 782, o que se encontra disposto nos §§ 3º e 4º supracitados aplica-se, igualmente, à execução definitiva de título judicial, entretanto, não vemos qualquer óbice quanto à aplicação dos demais parágrafos também à esta espécie de execução.

---

40. Súmula n.58 do STJ: "Proposta a execução fiscal, a posterior mudança de domicílio do executado não desloca a competência já fixada."

41. Sobre o assunto, merece aqui ser acostados dois Enunciados da I Jornada de Direito Processual Civil do Conselho da Justiça Federal (CJF):
Enunciado n.98 – "O art. 782, § 3º, do CPC não veda a possibilidade de o credor, ou mesmo o órgão de proteção ao crédito, fazer a inclusão extrajudicial do nome do executado em cadastros de inadimplentes."
Enunciado n.99 – "A inclusão do nome do executado em cadastros de inadimplentes poderá se dar na execução definitiva de título judicial ou extrajudicial. "

6. REQUISITOS NECESSÁRIOS PARA A EXECUÇÃO

6.1 INADIMPLEMENTO DO DEVEDOR

Em sentido estreito do vocabulário, dir-se-á que ocorreu inadimplemento[42] quando o devedor não cumprir a sua obrigação, voluntária ou involuntariamente.[43]

A importância da definição de inadimplente se faz no próprio interesse do credor, ou seja, para que o credor tenha interesse de agir, ao promover o cumprimento da sentença ou a execução de título executivo extrajudicial, necessário é que o devedor se tenha tornado inadimplente.

Atesta o art. 786 que a execução *"pode ser instaurada caso o devedor não satisfaça a obrigação certa, líquida e exigível consubstanciada em título executivo."*

Sempre que o devedor satisfizer a obrigação, não poderá o credor exigir-lhe o cumprimento, dada a carência de interesse processual e, ainda que iniciada a execução, com a satisfação da obrigação, não poderá ela prosseguir. Ressalta-se: sempre que houver satisfação parcial, só se poderá prosseguir no que toca ao conteúdo obrigacional remanescente.

Caso o cumprimento da obrigação pelo devedor não corresponder ao direito que tem o credor, pode esse recusá-la, propondo a execução ou mesmo, ainda que iniciada, prossegui-la conforme o art. 788.

Por outro lado, existindo prestações simultâneas ou recíprocas, não poderá um contratante exigir a prestação do outro, antes de ter cumprido a sua. Nesses termos, não se procederá à execução quando o devedor se propuser a cumprir a sua parte, empregando meios idôneos e o credor, sem justo motivo, recusar-se ao cumprimento da contraprestação também obrigada. Observa-se, dessa forma, a aplicação em nível processual da *exceptio non adimpleti contractus* (exceção de contrato não cumprido) inserida no art. 787 do CPC bem como regulada pelos arts. 476 e 477 do Código Civil, estando presente sempre nas obrigações crivadas de reciprocidade.

Poderá o devedor, no entanto, se exonerar da obrigação, depositando em juízo a prestação ou coisa, caso em que o juiz suspenderá a execução, não permitindo ao credor o recebimento da prestação sem que efetue a contraprestação que lhe tocar. Trata-se de tutela de proteção e mesmo resguardo ao executado, estando o bem à disposição nesses casos e mesmo funcionando como uma forma consignatória.

---

42. Sobre as considerações acerca dos inadimplementos absoluto e relativo (mora) e suas implicações, ver o nosso *Tutela Específica das Obrigações de Fazer*. 7 ed. Curitiba: Juruá, 2017, p. 78-79.

43. GOMES, Orlando. *Obrigações*. 11. ed. Rio de Janeiro: Forense, 1997, p.15; ALVIM, Agostinho. *Da Inexecução das Obrigações e suas conseqüências*. 4. ed. São Paulo: Saraiva, 1972, p. 39-51.

Ainda dentro do presente item, ponto importante é o realce quanto ao aspecto temporal no que toca ao inadimplemento em nível processual, pois que o momento da exigibilidade da obrigação produz efeitos também com relação aos juros da própria dívida. Nesse caso, observa-se que, ante a ausência de título executivo, o credor propõe uma ação de conhecimento e, caso procedente a demanda e, por conseguinte, condenando o devedor, este ficará constituído em mora com a citação válida (art. 240 do CPC), incidindo os juros a partir desse momento; por outro lado, estando o credor na posse de título executivo extrajudicial, os juros correm a partir do seu vencimento.

6.2 TÍTULO EXECUTIVO

a) Conceituação

Ao empreendermos conceituar título executivo, importante se faz levar em conta duas das correntes mais significativas que tentam enfrentar tal conteúdo, sendo elas a teoria documental, tendo à frente dentre outros, Carnelutti, Goldschmidt e Rosemberg bem como a teoria do ato, essa guiada por Liebman e Andrioli.[44]

Notadamente, entende a primeira teoria a relevância do aspecto documental na qualificação do título, visto ter o documento a virtude de comprovar o direito substantivo de forma incontestável. Por outro lado, a teoria do título executivo como ato sustenta ser o próprio título ato que legalmente concede a eficácia na aplicação da vontade sancionatória.

Observa João Mendes Júnior que é da tradição brasileira a predominância pela força executiva do ato ou negócio jurídico.[45]

É de se notar, no entanto, que, diante dos títulos executivos judiciais (art. 515) e extrajudiciais (art. 784) previstos no ordenamento processual pátrio, além daqueles previstos em legislação extravagante, temos a existência de uma variável opção da norma legal, essa que ora aponta para o reconhecimento executivo ao próprio documento em sua forma literal, p.ex., o cheque, a duplicata, a nota promissória, ora centraliza o caráter executivo ao negócio jurídico ou mesmo a obrigação, p.ex., crédito decorrente de foro e laudêmio.

Nesses termos, bastante razoável é considerar o título executivo como documento ou ato documentado constituído de obrigação à qual permite a lei a utilização direta por via executiva.

---

44. Sobre tais teorias, importante examinar, dentre outros, CARNELUTTI, Francesco. *Diritto e Processo*. Napole: Morano Editore, 1958, n. 194, p. 312; LIEBMAN, Enrico Tullio. *Processo de Execução*. São Paulo: Saraiva, 1963, n. 8, p. 16-18; CHIOVENDA, Giuseppe. *Instituições de Direito Processual Civil*. Trad. de J. Guimarães Menegale. Vol. I. São Paulo: Saraiva, 1969, p. 390 e segs.; BONSIGNORI, Angelo. *L'esecuzione forzata*.Turim: G.Giappichelii Editore, 1990, p. 50 e segs.; ASSIS, Araken. *Manual do Processo de Execução*. 7. ed. São Paulo: RT, 2006, n. 22, p. 139-141.

45. MENDES JÚNIOR, João. *Direito Judiciário brasileiro*. Rio de Janeiro: Freitas Bastos, 1918, p. 8.

Certo é que a existência do título executivo viabiliza o ajuizamento da atividade executiva, seja ela por meio do cumprimento da sentença ou por via de processo de execução autônomo. Disso quer dizer que, sem ele, não há como executar *(nulla executio sine titulo)*, visto ser o título, representação legal da certeza de existência do crédito, fundamental para que a invasão da esfera patrimonial do devedor seja lícita.

Importante lembrar que cabe somente ao legislador a atribuição de força executiva a determinado documento, não competindo àquele interessado no cumprimento de determinada obrigação fazê-lo.

b) Atributos da Obrigação no Título Executivo

Conforme expressa regra do art. 783 do CPC a "*execução para cobrança de crédito fundar-se-á sempre em título de obrigação certa, líquida e exigível.*"

Importante frisar que a certeza, a liquidez e a exigibilidade são atributos da obrigação contida no título e não propriamente do título, mesmo que se conceba sê-lo quer documento, quer ato, dado ser de natureza lógica que ditos atributos estão vinculados à própria obrigação, ou seja, vínculo jurídico estabelecido entre credor e devedor, permitindo ao primeiro o poder de exigir do segundo determinada prestação.

Temos como *certa* a obrigação quando, em face do título do credor, não se comportem dúvidas acerca de sua existência jurídica, isto é, à existência do crédito[46] legalmente reconhecido, seja ele decorrente de título executivo judicial ou extrajudicial.[47]

Em relação ao título executivo extrajudicial, vale lembrar que, a partir do momento em que o legislador atribuiu a determinado documento força executiva, passou ele a considerar que a obrigação contida naquele documento é dotada de certeza desde que preenchidos todos os requisitos formais.

A obrigação é considerada *líquida* quando o título revelar, com precisão, o objeto da obrigação (p.ex. quanto se deve, o que se deve), de modo a que, suficientemente, possa, de maneira clara e objetiva, determinar o seu *quantum* entendido como o valor e a natureza daquilo que se deve.

O parágrafo único do art. 786 esclarece bem que necessidade de simples operações aritméticas para apurar o crédito exequendo não retira a liquidez da obrigação constante do título, mantendo o CPC, portanto, nítida harmonia com o que o posicionamento jurisprudencial onde, de muito, já entende que a simples necessidade de operações aritméticas para se definir o *quantum de-*

46. "Crédito. Juridicamente, significa o direito que tem a pessoa de exigir de outra o cumprimento de obrigação contraída." SILVA, De Plácido e. *Vocabulário Jurídico*. 23. ed. Rio de Janeiro: Forense, 2003, p. 396.

47. Permanece viva a lição de Pontes de Miranda neste ponto: "A certeza que o juiz aprecia, é a da existência da obrigação diante do título (sentença ou título executivo), e não só dos pressupostos formais do título executivo." *Comentários ao Código de Processo Civil*. Vol. IX. Rio de Janeiro: Forense, 1974, p. 400-401.

beatur da obrigação não elimina a sua liquidez para a execução forçada (STJ. 4ª T. REsp. 11.373/MG. Rel. Min. Sálvio de Figueiredo Teixeira. Julg.. 18.12.1991, *DJU* de 09.03.1992, p. 2.585, RSTJ 34/346), ainda que o cálculo se faça com dados fora do título, logicamente, em fontes precisas, tais como correção monetária, cotações oficiais, etc. (STJ. 3ª T. REsp. 33.743/SP. Rel. Min. Eduardo Ribeiro. Julg. 23.11.1993, *DJU* de 07.02.1994, p. 1174, RSTJ 67/359).

Podem os títulos executivos judiciais ser ilíquidos. Nesse caso, antes do início da execução, necessário será promover a liquidação do débito por meio de procedimento próprio denominado "Liquidação de Sentença" (arts. 509 a 512); em sendo a sentença parte líquida, parte ilíquida, óbice não haverá para que o credor promova, simultaneamente, a execução daquela e a liquidação desta.

Já no que toca aos títulos executivos extrajudiciais, hão de conter eles sempre obrigações líquidas para manejar a devida via executiva, pois que, do contrário, caberá ao magistrado rejeitar liminarmente a execução, dada a ausência em nosso modelo legal, de procedimento de liquidação de título extrajudicial em virtude de obrigação originariamente ilíquida.

Nesse aspecto, detalhes merecedores de destaque são apontados por Araken de Assis, ainda que sob a égide do CPC/1973, mas que se mantêm vivos:

> "(...) liquidar-se-á a prestação pecuniária substitutiva da prestação originariamente prevista em título extrajudicial. Por exemplo: destruída a coisa, o art. 627, § 2º (*art. 809, §2º do CPC/2015*), manda apurar 'em liquidação o valor da coisa e os prejuízos'."

Ainda, continua o aludido autor,

> "(...) alguns temperamentos se impõem no que tange à determinação do objeto da prestação nos títulos extrajudiciais, (...) na execução para a entrega de coisa certa pressupõe-se individualização absoluta, mas a coisa 'incerta' se subordinará, sem pejo da liquidez parcial, a incidente de escolha (art. 629; *art. 811 do CPC/2015*). Também se tolerará a relativa indeterminação das prestações de fazer. O exequente indicará na petição inicial os pormenores faltantes. Configurado excesso na pretensão do exequente, o executado 'impugnará' a execução com supedâneo no art. 743, III, c/c art. 475-L,V (*art. 917, §2º, III c/c art. 525, §1º, V do CPC/2015*) E, por fim, nas prestações pecuniárias, a cláusula de escala móvel ou o acréscimo de juros não afetam a liquidez conforme decidiu a 1ª Turma do STF. O credor exibirá, por isso, juntamente com a inicial, memória de cálculo do seu alegado crédito (art. 614, II; *art. 798, I, b do CPC/2015*)."[48] (Grifos nossos).

Quanto à *exigibilidade*, diz respeito ao vencimento da dívida, por isso, deve a obrigação se mostrar exigível quando vencida. Assim, caso esteja ela sujeita, *ad*

---

48. *Cumprimento da Sentença*. Rio de Janeiro: Forense, 2006, n. 36.2, p. 97-98.

exemplum, a uma contraprestação (art. 787 do CPC), somente com a verificação da satisfação da aludida contraprestação é que o crédito terá se tornado exigível.

c) Modalidades de títulos executivos

- Títulos Executivos Judiciais (art. 515)

Nosso Código de Processo Civil enumera os títulos executivos judiciais e extrajudiciais nos arts. 515 e 784.

Vale lembrar que os primeiros serão satisfeitos via fase de "Cumprimento da Sentença", procedimento esse atrelado ao Processo de Cognição, não necessitando da formação de Processo de Execução autônomo. Já, quanto aos segundos, o dito Processo de Execução autônomo se faz necessário para a satisfação da obrigação neles inclusa.

Conforme o art. 515, os títulos executivos judiciais são assim dispostos:

a) *I - as decisões proferidas no processo civil que reconheçam a exigibilidade de obrigação de pagar quantia, de fazer, de não fazer ou de entregar coisa.*

Trata-se, respectivamente, de força executiva às sentenças que no mínimo reconheçam a existência de obrigações de fazer, não fazer, entregar coisa ou pagar quantia.

Desde a reforma edificada pela Lei n. 11.232/2005, objetivando a efetividade dos julgados, observa-se, inegavelmente, alargamento da força executiva das sentenças, indo, na verdade, para além dos conhecidos e tradicionais juízos condenatórios – títulos judiciais típicos – acolhendo posicionamentos doutrinários[49] e jurisprudenciais[50] anteriores à digitada lei, onde já se apontava para a razoável possibilidade de se reconhecer, em certas situações, a viabilidade de se instaurar a execução por quantia certa respaldada em sentença declaratória.

---

49. Já doutrinava ZAVASCKI, Teori Albino. Sentenças declaratórias, sentenças condenatórias e eficácia executiva dos julgados. In: *Revista de Processo*, 109/56 : "Não se procede a afirmação de que a sentença meramente declaratória jamais é título executivo; ela terá força executiva quando contiver certificação de todos os elementos de uma norma jurídica concreta, relativa à obrigação com as características acima referidas", ou seja, "obrigação líquida, certa e exigível, de entregar, ou de fazer, ou de não fazer, ou de pagar quantia em dinheiro, entre sujeitos determinados."

50. "1. No atual estágio do sistema do processo civil brasileiro não há como insistir no dogma de que as sentenças declaratórias jamais têm eficácia executiva. O art. 4º, parágrafo único do CPC considera 'admissível a ação declaratória ainda que ocorrido violação do direito', modificando, assim, o padrão clássico da tutela puramente declaratória, que a tinha como tipicamente preventiva, portanto, o Código dá ensejo a que a sentença declaratória possa fazer juízo completo a respeito da existência e do modo de ser da relação jurídica correta.
2. Tem eficácia executiva a sentença declaratória que traz definição integral da norma jurídica individualizada. Não há razão alguma, lógica ou jurídica, para submetê-la, antes da execução, a um segundo juízo de certificação, até porque a nova sentença não poderia chegar a resultado diferente da anterior, sob pena de comprometimento da garantia da coisa julgada, assegurada constitucionalmente." (STJ. 1ª T. REsp. 588.202/PR. Rel. Min. Teori Albino Zavascki. Julg. 10.02.2002, *DJU* de 25.02.2004, p. 123).

Estando a sentença meramente declaratória dotada dos elementos identificadores da obrigação, quer se dizer, definidos os sujeitos, a prestação, liquidez e exigibilidade, não é razoável negar a sua eficácia executiva, já que impor a uma nova cognição para o fito de se obter uma sentença que imponha somente a sanção executiva – posto que pelo respeito à coisa julgada anterior é preceito essencial, além de constitucional – é atentar contra a economia processual e efetividade das decisões.[51]

O CPC/2015, portanto, mantém as mesmas diretrizes supramencionadas.

Por outro lado, cabe pontuar aqui que o legislador não exige estar a sentença civil transitada em julgado para a sua execução. Nesse entendimento, conforme inteligência do art. 520, *caput*, é de se atentar para o fato de que, ante a existência de recurso pendente, será possível dar início à execução provisória se dito recurso não estiver dotado de efeito suspensivo.

b) *II - a decisão homologatória de autocomposição judicial.*

Notadamente, tanto a conciliação quanto a mediação ou mesma a transação resolvem o mérito de acordo com os ditames dos arts. 334, §11 e 487, III, *b* do CPC, formando título executivo judicial desde que obriguem qualquer das partes a dar, fazer, não fazer, ou pagar.

O §2º do art. 515 contempla, de forma permissiva, o que já vinha de muito sendo reconhecido pelos tribunais, encontrando norte também na doutrina, que é a possibilidade de a autocomposição judicial envolver sujeito estranho ao processo e versar sobre relação jurídica que não tenha sido deduzida em juízo neste último caso já deveras reconhecida pelo CPC/1973.

c) *III - a decisão homologatória de autocomposição extrajudicial de qualquer natureza.*

Expressa-se aqui ato judicial homologatório de autocomposição extrajudicial, ou seja, a possibilidade de o juiz homologar qualquer acordo extrajudicial, respeitados os requisitos de validade dos negócios jurídicos em geral, adquirindo o acordo, então, força executiva.

Como observação, entendemos que o pedido de homologação do acordo, antes de o mesmo adquirir *status* de título executivo judicial, deverá ser processado como procedimento de jurisdição voluntária (art. 719 do CPC).

Por fim, cabe ressaltar que a Lei n. 9.099/95 (Juizados Especiais Cíveis Estaduais), no art. 57, já autorizava a homologação de acordos extrajudiciais, o que também vinha a ser aplicado mesmo fora dos limites dos próprios Juizados Especiais.

d) *IV - o formal e a certidão de partilha, exclusivamente em relação ao inventariante, aos herdeiros e aos sucessores a título singular ou universal.*

---

51. No mesmo sentido, dentre outros, CARNEIRO, Athos Gusmão. Do "cumprimento da sentença", conforme a Lei n. 11.232/2005. Parcial Retorno ao medievalismo? Por que não? In: RENAULT, Sérgio; BOTTINI, Pierpaolo (Coord.). *A Nova Execução de Títulos Judiciais*. São Paulo: Saraiva, 2006, p. 42.

Trata-se o formal de partilha, de documento extraído do inventário com as devidas formalidades contidas no art. 655 do CPC,[52] assegurando assim a transmissão da herança.

De acordo com o parágrafo único do aludido art. 655, poderá o formal de partilha ser substituído por certidão do pagamento do quinhão hereditário quando este não exceder 5 (cinco) vezes o salário mínimo, caso em que se transcreverá nela a sentença de partilha transitada em julgado.

Convém ressaltar que tanto o formal quanto a certidão só têm força de título executivo judicial em relação às pessoas mencionadas (inventariante, aos herdeiros e aos sucessores a título singular ou universal) e, portanto, o beneficiado pelo formal ou certidão poderá, inegavelmente, pleitear execução para receber o bem.

Dito isso, caso determinado bem herdado estiver com terceiro, o titular do formal ou certidão não poderá promover a execução senão depois de passar pelo processo de cognição, a fim de obter a condenação do terceiro à entrega do digitado bem.

e) *V - o crédito de auxiliar da justiça, quando as custas, emolumentos ou honorários tiverem sido aprovados por decisão judicial.*

Com o presente inciso, vem o CPC/2015 assentar em seu devido lugar aquilo que o CPC/1973 arrolava de forma equivocada como título executivo extrajudicial.

Aliás, ainda sob a égide do Código Buzaid já afirmávamos sobre este assunto que

> a despeito de expressar formalmente que os aludidos créditos têm aprovação judicial, serão considerados títulos executivos extrajudiciais e, portanto, não serão executados no mesmo juízo que os aprovou, devendo o credor valer-se de processo autônomo de Execução.
>
> A bem da verdade, se tais créditos são aprovados por sentença judicial, razão não há para deixar de submetê-los ao regramento do cumprimento de sentença constante do art. 475-I e segs.[53]

Pois bem. Agora se tem como em seu devido lugar, isto é, constituindo título executivo de natureza judicial, o crédito de auxiliar da justiça, quando as custas, emolumentos ou honorários tiverem sido aprovados por decisão judicial.

---

52. *"Art. 655. Transitada em julgado a sentença mencionada no art. 654, receberá o herdeiro os bens que lhe tocarem e um formal de partilha, do qual constarão as seguintes peças:*
I - termo de inventariante e título de herdeiros;
II - avaliação dos bens que constituíram o quinhão do herdeiro;
III - pagamento do quinhão hereditário;
IV - quitação dos impostos;
V - sentença."

53. GAIO JÚNIOR, Antônio Pereira. *Instituições de Direito Processual Civil.* 2 ed. Belo Horizonte: Del Rey, 2013, p. 474.

f) *VI - a sentença penal condenatória transitada em julgado.*

A despeito da separação entre as justiças civil e penal – Código Civil, art. 935, 1ª parte – o CPC, dirimindo dissídio doutrinário[54] e jurisprudencial[55] elevou, expressamente, a sentença penal condenatória à condição de título executivo judicial, sendo assim, desde o advento do art. 63 do Código de Processo Penal, passando pela revogação do art. 584, II, e sendo estabilizado pelo art. 475-N, II do CPC/1973 e hoje, reprisado pelo CPC/2015, mais precisamente em seu art. 515, VI.

Trata-se de título executivo judicial que, pela ausência de prévio processo cível de conhecimento, não poderá ser a sentença executada nos autos em que foi proferida, sendo, por isso, uma das exceções ao sistema, relacionado ao binômio satisfativo "processo de conhecimento + cumprimento da sentença".

Na verdade, ter-se-á a necessidade de uma vez transitado em julgado a sentença penal condenatória, a vítima instaurar, preliminarmente, e com a citação do condenado (art. 515, §1º), o devido procedimento de liquidação (art. 509 e ss.) – em regra pelo procedimento comum, no juízo cível – a fim de apurar o *quantum* indenizatório, não se olvidando de observar as normas específicas reguladas pelo Código Civil (arts. 944 a 954) também relativas à liquidação de obrigações resultantes de atos ilícitos.

Notadamente, após a apuração do valor indenizatório, será promovida[56] a execução civil face ao condenado na esfera penal, tendo como procedimento expropriatório as regras do cumprimento da sentença (art. 513 e ss.).

Por força do princípio da presunção de inocência, a sentença criminal condenatória não poderá produzir efeitos, ainda que civis, enquanto não houver o trânsito em julgado da sentença penal, por isso, não havendo execução provisória em tal espécie.

Reconhece-se a possibilidade de que atos específicos na esfera penal produzam efeitos em âmbito civil. Nisso, havendo sentença criminal, transitada em julgado, não mais se pode discutir a culpa do agente, sendo que desse fato resultar dano para a vítima, necessidade não haverá de ingressar com respectiva ação de cognição, visto a condenação criminal impedir a rediscussão do *an debeatur.*

É complexa a eficácia executiva da sentença penal condenatória se correlata a pretensões de ordem cível, possibilitando, a bem da verdade, uma série

---

54. Ver, por todos, ROCHA, José de Moura. Observações sobre o art. 584, II, do CPC. In: *Revista Brasileira de Direito Processual*. Vol. 10. Uberaba: Vitória, 1977 p. 129; GRECO FILHO, Vicente. *Direito Processual Civil brasileiro*. Vol. 3...., p. 28; MOREIRA, José Carlos Barbosa. A sentença penal como título executório civil. In: *Revista de Direito Penal*. Vol. 97. São Paulo: Borsói, 1971, n. 6, p. 47; ASSIS, Araken. *Cumprimento da Sentença*. Rio de Janeiro: Forense, 2006, p. 206.

55. STJ. 2ª T. REsp. n. 975-RJ. Rel. Min. Vicente Cernicchiaro. Julg. 07.02.1990, RJSTJ, 7/400.

56. São legitimados para promover a execução civil da sentença penal condenatória "*o ofendido, seu representante legal ou seus herdeiros*" (art. 68 do CPP). De outro modo, sendo pobre o credor, poderá o Ministério Público, a requerimento do interessado, promover a execução como substituto processual (art. 68 do CPP e art. 778,§1º, II do CPC).

de consequências processuais, algumas de difícil solução. É o caso, p.ex., de um atropelamento, podendo esse ensejar a propositura de uma ação civil, impetrada pela vítima e de uma ação penal, ajuizada pelo Ministério Público. Em ambas, será réu o motorista atropelante. Na ação civil de reparação de danos, pretende a vítima obter título executivo judicial, hábil a ensejar a satisfação do direito por meio da via do cumprimento da sentença que permita a ela ressarcir-se. Pode ocorrer, no entanto, que, no desenvolvimento da ação civil, sobrevenha sentença penal condenando o motorista atropelante, tendo esta transitada em julgado.

Nesse caso, a vítima já terá título executivo judicial, devendo, então, o processo cível ser extinto sem resolução de mérito por falta de interesse processual superveniente. Sendo a falta de interesse superveniente, a verba de sucumbência deverá ser carreada ao réu, que foi quem deu causa à instauração da ação civil ainda que tenha havido extinção sem resolução de mérito. Fundamenta-se dita extinção no fato de que a vítima já obteve, por meio da sentença penal condenatória, o que se pretendia por via do processo de cognição.

Ainda no caso supracitado, resta a possibilidade de o feito prosseguir se, já em fase adiantada, puder ele ser utilizado para a fixação do *quantum debeatur*, tornando desnecessária futura liquidação, inexorável, como dito alhures, nas execuções civis de sentenças penais condenatórias.

Nesses termos, ocorrendo o trânsito em julgado de sentença penal condenatória no decorrer de ação civil de reparação de danos ainda em curso, caberá ao magistrado extinguir o processo de conhecimento, ou determinar o seu prosseguimento apenas no intuito de se apurar do valor do débito.

Outro problema que insurge nessa relação penal e cível é aquele relativo à possibilidade de conflito entre as sentenças civil e criminal, ambas transitadas em julgado.

Assim, ainda que fazendo uso do exemplo supramencionado, sendo o motorista atropelante absolvido em âmbito penal por falta de provas e condenado no cível, inexistirá conflito entre ambos os julgados. Sendo, no entanto, a demanda civil julgada improcedente, com o devido trânsito em julgado e, mais tarde, proferida for sentença penal condenatória, condenando o aludido motorista atropelante, vindo esta, de igual modo, a transitar em julgado, a incompatibilidade restará induvidosa visto que o próprio título executivo foi então alcançado com a sentença penal condenatória.

É de se indagar nesse contexto, a possibilidade de execução da sentença penal condenatória proferida contra o atropelante se já houve sentença civil de improcedência.

Alguns autores[57] dão como afirmativa a resposta para tal indagação, sustentando ser a sentença penal condenatória, *de per si*, o bastante para ensejar

57. Dentre outros, THEODORO JR., Humberto. *Processo de execução*. Leud, 1986; TEIXEIRA, Sálvio de Figueiredo. *Código de Processo Civil anotado*. 6. ed. São Paulo: Saraiva, 1996, p. 404.

a execução. Não há, todavia, razão para que, na jurisdição civil, prevaleça a posterior condenação criminal.

A execução civil da sentença penal condenatória encontrará óbice na autoridade da coisa julgada que reveste a sentença civil de improcedência, cabendo tão somente ao lesado, caso desejar, impetrar a devida ação rescisória dessa sentença, respaldado nos requisitos exigidos pelo art. 966 do CPC bem como o prazo de 2 (dois) anos.

Vale destacar que a sentença penal condenatória só poderá ser manejada em face de quem foi condenado. Como já aludido, quando do tópico relativo à legitimidade passiva da via executiva, *v.g.*, condenado o empregado, não há como executar o empregador.

g) *VII - a sentença arbitral.*

O CPC reconhece na sentença arbitral verdadeiro título executivo judicial, a despeito de não ser ela proferida por juiz togado, mas, sim, por árbitro privado, um particular.

Trata-se de título executivo judicial que também se ausenta de prévio processo cível de conhecimento, sendo, por isso, igualmente às sentenças penais condenatórias, uma das exceções ao sistema inaugurado pela Lei n. 11.232/2005 e acompanhado pelo CPC/2015, exceção essa relativa à composição do binômio satisfativo *processo de conhecimento + cumprimento da sentença.*

Dessa forma, dito título será executado em processo próprio, sendo este regrado pelo procedimento do "Cumprimento da Sentença", mas com a devida citação do inadimplente da obrigação constante da sentença arbitral (art. 515, §1º).

A Arbitragem no Brasil é regulada pela Lei n. 9.307/96, esta que, expressamente, revogou os arts. 1.072 a 1.102 do CPC/1973.[58]

Trata-se também de meio propício à solução de conflitos onde, de maneira voluntária, contratantes submetem seu litígio, desde que verse sobre direitos patrimoniais disponíveis à decisão de um terceiro (árbitro) por eles escolhido, objetivando, com isso, a resilição do conflito fora do ambiente jurisdicional.

Embora muito se discuta sobre o caráter jurisdicional da Arbitragem, fato é que, a despeito de quaisquer juízos de valor, o Supremo Tribunal Federal já reconheceu a constitucionalidade da mesma como meio apto à satisfação dos direitos patrimoniais disponíveis, bem como a desnecessidade de que a sentença arbitral seja homologada em juízo para operar no mundo dos fatos. No entanto, ante o descumprimento daquele obrigado a cumprir a devida sentença arbitral, alternativa não há senão executá-la, aí sim, pois com o apoio jurisdicional, este alicerçado com base no reconhecimento da sentença arbitral como título executivo judicial, autorizando, com isso, a execução da obrigação inclusa naquele título, pois que exigirá, caso necessário, atos de coerção.

---

58. Cf. GAIO JÚNIOR, Antônio Pereira. *Teoria Geral da Arbitragem*. Curitiba: Juruá, 2016.

Dentro do contexto da Arbitragem, importante se faz observar conteúdos relevantes no âmbito da Lei n. 9.307/96, que a qualificam como importante instrumento de pacificação social pautado na autonomia da vontade "particular" das partes, tais como: o legítimo exercício desta autonomia (art. 1º); por imposição legal e sob pena de nulidade, estão inseridos no contexto procedimental da mesma, as garantias do devido processo legal, tais como o contraditório, a ampla defesa, imparcialidade do julgador (arts. 20 e 21, § 2º, 26, II, 32); fiscalização do judiciário acerca do cumprimento de tais garantias (art. 33); os atos decorrentes da arbitragem que, necessariamente, exijam o emprego de força coativa, serão exercidos pelo próprio Poder Judiciário por meio do magistrado competente.

h) *VIII - a sentença estrangeira homologada pelo Superior Tribunal de Justiça,*

Conforme o art. 961, a decisão estrangeira somente terá eficácia no Brasil após a homologação de sentença estrangeira ou a concessão do *exequatur* às cartas rogatórias, salvo disposição em sentido contrário de lei ou tratado.

A partir da Emenda Constitucional (EC) n. 45, a atribuição para homologar sentença estrangeira passou a ser do Superior Tribunal de Justiça, retirando do Supremo Tribunal Federal tal função; sendo de competência dos juízes federais de primeiro grau de jurisdição processar a execução em tais hipóteses conforme expressa o art. 109, X, da Constituição Federal de 1988.

Pelo acima dito, trata-se, portanto, o presente título executivo judicial, de sentença estrangeira que venha, pela homologação, adquirir eficácia executiva em território pátrio.

Será ele executado em processo próprio, sendo este regrado pelo procedimento do "Cumprimento da Sentença", mas com a devida citação do obrigado constante da sentença estrangeira (art. 515,§1º).

A ratificar novamente: Sem a homologação, carecerá a sentença de eficácia no território brasileiro e a mesma, sendo homologada, deverá ser a execução dela ajuizada perante a Justiça Federal, subsidiada pela competência regulada no CPC.

Observação:

Quanto aos títulos executivos extrajudiciais estrangeiros, esses não necessitam de prévia homologação. Para terem a devida eficácia em território pátrio, devem satisfazer os requisitos para a sua formação exigidos pela legislação do local de sua celebração e ainda indicando o Brasil como lugar do cumprimento da obrigação (art. 784, §§ 2º e 3º do CPC). Nesse caso, a competência para a execução não será da Justiça Federal, mas daquela decorrente das regras gerais de competência comum do CPC.[59]

---

59. GRECO FILHO, Vicente. Ob. cit., p. 31.

i) *IX - a decisão interlocutória estrangeira, após a concessão do exequatur à carta rogatória pelo Superior Tribunal de Justiça.*

Como novidade no texto processual civil pátrio, a decisão interlocutória estrangeira, após a concessão do *exequatur* à carta rogatória pelo Superior Tribunal de Justiça.

Assim, uma vez homologada, far-se-á a execução do mesmo modo previsto para as decisões nacionais, tramitando a mesma perante a Justiça Federal de 1º grau, conforme o art. 109, X da CF/88 e art. 965 do CPC.

Importante se faz ressaltar aqui que, em determinados casos, notadamente, previstos em tratados internacionais, dispensada é a homologação pelo STJ para que a decisão estrangeira possa produzir seus efeitos e ser efetivada em solo pátrio (art. 962, §4º do CPC). Têm-se como exemplos de tal hipótese, as decisões estrangeiras relativas a alimentos sob o manto do Decreto Legislativo 10/1958 (Convenção de Nova Iorque sobre Prestação de Alimentos no Estrangeiro) bem como as decisões acerca de Tutela de Urgência em sede de Mercosul, decreto n. 2.626/1988 (Protocolo de Ouro Preto).

Observação:

Existem outros títulos executivos judiciais, ainda que não arrolados nas hipóteses do art. 515.

Dentre eles, um exemplo é aquele decorrente da Ação Monitória (art. 700 e ss. do CPC) onde, da expedição do mandado de pagamento ou da entrega da coisa ou para obrigação de fazer ou não fazer, caso o réu não ofereça embargos, ou lhe sendo oferecidos, forem os mesmos rejeitados, constituir-se-á, de pleno direito, em título executivo judicial em favor do autor da demanda, convertendo-se o mandado inicial em mandado executivo, correndo a satisfação do direito nos mesmos autos por meio do procedimento incidental do Cumprimento da Sentença (art. 513 e ss. do CPC).

- Títulos Executivos Extrajudiciais (art. 784)

Os títulos executivos extrajudiciais estão enumerados no art. 784 do CPC. São eles:

a) *I - a letra de câmbio, a nota promissória, a duplicata, a debênture e o cheque.*

Possuem os títulos cambiais características próprias que, verdadeiramente, os diferenciam dos demais títulos extrajudiciais.

Dentre tais características poderíamos destacar a *literalidade*, o *formalismo*, a *autonomia*, a *abstração* e a *circulação.*

Diz-se que o título de crédito é *literal*, valendo somente o que nele está escrito, não sendo lícito, pois, alegar circunstância não escrita. Uma consequência da literalidade é que somente o credor designado no título é que está legitimado a promover a execução e poderá fazê-lo apenas em face dos que se obrigaram no próprio título.

Já a característica do *formalismo* do título de crédito está na ideia de que no seu bojo devem constar os dados obrigatórios previstos em lei, como denominação, identificação das partes, valor devido, época e lugar do pagamento, dentre outros.

A *autonomia* é a desvinculação da causa do título em relação a todo o universo dos coobrigados, tendo a *abstração* a compreensão de que o próprio título está desvinculado da causa da obrigação.

É bem verdade que toda a teoria dos títulos de crédito foi constituída em função da *circulação* como meio facilitador à realização de negócios.

A fim de apenas ilustrarmos de modo objetivo e esclarecedor tal inciso do art. 784, pois que este é o vetor de nossa obra, seguem abaixo os devidos conceitos de cada um dos títulos constantes no presente dispositivo:

1) Letra de câmbio: é uma ordem de pagamento em que alguém chamado sacador (credor) se dirige a outrem denominado sacado (devedor) para pagar a terceiro (beneficiário da ordem). Em outros termos, é a ordem dirigida ao devedor para que pague a dívida em favor de terceiro.

2) Nota promissória: é promessa de pagamento emitida pelo próprio devedor em favor do credor.

3) Cheque: é uma ordem de pagamento a vista em favor do credor emitido por uma pessoa (devedor) contra uma instituição bancária. O cheque e a nota promissória independem de protesto. O protesto será necessário apenas para tornar a promissória exigível perante aos endossadores e respectivos avalistas.

4) Debênture: é título de crédito emitido por sociedade anônima a fim de obter empréstimos junto ao público, expandindo seu capital. Goza de privilégio geral em caso de falência. Cada debênture é título executivo pelo valor que indica, dando oportunidade para a execução por quantia certa.

5) Duplicata: trata-se de título de crédito emitido em favor do vendedor ou prestador de serviço contra o adquirente da mercadoria ou do serviço, sendo circulável via endosso. O *endosso* é uma forma de transmissão dos títulos de crédito, quando o proprietário do título faz o endosso, lançando sua assinatura no verso do documento.

A duplicata precisa ser *aceita* pelo sacado para ter força executiva. Se não for aceita, deve estar protestada e acompanhada do comprovante de entrega da mercadoria. A *apresentação* é o ato de submeter uma ordem de pagamento ao reconhecimento do sacado. Pode significar também o ato de exigir o pagamento. A duplicata não terá força executiva se houver a recusa do aceite pelos meios e nas condições legais.

A duplicata só é título executivo se aceita. O *aceite* é o reconhecimento da validade da ordem, mediante a assinatura do sacado que passa então a ser o aceitante. Caso não seja aceita, ela só terá força executiva se acompanhada do instrumento de protesto do comprovante de entrega da mercadoria ou da prestação do serviço e se o sacado não houver recusado o aceite na forma como lhe é facultado na Lei das Duplicatas, Lei n. 5.474/68, em seus arts. 7º, 8º e 15, II, "c", cabendo aqui lembrar que o *protesto* é a apresentação pública do título ao devedor para o aceite ou para o pagamento.

Frise-se aqui que pode a duplicata ser remetida ao sacado para fins de aceite se este não a devolver. Nesse caso, proceder-se-á ao protesto por falta de devolução, quando a devida certidão, acompanhada dos documentos acima aludidos, possibilitará a respectiva execução.

No caso de perda ou extravio da duplicata, é autorizado ao vendedor ou prestador de serviço a emissão da triplicata, submetendo-se esta ao regime da duplicata, sobretudo no que se refere à sua eficácia executiva conforme o art. 23 da Lei n. 5.474/68.

b) *II - a escritura pública ou outro documento público assinado pelo devedor.*

Trata-se aqui da eficácia executiva conferida à escritura pública bem como a outros documentos públicos devidamente assinados pelo devedor.

Em verdade, documentos públicos são aqueles elaborados por titulares de serviços de notas e de registros, como se observa no caso dos tabeliães, notários, oficiais de registros, por exemplo, consubstanciando em atos solenes e dotados de fé pública[60], fazendo prova, portanto, do conteúdo por ele avençado, conforme bem expressa o art. 405 do CPC, *in verbis*:

"*O documento público faz prova não só da sua formação, mas também dos fatos que o escrivão, o chefe de secretaria, o tabelião ou o servidor declarar que ocorreram em sua presença.*"

Destaca-se ainda que se faz desnecessária qualquer outra formalidade para sua eficácia executiva tais como a assinatura de duas testemunhas ou de advogados.[61]

c) *III - o documento particular assinado pelo devedor e por 2 (duas) testemunhas.*

Na mesma linha do que já prescrevia o CPC/1973, o CPC/2015 mantém como de forma executiva extrajudicial o documento particular assinado pelo devedor e por 2 (duas) testemunhas, não se exigindo, inclusive, qualquer reconhecimento de firma das mesmas.

Ainda com relação às testemunhas, reconhece o Superior Tribunal de Justiça[62] a desnecessidade de as mesmas estarem presentes ao ato de formação do documento, podendo, assim, assiná-lo a p*osteriori*.

---

60. "(...) documento produzido por autoridade, ou em sua presença, com a respectiva chancela, desde que tenha competência para tanto".(STJ. 5ºT. REsp 599.634/MA. Rel. Min. Arnaldo Esteves Lima. Julg. 07.11.2006, *DJ* 27.11.2006).

61. No mesmo sentido, WAMBIER, Teresa Arruda Alvim *et ali*. *Primeiros Comentários ao Novo Código de Processo Civil. Artigo por Artigo*. São Paulo: RT, 2015, p.1.129.

62. STJ. 4ºT.REsp. 541.267/RJ. Rel. Min.Jorge Scartezzini. Julg.20.09.2005, *DJ* 17.10.2005.

d) *IV - o instrumento de transação referendado pelo Ministério Público, pela Defensoria Pública, pela Advocacia Pública, pelos advogados dos transatores ou por conciliador ou mediador credenciado por tribunal.*

Como se nota, considera-se como título executivo extrajudicial o instrumento de transação referendado pelo Ministério Público, pela Defensoria Pública, pela Advocacia Pública, pelos Advogados dos transatores e ainda pelo conciliador ou mediador cadastrado em respectivo tribunal (art. 167 do CPC).

Ressalta-se que os advogados devem possuir poderes para tanto.

No caso do conciliador ou mediador, qualquer deles, conforme acima referido, deve estar devidamente cadastrado em tribunal, concedendo assim força executiva ao título em tela.

Caso o instrumento venha a ser homologado em juízo, estaremos diante de um título executivo judicial, *ex vi* do inciso III do art. 487 do CPC.

e) *V - o contrato garantido por hipoteca, penhor, anticrese ou outro direito real de garantia e aquele garantido por caução.*

O presente título executivo extrajudicial refere-se, a *priori*, aos direitos reais de garantia.

Desde a reforma operada pela Lei n. 11.382/2006, que bem andou ao modificar a redação de dispositivo equivalente a este no corpo do CPC/1973, onde, em modelo anterior, ao invés de se referir aos "contratos de hipoteca...", de forma exata, fez colocar o próprio contrato como título e não a garantia em si, visto que o que se executa é o contrato (título) e não aquela.

O CPC/2015 vai corretamente no mesmo sentido.

Vale lembrar que o Código Civil, ao tratar dos direitos reais de garantia, emprega a expressão "penhor de direitos e títulos de crédito" (art. 1.451 e ss.) e não mais o termo "caução".

f) *VI - o contrato de seguro de vida em caso de morte.*

Manteve o legislador do novel CPC como título executivo extrajudicial o seguro de vida.

É de se argumentar que, inerente ao contrato de acidente é o risco de morte, não podendo ser colocado de lado nesse âmbito, até pelo fato de que as apólices de seguro oferecem segurança necessária para fins de execução. Nesse sentido, aliás, observava com feliz assertiva Theodoro Jr., ao notar, ainda sob o manto do CPC/1973 que

> após a supressão efetuada pela Lei n. 11.382, de 06.12.2006, continua, a meu ver, o beneficiário do seguro de acidente cujo sinistro acarretou a morte do segurado com o direito de exigir o pagamento da respectiva indenização por via de execução forçada.[63]

---

63. THEODORO JR., Humberto. *A Reforma da Execução do Título Extrajudicial.* Rio de Janeiro: Forense, 2007, n. 6.2, p. 19.

De fato, o contrato de seguro de vida tem a qualidade de título executivo extrajudicial, conforme explicitamente assegura o inciso VI do art. 784. No entanto, o contrato de seguro contra acidentes pessoais e demais outros eventos, pode se caracterizar como título executivo extrajudicial, mas sob a inteligência dos incisos II e III do art. 784 do CPC.[64]

g) *VII – o crédito decorrente de foro e laudêmio.*

O presente inciso constitui como título executivo o crédito decorrente de foro e laudêmio, figuras decorrentes da enfiteuse (art. 678 e segs. do Código Civil de 1916), instituto esse que restou expressamente proibido pelo Código Civil de 2002 (art. 2.038, *caput*).

Vale aqui pontuar seus conceitos.

Foro é a verba anual que o enfiteuta paga ao senhorio direto (proprietário) como contrapartida pelo domínio útil do imóvel (art. 678 do revogado Código Civil de 1916); laudêmio é quantia a ser paga ao senhorio direto toda vez que o domínio útil for transferido por venda ou dação em pagamento (art. 686 do revogado Código Civil de 1916).

Assim, dada a proibição do Código Civil de 2002 (art. 2.038, *caput*) às novas enfiteuses, os créditos decorrentes de foro ou laudêmio permanecem como títulos executivos nas enfiteuses e subenfiteuses ainda existentes, até a sua completa extinção, regulando-se, entretanto, pelas disposições do Código Civil de 1916, arts. 678 a 694.

h) *VIII – o crédito, documentalmente comprovado, decorrente de aluguel de imóvel, bem como de encargos acessórios, tais como taxas e despesas de condomínio.*

Tem força de título executivo extrajudicial o contrato escrito de locação, sendo o que aponta o presente inciso; por isso, estando o locador na posse de contrato escrito, não necessitará valer-se do processo de conhecimento com o intuito de se obter eficácia executiva de seu crédito, bastando-lhe para tal, desde logo, ajuizar a respectiva execução.

Assim, é de clareza que o texto do presente inciso aponta como título executivo extrajudicial o crédito decorrente de aluguel de imóvel "*bem como de encargos acessórios, tais como taxas e despesas de condomínio.*"

Firme, por isso, a assertiva de que os encargos de condomínio se revestem de força executiva em virtude de sua qualidade de acessório do aluguel. É, portanto, o contrato de aluguel que, sendo a obrigação principal, atua, atraindo os encargos acessórios para o seu regime de cobrança executiva.

i) *IX– a certidão de dívida ativa da Fazenda Pública da União, dos Estados, do Distrito Federal e dos Municípios, correspondente aos créditos inscritos na forma da lei.*

---

64. No mesmo sentido, MARINONI, Luiz Guilherme; ARENHART, Sérgio Cruz; MITIDIERO, Daniel. Ob. cit., p.747.

Conforme entendimento do art. 2º da Lei n. 6.830/80, essa que regula a denominada Execução Fiscal, considera-se dívida ativa da Fazenda Pública qualquer valor cuja cobrança seja atribuída, por lei, à União, aos Estados, ao Distrito Federal, aos Municípios ou às suas autarquias, independentemente de se tratar de dívida tributária ou não.[65]

Cabe ressaltar que é a inscrição de dívida ativa ato unilateral da Fazenda Pública, sendo precedida do devido procedimento administrativo, com o respeito à garantia constitucional efetiva e inquestionável do contraditório ao administrado (art. 5º, LV, da CF), tendo previsão nos arts. 201 a 204 do Código Tributário Nacional.

Daí a certidão de dívida ativa será título hábil a ser satisfeito por meio do exercício de um processo de execução especial denominado Execução Fiscal.

j) *X - o crédito referente às contribuições ordinárias ou extraordinárias de condomínio edilício,[66] previstas na respectiva convenção ou aprovadas em assembleia geral, desde que documentalmente comprovadas.*

Insta aqui destacar que no regime do CPC/1973 a cobrança ao condômino por quaisquer quantias devidas ao condomínio poderia ser realizada mediante o processo de conhecimento em seu rito sumário (art. 275, II, *b*).

Passa agora o CPC/2015 a ter como titulo executivo extrajudicial o crédito referente às contribuições ordinárias ou extraordinárias de condomínio edilício, previstas na respectiva convenção ou aprovadas em assembleia geral, desde que documentalmente comprovadas.

Isto posto, trata-se de título oponível contra quem ocupa o bem imóvel, portanto, qualquer possuidor, seja ele proprietário, locatário, comodatário etc.

k) *XI - a certidão expedida por serventia notarial ou de registro relativa a valores de emolumentos e demais despesas devidas pelos atos por ela praticados, fixados nas tabelas estabelecidas em lei.*

É cediço que a atividade notarial é de índole publica, sendo os atos praticados pelos notários cravados de presunção de veracidade e legitimidade, *ex vi* do art. 3º da Lei n. 8.935/1994.

Daí que optou o legislador por reconhecer como título executivo extrajudicial a certidão expedida por serventia notarial ou de registro relativa a valores de emolumentos e demais despesas devidas pelos atos por ela praticados, de-

65. Sobre o assunto, ver ZAVASCKI, Teori Albino. *Comentários ao Código de Processo Civil*. Vol. VIII, São Paulo: RT, 2000, p. 234.

66. Enunciado n. 100 da I Jornada de Direito Processual Civil do Conselho da Justiça Federal (CJF): "Interpreta-se a expressão condomínio edilício do art. 784, X, do CPC de forma a compreender tanto os com domínios verticais, quanto os horizontais de lotes, nos termos do art. 1.358-A do Código Civil."

vendo estar sempre de acordo com os valores fixados nas tabelas de custas e emolumentos, respectivamente.

l) *XII - todos os demais títulos aos quais, por disposição expressa, a lei atribuir força executiva.*

Outros títulos executivos extrajudiciais podem ser criados por lei, além do rol contido no art. 784 do CPC.

Dentre eles e, de passagem, poderíamos citar as cédulas de crédito rural (art. 41 do Dec.-Lei n. 167/67), industrial (art. 10 do Dec.-Lei n. 413/69) e comercial (arts. 1º a 5º da Lei n.6.840/80 c/c o art. 2º do Dec.-Lei 413/69), a decisão que fixa ou arbitra o contrato de honorários advocatícios (art. 24 da Lei n. 8.906/94), o instrumento de contrato garantido por alienação fiduciária (art. 5º do Dec.-Lei n. 911/69).[67]

Vale a pena aqui registrar importantes observações:

1) Estabelece o §1º do art. 784 que a propositura de qualquer ação relativa a débito constante de título executivo não inibirá o credor de promover a execução, o que é possível compreender que não haverá qualquer suspensão do processo de execução em virtude do ajuizamento de qualquer demanda relativa ao débito constante do título já em execução.

2) A existência de título executivo extrajudicial não impede a parte de optar pelo processo de conhecimento, a fim de obter título executivo judicial (art. 785 do CPC), demonstrando assim e de forma razoável a possibilidade de o credor optar por uma ação de cobrança em processo de cognição, ao invés da própria execução, o que pode acontecer, *ad exemplum*, quando haja qualquer dúvida a respeito da exigibilidade, da liquidez ou da certeza do título pelo próprio titular do mesmo.

Aliás, mesmo antes do advento do CPC/2015, já bem entendia o Superior Tribunal de Justiça quanto à ausência de qualquer impedimento legal para que o credor, possuidor do título executivo extrajudicial pudesse utilizar do processo de conhecimento ou da ação monitória para a cobrança de seu crédito (STJ. 3ºT. AgRgAREsp403996/SP. Rel. Min. Ricardo Villas Bôas Cueva. Julg.17.12.2013, *DJUE* 13.02.2014).

3) Quanto aos títulos executivos extrajudiciais estrangeiros, conforme já dito em linhas anteriores, esses não necessitam de prévia homologação. Para terem a devida eficácia em território pátrio, devem satisfazer os requisitos para a sua formação exigidos pela legislação do local de sua celebração e ainda indicando o Brasil como lugar do cumprimento da obrigação (art. 784, §§ 2º e 3º

---

67. Importantes súmulas do Superior Tribunal de Justiça sobre o assunto em tela:
Súmula n.233: "O contrato de abertura de crédito, ainda que acompanhado de extrato da conta-corrente, não é título executivo."
Súmula n.247: "O contrato de abertura de crédito em conta-corrente, acompanhado do demonstrativo de débito, constitui documento hábil para o ajuizamento da ação monitória."
Súmula n.300: "O instrumento de confissão de dívida, ainda que originário de contrato de abertura de crédito, constitui título executivo extrajudicial."

do CPC). Nesse caso, a competência para a execução não será da Justiça Federal, mas daquela decorrente das regras gerais de competência comum do CPC.

7. LIQUIDAÇÃO DE SENTENÇA

7.1 NOÇÕES GERAIS; NECESSIDADE E FINALIDADE

Como já visto no Capítulo 11 da presente obra, quando da especificidade do pedido a ser realizado pelo autor na petição inicial, deve o mesmo ser sempre certo e determinado, sendo essa a regra geral de acordo com a inteligência dos arts. 322, *caput* e 324, *caput* do CPC.

Quanto ao pedido certo, seja ele mediato ou imediato, há de se apresentar sempre expresso quanto ao gênero do objeto pretendido e nunca implícito.

No que se refere à determinação, essa correspondente à definição dos limites daquilo que se pede, ou seja, a sua extensão. Assim, *v.g.*, o autor pede a condenação do réu em perdas e danos. Nesse caso, o pedido é certo, mas não determinado; o autor pede que seja o réu condenado a pagar R$10.000,00 a título de perdas e danos. O pedido, nesse caso, é certo e determinado.

A certeza e a determinação do pedido são fundamentais tanto pelo aspecto de se evitar que o órgão julgador atue sob dúvidas ou hipóteses, como também no tocante à fixação do objeto litigioso, determinando, mais claramente, a possibilidade de evitar a ocorrência de litispendência, perempção e a invasão à coisa julgada.

Admite-se, no entanto, exceções à regra supra.

Assim, dispõe o art. 324, §1º as seguintes hipóteses permissivas de pedido genérico:

I – *nas ações universais, se o autor não puder individuar os bens demandados* como acontece em casos relativos à "herança".

Não sendo possível especificar desde logo os bens, pode o autor pedir parcela de direito que lhe toca; apresentará, neste caso, pedido certo, ainda que a amplitude seja verificada quando for possível a individuação de todos os bens que integram a herança.

II – *quando não for possível determinar, desde logo, as consequências do ato ou do fato.*

Nisso, *v.g.*, caso se busque a indenização por atropelamento, é perfeitamente possível que somente após o término do tratamento médico, a amplitude dos danos físicos seja apurável, sendo as sequelas oriundas do acidente reversíveis ou não.

III – *quando a determinação do objeto ou do valor da condenação depender de ato que deva ser praticado pelo réu.*

É o que ocorre nas obrigações de fazer (art. 821, parágrafo único) quando o autor opta pela indenização em virtude do inadimplemento da avença.

Somente em tais situações se admite pedido genérico.

Da mesma forma, será possível ao magistrado proferir sentença ilíquida, quando: I - não for possível determinar, de modo definitivo, o montante devido; II - a apuração do valor devido depender da produção de prova de realização demorada ou excessivamente dispendiosa, assim reconhecida na sentença.(art. 491 do CPC), devendo então o montante ser apurado em sede de liquidação (§1º do art. 491 do CPC).

Importante destacar ainda que as hipóteses previstas no art. art. 324, §1º são igualmente aplicáveis à reconvenção, conforme bem expressa o §2º do art. 324.

Ditas exceções se justificam, tendo em vista o autor, quando da propositura da ação e mesmo o magistrado, na ocasião da sentença, estarem impossibilitados – diante do direito material pretendido e requerido – de mensurar o *quantum* ou a determinação exata do conteúdo do pedido pretendido e reconhecido.

Assim, o ordenamento processual permite que se formule pedido genérico, dada a manifestada indeterminação, porém, diante da sentença ilíquida, mas positiva, reconhecendo a pretensão do autor[68] e lhe dando provimento, caberá o exercício do procedimento de liquidação da sentença apurar a determinação (art. 509) com a respectiva exatidão no valor a ser solvido pelo devedor condenado a cumprir a obrigação.

É de se notar, portanto, e conforme já visto em tópico específico deste capítulo, a necessidade legal de estarem os títulos, quer judiciais, quer extrajudiciais, aptos à sua realização, ou seja, sempre certos, líquidos e exigíveis, pois que a atividade executiva, tanto por meio da fase do Cumprimento da Sentença como do Processo de Execução autônomo, não se prestará julgar, mas apenas realizar o conteúdo do título, sendo, por isso, imprescindível estar o título líquido, especificando, indubitavelmente, a quantidade, o objeto ou fato devidos.

Cabe esclarecer que o procedimento de liquidação de sentença é aplicado tipicamente aos títulos executivos judiciais. Quanto aos títulos executivos extrajudiciais, deverão estes ser sempre líquidos, visto que, caso esteja ilíquido, isto é, carecendo de determinação exata da soma devida, perdem a sua natureza executiva, restando-lhes apenas a cobrança por meio de um Processo de Cognição.[69]

Já enfrentamos tal questão em item anterior, no entanto não custa lembrar que títulos executivos extrajudiciais hão de conter sempre obrigações líquidas para manejar a devida via executiva, pois que, do contrário, caberá ao magistrado rejeitar liminarmente a execução, dada a ausência em nosso modelo legal,

---

68. "A sentença condenatória pode tornar certo apenas o débito (*an debeatur*), cabendo à liquidação a atividade do quanto (*quantum debeatur*)." GRECO FILHO, Vicente. *Direito Processual Civil*. Vol. II. 18. ed. São Paulo: Saraiva, 2006, p. 48.

69. REIS, José Alberto dos. *Processo de Execução*. Vol. I. Coimbra: Coimbra Ed., 1943, p. 177.

de procedimento de liquidação de título extrajudicial em virtude de obrigação originariamente ilíquida.[70]

É de se afirmar que, tipicamente, a liquidação só se opera nas sentenças, estando diretamente relacionada com a possibilidade de existência de sentenças ilíquidas (genéricas), que são exceções em nosso sistema, tendo por serventia eliminar a imprecisão, determinando, por certo e com exatidão, o conteúdo condenatório contido na sentença outrora genérico.[71]

Importante ressaltar a possibilidade de se promover a liquidação na forma provisória, ou seja, enquanto pendente recurso, ainda que este seja recebido em efeito suspensivo.

Trata o art. 512 da presente *questio*, oportunizando a realização do direito fundamental à razoável duração do processo nos seguintes termos:

"A liquidação poderá ser realizada na pendência de recurso, processando-se em autos apartados no juízo de origem, cumprindo ao liquidante instruir o pedido com cópias das peças processuais pertinentes."

Assim, uma vez o interessado, verificando a iliquidez da sentença e enquanto aguarda o resultado do recurso, sendo-lhe oportuno, poderá, por exemplo, otimizar o seu tempo e promover desde já a liquidação provisória da sentença, esta que se dará em autos apartados no juízo de origem, sendo instruída com cópias das peças necessárias e realizada por arbitramento ou pelo procedimento comum, conforme o caso.

Lado outro, em sendo o recurso provido, ficará a mesma sem efeito, o que, portanto, deverá o interessado, conforme dito acima, levar em consideração sobre a oportunidade de se levar a cabo ou não dita liquidação na forma provisória.

---

70. Com acerto, ainda que sob a égide do CP/1973, mas igualmente oportuno em sede do CPC/2015, Araken de Assis, ao ratificar a ideia supra, aponta para a possibilidade de se liquidar nestes títulos – a nosso ver, apenas de maneira indireta, ou seja, não se coligindo ou "traindo" a essência da obrigação principal objetivada – quando da substituição da obrigação originária, em virtude de sua impossibilidade no cumprimento, além de outros contornos ostentados pelo ordenamento processual. Diz o festejado autor: "(...) liquidar-se-á a prestação pecuniária substitutiva da prestação originariamente prevista em título extrajudicial. Por exemplo: destruída a coisa, o art. 627, § 2º, manda apurar 'em liquidação o valor da coisa e os prejuízos'." Ainda, continua o aludido autor, "(...) alguns temperamentos se impõem no que tange à determinação do objeto da prestação nos títulos extrajudiciais, (...) na execução para a entrega de coisa certa pressupõe individualização absoluta, mas a coisa 'incerta' se subordinará, sem pejo da liquidez parcial, o incidente de escolha (art. 629). Também se tolerará a relativa indeterminação das prestações de fazer. O exequente indicará na petição inicial os pormenores faltantes. Configurado excesso na pretensão do exequente, o executado 'impugnará' a execução com supedâneo no art. 743, III, c/c art. 475-L,V. E, por fim, nas prestações pecuniárias, a cláusula de escala móvel ou o acréscimo de juros não afetam a liquidez, conforme decidiu a 1ª Turma do STF. Por isso, o credor exibirá, juntamente com a inicial, memória de cálculo do seu alegado crédito (art. 614, II)."

71. No mesmo sentido, dentre outros, THEODORO JR., Humberto. *Curso de Direito Processual Civil*. Vol. II. 39. ed. Rio de Janeiro: Forense, 2006, p. 96; WAMBIER, Luiz Rodrigues (Coord.). *Curso Avançado de Processo Civil*. Vol. II. 8. ed. São Paulo: RT, 2006, p. 89.

Cabe ainda destacar que, uma vez realizada a liquidação provisória, não se poderá executar a sentença caso ainda pender recurso com efeito suspensivo. Por outro lado, em havendo ainda recurso pendente, mas sem o efeito dito suspensivo, autorizada estará a execução, no entanto, ainda sob a forma provisória.

7.2 LIQUIDAÇÃO DE SENTENÇA E SUAS MODALIDADES[72]

A três espécies de liquidação, tradicionalmente, fazia o CPC/1973 referência quando de seu advento: Liquidações por cálculo do contador, por arbitramento e por artigos.

Não fazia sentido, no entanto, a inclusão do cálculo do contador como forma de liquidação. É que se fazia a liquidação pelo contador quando, para apurar-se o *quantum debeatur*, bastava a realização de simples cálculo aritmético. Ora, se bastava a elaboração do cálculo para que se chegasse ao quanto, a obrigação já era líquida. Afinal, não retira a liquidez do título a circunstância de ser necessária a realização de cálculo aritmético para a apuração do valor. Assim, a liquidação por cálculo constituía uma forma de liquidar algo que já era líquido.

A liquidação por cálculo do contador com a reforma de CPC, em 1994, foi suprimida como processo autônomo, inclusive merecendo elogios da doutrina e militância do foro em geral, sob os argumentos de que tal modalidade de liquidação se fazia necessária em situações que bastava mera operação aritmética, estando relacionados tais cálculos com juros ou rendimentos de capital ou, ainda, cotações em bolsa de valores etc., o que, certamente, não se traduzia em sentenças ilíquidas.

O CPC/2015, na esteira do CPC/1973, assenta em seu art. 509, §2º que, quando a apuração do valor depender apenas de cálculo aritmético, poderá o exequente, desde logo, promover, o cumprimento da sentença, não ocorrendo assim a fase intermediária de liquidação, nem mesmo o juiz decidirá interlocutoriamente, julgando líquida a sentença.

Caberá ao Conselho Nacional de Justiça desenvolver e colocar à disposição dos interessados programa de atualização financeira (art. 509, §3º do CPC).

---

72. O Código de Defesa do Consumidor regula um tipo de liquidação, não inclusa naquelas tradicionais previstas no CPC. Trata-se da liquidação de sentença genérica, proferida em conformidade com o art. 95 da Lei n. 8.078/90, nas ações ajuizadas pelos legitimados do art. 82, objetivando a defesa dos interesses individuais homogêneos.
Entende-se como sentença genérica aquela que condena o causador do dano a ressarcir os prejuízos, no entanto, não especificando pontualmente quem foram as vítimas, nem quais os danos singulares sofridos por elas. Para a liquidação dessa espécie de sentença, necessitar-se-á que cada um dos lesados comprove não apenas os danos sofridos, mas, sobretudo, a própria condição de vítima.
Assim, ao distinguirmos as liquidações em seus detalhes acerca do objeto que as caracteriza, temos que na liquidação por arbitramento se fará necessário apurar o valor do bem ou serviço; já na liquidação pelo procedimento comum exige-se fazer prova de fatos novos, referentes ao *quantum debeatur.*
Na liquidação regulada pelo CDC, necessário será examinar a própria condição de vítima de cada um, além dos fatos novos referentes ao *quantum.*

Ainda no tocante à memória de cálculos pelo exequente, importantes normatizações nos trazem os §§ 1º, 2º, 3º e 4º e 5º do art. 524 do CPC.

Nisso, quando o valor apontado no demonstrativo apresentado pelo exequente aparentemente exceder os limites da condenação, a execução será iniciada pelo valor pretendido, mas a penhora terá por base a importância que o juiz entender adequada (§1º do art. 524).

Daí que, para fins de verificação dos cálculos apresentados pelo exequente, poderá o magistrado se valer de contabilista do juízo, que terá o prazo máximo de 30 (trinta) dias para efetuá-lo, exceto se outro lhe for determinado (§2º do art. 524).

Caso forem apresentados novos cálculos pelo contador, deverá sobre eles ser ouvido o exequente.

Não concordando este com os cálculos apresentados, entende a norma que o juiz prossiga na execução pelo valor apresentado pelo próprio exequente, no entanto a penhora terá por base o valor encontrado pelo contador ou aquele que o juiz entender como adequado (§1º do art. 524). Tem-se que a regra desse § 1º estaria dotada de certa impropriedade. Ora, se a penhora será realizada com base na importância a que o juiz entendeu como adequada (ou no valor encontrado pelo contador do juízo), a execução, notadamente, teria que seguir por tal valor encontrado, pois que a atividade executiva se desenvolve por valor certo e apurado na patrimonialidade do executado.

Sendo assim, por exemplo, levando-se em conta no momento da penhora o valor apurado pelo contador, não se dá para sustentar, como também não fará sentido que a execução prossiga sobre o valor originariamente apresentado pelo exequente.

Devemos, nesse caso, exercitar com parcimônia, soluções, inclusive em searas interpretativas.

Primeiro, seria razoável que, caso o exequente viesse a apontar erros visíveis no cálculo do contador, que dispensassem profundas considerações, a memória de cálculo por ele apresentada prevaleceria tanto para fins de prosseguimento da execução como para a penhora.

Em segundo, não sendo o caso acima, pode-se suscitar que a execução dita no texto seria, na verdade, não a própria atividade executiva, mas todo um curso processual executivo. Nesse caso, possível então de se examinar a matéria relativa ao valor do cálculo em questão em outras oportunidades. Aliás, essa é ideia correspondente ao que observa Theodoro Jr, entendendo esse como momento propício a tal discussão o evento da impugnação realizada pelo réu no bojo da fase do cumprimento da sentença.[73] Em caso de não apresentação

73. Ainda em referência ao CPC/1973, dizia o autor: "Na fase para a impugnação (art. 475-L *do CPC/1973*) (*art. 525, §º1 do CPC/2015*) é que afinal será proferida, após competente contraditório e adequada instrução, a decisão sobre a ocorrência ou não de excesso nos cálculos do *quantum debeatur*". (Grifos nossos). THEODORO JR., Humberto. Ob. cit., p. 106.

da impugnação pelo executado, caberá ao exequente requerer junto ao juiz o julgamento definitivo dos cálculos, produzindo-se, no caso, os elementos de prova cabíveis, se necessário.[74]

Assim, acreditamos que a opção do legislador para aprovar o presente dispositivo, na esteira do que já expressava o CPC/1973, teve a intenção de se evitar, à primeira vista, penhora aparentemente excessiva.

Outra situação é aquela relativa à existência de cálculo elaborado, equivocadamente, pelo exequente e o magistrado, não percebendo tal equívoco, determina a intimação do executado. Ao executado caberá, então, opor impugnação, apontando os equívocos do aludido cálculo.

De outra banda, quando a elaboração do demonstrativo de cálculos pelo exequente depender de dados em poder de terceiros ou do executado, o juiz poderá requisitá-los, sob cominação do crime de desobediência (§3º do art. 524 do CPC).

Já, quando a complementação do supracitado demonstrativo depender de dados adicionais em poder do executado, o juiz poderá, a requerimento do exequente e em conformidade com o §4º do art. 524, requisitá-los, fixando prazo de até 30 (trinta) dias para o cumprimento da diligência.

Se os ditos dados adicionais não forem apresentados pelo executado, sem qualquer justificativa, no prazo designado – 30 (trinta) dias - reputar-se-ão corretos os cálculos apresentados pelo exequente apenas com base nos dados de que o mesmo dispõe, tudo de acordo com o §5º do art. 524 do CPC.

Como modalidades de Liquidação de Sentença, temos hoje, de acordo com o regramento do CPC/2015, as liquidações por arbitramento e pelo procedimento comum.

7.3 LIQUIDAÇÃO POR ARBITRAMENTO

Trata-se de liquidação realizada por meio de um perito, devidamente nomeado pelo juiz, cujo objetivo é a apuração do *quantum* da condenação, este dependendo, exclusivamente, da avaliação de uma coisa, um serviço ou um prejuízo, a ser realizada por quem detenha conhecimento técnico específico.

Importante frisar que, na liquidação por arbitramento, não há lugar para a produção de prova oral, sendo que na eventualidade de necessitar-se de prova documental, esta somente poderá ser produzida caso tenha relação direta e exclusivamente com avaliação.

Conforme sustenta o art. 509, I do CPC, a presente modalidade de liquidação será admitida sempre quando (i) determinado pela sentença,[75] (ii) convencionado pelas partes ou (iii) exigido pela natureza do objeto da liquidação.

---

74. Ibidem.

75. Súmula n.344 do STJ: "A liquidação por forma diversa estabelecida na sentença não ofende a coisa julgada."

São exemplos de casos de abarcam liquidação por arbitramento, sentenças condenatórias em ações de indenização como pedido de lucros cessantes por reconhecida inatividade de pessoa ou serviço decorrente da causa de pedir (*fatos+fundamentos jurídicos*), desvalorização de veículos acidentados, indenização por danos causados em imóvel; casos como " Companhia aérea V, em virtude de extravio de bagagem do passageiro P, é condenada a pagar a esse, a título de indenização por danos morais e patrimoniais, uma determinada quantia, que, porém, não foi fixada pelo juiz".[76]

– Procedimento:

Ao requerer a liquidação por arbitramento, importante que o autor já junte à sua peça inicial, documentos elucidativos que ajudem a instrumentalizar a definição do *quantum*, (liquidez desejada), podendo indicar assistente técnico e mesmo formular quesitos.

Será o réu intimado, sendo tal intimação realizada na pessoa de seu advogado; não tendo advogado constituído nos autos, deverá ser intimado pessoalmente. Pelo respeito à isonomia e ao sagrado contraditório, poderá igualmente, juntar documentos elucidativos, indicar assistente técnico bem como formular quesitos.

Não possibilitando o juiz decidir de plano, intimará as mesmas para apresentação de pareceres ou documentos elucidativos, nomeação de assistentes técnicos e mesmo quesitos – isso caso as partes ainda não tenham apresentado! - cabendo ainda ao julgador nomear o perito (art. 510 do CPC), fixando desde já prazo para a entrega de laudo (art. 465 do CPC).

Apresentado o laudo pelo perito do juízo, as partes serão intimadas para, querendo, manifestarem-se sobre o aludido laudo no prazo comum de 15 (quinze) dias, podendo o assistente técnico de cada uma das partes, em igual prazo, apresentar seu respectivo parecer (§1º do art. 477 do CPC).

Terá o perito do juízo o dever de, no prazo de 15 (quinze) dias, esclarecer ponto: (a) sobre o qual exista divergência ou dúvida de qualquer das partes, do juiz ou do órgão do Ministério Público; (b) divergente apresentado no parecer do assistente técnico da parte (§2º do art. 477 do CPC).

Persistindo ainda a necessidade de esclarecimentos, conforme regra o §3º do art. 477, a parte requererá ao juiz que mande intimar o perito ou o assistente técnico a comparecer à audiência de instrução e julgamento, formulando, desde logo, as perguntas sob forma de quesitos.

Neste caso, perito ou o assistente técnico será intimado por meio eletrônico com, pelo menos, 10 (dez) dias de antecedência da audiência.

Após, será proferida decisão.

Não se trata a liquidação de sentença de um processo autônomo, mas de fase procedimental incidente ao processo de cognição; por isso, conforme in-

76. LISBOA, Celso Anicet. *A Reforma do Código de Processo Civil.* Rio de Janeiro: Forense, 2006, p. 42.

teligência do parágrafo único do art. 1.015 do CPC, da decisão da liquidação – decisão interlocutória – caberá recurso de agravo de instrumento.

7.4 LIQUIDAÇÃO POR PROCEDIMENTO COMUM[77]

Na esteira do que prescreve o art. 509, II do CPC, será a liquidação realizada pelo procedimento comum, quando houver necessidade de alegar e provar fato novo, com o intuito de apurar o valor da condenação.

Entende-se por "fato novo" o acontecimento apto a determinar o valor da condenação.

Poderá ele decorrer: (I) de evento ocorrido após a prolação da sentença, guardando relação direta com a determinação da extensão ou do *quantum* da obrigação reconhecida naquele ato sentencial; (II) fato que, mesmo não superveniente à sentença, não haja sido discutido e apreciado no juízo de conhecimento e deva servir de base à liquidação.[78]

Tem-se como exemplos emblemáticos desta modalidade de liquidação, (I) a sentença que condena o réu a indenizar os danos decorrentes de acidente, com todas a suas consequências passadas, presentes e futuras. Caso a vítima tenha de submeter-se a nova cirurgia, não descrita na petição inicial da ação de conhecimento, como um dos danos já sofridos pelo autor, deverá ser alegada e comprovada em liquidação de sentença, para que seu valor possa integrar o título executivo.[79]

Importante ressaltar que, nesse caso, não se estará alterando o julgado – aliás, o que já proibido pelo §4º do art. 509 do CPC – pois que a sentença reconheceu a existência do acidente, tendo sido o réu condenado a indenizar os danos decorrentes de tal evento. Assim, o que se prova, nesse caso, é o "fato novo", ou seja, que a citada cirurgia superveniente é um dos danos a que se refere a sentença.

(II) Outro exemplo é aquele noticiado por Nery Jr. e Andrade Nery[80]:

---

77. A presente liquidação por Procedimento Comum veio substituir nominalmente a histórica "liquidação por artigos".
A denominação "artigos" era legado decorrente do Regulamento n. 737 (art. 505), em tese, o primeiro ordenamento processual civil pátrio datado de 1850 e, inicialmente, aplicado apenas às lides comerciais. Aliás, sobre o assunto, ver Capítulo 2.
Informa-nos ainda Anicet Lisboa que, ao falar de artigos, queria "a lei determinar uma correspondência entre os fatos (novos) a serem provados e os artigos da petição inicial da liquidação (artigo, nesse contexto, tem a mesma significação que aqueles que numeram os diversos dispositivos de uma lei)". Assim, se fossem cinco os fatos que dependessem de prova, a petição inicial teria então cinco artigos. Ob. cit., p. 48.

78. CASTRO, Amilcar. *Comentários ao CPC*. Vol. VIII. 3. ed. São Paulo: RT, 1983, p. 126.

79. NERY JÚNIOR, Nelson; NERY, Rosa Maria Andrade. *Comentários ao Código de Processo Civil*. São Paulo: RT, 2015, p. 1.250.

80. Ibidem.

> O réu é condenado a indenizar o dano causado à saúde da vítima. Diz o C.C 949: 'No caso de lesão ou outra ofensa à saúde, o ofensor indenizará o ofendido das despesas do tratamento e dos lucros cessantes até ao fim da convalescença, além de algum outro prejuízo que o ofendido prove haver sofrido'. O pagamento das despesas até a total convalescença – que pode ocorrer depois da sentença haver sido proferida – é obrigação *ex lege*, que decorre expressamente da lei. Como fonte dessa obrigação é a própria lei, o ofensor tem de arcar com esse pagamento, ainda que não conste expressamente da sentença condenatória. Os *fatos novos* que o ofendido precisa comprovar na liquidação por artigos são as despesas que teve até sua convalescença.

– Procedimento:

Por iniciativa da parte se instaura tal procedimento liquidante, devendo a mesma redigir petição que obedeça aos requisitos dos arts. 319 e 320 do CPC. Cabe ressaltar que, como já se desenvolveu um processo de conhecimento anterior, não será necessário repetir o que já, efetivamente, consta dos autos.

Ressalta-se que os fatos novos devem vir articulados já na petição inicial, onde o autor deverá expô-los de modo objetivo e lógico, pois que a declaração do *quantum debeatur* representa o pedido, sendo os "fatos novos" apontados como a causa de pedir na liquidação por procedimento comum.

É de fundamental importância a informação de que os fatos novos só deverão dizer respeito ao *quantum*, visto que não se admitirá, conforme alhures sublinhado, a rediscussão da lide ou a modificação da sentença prolatada.

Após receber a peça inicial, caberá ao juiz determinar a intimação do requerido, na pessoa de seu advogado ou da sociedade de advogados a que estiver vinculado, para, querendo, apresentar contestação no prazo de 15 (quinze) dias, observando-se, a seguir, no que couber, o disposto no Livro I da Parte Especial do CPC, ou seja, o Processo de Conhecimento em seu procedimento comum.

Importante situação é aquela que oportuniza o juiz a declarar líquida a condenação no valor zero. Tem sido admitida a possibilidade de, realizadas todas as provas, constatar o magistrado a inexistência de valor econômico significativo a ser pago pelo devedor.

Em tais casos, o juiz declarará líquida a obrigação no valor de zero. Exemplos dessas ocorrências encontramos em determinadas liquidações de sentença penal condenatória, quando inexiste dano moral ou material relevante para a vítima; nisso, a decisão declarará líquida a obrigação, ainda que no valor zero.

8. CUMPRIMENTO PROVISÓRIO E DEFINITIVO DA SENTENÇA (EXECUÇÃO PROVISÓRIA E DEFINITIVA)

8.1 BREVES NOÇÕES

A jurisdição, ao ser provocada a atuar por meio de atividade executiva, tem por fim conceder, efetivamente, a satisfação concreta e real da obrigação inadimplida, essa decorrente de seu reconhecimento em determinado título judicial ou extrajudicial, cabendo ao Poder Judiciário, por isso, atuar em atividades ou atos com carga impositiva que incidirão sobre a vontade do devedor recalcitrante, possibilitando o exato pagamento ao credor, o cumprimento de determinada obrigação ou mesmo a efetiva entrega de um bem.

Ocorre que, para o real cumprimento satisfativo da obrigação devida, extinguindo, por conseguinte, a via executiva exercitada, necessário se faz a exigência de que o título executivo seja definitivo, entendido aí como decorrente de sentença transitada em julgado ou título extrajudicial, possibilitando, com certeza, o exercício da execução definitiva.

Por outro lado, com o risco de um retardamento excessivo na consecução da satisfação do credor, a lei permitiu o adiantamento dos atos executivos ainda que pendente recurso contra a sentença exequenda, possibilitando, inclusive, a consumação plena da atividade executória, mesmo que, diante da possibilidade de o aludido recurso dar provimento contrário à sentença proferida, no entanto, neste caso, ficará sem efeito a sentença objeto da execução, sobrevindo decisão que a modifique ou anule, restituindo-se as partes ao estado anterior e liquidando-se eventuais prejuízos nos mesmos autos (art. 520, II do CPC).

Porém, conforme sustenta o §4º do art. 520, a restituição ao estado anterior a que se refere o aludido inciso II do art. 520 não implica ao desfazimento da transferência de posse, da alienação de propriedade ou de outro direito real eventualmente já realizada , ressalvado, sempre, o direito à reparação dos prejuízos causados ao executado.

Por tudo dito, informa o art. 520, *caput* do CPC que "*o cumprimento provisório da sentença impugnada por recurso desprovido de efeito suspensivo será realizado da mesma forma que o cumprimento definitivo.*"

8.2 CUMPRIMENTO PROVISÓRIO DA SENTENÇA QUE RECONHECE A EXIGIBILIDADE DE OBRIGAÇÃO DE PAGAR QUANTIA CERTA (EXECUÇÃO PROVISÓRIA)

É de se entender como Cumprimento Provisório a Sentença (Execução Provisória)[81] aquela execução realizada mediante provimento impugnado

81. Provisório, na verdade, é o título, não a execução em si, esta que se processa da mesma forma que a definitiva, como bem frisa o *caput* do art. 520, *caput*. No mesmo sentido, CARPI, Federico.

por recurso sem efeito suspensivo, correndo a mesma por conta e risco do credor, sendo que, uma vez sobrevindo decisão que a modifique ou anule, as partes serão restituídas ao estado anterior, ficando ainda o exequente sujeito à reparação de danos, eventualmente, sofridos pelo executado conforme o art. 520, I.

A despeito do art. 520 em sua extensão, se referir ao termo "sentença" (que acima, substituímos por "provimento"), na verdade, o legislador equivoca-se ao sucumbir com decisões interlocutórias que, a despeito de não se configurarem como sentença, efetivamente, implementam execuções (*v.g.*, liminar em ação de alimentos provisionais, gerando crédito pecuniário), inclusive a provisória, posto que os recursos não impedem a eficácia da decisão, salvo disposição legal ou decisão judicial em sentido contrário (art. 995 do CPC).[82]

Ainda, quanto ao termo "sentença" do art. 520 supracitado, igual argumento se aplica aos acórdãos, também não textualizados nesse dispositivo, dado que, quanto à decisão colegiada, elas substituem o provimento na parte impugnada (art. 1.008 do CPC), igualmente amparam execuções provisórias.[83]

Importante frisar, como já visto no Capítulo 13 da presente obra, que determinados recursos contêm somente efeito devolutivo, ensejando possível execução provisória como, *v.g.*, a Apelação nas hipóteses do art. 1.012, §1º do CPC, não obstando em tais casos o andamento do processo.

– Normas gerais:

O cumprimento provisório da sentença já se configura como execução, inclusive realizando-se do mesmo modo que o cumprimento definitivo, observadas, no entanto, as seguintes normativas do art. 520:

"I - corre por iniciativa e responsabilidade do exequente, que se obriga, se a sentença for reformada, a reparar os danos que o executado haja sofrido;"

Trata-se de responsabilidade objetiva em que, a despeito do efeito inibidor em face do credor, se posta de forma razoável em relação ao devedor diante do caráter provisório ou precário da execução.

Por conseguinte, aplica-se também a presente regra ao exequente nas execuções por título executivo extrajudicial em que se executa provisoriamente, atingindo os bens do executado e, posteriormente, vê reformada a sentença que julgou improcedentes os embargos deste.

La provvisoria esecutorietà della sentenza.. Milão: Giuffrè, 1979, p. 6; ASSIS, Araken. *Manual da Execução*. 10. ed. São Paulo: RT, 2006, p. 294.

82. ASSIS, Araken. Ob. cit., p. 297.
Sustenta o festejado autor, e de maneira acertada, que com relação à decisão interlocutória, a sua execução se revela provisória em um duplo sentido: Cessando-se em virtude de agravo, eventualmente, interposto; e do provimento de mérito que porventura venha a julgar pela improcedência da demanda.

83. Ibidem.

"II - fica sem efeito, sobrevindo decisão que modifique ou anule a sentença objeto da execução, restituindo-se as partes ao estado anterior e liquidando-se eventuais prejuízos nos mesmos autos;"

Eventuais prejuízos sofridos pelo executado serão apurados e liquidados nos mesmos autos, homenageando a economia temporal e pecuniária.

Conforme já pontuado em linhas atrás, sustenta o §4º do art. 520 que a nominada "restituição ao estado anterior" a que alude inciso II em tela, não implica ao desfazimento da transferência de posse, da alienação de propriedade ou de outro direito real eventualmente já realizado, ressalvado sempre o direito à reparação dos prejuízos causados ao executado.

"III - se a sentença objeto de cumprimento provisório for modificada ou anulada apenas em parte, somente nesta ficará sem efeito a execução;"

Vale dizer que, sendo a modificação ou anulação da sentença de forma parcial em favor do executado, somente nessa parte ficará sem efeito a execução.

"IV - o levantamento de depósito em dinheiro e a prática de atos que importem transferência de posse ou alienação de propriedade ou de outro direito real, ou dos quais possa resultar grave dano ao executado, dependem de caução suficiente e idônea, arbitrada de plano pelo juiz e prestada nos próprios autos."

Nesses casos, o exequente deverá prestar caução, i.e., garantia do ressarcimento dos prejuízos. Se já houve prestação de caução por outro motivo anterior e esta já é suficiente, não haverá necessidade de prestar nova caução.[84]

* Observação: *A dispensa da caução.*

Conforme expressa o art. 521 do CPC, a caução poderá ser dispensada:

> *I - o crédito for de natureza alimentar, independentemente de sua origem;*
>
> *II - o credor demonstrar situação de necessidade;*
>
> *III - pender o agravo fundado nos incisos II e III do art. 1.042;*
>
> *III - pender o agravo do art. 1.042;*
>
> *IV - a sentença a ser provisoriamente cumprida estiver em consonância com súmula da jurisprudência do Supremo Tribunal Federal ou do Superior Tribunal de Justiça ou em conformidade com acórdão proferido no julgamento de casos repetitivos.*

Por lado, ainda assim será mantida a exigência de caução quando, da sua dispensa, puder resultar manifesto risco de grave dano de difícil ou incerta

84. Enunciado n.88 da I Jornada de Direito Processual Civil do Conselho da Justiça Federal (CJF): "A caução prevista no inc. IV do art. 520 do CPC não pode ser exigida em cumprimento definitivo de sentença. Considera-se como tal o cumprimento de sentença transitada em julgado no processo que deu origem ao crédito executado, ainda que sobre ela penda impugnação destituída de efeito suspensivo."

reparação (parágrafo único do art. 521), logicamente, devendo ser adequadamente fundamentada tal decisão.

– Instrução e Processamento Cumprimento Provisório da Sentença que Reconhece a Exigibilidade de Obrigação de Pagar Quantia Certa

O requerimento do Cumprimento Provisório da Sentença será dirigido ao juízo competente e, não se tratando de autos eletrônicos, será a petição necessariamente acompanhada das cópias de peças do processo, cuja autenticidade poderá ser certificada pelo próprio advogado sob sua responsabilidade pessoal.

De acordo com os incisos do parágrafo único do art. 522, são elas:

I- a decisão exequenda;

II- a certidão de interposição do recurso não dotado de efeito suspensivo;

III- as procurações outorgadas pelas partes;

IV- a decisão de habilitação, se for o caso;

V- facultativamente, outras peças processuais consideradas necessárias para demonstrar a existência do crédito.

A decisão de habilitação ostentada no inciso IV refere-se ao procedimento do art. 687 e segs. quando diante do falecimento de qualquer das partes, os interessados houverem de suceder-lhe no processo.

No tocante ao procedimento do cumprimento provisório da sentença, será ele o mesmo do cumprimento definitivo, *ex vi* do art. 520, *caput* do CPC. No entanto, corre ele em apartado aos autos principais e, por isso, reclamando a formação de autos próprios, o que se fará utilizando cópias extraídas dos autos principais por iniciativa do exequente.[85]

Atestando dita afirmativa procedimental, autoriza o §1º do art. 520 que o executado possa apresentar sua impugnação nos moldes do art. 525.

Quanto à multa (o débito será acrescido de multa de dez por cento) bem como aos honorários advocatícios, serão ambos também devidos no cumprimento provisório de sentença condenatória ao pagamento de quantia certa (§2º do art. 520). No entanto, caso o executado compareça tempestivamente e deposite o valor do débito, com a finalidade de isentar-se da multa, o ato não será havido como incompatível com o recurso por ele interposto, como regra o §3º do art. 520 (e nem mesmo entendemos incompatível com eventual impugnação a ser apresentada pelo executado, restringindo-lhe a ampla defesa!), estabelecendo o legislador do *Codex* paz – esperamos! – no dissenso doutrinário e jurisprudencial instaurado ainda sob o manto do CPC/1973.

Por fim, adverte-se que, no caso de cumprimento provisório de sentença que reconheça obrigação de fazer, de não fazer ou de dar coisa aplicar-se-á,

85. Ibidem.

sempre no que couber, as regras relativas ao cumprimento provisório da sentença que reconhece a exigibilidade de obrigação de pagar quantia certa, como impõe o §5º do art. 520 do CPC.

8.3 O CASO DOS TÍTULOS EXECUTIVOS EXTRAJUDICIAIS

Antes da edição da Lei n. 11.382/2006, a execução de título extrajudicial era sempre definitiva[86]. Essa definitividade abrangia os atos executivos, inclusive aqueles relativos à alienação judicial dos bens penhorados bem como a expedição de carta de arrematação, dispensando-se a necessária caução.[87]

Por outro lado, interpostos os embargos à execução e, posteriormente, julgados eles como improcedentes ou rejeitados pelo juízo, a apelação impetrada em face de tais resultados não terá efeito suspensivo, permitindo, portanto, a continuidade da execução em forma definitiva.

Com o advento da aludida Lei n. 11.382/2006, a execução provisória, que era aplicada somente aos títulos executivos judiciais, passou a ser viabilizada também junto aos títulos executivos extrajudiciais, sendo dita permissiva declarada pelo art. 587 do CPC/1973:

> *É definitiva a execução fundada em título extrajudicial; é provisória enquanto pendente apelação da sentença de improcedência dos embargos do executado, quando recebidos com efeito suspensivo (art. 739).*

Com o CPC/2015, nota-se que o legislador não repetiu expressamente o conteúdo do art. 587 do CPC/1973, levando-se a pensar da impossibilidade de se ter em sede de execução de título executivo extrajudicial o manejo da execução provisória. Pensamos diferente.

Não somente pelos princípios da utilidade e do exato cumprimento, como também e em maior proporção, da duração razoável do processo e da efetividade das decisões judiciais, a própria inteligência insculpida no parágrafo único do art. 771, mostra-se compatível o procedimento do cumprimento provisório da sentença (art. 520 e ss.) com o Processo de Execução, mais precisamente em sede de Embargos à Execução, bem como o que se atesta no art. 1.012, §1º, III e 2º do CPC.[88]

---

86. "A execução fundada em título extrajudicial é definitiva, mesmo que pendente a apreciação de apelação, sem efeito suspensivo, interposta contra sentença que tenha julgado improcedentes os embargos do devedor" (STJ. Corte Especial. ED no REsp 195.742/SP. Rel Min. Edson Vidigal. Julg. 16.06.2003, *DJU* de 04.08.2003, p. 205. Precedentes: RSTJ 78/306, 54/276, 79/259. 81/245, 136/141, 146/211 e 149/208.

87. STJ. 4ª T. REsp 347.455/SP. Rel. Min. Sálvio de Figueiredo. Julg. 06.07.2002, *DJU* de 24.03.2003, p. 226; STJ. 3ª T. REsp 144.127/SP. Rel. Min. Waldemar Zveiter. Julg. 15.10.1998, *DJU* de 01.02.1999, p. 185; STJ. 4ª T. REsp. 253.866/SP. Rel. Min. Barros Monteiro. Julg. 16.08.2001, *DJU* de 19.11.2001, p. 279, *RF* 365/228.

88. A despeito disso e a contrário *sensu*, insta aqui se referir à Súmula 317 do STJ, esta que, vale anotar, já assim se posicionava mesmo diante da possibilidade de execução provisória de título execu-

Assim, pendente a apelação contra a sentença que julgou improcedentes os embargos à Execução[89], esses recebidos com efeito suspensivo (hipóteses contidas no art. 919, § 1º do CPC), a execução se dará na forma provisória (§2º do art. 1.012 do CPC), seguindo os mesmos princípios daquela operada nos títulos executivos judiciais (*ex vi* do cumprimento provisório da sentença), sendo realizada nos autos da própria execução, subindo a apelação nos autos dos embargos, estes que são autuados em apartado (art. 914, §1º do CPC).

Não há necessidade de extração de documentos ou carta de sentença, mesmo porque o que se está executando não é a sentença, mas o título extrajudicial, entretanto impedimento não há, caso algum documento pertinente seja juntado pelas partes.

É de se enfatizar que no processo de execução, a regra aplicada é a do não efeito suspensivo aos embargos do executado (art. 919, *caput* do CPC). A sua suspensividade, por isso, é de caráter excepcional, consoante condições estabelecidas pelo art. 919, § 1º, *in verbis*:

> *O juiz poderá, a requerimento do embargante, atribuir efeito suspensivo aos embargos quando verificados os requisitos para a concessão da tutela provisória e desde que a execução já esteja garantida por penhora, depósito ou caução suficientes.*

Disso, há de concluir que, caso os embargos à execução por título extrajudicial se processem sem efeito suspensivo, a interposição da apelação, igualmente, sem efeito suspensivo (art. 1.012, §1º, III do CPC), nenhuma interferência se fará sobre o andamento da citada execução, essa que continuará a ser empreendida pela ideia da definitividade, ou seja, "todos os atos executivos serão praticáveis, inclusive a alienação dos bens penhorados e o pagamento ao credor sem a necessidade de caução."[90]

De outro modo, em havendo a atribuição de efeito suspensivo aos embargos do executado e sendo, posteriormente, julgados improcedentes por sentença, interposta eventual apelação contra tal improcedência, esta que não possuirá, em regra,[91] o efeito da suspensividade (mais uma vez, art. 1.012, §1º, III), faz-se

---

tivo extrajudicial autorizada pelo advento da Lei n.11.382/2006, ainda sob a égide do CPC/1973. Diz a supracitada súmula:

"É definitiva a execução de título extrajudicial, ainda que pendente apelação contra sentença que julgue improcedentes os embargos."

89. O art. 1.012 do CPC dispõe em seu §1º e III que, começará a produzir imediatamente seus efeitos após a publicação (carecendo, portanto, de efeito suspensivo), a sentença que extinguir sem resolução de mérito ou julgar improcedentes os embargos do executado, de modo a supor a possibilidade de admissão da execução provisória em sede de Processo de Execução no novel Código.

90. THEODORO JR., Humberto. *A Reforma da Execução do Título Extrajudicial*. Rio de Janeiro: Forense, 2007, p. 26.

91. Pontuamos assim, pois, o CPC/2015 inova ao possibilitar que, mesmo que diante de hipóteses onde o legislador entende a produção de efeitos da sentença de forma imediata após a sua publi-

plenamente possível que, na pendência deste recurso, a execução possa ser implementada de forma provisória, conforme os argumentos retro mencionados.

– Observações pertinentes:

De um modo geral, as sentenças que reconhecem a existência de obrigação de fazer, não fazer, entregar coisa ou pagar quantia podem ser cumpridas imediatamente em caráter provisório (art. 520 e em destaque o seu §5º), respeitadas as normas referentes ao cumprimento provisório da sentença que reconhece a exigibilidade de obrigação de pagar quantia certa. A eventual modificação da sentença não implicará na restituição ao estado anterior, ou seja, no desfazimento da transferência de posse ou da alienação de propriedade ou de outro direito real eventualmente já realizada, ressalvado sempre o direito à reparação dos prejuízos causados ao executado (§4º do art. 520).

Aspecto de relevância é aquele relativo às sentenças sujeitas à execução imprópria, por mandado ou ordem do juiz, como, por exemplo, as sentenças de natureza constitutiva. Nesse ponto, salienta Greco Filho, por não comportarem nestas a distinção entre execução definitiva e provisória, adequada à execução patrimonial. Assim, "as sentenças constitutivas que devem produzir efeitos nos Registros Públicos somente se cumprem quando transitadas em julgado (Lei de Registros Públicos, arts. 100, § 2º, 250, I etc.)."[92]

No que toca à Fazenda Pública, levando-se em conta, inclusive, a inteligência do art. 100, § 1º, da CF/1988, nota-se que a obrigação de inclusão no orçamento das pessoas jurídicas de direito público, de débitos decorrentes de *sentenças transitadas em julgado*, é ponto imperativo, e mais, o mesmo art. 100, § 3º, da CF/1988, mesmo ante a ressalva de adoção do regime de precatórios às dívidas de pequeno valor – definidas no art. 87 do ADCT da CF/1988, no contexto da EC n. 37/2002, continua evocando a expressão "sentença judicial transitada em julgado".

Disso é de se notar que as repetidas alusões ao trânsito em julgado nos levam ao entendimento de que a expedição de precatório ou de requisição de pequeno valor está a ele vinculada, vedada a execução pecuniária provisória contra a Fazenda Pública.[93]

---

cação, ainda que interposta a respectiva apelação, será permitido à parte pleitear junto ao juízo *ad quem* efeito suspensivo de sua *apellatio*. É o que sustenta os §§3º e 4º do art. 1.012:

"§3º O pedido de concessão de efeito suspensivo nas hipóteses do § 1º poderá ser formulado por requerimento dirigido ao:

I - tribunal, no período compreendido entre a interposição da apelação e sua distribuição, ficando o relator designado para seu exame prevento para julgá-la;

II - relator, se já distribuída a apelação.

§4º Nas hipóteses do § 1º, a eficácia da sentença poderá ser suspensa pelo relator se o apelante demonstrar a probabilidade de provimento do recurso ou se, sendo relevante a fundamentação, houver risco de dano grave ou de difícil reparação."

92. GRECO FILHO, Vicente. Ob. cit., p. 39.

93. No mesmo sentido ASSIS, Araken. Ob. cit., p. 298. Aliás, neste âmbito, ainda comenta Assis: "Os textos restritivos acolheram a lição esquecida dos que pregavam o banimento da execução provi-

Outrossim, longe de qualquer generalidade, entende o STJ da possibilidade de execução provisória em face da fazenda pública em outros conteúdos, como se nota o acórdão destacado abaixo:

> (...) *O entendimento consolidado no âmbito deste Superior Tribunal de Justiça, é no sentido de ser possível a execução provisória contra a Fazenda Pública nos casos em que se busca nomeação e posse em cargo público, em razão da aprovação em concurso.* Nesse sentido são os seguintes precedentes: PROCESSUAL CIVIL. EMBARGOS DECLARATÓRIOS. ADMINISTRATIVO. MANDADO DE SEGURANÇA. CONCURSO PÚBLICO. NOMEAÇÃO E POSSE EM CARGO PÚBLICO. EXECUÇÃO PROVISÓRIA. INEXISTÊNCIA DE AFRONTA À LEI 9.494/97. EMBARGOS ACOLHIDOS SEM EFEITO MODIFICATIVO. 1. A vedação contida na Lei 9.494/97 em relação à concessão de antecipação de tutela contra a Fazenda Pública nos casos de aumento ou extensão de vantagens a servidor público não se aplica nas hipóteses em que o autor busca sua nomeação e posse em cargo público, em razão da sua aprovação em concurso público. Precedentes do STJ. 2. *Possibilidade da execução provisória, na hipótese dos autos, para cumprimento da determinação do acórdão embargado.* 3. Embargos de declaração acolhidos, sem efeito modificativo. (EDcl nos EDcl no RMS 27.311/AM, Rel. Ministro JORGE MUSSI, QUINTA TURMA, julgado em 06/02/2014, DJe 14/02/2014) ADMINISTRATIVO. AGRAVO REGIMENTAL NO AGRAVO EM RECURSO ESPECIAL. MANDADO DE SEGURANÇA. CONCURSO PÚBLICO. EXECUÇÃO PROVISÓRIA. POSSIBILIDADE. AUSÊNCIA DE PREQUESTIONAMENTO DOS DISPOSITIVOS LEGAIS TIDOS POR VIOLADOS. SÚMULA N. 211 DO STF. ARTIGOS DE LEI QUE NÃO POSSUEM FORÇA NORMATIVA PARA INDUZIR A REFORMA DO JULGADO. SÚMULA N. 284 DO STF. AUSÊNCIA DE VIOLAÇÃO DO ART. 535 DO CPC. 1. Discute-se a admissibilidade de recurso especial no qual se impugna acórdão que entendeu pela possibilidade de execução provisória em mandado de segurança, consistente na determinação de nomeação de candidato, antes do trânsito em julgado. 2. Os artigos 128, 460, 468 e 472 do CPC, além não se encontram prequestionados, não servem à pretensão recursal porque suas disposições não teriam o condão de induzir a reforma do julgado a quo, o que atrai os entendimentos da Súmula n. 211 do STJ e da Súmula n. 284 do STF. 3."A vedação contida nos arts. 1º, § 3º, da Lei 8.437/92 e 1º da Lei 9.494/97, quanto à concessão de antecipação de tutela contra a Fazenda Pública nos casos de aumento ou extensão de vantagens a servidor público, não se aplica nas hipóteses em que o autor busca sua nomeação e posse em cargo público, em razão da sua aprovação no concurso público. Precedente do STJ"(AgRg no Ag 1.161.985/ES, Rel. Min. Arnaldo Esteves Lima, Quinta Turma, julgado em 22.6.2010, DJe 2.8.2010).

---

sória. Ordenamentos mais recentes, como a Ley de Enjuiciamiento Civil espanhola, de 2002, adotaram a execução imediata, e sem prestação de caução, na pendência de recurso". Sobre o assunto, ver também RAMOS, Manuel Ortells. *Derecho Procesal Civil*. 6. ed. Navarra: Thomson-Aranzadi, 2005, p. 897-898.

> No mesmo sentido: AgRg no AREsp 17.774/DF, Rel. Ministro Humberto Martins, Segunda Turma, DJe 26/10/2011; REsp 1234743/GO, Rel. Ministro Mauro Campbell Marques, Segunda Turma, DJe 31/03/2011. 4. Nos termos em que decidida a controvérsia pelo acórdão a quo, não há falar em violação do art. 535 do CPC, pois o Tribunal de origem julgou a matéria, de forma clara, coerente e fundamentada, pronunciando-se, suficientemente, sobre os pontos que entendeu relevantes para a solução da controvérsia. 5. Agravo regimental não provido. (AgRg no AREsp 15.804/GO, Rel. Ministro BENEDITO GONÇALVES, PRIMEIRA TURMA, julgado em 21/02/2013, DJe 11/03/2013) ADMINISTRATIVO. CONCURSO PÚBLICO. CANDIDATO APROVADO DENTRO DO NÚMERO DE VAGAS. NOMEAÇÃO E POSSE EM CARGO PÚBLICO. EXECUÇÃO PROVISÓRIA DE SENTENÇA CONTRA A FAZENDA PÚBLICA. POSSIBILIDADE. AFRONTA AOS ARTS. 1º, § 3º, DA LEI 8.437/1992; 1º E 2º-B DA LEI 9.494/1997. NÃO OCORRÊNCIA. 1. A vedação contida nos arts. 1º, § 3º, da Lei 8.437/92 e 1º da Lei 9.494/97, quanto à concessão de antecipação de tutela contra a Fazenda Pública nos casos de aumento ou extensão de vantagens a servidor público, não se aplica nas hipóteses em que o autor busca sua nomeação e posse em cargo público, em razão da sua aprovação no concurso público. Precedente do STJ. 2. *A jurisprudência do Superior Tribunal de Justiça firmou-se no sentido de que a vedação de execução provisória de sentença contra a Fazenda Pública restringe-se às hipóteses previstas no art. 2º-B da Lei 9.494/97, o que não é o caso dos autos, pois não há determinação de pagamentos pretéritos, mas apenas o pagamento pelo efetivo serviço prestado.* 3. Agravo Regimental não provido. (AgRg no REsp 1259941/DF, Rel. Ministro HERMAN BENJAMIN, SEGUNDA TURMA, julgado em 04/12/2012, DJe 19/12/2012) Desta forma, ao conceder efeito suspensivo ao recurso de apelação interposto pelo Município, na hipótese em que o autor busca sua nomeação e posse em cargo público em razão de sua aprovação em concurso público, o Tribunal decidiu em desconformidade com o entendimento jurisprudencial desta Corte Superior. Ante o exposto, conheço do recurso especial, e dou-lhe provimento para determinar que a apelação interposta pelo Município seja recebida apenas no efeito devolutivo (STJ. 1ªT. REsp: 1397516/SC 2013/0261779-2, Rel. Min. Sérgio Kukina, Julg. 20.04.2015. *DJ* 24.04.2015). (grifos nossos).

9. PROCESSO CIVIL E OS MODELOS DE INVESTIGAÇÃO PATRIMONIAL NA ATIVIDADE EXECUTIVA

9.1 INTRODUÇÃO

Dentre as diversas nuances da atividade executiva, encontrar elementos patrimoniais suscetíveis de serem utilizados para satisfazer o crédito do exequente não somente constitui um imperativo lógico, senão que, no âmbito da execução patrimonial, se revela como uma necessidade jurídico-formal do próprio ordenamento como também atributo de natureza satisfativa do serviço público da justiça.

Cabe esperar da execução forçada, seja ela decorrente de título executivo judicial ou extrajudicial, mas que contenha uma obrigação de pagar determinada quantia em dinheiro, que seja realizada sob seus próprios termos dentro do devido processo constitucional, e, ademais, que se dê a efetiva satisfação ao exequente, notadamente, em tempo oportuno.

Hodiernamente, o sistema econômico se nutre de estruturas produtivas e financeiras muito desenvolvidas e que requerem estruturas jurídicas extremamente complexas Em verdade, na sociedade do século XXI se destaca a proliferação de pessoas jurídicas, a progressiva desmaterialização dos elementos patrimoniais tradicionais a favor dos ativos financeiros, o deslocamento territorial dos centros de gestão econômica como consequência da globalização dos mercados, o crescimento da economia especulativa, a implantação de redes internacionais de comunicação, fruto de espetacular avanço da tecnologia da informação e, fundamentalmente, a perda da relevância do setor primário e secundário em proporção ao aumento do peso relativo das operações relacionadas com os serviços.[94]

Neste estado de coisas em que a economia ultrapassa as fronteiras das soberanias nacionais, onde a informação constitui um valor em si mesmo e, sobretudo, quando a identidade do capital vem se descompondo em milhares de anônimos investidores, o legislador continua organizando a atividade executiva com referência a um devedor pessoa física com patrimônio que pode ser localizado à simples vista.[95]

9.2 MODELOS DE INVESTIGAÇÃO PATRIMONIAL EM SEDE DE DIREITO COMPARADO

A Forma de apurar os bens do executado varia significativamente de um ordenamento para outro. A grande variedade de procedimentos e figuras processuais que nos oferece em sede de direito comparado expressa a multiplicidade de aspectos que concorrem em uma atividade necessária para assegurar a efetividade do crédito, mas que, por sua vez, pode constituir uma intromis-

94. Cf. TREPAT, Cristina Riba. La investigación em la nueva ejecución civil. *In*: CADENAS, M. Cachón; JUNOY, P.Picó (Coords.). *La Execución Civil: problemas actuales*. Barcelona: Atelier, 2008, p.141-142.

95. *"(...) ante los espectaculares avances de la llamada ingenieria mercantil especializada em crear insolvências aparentes o em borrar el rastro del auténtico titular de los bienes y derechos, a la tutela del crédtio requiere algo más que la simple consulta de registros públicos, exige uma verdadeira labor investigadora o lo que es lo mismo, uma actividad judicial especificamente orientada a determinar la verdadeira composición del patrimônio del ejecutado para de este modo garantizar la eficácia de la ejecución."* Idem, p. 142.

são na vida privada dos cidadãos. Daí que a resposta de cada legislação, em último sentido, depende não somente da cultura sob a qual se arraiga os comportamentos de seu tecido social, como também se desenvolve, variavelmente, o respeito a mais ou a menos do liame sempre estreito entre a satisfação do crédito do exequente em último sentido e a proteção aos diretos de privacidade sobre bens materiais e imateriais do executado, como *v.g.*, acesso a informações privadas de seus dados pessoais e patrimoniais.

A efetividade da tutela de proteção e satisfação ao crédito requer desenhar mecanismos aptos a persuadir condutas evasivas e mesmo procrastinatórias por parte do devedor-executado recalcitrante, de modo a facilitar a investigação da capacidade econômica do mesmo.

Outrossim, quando a característica privacidade se debruça sobre objeto de especial proteção, a obtenção de informações contra a vontade do executado exige a ponderação de meios e fins, de modo que se possa obter o resultado objetivado e favorecedor da busca pelo crédito devido, mas evitando uma indevida utilização dos dados obtidos às expensas daquele executado.[96]

Dito isso, os problemas voltados ao desenvolvimento de um modelo de investigação patrimonial são sempre elencados em questionamentos que envolvem desde as formas e os meios pelos quais serão obtidas as informações para a prática de atos de constrição, até de quem se dará o poder de iniciativa para tal.

Neste sentido, embora certamente exista uma diferenciação conceitual entre os modelos de investigação próprios dos sistemas da *common law* e aqueles provenientes dos sistemas europeus continentais, inclusos em cada uma destas culturas jurídicas predomina a singularidade das soluções propostas pelo legislador.

Em sede do Direito Inglês, o regime de investigação de bens do executado vem precedido pela intervenção da autoridade judicial que, pedido do credor interessado, pode determinar que seja o devedor intimado para comparecer pessoalmente perante órgão delegado pelo magistrado, para fins de responder às perguntas acerca de sua situação patrimonial bem como a exibir todos os documentos pertinentes a tal. Notadamente, quando de sua intimação será advertido de que qualquer escusa ou mesmo falsidade em suas declarações estará sujeito à sanção do *comtemp of court*, ou seja, desrespeito à corte, o que, certamente, poderá gerar sanções restritivas de liberdade.

"Contemp of court consists of interfering with the administration of the law (..). It can take many forms, but the most common are:

(a)Disobedience by the contemner of an order requiring him o her to take or refrain from taking specified action.

96. Com relação ao atuar do Estado e o respeito à privacidade de dados, cf. PULVIRENTI, Orlando D. *Derechos e Internet*. Buenos Aires: Errepar, 2013, p. 57 e 89.

(a) *Assisting another to breach such an order.*

(b) *Taking action which impedes or interferes with the course of justice.*

Proceedings for contempt are essentially in character, although they also have the purpose of securing compliance with the court's orders."[97]

Por outro lado, no modelo do direito norte americano, o juiz ordenará ao órgão executivo municipal, com sede no lugar onde deva se realizar a execução, que proceda a praticar medidas necessárias para satisfazer o efetivo crédito, tratando-se aí de matéria tipicamente de cunho administrativo.

Não obstante isso, o exequente poderá requerer procedimento judicial de auxílio, solicitando que se desenvolva específica e exaustiva investigação para fins de localização de bens do executado, o que daí pode-se requisitar informações de quaisquer pessoas físicas e/ou jurídicas, valendo a possibilidade de aquisição coativa de informações patrimoniais, desde que seja útil à execução empreendida.[98]

Em um sentido geral, no sistema francês, outorga-se a função de localização de bens do executado ao *huissier de justice*,[99] espécie de oficial de justiça voltado para atuar em sede de execução patrimonial, sendo que tal questão somente não se dará quando houver intervenção do Procurador da República, notadamente, em conteúdos que envolvem interesse público.

Já no Direito Alemão, a localização patrimonial de bens do executado se dá por meio da manifestação deste próprio (*eidesstattliche versicherung*), constante do §807 do ZPO, sendo que em caso de não cumprimento de dita obrigação processual comportará em sanção de privação de liberdade por um período de até 6 meses (§ 913 do ZPO), sendo esta decretada pelo órgão judicial competente e levada a cabo por meio de um executor judicial, devendo a ordem de prisão indicar o credor, o devedor e o motivo da detenção (§908 do ZPO).

Ainda, com relação aos modelos de investigação patrimonial, destaca-se o modelo sueco, este que se caracteriza pela concentração da atividade executiva mediante um serviço público de execução forçada. Trata-se, na verdade, de um órgão administrativo que se incumbe de realizar em todas as classes de títulos executivos – judiciais e extrajudiciais – o levantamento de bens do executado e expropria-lo, portanto, não cabendo ao Poder Judiciários, sobretudo, em sentenças decorrentes de condenação pecuniária, a atividade executiva.[100]

97. SIME, Stuart. *A Practical Approach to Civil Procedure*. London: Bkackstone Press Limited, 1994, p.406.

98. YAZELL, Stephen C; LANDERS, Jonathan M.; MARTIN, James ARTHUR. *Civil Procedure*. Boston: Little Brown and Co., 1988, p. 907 e ss.

99. FRICERO, Natalie. *L'essentiel dela Procédure Civile*. Paris: Gualino Éditeur, 2010, p.32.

100. TREPAT, Cristina Riba. Ob. cit., p.144; KENNETT, Wendy (Coord.) *Enforcement of juldgments*. Europe Review of Private Law. Haia: Kluwer, 1997, p.321-428.

Com relação ao modelo espanhol de investigação patrimonial, este se pauta em uma atividade tipicamente jurisdicional, sendo a iniciativa, decisão e demais atividade de investigação e expropriatórias depositadas na figura do juiz, ainda que exista uma série de atividades investigativas em torno do patrimônio do executado e que podem ser realizadas muito bem pelo exequente.

Notadamente, o magistrado contará com a colaboração do executado, ainda que de forma coativa, isso através da declaração de bens deste, assim como com auxílio de terceiros que podem estar de posse de informações acerca da composição patrimonial do executado.

De certo, quando o exequente não encontrar bens suscetíveis de expropriação do executado, o secretário judicial "*podrá acordar por médio de diligencia de ordenación, de oficio que se requiera al ejecutado para que manifieste relación de bienes y derechos suficientes para cobrir la quantia de la ejecución, com expresión em su caso, de cargas y gravámenes, así como, em el caso de inmubles, si están ocupados, por qué personas u com qué titulo (art. 589.1).*

Este requerimento se hará al ejecutado com apercibimiento de las sanciones que puedam imponérsele, cuando menos por desobediencia grave, em caso de que no son suyos o no desvele las cargas y gravámenes que sobre ellos pesaren. Además, y sin prejuicio de lo anterior, el secretario podrá imponer multas coercitivas periódicas al ejecutado que no respondiere debidamente al requerimento."[101]

Por fim, tratando-se do Direito Português, observa-se que o juiz exerce funções de tutela, intervindo em caso de litígio surgindo na pendência da execução, *ex vi* do art. 723-1-*b* do Código de Processo Civil lusitano, assim como em atos de controle, proferindo em determinados casuísmos, despacho liminar (controle prévio aos atos executivos conforme os arts. 723-1-*a)* intervindo magistrado também para fins de solucionar dúvidas (art. 723-1-*d*), dentre outras questões.

Por outro lado, caberá ao denominado agente de execução efetuar todas as diligências do processo executivo que não estejam atribuídas à secretaria ou sejam de competência do juiz, incluindo, nomeadamente, citações, notificações, publicações, consultas de bases de dados, penhoras e seus registos, liquidações e pagamentos, como se nota do art.719-1 do CPC Português.

Compreende-se o agente de execução, tal como o *hussier* do modelo francês, em um misto de profissional liberal e funcionário público, cujo status de auxiliar da justiça implica na detenção de poderes de autoridade no processo de execução.[102]

---

101. AROCA, Juan Montero *et ali. Derecho Jurisdiccional II.* 19 ed. Valencia: Tirant lo Blanch, 2011, p.613.

102. FREITAS, José Lebre de. *A Acção Executiva. Depois da reforma da reforma.* Coimbra: Coimbra Editora, 2009, p.27.

Para melhor compreensão da atuação desta figura no âmbito processo de execução, bem regra o art. 720, *in verbis*:

"1 - O agente de execução é designado pelo exequente de entre os registados em lista oficial.

2 - Não tendo o exequente designado o agente de execução ou ficando a designação sem efeito, esta é feita pela secretaria, segundo a escala constante da lista oficial, através de meios eletrónicos que garantam a aleatoriedade no resultado e a igualdade na distribuição.

3 - A designação referida no número anterior é realizada de entre os agentes de execução inscritos ou registados na comarca ou, na sua falta, de entre os inscritos ou registados nas comarcas limítrofes, sendo o agente de execução notificado da sua designação pela secretaria, por meios eletrónicos.

4 - Sem prejuízo da sua destituição pelo órgão com competência disciplinar, o agente de execução pode ser substituído pelo exequente, devendo este expor o motivo da substituição; a destituição ou substituição produzem efeitos na data da comunicação ao agente de execução, efetuada nos termos definidos por portaria do membro do Governo responsável pela área da justiça.

5 - As diligências executivas que impliquem deslocações cujos custos se revelem desproporcionados podem ser efetuadas, a solicitação do agente de execução designado e sob sua responsabilidade, por agente de execução do local onde deva ter lugar o ato ou a diligência ou, na sua falta, por oficial de justiça, nos termos da alínea d) do n.º 1 do artigo 722.º, sendo o exequente notificado dessa circunstância.

6 - O agente de execução pode, sob sua responsabilidade e supervisão, promover a realização de quaisquer diligências materiais do processo executivo que não impliquem a apreensão material de bens, a venda ou o pagamento, por empregado ao seu serviço, devidamente credenciado pela entidade com competência para tal nos termos da lei.

7 - Na falta de disposição especial, o agente de execução realiza as notificações da sua competência no prazo de 5 dias e pratica os demais atos no prazo de 10 dias.

8 - A designação do agente de execução fica sem efeito se ele declarar que não a aceita por meios eletrónicos, nos termos a definir por portaria do membro do Governo responsável pela área da justiça."

Nota-se, de tudo, a acentuada participação do agente de execução na investigação patrimonial voltada à satisfação do crédito do exequente, i.e., sendo o responsável por citações, notificações, publicações, consultas de bases de dados, penhoras e seus registos, liquidações e pagamentos, conforme alhures assentado, demonstrando-se claramente a diminuição da intervenção do magistrado nos atos processuais pertinentes à atividade executiva.[103]

103. No mesmo sentido, FREITAS, José Lebre de. Ob. cit., p. 28.

Aliás, neste ínterim, entende Marco Carvalho Gonçalves que, com a generalidade das diligências executivas ficando a cargo do Agente de Execução, verifica-se uma "desjudicialização" do Processo Executivo no âmbito do sistema português.[104]

9.3 PROCESSO CIVIL BRASILEIRO E O MODELO DE INVESTIGAÇÃO PATRIMONIAL DO EXECUTADO

Como já frisado em linhas anteriores, diante do não adimplemento espontâneo do débito exequendo e da própria dificuldade de se noticiar bens no processo, foram sendo desenvolvidos pelo próprio Poder Judiciário, mecanismos de busca patrimonial do executado, implicando em verdadeiros meios de investigação patrimonial, os quais vêm sendo cada vez mais aperfeiçoados, sempre na esperança de viabilizarem a localização de patrimônio do executado, permitindo assim a consequente expropriação de bens, de forma a levar à satisfação do direito do exequente, mesmo diante da resistência do executado no cumprimento da obrigação deveras reconhecida, mas não satisfeita.

Tratam-se, portanto, de mecanismos com importante utilidade na busca pelo resultado satisfatório da execução, implicando quando do resultado almejado, na efetiva obtenção do resultado útil do processo.

O caminho legal empregado na criação destes meios de investigação deriva de convênios firmados por órgãos específicos e o Poder Judiciário, permitindo a este último ter condições de acessar diretamente os cadastros e arquivos privados de cada um dos órgãos conveniados.

A grande utilidade dos aludidos convênios está no fato de que o acesso se torna possível não apenas para o Poder Judiciário obter informações atinentes à vida patrimonial dos executados, mas também para requerer em tempo real, por meio de mensagens eletrônicas, que os órgãos específicos efetuem o lançamento de informações como restrições, registros e gravames junto aos cadastros, sem a necessidade de expedição de ofícios determinando a intermediação por funcionários dos mesmos, o que atribui agilidade aos procedimentos.

Estão disponíveis aos tribunais brasileiros, atualmente, os seguintes sistemas de investigação patrimonial: Bacenjud, Renajud e Infojud. Além destes, existe também o Serasajud, este que, não obstante não possuir a mesma serventia pragmática dos demais já que não tem o condão de alcançar patrimônio, figura-se como um meio de grande utilidade no tocante à possível persuasão junto ao devedor-executado pelo cumprimento da obrigação, mas que aqui não será analisado como forma de investigação patrimonial, pois que não se propõe de tal objeto.

---

104. GONÇALVES, Marco Carvalho. *Lições de Processo Civil Executivo*. 3 ed. Coimbra: Almedina, 2019, p.38.

9.3.1 BACENJUD

O BacenJud é um sistema que interliga o Poder Judiciário ao Banco Central e às instituição bancárias, com o fim de agilizar o acesso às informações financeiras existentes em nome dos executados, permitindo o envio *on-line* de ordens judiciais ao Sistema Financeiro Nacional.

Resulta o referido mecanismo de investigação financeira, em um convênio firmado entre o Banco Central do Brasil – BACEN, o Superior Tribunal de Justiça – STJ e o Conselho de Justiça Federal – CJF. Tal sistema permite ao magistrado, por meio de uma senha pessoal e intransferível, acessar o *site* do Banco Central e determinar o bloqueio, desbloqueio, transferência de valores e ainda ter acesso a saldos e extratos de contas dos devedores que estão sendo executados em sua vara.

O procedimento passa pelo necessário preenchimento *on-line* de um formulário, solicitando as informações necessárias a determinado processo de execução, com o objetivo de bloquear possíveis valores existentes em contas bancárias de titularidade do executado.[105]

Assim, conforme estabelece o art. 854 do CPC, o juiz, a requerimento do exequente, sem dar ciência prévia do ato ao executado, determinará às instituições financeiras, por meio de sistema eletrônico gerido pela autoridade supervisora do sistema financeiro nacional, que torne indisponíveis ativos financeiros existentes em nome do executado, limitando-se a indisponibilidade ao valor indicado na execução.

Uma vez recebida a resposta de seu ofício, no prazo de 24 (vinte e quatro) horas o magistrado determinará o cancelamento de eventual indisponibilidade excessiva, o que deverá ser cumprido pela instituição financeira em igual prazo. (§1º, art. 854, CPC)

Tornados indisponíveis os ativos financeiros do executado, este será intimado na pessoa de seu advogado ou, não o tendo, pessoalmente, incumbindo-lhe, com base no § 3º do art. 854, no o prazo de 5 (cinco) dias, comprovar que: (i) tais quantias tornadas indisponíveis são impenhoráveis; (ii) ainda remanesce indisponibilidade excessiva de ativos financeiros.

Acolhida qualquer das supracitadas arguições do executado, caberá ao juiz determinar o cancelamento de eventual indisponibilidade irregular ou excessiva a ser cumprido pela instituição financeira em 24 (vinte e quatro) horas.

Por outro lado, uma vez rejeitadas, ou mesmo não apresentada a manifestação do executado, converter-se-á a indisponibilidade em penhora sem necessidade de lavratura de termo, devendo o juiz da execução determinar à instituição financeira depositária que, no prazo de 24 (vinte e quatro) horas,

---

105. Disponível em: <https://www.bcb.gov.br/htms/bacenjud/Default.asp?frame=1>. Acesso em 24.10.2019.

transfira o montante indisponível para conta vinculada ao juízo da execução (§5º do art. 854).

Como lógico, caso tenha sido quitada a dívida pelo executado por outro modo, imediatamente, o magistrado determinará por sistema eletrônico gerido pela autoridade supervisora do sistema financeiro nacional, a notificação da instituição financeira para que, em até 24 (vinte e quatro) horas, cancele a indisponibilidade.

Vale notar que o CPC/2015, mais precisamente no §8º do art. 854, assentou devida responsabilidade à instituição financeira quanto a eventual prejuízo que tenha causado ao executado em decorrência da indisponibilidade de ativos financeiros em valor superior ao indicado na execução ou pelo juiz, bem como na hipótese de não cancelamento da indisponibilidade no prazo de 24 (vinte e quatro) horas, quando assim determinar o órgão julgador.

Importante pontuar que os tributos oriundos do cumprimento da ordem de transferência serão suportados pelo executado. Diante da insuficiência de recursos disponíveis para tanto, deverá o valor dos tributos ser deduzido daquela quantia a ser transferida.

Ainda, digno de nota é que as transmissões das ordens de indisponibilidade, de seu cancelamento e de determinação de penhora far-se-ão por meio de sistema eletrônico gerido pela autoridade supervisora do sistema financeiro nacional, *ex vi* do §7º do art. 854 do CPC.

É bem verdade que o Bacenjud, resultando-se em modalidade de penhora "*on-line*", vem acompanhado de vários questionamentos, desde argumentos que indicam ser a "penhora *on-line*" medida excepcional, que só deveria ser concedida depois da comprovação de que o credor, realmente, esgotou todos os meios para encontrar bens penhoráveis no universo patrimonial do devedor, observando-se aí o princípio da menor onerosidade da execução, até vozes que exclamam a garantia constitucional do sigilo bancário do executado.

A despeito de se tratar de direito individual expressamente protegido pela Constituição Federal, admite-se que, em situações excepcionais, o interesse público e ainda social pelo qual deve o Poder Judiciário se pautar, interessado que é na efetiva satisfação e solução prática de seus desígnios, justificadores, inclusive da função jurisdicional a ele conferida, obtendo, assim, determinadas informações que prevaleçam sobre o direito e interesse particular[106].

Aliás, nesse sentido tem têm-se entendido já de muito o STF.[107]

---

106. CORREIA, André Luiz. Em defesa da penhora on-line. In: *Revista de Processo* 125, RT, jul. de 2005, p. 123.

107. "Se é certo que o sigilo bancário, que é espécie de direito à privacidade, que a Constituição protege no art. 5º, X, não é um direito absoluto, que deve ceder diante do interesse público, do interesse social e do interesse da justiça, certo é, também, que ele há de ceder na forma e com observância de procedimento estabelecido em lei e com respeito ao princípio da razoabilidade. No caso, a questão foi posta, pela recorrente, sob o ponto de vista puramente constitucional, certo, entretan-

É de afirmar ainda, que, seguindo tendência, inclusive em nível mundial, intensificada foi a valoração da efetividade processual com relação à própria virtude de que se deve trilhar o instrumento "processo", meio hábil de conceder, dentro do possível e respeitando o Estado de Direito, o bem da vida a que dele legitimamente se espera, não podendo, por conseguinte, dissociá-lo da própria extensão do que se entende hoje pelo conceito de acesso à justiça.[108]

Na mesma esteira de dito pensamento, sustenta Dinamarco que "atenta contra o exercício da jurisdição (a) o devedor que, tendo dinheiro ou fundos depositados ou aplicados em banco, não paga desde logo quando citado no processo executivo (art. 652 do CPC/*1973; art. 829 do CPC/2015*)."[109] (Grifo nosso).

A medida reduz significativamente o tempo de tramitação do pedido de informação ou bloqueio, contribuindo para a celeridade dos processos. E, além disto, evita que o executado se esquive do cumprimento, uma vez que o trâmite adotado se dá sem sua previa comunicação, desde que já consumada sua condição de executado na relação processual, o que, apesar dos inconformismos acima demonstrados, é justamente o que proporcionada a efetividade da medida.

9.3.2 RENAJUD

Trata-se o Renajud de outro mecanismo de investigação patrimonial, sendo um sistema *on-line* de restrição judicial de veículos criado pelo Conselho Nacional de Justiça (CNJ), que interliga o Poder Judiciário ao Departamento Nacional de Trânsito –Denatran, por meio do Comitê Gestor do Renajud, estabelecido pelo CNJ em parceria com o Departamento Nacional de Trânsito (Denatran/Ministério das Cidades) e o Ministério da Justiça,[110] visando autorizar restrições judiciais *on-line* de veículos, podendo ser utilizado por juízes e servidores cadastrados dos tribunais federais e estaduais de todo o país, os quais, por meio do convênio firmado, mediante regulamentos e normas estabelecidas pelo próprio sistema Renajud, têm acesso à base de dados do Renavam- Registro Nacional de Veículos Automotores.

Trata-se, portanto, de um instrumento de comunicação eletrônica entre os referidos órgãos, por meio do qual se torna possível diversas operações judiciais envolvendo veículos em âmbito nacional.

---

to, que a disposição constitucional é garantidora do direito, estando as exceções na norma constitucional." (STF. 2ªT. RE 224775/PE. Rel. Min. Carlos Velloso, Julg.13.04.1999, *DJ* 10.09.1999).

108. Sobre o assunto, ver GAIO JUNIOR, Antônio Pereira. *Tutela Específica das Obrigações de Fazer,* 7 ed. Curitiba: Juruá, 2019, p. 5-9.

109. DINAMARCO, Cândido Rangel. *Nova Era do Processo Civil*. São Paulo: Malheiros Editores, 2003, p. 294.

110. Disponível em: <http://sti.tjrr.jus.br/arqpdf/suporte/infocis/renajud/RENAJUD-Manual.pdf>. Acesso em 24.10.2019

Antes deste acordo de cooperação técnica estabelecido inicialmente em 2006, já tendo passado, inclusive, por atualizações, a última recentemente em 2016,[111] diante da necessidade de acesso à informação quanto a propriedade de veículos para formalização da penhora, todos os 27 (vinte e sete) Detrans dependiam do envio de ofício em papel para se obter dados sobre os veículos, o que implicava em longo período de espera pelo resultado das operações.

O acesso ao Renajud se dá por meio de certificação digital obtida por cada órgão do Poder Judiciário, mediante cadastramento obrigatório, com base num Acordo de Cooperação Técnica firmado e sua utilização se dá de acordo com o regulamento do Renajud.

Assim, instaurado o processo de execução, seja este autônomo (Livro II da Parte Especial do CPC) ou decorrente do cumprimento de sentença enquanto fase cognitiva de cunho executivo (Titulo II, do Livro I da Parte Especial do CPC), como regra, deverá o executado ser cientificado da obrigação de efetuar o pagamento do débito existente, no prazo adotado naquele procedimento executivo, sob pena de ter penhorado quantos bens bastem para garantir o débito em execução.

Ultrapassado o prazo legal estabelecido sem que o executado efetue o pagamento do débito, ignorando também a possibilidade de, neste prazo, apresentar uma tentativa de solução voltada à quitação da dívida, não haverá impedimento para que o mesmo ofereça bens à penhora ou até mesmo manifeste seu interesse em quitar parceladamente o débito, cabendo ao magistrado, por estímulo à política de consenso, permitir ao exequente conhecer a proposta por ventura apresentada pelo executado, intimando-o para que se manifeste em tal situação, podendo, se convier, aceitá-la, dando fim a procedimento executivo.

Mas, nada disso ocorrendo, esgotado o prazo para pagamento e evidenciada a inércia do executado, passa-se à busca de seu patrimônio, de forma a fazer com que, por meio da constrição de bens, se formalize a penhora e esta, decorrente dos procedimentos legais, se transforme em valor pecuniário suficiente ao pagamento do crédito do exequente.[112]

De acordo com o artigo 835 do CPC:

"A penhora se dará preferencialmente na seguinte ordem:

I- dinheiro, em espécie ou em depósito ou em aplicação em instituição financeira;

II- Veículos de vias terrestres; (...)."

---

111. Disponível em:<https://www.editorajc.com.br/cnj-avanca-na-versao-3-0-do-sistema-renajud/>. Acesso em 24.10.2019.

112. Cumpre esclarecer que o CPC/2015, por meio do art. 824, tem permitido a realização do Bacenjud antes mesmo da citação do executado, efetuando a indisponibilidade do valor bloqueado, para conversão em penhora após a devida citação, embora, esta deva ser uma medida de exceção.

Portanto, com base no dispositivo legal supramencionado, o primeiro ato procedimental em busca de patrimônio para satisfazer a execução é a realização do Bacenjud, o qual, conforme já amplamente enfrentado no item anterior, tem como finalidade possibilitar penhora *on-line* de dinheiro constante em conta bancária de titularidade do executado.

Sendo infrutífera a referida tentativa, passa-se à busca pela penhora *on-line* de veículos cuja propriedade seja do executado, informação esta que será obtida pelo magistrado, por meio de senha de acesso ao sistema Renajud, ocasião em que este alimentará o sistema com os dados completos do executado. Assim, poderão os juízes consultar, via internet, a base de dados sobre veículos e proprietários do Registro Nacional de Veículos (Renavam) bem como inserir a restrição judicial de penhora sobre os veículos.

Cumpre esclarecer que o sistema Renajud permite ao magistrado inserir outros tipos de informações sobre os veículos, tais como restrição de transferência, licenciamento e circulação, o que se dará conforme o caso.

No que tange ao registro de penhora sobre o veículo, esta vem acompanhada de dados essenciais tais como o valor do bem, data da penhora, valor da execução.

Os referidos dados são transferidos, mediante impressão das telas ao processo de execução, a fim de que seja dado prosseguimento no feito, permitindo-se então a adjudicação pelo exequente ou a alienação do bem por meio de iniciativa particular ou por leilão público, conforme prevê os incisos I e II, art. 825, do CPC.

Por fim, insta ressaltar ainda que em última reunião entre o CNJ, o Denatran e o Serpro tratou-se do denominado "Renajud 3.0", este que incluirá uma série de atualizações e acréscimos ao sistema, de modo a otimizar ainda mais a facilidade de informações quanto à restrição judicial do veículo.

Nestes termos, sete propostas vem sendo analisadas, dentre as quais se destacam: 1) criação de fluxo no sistema que possibilite ao magistrado que alienou o veículo com múltiplas penhoras proceder ao desbloqueio do bem para fins de transferência ao adquirente; 2) incluir funcionalidade que avise aos magistrados que fizeram a penhora sobre o mesmo bem a respeito da hasta pública designada, bem como seu resultado; 3) permitir que o juiz que ordenou a apreensão do veículo tome ciência do cumprimento por meio de alertas no Renajud.[113]

9.3.3 INFOJUD

Além dos instrumentos de Bacenjud e Renajud que viabilizam o alcance concreto de bens do executado, respectivamente de valores em dinheiro e de veículos, o Poder Judiciário brasileiro pode se valer hoje em dia, de mais um

113. Disponível em:<https://www.editorajc.com.br/cnj-avanca-na-versao-3-0-do-sistema-renajud/>. Acesso em: 24.10.2019.

instrumento de investigação patrimonial denominado de Infojud, por meio do qual procura-se obter informações sobre o executado junto a Receita Federal, que possam contribuir para o alcance patrimonial do mesmo de forma mais rápida.

O Infojud - Sistema de Informações ao Judiciário, decorre de um convênio firmado em 26 de junho de 2007, entre o Conselho Nacional de Justiça –CNJ e a Receita Federal do Brasil,[114] tratando-se de um programa eletrônico de comunicação instantânea entre tais órgãos, o qual, para ser utilizado pelo tribunal interessado, exige deste a assinatura de um Termo de Adesão, além o devido cadastramento ao programa.

Trata-se de ferramenta que se encontra disponível apenas aos magistrados e servidores do Poder Judiciário previamente cadastrados em base específica da Receita Federal, e que possuam certificado digital emitido por Autoridade Certificadora integrante da ICP-Brasil, sendo o acesso ao sistema feito no sítio da Receita Federal, opção "e-CAC – Centro Virtual de Atendimento ao Contribuinte."[115]

Necessário, portanto, é que cada um dos tribunais estaduais e regionais cadastre-se junto ao fisco, para se valer deste instrumento de informação de grande utilidade para solução de demandas judiciais, principalmente o processo de execução.

A grande serventia do sistema decorre do envio de respostas às solicitações de informações feitas pelo Poder Judiciário à Receita Federal, sendo por meio de uma caixa postal eletrônica substitui-se o procedimento anterior, onde eram enviados ofícios por escrito às Delegacias da Receita Federal, que forneciam as informações também por escrito, e que levavam meses para chegar aos tribunais.

Nota-se que tal substituição procedimental tem o condão de dar celeridade no alcance das respostas, já que as informações serão obtidas de forma *on-line*, em tempo real, ou seja, com dados atualizados.

Importante pontuar que continuam sendo consideradas sigilosas as informações sobre o executado enviadas eletronicamente pela Receita Federal, pois apesar de resultarem de providências adotadas em função de um processo judicial, tais informações serão impressas, mas não deverão ser juntadas aos autos do processo, dando ciência do conteúdo às partes interessadas fora dos autos.

O Poder Judiciário, no exercício de sua função, há muito já se vale de pedidos de informações junto à Receita Federal na elucidação de demandas judiciais, porém, o Infojud vem para otimizar o tempo de alcance de tais informações, contribuindo assim para as informações necessárias ao juízo.

---

114. Disponível em: < https://www.cnj.jus.br/sistemas/infojud/>. Acesso em 26.10.2019.

115. Disponível em: < https://www.cnj.jus.br/sistemas/infojud/>. Acesso em 26.10.2019.

De tudo, é desse afirmar que na seara processual executiva, pode o referido instrumento ser um grande viabilizador de informações patrimoniais do executado, de forma a viabilizar a satisfação do crédito em execução.

9.3.4 INFORMAÇÕES IMOBILIÁRIAS POR "OFÍCIO ELETRÔNICO"

Trata-se da possibilidade de o magistrado ou servidor judicial, em tempo real, obter informações precisas acerca de o executado ser ou não possuidor de bens registrados em cartórios imóveis, de forma a instruir com celeridade os processos, facilitando, portanto, a investigação patrimonial do próprio executado.

Tal iniciativa se observa, por exemplo, no convênio firmado entre a Associação dos Notários e Registradores do Estado de São Paulo – ANOREG/SP, a Associação dos Registradores Imobiliários do Estado de São Paulo – ARISP, e o Tribunal Regional do Trabalho da 15ª Região, por meio de termo de cooperação para a pesquisa *on-line* no banco de dados da Arisp.

Assim, juiz ou serventuário, devidamente cadastrado e identificado, poderá obter no portal Ofício Eletrônico, informações sobre os imóveis ou direitos reais registrados e/ou averbados nos cartórios de Registro de Imóveis do estado de São Paulo que integram o sistema: os dezoito cartórios da capital, além dos cartórios de Araçatuba, Diadema e Ribeirão Preto.

> O Ofício Eletrônico informa se o investigado possui ou não imóveis e em quais cartórios estão registrados. Em seguida, caso seja interesse do usuário, o sistema envia um ofício eletrônico para o cartório onde consta o registro/averbação. O cartório também responde eletronicamente ao Juízo solicitante e remete a certidão assinada digitalmente. A certidão da matrícula pode ser solicitada pelo número ou endereço do imóvel e será remetida no prazo de cinco dias."[116]

O presente sistema garante alto nível de segurança graças à criptografia ou codificação dos dados armazenados, que só serão acessíveis para o usuário identificado mediante o certificado digital no padrão ICP-Brasil.

9.3.5 SIMBA

O Sistema de Investigação de Movimentações Bancárias (SIMBA) foi desenvolvido pelo Ministério Público Federal tendo a finalidade de além do aceleramento dos processos de quebra de sigilo bancário de empresas e sócios efetivos ou ocultos, mediante autorização judicial, atua como organizador os dados relacionados às operações realizadas pelos investigados, apontando o fluxo monetário, os creditantes, os depositantes, o perfil e a constância das

---

116. Disponível em: <http://www.anoregsp.org.br/index.php?pG=X19leGliZV9ub3RpY2lhcw==&in=MTg2>. Acesso em 28.10.2019.

movimentações, entre outros dados financeiros que ficam disponíveis às autoridades solicitantes na forma de consultas e relatórios parametrizados.

Nestes termos, o SIMBA permite que os bancos e outras empresas financeiras remetam informações bancárias de forma segura, por via eletrônica, para a central do sistema, que pode realizar cruzamentos de dados e gerar relatórios conforme a necessidade do processo ou da investigação.

Segundo explica o magistrado Marcos Vinícius Barroso, o SIMBA analisa todas as informações bancárias dos devedores, gerando cinco relatórios, cada um com a sua função, com clara demonstração das movimentações levadas a efeito. Basta ao juiz que quiser utilizar o sistema requerer ao seu gestor regional o cadastramento.[117]

Acerca da possibilidade de quebra do sigilo bancário do devedor, aponta o magistrado que ao Poder Judiciário não se aplica nos termos do artigo 1º, § 4º, da Lei Complementar nº 105/2001, cabendo ao julgador fundamentar sua decisão de quebra de sigilo, o que, inegavelmente, é um dever irrenunciável para todos e direito inquestionável das partes e da própria sociedade a compreensão lógica, analítica, adequada e específica da construção racional do órgão julgador para chegar ao resultado de quaisquer atos que repercutem na órbita dos direitos de quem quer que seja.

Para a compreensão pragmática da presente ferramenta, há de acostar aqui uma situação de necessidade de aplicação do SIMBA:

> Um devedor que morava em um prédio com valor de condomínio elevado, mas não tinha nada em seu nome. A ordem de bloqueio pelo Renajud não detectou qualquer veículo. Já o SIMBA demonstrou, pelas faturas do cartão de crédito, que o executado havia feito um pagamento de um serviço para um veículo em uma concessionária. O juízo oficiou a empresa, que respondeu apresentando os dados do veículo, serviço realizado e endereço. Por meio de Oficial de Justiça foi realizada a apreensão do veículo, sendo o débito quitado após a alienação.[118]

10. MEDIDAS DE EXECUÇÃO INDIRETA COMO MEIOS EFETIVOS À SATISFAÇÃO DO DIREITO INADIMPLIDO

Não obstante os limites para a satisfação específica do direito sejam reais, importa-nos perceber que o legislador dispôs meios possíveis e realizáveis aos atores do processo para que se possa alcançar a realização efetiva do co-

117. Disponível em: http://www.guiatrabalhista.com.br/tematicas/Efetividade-execucao-trabalhista.htm. Acesso em 28.10.2019.

118. Disponível em: http://www.guiatrabalhista.com.br/tematicas/Efetividade-execucao-trabalhista.htm. Acesso em 28.10.2019.

mando da decisão judicial, ou seja, o cumprimento exato da obrigação deveras descumprida.

Assim, invariavelmente, seja a obrigação de fazer, não fazer, entregar coisa ou pagar quantia, tanto decorrente de título executivo judicial quanto extrajudicial, há de se compreender a necessidade do Estado em conceber meios propícios à satisfação obrigacional.

Dá-se o nome de medidas de execução indireta àquelas exercidas por meios de coação sobre a vontade do devedor,[119] de modo a compeli-lo a cumprir com a obrigação devida,[120] bem ao contrário do que se tem por medidas de execução direta, estas que abstraem da participação do executado na satisfação obrigacional, genericamente designadas de "sub-rogatórias", atuando, portanto, de maneira diferente na penetração patrimonial do devedor,[121] falando-se ainda de execução forçada, ou seja, aquela realizada de forma alheia à vontade do devedor, tendo a penhora e a alienação de seus bens transformados em dinheiro para o devido pagamento ao credor.[122]

Os ditos meios de coação[123] atuam por meio de medidas de pressão econômica, física ou psicológica, tais como as penas de multa, a incidência das *astreintes*, hipóteses de prisão civil, assim como punições oriundas da prática de atos atentatórios à dignidade da justiça, dentre outras.[124]

O Código de Processo Civil de 2015, a fim de melhor regular a matéria relativa à satisfação específica da obrigação devida, dividiu em dois momentos distintos o seu alcance pragmático.

Em um primeiro momento regulou o julgamento das obrigações de fazer, não fazer e entregar coisa, se fazendo compreender que, em caso de procedência do pedido, caberá ao órgão julgador conceder a tutela específica ou determinar providências ou medidas necessárias que assegurem a obtenção de tutela que corresponda ao resultado prático equivalente à obrigação ina-

---

119. No mesmo sentido, GUERRA, Marcelo Lima. *Execução Indireta*. São Paulo: RT,1998, p.34 e ss.

120. Na doutrina, encontramos opiniões que divergem quando se trata da coação como um dos meios executivos. Giuseppe, Chiovenda. (*Instituições de Direito Processual Civil*. Vol. I. 3. ed. São Paulo: Saraiva, 1969, p. 288) afirma ser a coação integrante daqueles meios, preceituando ainda o mestre que, *"por meios executivos se entendem as medidas que a lei permite aos órgãos jurisdicionais pôr em prática para o fim de que o credor logre praticamente o bem a que tem direito. Esses meios executivos podem dividir-se em meios de coação e de sub-rogação"*. No mesmo sentido, CASTRO, Amilcar de. *Comentários ao Código de Processo Civil*. Vol. VIII. São Paulo: RT, 1983, p. 186.

121. ASSIS, Araken de. *Manual da Execução*. 18 ed. São Paulo: RT, 2016, p.193

122. No mesmo sentido, MARINONI, Luiz Guilherme; ARENHART, Sérgio Cruz; MITIDIERO, Daniel. *O Novo Processo Civil*. 3 ed. São Paulo: RT, 2017, p.405-406.

123. GAIO JÚNIOR, Antônio Pereira. *Tutela Específica das Obrigações de Fazer*. 7 ed. Curitiba: Juruá, 2017, p.84.

124. Sobre o enquadramento de uma variedade de medidas executivas no plano da Tutela Específica, ver em diversas passagens, GUERRA, Marcelo Lima. *Execução Indireta*. São Paulo: RT, 1998.

dimplida, *ex vi* do art. 497, *caput*. No mesmo sentido, dedicou o art. 498 à obrigação de entrega de coisa.

Ainda, pode regular as obrigações de declaração de vontade (art.501), típica espécie de obrigação de fazer, mas de natureza juridicamente infungível,[125] bem como a importantíssima Tutela Inibitória (parágrafo único do art. 497), igualmente modalidade de uma obrigação de não fazer.

Neste âmbito, vale a pena sublinhar que, como já fazia o CPC/1973, para a o cumprimento exato da obrigação devida, mirou o legislador em sua obtenção satisfativa específica, a ponto de se reconhecer que eventual condenação a perdas e danos por parte do condenado recalcitrante no cumprimento da obrigação originariamente devida, possui caráter resolúvel, ou seja, somente sendo aplicável caso haja, de certo, a impossibilidade de cumprimento da obrigação originária, sendo aí demonstrado pelo art. 499, *in vebis*:

"A obrigação somente será convertida em perdas e danos se o autor o requerer ou se impossível a tutela específica ou a obtenção de tutela pelo resultado prático equivalente."

Lado outro, em se tratando do próprio cumprimento de uma obrigação de fazer, não fazer ou entregar coisa, as disposições encontram-se situadas mais adiante, precisamente no Título II "Do Cumprimento da Sentença" em seu Capítulo VI " Do Cumprimento da Sentença que reconheça a Exigibilidade de Obrigação de Fazer, Não Fazer ou Entregar Coisa", Seções I e II.

Nisso, expressa o art. 536 que:

> *No cumprimento de sentença que reconheça a exigibilidade de obrigação de fazer ou de não fazer, o juiz poderá, de ofício ou a requerimento, para a efetivação da tutela específica ou a obtenção de tutela pelo resultado prático equivalente, determinar as medidas necessárias à satisfação do exequente.*

Em reforço ao cumprimento da obrigação na forma específica, foram autorizadas medidas coercitivas de modalidades distintas, de acordo com a aptidão das mesmas em atuar sobre a vontade do recalcitrante devedor, medidas estas consideradas típicas pela previsão de sua existência descrita no texto legal, como bem aponta o §1º do art.536 do CPC.

Assim, estabelece o digitado §1º do art. 536 que, o juiz poderá determinar, entre outras medidas, a imposição de multa, a busca e apreensão, a remoção de pessoas e coisas, o desfazimento de obras e o impedimento de atividade nociva, podendo, caso necessário, requisitar o auxílio de força policial, e ainda, caso o executado, injustificadamente, descumpra a decisão judicial, incidirá nas penas de litigância de má-fé, sem prejuízo de sua responsabilização por crime de desobediência.

---

125. Cf. GAIO JÚNIOR, Antônio Pereira. *Tutela Específica das Obrigações de Fazer*. 7 ed. Curitiba: Juruá, 2017, p.209 e ss.

Ditas medidas, como apontado alhures são consideradas execução indireta e atuam sobre a vontade do devedor.

Nota-se a amplitude conferida ao julgador para aplicar tais medidas tidas como necessárias para fazer valer o cumprimento exato da ordem judicial, ou seja, efetivar o a realização de uma determinada tutela específica em obrigações de fazer, não fazer ou entregar coisa, encontrando força ainda na abertura dada pelo respectivo art. 536, ao se referir em seu texto a expressão ampla "entre outras medidas", possibilitando "criar" outros oportunos tantos modos de atuação da vontade satisfativa do direito reconhecidamente inadimplido.

Pode ainda o legislador autorizar o magistrado a determinar medidas de reforço e tidas, igualmente, como indiretas, mas atípicas ao cumprimento da exato da obrigação devida, inclusive naquelas relativas à obrigação de pagar quantia, pois que de textura aberta e por isso, adaptáveis às necessidades criativas para o alcance efetivo da pretensão reconhecida.[126]

Nestes termos, prevê art.139, IV:

> *O juiz dirigirá o processo conforme as disposições deste Código, incumbindo-lhe:*
>
> *(...)*
>
> *IV - determinar todas as medidas indutivas, coercitivas, mandamentais ou sub-rogatórias necessárias para assegurar o cumprimento de ordem judicial, inclusive nas ações que tenham por objeto prestação pecuniária;*
>
> *(...)*

Insta pontuar que ao aplicar qualquer das medidas arroladas no aludido inciso IV do art. 139, deve o magistrado levar em consideração todo o am-

---

126. Após 2ª grande Guerra, a doutrina alemã, sobretudo, se voltou fortemente à análise dos critérios de decisões meta- interpretativas e com uma atenção especial ao problema do positivismo com a consolidação da criatividade jurisdicional em autoridade normativa. Trata-se, fundamentalmente, de compreensão da Ciência Jurídica compatibilizada na posição e ação de seus participes para com os efeitos concretos junto à sociedade, de um modo geral.
Em exemplo, as medidas executivas contém boa carga de tais racionalidades, com os freios e contrapesos da doutrina para o estabelecimento de critérios racionais e objetivos para que a satisfação do direito molestado seja efetiva, mas não sucumbindo com os direitos fundamentais postos em questão.
Giovanni Orrù (*Richterrecht. Il problema dela libertà e autorità giudiziale nella dottrina tedesca contemporânea.* Milano: Giuffrè, 1985, p.12) enfrenta de maneira singular a virada interpretativa, não descuidando de uma realidade necessariamente compreendida que leva em conta o ato judicial como uma ato decisivo para a própria compreensão da norma, o que se faz de fundamental análise quando se estabelece qual medida executiva estaria apta a satisfazer determinada obrigação inadimplida.
"Nei settori più avvertiti della scienza giuridica si è raggiunta una convergenza pressoché unanime nel reconoscere che l'atto giudiziale, in quanto intervento decisivo sulla norma, in quanto fase della stessa vita della norma, è sempre creativo, nel senso che 'no manca mai, neppure in regime legalista, di elaborare, producere in melius, inventare el diritto'."

biente ao qual as mesmas podem servir, harmonizando-as com os limites balizados pelo próprio ordenamento, mirando sempre o respeito aos valores e normas fundamentais da Carta Constitucional (art. 1º do CPC), os fins sociais e às exigências do bem comum, resguardando e promovendo a dignidade da pessoa humana e ainda, observando a proporcionalidade, a razoabilidade, a legalidade, e porque não, a publicidade e a eficiência (art.8º do CPC) assim como o respeito ao contraditório substancial e efetivo (arts. 9º e 10), de modo a que não se possa oportunizar o uso arbitrário e desmensurado de determinada medida, portanto, sem deixar de cotejá-la com o grau de força judicial necessária para que o fim colimado – cumprimento de ordem judicial – não se transforme em pano de fundo para o aviltamento a um direito fundamental e ao devido e justo processo constitucional.

São situações de aplicação de medidas caracterizadoras da cláusula geral autorizadora do IV do art. 139, dentre outras, a dívida de veículos ensejando a suspensão da CNH; a dívida de alimentos gerando a possibilidade da apreensão do passaporte para impedir viagens e gastos no exterior; a dívida de cartão de crédito visando impedir a concessão de novas linhas de crédito ou de outros benefícios bancários, apreensão do valor correspondente ao limite de cheque especial, restrição de utilização de áreas comuns do condomínio, bloqueio de página na internet, aviso de débito ou descumprimento de obrigações de qualquer natureza em redes sociais e/ou no site do devedor, vedação à participação em concursos públicos ou em licitações, direito de trabalhar mediante aviso ao juízo, proibição de frequentar estádios.

Em verdade, não se pode permitir que a medida coercitiva seja incompatível com o fim visado, de modo a acabar impossibilitando o réu de cumprir a ordem, como, por exemplo, impor ao devedor como medida coercitiva a proibição de que ele não desenvolva atividade produtiva, pois que a própria solvabilidade dele já se configura pressuposto prático relevante para o cumprimento da ordem,[127] por tudo então, inegável é a verificação da necessidade e adequação da medida de execução indireta a ser imposta somado ao equilíbrio nas projeções de prejuízos e ganhos entre os atores do processo (proporcionalidade em sentido estrito).[128]

Há de se consignar, portanto, que a necessidade, a adequação e a proporcionalidade em sentido estrito compõem a razão do princípio da proibição do excesso (*Übermassverbot*) ou princípio da proporcionalidade em sentido amplo.

Nestes termos, a necessidade se pauta na ideia de que o cidadão possui o direito à menor desvantagem possível e bem por isso, justifica a necessária

127. No mesmo sentido, TALAMINE, Eduardo. Poder geral de adoção de medidas executivas e sua incidência, nas diferentes modalidades de execução. *In*: TALAMINI, Eduardo; MINAMI, Marcos Youji (Coords.). *Poder Geral de Adoção de Medidas Executivas e sua incidência nas diferentes modalidades de execução*. Salvador: JusPodivm, 2018, p.32.

128. CANOTILHO, J.J. Gomes. *Direito Constitucional*. Coimbra: Almedina, 1993, p.383.

adoção de um meio ou medida, pois outro menos oneroso não seria possível para se chegar ao resultado desejado. Quanto à adequação, trata-se da eleição de meios para a consecução do fim ou fins a ele subjacentes. Por fim, quanto à proporcionalidade em sentido estrito, de forma categórica, ensina Canotilho:

> Quando se chega à conclusão da necessidade e adequação do meio, para alcançar determinado fim, mesmo neste caso deve perguntar-se se o resultado obtido com a intervenção é proporcional à 'carga coactiva' da mesma. Meios e fins são colocados em equação mediante um juízo de ponderação, a fim de se avaliar se o meio utilizado é ou não desproporcionado em relação ao fim.[129]

Ainda assim, pensamos ser oportuno que os meios típicos e atípicos sejam racionalizados com os sub-rogatórios para fins de aplicabilidade de qualquer medida executiva, não somente pelo regrado no art. 4º do CPC, onde é reconhecido às partes o direito de obter em prazo razoável a solução integral do mérito, incluída a atividade satisfativa, como também pelo respeito ao princípio da menor onerosidade (menor sacrifício) do executado, este consagrado pelo art. 805, onde se entende que, quando diante de vários meios puder o exequente promover a execução, o juiz mandará que se faça pelo modo menos gravoso para o executado, notadamente, cabendo ao executado "*alegar ser a medida executiva mais gravosa incumbe indicar outros meios mais eficazes e menos onerosos, sob pena de manutenção dos atos executivos já determinados*" (parágrafo único do art. 805).

Nestes termos, há quem sustente o esgotamento das ferramentas de investigação patrimonial, notadamente, trilhadas sob a ideia da execução direta e meios de sub-rogação, para então, não logrando sucesso, *ex vi* quando da ocultação ou blindagem patrimonial e mesmo da resistência infundada ao cumprimento da obrigação, lançar mão das medidas de execução indireta, quer típicas ou atípicas.

Aliás, neste mesmo sentido caminhou o Tribunal de Justiça de São Paulo:

> AGRAVO DE INSTRUMENTO. AÇÃO DE EXECUÇÃO. TÍTULO JUDICIAL. ADOÇÃO DE MEDIDAS EXECUTIVAS ATÍPICAS FUNDADAS NO ART. 139, IV, DO CPC/2015. NÃO CABIMENTO. EXISTÊNCIA DE MEDIDAS EXECUTIVAS TÍPICAS. CARÁTER SUBSIDIÁRIO DAQUELAS EM RELAÇÃO A ESTAS. RECURSO PARCIALMENTE PROVIDO. As medidas executivas fundadas no art. 139, IV, do CPC/2015, em razão de sua atipicidade, devem ser adotadas excepcionalmente, de forma subsidiária àquelas típicas já previstas no ordenamento jurídico. É dizer, só devem ser utilizadas após esgotados todos os meios tradicionais de execução, de forma subsidiária. (TJ-SP - Agravo de Instrumento: AI 20175118420178260000 SP 2017511-84.2017.8.26.0000. Órgão Julgador 31ª Câmara de Direito Privado. Rel. Des. Adilson de Araújo. Julg. 11.04. 2017. Publicação 11.04.2017).

---

129. Idem.

Importante ressaltar que, constituem deveres das partes e de seus procuradores bem como de todos aqueles que de qualquer forma participem do processo, *dentre outros, cumprir com exatidão as decisões jurisdicionais, de natureza provisória ou final, e não criar embaraços à sua efetivação* (art.77, IV).

Uma vez recalcitrante quanto ao cumprimento supracitado, tal falta constituirá em verdadeiro ato atentatório à dignidade da justiça, devendo o juiz, sem prejuízo das sanções criminais, civis e processuais cabíveis, aplicar ao responsável multa de até vinte por cento do valor da causa, de acordo com a gravidade da conduta, *ex vi* do §2º do art. 77.

Caso aludida multa não venha ser quitada no prazo fixado pelo órgão judicial, será a mesma inscrita como dívida ativa da União ou do Estado após o trânsito em julgado da decisão que a fixou, e sua execução observará o procedimento da execução fiscal, revertendo-se aos fundos previstos no art. 97. (§3º do art. 77).

Cabe destacar ainda que a supracitada multa poderá ser fixada independentemente da incidência daquelas previstas nos arts. 523, § 1º, e 536, § 1º, conforme sustenta o §4º do art. 77, dada a verdadeira diversidade de sua natureza, aqui reconhecida como decorrente de ato que atenta à própria dignidade da atividade jurisdicional em si.

Nota-se que legislador, tal qual já regrava o revogado CPC/1973, procurou assentar ônus sobre atos que venham impedir o cumprimento de medida judicial, o que diretamente reflete na própria satisfação de um direito, reforçando o ideário da eficiência na prestação jurisdicional (art. 8º do CPC), o que certamente, não divorciada da realização efetiva e específica do direito reclamado em juízo.

CAPÍTULO 18

O CUMPRIMENTO DA SENTENÇA

1. COGNIÇÃO E EXECUÇÃO: ENTRE A DUALIDADE E UNICIDADE PROCESSUAL

Outrora, regra geral na processualística civil pátria era a clássica autonomia que, historicamente, fora construída pela doutrina europeia continental, em que os processos de cognição e execução se divorciavam em atividades distintas dado que, indubitavelmente, objetivavam tutelas complementares, mas com atividades jurisdicionais em diferentes teores, tendo, inclusive, vozes da doutrina a propugnar por uma especialização de juízos e magistrados nas atividades especificamente executórias.[1]

Pautado no modelo estrutural do processo civil continental europeu – processo civil clássico – a tutela jurisdicional sempre foi desenvolvida por meio de processos distintos, havendo, conforme já referido, uma dualidade entre conhecimento e execução. Destarte, a efetiva prestação jurisdicional, à luz de tal modelo, se fazia incipiente, visto que, ao mesmo tempo em que reconhecia a titularidade do direito material ora inadimplido, do outro lado não entregava de maneira eficiente, ou seja, não transformava para o mundo dos fatos ou realidade perceptível, a fruição do direito ao exercício pleno por parte do vencedor da demanda, restando-lhe, diante da resistência ou do não cumprimento voluntário do comando da sentença por parte do condenado, nenhuma outra alternativa senão o manejo de uma nova provocação ao judiciário sob o manto de um Processo de Execução.

Com o advento da Lei n. 11.232/2005, alterou-se a sistemática da execução de sentença condenatória relativa à obrigação de pagamento por quantia certa contra devedor solvente, escolhendo o legislador pátrio amenizar a dicotomia outrora existente como nota só entre cognição e execução.

Nesse sentido, inclusas foram ao nosso ordenamento processual civil, novatas dicções ao art. 475 do CPC/1973 e, mais precisamente, no art. 475-I e segs. do CPC/1973, emergindo daí uma fase denominada de "Cumprimento da Sentença", cujo desenvolvimento se dará por meio de atividades executórias de forma incidental ao processo de conhecimento, mantendo-se na devida unidade processual, possibilitando reconhecimento do direito oriundo da sentença e sua própria satisfação no âmbito do mesmo processo.

Tivemos então, com a nova sistemática, um procedimento executivo incidental, afastando a incidência em caráter absoluto do processo de execução

---

1. Sobre o assunto, ver GRECO, Leonardo. *Uma pauta para a Reforma do Processo de Execução*. Boletim Legislativo Adcoas, n.18, 1995.

ex intervallo. A fase de execução da sentença foi deslocada para o contexto do processo de conhecimento, ficando reservada a necessidade da instauração de relação processual *juris* satisfativa apenas para as execuções aparelhadas por títulos executivos extrajudiciais e algumas situações excepcionais, ainda que o título fosse judicializado (dentre outras hipóteses, as ações de Execução de Alimentos contra a Fazenda Pública – art. 730 e segs. do CPC/1973).

Assim, as mudanças ocorridas afastaram-se da concepção romanística de autonomia dos processos de conhecimento e execução, restando abolida a *actio judicati*, dando azo ao estabelecimento de um sistema instrumental sincrético, mais próximo da modelagem do real, em atenção aos princípios da efetividade e brevidade processual.

No que toca ao sincretismo processual, Alcalá-Zamora[2], de forma destacada, se posicionou firme contra a dualidade entre processo de conhecimento e processo de execução, propugnando pela necessidade de que "a unidade da relação jurídica e da função processual se estenda ao longo de todo o procedimento, em vez de romper-se em dado momento", posição essa que também sempre defendemos[3] não somente pela questão da presteza na solução e posterior entrega efetiva da prestação jurisdicional com qualidade, mas, sobretudo, pelo fato de que a ciência deve, inegavelmente, estar a serviço da sociedade que dela se nutre e daí, sob o manto de um cego respeito dogmático, na convicção de transformação social sob o comando da aplicabilidade do que foi construído – com todos os seus méritos – a outro tecido social, não seria razoável e de digno acerto a permanência em caráter absoluto do modelo divorciado entre cognição (reconhecimento do direito) e execução (satisfação do direito reconhecido).

Também, entre nós, mais hodiernamente, Theodoro Jr., já se posicionava acerca do sistema de dicotomia existente entre cognição e execução, ao manifestar a inexistência de

> razão, no plano lógico, para continuar a considerar, nas ações condenatórias, a força executória como diferida, se nas ações especiais a execução pode ser admitida como parte integrante essencial da própria ação originária. Nossa proposição é que, em se abandonando velhas e injustificáveis tradições romanísticas, toda e qualquer pretensão condenatória possa ser examinada e atendida dentro de um único processo de sorte que o ato final de satisfação do direito do autor não venha a se transformar em uma nova e injustificável ação, como ocorre, atualmente, em nosso processo civil.[4]

Nesse compasso, diante da possibilidade legal de termos em um mesmo processo reconhecimento e satisfação do direito, coube ao legislador dar trata-

---

2. ALCALÁ-ZAMORA Y CASTILLO, Niceto. *Proceso, Autocomposición y Autodefensa*. 2. ed. México: Unam, 1970, p. 149.
3. Ver o nosso *Tutela Específica das Obrigações de Fazer*. 5. ed. Curitiba: Juruá, 2015.
4. THEODORO JÚNIOR, Humberto. *A Execução de Sentença e a Garantia do Devido Processo Legal*. São Paulo: Aide, 1987, p. 239.

mentos procedimentais diferenciados quando da natureza dos títulos executivos, sejam eles, *v.g.*, decorrentes de sentenças condenando a Obrigações de Fazer, Não Fazer, Entregar Coisa, em que se satisfazem por meio de comandos decorrentes da própria sentença – casos da executiva *lato sensu* e mandamental[5] – ou decorrentes de sentenças condenatórias ao cumprimento de Obrigações de Pagar Quantia, esta, como já comentado, sendo satisfeita mediante o procedimento do "Cumprimento da Sentença" inaugurado pela Lei n. 11.232/2005, representando, de certo, como uma fase do processo de cognição.

Com o advento do CPC/2015, mantida fora a lógica do estabelecimento de um sistema instrumental sincrético, com a fase de execução da sentença deslocada para o contexto do processo de conhecimento, ficando reservada a necessidade da instauração de relação processual *juris* satisfativa apenas para as execuções aparelhadas por títulos executivos extrajudiciais.

A despeito a manutenção da lógica supracitada, cabe anotar que tivemos também modificações, não somente nominativas como de ordem organizacional no âmbito do próprio novato código.

Assim, fora condensado em um mesmo livro – Livro I, Titulo II da Parte Especial– os procedimentos relacionados à execução de títulos executivos judiciais, sendo a todos dados, indistintamente a nomenclatura de "Cumprimento de Sentença", nos seguintes termos: (i) Cumprimento Definitivo da Sentença que Reconhece a Exigibilidade de Obrigação de Pagar Quantia Certa; (ii) Cumprimento de Sentença que Reconheça a Exigibilidade de Obrigação De Prestar Alimentos; (iii) Cumprimento de Sentença que Reconheça a Exigibilidade de Obrigação de Pagar Quantia Certa pela Fazenda Pública; e (iv) Cumprimento de Sentença que Reconheça a Exigibilidade de Obrigação de Fazer, de Não Fazer ou de Entregar Coisa.

Os aludidos conteúdos obrigacionais, já previamente reconhecidos em ato sentencial, originando um título executivo judicial e a busca pelo seu efetivo cumprimento mediante o mesmo processo de conhecimento é o que passaremos a desenvolver nos tópicos adiante.

2. CUMPRIMENTO DEFINITIVO DA SENTENÇA QUE RECONHECE A EXIGIBILIDADE DE OBRIGAÇÃO DE PAGAR QUANTIA CERTA

2.1 REQUERIMENTO DO EXEQUENTE E SUA INICIATIVA

O cumprimento da sentença definitiva (portanto, já transitada em julgado)[6] que reconheça o dever de pagar quantia, far-se-á sempre a requerimento do exequente, conforme inteligência do art. 513,§1º do CPC.

5. Sobre a eficácia das sentenças no Processo de Conhecimento, ver Capítulo 5.

6. No mesmo sentido, BUENO, Cássio Scarpinella. *Manual de Direito Processual Civil*. São Paulo: Saraiva, 2015, p.399.

Tratando-se de condenação em quantia certa, ou já fixada em liquidação, e no caso de decisão sobre parcela incontroversa, será definitivo cumprimento da sentença.

Dito requerimento deverá estar instruído com demonstrativo discriminado e atualizado do crédito, devendo ainda a conter, *ex vi* do art. 524:

I - o nome completo, o número de inscrição no Cadastro de Pessoas Físicas ou no Cadastro Nacional da Pessoa Jurídica do exequente e do executado, observado o disposto no art. 319, §§ 1º a 3º:

II - o índice de correção monetária adotado;

III - os juros aplicados e as respectivas taxas;

IV - o termo inicial e o termo final dos juros e da correção monetária utilizados;

V - a periodicidade da capitalização dos juros, se for o caso;

VI - especificação dos eventuais descontos obrigatórios realizados;

VII - indicação dos bens passíveis de penhora, sempre que possível.

Em se tratando de problemas relativos aos cálculos apresentados pelo exequente, peço ao leitor que se dirija ao capítulo anterior da obra, este relativo à Teoria Geral da Execução, mais precisamente no item denominado "*Liquidação de Sentença*".

Será então o devedor intimado para efetuar o pagamento do débito no prazo de 15 (quinze) dias, acrescidos custas, caso houver (art.523, *caput*, 2ª parte).

Ressalta-se que a intimação do devedor possui alguns importantes nuances. Assim, será o devedor intimado para cumprir a sentença: (i) pelo Diário da Justiça, na pessoa de seu advogado devidamente constituído nos autos; (ii) por carta com aviso de recebimento, quando representado pela Defensoria Pública ou quando não tiver procurador constituído nos autos, ressalvada a hipótese do inciso IV; (iii) por meio eletrônico, quando, no caso do § 1º do art. 246, não tiver procurador constituído nos autos; (iv) pela via editalícia, quando, citado na forma do art. 256, tiver sido revel na fase de conhecimento.

Conforme assegura o §3º do art. 513, nas hipóteses previstas nos incisos II e III do § 2º do também art. 513, considerar-se-á realizada a intimação quando o devedor houver mudado de endereço sem prévia comunicação ao juízo, observado o disposto no parágrafo único do art. 274, este que regra o seguinte:

> *Presumem-se válidas as intimações dirigidas ao endereço constante dos autos, ainda que não recebidas pessoalmente pelo interessado, se a modificação temporária ou definitiva não tiver sido devidamente comunicada ao juízo, fluindo os prazos a partir da juntada aos autos do comprovante de entrega da correspondência no primitivo endereço.*

Caso o requerimento do exequente for postulado após 1 (um) ano do trânsito em julgado da sentença, a intimação será feita na pessoa do devedor, por meio de carta com aviso de recebimento encaminhada ao endereço constante dos autos, observado o disposto no parágrafo único do art. 274 e no § 4º do art. 513, ambos retro mencionados.

Ainda, para fins de participação como sujeito passivo no âmbito do cumprimento da sentença definitiva que reconheça a obrigação de pagar quantia, estão excetuados o fiador, o coobrigado ou o corresponsável que não tiver participado da fase de conhecimento, portanto, onde se reconheceu o título executivo judicial objeto do cumprimento de sentença em tela (§5º do art. 513).

2.2 CUMPRIMENTO VOLUNTÁRIO PELO DEVEDOR, MULTA COMINATÓRIA E HONORÁRIOS ADVOCATÍCIOS

Uma vez intimado[7] regularmente o devedor para quitar, voluntariamente, o seu débito no prazo de 15 (quinze) dias,[8] como já dito, e mesmo não o satisfaz, aludido débito será acrescido de multa de 10 % (dez por cento) bem como de honorários advocatícios também em 10 % (dez por cento).[9] No entanto, realizando o pagamento parcial no prazo de 15 (quinze) dias, a multa assim como os honorários de advogado incidirá sobre o valor restante da divida (§§1º e 2º do art. 523 do CPC).[10]

---

7. A intimação prevista no caput do art. 523 do CPC deve contemplar, expressamente, o prazo sucessivo para impugnar o cumprimento de sentença." (Enunciado n.92 da I Jornada de Direito Processual Civil do Conselho da Justiça Federal-CJF).

8. Enunciado n.89 da I Jornada de Direito Processual Civil do Conselho da Justiça Federal (CJF): "Conta-se em dias úteis o prazo do caput do art. 523 do CPC."

9. Há de atentar para o fato de que a 3ª Turma do STJ decidiu que a multa de 10% do art. 523, do CPC/2015, não integra a base de cálculo dos honorários de 10% fixados com base no mesmo dispositivo, de modo que tais valores devem ser calculados em separado para serem acrescidos ao total do débito, notadamente, inadimplido. Segue-se a ementa do julgado:
"RECURSO ESPECIAL. CUMPRIMENTO DE SENTENÇA. OBRIGAÇÃO DE PAGAR QUANTIA CERTA. ART. 523 DO CPC/2015. INADIMPLEMENTO DA OBRIGAÇÃO. HONORÁRIOS ADVOCATÍCIOS. BASE DE CÁLCULO. VALOR DA DÍVIDA. NÃO INCLUSÃO DA MULTA. 1. Recurso especial interposto contra acórdão publicado na vigência do Código de Processo Civil de 2015 (Enunciados Administrativos nºs 2 e 3/STJ). 2. Cinge-se a controvérsia a definir se a verba honorária devida no cumprimento definitivo de sentença a que se refere o § 1º do art. 523 do CPC/2015 será calculada apenas sobre o débito exequendo ou também sobre a multa de 10% (dez por cento) decorrente do inadimplemento voluntário da obrigação no prazo legal. 3. A base de cálculo sobre a qual incidem os honorários advocatícios devidos em cumprimento de sentença é o valor da dívida (quantia fixada em sentença ou na liquidação), acrescido das custas processuais, se houver, sem a inclusão da multa de 10% (dez por cento) pelo descumprimento da obrigação dentro do prazo legal (art. 523, § 1º, do CPC/2015). 4. Recurso especial provido. (STJ. 3ª T. REsp: 1757033 DF 2018/0190349-1, Rel. Ministro Ricardo Villas Bôas Cueva, Data de Julgamento: 09/10/2018, Data de Publicação: DJe 15/10/2018)."

10. Enunciado n.12 do FPPC: "A aplicação das medidas atípicas sub-rogatórias e coercitivas é cabível em qualquer obrigação no cumprimento de sentença ou execução de título executivo extrajudicial. Essas medidas, contudo, serão aplicadas de forma subsidiária às medidas tipificadas, com observação do contraditório, ainda que diferido, e por meio de decisão à luz do art. 489, § 1º, I e II."

De tudo, não efetuado o pagamento integral e voluntário da dívida, será expedido, desde logo, mandado de penhora e avaliação, seguindo-se os atos de expropriação.

2.3 NOMEAÇÃO DE BENS. PENHORA E OUTROS ATOS PERTINENTES

Poderá o exequente em seu requerimento inaugural da presente fase de Cumprimento da Sentença indicar, desde logo, bens específicos a serem penhorados, restando viável, ainda, a possibilidade de o mesmo indicar bem imóvel ou móvel à penhora, como autoriza de forma ampla o inciso VII do art. 524. Aliás, vindo tal hipótese a ocorrer, não haverá a expedição de mandado de constrição imediato, salvo se demonstrada pelo exequente a propriedade do bem imóvel ou móvel (no caso, de veículos automotores) diante de pedido devidamente instruído com a prova da mesma, isto é, a certidão da respectiva matrícula atualizada, sendo então reduzida a termo a indicação, aplicando-se no caso em tela a regra taxada no § 1º do art. 845 do CPC:

"A penhora de imóveis, independentemente de onde se localizem, quando apresentada certidão da respectiva matrícula, e a penhora de veículos automotores, quando apresentada certidão que ateste a sua existência, serão realizadas por termo nos autos."[11]

Por outro lado, decorrente de novidade advinda da Lei n. 11.382 de 06.12.2006, esta que introduziu no CPC/1973 o art. 615-A e agora mantido pelo CPC/2015 em seu art.828, *caput*, permite ao próprio exequente obter certidão comprobatória de admissibilidade da execução pelo órgão julgador com a identificação das partes e valor da causa, para fins de realizar averbação em registros de imóveis, veículos e/ou outros bens sujeitos à penhora, arresto ou indisponibilidade, tratando-se aí da denominada averbação premonitória.[12]

Na verdade, antecipando-se à impugnação do devedor, estaria o exequente buscando assegurar um conteúdo creditício diante do já reconhecido direito material representado pelo título executivo judicial, no caso, aplicando tal disposição legal à fase do Cumprimento da Sentença. Logicamente, o próprio art. 828, em seus parágrafos, regula limitações à prática da aludida atitude do exequente, inclusive prevendo suposta indenização à parte contrária, caso vier promover averbação manifestamente indevida.

---

11. Importante lembrar que, de acordo com o art. 513 do CPC, são aplicáveis subsidiariamente ao procedimento do Cumprimento da Sentença, as regras do Processo de Execução, naquilo que, evidentemente, for compatível. É o que se segue:
"O cumprimento da sentença será feito segundo as regras deste Título, observando-se, no que couber e conforme a natureza da obrigação, o disposto no Livro II da Parte Especial deste Código."

12. Enunciado n.104 da I Jornada de Direito Processual Civil do Conselho da Justiça Federal (CJF): "O fornecimento de certidão para fins de averbação premonitória (art. 799, IX, do CPC) independe de prévio despacho ou autorização do juiz."

Vale reproduzir aqui, conforme já enfrentado em sede de fraude à execução, os regramentos disciplinadores da autorização dada pelo art. 828:

> *Art. 828. O exequente poderá obter certidão de que a execução foi admitida pelo juiz, com identificação das partes e do valor da causa, para fins de averbação no registro de imóveis, de veículos ou de outros bens sujeitos a penhora, arresto ou indisponibilidade.*
>
> *§ 1º No prazo de 10 (dez) dias de sua concretização, o exequente deverá comunicar ao juízo as averbações efetivadas.*
>
> *§ 2º Formalizada penhora sobre bens suficientes para cobrir o valor da dívida, o exequente providenciará, no prazo de 10 (dez) dias, o cancelamento das averbações relativas àqueles não penhorados.*
>
> *§ 3º O juiz determinará o cancelamento das averbações, de ofício ou a requerimento, caso o exequente não o faça no prazo.*
>
> *§ 4º Presume-se em fraude à execução a alienação ou a oneração de bens efetuada após a averbação.*
>
> *§ 5º O exequente que promover averbação manifestamente indevida ou não cancelar as averbações nos termos do § 2º indenizará a parte contrária, processando-se o incidente em autos apartados.*

Dentro desse contexto se faz também necessário afirmar a possibilidade de o devedor obter a substituição da penhora. Isso se dá quando da ocorrência de alguma das hipóteses relacionadas no art. 848, dentre elas a) quando a penhora não obedecer à ordem legal; b) quando a penhora não incidir sobre os bens designados em lei, contrato ou ato judicial para o pagamento; c) havendo bens no foro da execução, outros tiverem sido penhorados; d) havendo bens livres, tiver a penhora recaído sobre bens já penhorados ou objeto de gravame; e) quando a penhora incidir sobre bens de baixa liquidez; f) quando fracassar a tentativa de alienação judicial do bem; g) quando o executado não indicar o valor dos bens ou omitir qualquer das indicações previstas em lei.

Destaca-se ainda a possibilidade de a penhora ser substituída por fiança bancária ou por seguro garantia judicial, em valor não inferior ao do débito constante da inicial, acrescido de trinta por cento, conforme autoriza o parágrafo único do art. 848 do CPC.

Por fim, sempre que ocorrer a substituição dos bens inicialmente penhorados, será lavrado novo termo (art. 849 do CPC).

2.4 A IMPUGNAÇÃO DO EXECUTADO

Na fase do Cumprimento da Sentença, fase essa de natureza executiva incidental ao processo de cognição, a defesa do executado será realizada por meio de um incidente processual denominado "Impugnação".

Não tem ela natureza de ação tal qual os Embargos do Devedor – cabíveis no Processo de Execução autônomo, regulado pelo Livro II da Parte Especial do CPC – mas, sim, como dito, de uma defesa incidental.

Dado seu caráter incidental, serão aplicados os ditames dos arts. 180 e 229, pois que, por se tratar a impugnação um obstáculo ao cumprimento de um ato dentro do processo em andamento, caberia a aplicação da expressão "todas as suas manifestações" contida no art. 229, *caput*, segundo a qual quando os "litisconsortes que tiverem diferentes procuradores, de escritórios de advocacia distintos, terão prazos contados em dobro para todas as suas manifestações, em qualquer juízo ou tribunal, independentemente de requerimento." Aliás, o §3º do art. 525 ratifica bem o presente raciocínio.[13]

Muito embora enfrentando fase tipicamente de natureza satisfativa, na impugnação são também analisados conteúdos de cunho cognitivo, isto é, questões que impliquem na necessidade de soluções em busca da certeza do direito e não própria e somente do adimplemento.

Oferecida a impugnação, ocorrerá a justa necessidade de ser estabelecido o contraditório, com a indispensável oitiva do Exequente-Impugnado acerca da defesa incidental articulada,[14] sendo razoável que o prazo a ele concedido para manifestar-se seja igual ao do impugnante, de 15 dias, à luz do princípio da igualdade ou isonomia processual.

Assim, uma vez transcorrido o prazo de 15 (quinze) dias para o pagamento voluntário do qual fora regularmente intimado, sem quitá-lo integralmente, independente de penhora ou nova intimação, será facultado ao executado apresentar nos próprios autos sua impugnação.[15]

Apenas a título de esclarecimento, no modelo do CPC/1973, cabia ao executado que tivesse interesse de impugnar a execução, providenciar a segurança do juízo e isso se daria através da própria penhora de seus bens em valor suficiente para tal.

Observe o que falávamos[16] sobre a égide do CPC/1973:

> É de se notar que, para o exercício da impugnação, a segurança do juízo por meio da efetivação da penhora é condição indispensável, sendo, por isso, um pressuposto de admissibilidade da mesma. Tal raciocínio, – a despeito de lamentarmos a omissão do legislador quanto a não indicação formal na Lei n. 11.232/2005 acerca da necessidade ou não de se garantir o juízo, para então ofertar o executado sua impugnação – advém do teor do art. 475-J, § 1º, em sua primeira parte, onde, textualmente, indica que o prazo para a impugnação somente

---

13. Enunciado n.90 da I Jornada de Direito Processual Civil do Conselho da Justiça Federal (CJF): "Conta-se em dobro o prazo do art. 525 do CPC nos casos em que o devedor é assistido pela Defensoria Pública."

14. No mesmo sentido, DIDIER JÚNIOR, Fredie *et ali*. *Curso de Direito Processual Civil*. Vol. 5. 6 ed. Salvador: JusPodivm, 2014, p.387.

15. Enunciado n.92 da I Jornada de Direito Processual Civil do Conselho da Justiça Federal (CJF): "A intimação prevista no caput do art. 523 do CPC deve contemplar, expressamente, o prazo sucessivo para impugnar o cumprimento de sentença."

16. *Instituições de Direito Processual Civil*. 2 ed. Belo Horizonte: Del Rey, 2013, p. 521.

começará a fluir a partir da intimação da "penhora" e da avaliação, apontando então, para a necessidade da segurança do juízo para o manejo da impugnação.[17]

Já o CPC/2015 não faz qualquer exigência de segurança do juízo por parte do executado, portanto, assente na possibilidade do mesmo apresentar sua peça de defesa sem qualquer requisito pecuniário para tal.

2.4.1 IMPUGNAÇÃO E SEU CONTEÚDO

De acordo com o art. 525, §1º, poderá a impugnação versar somente sobre:

I - falta ou nulidade da citação se, na fase de conhecimento, o processo correu à revelia;

II - ilegitimidade de parte;

III - inexequibilidade do título ou inexigibilidade da obrigação;

IV - penhora incorreta ou avaliação errônea;

V - excesso de execução ou cumulação indevida de execuções;

VI - incompetência absoluta ou relativa do juízo da execução;

VII - qualquer causa modificativa ou extintiva da obrigação, como pagamento, novação, compensação, transação ou prescrição, desde que supervenientes à sentença.

Especificamente, com relação a cada inciso, é de se tecer respectivas anotações:

I – *falta ou nulidade da citação se, na fase de conhecimento, o processo correu à revelia.*

Tem-se no inciso I argumento relativo ao fato ocorrido anteriormente à sentença, justificando, diante de comprovação, a pertinente procedência da impugnação.

---

17. Tal questão suscitou debate em sede doutrinária, inclusive diante do regime dos Embargos do Devedor inaugurado pela Lei n. 11.382/2006, inexistindo a obrigatoriedade de segurança do juízo como requisito básico para o manejo de tal instrumento pelo executado.
Entendia a realização da penhora como requisito prévio para o exercício da impugnação, ASSIS, Araken de. Cumprimento da Sentença..., p. 307-308; WAMBIER, Luiz Rodrigues (Coord.). Ob. cit., p. 316; SHIMURA, Sérgio. A execução da sentença na reforma de 2005. In: WAMBIER, Tereza Arruda Alvim (Coord.). *Aspectos polêmicos da nova execução.* 3. ed. São Paulo: RT, 2006, p. 569; CARNEIRO, Athos Gusmão. *Cumprimento da Sentença Civil.* Rio de Janeiro: Forense, 2007, p. 63-64. Contrário a dita ideia, HOFFMAN, Paulo. Primeiras dúvidas de ordem prática na aplicação da Lei n. 11.232/2005. *In*: HOFFMAN, Paulo; RIBEIRO, Leonardo Ferres da Silva (Coord.). Processo *de Execução Civil: Modificações da Lei n. 232/05.* São Paulo: Quartier Latin, 2006; BARIONI, Rodrigo. Cumprimento da Sentença: primeiras impressões sobre a alteração da execução de títulos judiciais. *In*: WAMBIER, Tereza Arruda Alvim (Coord.). *Aspectos polêmicos da nova execução.* 3. ed. São Paulo: RT, 2006, p. 537; DIDIER JÚNIOR, Fredie *et. ali. Curso de Direito Processual Civil.* Vol. 5. ..., p. 386. Sobre o assunto ver, SACCO NETO, Fernando *et al. A Nova Execução de Título Extrajudicial.* São Paulo: Método, 2007, p. 210.

Já observara Liebman que a sentença proferida sem a citação do réu ou com nulidade corresponderia à sentença inexistente, por isso, justificando a possibilidade de o juiz da execução impedir a incidência de medidas constritivas ao devedor, independentemente de ação rescisória.

A falta ou nulidade da citação, impossibilitando o efetivo exercício do contraditório pelo réu, e a circunstância de que o processo tenha corrido à sua revelia (essa em seu sentido estrito[18]) impedirão a própria formação da relação processual, donde se terá a sentença como uma mera aparência de ato jurisdicional.

Insta dizer que a falta ou nulidade da citação somente comprometerá a validade da via executiva caso o processo de conhecimento tenha se desenvolvido à revelia do executado, pois que, havendo seu comparecimento, com a devida defesa dentro do prazo legal a ela destinado, esse suprirá a eventual nulidade, salvo se tiver comparecido apenas com o intuito de alegar a nulidade do ato citatório, caso em que sendo declarada, anula-se o processo a partir dela, refazendo-o nos termos corretos.

II - *ilegitimidade de parte.*

Com relação ao inciso II, estar-se-á diante de questão relativa à falta de uma das condições da ação, mais precisamente, a ilegitimidade da parte.

Tal assunto já fora tratado no Capítulo 5 da presente obra, não merecendo aqui outros reparos, salvo a questão relativa ao caso em que figure no polo passivo "terceiro"[19] e pretende o credor atingir, na verdade, outrem. Nesse caso, deverá o terceiro, objetivando solicitar sua exclusão da constrição judicial, manejar o denominado embargo de terceiro (art. 674 e ss.).

III – *inexequibilidade do título ou inexigibilidade da obrigação.*

Quanto ao inciso III, em não sendo exequível o título ou inexigível a obrigação que nele consta, impedido estará o credor de promover a execução, ensejando, pois, este argumento da impugnação.

---

18. Mais profundamente sobre os aspectos e amplitudes que cercam a temática da "revelia", ver Capítulo 11.

19. "*Art. 674. Quem, não sendo parte no processo, sofrer constrição ou ameaça de constrição sobre bens que possua ou sobre os quais tenha direito incompatível com o ato constritivo, poderá requerer seu desfazimento ou sua inibição por meio de embargos de terceiro.*
§ 1º Os embargos podem ser de terceiro proprietário, inclusive fiduciário, ou possuidor.
§ 2º Considera-se terceiro, para ajuizamento dos embargos:
I - o cônjuge ou companheiro, quando defende a posse de bens próprios ou de sua meação, ressalvado o disposto no art. 843;
II - o adquirente de bens cuja constrição decorreu de decisão que declara a ineficácia da alienação realizada em fraude à execução;
III - quem sofre constrição judicial de seus bens por força de desconsideração da personalidade jurídica, de cujo incidente não fez parte;
IV - o credor com garantia real para obstar expropriação judicial do objeto de direito real de garantia, caso não tenha sido intimado, nos termos legais dos atos expropriatórios respectivos.
§ 3º Considera-se também terceiro o cônjuge quando defende a posse de bens dotais, próprios, reservados ou de sua meação."

A inexequibilidade do título retrata o próprio vicio formal do título, não representando, portanto, o reconhecimento legal de sua validez enquanto um título executivo – aqui judicial. Já, a inexigibilidade da obrigação constante do título executivo encarta a inexigibilidade do débito não vencido ou sujeito à contraprestação ainda não adimplida, por isso, competirá ao credor, no caso de estar a exigibilidade na pendência de termo ou condição, já no requerimento inicial, fazer prova de que tais circunstâncias ocorreram (arts. 514 e 798, I, *c* do CPC) bem como provar que adimpliu a contraprestação que lhe compete, ou que lhe assegura o cumprimento, se o executado não estiver obrigado a satisfazer a sua prestação senão mediante contraprestação do credor (art. 798, I, *d* do CPC).

Assim, nula será a execução caso o credor vier descumprir o ônus de dita prova, passível de reconhecimento por meio de impugnação, ocorrendo aí verdadeira carência da ação por falta de interesse processual.

Considera-se também inexigível a obrigação constante de título executivo judicial fundado em lei ou ato normativo declarado inconstitucional pelo Supremo Tribunal Federal, ou fundado em aplicação ou interpretação da lei ou ato normativo tido pelo Supremo Tribunal Federal como incompatível com a Constituição Federal, em controle de constitucionalidade concentrado ou difuso (§12 do art. 525).

Trata-se de exceção à coisa julgada e que atende ao que parte da doutrina denomina nulidade da sentença, flexibilização da coisa julgada ou mesmo coisa julgada inconstitucional, reconhecida, muitas vezes, como não admissível por falta de previsão legal expressa, exatamente por se tratar de exceção. Com a previsão legal, no entanto, parte-se da ideia de que dispensada estaria a ação rescisória de pressupostos mais estreitos, inclusive quanto ao prazo decadencial.

No entanto, na presente matéria coube ao legislador do Código de Processo Civil de 2015 ir mais adiante que o seu antecessor.

Primeiro, ao estabelecer que em tais casos, os efeitos da decisão do Supremo Tribunal Federal poderão ser modulados no tempo, em atenção à segurança jurídica, dado que, sobretudo, a mutabilidade das questões fáticas decorrentes do próprio reconhecimento da coisa julgada inconstitucional, *ex vi* do §13 do art. 525 do CPC.

Indo mais à frente, é de sublinhar aqui que, a inexigibilidade da obrigação referida no §12 será reconhecida caso a decisão do Supremo Tribunal Federal[20] seja anterior ao trânsito em julgado da decisão exequenda (§14 do art. 525 do CPC). Do contrário, isto é, sendo decisão do STF proferida após o trânsito em julgado da decisão exequenda, caberá o manejo da ação rescisória, respectiva-

20. Enunciado n.58 do FPPC: "As decisões de inconstitucionalidade a que se referem os art. 525, §§ 12 e 13 e art. 535 §§ 5º e 6º devem ser proferidas pelo plenário do STF."

mente, cujo prazo para a referida *actio* será contado do trânsito em julgado da decisão proferida pelo Supremo Tribunal Federal (§15 do art. 525 do CPC).[21]

IV - *penhora incorreta ou avaliação errônea.*

O inciso IV abre a possibilidade de o executado argumentar quanto à penhora e seu procedimento legal, ou seja, que não se respeitou à ordem preferencial dos bens penhoráveis (art. 835) ou mesmo que se atingiu bens impenhoráveis (art. 833), ou que a avaliação dos bens penhoráveis atribuem-se valores irrisórios.

Importante ressaltar que, nesse momento, poderá o executado requerer a substituição dos bens penhorados, oferecendo outros, sempre em atenção ao que determina o art. 847 c/c o art. 513, incumbindo ao magistrado, com

---

21. Impende ressaltar aqui que a presente temática estava longe de ser uma unanimidade como aceita ou inquestionável no plano de sua própria aderência constitucional.
É verdade que já havia uma variedade de formas aptas a interpretar o dispositivo em comento, sobretudo no que tange ao lapso temporal em que repercutiria o campo de validade ou não de um determinado título executivo e sua inexigibilidade na incidência da *questio*, o que agora no CPC/2015, se coloca no plano da inexigibilidade da obrigação que consta do título executivo judicial.
Ainda sob a égide do CPC/1973 o entendimento de Arruda Alvim *et ali* (ARRUDA ALVIM; ASSIS, Araken de; ARRUDA ALVIM, Eduardo. *Comentários ao Código de Processo Civil.* 3 ed. São Paulo: RT, 2014, p. 873) era o de que a interpretação correta do §1º do art. 475-L do CPC/1973 se dava no sentido de que deveria "ser feita de modo a respeitar a integridade da decisão transitada em julgado. Qualquer outra interpretação do preceito em questão, segundo nos parece, será insofismavelmente inconstitucional. Por isso, entendemos que o dispositivo sob comento logra obter aplicação nas hipóteses em que o STF tiver decidido anteriormente ao trânsito em julgado da decisão exequenda, em sede de controle abstrato (Adin, ADC, ADPF), pela inconstitucionalidade do preceito, que tiver servido de base para a decisão exequenda. Poderá também, referido preceito, ser aplicado nas situações em que o STF tiver decidido pela inconstitucionalidade incidenter tantum, desde que o Senado tenha deliberado pela suspensão da execução da lei na forma do inc. X do art. 52 do Texto Constitucional e isso se tenha passado anteriormente ao trânsito em julgado da decisão exequenda."
Julgando ao contrário do pensamento supra, notadamente, sobre o art. 741, parágrafo único, cuja redação caminha na mesma ideia do §1º do art. 475-L, não obstante aquele situar-se no âmbito do Livro II – Processo de Execução, o STJ (2ºT. Resp 1049702/RS. Rel. Min. Eliana Calmon. Julg. 17.03.2009) orientou-se nos seguintes termos:
"PROCESSUAL CIVIL E TRIBUTÁRIO - EMBARGOS À EXECUÇÃO - CPC, ART. 741 PARÁGRAFO ÚNICO (COM A REDAÇÃO DA MEDIDA PROVISÓRIA 2.180-35/2001)- APLICABILIDADE ÀS SENTENÇAS TRANSITADAS EM JULGADO POSTERIORMENTE À SUA VIGÊNCIA - PRECEDENTES.
1. Nos termos do art. 741, parágrafo único do CPC "considera-se inexigível o título judicial fundado em lei ou ato normativo declarados inconstitucionais pelo Supremo Tribunal Federal ou em aplicação ou interpretação tidas por incompatíveis com a Constituição Federal 2. Se à época da promoção dos embargos de devedor já havia decisão da Suprema Corte extirpando a norma ou a sua interpretação do ordenamento jurídico é possível a relativização da coisa julgada, ante o caráter processual do art. 741, parágrafo único, do CPC e à máxima efetividade das decisões emanadas da Corte Constitucional.
Lado outro, é de se entender que os dispositivos constantes dos arts. 475-L, §1º e 741, parágrafo único, permitiriam apenas uma interpretação constitucional: a de que o executado poderia alegar a pronúncia do Supremo Tribunal Federal quando a sentença exequenda tivesse aplicado lei que já havia sido declarada inconstitucional ou adotado interpretação que já teria sido declarada incompatível com a Carta Maior, antes mesmo de seu trânsito em julgado."

parcimônia, decidir sob a luz dos princípios da efetividade[22] e da menor onerosidade ao executado.

V - *excesso de execução ou cumulação indevida de execuções.*

Nos termos do inciso V, matéria permissiva de impugnação é aquela decorrente da argumentação acerca do excesso de execução ou cumulação indevida de execuções.

Tem-se excesso de execução, de acordo com o art. 917, §2º, quando: I - o exequente pleiteia quantia superior à do título; II - ela recai sobre coisa diversa daquela declarada no título; III - ela se processa de modo diferente do que foi determinado no título; IV - o exequente, sem cumprir a prestação que lhe corresponde, exige o adimplemento da prestação do executado; V - o exequente não prova que a condição se realizou.

Na verdade, apenas na primeira hipótese se configura no excesso propriamente dito, dado que nas demais há a carência da via executiva por falta de interesse de agir em virtude da inadequação do pedido ou da medida executiva em face do título, podendo, indubitavelmente, ser enquadradas como inexequibilidade do título.

É fundamental pontuar que cabe ao devedor, quando da alegação de que o exequente, em excesso de execução, pleiteia quantia superior à resultante da sentença, declarar de imediato o valor que entende correto, apresentando demonstrativo discriminado e atualizado de seu cálculo (§4º do art. 525 do CPC), evitando-se que se limite somente a aduzir de forma genérica excesso de execução, matéria que, geralmente, tem a finalidade precípua de protelar o desenvolvimento do processo.

Ainda nesta toada, conforme os ditames do §5º do art. 525, não apontado o valor correto ou não apresentado o demonstrativo, a impugnação será liminarmente rejeitada,[23] se o excesso de execução for o seu único fundamento, ou, se houver outro, a impugnação será processada, mas o juiz não examinará a alegação de excesso de execução. Entretanto, entendemos que deve o magistrado, antes mesmo de rejeitar liminarmente a impugnação ao cumprimento de sentença, intimar o impugnante para sanar eventual vício, em observância ao dever processual de cooperação (art. 6º do CPC).[24]

Poderá ainda o executado, antes da impugnação, dentro do prazo de 15 (quinze) dias que tem para cumprir voluntariamente a obrigação de pagar, depositar o valor incontroverso pois que, do contrário, não tendo sucesso em

---

22. Ver sobre os vetores de tal princípio, o nosso *Tutela Específica das Obrigações de Fazer...*, p. 29-35.

23. Enunciado n.94 da I Jornada de Direito Processual Civil do Conselho da Justiça Federal (CJF): "Aplica-se o procedimento do art. 920 do CPC à impugnação ao cumprimento de sentença, com possibilidade de rejeição liminar nas hipóteses dos arts. 525, § 5º, e 918 do CPC."

24. No mesmo sentido está o Enunciado n.95 da I Jornada de Direito Processual Civil do Conselho da Justiça Federal (CJF).

sua pretensão impugnativa sobre essa parte, incidirá a multa de 10%, ainda que tenha razão o impugnante quanto à parte excedente.

Com relação à cumulação indevida de execuções, tem-se como conteúdo exemplificativo a situação onde seja o réu condenado em uma mesma sentença, a cumprir duas obrigações de ordens diversas, sendo uma de natureza pecuniária (pagar quantia) e a outra de obrigação de fazer. Neste caso, por serem distintos os procedimentos, não será possível cumular ambas as execuções em um só rito, devendo, portanto, serem realizadas em procedimentos distintos e separadamente; no entanto, optando o credor por acumular ambas as execuções, certamente, poderá o executado apresentar sua impugnação e pautá-la na cumulação indevida de execuções.[25]

VI - *incompetência absoluta ou relativa do juízo da execução.*

Tal temática já fora enfrentada no Capítulo 15 da presente obra, de modo que solicitamos ao leitor que para lá se dirija.

VII - *qualquer causa modificativa ou extintiva da obrigação, como pagamento, novação, compensação, transação ou prescrição, desde que supervenientes à sentença.*

No inciso VII encontram-se as causas extintivas do direito subjetivo, matérias essas passíveis de alegação se posteriores à sentença, em claro respeito à coisa julgada.

Diante de ocorrência das aludidas causas antes da sentença, estando elas, agora, acobertadas sob manto da coisa julgada material (art. 502), incidindo a eficácia preclusiva das alegações e defesas (art. 508), caso haja circunstância que configure em uma das hipóteses do art. 966, poderá o devedor ajuizar ação rescisória para atacar e rescindir a coisa julgada, não sendo a impugnação via adequada para tal intento.[26]

Por outro lado, com relação à prescrição, cabe lembrar que, com o trânsito em julgado da sentença, novo prazo começa a correr, o qual será o mesmo da prescrição da ação (STF, Súmula 150), sendo a incidência desse lapso temporal motivo de alegação em sede de impugnação.

As causas extintivas expressas no dispositivo em tela não se esgotam nele, por isso, e sendo possível, desde que relevantes no plano do direito material e respeitando o momento processual adequado – *in casu*, posterior à sentença – teremos também e a título exemplificativo, a renúncia pelo credor à obrigação nela contida.

Por fim, destaca-se ainda que, havendo interesse na alegação de suspeição ao impedimento, observar-se-á que dispõe os arts. 146 e 148 do CPC.

---

25. CÂMARA, Alexandre Freitas. *O Novo Processo Civil Brasileiro*. São Paulo: Atlas, 2015, p.409.
26. No mesmo sentido, dentre outros, NERY JR., Nelson; ANDRADE NERY, Rosa Maria de. Ob. cit., p. 647.

2.4.2 EFEITOS DA IMPUGNAÇÃO

A impugnação não terá, via de regra, efeito suspensivo, como resulta da redação do art. 525, §6º do CPC, de modo a não servir de obstáculo ao desenvolvimento do procedimento executório incidental, inclusive os atos expropriatórios. O juiz, porém, poderá imprimir efeito suspensivo à impugnação desde que requerido pelo executado, garantido o juízo com penhora, caução ou depósito suficiente e ainda, que sejam relevantes os fundamentos afirmados e o curso regular da execução seja capaz de causar ao Executado grave dano de difícil ou incerta reparação.

Nesses termos, o magistrado, diante de criterioso exame das alegações, verificando a relevância dos fundamentos acostados à impugnação, ou seja, a razoabilidade do direito invocado, aliado ao *periculum in mora* em sentido inverso (em favor do Executado) bem como garantido o juízo, poderá autorizar suspensão da prática dos atos executórios propriamente ditos.

Cabe frisar que a concessão de efeito suspensivo não impedirá a efetivação dos atos de substituição, de reforço ou de redução da penhora e de avaliação dos bens (§7º do art. 525).

Outrossim, quando o efeito suspensivo atribuído à impugnação disser respeito apenas a parte do objeto da execução, certamente esta prosseguirá quanto à parte restante, valendo destacar que, em caso de relação litisconsorcial passiva, o aludido efeito suspensivo concedido à impugnação deduzida por um dos executados, não suspenderá a execução contra os que não impugnaram, isso quando o respectivo fundamento disser respeito exclusivamente ao impugnante, tudo de acordo com o §9º do art. 525 do CPC.

De outra banda, será possível ao exequente, conforme permitido pelo §10 do art. 525, levantar o efeito suspensivo atribuído à impugnação mediante a prestação de caução suficiente e idônea nos próprios autos, arbitrada pelo juiz, com a finalidade de ressarcir o executado por eventuais prejuízos ou danos sofridos como consequência da prática dos atos expropriatórios.

Relevante salientar que o juiz não está obrigado, por razões óbvias, a admitir a caução ofertada, mesmo porque a medida poderá não ser conveniente diante da razoabilidade do direito suscitado pelo executado e da forte possibilidade de este sofrer danos por conta dos atos executórios por ventura praticados.

Caso seja concedido efeito suspensivo à impugnação, será ela procedimentalizada nos mesmos autos; mas de outro modo, ante a ausência de efeito suspensivo, o processamento ocorrerá em autos apartados de modo a não servir de empecilho à realização dos atos executórios.

2.4.3 Impugnação e a Natureza da Decisão

A decisão que resolver a impugnação produzirá efeitos heterogêneos, dependendo da natureza das matérias aduzidas.

Assim, a decisão desafiará recurso de agravo de instrumento (art. 1.015, parágrafo único do CPC), se não tiver o condão de dar fim à execução; do contrário, o recurso adequado será a apelação diante de decisão capaz de extinguir a execução (art. 203, §1º c/c art. 1.009, *caput* do CPC).

Dessa forma, sempre terá cabimento o recurso de agravo de instrumento quando a impugnação for acolhida em parte ou totalmente desacolhida. Se, por outro lado e a título de exemplo, a alegação por parte do executado de pagamento superveniente à prolação da sentença condenatória for acolhida, o recurso adequado será o de apelação, porquanto o ato jurisdicional, em comento, terá natureza de sentença, dotado de conteúdo de mérito, potencialmente, capaz de dar fim à via executiva do cumprimento da sentença.

Podemos, diante dos efeitos e da natureza das decisões em sede de impugnação, resumir as alternativas ou caminhos a que o procedimento do cumprimento da sentença irá ter após a apresentação da impugnação.

a) Será a impugnação sempre juntada nos autos, esses que serão conclusos ao juiz para decisão a respeito de seu deferimento, efeito e processamento, abrindo-se nisto as seguintes possibilidades:

b) Caberá ao juiz, antes de rejeitar liminarmente a impugnação ao cumprimento de sentença, intimar o impugnante para sanar eventual vício, em observância ao dever processual de cooperação[27], facultando ao executado agravar de instrumento em caso de discordância quanto ao conteúdo do ato decisório, aplicando-se, então, o art. 1.015, parágrafo único do CPC.

c) Poderá o juiz receber a impugnação, entretanto não lhe concedendo efeito suspensivo. Na mesma decisão, o juiz determinará o seu desentranhamento com os documentos necessários para o devido processamento, mandando ainda autuá-la em apartado.

d) Poderá o juiz receber a impugnação, concedendo-lhe efeito suspensivo. Nesse caso, será ela processada e decidida nos próprios autos. Se for acolhida, poderá levar à extinção total da execução.

– Observações pertinentes:

Oferecida a impugnação, ocorrerá a justa necessidade de ser estabelecido o contraditório, com a indispensável oitiva do exequente-impugnado acerca da defesa incidental articulada, sendo razoável que o prazo a ele concedido para manifestar-se seja igual ao do impugnante, de 15 dias, à luz do princípio da igualdade ou isonomia processual.

---

27. No mesmo sentido, Enunciado n.95 da I Jornada de Direito Processual Civil do Conselho da Justiça Federal (CJF).

A decisão que resolver a impugnação é recorrível mediante agravo de instrumento salvo quando importar extinção da execução, caso em que caberá apelação (art. 203, §1º c/c art. 1.009, *caput* do CPC).

No cumprimento da sentença, mesmo após a decisão da impugnação e ainda que enfrentada por recurso sem efeito suspensivo (por exemplo, o agravo de instrumento, cuja interposição não obsta o andamento do processo, ressalvado o disposto no art. 1.019 e seus incisos), é possível a execução prosseguir na condição em que se iniciou, isto é, definitiva ou provisoriamente.[28]

2.4.4 IMPUGNAÇÃO E DEFESAS

Como sabido, a observância ao princípio constitucional da ampla defesa deverá ser sempre a mais abrangente e extensa possível, logicamente, não excedendo os limites do devido processo legal de modo a assegurar o respeito ao espírito democrático, evitando a prática de chicanas procrastinatórias.

Dessa ideia, a cognição gerada pela interposição da impugnação não será aberta e subjetiva ao extremo, uma vez que o legislador, com razão, limitou as matérias sob as quais alegações em sede de defesa incidental podem repousar, logicamente, levando-se em conta os respectivos comentários já tecidos quando do enfrentamento das matérias nela arroladas.

Nisso, em tese, apenas os argumentos capitulados em *numerus clausus*, no bojo do art. 525, §1º do CPC, é que estão aptos a compor, expressamente, o conteúdo da impugnação, versando-os, normalmente, sobre fatos supervenientes à prolação da sentença e isso se justifica na medida em que a sentença está acobertada pelo manto da coisa julgada, o que, em tese, expressa relativa segurança jurídica, pois que pesa a possibilidade de impetração da Ação Rescisória.

Dentro desse contexto impugnatório do ato executivo, é de se afirmar que existem vícios da execução a despeito de não enumerados no corpo do art. 525, §1º e de possibilidade de ocorrência anterior ou posterior à impugnação que, verdadeiramente, podem comprometer a validade e a efetivação do resultado da fase do cumprimento da sentença, tais como, *v.g.*, aqueles autorizados pelo art. 485, §3º, do CPC, os quais, de tamanha gravidade, que permitidos serem examinados a qualquer tempo e grau de jurisdição, configurando-se matérias não atingidas, a rigor, pelo fenômeno preclusivo gerado pela decisão a respeito da impugnação.

Por outro lado, atesta o §11 do art. 525, que as

> *questões relativas a fato superveniente ao término do prazo para apresentação da impugnação, assim como aquelas relativas à validade e à adequação da penhora, da avaliação e dos atos executivos subsequentes, podem ser arguidas por simples petição, tendo o exe-*

28. Sobre o assunto e no mesmo sentido, ver ASSIS, Araken. *Manual da Execução...*, p, 1163-1164.

> *cutado, em qualquer dos casos, o prazo de 15 (quinze) dias para formular esta arguição, contado da comprovada ciência do fato ou da intimação do ato.*

Nesse caso, nota-se questões relativas a fato superveniente ao término do prazo para apresentação da impugnação, assim como aquelas relativas à validade e à adequação da penhora, da avaliação e dos atos executivos subsequentes. Assim, portanto, mesmo que antes ou após a apresentação da impugnação, passível será de ser arguida pelo executado no prazo de 15 (quinze) dias, este contado da comprovada ciência do fato ou da intimação do ato.

Em verdade, o presente dispositivo legal vem a substituir o que no CPC/1973 denominávamos de "embargos de segunda fase" ou "embargos à adjudicação ou arrematação".

Vale destacar que todas as decisões proferidas em tais petições avulsas são recorríveis por meio de agravo de instrumento, como bem se pode notar da inteligência do art. 1.015, parágrafo único do CPC.

Ainda neste ínterim, impende sublinhar o que se refere no art. 518, segundo o qual todas as questões relativas à validade do procedimento de cumprimento da sentença e dos atos executivos subsequentes poderão ser arguidas pelo executado nos próprios autos e nestes serão decididas pelo magistrado.

Nisso temos que, mesmo diante de matéria de defesa não autorizada a compor o conteúdo da impugnação (prescrição e decadência) e ainda aquelas de conteúdo de ordem pública (regulares condições da ação, determinados pressupostos processuais etc.), passível será lançar mão de petição avulsa para alegá-las, configurando-se no fundamento mínimo da garantia constitucional da ampla defesa, com previsão constitucional decorrente do art. 5º, LV, da Constituição Federal de 1988, normatizando o que até então nominávamos de exceção ou objeção de pré-executividade.

De outra banda, autorizado será ao réu antes mesmo de ser intimado para o cumprimento da sentença, comparecer em juízo e oferecer em pagamento, ou seja, depositando o valor que entende devido, apresentando memória discriminada do cálculo (art. 526, *caput* do CPC).

Nestes termos, conforme o §1º do art. 526, será o autor ouvido no prazo de 5 (cinco) dias, facultado a este impugnar o valor depositado pelo réu, sem prejuízo do levantamento do depósito já realizado, este considerado então como parcela incontroversa.

Entendendo o magistrado ser o depósito insuficiente, sobre a diferença incidirão multa de dez por cento e honorários advocatícios, também fixados em dez por cento, seguindo-se a execução com penhora e atos subsequentes (§2º do art. 526).

Não obstante ao que diz o aludido §2º, seria de boa técnica que se deixasse claro que a prática dos atos executivos dependerá do expresso requerimento do autor, momento em que, inclusive, lhe facultará a indicação de bens do devedor a serem devidamente penhorados.

Por outro lado, caso o autor não se opuser ao valor apresentado pelo réu, o juiz declarará satisfeita a obrigação, extinguindo-se assim o processo (§3º do art. 526).

3. CUMPRIMENTO DE SENTENÇA QUE RECONHEÇA A EXIGIBILIDADE DE OBRIGAÇÃO DE PRESTAR ALIMENTOS

Novidade contida no CPC/2015 é a que trata de modo expresso do cumprimento da sentença em sede de alimentos, algo que mesmo em virtude das alterações introduzidas pela Lei n.11.232/2005 no âmbito do revogado CPC/1973, não contemplava tal possibilidade no âmbito do cumprimento de sentença e daí, ante tal ausência de regulação própria, aplicado era o regramento genérico dos arts. 732 a 735 às obrigações referentes a alimentos, seja em virtude de título executivo judicial ou extrajudicial e ainda considerada a Lei n.5.478/1968, esta que trata dos alimentos provisórios (tendo seus arts. 16 a 18 agora revogados pelo art. 1.072, V do CPC/2015).

Em verdade, tornando a matéria mais coesa e organizada, observa-se diante do CPC/2015 que, tratando-se de cumprimento judicial que reconheça a exigência de obrigação de prestar alimentos, necessário será a aplicação do procedimento regulado pelos arts. 528 a 533, sendo que tal rito será adequado tanto para os casos de alimentos definitivos quanto para aqueles tidos provisórios (art. 531 do CPC).

Quanto às obrigações relacionadas a alimentos decorrentes de título executivo extrajudicial, o CPC reserva regulação específica no Livro II da Parte Especial, esta atinente ao Processo de Execução, mais precisamente nos arts. 911 a 913.

Vale ainda destacar que o Código não fez opção por qual(ais) alimento(s) merece(m) tutela(s) por ele disciplinada, ou seja, se legítimos (decorrentes das relações de família), indenizatórios (oriundos de atos ilícitos que gerem morte ou incapacidade laboral) ou mesmo aqueles relacionados com verbas de subsistência do credor, como, por exemplo, em ganhos necessários para a subsistência de sua família bem como aqueles relativos ao honorários advocatícios[29] (*ex vi* do art. 85, §14 do CPC), de modo que entendemos serem todos protegidos pelo CPC/2015, não havendo qualquer limite normativo ou interpretativo que condicione a outra racionalidade que não esta.

3.1 DA TÉCNICA DE COMINAÇÃO DE PRISÃO CIVIL E PROTESTO

Tratando-se de sentença que condene ao pagamento de prestação alimentícia ou de decisão interlocutória que fixe alimentos, o juiz, a requerimento do

29. No mesmo sentido, BUENO, Cássio Scarpinella. Ob. cit., p.416.

exequente, mandará intimar o executado pessoalmente para que, em 3 (três) dias úteis,[30] pague o débito, prove que o fez ou apresente justificativa que o impeça de quitá-lo, conforme regra o art. 528 do CPC.

Destaca-se, desde já, que a intimação será realizada pessoalmente junto ao devedor e não por meio de seu advogado, diferente, portanto, do regime geral do §2º do art. 513 do CPC.

Diante do referido prazo, caso o executado não cumpra sua obrigação, não prove que a fez, não apresente justificativa demonstrando sua impossibilidade de efetuar o débito devido ou apresentando-a, não consiga comprovar aludida impossibilidade, o magistrado mandará protestar o pronunciamento judicial, aplicando ao caso, no que couber, o disposto no art. 517, este que regula o protesto de decisão judicial[31] (§§1º e 2º do art. 528 do CPC).

Vale notar que, diferente do que regram as disposições do art. 517, o protesto neste caso, não se dará apenas por decisão transitada em julgado, cabendo também quanto à decisão interlocutória que determina pagamento de pensão alimentícia. Outro ponto diferenciador daquele regime insculpido no art.517 é quanto à iniciativa do protesto. Neste, caberá ao credor requerer o protesto do título judicial. Já, no que se refere ao regime dos alimentos, o próprio juiz, de ofício, é que dará cabo ao mesmo.

Além do protesto supracitado, caberá ao juiz decretar a prisão do executado[32] pelo prazo de 1 (um) a 3 (três) meses, sendo esta cumprida em regime fechado, devendo o preso ficar separado dos presos comuns (§§3º e 4º do art. 528 do CPC).

O débito alimentar autorizador da prisão civil do alimentante, conforme expressa literalmente o §7º do art. 528 é aquele que compreende até as 3 (três) prestações anteriores ao ajuizamento da execução e as que se vencerem no curso do processo.

Uma vez quitada devidamente a prestação alimentícia em débito, o juiz suspenderá o cumprimento da ordem de prisão (§6º do art. 528).

Insta ressaltar ainda que, mesmo cumprindo a pena, não estará o executado livre do pagamento das prestações vencidas e vincendas (§5º do art. 528).

---

30. Corroborando do mesmo entendimento está do Enunciado n.146 da II Jornada de Direito processual Civil do Conselho da Justiça Federal (CJF): "O prazo de 3 (três) dias previsto pelo art. 528 do CPC conta-se em dias úteis e na forma dos incisos do art. 231 do CPC, não se aplicando seu § 3º".

31. Cf. o Capítulo 11 da presente obra.

32. Súmula n.309 do STJ: "O débito alimentar que autoriza a prisão civil do alimentante é o que compreende as três prestações anteriores ao ajuizamento da execução e as que se vencerem no curso do processo."

3.2 DA TÉCNICA DO CUMPRIMENTO DA SENTENÇA QUE RECONHEÇA A EXIGIBILIDADE DE OBRIGAÇÃO DE PAGAR QUANTIA CERTA APLICADA AOS ALIMENTOS

Como bem disciplina o §8º do art. 528 do CPC, poderá o exequente, diante de débito alimentar reconhecido judicialmente, optar por satisfazê-lo promovendo desde já o cumprimento da sentença ou decisão nos termos do disposto neste Livro, Título II, Capítulo III, caso em que não será admissível a prisão do executado.

Nota-se que o legislador concedeu a opção ao exequente, de modo que, ante a escolha pelo cumprimento da sentença, estará ele obstado a adotar o procedimento relativo à prisão do executado, visto que, no próprio rito do cumprimento da sentença, será o executado intimado para pagar o débito em 15 (quinze) dias sob pena de multa e ainda incidindo nova fixação de honorários advocatícios.

Não cumprida a obrigação, deverá a penhora de bens respeitar o disposto nos arts. 831 e ss. do CPC (art. 530), sendo que, uma vez recaindo ela sobre dinheiro, a concessão de efeito suspensivo à impugnação eventualmente apresentada pelo executado, não obstará a que o exequente levante mensalmente a importância da prestação.

Poderá ainda o exequente requerer o desconto em folha de pagamento da importância da prestação alimentícia, isso caso o executado seja funcionário público, militar, diretor ou gerente de empresa ou empregado sujeito à legislação do trabalho. Tal questão se processará nos seguintes termos:

> *§ 1º Ao proferir a decisão, o juiz oficiará à autoridade, à empresa ou ao empregador, determinando, sob pena de crime de desobediência, o desconto a partir da primeira remuneração posterior do executado, a contar do protocolo do ofício.*
>
> *§ 2º O ofício conterá o nome e o número de inscrição no Cadastro de Pessoas Físicas do exequente e do executado, a importância a ser descontada mensalmente, o tempo de sua duração e a conta na qual deve ser feito o depósito.*
>
> *§ 3º Sem prejuízo do pagamento dos alimentos vincendos, o débito objeto de execução pode ser descontado dos rendimentos ou rendas do executado, de forma parcelada, nos termos do caput deste artigo, contanto que, somado à parcela devida, não ultrapasse cinquenta por cento de seus ganhos líquidos.*

Quanto à atitude procrastinatória do executado, isso quanto ao não pagamento de seu débito alimentar bem como na utilização de meios voltados a obstaculizar a satisfação creditória do exequente, merece destaque o art. 532 do CPC, ao pontificar que, verificada a aludida conduta procrastinatória do executado, *o juiz deverá, se for o caso, dar ciência ao Ministério Público dos indícios da prática do crime de abandono material*, portanto em nítida sintonia casuística com o que dispõe o art. 244 do Código Penal.[33]

Quando se tratar de execução dos alimentos provisórios, bem como a dos alimentos fixados em sentença ainda não transitada em julgado, esta se processa em autos apartados. Lado outro, em sendo definitivo, o cumprimento da obrigação de prestar alimentos será processado nos mesmos autos em que tenha sido proferida a sentença (§§1º e 2º do art. 531 do CPC).

Quanto à competência para a propositura do presente cumprimento da sentença ou decisão, poderá o exequente promovê-la em seu próprio domicílio, sem prejuízos das demais opções prevista no parágrafo único do art. 516 do CPC (§9º do art. 528).

3.3 CONSTITUIÇÃO DE CAPITAL NA INDENIZAÇÃO POR ATO ILÍCITO

Quando a indenização por ato ilícito incluir prestação de alimentos, a requerimento do exequente, deverá o executado constituir capital cuja renda assegure o pagamento do valor mensal da pensão, *ex vi* do art. 533, *caput* do CPC.

Para tanto,

> *Art. 533 (...)*
>
> *§1º O capital a que se refere o caput, representado por imóveis ou por direitos reais sobre imóveis suscetíveis de alienação, títulos da dívida pública ou aplicações financeiras em banco oficial, será inalienável e impenhorável enquanto durar a obrigação do executado, além de constituir-se em patrimônio de afetação.*
>
> *§2º O juiz poderá substituir a constituição do capital pela inclusão do exequente em folha de pagamento de pessoa jurídica de notória capacidade econômica ou, a requerimento do executado, por fiança bancária ou garantia real, em valor a ser arbitrado de imediato pelo juiz.*
>
> *§3º Se sobrevier modificação nas condições econômicas, poderá a parte requerer, conforme as circunstâncias, redução ou aumento da prestação.*
>
> *§4º A prestação alimentícia poderá ser fixada tomando por base o salário-mínimo.*
>
> *§5º Finda a obrigação de prestar alimentos, o juiz mandará liberar o capital, cessar o desconto em folha ou cancelar as garantias prestadas.*

---

33. *"Art. 244. Deixar, sem justa causa, de prover a subsistência do cônjuge, ou de filho menor de 18 (dezoito) anos ou inapto para o trabalho, ou de ascendente inválido ou maior de 60 (sessenta) anos, não lhes proporcionando os recursos necessários ou faltando ao pagamento de pensão alimentícia judicialmente acordada, fixada ou majorada; deixar, sem justa causa, de socorrer descendente ou ascendente, gravemente enfermo: (Redação dada pela Lei nº 10.741, de 2003)*
Pena - detenção, de 1 (um) a 4 (quatro) anos e multa, de uma a dez vezes o maior salário mínimo vigente no País. (Redação dada pela Lei nº 5.478, de 1968)
Parágrafo único - Nas mesmas penas incide quem, sendo solvente, frustra ou ilide, de qualquer modo, inclusive por abandono injustificado de emprego ou função, o pagamento de pensão alimentícia judicialmente acordada, fixada ou majorada."

Como se vê, objetiva-se a presente norma assegurar o cumprimento de determinada obrigação alimentícia decorrente de ato ilícito, evitando-se o risco de o executado dilapidar seu patrimônio, inviabilizando a efetiva quitação de obrigação para com o exequente.[34]

O capital a ser constituído será separado do próprio patrimônio do devedor, de modo a garantir o cumprimento fiel da obrigação devida, devendo, assim, permanecer até que cesse dita obrigação, como se observa do §5º do art. 533 supra.

Aludido capital constituir-se-á por imóveis ou por direitos reais sobre imóveis suscetíveis de alienação, títulos da dívida pública ou aplicações financeiras em banco oficial, cravados de impenhorabilidade bem como inalienabilidade até findar a quitação da obrigação pelo devedor, além de constituir-se em patrimônio de afetação (§1º).

Do § 2º supracitado, nota-se autorização do legislador, de modo expresso, ao permitir a inclusão do nome do exequente na folha de pagamento do executado, satisfeitas determinadas condições econômicas que permitam antever o pleno cumprimento da obrigação, tudo em substituição à constituição de capital e ainda a pedido do executado, substituição por fiança bancária ou garantia real em valor a ser arbitrado de imediato pelo juiz, logicamente, nesse caso, tendo ele condições de fazê-lo. Do contrário, não restará outra alternativa senão socorrer-se de perito.

Tal aludida substituição é manifestada pelo magistrado por meio de uma decisão interlocutória, a qual poderá ser acompanhada de imposição de uma sanção pecuniária por dia, por exemplo, em caso de descumprimento a tal mandamento jurisdicional.[35]

Sobrevindo modificação em suas condições econômicas, qualquer das partes poderá solicitar ao juízo, conforme as circunstâncias, redução ou mesmo aumento da prestação (§ 3º).

Dispõe o §4º do art. 533 a permissão de se fixar a prestação alimentícia, tendo como base o salário mínimo em número de prestações, exortando precedentes jurisprudenciais que não admitiam, sob o argumento da proibição legal de indexação sobre o mesmo. O fato é que a questão não se põe sobre o valor do salário mínimo, mas no número deste (prestações) a serem pagos a quem de direito.

---

34. Súmula n.313 do STJ: "Em ação de indenização, procedente o pedido, é necessária a constituição de capital ou caução fidejussória para a garantia de pagamento da pensão, independentemente da situação financeira do demandado."

35. "CONSTITUIÇÃO DE CAPITAL. Art. 602 do Código de Processo Civil. Obrigação de fazer. 1. A constituição de capital prevista no art. 602 do Código de Processo Civil tem natureza de obrigação de fazer, comportando a imposição de multa para seu cumprimento. 2. Recurso especial conhecido e provido". STJ. 3ª T. REsp 631.756/RJ. Rel. Min. Carlos Alberto Menezes Direito. Julg. 06.09.2005, *DJ* 21.11.2005, p. 228.

Da quitação da obrigação, impõe-se a liberação do capital, cancelamento de quaisquer garantias prestadas ou ainda cessação do desconto em folha (§5º).

4. CUMPRIMENTO DE SENTENÇA QUE RECONHEÇA A EXIGIBILIDADE DE OBRIGAÇÃO DE PAGAR QUANTIA CERTA PELA FAZENDA PÚBLICA

Outra novidade apresentada no CPC/2015 é aquela que trata expressamente do cumprimento de sentença em face da Fazenda Pública, algo que, mesmo em virtude das alterações introduzidas pela Lei n.11.232/2005 no âmbito do revogado CPC/1973, não contemplava tal possibilidade no âmbito do cumprimento de sentença e dai, ante tal ausência de regulação própria, aplicado era o regramento genérico dos arts. 730 e 731 às obrigações de pagar quantia certa por parte da Fazenda Pública, seja em virtude de título executivo judicial ou extrajudicial.

Agora, diante do CPC/2015, tratando-se de cumprimento judicial que reconheça a exigibilidade de obrigação de pagar quantia certa pela Fazenda Pública, necessária será a aplicação do procedimento regulado pelos arts. 534 a 535, ressaltando-se que, em casos decorrentes de obrigação de fazer, não fazer e entregar coisa em face da Fazenda Pública aplicar-se-ão os procedimentos relativos aos arts. 536 a 538, além daqueles previstos na legislação infraconstitucional (*v.g.*, mandado de segurança).

O presente procedimento diz respeito apenas ao cumprimento da sentença decorrente de obrigação de pagar quantia certa em que a Fazenda figura no polo passivo.

É de se atentar para o fato de que a expressão "Fazenda Pública" engloba todas as pessoas jurídicas de direito público interno (União, Estados, Municípios, Distrito Federal, autarquias e fundações públicas). Já, quando a Fazenda Pública atuar como exequente, o procedimento será o da denominada Execução Fiscal, devidamente previsto na Lei n. 6.830/80.

No que toca aos limites políticos que cerceiam a satisfação do direito por via da atividade executiva, os bens públicos são considerados impenhoráveis, resultando disso reflexos inegavelmente importantes que repercutirão certamente no procedimento das execuções contra a Fazenda Pública, como, por exemplo, na questão relativa à impossibilidade de alienação de bens.

É certo que a inalienabilidade decorre da impenhorabilidade, sendo, realmente, consequência desta. Bem aponta, no entanto, Araken de Assis[36] que

> os bens públicos dominicais, integrantes do patrimônio das pessoas jurídicas de direito público (art. 99, III, do CC-02), bem como das pessoas jurídicas de direito público 'a que se tenha dado estrutura de

36. Ob. cit., p. 952.

> direito privado' (art. 99, parágrafo único, do CC-02) – por exemplo, as fundações instituídas pelo poder público com personalidade de direito privado – comportam alienação, 'observadas as exigências da lei', consoante dispõe o art. 101.

E ainda completa:

> Nem por isso, todavia, os bens públicos dominicais se tornam penhoráveis", ou seja, é de se promover a respectiva desafetação, autorizando a devida alienação, isso em cada caso e para finalidades especiais, cabendo tal conteúdo às leis federais, estaduais, distritais e municipais.

Mantém-se, portanto, viva orientação de Pontes de Miranda, para quem todos "os bens públicos somente podem ser alienados se a lei o permite e segundo ela o permita.[37]

A sentença condenatória contra a Fazenda possuirá eficácia executiva quando transitada em julgado, após o reexame necessário ou "recurso de ofício", com as devidas exceções do art. 496, §§ 3º e 4º do CPC. Já o título executivo extrajudicial, conforme se verá em capítulo próprio, ganha força executiva desde que respeitados os requisitos legais previstos pelo ordenamento e já por nós enfrentados quando da análise dos "requisitos da execução".

4.1 PROCEDIMENTO

Quanto à questão procedimental em sede de cumprimento de sentença que reconheça a exigibilidade de obrigação de pagar quantia certa pela Fazenda Pública, o exequente apresentará demonstrativo discriminado e atualizado do crédito, tudo de acordo com o art. 534, contendo o que se segue abaixo:

I - o nome completo e o número de inscrição no Cadastro de Pessoas Físicas ou no Cadastro Nacional da Pessoa Jurídica do exequente;

II - o índice de correção monetária adotado;

III - os juros aplicados e as respectivas taxas;

IV - o termo inicial e o termo final dos juros e da correção monetária utilizados;

V - a periodicidade da capitalização dos juros, se for o caso;

VI - a especificação dos eventuais descontos obrigatórios realizados.

Importante ressaltar que havendo pluralidade de exequentes, cada um deverá apresentar o seu próprio demonstrativo, aplicando-se à hipótese, se for o caso, o disposto nos §§ 1º e 2º do art. 113.[38]

---

37. *Tratado de Direito Privado*. Vol. 2. 3. ed. Rio de Janeiro: Borsoi, 1971, p. 142.

38. *"§1º O juiz poderá limitar o litisconsórcio facultativo quanto ao número de litigantes na fase de conhecimento, na liquidação de sentença ou na execução, quando este comprometer a rápida solução do litígio ou dificultar a defesa ou o cumprimento da sentença.*

Destaca-se que não se aplica ao presente cumprimento de sentença a multa de 10 % (dez por cento) prevista no §1º do art. 523. A despeito desta lamentável exceção, outras sanções como aquela decorrente de litigância de má-fé (art. 80 do CPC) ou mesmo de ato atentatório à dignidade da justiça (art. 774 do CPC) não encontram óbices para a sua efetiva aplicação no cumprimento da sentença em tela.[39]

Uma vez deferida a inicial, será a Fazenda Pública intimada na pessoa de seu representante judicial, por carga, remessa ou meio eletrônico, para, querendo, no prazo de 30 (trinta) dias e nos próprios autos, impugnar a execução, podendo arguir conforme o art.535, o seguinte:[40]

I - falta ou nulidade da citação se, na fase de conhecimento, o processo correu à revelia;

II - ilegitimidade de parte;

III - inexequibilidade do título ou inexigibilidade da obrigação;

IV - excesso de execução ou cumulação indevida de execuções;

V - incompetência absoluta ou relativa do juízo da execução;

VI - qualquer causa modificativa ou extintiva da obrigação, como pagamento, novação, compensação, transação ou prescrição,[41] desde que supervenientes ao trânsito em julgado da sentença.

Fundamental pontuar aqui que caberá à Fazenda Pública, quando da alegação de que o exequente, em excesso de execução pleiteia quantia superior à resultante do título executivo judicial, declarar, de imediato, o valor que entende correto (§2º do art. 535 do CPC), apresentando demonstrativo discriminado e atualizado de seu cálculo (§4º do art. 525 do CPC), sob pena de não conhecimento da respectiva alegação.

Destaca-se ainda que, havendo interesse na alegação de suspeição ou impedimento, observar-se-á o que dispõem os arts. 146 e 148 do CPC.

Quanto ao efeito suspensivo decorrente da impugnação apresentada, ainda que não regrada neste momento pelo legislador, entendemos da sua possibilidade no presente procedimento, cabendo à Fazenda Pública requerer a concessão do aludido efeito à sua impugnação, hipótese em que deverá demonstrar ao órgão julgador a ocorrência dos pressupostos previstos no §6º

---

§2º O requerimento de limitação interrompe o prazo para manifestação ou resposta, que recomeçará da intimação da decisão que o solucionar."

39. No mesmo sentido, MARINONI, Luiz Guilherme; ARENHART, Sérgio Cruz; MITIDIERO, Daniel. *Novo Código de Processo Civil Comentado...*, p.568.

40. Todos os conteúdos relativos às matérias passiveis de Impugnação já foram objeto de estudo no tópico referente ao "Cumprimento Definitivo da Sentença que Reconhece a Exigibilidade de Obrigação de Pagar Quantia Certa", neste mesmo capítulo da presente obra, de modo que sugerimos ao leitor que para lá se dirija em caso de estudo acerca de tais conteúdos.

41. Importante entendimento no Enunciado n.57 do FPPC: A prescrição prevista nos arts. 525, §1º, VII e 535, VI, é exclusivamente da pretensão executiva.

do art. 525, i.e., que seus fundamentos sejam relevantes para tanto e que o prosseguimento da execução seja manifestamente suscetível de causar ao executado grave dano de difícil ou incerta reparação.

Entendemos ainda que, pelo próprio modelo constitucional do processo, não estará a Fazenda Pública sujeita à garantia do juízo para a conquista do retro mencionado efeito suspensivo, bastando, portanto, a presença dos pressupostos acima referidos.

Não havendo requerimento de efeito suspensivo ou o magistrado indeferindo-o, expedir-se-á o precatório ou far-se-á a requisição do pequeno valor desde já, ainda que a impugnação não tenha sido julgada.

Insta sublinhar, apenas e título informativo, que o Supremo Tribunal Federal reconheceu a repercussão geral acerca da discussão sobre a possibilidade de execução provisória contra a Fazenda Pública, com a respectiva expedição de precatório antes do trânsito em julgado da sentença em sede obrigação de fazer (RE 573.872/RS. Rel. Min. Edson Fachin. *DJe* 02.10.2017). Uma vez julgado o mérito do aludido RE, fora fixada a seguinte tese:

"A execução provisória de obrigação de fazer em face da Fazenda Pública não atrai o regime constitucional dos precatórios."

Não oposta a impugnação ou rejeitadas as arguições da executada (aqui também ensejando o reexame necessário do julgado, com as devidas exceções do art. 496, §§ 3º e 4º do CPC):

I - será expedido precatório pelo qual o órgão judicial, por intermédio do presidente do tribunal competente em favor do exequente, observando-se o que dispõe a Constituição Federal de 1988[42] (art. 535, §3º I do CPC), sendo os precatórios pagos em ordem cronológica,[43] sob pena de sequestro de quantia necessária para satisfação do débito;[44/45]

II - por ordem do juiz dirigida à autoridade na pessoa de quem o ente público foi citado para o processo, o pagamento de obrigação de pequeno valor será realizado no prazo de 2 (dois) meses contado da entrega da requisição,

42. De acordo com o art. 100, §5º, da CF/88, as entidades de direito público são obrigadas a reservar em seus orçamentos, verbas necessárias ao pagamento de seus débitos decorrentes de sentenças transitadas em julgado, constantes de precatórios judiciais que lhe sejam comunicados até o dia 1º de julho, realizando-se o devido pagamento até o final do exercício seguinte, quando então sofrerão as quantias devidas, atualizações monetárias.

43. Súmula n.144 do STJ: "Os créditos de natureza alimentícia gozam de preferência, desvinculados os precatórios da ordem cronológica dos créditos de natureza diversa."

44. Nisso indica o §6º do art. 100 da CF/88: *"As dotações orçamentárias e os créditos abertos serão consignados diretamente ao Poder Judiciário, cabendo ao Presidente do Tribunal que proferir a decisão exequenda determinar o pagamento integral e autorizar, a requerimento do credor e exclusivamente para os casos de preterimento de seu direito de precedência ou de não alocação orçamentária do valor necessário à satisfação do seu débito, o sequestro da quantia respectiva"*

45. STF. Súmula Vinculante n.17: "Durante o período previsto no §1º do art. 100 da Constituição, não incidem juros de mora sobre os precatórios que nele sejam pagos."

mediante depósito na agência de banco oficial mais próxima da residência do exequente art. (535, §3º I do CPC).

Nota-se, de certo, que ficam ressalvadas do regime de precatórios as denominadas obrigações definidas em lei como de "pequeno valor" (art. 100, § 3º da CF/88), esse fixado pelo art. 87 do Ato das Disposições Constitucionais Transitórias da CF/1988[46] até a publicação oficial das respectivas leis definidoras pelos entes da federação.

Vale destacar neste ínterim as disposições constitucionais relativas às dívidas de natureza alimentícia e a sua preferência quanto à ordem cronológica dos precatórios expedidos para o pagamento de dívidas de natureza diversa.

> *Art. 100 (...)*
> *§ 1º Os débitos de natureza alimentícia compreendem aqueles decorrentes de salários, vencimentos, proventos, pensões e suas complementações, benefícios previdenciários e indenizações por morte ou por invalidez, fundadas em responsabilidade civil, em virtude de sentença judicial transitada em julgado, e serão pagos com preferência sobre todos os demais débitos, exceto sobre aqueles referidos no § 2º deste artigo.*
> *§ 2º Os débitos de natureza alimentícia cujos titulares tenham 60 (sessenta) anos de idade ou mais na data de expedição do precatório, ou sejam portadores de doença grave, definidos na forma da lei, serão pagos com preferência sobre todos os demais débitos, até o valor equivalente ao triplo do fixado em lei para os fins do disposto no § 3º deste artigo, admitido o fracionamento para essa finalidade, sendo que o restante será pago na ordem cronológica de apresentação do precatório.*

Nessa toada, duas ordens cronológicas serão respeitadas para pagamento: a dos precatórios denominados ordinários, expedidos para pagamento de dívidas não alimentares e dos precatórios extraordinários, estes que gozam de preferência sobre os ordinários e que são emitidos para pagamento das dívidas alimentares.

É de se atentar para a disposição referente à rigorosidade que toca o respeito à ordem cronológica de pagamento.

Sendo o credor preterido em seu direito de preferência, isto é, desrespeitado quanto à ordem cronológica que lhe cabia, poderá requerer ao presidente do tribunal que expediu a ordem que ordene o "sequestro" da quantia neces-

---

46. São de pequeno valor, na dicção do art. 87:
"(...)
I – 40 (quarenta) salários mínimos, perante a Fazenda dos Estados e do Distrito Federal;
II – 30 (trinta) salários mínimos, perante a Fazenda dos Municípios."
Já, para as obrigações da Fazenda Pública Federal tem-se o valor é de 60 (sessenta) salários mínimos, consoante a Lei n. 10.259/2001, art. 17, *caput* e § 1º.

sária para a satisfação de seu crédito – e este, ouvindo antes o chefe do Ministério Público, poderá, de certo, tomar aludida medida.

Em boa hora, é de ressaltar que não possui a presente medida natureza cautelar, mas, sim, executiva, dado que a importância sequestrada será devidamente entregue ao credor preterido como lhe é de direito. Aliás, com acerto, assevera Barbosa Moreira que o sequestro deve recair sobre a quantia indevidamente paga ao credor equivocado na ordem cronológica de recebimento, "e não sobre o dinheiro público, que, sendo impenhorável, é também insuscetível desta modalidade de apreensão, salvo inequívoca disposição de lei em contrário."[47]

Há de sublinhar que, do contrário ao exposto acima, se estaria prestigiando a perpetuação do erro, deixando a quantia para quem não estava na ordem correta de recebimento, ou seja, permaneceria subsistindo o equívoco na inobservância da ordem prescrita.

De outra banda, caso a impugnação da Fazenda Pública seja parcial quanto ao débito executado, à parte não questionada será, desde logo objeto de cumprimento, conforme reza o §4º do art. 535 do CPC.

Por fim, para efeito do que dispõe o inciso III do art. 535 (*inexequibilidade do título ou inexigibilidade da obrigação*), considera-se inexigível a obrigação constante de título executivo judicial fundado em lei ou ato normativo declarado inconstitucional pelo Supremo Tribunal Federal, ou fundado em aplicação ou interpretação da lei ou ato normativo tido pelo Supremo Tribunal Federal como incompatível com a Constituição Federal, em controle de constitucionalidade concentrado ou difuso (§5º do art. 535).[48]

Como já dito em outro momento, trata-se de exceção à coisa julgada e que atende ao que parte da doutrina denomina nulidade da sentença, flexibilização da coisa julgada ou mesmo coisa julgada inconstitucional, reconhecida, muitas vezes, como não admissível por falta de previsão legal expressa, exatamente por se tratar de exceção. Com a previsão legal, no entanto, parte-se da ideia de que dispensada estaria a ação rescisória de pressupostos mais estreitos, inclusive quanto ao prazo decadencial.

No entanto, na presente matéria, coube ao legislador do Código de Processo Civil de 2015 ir mais adiante que o seu antecessor.

Primeiro, ao estabelecer que em tais casos, os efeitos da decisão do Supremo Tribunal Federal poderão ser modulados no tempo, em atenção à segurança jurídica, dado, sobretudo, à mutabilidade das questões fáticas decorrentes do próprio reconhecimento da coisa julgada inconstitucional, *ex vi* do §6º do art. 535 do CPC.

---

47. Ob. cit., p. 270.

48. Enunciado n.58 do FPPC: "As decisões de inconstitucionalidade a que se referem os art. 525, §§ 12 e 13 e art. 535 §§ 5º e 6º devem ser proferidas pelo plenário do STF."

Indo mais à frente, é de sublinhar aqui que a inexigibilidade da obrigação referida no §5º será reconhecida caso a decisão do Supremo Tribunal Federal seja anterior ao trânsito em julgado da decisão exequenda (§7º do art. 535 do CPC). Do contrário, isto é, sendo decisão do STF proferida após o trânsito em julgado da decisão exequenda, caberá o manejo da ação rescisória, respectivamente, cujo prazo para a referida *actio* será contado do trânsito em julgado da decisão proferida pelo Supremo Tribunal Federal (§8º do art. 535 do CPC).[49]

---

49. Impende ressaltar aqui que a presente temática estava longe de ser uma unanimidade como aceita ou inquestionável no plano de sua própria aderência constitucional.
É verdade que já havia uma variedade de formas aptas a interpretar a matéria em comento, sobretudo no que tange ao lapso temporal em que repercutiria o campo de validade ou não de um determinado título executivo e sua inexigibilidade na incidência da *questio*, o que agora no CPC/2015, se coloca no plano da inexigibilidade da obrigação que consta do título executivo judicial.
Ainda sob a égide do CPC/1973 o entendimento de Arruda Alvim *et ali* (ARRUDA ALVIM; ASSIS, Araken de; ARRUDA ALVIM, Eduardo. *Comentários ao Código de Processo Civil*. 3 ed. São Paulo: RT, 2014, p. 873) era o de que a interpretação correta do §1º do art. 475-L do CPC/1973 se dava no sentido de que deveria "ser feita de modo a respeitar a integridade da decisão transitada em julgado. Qualquer outra interpretação do preceito em questão, segundo nos parece, será insofismavelmente inconstitucional; por isso, entendemos que o dispositivo sob comento logra obter aplicação nas hipóteses em que o STF tiver decidido anteriormente ao trânsito em julgado da decisão exequenda, em sede de controle abstrato (Adin, ADC, ADPF), pela inconstitucionalidade do preceito, que tiver servido de base para a decisão exequenda. Poderá também, referido preceito, ser aplicado nas situações em que o STF tiver decidido pela inconstitucionalidade incidenter tantum, desde que o Senado tenha deliberado pela suspensão da execução da lei na forma do inc. X do art. 52 do Texto Constitucional e isso se tenha passado anteriormente ao trânsito em julgado da decisão exequenda."
Julgando ao contrário do pensamento supra, notadamente, sobre o art. 741, parágrafo único, cuja redação caminha na mesma ideia do §1º do art. 475-L, não obstante aquele situar-se no âmbito do Livro II – Processo de Execução, o STJ (2ª T. Resp 1049702/RS. Rel. Min. Eliana Calmon. Julg. 17.03.2009) orientou-se nos seguintes termos:
"PROCESSUAL CIVIL E TRIBUTÁRIO - EMBARGOS À EXECUÇÃO - CPC, ART. 741 PARÁGRAFO ÚNICO (COM A REDAÇÃO DA MEDIDA PROVISÓRIA 2.180-35/2001)- APLICABILIDADE ÀS SENTENÇAS TRANSITADAS EM JULGADO POSTERIORMENTE À SUA VIGÊNCIA - PRECEDENTES.
1. Nos termos do art. 741, parágrafo único do CPC "considera-se inexigível o título judicial fundado em lei ou ato normativo declarados inconstitucionais pelo Supremo Tribunal Federal ou em aplicação ou interpretação tidas por incompatíveis com a Constituição Federal 2. Se à época da promoção dos embargos de devedor já havia decisão da Suprema Corte extirpando a norma ou a sua interpretação do ordenamento jurídico é possível a relativização da coisa julgada, ante o caráter processual do art. 741, parágrafo único, do CPC e à máxima efetividade das decisões emanadas da Corte Constitucional.
Lado outro, é de se entender que os dispositivos constantes dos arts. 475-L, §1º e 741, parágrafo único, permitiriam apenas uma interpretação constitucional: a de que o executado poderia alegar a pronúncia do Supremo Tribunal Federal quando a sentença exequenda tivesse aplicado lei que já havia sido declarada inconstitucional ou adotado interpretação que já teria sido declarada incompatível com a Carta Maior, antes mesmo de seu trânsito em julgado."

5. CUMPRIMENTO DE SENTENÇA QUE RECONHEÇA A EXIGIBILIDADE DE OBRIGAÇÃO DE FAZER, DE NÃO FAZER OU DE ENTREGAR COISA

5.1 UMA INTRODUÇÃO: A TUTELA ESPECÍFICA COMO COROLÁRIO DAS OBRIGAÇÕES DE FAZER, NÃO FAZER E ENTREGA DE COISA E SUA REGULAÇÃO NO CÓDIGO DE PROCESSO CIVIL DE 2015

É certo que a atividade jurisdicional busca a solução para os diversos conflitos – nesse tópico, relacionado às obrigações de fazer, não fazer e entrega de coisa quando, eventualmente, não conseguem as partes, de forma pacífica e voluntária, acordá-los.

Consubstanciado na ideia da efetividade e instrumentalidade, deve o processo, objetivamente, propiciar a devida tutela específica do direito lesado, proporcionando de forma efetiva e sempre que possível, àquele que tem sua obrigação inadimplida, exatamente, aquilo que obteria se, voluntariamente, o devedor a adimplisse, parodiando lição clássica de Chiovenda.

Dividido em duas partes, Geral e Especial e distribuídas em 9 (nove) livros, mais um livro complementar ("Das Disposições Finais e Transitórias"), o Código de Processo Civil de 2015 reservou a regulação da Tutela Específica à Parte Especial, mais precisamente ao seu Livro I *"Do Processo de Conhecimento e do Cumprimento de Sentença."*

Vale ressaltar a oportuna divisão do instituto em momentos distintos de aplicabilidade, ou seja, diante de sua concessão, cumprimento ou eventual descumprimento pela parte obrigada a cumprir medida destinada a fazer, não fazer ou entregar coisa.

Queremos, com isso, pontuar que, diferentemente do texto do CPC/1973, onde tínhamos, *v.g.*, os arts. 461 e 461-A se prestando a laborar o contexto geral e deveras abstrato do empreender da medida específica, o CPC/2015 possui a virtude de alocar em termos corretos e em lugares distintos, exatamente, as diversas nuances pelas quais pode a Tutela Específica atuar, seja como dissemos alhures, no que toca à sua concessão e execução, ressaltando ainda detalhes, a nosso ver, de extrema importância, sobretudo se conjugados à luz de uma hermenêutica constitucional voltada à realização do Processo Justo, como na novíssima hipótese prevista formalmente que é a da possível impugnação do demandado frente à exigência do cumprimento específico da obrigação.

Nestes termos, temos que na Seção IV *"Do Julgamento das Ações Relativas às Prestações de Fazer, de não Fazer e de Entregar Coisa"* do Capítulo XII *"Da Sentença e da Coisa Julgada"*, ambos inclusos no Título I *"Do Procedimento Comum"*, encontram-se as disposições referentes ao julgamento das Ações Relativas às Prestações de Fazer, de não Fazer e de Entregar Coisa.

Já, no que toca ao cumprimento da sentença que reconheça a exigibilidade de obrigação de fazer, de não fazer ou de entregar coisa, as disposições normativas encontram-se situadas no Título II "*Do Cumprimento da Sentença*", mais precisamente no Capítulo VI "*Do Cumprimento da Sentença que Reconheça a Exigibilidade de Obrigação de Fazer, de Não Fazer ou de Entregar Coisa*", Seção I, bem como em sua Seção II "*Do Cumprimento da Sentença que Reconheça a Exigibilidade de Obrigação de Entregar Coisa*".

- Julgamento das Ações Relativas às Prestações de Fazer, de Não Fazer e de Entregar Coisa

Ao tratar do julgamento das demandas que tenham por objeto prestação de fazer, não fazer ou entregar coisa, o CPC/2015 optou, em princípio, por manter em manifesta igualdade de termos o *caput* do art.461 do CPC/1973, estabelecendo que em ditas demandas, sendo procedente o pedido, o magistrado concederá a Tutela Específica ou mesmo determinará providências que assegurem o resultado prático equivalente ao adimplemento do direito material agredido. Ainda, tratando-se de entrega de coisa, será fixado pelo juízo o prazo para o cumprimento da obrigação, sendo tal locução, entendemos nós, extensiva às obrigações de fazer ou não fazer, não se configurando aí qualquer objeção. Eis os dispositivos:

> *Art. 497. Na ação que tenha por objeto a prestação de fazer ou de não fazer, o juiz, se procedente o pedido, concederá a tutela específica ou determinará providências que assegurem a obtenção de tutela pelo resultado prático equivalente (...).*
>
> *Art. 498. Na ação que tenha por objeto a entrega de coisa, o juiz, ao conceder a tutela específica, fixará o prazo para o cumprimento da obrigação.*
>
> *Parágrafo único. Tratando-se de entrega de coisa determinada pelo gênero e pela quantidade, o autor individualizá-la-á na petição inicial, se lhe couber a escolha; se a escolha couber ao réu, este a entregará individualizada, no prazo fixado pelo juiz.*

Na mesma toada do CPC/1973, tem-se a possibilidade de conversão em perdas e danos das obrigações retro referidas, quando o autor a requerer e ainda, se impossível a concessão da Tutela Específica ou a exata obtenção do resultado prático equivalente ao adimplemento da obrigação ora devida, neste caso, pelo próprio órgão julgador. *In verbis*:

"*Art. 499. A obrigação somente será convertida em perdas e danos se o autor o requerer ou se impossível a tutela específica ou a obtenção de tutela pelo resultado prático equivalente.*"

Ainda neste ínterim, ressalta-se que indenização por perdas e danos dar-se-á sem prejuízo da multa fixada periodicamente, de modo a compelir o réu ao cumprimento específico da obrigação reconhecida como devida (art. 500), sendo de relevante importância notar a compreensão de que eventual a multa cominatória, conforme afirmado a pouco, possui o caráter inibitório sobre o réu recalcitrante no cumprimento da obrigação a ele exigida[50], valendo daí trazer à luz a exata lição do saudoso Alcides de Mendonça Lima:[51]

> (...) enquanto o devedor tiver ânimo para suportar o ônus da incidência das *astreintes*, ele pagará a pena, inclusive, se houver obstinação irreversível. Não se pode deixar de reconhecer, como JOSSERAND adverte, que 'não há fortuna que possa resistir a uma pressão contínua e incessantemente acentuada; a capitulação do devedor é fatal; vence-se a sua resistência, sem haver exercido violência sobre sua pessoa; procede-se contra seus bens, contra sua fortuna, contra seus recursos materiais.

Disso queremos dizer que eventual limitação de valores e/ou tempo de incidência da multa, a despeito do próprio ordenamento não impor tais limites, deve ser sopesado pelo órgão julgador, seja na questão que envolve a própria efetividade da sanção pecuniária, já que valores e/ou tempo incipientes podem gerar inegável resistência do réu, sobretudo quando este vislumbrar o minúsculo impacto da medida em que seu erário ou mesmo de modo a inviabilizar o respectivo cumprimento de todo o montante obrigacional a ele (réu) exigido.[52]

Prevendo tais circunstâncias, coube ao legislador do CPC/2015 pontuar a atividade volitiva do juiz na concessão da multa, balizando em importantes pontos tanto o avanço quanto a redução da medida cominatória vincenda (o que, aliás, já o fazia em outros termos o parágrafo único do art. 645 do CPC/1973).[53]

Destaca-se, no entanto, que o órgão julgador também poderá excluir a multa vincenda, desde que a mesma tenha se tornado insuficiente ou excessiva ou o obrigado tenha demonstrado cumprimento parcial superveniente da obrigação ou justa causa para o descumprimento.[54]

Notadamente, certo é que a execução se faz no interesse do exequente, com respeito ao princípio da menor onerosidade do executado. No entanto, é de se atentar que o aspecto da multa em tela possui natureza inibitória para o cumprimento da obrigação devida, e certamente, se faz estipulada para que o executado, postergador do cumprimento da obrigação, seja desmotivado a

---

50. Cf. o nosso *Tutela Específica....*, p. 90-91.
51. LIMA, Alcides de Mendonça. *Comentários ao Código de Processo Civil*, Rio de Janeiro: Forense, Vol. VI, Tomo II, 1979, p. 869.
52. "A cominação da multa deve ser forte, mas não deve inviabilizar a execução propriamente dita, que, no caso, é a resultante das perdas e danos. De nada vale levar o devedor à insolvência se, insolvente, não puder atender sequer ao prejuízo real causado ao credor". GRECO FILHO, Vicente. *Direito Processual Civil Brasileiro*. Vol.3. São Paulo: Saraiva, 1995, p. 69.
53. Súmula n.410 do STJ: "A prévia intimação pessoal do devedor constitui condição necessária para a cobrança de multa pelo descumprimento de obrigação de fazer ou não fazer."
54. Vale aqui também a lição da citação n.42 supra.

inadimplir para com a obrigação devida em fase da própria sanção pecuniária a que esteja submisso.

Por tudo, a despeito de estar contemplado em capítulo que trata do "cumprimento" da sentença que reconheça a exigibilidade de obrigação de fazer, de não fazer ou de entregar coisa e não do "julgamento", onde, por ora estamos, expressa bem o § 1ª do art. 537 do CPC/2015:

> *§1º O juiz poderá, de ofício ou a requerimento, modificar o valor ou a periodicidade da multa vincenda ou excluí-la, caso verifique que:*
>
> *I – se tornou insuficiente ou excessiva;*
>
> *II – o obrigado demonstrou cumprimento parcial superveniente da obrigação ou justa causa para o descumprimento.*

Cabe para momento ainda explicitar que a multa independerá de requerimento da parte e poderá ser concedida tanto na fase de conhecimento, em sede de tutela provisória ou na sentença, ou ainda na fase de execução, desde que seja suficiente e compatível com a obrigação e que se determine prazo razoável para cumprimento do preceito, *ex vi* do *caput* do art. 537.[55]

Digno de nota é a destinação dos valores auferidos pela multa.

Nisso o CPC/2015 prevê como destinatário da multa o próprio exequente (§2º do art. 537),[56] independente do valor a que a mesma alçar.

5.1.1 A Obrigação de Emissão de Declaração de Vontade

O presente conteúdo já fora enfrentado em capítulo anterior. Não obstante isso, vale aqui tecer novamente comentários a tal conteúdo, pois que pertinente para este momento.

Contrariamente ao CPC/1973, e a nosso ver, com acerto, o CPC/2015 oportuniza alocar em único dispositivo o julgamento das obrigações de emitir (prestar) declaração de vontade.

Destaca-se que o CPC/1973, mais precisamente nos arts. 466-A, 466-B e 466-C, tratava de regular a presente obrigação, portanto, em diferentes dispositivos, ainda que de maneira tautológica alguns de seus conteúdos/e ou situações circunstanciais de incidência da dita obrigação.

Verdade é que a presente obrigação vem sofrendo seguidas modificações relativas à sua localização no ordenamento processual civil pátrio.

Originariamente, localizava-se, teratologicamente, no Livro II do CPC/1973.

55. Enunciado n.96 da I Jornada de Direito Processual Civil do Conselho da Justiça Federal (CJF): "Os critérios referidos no caput do art. 537 do CPC devem ser observados no momento da fixação da multa, que não está limitada ao valor da obrigação principal e não pode ter sua exigibilidade postergada para depois do trânsito em julgado."

56. *"Art. 537 (...)*
§2º O valor da multa será devido ao exequente."

Conforme já pudemos salientar em outras oportunidades[57], modificação operada pela Lei n. 11.232, de 22.12.2005 veio situar nos termos corretos a localização normativa desta tutela obrigacional, pois que, de forma meândrica, estava ela, a despeito de seu caráter cognitivo, assentada no Livro II, Título II, Capítulo III , mais precisamente nos arts. 639 a 641 do CPC/1973, figurando-se formalmente em um Processo de Execução quando, na verdade, não o é. 1

Neste sentido, já asseverava Barbosa Moreira que[58]

> na verdade, apesar da localização no texto do Código, o assunto de que tratou os arts. 639 e 641 nada tem que ver com o processo de execução, que, por supérfluo, nem sequer chega a formar-se. Aqueles dispositivos regulam questões pertinentes à atividade cognitiva do órgão judicial. O lugar apropriado seria o Capítulo referente aos efeitos da sentença.

Como dissemos e com acerto, o novel Código disciplina o julgamento das obrigações de emitir declaração de vontade nos seguintes termos:

"Art. 501. Na ação que tenha por objeto a emissão de declaração de vontade, a sentença que julgar procedente o pedido, uma vez transitada em julgado, produzirá todos os efeitos da declaração não emitida."

Despiciendo notar que se trata de ação pessoal, abrangendo as declarações de vontade inadimplidas, comumente decorrentes de um negócio jurídico unilateral ou bilateral que tenha por objeto tanto bens móveis quanto imóveis.

Assim, por exemplo, desde que uma parte, em contrato preliminar, assuma uma obrigação de contratar, bem como de emitir declaração de vontade e a isso deixe de fazer ou se recuse a fazê-la, poderá a outra parte acioná-la judicialmente, objetivando, com isso, obter uma sentença que produza os mesmos efeitos da declaração não emitida pelo obrigado.

A presente solução encontra-se consubstanciada na ideia da denominada "infungibilidade jurídica", quando o Estado, através do provimento jurisdicional, cria urna situação jurídica equivalente à que se verificaria se a declaração de vontade fosse prestada pelo próprio devedor.[59]

---

57. *Tutela Específica*... p.100.

58. BARBOSA MOREIRA, José Carlos. Aspectos da Execução em Emitir Declaração de Vontade In: *Temas de Direito Processual*. Sexta Série. São Paulo: Saraiva, 1997, p. 236.

59. Sobre o efeito jurídico da sentença substitutiva da vontade, vale lembrar LIEBMAN ao afirmar: "o respeito à vontade individual não pode ser tão absoluto a ponto de impedir a produção do efeito jurídico que a declaração de vontade produziria, quando existe obrigação anterior de emitir essa declaração e o obrigado se recusa a cumpri-la" (LIEBMAN, Enrico Tullio. *Embargos do Executado*. São Paulo: Saraiva, 1952, p. 161).

5.2 CUMPRIMENTO DA SENTENÇA QUE RECONHEÇA A EXIGIBILIDADE DE OBRIGAÇÃO DE FAZER E DE NÃO FAZER

Passa-se aqui à esfera do cumprimento das obrigações de fazer, não fazer e entregar, após, portanto, o reconhecimento das mesmas, como operado no item anterior.

Aliás, conforme destacamos alhures, importante virtude contida no CPC/2015 é aquela da organicidade normativa voltada à racionalidade dos institutos e sua melhor operabilidade, aqui destacada pela junção "julgamento-cumprimento" da Tutela Específica.

Destacado já no CPC/1973, oriundas inclusive do §5º do art. 84 do Código de Defesa do Consumidor, as medidas de "execução indireta", isto é, aquelas exercidas por meios de coação[60] sobre a vontade do devedor, de modo a compeli-lo a cumprir com a obrigação devida, sobretudo, na forma específica, configurando-se em meios de apoio ao cumprimento da obrigação, vem no novato Código arroladas de forma a reproduzir, incialmente, o que já dispunha o §5º do art. 461 do CPC/1973. Nisso aponta o art. 536 e seus §§1º e 2º do CPC/2015:

> *Art. 536. No cumprimento da sentença que reconheça a exigibilidade de obrigação de fazer ou de não fazer, o juiz poderá, de ofício ou a requerimento, para a efetivação da tutela específica ou a obtenção de tutela pelo resultado prático equivalente, determinar as medidas necessárias à satisfação do exequente.*
>
> *§ 1º Para atender ao disposto no caput, o juiz poderá determinar, entre outras medidas, a imposição de multa, a busca e apreensão, a remoção de pessoas e coisas, o desfazimento de obras e o impedimento de atividade nociva, podendo, caso necessário, requisitar o auxílio de força policial.*
>
> *§ 2º O mandado de busca e apreensão de pessoas e coisas será cumprido por 2 (dois) oficiais de justiça, observando-se o disposto no art. 846, §§1º a 4º, se houver necessidade de arrombamento.*

Como bem se nota, o §1º acosta um rol de medidas à disposição do juízo, para que, com interesse e coragem, possa adotá-las, a fim de empreender força necessária e apta a atuar sobre o devedor recalcitrante ao cumprimento específico da obrigação. No entanto cabe bem frisar que, de acordo com a dicção "entre outras medidas" não se trata de rol que se esgota nele mesmo, sendo perfeitamente possível lançar mão de outras medidas, desde que voltadas ao objetivo efetivo da satisfação do direito reconhecido e, inegavelmente, des-

60. Ditos meios de coação atuam através de medidas de pressão econômica, física ou psicológica, tais como as penas de multa, a incidência das *astreintes*, hipóteses de prisão civil, bem como punições oriundas da prática de atos atentatórios à dignidade da justiça, dentre outras. Cf. o nosso *Tutela Específica...*, p. 82.

cumprido.[61] como se vê daquelas constantes também do art. 139, IV do CPC, nos seguintes termos:

> *Art. 139. O juiz dirigirá o processo conforme as disposições deste Código, incumbindo-lhe:*
>
> *(...)*
>
> *IV - determinar todas as medidas indutivas, coercitivas, mandamentais ou sub-rogatórias necessárias para assegurar o cumprimento de ordem judicial, inclusive nas ações que tenham por objeto prestação pecuniária;*
>
> *(...).*

Nota-se a amplitude conferida ao julgador para aplicar medidas tidas como "atípicas" e necessárias para fazer valer o cumprimento exato da ordem judicial, somando-se às medidas típicas (art.536, §1º) todas espécies do gênero "execução indireta", tipicamente usadas para fins de efetivar o cumprimento de uma determinada tutela específica em obrigações de fazer, não fazer ou entregar coisa, conforme alhures apontado acerca do digitado art.536, §1º do CPC e, de fato, encontrando lugar na abertura ampla dada por este próprio dispositivo, quando se faz referir em seu texto a expressão aberta "entre outras medidas". [62]

Coube ao legislador avançar também para a possibilidade de aplicação de medidas indutivas, coercitivas, mandamentais ou sub-rogatórias voltadas às ações que envolvem prestação pecuniária, de modo a estender agora para todas as espécies obrigacionais.

Insta pontuar que ao aplicar qualquer das medidas arroladas no aludido inciso IV do art. 139, deve o magistrado levar em consideração todo o ambiente ao qual as mesmas podem servir, harmonizando-as com os limites balizados pelo próprio ordenamento, mirando sempre o respeito aos valores e normas fundamentais da Carta Constitucional (art. 1º do CPC), os fins sociais e às exigências do bem comum, sempre resguardando e promovendo a dignidade da pessoa humana e ainda, observando a proporcionalidade, a razoabilidade, a legalidade, e porque não, a publicidade e a eficiência (art.8º do CPC), de modo a que não se possa oportunizar o uso arbitrário e desmensurado de determinada medida, portanto, sem deixar de cotejá-la com o grau de força judicial necessária para que o fim objetivado – cumprimento de ordem judicial – não se transforme em pano de fundo para o aviltamento a um direito fundamental e ao devido e justo processo constitucional.

---

61. GAIO JÚNIOR, Antônio Pereira. A Tutela Específica no Novo CPC. *In*: MACÊDO, Lucas Buril de.; PEIXOTO, Ravi; FREIRE, Alexandre (Orgs.). *Execução*. Salvador: Juspodivm, 2015, p.87-110.

62. Mais profundamente sobre o assunto, importante que o leitor se dirija ao Capítulo 17, item 10 da presente obra.

Some-se igualmente aí a medida denominada "intervenção judicial em atividade empresarial".[63/64]

Na verdade, trata-se de medida é tipificada pela *lex* que estrutura o Sistema Brasileiro de Defesa da Concorrência (Lei nº 12.529, de 30 de novembro de 2011), mais precisamente em seus arts. 102 a 111.

A intervenção judicial em atividade empresária, como outras medidas indicadas no §1º do art. 536, é um meio de sub-rogação, cuja técnica pode assumir diferentes modelos, notadamente, de acordo com o fim objetivado pelo magistrado quando de sua aplicabilidade.

Nestes termos, a doutrina pontua formas de classificação da intervenção judicial em tais contextos.[65]

Em primeiro, nota-se a intervenção denominada de "fiscalizatória".

É compreendida na ideia de que o administrador não é retirado de suas atribuições, cabendo tão somente ao interventor a fiscalização do exato cumprimento da decisão judicial, tendo este interventor o livre acesso à empresa bem como a todos dados necessários com o fito de cumprir com da determinação judicial, podendo ainda tomar depoimentos para certificar-se das condutas adotadas pelo administrador no sentido de satisfazer o *decisum* judicial.

Tem-se como exemplo, neste âmbito, uma medida judicial voltada à imposição de reintegração de um empregado, que havia sido assediado moralmente, o que impôs o seu pedido de demissão. De que forma seria viável apurar se, retornando ao trabalho, as condutas anteriormente ocorridas não voltariam a se dar? Daí, efetiva opção para tanto será nomear um interventor-fiscal, de

---

63. A presente medida fora acostada, inicialmente, no Relatório do Senador Vital do Rêgo, oriunda do Substitutivo da Câmara dos Deputados - PL n.8.046/2010 - e devidamente aprovada em votação simbólica pelo Plenário do Senado Federal. No entanto, em votação final, esta realizada em 17.12.2014, onde analisados foram os destaques do Substitutivo da Câmara, dita medida fora, lamentavelmente, retirada, o que se reproduziu no texto final do Código sancionado.
Dentre os motivos para a não contemplação da mesma no bojo do CPC está a afirmativa do próprio relator do PLS n.166/2010 no Senado Federal, Senador Vital do Rêgo, de que a manutenção da medida poderia dar margem a abusos, o que certamente pensamos nós, quis ele dizer em relação ao próprio órgão julgador, competente para a eventual adoção da medida de reforço ao cumprimento da obrigação. *In: Congresso aprova novo Código de Processo Civil para agilizar processos.* Disponível em < http://www1.folha.uol.com.br/poder/2014/12/1563905-congresso-aprova--novo-codigo-do-processo-civil-para-agilizar-processos.shtml>. Acesso em 18.12.2014.

64. Importante Enunciado n. 12 do FPPC: "A aplicação das medidas atípicas sub-rogatórias e coercitivas é cabível em qualquer obrigação no cumprimento de sentença ou execução de título executivo extrajudicial. Essas medidas, contudo, serão aplicadas de forma subsidiária às medidas tipificadas, com observação do contraditório, ainda que diferido, e por meio de decisão à luz do art. 489, § 1º, I e II."

65. Ver, PEREIRA, Luiz Fernando C. *Medidas urgentes no direito societário.* São Paulo: RT, 2002, p. 205 e ss.
Dita classificação é exemplificativa, de modo a demonstrar as várias percepções que decorrem de um contexto interventivo por meio de medidas sobre a pessoa jurídica.

modo a que este permaneça por um determinado lapso temporal na empresa, até que qualquer perigo de novas agressões haja cessado.[66]

Em um segundo contexto, temos a chamada "intervenção cogestora" na qual o interventor judicial assume parcela das atribuições originalmente conferidas ao proprietário da pessoa jurídica.

Neste sentido, nota-se que o administrador originário permanece na empresa, atuando à sua frente, no entanto, parcela de suas competências e atribuições são, por um determinado prazo, passadas ao interventor, devendo esse desempenhá-las na esteira de realizar o cumprimento do comando da decisão judicial.

> Figure-se a hipótese, nessa quadra, de uma empresa que impõe condições abusivas para a contratação de pessoal. Reconhecida essa abusividade, não será evidentemente necessário retirar o titular da empresa como um todo, sendo suficiente a intervenção na área de recursos humanos da pessoa jurídica. Do mesmo modo, suponha-se a necessidade de instalar filtro contra a poluição na empresa. Havendo resistência do ordenado, pode o magistrado, por certo, nomear interventor com essa exclusiva atribuição. Concluída a obra, dissolvida estará a intervenção.[67]

Forçoso é afirmar que o interventor deverá estar investido das funções e da autoridade necessária para fazer valer o que deseja a ordem judicial. Daí que, *v.g.*, poderá o interventor judicial ter acesso facilitado às finanças e instalações da empresa para fins de aquisição de material e instalação do filtro e ainda ao controle de emissão de poluentes. Verdade é que tais poderes deverão ser explicita e necessariamente catalogados pelo órgão julgador em sua ordem judicial, a fim de que possa legitimar o exercício pleno do interventor e seu êxito na intervenção.

Finalmente, em um terceiro contexto, tem-se a denominada "intervenção expropriatória ou substitutiva", certamente a mais aguda.

Nesta forma, o interventor substituirá o administrador original da empresa, saindo este do comando da pessoa jurídica e, portanto, deixando ao interventor o papel de, por um certo período de tempo, gerir todos os negócios da sociedade em questão.

Um exemplo da aludida intervenção foi a ação ajuizada pelo Ministério Público Federal no Rio de Janeiro, pedindo a intervenção judicial no Conselho Federal de Enfermagem, no ano de 2006, diante de notícias que envolviam desvios de recursos públicos e fraudes em licitações por aludido Conselho e

---

66. ARENHART, Sérgio Cruz. *A Intervenção Judicial e o cumprimento da Tutela Específica*. Disponível em:http://www.academia.edu/214098/A_INTERVEN%C3%87%C3%83O_JUDICIAL_E_O_CUMPRIMENTO_D _TUTELA _ESPEC%C3%8DFICA?login=&email_was_taken=true. Acesso em: 04.11.2014.

67. Ibidem.

daí que o objetivo da demanda era a de afastar a própria Administração do Conselho.

Tem-se também, no mesmo sentido, ação civil pública, ajuizada pelo Ministério Público do Trabalho da 4ª Região, em face do Grupo Ortopé, requerendo a intervenção judicial em tal grupo, com o afastamento de seus administradores e a nomeação de pessoa da confiança do juízo para a respectiva administração da empresa, até a devida liquidação do passivo trabalhista da empresa.[68]

Alçado ao ambiente das obrigações fazer, não fazer e entregar, preferiu o legislador reforçar a ideia outrora existente no revogado CPC/1973[69] quanto ao descumprimento injustificado de ordem judicial dirigida ao executado para o exato cumprimento da obrigação inadimplida, incidindo, por isso, nas penas de litigância de má-fé, sem prejuízo da correta responsabilização pela prática do crime de desobediência[70] (§3º do art. 536 do CPC/2015).

Digno de aplausos ao CPC/2015 é a normativa que se encontra disposta no §4º do art. 536: *"§ 4º No cumprimento da sentença que reconheça a exigibilidade de obrigação de fazer ou de não fazer, aplica-se o art. 525, no que couber."*

Em uma leitura pouco acurada, talvez pudesse parecer tratar-se de simples dispositivo, se não fosse a remissão a que faz quanto ao art. 525, este que possui a seguinte redação, mais precisamente com referência ao seu *caput* e §1º:

> *Art. 525. Transcorrido o prazo previsto no art. 523 sem o pagamento voluntário, inicia-se o prazo de 15 (quinze dias) para que o executado, independentemente de penhora ou nova intimação, apresente, nos próprios autos, sua impugnação.*
>
> *§ 1º Na impugnação, o executado poderá alegar:*
>
> *I – falta ou nulidade da citação se, na fase de conhecimento, o processo correu à revelia;*
>
> *II – ilegitimidade de parte;*
>
> *III – inexequibilidade do título ou inexigibilidade da obrigação;*
>
> *IV – penhora incorreta ou avaliação errônea;*
>
> *V – excesso de execução ou cumulação indevida de execuções;*
>
> *VI – incompetência absoluta ou relativa do juízo da execução;*

---

68. Ibidem.

69. *Ex vi* do art. 14, mais precisamente o seu inciso V e parágrafo único.

70. Tem o STJ, a contrário *sensu*, rechaçado a ideia de possibilitar a incidência do crime de desobediência em questões que envolvem o descumprimento de obrigação de fazer :
"1. Manifestamente ilegal a decretação ou a ameaça de decretação de prisão por crime de desobediência nos autos de processo civil como forma de coagir a parte ao cumprimento de obrigação, ressalvada a obrigação de natureza alimentar. 2. Precedentes específicos do STJ. 3. "HABEAS CORPUS" CONCEDIDO DE OFÍCIO, PREJUDICADO O RECURSO ORDINÁRIO." STJ. 3ª T. RHC nº 35.253/RJ (2012/0276083-4). Rel. Min. Paulo de Tarso Sanseverino. Julg. 05.03.2013, *DJe* 26.03.2013.

> *VII – qualquer causa modificativa ou extintiva da obrigação, como pagamento, novação, compensação, transação ou prescrição, desde que supervenientes à sentença.*

Por que da importância?

No modelo que tínhamos sob a égide do CPC Buzaid, havia total incipiência quanto às próprias manifestações de defesa do executado no âmbito da Tutela Específica nas obrigações de fazer, não fazer e entregar coisa![71]

Conforme já tivemos a oportunidade de exclamar,[72] a questão se agravava mediante aqueles títulos executivos que sequer passavam por um processo de conhecimento anterior ou que quiçá tivessem em seu comando legal o dis-

---

71. Ratificando nossa afirmativa, confiram aqui, pelo menos duas importantes passagens de nossa qualificada doutrina, já por nós citadas em obras anteriores, ainda que sob o manto do CPC/1973:
"Por outro lado, continua havendo o processo de execução das obrigações de fazer e não fazer. Em primeiro lugar, o processo do art. 632 e seguintes continua servindo para tutelar as pretensões já amparadas em título executivo extrajudicial.
Depois, continua havendo hipóteses de execução de obrigações de fazer e não fazer amparadas em *título judicial* – a despeito da letra da lei. Considerem-se os seguintes casos: transação realizada extrajudicialmente e apenas levada à homologação judicial; sentença estrangeira homologada pelo Superior Tribunal de Justiça; sentença arbitral, quando o compromisso arbitral não houver previsto que a sentença teria a força do art. 461 (antes da Lei n. 11.232/2005: art. 584, III, IV e VI; após a Lei n. 11.232/2005: art. 475 – N, II, IV, V e VI).
Em todos esses casos, tais títulos executivos judiciais podem ser representativos de obrigações de fazer ou de não fazer e continuarão ensejando o processo do art. 632 e seguintes. É que, nessas três hipóteses, a questão é trazida a juízo depois que formado o título, ou seja, não existe uma sentença proferida em um processo desenvolvido sob as regras do art. 461. Então, nesses casos, se a parte pretende apenas a efetivação concreta do comando contido no título, terá de recorrer ao processo do Livro II (pois não há outra via disponível) e não ao processo para a aplicação do art. 461, que é (também) processo de conhecimento – destinado, em princípio, a casos em que ainda não há título executivo. Fica, porém, a ressalva de que o detentor de título executivo *tem* interesse processual para recorrer ao processo do art. 461, na medida em que esse lhe irá propiciar uma tutela mais eficiente todavia, em tal hipótese, o título executivo não valerá como tal, mas como mera prova." WAMBIER, Luiz Rodrigues (Coord.). *Curso Avançado de Processo Civil.* Vol. 2. 8. ed. São Paulo: RT, 2006, p. 275-276.
Leonardo Greco (Primeiros Comentários sobre a Reforma da Execução Oriunda da Lei n. 11.232/2005. In: *Revista Magister.Direito Empresarial, Concorrencial, e do Consumidor.* Porto Alegre: Magister, n. 06, dez./jan. 2006, p. 90-91), ao se referir sobre as diferenças entre o procedimento do Cumprimento da Sentença e aquele relativo às Tutelas Específicas dos arts. 461 e 461-A, aqui, por nós, dentro, evidentemente, de uma noção sistêmica, objetivando acostar tal razão à aplicabilidade do art. 475- I, 1ª parte – quando em referência aos arts. 461 e 461-A – naquelas sentenças civis proferidas em processo de conhecimento e não de forma ampla e sem quaisquer limites, seja em face da qualidade de defesa do executado, seja por questões, muitas vezes, teratológicas que envolveriam um complexo ato de futurologia, salvo melhor juízo, em interpretação por demais extensiva.
Assim, nota o eminente autor que na disciplina das tutelas específicas, "não previu expressamente o exercício da defesa pelo devedor, (...) enquanto na execução de sentença fundada em título judicial a Lei n. 11.232 regulou em minúcias a defesa do executado (arts. 475-J, L e M), que denominou de *impugnação*, para distinguí-la dos tradicionais *embargos do devedor.*"

72. *Instituições de Direito Processual Civil.* 2 ed. Belo Horizonte: Del Rey, 2013, p. 428-430.

posto pelo art. 461 do CPC/1973, *ex vi*, da sentença arbitral, sentença estrangeira, os acordos extrajudiciais homologados judicialmente, sentença penal condenatória etc., o que, evidentemente, ter-se-ia que adaptar, forçosamente, possibilidades normativas, tal qual aquela outrora prevista no art. 475-R do CPC/1973 revogado[73], buscando no Livro II reais condições para o exercício do direito de defesa do executado (*in casu*, Embargos à Execução), para fins de se antepor a execuções verdadeiramente prejudiciais no plano legal.

Nota-se que, inquestionavelmente, temos agora rumos muito mais adequados no plano de um devido processo constitucional para a "igualdade de armas" em sede de Tutela Específica, eximindo-nos de uma prestidigitação normativa.

Possibilitando não pairar quaisquer dúvidas quanto à extensão dispositiva que regula a efetiva possibilidade de atuação da Tutela Específica, o novel Código de Processo Civil de 2015 procura contemplar, formalmente, as obrigações de fazer e não fazer decorrentes de relação não obrigacional, não restando, por isso, dúvidas na incidência de todo o conteúdo que regula a Tutela supra em tal relação, senão vejamos:

> *Art. 536*
>
> *(...)*
>
> *§ 5º O disposto neste artigo aplica-se, no que couber, ao cumprimento de sentença que reconheça deveres de fazer e de não fazer de natureza não obrigacional.*

5.2.1 Cumprimento definitivo de eventual multa

Conforme já exposto no item 3.1, tivemos a oportunidade de antecipar e tecer alguns comentários acerca da indenização por perdas e danos em decorrência da impossibilidade de se obter a Tutela Específica da obrigação inadimplida (art. 499 do CPC/2015), sem prejuízos de respectiva multa fixada periodicamente, para compelir o réu ao cumprimento específico da obrigação (art. 500 do CPC/2015), tudo em sintonia com o que já dispunha o CPC/1973 em seu art. 461, §2º.

Pois bem. Agora estamos diante da possibilidade de exigência do cumprimento de eventual multa imposta ao devedor, como medida de execução indireta, a fim de que pudesse estimulá-lo, diante da agressão pecuniária, ao adimplemento da obrigação reconhecida pelo Poder Judicante.[74]

Não obstante entendermos, de muito,[75] ser o trânsito em julgado da sentença favorável à parte, o momento correto para a exigência do cumprimento

73. *"Art. 475-R. Aplicam-se subsidiariamente ao cumprimento da sentença, no que couber, as normas que regem o processo de execução de título extrajudicial."*

74. Importante aqui reprisar a Súmula n.410 do STJ: "A prévia intimação pessoal do devedor constitui condição necessária para a cobrança de multa pelo descumprimento de obrigação de fazer ou não fazer."

75. *Tutela Específica das Obrigações de Fazer*. Rio de Janeiro: Forense, 2000, p. 62-63.

da *astreinte* imposta ao devedor recalcitrante à satisfação da obrigação devida, permite o CPC/2015 a possibilidade de depósito da multa se dar em caráter provisório, certamente, diante da concessão de pleito provisório deferido a uma das partes (*v.g.* Tutela Provisória), descumprido a outra a decisão judicial referente.

Diante de eventual provisoriedade, deverá o valor da multa ser depositado em juízo, porém, permitindo o seu levantamento após o trânsito em julgado favorável à parte.

Da possibilidade de cumprimento provisório da multa, expressa o *Codex* em comento quanto ao valor e período autorizados:

> *Art. 537*
>
> *(...)*
>
> *§ 3º A decisão que fixa a multa é passível de cumprimento provisório, devendo ser depositada em juízo, permitido o levantamento do valor após o trânsito em julgado da sentença favorável à parte.* (*redação alterada pela Lei n. 13.256/2016*).

Vale ressaltar que, o lapso temporal para a incidência da supracitada multa se dá a partir da configuração do descumprimento da decisão e, por isso, incidirá enquanto não for devidamente cumprida a decisão que a tiver cominado (§4º do art. 537).

Tais normativas aplicam-se em igual sentido e, no que couber quanto ao cumprimento de sentenças que reconheçam deveres de fazer e de não fazer de natureza não obrigacional, *ex vi* do §5º do art. 537 do CPC/2015.

5.3 CUMPRIMENTO DA SENTENÇA QUE RECONHEÇA A EXIGIBILIDADE DE OBRIGAÇÃO DE ENTREGAR COISA

Não obstante todas as regras relativas ao cumprimento das obrigações de fazer e não fazer aplicarem-se, no que couber, às obrigações de entregar coisa, conforme sustenta do §3º do art. 538 do CPC/2015, optou o legislador, talvez pelas próprias particularidades desta forma obrigacional, a ocupar da Seção II do Capítulo VI, este alocado no Titulo II (Cumprimento da Sentença) do Livro I (Do Processo de Conhecimento e do Cumprimento de Sentença), todos deste novato Ordenamento Processual Civil.

Nestes termos é que, de forma objetiva e em sintonia com o que já dispunha o §2º do art. 461-A do CPC/1973, atenta o CPC/2015 para o cumprimento da sentença que reconheça a obrigação de entregar coisa, regrando que, não cumprida a obrigação de entregar coisa no prazo estabelecido no ato sentencial, expedido será o respectivo mandado de busca e apreensão ou de imissão na posse em favor do credor, conforme se tratar de coisa móvel ou imóvel (art. 538, *caput*), onde certamente o credor comunicará ao juízo aludido descumprimento para o efetiva expedição do necessário mandado.

Por outro lado, inova o CPC/2015 supra em relação ao CPC/1973 no que se refere tanto à existência de benfeitorias quanto ao direito de retenção em razão das mesmas.

Assim, reza o §1º do art. 538 que a existência de benfeitorias deve ser alegada já na fase de conhecimento em peça contestatória, atentando o réu naquele momento para a discriminação da(s) mesma(s) e atribuindo-lhe, quando possível e de forma justificada, o seu valor.

Na mesma toada, o direito de retenção pelas ditas benfeitorias, no mesmo sentido, deve ser alegado também em sede de contestação na fase de conhecimento (§2º).

Parece-nos que o legislador quis, com isso, evitar argumentos "oportunistas" por parte do devedor/executado já em fase de cumprimento da sentença obrigacional em tela, não obstante ser perfeitamente possível a ocorrência de benfeitorias no bem quer móvel ou imóvel, durante o correr do processo, em qualquer de suas fases.

5.4 ANTECIPAÇÃO DOS EFEITOS DA TUTELA ESPECÍFICA

Propiciar a devida tutela específica do direito lesado é o corolário a que o processo se deve guiar.

Assim, consubstanciado na ideia da efetividade deste instrumento de satisfação de direitos, é de se afirmar que aquele titular da obrigação de fazer, não fazer ou entregar inadimplida, poderá obter a antecipação da tutela pretendida.

Trata-se de possibilidade que o art. 461 § 3° do CPC/1973 concedia, estabelecendo a viabilidade de ser antecipada a tutela específica alusiva às obrigações de fazer, não fazer e entregar coisa, quando não só for relevante o fundamento da demanda, mas, sobretudo, quando houver justificado receio de ineficácia do provimento meritório final[76] e, notoriamente, quando não houver perigo de irreversibilidade do provimento antecipado, conforme regrava o §3º do art. 273 do CPC/1973.

Não se postou diferente o CPC/2015, possibilitando a aplicabilidade da mesma ideia, i.e., permitindo a antecipação dos efeitos da tutela – aqui específica – notadamente, no sentido de autorizar ao magistrado o uso de medidas que considerar adequadas para obtenção da efetivação da medida provisória, como se depreende do art. 297, infra:

---

76. No mesmo sentido, caminha a opinião de DINAMARCO, Cândido R. (*A Reforma do Código de Processo Civil.* 3 ed. São Paulo: Malheiros Editores, 1996. p. 154), ao afirmar que o art. 461 do CPC deve ser interpretado em sistema com o art. 83 do CDC, "segundo o qual (*Mutatis Mutandis)* todas as espécies de ações são admissíveis, para a tutela jurisdicional nas obrigações de fazer ou de não fazer", acrescentando ainda que "Falar em todas as espécies de ações significa incluir as espécies de tutela que se obtém no processo de conhecimento (constitutiva, condenatória ou meramente declaratória) e também" tutela executiva e a cautelar."

"Art. 297. O juiz poderá determinar as medidas que considerar adequadas para efetivação da tutela provisória."

Por outro lado, cabe aqui assentar que a Tutela Provisória no plano do Novo Código de Processo Civil em comento, pode fundamentar-se nas modalidades de urgência (de natureza antecipada ou cautelar) e de evidência, conforme sustenta o parágrafo único do art. 294 e art. 300 e ss.

Nisso, a título de compreensão e em síntese apertada, temos que a Tutela Provisória de Urgência será concedida quando houver elementos que evidenciem a probabilidade do direito e o perigo de dano ou risco ao resultado útil do processo, o que pode ser traduzido na demora da prestação jurisdicional (art. 300, *caput* do CPC/2015), em referência ao seu correspondente no CPC/1973, *in casu*, o art. 273, *caput* e inciso I.

Já, quanto à denominada Tutela Provisória de Evidência, ou simplesmente, Tutela de Evidência, será essa concedida, conforme redação do art. 311 do CPC/2015, independentemente da demonstração de perigo de dano ou de risco ao resultado útil do processo, quando:

> *I – ficar caracterizado o abuso do direito de defesa ou manifesto propósito protelatório da parte;*
>
> *II – as alegações de fato puderem ser comprovadas apenas documentalmente e houver tese firmada em julgamento de casos repetitivos ou em súmula vinculante;*
>
> *III – se tratar de pedido reipersecutório fundado em prova documental adequada do contrato de depósito, caso em que será decretada a ordem de entrega do objeto custodiado, sob cominação de multa.*
>
> *IV - a petição inicial for instruída com prova documental suficiente dos fatos constitutivos do direito do autor, a que o réu não oponha prova capaz de gerar dúvida razoável.*
>
> *Parágrafo único. Nas hipóteses dos incisos II e III, o juiz poderá decidir liminarmente.*

Despiciendo afirmar que o inciso I do art. 311 possui similitude com o *caput* e inciso II do art. 273 do revogado CPC/1973, ajudado ainda pela boa redação do *caput* do retro citado art. 311, o que já se demonstra a inexistência de óbices quanto à concessão de antecipação dos efeitos da Tutela Específica, cabendo trazer à luz aqui a questão outrora presente no CPC/1973, onde encontrávamos disposição geral sobre a tutela antecipada (art. 273 do CPC/1973) e disposição desta mesma tutela de maneira particularizada em sede de Tutela Específica nas obrigações de fazer e não fazer, extensiva àquela para entrega de coisa (art. 461, §3º e art. 461-A, §3º do CPC/1973), o que em nada prejudicava a autorização da medida antecipatória para fins de concessão de efeitos em pedido obrigacional específico.[77]

77. "É interessante notar que para o adiantamento da tutela de mérito, na ação condenatória em obrigação de fazer e não fazer, a lei exige menos do que para a mesma providência na ação de conhecimento *tout*

Lado outro, as demais novatas questões autorizadoras de concessão de tutela antecipada de evidência dispostas nos incisos II, III e IV, igualmente, em nada obstaculizam a autorização do juízo para determinação da medida em sede de Tutela Específica, podendo, inclusive, ser aquela estabilizada, quando, p. ex., inequívocos forem os conteúdos probais a que se fundamenta o pedido da necessária medida provisória de natureza antecipada.

5.5 A TUTELA INIBITÓRIA

Conforme já enfrentado no Capítulo 5 da presente obra, a Tutela Inibitória objetiva a prevenção da prática, da continuação ou da repetição do ilícito, não tendo para tanto caráter punitivo e sim preventivo. Nisto é que caberá o manejo da inibitória em face de alguém, ainda que sem culpa, estiver na iminência de praticar um ilícito e continuar a perpetrar o mesmo.

Não se objetiva aqui a investigar a ampla construção doutrinária, o que já fora realizado no Capítulo 5.

Insta aqui destacar, de certo, que acerca do CPC/2015, em importante componente do comando regulatório da Tutela Específica, atende como novidade normativa particularizada as disposições relativas à autorização para a concessão da denominada Tutela Inibitória.

Queremos com isso afirmar que, de maneira explícita, relativa ao próprio comando da prestação jurisdicional requerida, tem-se nos dispositivos do CPC/2015, inequívoca dimensão e concretude formal da atuação da Tutela Inibitória.

Certo é que o principal fundamento legal em que repousa a tutela inibitória, antes de tudo, é aquele decorrente do princípio constitucional inserido no art. 5º, XXXV da Carta Maior que reza: "*a lei não excluirá da apreciação do poder judiciário lesão ou ameaça ao direito.*", este acompanhado pelo art. 3º, *caput* do CPC. Diante de tal preceito, nítido já era desnecessidade de uma expressa previsão infraconstitucional para a propositura da proteção inibitória.

No entanto, em sede infraconstitucional, de forma mais detida, nota-se que tutela inibitória só era prevista no ordenamento jurídico na forma típica, principalmente, através dos já referidos interditos proibitórios (art. 932 do CPC/1973)[78] e o mandado de segurança preventivo (art. 1 º, da Lei n. 12.016/09).[79]

---

court (CPC 273). É suficiente a mera probabilidade, isto é, a relevância do fundamento da demanda, para a concessão da tutela antecipatória da obrigação de fazer ou não fazer, ao passo que o CPC 273 exige, para as demais antecipações de mérito: a) a prova inequívoca; b) o convencimento do juiz acerca da verossimilhança da alegação; c) ou o *periculum in mora* (CPC 273 I) ou o abuso do direito de defesa do réu (CPC 273)." NERY JR., Nélson; NERY, Rosa Maria Andrade. *Código de Processo Civil Comentado e Legislação Processual Civil Extravagante em vigor*. 12 ed. São Paulo: RT, 2012, p. 804.

78. *"Art. 932 do CPC: O possuidor direto ou indireto, que tenha justo receio de ser molestado na posse, poderá impetrar ao juiz que o segure na turbação ou esbulho iminente, mediante mandato proibitório, em que se comine ao réu determinada pena pecuniária, caso transgrida o preceito."*

79. *"Conceder-se-á mandado de segurança para proteger direito líquido e certo, não amparado por habeas corpus ou habeas data, sempre que, ilegalmente ou com abuso de poder, qualquer pessoa física*

Com o advento do art. 461[80] do CPC/1973, vislumbrou-se no Ordenamento Processual Civil pátrio a possibilidade de se obter a tutela inibitória na forma atípica, ou seja, de cunho amplo, alcançada por meio de sentenças mandamental e executiva *lato sensu*[81], portanto, visando à proteção de direitos da personalidade e mesmo direitos de índole coletiva tais como os direitos do consumidor e meio ambiente, tanto sob a forma positiva (obrigações de fazer) como negativa (obrigações de não fazer).

Temos, então, que no CPC/2015 em questão, bem aloca o legislador a presente Tutela Inibitória como decorrência natural da Tutela Específica, quando da pretensão para inibir a prática, a reiteração ou a continuação de um ilícito, ou a sua remoção, servindo ainda para o ressarcimento de um dano. É o que se depreende da norma infra:

> *Art. 497 Na ação que tenha por objeto a prestação de fazer ou de não fazer, o juiz, se procedente o pedido, concederá a tutela específica ou determinará providências que assegurem a obtenção de tutela pelo resultado prático equivalente.*
>
> *Parágrafo único. Para a concessão da tutela específica destinada a inibir a prática, a reiteração ou a continuação de um ilícito, ou a sua remoção, é irrelevante a demonstração da ocorrência de dano ou da existência de culpa ou dolo.*

Por outro lado, para a boa compreensão e correta utilização da presente tutela, necessário se faz acostar aqui a imprescindibilidade da importante distinção entre ilícito e dano. Aliás, objeto de antigas divergências doutrinárias.[82]

Dita distinção já se faz necessária, p. ex., no olhar mais agudo do que dispõe o art. 186 do Código Civil, *in verbis*:

"Aquele que, por ação ou omissão voluntária, negligência ou imprudência, violar direito e causar dano a outrem, ainda que exclusivamente moral, comete ato ilícito."

De tal dispositivo nota-se, de pronto, equívoco, ao se observar o uso da preposição "e", induzindo ser a superveniência do dano indissociável à ideia de ilicitude do ato.[83]

---

ou jurídica sofrer violação ou houver justo receio de sofrê-la por parte de autoridade, seja de que categoria for e sejam quais forem as funções que exerça."

80. *"Na ação que tenha por objeto o cumprimento de obrigação de fazer ou não fazer, o juiz concederá a tutela específica da obrigação ou, se procedente o pedido, determinará providências que assegurem o resultado prático equivalente ao do adimplemento."*

81. NERY JÚNIOR, Nelson; ANDRADE NERY, Rosa Maria. *Código de Processo Civil Comentado e Legislação Extravagante*. 12 ed. São Paulo: RT, 2012, p. 802-803.

82. Vale lembrar que uma das importantes conquistas da doutrina italiana nas últimas décadas do século passado foi, exatamente, a revisão conceitual de Ilícito, mais precisamente entre ato ilícito e fato danoso.
Ver, por todos, MÒCCIOLA, Michele. Ob. cit., p. 367 e ss.

83. Cf. DIDIER JUNIOR, Fredie; BRAGA, Paula Sarno; OLIVEIRA, Rafael. *Curso de Direito Processual Civil*. Vol. 2. Salvador: Juspodivm, 2008, p. 367.

Nestes termos, bem pontua Marinoni que "o dano não é uma consequência necessária do ato ilícito. O dano é requisito indispensável para o surgimento da obrigação de ressarcir, mas não para constituição do ilícito."[84]

Observa-se que a prática de um ato contrário ao direito não tem, fundamentalmente, como consequência o surgimento do dano. Assim, tem-se que o ato ilícito é qualquer conduta contrária ao direito, sendo o dano um prejuízo material ou moral que pode vir ou não da prática de um ato ilícito.[85]

Estando a tutela inibitória voltada para o futuro com natureza essencialmente preventiva, é cristalino que a mesma não possui, necessariamente, relação direta com o dano, sendo autorizado manejá-la para fins de que não se pratique um ilícito sem que, para tanto, seja demonstrado cabalmente um dano futuro.[86]

O esclarecimento dessa confusão não apenas deixa claro que a tutela ressarcitória não é a única tutela contra o ilícito, como também permite a delineação de uma tutela legitimamente preventiva, não tendo a mesma relação com a probabilidade do dano, mas apenas relação com o ato contrário ao direito.[87]

Na relação entre probabilidade do ilícito e probabilidade do dano, leciona ainda Marinoni:[88]

> É certo que a probabilidade do ilícito é, com frequência, a probabilidade do próprio dano, já que muitas vezes é impossível separar, cronologicamente, o ilícito e o dano. Contudo, o que se quer deixar claro é que para obtenção da tutela inibitória não é necessária a demonstração de um dano futuro, embora ele possa ser invocado, em determinados casos, até mesmo para se estabelecer com mais evidência a necessidade da inibitória.

Essa diferenciação entre ilícito e dano, conceituando-se o ilícito como ato contrário ao direito, permitiu que a tutela jurisdicional fosse adequadamente prestada a certas situações, através do uso de uma medida genuinamente preventiva, aí encontrando lugar a tutela inibitória.

Constata-se assim que, ao se referir na irrelevância da "*demonstração da ocorrência de dano ou da existência de culpa ou dolo*", reconhece inequivocamente o legislador do CPC, a importância de se inibir a prática, reiteração ou a continuação de um ilícito, ainda que dele não gere ou venha gerar dano, manifestação veraz do caminhar *pari passu* com a dinâmica jurídica hodierna.

---

84. MARINONI, Luiz Guilherme. Ob. cit., p. 46.

85. Ibidem.

86. Neste ínterim, pontua Marinoni: "(...) ao inserir na constituição do ilícito o perigo, refere-se ao perigo com uma "potencialidade danosa", evidenciando, assim, que a tutela contra o ilícito – que seria diferente da tutela contra o dano – é uma tutela contra a probabilidade do dano" (*Ob. cit.*, 2006, p. 45).

87. CANOTILHO, José Joaquim Gomes; MACHADO, Jónatas E. M.; GAIO JÚNIOR, Antônio Pereira. Ob. cit., p. 76.

88. Idem, p. 47.

CUMPRIMENTO DA SENTENÇA*

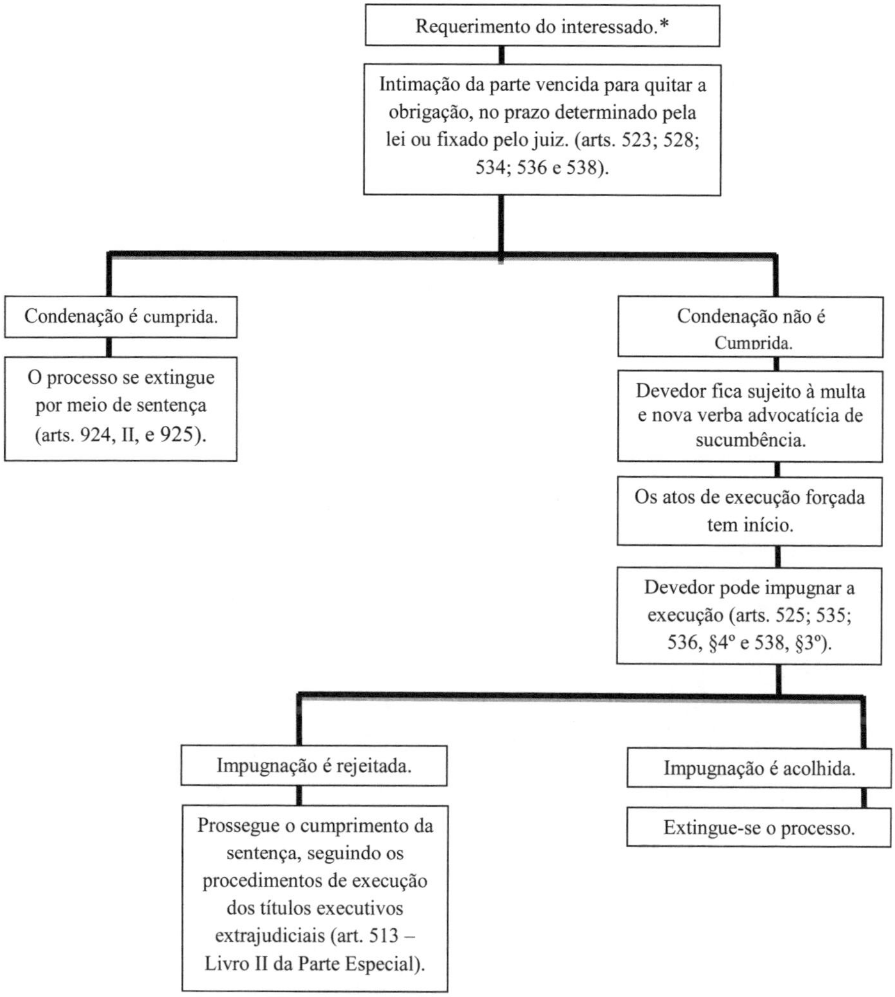

---

* Trata-se de organograma onde procuramos de um modo geral e guardadas as devidas diferenças pontuais, acoplar os variados procedimentos em sede de cumprimento da sentença.

O requerimento do credor é obrigatório nos casos de condenação ao cumprimento de obrigação de quantia certa, *ex vi* do art. 513, §1º do CPC.

Nas hipóteses relativas às obrigações de fazer, não fazer ou entregar coisa, tendo em vista que a própria sentença *de per si* emite a ordem e determina a forma de cumprimento da condenação, uma vez não sendo a mesma cumprida voluntariamente pelo condenado, após o trânsito em julgado, caberá ao credor requerer a prévia intimação do devedor a cumprir voluntariamente o comando sentencial em prazo determinado.

Assim, somente depois de escoado aludido prazo é que a execução forçada terá seu início, sendo que os efeitos do descumprimento se tornarão aplicáveis ao executado.

CAPÍTULO 19

PROCESSO DE EXECUÇÃO

1. INTRODUÇÃO

É cediço que a Lei n. 11.232/2005, quando ainda sob égide do CPC/1973, trouxe profundas mudanças sobre atividade executória, minimizando com a necessidade de um processo autônomo para certas hipóteses de títulos executivos judiciais.[1]

Na verdade, passou o Processo de Execução por uma intensa reforma não somente dogmática, como também pragmática, em que, de longa data, personificado como um forte "ponto de estrangulamento"[2] de nosso modelo processual, já por demais se encontrava divorciado dos tecidos sociais e econômicos pelos quais se dá, em grande monta, a insatisfação diante do descumprimento do direito material.

Seguindo a reformulação operada nas execuções por título executivo judicial, essa potencializada pela Lei n. 11.232/2005, veio a lume, acompanhando os passos de tal enredo modificativo, a Lei n. 11.382/2006 que, atuando com específica incidência no Livro II do CPC/1973, alterou, substancialmente, determinados conteúdos, tais como, em sentido amplo: citação para pagamento em 3 dias, não sendo tal pagamento efetivado, a realização da penhora e avaliação em uma mesma oportunidade, esta, regra geral, pelo oficial de justiça; possibilidade de o credor indicar já, na inicial da execução, os bens a serem, preferencialmente, penhorados, em reflexo à lei processual lusitana diante das últimas alterações que essa recebeu[3].

Percebido foi, portanto, que, com o advento da Lei n. 11.328/2006, alterou-se, significativamente, o procedimento da execução dos títulos executivos extrajudiciais, objetivando o legislador a dar maiores garantias aos credores e tornar esta modalidade processual mais útil e efetiva, de modo a proporcionar, na medida do possível, resultados realmente satisfatórios ao jurisdicionado, exigindo também uma postura de equilíbrio no respeito à menor onerosidade do devedor por todos os partícipes da marcha processual executiva.

---

1. Fundamental se faz a leitura do Capítulo 16 da presente obra, referente ao novo panorama da satisfação de direitos na processualística pátria.

2. Sobre a Execução e sua crise, ver, por todos, GRECO, Leonardo. *O Processo de Execução*. Vol. I. Rio de Janeiro: Renovar, 1999, p. 2-6.
Cabe ainda aqui registro de Calmon de Passos, para quem a crise da Execução decorre, em grande parte, dos males herdados de um Processo de Cognição imperfeito, inadequado, originando uma execução também imperfeita, demorada e inadequada. CALMON DE PASSOS, J. J. A crise do Processo de Execução". *In*: *O Processo de execução – Estudos em homenagem ao Professor Alcides Mendonça de Lima*. Porto Alegre: Sérgio Fabris, 1995, p. 191-192.

3. Art. 810º, n. 5, do Código de Processo Civil Português.

Com o advento do Código de Processo Civil de 2015 (Lei n.13.105/2015), seguido fora os caminhos desbravados pela supracitada Lei n.11.382/06, mantendo o CPC/2015 vários dos traços anteriores assentados junto ao Processo de Execução bem como inovando em questões pontuais, tais como nas formas de expropriação ou na edificação da prescrição intercorrente, de modo que se aperfeiçoaram institutos e mantiveram outros tantos, justificando tal equilíbrio na medida em que a própria modelagem insculpida pela lei reformadora do Processo de Execução ainda sob o manto do CPC/1973 sequer chegou a gerar frutos efetivamente maduros, pois que sequer em menos de uma quadra fora experimentada.

2. CLASSIFICAÇÃO DAS EXECUÇÕES E MEDIDAS EXECUTIVAS

O nosso Código de Processo Civil procurou classificar as espécies de execuções de acordo com o tipo de prestação a ser satisfeita, correspondendo, assim, com medidas executivas diversas. Nesses termos, temos:

- Execução que objetiva a entrega de coisa: tratando-se de coisa imóvel, a medida executiva essencial é a imissão na posse; se coisa móvel, será medida executiva essencial aquela da busca e apreensão.

- Execução das obrigações de Fazer e Não Fazer: A medida executiva é o mandado, contendo ordem para fazer ou não fazer, possibilitando certas alternativas ou variações quando se estará diante de obrigações de natureza fungível ou infungível.[4]

- Execução por quantia certa contra devedor solvente: Em caso de não pagamento voluntário do executado, tem-se como medida executiva inicial a avaliação e penhora, com apreensão de bens, ensejando, daí, o início da expropriação dos bens do executado, objetivando o respectivo pagamento ao exequente.

Importante se faz ressaltar que as execuções contra a Fazenda Pública e Prestação de Alimentos são também típicas execuções por quantia, no entanto apresentam medidas executivas especiais, merecendo tratamento diferenciado pelo legislador.

No caso da Fazenda Pública, justificam-se medidas específicas no fato de serem os bens públicos gravados de impenhorabilidade; já no caso da Prestação de Alimentos, dada a natureza da obrigação, incidirão, pois, medidas mais rigorosas perante ao devedor, desde o desconto em folha de pagamento até a possibilidade de cominação de sua própria prisão.

- Execução por quantia certa contra devedor insolvente: Trata-se de execução coletiva ou universal, tendo como medida executiva inicial a arrecadação de bens, efetivada pela busca e apreensão de todos os bens do devedor

---

4. Sobre as obrigações de fazer e não fazer fungíveis e infungíveis, ver também o nosso *Tutela Específica das Obrigações de Fazer*. 7. ed. Curitiba: Juruá, 2017.

que se sujeitarão à satisfação da execução. A despeito de o CPC/2015 não regular a aludida execução, muito bem regra o seu art. 1.052, ao se referir que até a edição de lei específica, as execuções contra devedor insolvente, em curso ou que venham a ser propostas, permanecem reguladas pelo Livro II, Título IV, da Lei n. 5.869, de 11 de janeiro de 1973, ou seja, do CPC/1973.

Há de se observar que, não obstante todas as medidas executivas supracitadas, consideradas clássicas no âmbito do processo civil, óbices não se encontram a que o próprio legislador possa outras criar, logicamente, se compatíveis não só com o sistema processual pátrio, bem como e, sobretudo, com

> os princípios de respeito à pessoa humana e garantias individuais e coletivas. Assim, por exemplo, seria possível, pensar-se na extensão do desconto em folha em salários ou vencimentos para outras dívidas que não apenas a decorrente de dever alimentar, o que seria algo razoável dentro de certos limites e dentro de certas faixas salariais mais elevadas.[5]

3. EXECUÇÕES EM ESPÉCIE

3.1 EXECUÇÃO PARA ENTREGA DE COISA CERTA E INCERTA

Trata-se a presente modalidade de execução na exigência do cumprimento de obrigação de dar, prestar ou mesmo restituir coisa decorrente de título executivo extrajudicial.

Em se tratando da entrega de coisa certa, observemos o seguinte:

a) Procedimento:

Será o devedor citado para, no prazo de 15 (quinze) dias, satisfazer a obrigação, entregando a coisa, contendo ainda do respectivo mandado ordem para imissão na posse ou busca e apreensão, conforme se tratar de bem imóvel ou móvel, cujo cumprimento se dará de imediato, isso caso o executado não satisfaça a obrigação inadimplida no lapso temporal que lhe fora concedido. Vale lembrar que dito prazo é contado na forma do §3º do art. 231, *in verbis*:

> *Quando o ato tiver de ser praticado diretamente pela parte ou por quem, de qualquer forma, participe do processo, sem a intermediação de representante judicial, o dia do começo do prazo para cumprimento da determinação judicial corresponderá à data em que se der a comunicação.*

Tudo conforme reza do art. 806, *caput* do CPC.

Importante ressaltar que o magistrado, ao despachar a inicial, poderá, desde já, fixar multa por dia de atraso para o caso de descumprimento da obriga-

5. No mesmo sentido, ver GRECO FILHO, Vicente. *Direito Processual Civil Brasileiro*. Vol. 3. 18. ed. São Paulo: Saraiva, 2006, p. 64.

ção por parte do executado. Acrescenta-se que o valor estipulado para tal multa poderá ser alterado caso demonstre ser excessivo ou mesmo insuficiente para coagir o inadimplente ao cumprimento de sua obrigação.

Vale lembrar que aí estaremos diante da denominada *astreinte*,[6] pena pecuniária já enfocada por nós na presente obra, tanto no que se refere ao pedido cominatório em si bem como em sua incidência em sede de Tutela Provisória de Urgência Antecipada quanto ao tratarmos da Tutela Específica no âmbito do Cumprimento Definitivo da Sentença que reconhece a Exigibilidade de Obrigação de Pagar Quantia Certa e a aplicação das *astreintes* como forma de pressão psicológica atuando sobre a vontade do devedor.

Adverte-se que a incidência da multa não substitui a obrigação não cumprida de modo que, mesmo o executado adimplindo-a fora do prazo a ele concedido para tal, será devida a aludida multa, prosseguindo a execução, agora por quantia certa, a fim de satisfazer o ressarcimento dos prejuízos ou pagamento dos frutos resultantes da obrigação tardiamente satisfeita (art. 807).

Sendo o devedor citado,[7] caberá a ele tomar as seguintes atitudes:

• Cumprir a obrigação: Em tal hipótese, lavrar-se-á o respectivo termo, sendo o processo de execução extinto por meio da prolação de sentença (art. 924, II, c/c art. 925, todos do CPC), salvo se, como já exposto acima e de acordo com o art. 807, tiver a execução de prosseguir, seja para pagamento de frutos dela decorrente, seja visando ao ressarcimento de prejuízos, inclusive valores oriundos das *astreintes* estipuladas e incidentes, haja vista o cumprimento atemporal da obrigação.

• Apresentar embargos: Poderá o executado se opor à execução apresentando os respectivos embargos, independentemente de penhora, depósito ou caução (art.914, *caput* do CPC), tendo o prazo de 15 (quinze) dias contado na forma do art. 231 do CPC.

Nota-se daí que o prazo para a apresentação dos embargos é independente daquele para a entrega voluntária da coisa em juízo.

Conforme já dito, interessa sublinhar mais uma vez que o prazo para a entrega da coisa será de 15 (quinze) dias da juntada aos autos do mandado citatório cumprido, servindo o mesmo raciocínio para a apresentação dos Embargos à Execução, ou seja, também 15 (quinze) dias da juntada aos autos do mandado de citação.[8]

---

6. Caracteriza-se pela incidência de uma pena pecuniária (meio executivo ligado à execução indireta), que atuará sobre a vontade do devedor, visando compeli-lo a cumprir com a obrigação devida.

7. Enunciado n.85 da I Jornada de Direito Processual Civil do Conselho da Justiça Federal (CJF): "Na execução de título extrajudicial ou judicial (art. 515, § 1º, do CPC) é cabível a citação postal."

8. Ainda que sob a égide do CPC/1973, mas no mesmo sentido, ver THEODORO JR., Humberto. *Curso de Direito Processual Civil*. Vol. II. 41. ed. Rio de Janeiro: Forense, 2007, p. 253. No mesmo sentido, MOREIRA, José Carlos Barbosa. *O Novo Processo Civil Brasileiro*. 25. ed. Rio de Janeiro: Forense, 2007, p. 214.

Nesses termos, haverá somente um prazo para embargos à execução de título extrajudicial relativo à obrigação de entrega de coisa, que é aquele de 15 (quinze) dias, sempre contado da juntada aos autos do mandado citatório.

- Permanecer inerte: Não entregando ou depositando a coisa no prazo de 15 dias, será expedido em favor do exequente mandado de imissão na posse ou de busca e apreensão, conforme se tratar de bem imóvel ou móvel, de acordo com o §2º do art. 806 do CPC.

Observações importantes:

I – Caso a coisa fora alienada quando já litigiosa, será expedido mandado em face do terceiro adquirente, sendo este apenas ouvido quando houver depositado a coisa (art. 808 do CPC).

II – Não sendo possível a entrega da coisa, seja em decorrência de sua deteriorização, de não ser encontrada ou, ainda, da não reclamação ao terceiro adquirente, terá o exequente o direito de receber, além das perdas e danos, o valor da coisa (art. 809, *caput* do CPC), passando, então, a execução a ser operada por quantia certa.

Caberá nessa hipótese a liquidação incidental para a devida apuração das perdas e danos bem como do valor da coisa, quando não constar do título seu valor (art. 809, §1º). Caso seja impossível a avaliação da coisa, o exequente fará sua estimativa, sujeitando-se, no entanto, ao arbitramento judicial, conforme o aludido § 1º do art. 809.

III – Havendo benfeitorias na coisa, essas realizadas pelo executado ou por terceiros e desde que indenizáveis, deverá se proceder à prévia e obrigatória liquidação. Nesse caso, havendo saldo em favor do executado ou de terceiros, deverá o exequente depositá-lo, ao requerer a entrega da coisa, podendo o executado ou terceiros de boa-fé exercer o direito à retenção (*ex vi* do art. 1.219 do Código Civil), tendo o ônus de alega-lo em sede de embargos à execução (art. 917, IV do CPC) ou em embargos de terceiro (art. 674 do CPC), prosseguindo-se, pois, a execução somente quanto ao depósito do valor de aludido saldo.

Por outro lado, havendo saldo em favor do credor, este poderá cobrá-lo nos autos do mesmo processo de execução, tudo conforme inteligência do art. 810, parágrafo único, incisos I e II do CPC.

De qualquer forma, de acordo com o § 6º do art. 917, poderá o exequente, a qualquer tempo, ser imitido na posse da coisa, bastando prestar caução ou depositar o valor devido pelas benfeitorias ou que resultar da compensação.

Já no que toca à execução da obrigação de entrega de coisa incerta, ou seja, coisas determináveis pelo gênero e quantidade, como, p.ex., dez quilos de arroz, vinte latas de tinta, cem quilos de carne de boi etc.,[9] será o executado ci-

9. Como muito bem nota Ernane Fidélis dos Santos (*Manual de Direito Processual Civil*. Vol. 2. 10. ed. São Paulo: Saraiva, 2006, p. 100): "É comum ocorrer tal fato com coisas fungíveis, isto é, móveis que podem ser substituídos por outros da mesma espécie, qualidade e quantidade (CC/2002, art. 85) (...). Mas a regra não é exclusiva, pois coisas infungíveis, as únicas que podem ser objeto de

tado para entregá-las na forma individualizada, isso se lhe couber a escolha. Caso contrário, cabendo ao exequente a referida escolha, esse indicará já na petição inicial, conforme o parágrafo único do art. 811 do CPC.

Discordando qualquer das partes da escolha feita pela outra, poderá aquela discordante impugnar a escolha no prazo de 15 (quinze) dias, cabendo ao magistrado decidir, de plano, a questão e, em sendo necessário, ouvir perito por ele nomeado (art. 812 do CPC). Correndo tal lapso de tempo *in albis*, acarretará a devida preclusão no que se refere à aludida impugnação.

Convém ainda pontuar que, muito embora seja o CPC/2015 silente no assunto, tal qual já o era o seu antecessor, cabe aqui raciocínio de que, ante a impugnação tempestiva supracitada, suspende-se o curso do prazo para a entrega até a solução de tal incidente.[10] sendo que, certamente, deste caberá agravo de instrumento (parágrafo único do art. 1.015 do CPC).

Com relação às demais particularidades procedimentais, por autorização normativa (art. 813), aplicar-se-ão os regramentos da execução para entrega de coisa certa.

3.2 EXECUÇÃO DAS OBRIGAÇÕES DE FAZER E NÃO FAZER[11]

Sendo o objeto da execução constante de título executivo extrajudicial, respectiva obrigação de fazer ou não fazer, aplicar-se-á o presente procedimento para a devida satisfação da obrigação inadimplida.

Em se tratando de obrigação de fazer, tem-se o respectivo regramento:

– Procedimento:

Estando a inicial apta, será expedido pelo juiz o respectivo mandado executivo para que o devedor pratique o ato no prazo determinado no título executivo, cabendo, inclusive, ao magistrado, caso o título for omisso quanto à

---

execução por coisa certa, podem ser também incertas e determináveis apenas pelo gênero, qualidade e quantidade." Continua ainda, o "meu automóvel marca Chevrolet, ano de fabricação 1983, cor azul turquesa, ou meu cavalo 'manga-larga', registrado com o nome de Tufão, são coisas certas. Se uma empresa, porém, se compromete a entregar a outra pessoa, no ano vindouro, dez veículos da marca Chevrolet de determinado ano e espécie, ou se o criador de cavalos firma obrigação de fornecer vinte animais de raça 'manga-larga', de três anos de idade, em dia tal, as coisas são incertas e determináveis pelo gênero e quantidade".

Sobre a inexistência de identidade conceitual entre coisa incerta e coisa fungível, ver por todos, MOREIRA, José Carlos Barbosa. Ob. cit., p. 217.

10. Ainda sob vigor do CPC Buzaid, ver, por todos, MOREIRA, José Carlos Barbosa. Ob. cit., p. 218.

11. Para as questões relativas às obrigações de prestar Declaração de Vontade; medidas coercitivas para o cumprimento das Obrigações de Fazer e Não Fazer e demais detalhes que aqui, por ventura sobejarem, deve o leitor remeter-se aos Capítulos 17 e 18 da presente obra.

Ainda deve aqui pesar o caráter didático pelo qual a presente obra se pauta, não sendo produtivo nem mesmo razoável que se reproduza novamente, tudo já acostado nos Capítulos anteriores, que, como já reiterado, tem no Processo de Execução, o complemento subsidiário do conteúdo lá silente.

questão, determinar o aludido prazo para a realização da obrigação (art. 815 do CPC), fixando ainda multa por período de atraso no cumprimento da obrigação e a data a partir da qual será devida, valendo ressaltar que, caso o valor da citada multa esteja, desde já, previsto no título, e sendo ele considerado excessivo, poderá o próprio magistrado reduzi-lo de acordo com a autorização do parágrafo único do art. 814 do CPC.[12] Dessa forma, terá o executado as seguintes alternativas:

- Cumprir a Obrigação: Em tal hipótese, o executado, praticando o ato dentro do prazo fixado, será lavrado o respectivo termo, sendo o processo de execução extinto por meio da prolação de sentença (art. 924, II, c/c art. 925), podendo, eventualmente, prosseguir a execução caso se encontre devida ainda alguma prestação, tais como custas processuais e honorários advocatícios.

- Apresentar Embargos: Poderá o executado se negar a cumprir, de imediato, a obrigação, impetrando, então, os devidos embargos à execução no prazo de 15 (quinze) dias contado conforme o caso, na forma do art. 231 do CPC (art. 915, *caput*).

Ainda que configure parte do conteúdo a ser enfrentado em itens posteriores, cabe informar que, de acordo com o art. 921, II, em sendo os embargos recebidos com efeito suspensivo, impedida estará de prosseguir a execução enquanto não se der por julgado o instrumento embargante, ficando, por isso, suspensa a execução. Por outro lado, indeferidos de plano julgados improcedentes pelo magistrado, tais embargos ou mesmo não gerando efeitos suspensivos ao processo de execução (aliás, regra geral, *ex vi* do art. 919), não será necessário aguardar o trânsito em julgado da sentença para o prosseguimento da execução, dado que eventual recurso, se interposto contra a decisão em sede de embargos, terá efeito meramente devolutivo, de acordo com art. 1.012, §1º, III do CPC.

- Permanecer inerte: Não cumprindo a obrigação tempestivamente, bem como não apresentando embargos no prazo legal, a execução, evidentemente, prosseguirá. Nesse caso, será lícito ao exequente, nos próprios autos do processo, requerer que a execução seja realizada à custa do próprio exequente, ou mesmo haver perdas e danos. Nesse caso, converter-se-á a mesma em indenização, de acordo com o art. 816, *caput* do CPC.

Importa ressaltar que tais perdas e danos, nos ditames do parágrafo único do art. 816, serão apurados em devido procedimento de liquidação, com posterior execução, agora, por quantia certa.

Todo esse movimento em torno da possibilidade de exigir-se que a obrigação seja satisfeita à custa do executado nem sempre se faz possível. É que, conforme já salientado por nós, quando do enfrentamento do tema relativo ao

12. Enunciado n.85 da I Jornada de Direito Processual Civil do Conselho da Justiça Federal (CJF): "Na execução de título extrajudicial ou judicial (art. 515, § 1º, do CPC) é cabível a citação postal."

"cumprimento da sentença" [13], podem as obrigações ser de ordem fungível ou infungível.

Assim, em sendo fungível, poderá ser ela satisfeita tanto pelo executado quanto por um terceiro à custa daquele; caso seja possível, isto é, em substituição ao obrigado, mas por ele subsidiado, e ainda, se assim o requerer o credor-exequente, e decidir o juiz (art. 817). Dessa forma, interessa ao exequente, apenas e verdadeiramente, a satisfação da obrigação realizada, ou seja, o resultado final. E ainda, conforme alhures referendado, facultado é também ao credor converter a obrigação inadimplida em perdas e danos.

Continuando no âmbito das obrigações fungíveis e em sendo esse o caso, optando o exequente pela realização da obrigação à custa do executado, apresentará aquele efetiva proposta que, ouvidas as partes, será submetida à aprovação do juiz, tudo de acordo com o art. 817, parágrafo único.

Uma vez aprovada a proposta, o exequente adiantará as quantias naquela previstas, objetivando o pagamento do contratante, este o prestador do fato.

Realizada então a prestação, o juiz ouvirá as partes no prazo de 10 (dez) dias e, não havendo impugnação, a obrigação será considerada satisfeita. Do contrário, ou seja, havendo impugnação, caberá ao magistrado decidir a questão. (parágrafo único do art. 818 do CPC).

Lado outro, de acordo com o art. 819, caso o terceiro contratado não realize a prestação no prazo ou mesmo se a fizer de modo incompleto ou defeituoso, poderá o exequente requerer ao juiz, no prazo de 15 (quinze) dias, que o autorize a concluí-la ou a repará-la, isso à custa do contratante.

Neste caso, será o contratante ouvido no prazo de 15 (quinze) dias, devendo então o juiz avaliar o real custo das despesas necessárias, condenando-o a pagá-las, efetivamente (parágrafo único do art. 819 do CPC).

Poderá ainda o exequente querer executar as obras e os trabalhos necessários à prestação do fato ou, ainda, mandar executá-los sob sua direção e vigilância. Nessa hipótese, terá ele preferência em igualdade de condições de oferta em relação ao terceiro, sendo que tal direito de preferência deverá ser exercido no prazo de 5 (cinco) dias, esses contados da apresentação da proposta pelo terceiro referida no art. 817, parágrafo único.

Por outro lado, em sendo a obrigação de natureza infungível, dado o seu caráter personalíssimo, será a obrigação prestada pelo próprio executado (art. 821, *caput*) ou se converterá em perdas e danos, caso o próprio executado não a cumpra, neste caso será observado o procedimento de execução por quantia certa, como reza o parágrafo único do art. 821 do CPC. Insta esclarecer aqui que fundamental é a compreensão de que o nosso sistema prestigia hoje a efetividade da prestação jurisdicional. Conforme lição irretocável de Chiovenda, o processo deve dar a quem tem um direito inadimplido, exatamente aquilo que

---

13. *Vide* Capítulo 18 da presente obra.

teria direito, caso esse mesmo direito não tivesse por outrem sido molestado e, nesse sentido, é que se deve pautar a lógica do ordenamento.[14]

Assim, certamente, poderá o exequente trazer a lume, quando necessário, as medidas previstas no §1º do art. 536,[15] de modo a conseguir efetivar, na medida do possível, a satisfação do bem da vida por ele perseguido e já legalmente reconhecido como obrigação hábil à execução. A conversão em perdas e danos, por isso, só se justifica na medida em que impossível é a realização da tutela específica da obrigação ou quando do próprio interesse inicial do credor em ver transformada a obrigação devida em perdas e danos, hipótese essa que, uma vez liquidada, satisfar-se-á por meio de respectivo processo de execução por quantia certa (art. 816, parágrafo único).

Quanto às obrigações de não fazer, terá ela como objeto uma obrigação de desfazer[16], ou seja, tendo o devedor descumprido uma obrigação decorrente da própria lei ou de contrato, obrigação essa referente à abstenção da prática de determinado ato, poderá o exequente requerer junto ao juiz que este assine prazo ao executado para que desfaça o ato realizado, conforme o art. 822.

Cabe pontuar aqui a imperfeição da redação do art. 822, nos mesmos moldes de seu antecessor no CPC/1973 – o art. 642 - quando aponta para a questão, em pé de igualdade, entre a lei e o contrato como fontes da obrigação de não fazer. Esclarece, acertadamente e ainda de forma viva, Barbosa Moreira, este que se refere assim sobre o assunto:

> (...) a obrigação jamais decorre direta e exclusivamente da lei, mas, sim, da incidência desta sobre um esquema de fato nela previsto, em termos abstratos, como suscetível de gerar a obrigação, quando ocorra *in concreto*. Por exemplo: a situação de vizinhança entre dois cria para cada um dos proprietários confinantes a obrigação de não encostar à parede divisória aparelhos ou depósitos capazes de produzir infiltrações ou interferências prejudiciais ao vizinho (Código Civil, art. 1.308).[17]

– Procedimento:

---

14. Conforme lição eterna de Chiovenda: *"Il processo deve dare per quanto è possibile praticamente a chi há um diritto quello e próprio quello ch'egli há diritto di conseguire"*. CHIOVENDA, Giuseppe, "Dell Azione Nascente dal Contratto Preliminare." In *Saggi di Diritto Processuale Civile*. 2. ed. Roma: Foro It., 1930, n. 3, p. 110.

15. *"Art. 771 (...)*
Parágrafo único:. Aplicam-se subsidiariamente à execução as disposições do Livro I da Parte Especial."

16. Espécie do gênero, obrigações de não fazer é aquela relativa ao ato de "tolerar", ou seja, não oferecer resistência relativa ao fato natural ou à atividade de outrem, ou a resultado desta ou daquele. Exemplo de tal situação é aquela desenhada pelo art. 1.288 do Código Civil, onde obriga o dono de prédio inferior a receber as águas que correm naturalmente do superior.

17. MOREIRA, José Carlos Barbosa. Ob. cit., p. 224.

O magistrado, despachando a petição inicial, determinará a citação do devedor,[18] fixando, de plano, multa por período de atraso no cumprimento da obrigação (art. 814, *caput* do CPC) bem como a data a partir da qual será a mesma devida, a despeito de previsão no título, na inteligência do próprio art. 814, podendo o executado:

- Cumprir a obrigação: Nesse caso, desfeito aquilo que é óbice ao contrato ou agressão à própria disposição da lei, extinguir-se-á a execução (art. 924, II).
- Apresentar Embargos: Poderá o executado se negar a cumprir a obrigação, impetrando os devidos embargos à execução no prazo de 15 (quinze) dias contado conforme o caso, na forma do art. 231 do CPC (art. 915, *caput*).
- Manter-se inerte: Caberá aqui a incidência de duas situações: (i) aquelas relativas às prestações denominadas "instantâneas", *v.g.*, obrigação de não perturbar determinada manifestação; de não exibir específico programa de televisão marcado para tal dia; de não passar por um local em dia e hora determinados, resolver-se-á em perdas e danos, isso pela impossibilidade de se retornar ao *status quo ante* (parágrafo único do art. 823 do CPC); (ii) referente às prestações intituladas "permanentes", como, por exemplo, obrigação de não explorar determinado ramo de comércio, de não impedir a passagem de determinados animais alheios ao terreno[19], de não erguer construção em tal localidade. Nesse caso, poderá ser a obrigação executada de modo específico, otimizando-se o desfazimento do que fora feito, inclusive podendo esse ser realizado por terceiro, à custa do executado, respondendo este ainda por perdas e danos, como regra o art. 823 do CPC.

3.3 EXECUÇÃO POR QUANTIA CERTA

A presente modalidade de execução tem por objetivo a entrega, ao exequente, de uma soma em dinheiro, ou seja, coisa de característica fungível e, por isso, valendo-se o exequente, diante do não pagamento espontâneo do executado, expropriar bens do mesmo com o fito de satisfazer seu crédito, como bem esclarece o art. 824 do CPC.

Importante esclarecer que também trata de execução relativa à quantia certa, a intitulada "Execução Fiscal". Ainda que sobre o conteúdo da mesma venhamos a enfrentar em mais adiante, cabe pontuar aqui ser ela regulada pela Lei n. 6.830/80, sendo o Livro II da Parte Especial do CPC a ela aplicado em sentido subsidiário.

Por outro lado, optou o legislador do CPC/2015 por não regular como disciplina especial a execução por quantia certa quando insolvente o devedor

18. Enunciado n.85 da I Jornada de Direito Processual Civil do Conselho da Justiça Federal (CJF): "Na execução de título extrajudicial ou judicial (art. 515, § 1º, do CPC) é cabível a citação postal."

19. Ibidem.

(Título IV do Livro II do CPC/1973). No entanto, fez questão de muito bem pontuar no art. 1.052 o seguinte:

"Até a edição de lei específica, as execuções contra devedor insolvente, em curso ou que venham a ser propostas, permanecem reguladas pelo Livro II, Título IV, da Lei no 5.869, de 11 de janeiro de 1973."

Ainda assim, importante apontar que tal modalidade, também variante de quantia certa, encontra abrigo quando o montante das dívidas do devedor excede o valor total dos bens que integram seu patrimônio, esses que respondem pelo respectivo pagamento, na dicção do art. 748 do revogado CPC/1973.

Insta ainda detalhar que a execução por quantia certa poderá decorrer tanto de dívida pecuniária originária, essa relativa à própria fixação da pecúnia no título executivo, como também de forma derivada, isto é, relacionada à conversão – conforme já visto anteriormente – das obrigações de entregar, fazer e não fazer em perdas e danos.

Em sentido geral, o processo de execução por quantia certa contra devedor solvente, desenvolve-se, procedimentalmente, por meio de quatro etapas: Propositura, Apreensão de bens, Expropriação e Pagamento ao credor.

Nesses termos, passaremos ao tratamento específico de seu procedimento.

3.3.1 PROCEDIMENTO

a) Propositura

– Petição inicial:

Caberá ao exequente ao realizar a propositura da Ação de Execução em tela, instruir a petição inicial com os seguintes itens, *ex vi* dos art. 798 do CPC:

a) os nomes completos do exequente e do executado e seus números de inscrição no Cadastro de Pessoas Físicas ou no Cadastro Nacional da Pessoa Jurídica;

b) o título executivo extrajudicial;

c) o demonstrativo do débito atualizado até a data de propositura da ação, quando se tratar de execução por quantia certa;

d) a prova de que se verificou a condição ou ocorreu o termo, se for o caso;

e) a prova, se for o caso, de que adimpliu a contraprestação que lhe corresponde ou que lhe assegura o cumprimento, se o executado não for obrigado a satisfazer a sua prestação senão mediante a contraprestação do exequente;

f) indicar a espécie de execução de sua preferência, quando por mais de um modo puder ser realizada;

g) os bens suscetíveis de penhora, sempre que possível.

Com relação ao demonstrativo de débito supracitado, deverá ele conter: I - o índice de correção monetária adotado; II - a taxa de juros aplicada; III - os termos inicial e final de incidência do índice de correção monetária e da taxa de juros utilizados; IV - a periodicidade da capitalização dos juros, se for o caso; V - a especificação de desconto obrigatório realizado (art.798, parágrafo único).

De acordo com o art. 799, incumbirá ainda ao exequente realizar os seguintes requerimentos necessários em sua peça inicial:

> *I - requerer a intimação do credor pignoratício, hipotecário, anticrético ou fiduciário, quando a penhora recair sobre bens gravados por penhor, hipoteca, anticrese ou alienação fiduciária;*
>
> *II - requerer a intimação do titular de usufruto, uso ou habitação, quando a penhora recair sobre bem gravado por usufruto, uso ou habitação;*
>
> *III - requerer a intimação do promitente comprador, quando a penhora recair sobre bem em relação ao qual haja promessa de compra e venda registrada;*
>
> *IV - requerer a intimação do promitente vendedor, quando a penhora recair sobre direito aquisitivo derivado de promessa de compra e venda registrada;*
>
> *V - requerer a intimação do superficiário, enfiteuta ou concessionário, em caso de direito de superfície, enfiteuse, concessão de uso especial para fins de moradia ou concessão de direito real de uso, quando a penhora recair sobre imóvel submetido ao regime do direito de superfície, enfiteuse ou concessão;*
>
> *VI - requerer a intimação do proprietário de terreno com regime de direito de superfície, enfiteuse, concessão de uso especial para fins de moradia ou concessão de direito real de uso, quando a penhora recair sobre direitos do superficiário, do enfiteuta ou do concessionário;*
>
> *VII - requerer a intimação da sociedade, no caso de penhora de quota social ou de ação de sociedade anônima fechada, para o fim previsto no art. 876, § 7º;*
>
> *VIII - pleitear, se for o caso, medidas urgentes;*
>
> *IX - proceder à averbação em registro público do ato de propositura da execução e dos atos de constrição realizados, para conhecimento de terceiros.*[20]
>
> *X - requerer a intimação do titular da construção-base, bem como, se for o caso, do titular de lajes anteriores, quando a penhora recair sobre o direito real de laje;*
>
> *XI - requerer a intimação do titular das lajes, quando a penhora recair sobre a construção-base.*

De acordo com a inteligência do art. 829, §2º do Código de Processo Civil, o credor poderá, já na petição inicial da execução e conforme já afirmado alhu-

20. Enunciado n.104 da I Jornada de Direito Processual Civil do Conselho da Justiça Federal (CJF): "O fornecimento de certidão para fins de averbação premonitória (art. 799, IX, do CPC) independe de prévio despacho ou autorização do juiz."

res, indicar bens do devedor a serem penhorados. Não necessita tal indicação o respeito à ordem restabelecida no art. 835, no entanto poderá o devedor requerer a substituição do bem indicado por outro, observadas as regras dos arts. 847, §§2º e 3º, e 848, parágrafo único do CPC, desde que comprove cabalmente que a substituição não trará prejuízo algum ao exequente e será menos onerosa para ele devedor (art. 847, *caput* do CPC).

Vale reproduzir aqui, conforme já enfrentado em sede de fraude à execução, os regramentos disciplinadores da autorização dada pelo art. 828, aplicáveis a este momento procedimental da execução por quantia certa:

> *Art. 828. O exequente poderá obter certidão de que a execução foi admitida pelo juiz, com identificação das partes e do valor da causa, para fins de averbação no registro de imóveis, de veículos ou de outros bens sujeitos a penhora, arresto ou indisponibilidade.*
>
> *§ 1º No prazo de 10 (dez) dias de sua concretização, o exequente deverá comunicar ao juízo as averbações efetivadas.*
>
> *§ 2º Formalizada penhora sobre bens suficientes para cobrir o valor da dívida, o exequente providenciará, no prazo de 10 (dez) dias, o cancelamento das averbações relativas àqueles não penhorados.*
>
> *§ 3º O juiz determinará o cancelamento das averbações, de ofício ou a requerimento, caso o exequente não o faça no prazo.*
>
> *§ 4º Presume-se em fraude à execução a alienação ou a oneração de bens efetuada após a averbação.*
>
> *§ 5º O exequente que promover averbação manifestamente indevida ou não cancelar as averbações nos termos do § 2º indenizará a parte contrária, processando-se o incidente em autos apartados.*

Assim, ao distribuir a execução, o exequente poderá obter prova do cartório do ajuizamento da demanda para que possa cientificar, por exemplo, os cartórios de registros imobiliários sobre a possibilidade de penhora sobre os bens do devedor, tratando-se aí da denominada "averbação premonitória".

Deve dita providência ser tomada pelo exequente para prevenir possíveis fraudes do executado (§4º do art. 828), sendo essa atitude, caso tomada pelo exequente, causadora de reflexos positivos também a eventuais terceiros de boa-fé que possam relacionar-se com o executado.

Deverá o exequente, obrigatoriamente, comunicar ao juízo as averbações efetivadas no prazo de 10 (dez) dias de sua concretização.

Tendo em vista que tal prerrogativa conferida ao exequente poderá gerar prejuízos ao executado, em se tratando de averbação manifestamente indevida, deverá aquele exequente indenizar a parte contrária prejudicada, nos termos do § 5º do art. 828 do CPC, processando-se o incidente em autos apartados.

– Despacho de recebimento da inicial: No despacho que receber a inicial, o juiz fixará, de plano, os honorários de advogado a serem pagos pelo executado, esses que serão reduzidos pela metade em caso de integral pagamento da dívida pelo executado no prazo legal, tudo na dicção do art. §1º do art. 827 do CPC.

Aliás, quanto aos honorários advocatícios, vale a pena anotar aqui que poderá o mesmo ser elevado até em 20% (vinte por cento) caso apresentado os embargos à execução (conteúdo que veremos mais adiante), seja este rejeitado e, por outro lado, ainda que não apresentado ditos embargos, a majoração dos honorários poderá ocorrer ao final do procedimento executivo, isso levando-se em consideração o labor realizado pelo advogado do exequente (§2º do art. 827 do CPC).

- Citação: Após o despacho da inicial e de acordo com o art. 829, *caput*, o executado deverá ser citado para efetuar o pagamento da dívida no prazo de 3 (três) dias.[21] Vale lembrar que dito prazo é contado na forma do §3º do art. 231, *in verbis*:

> *Quando o ato tiver de ser praticado diretamente pela parte ou por quem, de qualquer forma, participe do processo, sem a intermediação de representante judicial, o dia do começo do prazo para cumprimento da determinação judicial corresponderá à data em que se der a comunicação.*

Do mandado citatório constarão também, a ordem de penhora e a avaliação a serem cumpridas pelo oficial de justiça tão logo verificado o não pagamento no prazo assinalado (3 dias), de tudo lavrando-se o auto com intimação do executado (§1º do art. 829).

A aludida penhora recairá sobre os bens indicados pelo exequente, salvo se outros forem indicados pelo executado e aceitos pelo magistrado, tudo mediante demonstração de que a constrição proposta lhe será menos onerosa e não trará prejuízo ao exequente (§2º do art. 829).

O executado, igualmente, será citado para o oferecimento dos Embargos à Execução no prazo de 15 (dias), este contado de forma diferente daquele prazo para pagar em 3 dias. No caso dos Embargos, a contagem se dará, conforme o caso, na forma do art. 231 (art. 915, *caput* do CPC). Soma-se àquela possibilidade de pagamento a vista retro mencionada, outro incentivo à satisfação do crédito, tudo na inteligência do art. 916, dispondo este:

> *Art. 916. No prazo para embargos, reconhecendo o crédito do exequente e comprovando o depósito de trinta por cento do valor em execução, acrescido de custas e de honorários de advogado, o executado poderá requerer que lhe seja permitido pagar o restante em até 6 (seis) parcelas mensais, acrescidas de correção monetária e de juros de um por cento ao mês.*
>
> *§ 1º O exequente será intimado para manifestar-se sobre o preenchimento dos pressupostos do caput, e o juiz decidirá o requerimento em 5 (cinco) dias.*

---

21. Enunciado n.85 da I Jornada de Direito Processual Civil do Conselho da Justiça Federal (CJF): "Na execução de título extrajudicial ou judicial (art. 515, § 1º, do CPC) é cabível a citação postal."

§ 2º Enquanto não apreciado o requerimento, o executado terá de depositar as parcelas vincendas, facultado ao exequente seu levantamento.

§ 3º Deferida a proposta, o exequente levantará a quantia depositada, e serão suspensos os atos executivos.

§ 4º Indeferida a proposta, seguir-se-ão os atos executivos, mantido o depósito, que será convertido em penhora.

§ 5º O não pagamento de qualquer das prestações acarretará cumulativamente:

I - o vencimento das prestações subsequentes e o prosseguimento do processo, com o imediato reinício dos atos executivos;

II - a imposição ao executado de multa de dez por cento sobre o valor das prestações não pagas.

Destaca-se que, caso o executado opte por esta via de satisfação parcelada do crédito inadimplido, estará, de imediato, renunciando tacitamente ao direito de opor embargos, *ex vi* do §6º do art. 916 do CPC.

Resta ainda a possibilidade de o devedor não ser encontrado. Nesse caso, o oficial de justiça arrastar-lhe-á tantos bens quantos necessários para a garantia da execução (art. 830, *caput* do CPC), sendo que, nos 10 dias subsequentes à efetivação do arresto, dito oficial procurará o devedor por 2 (duas) vezes em dias distintos e, caso não logrando êxito e havendo suspeita de ocultação, realizará a citação por hora certa, certificando detalhadamente, o ocorrido ao juízo, conforme o §1º do art. 830 do CPC.[22]

Notadamente, incumbirá ao exequente a solicitação de citação do executado por edital, isso caso uma vez frustradas a citações pessoal e a por hora certa (§2º do art. 830).

De tudo, aperfeiçoada a citação e transcorrido o prazo de pagamento, o arresto converter-se-á em penhora, independentemente de termo, de acordo com o que reza o §3º do art. 830.

b) Apreensão de bens

b.1 – <u>Penhora – conceituação, reflexões e noções gerais</u>

Se o executado não pagar no prazo assinalado, o oficial de justiça procederá, de imediato, à penhora de bens e a sua avaliação, lavrando-se o respectivo auto e de tais atos intimando, na mesma oportunidade, o executado (art. 829, § 1º, do CPC). Nesses termos, cabem aqui alguns apontamentos acerca da instituição da penhora:

– É a penhora ato pelo qual se apreendem bens com o fito de empregá-los de forma direta e/ou indireta na satisfação do crédito exequendo.

22. Súmula n.196 do STJ: "Ao executado que, citado por edital ou por hora certa, permanecer revel, será nomeado curador especial, com legitimidade para apresentação de embargos."

– Aludidos bens, objetos da penhora, podem pertencer ao próprio devedor ou mesmo, e por exceção, a terceiros[23], quando esses responderem pela responsabilidade executiva.

A penhora pressupõe a satisfação de duas condições: existência de citação e inocorrência de pagamento.

Sendo efetivada diretamente por oficial de justiça, no início do procedimento executivo, será formalizada mediante auto de penhora, elaborado pelo próprio oficial a quem cabe diligenciar em busca de bens para aptos à penhora caso o credor não os tenha indicado. Quando resultar do deferimento de um pedido de substituição do bem penhorado, será documentado mediante termo lavrado pelo escrivão (art. 849 do CPC).

Além da supracitada penhora, essa realizada por Oficial de Justiça que, munido de segunda via do mandado, dirige-se ao local onde se encontram os bens – ainda que esses estejam sob a posse, detenção ou guarda de terceiros – e realizando-a, bem como documentando tudo por meio de auto lavrado pelo próprio oficial com os requisitos do art. 838, tem-se também a penhora por Termo nos Autos (§1º do art. 845,), cuja diferença para a anterior reside apenas no sujeito processual incumbido da prática do ato e ainda do lugar onde o mesmo é praticado. Assim, o termo será lavrado pelo escrivão, sendo efetivado em cartório nos casos em que não há necessidade de ir ao local onde os bens se encontrem. No entanto, não havendo bens no foro do processo, impossibilitando então a realização da penhora por Termo nos Autos, será a execução realizada por carta, penhorando-se, avaliando-se e alienando-se os bens no foro da situação dos mesmos (§2º do art. 845).

Por fim, tem-se ainda a existência da modalidade de penhora por meio eletrônico (art. 837), cujos detalhes serão enfrentados mais adiante.

b.1.1 – Ordem preferencial de bens

O art. 835 do CPC dispõe sobre a ordem preferencial de bens sobre os quais incidirá a penhora, mas sem desconsiderar o princípio do menor sacrifício do executado (art. 805 do CPC):

> *Art. 835. A penhora observará, preferencialmente, a seguinte ordem:*
>
> *I - dinheiro, em espécie ou em depósito ou aplicação em instituição financeira;*
>
> *II - títulos da dívida pública da União, dos Estados e do Distrito Federal com cotação em mercado;*
>
> *III - títulos e valores mobiliários com cotação em mercado;*
>
> *IV - veículos de via terrestre;*
>
> *V - bens imóveis;*
>
> *VI - bens móveis em geral;*

23. Ao leitor, convém, nesse ínterim, remeter-se ao tópico relativo à responsabilidade patrimonial na execução, conteúdo incluso no Capítulo 17 desta obra.

> *VII - semoventes;*
>
> *VIII - navios e aeronaves;*
>
> *IX - ações e quotas de sociedades simples e empresárias;*
>
> *X - percentual do faturamento de empresa devedora;*
>
> *XI - pedras e metais preciosos;*
>
> *XII - direitos aquisitivos derivados de promessa de compra e venda e de alienação fiduciária em garantia;*
>
> *XIII - outros direitos.*

Convém assentar que será considerada prioritária a penhora em dinheiro,[24] sendo possível, nas demais hipóteses, o magistrado alterar a ordem prevista no art. 835, tudo de acordo com as circunstâncias do caso concreto merecer (§1º do art. 835 do CPC).

Para fins de substituição da penhora, são equiparados a dinheiro: a fiança bancária e o seguro garantia judicial – desde que em valor não inferior ao do débito constante da inicial, acrescido de 30% (trinta por cento).

No que se refere à execução de crédito com garantia real, regra o §3º do art. 835 que a penhora recairá sobre a coisa dada em garantia e, caso esta pertença a terceiro garantidor, será ele, igualmente, intimado da penhora.

Recaindo a penhora sobre bem imóvel ou direito real sobre imóvel, será intimado também o cônjuge do executado, isso para se evitar possíveis alegações de vícios na execução, salvo se forem casados em regime de separação absoluta de bens (art. 842 do CPC).

Caso a penhora se dê sobre bem considerado indivisível, o equivalente à quota-parte do coproprietário ou do cônjuge alheio à execução recairá sobre o produto da alienação do bem *ex vi* do *caput* do art. 843.

É reservada ao coproprietário ou ao cônjuge não executado a preferência na arrematação do bem em igualdade de condições.

O §2º do art. 843 é taxativo ao considerar que *não será levada a efeito expropriação por preço inferior ao da avaliação na qual o valor auferido seja incapaz de garantir, ao coproprietário ou ao cônjuge alheio à execução, o correspondente à sua quota-parte calculado sobre o valor da avaliação.* Dita ordem preferencial, no entanto, há de ser conjugada com o disposto no art. 848, V, do CPC, caso em que o próprio credor considera mais conveniente a inobservância da gradação legal, visando privilegiar a eficiência da execução.

Por outro lado, salienta-se ainda que referida ordem de preferência poderá variar de acordo com a execução regrada por lei específica, como, por exemplo, nos casos de Execução Fiscal, esta regida pela Lei n. 6.830/80, tendo o CPC aplicação subsidiária. Diz o texto legal da referida Lei:

---

24. Súmula n.417 do STJ: "Na execução civil, a penhora de dinheiro na ordem de nomeação de bens não tem caráter absoluto."

> *Art. 11. A penhora ou arresto de bens obedecerá à seguinte ordem:*
>
> *I – dinheiro;*
>
> *II – título da dívida pública, bem como título de crédito, que tenham cotação em bolsa;*
>
> *III – pedras e metais preciosos;*
>
> *IV – imóveis;*
>
> *V – navios e aeronaves;*
>
> *VI – veículos;*
>
> *VII – móveis ou semoventes; e*
>
> *VIII – direitos e ações.*
>
> *§ 1º Excepcionalmente, a penhora poderá recair sobre estabelecimento comercial, industrial ou agrícola, bem como em plantações ou edifícios em construção.*
>
> *§ 2º A penhora efetuada em dinheiro será convertida no depósito de que trata o inciso I do art. 9º.*
>
> *§ 3º O juiz ordenará a remoção do bem penhorado para depósito judicial, particular ou da Fazenda Pública exequente, sempre que esta o requerer, em qualquer fase do processo.*

b.1.2 – Bens impenhoráveis

Um bem é entendido como impenhorável quando, legalmente, não se permite que o mesmo seja retirado do patrimônio do devedor, implicando, assim, não somente na sua exclusão quando da possibilidade de ser penhorado, mas, acima de tudo, de ser expropriado.

É de se afirmar que, por razões de ordem política, social, humanitária e mesmo ideológica, o ordenamento exclui da responsabilidade patrimonial específicos bens do executado, objetivando, com isso, preservar o mínimo patrimonial reconhecido como indispensável à existência decente do obrigado, sem privá-lo de tais bens pelos quais sua vida se degradaria a níveis insuportáveis.

A inalienabilidade abrange a impenhorabilidade. Nesse sentido, todo bem inalienável é também impenhorável, porém a recíproca não é verdadeira, dado existirem bens que, embora impenhoráveis, são passíveis de alienação. A inalienabilidade pode decorrer de lei ou ato voluntário.

Assim, temos como exemplo de bem inalienável por disposição legal os bens públicos, de acordo com os arts. 99 e 100 do Código Civil e ainda o capital cuja renda assegure o pagamento de pensão mensal fixada em decorrência de ato ilícito, com previsão no CPC, art. 533. Já por ato voluntário, os bens doados com cláusula de inalienabilidade (art. 1.911 do Código Civil).

Outra distinção importante se faz com relação aos bens considerados absolutamente impenhoráveis e aqueles bens relativamente impenhoráveis, enquanto os primeiros não podem ser penhorados em hipótese alguma, os segundos admitem a penhora dos frutos e rendimentos em casos em que o executado não possua outros bens livres sobre os quais possa recair a constrição (art. 834, CPC).

– Impenhorabilidade absoluta

Caracteriza-se impenhorabilidade absoluta quando o bem, em nenhuma hipótese, poderá ser objeto de penhora e alienação na execução por quantia certa, ainda que isso implique na negação da tutela jurisdicional ao credor, restando infrutífera a execução. Trata-se de questão de ordem pública, competindo ao juiz, a requerimento ou de ofício, impedir a penhora e expropriação do bem. Nessa toada, conforme sustenta muito bem Dinamarco,[25] ainda que sob a égide do CPC Buzaid:

> Estamos no campo da ordem pública, composta de normas destinadas a preservar valores situados acima da vontade dos sujeitos e do jogo técnico de ônus processuais, tanto quanto se dá com as condições da ação, incompetência absoluta ou pressupostos processuais em geral (art. 267, § 3º); "a penhora de bem absolutamente impenhorável constitui *nulidade* que pode ser declarada de ofício pelo juiz. Pela mesma razão, isso pode e deve ser feito a todo momento, 'mesmo quando já designada a praça e não tenha ele [o executado] suscitado o tema em outra oportunidade' (STJ, *apud* Negrão). Só nessa medida, contudo, é lícito sustentar a irrelevância da vontade do executado, em relação aos bens impenhoráveis.

São impenhoráveis os bens que o próprio Código de Processo Civil exclui da execução forçada (art. 833, incisos I a XII) bem como aqueles elevados a tal situação por um ato de vontade do titular (art. 833, I):

> *Art. 833. São impenhoráveis:*
>
> *I - os bens inalienáveis e os declarados, por ato voluntário, não sujeitos à execução;*
>
> *II - os móveis, os pertences e as utilidades domésticas que guarnecem a residência do executado, salvo os de elevado valor ou os que ultrapassem as necessidades comuns correspondentes a um médio padrão de vida;*
>
> *III - os vestuários, bem como os pertences de uso pessoal do executado, salvo se de elevado valor;*
>
> *IV - os vencimentos, os subsídios, os soldos, os salários, as remunerações, os proventos de aposentadoria, as pensões, os pecúlios e os montepios, bem como as quantias recebidas por liberalidade de terceiro e destinadas ao sustento do devedor e de sua família, os ganhos de trabalhador autônomo e os honorários de profissional liberal, ressalvado o § 2º;*
>
> *V - os livros, as máquinas, as ferramentas, os utensílios, os instrumentos ou outros bens móveis necessários ou úteis ao exercício da profissão do executado;*

25. DINAMARCO, Cândido R. *Instituições de direito processual civil*. Vol. IV. São Paulo: Malheiros, 2005, p. 341.

> *VI - o seguro de vida;*
>
> *VII - os materiais necessários para obras em andamento, salvo se essas forem penhoradas;*
>
> *VIII - a pequena propriedade rural, assim definida em lei, desde que trabalhada pela família;*
>
> *IX - os recursos públicos recebidos por instituições privadas para aplicação compulsória em educação, saúde ou assistência social;*[26]
>
> *X - a quantia depositada em caderneta de poupança, até o limite de 40 (quarenta) salários-mínimos;*
>
> *XI - os recursos públicos do fundo partidário recebidos por partido político, nos termos da lei;*
>
> *XII - os créditos oriundos de alienação de unidades imobiliárias, sob regime de incorporação imobiliária, vinculados à execução da obra.*

Tratando-se de execução de dívida relativa ao próprio bem, inclusive aquela contraída para sua aquisição, não terá lugar a impenhorabilidade sobre dito bem (§1º do art. 833 do CPC).

Com relação ao disposto nos incisos IV e X do supracitado art. 833, a eles não se aplica à hipótese de penhora para pagamento de prestação alimentícia, independentemente de sua origem, bem como as importâncias excedentes a 50 (cinquenta) salários-mínimos mensais, devendo a constrição observar o disposto no art. 528, § 8º, e no art. 529, § 3º do CPC.[27/28]

Expressa o §3º do art. 833 que na impenhorabilidade prevista no inciso V do mesmo artigo, estão incluídos os equipamentos, os implementos e as máquinas agrícolas pertencentes à pessoa física ou à empresa individual produtora rural, salvo quando tais bens tenham sido objeto de financiamento e estejam vinculados em garantia a negócio jurídico ou quando respondam por dívida de natureza alimentar, trabalhista ou previdenciária.

---

26. Súmula n.328 do STJ: "Na execução contra instituição financeira, é penhorável o numerário disponível, excluídas as reservas bancárias mantidas no Banco Central."

27. Enunciado n.105 da I Jornada de Direito Processual Civil do Conselho da Justiça Federal (CJF): "As hipóteses de penhora do art. 833, § 2º, do CPC aplicam-se ao cumprimento da sentença ou à execução de título extrajudicial relativo a honorários advocatícios, em razão de sua natureza alimentar."

28. Em decisão que entendemos como afronta à previsão legal em comento, a Corte Especial do STJ pacificou a divergência até então existente entre as 3ª e 4ª Turmas do próprio Tribunal, para admitir que, para além das exceções à impenhorabilidade salarial (art. 833, IV) estabelecidas no § 2º, do CPC/2015(alimentos e valores excedentes a 50 salários mínimos), admissível também o é a penhora do salário do devedor, pouco importando a natureza do crédito ou o valor dos seus rendimentos, "nos casos em que ficar demonstrado que a penhora não afeta a dignidade do devedor" (STJ, EREsp nº 1.518.169 e 1.582.475/MG, Rel. Min. Benedito Gonçalves, julg. em 16.10.2018). Em verdade, claramente se mitigou a impenhorabilidade salarial, tudo em nome de princípios de textura aberta, portanto, com baixa densidade normativa, tais quais os da efetividade e da razoabilidade.

É de se ressaltar que imperam ainda outras impenhorabilidades ditadas por leis específicas, como, *v.g.*, a Lei n. 8.009/90 – Lei do Bem de Família – excluindo a execução sobre o imóvel residencial único ou de menor valor do casal ou da entidade familiar[29/30] (art. 1º, *caput*, c/c art. 5º) bem como os bens discriminados no parágrafo único do art. 1º necessários a regular utilização de uma casa. Importante aqui pontuar, entretanto, que um único imóvel, ainda que de pessoa solteira e solitária,[31] poderá igualmente ser alvo declaratório de impenhorabilidade, em obediência, sobretudo, a um direito fundamental da pessoa humana, no caso, o direito à moradia.[32] Já a Lei n. 4.075/62 declara como impenhoráveis os exemplares da bandeira nacional não reservados ao comércio.

Por outro lado, a Constituição Federal de 1988 já veda a penhora da pequena propriedade rural para satisfação de débitos decorrentes de sua atividade produtiva (art. 5º, XXVI), possuindo tal situação previsão no art. 833, VIII acima descrito, muito embora com redação um pouco diferenciada. Podemos dizer ainda que os bens do devedor gravados de hipoteca e penhor em favor de um dos credores também escapam da responsabilidade patrimonial em prol de outros credores. Tal entendimento centra-se na justificativa de que, uma vez penhorados e expropriados os bens por credores sem garantia real, o resultado obtido quando da alienação judicial terá destino, em primeiro lugar, ao pagamento do credor detentor da garantia, só havendo reversão para o credor que requereu a execução caso reste algo do produto advindo da alienação.

Com relação às execuções por quantia, são os bens da Fazenda Pública considerados impenhoráveis, aplicando-se o regime de precatórios previsto no art. 100 da Constituição Federal.

Com acerto, bem adverte Dinamarco:

> Mas só nas execuções por dinheiro. O art. 100 da Constituição Federal e a técnica ditada pelo art. 730 do Código de Processo Civil/*1973*

---

29. Súmula n.486 do STJ: "É impenhorável o único imóvel residencial do devedor que esteja locado a terceiros, desde que a renda obtida com a locação seja revertida para a subsistência ou a moradia da sua família."

30. Súmula n.499 do STJ: "A vaga de garagem que possui matrícula própria no registro de imóveis não constitui bem de família para efeito de penhora."

31. Súmula n.364 do STJ: "O conceito de impenhorabilidade de bem de família abrange também o imóvel pertencente a pessoas solteiras, separadas e viúvas."

32. PROCESSUAL – EXECUÇÃO – IMPENHORABILIDADE – IMÓVEL – RESIDÊNCIA – DEVEDOR SOLTEIRO E SOLITÁRIO – LEI N. 8.009/90. – A interpretação teleológica do art. 1º, da Lei n. 8.009/90 revela que a norma não se limita ao resguardo da família. Seu escopo definitivo é a proteção de um direito fundamental da pessoa humana: o direito à moradia. Se assim ocorre, não faz sentido proteger quem vive em grupo e abandonar o indivíduo que sofre o mais doloroso dos sentimentos: a solidão. É impenhorável, por efeito do preceito contido no art. 1º da Lei n. 8.009/90, o imóvel em que reside, sozinho, o devedor celibatário. (STJ. REsp 182.223/SP. Embargos de Divergência no Recurso Especial 1999/0110360-6. Min. Sálvio de Figueiredo Teixeira. Julg. 06/02/2002, *DJ* 07.04.2003, p. 209).

> *(art. 910 do CPC/2015)* não dizem respeito às execuções específicas nas quais não se trata de *penhorar* bens – como é o caso da execução para entrega de coisa ou das execuções por obrigações de fazer ou de não fazer.[33] (Grifo nosso).

Há de se concluir, diante de todo o exposto, que o rol disponibilizado pelo supracitado art. 833 não é, necessariamente, exaustivo.

– Impenhorabilidade relativa

A impenhorabilidade relativa condiciona a responsabilidade patrimonial de um bem à inexistência de outros livremente penhoráveis e expropriáveis.

Estabelece o art. 834 do CPC somente uma hipótese de impenhorabilidade relativa: a penhora dos frutos e rendimentos dos bens inalienáveis, onde, no CPC revogado, fazia-se exceção quando destinados à satisfação de prestação alimentícia (vide art. 650 do CPC/1973).

Observa-se, portanto, que a falta de bens livres e aptos à satisfação do crédito exequendo é condicionante para a incidência da impenhorabilidade relativa.

Notadamente, tal solução intermediária entre a livre penhorabilidade e a impenhorabilidade absoluta demonstra claro resultado de um juízo de valores diante do qual o legislador entende que determinados bens, realmente, são importantes para a vida do devedor, mas não o bastante que se justificasse excluí-los por completo.

Em sendo relativas, o reconhecimento dessas impenhorabilidades depende de alegação a ser realizada pelo executado na primeira oportunidade em que lhe tocar manifestar-se no processo após a penhora, sob pena de preclusão.

b.1.3 – <u>Procedimento</u>

Optemos agora, em caráter continuativo ao esquema iniciado no presente tópico, por um desenvolvimento procedimental do instituto da penhora, onde será contemplado demais domínios teóricos a ela relativos.

- *Poderes conferidos ao oficial de justiça para proceder de imediato à penhora*

Conforme sustenta o § 1º do art. 829, *in verbis*:

> *Do mandado de citação constarão, também, a ordem de penhora e a avaliação a serem cumpridas pelo oficial de justiça tão logo verificado o não pagamento no prazo assinalado, de tudo lavrando-se auto, com intimação do executado.*

Dessa forma, devemos esperar um controle dos partícipes da demanda executiva e serventuários a fim de acompanhar a certificação ou não do pagamento (esse que deve ser realizado, como já dito, no prazo de 3 (três) dias contado da data que se der a comunicação ao executado (art. 231, §3º do

33. Ob. cit., p. 331.

CPC),dado que somente após a certificação do não pagamento pelo executado é que o oficial de justiça, munido da segunda via do mandado de citação, retornará ao encontro daquele devedor, procedendo, de imediato, à penhora de bens e respectiva avaliação.

Importante comentário é de que o mandado citatório conterá, além deste ato, também determinações para a realização da penhora de bens e a sua respectiva avaliação, possibilitando que o oficial de justiça, ante a retirada do mandado em cartório, devolva-o somente após realizar os três atos, quais sejam, citação, penhora e avaliação, inclusos em um só mandado.

Efetuar-se-á a penhora em dia útil, entre às 6h e às 20h, podendo, eventualmente e em casos excepcionais e independentemente de autorização expressa do juiz, realizá-la em domingo ou feriado, ou, ainda, em dia útil, mesmo fora do horário supracitado e mesmo em férias forenses (art. 212, §2º), notadamente, sempre respeitando o preceito constitucional do art. 5º, inciso XI, da CF/88.

Considerar-se-á realizada a penhora mediante a apreensão e o depósito dos bens, lavrando-se em um só auto se as diligências forem concluídas no mesmo dia, conforme o art. 839, *caput*, e em havendo mais de uma penhora, lavrado será para cada qual um auto, de acordo com o parágrafo único do próprio art. 839.

Terá o auto da penhora o seguinte conteúdo:

> *Art. 838. (...):*
>
> *I - a indicação do dia, do mês, do ano e do lugar em que foi feita;*
>
> *II - os nomes do exequente e do executado;*
>
> *III - a descrição dos bens penhorados, com as suas características;*
>
> *IV - a nomeação do depositário dos bens.*[34]

Caso venha o executado fechar as portas da casa ou estabelecimento, a fim de impedir a realização da devida penhora de bens, caberá ao oficial de justiça comunicar o fato ao magistrado, solicitando-lhe a necessária ordem de arrombamento. Em sendo deferida tal solicitação, dois oficiais de justiça darão cabo ao cumprimento do mandado, arrombando o local obstaculizado onde se presuma estarem os bens, a fim de lograrem êxito na efetivação da penhora e, ao fazê-la, lavrarão o auto circunstanciado, esse que será devidamente assinado por duas testemunhas presentes à diligência, conforme os ditames do art. 846, *caput* e §1º do CPC.

Cabe lembrar aqui que, sempre que houver necessidade, permite o §2º do art. 846 que o juiz requisite força policial com o intuito de auxiliar os oficiais de justiça na penhora de bens bem como na prisão daquele que resistir à ordem, tipificando em crime de resistência tal prática resistiva.[35] Há de se docu-

---

34. Súmula n.319 do STJ: "O encargo de depositário de bens penhorados pode ser expressamente recusado."

35. Súmula Vinculante n.11: "Só é lícito o uso de algemas em casos de resistência e de fundado receio de fuga ou de perigo à integridade física própria ou alheia, por parte do preso ou de terceiros, jus-

mentar a citada resistência e é o que farão os oficiais, lavrando o devido auto em duas vias do qual constarão nome, qualificação e, se possível, assinatura de duas testemunhas, sendo, posteriormente, uma via entregue ao escrivão para a juntada aos autos da execução, sendo a outra entregue à autoridade policial, com o fito de instruir o procedimento criminal e ainda a entrega do preso, ato a ser realizado também pelos oficiais de justiça.

- *O credor e a possibilidade de indicação, já na inicial, de bens a serem penhorados*

Da inteligência do art. 829, §2º do CPC, será possível ao exequente indicar bens a serem penhorados.

Trata-se de importante faculdade concedida ao credor de, já na inicial da ação de execução, indicar bens os quais pretende ver penhorados, caso o devedor não efetue o pagamento devido.

É de se notar que a viabilidade para um exercício satisfatório de aludida faculdade está no conhecimento prévio do credor acerca dos possíveis bens penhoráveis do devedor, tarefa hercúlea em boa parte das vezes, o que não desmerece a preocupação do legislador com a elevação da efetividade na satisfação da obrigação inadimplida e/ou a segurança de eventual expropriação futura com a consequente realização dos créditos para o credor-exequente, prestigiando, por conseguinte, e em caráter mediato, a celeridade no processo de execução.

Ainda, caso o credor não exercite da faculdade de indicar já na inicial da execução os bens a serem penhorados e não havendo o devido pagamento voluntário do devedor, deverá o ato processual da penhora atender, preferencialmente, à ordem prevista no art. 835, questão que será adiante objeto de investigação e comento.

Por outro lado, poderá o executado indicar bens à penhora, estes que serão aceitos pelo juiz, mediante a demonstração de que a constrição proposta lhe será menos onerosa e não trará prejuízos ao exequente (art. 829, §2º).

- *Intimação do executado para a indicação de bens passíveis de penhora*

A fim de se evitar que a dificuldade no encalço de bens passíveis de penhora venha a frustrar eventual garantia para efetivo êxito na expropriação e, por conseguinte, facilitando a própria tarefa do oficial de justiça, deverá o executado, diante de ordem do juiz – de ofício ou mesmo a requerimento do exequente – indicar bens passíveis de expropriação. Expressa o art. 774, V do CPC que, caso o executado seja intimado, não indica ao magistrado quais são e onde estão os bens sujeitos à penhora e bem como os seus respectivos valores, nem exibe prova de sua propriedade e, se for o caso, certidão negativa de ônus, tal atitude será considerada atentatória à dignidade da justiça.

---

tificada a excepcionalidade por escrito, sob pena de responsabilidade disciplinar, civil e penal do agente ou da autoridade e de nulidade da prisão ou do ato processual a que se refere, sem prejuízo da responsabilidade civil do Estado."

Aponta o parágrafo único do art. 774 que o juiz fixará multa em montante não superior a 20% (vinte por cento) do valor atualizado do débito em execução, esta que será revertida em proveito do exequente, exigível nos próprios autos do processo, sem prejuízo de outras sanções de natureza processual ou material.

- *A penhora por termo nos autos*

Quando da penhora de bens imóveis, desde que apresentada a certidão da respectiva matrícula, será ela realizada por termos nos autos, independente do local onde estejam situados os respectivos bens imóveis; o mesmo se dando com relação à penhora de veículos automotores, quando apresentada certidão que ateste a sua existência; por isso e em tais casos não haverá a necessidade de realização da penhora por mandado ou por carta precatória.

Assim, lavrado o termo, será o executado intimado pessoalmente ou por meio de seu advogado, ficando ele, *ipso facto*, constituído depositário do bem, de acordo com o § 1º do art. 845 do CPC.

- A penhora *on-line*

Cabe mencionar é a possibilidade de realização da denominada penhora *on-line*, cuja previsão legal se encontra no art. 854 do CPC e a averbação de penhoras de bens imóveis e móveis por meio eletrônico (art. 837 do CPC) que buscam dar maior rapidez e efetividade ao processo de execução.

Decorrente dessa busca por uma melhor prestação e aperfeiçoamento de serviços judiciários, desde 2002 vem sendo utilizado, sobretudo no âmbito da Justiça do Trabalho, dito sistema da penhora *on-line* ou penhora eletrônica.

A penhora *on-line* teve início, originariamente, em um convênio firmado entre o Banco Central do Brasil – BACEN, o Superior Tribunal de Justiça – STJ e o Conselho de Justiça Federal – CJF. Tal sistema permite ao magistrado, por meio de uma senha pessoal e intransferível, acessar o *site* do Banco Central e determinar o bloqueio, desbloqueio, transferência de valores e ainda ter acesso a saldos e extratos de contas dos devedores que estão sendo executados em sua vara.

Assim, o juiz, a requerimento do exequente, sem dar ciência prévia do ato ao executado, determinará às instituições financeiras, por meio de sistema eletrônico gerido pela autoridade supervisora do sistema financeiro nacional, que torne indisponíveis ativos financeiros existentes em nome do executado, limitando-se a indisponibilidade ao valor indicado na execução, conforme sustenta o art. 854, *caput* do CPC.

Uma vez recebida a resposta de seu ofício, no prazo de 24 (vinte e quatro) horas o magistrado determinará o cancelamento de eventual indisponibilidade excessiva, o que deverá ser cumprido pela instituição financeira em igual prazo.

Tornados indisponíveis os ativos financeiros do executado, este será intimado na pessoa de seu advogado ou, não o tendo, pessoalmente, incumbindo-

-lhe, no o prazo de 5 (cinco) dias, comprovar que: (i) tais quantias tornadas indisponíveis são impenhoráveis; (ii) ainda remanesce indisponibilidade excessiva de ativos financeiros (§3º do art. 854).

Acolhida qualquer das supracitadas arguições do executado, caberá ao juiz determinar o cancelamento de eventual indisponibilidade irregular ou excessiva a ser cumprido pela instituição financeira em 24 (vinte e quatro) horas.

Por outro lado, uma vez rejeitadas, ou mesmo não apresentada a manifestação do executado, converter-se-á a indisponibilidade em penhora sem necessidade de lavratura de termo, devendo o juiz da execução determinar à instituição financeira depositária que, no prazo de 24 (vinte e quatro) horas, transfira o montante indisponível para conta vinculada ao juízo da execução (§5º do art. 854).

Como lógico, caso tenha sido quitada a dívida pelo executado por outro modo, imediatamente, o magistrado determinará por sistema eletrônico gerido pela autoridade supervisora do sistema financeiro nacional, a notificação da instituição financeira para que, em até 24 (vinte e quatro) horas, cancele a indisponibilidade.

Vale notar que o CPC/2015, mais precisamente no §8º do art. 854, assentou devida responsabilidade à instituição financeira quanto a eventual prejuízo que tenha causado ao executado em decorrência da indisponibilidade de ativos financeiros em valor superior ao indicado na execução ou pelo juiz, bem como na hipótese de não cancelamento da indisponibilidade no prazo de 24 (vinte e quatro) horas, quando assim determinar o órgão julgador.

Optou ainda o legislador (§9º do art. 854) por regular a penhora *on-line* quando a execução pairar sobre partido político, nos seguintes termos:

> *§ 9º Quando se tratar de execução contra partido político, o juiz, a requerimento do exequente, determinará às instituições financeiras, por meio de sistema eletrônico gerido por autoridade supervisora do sistema bancário, que tornem indisponíveis ativos financeiros somente em nome do órgão partidário que tenha contraído a dívida executada ou que tenha dado causa à violação de direito ou ao dano, ao qual cabe exclusivamente a responsabilidade pelos atos praticados, na forma da lei.*

Importante pontuar que os tributos oriundos do cumprimento da ordem de transferência serão suportados pelo executado. Diante da insuficiência de recursos disponíveis para tanto, deverá o valor dos tributos ser deduzido daquela quantia a ser transferida.

Ainda, digno de nota é que as transmissões das ordens de indisponibilidade, de seu cancelamento e de determinação de penhora far-se-ão por meio de sistema eletrônico gerido pela autoridade supervisora do sistema financeiro nacional, *ex vi* do §7º do art. 854 do CPC.

Verdade é que a presente modalidade de penhora vem acompanhada de vários questionamentos, desde argumentos que indicam ser a "penhora *on-line*" medida excepcional, que só deveria ser concedida depois da comprovação de que o credor, realmente, esgotou todos os meios para encontrar bens penhoráveis no universo patrimonial do devedor, observando-se aí o princípio da menor onerosidade da execução, quando vozes que exclamam a garantia constitucional do sigilo bancário do executado.

A despeito de se tratar de direito individual expressamente protegido pela Constituição Federal, admite-se que, em situações excepcionais, o interesse público e ainda social pelo qual deve o Judiciário se pautar, interessado que é na efetiva manifestação e solução prática de seus desígnios, justificadores, inclusive da função jurisdicional a ele conferida, obtendo, assim, determinadas informações que prevaleçam sobre o direito e interesse particular[36].

Nesse sentido tem-se o entendimento do STF.[37]

É de afirmar ainda, que, seguindo tendência, inclusive em nível mundial, intensificada foi a valoração da efetividade processual com relação à própria virtude de que se deve trilhar o instrumento "processo", meio hábil de conceder, dentro do possível e respeitando o estado de direito, o bem da vida a que dele legitimamente se espera, não podendo, por conseguinte, dissociá-lo da própria extensão do que se entende hoje pelo conceito de acesso à justiça.[38]

Na mesma esteira de pensamento, sustenta Dinamarco: "atenta contra o exercício da jurisdição (a) o devedor que, tendo dinheiro ou fundos depositados ou aplicados em banco, não paga desde logo quando citado no processo executivo (art. 652 do CPC/*1973; art. 829 do CPC/2015*)." [39] (Grifo nosso).

- *Penhora de créditos*

Os arts. 855 e 856 do CPC autorizam a penhora de crédito do devedor.

Ensina José Alberto dos Reis[40] que está sujeito à execução todo o patrimônio do devedor, sendo óbvio que a penhora, além de incidir sobre coisas ma-

---

36. CORREIA, André Luiz. Em defesa da penhora on-line. In: *Revista de Processo* 125, RT, jul. de 2005, p. 123.

37. "Se é certo que o sigilo bancário, que é espécie de direito à privacidade, que a Constituição protege no art. 5º, X, não é um direito absoluto, que deve ceder diante do interesse público, do interesse social e do interesse da justiça, certo é, também, que ele há de ceder na forma e com observância de procedimento estabelecido em lei e com respeito ao princípio da razoabilidade. No caso, a questão foi posta, pela recorrente, sob o ponto de vista puramente constitucional, certo, entretanto, que a disposição constitucional é garantidora do direito, estando as exceções na norma constitucional." (STF. 2ªT. RE 224775/PE. Rel. Min. Carlos Velloso, Julg.13.04.1999, *DJ* 10.09.1999).

38. Sobre o assunto, ver o nosso *Tutela Específica das Obrigações de Fazer...*, p. 5-9.

39. DINAMARCO, Cândido Rangel. *Nova Era do Processo Civil*. São Paulo: Malheiros Editores, 2003, p. 294.

40. REIS, José Alberto dos. *Processo de Execução*. Vol. II. Coimbra: Coimbra Editora, 1985, p. 188/189.

teriais, poderá recair sobre direitos de que o executado seja titular, podendo ocorrer duas hipóteses: a) o executado tem um direito de crédito sobre uma determinada pessoa; b) o executado tem direito a bens indivisos (casos, dentre outros, do sócio e herdeiro).

Na mesma esteira, pontua Liebman que "entre os bens do executado incluem-se os direitos que ele tiver contra terceiros; se eles podem ser transferidos (cedidos) independentemente do consentimento de terceiro, não há razão, como já se observou acima, para que não possam ser abrangidos na execução."[41]

É bem verdade que a penhora junto ao terceiro segue-se, notadamente, sob o manto dos princípios que também norteiam a penhora junto ao devedor, sendo os efeitos que a atingem na mesma ordem, caso o bem fosse penhorado em mãos do devedor.

O art. 855 estabelece que a penhora de créditos deve ser considerada efetivada com a intimação do terceiro devedor para que não pague ao executado (seu credor) e este, credor do terceiro, para que não pratique nenhum ato de disposição ou transferência de crédito.

Nisso, intimado o terceiro como supracitado, estará obrigado a não satisfazer a obrigação, "senão por ordem de justiça, tornando-se ele, desse momento em diante, depositário judicial da coisa ou quantia devida, com todas as responsabilidades inerentes ao cargo".[42]

Além disso, o credor do terceiro também deve ser intimado para que não pratique atos de disposição do crédito.

A penhora dos títulos e cártulas se realiza pela apreensão do documento, conforme dicção do art. 856, sendo o documento apreendido depositado consoante o disposto no art. 840, I.

Em não sendo encontrado o título, será possível a penhora se o terceiro devedor vier a reconhecer a dívida (art. 856, §1º), ficando como depositário da quantia já exigível, ou mesmo ainda não exigível, ou seja, somente se exonerará da obrigação depositando em juízo a importância decorrente da dívida (§2º do art. 856 do CPC).

Com propriedade, Pontes de Miranda[43] sustenta ser a confissão de terceiro, comunicação de conhecimento de parte, não propriamente de terceiros. Equivaleria assim à confissão da parte.

Já, o silêncio do terceiro importa na construção de duas hipóteses: "a) a inércia induz 1ª presunção de existência da dívida, convolando-se em confis-

---

41. LIEBMAN, Enrico Túlio. *Processo de Execução*. 4. ed. São Paulo: Saraiva, 1946, n. 56, n. 62, p. 102.
42. Idem, p. 103.
43. PONTES DE MIRANDA, Francisco Cavalcanti. *Comentários ao Código de Processo Civil*, Tomo X. 2. ed. Rio de Janeiro: Forense, 2002, p. 227.

são tácita; b) a omissão do *debitor debitoris*, cúmplice ou não, importa obrigatória investigação do crédito."[44]

Inclina-se a doutrina pátria pela adoção da primeira hipótese.[45]

Por outro lado, estando o terceiro a negar dever, expressa Pontes de Miranda, ainda sob a luz do CPC/1973, mas com não menos acerto que:

> ou (a) o faz porque tem provas, ou (b) porque pagou e lhe falta a prova, ou (c) nega sem ser verdadeiro, sem ou em conluio com o executado. No caso (a), ao que alega contra o terceiro incumbe o ônus da prova; feita ela, ao terceiro, – o de provar a sua afirmação. No caso (b), só a sentença declaratória pode ir em seu auxílio, se o que alegou a existência do dinheiro fez a prova; ou a sentença, na ação que se houver contra ele. No primeiro caso (c), executado e exequente são litisconsortes na ação contra o terceiro (o exequente é litisconsorte voluntário). No segundo caso (c), a situação do terceiro e a do executado podem ser a de réus em fraude contra o credor (cf. art. 672, § 3º *do CPC/197; art.. 856, §3º do CPC/2015*). A quitação e qualquer ato entre os dois não podem, então, ser opostos ao exequente.[46] (Grifo nosso).

Prevê o art. 856, §4º, que o exequente tem a legitimidade para requerer junto ao juiz a tomada dos depoimentos do executado e do terceiro devedor. Nesses termos, ao deferir, o juiz determinará o comparecimento de ambos, em audiência especialmente designada para tanto.

- *Penhora com destaque nos autos (no rosto dos autos)*

Poderá a penhora recair sobre direito do devedor, este contra o qual seja objeto de ação em curso, ou ainda sobre cota de herança a que o devedor faça jus, mas que seja objeto de inventário.

Nisso, o próprio art. 860 traz a lume a regra de que quando o direito estiver sendo pleiteado em juízo, a penhora deverá ser averbada com destaque nos autos (entende-se aí, no rosto dos autos) pertinentes ao direito e na ação correspondente à penhora, tudo com o fito de ser efetivada nos bens que forem adjudicados ou que vierem a caber ao executado.

Inicia-se, nesse caso, a eficácia da penhora com a averbação no rosto dos autos. Ela é, no entanto, efetivada quando o oficial de justiça, com o mandado executivo, dirige-se ao cartório e intima o escrivão ou chefe de secretaria e menciona todas as circunstâncias constantes no mandado. Logo após, o escrivão, no verso da primeira folha do processo (folha de rosto) transcreve a penhora.[47]

---

44. ASSIS, Araken. *Manual do Processo de Execução...*, p. 643.

45. Ibidem.

46. Ob. cit., p. 229.

47. CASTRO, Amílcar. *Do procedimento de execução.* Rio de Janeiro: Forense, 1999, p. 205.

Cabe aqui lembrar, em sintonia como art. 796, que, se a dívida foi contraída pelo autor da herança, o espólio responderá. Se, todavia, a morte do executado surpreender exequente munido com título, vencido ou não, a abertura do inventário ou do arrolamento – quando possível – propiciará o incidente da habilitação (arts. 642 a 646).[48]

- *Penhora sobre bem indivisível*

Trata-se de Inovação introduzida pela Lei n. 11.382/2006 (art. 655-B do CPC/1973) e mantida pelo CPC/2015 em seu art. 843.

Aludido dispositivo legal prevê que, em se tratando de penhora em bem considerado indivisível, o equivalente à quota-parte do coproprietário ou do cônjuge alheio à execução recairá sobre o produto da alienação do bem, portanto, o bem indivisível é passível de penhora e alienação.

Não obstante já alhures destacado, reservada ao coproprietário ou ao cônjuge não executado a preferência na arrematação do bem em igualdade de condições, não sendo levada a efeito expropriação por preço inferior ao da avaliação na qual o valor auferido seja incapaz de garantir, ao coproprietário ou ao cônjuge alheio à execução, o correspondente à sua quota-parte calculada sobre o valor da avaliação.

Notadamente, tal regramento não será aplicado à dívida contraída por um dos cônjuges com o intuito de atender as necessidades da família, bem como aquelas relativas às despesas de administração e ainda às decorrentes de imposição legal, dentro dos ditames do art. 1.664 do Código Civil,[49] visto que, em ditas situações, responderão os bens integrantes da comunhão entre os cônjuges.

- *Penhora das Quotas ou das Ações de Sociedades Personificadas*

Autoriza o art. 861 do CPC que as quotas ou as ações de sócio em sociedade simples ou empresária, podem ser penhoradas, cabendo ao magistrado assinar prazo razoável, não superior a 3 (três) meses, para que a sociedade:

a) apresente balanço especial, na forma da lei;

b) ofereça as quotas ou as ações aos demais sócios, isso levando-se em conta o direito de preferência legal ou contratual;

c) inexistindo interesse dos sócios na aquisição das ações, proceda à respectiva liquidação das quotas ou das ações, depositando em juízo o valor apurado, em dinheiro.

Poderá a sociedade adquirir as quotas ou ações do sócio penhoradas a fim de evitar a liquidação das mesmas, isso sem redução do capital social, mas com o uso de reservas, para a devida manutenção da tesouraria. Entretanto, tal possibilidade não se estende à sociedade anônima de capital aberto, cujas

---

48. ASSIS, Araken. Ob. cit., p. 649.

49. Art. 1.664, *in verbis*: "*Os bens da comunhão respondem pelas obrigações contraídas pelo marido ou pela mulher para atender aos encargos da família, às despesas de administração e às decorrentes de imposição legal.*"

ações serão adjudicadas ao exequente ou mesmo alienadas em bolsa de valores, portanto, não havendo preferência entre os sócios já vinculados àquela sociedade,

Havendo necessidade de liquidação das quotas ou ações, a requerimento do exequente ou da própria sociedade, poderá o juiz nomear administrador, este que deverá submeter à aprovação judicial a forma de liquidação (§3º do art. 861).

O prazo assinalado no *caput* do art. 861 (3 meses) poderá ser ampliado pelo juiz, isso caso o pagamento das quotas ou das ações liquidadas:

(i) - superar o valor do saldo de lucros ou reservas, exceto a legal, e sem diminuição do capital social, ou por doação; ou (ii) - colocar em risco a estabilidade financeira da sociedade simples ou empresária.

Por fim, não havendo interesse dos demais sócios no exercício de direito de preferência, não ocorrendo, por conseguinte, a aquisição das quotas ou das ações pela sociedade e ainda a liquidação se configurar excessivamente onerosa para a própria sociedade, o juiz poderá determinar o leilão judicial das quotas ou das ações, conforme autoriza o §5º do art. 861 do CPC.

- *Penhora de empresa, de outros estabelecimentos e semoventes, navios e aeronaves*

Recaindo a penhora em estabelecimento comercial, industrial ou agrícola, bem como em semoventes, plantações ou edifícios em construção, o juiz nomeará administrador-depositário, determinando-lhe que apresente em 10 (dez) dias, o plano de administração, *ex vi* do art. 862, *caput* do CPC.

A Lei n. 11.382/2006 acrescentou enunciado ao art. 655-A, mais precisamente, um § 3º, em que expressa que em eventual penhora de percentual do faturamento de determinada empresa executada, nomeado será um depositário, tendo como atribuição submeter à respectiva aprovação judicial a forma de efetivação da constrição de objeto, além de como prestar contas mensalmente, dada a necessária entrega das quantias recebidas ao credor, sendo essas imputadas no pagamento da dívida.

Trata-se a presente regra da necessidade de se penhorar o próprio estabelecimento (comercial, industrial ou agrícola), posto que, muitas vezes, a simples penhora de parte do faturamento da empresa (art. 866) não se mostra suficiente ou mesmo viável para a efetiva satisfação do débito. O juiz nomeará a forma de respectivo administrador-depositário, este que apresentará, em 10 dias, o plano de administração, isso quando não haja acordo prévio entre as partes, sendo essas, portanto, ouvidas acerca do modelo da administração (§1º do art. 862). Por outro lado, caso haja ajuste entre ambas as partes, seja quanto à forma de administrar e/ou quanto à escolha do administrador - depositário, juiz, por despacho a indicação, o homologará (§2º do art. 862).

Tem o administrador-depositário a função de administrar em razão da necessidade do funcionamento do bem penhorado.

Com acerto, para Theodoro Júnior, o sistema administrador-depositário objetiva impedir prejuízos de grande monta com a paralisação da empresa, evitando-se prejuízos desnecessários e mesmo resguardando o interesse de preservar as fontes de produção e comércio, mantendo a regularidade do abastecimento.[50]

Cabe pontuar entendimento de Goldschmidt,[51] para quem o administrador exercita o direito de administração e usufruto daquilo de que foi privado o executado, com vistas ao pagamento do credor, tendo ele o direito e dever de executar todos os atos necessários para a conservação e aproveitamento do negócio administrado, sendo-lhe defeso modificar, essencialmente, a forma de exploração.

Já em relação aos edifícios em construção sob regime de incorporação imobiliária, a penhora somente poderá recair sobre as unidades imobiliárias ainda não comercializadas pelo incorporador (§3º do art. 862).

Havendo necessidade de afastar o incorporador da administração da incorporação, atesta o §4º do art. 862 que

> *será ela exercida pela comissão de representantes dos adquirentes ou, se se tratar de construção financiada, por empresa ou profissional indicado pela instituição fornecedora dos recursos para a obra, devendo ser ouvida, neste último caso, a comissão de representantes dos adquirentes.*

Ainda no tocante à penhora de empresas, o art. 863 normatiza tal ato quando em questão está a empresa que funcione mediante concessão ou autorização estatal.

No mesmo sentido, será nomeado um administrador- depositário, sendo de preferência um dos seus diretores, podendo a penhora se dar sobre a renda, determinados bens ou mesmo sobre todo o patrimônio.

Trata o §1º do dispositivo legal supracitado da exigência para que o administrador-depositário apresente a forma de administração e o esquema de pagamento caso a penhora recaia sobre a renda ou sobre determinados bens da empresa, cabendo quanto aos demais casos, ou seja, relativos à penhora de frutos e rendimentos de coisa móvel e imóvel, aplicar-se-ão os dispositivos referentes a tal questão, mais precisamente os arts. 867 a 869 do CPC.

Lado outro, recaindo a penhora sobre todo o patrimônio da empresa, prosseguirá a execução em seus ulteriores termos, ouvindo-se, antes da arrematação ou da adjudicação, o ente público que houver outorgado a concessão (§2º do art. 863).

Determina o art. 864 do CPC que, se a penhora vier recair sobre navio ou aeronave, óbice não haverá para que se continue navegando ou operando até a

50. THEODORO JR., Humberto. *Processo de execução.* 21. ed. São Paulo: LEUD, 2002, p. 320.

51. GOLDSCHMIDT, James. *Derecho Procesal civil.* Trad. Leonardo Pietro Castro. 2. ed. Barcelona/Madri/Buenos Aires/Rio de Janeiro: Editorial Labor S.A., 1936, p. 726.

alienação, entretanto, o magistrado concederá a devida autorização para continuidade das atividades desde que o executado faça o seguro usual contra riscos.

Em tal situação continua a persistir o depósito da coisa, sendo que, na verdade, apenas as funções de depositário é que caberão ao próprio executado com as respectivas responsabilidades a elas inerentes.[52]

Insta ressaltar que, de acordo, com o que reza o art. 865 do CPC, a penhora em tela (de empresa, de outros estabelecimentos e semoventes, navios e aeronaves) somente será determinada caso não haja outra forma mais eficaz para a devida efetivação do crédito devido.

- *Penhora de percentual de faturamento de empresa*

Caso o executado não tenha outros bens penhoráveis ou se, tendo-os, esses forem de difícil alienação ou insuficientes para saldar o crédito executado, é permitido ordenar a penhora de percentual de faturamento de empresa (art. 866, *caput* do CPC).

Para isso, o juiz fixará percentual que propicie a satisfação do crédito exequendo em tempo razoável, desde que não torne inviável o exercício da atividade empresarial.

Será nomeado um administrador-depositário, este que submeterá à aprovação judicial a forma de sua atuação, prestando contas mensalmente, entregando em juízo as quantias recebidas, com os respectivos balancetes mensais, tudo com o fito de serem imputadas no pagamento da dívida (§2º do art. 866).

No mais e no que couber, observado será o disposto quanto ao regime de penhora de frutos e rendimentos de coisa móvel e imóvel.

- *Penhora de Frutos e Rendimentos de Coisa Móvel ou Imóvel*

A disciplina do usufruto de bens móveis e imóveis figurava no CPC/1973 ao lado da adjudicação, da alienação por iniciativa particular e da alienação em hasta pública, i.e., dentre os meios de expropriação de bens.

Com o novel CPC de 2015, além de aprimorar as respectivas regras, realocou-as, inclusive abandonando a nomenclatura "usufruto", de modo a pontuar para seu lado mais pragmático, e de necessária utilidade, assim, como os demais meios expropriatórios que veremos mais adiante nesta obra.

De pronto, estabelece o art. 867 que o juiz poderá ordenar a penhora de frutos e rendimentos de coisa móvel ou imóvel quando a considerar mais eficiente para o recebimento do crédito e, ao mesmo tempo, menos gravosa ao executado.

Uma vez ordenada penhora em tela, nomeado pelo magistrado será um administrador-depositário, este que, investido de todos os poderes que concernem à administração do bem e à fruição de seus frutos e utilidades, causará no executado a perda do direito de gozo do bem até que seja pago ao exequente o

52. MOREIRA, José Carlos Barbosa. Ob. cit., p. 247.

valor principal de seu crédito, os juros, as custas e os honorários advocatícios, tudo como lhe é de direito (art. 868, *caput* do CPC).

Ressalta-se que *a medida terá eficácia em relação a terceiros a partir da publicação da decisão que a conceda ou de sua averbação no ofício imobiliário, em caso de imóveis*, conforme sublinha o §1º do art. 868.

Caberá ao exequente providenciar a respectiva averbação no ofício imobiliário mediante a apresentação de certidão de inteiro teor do ato, independentemente de mandado judicial.

Poderá o exequente ou o executado figurar como administrador-depositário, diante de nomeação operada pelo juiz, desde que ouvida a parte contrária.

Do contrário, inexistindo acordo entre as partes, o magistrado nomeará profissional qualificado para o desempenho da função, este que submeterá à aprovação judicial a forma de administração e a de prestar contas periodicamente. Entretanto, ocorrendo discordância entre as partes ou entre essas e o administrador, o juiz decidirá a melhor forma de administração do bem, *ex vi* do §2º do art. 869.

Em se tratando de bem imóvel e estando o mesmo arrendado, o inquilino pagará o aluguel diretamente ao exequente, exceto se houver administrador nomeado pelo juízo (§3º do art. 869).

No tocante à locação de bem móvel ou imóvel, será permitido tanto ao exequente quanto ao administrador possibilidade a celebração de contrato para tal fim, devendo para isso ser ouvido o executado, conforme estabelece o §4º do art. 869.

Recebidas as quantias pelo administrador, estas serão devidamente entregues ao exequente, a fim de serem imputadas ao respectivo pagamento da dívida, cabendo a este mesmo exequente dar ao executado, por termo nos autos, a quitação das quantias recebidas (§§5º e 6º do art. 869).

- *Alterações na Penhora*

Renovação ou "segunda penhora"

Sustenta o art. 851 que não se levará a uma segunda penhora, exceto se (I) a primeira for anulada; (II) se os bens executados não bastarem para o pagamento do exequente; (III) caso o exequente desista da primeira penhora, por serem os bens litigiosos, ou estarem submetidos à constrição judicia (*v.g.*, penhorados, arrestados ou onerados).

Com acerto, assevera Pontes de Miranda que, quando se tem como nula a penhora, não se procederá à outra penhora, ou à segunda penhora, mas à penhora que passa a ser única.[53]

O inciso II, do art. 851, refere-se à insuficiência do produto da alienação, isto é, os bens penhorados não bastaram para adimplir a obrigação. Assim, deve-se proceder à segunda penhora, para satisfazer o crédito. A lei não distin-

53. Ob. cit., p. 212.

gue qual a causa da insuficiência, podendo ser ela em razão da desvalorização do bem à época da venda, pela nomeação incompleta do executado ou exequente, enfim, a insuficiência ocorre em qualquer desses casos.

Autoriza a lei também que o exequente possa desistir da primeira penhora quando os bens penhorados forem litigiosos, ou se já estavam sob constrição judicial em outro processo. Tal prerrogativa se pauta na ideia de que a execução deva atender ao interesse do exequente, cabendo-lhe dar os rumos convenientes à expropriação.

Conforme observado, não se procederá à segunda penhora, exceto nos casos previstos nos incisos I a III do art. 851 do CPC.

Por outro lado, conjugação do disposto nos arts. 851 e 874 do CPC, podemos dizer que a penhora pode ser substituída bem como aumentada e diminuída.

- Substituição da penhora

Pode qualquer das partes requerer ao magistrado a substituição da penhora, alegando os motivos do art. 848: (I) se não obedecer à ordem legal; (II) se não incidir sobre os bens designados em lei, contrato ou ato judicial para o pagamento; (III) se, havendo bens no foro da execução, outros houver sido penhorados; (IV) se, havendo bens livres, a penhora houver recaído sobre bens já penhorados ou objeto de gravame; (V) se incidir sobre bens de baixa liquidez; (VI) se fracassar a tentativa de alienação judicial do bem; ou se (VII) o executado não indica o valor dos bens ou omite qualquer das indicações a que estaria obrigado caso ele mesmo venha a pedir a substituição da penhora (ver art. 847).

Vale ressaltar que a baixa liquidez, comprovada pelo fracasso na alienação judicial ou de outra forma, é motivo para requerer a substituição do bem penhorado, evitando-se, com isso, o artifício protelatório antigo de se garantir o juízo com bens de difícil comercialização. Para que a finalidade do texto seja efetivamente concluída, há de se afirmar que o argumento da baixa liquidez será cabível se o exequente possui meios de prová-la, mesmo antes da alienação.

A substituição da penhora também pode ser requerida exclusivamente pelo executado quando demonstre que a substituição não trará prejuízos para o exequente e lhe será menos gravosa (art. 847, *caput*), nesse ponto conservando-se o respeito à regra geral (art. 805).[54]

- Adequação valorativa da penhora

Realizada a avaliação e não estando o valor do bem penhorado adequado à execução, haverá necessidade de ajustá-lo. É o que autoriza o art. 874 do CPC.

---

54. Súmula n.406 do STJ: "A Fazenda Pública pode recusar a substituição do bem penhorado por precatório."

Nesse sentido, avaliados os bens, o interessado requererá, desde que ouvida a parte contrária, que se reduza a penhora a bens suficientes ou a transfira para outros bens que satisfaçam o crédito exigido. De igual forma, lícito é ao interessado requerer a ampliação ou transferência da penhora para outros bens. Em ambas as hipóteses faz-se necessário que a avaliação fique, realmente, muito distante do valor do débito.

Em síntese: A adequação do valor da penhora poderá significar sua redução (art. 874, I) ou ampliação (art. 874, II).

Importante ressaltar que tanto a substituição quanto a redução e ampliação não constituem penhora diversa, mas, sim, operam na modificação do objeto decorrente do ato originário da penhora.

Amílcar de Castro, com exatidão, já ensinava que não devemos confundir excesso de penhora com excesso de execução, dado que, no primeiro caso, significa a apreensão de bens em valor muito maior que o do crédito do exequente e seus acessórios; enquanto que, no segundo, se estará diante de um pedido excessivo do exequente, alegável mediante embargos [55], *ex vi* do art. 917, III do CPC.

b.2 – <u>Alienação antecipada do bem penhorado</u>

Conforme expressa o art. 852 do CPC, poderá o juiz autorizar a alienação antecipada do bem penhorado quando se tratar de veículos automotores, de pedras e metais preciosos e de outros bens móveis sujeitos à depreciação ou à deterioração; ou ainda quando houver manifesta vantagem, esta indicada mediante as condições sazonais do mercado[56], logicamente, sempre ouvindo a outra parte antes de decidir.

Assim, necessário se fará a incidência de um dos motivos constantes do art. 852, I e II, como condicionantes para efetuar-se a presente alienação.

Tratando-se de bens de fácil deterioração, facultado é ao magistrado decretar *ex officio* ou a requerimento dos interessados a respectiva alienação antecipada, conforme autoriza o art. 730. Partindo, porém, de requerimento feito por uma das partes, a outra há de ser ouvida antes da decisão.

A estreita relação de natureza cautelar com que a presente medida possa gozar, em nada altera a específica natureza da alienação antecipada, esta que compartilha a essência e os efeitos da alienação ordinária. Certo é que o produto da alienação pertence ao executado, sendo que a entrega do produto ao exequente dependerá do deslinde da demanda executória.[57]

Com a alienação antecipada há a dispensa de atos processuais que seriam de se observar.

---

55. Ob. cit., p. 219.
56. ASSIS, Araken. Ob. cit., p. 663-664.
57. Idem, p. 664.

A modalidade para a alienação antecipada será a do leilão, conforme nota o art. 730,

Importante destacar que, quando uma das partes requerer alguma das medidas relativas à modificação da penhora (substituição, redução ou ampliação e mesmo a alienação antecipada), o juiz ouvirá sempre a outra, no prazo de 3 (três) dias, antes de decidir sobre a questão, cabendo à parte descontente com eventual decisão jurisdicional, a interposição do devido agravo de instrumento, como se vê do art. 1.015, parágrafo único do CPC.

b.3 – Avaliação dos bens

A avaliação será feita pelo oficial de justiça (art. 870, *caput* do CPC), ressalvada a aceitação do valor estimado pelo executado (art. 847, §1º, V); caso sejam necessários conhecimentos especializados, o juiz nomeará avaliador, fixando-lhe prazo não superior a 10 (dez) dias para entrega do laudo (art. 870, parágrafo único).

b.4 – Depósito dos bens penhorados

Sustenta o art. 839 que, se considera a penhora realizada mediante a apreensão e o depósito dos bens, sendo tudo lavrado em um só auto se as diligências retro referidas forem concluídas no mesmo dia, completando tal ideia expressa em seu parágrafo único que, em havendo mais de uma penhora, lavrar-se-á para cada uma um auto.

Uma vez penhorados os bens, esses serão depositados de acordo com a ordem de preferência estabelecida no art. 840 e seus incisos: (a) as quantias em dinheiro, os papéis de crédito e as pedras e os metais preciosos no Banco do Brasil, na Caixa Econômica Federal ou em banco do qual o Estado ou o Distrito Federal possua mais da metade do capital social integralizado, (a.1) em qualquer instituição de crédito designada pelo juiz; (b) em poder do depositário judicial, os móveis e os imóveis urbanos ou, caso não haja a figura do depositário judicial, ficarão tais bens em poder do exequente e, por fim, (c) em mãos de do executado, mediante caução idônea, os imóveis rurais, os direitos aquisitivos sobre imóveis rurais, as máquinas, os utensílios e os instrumentos necessários ou úteis à atividade agrícola. O art. 840, em seu §2º autoriza – desde que com anuência expressa do exequente ou nos casos a que os bens sejam de difícil remoção – que os bens possam permanecer depositados em poder do executado.

Com relação às joias, as pedras e os objetos preciosos, todos deverão ser depositados com registro do valor estimado de resgate. (§3º do art. 840).

Importante ressaltar que o depositário deverá zelar sobre o bem em custódia, não podendo inovar sobre o mesmo, sob pena de praticar ato atentatório à dignidade da justiça (art. 77, VI do CPC).[58]

---

58. *"Art. 77(...)*
§ 1º Nas hipóteses dos incisos IV e VI, o juiz advertirá qualquer das pessoas mencionadas no caput de que sua conduta poderá ser punida como ato atentatório à dignidade da justiça.

Quanto à escolha do local no qual serão os bens depositados, importante que o exequente já indique o local de sua escolha quando da peça vestibular da execução e que o juiz, ao expedir a ordem para a penhora, já indique o local onde será o bem depositado. Por outro lado, não havendo requerimento quanto à aludida indicação, poderá o magistrado optar por seguir a ordem supracitada estabelecida no art. 840 do CPC.

b.5 – Intimação da penhora

Anuncia o art. 829:

Após o despacho da inicial e de acordo com o art. 829, *caput*, o executado deverá ser citado para efetuar o pagamento da dívida no prazo de 3 (três) dias. Vale lembrar que dito prazo é contado na forma do §3º do art. 231, *in verbis*:

> *Quando o ato tiver de ser praticado diretamente pela parte ou por quem, de qualquer forma, participe do processo, sem a intermediação de representante judicial, o dia do começo do prazo para cumprimento da determinação judicial corresponderá à data em que se der a comunicação.*

Do mandado citatório constarão também a ordem de penhora e a avaliação a serem cumpridas pelo oficial de justiça tão logo verificado o não pagamento no prazo assinalado (3 dias), de tudo lavrando-se auto, com intimação do executado (§1º do art. 829).

A aludida penhora recairá sobre os bens indicados pelo exequente, salvo se outros forem indicados pelo executado e aceitos pelo magistrado, tudo mediante demonstração de que a constrição proposta lhe será menos onerosa e não trará prejuízo ao exequente (§2º do art. 829).

O executado, igualmente, será citado para o oferecimento dos Embargos à Execução no prazo de 15 (dias), este contado de forma diferente daquele prazo para pagar em 3 (três) dias. No caso dos Embargos, a contagem se dará, conforme o caso, na forma do art. 231 (art. 915, *caput* do CPC). Soma-se àquela possibilidade de pagamento à vista retro mencionada, outro incentivo à satisfação do crédito, tudo na inteligência do art. 916, dispondo este:

> *Art. 916. No prazo para embargos, reconhecendo o crédito do exequente e comprovando o depósito de trinta por cento do valor em execução, acrescido de custas e de honorários de advogado, o executado poderá requerer que lhe seja permitido pagar o restante em até 6 (seis) parcelas mensais, acrescidas de correção monetária e de juros de um por cento ao mês.*

---

§ 2º A violação ao disposto nos incisos IV e VI constitui ato atentatório à dignidade da justiça, devendo o juiz, sem prejuízo das sanções criminais, civis e processuais cabíveis, aplicar ao responsável multa de até vinte por cento do valor da causa, de acordo com a gravidade da conduta.

§ 3º Não sendo paga no prazo a ser fixado pelo juiz, a multa prevista no § 2o será inscrita como dívida ativa da União ou do Estado após o trânsito em julgado da decisão que a fixou, e sua execução observará o procedimento da execução fiscal, revertendo-se aos fundos previstos no art. 97."

> *§ 1º O exequente será intimado para manifestar-se sobre o preenchimento dos pressupostos do caput, e o juiz decidirá o requerimento em 5 (cinco) dias.*
>
> *§ 2º Enquanto não apreciado o requerimento, o executado terá de depositar as parcelas vincendas, facultado ao exequente seu levantamento.*
>
> *§ 3º Deferida a proposta, o exequente levantará a quantia depositada, e serão suspensos os atos executivos.*
>
> *§ 4º Indeferida a proposta, seguir-se-ão os atos executivos, mantido o depósito, que será convertido em penhora.*
>
> *§ 5º O não pagamento de qualquer das prestações acarretará cumulativamente:*
>
> *I - o vencimento das prestações subsequentes e o prosseguimento do processo, com o imediato reinício dos atos executivos;*
>
> *II - a imposição ao executado de multa de dez por cento sobre o valor das prestações não pagas.*

Destaca-se que, caso o executado opte por esta via de satisfação parcelada do crédito inadimplido, estará, de imediato, renunciando tacitamente ao direito de opor embargos, *ex vi* do §6º do art. 916 do CPC.

Resta ainda a possibilidade de o devedor não ser encontrado. Nesse caso, o oficial de justiça arrastar-lhe-á tantos bens quantos necessários para a garantia da execução (art. 830, *caput* do CPC), sendo que, nos 10 dias subsequentes à efetivação do arresto, dito oficial procurará o devedor por 2 (duas) vezes em dias distintos e, caso não logrando êxito e havendo suspeita de ocultação, realizará a citação por hora certa, certificando detalhadamente o ocorrido ao juízo, conforme o §1º do art. 830 do CPC.

Notadamente, incumbirá ao exequente a solicitação de citação do executado por edital, isso caso uma vez frustradas a citações pessoal e a por hora certa (§2º do art. 830).

De tudo, aperfeiçoada a citação e transcorrido o prazo de pagamento, o arresto converter-se-á em penhora, independentemente de termo, de acordo com o que reza o §3º do art. 830.

Nesse ínterim, como bem salienta Theodoro Jr.:

> É bom de ver que a penhora ocorre depois que o devedor já foi citado, pelo que já está ele ciente de que, no prazo da lei, a constrição se consumará. Se não compareceu nos autos e nem é encontrado em seu endereço habitual, é lícito ao juiz autorizar o prosseguimento do feito sem novas intimações. Cabe-lhe decidir em face das particularidades do caso concreto, para insistir na procura do devedor, ou no encerramento da diligência. O certo é que a lei não quer que o executado, já ciente da execução pelo ato citatório crie situação de embaraço intencional à intimação da penhora e, conseqüentemente, ao prosseguimento da execução.[59]

59. *Curso de Direito Processual Civil*, Vol. II..., p. 324.

Importa aqui colocar a questão que envolve a possibilidade de o executado arguir nulidade dos atos processuais que se seguirem à penhora, caso não seja ele regularmente intimado, nem mesmo na pessoa de seu advogado, posto que, no mínimo, agrediria o devido processo legal mais especificamente a ampla defesa e o sempre necessário contraditório.

Tal questão se coloca na medida em que ainda que não se vincule condicionalmente o prazo para a apresentação dos embargos da intimação da penhora, conteúdos relevantes poderiam ser argumentados pelo executado após ter um bem de sua propriedade constrito, *v.g.*, o excesso de penhora ou mesmo quaisquer das causas que incidissem na substituição do bem penhorado, conforme os contornos sustentados pelos arts. 847 e 848 poderiam deixar de sê-lo em momento oportuno para o executado.

Diante deste quadro, razoável seria admitir-se a necessária nomeação de um curador pelo magistrado com o legítimo direito de representar os interesses do executado, evitando-se ainda que este venha a se ocultar, impedindo o prosseguimento do feito de forma regular, alegando em momento subsequente a já citada nulidade dos respectivos atos processuais praticados na via executiva, sob o argumento de que não foram respeitados os devidos cânones constitucionais a que o processo no estado democrático de direito, obrigatoriamente, deveria em respeito, se pautar.

De tudo, aperfeiçoada a citação e transcorrido o prazo de pagamento, o arresto converter-se-á em penhora, independentemente de termo, de acordo com o que reza o §3º do art. 830.

Diante disso, pode o legislador idealizar modalidades satisfativas do crédito do exequente, sendo estas as que se seguem.

c) Expropriação

c.1 – Realização do ativo

Ainda sob a luz do CPC Buzaid, a Lei n. 11.382/2006 estabeleceu nova ordem para a realização do ativo do devedor.

Na antiga sistemática, após a avaliação do bem penhorado, haveria a tentativa de sua expropriação pela corriqueiramente morosa hasta pública, o que, pela nova ordem, foi colocada como opção posterior às expropriações pela Adjudicação e Alienação particular.[60]

Já CPC/2015, em seu art. 825, elenca como hipóteses de expropriação nos seguintes termos:

> *Art. 825. A expropriação consiste em:*
>
> *I - adjudicação;*
>
> *II - alienação;*

---

60. Enunciado n.106 da I Jornada de Direito Processual Civil do Conselho da Justiça Federal (CJF): "Na expropriação, a apropriação de frutos e rendimentos poderá ser priorizada em relação à adjudicação, se não prejudicar o exequente e for mais favorável ao executado."

III - apropriação de frutos e rendimentos de empresa ou de estabelecimentos e de outros bens.

Passemos, portanto, à análise de cada uma das formas de expropriação com o específico intuito de satisfazer, efetivamente, o crédito que o exequente tanto persegue, justificado inclusive, de todo o enfrentamento da marcha processual até aqui disposta.

c.1.1 – Adjudicação

– Conceituação e natureza jurídica

Consiste a adjudicação na transferência coativa de bens do executado para o exequente, ou seja, o crédito em moeda é substituído pelo bem penhorado do patrimônio do devedor. Há a transferência coativa de bens, a título de pagamento, ao próprio exequente, sendo essa transferência um direito deste.

Bem aponta Leonardo Greco[61] que,

> assim como a arrematação, a adjudicação é um ato executório com caráter expropriatório, através do qual o bem que está penhorado é retirado, compulsoriamente, do patrimônio do executado e incorporado ao patrimônio do exequente, manifestando a aceitação de satisfazer o seu crédito através do recebimento de coisa diversa da que lhe era devida, é a primeira modalidade de satisfação do credor.

No tocante à própria natureza de tal modalidade de expropriação, observa com acerto Ovídio Baptista [62] que "a adjudicação assemelha-se a uma dação em pagamento, se a considerarmos sob o ponto de vista do bem com que a obrigação é solvida." Notadamente, a diferença entre os dois institutos se pontua na medida em que a adjudicação pressupõe um processo judicial de caráter executório, ao passo que a dação em pagamento, como a venda, situa-se como mero ato jurídico próprio do direito privado.[63]

– Momento da adjudicação

Importante notar que, durante a fase instrutória da expropriação, não faz a lei qualquer referência relativa ao momento em que o exequente poderá solicitar a adjudicação depois de efetivada a avaliação. Somente afirma que, uma vez não efetivada a adjudicação, o exequente poderá requerer a alienação por sua própria iniciativa ou por intermédio de corretor ou leiloeiro público credenciado perante o órgão judiciário (art. 880 do CPC).

Como, no entanto, só se pode adjudicar observando o preço não inferior ao da avaliação, depreende-se que, somente após o término de tal diligência

61. GRECO, Leonardo. *O Processo de Execução*. Volume II. Rio de Janeiro: Renovar, 2001, p. 406.

62. SILVA, Ovídio Araújo Baptista da. *Curso de Processo Civil: execução obrigacional, execução real, ações mandamentais*. Vol. 2. 3. ed. rev. e atual. São Paulo: RT, 1998, p. 108.

63. VASQUES, Gilberto Fraiz. Da Adjudicação no Processo de Execução. *In*: *Revista de Processo*, n. 13, ano IV, jan./mar. 1979, p. 72.

é que se abrirá oportunidade àqueles eventuais interessados requererem a adjudicação dos bens.[64]

– Legitimidade para adjudicar

Preceitua o art. 876:

"*Art. 876. É lícito ao exequente, oferecendo preço não inferior ao da avaliação, requerer que lhe sejam adjudicados os bens penhorados.*"

Conforme tal dispositivo cabe ao exequente requerer a adjudicação dos bens penhorados, não oferecendo preço inferior daquele constante da avaliação do mesmo.

Por outro lado, somado ao exequente, tem legitimidade para requerer a devida adjudicação aqueles indicados no art. 889, incisos II a VIII,[65] os credores concorrentes que hajam penhorado o mesmo bem, assim como o cônjuge, o companheiro, pelos descendentes ou os ascendentes do executado (§5º do art. 876 do CPC).

– Adjudicação e o valor do crédito

Como já demonstrado, a adjudicação foi elevada à condição de forma preferencial para satisfação do débito exequendo.

Ainda que tenha demandado uma nova regulamentação, continua a adjudicação a ser realizada pelo preço da avaliação, o que, certamente, seria de melhor grado e desde que acertado pelas partes, se a adjudicação pudesse ser realizada por valor inferior ao da avaliação, o que não vemos óbice, sobretudo diante da novata possibilidade garantida pelo art. 190 do CPC. É bem verdade que, por exemplo, para o executado, opção mais viável seria fazer uma adjudicação por 90% (noventa por cento) do preço da avaliação do que, certamente,

64. No mesmo sentido, ainda que sob o manto do CPC/1973, este que possuía a mesma imprecisão referida, THEODORO JR., Humberto. *A Reforma da Execução do Título Extrajudicial.* Rio de Janeiro: Forense, 2007, p. 121.

65. "*Art. 889*
(...)
II - o coproprietário de bem indivisível do qual tenha sido penhorada fração ideal;
III - o titular de usufruto, uso, habitação, enfiteuse, direito de superfície, concessão de uso especial para fins de moradia ou concessão de direito real de uso, quando a penhora recair sobre bem gravado com tais direitos reais;
IV - o proprietário do terreno submetido ao regime de direito de superfície, enfiteuse, concessão de uso especial para fins de moradia ou concessão de direito real de uso, quando a penhora recair sobre tais direitos reais;
V - o credor pignoratício, hipotecário, anticrético, fiduciário ou com penhora anteriormente averbada, quando a penhora recair sobre bens com tais gravames, caso não seja o credor, de qualquer modo, parte na execução;
VI - o promitente comprador, quando a penhora recair sobre bem em relação ao qual haja promessa de compra e venda registrada;
VII - o promitente vendedor, quando a penhora recair sobre direito aquisitivo derivado de promessa de compra e venda registrada;"

correr o risco de o bem ser levado à hasta pública, sendo arrematado por 50% (cinquenta por cento) do seu valor em segundo leilão.

Uma vez requerida a adjudicação, o executado será intimado do pedido:

> *Art. 876*
>
> *§ 1º (...)*
>
> *I - pelo Diário da Justiça, na pessoa de seu advogado constituído nos autos;*
>
> *II - por carta com aviso de recebimento, quando representado pela Defensoria Pública ou quando não tiver procurador constituído nos autos;*
>
> *III - por meio eletrônico, quando, sendo o caso do § 1o do art. 246, não tiver procurador constituído nos autos.*
>
> *§ 2º Considera-se realizada a intimação quando o executado houver mudado de endereço sem prévia comunicação ao juízo, observado o disposto no art. 274, parágrafo único.*
>
> *§ 3º Se o executado, citado por edital, não tiver procurador constituído nos autos, é dispensável a intimação prevista no § 1º.*

Conforme se depreende do § 4º do art. 876, sendo o valor do crédito inferior ao dos bens, o requerente da adjudicação depositará, de imediato, a diferença, que ficará à disposição do executado; por outro lado, caso superior ao dos bens, a execução prosseguirá pelo saldo remanescente.

É prevista específica licitação para o caso de haver mais de um legitimado interessado em adjudicar o bem.

Com relação à preferência na adjudicação, alguns pontos importantes merecem atenção:

- Devem os interessados, objetivando a conquista do bem, dizer se oferecem valor superior à avaliação do mesmo.

- Havendo mais de um pretendente, proceder-se-á a licitação entre eles, tendo aí preferência, no caso de igualdade de oferta, o cônjuge, o companheiro, o descendente ou o ascendente nessa ordem (§ 6º do art. 876).

- Já, em caso de penhora de quota social ou de ação de sociedade anônima fechada realizada em favor de exequente alheio à sociedade, esta será intimada, ficando então responsável por informar aos sócios a ocorrência da penhora, assegurando-se a estes a preferência na adjudicação (§ 7º do art. 876).

Não havendo lances, a licitação será definida pela ordem de preferência definida no § 6º, ou seja, primeiro o cônjuge ou companheiro, depois o descendente e o ascendente do executado.

Silencia-se, no entanto, o texto legal quanto à hipótese de nenhum desses requerer a adjudicação.

Igualando-se, de outro modo, as ofertas do exequente e do credor com garantia real ou concorrente com penhora sobre o mesmo bem, nota com propriedade Barbosa Moreira:[66]

> A nosso ver, em tal caso, a preferência caberá ao credor com garantia real. Se apenas outros credores penhorantes se candidatarem à adjudicação, parece razoável adotar-se, sempre em igualdade de condições, o critério da prioridade da penhora, consentâneo com a sistemática legal', está referente aos arts. 711 e 712[67] *do CPC/1973 (arts. 908 e 909 do CPC/2015)*. (Grifo nosso).

Uma vez transcorrido o lapso temporal de 5 (cinco) dias, contados da última intimação e decididas eventuais questões, estabelece o art. 877 que o magistrado ordenará a lavrar o respectivo auto de adjudicação, considerando-a perfeita e acabada com a lavratura e assinatura do citado auto pelo juiz, pelo adjudicatário, pelo escrivão ou chefe de secretaria e ainda, se for presente ao ato, pelo executado, expedindo-se (i) a carta de adjudicação e o mandado de imissão na posse, quando se tratar de bem imóvel ou (ii) a ordem de entrega ao adjudicatário quando se tratar de bem móvel (§1º, I e II do art. 877 do CPC).

Conforme retro mencionado, caso o bem adjudicado seja imóvel, expedir-se-á carta de adjudicação, essa que será título utilizável apto para o registro da propriedade em nome do adjudicante no competente Cartório de Registro de Imóveis, tendo a presente carta, de acordo o §2º do art. 877 "*descrição do imóvel, com remissão à sua matrícula e aos seus registros, a cópia do auto de adjudicação e a prova de quitação do imposto de transmissão.*"

Em se tratando de penhora de bem hipotecado, poderá o executado remi-lo até o momento da assinatura do auto de adjudicação, desde que oferecendo valor igual ao da avaliação, isso caso não houver licitantes; caso contrário, deverá oferecer preço maior do que o lance oferecido, conforme inteligência do §3º do at. 877.

Já, no caso de falência ou de insolvência do devedor hipotecário, o direito de remição supracitado será deferido à massa ou aos credores em concurso, não podendo o exequente recusar o preço da avaliação do imóvel (§4º do art. 877).

Por fim e em consonância com o art. 878 do CPC, insta assinalar que o direito de ser reaberta a oportunidade para requerimento de adjudicação somente se dará caso frustradas as tentativas de alienação de bens (por iniciativa particular e em leilão judicial eletrônico ou presencial), situação em que se poderá pleitear a realização de nova avaliação no bem a ser expropriado.

---

66. Ob. cit., p. 252.

67. "O credor hipotecário, embora não tenha ajuizado execução, pode manifestar a sua preferência nos autos da execução proposta por terceiro. Não é possível sobrepor uma preferência processual a uma preferência de direito material. O processo existe para que o direito material se concretize." STJ. 3ª T. REsp 159.930-SP. Rel. Min. Ari Pargendier. *DJU* 16.06.2003, p. 332.

c.1.2 – Alienação por Iniciativa Particular

De início, cabe destacar que no CPC/2015 a alienação dar-se-á tanto (i) por iniciativa particular quanto (ii) por meio de leilão judicial eletrônico ou presencial (art. 879).

Isto posto, não levada a cabo a adjudicação, poderá o exequente requerer a alienação particular dos bens penhorados, seja por sua iniciativa ou por intermédio de corretor ou leiloeiro público, este devidamente credenciado perante o órgão judiciário.

Para tanto, estabelece os parágrafos do art. 880:

> *§ 1º O juiz fixará o prazo em que a alienação deve ser efetivada, a forma de publicidade, o preço mínimo, as condições de pagamento, as garantias e, se for o caso, a comissão de corretagem.*
>
> *§ 2º A alienação será formalizada por termo nos autos, com a assinatura do juiz, do exequente, do adquirente e, se estiver presente, do executado, expedindo-se:*
>
> *I - a carta de alienação e o mandado de imissão na posse, quando se tratar de bem imóvel;*
>
> *II - a ordem de entrega ao adquirente, quando se tratar de bem móvel.*
>
> *§ 3º Os tribunais poderão editar disposições complementares sobre o procedimento da alienação prevista neste artigo, admitindo, quando for o caso, o concurso de meios eletrônicos, e dispor sobre o credenciamento dos corretores e leiloeiros públicos, os quais deverão estar em exercício profissional por não menos que 3 (três) anos.*
>
> *§ 4º Nas localidades em que não houver corretor ou leiloeiro público credenciado nos termos do § 3º, a indicação será de livre escolha do exequente.*

Preambularmente, interessante notar que a venda por iniciativa particular foi contemplada no CPC de 1939, por meio do art. 973, posteriormente ocupando modesto lugar no CPC de 1973 onde, por intermédio do art. 700, autorizava o juiz a atribuir a intermediação no ato (alienação particular) e sob determinadas condições a corretor de imóveis inscrito na entidade oficial da categoria, retornando em destaque com o advento da Lei n. 11.382/2006.[68]

O CPC/2015 a mantém como forma específica de alienação de bens do executado para fins de satisfação do crédito do exequente.[69]

---

68. Convém ressaltar que em legislações extravagantes, encontramos referências às alienações por iniciativa particular, tais como nos contratos financiados conforme as regras do sistema financeiro de habitação (Lei n. 5.741/71), nos contratos de alienação fiduciária de bens móveis e imóveis (Decreto-Lei n.911/69 e Lei n. 9.514/97), concedendo ao credor proceder à alienação extrajudicial do bem. Por outro lado, a Lei n. 9.099/95 – esta que regula os procedimentos no âmbito dos Juizados Especiais Estaduais – expressa em seu art. 53, § 2º, a possibilidade de ocorrência da alienação extrajudicial em seu contexto.

69. Enunciado n.192 do FPPC: "Alienação por iniciativa particular realizada por corretor ou leiloeiro não credenciado perante o órgão judiciário não invalida o negócio jurídico, salvo se o executado

Ainda sob os olhares do Código de Processo Civil de 1939, já destacara Liebman:

> a venda por iniciativa particular que o juiz pode autorizar quando lhe parecer oportuno, a requerimento de qualquer interessado e ouvido o devedor (art. 973). Neste caso, a venda é um contrato e a pessoa a quem é confiada a realiza, usando a faculdade de disposição do executado, de que o juiz o desapropriou, transmitindo-a a essa pessoa.[70]

Para a implementação e validade da alienação por iniciativa particular deve-se ater aos seguintes pontos básicos:

I) Que não se tenha logrado êxito na adjudicação do bem penhorado.

II) Requerida tal modalidade expropriativa exequente e feita por meio deste ou por corretor credenciado perante a autoridade judiciária, o qual deverá estar em exercício profissional por não menos que 3 (três) anos.

III) O preço mínimo do bem a ser alienado será aquele referente à sua última avaliação, esta, devidamente corrigida. [71]

IV) Recebida a proposta na forma escrita, cumpre ao juiz colher a manifestação das partes, entretanto ele poderá decidir favorável ou não, independente da concordância do exequente e executado. Dessa decisão, certamente, caberá agravo de instrumento. V) Sendo deferida, caberá ao juiz fixar o prazo em que a alienação será realizada, sua publicidade, as condições de pagamento, as garantias e, em sendo o caso, a comissão de corretagem.[72]

V) Realizada a alienação por iniciativa particular do bem penhorado – móvel ou imóvel – com ou sem auxílio do corretor, será ela formalizada por termo nos autos, assinado pelo juiz, pelo exequente, pelo adquirente e, se for presente, pelo executado, expedindo-se a respectiva carta de alienação do imóvel para o devido registro imobiliário, ou se bem móvel, mandado de entrega ao adquirente.

– Importantes observações:

– O valor a ser pago pelo bem há de ser realizado nas formas à vista ou parcelado, sendo que, no caso de assinado, o termo de alienação e não pago o valor do crédito dividido em parcelas, poderá o exequente executar o adquirente por tal inadimplência.

---

comprovar prejuízo."

70. LIEBMAN, Enrico Tullio. Ob. cit., p. 156.

71. Enunciado n.156 da II Jornada de Direito processual Civil do Conselho da Justiça Federal (CJF): "O decurso de tempo entre a avaliação do bem penhorado e a sua alienação não importa, por si só, nova avaliação, a qual deve ser realizada se houver, nos autos, indícios de que houve majoração ou diminuição no valor."

72. Com relação à comissão de corretagem, será ela exigida somente caso houver participação de corretores, cabendo ao respectivo Tribunal expedir provimento dispondo sobre o credenciamento dos corretores os quais deverão estar em exercício profissional por não menos que 3 (três) anos.

– Os tribunais locais e regionais poderão expedir provimentos, detalhando o procedimento deste tipo de alienação, inclusive aquelas que envolvem o concurso de meios eletrônicos, conferindo nesse caso em saudável previsão, dada a notória discrepância de realidades e particularidades que cada Estado da Federação ostenta, sobretudo no que compete aos recursos que dizem respeito à informatização jurisdicional de um modo geral.

Convém ressaltar que, para se alcançar a efetividade na satisfação dos direitos molestados, há de se ter sensibilidade e sabedoria na elaboração de resoluções – e aqui leia-se, pelos Tribunais, conforme supracitado, "provimentos" – de modo a torná-las factíveis, portanto, realizáveis e em sintonia com os desejos de um modelo cumpridor dos desígnios vetorizados pelo processo civil de resultados, operando ele, verdadeiramente, no mundo dos fatos e não por mera ficção, por isso, desejosos pelo jurisdicionado.

c.1.3 – Alienação em Leilão Judicial Eletrônico ou Presencial

– Breves considerações iniciais

Não requerida a adjudicação e não realizada a alienação particular do bem penhorado, far-se-á a alienação por Leilão Judicial (art. 881, *caput* do CPC), buscando também a alienação do bem penhorado em um universo mais amplo de interessados Trata-se aqui de um outro meio de se converter em dinheiro o bem penhorado com o fito de satisfazer o crédito do exequente.

Cumpre, de forma propedêutica, sinalizar que leilão, juridicamente, significa alienação de bens em pregão, ou seja, por meio de oferta pública, na forma eletrônica ou presencial, sendo de prioridade a primeira, como se nota do *caput* do art. 882.

Assim, teremos tanto o leilão judicial como a alienação de bens por oferta pública promovido pelo Poder Público, aqui, especialmente, o Poder Judiciário, tendo como arrematação o ato pelo qual se conclui o pregão (aludida oferta pública), adjudicando bens ao licitante responsável pelo melhor lance.

Na verdade, em sua completude, o presente meio expropriatório consiste na já tradicional Arrematação, *nomen iuris* pelo qual a Lei n. 11.232/2006, na rubrica da subseção dedicada à matéria no ora revogado CPC/1973, preferiu denominar "Alienação em hasta pública",[73] tendo o CPC/2015 nominando-a de "Leilão Judicial".

Convém salientar que a alienação em leilão judicial, *mutatis mutandis*, funciona como uma licitação pública[74], porém realizada no âmbito do Poder Judiciário com características específicas inerentes ao Processo de Execução,[75]

---

73. MOREIRA, José Carlos Barbosa. Ob. cit., p. 256.

74. No mesmo sentido, ABELHA, Marcelo. Ob. cit., p. 371.

75. O CPC aponta para a alienação judicial por meio de leilão eletrônico como preferencial em relação àquela realizada em regime presencial, devendo aí atender aos requisitos de ampla publicidade, autenticidade e segurança, com observância das regras estabelecidas pela legislação sobre certificação digital. (art. 880 e seus §§1º e 2º).

somente não sendo levada a cabo nos casos de alienação a cargo de corretores de bolsa de valores (§2º do art. 881).

Tendo como objetivo alcançar o melhor preço, será por meio de uma concorrência pública que se dará oportunidade à conclusão de tão intento e, para isso, o legislador elaborou regras preparatórias, de desenvolvimento e conclusivas desta forma de alienação, por isso, sendo analisadas aqui em três etapas: publicação do edital, a própria licitação e a arrematação com a respectiva assinatura do auto (art. 903 do CPC).

Insta, porém, anotar conforme retro mencionado, que a forma eletrônica do leilão judicial é a prioritária, portanto, uma vez não podendo ser por esta realizada, a forma presencial será aquela a ser observada (art. 882, *caput*).

A alienação judicial por meio eletrônico será realizada, observando-se, de certo, as garantias processuais das partes, de acordo com regulamentação específica do Conselho Nacional de Justiça, devendo, indubitavelmente, atender aos requisitos de ampla publicidade, autenticidade e segurança com observância das regras estabelecidas na legislação sobre certificação digital.

Vale ainda pontuar que o leilão do bem penhorado será realizado por leiloeiro público, este a ser designado pelo juiz, podendo ser indicado pelo exequente (art. 883).

Incumbirá ao leiloeiro (art. 884):

> *I - publicar o edital, anunciando a alienação;*
>
> *II - realizar o leilão onde se encontrem os bens ou no lugar designado pelo juiz;*
>
> *III - expor aos pretendentes os bens ou as amostras das mercadorias;*
>
> *IV - receber e depositar, dentro de 1 (um) dia, à ordem do juiz, o produto da alienação;*
>
> *V - prestar contas nos 2 (dois) dias subsequentes ao depósito.*

Terá ainda o leiloeiro o direito de receber do arrematante a comissão estabelecida em lei ou a ser arbitrada pelo juiz.

Destaca-se, por conseguinte, que o leilão judicial presencial será realizado em respectivo local a ser designado pelo próprio magistrado (§3º do art. 881).

– O Edital, publicação e questões afins

Tem o edital, por finalidade precípua, assegurar a devida divulgação acerca da alienação dos bens penhorados, dado que, por óbvio, é de interesse que um numerário expressivo de pessoas seja por ele atingida, significando, ainda que intuitivamente, maior probabilidade de êxito na arrematação dos bens licitados.

O art. 886 (incisos I a VI) estabelece o conteúdo a constar dos editais, *in verbis*:

> *I - a descrição do bem penhorado, com suas características, e, tratando-se de imóvel, sua situação e suas divisas, com remissão à matrícula e aos registros;*

> *II - o valor pelo qual o bem foi avaliado, o preço mínimo pelo qual poderá ser alienado, as condições de pagamento e, se for o caso, a comissão do leiloeiro designado;*
>
> *III - o lugar onde estiverem os móveis, os veículos e os semoventes e, tratando-se de créditos ou direitos, a identificação dos autos do processo em que foram penhorados;*
>
> *IV - o sítio, na rede mundial de computadores, e o período em que se realizará o leilão, salvo se este se der de modo presencial, hipótese em que serão indicados o local, o dia e a hora de sua realização;*
>
> *V - a indicação de local, dia e hora de segundo leilão presencial, para a hipótese de não haver interessado no primeiro;*
>
> *VI - menção da existência de ônus, recurso ou processo pendente sobre os bens a serem leiloados.*

Sustenta ainda o parágrafo único do art. 886 que, no caso relativo a títulos da dívida pública e de títulos negociados em bolsa, constará do edital o valor da última cotação.

Caberá ao leiloeiro público designado pelo juízo tomar as devidas providências para a ampla divulgação da alienação, devendo a publicação do edital ocorrer pelo menos 5 (cinco) dias antes da data marcada para o leilão, conforme regra o §1º do art. 887 do CPC.

Será o edital publicado na rede mundial de computadores, em sítio a ser designado pelo juízo da execução, e que conterá a descrição detalhada e, sempre que possível ilustrada dos bens a serem alienados, informando expressamente se o leilão se realizará de forma eletrônica ou presencial (§2º do art. 887).

De outro modo, não sendo possível a publicação do edital na rede mundial de computadores ou considerando o juiz, em atenção às condições da sede do juízo, que esse modo de divulgação se faz insuficiente ou inadequado, adotará providências para que o aludido edital seja afixado em local de costume e publicado, em resumo, pelo menos uma vez em jornal de ampla circulação local (§3º do art. 887).

O §4º do art. 887 reconhece a possibilidade que tem o magistrado de alterar a forma e a frequência da publicidade quando incompatíveis com o valor dos bens e as condições da comarca.

Nesse caso, os editais poderão ser divulgados na imprensa local ou na forma de avisos em emissoras locais de rádio, televisão, mala direta, bem como da divulgação via *internet*.

A presente alteração deve ser exercida pelo juiz diante do caso concreto, verificando, dentro do possível e atrelado ao binômio custo-benefício, qual seria o meio de divulgação mais efetivo.

Notadamente, por razões de ampla publicidade e interesse em bens de determinada natureza, o § 5º do art. 887 prevê que a publicação dos editais de leilão de imóveis e de veículos automotores será realizada pela imprensa ou por outros meios de divulgação, preferencialmente na seção ou no local reservados à publicidade dos respectivos negócios. É possível que o juiz acumule editais para serem publicados, referentes às execuções diversas, promovendo, com isso, uma divulgação única de vários editais no mesmo dia e periódico. Tal prerrogativa permitida legalmente pelo § 6º do art. 887 tem como finalidade, além da redução no custo da publicação, a aposta em um maior destaque junto à atenção de eventuais interessados.

Dentro do contexto relacionado à realização do leilão judicial, dispõe o art. 888, *caput*, que não se realizando o leilão por qualquer motivo, o juiz mandará publicar a transferência, observando-se o disposto no art. 887.

É de se recordar aqui que todos os itens necessários ao edital devem estar na nova comunicação de transferência daquele que não foi realizado, pois que, diante de publicação da transferência, essa deve ter a mesma amplitude da publicação anterior.

Assinala-se que despesas com publicação, de regra, são antecipadas pelo exequente; sendo computadas como despesas judiciais para fins de cobrança junto ao executado quando da satisfação do crédito, consoante o art. 907 do CPC.

Nesse sentido e, caso a transferência se deu por culpa do magistrado ou de serventuários da justiça, não deverá o exequente ser onerado pelo custo da nova publicação, sendo justo recair as custas pelo novo ato de divulgação sobre pessoas supracitadas. Logicamente, há de se chamar a atenção aqui para o fato de que a imputação de responsabilidade por culpa será apurada em regular procedimento administrativo com o sagrado contraditório e ampla defesa perante o juiz da causa (ou na corregedoria se o juiz, com culpa, deu azo à transferência do ato), podendo ocasionar a aplicação da pena de suspensão por 5 (cinco) dias 3 (três) meses, além e, com acerto, das despesas da nova publicação (art. 888, parágrafo único).

Uma vez realizada a publicação do edital publicado leilão público fundamental será que o exequente promova intimação de determinadas pessoas, objetivando a realização da alienação pública, sob pena de torná-la ineficaz. Afora o próprio exequente, esse que, notoriamente, é intimado de todos os atos do processo, a intimação do executado sempre foi condição necessária ao exercício do contraditório e à validade da alienação pública.[76]

Em consonância com tal ideia, autoriza o art. 889, I que a ciência daquele executado quanto ao dia, a hora e o local da alienação judicial possa ser dada com a intimação de seu advogado; não o tendo como constituído nos autos,

---

76. Ainda que no silêncio do texto legal, inegável é a incidência do art. 903, § 1º, I, caso o executado não venha a ser intimado, entendendo-se a ocorrência de nulidade da arrematação.
Por outro lado, não haverá necessidade de intimação do cônjuge do executado, caso não atue como parte na execução, isto em se tratando de leilão público, bastando a intimação quando da penhora, esta quando recair sobre bem imóvel e, ainda, em se tratando de casamento não regulado pelo regime da separação total de bens. Nisso, cf. Capítulo 7.

dita comunicação ao executado será levada a cabo, seja por carta registrada, mandado, edital ou por qualquer outro meio idôneo (abrindo-se possibilidade para o uso da comunicação eletrônica).

Além da intimação do executado, em atenção às razões diversas, a lei aponta que determinadas pessoas também sejam cientificadas por meio de respectiva intimação, quais sejam:

> *Art. 889*
>
> *(...)*
>
> *II - o coproprietário de bem indivisível do qual tenha sido penhorada fração ideal;*
>
> *III - o titular de usufruto, uso, habitação, enfiteuse, direito de superfície, concessão de uso especial para fins de moradia ou concessão de direito real de uso, quando a penhora recair sobre bem gravado com tais direitos reais;*
>
> *IV - o proprietário do terreno submetido ao regime de direito de superfície, enfiteuse, concessão de uso especial para fins de moradia ou concessão de direito real de uso, quando a penhora recair sobre tais direitos reais;*
>
> *V - o credor pignoratício, hipotecário, anticrético, fiduciário ou com penhora anteriormente averbada, quando a penhora recair sobre bens com tais gravames, caso não seja o credor, de qualquer modo, parte na execução;*
>
> *VI - o promitente comprador, quando a penhora recair sobre bem em relação ao qual haja promessa de compra e venda registrada;*
>
> *VII - o promitente vendedor, quando a penhora recair sobre direito aquisitivo derivado de promessa de compra e venda registrada;*
>
> *VIII - a União, o Estado e o Município, no caso de alienação de bem tombado.*
>
> *Parágrafo único. Se o executado for revel e não tiver advogado constituído, não constando dos autos seu endereço atual ou, ainda, não sendo ele encontrado no endereço constante do processo, a intimação considerar-se-á feita por meio do próprio edital de leilão.*

– Leilão Judicial e a Arrematação

Conforme já referido alhures, tem-se como leilão público a alienação de bens por oferta pública, sendo promovida pelo Poder Público, aqui, especificamente, o Poder Judiciário, tendo como arrematação o ato pelo qual se conclui o pregão (aludida oferta pública), adjudicando bens ao licitante responsável pelo melhor lance.

Importante é asseverar que o ato processual da arrematação é tecnicamente elástico, pois que envolve não somente a aquisição do bem penhorado em leilão público, mas e, sobretudo, um complexo conjunto de atos necessários, anteriores e posteriores, à realização do conhecido arremate do bem.

Há de se ter em mente que a arrematação do bem penhorado não representa o encerramento satisfativo da execução, mas um meio, caracterizando a expropriação forçada para, aí sim, se alcançar o dinheiro, isto é, a quantia que será entregue ao credor-exequente. Ratificando tal pensamento está, inegavelmente, o nosso próprio *Código de Processo Civil* em seu art. 904, I, quando aponta certeiramente que uma das formas de pagamento ao exequente será pela entrega do dinheiro e não pela própria arrematação do bem.

- *Legitimidade e licitação*

Estão legitimados a formular lances todos aqueles que estiverem na livre administração de seus bens, conforme reza o art. 890, *caput* e, por isso, tratando de negócio jurídico que é, inegável a exigência de que o agente partícipe possua a devida capacidade civil para o exercício dos atos em geral, não podendo, assim, licitar os incapazes, nem mesmo aqueles que juridicamente estejam privados da livre administração de seus bens, *v.g.*, o falido e o insolvente.[77]

Somando-se a tais impedimentos, por conseguinte, o art. 890, em seus incisos, exclui as demais pessoas de participarem da licitação pública nos seguintes termos:

> *Art. 890. Pode oferecer lance quem estiver na livre administração de seus bens, com exceção:*
>
> *I - dos tutores, dos curadores, dos testamenteiros, dos administradores ou dos liquidantes, quanto aos bens confiados à sua guarda e à sua responsabilidade;*
>
> *II - dos mandatários, quanto aos bens de cuja administração ou alienação estejam encarregados;*
>
> *III - do juiz, do membro do Ministério Público e da Defensoria Pública, do escrivão, do chefe de secretaria e dos demais servidores e auxiliares da justiça, em relação aos bens e direitos objeto de alienação na localidade onde servirem ou a que se estender a sua autoridade;*
>
> *IV - dos servidores públicos em geral, quanto aos bens ou aos direitos da pessoa jurídica a que servirem ou que estejam sob sua administração direta ou indireta;*
>
> *V - dos leiloeiros e seus prepostos, quanto aos bens de cuja venda estejam encarregados;*
>
> *VI - dos advogados de qualquer das partes.*

O art. 892, §1º permite que o próprio exequente possa licitar e, sendo o único credor não estará obrigado a exibir o preço; no entanto, caso o valor dos bens exceder o seu crédito, depositará, dentro de 3 (três) dias, a diferença, sob pena de ser tornada sem efeito a arrematação e, nesse caso, os bens serão levados a novo leilão judicial, isso à custa do exequente. Havendo mais de um pretendente, proceder-se-á entre eles à licitação e, no caso de igualdade de oferta,

77. THEODORO JR., Humberto. *Curso de Direito Processual Civil*. Vol. II..., p. 347.

terá preferência o cônjuge, o companheiro, o descendente ou o ascendente do executado, nessa ordem, conforme regra o §2º do art. 892.

Já, em se tratando de leilão de bem tombado, a União, os Estados e os Municípios terão, nessa ordem, o direito de preferência na arrematação, em igualdade de oferta (§3º do art. 892).

Convém assinalar que, sendo ele (exequente), um licitante como eventuais outros interessados na arrematação de bens, a despeito de ter motivado com sua atitude para ocorrência de novo leilão, de acordo com o que acima fora descrito, em havendo um novo leilão, estará apto a licitar por valor inferior e em condições de igualdade com os demais licitantes, encontrando-se aí, como limite mínimo, o "preço vil"[78] (art. 891).

Quando no leilão judicial forem apregoados diversos bens e houver mais de um lançador, terá preferência aquele que se propuser a arrematá-los todos, em conjunto, oferecendo então, para os bens que não tiverem lance, preço igual ao da avaliação e, para os demais, preço igual ao do maior lance que, na tentativa de arrematação individualizada, tenha sido oferecido para eles (art. 983 do CPC). Em homenagem ao princípio da menor onerosidade do executado (*vide* art. 805), à medida que os bens forem sendo arrematados, há de se notar que, imediatamente, será suspensa a arrematação tão logo o produto da alienação dos bens bastar para o pagamento do credor e para a satisfação das despesas referentes à execução (art. 899).

Observações pertinentes:

1) O CPC estipula tratamento diferenciado quando se estará diante da alienação judicial de bem imóvel do qual seja proprietário incapaz.

Reza o art. 896 que o imóvel do incapaz não poderá ser arrematado por valor abaixo de 80% (oitenta por cento) da avaliação. Notadamente, tal limitação se refere a um segundo leilão, pois que, na primeira, o valor mínimo estabelecido é aquele referente ao da avaliação, inclusive constando do edital.

Vale notar que o executado comum é protegido pela regra do art. 891, essa que expressamente impede que o bem seja alienado por preço vil. No caso do executado incapaz, entretanto, protegido estará pelo limite de 80% (oitenta por cento) do valor do edital em eventual segundo leilão, isto é, não se permitirá que a arrematação de imóvel do executado incapaz em segundo leilão, seja realizada por valor inferior a 80% (oitenta por cento) da avaliação.

Não alcançado o referido preço, o juiz confiará a guarda e administração do bem a depositário idôneo, adiando nova alienação – na verdade, um tercei-

---

78. EXECUÇÃO – ARREMATAÇÃO – IMÓVEL – PREÇO VIL – CONCEITO 1: O conceito de preço vil resulta da comparação entre o valor de mercado do bem penhorado e aquele da arrematação. 2. Em se tratando de arrematação de imóveis, presume-se vil o lance inferior a 50% do valor da avaliação atualizado. O respeito aos arts. 620 e 692 do CPC exige a atualização dos valores dos bens que irão à hasta pública. 3. Recurso provido. STJ. 1ª T. REsp 448575/MA. Rel. Min. Humberto Gomes de Barros. Julg. 26.08.2003, *DJ* 22.09.2003.

ro leilão – este que deverá ser promovido em prazo não superior a 1 (um) ano. Se, no entanto, durante esse período em que o bem estiver com o depositário surgir eventual pretendente que assegure pagar o preço da avaliação e prestando caução idônea, o magistrado autorizará a realização do leilão público para a alienação do imóvel. Dessa forma, precedido pelo respectivo edital, será o imóvel alienado, no mínimo, pelo preço assegurado pelo pretendente, procedendo-se a partir daí de acordo com as regras que regulam o art. 881 e segs. do CPC.

Por outro lado, arrependendo-se o pretendente quanto à arrematação, o juiz lhe imporá a multa de 20% (vinte por cento) sobre o valor da avaliação, em benefício do incapaz, valendo como título executivo tudo autorizado pelo § 2º do art. 896.

Se durante o período do adiamento, quando então o bem estará depositado junto ao respectivo depositário, existir a possibilidade de o mesmo ser alugado, permitido será, de acordo com o § 3º do art. 896, que o magistrado autorize a locação do referido bem, desde que sem prejuízo ao disposto nos §§1º e 2º do art. 896. Uma vez findo o prazo do aditamento, será o imóvel submetido a novo leilão.

2) Prescreve o art. 894 e seus parágrafos que:

> *Quando o imóvel admitir cômoda divisão, o juiz, a requerimento do executado, ordenará a alienação judicial de parte dele, desde que suficiente para o pagamento do exequente e para a satisfação das despesas da execução.*
>
> *§ 1º Não havendo lançador, far-se-á a alienação do imóvel em sua integridade.*
>
> *§ 2º A alienação por partes deverá ser requerida a tempo de permitir a avaliação das glebas destacadas e sua inclusão no edital, e, nesse caso, caberá ao executado instruir o requerimento com planta e memorial descritivo subscritos por profissional habilitado.*

Trata-se, na verdade, de se objetivar a efetiva satisfação do crédito do exequente, respeitando a menor onerosidade do executado.

Assim, caso seja possível operar divisão cômoda no imóvel penhorado, isolando-se as partes que dele podem ser alienadas – desde que isso não cause prejuízo ao exequente e, por isso, sendo a este suficiente para o seu crédito – nada impede que esta solução seja providenciada, notadamente, sempre a requerimento do executado. Nisso, por exemplo, se todo o prédio for penhorado, podendo a dívida ser paga apenas com a alienação de uma parte do imóvel que admite cômoda divisão, não há nada contrário à aplicação da presente medida.[79]

Vale notar que a alienação por partes deverá ser requerida a tempo de permitir a avaliação das glebas destacadas e sua inclusão no edital, cabendo,

79. ABELHA, Marcelo. Ob. cit., p. 381-382.

neste caso, ao executado, instruir o seu requerimento com planta e memorial descritivo subscrito por profissional habilitado.

Ante a ausência de lançador, a alienação do imóvel será realizada em sua integridade.

3) Caso seja ultrapassado o horário do expediente forense, o leilão judicial prosseguirá no dia útil imediato, à mesma hora em que teve início, independentemente de novo edital (art. 900 do CPC).

- *Ato de arrematar*

Salvo pronunciamento judicial em sentido contrário, o pagamento pela arrematação do bem deverá ser realizado de imediato pelo arrematante, por meio de depósito judicial ou meio eletrônico, *ex vi* do art. 892 do CPC.

De outro modo, caso o interessado em adquirir em prestações o bem penhorado,[80] de acordo com o art. 895, poderá apresentar por escrito: (i) até o início do primeiro leilão, proposta de aquisição do bem por valor não inferior ao da avaliação; (ii) até o início do segundo leilão, proposta de aquisição do bem por valor que não seja considerado vil.

Em qualquer das hipóteses, a proposta deverá conter, oferta de pagamento de pelo menos 25% (vinte e cinco por cento) do valor do lance a vista e sendo o restante parcelado em até 30 (trinta) meses, tudo garantido por caução idônea, quando se tratar de móveis, e por hipoteca do próprio bem, quando se tratar de imóveis.

As propostas para aquisição em prestações indicarão respectivamente: o prazo, a modalidade, o indexador de correção monetária e as condições de pagamento do saldo (§2º do art. 895).

A apresentação da proposta suspende o leilão, sendo que a proposta de pagamento do lance à vista sempre prevalecerá sobre as propostas de pagamento parcelado.

Havendo mais de uma proposta de pagamento parcelado, esclarece o §8º do art.895:

"I - em diferentes condições, o juiz decidirá pela mais vantajosa, assim compreendida, sempre, a de maior valor;

II - em iguais condições, o juiz decidirá pela formulada em primeiro lugar."

Ocorrendo atraso no pagamento de quaisquer das prestações, o arrematante incidirá em multa de 10% (dez por cento) sobre a soma da parcela inadimplida com as parcelas vincendas (§4º do art. 895), consignando-se aqui que ocorrendo o inadimplemento, autorizado será ao exequente requerer a resolução da arrematação ou promover, em face do arrematante, a execução do valor devido, devendo ambos os pedidos ser formulados nos autos da execução em que se deu a arrematação, de acordo com a regra do §5º do art. 895.

80. Enunciado n.330 do FPPC: "Na Justiça do trabalho, o juiz pode deferir a aquisição parcelada do bem penhorado em sede de execução, na forma do art. 895 e seus parágrafos."

Estabelece ainda o art. 897 que, caso o arrematante ou seu fiador não quitar o valor no prazo estabelecido, caberá ao magistrado impor-lhe a perda da caução em favor do exequente, retornando os bens a um novo leilão, este do qual não poderá participar o arrematante e o fiador remissos.

Importante sublinhar que caso o fiador do arrematante pague o valor do lance e a devida multa, poderá requerer que a arrematação lhe seja devidamente transferida (art. 898 do CPC).

Por fim, ressalta-se que no caso de arrematação a prazo, os pagamentos feitos pelo arrematante pertencerão ao exequente até o limite de seu crédito, cabendo os subsequentes ao executado (§9º do art. 895).

- *Auto de arrematação*

Não se consuma a arrematação somente com a realização do leilão judicial, seja ele eletrônico ou presencial, havendo, então, para a concretização da respectiva modalidade expropriativa a assinatura do denominado "auto de arrematação", documento esse que será preparado pelo serventuário de justiça e assinado pelo juiz, pelo arrematante e pelo leiloeiro, considerando-se, a partir de então, perfeita, acabada e irretratável a arrematação, ainda que sejam julgados procedentes os embargos do executado ou a ação autônoma a que se refere o §4º do art. 903, conforme advertência relevante do próprio art. 903, em seu *caput*. O *caput* do art. 901 do CPC orienta o momento da assinatura do auto de arrematação, constando assim de dito dispositivo, que deverá ser o auto lavrado de imediato, logo após o encerramento da licitação, podendo ele abranger bens penhorados em mais de uma execução, sendo ainda nele mencionadas serão as condições pelas quais foi alienado o bem.

A ordem de entrega do bem móvel ou a carta de arrematação do bem imóvel, diante do que regra o §1º do art. 901, será expedida após efetuado o depósito ou prestadas as garantias pelo arrematante bem como realizado o pagamento da comissão do leiloeiro e de demais despesas da execução, valendo ressaltar que a assinatura do auto não transfere a propriedade do bem arrematante. Esse somente adquirirá a propriedade do bem pela tradição ou pelo registro, quer se trate de bem móvel ou imóvel.

Há de se observar que a carta de arrematação conterá a descrição do imóvel, com remissão à sua matrícula ou individuação e aos seus registros, a cópia do auto de arrematação e a prova de pagamento do imposto de transmissão, além da indicação da existência de eventual ônus real ou gravame.

Tratando-se de leilão relativo a bem hipotecado, poderá o executado remi-lo até a assinatura do auto de arrematação, notadamente, oferecendo preço igual ao do maior lance oferecido (art. 902, *caput*), demostrando-se claramente a opção do legislador, em sendo possível, a preferência pela manutenção do bem junto àquele executado.

Quando de falência ou insolvência do devedor hipotecário, o direito de remissão supracitado será deferido à massa ou aos credores em concurso, destacando-se que não caberá ao exequente recusar o preço da avaliação do bem imóvel (parágrafo único do art. 902).

• *Ineficácia da arrematação*

Sendo a arrematação um ato jurídico, ainda que considerada perfeita, acabada e irretratável com a respectiva assinatura do auto de arrematação, nada impedirá a incidência de motivos que poderão ensejar a sua nulidade, seja em razão de vício anterior ou mesmo posterior ao do próprio ato de alienação.

Delineia sobre a matéria o art. 903, enumerando os conteúdos que tornam sem efeito a arrematação. São os seguintes:

I – *invalidada, quando realizada por preço vil ou com outro vício*

Como já visto em outras passagens do presente capítulo, não será aceito lance que ofereça preço vil, portanto, não terá a arrematação valia quando operada por aludido preço.

Depreende-se ainda em tal inciso, quaisquer dos vícios que tornam nulos ou inexistentes um ato jurídico processual, como, *v.g.*, ausência de intimação do devedor-executado (art. 889, I), ou mesmo o desrespeito para com o que prevê no art. 890 e respectivos incisos, proibindo determinadas pessoas de licitar. Em tais situações, poderá o juiz conhecer, de ofício, o vício, ou mesmo o devedor argui-los, por simples petição (art. 525, §11 c/c art. 771, parágrafo único do CPC), podendo também o exequente alegar vício, nesse caso, por objeção simples, por se tratar de matéria de ordem pública.

II - *considerada ineficaz, se não observado o disposto no art. 804*

Trata-se neste caso, da alienação de bem gravado por penhor, hipoteca ou anticrese e a sua ineficácia em relação ao credor pignoratício, hipotecário ou anticrético, quando não intimado, sendo tais hipóteses:

> *Art. 804 (...)*
>
> *§ 1º A alienação de bem objeto de promessa de compra e venda ou de cessão registrada será ineficaz em relação ao promitente comprador ou ao cessionário não intimado.*
>
> *§ 2º A alienação de bem sobre o qual tenha sido instituído direito de superfície, seja do solo, da plantação ou da construção, será ineficaz em relação ao concedente ou ao concessionário não intimado.*
>
> *§ 3º A alienação de direito aquisitivo de bem objeto de promessa de venda, de promessa de cessão ou de alienação fiduciária será ineficaz em relação ao promitente vendedor, ao promitente cedente ou ao proprietário fiduciário não intimado.*
>
> *§ 4º A alienação de imóvel sobre o qual tenha sido instituída enfiteuse, concessão de uso especial para fins de moradia ou concessão de direito real de uso será ineficaz em relação ao enfiteuta ou ao concessionário não intimado.*

> *§ 5º A alienação de direitos do enfiteuta, do concessionário de direito real de uso ou do concessionário de uso especial para fins de moradia será ineficaz em relação ao proprietário do respectivo imóvel não intimado.*
>
> *§ 6º A alienação de bem sobre o qual tenha sido instituído usufruto, uso ou habitação será ineficaz em relação ao titular desses direitos reais não intimado.*

III – *resolvida, se não for pago o preço ou se não for prestada a caução*

Trata-se de questão que envolve o não pagamento tempestivo do preço ou mesmo se o auto de arrematação for assinado sem a devida e prévia caução, essa de incumbência do arrematante.

Acerca de tais incisos, decidirá o magistrado caso seja provocado para tanto no prazo de 10 (dez) dias após o aperfeiçoamento da arrematação, conforme alude o §2º do art. 903.

Depois de passado o aludido prazo sem que tenha ocorrido quaisquer das alegações retro mencionadas, expedida será a carta de arrematação e, conforme o caso, a devida ordem de entrega ou mandado de imissão na posse.

Ratificando o que já fora apontado alhures, vale destacar sob a luz do §4º do art. 903 que, após a aludida expedição da carta de arrematação ou da ordem de entrega, a invalidação da arrematação poderá ser pleiteada por ação autônoma, em cujo processo o arrematante figurará como litisconsorte necessário.

Cumpre ressaltar que o arrematante poderá desistir da arrematação (§5º do art. 903), o que lhe dará o direito à devolução do depósito a que tiver realizado, desde que:

a) prove, nos 10 (dez) dias seguintes, a existência de ônus real ou gravame não mencionado no edital;

b) se, antes de expedida a carta de arrematação ou a ordem de entrega, o executado alegue alguma das situações previstas no § 1º do art. 903, anteriormente já destacadas;

III – uma vez citado para responder a ação autônoma já referida (§4º do art. 903), desde que apresente a desistência no prazo de que dispõe para responder a essa ação.

Considera o legislador que se configura em ato atentatório à dignidade da justiça a suscitação deveras infundada de vício na arrematação com o objetivo inexorável de ensejar a desistência do arrematante, devendo neste caso, ser o mesmo condenado, sem prejuízo da responsabilidade por perdas e danos, ao pagamento de multa, esta a ser fixada pelo juízo em montante não superior a 20% (vinte por cento) do valor atualizado do bem, sendo então devida ao exequente, de acordo com o que disciplina o §6º do art. 903.

- *Carta de arrematação*

Estando a arrematação isenta de quaisquer impugnações, expedida será a carta de arrematação, essa, no que se refere ao seu aspecto formal, será lavrada pelo escrivão e subscrita pelo juiz e conterá, nos termos do art. 901,§2º, a) a descrição do imóvel, com remissão à sua matrícula ou individualização e registro; b) cópia do auto de arrematação; c) a prova de quitação do imposto de transmissão e d) indicação da existência de eventual ônus real ou gravame.

Trata-se, na verdade, a carta de arrematação de um documento comprobatório do arrematante, servindo de título nos casos de bem imóvel, para o necessário registro cartorário, esse que, formalmente, transferirá a propriedade daquela espécie de bem ao arrematante (*vide* Lei n. 6.015/73, art. 168).

Como se sabe, no âmbito do nosso sistema jurídico pátrio, a transferência da propriedade só se opera com a respectiva tradição, essa que somente ocorre com a efetiva entrega do bem, quando sejam eles móveis, ou com a transcrição do título no registro imobiliário no caso de bens imóveis.

Sendo assim, efetivando-se a entrega do bem móvel pelo depositário do bem, em atendimento ao mandado expedido pelo juiz (ordem de entrega), dar-se-á a tradição. Por outro lado, diante de bem imóvel, a fim de se proceder ao necessário registro imobiliário, fundamental que se tenha a carta de arrematação, alcançando, dessa forma, o referido registro.

- *Efeitos da arrematação*

São considerados efeitos da arrematação perfeita e acabada, de um modo geral:

a) Constituição de título hábil à aquisição do domínio do bem pelo arrematante seja ele bem móvel (por meio da tradição), ou imóvel (mediante registro).

b) Direito do arrematante à imissão na posse do bem arrematado, por isso, obrigando o depositário à entrega do bem.

c) Extinção das hipotecas e penhores que recaiam sobre o imóvel, de acordo com as regras dos arts. 1.436, V, e 1.499, VI do Código Civil.

Cabe salientar, como já antes referendado, na ocorrência da hipótese do art. 804 do CPC, o ônus real permanecerá sobre a coisa arrematada, sendo ineficaz para o credor hipotecário, pignoratício ou anticrético a alienação em leilão judicial caso não seja qualquer deles intimados. Nesse caso, poderá o dito credor até mesmo desfazer a arrematação mediante a ocorrência do vício previsto nos aludidos dispositivos legais.

d) Transferência do bem arrematado pelo preço pago, ou seja, aquele bem penhorado e o vínculo que dele se criara como garantia da satisfação do crédito passará à quantia por ele paga, importância essa que agora responderá pela satisfação do credor, depositada à disposição do juízo, levando-se em consideração, evidentemente, o art. 892, §1º do CPC.

e) Sub-rogação dos créditos tributários incidentes sobre o imóvel arrematado (art. 130, parágrafo único, do Código Tributário Nacional).

Observação:

Cabe destacar que, em sendo arrematado o bem que, verdadeiramente, não pertencia ao executado, não produzirá tal alienação o efeito de aquisição do domínio do bem, por isso, não atingindo o real proprietário, esse que poderá a qualquer tempo, ainda que não tenha ofertado embargos de terceiro ou os tenha, mas sem o devido êxito, reivindicar o bem por meio de ação autônoma.

Notadamente, se o arrematante vier perder a coisa a qual foi por ele adquirida em u, leilão judicial, ou perder o dito bem por intermédio de uma sentença judicial decorrente, *p.ex.*, de embargo de terceiro ou ação autônoma reivindicatória posterior, caberá buscar o seu ressarcimento por meio de ação de evicção em face do devedor-executado que figurava no leilão judicial em que se operou a arrematação, devendo dita ação de evicção seguir o procedimento previsto no art. 125, I, do CPC. A propósito, eventual dúvida acerca do cabimento da garantia contra a evicção para os bens adquiridos em leilão judicial ficou sem sentido, diante do advento do Código Civil de 2002, pois que com o disposto expressamente no art. 447 deste diploma legal[81] – a *contrario sensu* do Código revogado (Código Civil de 1916) – garante efetivamente, aludido direito regressivo, a despeito de se tratar de bem adquirido em leilão público.[82]

• *Entrega da quantia decorrente da arrematação*

Uma vez completada toda a arrematação, a satisfação do exequente far-se-á mediante a entrega do dinheiro ao mesmo (art. 904, I do CPC), por ordem do magistrado ao depositário[83], podendo esta ordem ser decretada de ofício ou a requerimento da parte, configurando-se em dever legal do depositário cumpri-la.

O magistrado autorizará ao exequente que levante, até a satisfação integral de seu crédito, o dinheiro depositado, para segurar o juízo ou o produto dos bens alienados, assim como do faturamento de empresa ou de outros frutos e rendimentos de coisas ou empresas penhoradas, Isto se dará quando (art. 905):

> *I - a execução for movida só a benefício do exequente singular, a quem, por força da penhora, cabe o direito de preferência sobre os bens penhorados e alienados;*

---

81. *"Art. 447. Nos contratos onerosos, o alienante responde pela evicção. Subsiste esta garantia ainda que a aquisição se tenha realizado em hasta pública."*

82. Reconhecendo o direito regressivo do arrematante contra o devedor (ou responsável), não por força da garantia da evicção, mas por aplicação do princípio geral que veda o enriquecimento sem causa, ver MOREIRA, José Carlos Barbosa. Ob. cit., p. 262.

83. "Todo e qualquer depósito de dinheiro afeto à execução se realizará em conta especial, sujeito, a demais da remuneração usual, descontada a contraprestação devida ao depositário, a atualização monetária, para evitar o aviltamento da moeda. Expressamente assim dispôs, na execução fiscal, o art. 32, § 1º, da Lei n. 6.830/80.
Tais rendimentos, provenientes do dinheiro depositado, aproveitam à massa ativa." ASSIS, Araken de. Ob. cit., p. 780.

> *II - não houver sobre os bens alienados outros privilégios ou preferências instituídos anteriormente à penhora.*
>
> *Parágrafo único. Durante o plantão judiciário, veda-se a concessão de pedidos de levantamento de importância em dinheiro ou valores ou de liberação de bens apreendidos.*

Ao receber o mandado de levantamento da quantia, o exequente dará ao executado, por termo nos autos, devida quitação da quantia paga (art. 906), o que, obviamente, não quer dizer em exoneração integral do executado, pois que poderá ocorrer a situação em que o *quantum* levantado ainda seja inferior ao crédito exequendo, permitindo-se nessa hipótese, ainda que seja dada quitação parcial, a continuidade da execução pela quantia faltante.

Vale destacar que a expedição de mandado de levantamento poderá ser licitamente substituída pela transferência eletrônica do valor depositado em conta vinculada ao juízo para outra indicada pelo exequente.

Conforme pontifica o art. 907, uma vez pago ao exequente o principal, os juros, as custas e os honorários, a importância que sobrar será devidamente restituída ao executado

Concorrendo vários credores, o dinheiro ser-lhes-á distribuído e entregue consoante a ordem das respectivas preferências.[84] Tratando-se de adjudicação ou alienação, os créditos que recaem sobre o bem,[85] inclusive os de natureza *propter rem*, sub-rogam-se sobre o respectivo preço, observada a ordem de preferência (§1º do art. 908).

Lado outro, não havendo título legal à preferência, o dinheiro será distribuído entre os concorrentes, cabendo observar-se a anterioridade de cada penhora (§2º do art. 908).

Por fim, acrescenta o art. 909 que os "*exequentes formularão as suas pretensões, que versarão unicamente sobre o direito de preferência e a anterioridade da penhora, e, apresentadas as razões, o juiz decidirá.*"[86]

– Apropriação de frutos e rendimentos de empresa ou de estabelecimentos e de outros bens.

O presente meio expropriatório está previsto no inciso III do art. 825.

Mais precisamente quanto à penhora de percentual de faturamento de empresa, será possível o seu alcance quando o executado não possuir bens penhoráveis ou tendo-os, estes forem de difícil alienação ou mesmo insuficientes para saldar o crédito cobrado, *ex vi* do art. 866 do CPC.

---

84. Súmula n.478 do STJ: "Na execução de crédito relativo a cotas condominiais, este tem preferência sobre o hipotecário."

85. Súmula n.497: "Os créditos das autarquias federais preferem aos créditos da Fazenda estadual desde que coexistam penhoras sobre o mesmo bem."

86. Súmula n.270 do STJ: "O protesto pela preferência de crédito, apresentado por ente federal em execução que tramita na Justiça Estadual, não desloca a competência para a Justiça Federal."

Por outro lado, no tocante à penhora de frutos e rendimentos de coisa móvel ou imóvel, poderá o magistrado ordená-la quando considerar o meio mais eficiente para o exequente satisfazer os seus créditos, mas desde que se configure em modo menos gravoso ao executado (art. 867 do CPC).

Notadamente, tais conteúdos já foram deveras enfrentados quando dos itens relativos às penhoras em destaque, o que solicitamos ao leitor que para tais itens se dirija.

4. MODALIDADES ESPECIAIS DE EXECUÇÃO POR QUANTIA CERTA

4.1 EXECUÇÃO CONTRA A FAZENDA PÚBLICA

Trata especificamente o CPC no art. 910 da execução por quantia certa ajuizada em face da Fazenda Pública, esta relativa à satisfação de crédito decorrente de título executivo extrajudicial. Tal qual já outrora visto em sede de Cumprimento da Sentença que reconheça a exigibilidade de obrigação de pagar quantia certa pela Fazenda Pública, procedimento este para fins satisfativos decorrentes de título executivo judicial (arts. 534 e 535 do CPC), o rito enfrentado neste momento também diz respeito apenas às execuções em que a Fazenda figura no polo passivo.[87]

É de se atentar para o fato de que a expressão "Fazenda Pública" engloba todas as pessoas jurídicas de direito público interno (União, Estados, Municípios, Distrito Federal, autarquias e fundações públicas). Já, quando a Fazenda Pública atuar como exequente, o procedimento será o da denominada Execução Fiscal devidamente previsto na Lei n. 6.830/80.

Como já referendado na presente obra, sobretudo no que toca aos limites políticos que cerceiam a satisfação do direito por via da execução, os bens públicos são considerados impenhoráveis, resultando disso reflexos inegavelmente importantes que repercutirão certamente no procedimento das execuções contra a Fazenda Pública, como, por exemplo, na questão relativa à impossibilidade de alienação de bens.

É certo que a inalienabilidade decorre da impenhorabilidade, sendo, realmente, consequência desta. Bem aponta, no entanto, Araken de Assis[88] que

> os bens públicos dominicais, integrantes do patrimônio das pessoas jurídicas de direito público (art. 99, III, do CC-02), bem como das pessoas jurídicas de direito público 'a que se tenha dado estrutura de direito privado' (art. 99, parágrafo único, do CC-02) – por exemplo, as fundações instituídas pelo poder público com personalidade de

87. Súmula n.279 do STJ: "É cabível execução por título extrajudicial contra a Fazenda Pública."

88. Ob. cit., p. 952.

> direito privado – comportam alienação, 'observadas as exigências da lei', consoante dispõe o art. 101.

E completa:

> Nem por isso, todavia, os bens públicos dominicais se tornam penhoráveis, ou seja, é de se promover a respectiva desafetação, autorizando a devida alienação, isso em cada caso e para finalidades especiais, cabendo tal conteúdo às leis federais estaduais, distritais e municipais.

Mantém-se, portanto, viva orientação de Pontes de Miranda, para quem: "Todos os bens públicos somente podem ser alienados se a lei o permite e segundo ela o permita."[89]

Por força do §3º do art. 910, aplica-se ao procedimento da Execução contra a Fazenda Pública, notadamente, no que couber, o disposto nos arts. 534 e 535 do CPC, estes relativos, conforme já acentuado, ao Cumprimento da Sentença que reconheça a exigibilidade de obrigação de pagar quantia certa pela Fazenda Pública.

4.1.1 PROCEDIMENTO

Quanto à questão procedimental em sede de Execução contra a Fazenda Pública, o exequente apresentará demonstrativo discriminado e atualizado do crédito, tudo de acordo com o art. 534, contendo o que se segue abaixo:

I - o nome completo e o número de inscrição no Cadastro de Pessoas Físicas ou no Cadastro Nacional da Pessoa Jurídica do exequente;

II - o índice de correção monetária adotado;

III - os juros aplicados e as respectivas taxas;

IV - o termo inicial e o termo final dos juros e da correção monetária utilizados;

V - a periodicidade da capitalização dos juros se for o caso;

VI - a especificação dos eventuais descontos obrigatórios realizados.

Importante ressaltar que havendo pluralidade de exequentes, cada um deverá apresentar o seu próprio demonstrativo, aplicando-se à hipótese, se for o caso, o disposto nos §§ 1º e 2º do art. 113.[90]

Ressalta-se que não se aplica ao presente Processo de Execução a multa de 10 % (dez por cento) prevista no §1º do art. 523. A despeito desta lamentável

---

89. *Tratado de Direito Privado.* Vol. 2. 3. ed. Rio de Janeiro: Borsoi, 1971, p. 142.

90. *"§1º O juiz poderá limitar o litisconsórcio facultativo quanto ao número de litigantes na fase de conhecimento, na liquidação de sentença ou na execução, quando este comprometer a rápida solução do litígio ou dificultar a defesa ou o cumprimento da sentença.*
§2º O requerimento de limitação interrompe o prazo para manifestação ou resposta, que recomeçará da intimação da decisão que o solucionar."

exceção, outras sanções como aquela decorrente de litigância de má-fé (art. 80 do CPC) ou mesmo de ato atentatório à dignidade da justiça (art. 774 do CPC) não encontram óbices para a sua efetiva aplicação no cumprimento da sentença em tela.[91/92]

Uma vez deferida a inicial, será a Fazenda Pública intimada na pessoa de seu representante judicial, por carga, remessa ou meio eletrônico, para, querendo, no prazo de 30 (trinta) dias e nos próprios autos, opor Embargos à Execução, podendo arguir qualquer matéria que lhe seria lícito alegar como defesa no processo de conhecimento, *ex vi* do §2º do art. 910 do CPC.

Destaca-se ainda que, havendo interesse na alegação de suspeição ao impedimento, observar-se-á o que dispõem os arts. 146 e 148 do CPC.

Quanto ao efeito suspensivo decorrente dos embargos apresentados, ainda que não regrado neste momento pelo legislador, entendemos da sua possibilidade no presente procedimento, cabendo à Fazenda Pública requerer a concessão do aludido efeito em seus embargos, hipótese em que deverá demonstrar ao órgão julgador a ocorrência dos pressupostos autorizados pelo §1º do art. 919, i.e., que seus fundamentos sejam relevantes para tanto e que o prosseguimento da execução seja manifestamente suscetível de causar ao executado grave dano de difícil ou incerta reparação, tal qual se dá em âmbito de tutela provisória.

Entendemos ainda que, pelo próprio modelo constitucional do processo, não estará a Fazenda Pública sujeita à garantia do juízo para a conquista do retro mencionado efeito suspensivo, bastando, portanto, a presença dos pressupostos acima referidos.

Não opostos os embargos, ou transitada em julgado a decisão que os rejeitar, expedir-se-á precatório ou requisição de pequeno valor em favor do exequente, sempre observando o comando do art. 100 da Carta Constitucional, tudo de acordo com o que regra o §1º do art. 910 do CPC.

Insta sublinhar que o Supremo Tribunal Federal reconheceu a repercussão geral acerca da discussão sobre a possibilidade de execução provisória contra a Fazenda Pública, com a respectiva expedição de precatório antes do trânsito em julgado da sentença (RE 573.872/RS. Rel. Min. Ricardo Lewandowski. *DJe* 11.04.2008), de modo que devemos aguardar o deslinde final da questão.

Neste caso, então, não opostos os embargos ou rejeitadas as arguições da executada improcedentes (aqui também ensejando o reexame necessário do julgado, com as devidas exceções do art. 496, §§ 3º e 4º do CPC):

I - será expedido precatório, pelo qual o órgão judicial, por intermédio do presidente do tribunal competente em favor do exequente, observando-se o

91. No mesmo sentido, MARINONI, Luiz Guilherme; ARENHART, Sérgio Cruz; MITIDIERO, Daniel. *Novo Código de Processo Civil Comentado...*, p. 568.

92. Enunciado n.240 do FPPC: "São devidos honorários nas execuções fundadas em título executivo extrajudicial contra a Fazenda Pública, a serem arbitrados na forma do § 3º do art. 85."

que dispõe a Constituição Federal de 1988[93] (art. 535, §3º I do CPC), sendo os precatórios pagos em ordem cronológica, sob pena de sequestro de quantia necessária para satisfação do débito;[94]

II - por ordem do juiz, dirigida à autoridade na pessoa de quem o ente público foi citado para o processo, o pagamento de obrigação de pequeno valor será realizado no prazo de 2 (dois) meses contado da entrega da requisição, mediante depósito na agência de banco oficial mais próxima da residência do exequente art. (535, §3º I do CPC).

Nota-se, de certo, que ficam ressalvadas do regime de precatórios as denominadas obrigações definidas em lei como de "pequeno valor" (art. 100, § 3º da CF/88), esse fixado pelo art. 87 do Ato das Disposições Constitucionais Transitórias da CF/1988[95] até a publicação oficial das respectivas leis definidoras pelos entes da federação.

Vale destacar neste ínterim as disposições constitucionais relativas às dívidas de natureza alimentícia e a sua preferência quanto à ordem cronológica dos precatórios expedidos para o pagamento de dívidas de natureza diversa.

> *Art. 100 (...)*
>
> *§ 1º Os débitos de natureza alimentícia compreendem aqueles decorrentes de salários, vencimentos, proventos, pensões e suas complementações, benefícios previdenciários e indenizações por morte ou por invalidez, fundadas em responsabilidade civil, em virtude de sentença judicial transitada em julgado, e serão pagos com preferência sobre todos os demais débitos, exceto sobre aqueles referidos no § 2º deste artigo.*
>
> *§ 2º Os débitos de natureza alimentícia cujos titulares tenham 60 (sessenta) anos de idade ou mais na data de expedição do precatório, ou sejam portadores de doença grave, definidos na forma da lei, serão pagos com preferência sobre todos os demais débitos, até o valor equivalente ao triplo do fixado em lei para os fins do disposto no § 3º deste artigo,*

---

93. De acordo com o art. 100, §5º, da CF/88, as entidades de direito público são obrigadas a reservar em seus orçamentos, verbas necessárias ao pagamento de seus débitos decorrentes de sentenças transitadas em julgado, constantes de precatórios judiciais que lhe sejam comunicados até o dia 1º de julho, realizando-se o devido pagamento até o final do exercício seguinte, quando então sofrerão as quantias devidas, atualizações monetárias.

94. Nisso indica o §6º do art. 100 da CF/88: *"As dotações orçamentárias e os créditos abertos serão consignados diretamente ao Poder Judiciário, cabendo ao Presidente do Tribunal que proferir a decisão exequenda determinar o pagamento integral e autorizar, a requerimento do credor e exclusivamente para os casos de preterimento de seu direito de precedência ou de não alocação orçamentária do valor necessário à satisfação do seu débito, o sequestro da quantia respectiva."*

95. São de pequeno valor, na dicção do art. 87:
"(...)
I – 40 (quarenta) salários mínimos, perante a Fazenda dos Estados e do Distrito Federal;
II – 30 (trinta) salários mínimos, perante a Fazenda dos Municípios."
Já, para as obrigações da Fazenda Pública Federal tem-se o valor é de 60 (sessenta) salários mínimos, consoante a Lei n. 10.259/2001, art. 17, *caput* e § 1º.

> *admitido o fracionamento para essa finalidade, sendo que o restante será pago na ordem cronológica de apresentação do precatório.*

Nessa toada, duas ordens cronológicas serão respeitadas para pagamento: a dos precatórios denominados ordinários, expedidos para pagamento de dívidas não alimentares e dos precatórios extraordinários, estes que gozam de preferência sobre os ordinários e que são emitidos para pagamento das dívidas alimentares.

É de se atentar para a disposição referente à rigorosidade que toca o respeito à ordem cronológica de pagamento.

Em sendo o credor preterido em seu direito de preferência, isto é, desrespeitado quanto à ordem cronológica que lhe cabia, poderá requerer ao presidente do tribunal que expediu a ordem que ordene o "sequestro" da quantia necessária para a satisfação de seu crédito e este, ouvindo antes o chefe do Ministério Público, poderá, de certo, tomar aludida medida.

Em boa hora, é de ressaltar que não possui a presente medida natureza cautelar, mas, sim, executiva, dado que a importância sequestrada será devidamente entregue ao credor preterido, como lhe é de direito. Aliás, com acerto, assevera Barbosa Moreira que o sequestro deve recair sobre a quantia indevidamente paga ao credor equivocado na ordem cronológica de recebimento, "e não sobre o dinheiro público, que, sendo impenhorável, é também insuscetível desta modalidade de apreensão, salvo inequívoca disposição de lei em contrário".[96]

Há de sublinhar que, do contrário ao exposto acima, se estaria prestigiando a perpetuação do erro, deixando a quantia para quem não estava na ordem correta de recebimento, ou seja, permaneceria subsistindo o equívoco na inobservância da ordem prescrita.

De outra banda, caso os Embargos da Fazenda Pública sejam parciais quanto ao débito executado, a parte não questionada será, desde logo objeto de cumprimento, conforme reza o §4º do art. 535 do CPC.

Por fim, para efeito do que dispõe o inciso III do art. 535 (*inexequibilidade do título ou inexigibilidade da obrigação*), considera-se inexigível a obrigação constante de título executivo judicial fundado em lei ou ato normativo declarado inconstitucional pelo Supremo Tribunal Federal, ou fundado em aplicação ou interpretação da lei ou ato normativo tido pelo Supremo Tribunal Federal como incompatível com a Constituição Federal, em controle de constitucionalidade concentrado ou difuso (§5º do art. 535).

Tal questão pode ser aplicada aos títulos executivos extrajudiciais?

Parece ser tal hipótese mais rara em se tratando de título extrajudicial. Não obstante isso e por força do que sugere o §3º do art. 910, não vemos óbi-

96. Ob. cit., p. 270.

ces para fins de impedir tal aplicabilidade em sede de matéria a ser alegada no âmbito dos Embargos apresentados pela Fazenda Pública.[97]

Como já dito em outro momento, trata-se de exceção à coisa julgada e que atende ao que parte da doutrina denomina nulidade da sentença, flexibilização da coisa julgada ou mesmo coisa julgada inconstitucional, reconhecida, muitas vezes, como não admissível por falta de previsão legal expressa, exatamente por se tratar de exceção. Com a previsão legal, no entanto, parte-se da ideia de que dispensada estaria a ação rescisória de pressupostos mais estreitos, inclusive quanto ao prazo decadencial.

No entanto, na matéria em tela coube ao legislador do Código de Processo Civil de 2015 ir mais adiante que o seu antecessor.

Primeiro, ao estabelecer que em tais casos, os efeitos da decisão do Supremo Tribunal Federal poderão ser modulados no tempo, em atenção à segurança jurídica, dado, sobretudo, à mutabilidade das questões fáticas decorrentes do próprio reconhecimento da coisa julgada inconstitucional, *ex vi* do §6º do art. 535 do CPC.

Indo mais à frente, é de sublinhar aqui que, a inexigibilidade da obrigação referida no §5º será reconhecida caso a decisão do Supremo Tribunal Federal seja anterior ao trânsito em julgado da decisão exequenda (§7º do art. 535 do CPC). Do contrário, isto é, sendo decisão do STF proferida após o trânsito em julgado da decisão exequenda, caberá o manejo da ação rescisória, respectivamente, cujo prazo para a referida *actio* será contado do trânsito em julgado da decisão proferida pelo Supremo Tribunal Federal (§8º do art. 535 do CPC).[98]

---

97. No mesmo sentido, BUENO, Scarpinella Cassio. *Manual de Direito Processual Civil*. São Paulo: Saraiva, 2015, p. 526.

98. Impende ressaltar aqui que a presente temática estava longe de ser uma unanimidade como aceita ou inquestionável no plano de sua própria aderência constitucional.
É verdade que já havia uma variedade de formas aptas a interpretar o dispositivo em comento, sobretudo no que tange ao lapso temporal em que repercutiria o campo de validade ou não de um determinado título executivo e sua inexigibilidade na incidência da *questio*, o que agora no CPC/2015, se coloca no plano da inexigibilidade da obrigação que consta do título executivo judicial.
Ainda sob a égide do CPC/1973 o entendimento de Arruda Alvim *et ali* (ARRUDA ALVIM; ASSIS, Araken de; ARRUDA ALVIM, Eduardo. *Comentários ao Código de Processo Civil*. 3 ed. São Paulo: RT, 2014, p. 873) era o de que a interpretação correta do §1º do art. 475-L do CPC/1973 se dava no sentido de que deveria "ser feita de modo a respeitar a integridade da decisão transitada em julgado. Qualquer outra interpretação do preceito em questão, segundo nos parece, será insofismavelmente inconstitucional. Por isso, entendemos que o dispositivo sob comento logra obter aplicação nas hipóteses em que o STF tiver decidido anteriormente ao trânsito em julgado da decisão exequenda, em sede de controle abstrato (Adin, ADC, ADPF), pela inconstitucionalidade do preceito, que tiver servido de base para a decisão exequenda. Poderá também, referido preceito, ser aplicado nas situações em que o STF tiver decidido pela inconstitucionalidade incidenter tantum, desde que o Senado tenha deliberado pela suspensão da execução da lei na forma do inc. X do art. 52 do Texto Constitucional e isso se tenha passado anteriormente ao trânsito em julgado da decisão exequenda."

Com relação às demais modalidades de execuções em face da Fazenda Pública, quais seja, de fazer, não fazer e entregar coisa aplicam-se os arts. 806 a 813 (quando se tratar de obrigação de entrega de coisa), arts. 814 a 823 (relativos às obrigações de fazer e não fazer), no entanto entendemos que os embargos permanecem regidos pelas regras do art. 910 do CPC.

4.2 EXECUÇÃO DE ALIMENTOS

Quanto às obrigações relacionadas a alimentos decorrentes de título executivo extrajudicial, o CPC reserva a presente regulação específica, esta contida no Livro II da Parte Especial, atinente ao Processo de Execução, mais precisamente nos arts. 911 a 913.

Vale ainda destacar que o Código não fez opção por qual(ais) alimento(s) merece(m) tutela(s) por ele disciplinada, ou seja, se legítimos (decorrentes das relações de família), indenizatórios (oriundos de atos ilícitos que gerem morte ou incapacidade laboral) ou mesmo aqueles relacionados com verbas de subsistência do credor, como, por exemplo, em ganhos necessários para a subsistência de sua família bem como aqueles relativos ao honorários advocatícios[99] (*ex vi* do art. 85, §14 do CPC), de modo que entendemos serem todos protegidos pelo CPC/2015, não havendo qualquer limite normativo ou interpretativo que condicione a outra racionalidade que não esta.

4.2.1 Da Técnica de Cominação de Prisão Civil e Protesto

Tratando-se de execução fundada em título executivo extrajudicial que contenha obrigação alimentar, o juiz, diante de petição inicial apresentada

---

Julgando ao contrário do pensamento supra, notadamente, sobre o art. 741, parágrafo único, cuja redação caminha na mesma ideia do §1º do art. 475-L, não obstante aquele situar-se no âmbito do Livro II – Processo de Execução, o STJ (2ªT.Resp 1049702/RS. Rel. Min. Eliana Calmon. Julg. 17.03.2009) orientou-se nos seguintes termos:

"PROCESSUAL CIVIL E TRIBUTÁRIO - EMBARGOS À EXECUÇÃO - CPC, ART. 741 PARÁGRAFO ÚNICO (COM A REDAÇÃO DA MEDIDA PROVISÓRIA 2.180-35/2001)- APLICABILIDADE ÀS SENTENÇAS TRANSITADAS EM JULGADO POSTERIORMENTE À SUA VIGÊNCIA - PRECEDENTES.

1. Nos termos do art. 741, parágrafo único do CPC "considera-se inexigível o título judicial fundado em lei ou ato normativo declarados inconstitucionais pelo Supremo Tribunal Federal ou em aplicação ou interpretação tidas por incompatíveis com a Constituição Federal 2. Se à época da promoção dos embargos de devedor já havia decisão da Suprema Corte extirpando a norma ou a sua interpretação do ordenamento jurídico é possível a relativização da coisa julgada, ante o caráter processual do art. 741, parágrafo único, do CPC e à máxima efetividade das decisões emanadas da Corte Constitucional.

Lado outro, é de se entender que os dispositivos constantes dos arts. 475-L, §1º e 741, parágrafo único, permitiriam apenas uma interpretação constitucional: a de que o executado poderia alegar a pronúncia do Supremo Tribunal Federal quando a sentença exequenda tivesse aplicado lei que já havia sido declarada inconstitucional ou adotado interpretação que já teria sido declarada incompatível com a Carta Maior, antes mesmo de seu trânsito em julgado."

99. No mesmo sentido, BUENO, Cássio Scarpinella. Ob. cit., p. 416.

pelo exequente, mandará citar o executado pessoalmente para que, em 3 (três) dias, pague o débito das parcelas anteriores ao início da execução e das que se vencerem no seu curso, provar que o fez ou apresentar justificativa que o impeça de quitá-las, conforme regra o art. 911, *caput* do CPC.

Destaca-se, desde já, que o executado será citado sob o manto das regras do art. 231 do CPC.

Por força do parágrafo único do art. 911, à presente execução aplicados serão os regramentos contidos nos §§2º a 7º do art. 528 (relativos ao Cumprimento da Sentença que reconheça a exigibilidade de obrigação de prestar alimentos), sempre que assim os couber.

Nestes termos então, diante do referido prazo de 3 (três) dias, caso o executado não cumpra sua obrigação, não prove que a fez, não apresente justificativa demonstrando sua impossibilidade de efetuar o débito devido ou apresentando-a, não consiga comprovar aludida impossibilidade, o magistrado mandará protestar o pronunciamento judicial,[100] aplicando ao caso, no que couber, o disposto no art. 517, este que regula o protesto de decisão judicial[101] (§§1º e 2º do art. 528 do CPC).

Vale notar que, diferente do que regram as disposições do art. 517, o protesto neste caso não se dará apenas por decisão transitada em julgado, cabendo também quanto à decisão interlocutória que determina pagamento de pensão alimentícia. Outro ponto diferenciador daquele regime insculpido no art. 517 é quanto à iniciativa do protesto. Neste, caberá ao credor requerer o protesto do título judicial. Já, no que se refere ao regime dos alimentos, o próprio juiz, de ofício, é que dará cabo ao mesmo.

Além do protesto supracitado, caberá ao juiz decretar a prisão do executado pelo prazo de 1 (um) a 3 (três) meses, sendo esta cumprida em regime fechado, devendo o preso ficar separado dos presos comuns (§§3º e 4º do art. 528 do CPC).

O débito alimentar autorizador da prisão civil do alimentante, conforme expressa literalmente o §7º do art. 528 é aquele que compreende até as 3 (três) prestações anteriores ao ajuizamento da execução e as que se vencerem no curso do processo.

Uma vez quitada devidamente a prestação alimentícia em débito, o juiz suspenderá o cumprimento da ordem de prisão (§6º do art. 528).

Insta ressaltar ainda que, mesmo cumprindo a pena, não estará o executado livre do pagamento das prestações vencidas e vincendas (§5º do art. 528).

Sendo o executado servidor público, militar, diretor ou gerente de empresa, bem como empregado sujeito à legislação do trabalho, o exequente pode-

---

100. No mesmo sentido, CÂMARA, Alexandre Freitas. *O Novo Processo Civil Brasileiro*. São Paulo: Atlas, 2015, p.404.

101. Cf. o Capítulo 11 desta obra.

rá requerer o desconto em folha de pagamento de pessoal da importância da prestação alimentícia. Neste caso, o magistrado, ao despachar a inicial, oficiará à autoridade, à empresa ou ao empregador do executado, determinando, sob pena de crime de desobediência, o desconto a partir da primeira remuneração posterior do executado, a contar do protocolo do ofício (art. 912, *caput* e §§1º e 2º do CPC).

É de sublinhar que aludido ofício deverá conter os nomes e o número de inscrição no Cadastro de Pessoas Físicas do exequente e do executado, a importância a ser descontada mensalmente, a conta na qual deve ser feito o depósito e, em sendo o caso, o tempo de duração de tal desconto (§2º do art. 912).

4.2.2 OPÇÃO PELA EXECUÇÃO POR QUANTIA CERTA

Por outro lado, caso o exequente não requeira a execução nos moldes supracitados, poderá fazê-lo de acordo com o procedimento disposto no art. 824 e ss., ou seja, pela via da execução padrão relativa ao pagamento de quanta certa (art. 913); porém, neste caso, não estará a postular a prisão do executado.

Importante frisar que, optando o exequente pela execução por quantia certa, caso a penhora recaia em dinheiro, a concessão do efeito suspensivo dos embargos à execução não obstará a que este mesmo exequente levante mensalmente a importância da prestação que fora se vencendo, conforme bem expressa a regra do art. 913, *in fine*.

4.3 EXECUÇÃO FISCAL

Determina a Lei n. 6.830/80 a sistemática concernente à cobrança judicial da Dívida Ativa da Fazenda Pública, comumente conhecida como execução fiscal.

Tal veículo satisfativo, entretanto, nada mais é do que uma forma especial de execução por quantia certa, fundada em título executivo extrajudicial, pois que se apresenta enriquecida com normas peculiares e específicas, destinadas a atender as necessidades por demais ímpares do ente administrativo. Dessa forma, em face da disposição contida no art. 1º da citada lei, não existe óbice para a aplicação subsidiária do CPC, mormente no que tange ao seu Título II, art. 797 e seguintes.

Antes de adentrarmos em suas particularidades legais, convém grifarmos que a presente execução encerra, sucessivamente, duas fases processuais distintas, a saber: administrativa e judicial. Nesse sentido, começaremos por introduzir alguns conceitos básicos, posto que indispensáveis ao correto entendimento do instituto em tela.

- *Aspectos Administrativos*

Assim, primeiramente, compete à Fazenda Pública determinar as normas pertinentes à arrecadação da Dívida Ativa (art. 36 da Lei Fiscal), que se constitui no conjunto de haveres de natureza tributária ou não, quer dizer, aqueles originários da exigência dos tributos, por excelência, ou de atividades complementares, como as operações de crédito, a amortização de empréstimos e as transferências de capital, dentre outras que pertençam à União, aos Estados, ao Distrito Federal, aos Municípios e suas respectivas autarquias (arts. 1º e 2º, *caput*). Além do mais, mediante expressa autorização legislativa, também outras entidades poderão ser agraciadas com essa forma de execução, como, no caso, por exemplo, daquelas destinadas à representação profissional – OAB, CRM etc.

Nesses termos, ocorrendo o fato gerador, surgirá, por conseguinte, o crédito em favor de quaisquer das entidades acima descritas (art. 2º, §§ 1º e 2º) e, na ausência de quitação espontânea, ficará a sua exigibilidade condicionada à devida inscrição no órgão competente (art. 2º, § 3º), a fim de ser verificada a certeza e a liquidez da obrigação, por meio da adoção de procedimento administrativo típico (arts. 2º, § 4º, e 41), consagrado ao controle interno da legalidade do ato.

Uma vez realizada citada inscrição, seguirá a lavratura de um termo próprio que conterá, impreterivelmente, os seguintes elementos: *a)* a qualificação do devedor e dos corresponsáveis; *b)* a discriminação do valor original da dívida, mais os seus acréscimos, origem, natureza e fundamentação legal ou contratual; *c)* a indicação da incidência da atualização monetária, se essa for aplicável; *d)* a data e o número da inscrição no Registro de Dívida Ativa; e, por fim, *e)* a individualização do processo administrativo ou do auto de infração se neles contiver a apuração do débito (art. 2º, § 5º).

Dessa feita, concluído o Termo de Inscrição, será exarada a Certidão de Dívida Ativa, composta pelos mesmos itens descritivos do termo (art. 2º, § 6º) e que equivalerá, precisamente, ao título executivo fomentador da execução fiscal.

Ao contrário, porém, daqueles que dão ensejo à execução comum, sua principal característica reside, justamente, na sua formação unilateral, uma vez que é ultimada sem a presença do devedor.[102] Ademais, enquanto não for proferida a decisão de primeira instância (entendida como decisão decorrente dos embargos porventura interpostos), poderá a aludida certidão ser emendada ou substituída, hipótese em que ao executado ficará assegurada a reabertura do prazo para novamente embargar (art. 2º, § 8º) e, uma vez cancelada a certidão, resultará na imediata extinção do processo (art. 26). Em ambos os casos, contudo, restará à Fazenda Pública o encargo de ressarcir todos os gastos processuais até então realizados pelo devedor.

Destaca-se ainda, no que tange à dívida ativa, que a sua inscrição regularmente efetuada lhe confere a presunção relativa de certeza e liquidez e, em decorrência, a inversão do ônus da prova em detrimento do executado (art. 3º).

---

102. Fundamenta-se tal aspecto, consoante apontado por Vicente Greco, pela "presunção de legalidade dos atos administrativos e a chamada potestade administrativa, que é a manifestação da soberania interna consistente no desequilíbrio jurídico em favor da Administração em face dos administrados". GRECO FILHO, Vicente. *Direito Processual Civil Brasileiro*. Vol. 3..., p. 111.

Esse, entretanto, não é o único privilégio concedido à Fazenda Pública pela Lei Fiscal.

Na verdade, existem outros, perfeitamente exemplificados pela isenção do pagamento de custas e emolumentos,[103] salvo sucumbência (art. 39); pelo acesso à ampla produção probatória, independentemente de requerimento (art. 6º, § 3º); pelo benefício da intimação exclusivamente pessoal (art. 25); pela suspensão permanente da execução, sem a incidência do prazo prescricional, desde que não seja encontrado o devedor ou quaisquer bens de sua propriedade passíveis de penhora (art. 40) etc.

Já em relação aos ditames judiciais propriamente ditos, usando-se a via executiva comum para fins de paradigma, vale grafar que existem certas diferenças basilares, como, a seguir, veremos.

- *Aspectos Judiciais*

Inicialmente, será competente para apreciar a execução fiscal o foro de domicílio do executado, sendo perfeitamente possível a aplicação subsidiária do art. 781 do CPC, no que couber, este que resolve uma série de questões atinentes à própria dinâmica relativa ao foro do executado de um modo geral; no entanto, por força do disposto no art. 5º da Lei n. 6.830/80, o juízo será sempre absoluto e, assim, terá precedência sobre os demais, incluindo-se o juízo da falência, da concordata, da liquidação, da insolvência e do inventário. Além disso, por se tratar de crédito privilegiado (superado tão somente pelo de cunho trabalhista), não ficará a referida cobrança subordinada à habilitação em qualquer processo, muito menos a concurso de credores, submetendo-se apenas a eventual concurso de preferência, firmado em razão da participação concorrente de esferas administrativas diversas (art. 29).

Quanto ao polo passivo da relação, dispõe o art. 4º da presente Lei Fiscal que a execução poderá ser deduzida em face do devedor, e, sucessivamente, contra os co-obrigados, ou seja, o fiador, o espólio, a massa falida, o responsável pelas dívidas em geral das pessoas físicas ou jurídicas de direito privado e os sucessores a qualquer título. A responsabilidade patrimonial, em todo caso, englobará a universalidade dos bens do executado (art. 4º, §§ 1º a 3º), excluindo-se, simplesmente, aqueles declarados por lei como sendo absolutamente impenhoráveis (arts. 10 e 30).

No tocante a sua propositura, conforme firmado no art. 6º da lei sob exame, esta se dará por petição inicial, devidamente instruída com a Certidão da Dívida Ativa, que contenha: o juiz a quem será direcionada; a qualificação das partes; o pedido ou o meio expropriatório pretendido; o requerimento para a citação do devedor e o valor da causa – aqui representado pelo montante descrito na certidão mais os acréscimos legais (art. 6º, § 4º). Recebida a exordial, o

103. No entanto, sobre a questão estabelece o STJ, por meio da Súmula 190, que, "na execução fiscal, processada perante a Justiça Estadual, cumpre à Fazenda Pública antecipar o numerário destinado ao custeio das despesas com o transporte dos oficiais de justiça".

magistrado ordenará a citação do devedor (art. 7º, I), para que esse, em 5 dias, pague a dívida ou garanta a execução (art. 8º, *caput*), sob pena de penhora ou de arresto (art. 7º, II e III).

Caso não seja apresentado pedido diverso pela Fazenda Pública, a citação em questão será efetuada pelo correio, com aviso de recebimento (art. 8º, I), considerando-se efetivada na data da entrega consignada no AR, ou, omitindo-se esta, após 10 dias do seu envio à agência postal (art. 8º, II). Uma vez transcorridos os 15 dias da data da postagem, sem que haja a devolução do AR supramencionado, passar-se-á para a citação pessoal ou editalícia do executado (art. 8º, III e IV, § 1º). Vale destacar que será perfeitamente possível a aplicação subsidiária do art. 231 do CPC em tal seara.

Optando o executado pela quitação da dívida, será extinta a execução fiscal. De outro modo, decidindo-se pela interposição dos embargos, deverá assegurar o juízo por meio de uma das seguintes providências: depósito em dinheiro; oferta de fiança bancária; oferecimento de seguro garantia ou nomeação de bens próprios ou de terceiros à penhora, sendo que, neste último caso, a sua aceitação dependerá ainda da concomitante anuência da Fazenda Pública (art. 9º).

Finalmente, configurada a inércia do executado, ficarão os seus bens passíveis de penhora ou de arresto a serem cumpridos pelo Oficial de Justiça (art. 10).

Em relação à penhora, contudo, esclareça-se que a sua incidência obedecerá à ordem de preferência indicada no art. 11 da Lei Fiscal, na seguinte sequência: dinheiro; título da dívida pública ou de crédito, que sejam cotados em bolsa; pedras e metais preciosos; imóveis; navios e aeronaves; veículos; móveis ou semoventes; e direitos e ações.

Outrossim, tais medidas poderão recair, excepcionalmente, sobre estabelecimentos comerciais, industriais ou agrícolas, além de plantações ou edificações em construção (art. 11, § 1º). Ademais, poderá o juiz, em qualquer fase processual e em contraditório, determinar que os bens arrestados ou penhorados sejam removidos para depósito judicial, particular ou do Estado, sempre que essa providência atender a interesse justificado da Fazenda Pública (art. 11, § 3º).

Concretizada a penhora ou o arresto, será exarado o respectivo auto, que indicará também a avaliação dos bens arrecadados, cuja realização ficará por conta daquele que o lavrar (art. 13, *caput*). Em seguida, conforme estipulado pelo art. 12 da lei em tela, proceder-se-á a intimação da penhora, por meio de publicação no órgão oficial, exceto: (a) nas comarcas interioranas, quando é admitido o emprego do correio; ou (b) mediante oficial, sempre que o AR, enviado no momento da citação, for devolvido sem a assinatura do próprio devedor ou do seu representante legal.

Nessa toada, uma vez que seja efetivada a intimação e até antes de ser publicado o edital de leilão, poderão as partes impugnar o valor da avaliação efetuada, por meio de um procedimento cognitivo simplificado, no qual o juiz, depois de proceder à oitiva da parte contrária, proferirá decisão de plano, tão logo receba o laudo do perito avaliador por ele nomeado (art. 13, §§ 1º a 3º).

Relativamente aos embargos, estabelece o art. 16 da Lei Fiscal que o executado terá o prazo de 30 dias para a sua propositura, contados a partir da data em que for realizado o depósito; da juntada aos autos do comprovante da fiança bancária ou do seguro garantia, ou ainda da intimação da penhora. Nesse caso, embora não se admita a reconvenção nem a compensação, deverão ser deduzidas todas as demais matérias de defesa cabíveis, incluindo-se as exceções de suspeição, incompetência ou de impedimento, bem como requeridos todos os meios de prova necessários, apesar de que, no tocante à prova testemunhal, serão ouvidas apenas 3 (três) testemunhas, salvo se, a critério do juiz, for esse número aumentado até o dobro.

Recebidos os embargos, será a Fazenda Pública intimada para apresentar a sua impugnação no prazo de 30 (trinta) dias, designando-se, após a audiência de instrução e julgamento,[104] se necessário (art. 17). Concluída a instrução, o juiz proferirá sentença, de forma que, ocorrendo a procedência do pedido, será oficiada a Fazenda Pública para fins de averbação da respectiva improcedência – total ou parcial – da execução fiscal no Registro da Dívida Ativa (art. 33); por outro lado, sendo os embargos rejeitados ou julgados improcedentes, seguirá a via executória o seu curso normal com a arrematação ou a adjudicação dos bens penhorados.

Nesses termos, conforme previsto pelo art. 22, será a arrematação antecedida, obrigatoriamente, pela divulgação do respectivo edital – que seguirá o mesmo modelo firmado pelo art. 886 do CPC – a ser afixado na sede do juízo e publicado uma vez no Órgão Oficial. E com a observância do interregno de no mínimo 10 (dez) e no máximo de 30 (trinta) dias entre a sua publicação e a realização do leilão (art. 22, § 2º), será pessoalmente intimada a Fazenda Pública, restando ao executado apenas a intimação editalícia.[105]

A alienação dos bens penhorados, por conseguinte, ficará sempre a cargo de leilão público (art. 23), no qual não se admitirá o oferecimento de lance vil. Dessa forma, não sendo obtido numerário que importe em um lance superior ao valor prescrito pela avaliação, haverá a designação de segundo leilão, conforme já consignado na Súmula 128 do STJ.[106]

Já no tocante à adjudicação, poderá a Fazenda Pública arrogar os bens penhorados, desde que respeitadas as condições aduzidas no art. 24 da Lei

---

104. Na execução por carta, também ficará a instrução dos embargos a cargo do juízo deprecante, exceto se for alegada a existência de vícios ou de irregularidades do próprio juízo deprecado, quando a este competirá, exclusivamente, o julgamento respectivo (art. 20 da Lei de Execução Fiscal).

105. Sobre o assunto, Luiz Rodrigues Wambier, adotando posicionamento contrário, acosta a Súmula n. 121 do STJ, segundo a qual "na execução fiscal o devedor deverá ser intimado, pessoalmente, do dia e hora da realização do leilão". WAMBIER, Luiz Rodrigues (Coord.). Ob. cit., p. 392.

106. "Execução fiscal. Leilão. Renovação. Hasta pública. Inexistência de lanço superior à avaliação. CPC, arts. 686, VI, e 692. Lei 6.830/1980, arts. 1º e 23."

Fiscal, quais sejam: (*a*) antes de ser realizado o leilão, haja vista a ausência ou rejeição dos embargos interpostos pelo valor corrigido da avaliação; ou (*b*) depois de efetivado o leilão, também pelo montante atualizado da avaliação, sempre que não houver licitantes, ou, existindo concorrentes, ainda que a Fazenda tenha 30 dias para arguir o seu direito de preferência, terá que fazê-lo em igualdade de condições com a melhor oferta, quer dizer, oferecendo quantia compatível com maior lance.

Por último, relativamente à disciplina a ser observada em face dos recursos pertinentes à execução fiscal, ressalte-se que a presente lei impõe, em seu art. 34, significativa restrição de alçada, ao dispor que, em primeira instância, das sentenças exaradas em execuções que tenham, na data da distribuição, valor igual ou inferior a 50 ORTN[107], somente caberá a interposição de embargos infringentes e de declaração. Logo, excetuando-se o recurso extraordinário (CF, art. 102, III), aplicar-se-ão as demais vias recursais – como a apelação (cujo julgamento, consoante o art. 35, não prescindirá da audiência de revisor), o agravo de instrumento e o recurso especial tão somente naquelas execuções que encerrem valor superior ao limite supracitado.

Assim, enquanto que no processamento dos embargos de declaração serão aplicadas, subsidiariamente, as normas previstas nos arts. 1.022 a 1.026 do CPC, o mesmo não acontecerá quanto aos embargos infringentes este que, a despeito do disposto no art. 34 da Lei n.6.830/80, não se faz mais contemplado como forma e natureza recursal no novel Código de Processo Civil editado pela Lei n.13.105/2015.[108] Aliás, sob a designação de embargos infringentes, o que prevê a Lei Fiscal é, na verdade, uma forma concisa, porém, análoga de apelação, ou seja, um recurso mediante o qual poderá o executado questionar a decisão proferida sem, contudo, procrastinar a execução. Dessa forma, estabelece a lei um procedimento simplificado, cabendo ao vencido apresentá-lo, em até 10 dias, diretamente ao juiz da causa, por petição inicial fundamentada, sendo facultada a juntada de novos documentos (art. 34, § 2º). Recebidos os embargos, será intimada a parte contrária para que essa, em igual prazo, ofereça a sua impugnação (art. 34, § 3º). Em seguida, terá o juiz 20 (vinte) dias para sentenciar, rejeitando-os ou reformando a sua própria decisão.

Enfim, cumpre-nos ainda elencar, por força do art. 38 da lei em tela, que a discussão acerca da Dívida Ativa da Fazenda Pública ficará sempre submetida ao jugo da execução fiscal, exceto no que concerne ao mandado de segurança, à ação de repetição do indébito, ou à ação anulatória do ato declarativo da dívida, essa antecedida do depósito prévio do montante da dívida e seus acréscimos.

---

107. Para fins de atualização do valor de alçada, devem ser considerados, em face da extinção da ORTN, os índices que lhe sucederam, notadamente, a OTN, BTN, UFIR etc.

108. Sobre a supressão dos Embargos Infringentes no CPC/2015, confira os Capítulos 13,14 e 15 da presente obra.

Neste último caso, porém, não obstante constituir o depósito uma condição de admissibilidade da referida ação anulatória, vale aqui acostar as palavras de Vicente Greco, pontuando que

> a jurisprudência tem entendido, com razão, que esse depósito só é necessário se o contribuinte deseja impedir ou suspender a execução fiscal; se se entendesse que o depósito prévio para a ação anulatória seria obrigatório em qualquer hipótese, tal exigência seria inconstitucional, porque violaria a garantia constitucional do acesso ao Judiciário para o exame das lesões ao direito individual.[109]

4.4 EXECUÇÃO POR QUANTIA CERTA CONTRA DEVEDOR INSOLVENTE[110]

4.4.1 Breves considerações

Muito embora o CPC/2015 não tenha disciplinado a "Execução por Quantia Certa Contra Devedor Insolvente", não significou, de forma alguma, a ideia de expurgá-la do contexto processual.

Tal afirmativa se justifica na própria contemplação e referência à sua existência por meio do *Codex* supracitado no Livro Complementar que cuida das Disposições Finais e Transitórias.

Assim, bem expressa o art. 1.052 do CPC/2015:

"Art. 1.052. Até a edição de lei específica, as execuções contra devedor insolvente, em curso ou que venham a ser propostas, permanecem reguladas pelo Livro II, Título IV, da Lei nº 5.869, de 11 de janeiro de 1973."

Dito isso, o enfrentamento desta forma de execução na obra já se faz justificado pela inteligência do dispositivo supra, devendo o leitor se atentar para o fato de que continuará "vivo" o importante procedimento, e devidamente regulado pelo Código de Processo Civil de 1973, até que lei específica sobre o assunto venha a ser editada.

Isto posto, vamos às suas regulações.

A execução por quantia certa contra devedor insolvente está disposta no CPC/1973 em 9 capítulos, todos inclusos no Título IV do Livro II, isto é, do art. 748 ao art. 786-A. Em tal estrutura dividiu o legislador a presente execução em dois momentos absolutamente distintos, no entanto, interligados entre si, sendo que o primeiro momento ou parte está centrado na declaração de insol-

---

109. GRECO FILHO, Vicente. Ob. cit., p. 113.

110. No que se refere a presente execução, o NCPC expressa, firmemente, no art. 1.050 do Livro Complementar "Das Disposições Finais e Transitórias" que, até a edição de lei específica, as execuções contra devedor insolvente em curso ou que venham a ser propostas permanecerão reguladas pelas disposições da Lei n.5.869/73, ou seja, pelas presentes regras do CPC/1973.

vência do devedor por sentença, enquanto que o segundo momento ou parte dirige-se à execução universal, havendo a necessária instituição do concurso universal de credores com posterior partilha do produto da liquidação dos bens.

Nota-se, portanto, tamanha peculiaridade dessa execução, dada sua divisão em 2 fases bem diferentes: cognição e execução.

Trata-se ainda a execução por quantia certa contra devedor insolvente de processo autônomo e independente, não se configurando em um mero incidente ou apêndice da execução singular, por isso, não se admite que a execução contra devedor solvente venha a se transformar em concurso de credores por meio de uma decretação de insolvência civil do devedor executado.

É bem verdade que a insolvência civil guarda similitudes com a falência, isso pelo fato de que em ambas se abre o concurso universal de credores, estes que dividirão, logicamente, respeitadas as preferências legais, o produto da liquidação de bens do devedor. De resto, é de se afirmar que só há insolvência do devedor civil (pessoa física ou sociedade civil, *ex vi* do art. 786), tal qual existirá a falência para devedor comerciante.

Consoante o disposto no art. 748, para que se tenha como reconhecida a insolvência do devedor, necessário se faz que as dívidas excedam à importância dos bens desse. Em outras palavras, será imperioso que o passivo do devedor supere o seu ativo.

O CPC aponta também de insolvência do devedor e de seu cônjuge, conforme regra o art. 749:

"Se o devedor for caso e o outro cônjuge, assumindo a responsabilidade por dívidas, não possuir bens que bastem ao pagamento de todos os credores, poderá ser declarada, nos autos do mesmo processo, a insolvência de ambos."

Nesse sentido, é permitido ao cônjuge assumir a responsabilidade pela obrigação do consorte, seja tomando para si a própria origem da dívida ou mesmo vinculando-se à obrigação por meio de garantias tais como a fiança e o aval e ainda conforme já contemplado na presente obra, quando a responsabilidade advinda da própria natureza da obrigação, casos, p.ex., de dívidas contraídas mesmo que individualmente, mas em benefício da família, essas que sempre se comunicarão, afetando a comunhão de bens, mesmo aqueles reservados de ambos os cônjuges, conforme previsto nos arts. 1.644, 1.663, § 1º, e 1.664, todos do Código Civil.

Fora tais hipóteses, havendo comunhão nos bens, a execução universal atingirá somente a meação do cônjuge declarado insolvente.[111]

---

111. O cônjuge ou o companheiro, se necessário for, poderá por meio dos Embargos de Terceiro (art. 674,§2º, I do CPC/2015), obter a devida exclusão de sua meação da declarada insolvência de seu consorte.

Poderá ser requerida a declaração de insolvência pelo credor quirografário (aquele que não possui garantia de direito real ou privilégio especial), munido de título executivo não adimplido oportunamente e mesmo pelo próprio devedor ou pelo inventariante do espólio do devedor (art. 753).

Poderá o credor, porém, munido de qualificado título executivo, optar por ajuizar execução contra devedor solvente, ainda que esteja caracterizada a situação fática da insolvência.

Nesta primeira fase ou momento da presente execução contra devedor insolvente, não serão praticados atos executivos, mas atos de cognição, objetivando apurar se o devedor está ou não em situação de insolvência.

É bem verdade que o legislador, ao facultar a possibilidade de o credor requerer a insolvência de seu devedor, foi sensível à dificuldade que se tem muitas vezes, o interessado, de reunir dados referentes ao real estado patrimonial daquele que lhe deve e, com isso, se obter a certeza de sua insolvabilidade. Desse modo e com bastante razoabilidade, autorizou o credor a propor a presente execução contra devedor diante da presunção de sua insolvência – por isso, presumida e que será então apurada – desde que se verifique a ocorrência das hipóteses previstas no art. 750, quais sejam:

I – o devedor não possuir outros bens livres e desembaraçados para nomear à penhora;

II – forem arrestados bens do devedor com fundamento no art. 813, I, II e III.

Cabe acrescentar que em tal processo de insolvência civil entende-se que há interesse público, justificando-se, com isso, a intervenção do Ministério Público.

Tal interesse se prende, sobretudo, à luz do art. 82, III do CPC/1973, pois que, analogamente ao art. 19 da Lei n. 11.101/2005 (Lei Falimentar), a legitimidade do Ministério Público é conferida para reclamar exclusão, outra classificação ou a retificação do crédito habilitado, existido interesse público notório diante da natureza da lide, justificado pelo afastamento de devedores relapsos, ao lado do explícito interesse patrimonial dos credores em proteger e levar a cabo a atividade produtiva dos bens, além de proteção à economia nacional.[112]

4.4.2 Insolvência requerida pelo credor

É permitido ao credor quirografário, isto é, aquele que não possui garantia de direito real ou privilégio especial, desde que munido de título executivo, quer judicial ou extrajudicial, requerer a devida declaração de insolvência de seu devedor.

Quanto à impossibilidade de o credor privilegiado requerer a insolvência de seu devedor, observa com acerto Theodoro Jr., nos termos de que esse credor carece de interesse processual para propor citada insolvência, dado que

112. Cf. ASSIS, Araken. Ob. cit., p. 831.

> sua preferência é resguardada e executável independente do juízo universal bastando lançar mão de execução singular ou de simples incidente na fase de pagamento, caso algum credor quirografário tenha-se antecipado na propositura de ação executiva singular (arts. 711 a 713). Contra as preferências de direito material, não prevalece a da penhora (art. 709, II).[113]

Poderá, no entanto, vir o credor com privilégio especial requerer a insolvência, isto desde que, previamente, renuncie a essa sua qualidade ou garantia real por meio de comunicação expressa ao seu devedor, passando, então, a ser considerado um credor quirografário.[114]

A competência para a propositura de pedido de insolvência pelo credor será fixada pela regra geral do art. 46 do CPC/2015, ou seja, o domicílio do réu, não influindo o foro contratual ou o local para o cumprimento da obrigação, já que a declaração de insolvência, de certo, por possuir objeto diverso e mirar resultado distinto, não se confundirá com a ação de cobrança, ratificando esta racionalidade Prieto-Castro[115], ao afirmar que o foro do domicílio daquele que se presume insolvente é o adotado pela doutrina jurisprudencial.

No tocante ao aspecto procedimental, nesse caso, reza o art. 755 que o devedor será citado para, em 10 (dez) dias, opor embargos. Ressalta-se aqui, como já pontuado anteriormente, que esse primeiro momento ou fase da presente execução possui, notadamente, natureza cognitiva, não tendo a defesa do devedor o perfil natural dos embargos e, sim, característica de contestação, por isso, não se configurando em uma suposta ação autônoma como tradicionalmente o é.

Em sua contestação, o devedor poderá alegar qualquer das defesas enumeradas nos arts. 741,742 e 745, conforme o título executivo em que se funda o pedido, seja judicial, seja extrajudicial. Poderá alegar ainda, que não está insolvente e que seu ativo supera o passivo.

Como na falência, poderá o devedor afastar o pedido de insolvência, depositando o valor do crédito e evitando a declaração de insolvência. A despeito da ocorrência desse depósito, entretanto, não estará o magistrado impedido de conhecer e apreciar o conteúdo do alegado em sede de embargos pelo devedor embargante, pois que a este é autorizado, diante do depósito da importância creditícia, discutir a legitimidade da execução bem como o seu valor, *ex vi* do art. 757.

Por fim, havendo provas a produzir, o juiz designará audiência de instrução e julgamento; caso contrário, proferirá sentença em 10 dias.

---

113. THEODORO JR., Humberto. Ob. cit., p. 487.

114. Ibidem.

115. PRIETO-CASTRO Y FERRÁNDIZ, Leonardo. *Derecho Concursal, Procedimientos Sucesorios, Jurisdicción Voluntaria, Medidas Cautelares.* Madrid, 1974, p. 28.

Uma vez reconhecida a inexistência do crédito, estará o devedor autorizado a levantar a quantia – se depositada – não podendo mais o credor promover, satisfatoriamente, execução a título singular a pretexto do mesmo título que usou para instruir a presente demanda.

Por outro lado, se reconhecida a existência de crédito, poderá o credor levantar a quantia, caso depositada pelo devedor, até o valor real devido, extinguindo, assim, a obrigação.

Por derradeiro, sendo reconhecida a insolvência, será essa declarada por sentença, conforme veremos em tópico mais adiante.

4.4.3 Insolvência requerida pelo devedor ou seu espólio

A insolvência poderá ser facultativamente requerida pelo próprio devedor ou por representante de seu espólio, inexistindo, portanto, para ambos a obrigação da autoinsolvência, depreendendo-se tal lógica da própria dicção do art. 759: "É lícito ao devedor ou ao seu espólio a todo tempo, requerer a declaração de insolvência."

Para tanto, bastará dirigir uma petição ao juiz da comarca do domicílio do devedor, contendo os requisitos do art. 760 do CPC, quais sejam:

> *Art. 760. A petição, dirigida ao juiz da comarca em que o devedor tem o seu domicílio, conterá:*
>
> *I – a relação nominal de todos os credores, com a indicação do domicílio de cada um, bem como da importância e da natureza dos respectivos créditos;*
>
> *II – a individuação de todos os bens, com a estimativa do valor de cada um;*
>
> *III – o relatório do estado patrimonial, com a exposição das causas que determinaram a insolvência.*

4.4.4 A Declaração Judicial de Insolvência

A primeira fase da execução por quantia certa contra devedor insolvente que, como foi visto, tem caráter de conhecimento, encerra-se com a prolação de sentença declaratória da insolvência,[116] essa que produzirá, no entendimento do art. 751, os seguintes efeitos:

a) vencimento antecipado de todas as dívidas do devedor;

b) a arrecadação de todos os seus bens penhoráveis, tanto os atuais quanto os adquiridos no decorrer do processo;

---

116. Entende MOREIRA, José Carlos Barbosa (Ob.cit., p. 282) que, a despeito do termo "declaração" ser empregado por reiteradas vezes no texto legal, na verdade, não é a sentença reconhecedora da insolvência meramente declaratória, mas, preponderantemente, constitutiva, visto que este próprio *decisium* cria um estado *jurídico* de insolvência, com profundas repercussões na situação do devedor.

c) instituição da execução por meio do concurso universal de credores.

Ainda o devedor, em sendo declarada a sua insolvência por sentença – essa que comportará apelação (art. 1.009 do CPC/2015) – perderá o direito de administrar e dispor seus bens até que seja liquidada totalmente a massa credora.

Todos os credores deverão concorrer ao juízo universal da insolvência, habilitando seus créditos na forma do art. 768 e segs. do Código de Processo Civil.

No bojo da própria sentença declaratória de insolvência, o magistrado nomeará um administrador cujas funções, enumeradas no art. 763 e segs., são bastante assemelhadas às do síndico no processo de falência e também na mesma decisão judicial ordenará a expedição de edital convocatório para que os credores apresentem, dentro do lapso de 20 (vinte) dias, a devida declaração comprobatória de seu crédito, como óbvio, a apresentação material de seu título (art. 761).

Aqui, duas observações merecem pertinência por se referirem às execuções individuais que já estavam em andamento quando da declaração de insolvência:

- As execuções movidas por credores individuais do devedor comum serão remetidas ao juízo da insolvência.
- Caso haja, em alguma execução em andamento, a designação de dia para realização de leilão público, este será levado a cabo, no entanto, havendo a arrematação, o produto dele integrará para a massa credora (§ 2º do art. 762).

Os bens do devedor serão arrecadados e, posteriormente, alienados judicialmente.

4.4.5 VERIFICAÇÃO E CLASSIFICAÇÃO DOS CRÉDITOS

Esgotado o lapso temporal de 20 (vinte) dias a que se refere o art. 761, II, já anteriormente referendado, o escrivão, dentro de 5 (cinco) dias, ordenará as declarações apresentadas pelos credores, autuando cada uma com seu respectivo título exequendo. A seguir, intimará via edital (incidindo nesse as regras do art. 786-A) todos os credores para, dentro do prazo de 20 (vinte) dias, alegarem suas preferências além de eventuais vícios caso entendam existentes, tais como nulidade, simulação, fraude ou falsificação de dívidas e contratos (art. 768, *caput*), facultando ao devedor, no mesmo prazo supracitado, impugnar quaisquer créditos (parágrafo único do art. 768).

Todo esse procedimento tem como meta a correta elaboração do quadro geral de credores (art. 769).

E que serventia possui aludido quadro?

É que, quando da liquidação da massa, serão os débitos quitados desde que respeitadas as ordens de preferência dos créditos habilitados, sendo tal ordem submetida aos critérios de privilégios estabelecido pelos arts. 955 a 965 do Código Civil e devidamente organizada no quadro geral dos credores pelo contador do juízo, tudo em sintonia com o que preceitua o art. 769. Do contrário, em concorrendo apenas credores quirografários, tal quadro será elaborado, respeitando a ordem alfabética desses (parágrafo único do art. 769).

Importa ainda ressaltar que, de acordo com o art. 770, caso já tenham sido alienados os bens da massa, deverá o contador elaborar e indicar a porcentagem que a cada um dos credores deva caber no rateio do produto da indicada alienação. Aqui, no entanto, é de se chamar atenção para o fato de que, quando da elaboração do quadro geral de credores, deverá – porque já conhecido – constar o montante das cotas dos credores que se habilitaram, por isso, sendo de conhecimento o produto e a divisão, não sendo razoável levar para outra oportunidade o respectivo cálculo das quotas a dividir.

Ainda sobre o quadro geral de credores, sustenta o art. 771 que terão todos os interessados – devedor e os credores concorrentes – a faculdade de se manifestar em prazo comum (10 dias) e havendo impugnação por qualquer deles, o magistrado deferirá, se necessário for, a produção de provas para instruir o ato impugnador, esse centralizado, sobretudo, em conteúdos que tocam a classificação dos créditos além de possíveis erros materiais que se encontrem; sendo necessária a prova oral, caberá ao magistrado designar audiência de instrução e julgamento (§ 1º do art. 772).

De tudo, sentenciará, em seguida, (art. 772, *caput*), aprovando o quadro ou ordenando a sua retificação, cabendo de tal decisão o manejo do recurso da apelação (art. 1.009 do CPC/2015).

4.4.6 Pagamento aos Credores e Saldo Devedor

Consoante o disposto no art. 773, após a organização do respectivo quadro dos credores, o magistrado determinará a alienação dos bens em praça ou em leilão, sendo o produto desta destinado ao pagamento dos credores, cabendo ao administrador efetuar os pagamentos mediante cheques nominais. "Tampouco se obsta a expedição de deprecado ou de mandado de levantamento, dirigido à instituição financeira depositária dos recursos da massa."[117]

Conforme já expressamente enfrentado no item anterior, havendo alienação de bens antes da formação do quadro supracitado, aplicar-se-á o que dispõe o art. 770.

Não bastando o *quantum* levantado para a satisfação da massa, continuará o devedor obrigado pelo saldo (art. 774), respondendo com qualquer bem penhorável que venha, por ventura, "encorajar-se" a adquirir, até que lhe seja declarada, de acordo com o art. 775, a extinção total de suas obrigações.

Conclui-se, portanto, que o processo de execução universal, enquanto não saldado todo o débito, poderá a todo o momento ser reaberto a requeri-

117. ASSIS, Araken. Ob. cit., p. 894.

mento do credor incluso no quadro geral dos credores (art. 769) e que tiver saldo remanescente a ser satisfeito, solicita ao juízo a arrecadação dos bens adquiridos pelo devedor, procedendo-se, então, à sua alienação e devida distribuição do produto dessa aos credores, respeitadas as proporções de seus saldos, como conjuga o art. 776.

4.4.7 EXTINÇÃO DAS OBRIGAÇÕES

Por tudo o que se viu nesta modalidade de execução, a decretação da insolvência civil significa um martírio para os partícipes da mesma, ficando o devedor impotente até para gerir seus próprios bens penhoráveis, significando a perda da capacidade patrimonial sobre os mesmos.

Visando, de certo modo, atenuar a gravidade, tal enlace de questões sobre o devedor, inclusive aquelas intimamente ligadas ao seu próprio cotidiano social, o legislador achou por bem fixar um limite temporal máximo, quando, após seu decurso, restará exonerado o devedor em relação a todas as obrigações que foram ou que poderiam ter sido cobradas no âmbito da execução universal, excluindo, obviamente, as obrigações nascidas posteriormente à execução universal e que nessa, portanto, não tiveram participação, não integrando, assim, a formação da insolvência do devedor.

O mencionado prazo extintivo é de 5 (cinco) anos, contados da data do encerramento do processo de insolvência, com do trânsito em julgado da sentença que o encerrou. Sendo esse reaberto outra(s) veze(s) (*vide* art. 776), a sentença que se terá em conta será aquela do último encerramento.[118]

Para que o devedor possa solicitar a extinção de suas obrigações, reconquistando sua a aptidão para a prática de todos os atos da vida civil (*ex vi* do art. 782), o CPC/1973 estabeleceu um procedimento específico, esse que se encontra previsto no art. 777 e segs.

Nesses termos, incumbirá ao devedor requerer ao juízo da insolvência, por meio de petição, essa seguirá todos os requisitos do art. 319 e segs. do CPC/2015.

Sendo deferida, os credores que participaram do rateio serão citados por edital no órgão oficial ou em outro jornal de grande circulação para que, no prazo comum de 30 (trinta) dias, ofereçam impugnação ao pedido requerido pelo devedor.

Interessante notar que o art. 780 definiu as matérias que poderão ser alegadas em sede de impugnação pelos aludidos credores. Nesse sentido, alegar-se-á que:

I – não transcorreram 5 (cinco) anos da data do encerramento da insolvência;

II – o devedor adquiriu bens sujeitos à arrecadação (art. 776).

Uma vez encerrado o prazo e havendo impugnação(ões), o juiz abrirá prazo de 10 (dez) dias para o devedor (aqui, autor do pedido) exercer sua réplica, proferindo, em seguida, a devida sentença. Caso haja necessidade da produção de

118. MOREIRA, José Carlos Barbosa. Ob. cit., p. 289.

provas orais, designada será a audiência de instrução e julgamento e, após essa, será a sentença prolatada.

De acordo com o art. 782, uma vez declarada por sentença a extinção das obrigações do devedor, será ela publicada por edital, ficando o devedor habilitado, como já dito, a praticar todos os atos da vida civil.

Do contrário, em sendo julgado improcedente o pedido de extinção das obrigações, mantido restará o estado jurídico de insolvência do devedor, sendo autorizada a reabertura do processo por quaisquer dos credores, desde que se verifique a ocorrência ao que alude o art. 776.

Por outro lado, poderá o devedor requerer novo pedido de extinção de suas obrigações como sempre lhe dá direito o art. 778, desde que acoste, por óbvio, novo fundamento.

- Observações pertinentes:

1) *Acordo com credores*: O art. 783 prevê uma forma especial de reabilitação do devedor, possibilitando-lhe inibir que a liquidação atinja todo seu patrimônio.

Por tal dispositivo legal, é facultado ao devedor insolvente, após a aprovação do quadro geral dos credores, acordar com esses, propondo-lhes uma forma de pagamento.

Assim, ao ser apresentada tal proposta, o magistrado ouvirá todos os credores habilitados, concedendo-lhes para manifestação. Não havendo qualquer oposição, "*o juiz aprovará a proposta por sentença*" (art. 783, *in fine*).

Quanto à presente possibilidade de "pacto", interessante acostar aqui apontamento de Moura Rocha, para quem "a aceitação das proposições formadoras do acordo implicará na constituição de contrato processual de índole novativa."[119]

2) *Credores retardatários*: Ainda que somente os credores que se habilitem no prazo legal de 20 (vinte) dias (art. 761, II), possam participar do rateio, permite o CPC/1973 que o credor retardatário - ou seja, aquele que, mesmo em condições, permaneceu inerte quanto à necessária habilitação no aludido prazo - desde que, antes do rateio final, demande em face da massa credora (credores habilitados) e do devedor "ação direta", a fim de que obtenha o direito de disputar a prelação ou quota proporcional ao seu crédito.

A citada "ação direta" será pleiteada pelo credor retardatário e, ainda que o próprio CPC seja omisso quanto ao procedimento aplicável a ela, entendendo a doutrina[120], de um modo geral, pela aplicação do procedimento comum ordinário ou sumário do processo de conhecimento a despeito da força executiva desta "ação direta".

---

119. MOURA ROCHA, José de. *Comentários ao Código de Processo Civil*. Vol. IX. São Paulo: RT, 1974, p. 272.

120. Dentre outros, ASSIS, Araken. Ob. cit., p. 885; THEODORO JR., Humberto. Ob. cit., p. 505; AMARAL SANTOS, Moacyr. *Primeiras Linhas de Direito Processual Civil*. Vol. 3. São Paulo: Saraiva, 1993, p. 461.

Uma vez julgada procedente a ação direta proposta antes do rateio, terá o credor retardatário o direito assegurado no tocante à sua participação na massa, respeitando-se, inclusive, respectiva prelação diante da possível natureza jurídica de seu crédito.[121]

Convém ressaltar que a presente ação não tem o condão de suspender a execução universal que está em curso. Diante disso, poderá o credor retardatário, julgando necessário, solicitar tutela jurisdicional urgente a fim de que seja reservada, obviamente, antes do rateio, denominada parcela que a ele julgue cabível, ficando o referido valor depositado em juízo.

Sendo o resultado a seu favor, o credor

> levantará a quantia que lhe seja correspondente, ou aguardará nova arrecadação se houver saldo devedor e nele estiver incluído. Se, todavia, for julgada improcedente a sua demanda, o valor depositado será distribuído no rateio, como se nada tivesse acontecido, ou então realizada sobrepartilha, considerando as proporções e ordem estabelecidas no quadro geral.[122]

Com relação ao credor sem título executivo diante do momento de que fala o art. 761, II, terá ele que lançar mão da presente ação direta, em tudo semelhante à postura do credor retardatário e, assim, uma vez obtida a sentença condenatória, estará ele habilitado a participar, por direito, do rateio entre os credores.[123]

3) *Pensão para o devedor*: Sustenta o art. 785: "*O devedor que cair em estado de insolvência sem culpa sua, pode requerer ao juiz, se a massa o comportar, que lhe arbitre uma pensão até a alienação dos bens.*"

Diante do aludido requerimento, o juiz ouvirá os credores concorrentes e, em seguida, decidirá sobre a questão, concedendo a pensão ou não (art. 785), sendo que da decisão caberá agravo de instrumento (art. 1.015, parágrafo único do CPC/2015). Ainda que se decida favoravelmente, a duração da pensão será até a alienação dos bens arrecadados, conforme o dispositivo legal acima citado, cabendo ainda ao administrador realizar o pagamento da referida pensão ao devedor insolvente na periodicidade determinada.[124]

Poderíamos dizer que dois são os pressupostos para a concessão de tal pensão, inclusive notada com semelhança a *pietatis causa* do art. 38 da antiga Lei Falimentar:[125]

– ausência de culpa pela insolvência por parte do devedor;[126]

---

121. THEODORO JR., Humberto. Ob. cit., p. 505.

122. ABELHA, Marcelo. Ob. cit., p. 467.

123. No mesmo sentido, ver MOURA ROCHA, José de. Ob. cit., p. 277.

124. MOREIRA, José Carlos Barbosa. Ob. cit., p. 285.

125. Cf. THEODORO JR., Humberto. Ob. cit., p. 513.

126. Para a avaliação dessa contingência, deverá o devedor apresentar ao juiz relatório a respeito das causas de sua insolvência (art. 760, III). Nesse sentido, ver por todos, ASSIS, Araken. Ob. cit., p. 886.

– capacidade da massa credora para suportar o encargo (pensão).

Assim, autorizada ou não a pensão, mas posteriormente alterando-se a incidência fática dos pressupostos em tela, necessária será a realização de revisão do pensionamento, seja a requerimento do devedor (solicitando a pensão antes negada ou alteração do *quantum*) ou dos credores concorrentes (solicitando alteração do valor ou mesmo a cessação do benefício).[127]

Nota-se com muito acerto a doutrina que a concessão de tal pensão realmente será viável nos casos em que constarem da massa bens que produzam frutos ou rendimentos, sendo desses recolhido o montante correspondente ao valor fixado para a pensão.[128]

4) *Insolvência das Sociedades Civis*: Sabe-se que as sociedades civis (sociedades não empresárias) não estão regradas pela Lei Falimentar (Lei n. 11.101/2005), essa que toca expressamente em seu art. 1º, apenas ao empresário e à sociedade empresária.

O Código de Processo Civil, no entanto, por meio do art. 786 elenca a sociedade civil, em qualquer que seja sua forma, como passível de declaração de insolvência, aplicando a ela todo o regramento disposto para o insolvente civil.

Entende-se por sociedades civis, na dicção do art. 786, quaisquer pessoas jurídicas de direito privado não inclusas no âmbito de incidência da falência e da liquidação extrajudicial contida em determinadas legislações especiais[129], como, *v.g.*, sociedades de prestação de serviços, desde que não organizadas como empresas, associações com fins recreativos, culturais, religiosos, assistenciais, fundações de direito privado[130], não importando sua forma organizacional (por exemplo, por cotas de responsabilidade limitada)[131] e, sim, que não sejam empresas.

---

127. MOREIRA, José Carlos Barbosa. Ob. cit., p. 285.

128. Ibidem.

129. Cf. THEODORO JR., Humberto. Ob. cit., p. 514.

130. Ibidem.

131. ASSIS, Araken. Ob. cit., p. 828.

CAP. 19 – PROCESSO DE EXECUÇÃO

PROCESSO DE EXECUÇÃO POR QUANTIA CERTA

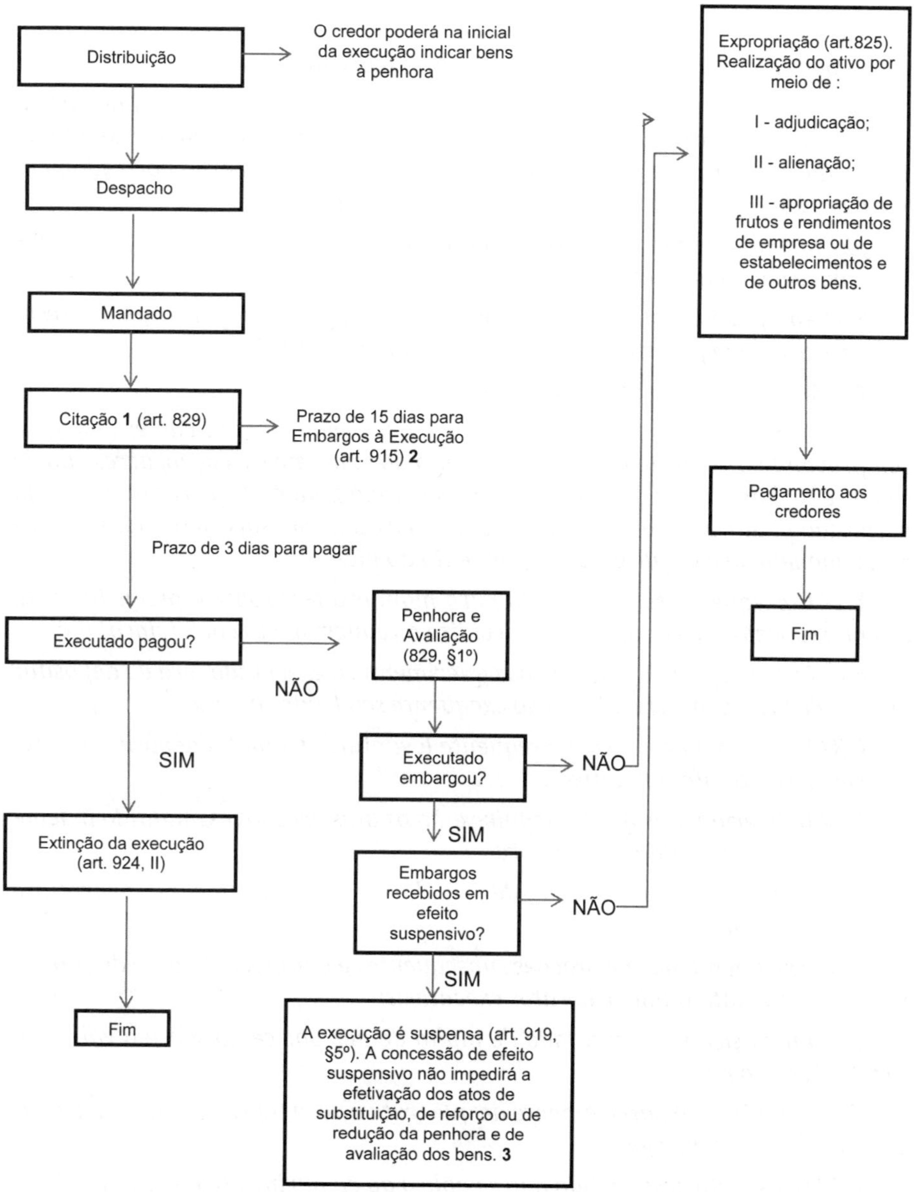

Notas do texto:

1 – Possibilidade do executado não ser encontrado:

"Art. 830. Se o oficial de justiça não encontrar o executado, arrestar-lhe-á tantos bens quantos bastem para garantir a execução.

§ 1º Nos 10 (dez) dias seguintes à efetivação do arresto, o oficial de justiça procurará o executado 2 (duas) vezes em dias distintos e, havendo suspeita de ocultação, realizará a citação com hora certa, certificando pormenorizadamente o ocorrido.

§ 2º Incumbe ao exequente requerer a citação por edital, uma vez frustradas a pessoal e a com hora certa.

§ 3º Aperfeiçoada a citação e transcorrido o prazo de pagamento, o arresto converter-se-á em penhora, independentemente de termo."

2 – Reconhecimento do crédito:

"Art. 916. No prazo para embargos, reconhecendo o crédito do exequente e comprovando o depósito de trinta por cento do valor em execução, acrescido de custas e de honorários de advogado, o executado poderá requerer que lhe seja permitido pagar o restante em até 6 (seis) parcelas mensais, acrescidas de correção monetária e de juros de um por cento ao mês.

§ 1º O exequente será intimado para manifestar-se sobre o preenchimento dos pressupostos do caput, e o juiz decidirá o requerimento em 5 (cinco) dias.

§ 2º Enquanto não apreciado o requerimento, o executado terá de depositar as parcelas vincendas, facultado ao exequente seu levantamento.

§ 3º Deferida a proposta, o exequente levantará a quantia depositada, e serão suspensos os atos executivos.

§ 4º Indeferida a proposta, seguir-se-ão os atos executivos, mantido o depósito, que será convertido em penhora.

§ 5º O não pagamento de qualquer das prestações acarretará cumulativamente:

I - o vencimento das prestações subsequentes e o prosseguimento do processo, com o imediato reinício dos atos executivos;

II - a imposição ao executado de multa de dez por cento sobre o valor das prestações não pagas.

§ 6º A opção pelo parcelamento de que trata este artigo importa renúncia ao direito de opor embargos

§ 7º O disposto neste artigo não se aplica ao cumprimento da sentença."

3 – Prescrição Intercorrente:

"Art. 921. Suspende-se a execução

(...):

III - quando o executado não possuir bens penhoráveis;

§ 1º Na hipótese do inciso III, o juiz suspenderá a execução pelo prazo de 1 (um) ano, durante o qual se suspenderá a prescrição.

§ 2º Decorrido o prazo máximo de 1 (um) ano sem que seja localizado o executado ou que sejam encontrados bens penhoráveis, o juiz ordenará o arquivamento dos autos.

§ 3º Os autos serão desarquivados para prosseguimento da execução se a qualquer tempo forem encontrados bens penhoráveis.

§ 4º Decorrido o prazo de que trata o § 1º sem manifestação do exequente, começa a correr o prazo de prescrição intercorrente.

§ 5º O juiz, depois de ouvidas as partes, no prazo de 15 (quinze) dias, poderá, de ofício, reconhecer a prescrição de que trata o § 4º e extinguir o processo."

CAPÍTULO 20

EMBARGOS À EXECUÇÃO

1. CONSIDERAÇÕES INICIAIS

Com o advento a Lei n.11.382/2006, ainda sob a égide do CPC/1973, a disciplina dos Embargos em sede de execução passou por importantes modificações, estas que, de certa forma, foram mantidas e, dados importantes contornos diante do advento do Código de Processo Civil de 2015, visando impedir, ainda que não de todo ideal, que o exercício do supracitado instrumento jurisdicional do executado sirva de empeço ao desenvolvimento regular da relação processual juris satisfativa.

2. NATUREZA JURÍDICA

Possuem os embargos natureza jurídica de ação, decorrendo de seu exercício um processo incidente de conhecimento, sendo segura a doutrina a este respeito.[1]

Tipicamente, constitui em uma ação incidental cognitiva, constitutiva negativa, objetivando desconstituir o título executivo ou mesmo declarar sua nulidade ou inexistência, em oposição à pretensão executória articulada em sede de processo de execução.

Deve-se entender que os embargos não configuram como uma simples resistência passiva tal como o é a contestação no âmbito do processo de cognição.

O embargante, na verdade, assume posição ativa, exercitando o seu direito de ação contra o credor na busca por uma sentença que venha possibilitar, conforme já dito, extinguir o Processo de Execução, seja desconstituindo o título executivo, ou mesmo declarando sua nulidade ou existência.

Do ajuizamento da ação cognitiva incidental de embargos, uma nova relação jurídica processual se forma, onde e sendo válida, invariavelmente, necessitará do acertamento acerca do direito contraditado, assumindo, por isso, o caráter de pretensão resistida – lide.

Chamamos atenção para o fato de que, quando da propositura da ação de execução, essa atuará sobre o executado no intuito de que o mesmo venha adimplir seu débito, isto é, este último será citado para satisfazer a obrigação a ele imputada e não para contraditar no mesmo processo de execução. Para este desiderato,

---

1. LIEBMAN, Enrico Tullio. *Embargos do Executado*. Trad. J. Guimarães Menegale. São Paulo: Saraiva, 1953, n. 92, p. 183-187; MANDRIOLI, Crisanto. *Corso di Diritto Processuale Civile*. Vol. 3. Turim: Giappichelli, p. 432-434; ASSIS, Araken. *Manual da Execução*. 11. ed. São Paulo: RT, 2007, p. 1079; LUCON, Paulo Henrique dos Santos. *Embargos à Execução*. São Paulo, 1996, n. 38, p. 84, dentre outros.

o executado, em oposição, interporá tutela processual específica de oposição à execução – Embargos, conforme denota do art. 914, *caput* do CPC - revelando-se, inclusive, insubstituível por qualquer outra medida, tal como o mandado de segurança, diante do que já esclarecido pelo STJ por meio de sua 3ª Turma.[2]

Por tudo, os embargos têm a função de preservar o direito de defesa, sendo tal estrutura a escolhida pelo legislador, ou seja, oposição mediante ação própria, geradora de um processo de conhecimento incidental ao de execução, em que o executado, de maneira autônoma, se defende, propondo nova demanda em face do credor.

3. DO PROCESSAMENTO DOS EMBARGOS

3.1 LEGITIMIDADE PARA EMBARGAR

Como legitimado natural para tal ação incidental de embargos, estará sempre o executado (art. 914), no entanto não se pode olvidar daquelas pessoas que, de forma legítima, podem usufruir de tal instrumento processual, tais como o terceiro que garante a obrigação de outrem, sendo, por isso, atingido pela penhora. Ainda assim, deve ser apto a embargar a execução o cônjuge não devedor, mas que, diante da penhora atingindo bem imóvel do casal, torna-se litisconsorte na *actio*.[3]

3.2 A SEGURANÇA DO JUÍZO – DESNECESSIDADE

Observava-se no CPC/1973, em regramento anterior à Lei n. 11.382/2006, a exigência de segurança do juízo que ocorria pela penhora na execução por quantia certa ou pelo depósito na execução para entrega de coisa, sendo, portanto, indispensável para a correta admissão dos embargos.

Assim, na execução por quantia certa contra devedor solvente, a penhora era tida como requisito fundamental para o processamento dos embargos, o que, de forma frequente, impulsionava a suspensão de um grande volume de processos ante a ausência de bens por parte do devedor-executado, ficando esse, de certa forma, cerceado no seu direito de se defender perante ação autônoma de uma execução injusta, a despeito da possibilidade de o mesmo, em hipóteses restritas, manejar exceção ou objeção de executividade, essas imunes à segurança do juízo.

Mantendo a trilha já edificada pela aludida Lei n. 11.382/2006, o CPC/2015 prevê, em seu art. 914, que o executado, independentemente de penhora, depósito ou caução, poderá se opor à execução por meio de embargos.

---

2. STJ.3ª T. RMS 1.073-RJ, 26.11.1991. Rel. Min. Bueno de Souza, RJSTJ 3 (28) / 274.
3. STJ. 3ª T. REsp 190.794-SP. Rel. Min. Ari Pargendler. Julg.21.08.2001, *DJU* de 01.10.2001, p. 204; STJ. 4ª T. REsp 11.169-SP. Rel. Min. Barros Monteiro. Julg. 18.05.1992, *DJU* de 22.06.1992, p. 9762.

Diante de inteligência da regra supracitada, a segurança do juízo continua passando longe de qualquer pressuposto básico para o ajuizamento dos embargos do executado, podendo esse, no prazo legal, apresentá-lo, visando à desconstituição do título ou apenas perseguindo a extinção do processo de execução, independentemente da constituição da penhora nos autos da execução ou prestação de outra garantia.

Insta assinalar que a aludida regra, de certo, não terá o condão de afastar a possibilidade da existência de execuções frustradas por ausência de bens do executado, não custando nada lembrar que a responsabilidade do devedor será, na execução, sempre patrimonial.[4]

3.3 DISTRIBUIÇÃO DOS EMBARGOS E SUA AUTUAÇÃO

No CPC/2015, a distribuição dos embargos continua sendo por dependência junto ao juízo da execução, notoriamente, motivada pela conhecida relação de conexão por prejudicialidade que mantém com o processo de execução, podendo o juiz, por cautela e evitando confusão processual, ante a ausência do efeito suspensivo *open legis* dos embargos e, mesmo a despeito de omissão legal, certificar nos autos da execução a existência de tal ação incidental do executado.

No que se refere à autuação dos embargos, disciplina o CPC em seu art. 914, §1º, que os mesmos serão autuados em apartado e instruídos com cópias das peças processuais que o embargante entenda sejam relevantes, podendo, inclusive, serem as mesmas declaradas autênticas pelo advogado, sob sua responsabilidade pessoal.

Cabe destacar que, na execução por carta, os embargos serão oferecidos no juízo deprecante ou no juízo deprecado, mas a competência para julgá-los é do juízo deprecante, salvo se versarem unicamente sobre vícios ou defeitos da penhora, da avaliação ou da alienação dos bens efetuadas no juízo deprecado, conforme regula o §2º do art. 914 do CPC.[5]

3.4 PRAZO PARA EMBARGAR

Os embargos serão oferecidos no prazo de 15 (quinze) dias, contados, conforme o caso, na forma do art. 231 (*ex vi* do art. 915). Tal regra relativa ao prazo para a apresentação dos embargos mantém-se a mesma também diante da existência de uma pluralidade de executados, como se depreende do conteúdo

---

4. Chama atenção aí o Princípio da Realidade (Patrimonialidade), em que, de acordo com o art. 789, todos os bens do devedor, sejam eles presentes sejam futuros, respondem por suas obrigações, salvo as restrições estabelecidas em lei, *v.g.*, dívidas de alimentos, (art. 5º, LXVII, da CF/88).

5. Súmula n.46 do STJ: "Na execução por carta, os embargos do devedor serão decididos no juízo deprecante, salvo se versarem unicamente vícios ou defeitos da penhora, avaliação ou alienação dos bens."

do § 1º do art. 915 do CPC; portanto, o prazo para o oferecimento dos embargos para cada um dos executados terá início a partir da juntada aos autos do mandado de citação de cada um deles, não sendo aplicada a regra de que o prazo terá curso a partir da juntada aos autos do último mandado de citação devidamente cumprido.

Por tudo, temos que, na medida em que as citações forem sendo juntadas aos autos do processo, se inaugurará o prazo de 15 (quinze) dias para a apresentação dos embargos de maneira individual para cada um dos executados interessados na oferta de tal instrumento, independentemente da citação dos demais executados.

Exceção à regra acima enfrentada é posta ainda pelo mesmo § 1º, *in fine* do art. 915 do CPC. Expressa esse dispositivo legal, de forma categórica, que, em se tratando de cônjuges ou de companheiros, em relação litisconsorcial – estabelecido, por exemplo, na nomeação à penhora de bens imóveis do casal – o prazo terá como termo *a quo* a data da juntada aos autos do último mandado de citação, configurando-se, nessa situação, em prazo comum para a apresentação dos embargos.

Notadamente, possibilitando aos cônjuges de pleitearem em prazo comum os embargos e diante de conteúdos com reais similitudes, sobretudo em matérias passíveis de alegação pelos mesmos, poder-se-ia aproveitar uma mesma ação incidental de embargos, tentando evitar o aforamento de mais de uma ação de embargos e prestigiando o preceito da economia processual. Tal ressalva, inclusive, já era abraçada pela jurisprudência.[6]

Ainda dentro da seara temporal, foi positivado agora algo já enfrentado pelos pretórios, de um modo geral, com indicação decisória mansa e pacífica acerca do entendimento relativo à não incidência da regra do art. 229 ao regime dos embargos.[7]

Expressa o § 3º do art. 915, *in verbis*: "*Em relação ao prazo para oferecimento dos embargos à execução, não se aplica o disposto no art. 229.*"

Como já dito, os embargos têm natureza de ação incidental, não se tratando, naturalmente, de uma contestação ou qualquer fala nos autos.

Assim, não caberá falar acerca do prazo em dobro para embargar, ainda que os executados/litisconsortes tenham procuradores diversos ou diferentes de escritórios de advocacia distintos. Trata-se, portanto, na hipótese de prazo simples.

Nos atos de comunicação por carta precatória, rogatória ou de ordem, a realização da citação será imediatamente informada, por meio eletrônico, pelo

---

6. STJ. 4ª T. REsp 328.635/GO. Rel. Ruy Rosado. Julg. 12.03.2002, *DJU* de 20.05.2002, p. 150; STJ. 3ª T. REsp 681.266/DF. Rel. Min. Nany Andrighi. Julg. 02.06.2005, *DJU* de 01.07.2005, p. 530.

7. STF. 1ª T. RE 97.138-SP. Rel. Min. Soares Moñoz. Julg. 25.06.1982, RTJ 103/1.294; STF. 1ª T. RE 96.361-SP. Rel. Min. Alfredo Buzaid. Julg. 08.06.1982, *RTJ* 102/855; STJ. 4ª T. REsp 454-RJ. Rel. Min. Sálvio de Figueiredo. Julg. 22.08.1989, *RSTJ* 5/498.

juiz deprecado ao juiz deprecante (§4º do art. 915), sendo o prazo para embargar, contado nos seguintes termos do §2º do art. 915:

I - da juntada, na carta, da certificação da citação, quando versarem unicamente sobre vícios ou defeitos da penhora, da avaliação ou da alienação dos bens;

II - da juntada, nos autos de origem, do comunicado de que trata o § 4º supracitado ou, não havendo este, da juntada da carta devidamente cumprida, quando versarem sobre questões diversas da prevista no item I retro referido.

Entende-se, por isso, que, nas execuções por carta, o juízo deprecado deverá comunicar imediatamente ao juízo deprecante a respeito da conclusão do ato citatório, passando o prazo para o oferecimento dos embargos a ser contado a partir da juntada aos autos da execução da aludida comunicação, tudo decorrente de aviso por meio eletrônico, demonstrando, nesse compasso, a preocupação do legislador com a efetividade e presteza dos atos processuais, esses que, a despeito de inúmeros exageros formais e desnecessários que permeiam o nosso sistema processual, no caso em tela, espera-se que realmente haja o exercício amplo da novidade por nossa magistratura.

Cabe aqui ressaltar mais uma vez que, na execução por carta, os embargos serão oferecidos no juízo deprecante ou no juízo deprecado, mas a competência para julgá-los é do juízo deprecante, salvo se versarem unicamente sobre vícios ou defeitos da penhora, da avaliação ou da alienação dos bens efetuadas no juízo deprecado, conforme regula o §2º do art. 914 do CPC.

3.5 REJEIÇÃO LIMINAR DOS EMBARGOS

De acordo com o art. 918 do CPC, serão os embargos rejeitados *in limine*:

I - quando intempestivos;

II - nos casos de indeferimento da petição inicial e de improcedência liminar do pedido;

Aqui, estar-se-á diante das hipóteses do art. 330 (indeferimento da petição inicial) assim como do art. 332 (improcedência liminar ou *prima face* do pedido).

III - manifestamente protelatórios.

Neste caso, completado pelo parágrafo único do art. 916, onde se considera conduta atentatória à dignidade da justiça o oferecimento de embargos à execução manifestamente protelatórios, chamamos à luz, mais uma vez, as hipóteses contidas no art. 774, onde em rol exemplificativo, sustenta a presença de tal conduta:

> *Art. 774. Considera-se atentatória à dignidade da justiça a conduta comissiva ou omissiva do executado que:*
>
> *I - frauda a execução;*
>
> *II - se opõe maliciosamente à execução, empregando ardis e meios artificiosos;*

> *III - dificulta ou embaraça a realização da penhora;*
>
> *IV - resiste injustificadamente às ordens judiciais;*
>
> *V - intimado, não indica ao juiz quais são e onde estão os bens sujeitos à penhora e os respectivos valores, nem exibe prova de sua propriedade e, se for o caso, certidão negativa de ônus.*

Nota-se que, diante da incidência de tais casuísmos, seja por atitude comissiva ou omissiva do embargante, caberá ao magistrado fixar multa em montante não superior a 20% (vinte por cento) do valor atualizado do débito em execução, esta que será revertida em proveito do exequente, sendo exigível nos próprios autos do processo de execução, sem prejuízo de outras sanções de natureza processual ou material.

Disso temos que por atos manifestamente protelatórios devem ser entendidos aqueles atos praticados com o propósito único de retardar o andamento processual, tendo a nítida feição de obstaculizar a presteza da entrega satisfatória e efetiva do direito e que, por nada acrescentarem ao esclarecimento da demanda, senão ao interesse de travar a máquina jurisdicional do Estado. Deve o magistrado diante de flagrante ataque ao instrumento democrático, que é o processo rechaçar, liminarmente, os embargos no exercício prático que lhe confere o presente inciso III.

Aliás, nesse contexto, não custa reafirmar ser a concretização efetiva da ordem jurídica a tônica do processo civil de resultados, sendo aquela, inclusive, um atributo inerente ao Estado interessado. Este Estado "interessado", em sede jurisdicional, tem na figura do juiz o exercício de seu real e exato interesse, na medida em que, ao chamar para si o monopólio da jurisdição, sobretudo em nível de execução ou satisfação de pretensões reconhecidas como aptas a amparar direitos, possui o papel de partícipe ativo, ocupando o juiz posição que lhe permita não somente com as partes, conduzir o procedimento da *actio*, mas e, sobretudo, condicioná-la a um julgamento, na medida do possível, presto, efetivo e justo, sempre estimulando a cooperação entre os partícipes do processo bem como exercitando o contraditório pleno e qualificado no feito, razão máxima de um devido processo constitucional.

3.6 DOS EFEITOS

Conforme expressa o art. 919 do CPC, *os embargos à execução não terão efeito suspensivo*, tomando-se, portanto, como regra, a não suspensividade do processo de execução.

Otimizar a relação processual executória, ensejando a realização efetiva dos atos reais voltados à célere satisfação do direito material, foi a intenção do legislador. Apenas para relembrar, releva assinalar que a impugnação apresentada na fase de execução forçada incidental (cumprimento de sentença) também não possui efeito suspensivo de pronto, como se infere do preceito incluso no art. §6º do art. 525 do CPC, prevalecendo coerência ante as situações que busquem a satisfação de obrigação inadimplida por meio da jurisdição estatal.

Permanece, porém, ainda a possibilidade de ser atribuído efeito suspensivo aos embargos com a paralisação temporária do processo de execução, conforme dicção do § 1º do art. 919 do CPC:

> *§ 1º O juiz poderá, a requerimento do embargante, atribuir efeito suspensivo aos embargos quando verificados os requisitos para a concessão da tutela provisória e desde que a execução já esteja garantida por penhora, depósito ou caução suficientes.*

Nota-se que o magistrado poderá atribuir efeito suspensivo aos embargos apresentados caso forem relevantes os seus fundamentos, somados ainda à possibilidade de o prosseguimento do processo de execução vir a causar grave dano de difícil ou incerta reparação ao executado.

Destarte, além dos requisitos supracitados, estipulou o legislador a segurança do juízo como condição fundamental para que o juiz possa atribuir aos embargos a qualidade suspensiva da marcha executiva.

Há de afirmar que o deferimento ou não do efeito da suspensividade não se situa na esfera discricionária do magistrado, não podendo, por isso, por meio de ato deliberado, ou seja, sem provocação do pedido suspensivo pelo executado, conceder tal efeito. Dessa forma, deve o representante do Estado, ao analisar acerca da concessão ou não do efeito suspensivo ao embargo, atentar-se para a incidência dos requisitos acima enfrentados.

Cabe notar que, mesmo diante da adoção de efeito suspensivo aos embargos, dito efeito não será barreira intransponível à efetivação da penhora e avaliação dos bens, como bem regra o § 5º do art. 919, *in verbis*:

"§ 5º A concessão de efeito suspensivo não impedirá a efetivação dos atos de substituição, de reforço ou de redução da penhora e de avaliação dos bens."

Significa tal racionalidade que, durante o curso dos embargos recebidos com efeito suspensivo, poderá a execução seguir o seu curso, realizando-se dos atos de substituição, de reforço ou de redução da penhora e de avaliação dos bens garantidores de crédito do exequente, não ensejando para o executado-embargante qualquer prejuízo, mínimo que seja, decorrente da otimização daqueles atos executivos.

A decisão acerca do deferimento ou não de pleito do embargante relativo à suspensão de seus embargos é de maleável modificação. Nesse ínterim, previu o legislador, ante o § 2º do art. 919 do CPC, a possibilidade de o juiz, mediante decisão fundamentada e diante de pedido de qualquer das partes, modificar ou revogar a qualquer tempo a decisão relativa aos efeitos dos embargos, uma vez desaparecidas as causas que a motivaram, em claro apego ao brocardo *rebus sic standibus,* vale dizer que as situações fáticas que justificaram o acolhimento ou não do requerimento de efeito suspensivo aos embargos poderão passar por alterações, por mudanças supervenientes, sendo, por isso, notadamente possível que, em um primeiro instante, ao deferir ou indeferir o efeito suspensivo ao processamento dos embargos, estejam ou não presentes os requisitos autorizadores da concessão de suspensividade (*v.g.* penhora ainda não realizada), o que não terá o condão de impedir que em fase processual mais adiantada os mencionados requisitos se façam presentes (em caso, indeferimento *prima face*) ou ausentes, justificando, em bom termo, a aplicabilidade do dispositivo legal em comento.

Cabe ainda destacar que concessão de efeito suspensivo aos embargos oferecidos por um dos executados não suspenderá a execução contra aqueles que não embargaram, logicamente, quando o respectivo fundamento disser respeito exclusivamente ao embargante.

Não é demais asseverar que, da decisão do magistrado acerca da suspensão ou não dos embargos do executado bem como do pedido modificativo *a posteriori* dos efeitos prestados ao aludido instituto, desafiará, se de interesse da parte, o recurso de agravo de instrumento (*ex vi* do parágrafo único do art. 1.015 do CPC).

4. DOS EMBARGOS PARCIAIS

Serão os embargos considerados parciais quando atacarem apenas parte da pretensão objetivada pelo exequente, ou seja, se opuserem parcialmente ao objeto da execução.

Nesse âmbito, caso o embargante venha lograr êxito no pedido de suspensão da execução, tal efeito não atingirá a parte inquestionada pelo mesmo no bojo dos embargos, dado o seu enfrentamento apenas parcial sobre o objeto da pretensão executiva, sendo notório que a suspensão não poderá avançar naquilo que não foi avençada pelo interessado.

Assim, o § 3º do art. 919 do CPC autoriza a possibilidade de que os efeitos suspensivos aos embargos, caso concedidos, limitem-se à parte da execução, fazendo, por conseguinte, com que a parte restante, quer dizer, aquela não atingida pela suspensão, tenha curso regular.

Caso que tipifica a *questio* em tela seria aquele quando o embargante, em sua argumentação, apenas prende-se ou questiona a taxa de juros bem como sua capitalização, reconhecendo-se, portanto, o débito principal (art. 917, §2º, I).

5. EMBARGOS DE UM DOS COEXECUTADOS (OU SUBJETIVAMENTE RESTRITOS)

Sustenta o § 4º do art. 919 do CPC:

"A concessão de efeito suspensivo aos embargos oferecidos por um dos executados não suspenderá a execução contra os que não embargaram quando o respectivo fundamento disser respeito exclusivamente ao embargante."

Permanece viva, diante do dispositivo legal em tela, que a oferta dos embargos por um dos executados não suspenderá a execução perante os demais que não embargaram.

Aqui, a integralidade/totalidade ou não dos embargos não decorre do objeto da execução, mas da atitude implementada pela pluralidade de executados em seus comandos.

Daí, quando da existência de litisconsórcio passivo na execução e apenas um ou alguns dos executados postularem ação incidental de embargos, caberá ao magistrado, se for o caso, ao analisar solicitação para a concessão de efeito suspensivo, não só observar se a suspensão da execução será total ou parcial, dependendo das matérias que tiverem sido alegadas em sede dos embargos articulados como também quem se beneficiará de tal efeito, ou seja, qual(is) executado(s)-embargante(s) será(ão) atingido(s) em sua(s) pretensão(ões) suspensiva(s) da execução.

Notadamente, é de se atentar para a parte final do próprio § 4º do art. 919, em que, ao preceituar que o fundamento há de ser aplicável, exclusivamente, àquele embargante, coloca patente a necessidade de que a defesa inclusa nos embargos somente seja aproveitável pelo litisconsorte impetrante, por isso, não beneficiando, de modo algum, os demais coexecutados.

Nessa hipótese, o juiz não deverá suspender o processo de execução no que diz respeito a todos os executados quando o(s) fundamento(s) dos embargos tiver aptidão ou for capaz de atingir, para beneficiar, apenas e de forma exclusiva, o embargante.

Na mesma toada, nota Araken de Assis que pendendo "embargos suspensivos, nenhum ato executivo poderá ser praticado. E existindo litisconsortes passivos na execução, que não foram beneficiados pela suspensão? A execução prosseguirá definitivamente".[8]

Em sentido exemplificativo estão aqueles embargos manejados pelo fiador que, sendo parte no processo de execução, alega a nulidade da fiança. Dita alegação – nulidade da fiança – em nada atinge a obrigação do executado (devedor principal), ou mesmo, caso existirem dos demais executados (devedores-afiançados). Nisso, entendendo o juiz ser o caso de concessão de efeito suspensivo aos embargos, tal decisão não será extensiva aos demais executados que não embargaram, por se tratar a nulidade da fiança fundamento exclusivo daquele que a ela deu e, por isso, só podendo atingir o próprio embargante. Nessa hipótese, a execução continuará o seu curso quanto aos demais executados não embargantes.

6. DAS MATÉRIAS QUE PODEM SER VEICULADAS NOS EMBARGOS

Estabelece o art. 917 as matérias que comportarão a discussão em sede de embargos à execução nos seguintes termos:

---

8. ASSIS, Araken. *Manual da Execução*. 11. ed. São Paulo: RT, 2007, n. 510.5, p. 1149.

> *Art. 917. Nos embargos à execução, o executado poderá alegar:*
>
> *I - inexequibilidade do título ou inexigibilidade da obrigação;*
>
> *II - penhora incorreta ou avaliação errônea;*
>
> *III - excesso de execução ou cumulação indevida de execuções;*
>
> *IV - retenção por benfeitorias necessárias ou úteis, nos casos de execução para entrega de coisa certa;*
>
> *V - incompetência absoluta ou relativa do juízo da execução;*
>
> *VI - qualquer matéria que lhe seria lícito deduzir como defesa em processo de conhecimento.*

Enfrentando as hipóteses inclusas nos incisos do supracitado dispositivo, cumpre destacar, já no inciso I, a possibilidade de o devedor estancar a execução, atacando *inexequibilidade do título ou inexigibilidade da obrigação.* Os títulos executivos, em sua generalidade, estão previstos nos incisos do art. 784, além daqueles que, por disposição expressa, a lei atribua força executiva (inciso XII).[9]

Assim, não sendo exequível o título ou inexigível a obrigação que nele consta, impedido estará o credor de promover a execução, ensejando, pois, este argumento da impugnação.

A inexequibilidade do título retrata o próprio vicio formal do título, não representando, portanto, o reconhecimento legal de sua validez enquanto um título executivo – aqui judicial. Já, a inexigibilidade da obrigação constante do título executivo encarta a inexigibilidade do débito não vencido ou sujeito à contraprestação ainda não adimplida, por isso, competirá ao credor, no caso de estar a exigibilidade na pendência de termo ou condição, já no requerimento inicial, fazer prova de que tais circunstâncias ocorreram (art. 798, I, *c* do CPC) bem como provar que adimpliu a contraprestação que lhe compete, ou que lhe assegura o cumprimento, se o executado não estiver obrigado a satisfazer a sua prestação senão mediante contraprestação do credor (art. 798, I, *d* do CPC).

Assim, nula será a execução caso o credor vier descumprir o ônus de dita prova, passível de reconhecimento por meio de impugnação, ocorrendo aí verdadeira carência da ação por falta de interesse processual.

Pode-se ainda, a despeito de o título figurar, p.ex., no rol do art. 784, estar ele sem os atributos que da obrigação nele inclusa, se exigem: certeza, liquidez e exigibilidade (art. 803, I). Nesse caso, caberá também ao executado a alegação de nulidade da execução, devidamente fundamentado no presente inciso.

Na verdade, por ser matéria relacionada às próprias condições basilares para a provocação da jurisdição, tal argumentação de nulidade da execução

---

9. Poderá a lei criar outros títulos executivos extrajudiciais, além do rol previsto no art. 784 do CPC. Assim, as cédulas de crédito rural e industrial, os certificados de depósito bancário, o *warrant* e o conhecimento de depósito, dentre outros.

pelas motivações supracitadas é conteúdo não atingido por preclusão temporal, de modo que independe de embargos do devedor para o seu conhecimento, cumprindo ao juiz declarar, de ofício, a inexistência desses pressupostos formais contemplados na lei processual civil,[10] ou mesmo por meio de objeção, essa suscitada pelo executado.

No inciso II, contemplados estão os argumentos acerca da penhora incorreta ou avaliação errônea.

A penhora é um ato processual e, por isso, está também submetida a requisitos de formação, de modo que, em não sendo observados ou respeitados, estar-se-á diante de uma penhora incorreta, dando ensejo à sua anulação e por outra vez seja ela realizada.

É de se notar ainda que incorreta será também a penhora que recair sobre bens impenhoráveis (art. 833), relativamente impenhoráveis (art. 834), ou mesmo do desrespeito à ordem legal de preferência (art. 835). Aliás, bem andou o legislador ao bem regrar no §1º do art. 917 que eventual incorreção da penhora ou da avaliação *poderá ser impugnada por simples petição, no prazo de 15 (quinze) dias, contado da ciência do ato.*

No tocante à avaliação errônea, poderá essa configurar-se, p.ex., no que diz respeito ao seu valor, nos casos de estimativa valorativa do bem realizada pelo avaliador não corresponder ao seu valor de mercado, merecendo correção por intermédio de uma nova avaliação. É de se afirmar, contudo, ao executado cabe o abrigo das hipóteses deste inciso II, desde que pautadas em argumentos razoáveis, devendo ser, por isso, não admitida a simples alegação de incorreção ou erro nos atos processuais da avaliação e penhora, como simples pretexto de retardar o desenvolvimento da execução, valendo trazer à luz aqui e não se admitindo tratamento inferior aquelas exigências do art. 847 do CPC.

A hipótese do inciso III dita como possível argumento do executado, o "*excesso de execução ou cumulação indevida de execuções*".

Nos termos do inciso V, matéria permissiva de impugnação é aquela decorrente da argumentação acerca do excesso de execução ou cumulação indevida de execuções.

Tem-se excesso de execução, de acordo com o art. 917, §2º, quando: I - o exequente pleiteia quantia superior à do título; II - ela recai sobre coisa diversa daquela declarada no título; III - ela se processa de modo diferente do que foi determinado no título; IV - o exequente, sem cumprir a prestação que lhe corresponde, exige o adimplemento da prestação do executado; V - o exequente não prova que a condição se realizou.

Na verdade, apenas na primeira hipótese se configura no excesso propriamente dito, dado que nas demais há a carência da via executiva por falta de interesse de agir em virtude da inadequação do pedido ou da medida executiva

10. STJ. 3ª T. REsp 13.960-SP. Rel. Min. Waldemar Zveiter. Julg. 26.11.1991, *RSTJ* 40/447.

em face do título, podendo, indubitavelmente, ser enquadradas como inexequibilidade do título.

É fundamental pontuar que cabe ao devedor, quando da alegação de que o exequente, em excesso de execução, pleiteia quantia superior à resultante da sentença, declarar, de imediato, o valor que entende correto, apresentando demonstrativo discriminado e atualizado de seu cálculo (§3º do art. 917 do CPC), evitando-se que se limite somente a aduzir de forma genérica excesso de execução, matéria que, geralmente, tem a finalidade precípua de protelar o desenvolvimento do processo.

Ainda nesta toada, conforme os ditames do §4º do art. 917, não apontado o valor correto ou não apresentado o demonstrativo, os embargos serão liminarmente rejeitados sem resolução de mérito, se o excesso de execução for o seu único fundamento, ou, se houver outro, serão os embargos processados, mas o magistrado não examinará a alegação de excesso de execução.

Com relação à cumulação indevida de execuções, tem-se como conteúdo exemplificativo a situação onde seja o réu condenado em uma mesma sentença a cumprir duas obrigações de ordens diversas, sendo uma de natureza pecuniária (pagar quantia) e a outra de obrigação de fazer. Neste caso, por serem distintos os procedimentos, não será possível cumular ambas as execuções em um só rito, devendo, portanto, ser realizadas em procedimentos distintos e separadamente. No entanto, optando o credor por acumular ambas as execuções, certamente, poderá o executado apresentar sua impugnação e pautá-la na cumulação indevida de execuções.[11]

É verdade que, sob a luz da economia e efetividade processuais, diante de eventual deferimento parcial da cumulação, há quem afirme a possibilidade de prosseguimento da execução de um dos títulos, extinguindo-se, consequentemente, o processo de forma parcial, sendo então os embargos procedentes em parte, arcando, por isso, o credor com ônus de sucumbência.[12]

Ao contrário, tem a doutrina, já de algum tempo e mesmo recentemente, inclinado pela extinção de todo o processo de execução, ainda que estejamos diante de deferimento parcial da cumulação, não estando o magistrado autorizado a deferir tal cumulação que venha ao encontro das aludidas vedações legais impostas, ou seja, poder de desacumular, na verdade, reunião de execuções que poderiam ser propostas em separado.[13]

No inciso IV, temos a hipótese permitindo ao executado alegar nos embargos a retenção por benfeitorias necessárias ou úteis (deve-se entender aqui

11. CÂMARA, Alexandre Freitas. *O Novo Processo Civil Brasileiro*. São Paulo: Atlas, 2015, p. 409.

12. GRECO FILHO, Vicente. *Direito Processual Civil brasileiro*. Vol. III. 18. ed. São Paulo: Saraiva, 2006, p. 128.

13. SANTOS, Moacyr Amaral. *Primeiras Linhas de Direito Processual Civil*. Vol. III. 13. ed. São Paulo: Saraiva, 1993, p. 410-411; MARQUES, José Frederico. *Manual de Direito Processual Civil*. Vol. IV. São Paulo: Saraiva, 1976, p. 233; ASSIS, Araken, Ob. cit., n. 486.5, p. 1091.

necessárias e/ou úteis!), em casos decorrentes de títulos executivos extrajudiciais para a entrega de coisa certa, obrigação essa regulada pelo art. 806 e segs.

Tal comando legal está em sintonia com o nosso Código Civil, dando ainda a esse, efetividade diante do preceito contido no art. 1.219 do diploma civil, segundo o qual tem o possuidor de boa-fé direito à indenização das benfeitorias necessárias e úteis bem como, no que toca às voluptuárias, caso não lhe sejam pagas, direito a levantá-las, quando puder sem detrimento da coisa, podendo *exercer o direito de retenção pelo valor das benfeitorias necessárias e úteis.*

Neste ínterim, destacam-se os §§5º e 6º do próprio art. 917, que bem expressam entendimento acerca da extensão da matéria assentada:

> *§ 5º Nos embargos de retenção por benfeitorias, o exequente poderá requerer a compensação de seu valor com o dos frutos ou dos danos considerados devidos pelo executado, cumprindo ao juiz, para a apuração dos respectivos valores, nomear perito, observando-se, então, o art. 464.*
>
> *§ 6º O exequente poderá a qualquer tempo ser imitido na posse da coisa, prestando caução ou depositando o valor devido pelas benfeitorias ou resultante da compensação.*

O inciso V do art. 917 trata da possibilidade de alegação no bojo dos embargos da *incompetência absoluta ou relativa do juízo da execução.*

Tal temática já fora enfrentada no Capítulo 17 da presente obra, de modo que solicitamos ao leitor que para lá se dirija.

Do último inciso do art. 917, o VI manteve o legislador o que já constava do antigo art. 745, V do CPC/1973, ou seja, a permissão ao executado levantar nos embargos qualquer matéria que lhe seja autorizada a deduzir como defesa em processo de conhecimento, justificando tal regra na notória assertiva de que o título executivo extrajudicial não teve na sua constituição outra participação senão aquela dos contratantes e, por isso, do não enfrentamento de um processo de cognição, mesmo que a lei assegure validade, ainda que ficta a tal título, não se teve manifestação prévia do Poder Judiciário, mesmo que para fins de regularidade na formação e constituição do título em si, ou diante de evento que, de forma ampla e/ou restrita, agrida o instrumento pelo qual a jurisdição opera – o processo – e, por conseguinte, abuso ou desnecessidade na provocação e andamento da máquina judiciária.

Por fim, destaca-se ainda que, havendo interesse na alegação de suspeição ao impedimento, observar-se-á o que dispõem os arts. 146 e 148 do CPC. É o que dispõe o §7º do art. 917 do CPC.

7. CONTRADITÓRIO E REVELIA NO PROCEDIMENTO DOS EMBARGOS À EXECUÇÃO

Dita o art. 920 do novel *Codex*:

> *Art. 920. Recebidos os embargos:*
>
> *I - o exequente será ouvido no prazo de 15 (quinze) dias;*
>
> *II - a seguir, o juiz julgará imediatamente o pedido ou designará audiência;*
>
> *III - encerrada a instrução, o juiz proferirá sentença.*

Assim, uma vez recebidos os embargos à execução, o magistrado cientificará o exequente – embargado para respondê-lo no prazo de 15 (quinze) dias. Inequívoco que o embargado deverá ser intimado, como cediço, na pessoa de seu advogado, intimação essa equivalente à verdadeira citação, ato de convocação processual por meio do qual é oportunizado ao embargado integrar o processo de conhecimento gerado pela oposição dos embargos.

Seguindo adiante, após o estabelecimento do contraditório, o juiz analisará a possibilidade de realização do julgamento imediato do pedido, sempre quando a questão for unicamente de direito ou, em sendo de direito e de fato, autorizado for a dispensa de dilação probatória por total desnecessidade.

Importa ainda ressaltar que, não ocorrendo a situação supracitada, pontuou o legislador também, de forma expressa, a designação de audiência de instrução e julgamento, seguida de prolação da sentença pelo magistrado.[14]

Oportuno porque também controvertido é o conteúdo referente à incidência da revelia por ausência de resposta ou impugnação do exequente-embargado na ação incidental de embargos do executado.

De início, insta-nos frisar que os efeitos originados pela revelia, regra geral, serão de duas ordens[15]: a) aquele relativo à presunção de veracidade dos fatos, esse observado em melhor memória até pelo senso comum, podendo dele se depreender desde a ausência de ato contestatório do demandado (revelia em sentido estrito), centrando-se no plano material (art. 344); b) relacionado diretamente ao plano processual com a dispensa de intimação ao revel (revelia em sentido amplo), caracterizando-se em uma aceleração ou presteza no procedimento (art. 346).

Significante doutrina[16] e mesmo jurisprudência,[17] de muito, vem pugnando pela inocorrência da revelia nos embargos por falta de resposta do em-

---

14. Enunciado 158 da II Jornada de Direito Processual Civil do Conselho da Justiça Federal (CJF): "A sentença de rejeição dos embargos à execução opostos pela Fazenda Pública não está sujeita à remessa necessária."

15. Com maior extensão neste tema, ver o Capítulo 11.

16. Ver, por todos, FAVER, Marcus. A inocorrência da revelia nos embargos de devedor. *Revista de Processo*, São Paulo: RT, Vol. 57, p. 55; SANTOS, Ernani Fidélis dos. *Manual de Direito Processual Civil*. Vol. II. 10. ed. São Paulo: Saraiva, 2006, p. 56.

17. "1. A não-impugnação dos embargos do devedor não induz os efeitos da revelia, pois que, no processo de execução, diferentemente do processo de conhecimento em que se busca a certeza do direito vindicado, o direito do credor encontra-se consubstanciado no próprio título, que se reveste da presunção de veracidade, até porque já anteriormente comprovado, cabendo, assim, ao

bargado, dada a execução estar respaldada em título executivo que subsidia o direito reconhecido e solicitado em caráter satisfativo pelo exequente, portanto, dentro deste argumento defendido, não cabe ao exequente a construção probal, recaindo todo o ônus probatório sobre o embargante e, ainda que o embargado não tenha respondido aos embargos, caberá, especificamente ao embargante, produzir provas efetivas de suas alegações.

De outra banda, Araken de Assis aponta para a ocorrência dos efeitos da revelia, quer materiais e/ou processuais, no âmbito da ação de embargos, argumentando em exato teor:

> Natural se afigura que, inexistindo resposta aos embargos, o embargado seja considerado revel. A terminologia empregada pelo art. 740, *caput do CPC/1973 (art. 920, I do CPC/2015)* em nada interfere com o fato de o embargado permanecer inerte perante a demanda. A ênfase da controvérsia recai, ao revés, nos efeitos que derivam desse estado.[18] (Grifo nosso).

Notam-se, de antemão, construções argumentativas acerca não só da existência como também da incidência ou não dos efeitos de tal incidente processual.

Convém ressaltarmos que, ante a existência da ação de embargos, não se pode perder de rumo a relação de prejudicialidade que essa tem com o Processo de Execução em curso.

Com efeito, encontra-se o Processo de Execução, em tese, respaldado em título executivo emanado de uma presunção a respeito da existência de obrigação certa, líquida e exigível, afirmada como de direito pelo exequente.

Em se tratando dos efeitos no plano material, esse decorrente da revelia em sentido estrito, como já acima referendado, cabe frisar que, diante da exis-

---

embargante-executado o ônus quanto à desconstituição da eficácia do título executivo." STJ. 6ª T. REsp 60.1957 / RJ. Rel. Min. Hamilton Carvalhido. Julg. 23.08.2005, *DJ* 14.11.2005.

"AGRAVO REGIMENTAL. AGRAVO DE INSTRUMENTO. RECURSO ESPECIAL.PROCESSUAL CIVIL. EMBARGOS À EXECUÇÃO. NEGATIVA DE PRESTAÇÃO JURISDICIONAL. NÃO OCORRÊNCIA. PREQUESTIONAMENTO FICTO.DESCABIMENTO. REEXAME DE MATÉRIA DE FATO. ÓBICE DA SÚMULA 7/STJ.AUSÊNCIA DE IMPUGNAÇÃO AOS EMBARGOS DO DEVEDOR. REVELIA. NÃO OCORRÊNCIA. PRECEDENTES. 1. Ausência de maltrato ao art. 535 do Código de Processo Civilquando o acórdão recorrido, ainda que de forma sucinta, aprecia comclareza as questões essenciais ao julgamento da lide, não estando omagistrado obrigado a rebater, um a um, os argumentos deduzidospelas partes. 2. Inviável o recurso especial se não observado o requisito doprequestionamento. 3. Inaplicabilidade, no STJ, do chamado prequestionamento ficto,entendimento decorrente da Súmula 356/STF. Precedentes. 4. Inadmissível o recurso especial cuja pretensão demanda orevolvimento do conteúdo fático dos autos, por óbice da Súmula7/STJ. 5. Não se produzem os efeitos da revelia em sede de embargos àexecução fundado em título executivo extrajudicial quando oembargado deixa de impugnar a petição inicial dos embargos.Precedente. 6. AGRAVO REGIMENTAL DESPROVIDO." (STJ. 3ª T. AgRg no Ag: 1229821/PR 2009/0146504-8, Rel. Ministro Paulo de Tarso Sanseverino, Data de Julgamento: 27.03.2012, DJe 09.04.2012).

18. Ob. cit., n. 519, p. 1159.

tência da mesma, poderão os efeitos da presunção de veracidade recair não somente sobre os fatos, como também sobre direitos. Notadamente, não há como desconhecer a necessidade da imposição do ônus da prova em sede de embargos ao embargante, tendo em vista que, dado o caráter incidental e prejudicial da ação de embargos, visando, por isso, à desconstituição do objeto da ação de execução principal, impõe-se ao embargante respectivo conteúdo probatório de sua pretensão.

Não custa nada lembrar que o exequente-embargado, ao propor ação de execução, de regra, acostou aos autos na forma exigida, respectivo título executivo como prova de seu crédito e, ainda que esse venha a ser atacado em sede de embargos, caberá ao embargante-executado não de forma presuntiva, mas real, a comprovação da impropriedade daquele crédito.

Ainda há que se pesar o fato de que, diferentemente do ambiente cognitivo processado no Processo de Conhecimento (visa-se, em regra, ao reconhecimento de um direito), mas de argumento cabível a esse também, ao juiz, mesmo que diante da possibilidade de ocorrência do efeito material da revelia em sede de Processo de Execução, caberá estar motivado para o seu livre convencimento, o que dependerá, certamente, de elementos aptos a influenciar, de maneira qualitativa em seu julgado, ou, como na lógica de Arruda Alvim[19], o sucesso da demanda não se mostrará inexorável como se houvesse relação de causa e efeito entre a inércia do embargado e a procedência dos embargos. À vista da prova, o juiz poderá chegar a resultado diverso, por isso, ainda que se pensasse na aplicabilidade ampla da revelia e seus efeitos, sobretudo, o material, tem-se como freio ao indiscriminado raciocínio a não motivação do magistrado pelo que já fora apresentado pelo embargante.

Afirmar em contrário ao exposto, ou seja, emprestar efeito material cego e indiscriminado à revelia (revelia em sentido estrito) é antever como de mera ficção o direito apresentado pelo exequente por meio de título executivo em ação de execução.

Por outro lado, o mesmo não há de se afirmar no que toca aos efeitos processuais da revelia (revelia, como dito, em sentido amplo), cuja incidência da norma expressa no art. 346 do CPC não encontra óbices à sua aplicabilidade, pois que, diferentemente, não afasta a presunção de existência do direito que sustenta o título que dá suporte à pretensão satisfativa deduzida pelo exequente.

8. QUESTÕES INCIDENTAIS COM REFLEXOS NO ATO DE EMBARGAR

Conforme já enfrentado no capítulo anterior, o executado será citado para o oferecimento dos Embargos à Execução no prazo de 15 (dias), este contado

19. ALVIM, Arruda. *Manual de Direito Processual Civil*. Vol. 2. 6. ed. São Paulo: RT, 1997, n. 126, p. 197.

de forma diferente daquele prazo para pagar em 3 dias (art. 829 do CPC).[20] No caso dos Embargos, também, com já se viu, a contagem se dará, conforme o caso, na forma do art. 231 (art. 915, *caput* do CPC). Soma-se àquela possibilidade de pagamento a vista retro mencionada, outro incentivo à satisfação do crédito, tudo na inteligência do art. 916,[21] dispondo este:

> *Art. 916. No prazo para embargos, reconhecendo o crédito do exequente e comprovando o depósito de trinta por cento do valor em execução, acrescido de custas e de honorários de advogado, o executado poderá requerer que lhe seja permitido pagar o restante em até 6 (seis) parcelas mensais, acrescidas de correção monetária e de juros de um por cento ao mês.*
>
> *§ 1º O exequente será intimado para manifestar-se sobre o preenchimento dos pressupostos do caput, e o juiz decidirá o requerimento em 5 (cinco) dias.*
>
> *§ 2º Enquanto não apreciado o requerimento, o executado terá de depositar as parcelas vincendas, facultado ao exequente seu levantamento.*
>
> *§ 3º Deferida a proposta, o exequente levantará a quantia depositada, e serão suspensos os atos executivos.*
>
> *§ 4º Indeferida a proposta, seguir-se-ão os atos executivos, mantido o depósito, que será convertido em penhora.*
>
> *§ 5º O não pagamento de qualquer das prestações acarretará cumulativamente:*
>
> *I - o vencimento das prestações subsequentes e o prosseguimento do processo, com o imediato reinício dos atos executivos;*
>
> *II - a imposição ao executado de multa de dez por cento sobre o valor das prestações não pagas.*

Destaca-se que, caso o executado opte por esta via de satisfação parcelada do crédito inadimplido, estará, de imediato, renunciando tacitamente ao direito de opor embargos, *ex vi* do §6º do art. 916 do CPC: "*A opção pelo parcelamento de que trata este artigo importa renúncia ao direito de opor embargos.*"

O §5º do artigo supracitado destaca que ocorrendo o não pagamento de qualquer das prestações por parte do executado, acarretará cumulativamente:

---

20. No mesmo sentido está GAJARDONI, Fernando da Fonseca et al. *Execução e Recursos. Comentários ao CPC de 2015.* Vol.3 Rio de Janeiro: Forense; São Paulo: Método, 2017, p.511, para quem "o termo inicial do prazo do embargos não coincide com aquele previsto para o pagamento espontâneo pelo executado na execução de obrigação pecuniária (três dias contados da própria citação – art. 829, caput) ou, de forma geral, para o cumprimento voluntário da obrigação pelo executado (sempre a partir do próprio ato citatório, por se tratar de ato a ser praticado diretamente pela parte, ou seja, sem a necessidade de intermediação por advogado ou qualquer outro sujeito com capacidade de postulatória – art. 231, §3º).

21. Enunciado n.331 do FPPC: "O pagamento da dívida objeto de execução trabalhista pode ser requerido pelo executado nos moldes do art. 916."

I - o vencimento das prestações subsequentes e o prosseguimento do processo com o imediato reinício dos atos executivos;

II - a imposição ao executado de multa de dez por cento sobre o valor das prestações não pagas.

Insta destacar aqui que vozes não faltarão a indicar o bom senso pelo qual se deve trilhar a análise detida do magistrado acerca da relevância ou não dos motivos que, possivelmente, poderão ensejar no não cumprimento pelo executado das parcelas subsequentes comprometidas à satisfação, dado que ao impedimento de se embargar na *questio* em tela e ocorrendo o descumprimento, sendo esse motivado, por exemplo, por ausência de pecúnia suficiente, agravada por um caso fortuito, ensejaria, certamente, a que suspeitassem de transgressão, *in casu*, a aspectos de significância constitucional, como a liberdade de acesso ao Poder Judiciário (art. 5º, inciso XXXV da CF) – princípio da inafastabilidade da jurisdição, insurgindo daí agressão ao direito de ação – no caso, de embargos do executado.

Há de se compreender o espírito do legislador, ao consentir tal faculdade ao executado que, em solicitando o respectivo parcelamento, reconhece, de pronto, a dívida, por isso, acatando a pretensão do mérito, ou seja, a veracidade da obrigação acostada no título executivo configurando-se, inequivocamente, em uma preclusão lógica.

Diante do art. 920 que expressa e diretamente destaca: "*No prazo para embargos, reconhecendo o crédito do exequente (...)*" e ainda "*o executado poderá requerer (...)*", tem-se operado na autonomia da vontade do executado que, reconhecendo o crédito e requerendo ao juiz o seu parcelamento, em caso de deferimento, implementar-se-á a sua vontade.

Não se quer dizer, por outro lado, que restará imune o executado de situações que poderão, de maneira voluntária ou não, impedir-lhe o cumprimento efetivo de parcelas subsequentes; afinal, quem não está sujeito a intempéries? Logicamente, como em qualquer execução, não se pode ter garantia de que o executado possui ou possuirá patrimônio suficiente para saldar, seja por mínimo ou por completo, a dívida contraída e devida. Ao exequente também se operam riscos em menor e maior grau.

Em caso de deferimento do parcelamento da dívida, caso haja o não pagamento de quaisquer parcelas, operar-se-á o vencimento das demais, sujeitando-se o executado à multa de 10% (dez por cento) sobre o valor das prestações não pagas, voltando o processo de execução ao seu andamento, ou como expressa o §5º, I do art. 916, "*com o imediato reinício dos atos executivos*", devendo-se entender aí que com a petição do exequente já deferida, estaríamos caminhando, caso já realizada a avaliação e penhora (essas autorizadas caso constatado o não pagamento no prazo de 3 dias, este contado da citação), aos atos de expropriação, do contrário, pois que o pedido de parcelamento poderá ser requerido no prazo dos embargos – e, em sendo deferido, suspendem-se os atos executivos *ex vi* do § 3º do art. 916 – ultimados serão aqueles atos do oficial de justiça supracitados.

Caso o pedido de parcelamento seja negado ao executado, conforme a parte final do § 1º do artigo em tela dar-se-á continuidade ao processo e o depósito prévio de 30% (trinta por cento) condicionante ao pedido de parcelamento que permanecerá nos autos, sendo defeso ao executado a devolução da quantia ora já depositada, ficando ela convertida em penhora. Caso não haja tempo hábil para os embargos, será razoável o levantamento da quantia pelo exequente, a fim de se amortizar o débito, esse já reconhecido pelo executado quando do pedido do parcelamento, restando ainda a esse e, no seu interesse, manejar exceções processuais, tais como as arguições à penhora incorreta e avaliação errônea.

Uma observação final se faz de importância sublinhar:

O CPC/2015 não contempla, de forma explícita, a referência a eventuais embargos de 2ª fase (Embargos à Adjudicação, Alienação ou Arrematação) senão com relação à arrematação e a possibilidade de sua impugnação, nos seguintes termos:

> *Art. 903.(...)*
>
> *§ 1º Ressalvadas outras situações previstas neste Código, a arrematação poderá, no entanto, ser:*
>
> *I – invalidada, quando realizada por preço vil ou com outro vício*
>
> *II – considerada ineficaz, se não observado o disposto no art. 804;*
>
> *III – resolvida, se não for pago o preço ou se não for prestada a caução.*
>
> *§ 2º O juiz decidirá acerca das situações referidas no § 1º, se for provocado em até dez dias após o aperfeiçoamento da arrematação.*

Ressalta-se ainda que, no §4º do citado art. 903 é facultado o manejo de ação autônoma para invalidar a arrematação, isso após a expedição da carta de arrematação ou da ordem de entrega, caso em que o arrematante figurará como litisconsórcio necessário.

Clara está, portanto, a possibilidade de o executado se voltar contra qualquer fato que entenda considerar o ato expropriatório maculado em sua validade, pensamento que, igualmente, estendemos às outras formas expropriatórias, em virtude da própria garantia não somente constitucional do acesso à justiça (art. 5º, XXXV), mas agora reforçada em sede infraconstitucional, pelo próprio novel CPC, assegurando este que: "*Art. 3º Não se excluirá da apreciação jurisdicional ameaça ou lesão a direito.*"

9. OUTROS MEIOS DE DEFESA. A EXCEÇÃO DE PRÉ-EXECUTIVIDADE

9.1 NOÇÕES GERAIS

A Exceção de Pré-Executividade é um meio de defesa do executado, decorrente de forte construção doutrinária e jurisprudencial[22/23], tendo cabimento quando se pretende atacar o título executivo e sua própria formação bem como ausências de questões as quais poderia o juiz conhecer e decidir de ofício, consideradas de ordem pública, tais como, p.ex., as ausências das condições da ação ou dos pressupostos processuais, sem a necessidade de submeter o executado à constrição de seus bens e, independentemente, do oferecimento de embargos, dado que não podem tais matérias ser condicionadas à apreciação deste, sendo a respectiva exceção de pré-executividade arguida por meio de petição nos próprios autos do processo, seja na execução ou mesmo no cumprimento da sentença.[24]

Com o CPC/2015, assegurado é no art. 803 a possibilidade de anular a execução, seja de ofício pelo juiz ou a requerimento da parte, inclusive independentemente da apresentação de embargos à execução quando:

> *Art. 803. (...)*
>
> *I - o título executivo extrajudicial não corresponder a obrigação certa, líquida e exigível;*
>
> *II - o executado não for regularmente citado;*
>
> *III - for instaurada antes de se verificar a condição ou de ocorrer o termo.*

9.2 ORIGEM DO INSTITUTO

A exceção de pré-executividade, em um sentido formal, inexiste em nosso ordenamento processual civil, sendo, conforme acima assinalado, edificação doutrinária e jurisprudencial.

---

22. Cabe notar que a ausência de dispositivo que apontasse, mesmo que literalmente, a regulação do presente instituto, motivou divergências doutrinárias e mesmo oscilações jurisprudenciais, no entanto, como se verá em tópicos adiante, resta hoje de reconhecida aplicabilidade no sistema processual civil pátrio. Cf. MARTINS, Sandro Gilbert. *A Defesa do Executado por meio de ações autônomas: Defesa Heterotópica*. 2. ed. São Paulo: RT, 2005, p. 120.

23. Súmula n.393 do STJ: "A exceção de pré-executividade é admissível na execução fiscal relativamente às matérias conhecíveis de ofício que não demandem dilação probatória."

24. Como bem observa Theodoro Jr. (Ob. cit., p. 460), "qualquer execução pode ser questionada por meio de exceção de pré-executividade, seja fundada em título executivo extrajudicial ou em sentença. Se, por exemplo, o credor inclui na execução verba que evidentemente não foi contemplada na sentença, o devedor tem direito de impugnar o excesso de plano, porque, nessa parte, estará havendo execução sem título."

Doutrinariamente, coube ao brilhante Pontes de Miranda a construção de tal via de defesa, por meio de uma peça de defesa prévia, ao fazer um parecer encomendado pela Siderúrgica Mannesmann que, no ano de 1966, estava sendo executada por títulos extrajudiciais que buscavam realizar penhoras sobre rendas e depósitos bancários da empresa, o que a levaria à paralisação.

Os títulos que embasavam a ação de execução proposta haviam sido emitidos com a assinatura falsa de um dos diretores da empresa na esperança de se obter vantagens ilícitas.

Nisso os ditos "credores" queriam se aproveitar do caráter executivo dos títulos que, em tese, não admitiam nenhuma defesa anterior à penhora.

Assim, Pontes de Miranda, com o objetivo de impedir que uma falsidade desse cabo a um processo de execução, decorrendo daí prejuízos de grande monta à empresa, ou até mesmo sua total paralisação, desenvolveu a *teoria da exceção de pré-executividade*.

Muito embora possa parecer óbvio, o jurista, verdadeiramente, demonstrou ao magistrado daquela execução que, suscitado algum indício de falsidade no título executivo extrajudicial, caberá ao juiz examinar essa possibilidade antes de determinar o prosseguimento do feito executivo, pois que dita falsidade, *de per si*, poderia macular todo o processo.

O aludido parecer que, ao longo dos anos, se tornou uma referência no que toca ao questionamento de execuções manifestamente ilegais, foi publicado, em 1974, valendo a pena acostar abaixo, parte relevante de seu conteúdo:

> Quando se pede ao juiz que execute a dívida, tem o juiz de examinar se o título é executivo, seja judicial, seja extrajudicial. Se alguém entende que pode cobrar dívida que consta de instrumento público, ou particular, assinado pelo devedor e por duas testemunhas, e o demandado – dentro das 24 horas – argüi (sic) que o instrumento público é falso, ou de que a sua assinatura, ou de alguma testemunha, é falsa, tem o juiz de apreciar o caso antes de ter o devedor de pagar ou sofrer a penhora. Uma vez que houve alegação que importa oposição de 'exceção pré-processual' ou 'processual', o juiz tem de examinar a espécie e o caso, para que não cometa a arbitrariedade de penhorar bens de quem não estava exposto à ação executiva.[25]

Na mesma toada, também a jurisprudência já, há tempos, vem reconhecendo no instituto um meio hábil de o executado indevidamente demandado opor-se à execução tida como injusta, senão vejamos:

> EXECUÇÃO POR TÍTULO JUDICIAL – ARGÜIÇÃO DE EXCEÇÃO DE PRÉ-EXECUTIVIDADE – IRREGULARIDADE DE REPRESENTAÇÃO – ADVOGADOS NOMEADOS PARA O CARGO DE MAGISTRADOS PARTICIPANTES DO JULGAMENTO DA APELAÇÃO – Nulidade pre-

25. PONTES DE MIRANDA, Francisco Cavalcanti. *Dez Anos de Pareceres*. São Paulo: Francisco Alves, 1974, p. 132.

> tendida inexistente porque a parte não informou o juízo sobre tal fato. Hipótese, ademais, em que a nulidade não pode ser levantada pela parte que lhe deu causa. Art. 243 do Código de Processo Civil. Pedido de pré-executividade conhecido. Recurso improvido. Declaração de voto vencedor. (1º TACIVIL – 9ª Câm.; Ap. n. 485.015-3-SP. Rel. Juiz Alves Arantes. Julg. 19.12.1995). BAASP, 1996/25-e, de 26.03.1997.
>
> EXECUÇÃO POR TÍTULO EXTRAJUDICIAL – Objeção de pré-executividade. Cabimento. Condições da ação. Questões de ordem pública, sujeitas a pronunciamento judicial independente de provocação das partes. Acolhimento para afastar inconcebível iniqüidade de se exigir a afetação patrimonial do executado em processo írrito, por falta de quaisquer das condições da ação. Recurso provido. (1º TACIVIL – 1ª Câm. Ag. de Instr. n. 699.909-3-SP. Rel. Juiz João Carlos Garcia. Julg. 16.09.1996). (BAASP, 2022/308-j, de 29.09.1997)

Em síntese ainda que não exaustiva, possível se faz notar questões ou critérios que, de um modo geral, encontram reconhecimento em sede doutrinária e jurisprudencial como propiciadores ao exercício do presente meio de defesa:

> *(a)* Que a matéria a ser manejada por meio de exceção de pré-executividade trate de conteúdo relativo à admissibilidade da própria execução e, portanto, conhecível de ofício pelo juízo e a qualquer tempo;
> (*b*) que o vício apontado seja de flagrante constatação ou identificável *prima facie*, entendido aí como questão que não envolva alta indagação.[26]

9.3 NATUREZA PRÁTICA DO INSTITUTO

Já observaram Nelson Nery Jr. e Rosa Maria Andrade Nery dois tipos de defesas à disposição do devedor no processo de execução, sem a necessidade de garantia do juízo: a *exceção de executividade* e a *objeção de executividade*, distinguindo-se uma da outra apenas no tocante à matéria a ser alegada.

Entendiam os aludidos autores que cabível seria a *exceção* quando "desnecessária qualquer dilação probatória para a demonstração de que o credor não pode executar o devedor."[27]

Nessa ideia, tem-se a *exceção* como instrumento de defesa de direito material, cujo conteúdo o juiz somente pode examinar a requerimento da parte. As matérias arguíveis por meio de exceção seriam o pagamento ou qualquer outra forma de extinção da obrigação, como compensação, confusão, novação, consignação, remissão, dação etc., desde que não se necessite de produção de provas outras que não aquela já pré-constituída.

---

26. MARTINS, Sandro Gilbert. Ob. cit., p. 121.

27. *Código de Processo Civil Comentado e Legislação Extravagante*. 9. ed. São Paulo: RT, 2006, p. 907.

De outra banda, cabível seria a *objeção* quando a matéria a ser alegada fosse de ordem pública, entendida como aquelas que devem ser conhecidas de ofício pelo magistrado. Nisso, diante da oposição de objeção, a parte "apenas alerta o juiz para o fato de que deve pronunciar-se *ex officio* sobre aquela matéria."[28]

A despeito do nome que se adote para tal incidente, pesando no fato de Pontes de Miranda ter dado a esta via de defesa o nome de "Exceção de Pré-executividade", a jurisprudência vem aceitando amplamente a exceção de pré-executividade[29] como meio de defesa do devedor no processo de execução, seja em matérias de ordem pública ou mesmo quando se alega pagamento (ou qualquer forma de extinção da obrigação).[30]

Certo é que o seu objetivo se dirige a propiciar ao executado a possibilidade de se defender de uma execução notadamente indevida, sem ter de enfrentar o constrangimento decorrente da constrição de seus bens.

Conforme já dito alhures, com o CPC/2015, disposto fora no art. 803 a possibilidade de anular a execução, seja de ofício pelo juiz ou a requerimento da parte, inclusive independentemente da apresentação de embargos à execução quando:

> *Art. 803. (...)*
>
> *I - o título executivo extrajudicial não corresponder a obrigação certa, líquida e exigível;*
>
> *II - o executado não for regularmente citado;*
>
> *III - for instaurada antes de se verificar a condição ou de ocorrer o termo.*

Dita alegação de nulidade não está sujeita à preclusão temporal,[31] de modo que, diante de eventual perda do prazo para a oferta dos embargos à execução, poderá o executado valer-se da exceção de pré-executividade, pois, conforme já abordado, aceito já era a possibilidade do oferecimento da exceção, antes mesmo da impetração dos embargos à execução, com o fito de se alegar pagamento (ou qualquer outra forma de extinção da obrigação) ou matérias de ordem pública (*v.g.* ausências das condições da ação e os pressupostos processuais), não encontrando, por conseguinte, qualquer óbice, agora diante do parágrafo único do art. 803, à utilização da mesma no curso da via executiva, dadas as circunstâncias relativas ao escoamento temporal para oferecimento dos embargos à execução, visto se tratar do mesmo objetivo prático, a despeito

---

28. Idem, p. 908.
29. STJ. 1ª T. REsp 741639/PR. Rel. Min. José Delgado. Julg. 14.03.2006.
30. Acerca das críticas à postura adotada pelos Tribunais em acatar as exceções de pré-executividade sem um mínimo de critério, ver por todos, DINAMARCO, Cândido Rangel. *Instituições de Direito Processual Civil.* São Paulo: Malheiros, Vol. IV, 2005, p. 715.
31. STJ. 5ºT. REsp 607.373/RS. Rel. Min. Arnaldo Esteves Lima. Julg. 09.03.2006, *DJ* 24.04.2006.

do momento processual no qual a exceção é arguida, isso, em se tratando de conteúdo de ordem pública, por isso, imune ao efeito preclusivo.

No que toca à sucumbência tem a jurisprudência[32] entendido que somente quando acolhida a exceção é que deverá incidir a verba honorária, quando total ou parcial for seu efeito extintivo sobre a execução.[33]

Por tudo, destaca-se que a exceção de pré-executividade é considerada instrumento hábil ao controle de execuções infundadas ou injustas, por isso, desprovidas, fundamentalmente, de requisitos basilares pelos quais repousa uma legítima satisfação de direitos pela via executiva.

32. STJ. 4ª T. AgRg. nos EDcl. no REsp 434.900/PA. Rel. Min. Fernando Gonçalves. Julg. 02.09.2003, *DJU* 15.09.2003, p. 323; STJ. 3ª T. AgRg no REsp 631.478/MG. Rel. Min. Fátima Nancy Andrighi. Julg. 26.08.2004, *DJU* 13.09.2004, p. 240.

33. Sobre o assunto, ver por todos THEODORO JR., Humberto. Ob. cit., p. 461.

CAPÍTULO 21

SUSPENSÃO E EXTINÇÃO DAS EXECUÇÕES

1. SUSPENSÃO DO PROCESSO DE EXECUÇÃO

No processo de execução, tal como ocorre no de cognição, a marcha processual não está imune a óbices que, por vezes, impedirão o seu curso normal.

Ratificando tal afirmativa, elenca o nosso Código Processo Civil, em seu art. 921, hipóteses às quais incidirão possibilidades de suspensão da execução, sendo elas:

a) nas hipóteses dos arts. 313 e 315, no que couber (art. 921, I).

Tal conteúdo se refere às possibilidades de suspensão do processo e já fora devidamente enfrentado no Capítulo 10 da presente obra.

Assim, solicitamos ao leitor para lá se dirigir.

b) *Quando, no todo ou em parte, forem os embargos à execução recebidos com efeito suspensivo* (art. 921, II).

Dita hipótese deve ser entendida à luz da regra de a não suspensividade dos embargos (art. 919, *caput* do CPC) e, com isso, conforme já visto em tópicos anteriores, dentro do estudo da matéria acerca dos Embargos à Execução, não terá a impetração de tal instrumento do executado qualquer influência no curso do processo de execução, salvo diante da possibilidade de deferimento de pedido suspensivo ao mesmo, pedido esse realizado pelo próprio executado diante dos fundamentos de que o prosseguimento da execução manifestamente possa causar ao executado grave dano de difícil reparação e, desde que a execução já esteja garantida por penhora, depósito ou caução suficientes (§ 1º do art. 919).

Poderá ainda tal efeito suspensivo ser atribuído apenas a uma parte do objeto da execução, correndo normalmente a execução quanto à(s) parte(s) restante(s) de acordo com o § 3º do art. 919.

Importante ainda lembrar, consoante ao § 4° do art. 919, que a concessão dos efeitos suspensivos aos embargos solicitados por um dos executados – suspendendo o curso da execução – não gerará efeitos aos demais executados que não embargaram quando o respectivo fundamento disser respeito, exclusivamente, ao embargante.

c) *Quando o executado não possuir bens penhoráveis* (art. 921, III).

Carente o executado de bens penhoráveis, não se poderá prosseguir com a execução, isso pela razão de que haverá obstáculo à satisfação do crédito exequendo, ficando então a execução suspensa até que o executado venha adquirir bens aptos à penhora, sendo o valor dos mesmos assegurados para a devida satisfação do exequente.

Ainda sob a égide do CPC/1973 tínhamos debates acerca da suspensão da execução e a ocorrência da prescrição da ação de execução, no entanto, dúvida já não havia quanto ao fato de que a prescrição para a propositura da referida *actio* se dava no mesmo prazo da ação, conforme Súmula 150 do STF, portanto, o prazo prescricional da ação de execução correrá da data em que a mesma poderia ser proposta, ou seja, a partir do momento em que se obteve um título com obrigação líquida, certa e exigível.

No entanto, por outro lado, o novel CPC/2015 inovou quanto ao acolhimento em seu texto, de dispositivo regulador da denominada "Prescrição Intercorrente".

Assim, ocorrendo o motivo disposto no presente inciso III do art. 921 (suspensão do processo de execução quando o executado não possuir bens penhoráveis), o juiz suspenderá a execução pelo prazo de 1 (um) ano durante o qual se suspenderá a prescrição (§1º do art. 921).

Daí, conforme regra o §2º do art. 921, decorrido o prazo máximo de 1 (um) ano sem que seja localizado o executado ou que sejam encontrados bens penhoráveis, o magistrado ordenará o arquivamento dos autos.

Nota-se que os autos serão desarquivados para prosseguimento da execução, desde que, a qualquer tempo, sejam encontrados bens penhoráveis; no entanto, decorrido o prazo de 1 (um) ano da suspensão acima referida sem qualquer manifestação do exequente, começará a correr o prazo da digitada prescrição intercorrente, *ex vi* do §4º do art. 921. Como já dito em referência à Súmula n.150 do STF, aplica-se, igualmente à prescrição intercorrente, o mesmo prazo prescricional que se disciplina para a acionabilidade da pretensão em juízo.[1]

Vale ressaltar que poderá ao juiz, após ouvidas as partes no prazo de 15 (quinze) dias, de ofício, reconhecer a prescrição intercorrente e extinguir o processo, respectivamente (§5º do art. 921).

d) *Quando a alienação dos bens penhorados não se realizar por falta de licitantes e o exequente, em 15 (quinze) dias, não requerer a adjudicação nem indicar outros bens penhoráveis* (art. 921, IV).

Trata-se de hipótese de suspensão do processo de execução decorrente de atitude volitiva do exequente quando, diante da ausência de licitantes em alie-

1. Cumpre destacar que em sede de execução fiscal, se faz regulada também a prescrição intercorrente (art. 40 da Lei n.6.830/80), ratificado inclusive pela Súmula n.314 do STJ nos seguintes termos:
"Em execução fiscal, não localizados bens penhoráveis, suspende-se o processo por um ano, findo o qual se inicia o prazo de prescrição quinquenal intercorrente."

nação, certamente em leilão judicial quer eletrônico ou judicial, não requerer a adjudicação do bem e nem mesmo indicar outros que sejam penhoráveis.

e) *Quando concedido o parcelamento de que trata o art. 916* (art. 921, V)

O presente parcelamento a que se refere o presente inciso V do art. 921 já fora por deveras enfrentado em capítulos anteriores, mais precisamente sede de processo de execução e de embargos à execução e se relaciona para com a possibilidade de o executado, uma vez citado para embargar, possuir a faculdade de, reconhecendo o débito e comprovando o depósito de 30% (trinta por cento) do valor em execução, acrescido de custas e de honorários de advogado, requerer que lhe seja permitido pagar o restante em até 6 (seis) parcelas mensais, acrescidas de correção monetária e de juros de um por cento ao mês. É o que se depreende do dispositivo infra:

> *Art. 916. No prazo para embargos, reconhecendo o crédito do exequente e comprovando o depósito de trinta por cento do valor em execução, acrescido de custas e de honorários de advogado, o executado poderá requerer que lhe seja permitido pagar o restante em até 6 (seis) parcelas mensais, acrescidas de correção monetária e de juros de um por cento ao mês.*
>
> *§ 1º O exequente será intimado para manifestar-se sobre o preenchimento dos pressupostos do caput, e o juiz decidirá o requerimento em 5 (cinco) dias.*
>
> *§ 2º Enquanto não apreciado o requerimento, o executado terá de depositar as parcelas vincendas, facultado ao exequente seu levantamento.*
>
> *§ 3º Deferida a proposta, o exequente levantará a quantia depositada, e serão suspensos os atos executivos.*
>
> *§ 4º Indeferida a proposta, seguir-se-ão os atos executivos, mantido o depósito, que será convertido em penhora.*
>
> *§ 5º O não pagamento de qualquer das prestações acarretará cumulativamente:*
>
> *I - o vencimento das prestações subsequentes e o prosseguimento do processo, com o imediato reinício dos atos executivos;*
>
> *II - a imposição ao executado de multa de dez por cento sobre o valor das prestações não pagas.*

Destaca-se ainda que, caso o executado opte por esta via de satisfação parcelada do crédito inadimplido, estará, de imediato, renunciando, tacitamente, ao direito de opor embargos, *ex vi* do §6º do art. 916 do CPC: "*A opção pelo parcelamento de que trata este artigo importa renúncia ao direito de opor embargos.*"

Acordando as partes, o magistrado declarará suspensa a execução durante o prazo concedido pelo exequente para que o executado cumpra voluntariamente a obrigação (art. 922, *caput*). Findo tal prazo, sem o devido cumprimento da obrigação, o processo retornará ao seu andamento regular.

Por fim, sustenta o art. 923 que, uma vez suspensa a execução, não serão nela praticados atos processuais, podendo o juiz, entretanto, ordenar providências consideradas urgentes, exceto no caso de arguição de impedimento ou de suspeição.

2. EXTINÇÃO DO PROCESSO DE EXECUÇÃO

Enumera o art. 924 do CPC as circunstâncias pelas quais se ensejará a respectiva extinção da execução:

I – Quando a petição inicial for indeferida.

II – Quando a obrigação for satisfeita.

III – Caso o executado obtiver, por qualquer outro meio, a extinção total da dívida.

IV – Quando o exequente renunciar ao crédito.

V – Ocorrer a prescrição intercorrente.

É fato que o rol do art. 924 não esgota as possibilidades de extinção do processo de execução.

Considera-se possível ainda a existência de extinção da execução em virtude da desistência da ação pelo executado, caso em que será permitida nova propositura de tal ação, já que a desistência, notoriamente, atua de forma contrária à renúncia, não atingindo o direito material em questão.

Igualmente, extinta há de ser a execução quando os embargos à execução forem acolhidos com o objetivo de anular ou declarar nulo o título, ou para reconhecer que a obrigação ora executada está extinta.

Nos casos de acolhimento da impugnação em sede de Cumprimento da Sentença (art. 525 do CPC), ou mesmo diante da procedência da exceção de pré-executividade,[2] também será possível a extinção da execução.

Diante da natureza sentencial desta extinção, o recurso cabível contra o presente ato judicial que declara extinta a execução será aquele da apelação (art. 1.009 do CPC).

Consoante a afirmação do art. 925, a extinção da execução somente produzirá efeitos quando declarada por sentença, sendo possível nesses casos adquirir a qualidade de coisa julgada, de onde então será lícito o manejo de respectiva ação rescisória (arts. 966 e ss. do CPC).[3]

---

2. Sobre o assunto, ver item 9 do Capítulo 20 na presente obra.

3. No mesmo sentido, MARINONI, Luiz Guilherme; ARENHART, Sérgio Cruz; MITIDIERO, Daniel. *Novo Código de Processo Civil Comentado.* São Paulo: RT, 2015, p. 865.

PARTE V

PROCEDIMENTOS ESPECIAIS

CAPÍTULO 22

PROCEDIMENTOS ESPECIAIS DE JURISDIÇÃO CONTENCIOSA E VOLUNTÁRIA

1. INTRODUÇÃO

A variedade procedimental que envolve os procedimentos especiais em nosso ordenamento processual civil é elevada.

Notadamente, o novel Código de Processo Civil de 2015 procurou organizar os procedimentos especiais, criando alguns novos (*v.g.*, ação de dissolução parcial de sociedade, regulação de avaria grossa), modificando-os (como, por exemplo, a Oposição, essa que era no CPC revogado assentada como modalidade de Intervenção de Terceiros) e ainda retirando outros que constavam no corpo de seu antecessor, o Código de Processo Civil de 1973 (*v.g.*, ação de depósito; ação de anulação e substituição de títulos ao portador). Ademais, o novo *Codex* fez incluir os procedimentos de jurisdição contenciosa e voluntária no livro dedicado ao Processo de Conhecimento e Cumprimento da Sentença (Livro I da Parte Especial), mais precisamente no Título III, diferentemente do CPC/1973, este que dedicara o seu Livro de número IV, única e exclusivamente aos digitados Procedimentos Especiais de Jurisdição Contenciosa e Voluntária.

Ainda que não se tenha a intenção de esgotar por completo todo o estudo referente aos procedimentos especiais, sobretudo aqueles acostados em legislação extravagante, ao definirmos o objeto condutor da presente exposição, fundamental se faz, em objetividade textual, referir-se aos contextos mais relevantes dos procedimentos especiais inclusos do Código de Processo Civil de 2015, de modo que o leitor tenha exata noção do universo a que a cada um se submete, inclusive em seus aspectos de maior importância e eivados de pretensa instrumentalidade.

Em que pese o tratamento específico dado a cada procedimento, quer seja de jurisdição contenciosa ou mesmo voluntária, voltando-os às nuances do direito material a ser satisfeito por via deles, adequando-os às pretensões substantivas, notadamente, sempre soou como motivo de preocupação a dilatada diferença de tratamento concedido pelo legislador aos processos inclusos do CPC em face daqueles ditos procedimentos especiais.[1]

Uma diversidade de regras heterotópicas, mesmo em legislações extravagantes (*v.g.*, Locação), muitas vezes dificultando a aplicabilidade normativa,

1. Sobre o assunto, ver por todos, GRECO FILHO, Vicente. *Direito Processual Civil Brasileiro*. Vol. 3. 18. ed. São Paulo: Saraiva, 2006, p. 212.

é ponto comum, pois a sistemática processual e material possuem racionalidades, inegavelmente, díspares em uma variedade de casos e mesmo a submissão procedimental à parte geral do Código de Processo Civil por vezes é materializada de forma dúbia.

Tal diferença é de extremo interesse ao estudioso, visto as repercussões de ordem interpretativa e sistemática que se apresentam.

É ponto comum em sede doutrinária, o costumeiro "confronto" entre os desígnios que levam os procedimentos contencioso e voluntário a merecerem, de certo, tratamentos processual e material de diferentes formas.

Tendo como horizonte o procedimento comum, podem-se elencar conteúdos normativos, especialmente adotados para os diversos ritos especiais, aplicando-se, em maior ou menor grau, tutelas diferenciadas de acordo com o que se exige do objeto visado na demanda.

A seguir, todas essas técnicas serão identificadas no curso do exame dos procedimentos em espécie e explicadas em face de sua utilização concreta, cabendo deixar aqui consignado que, não obstante o legislador do CPC/2015 suprimir – ao contrário de seu antecessor – o adjetivo "contenciosa", dos procedimentos especiais desta espécie de jurisdição, não o fez, de igual modo, com o adjetivo "voluntária", este relativo aos procedimentos referentes à outra espécie de jurisdição, o que, *de per si*, nos autoriza continuar a denominar aqueles que não se encontram inclusos no capítulo referente aos procedimentos de jurisdição voluntária, de procedimentos de jurisdição contenciosa.

Em uma última nota, insta destacar que o novel CPC, por meio do Livro Complementar "Das Disposições Finais e Transitórias", estabelece algumas disposições relativas aos Procedimentos Especiais, sobretudo em regras de transição legislativa.

Assim, destaca-se o art. 1.046 infra:

> *Art. 1.046. Ao entrar em vigor este Código, suas disposições se aplicarão desde logo aos processos pendentes, ficando revogada a Lei no 5.869, de 11 de janeiro de 1973.*
>
> *§ 1º As disposições da Lei nº 5.869, de 11 de janeiro de 1973, relativas ao procedimento sumário e aos procedimentos especiais que forem revogadas aplicar-se-ão às ações propostas e não sentenciadas até o início da vigência deste Código.*
>
> *§ 2º Permanecem em vigor as disposições especiais dos procedimentos regulados em outras leis, aos quais se aplicará supletivamente este Código.*
>
> *§ 3º Os processos mencionados no art. 1.218 da Lei nº 5.869, de 11 de janeiro de 1973, cujo procedimento ainda não tenha sido incorporado por lei submetem-se ao procedimento comum previsto neste Código.*

Observa-se que, conforme dita o §1º supra, as regras relativas a procedimentos especiais revogados pelo CPC/2015 (*v.g.*, Ação de Nunciação de Obra

Nova), mas que tiverem ações propostas até o início de sua vigência, salvo naqueles casos em que já tiver ocorrido a prolação da sentença, permanecerão regidos pelas normas do CPC/1973.

2. PROCEDIMENTOS ESPECIAIS DE JURISDIÇÃO CONTENCIOSA

2.1 AÇÃO DE CONSIGNAÇÃO EM PAGAMENTO

2.1.1 NOÇÕES GERAIS

De um modo geral, com o pagamento extinguem-se as obrigações, sendo que o devedor, tendo conhecimento da obrigação de liquidar o débito, possui o direito de se livrar do vínculo obrigacional, ao realizar a devida quitação. Pode acontecer, contudo, que o devedor, por motivos variados, seja impedido de realizar o respectivo pagamento, situação em que a lei lhe permite a possibilidade de realizar a consignação do valor devido com o escopo de ver extinta determinada obrigação.

A consignação, portanto, nada mais é do que uma forma indireta de o devedor se libertar do vínculo obrigacional, independentemente da aprovação do credor, sendo o pagamento por consignação, por isso, instituidor de uma das formas de extinção das obrigações cuja normatização se encontra acostada ao Código Civil (arts. 334 a 345).

Poderá a consignação em pagamento se dar tanto em sede de via judicial quanto extrajudicialmente, como mais adiante se verá, tendo, como exemplo prático do uso da presente ação, casos em que o locador se recusa a receber o aluguel, argumentando que o valor devido é superior ao valor ofertado. Desse modo, abre-se a possibilidade de manejar a ação de consignação em pagamento (ação consignatória) ou ainda de realizar a consignação por meio da modalidade extrajudicial.

2.1.2 HIPÓTESES AUTORIZADAS DA CONSIGNAÇÃO

De acordo com o disposto no art. 593, *caput*, pode-se requerer a consignação nos casos previstos na lei.

O art. 335 do Código Civil especifica esses casos ou hipóteses que permitem a consignação e aludem às circunstâncias que podem impedir o devedor de solver a obrigação pelos meios normais:

> *Art. 335. A consignação tem lugar:*
>
> *I – se o credor, não puder, ou, sem justa causa, recusar receber o pagamento, ou dar quitação na devida forma;*
>
> *II – se o credor não for, nem mandar receber a coisa no lugar, tempo e condição devidos;*

III – se o credor for incapaz de receber, for desconhecido, declarado ausente ou residir em lugar incerto, ou de acesso perigoso ou difícil;

IV – se ocorrer dúvida sobre quem deva legitimamente receber o objeto do pagamento;

V – se pender litígio sobre o objeto do pagamento.

Cabe pontuar aqui que o inciso I faz referência à mora *accipiendi* (mora em receber), caso a dívida seja portável, ou seja, dívida que deva ser paga no domicílio do credor. O inciso II, igualmente, faz referência à mora *accipiendi*, no caso de a dívida ser quesível ou *querable,* isto é, cuja cobrança deva acontecer no domicílio do devedor.

2.1.3 OBJETO DA CONSIGNAÇÃO EM PAGAMENTO

Conforme se depreende do art. 539 do CPC, tem lugar a ação de consignação em pagamento quando o objeto da demanda se relacionar às obrigações de dar que podem ser dar dinheiro ou outro gênero de coisa (fungível ou infungível, móvel ou imóvel). Impõe-se, todavia, que a prestação seja líquida, mesmo que a coisa venha a ser tida como indeterminada (art. 543).

Convém ressaltar que as obrigações de fazer e não fazer não estão aptas ao adimplemento por via da ação consignatória, visto que incompatíveis com o depósito ínsito à consignação.

2.1.4 MODALIDADES DE CONSIGNAÇÃO

Em nosso sistema processual civil admitem-se duas modalidades de consignação, quais sejam: a extrajudicial e a judicial.

Nos casos em que o objeto da consignação se pautar na quantia em dinheiro e havendo estabelecimento bancário no lugar do pagamento, admite-se, a critério do devedor, a via extrajudicial (art. 539, §1º). Tal providência pode evitar a demanda judicial, se o credor, devidamente cientificado do depósito extrajudicial, não venha a manifestar recusa por escrito ao estabelecimento bancário no prazo de 10 (dez) dias. Caso haja recusa, o devedor poderá intentar a ação judicial de consignação.

Por outro lado, a consignação, seja por opção do devedor ou terceiro, seja nos casos em que se tenha por objeto coisa ou, ainda, não se tornando satisfatório o seu desenvolvimento pela via extrajudicial (bancária), será ela, obrigatoriamente, judicial.

Em demais situações, mesmo que se trate de prestação em dinheiro, a consignação extrajudicial não será possível quando não existir estabelecimento bancário no lugar do pagamento bem como nos casos em que o credor não possua capacidade civil e/ou restando-se dúvidas acerca da titularidade do crédito.

2.1.5 PROCEDIMENTOS DA CONSIGNAÇÃO

A modalidade consignatória para livrar-se da obrigação é que ditará o procedimento da consignação a ser observado.

– *Consignação extrajudicial*

O devedor ou terceiro interessado, optando pela consignação extrajudicial (como já dito, somente cabível nas obrigações em dinheiro),[2] deverá depositar a quantia devida em estabelecimento bancário oficial – ou particular, em local no qual não exista o oficial – do lugar de pagamento (art. 539, *caput* e § 1º). Em seguida, será o credor notificado por meio de carta com aviso de recebimento para declarar recusa no prazo de 10 (dez) dias. Caso não a faça no aludido prazo, será o devedor libertado da obrigação, ficando o depósito à disposição do credor (art. 539, § 2º).

Já, na hipótese de haver recusa por parte do credor, essa manifestada por escrito ao estabelecimento bancário, competirá ao devedor ou terceiro intentar a respectiva ação de consignação no prazo de 1 (um) mês, instruindo a inicial com a prova do depósito e da recusa (art. 539, § 3º). Tem ainda o devedor a possibilidade de escolher o não ajuizamento da consignatória, no prazo citado, podendo, então, levantar o depósito ora efetuado, dado que o mesmo se tornou, nesse caso, sem efeito.

Importante ressaltar que tanto o descumprimento do aludido prazo de 1 (um) mês quanto o levantamento do depósito não impedem o ajuizamento posterior da ação consignatória; contudo, nesse caso, devido à mora do devedor, o depósito deverá receber acréscimo de juros e correção monetária.

Caso não seja cabível o depósito extrajudicial ou se o devedor, optando por essa modalidade de consignação, não obtiver êxito, levando-se em conta, inclusive, o não aceite do credor, restar-lhe-á a prerrogativa de ajuizar a ação consignatória.

– *Consignação judicial*

O autor (devedor), optando pela via judicial, proporá a devida ação de consignação em pagamento, instruindo a petição inicial com as provas tanto do depósito realizado na via extrajudicial (bancária) quanto da recusa formal do credor, se for preciso (art. 539, § 3º).

Não havendo depósito extrajudicial (art. 539, § 4º), em razão de não ser cabível essa forma de consignação na obrigação bem como do devedor não ter escolhido essa via consignatória, ou ainda, do depósito ter sido levantado, compete ao autor requerer na petição inicial o depósito da quantia ou da coisa devida, a ser realizado no prazo de 5 (cinco) dias contados do deferimento da inicial (art. 542, I), ressalvada a hipótese do art. 539, §3º do CPC bem como a citação do réu para levantar o depósito ou oferecer contestação (art. 542, II).

Destaca-se que, conforme retrorreferido, caso deferido o requerimento de depósito da quantia ou da coisa devida no prazo de 5 (cinco) e não sendo este

2. No mesmo sentido, ver por todos, WAMBIER, Luiz Rodrigues (Coord.). *Curso Avançado de Processo Civil.* Vol. 3. 7. ed. São Paulo: RT, 2006, p. 124.

realizado, o processo será extinto sem resolução de mérito, tudo em sintonia com o que dispõe o parágrafo único do art. 542.

Efetivado o depósito, o réu será citado para apresentar resposta no prazo de 15 (quinze) dias, prazo este diante da inexistência de regra especial (art. 335 do CPC).[3] O art. 544 especifica as matérias que delimitaram o conteúdo da contestação a ser invocado pelo réu, quais sejam:

I – não houve recusa ou mora em receber a quantia ou coisa devida;

II – foi justa a recusa;

III – o depósito não se efetuou no prazo ou no lugar do pagamento;

IV – o depósito não é integral.

Neste último, ressalta-se a limitação a tal alegação, limite esse conferido pelo parágrafo único do próprio art. 544, o qual sustenta que a alegação do inciso IV será admissível caso o réu indique o montante que entende devido.

Uma vez julgado o pedido procedente, o magistrado, declarando a extinção da obrigação, condenará o réu ao pagamento das custas e honorários advocatícios, nos termos do art. 546, procedendo-se da mesma maneira caso o credor venha receber e dar a respectiva quitação.

Por outro lado, conforme já pontuado, caso o objeto da prestação venha ser coisa indeterminada e a escolha competir ao credor, será esse citado para cumprir o ato no prazo de 5 (cinco) dias – quando outro prazo não constar de lei ou do contrato (art. 543) – ou aceitar que a escolha venha caber ao devedor (autor).

Nesse caso, o juiz, ao despachar a petição inicial, fixará o lugar, dia e hora em que se realizará o depósito. Uma vez o credor (réu) não o realizando, será o depósito efetuado (art. 543), dessa forma, pelo autor interessado na extinção da obrigação.

Da fase postulatória em diante, o processo seguirá o procedimento comum, culminando com a devida sentença.

Na hipótese de a consignação se basear em dúvida sobre quem deva legitimamente receber, requererá o autor o depósito e a citação de todos os possíveis titulares do crédito para fins de provarem seu direito (art. 547).

Nesta hipótese, conforme aponta o art. 548:

> *I - não comparecendo pretendente algum, converter-se-á o depósito em arrecadação de coisas vagas;*
>
> *II - comparecendo apenas um, o juiz decidirá de plano;*
>
> *III - comparecendo mais de um, o juiz declarará efetuado o depósito e extinta a obrigação, continuando o processo a correr unicamente entre os presuntivos credores, observado o procedimento comum.*[4]

---

3. O prazo de 15 (quinze) dias aplica-se para a contestação na ação de consignação em pagamento de aluguéis e acessórios da Lei n.8.245/1991. STJ. 6ª T. REsp 63.409/SP. Rel. Min.Vicente Leal. Julg. 17.05.2001, *DJ* 18.06.2001.

4. Enunciado n.62 do FPPC: "A regra prevista no art. 548, III, que dispõe que, em ação de consignação em pagamento, o juiz declarará efetuado o depósito extinguindo a obrigação em relação ao

No mais, seguir-se-á o procedimento comum, conforme assenta o art. 318, parágrafo único do CPC.

2.1.6 OBSERVAÇÕES PERTINENTES À CONSIGNAÇÃO EM PAGAMENTO

I) A consignação com efeito de pagamento pode ser utilizada pelo devedor enquanto for exequível o adimplemento da obrigação. Caso o credor injustamente se recusou a receber a prestação no tempo e modo devidos, não implicará em mora o devedor. Entretanto, mesmo que esteja em mora o devedor, é possível que o depósito em consignação seja feito a qualquer tempo, desde que o credor injustamente tenha-se recusado a receber o principal e os acréscimos decorrentes da mora.

II) Na incidência de prestações periódicas, consignada uma delas, poderá o devedor permanecer consignando no mesmo processo as demais que forem vencendo, não havendo necessidade de outras formalidades, desde que os depósitos sejam efetuados no prazo de 5 (cinco) dias contados da data do vencimento (art. 541).

III) Se o réu alegar, na contestação, que o depósito não é integral, é lícito que o autor o complete, em até 10 (dez) dias, exceto quando corresponder à prestação cujo inadimplemento acarrete a rescisão do contrato (art. 545, *caput*).

Uma vez alegada a insuficiência do depósito, o réu poderá levantar a quantia ou a coisa depositada com a consequente liberação parcial do autor, seguindo-se o processo quanto à parcela controvertida (art. 545, § 1º).

Em concluindo a sentença pela insuficiência do depósito, estabelecer-se-á nela e, sempre que possível, o montante devido e, nessa hipótese, terá valor de título executivo, autorizando ao credor requerer a execução nos mesmos autos, ou, caso necessário, após a liquidação (art. 545, § 2º).

2.2 AÇÃO DE EXIGIR CONTAS

2.2.1 NOÇÕES GERAIS

Conforme preceitua Adroaldo Furtado Fabrício:

> Prestar contas significa fazer alguém, a outrem, pormenorizadamente, parcela por parcela, a exposição dos componentes do débito e crédito resultantes de determinada relação jurídica, concluindo pela apuração aritmética do saldo credor ou devedor ou de sua inexistência.[5]

---

devedor, prosseguindo o processo unicamente entre os presuntivos credores, só se aplicará se o valor do depósito não for controvertido, ou seja, não terá aplicação caso o montante depositado seja impugnado por qualquer dos presuntivos credores."

5. FABRÍCIO, Adroaldo Furtado. *Comentários ao Código de Processo Civil*. Vol. VIII, t. III. Rio de Janeiro: Forense, 1980, p. 387-388.

Nisso, estará obrigado a prestar contas toda pessoa que, de qualquer forma, administra bens ou interesses alheios, devido à relação jurídica legal ou contratual, como, por exemplo, o tutor, o mandatário, o inventariante, o sucessor provisório, o administrador (arts. 33, 668, 1.755 do Código Civil e arts. 550, *caput*, 618, VII, 622, V do CPC).

Assim, tem-se a título ilustrativo, a seguinte situação que reclama o cabimento da ação de prestação de contas:

> Alguém confia a outrem reses para exploração leiteira mediante comissão. O contratante, na certa, findo o contrato (ou antes, se assim ficar determinado), deverá prestar contas do que recebeu e teve como despesas, previstas a desconto, apurando-se a parte que ao outro couber e sua comissão. Poderá ocorrer, no entanto, que ele se negue a fazer tal acertamento ou que a outra parte se recuse a aceitá-lo. No primeiro caso, o dono do gado tem direito de lhe pedir contas; no outro, tem o segundo contratante o direito de provocar o proprietário das reses a recebê-las.[6]

No modelo do CPC/1973 figurava no art. 914 que a ação de prestação de contas se daria sob duas formas: ação de exigir e ação de prestar contas. Notadamente, no CPC/2015, é possível a ocorrência de ambas as pretensões em um mesmo procedimento, dependendo da própria atitude volitiva de qualquer das partes ante o aceite ou não das contas apresentadas ou da insatisfação quanto ao conteúdo das mesmas, o que, de certo modo, já era possível no texto revogado.

Estabelece o art. 550, *caput* do CPC/2015 que todo "*aquele que afirmar ser titular do direito de exigir contas requererá a citação do réu para que as preste ou ofereça contestação no prazo de 15 (quinze) dias.*"[7]

2.2.2 PROCEDIMENTO

O procedimento na ação de exigir contas divide-se em duas etapas:

Na primeira, certifica-se se o réu está ou não obrigado a prestar contas; determinada a obrigação de prestá-las, o réu terá 15 (quinze) dias para assim fazer. Inicia-se, então, a segunda etapa, a qual resultará, efetivamente, no julgamento das contas referidas.

A conclusão das duas etapas dá-se por sentença, sendo cabível o recurso de apelação *ex vi* dos §§ 2º, 4º, 5º e 6º do art. 550. Dito isso, inicialmente, caberá ao autor em sua petição inicial, especificar em forma detalhada, as razões pelas quais exige a prestação de contas pela parte ré, instruindo seu pedido com documentos comprobatórios de tal necessidade, caso existirem (§1º do art. 550).

6. SANTOS, Ernane Fidelis dos. *Manual de Direito Processual Civil.* Vol. 3. 10. ed. São Paulo: Saraiva 2006, p. 35-36.

7. Súmula n.259 do STJ: "A ação de prestação de contas pode ser proposta pelo titular de conta-corrente bancária."

O réu, após ser citado na ação de exigir contas, poderá optar dentre as seguintes alternativas:

a) *apresentar as contas e não contestar*: o procedimento nessa hipótese será reduzido, eliminando-se uma etapa, já que a prestação de contas presume o reconhecimento da procedência do pedido relativo à obrigação de prestá-las, ficando a lide restrita, especificamente, às contas.

Conforme reza o art. 551, *caput*, o réu apresentará as contas na forma adequada, especificando as receitas, a aplicação das despesas e os investimentos, caso houver.

O juiz proferirá a sentença, julgando as contas, depois de ouvir o autor sobre as mesmas no prazo de 15 dias e, caso seja preciso, após as provas serem produzidas (art. 550, §2º), seguindo-se, assim, o rito cognitivo comum.

Vale ressaltar que, caso o autor venha impugnar as contas apresentadas pelo réu, dita impugnação deverá ser fundamentada e específica, fazendo-se referência expressa e direta ao lançamento questionado.

Neste caso, ocorrendo impugnação fundamentada e específica do autor, o juiz estabelecerá prazo razoável para que o réu apresente os documentos justificativos dos lançamentos individualmente impugnados (§1º do art. 551), o que, posteriormente, seguir-se-á o procedimento comum.

b) *contestar a obrigação de prestar contas*: caso seja necessário, nessa situação o juiz ordenará a produção de provas e, com devida audiência de instrução e julgamento, decidirá se tem ou não o réu a obrigação de prestar contas. Em sendo afirmativo, o juiz o condenará a prestá-las em 15 (quinze) dias, sob pena de não lhe ser lícito impugnar as que o autor apresentar (art. 550, §5º), tendo tal decisão natureza interlocutória. Na segunda etapa, o juiz julga as contas de acordo com o art. 550, §6º, o que se dará por sentença.[8]

---

8. Em recente julgado, de forma acertada, o Superior Tribunal de Justiça por meio de sua 3ª Turma entendeu que, em razão das modificações nos conceitos de sentença e decisão interlocutória trazidas pelo Código de Processo Civil de 2015, e considerando as diferentes consequências do pronunciamento judicial que reconhece ou não o direito de exigir contas, fixou o entendimento de que o agravo de instrumento é o meio de impugnação adequado quando o julgamento da primeira fase da ação de prestação de contas for de procedência do pedido. No entanto, se a decisão na primeira fase for de improcedência ou de extinção do processo sem resolução do mérito, o colegiado concluiu que o pronunciamento judicial terá natureza de sentença e, assim, será impugnável por apelação. Segue a Ementa:
CIVIL. PROCESSUAL CIVIL. AÇÃO DE EXIGIR CONTAS. NEGATIVA DE PRESTAÇÃO JURISDICIONAL E OMISSÃO. INOCORRÊNCIA. PRONUNCIAMENTO JURISDICIONAL QUE JULGA A PRIMEIRA FASE DA AÇÃO DE EXIGIR CONTAS. NATUREZA JURÍDICA NO CPC/15. DÚVIDA ACERCA DA NATUREZA DE SENTENÇA, IMPUGNÁVEL POR APELAÇÃO, OU DA NATUREZA DE DECISÃO INTERLOCUTÓRIA, IMPUGNÁVEL POR AGRAVO DE INSTRUMENTO. MODIFICAÇÃO SUBSTANCIAL, PELO CPC/15, DOS CONCEITOS DE SENTENÇA, DEFINIDA A PARTIR DE CRITÉRIO FINALÍSTICO E SUBSTANCIAL, E DE DECISÃO INTERLOCUTÓRIA, DEFINIDA A PARTIR DE CRITÉRIO RESIDUAL. ATO JUDICIAL QUE ENCERRA A PRIMEIRA FASE. NECESSIDADE DE OBSERVÂNCIA DO CONTEÚDO. PROCEDÊNCIA DO PEDIDO QUE RESULTA EM DECISÃO PARCIAL DE MÉRITO RECORRÍVEL POR AGRAVO. IMPROCEDÊNCIA DO PEDIDO OU EXTINÇÃO SEM RESOLUÇÃO DO MÉRITO QUE

Vale lembrar que, em qualquer etapa, será passível a incidência do disposto no art. 355, dispensando-se a produção de provas em audiência, se necessário. Convém destacar que, uma vez apurada as contas e reconhecido saldo devido, este será assentado na sentença, constituindo-se em título executivo judicial (art. 552), cabendo ser executado em sede de cumprimento de sentença.

c) *manter-se inerte*: emprega-se o art. 355 devido aos efeitos da revelia, salvo se incidir pelo menos em uma das hipóteses do art. 345, valendo destacar o novel inciso IV deste dispositivo onde, diante do não convencimento do magistrado até o presente momento, seja por alegações inverossímeis por parte do autor ou mesmo contraditórias, ante a eventuais provas constantes dos autos, poderá solicitar a produção de provas com o intuito de melhor esclarecer a demanda.

Em se tratando de contas a serem prestadas pelo inventariante, tutor, curador, depositário ou qualquer outro administrador, estas serão realizadas em apenso aos autos do processo em que tiver sido nomeado. Caso qualquer dos sujeitos acima citados venha a ser condenado a pagar o saldo e não o fizer dentro do prazo legal, poderá o magistrado destitui-lo, sequestrar os bens sob sua guarda, glosar o prêmio ou a gratificação a que teria direito, assim como determinar as medidas executivas necessárias para efetivar a recomposição do prejuízo (art. 553, *caput* e parágrafo único).

2.3 AÇÕES POSSESSÓRIAS

2.3.1 Proteção possessória

Vários procedimentos com a finalidade de defender a posse são contemplados pelo CPC como, p.ex., a ação de nunciação de obra nova e os embargos de terceiro, todavia são consideradas ações possessórias típicas somente a manutenção de posse, a reintegração de posse e o interdito proibitório.

As ações que pretendem o direito de posse como efeito resultante do simples fato de possuir a coisa (*ius possessionis*) e as ações que visam à defesa do direito à posse, isto é, a posse resultante da propriedade (*ius possidendi*) não se confundem.

No caso de direito à posse fática, independente de titulação, a ação manejável é a possessória; ao contrário, aludindo-se à defesa da posse, decorrente exclusivamente de título de domínio, destituída de suporte fático, a ação será

RESULTAM EM SENTENÇA RECORRÍVEL POR APELAÇÃO. CONTROVÉRSIA DOUTRINÁRIA E JURISPRUDENCIAL. DÚVIDA OBJETIVA. INEXISTÊNCIA DE ERRO GROSSEIRO. APLICAÇÃO DO PRINCÍPIO DA FUNGIBILIDADE RECURSAL. PRETENSÃO GENÉRICA DE EXIGIR CONTAS. INOCORRÊNCIA. DESCRIÇÃO SUFICIENTE NA PETIÇÃO INICIAL E DELIMITAÇÃO JUDICIAL NA DECISÃO JUDICIAL QUE JULGOU PROCEDENTE O PEDIDO. ART. 54, §2º, DA LEI Nº 8.245/91. FACULDADE DO LOCATÁRIO. IMPEDIMENTO A PROPOSITURA DA AÇÃO DE EXIGIR CONTAS. INOCORRÊNCIA. STJ. 3 T. REsp nº 1746337 / RS (2018/0137312-9). Rel. Nancy Andrigh. Julg. 09 .04.2019.

petitória, como, por exemplo, a reivindicatória. Os juízos possessório e petitório são totalmente distintos, nisso certo é que poderá, por vezes, o titular do domínio sair vencido no juízo possessório e, posteriormente, vencedor no petitório.

A existência das 3 aludidas ações possessórias diferentes resulta da necessidade de se adequar as providências judiciais de tutela possessória aos diversos casos de violação da posse, à intensidade da ofensa.

Nesses termos, temos que o possuidor, na ação de manutenção de posse, tem como objetivo ser mantido ou manutenido na mesma, posto que existe empecilho à plenitude do exercício dos poderes relativos à propriedade (art. 1.196 do Código Civil). Nesse caso, há proteção da posse existente e não de sua perda, objetivando, então, garantir a situação atual.

É cabível a ação de manutenção de posse na ocorrência de turbação (art. 560 do CPC), ou seja, se ocorrer o simples embaraço ao exercício da posse de outrem, não permitindo, por isso, ao possuidor exercê-la em toda plenitude, ainda que continue a possuí-la, *v.g.*, quando alguém adentra no imóvel e passa a cortar árvores no âmbito do mesmo e de maneira seguida, no entanto, não impedindo o acesso do possuidor à área do imóvel.[9]

Já na ação de reintegração de posse (art. 560), tem-se como escopo a restituição da posse perdida, esbulhada. Difere-se da turbação, visto que nessa não ocorre a perda da posse, mas específica lesão que impede ou embaraça o seu exercício.

O esbulhado é privado da posse, ficando impedido de exercer os poderes inerentes ao domínio, anteriormente adquiridos de fato, por ato do esbulhador que detém a posse atual. Caracteriza esbulho, *v.g.*, o fato de construir o muro fora da divisa, apoderando-se de parte certa do imóvel vizinho.

Por fim, tem-se o denominado interdito proibitório, remédio de caráter preventivo concedido ao possuidor que tem justo receio de ser molestado em sua posse, assegurando-o contra a violência iminente.

Assim, o interdito proibitório tem a estrutura de uma ação cominatória, a fim de requerer do demandado uma prestação de fazer negativa, ou seja, privar-se da ameaça à posse do autor sob pena de incorrer em multa pecuniária.[10]

2.3.2 FUNGIBILIDADE DAS AÇÕES POSSESSÓRIAS

Devido à dificuldade de se diferenciar entre um caso de esbulho ou turbação ou entre essa e o de simples ameaça da posse, foi autorizado pelo legislador o princípio da fungibilidade ou conversibilidade entre as ações possessórias, conforme inteligência do art. 554 do CPC.

---

9. WAMBIER, Luiz Rodrigues (Coord.). *Curso Avançado de Processo Civil.* Vol. 3. 7. ed. São Paulo: RT, 2006, p. 163.

10. Súmula n.228 do STJ: "É inadmissível o interdito proibitório para a proteção do direito autoral."

Assim, assenta nestes termos o CPC que: "*a propositura de uma ação possessória em vez de outra não obstará a que o juiz conheça do pedido e outorgue a proteção legal correspondente àquela cujos pressupostos estejam provados.*"

Dito dispositivo legal prevê a conversibilidade restrita às possessórias. Na hipótese, por exemplo, de ação petitória e de ter o autor ajuizado ação possessória, não será razoavelmente aceita a aplicação da presente fungibilidade, visto que os pedidos e as causas de pedir das duas demandas são totalmente distintos e, portanto, a outorga de uma tutela em vez de outra implicaria julgamento *extra petita.*

2.3.3 NATUREZA DÚPLICE DAS AÇÕES POSSESSÓRIAS

Regra geral essa já por nós enfrentada em sede de processo de conhecimento, quando o réu, após da propositura da ação e já em sede de contestação, pretender mais do que somente se defender mediante peça contestatória, isto é, pretender "contra-atacar" em conteúdos atinentes à própria pretensão do autor,[11] deverá fazê-lo propondo respectiva reconvenção, dentro da própria peça contestatória (art. 343).

Na hipótese relativa às ações possessórias, no mesmo sentido do que já dispunha o CPC/1973 e agora se assemelhando ao modelo procedimental reconvencional, será "*lícito ao réu, na contestação, alegando que foi o ofendido em sua posse, demandar a proteção possessória e a indenização pelos prejuízos resultantes da turbação ou do esbulho cometido pelo autor*" (art. 556). Devido a esse direito concedido ao réu, de formular pedido na própria contestação, afirma-se que as ações possessórias possuem natureza dúplice.

A natureza dúplice aqui se dá como consequência lógica da relação de direito material apresentada em juízo. Nestes termos, bem expressa Araken de Assis ao pontuar que:

> Do prisma material, é dúplice a ação, provocando o *iudicium duplex, na qual* a contestação do réu já basta à obtenção do bem da vida. Em geral, o autor pede e o réu somente impede; na actio *duplex, o* ato de impedir (contestação) *já* expressa um pedido contrário. Tal característica deriva do direito material posto em causa (*rectius*: mérito, pretensão processual ou objeto litigioso).[12]

Diante disso, é de afirmar que o réu não exerce verdadeiro direito de ação na hipótese presente, tendo em vista que a sua própria pretensão já se encontra inserida no objeto do processo desde a propositura da ação pela parte autora, i.e., da própria pretensão de direito material apresentado.

---

11. Sobre o assunto, bem como os requisitos necessários para a correta admissibilidade da Reconvenção, ver Capítulo 11.

12. ASSIS, Araken de. *Procedimento Sumário*. São Paulo, Malheiros Editores, 1996, p. 93.

Quer com isso dizer que a relevância de dita afirmativa se dá na justificativa, inclusive processual, para diferenciar-se do que autonomamente se observa na reconvenção.

Aqui nas ações dúplices, p. ex., a decretação de carência de ação em fase procedimental posterior ao oferecimento da defesa pelo réu repercutirá na extinção do processo sem resolução do mérito e não haverá possibilidade de o réu aproveitar os atos processuais praticados para obter provimento favorável à sua pretensão. Daí que, sendo o autor carecedor de ação, a relação de direito material não será apreciada pelo Poder Judiciário e, consequentemente, não haverá qualquer manifestação acerca da pretensão do réu, esta carecedora de autonomia em relação à pretensão autoral, ou, como alhures dito, à própria pretensão de direito material apresentado.

O mesmo desiderato não se faz presente na reconvenção, dada a própria autonomia da pretensão da parte *ex adversa* em relação àquela da parte autora da demanda principal, como claramente garante o §2º do art. 343.

2.3.4 PROCEDIMENTO DAS POSSESSÓRIAS

No caso de ação de *força nova*, ou seja, proposta dentro de ano e dia da ofensa da posse (art. 558), será cabível o deferimento de proteção liminar e o rito apropriado será o especial, este normatizado pelas regras da Seção II do Capítulo III ("Das Ações Possessórias").

Deverá o autor provar (i) a sua posse; (ii) a turbação ou o esbulho praticado pelo réu; (iii) a respectiva data da turbação ou do esbulho e (iv) a continuação da posse, embora turbada, na ação de manutenção, ou a perda da posse, na ação de reintegração (art. 561).

Nessa situação, estando a petição inicial devidamente instruída, o juiz deferirá, sem a oitiva do réu, a expedição do mandado liminar de manutenção ou de reintegração na posse; caso contrário, determinará que o autor justifique previamente sua alegação, citando-se o réu para comparecer à audiência a ser designada (art. 562). Uma vez considerada suficientemente justificada sua alegação, o magistrado expedirá o respectivo mandado de manutenção ou de reintegração (art. 563).

Vale sublinhar que, em face de pessoas jurídicas de direito público, não será deferida a manutenção ou reintegração liminar sem a ocorrência de prévia audiência de seus respectivos representantes, conforme reza o parágrafo único do art. 562.

Por outro lado, concedido ou não o mandado liminar, o autor solicitará a citação do réu nos 5 (cinco) dias imediatos para contestar a ação, esta que se dará no prazo de 15 (quinze) dias.

Insta destacar que, uma vez ordenada a justificação prévia, o prazo para contestar será contado da intimação da decisão que deferir ou não a solicitada medida liminar, conforme assenta o parágrafo único do art. 564, seguindo-se em diante o procedimento comum.

Quando a ação for de *força velha*, ou seja, proposta depois de excedido o prazo de ano e dia, o procedimento cabível será o comum.

É de ressaltar que o fato de a ação de força velha seguir o procedimento comum não a destitui de seu caráter possessório (art. 558, parágrafo único).

Se por qualquer motivo for o autor mantido ou reintegrado provisoriamente na posse do bem, caso o réu prove, em qualquer tempo, que dito autor carece de idoneidade financeira para, no caso de sucumbência, responder por perdas e danos, o juiz designar-lhe-á o prazo de 5 (cinco) dias para prestar caução, real ou fidejussória, sob pena de ser depositada a coisa litigiosa, ressalvada a impossibilidade da parte ser economicamente hipossuficiente.[13]

Destaca-se, neste ínterim, que o CPC/2015 possibilitou a regulação particular do pedido de liminar[14] nos litígios coletivos em sede de esbulho ou turbação ocorridos há mais de ano e dia. Para tanto, estabelecido foi a necessária audiência de mediação, antes mesmo de o órgão julgador apreciar o pedido concessivo da aludida medida, sendo aquela a ser realizada em até 30 (trinta) dias.[15]

Assim, temos que:

> *Art. 565. No litígio coletivo pela posse de imóvel, quando o esbulho ou a turbação afirmado na petição inicial houver ocorrido há mais de ano e dia, o juiz, antes de apreciar o pedido de concessão da medida liminar, deverá designar audiência de mediação, a realizar-se em até 30 (trinta) dias, que observará o disposto nos §§ 2º e 4º.*
>
> *§ 1º Concedida a liminar, se essa não for executada no prazo de 1 (um) ano, a contar da data de distribuição, caberá ao juiz designar audiência de mediação, nos termos dos §§ 2º a 4º deste artigo.*

---

13. Enunciado n.180 do FPPC: "A prestação de caução prevista no art. 559 poderá ser determinada pelo juiz, caso o réu obtenha a proteção possessória, nos termos no art. 556."

14. Enunciado n.66 do FPPC: "A medida liminar referida no art. 565 é hipótese de tutela antecipada."

15. Tal questão relativa à necessária audiência mediadora, inclusive, fora objeto de entraves da Câmara dos Deputados quando dos debates em torno do PL n.8046/2010, este substitutivo da Câmara dos Deputados ao texto do PLS n.166/2010.
    Fato é que propostas de institucionalização de políticas de prevenção e mediação de conflitos fundiários urbanos, no Brasil, encontram fundamentos, sobretudo, em proposições oriundas de setores políticos articulados na defesa dos direitos de moradores e ocupantes de imóveis em situação irregular, buscando, com isso, dar legítima visibilidade à complexidade dos conflitos na esfera fundiária e prevenindo as frequentes ações que violam direitos humanos neste âmbito.
    "Salienta- se, de um lado, a existência de tratados internacionais e de normas brasileiras que vedam despejos forçados e violações de direitos humanos em conflitos fundiários e, de outro, a continuidade dessas práticas que, para modificar a atuação do poder público, têm sido construídas propostas de mediação para lidar com tais conflitos. Surgem, assim, com o objetivo de evitar abusos na ação dos agentes do Estado (polícia militar, entre outros), bem como inibir decisões judiciais que objetivem os despejos e as remoções forçadas." VIANA, Cíntia Portugal. Mediação como Política Pública de Estado em Conflitos Fundiários Urbanos no Brasil: reflexões sobre a proposta do Artigo 579 do Projeto do Novo Código do Processo Civil - CPC *In*: *O Social em Questão* - Ano XVIII - nº 31. Rio de Janeiro: Pontifícia Universidade Católica, 2014, p.60.

> *§ 2º O Ministério Público será intimado para comparecer à audiência, e a Defensoria Pública será intimada sempre que houver parte beneficiária de gratuidade da justiça.*
>
> *§ 3º O juiz poderá comparecer à área objeto do litígio quando sua presença se fizer necessária à efetivação da tutela jurisdicional.*
>
> *§ 4º Os órgãos responsáveis pela política agrária e pela política urbana da União, de Estado ou do Distrito Federal e de Município onde se situe a área objeto do litígio poderão ser intimados para a audiência, a fim de se manifestarem sobre seu interesse no processo e sobre a existência de possibilidade de solução para o conflito possessório.*

Oportuno destacar que aludido dispositivo se aplica aos litígios sobre propriedade imóvel, conforme autoriza o § 5º do art. 565, o que se tem daí, por exemplo, as ações de usucapião.

Por outro lado, ainda que em sede de demandas onde figure uma coletividade de pessoas, no entanto, abrangendo as ações possessórias em geral, teve por bem o CPC/2015 avançar em aspectos processuais relativos a litisconsórcios tidos "multitudinários" e a problemática da dinâmica citatória em tal seara.[16]

Pela própria característica dos conflitos fundiários, a complexidade das demandas em seus mínimos aspectos fáticos, *de per si*, já justificariam medidas práticas de maior logística, tudo buscando a efetividade para um justo provimento jurisdicional.

Disso procurou o legislador tomar ciência, dispondo dos seguintes regramentos para a *questio*:

> *Art. 554 (...)*
>
> *§ 1º No caso de ação possessória em que figure no polo passivo grande número de pessoas, serão feitas a citação pessoal dos ocupantes que forem encontrados no local e a citação por edital dos demais, determinando-se, ainda, a intimação do Ministério Público e, se envolver pessoas em situação de hipossuficiência econômica, da Defensoria Pública.*
>
> *§ 2º Para fim da citação pessoal prevista no § 1º, o oficial de justiça procurará os ocupantes no local por uma vez, citando-se por edital os que não forem encontrados.*
>
> *§ 3º O juiz deverá determinar que se dê ampla publicidade da existência da ação prevista no § 1o e dos respectivos prazos processuais, podendo, para tanto, valer-se de anúncios em jornal ou rádio locais, da publicação de cartazes na região do conflito e de outros meios.*

---

16. Enunciado n. 63 do FPPC: "No caso de ação possessória em que figure no polo passivo grande número de pessoas, a ampla divulgação prevista no §3º do art. 554 contempla a inteligência do art. 301, com a possibilidade de determinação de registro de protesto para consignar a informação do litígio possessório na matrícula imobiliária respectiva."

Já, quanto ao Interdito Proibitório e sua procedimentalidade, bem leciona Antônio Carlos Marcato[17] que o mesmo será sempre processado no rito especial, por ser descabido falar-se no que a ele concerne, em força nova ou velha, eis que a ameaça de ofensa à posse é, necessariamente, a atual, sendo tal ideia ratificada pelo art. 568, ao explicitar que ao Interdito Proibitório serão aplicadas as regras da Seção II do Capítulo III ("Das Ações Possessórias"). Dessa maneira, somente se concebe a possibilidade de realizar procedimentos variados quanto às ações de manutenção e de reintegração de posse – no caso de força velha, comum; no caso de força nova, especial, com subsidiariedade ao rito comum (art. 566).

2.3.5 Outros aspectos das ações possessórias

– Será lícito ao autor da ação possessória cumular ao seu pedido possessório o (i) a condenação em perdas e danos; (ii) a indenização dos frutos.

Ser-lhe-á ainda possível requerer a imposição de medida necessária e adequada para fins de evitar nova turbação ou esbulho e cumprir-se a tutela provisória ou final.

– Não se aceita, em sede de ação possessória, específica discussão relativa ao domínio. Além disso, é proibido a qualquer das partes intentar ação de reconhecimento de domínio na pendência do processo possessório, exceto se a pretensão de domínio for deduzida em face de terceira pessoa. (art. 554, *caput*).

– Pode o domínio ser discutido somente no caso de os dois litigantes disputarem a posse, alegando que a ela têm o direito diante da propriedade, esta que, *de per si*, concede o direito de usar, gozar e dispor da coisa, *ex vi* da Súmula 487 do STF: "Será deferida a posse a quem, evidentemente, tiver o domínio, se com base neste for ela disputada."

Aliás, no mesmo sentido se encontra o parágrafo único do art. 554, onde não se tem como obstáculo à manutenção ou à reintegração na posse "*a alegação de propriedade, ou de outro direito sobre a coisa.*"

– A posse de direitos pessoais não é admitida em razão de a própria posse pressupor uma coisa sobre a qual se exerça poder.

– Na ação possessória, a sentença é considerada auto executável , ou seja, verdadeiramente executiva *lato sensu*, por isso não reclamando aí a necessária instauração de nova uma relação processual, bastando, nesses termos, a efetiva expedição do mandado.

- O ente público detém legitimidade e interesse para intervir, incidentalmente, na ação possessória entre particulares, podendo aí deduzir qualquer matéria defensiva, inclusive, se for o caso, o domínio, conforme prevê a Súmula n.637 do Superior Tribunal de Justiça.

17. *Procedimentos Especiais*. 7 ed. São Paulo: Malheiros, 1995.

2.4 AÇÃO DE USUCAPIÃO DE TERRAS PARTICULARES

A despeito de o CPC/2015 não regular de forma especial o procedimento da Usucapião de Terras Particulares, não se quer com isso afirmar que a mesma deixe de ser dotada de qualquer regulação, prova disso é a própria referência prevista no §3º do art. 246, ao precisar que na "*ação de usucapião de imóvel, os confinantes serão citados pessoalmente, exceto quando tiver por objeto unidade autônoma de prédio em condomínio, caso em que tal citação é dispensada.*"

No mesmo sentido, Enunciado 25 do FPPC:

> A inexistência de procedimento judicial especial para a ação de usucapião e regulamentação da usucapião extrajudicial não implicam vedação da ação, que remanesce no sistema legal, para qual devem ser observadas as peculiaridades que lhe são próprias, especialmente a necessidade de citação dos confinantes e a ciência da União, do Estado, do Distrito Federal e do Município.[18]

Lado outro, não sendo previsto um procedimento especial para a modalidade supra, entendemos como aplicável o procedimento comum à própria luz do art. 318, *caput*:

"*Art. 318. Aplica-se a todas as causas o procedimento comum, salvo disposição em contrário deste Código ou de lei.*"

Ainda com relação à usucapião, digno de sublinhar é a modalidade extrajudicial de seu reconhecimento, correspondendo à novata modalidade inclusa no Livro Complementar "Das Disposições Finais e Transitórias", art. 1.068 do CPC.

Para isso, bem expressa o art. 1071, *caput*:

> *Art. 1.071. O Capítulo III do Título V da Lei no 6.015, de 31 de dezembro de 1973 (Lei de Registros Públicos), passa a vigorar acrescida do seguinte art. 216-A:*
>
> *'Art. 216-A. Sem prejuízo da via jurisdicional, é admitido o pedido de reconhecimento extrajudicial de usucapião, que será processado diretamente perante o cartório do registro de imóveis da comarca em que estiver situado o imóvel usucapiendo, a requerimento do interessado, representado por advogado, instruído com:*
>
> *I - ata notarial lavrada pelo tabelião, atestando o tempo de posse do requerente e seus antecessores, conforme o caso e suas circunstâncias;*
>
> *II - planta e memorial descritivo assinado por profissional legalmente habilitado, com prova de anotação de responsabilidade técnica no respectivo conselho de fiscalização profissional, e pelos titulares de direitos reais e de outros direitos registrados ou averbados na matrícula do imóvel usucapiendo e na matrícula dos imóveis confinantes;*

18. DIDIER JR. Fredie; BUENO, Cássio Scarpinella; CRAMER, Ronaldo. III Encontro do Fórum Permanente de Processualistas Civis. *In*: *Revista de Processo*, Vol. 233. São Paulo RT, 2014, p. 299.

III - certidões negativas dos distribuidores da comarca da situação do imóvel e do domicílio do requerente;

IV - justo título ou quaisquer outros documentos que demonstrem a origem, a continuidade, a natureza e o tempo da posse, tais como o pagamento dos impostos e das taxas que incidirem sobre o imóvel.

Em verdade, a regulação extrajudicial da usucapião possibilita o seu reconhecimento em sede cartorária, no entanto, por óbvio, necessita da consensualidade daquele até então, titular do direito real e de outros diretos registrados na matrícula do imóvel usucapiendo bem como na matrícula dos imóveis dos confinantes (inciso II do art. 1.071).

Não havendo dita consensualidade, seja por ausência expressa do consentimento de qualquer um dos titulares de direito reais e de outros direitos registrados ou averbados na matrícula do imóvel usucapiendo e na matrícula dos imóveis confinantes, mesmo que notificado pelo registrador competente para se manifestar em 15 (quinze dias) (art. 1.071, IV, §2º), ou mesmo por meio de impugnação ao pedido de reconhecimento extrajudicial da usucapião (art. 1.068, IV,§10), não impedirá o ajuizamento de eventual ação judicial de usucapião (art. 1071, IV,§9º), ratificando, notadamente, o próprio direito constitucional ao acesso à justiça (art. 5º, XXXV da CF/88 e agora também, art. 3º, *caput* do CPC).

2.5 AÇÃO DE DIVISÃO E DA DEMARCAÇÃO DE TERRAS PARTICULARES

2.5.1 Introdução

As ações de divisão e de demarcação de terras particulares são estudadas conjuntamente devido à semelhança entre ambas, tornando-se possível ao legislador determinar disposições comuns entre tais ações. A despeito de expostas englobadamente, suas diferenças são notórias.

A finalidade de cada um dos procedimentos é determinada pelo art. 569, no qual se pode observar, de modo evidente, a diferença entre demarcação e divisão.

Assim, de acordo com o art. 569, I, cabe "*ao proprietário ação de demarcação, para obrigar o seu confinante a estremar os respectivos prédios, fixando-se novos limites entre eles ou aviventando-se os já apagados.*"

A ação de divisão, por outro lado, cabe ao condômino para obrigar os demais consortes a estremar a coisa comum (art. 566, II).

Nesse sentido, pressupondo prédios contíguos, caso haja controvérsia compreendendo os limites de duas ou mais propriedades, devido a não fixação de rumos ou ao fato de os rumos fixados já terem se apagado, é adequada a ação de demarcação.

Quando se pretende a partilha de coisa comum, pressupondo aí prédio único, *v.g.*, dissolução de condomínio, pretendendo a mudança de cota ideal em quinhão determinado, cabível será a ação de divisão.

Não sendo a divisão possível, como, por exemplo, no caso de se tratar de coisas móveis ou área inferior ao módulo rural, viável será a extinção do condomínio por meio da alienação da coisa comum (art. 730).

Cabe pontuar aqui que o art. 570, trilhando pela sempre que possível e desejada economia processual, possibilita a cumulação das ações demarcatória e divisória. Nessa hipótese, proceder-se-á, inicialmente, à demarcação e, logo após, à divisão, visto que a primeira se coloca prejudicial à segunda.

Ainda há de se registrar que o CPC/2015 acrescentou dispositivo onde se autoriza que a demarcação e a divisão sejam realizadas por escritura pública, desde que os partícipes tenham capacidade civil plena e todos estejam concordes, observando-se no que couber, as regras relativas à ação de divisão e demarcação de terras particulares, tal qual dispões o art. 571.

O Código de Processo Civil, em seu art. 569 e segs., prevê o procedimento aplicável somente às terras particulares. Já quanto à demarcação de terras públicas, sobretudo aquelas denominadas "terras devolutas", possível será o manejo da ação discriminatória, essa regulada pela Lei n. 6.383/76.

As ações de demarcação e de divisão possuem natureza dúplice, posto que o réu poderá deduzir pretensão apropriada à proteção de seus interesses no próprio bojo da peça contestatória, mas não por meio da reconvenção, como outrora já enfrentado neste capítulo no tocante às ações possessórias.

Também, como já ressaltado em linhas anteriores, tais ações tratam de direito real imobiliário, devendo ser propostas no foro da situação da coisa (art. 47, *caput* do CPC).

O proprietário e não o possuidor será a parte legítima para propor ação de demarcação, sendo permitido, por conseguinte, que o promissário comprador também proponha a ação em tela. Já o confinante (proprietário ou possuidor) será o legitimado passivo.

Os condôminos são legitimados ativos e passivos na ação de divisão.

O procedimento seja o da ação demarcatória, seja da ação divisória realiza-se em duas etapas.[19]

Inicialmente, decidir-se-á mediante sentença acerca da pretensão de dividir ou demarcar; em seguida, serão procedidas as operações técnicas referentes à divisão ou demarcação, finalizando-se com a devida sentença homologatória.

---

19. "AÇÃO DE DIVISÃO – FASE – A ação de terras comporta duas fases distintas. Na primeira, serão examinados os pressupostos de admissibilidade da ação, principalmente a existência de indivisão e condomínio. Na segunda – e somente nesta (...), é que serão analisadas as questões a conformação e localização dos quinhões. Apelação provida em parte." TJRS. 18ª Câmara Cível. Apelação Cível n. 70000714253, Rel. Des. Ilton Carlos Dellandrea. Julg. 18.05.2000.

2.5.2 Procedimento da ação demarcatória

A primeira etapa da ação demarcatória tem início com o ajuizamento da ação por meio de petição inicial conforme os requisitos estabelecidos nos arts. 319 e 574.

A demarcação poderá ser requerida pelo autor com queixa de esbulho ou turbação, formulando, ainda, o pedido de restituição do terreno invadido com os rendimentos que deu, ou indenização dos danos pela usurpação averiguada, não obstante a revogação do que preceituava o antigo art. 951 do CPC/1973, tendo em vista o que assegura o próprio parágrafo único do art. 581, parágrafo único do CPC/2015, *in verbis*:

"A sentença proferida na ação demarcatória determinará a restituição da área invadida, se houver, declarando o domínio ou a posse do prejudicado, ou ambos."

O juiz, caso não haja indeferimento ou emenda da inicial, determinará a citação dos réus para a devida resposta contestatória no prazo comum de 15 (quinze) dias (art. 577).

Instar sublinhar que dita citação será realizada via correio, observando o disposto no art. 247 do CPC.

Em contestando ou não a ação, aplicar-se-á o procedimento comum (art. 578).

Cabe destacar que, antes de proferir a sentença, nomeará o magistrado um ou mais peritos para fins de levantar o traçado da linha demarcanda (art. 579). E uma vez concluídos os estudos, o(s) perito(s), apresentarão laudo, este realizado de forma minuciosa, relativo ao traçado da linha demarcada, levando-se em conta *"os títulos, os marcos, os rumos, a fama da vizinhança, as informações de antigos moradores do lugar e outros elementos"* (art. 580), desde que, evidentemente, necessários a contribuir para conclusão do digitado laudo.[20] Findada essa etapa introdutória, o juiz proferirá a sentença e, sendo essa procedente, encerra-se a primeira etapa. Na hipótese da pretensão de demarcar ser improcedente, a mesma encerrará o processo, desafiando o recurso da Apelação em ambos os efeitos (art. 1.012, *caput*).

Após a sentença que julgou a pretensão de demarcar transitar em julgado, tem início a segunda etapa do procedimento, denominada fase executiva. A despeito de dita denominação, tal etapa nada mais é do que um prolongamento da primeira, não havendo nova citação.

Na fase executiva ocorre a execução material da demarcação, com a colocação dos marcos necessários (art. 582), realização de trabalhos de campo, elaboração de plantas e memorial descritivo (art. 583).

20. Enunciado n. 70 do FPPC: "Do laudo pericial que traçar a linha demarcanda, deverá ser oportunizada a manifestação das partes interessadas, em prestígio ao princípio do contraditório e da ampla defesa."

Terminada a demarcação, lavra-se o respectivo auto (art. 586), sendo a sentença homologatória proferida pelo juiz (art. 587), ao determinar o término da segunda etapa do procedimento.

Ao enfrentamento da aludida sentença, tem lugar o recurso de apelação, cujo efeito se opera apenas na forma devolutiva (art. 1.012, §1º, I).

2.5.3 PROCEDIMENTO DA AÇÃO DIVISÓRIA

O procedimento da ação divisória é dividido, igualmente, em 2 etapas.

Provoca-se a jurisdição com a devida petição inicial, essa devidamente apta, contendo, notadamente, os requisitos estabelecidos nos arts. 319 e 588, definindo, assim, o início da primeira etapa.

No que diz respeito à citação e à resposta, na divisão aplicam-se as regras relativas à demarcação. Desse modo, os réus terão para manifestar exceção ou contestação o prazo comum de15 (quinze) dias.

Havendo ou não contestação, observar-se-á o procedimento comum. O juiz profere – depois da produção de provas, essa quando necessária – sentença julgando a pretensão de dividir. Tal sentença põe término à primeira etapa, sendo aplicável a ela apelação em ambos os efeitos (art. 1.012, *caput*).

Após a sentença que julgou a pretensão de dividir transitar em julgado, inicia-se a segunda etapa do procedimento, isto é, a execução material da divisão.

Geralmente, essa etapa compreende a divisão do imóvel dividendo, considerando-se os pedidos formulados pelos condôminos (art. 591) e os elementos concedidos pelos peritos, constante de laudo, devidamente fundamentado, a ser por eles entregue ao juízo, *ex vi* do art. 595.

Realizado o cumprimento do estabelecido no art. 586 (manifestação das partes em 15 (quinze) dias sobre o relatório elaborado pelos peritos), o escrivão lavrará o auto da divisão, acompanhado de uma folha de pagamento para cada condômino. Convém pontuar que, de acordo com o § 4º do art. 597, dita folha de pagamento conterá:

> *I – a descrição das linhas divisórias do quinhão, mencionadas as confinantes; II – a relação das benfeitorias e das culturas do próprio quinhoeiro e das que lhe foram adjudicadas por serem comuns ou mediante compensação; III – a declaração das servidões instituídas, especificados os lugares, a extensão e modo de exercício.*

Por fim, a sentença homologatória da divisão será proferida quando o auto for assinado pelo juiz e pelo perito (§2º do art. 597).

Da sentença, cabível será o recurso de apelação contra a decisão que homologou a divisão, tendo tal recurso efeito meramente devolutivo (art. 1012,§1º, I).

Cabe ainda ressaltar que a sentença deverá ser registrada conforme disposto na Lei n. 6.015/73, em seu art. 168, II, *b*.

2.6 AÇÃO DE DISSOLUÇÃO PARCIAL DE SOCIEDADE

Como novidade no CPC/2015, temos a regulação da denominada Ação de Dissolução Parcial de Sociedade.

A jurisprudência construiu o instituto da dissolução parcial partindo do princípio da preservação da empresa.

Em verdade, a crescente complexidade das relações sociais e econômicas tem obrigado a ordem jurídica a reconhecer que a empresa, sendo, verdadeiramente, uma atividade organizada de produção ou circulação de bens ou serviços, é o foco de interesses múltiplos e diversos, transcendendo a figura dos sócios da própria sociedade empresária.

Fato é que os investidores e empreendedores que organizam a exploração da atividade econômica, diretamente ou por meio de administradores profissionais, fazem-no movidos principal ou exclusivamente pelo interesse de lucro.

A continuidade e desenvolvimento da empresa, i.e., sua "preservação", atende, inicialmente, a esses interesses primários e individualistas dos sócios da sociedade que a explora.

Não obstante isso, o aludido interesse mais muito mais e, notadamente, de forma mais e intensa, atinge outros significativos atores em cascata.

Sobre o assunto, aliás, muito bem expressa Ulhoa Coelho:

> Outros sujeitos de direito também titulam interesse legítimo relativamente à continuidade e desenvolvimento da atividade econômica. Não terão, estes outros agentes, obviamente, nenhum lucro – este é o ganho específico e exclusivo de investidores e empreendedores. Terão, contudo, ganhos de natureza diversa, ou mesmo meros proveitos. Os trabalhadores têm interesse na preservação da empresa, porque disso depende seu posto de trabalho, progressão na carreira, aposentadoria e outros benefícios. Aos consumidores interessa a preservação da empresa, em vista dos bens ou serviços que atendem às necessidades e querências deles. O fisco, e, por via de consequência, toda a sociedade atendida pelos serviços públicos, também se interessa pela preservação da empresa, em função dos tributos incidentes sobre a atividade econômica. Outros empresários, como os fornecedores de insumo, prestadores de serviço, bancos e seguradores, igualmente se interessam pela preservação da empresa, pelas oportunidades de negócio que por ela surgem. Os vizinhos dos estabelecimentos empresariais também estão interessados na preservação da empresa, pela riqueza local e regional gerada.
>
> Em suma, interesses diversos, alguns dos quais metaindividuais, gravitam em torno da continuidade e desenvolvimento das atividades econômicas.[21]

---

21. COELHO, Fábio Ulhoa. A ação de dissolução parcial de sociedade. *In*: *Revista de Informação Legislativa*, Brasília ano 48 n. 190 abr./jun. 2011, p. 143.

Importante pontuar que se otimiza a regulação de tal *actio* no CPC, com o fito de tornar este em perfeita sintonia com o próprio "direito da empresa" catalogado em sede do Código Civil, especialmente através de dispositivos específicos, tais como os arts. 1.028 a 1.032 e arts. 1.085 e 1.086.

Dito isso, tem como finalidade a dissolução parcial preservar a própria sociedade, resolvendo-a em relação ao sócio excluído, falecido ou mesmo aquele que exerceu o direito de retirada ou recesso bem como quantificando os devidos haveres ou a resolução ou apuração dos ditos haveres, conforme se depreende do art. 599, *caput* do CPC.

Poderá a ação de dissolução parcial de sociedade ter também por objeto a sociedade anônima de capital fechado, isso quando demonstrado quer por acionista ou acionistas que representem 5% (cinco por cento) ou mais do capital social da sociedade que esta não pode atingir sua finalidade.

Conforme o art. 600 poderá a presente ação ser proposta:

I - pelo espólio do sócio falecido, quando a totalidade dos sucessores não ingressar na sociedade;

II - pelos sucessores, após concluída a partilha do sócio falecido;

III - pela sociedade, se os sócios sobreviventes não admitirem o ingresso do espólio ou dos sucessores do falecido na sociedade, quando esse direito decorrer do contrato social;

IV - pelo sócio que exerceu o direito de retirada ou recesso, se não tiver sido providenciada, pelos demais sócios, a alteração contratual consensual, formalizando o desligamento depois de transcorridos 10 (dez) dias do exercício do direito;

V - pela sociedade, nos casos em que a lei não autoriza a exclusão extrajudicial; ou

VI - pelo sócio excluído.

Ainda neste ínterim, poderá o cônjuge ou companheiro do sócio cujo casamento, união estável ou convivência terminou requerer a apuração de seus haveres na sociedade, estes que serão pagos à conta da quota social titulada por este sócio (parágrafo único do art. 600).

A petição inicial deverá ser instruída, obrigatoriamente, com cópia do contrato social consolidado, de acordo com o que reza o §1º do art. 599.

Uma vez recebida a petição inicial e sendo deferida, serão citados os sócios e a sociedade para que, no prazo de 15 (quinze) dias, se manifestem concordando com o pedido ou que apresentem a respectiva contestação, valendo destacar que a sociedade não será citada se todos os seus sócios o forem, mas ficará sujeita aos efeitos da decisão e à coisa julgada (parágrafo único do art. 601 do CPC).

A sociedade poderá formular pedido de indenização compensável com o valor dos haveres a apurar.

Em uma primeira hipótese, havendo manifestação expressa e unânime pela concordância da dissolução parcial, o magistrado a decretará, passando-se imediatamente à fase respectiva fase de liquidação, cabendo sublinhar que, neste caso, não ensejará condenação em honorários advocatícios para nenhuma das partes, sendo as custas rateadas segundo a participação das partes no capital social, *ex vi* do §1º do art. 603.

De outro modo, aí em uma segunda hipótese, havendo contestação, observado será o procedimento comum, no entanto, quanto à liquidação, essa seguirá o que regula o capítulo referente à ação em tela.

Para fins de apuração dos haveres, caberá ao magistrado:

a) Fixar a data da resolução da sociedade.

b) Definir o critério de apuração dos haveres à vista do disposto no contrato social.

c) Nomear o perito.

O juiz deverá determinar à sociedade ou aos sócios que nela permanecerem, que deposite em juízo a parte incontroversa dos haveres devidos, podendo ser, desde logo levantado pelo ex-sócio, pelo espólio ou pelos sucessores (§§1º e 2º do art. 604).

Caso o contrato social estabeleça o pagamento dos haveres, observar-se-á o que nele se dispôs no depósito judicial da parte incontroversa. (§3º do art. 604).

De outra banda, caso o contrato social seja omisso, o órgão julgador definirá como critério de apuração de haveres, *o valor patrimonial apurado em balanço de determinação, tomando-se por referência a data da resolução e avaliando-se bens e direitos do ativo, tangíveis e intangíveis, a preço de saída, além do passivo também a ser apurado de igual forma.* (art. 606, *caput*)

É de se pontuar que em todos nos casos aos quais seja necessária a realização de perícia, a nomeação do necessário perito recairá, preferencialmente, sobre especialista em avaliação de sociedades.

Conforme expressa o art. 605, a data da resolução da sociedade será:

> *I - no caso de falecimento do sócio, a do óbito;*
>
> *II - na retirada imotivada, o sexagésimo dia seguinte ao do recebimento, pela sociedade, da notificação do sócio retirante;*
>
> *III - no recesso, o dia do recebimento, pela sociedade, da notificação do sócio dissidente;*
>
> *IV - na retirada por justa causa de sociedade por prazo determinado e na exclusão judicial de sócio, a do trânsito em julgado da decisão que dissolver a sociedade; e*
>
> *V - na exclusão extrajudicial, a data da assembleia ou da reunião de sócios que a tiver deliberado.*

Não obstante tais informações supracitadas, tanto a data da resolução quanto o critério de apuração de haveres poderão ser revistos pelo juiz, isso sempre a pedido da parte e até antes do início da perícia (art. 607).

Até a data da aludida resolução, integram o valor devido ao ex-sócio, ao espólio ou aos sucessores, a participação nos lucros ou os juros sobre o capital próprio, estes declarados pela sociedade e, se for o caso, a remuneração como administrador.

De outro modo, após a data da resolução, o ex-sócio, o espólio ou os sucessores terão direito apenas à correção monetária dos valores apurados e aos juros contratuais ou legais, tudo por força do art. 608 *caput* e seu parágrafo único.

Por fim, apurados, os haveres do sócio retirante serão pagos conforme disciplinar o contrato social ou no caso de silêncio deste, nos termos do §2º do art. 1.031 do Código Civil.[22]

2.7 INVENTÁRIO E PARTILHA

Denomina-se inventário a ação que tem por finalidade a averiguação e a distribuição dos bens integrantes do patrimônio da pessoa falecida, distribuindo-os entre aqueles que possuem direito sucessório.[23]

Do CPC/2015, procurou o legislador pontuar já no dispositivo que inaugura tal tema (art. 610), a ideia de que, havendo testamento ou interessado, proceder-se-á ao inventário judicial numa clara demonstração do incentivo à via extrajudicial para os demais casos, tanto é que os §§ 1º e 2º do próprio art. 610 dedica-se a tal intenção, o que será por nós enfrentado mais adiante.

O art. 611 do CPC esclarece que o prazo para a abertura do inventário será de dois (dois) meses a contar da abertura da sucessão, devendo findar-se nos 12 (doze) meses subsequentes.[24] Há, todavia, expressa autorização para que o magistrado possa estender, até mesmo de ofício, os citados prazos.

---

22. *"Art. 1.031*
(...)
§ 2º A quota liquidada será paga em dinheiro, no prazo de noventa dias, a partir da liquidação, salvo acordo, ou estipulação contratual em contrário."

23. Admite-se ainda o inventário negativo para a declaração de inexistência de patrimônio a ser partilhado pelo falecido.
Embora não expresso em lei, é possível ao cônjuge ou aos herdeiros a abertura do inventário (judicial ou extrajudicial) para demonstrar que o *de cujus* não deixou bens a inventariar. O cônjuge, em razão da causa suspensiva prevista no artigo 1.523 do Código Civil, como por exemplo: a) a obrigatoriedade do regime de separação de bens (art. 1641, inciso I) e b) instituição de hipoteca legal em favor dos filhos (art. 1489, II CC). O herdeiro, pois, responde pelas dívidas da herança até a força do respectivo quinhão hereditário (arts. 1792 e 1821 CC), daí lançar mão do inventário negativo para evitar que tais dívidas possam onerar o seu patrimônio (se nada recebe de herança, nada paga).

24. Súmula n.542 do STF: "Não é inconstitucional a multa instituída pelo Estado-membro, como sanção pelo retardamento do início ou da ultimação do inventário."

O requerimento de inventário e de partilha será instruído com a certidão de óbito do autor da herança e incumbirá a quem estiver na posse e na administração do espólio.

Não obstante a isso, de acordo com o art. 616, terá legitimidade concorrente para requerê-lo.

a) O cônjuge ou companheiro supérstite.

b) O herdeiro.

c) O legatário.

d) O testamenteiro.

e) O cessionário do herdeiro ou do legatário.

f) O credor do herdeiro, do legatário ou do autor da herança.

g) O Ministério Público, havendo herdeiros incapazes.

h) A Fazenda Pública, quando tiver interesse.

i) O administrador judicial da falência do herdeiro, do legatário, do autor da herança ou do cônjuge ou companheiro supérstite.

O inventariante deverá prestar compromisso de bem, no prazo de 5 (cinco) dias após ser nomeado, tornando-se representante em juízo do espólio e deverá desempenhar o cargo fielmente (parágrafo único do art. 617), mas, até que o mesmo venha prestá-lo, deverá o espólio continuar na posse de administrador provisório (art. 613).

Referido administrador provisório, conforme dito, representa ativa e passivamente o espólio até o compromisso do inventariante e será obrigado a trazer ao acervo os frutos que desde a abertura da sucessão percebeu, tendo direito ao reembolso das despesas necessárias e úteis que fez, respondendo também pelo dano a que, por dolo ou culpa, der causa, tudo em respeito ao art. 614.

Voltando à figura do inventariante, caberá ao magistrado observar a ordem para nomeação do mesmo, esta estampada no art. 617 do Código de Processo Civil, nos seguintes termos:

a) o cônjuge ou companheiro sobrevivente, desde que estivesse convivendo com o outro ao tempo da morte deste;

b) o herdeiro que se achar na posse e administração do espólio, se não houver cônjuge ou companheiro sobrevivente ou estes não puderem ser nomeados;

c) qualquer herdeiro, quando nenhum deles estiver na posse e na administração do espólio;

d) o herdeiro menor, por seu representante legal;

e) o testamenteiro, se lhe foi confiada a administração do espólio ou toda a herança estiver distribuída em legados;

f) o cessionário do herdeiro ou do legatário;

g) o inventariante judicial, se houver;

h) pessoa estranha idônea, quando não houver inventariante judicial.

Os arts. 618 e 619 do CPC fazem referência aos encargos do inventariante, nos seguintes termos:

> *Art. 618. Incumbe ao inventariante:*
>
> *I - representar o espólio ativa e passivamente, em juízo ou fora dele, observando-se, quanto ao dativo, o disposto no art. 75, § 1o;*
>
> *II - administrar o espólio, velando-lhe os bens com a mesma diligência que teria se seus fossem;*
>
> *III - prestar as primeiras e as últimas declarações pessoalmente ou por procurador com poderes especiais;*
>
> *IV - exibir em cartório, a qualquer tempo, para exame das partes, os documentos relativos ao espólio;*
>
> *V - juntar aos autos certidão do testamento, se houver;*
>
> *VI - trazer à colação os bens recebidos pelo herdeiro ausente, renunciante ou excluído;*
>
> *VII - prestar contas de sua gestão ao deixar o cargo ou sempre que o juiz lhe determinar;*
>
> *VIII - requerer a declaração de insolvência.*
>
> *Art. 619. Incumbe ainda ao inventariante, ouvidos os interessados e com autorização do juiz:*
>
> *I - alienar bens de qualquer espécie;*
>
> *II - transigir em juízo ou fora dele;*
>
> *III - pagar dívidas do espólio;*
>
> *IV - fazer as despesas necessárias para a conservação e o melhoramento dos bens do espólio.*

Já o art. 622 dispõe sobre hipóteses em que o mesmo poderá ser removido, *in verbis*:

> *Art. 622. O inventariante será removido de ofício ou a requerimento:*
>
> *I - se não prestar, no prazo legal, as primeiras ou as últimas declarações;*
>
> *II - se não der ao inventário andamento regular, se suscitar dúvidas infundadas ou se praticar atos meramente protelatórios;*
>
> *III - se, por culpa sua, bens do espólio se deteriorarem, forem dilapidados ou sofrerem dano;*
>
> *IV - se não defender o espólio nas ações em que for citado, se deixar de cobrar dívidas ativas ou se não promover as medidas necessárias para evitar o perecimento de direitos;*
>
> *V - se não prestar contas ou se as que prestar não forem julgadas boas;*
>
> *VI - se sonegar, ocultar ou desviar bens do espólio.*

Oportuno lembrar que, uma vez requerida a remoção do inventariante com base em qualquer dos incisos do art. 622, conforme supramencionado, será ele intimado para, no prazo de 15 (quinze) dias, defender-se e produzir provas, sendo tal incidente processado em autos apensos ao inventário (parágrafo único do art. 623 do CPC).

Decorrido o prazo para a defesa do inventariante, com a apresentação dela ou mesmo diante de sua omissão, o juiz decidirá. Caso decida pela remoção daquele, caberá ao magistrado, observando a ordem estabelecida no art. 617 já citado, nomear outro, conforme disciplina o parágrafo único do art. 624.

Ao inventariante removido caberá o ônus de entregar imediatamente ao seu substituto os bens do espólio. Deixando de fazê-lo, será compelido mediante mandado de busca e apreensão ou de imissão na posse, conforme se tratar de bem móvel ou imóvel, sem prejuízo da multa a ser fixada pelo julgador em montante não superior a 3% (três por cento) do valor dos bens inventariados.

Ocorrendo tudo regularmente, o inventariante, no prazo de 20 (vinte) dias após a assinatura do compromisso, deverá prestar as primeiras declarações, esta que poderá ser realizada mediante petição, firmada por procurador com poderes especiais, à qual o termo se reportará, ou seja, fornecerá informações pessoais do falecido, de seu cônjuge, se casado ao tempo de morte, dos herdeiros, a relação completa e individualizada de todos os bens do espólio, especificando-se móveis, imóveis, semoventes, dinheiro, títulos da dívida pública, ações, cada qual com seus respectivos valores e as dívidas do falecido (art. 618).

Das iniciais declarações do inventariante, será lavrado termo circunstanciado, este assinado pelo juiz, pelo escrivão e pelo inventariante, onde serão exarados, conforme os incisos do art. 620, *in verbis*:

> *I - o nome, o estado, a idade e o domicílio do autor da herança, o dia e o lugar em que faleceu e se deixou testamento;*
>
> *II - o nome, o estado, a idade, o endereço eletrônico e a residência dos herdeiros e, havendo cônjuge ou companheiro supérstite, além dos respectivos dados pessoais, o regime de bens do casamento ou da união estável;*
>
> *III - a qualidade dos herdeiros e o grau de parentesco com o inventariado;*
>
> *IV - a relação completa e individualizada de todos os bens do espólio, inclusive aqueles que devem ser conferidos à colação, e dos bens alheios que nele forem encontrados, descrevendo-se:*
>
> *a) os imóveis, com as suas especificações, nomeadamente local em que se encontram, extensão da área, limites, confrontações, benfeitorias, origem dos títulos, números das matrículas e ônus que os gravam;*
>
> *b) os móveis, com os sinais característicos;*
>
> *c) os semoventes, seu número, suas espécies, suas marcas e seus sinais distintivos;*

> *d) o dinheiro, as joias, os objetos de ouro e prata e as pedras preciosas, declarando-se-lhes especificadamente a qualidade, o peso e a importância;*
>
> *e) os títulos da dívida pública, bem como as ações, as quotas e os títulos de sociedade, mencionando-se-lhes o número, o valor e a data;*
>
> *f) as dívidas ativas e passivas, indicando-se-lhes as datas, os títulos, a origem da obrigação e os nomes dos credores e dos devedores;*
>
> *g) direitos e ações;*
>
> *h) o valor corrente de cada um dos bens do espólio.*

Cumpre lembrar que somente se pode arguir eventual sonegação de informações prestadas pelo inventariante, após encerrada a descrição dos bens, com a declaração, por ele feita, de não existirem outros por inventariar. (art. 621).[25]

Ainda neste ínterim, determinará o magistrado que se proceda ao balanço do estabelecimento, se o autor da herança era empresário individual, assim como à apuração de haveres, se o autor da herança era sócio de sociedade que não anônima.[26]

Realizadas as primeiras declarações, o magistrado mandará citar, para os termos do inventário e da partilha, o cônjuge, o companheiro, os herdeiros e os legatários e intimar a Fazenda Pública, o Ministério Público, no caso de haver herdeiro ausente ou incapaz e o testamenteiro, quando o falecido deixar testamento (art. 626).

Ao término do prazo de 15 (quinze) dias para cada parte citada se manifestar sobre as primeiras declarações, o juiz, aceitando-as ou indicando o que falta nelas constar, ou apontando ainda o que tenha contado indevidamente, nomeará um perito para avaliar os bens do espólio, quando não tiver na comarca avaliador judicial (art. 630 do CPC).

Os herdeiros obrigados, dentro deste mesmo prazo de 15 (quinze) dias, deverão trazer à colação os bens que receberam em vida do falecido ou seu valor, no caso de não possuí-lo mais (art. 639 do CPC).

Após a realização dos pagamentos das dívidas (arts. 642 a 646 do CPC), o juiz concederá às partes formular, no prazo comum de 15 (quinze) dias, pedidos de quinhões (art. 647 do CPC).

Neste ínterim, vale atentar para o que estipula o parágrafo único do art. 647. *In verbis*:

> *Parágrafo único. O juiz poderá, em decisão fundamentada, deferir antecipadamente a qualquer dos herdeiros o exercício dos direitos de*

---

25. No mesmo sentido, STJ. 4ªT. REsp 265.859/SP. Rel. Min. Sálvio de Figueiredo Teixeira. Julg. 20.03.2003, *DJ* 07.04.2003.

26. Súmula n.265 do STF: "Na apuração de haveres, não prevalece o balanço não aprovado pelo sócio falecido ou que se retirou."

> *usar e de fruir de determinado bem, com a condição de que, ao término do inventário, tal bem integre a cota desse herdeiro, cabendo a este, desde o deferimento, todos os ônus e bônus decorrentes do exercício daqueles direitos.*

Ao ser efetuado o pagamento do imposto de transmissão *causa mortis* e depois da ciência da Fazenda Pública, o juiz julgará a partilha por sentença (art. 654 do CPC).

Nota-se que a existência de dívida para com a Fazenda Pública não será óbice para o julgamento da partilha, isto desde que, como condição, esteja o pagamento do ente público devidamente garantido, como bem estabelece o parágrafo único do art. 654.[27]

A lei ainda dispõe sobre uma forma simplificada de inventário, qual seja, o arrolamento (art. 659 a 667 do CPC), esse que poderá ser utilizado nos casos em que o valor dos bens do espólio for igual ou inferior a 1.000 (mil) salários mínimos (art. 664), ou todos os herdeiros forem capazes e já tiverem definido previamente, entre eles, de modo amigável, a partilha dos bens do falecido.[28/29]

O nosso ordenamento processual civil, em seu art. 660, prevê, nesse caso, que os herdeiros deverão requerer a nomeação do inventariante indicado já na inicial, devendo declarar também os bens do espólio, atribuindo-lhes valor para fins de partilha.

O procedimento supracitado poderá ser utilizado, outrossim, no pedido de adjudicação no caso de existência de herdeiro único.

Não será necessária a prestação de compromisso pelo inventariante, como também não se procederá à avaliação dos bens (art. 661).

Na hipótese de haver dívidas do falecido, os interessados poderão se servir do arrolamento, desde que reservem patrimônio para quitação das dívidas (art. 663).

Digna de nota é a novidade inclusa pelo novel CPC de 2015, mais precisamente no que se refere à cumulação de inventários para a partilha de heranças de pessoas diversas (art. 672).

Para a desejada cumulação, necessário será que haja:

> *I – identidade de pessoas por quem devam ser repartidos os bens;*
>
> *II – heranças deixadas pelos dois cônjuges ou companheiros;*

---

27. Enunciado n.71 do FPPC: "Poderá ser dispensada a garantia mencionada no parágrafo único do art. 654, para efeito de julgamento da partilha, se a parte hipossuficiente não puder oferecê-la, aplicando-se por analogia o disposto no art. 300, § 1º."

28. Enunciado n.138 do FPPC: "A partilha amigável extrajudicial e a partilha amigável judicial homologada por decisão ainda não transitada em julgado são impugnáveis por ação anulatória."

29. Enunciado n.137 do FPPC: "Contra sentença transitada em julgado que resolve partilha, ainda que homologatória, cabe ação rescisória."

> *III – dependência de uma das partilhas em relação à outra.*
>
> *Parágrafo único. No caso previsto no inciso III, se a dependência for parcial, por haver outros bens, o juiz pode ordenar a tramitação separada, se melhor convier ao interesse das partes ou à celeridade processual.*

Completa dita possibilidade, o conteúdo do art. 673, ao se referir que, no caso de heranças deixadas pelos dois cônjuges ou companheiros, prevalecerão as primeiras declarações, assim como o laudo de avaliação, salvo se se alterou o valor dos bens.

Conforme já bem expressado no início do presente item, o CPC/2015, alinhando-se para com o que já bem expressa a Lei n. 11.441 de 04 de janeiro de 2007, pontua nos §§1º e 2º do art. 610, o seguinte:

> *§ 1º Se todos forem capazes e concordes, o inventário e a partilha poderão ser feitos por escritura pública, a qual constituirá documento hábil para qualquer ato de registro, bem como para levantamento de importância depositada em instituições financeiras.*
>
> *§ 2º O tabelião somente lavrará a escritura pública se todas as partes interessadas estiverem assistidas por advogado ou por defensor público, cuja qualificação e assinatura constarão do ato notarial.*

Nestes termos, a Lei n. 11.441/2007 busca a desburocratização e efetividade dos atos que, mesmo demonstrando a vontade dos interessados, maiores e capazes, permaneciam submetidos à análise prévia da autoridade judicial, por explícita exigência legal, para produzirem efeitos quando homologados.

A supramencionada legislação autoriza que os inventários em que existam partilhas amigáveis, bem como as separações e os divórcios consensuais, sejam manejados, extrajudicialmente, perante o oficial de registro cartorário.

Importante ressaltar que não poderá haver o interesse de menores, tanto no inventário como nas separações/divórcios, sob pena de tornar vedada a utilização da via extrajudicial.

Resta evidente que a legislação supra, muito embora conceda a opção de realização da separação, do divórcio e do inventário consensual, ou seja, fora das órbitas do Poder Judiciário, permanece reconhecendo como obrigatória a representação dos interessados por meio de advogado.

Observa-se ser essencial tal situação para resguardar que a vontade das partes seja exatamente reproduzida nas disposições levadas ao cartório, sendo necessária a participação de advogado ou defensor público, a fim de evitar abusos e desencontros entre o interesse dos litigantes e a realidade apresentada às autoridades competentes. Aliás, o espírito dos citados §§1º e 2º do art. 610 traduzem em requisito de validade, tais presenças.

A legislação supracitada, contudo, deve ser entendida e isto é de bom grado ratificar, como uma prerrogativa concedida às partes – desde que satisfeitos os requisitos legais – em optarem por realizar o inventário de seu parente, ou ainda sua separação ou seu divórcio pela via extrajudicial.

- *O Conselho Nacional de Justiça e a Resolução n. 35*

Diante de eventuais divergências interpretativas e de conteúdo decorrentes da própria extensão e procedimentos prestigiados pela da Lei n. 11.441/2007, o Conselho Nacional de Justiça (CNJ) teve por bem regulamentar a referida Lei, ouvindo, de antemão, o Conselho Federal da Ordem dos Advogados do Brasil e a Associação dos Notários e Registradores do Brasil.

Nestes termos, editada foi a Resolução n. 35 do CNJ, devidamente publicada em 24 de Abril de 2007, regulamentando a aplicação da Lei n. 11.441/2007, esta que, como já anteriormente visto, trata da possibilidade de realização dos procedimentos relativos ao inventário, partilha, separação e divórcio consensuais pela via administrativa, qual seja, o Cartório de Notas (Tabelionato).

De início, cabe apontar que a dita Resolução nº 35 estabeleceu, dentre outras regras, o respectivo critério de cobrança dos emolumentos para a prestação dos referidos serviços a serem cobrados pelos cartórios, pois que, com o advento da Lei n. 11.441/2007, ao passar a permitir que determinados procedimentos, sem litígio, fossem realizados na esfera administrativa, uma diversidade de Cartórios, diante da omissão da Lei no que toca ao critério de cobrança, passou a estabelecer taxas muitas vezes excessivas aos interessados na realização dos atos elencados pela própria Lei, sobrecarregando os procedimentos em onerosidade pecuniária, visto que o parâmetro de cobrança praticado estava sendo aquele decorrente da quantidade de bens, ou seja, quanto maior o número de bens envolvidos no procedimento, mais elevado seria o valor a pagar.

Assim, estabelecido foi no art. 4º da Resolução n.35, o seguinte:

> *Art. 4º. O valor dos emolumentos deverá corresponder ao efetivo custo e à adequada e suficiente remuneração dos serviços prestados, conforme estabelecido no parágrafo único do art. 1º da Lei nº 10.169/2000, observando-se, quanto a sua fixação, as regras previstas no art. 2º da citada lei.*

Cabe esclarecer que o dispositivo apontado pelo art. 4º supracitado, dita parâmetros mais razoáveis para a cobrança de taxas de emolumentos, fixando, por exemplo, um valor mínimo e máximo para o exercício do ato e ainda a tão necessária observância das peculiaridades socioeconômicas de cada região, otimizando, positivamente, os procedimentos em questão.

Vale a pena lembrar, por conseguinte e em regra, o evidente apelo social dos institutos referidos, não podendo estes culminar em elevadas despesas para os interessados. Não custa sublinhar que a Lei n. 11.441/2007, em seu art. 3º, garante aos comprovadamente necessitados a gratuidade dos serviços, abrangendo todos os atos ali previstos, ratificando tal entendimento os arts. 6º e 7º da sempre citada Resolução nº 35 do CNJ.

Em esclarecimento final à questão retro, importante se faz aqui acostar o art. 2º da Lei n. 10.169/2000, cuja referência ao mesmo fora cotejada no corpo do art. 4º alhures citado:

> *Art. 2º Para a fixação do valor dos emolumentos, a Lei dos Estados e do Distrito Federal levará em conta a natureza pública e o caráter social dos serviços notariais e de registro, atendidas ainda as seguintes regras:*
>
> *I – os valores dos emolumentos constarão de tabelas e serão expressos em moeda corrente do País;*
>
> *II – os atos comuns aos vários tipos de serviços notariais e de registro serão remunerados por emolumentos específicos, fixados para cada espécie de ato;*
>
> *III – os atos específicos de cada serviço serão classificados em:*
>
> *a) atos relativos a situações jurídicas, sem conteúdo financeiro, cujos emolumentos atenderão às peculiaridades socioeconômicas de cada região;*
>
> *b) atos relativos a situações jurídicas, com conteúdo financeiro, cujos emolumentos serão fixados mediante a observância de faixas que estabeleçam valores mínimos e máximos, nas quais enquadrar-se-á o valor constante do documento apresentado aos serviços notariais e de registro.*
>
> *Parágrafo único. Nos casos em que, por força de lei, devam ser utilizados valores decorrentes de avaliação judicial ou fiscal, estes serão os valores considerados para os fins do disposto na alínea b do inciso III deste artigo.*

Outro conteúdo de suma importância e esclarecimento pela Resolução n. 35 foi aquele relativo à competência e as regras para determinar a escolha do tabelionato de notas apto à prática dos atos procedimentais da matéria a ser manejada, não deixando dúvidas sobre a liberalidade do interessado no tocante a sua escolha.

Nisso, de pronto, já no art. 1º da multicitada Resolução, tem-se estabelecido que:

"Art. 1º Para a lavratura dos atos notariais de que trata a Lei n. 11.441/07, é livre a escolha do tabelião de notas, não se aplicando as regras de competência do Código de Processo Civil."

Em seguida, igualmente em matéria relevante, assegurada é a escolha facultativa da via administrativa pelos interessados, podendo inclusive solicitar ao juízo – em casos de demandas judiciais já em andamento- a suspensão do processo judicial pelo prazo de 30 (trinta) dias, a fim de que se promova a instauração do procedimento em respectiva instância cartorária. É o que noticia o art. 2º da Resolução n. 35, *in verbis:*

"Art. 2º É facultada aos interessados a opção pela via judicial ou extrajudicial; podendo ser solicitada, a qualquer momento, a suspensão, pelo prazo de 30 dias, ou a desistência da via judicial, para promoção da via extrajudicial."

Mais precisamente, quanto ao inventário e a partilha, a Resolução expressa em seu art. 11, não ser necessária a observância do art. 990 do CPC/1973 (art. 617 do CPC/2015) no que se refere à ordem para a representação do espólio.

No que toca ao denominado companheiro (a), indicam os arts. 18 e 19 da aludida Resolução n.35 o entendimento de que seu direito à meação pode ser reconhecido por escritura pública, desde que consentindo os demais herdeiros e interessados na herança, todos absolutamente capazes, alargando assim o alcance das normas estabelecidas na Lei em questão, propriamente para os que vivem sob o *status* de união estável.

Por outro lado, ocorrendo controvérsia acerca de tal questão, esta deverá ser devidamente solucionada em Juízo. Nisto, estabelece o conjunto de dispositivos abaixo:

> *Art. 18. O(A) companheiro(a) que tenha direito à sucessão é parte, observada a necessidade de ação judicial se o autor da herança não deixar outro sucessor ou não houver consenso de todos os herdeiros, inclusive quanto ao reconhecimento da união estável.*
>
> *Art. 19. A meação de companheiro (a) pode ser reconhecida na escritura pública, desde que todos os herdeiros e interessados na herança, absolutamente capazes, estejam de acordo.*

Outra questão importante é aquela acerca da existência de credores do espólio, o que muito bem define a Resolução em seu art. 27, preceituando que tal ocorrência não impede a realização de inventário, partilha ou adjudicação por escritura pública: *"Art. 27. A existência de credores do espólio não impedirá a realização do inventário e partilha, ou adjudicação, por escritura pública."*

Assim, uma vez tendo o falecido deixado dívidas, é absolutamente possível que se processe respectivo inventário perante o Cartório, sendo em tal instância analisados os bens, efetivando-se o devido pagamento a eventuais credores para, então, partilhar os demais.

Por fim, no que concerne ao sigilo das escrituras públicas, o CNJ, através da Resolução em tela, indica a negativa de sua ocorrência nos casos de separação e divórcios consensuais. É o que anota o art. 42, na seguinte forma: *"Art. 42. Não há sigilo nas escrituras públicas de separação e divórcio consensuais."*

De tudo, resta garantido que, se for de preferência da parte que seu processo seja promovido judicialmente, não poderá ser impedida para tanto, sob pena de inconstitucional afronta ao art. 5º, inciso XXXV, de nossa Constituição Federal, essa que, indubitavelmente, proclama a inafastabilidade da jurisdição, somando-se ainda ao art. 3º, *caput* do CPC.

2.8 EMBARGOS DE TERCEIROS

2.8.1 CONCEITO

Embargos de terceiro é a via processual disponível àquele que não é parte no processo e que enfrenta constrição ou ameaça de constrição sobre seus bens ou sobre os quais tenha direito incompatível com o respectivo ato constritivo, como, por exemplo, decorrente de apreensão judicial, em situações como a de depósito, sequestro, penhora, arresto, arrecadação, alienação judicial, partilha, inventário e arrolamento,[30] poderá requerer o seu desfazimento ou mesmo a inibição quanto à aludida atitude constritiva, tudo por meio do denominado Embargos de Terceiro (art. 674).[31]

Muito embora não pertença ao capítulo destinado às ações possessórias, o procedimento dos embargos de terceiros objetiva, verdadeiramente, a proteção da posse, tendo, nesse sentido, específica característica que é a violação da posse resultante sempre de ato judicial.

O fundamento jurídico dos embargos de terceiros está no fato de que somente às partes cabe a sujeição aos efeitos diretos dos julgados, sendo que a responsabilidade patrimonial, consoante o art. 789, toca tão somente ao devedor-executado, ou seja, o vencido na demanda judicial cognitiva ou a pessoa que figura no título como devedora.

Por tal afirmativa supracitada é que encontram os presentes embargos, diante, por exemplo, de situação corriqueira onde se possa imaginar um terceiro não responsável pelo cumprimento de uma respectiva obrigação e que, a despeito disso, se vê sofrendo os efeitos da penhora sobre bens dos quais exerce a condição de senhor ou possuidor dos mesmos.

Nesses termos, admite-se como pressupostos dos embargos de terceiros: I) uma apreensão judicial; II) a condição de senhor ou possuidor do bem; III) a qualidade de terceiro em relação ao processo do qual emanou a ordem judicial.

2.8.2 LEGITIMIDADE

O terceiro, ou seja, aquele que, mesmo não sendo parte no processo, sofreu constrição ou ameaça na posse de seus bens ou sobre os quais possua direito

---

30. Vale ressaltar que ditas situações citadas faziam parte do que preceituava literalmente o art. 1.046 do CPC/1973.
Com o advento do NCPC, aludidas situações foram retiradas do corpo do artigo em comento, o que, não obstante isso, continuam como possibilidades de medidas constritivas por meio das tutelas de urgência de natureza cautelar, como se depreende do art. 301.

31. Importante enunciado do FPPC, este de n.184: "Os embargos de terceiro também são oponíveis na fase de cumprimento de sentença e devem observar, quanto ao prazo, a regra do processo de execução."

incompatível com respectivo ato constritivo, é o legitimado ativo para opor os embargos de terceiro.[32]

O art. 674 em seu § 1º estabelece que o terceiro na questão em tela poderá ser proprietário, inclusive fiduciário, ou somente possuidor.

A parte que, apesar de figurar no processo, defende bens que, pelo título de sua aquisição ou pela qualidade em que os possuir, não podem ser alcançados pela apreensão judicial, assim é igualada a terceiro.[33] Como exemplo, tem-se o caso de sequestro de bens de forma equivocada, atingindo, assim, determinado objeto de propriedade do réu diferente daquele que consta do litígio.

Para melhor esclarecer a questão, teve por bem o legislador exteriorizar quem pode ser considerado terceiro para fins de manejo do presente instituto.

Nestes termos, aponta o §2º do art. 674:

> *§ 2º Considera-se terceiro, para ajuizamento dos embargos:*
>
> *I - o cônjuge ou companheiro, quando defende a posse de bens próprios ou de sua meação, ressalvado o disposto no art. 843;*
>
> *II - o adquirente de bens cuja constrição decorreu de decisão que declara a ineficácia da alienação realizada em fraude à execução;*
>
> *III - quem sofre constrição judicial de seus bens por força de desconsideração da personalidade jurídica, de cujo incidente não fez parte;*
>
> *IV - o credor com garantia real para obstar expropriação judicial do objeto de direito real de garantia, caso não tenha sido intimado, nos termos legais dos atos expropriatórios respectivos.*

Interessante notar ainda, com relação ao cônjuge ou companheiro, que lhe caberá a possibilidade de exercitar sua legitimidade no ajuizamento de embargos à execução, objetivando contestar a própria dívida e embargos de terceiro, visando impedir que sua meação responda pelo débito exequendo.[34]

---

32. Súmula n.134 do STJ: "Embora intimado da penhora em imóvel do casal, o cônjuge do executado pode opor embargos de terceiro para defesa de sua meação."

33. Súmula n. 84 do STJ: "É admissível a oposição de embargos de terceiro fundados em alegação de posse advinda do compromisso de compra e venda de imóvel, ainda que desprovido do registro."

34. "Intimado que seja da penhora o cônjuge do devedor, tornando-se parte, a ele se abre ainda, o exercício dos embargos de terceiro, *ex vi* do art. 1.064, § 2º, do CPC. Foi por espantosamente feliz Hamilton de Moraes de Barros ao esclarecer que a mesma pessoa 'pode ser simultaneamente parte e terceiro no mesmo processo, se são diferentes os títulos jurídicos que justificam esse duplo papel'. O rótulo de 'terceiro' não se aplica somente às pessoas estranhas ao processo, mas à própria parte, se esta invoca título (*causa petendi*) autônomo e particular para defender os bens do mecanismo expropriativo. Assim, a lei outorga à mulher casada pretensão para livrar na execução em que figure só o marido como obrigado, 'os seus bens próprios, ou de sua reserva, os da sua meação e os dotais'. Idêntico realce deu ao princípio a 4ª Turma do STJ: 'ao cônjuge do executado, uma vez intimado da penhora sobre imóvel, assiste dupla legitimidade: a ajuizar embargos à execução, visando discutir a dívida, e embargos de terceiro objetivando evitar que sua meação responda pelo débito exeqüendo.'" STJ.4ª T. REsp 19.335-0-RS. Rel. Min. Sálvio de Figueiredo. Julg. 31.8.92, RJSTJ 5(46)/242.

Aquele que deu causa à apreensão judicial do bem decorrente de pedido específico para tal, como, por exemplo, o autor, o exequente etc., mesmo que não tenha indicado, particularmente, o bem a ser atingido pela ordem judicial, é denominado legitimado passivo. No processo de execução, portanto, esse será réu nos embargos de terceiro, tenha ou não o ato constritivo (a penhora, *v.g.*) derivado de indicação do exequente. Quando a penhora resultar de nomeação feita pelo executado, no polo passivo, esse também figurará com o tal, *ex vi* do §4º do art. 677.

2.8.3 PROCEDIMENTO E DEMAIS QUESTÕES CORRELATAS

A oposição dos embargos se dá mediante petição com os requisitos necessários do art. 319, devendo o terceiro-embargante instruí-la com os documentos comprobatórios de sua posse e da qualidade de terceiro, além do rol de testemunhas, facultada a prova da posse em audiência preliminar a ser devidamente designada pelo magistrado, isso quando este entender da incipiente comprovação efetiva da posse, conforme se depreende do art. 677.

Julgando suficientemente provado o domínio ou a posse alegada pelo terceiro embargante, a decisão judicial determinará a suspensão das medidas de natureza constritiva sobre o(s) bem(ns) do litígio, objeto(s) ao(s) qual(ais) se pautam os embargos de terceiro, bem como a manutenção ou a reintegração provisória da posse, desde que requerido pelo digitado embargante.

Insta anotar que, dito deferimento liminar acerca da manutenção ou reintegração provisória da posse pode, conforme supracitado, ser condicionado pelo magistrado à prestação de caução, salvo, notadamente, a comprovação da impossibilidade do requerente, decorrente de sua hipossuficiência econômica (parágrafo único do art. 678).

O art. 673 estabelece duas circunstâncias para oposição de embargos: no caso do ato ofensivo resultar de processo de conhecimento, a oposição dos embargos poderá acontecer a qualquer momento enquanto a sentença não for transitada em juízo; quando o ato resultar de cumprimento da sentença ou processo de execução, a oposição dos embargos ocorrerá até 5 (cinco) dias após a adjudicação, a alienação por iniciativa particular ou da arrematação em leilão judicial ou eletrônico, devendo acontecer anteriormente à assinatura da respectiva carta.

Neste ínterim, sobreleva de interesse a disposição do parágrafo único do art. 675, onde autoriza o juiz, quando eventualmente identificar terceiro titular de interesse em embargar ato, seja de constrição e/ou expropriação, a intimá-lo pessoalmente. De certo tal medida volitiva do órgão judicial tem o condão de aperfeiçoar a prestação jurisdicional, inclusive evitando-se, quando

---

Em síntese, o meio hábil para defender os bens do cônjuge insuscetíveis de expropriação (art. 592, IV, a *contrario sensu*) avulta nos embargos de terceiro. Tem o cônjuge, portanto, dois remédios de finalidade distinta, conforme deflui do julgado linhas antes citado.

de seu conhecimento, possíveis litigiosidades futuras sobre a *questio* em juízo, traduzindo-se sim em respeito ao princípio da cooperação para construção de uma qualitativa solução do litígio em exame, o que, diga-se, atitude que cabe a todos os partícipes da demanda, como, por exemplo, tendo conhecimento de terceiro titular de interessado jurídico afetado, pode perfeitamente levar ao conhecimento do juízo.

Constituem os embargos uma ação declaratória autônoma, tendo como objetivo visado a desvinculação do bem do ato judicial constritivo. Produz um incidente no percurso procedimental da ação que lhe deu causa.

Ainda que não contemplado formalmente pelo CPC/2015, entendemos que quando os embargos versarem sobre todos os bens, objetos do processo, prudente será a suspenção deste pelo magistrado, a fim de se evitar possíveis medidas prejudiciais a todas as partes, tendo em vista a complexidade da relação processual instalada. Por outro lado, versando os embargos apenas sobre alguns dos bens, nada impede que sobre os demais prossiga o curso do processo principal, o que, aliás, era o entendimento do revogado art. 1.052 do CPC/1973. A despeito da autonomia dos embargos enquanto ação, sua distribuição será realizada por dependência aos autos do processo que deu origem à apreensão judicial do bem, i.e., o mesmo juízo que ordenou a constrição.

Já no que diz respeito à execução por carta, conforme entendimento já sedimento em sede jurisprudencial, teve por bem o CPC/2015 acostá-lo, expressamente, ao preceituar no parágrafo único do art. 676 que o juízo deprecado, na execução por carta, será o competente para julgar os embargos de terceiro, salvo se o bem apreendido foi indicado pelo juízo deprecante ou se a carta já tiver sido devolvida.

Assim, recebida a inicial, conforme já exteriorizado alhures, julgando suficientemente provado o domínio ou a posse alegada pelo terceiro embargante, com ou sem audiência preliminar, a decisão judicial determinará a suspensão das medidas de natureza constritiva sobre o(s) bem(ns) do litígio, objeto(s) ao(s) qual(ais) se pautam os embargos de terceiro, bem como a manutenção ou a reintegração provisória da posse, desde que requerido pelo digitado embargante.

Importante pontuar aqui o §3º do art. 677, regrando este que a citação do embargado será pessoal, caso não tenha procurador constituído nos autos da ação principal.

A contestação deve ser feita no prazo de 15 (quinze) dias (art. 679). Insta destacar que contra o credor com garantia real, o embargado somente poderá alegar, conforme reza o art. 680, que:

"I - o devedor comum é insolvente;

II - o título é nulo ou não obriga a terceiro;

III - outra é a coisa dada em garantia."

Ao fim dessa fase postulatória, o procedimento a ser seguido será o comum (art. 679).

Uma vez acolhido o pedido inicial dos embargos do terceiro, o ato de constrição judicial indevida será cancelado com o reconhecimento do domínio, da manutenção da posse ou da reintegração definitiva do bem ou do direito ao embargante, tudo de acordo com o que expressa o art. 681.[35]

2.9 OPOSIÇÃO

2.9.1 CONCEITO

Trata-se de uma intervenção de terceiro em processo alheio, pretendendo este terceiro, no todo ou em parte, a coisa ou o direito do qual disputam autor e réu.

Na verdade, a oposição é uma ação onde o terceiro (opoente) será o autor, demandando este em face dos chamados opostos (autor e réu do processo originário).

Sendo assim, a oposição é uma ação prejudicial ao processo originário, porque, uma vez sendo julgada procedente, concederá ao opoente a coisa ou o direito sobre o qual se controvertiam autor e réu na demanda inicial.

A oposição é uma intervenção voluntária visto que ao terceiro-opoente é facultado também mover ação autônoma após o encerramento do processo originário entre autor e réu. Em virtude do princípio da economia processual, bem como a fim de se evitar sentenças contraditórias, a presente oposição, sempre que possível, é de boa técnica e interesse.

No âmbito do revogado CPC/1973, pontificava a oposição regulada como modalidade de intervenção de terceiros, o que o legislador, no CPC/2015, declinou a mesma para uma modalidade de procedimento especial de jurisdição contenciosa.

2.9.2 PROCEDIMENTO

Conforme sustenta o art. 683, *caput*, o opoente (aquele que oferece a oposição) deduzirá o seu pedido segundo a observância dos requisitos necessários à petição inicial, *ex vi* dos arts. 319 e 320 do CPC; a oposição deverá ser distribuída por dependência (quer dizer que a ação deverá ser proposta na vara da demanda originária); os opostos (autor e réu da ação originária) devem ser citados na pessoa dos respectivos advogados para contestação no prazo comum de 15 (quinze) dias (uma exceção ao prazo em dobro concedido aos

---

35. Súmula n.303 do STJ: "Em embargos de terceiro, quem deu causa à constrição indevida deve arcar com os honorários advocatícios."

litisconsortes necessários com advogados de escritórios distintos, como se vê do art. 229 do CPC).

O opoente prosseguirá com a ação de oposição contra um dos opostos, mesmo que um deles venha reconhecer a procedência do pedido (art. 684).

Uma vez admitido o processamento, a oposição será apensada aos autos, tramitando assim simultaneamente à ação originária, sendo ambas julgadas pela mesma sentença.

Caso a oposição venha ser proposta após o início da audiência de instrução, destaca o parágrafo único do art. 685 que o juiz suspenderá o curso do processo ao fim da produção das provas, exceto se concluir que a unidade da instrução atende melhor ao princípio da duração razoável do processo.

Cabendo ao magistrado decidir simultaneamente a ação originária e a oposição, desta conhecerá em primeiro lugar (art. 686).

Importante ressaltar que a oposição só é cabível em processo de conhecimento, não cabendo nos processos de execução, bem como nos embargos do devedor (este, muito embora seja desenvolvido em processo de conhecimento, também não comporta a oposição, tendo em vista sua especialíssima função que é a de desconstituir ou depurar título executivo).

A oposição se dirige contra autor e réu ao mesmo tempo e não contra um deles apenas (RT 605/134). Distingue-se, pois, oposição de embargos de terceiro (art. 674 e segs. do CPC), porque o embargante não se opõe às partes; apenas pretende que volte ao seu domínio ou posse o bem que foi apreendido judicialmente (RT 506/145).

2.10 HABILITAÇÃO

2.10.1 Considerações gerais

Denomina-se habilitação o procedimento especial incidente que tem por finalidade restabelecer o desenvolvimento da relação processual, em vista da suspensão do processo pela morte de uma das partes, *ex vi* do art. 313, I do CPC. É fato que a relação processual integral pressupõe a presença do magistrado bem como das partes, isto é, autor e réu.

Desse modo, a morte de uma das partes tanto poderá ocasionar a extinção do processo sem resolução do mérito, no caso de o direito material controvertido ter natureza personalíssima, entendida como intransmissível (art. 485, IX do CPC), como somente a interrupção da marcha processual até a habilitação dos sucessores da parte necessitada.

É de se lembrar aqui, dado o enfrentamento detalhado da questão em tela no Processo de Conhecimento que, com relação às partes, permite-se apenas a sucessão nas hipóteses estabelecidas em lei (art. 110 do CPC).

Dois casuísmos relacionados com a sucessão processual estão dispostos no CPC: (I) se o bem litigioso é alienado (art. 109); (II) diante do falecimento de qualquer das partes do processo (art. 110).

Ocorrendo a alienação do bem litigioso, facultativa será a substituição das partes, podendo ser ela concretizada somente mediante consentimento da parte contrária.

Assim, em sendo os pressupostos legais preenchidos, tal modalidade de substituição efetiva-se mediante despacho do juiz realizado por simples petição nos autos, independentemente do procedimento de habilitação.

Por outro lado, no caso de o alienante ou cedente vier a falecer no curso do processo, o adquirente ou cessionário poderá continuar na causa por meio de habilitação, desde que, notoriamente, comprovando tal condição. Já no tocante ao falecimento de uma das partes do processo, sendo um direito transmissível, caberá, certamente, a requisição do procedimento da habilitação.

Nesse sentido, a morte demanda a transmissão imediata do domínio e posse da herança aos sucessores do falecido (art. 1.784 do Código Civil); contudo, quando houver processo em curso no qual se discutem direitos do falecido, o procedimento da habilitação, certificada a legitimidade dos sucessores, torna-se indispensável para efetuar a sucessão processual.

Dessa maneira, claro é o art. 687, ao preceituar que a habilitação tem lugar quando, *por falecimento de qualquer das partes, os interessados houverem de suceder-lhe no processo.*

2.10.2 ASPECTOS DO PROCEDIMENTO DA HABILITAÇÃO

A habilitação pode ser proposta pela parte, em relação aos sucessores do falecido, como também pelos sucessores do falecido em relação à parte (art. 688).

De acordo com o disposto no art. 689, o procedimento de habilitação proceder-se-á nos próprios autos do processo principal, independente da instância onde este se encontrar, tendo daí o condão de suspendê-lo a partir de aludida instauração da habilitação.

O juiz, após receber a petição inicial, ordenará a citação dos requeridos para contestar a ação no prazo de 5 (cinco) dias. Na hipótese de a parte não possuir procurador constituído na causa, a citação será pessoal. (art. 690, *caput* e seu parágrafo único).

Caso o pedido de habilitação venha ser impugnado e daí, havendo a necessidade de produção probatória diversa da documental, determinará o magistrado que seja o pedido autuado em apartado aos autos principais e se manifestará sobre a instrução, certamente, levando-a a cabo. Do contrário, decidirá imediatamente (art. 691).

Independente do tipo de processamento da habilitação (nos próprios autos ou em apenso), depois de proferida a sentença e transitada em julgado, o processo principal, interrompido pela morte da parte (art. 311, I), retoma seu curso normal, devendo cópia da sentença do procedimento de habilitação ser juntada aos autos principais, consoante o art. 692:

"Transitada em julgado a sentença de habilitação, o processo principal retomará o seu curso, e cópia da sentença será juntada aos autos respectivos."

2.11 AÇÕES DE FAMÍLIA

Diante da nominação "Ações de Família", desde já, observa-se a novidade trazida pelo CPC/2015.

As regras relativas às Ações de Família aplicam-se aos processos contenciosos de divórcio, separação, reconhecimento e extinção de união estável, guarda, visitação e filiação, conforme dita o art. 693 do CPC.[36]

Não obstante isso, estão excluídas dos dispositivos que aqui regem a matéria, ação de alimentos bem como aquelas que versarem sobre interesse da criança ou do adolescente, onde continuam a ser disciplinadas pelas legislações extravagantes (Leis n.5.478/1968 e n.8.069/1990), aplicando-se o procedimento do Código de Processo Civil em tela, no que couber (parágrafo único do art. 693).

De pronto, já adverte o legislador (art. 694) que, nas ações de família, serão empreendidos todos os esforços para que se dê a solução consensual da controvérsia, devendo o magistrado dispor do auxílio de profissionais de outras áreas de conhecimento para a mediação e conciliação, tais como psicólogos, assistentes sociais, dentre outros.[37]

Importante ressaltar que as próprias partes poderão requerer ao juiz que determine a suspensão do processo a fim de se submeterem à mediação extrajudicial ou a atendimento multidisciplinar.

Uma vez recebida a petição inicial e, sendo o caso, tomadas as providências referentes à tutela provisória, ordenará o julgador a citação do réu para comparecer à respectiva audiência de mediação e conciliação.

Cabe ressaltar que o mandado de citação deverá conter apenas os dados necessários à audiência, bem como estar desacompanhado de cópia da petição inicial, assegurado ao réu o direito de examinar seu conteúdo a qualquer tempo (§1º do art.695).

Nota-se que, neste caso, quis o legislador, a fim de propor a consensualidade na solução da contenda, "desarmar" a parte ré na melhor das intenções, ou seja, evitar que a mesma já viesse predisposta para eventual conflito de inte-

36. Enunciado n. 72 do FPPC: "O rol do art. 693 não é exaustivo, sendo aplicáveis os dispositivos previstos no Capítulo X a outras ações de caráter contencioso envolvendo o Direito de Família."

37. Enunciado n. 187 do FPPC: "No emprego de esforços para a solução consensual do litígio familiar, são vedadas iniciativas de constrangimento ou intimidação para que as partes conciliem, assim como as de aconselhamento sobre o objeto da causa."

resses. Mas, por outro lado, a prática poderá levar, ao contrário do pretendido, ou seja, ao acirramento do conflito ou ainda a dificuldade em um primeiro momento, de se estabelecer a resolução consensual da *questio*. Difícil tentar construir racionalidades perante o comportamento humano, entretanto, não obstante isso, somente o exercício prático haverá de demonstrar razão no regramento em tela.[38]

Ainda nesta toada, a citação ocorrerá com antecedência mínima de 15 (quinze) dias da data designada para a audiência, sendo feita na pessoa do réu (§§2º e 3º do art. 695).

Na audiência de mediação e conciliação, as partes deverão estar acompanhadas de seus advogados ou de defensores públicos, podendo aludida audiência dividir-se em tantas sessões quantas sejam necessárias para fins de viabilizar a solução consensual, isso, sem prejuízo de providências jurisdicionais voltadas a evitar o perecimento do direito.

Caso não se chegue ao idealizado acordo, a partir de então o procedimento comum será o adotado, observado o art. 335 (*ex vi* do art. 697).

Por fim, duas importantes observações:

a) Nas ações de família, o Ministério Público somente poderá intervir quando houver interesse de incapaz e deverá ser ouvido previamente à homologação de acordo (art. 698).

b) Estando o processo a envolver discussão acerca de fato relacionado a abuso ou a alienação parental, deverá o juiz, ao tomar o depoimento do incapaz, estar devidamente acompanhado por especialista, conforme muito bem determina o art. 699.

2.12 AÇÃO MONITÓRIA

2.12.1 INTRODUÇÃO

A ação monitória constitui o procedimento especial de jurisdição contenciosa, de natureza cognitiva, que objetiva a formação de título executivo judicial a favor de quem tiver prova escrita na qual se reconheça obrigação de pagar quantia em dinheiro, entregar coisa fungível ou infungível, bem móvel ou imóvel e ainda adimplemento de obrigação de fazer ou de não fazer, como se depreende do art. 700 e seus incisos I, II e III.

A Lei n. 9.079, de 14 de julho de 1995, foi a responsável pela reintrodução do modelo da presente ação monitória no âmbito do processo civil pátrio, visto já ter vigorado entre nós e em outras épocas[39] procedimentos em sintonia

38. Para melhor compreensão do que falamos ver, por todos, FURNHAM, Adrian. *Linguagem corporal no trabalho*. Tradução de Márcia da Cruz Nobóa Leme. São Paulo: Nobel, 2001.

39. Sobre o assunto, ver por todos, GRECO FILHO, Vicente. *Comentários ao Procedimento Sumário, ao Agravo e à Ação Monitória*. São Paulo: Saraiva, 1996; TALAMINI, Eduardo. *Tutela Monitória: A Ação Monitória (Lei 9.079/95)*. 2. ed. São Paulo: RT, 2001.

com peculiaridades inclusas na demanda monitória, *v.g.*, a "ação decendiária", essa desde as Ordenações Filipinas até os Códigos Processuais dos Estados, bem como a denominada "ação cominatória"[40] existente no Código de Processo Civil de 1939.

Por outro lado, interessante notar que a forma adotada em nosso sistema processual para a ação monitória contém peculiaridades que, realmente, a faz destacar de outras figuras, não somente daquelas supracitadas, como também do direito alienígena, ainda que pese eventuais cargas comparativas ao estudo de modelos processuais sem levar em conta conjecturas políticas, econômicas e realidades sociais vigentes em dado espaço e tempo.[41]

Observa-se, no entanto, que, antes do advento da supracitada Lei, no que diz respeito às opções de cobrança, tinha o credor duas:

1ª) Sendo portador de título executivo (judicial ou extrajudicial), lhe era facultado exercer o seu direito por meio do processo de execução.

2ª) Caso não possuísse o devido título executivo, o portador deveria recorrer aos procedimentos ordinários, com o fito de se conseguir uma sentença (título executivo judicial), restando-lhe, por conseguinte, o manejo da respectiva ação de execução, caso não fosse o crédito reconhecido judicialmente, cumprido de forma voluntária pelo condenado.

Com a introdução em nosso ordenamento processual civil da Lei n. 9.079, incorporada ao CPC/1973 pelos arts. 1.102-A, 1.102-B e 1.102-C, contemplou-se ao credor detentor de título sem eficácia executiva, porém dotado de obrigação com os requisitos da certeza, liquidez e exigibilidade, isto é, prova escrita da qual seria possível conter tais requisitos na obrigação devida, o direito de recorrer ao procedimento monitório, no qual o réu não seria citado para contestar a ação, mas, sim, para saldar a dívida (pagar ou entregar a coisa) no prazo estipulado em lei (15 dias), podendo, de outro modo, também embargá-la.

O novel CPC/2015 continua na mesma toada, salvo quanto ao alargamento das matérias aptas a ensejar a propositura da ação monitória (obrigação de pagar quantia em dinheiro, entregar coisa fungível ou infungível, bem móvel ou imóvel e adimplemento de obrigação de fazer ou de não fazer) e que, de certo, deverão constar de prova escrita para o seu reconhecimento judicial de natureza obrigacional.

---

40. Especificamente, sobre um estudo acerca da Ação Cominatória, bem como suas características, num nítido contributo construtivo ao que temos hoje, notadamente, no âmbito das Tutelas Específicas, ver o nosso *Tutela Específica das Obrigações de Fazer*. 5. ed. Curitiba: Juruá, 2015.

41. Sobre a ação monitória e sua regulação e aplicabilidade em nível de Direito Comparado, ver por todos, GUTIÉRREZ-ALVIZ Y CONRADI, Faustino. *El procedimiento monitório – estúdio de derecho comparado. Anales de la Universidad Hispalense.* Sevilla: Universidad, 1972.

2.12.2 REQUISITOS

A ação monitória cabe àquele que solicitar, fundamentado em prova escrita sem eficácia de título executivo,[42] obrigação de pagar quantia em dinheiro, entregar coisa fungível ou infungível, sendo bem móvel ou imóvel (art. 700 e seus parágrafos I, II e III do CPC/2015). Nota-se, portanto, três requisitos fundamentais para o uso da via procedimental monitória:

a) prova documental escrita que contenha obrigação líquida, certa e exigível;

b) documento sem eficácia executiva;

c) a pretensão objetive o recebimento de um pagamento em quantia, entrega de coisa fungível ou infungível ou determinado bem móvel ou imóvel bem como de adimplemento de obrigação de fazer ou de não fazer.

No procedimento monitório, de maneira contrária ao que acontece na ação de conhecimento pelo rito comum, na qual é possível pleitear o direito, baseando em início de prova por escrito ou mesmo em prova exclusivamente testemunhal,[43] necessário é ter, indubitavelmente, prova escrita *ex vi* do *caput* do art. 700, valendo destacar que pode a prova escrita ser oriunda de prova oral documentada, esta colhida em sede de "Produção antecipada de Provas" (art. 381 a 383 do CPC/2015), conforme autoriza reluz do §1º do art. 700. No mesmo compasso, não custa lembrar ainda, que deve a prova ser apta a alicerçar pedido de cunho monitório, isto é, que contemple obrigação certa, líquida e exigível.

São exemplos de provas escritas, aptas a instruir pedido em ação monitória, dentre outras, confissão de dívida não firmada por duas testemunhas, contrato sem os requisitos que o caracterizam como título executivo, carta escrita pelo devedor reconhecendo essa sua qualidade, título cambiário prescrito,[44/45] contas de água, energia elétrica e telefone, duplicata sem o comprovante de entrega da mercadoria, sendo fundamental que demonstrem a existência de obrigação líquida, certa, exigível.[46/47]

---

42. Enunciado n.101 da I Jornada de Direito Processual Civil do Conselho da Justiça Federal (CJF): "É admissível ação monitória, ainda que o autor detenha título executivo extrajudicial."

43. *"Art. 444. Nos casos em que a lei exigir prova escrita da obrigação, é admissível a prova testemunhal, quando houver começo de prova por escrito, emanado da parte contra a qual se pretende produzir a prova."*

44. Súmula n.299 do STJ: "É admissível a ação monitória fundada em cheque prescrito."
Súmula n.503 do STJ: "O prazo para ajuizamento de ação monitória em face do emitente de cheque sem força executiva é quinquenal, a contar do dia seguinte à data de emissão estampada na cártula."

45. Súmula n.504 do STJ: "O prazo para ajuizamento de ação monitória em face do emitente de nota promissória sem força executiva é quinquenal, a contar do dia seguinte ao vencimento do título."

46. Súmula n.247 do STJ: "Contrato de abertura de crédito em conta-corrente, acompanhado do demonstrativo de débito, constitui documento hábil para o ajuizamento da ação monitória."

47. Súmula n. 384 do STJ: "Cabe ação monitória para haver saldo remanescente oriundo de venda extrajudicial de bem alienado fiduciariamente em garantia."

2.12.3 OBJETO

A constituição de título executivo contra o devedor é o objeto imediato da ação monitória. A constituição do título, contudo, não acontece pela mera declaração e condenação proferida pelo magistrado, como se dá na ação de cognição, mas, sim, devido à inércia do devedor que não efetua o pagamento, não opõe embargos ou devido à rejeição desses.

Já no tocante ao objeto mediato, pode ele se referir a uma soma em dinheiro, à coisa fungível ou infungível, mesmo a determinado bem móvel ou imóvel ou ao adimplemento de obrigação de fazer e de não fazer, como já avençado em itens anteriores.

2.12.4 PROCEDIMENTO

O procedimento monitório é instituído por meio da petição inicial, onde, além de respeitar os requisitos fundamentais dos arts. 319 e 320 do CPC/2015 dever-se-á explicitar, conforme o caso, o seguinte:

> *Art. 700 (...)*
>
> *§2º*
>
> *I – a importância devida, instruindo-a com memória de cálculo;*
>
> *II – o valor atual da coisa reclamada;*
>
> *III – o conteúdo patrimonial em discussão ou o proveito econômico perseguido.*
>
> *§ 3º O valor de causa deverá corresponder à importância prevista no § 2º, incisos I a III.*

Vale lembrar que a prova escrita sem eficácia de título executivo constitui documento essencial para se requerer a ação com os requisitos já *mui* referendados.

Uma vez não contemplados os requisitos essenciais na exordial será a mesma indeferida[48] (§4º do art. 700).

Por outro lado, em nítido incremento legislativo e em compasso com a instrumentalidade das formas, o NCPC dispõe da possibilidade de adaptação da petição inicial solicitada como de natureza procedimental monitória em demanda de procedimento comum.

Isto se dará quando pairar dúvidas do juízo sobre a idoneidade da prova documental – requisito essencial – apresentada nos autos pelo autor. Neste caso, será o aludido autor intimado para, querendo, emendar a petição inicial, a fim de adaptá-la ao procedimento comum, ou seja, adequar elementos já exteriorizados e/ou acrescentar outros, tais como notoriamente, o próprio pedido imediato.

---

48. Enunciado n.188 do FPPC: "Com a emenda da inicial, o juiz pode entender idônea a prova e admitir o seguimento da ação monitória."

Há de supor que pela natureza procedimental breve da monitória, já desde os seus idos legislativos, poderia ser um óbice que o magistrado concedesse ao autor da ação, lapso temporal para, ao invés de emendar a inicial, trazer elementos para a convicção de que a prova, mesmo que em um segundo momento, pudesse ser-lhe convincente quanto a sua idoneidade, procurando permitir resguardar o procedimento monitório no interesse da parte.

Certamente, por tais motivos, entendemos não se configurar óbice algum, pois que se trataria não de uma valoração meritória e antecipada da prova escrita, mas sim do reconhecimento ético de sua produção, por isso, relacionado com a sua própria idoneidade; no entanto quis o legislador diferente.

O juiz, diante da inicial corretamente instruída e sendo evidente o direito do autor, deferirá, de plano, a expedição do mandado para pagamento, entrega da coisa ou execução de obrigação de fazer ou de não fazer por parte do devedor (art. 701, *caput* do CPC).

O devedor será devidamente citado por qualquer dos meios admitidos no procedimento comum, para, em 15 (quinze) dias, efetuar o pagamento, entregar a coisa ou cumprir a obrigação de fazer ou de não fazer bem como quitar os honorários advocatícios, estes que corresponderão a 5% (cinco por cento) do valor da causa, sendo isento do pagamento das custas caso cumpra, devidamente, o mandado no prazo supracitado. Poderá o devedor, no entanto, após citado validamente, adotar as seguintes condutas:

I) continuar inerte: nessa hipótese, restando silente, forma-se o título executivo de natureza judicial, transformando o mandado inicial em mandado executivo e dando continuidade à execução para entrega de coisa, por quantia certa ou execução da obrigação de fazer ou de não fazer, tudo por meio do procedimento do cumprimento da sentença (art. §2º do art. 701).

Insta ressaltar que o mais coerente é que, uma vez decorrido prazo de 15 (quinze) dias sem apresentação de embargos pelo réu, seja expedido novo mandado, citando-se agora o devedor para entregar coisa, para pagar quantia determinada, propiciando oportunidade para oferecimento de bens à penhora e embargos à execução.

Importante observar que no procedimento em tela, os efeitos são mais gravosos que no procedimento comum. Isso se deve ao fato de que no rito monitório a rebeldia do réu resulta de imediato, a emissão de provimento favorável ao autor, constituindo o título executivo de maneira abreviada.

Ainda em tal hipótese em comento, optou o CPC por destacar o cabimento de ação rescisória (*ex vi* do §3º do art. 701), ainda que despiciendo, já que por ter força na formação de um título judicial, *de per si*, seria o suficiente para tal, tendo aí o reconhecimento da pretensão autoral.

II) cumprir o mandado, entregando a coisa, pagando a soma em dinheiro ou executando a obrigação de fazer ou de não fazer: ocorrendo, nesse caso, a devida extinção do processo, isentando-se o réu das custas e honorários advocatícios, consoante o § 1º do art. 701.

Convém nesta hipótese sobrelevar o §5º do art.701, este autorizador de novidade em sede de ação monitória, com a possibilidade de o réu, uma vez reconhecendo o crédito do autor e comprovando o depósito de 30% (trinta por cento) do valor cobrado, mais custas e honorários advocatícios, requerer que seja admitido a pagar o restante em até 6 (seis) parcelas mensais acrescidas de correção monetária e juros de 1% (um por cento) ao mês (art. 916, *caput* do CPC/2015).

Neste caso, será o autor intimado para se manifestar sobre o preenchimento dos pressupostos acima aludidos (reconhecimento da dívida e referido depósito parcial), tendo o juiz 5 (cinco) dias para decidir sobre o requerimento do réu.

Enquanto não apreciado dito requerimento, o réu deverá depositar as parcelas vincendas, facultado ao autor seu levantamento.

Uma vez deferida a proposta, objeto do requerimento, o autor levantará a quantia depositada e será suspenso o processo até a completa quitação do débito, cabendo exclamar que o não pagamento de qualquer das prestações acarretará de forma cumulativa, de acordo com o §5º do art. 916, aplicando-se no que couber à ação monitória:

I – o vencimento das prestações subsequentes e o prosseguimento do processo, com o imediato reinício dos atos executivos;

II – a imposição ao executado de multa de dez por cento sobre o valor das prestações não pagas.

Com o reconhecimento do crédito do credor será possível ao magistrado homologar o reconhecimento da procedência da ação (art. 487, III, *a* do CPC/2015), traduzindo-se aí então em título executivo judicial;

III – opor embargos monitórios: tais embargos têm por objetivo suspender a eficácia do mandado, impedindo a efetiva formação de título executivo, ou seja, mirando a própria desconstituição da dívida.

Tal como acontece com os embargos à execução, a interposição dos embargos monitórios não depende de segurança do juízo e ainda, de maneira particular, são processados nos próprios autos do processo monitório (art. 702, *caput*).

O título executivo será efetivamente constituído se os embargos forem rejeitados, tornando-se, a partir daí, possível ao credor executar o título pela via satisfativa do "Cumprimento da Sentença" (art. §8º do art. 702), conforme já entendíamos sob a luz de comentários ao CPC/1973.

2.12.4.1 Os Embargos Monitórios e sua Natureza Jurídica

Ainda que a natureza dos Embargos Monitórios pese como matéria sempre controvertida em sede doutrinária, visto a dissonância em torno da similitude ou não destes com a contestação, levando, inclusive, o STJ editar a

Súmula 292[49] a qual reconhece o cabimento da reconvenção em sede de ação monitória, pois que, uma vez opostos os embargos monitórios, o procedimento tornar-se-ia ordinário, o CPC/2015 não perdeu a oportunidade de regular dita questão em seu texto.

Primeiro, ao afirmar, literalmente, que podem os embargos monitórios fundar em matérias passíveis de alegação usadas para defesa em sede de procedimento comum, *v.g.* aquelas contidas no art. 337 do CPC.

Acresce-se a estas, ônus ao réu quando alegar em sua defesa que o autor está a pleitear quantia superior à devida.

Neste caso, cumprir-lhe-á declarar, de imediato, o valor que entender como correto, isso através de demonstrativo discriminando o valor da dívida devidamente atualizado (§3º do art. 702).

Uma vez não apontando o valor correto, inclusive com a apresentação do supracitado demonstrativo, os embargos serão rejeitados liminarmente, caso seja somente este o argumento de defesa. Caso seja(m) colacionado(s) outro(s), serão os embargos processados, no entanto, o magistrado deixará de analisar a aludida alegação de quantia excessiva.

Segundo que se admite também expressamente, a admissibilidade do manejo da reconvenção, sendo vedada a oferta da "reconvenção da reconvenção", nos termos do §6º do art. 702:

"§ 6º Na ação monitória admite-se a reconvenção, sendo vedado o oferecimento de reconvenção à reconvenção."

Ainda não se exclui a possibilidade das modalidades de intervenção de terceiros (ideia não uníssona na doutrina),[50] plenamente possível, sobretudo em casos de denunciação à lide ou chamamento ao processo,[51] mesmo que tal ideia tenha sido fundamentada à luz do CPC/1973.

Apenas a título de se ratificar a natureza dos embargos monitórios e sua estreita relação com as características da peça contestatória em sede de processo de conhecimento, acosta-se a seguir, ementa de decisão do STJ elucidativa da presente questão:

> Processual Civil. Recurso Especial. Ação Monitória. Reconvenção. Admissibilidade. Segundo a *mens legis*, os embargos na ação monitória não têm 'natureza de ação', mas se identificam com a contestação. Não se confundem com os embargos do devedor, em execução fundada em título judicial ou extrajudicial, vez que inexiste ainda título executivo a ser desconstituído. Não pagando o devedor o mandado monitório, abre-lhe a faculdade de defender-se, oferecendo qualquer

49. Súmula n.292 do STJ: "A reconvenção é cabível na ação monitória, após a conversão do procedimento em ordinário."

50. WAMBIER, Luiz Rodrigues (Coord.). Ob. cit., p. 237.

51. Ibidem.

> das espécies de respostas admitidas em direito para fazer frente à pretensão do autor. Os embargos ao mandado de pagamento ordinarizam o procedimento monitório e propiciam a instauração da cognição exauriente, regrados pelas disposições de procedimento comum. Não se vislumbra, por isso, qualquer incompatibilidade com a possibilidade de o réu oferecer reconvenção, desde que seja esta conexa com a ação principal ou com o fundamento da defesa. A tutela diferenciada introduzida pela ação monitória, que busca atingir, no menor espaço de tempo possível, a satisfação do direito lesado, não é incompatível com a ampla defesa do réu, que deve ser assegurada, inclusive pela via reconvencional. Recurso provido, na parte em que conhecido (STJ. 2ª Seção. REsp 222.937/SP. Rel. Min. Nancy Andrighi. Julg. 09.05.2001, *DJ* 02.02.2004, p. 265).

Fundamental pontuar que, de acordo com a cabeça do art. 702, os embargos monitórios serão opostos sem prévia segurança do juízo e mais: serão processados nos próprios autos do processo pelo que, com o CPC/2015, indubitavelmente, coteja-se a admissibilidade de reconvenção e certamente, ao nosso entender, da intervenção de terceiros.

Terá ainda o condão de suspender "*o curso do processo até o julgamento em primeiro grau*" (art. 702, §4º).

Caso os embargos monitórios sejam parciais, i.e., atacando apenas parte da pretensão autoral, a critério do juiz, poderão ser processados em apartado, constituindo-se aí, de pleno direito, o título executivo judicial em relação à parcela não embargada nos exatos termos do §7º do art. 702.

Além disso, as normas de distribuição do ônus probatório continuam sem alteração, sendo importante ressaltar que o embargante possui o ônus de comprovar os fatos impeditivos, modificativos ou extintivos do direito do autor da monitória.

Tem-se como recurso cabível contra a sentença que rejeita os embargos, a apelação (§9º do art. 702), entretanto, entendemos sem o efeito suspensivo *ope legis*, pela própria referência acostada ao §4º do art. 702, já alhures citado,[52/53] o que não impede o Apelante de requerer aludido efeito com base em entendimento extensivo e aplicável dos §§1º e 3º do art. 1.012 ao recurso em questão, pois que a situação "informa a regra segundo a qual não tem efeito

---

52. Entendendo que o efeito suspensivo da Apelação não se faz automático quando esta for interposta contra sentença que julga os Embargos Monitórios improcedente está o Enunciado n. 134 da II Jornada de Direito Processual Civil do Conselho da Justiça Federal (CJF): "A apelação contra a sentença que julga improcedentes os embargos ao mandado monitório não é dotada de efeito suspensivo automático (art. 702, § 4º, e 1.012, § 1º, V, CPC)."

53. No mesmo sentido, GAJARDONI, Fernando da Fonseca *et ali*. *Processo de Conhecimento e Cumprimento da Sentença. Comentários ao CPC de 2015*. Rio de Janeiro: Forense; São Paulo: Método, 2016, p.1206-1207; THEODORO JÚNIOR, Humberto. *Curso de Direito Processual Civil*. Vol. II. 50 ed. Rio de Janeiro: Forense, 2016, p.403.

suspensivo quando a sentença confirmar tutela provisória (art. 1.012, §1º, V, do CPC/2015)." [54/55]

Nestes termos, a sentença que entende pela rejeição dos embargos monitórios, confirmando, portanto, a decisão liminar decorrente de direito tido como evidente (art. 701, *caput*) determinando mandado de cumprimento da obrigação, possui natureza de tutela provisória de evidência, sendo daí, confirmada no ato sentencial.

Em respeito à boa-fé processual e nos trilhos do que se espera da cooperação dos partícipes do processo para uma efetiva prestação jurisdicional qualitativa, inclusive em seu conteúdo, estabelece o legislador que, uma vez interpostos os Embargos de má-fé, o juiz condenará o réu ao pagamento de multa de até 10% (dez por cento) sobre o valor atribuído à causa, sendo esta em favor do autor.

No mesmo passo, uma vez proposta indevidamente e de má-fé a ação monitória, o autor será condenado à multa de até 10% (dez por cento) sobre o valor da causa, esta em benefício do réu (§10 do art. 702).

2.12.5 QUESTÕES PERTINENTES À AÇÃO MONITÓRIA

Dentre questões sempre suscitadas com certa divergência, coloca-se em destaque a possibilidade de cabimento de ação monitória em face da Fazenda Pública.

O CPC, de forma clara e inequívoca sustenta no art. 700, §6º:

"É admissível ação monitória em face da Fazenda Pública."

Sob a égide do CPC-1973, ainda que se sustente, como o faz Greco Filho,[56] ao se posicionar pela inadmissibilidade da ação em tela diante de tal ente público, por entender que contra esse deverá existir título sentencial, com duplo

---

54. Medina, José Miguel Garcia. Novo Código de Processo Civil Comentado. São Paulo: RT, 2015, p. 970.

55. *Art. 1.012. A apelação terá efeito suspensivo.*
§ 1º Além de outras hipóteses previstas em lei, começa a produzir efeitos imediatamente após a sua publicação a sentença que:
I - homologa divisão ou demarcação de terras;
II - condena a pagar alimentos;
III - extingue sem resolução do mérito ou julga improcedentes os embargos do executado;
IV - julga procedente o pedido de instituição de arbitragem;
V - confirma, concede ou revoga tutela provisória;
VI - decreta a interdição.
§ 2º Nos casos do § 1o, o apelado poderá promover o pedido de cumprimento provisório depois de publicada a sentença.
§ 3º O pedido de concessão de efeito suspensivo nas hipóteses do § 1o poderá ser formulado por requerimento dirigido ao:
I - tribunal, no período compreendido entre a interposição da apelação e sua distribuição, ficando o relator designado para seu exame prevento para julgá-la;
II - relator, se já distribuída a apelação. (Grifo nosso).

56. Ob. cit., p. 52.

grau de jurisdição para pagamento por meio de ofício requisitório, tal como previsto em sede constitucional (art. 100 da CF/88), inclusive com dotação orçamentária, *data venia*, não pensamos, de todo modo, na inviabilidade absoluta da presente ação monitória empregada nessa hipótese, leia-se, incompatibilidades totalmente razoáveis para "mais esta exclusão" em face da Fazenda Pública.

Ainda que pese o já reconhecimento da *lex* novata acerca da temática, fato é que o procedimento monitório, da mesma forma que no rito comum, possibilitará a cognição plena verdadeiramente, desde que o próprio ente público ofereça, como de direito, os respectivos embargos monitórios, ratificando, nas palavras Nery Júnior, que o óbice "de que não haveria título executivo contra a Fazenda não pode ser aceito porque a decisão que defere a expedição do mandado tem eficácia de *título executivo judicial*, caso não haja interposição de embargos."[57]

O problema que deve ser colocado aqui se refere não propriamente ao cabimento em si, mas à utilidade da via monitória nesses casos, dado que, por ser caracterizado como um procedimento hábil para a consecução com brevidade da satisfação da obrigação reconhecida em prova escrita ou, diante da inércia do réu, a obtenção de título executivo judicial, difícil seria prever tal comportamento por parte da Fazenda Pública, seja no aspecto da vontade e mesmo "voluntariedade" no cumprimento satisfativo, seja em meio à questão de ordem legal, essa ressaltada por Theodoro Júnior, lembrando o festejado autor que, a revelia não produz contra a Fazenda Pública o efeito de confissão aplicável ao comum dos demandados, conforme o art. 320, II, do CPC/1973,[58] correspondendo ao art. 344, II do CPC/2015.

Para o enfrentamento da questão, optou o legislador do novel Ordenamento Processual Civil pátrio garantir a possibilidade de remessa necessária da sentença em sede de ação monitória face da Fazenda Pública, quando esta deixar de apresentar os respectivos embargos monitórios, logicamente, desde que não alcance as limitações disposta para tanto, prevista no art. 496 do CPC.[59]

Assim, reconhece o §4º do art. 701:

---

57. NERY JÚNIOR, Nelson; ANDRADE NERY, Rosa Maria. *Código de Processo Civil Comentado e Legislação Extravagante*. 9. ed. São Paulo: RT, 2006, p. 1051.

58. THEODORO JÚNIOR, Humberto. *Curso de Direito Processual Civil*. Vol. III. 36. ed. Rio de Janeiro: Forense, 2006, p. 364.

59. *"Art. 496. Está sujeita ao duplo grau de jurisdição, não produzindo efeito senão depois de confirmada pelo tribunal, a sentença:*
I – proferida contra a União, os Estados, o Distrito Federal, os Municípios e suas respectivas autarquias e fundações de direito público;
II – que julgar procedentes, no todo ou em parte, os embargos à execução fiscal.
§ 1º Nos casos previstos neste artigo, não interposta a apelação no prazo legal, o juiz ordenará a remessa dos autos ao tribunal, e, se não o fizer, o presidente do respectivo tribunal avocá-los-á.
§ 2º Em qualquer dos casos referidos no § 1º, o tribunal julgará a remessa necessária.

"§ 4º Sendo a ré Fazenda Pública, não apresentados os embargos previstos no art. 702, aplicar-se-á o disposto no art. 496, observando-se, a seguir, no que couber, o Título II do Livro I da Parte Especial."

Em sede jurisprudencial, durante bom tempo permaneceram acórdãos em sentidos destoantes quanto ao cabimento da ação monitória diante da Fazenda Pública, até vir o Superior Tribunal de Justiça consolidar a questão na Súmula n.339 aos termos de que:

"É cabível ação monitória contra a Fazenda Pública"

Por outro lado, de possível cabimento é a tutela provisória (art. 294 e ss. do CPC) no âmbito do rito monitório.

No caso daquela tipificada como tutela provisória de "urgência de natureza antecipada" (art. 300), poderá ela se dar tanto liminarmente (a antecipação ocorrendo no próprio momento da expedição do mandado, caso a urgência da situação realmente justificar) ou mesmo se requerida em caráter antecedente (arts. 303 e 304 do CPC). Neste caso, insta ressaltar que a possibilidade de estabilização da decisão, nos moldes do art. 303, estará condicionada ao regime da remessa necessária, esta regida pelo art. 496 do CPC.

Deve-se compreender que a utilidade prática da ação monitória se revela claramente quando: 1) o réu, mediante mandado, satisfaz a obrigação, quitando, entregando ou adimplindo a mesma; 2) permanece ele inerte, constituindo aí, automaticamente, um título executivo judicial, apto à satisfação direta e imediata pela via do cumprimento da sentença.

---

§ 3º Não se aplica o disposto neste artigo quando a condenação ou o proveito econômico obtido na causa for de valor certo e líquido inferior a:
I – 1.000 (mil) salários-mínimos para a União e as respectivas autarquias e fundações de direito público;
II – 500 (quinhentos) salários-mínimos para os Estados, o Distrito Federal, as respectivas autarquias e fundações de direito público e os Municípios que constituam capitais dos Estados;
III – 100 (cem) salários-mínimos para todos os demais Municípios e respectivas autarquias e fundações de direito público.
§ 4º Também não se aplica o disposto neste artigo quando a sentença estiver fundada em:
I – súmula de tribunal superior;
II – acórdão proferido pelo Supremo Tribunal Federal ou pelo Superior Tribunal de Justiça em julgamento de recursos repetitivos;
III – entendimento firmado em incidente de resolução de demandas repetitivas ou de assunção de competência;
IV – entendimento coincidente com orientação vinculante firmada no âmbito administrativo do próprio ente público, consolidada em manifestação, parecer ou súmula administrativa."

2.13. HOMOLOGAÇÃO DO PENHOR LEGAL

2.13.1 Conceito

Por força do art. 1.467 do Código Civil, todas as dívidas contraídas perante hospedeiros ou donos de prédio rústico ou urbano estão asseguradas pelo penhor legal, independentemente de convenção ou ajuste prévio entre as partes.

Dessa feita, malogrado o pagamento devido, tais credores poderão tomar posse, respectivamente, dos bens dos seus fregueses ou inquilinos, desde que suficientes para cobrir o débito e, em ato contínuo, deverão requerer a homologação judicial do penhor realizado – é o que prescrevem, em uníssono, os arts. 1.471 do Código Civil e 703 do Código de Processo Civil.

No modelo do CPC/1973, o presente procedimento constava do rol das medidas cautelares (arts. 874 a 876) e, bem por isso, já salientávamos tal equívoco pelo simples fato de o mesmo não apresentar contornos nitidamente cautelares, posto que não visa proteger a efetividade de outro processo, mas tão somente formalizar a garantia conferida ao crédito pignoratício.

Nos termos corretos, colocando em relevo a virtude de sua organicidade, o CPC/2015, como se pode depreender, acostou a "Homologação do Penhor legal" no rol dos procedimentos especiais, portanto, respeitando a devida coerência.

Ainda assim, o novato *Codex* pode avançar na matéria, ao contemplar a possibilidade de promoção da homologação do penhor legal em sede extrajudicial através de requerimento junto ao notário cartorário de livre escolha do credor (§2º do art. 703), conforme se verá no item em seguida.[60]

2.13.2 Procedimento

Na esfera judicial, inicia-se o procedimento com a apresentação da petição inicial que conterá: o contrato de locação ou a conta pormenorizada das despesas, a tabela dos preços, a relação dos objetos retidos e o pedido de citação do devedor para pagar ou contestar a ação na audiência preliminar que for designada (art. 703, §1º).[61]

Citado o devedor, caberá ao juiz a avaliação da defesa que, contudo, ficará restrita às seguintes matérias: nulidade do processo, extinção da obrigação,

60. Enunciado n.73 do FPPC: "No caso de homologação do penhor legal promovida pela via extrajudicial, incluem-se nas contas do crédito as despesas com o notário, constantes do §2º do art. 703."

61. Não fora contemplada no NCPC a possibilidade de homologação *inaudita altera pars* do presente instituto, quando estivesse suficientemente provado pelo autor o pedido pretendido (parágrafo único do art. 874 do CPC/1973). Tal retirada se deve, certamente, à própria coerência do sistema, dada a expressiva inteligência do art. 9º, de modo que não se estaria concedendo medida de urgência, mas, mais do que isso, a própria pretensão requerida, i.e., a homologação, sem qualquer forma de participação em contraditório da parte *ex adversa*.

não estar a dívida compreendida entre as previstas por lei ou não estarem os bens sujeitos ao penhor legal, alegação de haver sido ofertada caução idônea, rejeitada pelo credor. (art. 704).[62]

Após a aludida audiência preliminar, será observado o procedimento comum (art. 705).

Proferida a sentença e sendo homologado o penhor, consolida-se então a posse do autor sobre o objeto. Outrossim, em sendo negada a homologação, "*o objeto será entregue ao réu, ressalvado ao autor o direito de cobrar a dívida pelo procedimento comum, salvo se acolhida a alegação de extinção da obrigação*", conforme dicção do art. 706.

Quando da prolação da sentença no procedimento em tela, caberá à parte contrariada com o *decisium* interpor o recurso da apelação, valendo ressaltar que, na pendência da mesma, é facultado ao relator ordenar que a coisa em litígio permaneça depositada em poder do autor da demanda.

Interessante notar que, consoante ao art. 1.428 do Código Civil, o penhor legal não autoriza o assenhoreamento definitivo dos bens pelo credor, objetivando a quitação da dívida.

Poderá a homologação do penhor legal se dar pela via extrajudicial (art. 703, §2º).

Neste âmbito, através de requerimento do credor junto ao notário cartorário de sua livre escolha, onde deverá conter todos os requisitos já pontuados acima pelo §1º do art. 703 (contrato de locação ou a conta pormenorizada das despesas, a tabela dos preços, a relação dos objetos retidos e o pedido de notificação do devedor), promoverá o notário escolhido a devida notificação extrajudicial do devedor, a fim de que este possa, no prazo de 5 (cinco) dias, quitar o débito ou impugnar a respectiva cobrança.

Uma vez escolhendo o devedor impugnar a presente cobrança, deverá ele alegar qualquer das matérias previstas no art. 704, hipótese em que o procedimento será encaminhado pelo cartório ao juízo competente, a fim de que seja devidamente julgado (§3º do art. 703).

Por outro lado, em sintonia do §4º do art. 703, uma vez transcorrido o prazo supracitado sem qualquer manifestação do devedor, caberá ao notário formalizar a homologação de penhor legal por meio de escritura pública.

2.14 REGULAÇÃO DE AVARIA GROSSA

Em sede de Direito Marítimo, encontram-se dois tipos básicos de avarias: a denominada avaria simples, conhecida também por particular, e avaria grossa, igualmente denominada avaria comum, *ex vi* do art. 763 do Código Comercial.

---

62. Enunciado n. 74 do FPPC: "No rol do art. 704, que enumera as matérias de defesa da homologação do penhor legal, deve-se incluir a hipótese do art. 1.468 do Código Civil, não tendo o CPC revogado o citado dispositivo."

Em sentido amplo, entende-se por avaria o dano havido ao bem confiado para transporte, ou seja, o prejuízo material resultante do transporte.

Nota-se que se trata de uma das modalidades de dano em transporte marítimo de cargas, caracterizando o inadimplemento contratual do transportador (a outra modalidade de dano é a falta na descarga, também conhecida por extravio de carga).

A avaria simples ou particular é a que recai sobre o bem transportado, tendo como exclusivo responsável o transportador.

Já, entende-se por avaria grossa, aquela voluntariamente causada pelo capitão do navio com o propósito de evitar o mal maior, desde que o perigo arrostado não tenha sido causado pelo próprio comandante, tripulação ou equiparados.[63]

Mais precisamente, de acordo com o art. 764 do Código Comercial, tem-se como avaria grossa:

> *Art. 764 - São avarias grossas:*
>
> *1 - Tudo o que se dá ao inimigo, corsário ou pirata por composição ou a título de resgate do navio e fazendas, conjunta ou separadamente*
>
> *2 - As coisas alijadas para salvação comum.*
>
> *3 - Os cabos, mastros, velas e outros quaisquer aparelhos deliberadamente cortados, ou partidos por força de vela para salvação do navio e carga.*
>
> *4 - As âncoras, amarras e quaisquer outras coisas abandonadas para salvamento ou benefício comum.*
>
> *5 - Os danos causados pelo alijamento às fazendas restantes a bordo.*
>
> *6 - Os danos feitos deliberantemente ao navio para facilitar a evacuação d'água e os danos acontecidos por esta ocasião à carga.*
>
> *7 - O tratamento, curativo, sustento e indenizações da gente da tripulação ferida ou mutilada defendendo o navio.*
>
> *8 - A indenização ou resgate da gente da tripulação mandada ao mar ou à terra em serviço do navio e da carga, e nessa ocasião aprisionada ou retida.*
>
> *9 - As soldadas e sustento da tripulação durante arribada forçada.*
>
> *10 - Os direitos de pilotagem, e outros de entrada e saída num porto de arribada forçada.*
>
> *11 - Os aluguéis de armazéns em que se depositem, em, porto de arribada forçada, as fazendas que não puderem continuar a bordo durante o conserto do navio.*
>
> *12 - As despesas da reclamação do navio e carga feitas conjuntamente pelo capitão numa só instância, e o sustento e soldadas da gente da*

63. Ver sobre o assunto, CREMONESE, Paulo Henrique. *Prática de Direito Marítimo.* 2 ed. São Paulo: Quartier Latim, 2012, p.293 e ss.

tripulação durante a mesma reclamação, uma vez que o navio e carga sejam relaxados e restituídos.

13 - Os gastos de descarga, e salários para aliviar o navio e entrar numa barra ou porto, quando o navio é obrigado a fazê-lo por borrasca, ou perseguição de inimigo, e os danos acontecidos às fazendas pela descarga e recarga do navio em perigo.

14 - Os danos acontecidos ao corpo e quilha do navio, que premeditadamente se faz varar para prevenir perda total, ou presa do inimigo.

15 - As despesas feitas para pôr a nado o navio encalhado, e toda a recompensa por serviços extraordinários feitos para prevenir a sua perda total, ou presa.

16 - As perdas ou danos sobrevindos às fazendas carregadas em barcas ou lanchas, em conseqüência de perigo.

17 - As soldadas e sustento da tripulação, se o navio depois da viagem começada é obrigado a suspendê-la por ordem de potência estrangeira, ou por superveniência de guerra; e isto por todo o tempo que o navio e carga forem impedidos.

18 - O prêmio do empréstimo a risco, tomado para fazer face a despesas que devam entrar na regra de avaria grossa.

19 - O prêmio do seguro das despesas de avaria grossa, e as perdas sofridas na venda da parte da carga no porto de arribada forçada para fazer face às mesmas despesas.

20 - As custas judiciais para regular as avarias, e fazer a repartição das avarias grossas.

21 - As despesas de uma quarentena extraordinária.

O CPC procurou regular a supracitada avaria grossa, mais precisamente na nomeação de regulador (arbitrador) das avarias, para que as respectivas responsabilidades decorrentes da sua ocorrência sejam devidamente repartidas entre quem de direito.

Assim, expressa o art. 707 no sentido de que, diante da inexistência de consenso quanto à nomeação de um regulador de avarias, o juiz de direito da comarca do primeiro porto onde o navio houver chegado, devidamente provocado por qualquer parte interessada, nomeará um de notório conhecimento.[64]

Uma vez sendo nomeado o regulador, este declarará, justificadamente, se os danos são passíveis de rateio na forma de avaria grossa, devendo exigir das partes envolvidas no caso a apresentação de garantias idôneas para que possam ser liberadas as cargas aos respectivos consignatários (art.708, *caput* do CPC).

---

64. Enunciado n.75 do FPPC: "No mesmo ato em que nomear o regulador da avaria grossa, o juiz deverá determinar a citação das partes interessadas."

Diante disso, caso a parte discordar do regulador quanto à declaração de avaria grossa, deverá ela justificar suas razões ao juízo, este que decidirá sobre a questão no prazo de 10 (dez) dias.

Quanto à prestação de caução pelo consignatário para fins de liberação de carga, caso ele recusá-la, o regulador requererá ao magistrado a alienação judicial da carga na forma prescrita nos arts. 879 a 903 do CPC (§3º do art. 708). Neste caso, será permitido o levantamento, por alvará, das quantias necessárias ao pagamento das despesas da alienação, estas a serem arcadas pelo consignatário, mantendo-se o saldo remanescente em depósito judicial até o encerramento da regulação, conforme estabelece o §4º do art. 708.

É dever das partes, conforme dita o art. 709 do CPC, apresentar nos autos os documentos necessários à regulação da avaria grossa, tudo em prazo razoável a ser estipulado pelo regulador.

Caberá ao regulador apresentar o respectivo regulamento da avaria grossa no lapso temporal de 12 (doze) meses, isso contado da data da entrega dos documentos pelas partes, valendo ressaltar que o aludido prazo poderá ser estendido a critério do juiz, *ex vi* do art. 710, *caput*.

Daí estabelece o próprio art. 710 em seus parágrafos que:

> *§ 1º Oferecido o regulamento da avaria grossa, dele terão vista as partes pelo prazo comum de 15 (quinze) dias, e, não havendo impugnação, o regulamento será homologado por sentença.*
>
> *§ 2º Havendo impugnação ao regulamento, o juiz decidirá no prazo de 10 (dez) dias, após a oitiva do regulador.*

Por fim, no tocante ao regulador de avarias, aplicar-se-ão os arts. 156 a 158 do CPC, estes referentes à figura do perito (art. 711).

2.15 RESTAURAÇÃO DE AUTOS

Denomina-se restauração de autos o procedimento especial que tem por objetivo a recomposição de autos eletrônicos ou não, desaparecidos, mediante cópias, certidões e quaisquer outros documentos (art. 712, *caput*).

A validade da relação processual só ocorre por meio da sucessão de atos praticados que formam o processo (procedimento), que puder ser provada documentalmente e isto se dá por meio dos autos do processo, ou seja, da representação gráfica do instrumento "processo".

Assim, por mais que a sentença tenha sido proferida, só será viável sua comprovação, p.ex., a título de execução do julgado, caso tenha prova de sua existência, encontrando lugar aí, então, o presente procedimento especial.

Pontua o art. 712 em seu parágrafo único que, havendo autos suplementares, nesse é que prosseguirá a marcha processual, portanto, diante do desaparecimento dos originais, restará tal solução, justificando, inclusive, a própria serventia dos denominados "autos suplementares". Conclui-se, por isso, que o cabimento do rito de restauração dos autos terá lugar sempre quando da inexistência dos aludidos autos suplementares.

O juiz, de ofício, as partes e o Ministério Público, este último nas causas autorizadas para sua intervenção, possuem legitimidade para requerer a restauração.

A restauração dos autos far-se-á no juízo que deu origem aos atos que nesse tenham-se realizado (art. 717, § 1º).

De acordo com o disposto no art. 713, o requerente declarará na petição inicial o estado da causa ao tempo do desaparecimento dos autos, apresentando: I) certidões dos atos constantes do protocolo de audiências do cartório por onde haja ocorrido o processo; II) cópia das peças que tenha em seu poder; III) qualquer (s) outro(s) documento(s) que facilite(m) a restauração.

Posto isso, será a parte *ex adversa* citada para contestar o pedido no prazo de 5 (cinco) dias, cabendo-lhe a exibição das cópias, contrafés e demais reproduções dos atos e documentos que, certamente, estiverem em seu poder, conforme os ditames do art. 714.

Uma vez julgada a restauração, seguirá o processo os seus termos, de acordo com o art. 716.

Por outro lado, o próprio art. 714, em seu parágrafo único, regula também hipótese que contempla a aparição dos autos originais, ainda que o procedimento especial de restauração dos autos tenha dado início. *In verbis*:

"Parágrafo único. Aparecendo os autos originais, neles se prosseguirá sendo-lhes apensados os autos da restauração."

Por fim, cabe ressaltar que, quem der causa ao desaparecimento dos autos (seja os originais e/ou suplementares), responderá pelas custas da restauração dos mesmos, bem como dos honorários advocatícios. Ainda assim, não ficará livre das responsabilidades civil e penal que, eventualmente, incorrerem, *ex vi* do que reza o art. 718.

3. PROCEDIMENTOS ESPECIAIS DE JURISDIÇÃO VOLUNTÁRIA[65]

3.1 INTRODUÇÃO

Em Regra, quando o Código de Processo Civil não prescrever procedimento especial específico, o rito que veremos abaixo será aquele a ser adotado em sede de jurisdição voluntária (art. 719 do CPC).

Dito isso, terá o procedimento seu início com provocação do interessado, do Ministério Público ou da Defensoria Pública, cabendo-lhes formular o pe-

65. Sobre a ideia geral do procedimento especial de jurisdição voluntária e suas características basilares, inclusive quanto às reais semelhanças e diferenças em relação aos procedimentos de jurisdição contenciosa, ver Capítulo 4.

dido devidamente instruído com os documentos necessários e ainda com a indicação da providência judicial, tudo em sintonia com o art. 720.[66]

Quanto aos atos de comunicação, serão citados todos os interessados, assim como intimado o Ministério Público nos casos do art. 178, para que se manifestem, querendo, sempre no prazo de 15 (quinze) dias (art. 721), v.g., em questões envoltas à incidência tributária decorrente de negócio tipicamente realizado em procedimento regulado em sede de tal jurisdição.[67]

Será a Fazenda Pública sempre ouvida nos casos em que tiver interesse (art. 722).

O magistrado decidirá o pedido no prazo de 10 (dez) dias, conforme o art. 723, cabendo ainda sublinhar que não estará ele obrigado a observar o critério de legalidade estrita, podendo adotar diante de cada caso a solução que considerar mais conveniente ou oportuna, logicamente, com respeito à devida fundamentação adequada para tal.[68]

Da sentença, como cediço, caberá o recurso da apelação.

Por fim, elenca o art. 725 um rol de pedidos que seguirá os regramentos retro referidos, *In verbis*:

> *I - emancipação;*
>
> *II - sub-rogação;*
>
> *III - alienação, arrendamento ou oneração de bens de crianças ou adolescentes, de órfãos e de interditos;*
>
> *IV - alienação, locação e administração da coisa comum;*
>
> *V - alienação de quinhão em coisa comum;*
>
> *VI - extinção de usufruto, quando não decorrer da morte do usufrutuário, do termo da sua duração ou da consolidação, e de fideicomisso, quando decorrer de renúncia ou quando ocorrer antes do evento que caracterizar a condição resolutória;*
>
> *VII - expedição de alvará judicial;*
>
> *VIII - homologação de autocomposição extrajudicial, de qualquer natureza ou valor.*

Quanto aos procedimentos especiais de jurisdição voluntária que veremos a seguir, aplica-se, no que couber, conforme já acentuado, o rito que acabamos de estudar, como se nota do art. 725, parágrafo único.

---

66. Enunciado n.56 da I Jornada de Direito Processual Civil do Conselho da Justiça Federal (CJF): "A legitimidade conferida à Defensoria Pública pelo art. 720 do CPC compreende as hipóteses de jurisdição voluntária previstas na legislação extravagante, notadamente no Estatuto da Criança e do Adolescente"

67. No mesmo sentido, MEDINA, José Miguel Garcia. *Novo Código de Processo Civil Comentado*. São Paulo: RT, 2015, p. 980.

68. Em consonância está o Enunciado n. 640 do FPPC: "O disposto no parágrafo único do art. 723 não exime o juiz de observar o disposto nos §§ 1º e 2º do art. 489."

3.2 NOTIFICAÇÃO E INTERPELAÇÃO

3.2.1 CONCEITO

Conforme dispõe o art. 726, "*quem tiver interesse em manifestar formalmente sua vontade a outrem sobre assunto juridicamente relevante poderá notificar pessoas participantes da mesma relação jurídica para dar-lhes ciência de seu propósito.*"

Também se poderá interpelar o requerido para que o mesmo faça ou deixe de fazer algo ao qual o requerente entenda ser seu de direito (art. 727).

Insta expressar que, caso a pretensão venha ser a de dar conhecimento geral ao público, mediante edital, o magistrado somente a deferirá se estiver ela fundada e necessária ao resguardo de direito, *ex vi* do art. 726, §1º.

O revogado CPC/1973, equivocadamente, arrolava tais procedimentos como medidas cautelares, sendo certo que tais providências, desde lá, correspondiam, na verdade, a processos sem cunho acautelador propriamente dito, posto que não asseguravam qualquer efetividade de outro processo e até dispensavam a ocorrência do *periculum in mora* para a sua concessão.

Vale aqui consignar a racionalidade de Pontes de Miranda sobre o assunto:

> Tanto o processo protestativo quanto o notificativo e o interpelativo são produtivos de feitos jurídicos no plano material, raramente no processual. Às vezes, a sua *falta* produz efeitos jurídicos, mas a construção de cada caso depende do direito material que fez ser preciso ou facultado o protesto, a notificação ou a interpelação. De regra, são formas de exteriorização de vontade, ou de representação ou ideia (emissão perante autoridade), porém não negócios judiciais, muito embora se subordinem às normas de direito material relativas às declarações de vontade em geral e às de capacidade processual.[69]

A finalidade dessas medidas, portanto, reside na obtenção de publicidade para a declaração de intenção do requerente, de forma a impedir que o intimado alegue desconhecimento ou boa-fé, quando da realização do negócio que se busca protestar. Aliás, ressalte-se que tais providências não têm o condão de inviabilizar nenhuma transação, ainda que concernente à alienação de bens, ficando o seu questionamento, se for o caso, sujeito à propositura da ação judicial cabível.

Ao lado das situações eletivas, por meio das quais restará ao interessado a decisão sobre a necessidade ou não de valer-se desses procedimentos, existem outras hipóteses para as quais a lei impõe a utilização da notificação ou da interpelação, como pré-requisito para o exercício de alguma ação ou direito. É o que ocorre com as ações de despejo, se indeterminado o prazo da locação (Lei n. 8.245/91, art. 46, § 2º), ou com a constituição em mora do devedor de obrigação sem prazo determinado (art. 397, parágrafo único, do Código Civil).

69. Idem, p. 160.

Importante ainda ressaltar que tais medidas podem ser realizadas na modalidade extrajudicial.

3.2.2 Procedimento

Será o requerido previamente ouvido antes do deferimento da notificação ou do respectivo edital nos seguintes casos: (i) havendo suspeita de que o requerente, por meio da notificação ou do edital, pretende alcançar fim ilícito; (ii) se tiver sido requerida a averbação da notificação em registro público (art. 728).

Uma vez deferida e realizada a notificação ou interpelação, os respectivos autos serão entregues ao requerente, de acordo com o que estabelece o art. 729 do CPC.

Vale ainda pontuar que, de tudo que fora neste item estudado, no que couber, será aplicado ao protesto judicial (§2º do art. 726).

3.3 ALIENAÇÃO JUDICIAL

A Alienação Judicial se faz regulada no CPC/2015 por meio do art. 730.

Tem como finalidade a alienação de bens quando não houver concordância entre os interessados sobre o modo como se deve realizar a alienação do específico bem.

Assim, o magistrado, de ofício ou a requerimento dos interessados ou do depositário, mandará aliená-lo em leilão, observando-se o disposto na Seção I do Capítulo XV ("Dos Procedimentos de Jurisdição Voluntária"), do qual fizemos remissão na introdução do presente estudo, aplicando ainda e, no que couber, o disposto nos arts. 879 a 903 do CPC ("Da Alienação").

3.4 DIVÓRCIO E SEPARAÇÃO[70] CONSENSUAIS, EXTINÇÃO CONSENSUAL DE UNIÃO ESTÁVEL E ALTERAÇÃO DO REGIME DE BENS DE MATRIMÔNIO

Comumente, as formas utilizadas para dissolver a sociedade conjugal são o divórcio e a separação, e muito embora esta última não suspenda o vínculo matrimonial, tem o condão de interromper o complexo de direitos e obriga-

---

70. Nota importante se faz constar do presente item, mais precisamente no que toca ao advento da Emenda Constitucional n.66, esta de 13.07.2010 - *DOU* 14.07.2010, proporcionadora de respectiva alteração ao § 6º do art. 226 da Constituição Federal de 1988.
Do texto originário da Carta Maior, onde constava a seguinte redação: "*§6º - O casamento civil pode ser dissolvido pelo divórcio, após prévia separação judicial por mais de um ano nos casos expressos em lei, ou comprovada separação de fato por mais de dois anos.*", passou a vigorar o respectivo texto: "*§6º- O casamento civil pode ser dissolvido pelo divórcio*".
Dita novata dicção trouxe dúvidas no tocante à permanente existência do regime de separação, seja a consensual ou litigiosa, dada a supressão ao dito instituto jurídico na aludida EC.
Notadamente, em que pese argumentos razoáveis, tanto pela continuidade ou não do regime de separação como instituto previsto no ordenamento pátrio, fato é que será a própria jurisprudência que dará os exatos contornos interpretativos ao próprio semblante legal ora traduzido pela EC/66.

ções inerentes à vida comum dos cônjuges que compõem a sociedade con-

---

Verdadeiro é que, propositadamente ou não, o legislador acabou por, textualmente, nada inovando, pois que desde 1977 o casamento civil pode, perfeitamente ser dissolvido pelo divórcio, diante do advento da Emenda Constitucional 9, de 28/06/1977, seguida da Lei Ordinária 6.515 de 26/12/1977, alcunhada como "Lei do Divórcio".

A propósito, vale lembrar argumento de adeptos à ideia da completa eliminação legal do regime da separação judicial, no sentido de que, em verificada a exposição de motivos da aludida EC 66/2010, estará lá nítida a intenção do legislador em revogar os prazos e o próprio instituto da separação. No entanto fato é que quando a nova norma posta se coloca como omissa no que deveria dizer, a exposição de motivos não pode supri-la (nem se serve a isso), muito menos revogar disposições expressas de lei.

Aliás, neste sentido vale destacar a firme lição do Ministro Celso de Melo, do Colendo Supremo Tribunal Federal, no julgamento do Agravo de Instrumento 40.1337-PE, publicado no Diário da Justiça de 03.03.2005, p.43:

"A INTERPRETAÇÃO DO ORDENAMENTO POSITIVO NÃO SE CONFUNDE COM O PROCESSO DE PRODUÇÃO NORMATIVA.

O ordenamento normativo nada mais é senão a sua própria interpretação, notadamente quando a exegese das leis e da Constituição emanar do Poder Judiciário, cujos pronunciamentos qualificam-se pela nota da definitividade.

A interpretação, qualquer que seja o método hermenêutico utilizado, tem por objetivo definir o sentido e esclarecer o alcance de determinado preceito inscrito no ordenamento positivo do Estado, não se confundindo, por isso mesmo, com o ato estatal de produção normativa. Em uma palavra: o exercício de interpretação da Constituição e dos textos legais - por caracterizar atividade típica dos Juízes e Tribunais – não importa em usurpação das atribuições normativas dos demais Poderes da República. Precedente."(RE 258.088 - AgR/ SC, Relator Ministro CELSO DE MELLO)

Daí a procedente advertência que GERALDO ATALIBA faz em lapidar magistério ("Revisão Constitucional", in Revista de Informação Legislativa, vol. 110/87-90, 87): 'Em primeiro lugar, o jurista sabe que a eventual intenção do legislador nada vale (ou não vale nada) para a interpretação jurídica. A Constituição não é o que os constituintes quiseram fazer; é muito mais que isso: é o que eles fizeram. A lei é mais sábia que o legislador.

Como pauta objetiva de comportamento, a lei é o que nela está escrito (e a Constituição é lei, a lei das leis, a lei máxima e suprema). Se um grupo maior ou menor de legisladores quis isto ou aquilo, é irrelevante, para fins de interpretação. Importa somente o que foi efetivamente feito pela maioria e que se traduziu na redação final do texto, entendido sistematicamente (no seu conjunto, como um todo solidário e incindível). (...) O que o jurista investiga é só a vontade da lei (...).'

Em suma: a lei vale por aquilo que nela se contém e que decorre, objetivamente, do discurso normativo nela consubstanciado, e não pelo que, no texto legal, pretendeu incluir o legislador, pois, em havendo divórcio entre o que estabelece o diploma legislativo ("mens legis") e o que neste buscava instituir o seu autor ("mens legislatoris"), deve prevalecer a vontade objetiva da lei, perdendo em relevo, sob tal perspectiva, a indagação histórica em torno da intenção pessoal do legislador.

Esse entendimento - que proclama a prevalência da vontade objetiva da lei sobre a intenção do legislador - reflete-se em preciso magistério doutrinário, como resulta claro das lições de JOSÉ DE OLIVEIRA ASCENSÃO ("O Direito – Introdução e Teoria Geral", p. 414, item n. 228, 2ª ed., 2001, Renovar), de CARLOS MAXIMILIANO("Hermenêutica e Aplicação do Direito", p. 23/25, itens ns. 32, 33 e 35, 19ª ed., Forense) e de PONTES DE MIRANDA ("Comentários à Constituição de 1946", tomo VI/478-479, 3ª ed., 1960, Borsoi), dentre outros.

Em igual sentido, firmou-se a jurisprudência dos Tribunais, como o evidenciam as seguintes decisões: '(...) o que vale verificar é a mens legis e não a vontade, a mente do legislador, de que a lei se desprende para adquirir conteúdo próprio. Nenhuma dúvida, por outro lado, em que a lei reside na parte do mandamento do legislador e não na em que se expõem considerações e motivações. Estas apenas valem, relativamente, para a inteligência da lei, do texto que encerra a ordem, a regra de conduta. Valem apenas relativamente porque interpretar a lei não é indagar a vontade subjetiva do legislador, sendo o significado real e objetivo da norma (...)' (RE 2.010/DF, Rel. Min. OROSIMBO NONATO - grifei). 'Na interpretação da lei prevalece a mens legis sobre a 'mens legislatoris' (RT 305/964, Rel. Min. AGUIAR DIAS)."

jugal. Além delas, também possui o efeito dissolutivo a extinção de união estável.

As ações de divórcio, separação judicial e extinção de união estável são sempre pessoais e intransferíveis, de modo que a morte de qualquer dos cônjuges requer a imediata extinção do processo, sendo, portanto, suficiente para que a sociedade conjugal seja desconstituída, decretando-se, por isso, o seu final.

Apenas os cônjuges possuem iniciativa para propô-las. O procedimento, no caso de não haver consenso entre eles, será o de jurisdição contenciosa, mais precisamente as ações de família.

Por outro lado, sendo desejo de ambos o divórcio, a separação ou a extinção de união estável e havendo acordo sem divergências, o procedimento será o de jurisdição voluntária. Nessa modalidade de ação resta evidente o caráter juris-integrativo do Estado (Poder Judiciário) reconhecido na administração pública de interesses privados, visto que compete ao Estado-Juiz verificar se os pressupostos estão preenchidos e se é desejo efetivo de ambos os cônjuges.

Para fins de homologação do divórcio, separação ou a extinção de união estável tida como consensuais, poderá qualquer delas ser requerida em petição assinada por ambos os cônjuges, desde que observados os devidos requisitos legais elencados pelos incisos do art. 731 que deverão da dita petição constar:

Quanto ao próprio mérito do novato conteúdo constitucional em tela (§6º do art. 226), vale acostar racionalidades doutrinárias em divergência.

Para José Moacyr Doretto Nascimento e Gustavo Gonçalves Cardozo (disponível em http://jus.uol.com.br/revista/texto/17011/a-emenda-do-divorcio-singelas-reflexoes. Acesso em 21.08.2015):

"É de se indagar se a separação judicial foi, deveras, extirpada do ordenamento jurídico pela superveniência constitucional. A novel norma constitucional preceitua que o casamento será extinto pelo divórcio, silenciando-se quanto à separação; nada diz, nada prescreve. Lança-se, nesse contexto, outra indagação retórica: o casal que passe por crise familiar, querendo buscar um respiradouro, deverá divorciar-se açodadamente ou viver em ligeira ilegalidade, que constrange socialmente muitos, uma vez que presente ainda o dever de fidelidade recíproca? (...) Há que se respeitar a vontade dos indivíduos, ainda incertos quanto ao futuro, mas decididos quanto ao presente. Há que se viabilizar e reconhecer a persistência da separação consensual em nosso sistema. Nem se venha redargüir que serão esses casos poucos ou mesmo raros, porque o direito, em sua modernidade, também tutela e promove a felicidade de minorias".

De outra banda, aponta Maria Berenice Dias (disponível em: < http://www.conteudojuridiuco.com.br/?colunas&colunista=152_Maria_Dias&ver=674 >. Acesso em 12.06. 2015):

"Ao ser dada nova redação ao art. 226, § 6º da Constituição Federal, desaparece a separação e eliminam-se prazos e a perquirição de culpa para dissolver a sociedade conjugal. Qualquer dos cônjuges pode, sem precisar declinar causas ou motivos, e a qualquer tempo, buscar o divórcio. A alteração, quando sancionada, entra imediatamente em vigor, não carecendo de regulamentação. Afinal, o divórcio está regrado no Código Civil, e a Lei do Divórcio manda aplicar ao divórcio consensual o procedimento da separação por mútuo consentimento (art. 40, § 2º). Assim, nada mais é preciso para implementar a nova sistemática".

Diante do novo texto constitucional, o que certamente se depreende como inquestionável é que, no tocante ao regime pré-requisitorial da exigência de "prévia" separação judicial por mais de um ano nos casos expressos em lei, ou de comprovada separação de fato por mais de dois anos, tal como constava do §6º do art.266 da CF/88 antes da EC/66, já não vigora mais como condicionante à conquista do pretendido divórcio.

I - as disposições relativas à descrição e à partilha dos bens comuns;

II - as disposições relativas à pensão alimentícia entre os cônjuges;

III - o acordo relativo à guarda dos filhos incapazes e ao regime de visitas;

IV - o valor da contribuição para criar e educar os filhos.

Outrossim, caso os cônjuges não acordem acerca da partilha dos bens, far-se-á esta depois de homologado o divórcio na forma estabelecida nos arts. 647 a 658 do CPC.

Tem-se ainda a modalidade extrajudicial para fins de operar o divórcio ou a separação na forma consensual, esta inaugurada pela Lei n.11.441/2007 e devidamente autorizada pelo art. 733 do CPC/2015, onde então, diante da pretensão de eventual separação, divórcio ou extinção de união estável consensuais, não havendo nascituro ou filhos menores ou incapazes do casal e observados os requisitos legais, poderão ditas pretensões ser realizadas por escritura pública, da qual constarão as disposições relativas à descrição e à partilha dos bens comuns e à pensão alimentícia, o acordo relativo à guarda dos filhos incapazes e ao regime de visitas, o valor da contribuição para criar e educar os filhos e, ainda, se for o caso, o acordo quanto à retomada pelo cônjuge de seu nome de solteiro ou à manutenção do nome adotado quando se deu o casamento.

A supracitada escritura não depende de homologação judicial e constitui título hábil para qualquer ato de registro, assim como para levantamento de eventuais importâncias depositadas em instituições financeiras (§1º do art. 733).

Vale ressaltar que o tabelião somente lavrará a escritura caso os interessados estiverem devidamente assistidos por advogado ou por defensor público, cuja qualificação e assinatura constarão do ato notarial, *ex vi* do §2º do art. 733.

Quanto à alteração do regime de bens do casamento, poderá a mesma ser requerida, motivadamente, em petição assinada por ambos os cônjuges, na qual serão expostas as razões que justificam a alteração, ressalvados os direitos de terceiros, isso desde que observados os requisitos legais (art. 734, *caput*).

Nisso ao receber a petição inicial, o juiz determinará a intimação do Ministério Público e a publicação de edital que divulgue a pretendida alteração de bens, somente podendo decidir acerca do pedido de alteração do regime de bens após decorrido o prazo de 30 (trinta) dias da publicação do aludido edital.

Será possível também meio alternativo de divulgação alteração do regime de bens do casal. Para isso, os cônjuges, na petição inicial ou em petição avulsa, poderão propô-lo ao magistrado, tudo para fins de resguardar direitos de terceiros (§2º do art. 734). Trata de questão que, desde que em melhor e mais ampla divulgação do que a do edital seria possível seu aceite.

Frisa, por derradeiro, o §3º do art. 734, ao prever que, após o trânsito em julgado da sentença, expedidos serão os mandados de averbação aos cartórios de registro civil e de imóveis e, caso qualquer dos cônjuges seja empresário, também ao Registro Público de Empresas Mercantis e Atividades Afins.

3.5 TESTAMENTOS E CODICILOS

3.5.1 A SUCESSÃO TESTAMENTÁRIA

Conforme a sua fonte, a sucessão pode ser legítima, quando decorre da lei, ou testamentária, no caso de disposição de última vontade expressa em testamento ou codicilo.

Falecendo a pessoa sem deixar testamento, seu(s) sucessor(es) será(ão) o(s) herdeiro(s) legítimo(s), na ordem de vocação hereditária fixada por lei.

A sucessão poderá ser ainda, simultaneamente, legítima e testamentária, desde que o testamento não compreenda todos os bens do *de cujus*, sendo as regras da sucessão legítima utilizadas nos remanescentes.

Quando existir herdeiros necessários (descendentes, ascendentes e cônjuge), a liberdade de testar não será plena, visto não ser possível dispor de mais da metade de herança, mantendo-se, por isso, a legítima. Caso contrário, o testador poderá dispor de tudo o que lhe pertencer.

Diante do exposto, cabe-nos conceituar testamento como o ato de última vontade do autor da herança mediante o qual dispõe ele, no todo ou em parte, de seus bens para após sua morte, facultando-lhe realizar outras disposições.

No direito pátrio, admitem-se três modalidades de testamento ordinário – público, particular e cerrado – bem como três formas de testamento especial – marítimo, aeronáutico e militar.

Denomina-se testamento público aquele escrito por um tabelião em livro de notas, conforme a vontade do testador na presença de duas testemunhas.

Já o testamento particular é totalmente escrito e assinado pelo testador. Além disso, deve ser lido e assinado por três testemunhas, considerando-se, nesse caso, a maneira menos segura de testar, visto que demanda confirmação em juízo pelas testemunhas após a abertura da sucessão.

Por fim, considera-se cerrado o testamento cujo conteúdo só é conhecido pelo próprio testador, devendo ser lavrado auto de aprovação por oficial público, depois de escrito na presença de duas testemunhas (art. 1.868, I do Código Civil).

Uma vez desconhecerem o conteúdo do documento, o oficial e as testemunhas somente darão autenticidade exterior ao mesmo. Em seguida, o documento será lacrado.

Tal modalidade testamentária, igualmente à anterior, é menos segura, já que se reputa revogado o testamento sempre que existir rompimento do lacre.

Ocorrendo o falecimento do autor da herança, ele será aberto pelo juiz que o fará registrar e arquivar em cartório, determinando o seu cumprimento se não achar vício externo que o torne suspeito de nulidade ou falsidade.

Cabe agora realçar que apenas em situações de emergência pode-se utilizar os testamentos marítimo, aeronáutico e militar.

Os testamentos marítimo e aeronáutico podem ser usados quando o autor da herança está em navio de guerra ou mercante, aeronave militar ou comercial, em viagem, podendo adquirir forma semelhante ao público ou ao cerrado (art. 1.888, *caput* do Código Civil).

No que se refere ao testamento militar, considera-se como aquele realizado não somente por militares, mas igualmente, por outras pessoas, desde que em serviço do exército ou em campanha, que estejam participando de operação de guerra, no Brasil ou fora dele, podendo, nesse caso, adquirir forma semelhante ao testamento público (art. 1.893 do Código Civil), ao cerrado (art. 1.894 do Código Civil) ou ser nuncupativo.

3.5.2 ABERTURA, REGISTRO E CUMPRIMENTO DO TESTAMENTO

O procedimento adequado para abertura, registro e cumprimento dos testamentos cerrado e público está disposto nos arts. 735 a 737 do CPC.

No caso de testamento cerrado, o juiz deverá inicialmente verificar se ele está intacto, sem rompimento do lacre ou se existe indícios de vícios externos indicativos de fraude. Após esse procedimento, abrirá o testamento e mandará que o escrivão o leia na presença do apresentante.

Do termo de abertura, constará o nome do apresentante, a maneira como ele obteve o testamento, a data e o lugar do falecimento do testador, com as respectivas provas e qualquer circunstância digna de nota (parágrafo único do art. 735).

Quando os processos envolverem sucessão testamentária, o Ministério Público será ouvido.

Posteriormente à oitiva do MP, não ocorrendo qualquer constatação de vícios externos que tornem o testamento suspeito de nulidade ou falsidade, o magistrado ordenará seu registro e arquivamento, determinando seu cumprimento, tudo conforme o art. §2º do art. 735.

Registrado, o testamenteiro nomeado será intimado a assinar o termo da testamentária. Caso não haja testamenteiro nomeado, se ele não aceitar o encargo, o juiz nomeará testamenteiro dativo, observando-se a preferência legal, conforme regra o §4º do art. 735.

Insta notar que o testamenteiro deverá, necessariamente, cumprir as disposições testamentárias bem como prestar contas em juízo do que recebeu e despendeu, sempre observando o disposto em lei.

Com relação ao testamento particular, sua publicação poderá ser requerida pelo legatário ou pelo testamenteiro, bem como pelo terceiro detentor do testamento, se impossibilitado de entregá-lo a algum dos outros legitimados para requerê-la, no entanto, somente podendo se realizar referida requisição após a morte do testador em sintonia com o que dispõe o art. 737, *caput* do CPC.

Serão, então, intimados os herdeiros que não tiverem requerido a citada publicação do testamento particular (§1º do art. 737).

Verificando o magistrado a presença dos requisitos da lei, será ouvido o Ministério Público e, em seguida, confirmado será o testamento, sendo tal procedimento aplicado ao codicilo e aos testamentos aeronáutico, militar e nuncupativo (§3º do art. 737).

Quanto ao cumprimento do testamento, afirma o §4º do art. 737 que a ele serão aplicadas as regras dos parágrafos do art. 735.

3.6 HERANÇA JACENTE

Conforme regra o art. 1.819 do Código Civil, considera-se jacente a herança nos casos em que o falecido (*de cujus*) não deixar testamento nem herdeiro legítimo notoriamente conhecido.

Assim sendo, aberta a sucessão e verificando-se que o *de cujus* não deixou, como acima dito, testamento nem mesmo notícia da existência de herdeiros, a herança será jacente.

Dita herança, embora não tenha personalidade jurídica, possui capacidade de ser parte, devendo ser administrada e representada por um curador.

Os bens que compuserem a herança jacente serão arrecadados, sem perda de tempo, por ordem do juiz da comarca em que o falecido tinha domicílio, de ofício ou a pedido de qualquer interessado do Ministério Público, sendo nomeado o curador a quem será confiada a sua guarda e administração.

Vale ressaltar que, de acordo com o art. 739, *caput*, ficará a herança jacente sob a guarda, a conservação e a administração de um curador até a devida entrega ao sucessor legalmente habilitado ou até a declaração de vacância.

Nisso, incumbirá ao curador:

a) Representar a herança em juízo ou fora dele, com intervenção do Ministério Público.

b) Ter em boa guarda e conservação os bens arrecadados, promovendo ainda a arrecadação de outros porventura existentes.

c) Executar as devidas medidas conservatórias dos direitos da herança.

d) Apresentar mensalmente ao juiz o balancete da receita e da despesa.

e) Prestar contas ao final de sua gestão.

Aplicar-se-á ao curador as disposições dos arts. 159 a 161 (regras atinentes ao depositário e ao administrador).

Já o art. 740 do CPC esclarece a maneira pela qual se opera a arrecadação.

Assim, o próprio juiz, juntamente com o escrivão ou chefe de secretaria, o oficial de justiça e o curador, comparecerá à residência do falecido e determinará que se arrole os bens, intimando o Ministério Público e a Fazenda Pública. Impedido de comparecer, o próprio juiz requisitará à autoridade policial que execute a respectiva arrecadação e o arrolamento dos bens, tendo a presença de 2 (duas) testemunhas, estas que assistirão às diligências.

Não estando ainda nomeado o curador, o juiz designará depositário e, em seguida, lhe entregará os bens mediante simples termo nos autos, depois de compromissado (§2º do art. 740).

Durante a arrecadação, serão os moradores da casa e da vizinhança inquiridos pelo juiz ou pela autoridade policial acerca da qualificação do falecido, o paradeiro de seus sucessores e a existência de outros bens, lavrando-se de todo o conteúdo, o respetivo auto de inquirição e informação.

Caberá também ao magistrado examinar, reservadamente, os papéis, as cartas missivas e os livros domésticos e, verificando que não apresentam interesse, mandará empacotá-los e lacrá-los para serem assim entregues aos sucessores do falecido ou queimados quando os bens forem declarados vacantes (§4º do art. 740).

Caso constar ao juiz a existência de bens em outra comarca, mandará expedir a respectiva carta precatória a fim de serem os mesmos arrecadados (§5º do art. 740).

Por outro lado, não se realizará a arrecadação ou ainda será essa suspensa, quando, uma vez iniciada, apresentar-se para reclamar os bens o cônjuge ou companheiro, o herdeiro ou o testamenteiro notoriamente reconhecido e não houver oposição motivada do curador, de qualquer interessado, do Ministério Público ou do representante da Fazenda Pública (§6º do art. 740).

Após arrolados e arrecadados os bens, esses que serão confiados ao curador, o magistrado ordenará a expedição de edital que será publicado na rede mundial de computadores, no sítio do tribunal a que estiver vinculado o juízo e na plataforma de editais do Conselho Nacional de Justiça, onde permanecerá por 3 (três) meses, ou, não havendo sítio, no órgão oficial e na imprensa da comarca, por 3 (três) vezes com intervalos de 1 (um) mês, para que os sucessores do falecido venham a habilitar-se no prazo de 6 (seis) meses contado da primeira publicação.

Nota-se que, de acordo com o §1º do art. 741, verificada a existência de sucessor ou de testamenteiro em lugar certo, será realizada sua citação sem prejuízo do edital.

Destaca-se que, no caso de o falecido ser estrangeiro, a autoridade consular também será comunicada do fato (§2º do art. 741).

Poderão os credores da herança se habilitar como nos inventários ou mesmo propor a ação de cobrança.

Por tudo, sendo a digitada habilitação acolhida, o processo de arrecadação converter-se-á em inventário.

Conforme o art. 742 estará o juiz autorizado a praticar a alienação:

> *I - de bens móveis, se forem de conservação difícil ou dispendiosa;*
>
> *II - de semoventes, quando não empregados na exploração de alguma indústria;*
>
> *III - de títulos e papéis de crédito, havendo fundado receio de depreciação;*
>
> *IV - de ações de sociedade quando, reclamada a integralização, não dispuser a herança de dinheiro para o pagamento;*
>
> *V - de bens imóveis:*
>
> *a) se ameaçarem ruína, não convindo a reparação;*
>
> *b) se estiverem hipotecados e vencer-se a dívida, não havendo dinheiro para o pagamento.*
>
> *§ 1º Não se procederá, entretanto, à venda se a Fazenda Pública ou o habilitando adiantar a importância para as despesas.*
>
> *§ 2º Os bens com valor de afeição, como retratos, objetos de uso pessoal, livros e obras de arte, só serão alienados depois de declarada a vacância da herança.*

Por outro lado, quando ninguém se habilitar no prazo de 1(um) ano após a primeira publicação do edital, o juiz declarará a herança vacante.

Registra-se ainda que, pendendo habilitação, a vacância será declarada pela mesma sentença que a julgar improcedente, aguardando-se, no caso de serem diversas as habilitações, o julgamento da última.

Uma vez transitada em julgado a sentença que declarou a herança vacante, o cônjuge, o companheiro, os herdeiros e os credores poderão reclamar seu direito apenas mediante ação direta de petição de herança.

Findos 5 (cinco) anos, contados a partir da data da abertura da sucessão, os bens arrecadados passarão ao domínio do Município ou do Distrito Federal, quando situados nas respectivas circunscrições, ou ao domínio da União, se localizados em território federal, conforme o art. 1.822 do Código Civil.

Insta ainda ressaltar o disposto no art. 1.823 do estatuto civil, onde se preceitua que, uma vez chamados todos os herdeiros à sucessão e esses renunciarem à própria herança, esta será também considerada e declarada desde logo como vacante.

3.7 BENS DOS AUSENTES

Denomina-se ausente a pessoa que desaparece de seu domicílio sem deixar representante, bem como dar qualquer notícia de seu paradeiro.

Nas hipóteses dispostas nos arts. 22 e 23 do Código Civil, reconhecidas no CPC pelo art. 744, a declaração de ausência será sempre realizada, justificando-se, portanto, tal atitude quando: (i) determinada pessoa desaparecer de seu domicílio, sem que exista notícia de seu paradeiro e mesmo sem deixar representante ou procurador a quem toque administrar-lhe os bens; ou (ii) ainda que deixe mandatário, esse não queira ou não possa continuar exercendo o mandato.

Visa, portanto, ao procedimento capitulado no CPC, arts. 744 e 745, a proteção dos bens do denominado "ausente".

Qualquer interessado ou o Ministério Público poderá requerer a declaração de ausência, mediante petição dirigida ao juiz da comarca em que o ausente tinha domicílio e, existindo Vara de Família na comarca, será dela a competência para analisar o pedido.

Poderá o magistrado, antes de aceitar o pedido, estipular diligências cabíveis com o fito de certificar-se de que o ausente realmente desapareceu.[71]

Em tais procedimentos, a sentença será meramente declaratória, devendo ser levada ao registro, conforme previsto no art. 94 da Lei n. 6.015/73.

Caberá ao juiz nomear procurador na referida sentença, estabelecendo que sejam arrecadados os bens, valendo ressaltar que a arrecadação será realizada em procedimento idêntico ao utilizado para as heranças jacentes.

Tanto a declaração de ausência como a posterior abertura de sucessão provisória possuem efeitos meramente patrimoniais, jamais pessoais, de modo que o cônjuge do ausente não será considerado viúvo, nem os filhos serão tidos como órfãos. O vínculo matrimonial, todavia, será findado após a abertura da sucessão definitiva (art. 1.571, § 1º, do Código Civil).[72]

Conforme o art. 745, o juiz mandará publicar editais na rede mundial de computadores, no sítio do tribunal a que estiver vinculado e na plataforma de editais do Conselho Nacional de Justiça, onde permanecerá por 1 (um) ano, ou, não havendo sítio, no órgão oficial e na imprensa da comarca, durante 1 (um) ano, reproduzida de 2 (dois) em 2 (dois) meses, anunciando a arrecadação e chamando o ausente a entrar na posse de seus bens.

E daí, findo o prazo previsto no edital, poderão os interessados requerer a abertura da sucessão provisória, observando-se o que se dispõe em lei.

Assim, ao requerer a abertura da sucessão provisória, o interessado pedirá a citação pessoal dos herdeiros presentes bem como a do curador e, por editais, a dos ausentes para requererem habilitação, na forma dos arts. 689 a 692, *ex vi* do §2º do art. 745. Estando presentes os requisitos legais, poderá ser requerida a conversão da sucessão provisória em definitiva.

---

71. NERY JÚNIOR, Nelson; ANDRADE NERY, Rosa Maria. Ob. cit., p. 1077.

72. A morte presumida, que resulta da abertura da sucessão definitiva do ausente, não pode ser confundida com a justificação de óbito, disposta no art. 88 da Lei n. 6.015/73, para os casos de catástrofes em que o corpo da vítima desaparece, impedindo a elaboração de atestado médico de óbito. O aceite da justificação de óbito implicará o reconhecimento da morte real, e não meramente presumida, produzindo, nesses termos, efetivamente, efeitos pessoais e patrimoniais.

Havendo o regresso do ausente ou algum de seus descendentes ou ascendentes para requerer ao juiz a entrega de bens, serão citados para contestar o pedido os sucessores provisórios ou definitivos, o Ministério Público e o representante da Fazenda Pública, seguindo-se o procedimento comum (§4º do art. 745 do CPC).

3.8 COISAS VAGAS

Denomina-se vaga a coisa alheia que o legítimo dono ou possuidor perdeu, sendo, por isso, diferente da abandonada, por esta não possuir dono, passando, assim, a pertencer a quem encontrá-la e dela se apropriar.

Por possuir dono, a coisa vaga deve ser restituída a ele, sob pena de configurar-se o crime de apropriação indébita.

Dito isso, recebendo do descobridor coisa alheia perdida, o juiz mandará lavrar o respectivo auto, do qual constará a descrição do bem e as declarações do descobridor, de acordo com o que dita o art. 746, *caput* do CPC.

Já, caso a coisa seja recebida por autoridade policial, esta a remeterá em seguida ao juízo competente.

Depositada a coisa, pontua o §2º do art. 746 que o magistrado mandará publicar edital na rede mundial de computadores, no sítio do tribunal a que estiver vinculado e na plataforma de editais do Conselho Nacional de Justiça ou, não havendo sítio, no órgão oficial e na imprensa da comarca, para que o dono ou o legítimo possuidor a reclame, exceto quando se tratar de coisa de pequeno valor e não for possível a publicação no sítio do tribunal, caso em que o edital será apenas afixado no átrio do edifício do fórum.

Em inteligência com o art. 1.237 do Código Civil pátrio, decorridos 60 (sessenta) dias da divulgação da notícia pela imprensa, ou do edital, não se apresentando quem comprove a propriedade sobre a coisa, será esta vendida em leilão judicial e, deduzidas do preço as despesas, mais a recompensa do descobridor, pertencerá o remanescente ao Município em cuja circunscrição se deparou o objeto perdido.

No entanto, comparecendo o dono e provado o seu direito, retomará a coisa, devendo, por conseguinte, o dono ou o legítimo possuidor recompensar e indenizar o descobridor, tudo nos termos do art. 1.234 do Código Civil.

De outra banda, caso o dono ou legítimo possuidor compareça e abandone a coisa, poderá o descobridor requerer, de direito, a própria adjudicação da coisa (art. 1.234 do Código Civil).

Existindo justificado receio de que a coisa seja produto de crime, a arrecadação será convertida em inquérito, sendo competência do juízo criminal ordenar a entrega da coisa a quem prove ser, verdadeiramente, seu legítimo dono ou possuidor.

3.9 CURATELA DOS INTERDITOS

É de se esclarecer, em sede inicial, que todas as pessoas possuem capacidade de direito, entendendo aí a aptidão para adquirir direitos e deveres na esfera civil (*ex vi* do art. 1º do Código Civil), ainda que representada ou assistida.

Muito embora todas as pessoas tenham essa capacidade genérica de direito, nem sempre possuem aquela denominada capacidade de fato, isto é, capacidade para exercer, por si só, os atos inerentes à vida civil. Tal incapacidade, nesse caso, pode-se relacionar tanto com a idade, presumindo-se aí a falta de condições de gerir sozinha sua vontade ou mesmo seus bens; ou mesmo relacionando-se com alguma espécie de anomalia física ou psíquica que a impediria, do mesmo modo, de conduzir as suas vontades no mundo dos fatos.

No que se refere à incapacidade oriunda da idade, a própria lei dá conta de sua regulação (arts. 3º, 4º e 5º do Código Civil).

Já com relação à aludida incapacidade derivada de eventual anomalia física ou psíquica, ainda que tenha a pessoa capacidade civil plena e absoluta relativa à idade, completados, portanto, seus 18 anos (art. 5º do Código Civil), poderá não possuir o devido discernimento que lhe dará a aptidão para o efetivo exercício dos atos da vida civil.

Para tais situações, teve por bem o legislador prever especial procedimento que permitirá, exatamente, elucidar a presunção da capacidade plena daquele envolto em tal casuísmo.

Assim, entende-se por Interdição a obtenção de declaração judicial da incapacidade de pessoa natural, impedindo-a, por isso, de praticar atos da vida civil.

Estarão sujeitas à interdição as pessoas que não possuírem o discernimento necessário para exercer os atos da vida civil, devido à enfermidade ou deficiência mental, aquelas que não podem exprimir sua vontade, as ébrias habituais, as viciadas em tóxicos, as que possuem discernimento reduzido por deficiência mental, as excepcionais sem desenvolvimento completo e ainda as pródigas.

O pai, mãe ou tutor, o cônjuge, ou algum parente próximo e mesmo o Ministério Público podem requerer a interdição, não especificando a lei, no entanto, quem seria o citado parente próximo.

É de se acrescentar, contudo, que não será o grau de parentesco o determinante para demonstrar efetiva proximidade, mas, sim, o fato de o parente ter convívio estreito o suficiente para perceber a necessidade da interdição. Dessa forma, a interdição pode ser requerida por qualquer parente, desde que tenha relação de proximidade com o incapaz, devendo tal legitimidade ser comprovada por documentação que acompanhe a petição inicial (parágrafo único do art. 747 do CPC).

Dispõe então o art. 747 que a interdição poderá ser promovida:

I - pelo cônjuge ou companheiro;

> *II - pelos parentes ou tutores;*
>
> *III - pelo representante da entidade em que se encontra abrigado o interditando;*
>
> *IV - pelo Ministério Público.*

Resta bem pontuar que o Ministério Público só promoverá interdição em caso de doença mental grave: (i) se as pessoas designadas nos incisos I, II e III do art. 747 não existirem ou não promoverem a interdição; (ii) se, existindo, forem incapazes as pessoas mencionadas nos incisos I e II do art. 747.

Quando o requerente for o Ministério Público, o juiz nomeará ao interditando um curador, conforme o previsto no art. 72, I do CPC, cuja atribuição será a de defendê-lo contra a pretensão do *Parquet*.

O ajuizamento da ação deverá ser realizado no foro de domicílio do incapaz e, existindo Vara de Família e Sucessões, será ela a destinatária para o correto julgado.

A petição inicial deverá conter os requisitos dispostos no art. 319 do CPC. Além disso, caberá ao requerente provar a sua legitimidade, especificar os fatos que demonstram a incapacidade do interditando para administrar seus bens e, se for o caso, para praticar atos da vida civil, bem como o momento em que a incapacidade se revelou (art. 749, *caput*).

Uma vez justificada a urgência na questão em tela, o juiz poderá nomear curador provisório ao interditando para a prática de determinados atos.

Deverá ainda o requerente juntar laudo médico para fazer prova de suas alegações ou informar a impossibilidade de fazê-lo.

Posteriormente, será o interditando citado para, em dia designado, comparecer perante o juiz, este que o entrevistará de forma minuciosa acerca de sua vida, negócios, bens, vontades, preferências e laços familiares e afetivos e sobre o que mais lhe parecer necessário para convencimento quanto à sua capacidade para praticar atos da vida civil, devendo ser reduzidas a termo as perguntas e respostas, conforme claramente regra o *caput* do art. 751.

Vale aqui trazer à luz algumas observações importantes e constantes dos parágrafos do art. 751:

> *§ 1º Não podendo o interditando deslocar-se, o juiz o ouvirá no local onde estiver.*
>
> *§ 2º A entrevista poderá ser acompanhada por especialista.*
>
> *§ 3º Durante a entrevista, é assegurado o emprego de recursos tecnológicos capazes de permitir ou de auxiliar o interditando a expressar suas vontades e preferências e a responder às perguntas formuladas.*
>
> *§ 4º A critério do juiz, poderá ser requisitada a oitiva de parentes e de pessoas próximas.*

Exercendo o direito ao sagrado contraditório, aplicando-se com destreza e razoabilidade o devido respeito à "igualdade de armas", atributo essencial ao democrático Estado Constitucional de Direito, o interditando poderá impugnar o pedido de sua interdição no dentro do prazo de 15 (quinze) dias contado da entrevista retro referida.

No procedimento comum, é verdade que o réu pode deixar de constituir advogado e de apresentar contestação. Nesses casos, porém, o réu possui pleno discernimento para descumprir o ônus de resposta que lhe é imposto. No caso de interdição, verdadeiramente e ainda que pese presunção de incapacidade, isso não se faz razoável.

Dito isso, cumpriu ao legislador sublinhar que poderá o interditando constituir advogado e, caso não o faça, deverá ser nomeado curador especial para tal (§2º do art. 752).

De outro modo, caso não se constitua advogado pelo próprio interditando, o seu cônjuge, companheiro ou qualquer parente sucessível poderá intervir como assistente (§3° do art. 752).

Não sendo o Ministério Público o autor da ação, fará ele, então, a intervenção como *custos legis*.

Uma vez findado o prazo de resposta, um perito será nomeado pelo juiz para examinar o interditando. Quando necessário, após a apresentação do laudo, será designada audiência de instrução e julgamento.

Apesar de real controvérsia ainda persistente, prevalece o entendimento de que a sentença que decreta a interdição é puramente declaratória, produzindo efeitos *ex tunc*, significando, com isso, que é a existência de alguma das causas de incapacidade que torna o agente incapaz e não, propriamente, a interdição.

Logo, será possível a anulação do negócio jurídico praticado por incapaz, muito embora não interditado, se houver comprovação que na data de celebração, *v.g.*, do contrato, ele já era incapaz de administrar seus próprios interesses. A fim de que terceiros de boa-fé não sejam prejudicados, exige-se elemento probal *inconteste* de que a incapacidade do agente era, desse modo, manifesta.

A sentença que decretar a interdição nomeará curador ao incapaz, cabendo notar a incidência dos arts. 1.775, *caput*, e 1.783 do Código Civil, indicando, por conseguinte, os limites da curatela e produzindo, desde então, seus efeitos, evidentemente, sujeita à apelação, recebida ela somente em efeito devolutivo.

Mais precisamente, com relação à sentença, especifica o art. 755 que na mesma:

> *I - nomeará curador, que poderá ser o requerente da interdição, e fixará os limites da curatela, segundo o estado e o desenvolvimento mental do interdito;*
>
> *II - considerará as características pessoais do interdito, observando suas potencialidades, habilidades, vontades e preferências.*

> *§ 1º A curatela deve ser atribuída a quem melhor possa atender aos interesses do curatelado.*
>
> *§ 2º Havendo, ao tempo da interdição, pessoa incapaz sob a guarda e a responsabilidade do interdito, o juiz atribuirá a curatela a quem melhor puder atender aos interesses do interdito e do incapaz.*
>
> *§ 3º A sentença de interdição será inscrita no registro de pessoas naturais e imediatamente publicada na rede mundial de computadores, no sítio do tribunal a que estiver vinculado o juízo e na plataforma de editais do Conselho Nacional de Justiça, onde permanecerá por 6 (seis) meses, na imprensa local, 1 (uma) vez, e no órgão oficial, por 3 (três) vezes, com intervalo de 10 (dez) dias, constando do edital os nomes do interdito e do curador, a causa da interdição, os limites da curatela e, não sendo total a interdição, os atos que o interdito poderá praticar autonomamente.*

Cumpre destacar que a autoridade do curador estende-se à pessoa e aos bens do incapaz que se encontrar sob a guarda e a responsabilidade do curatelado ao tempo da interdição, exceto se o magistrado considerar ser outra solução a mais conveniente aos interesses do incapaz, como se observa do art. 757.

Ainda que dito isso, deverá o curador buscar o tratamento e apoio adequados e suficientes para fins de conquista da própria autonomia pelo interdito. (art. 758).

No caso de extinção da causa determinante da interdição, sempre será procedido o seu levantamento que pode ser requerido pelo próprio interdito.

É fato que, mesmo diante da declaração judicial de incapacidade, o ordenamento processual civil – art. 756, §1º – atribui-lhe a capacidade de, ao menos, requerer o levantamento da própria interdição sem a interferência do curador. O mesmo requerimento de levantamento da interdição poderá ser patrocinado pelo Ministério Público ou mesmo pelo próprio curador.

Será o pedido apensado aos autos da interdição, sendo que o magistrado nomeará perito ou equipe multidisciplinar a fim de que se possa examinar o interdito, designando, por conseguinte, a devida audiência de instrução e julgamento após a apresentação do laudo.

Ao ser deferido o pedido, o juiz declarará levantada a interdição, ordenando a publicação da sentença após o seu trânsito em julgado, em consonância com § 2º do art. 1.186, por meio da imprensa local e órgão oficial por 3 (três) vezes, com intervalo de 10 (dez) dias, seguindo-se a averbação no devido Registro de Pessoas Naturais.

Cumpre ressaltar que a interdição poderá ser levantada de forma parcial, isso quando demonstrada a capacidade do interdito para a prática somente de alguns atos da vida civil (§4º do art. 756).

3.10 DISPOSIÇÕES COMUNS À TUTELA E À CURATELA

Há uma seção própria no Código de Processo Civil (Capítulo XV, Seção X, arts. 759 a 763), que referenda as disposições comuns quanto à tutela e à curatela, tratando do procedimento especial de nomeação e remoção de tutores e curadores como também da escusa a tal encargo.

Apenas no caso de haver menor que não esteja sob pátrio poder é cabível a tutela. Por outro lado, nomear-se-á o curador em favor dos demais incapazes que não os menores.

Dita o art. 759 que, no prazo de 5 (cinco) dias a contar da data da nomeação do tutor ou curador, ou da intimação do despacho que mandar cumprir o testamento ou o instrumento público que o houver instituído, estes serão intimados a prestar compromisso, o que se dará por termo em livro rubricado pelo juiz.

Uma vez prestado o compromisso, o tutor ou curador assumirá a administração dos bens do tutelado ou do interditado.

De acordo com o art. 760, tanto o tutor quanto o curador poderão eximir-se de tal encargo, notadamente, apresentado a escusa ao juiz no prazo de 5 (cinco) dias contado da (i) nomeação feita em conformidade com a lei; (ii) intimação do despacho que mandar cumprir o testamento ou o instrumento público que o houver instituído.

Neste caso, decidirá de plano o magistrado tal o pedido de escusa, e não sendo admitindo, exercerá o nomeado a respectiva tutela ou a curatela enquanto não for dispensado por sentença transitada em julgado (§2º do art. 760).

Por outro lado, não sendo requerida a escusa no prazo acima referido, considerar-se-á renunciado o direito de alegá-la (§1º do art. 760).

O tutor ou o curador requererá, no prazo de 10 (dez) dias, a especialização da hipoteca legal de imóveis essenciais para acautelar os bens que serão confiados à sua administração. A iniciativa, quando o tutor ou o curador não a tiver, caberá ao Ministério Público.

É competência do *Parquet* representar o incapaz, administrando-lhe os bens, enquanto não se proceder à especialização.

Atesta-se aqui que, em situações reconhecidas como de extrema gravidade, v.g. que acarrete dano à incolumidade física, psíquica ou patrimonial do tutelado, poderá o juiz suspender o tutor ou o curador do exercício de suas funções, nomeando então substituto interino para o encargo (art. 762).

O CPC autoriza ainda a remoção do tutor ou curador por meio de requerimento do Ministério Público ou por quem tenha legítimo interesse nos casos previstos na lei civil, *ex vi* do art. 761, *caput.*

Neste caso, será o tutor ou o curador citado para contestar a arguição no prazo de 5 (cinco) dias, findo o qual observar-se-á o procedimento comum.

Cessando as funções do tutor ou do curador pelo decurso do prazo em que era obrigado a servir, ser-lhe-á lícito requerer a exoneração do encargo, conforme disciplina art. 763.

De outro modo, caso o tutor ou o curador não requeira a exoneração do encargo dentro dos 10 (dez) dias seguintes à expiração do termo, entender-se-á reconduzido, salvo se o juiz o dispensar.

Encerrada a tutela ou a curatela, indispensável será a prestação de contas pelo tutor ou pelo curador, na forma da lei civil.

3.11 ORGANIZAÇÃO E FISCALIZAÇÃO DAS FUNDAÇÕES

3.11.1 Introdução

Fundações são pessoas jurídicas de direito privado instituídas formalmente, por escritura pública ou testamento, mediante a dotação de bens livres, objetivando atingir determinado fim.[73]

Não têm as fundações por escopo o lucro, tendo sempre caráter civil. São elas, dessa forma, um acervo de bens que obtém personalidade jurídica a fim de alcançar os seus objetivos.

3.11.2 Organização e Fiscalização

Tem o presente procedimento a finalidade de permitir ao Ministério Público fiscalizar a formação e atuação das fundações.

Nota-se que a disciplina do CPC/2015 é muito mais sintética do que a que lhe contemplava o CPC/1973, muito embora necessária para fins do que regulamentam os arts. 62 a 69 do Código Civil, estes que tocam na matéria.

Estabelece o art. 764 do CPC que o magistrado decidirá acerca da aprovação do estatuto das fundações e de suas alterações sempre que o requeira o interessado, quando:

I - ela for negada previamente pelo Ministério Público ou por este forem exigidas modificações com as quais o interessado não concorde;

II - o interessado discordar do estatuto elaborado pelo Ministério Público.

Com relação ao estatuto das fundações há de se observar as disposições do Código Civil, conforme remete o §1º do art. 764.

Vale pontuar que, antes de suprir a aprovação, poderá o juiz mandar fazer no estatuto devidas alterações a fim de adaptá-lo ao objetivo do instituidor. (§2º do art. 764).

De outra banda, qualquer interessado ou o Ministério Público poderá requerer em juízo a extinção da fundação e isto poderá se dar quando: (i) se

73. NERY JÚNIOR, Nelson; ANDRADE NERY, Rosa Maria. Ob. cit., p. 1087.

tornar ilícito o seu objeto; (ii) for impossível a sua manutenção; (iii).vencer o prazo de sua existência (art. 765).[74]

3.12 RATIFICAÇÃO DOS PROTESTOS MARÍTIMOS E DOS PROCESSOS TESTEMUNHÁVEIS FORMADOS A BORDO

Objetiva o presente procedimento dar publicidade adequada ao Diário da Navegação (arts. 501 e 504 do Código Comercial), otimizando-se, por conseguinte, ao que estabelece o art. 766 do CPC, *in verbis*:

> *Todos os protestos e os processos testemunháveis formados a bordo e lançados no livro Diário da Navegação deverão ser apresentados pelo comandante ao juiz de direito do primeiro porto, nas primeiras 24 (vinte e quatro) horas de chegada da embarcação, para sua ratificação judicial.*

Deverá a petição inicial conter a transcrição dos termos lançados no livro Diário da Navegação, sendo instruída com cópias das páginas que contenham os termos que serão ratificados, dos documentos de identificação do comandante e das testemunhas arroladas, do rol de tripulantes, do documento de registro da embarcação e, quando for o caso, do manifesto das cargas sinistradas e a qualificação de seus consignatários, traduzidos, quando for o caso, de forma livre para o português (art. 767).

Será a petição distribuída com urgência e encaminhada ao órgão jurisdicional competente, cabendo, então, ao juiz ouvir, sob compromisso a ser prestado no mesmo dia, o comandante e as testemunhas em número mínimo de 2 (duas) e máximo de 4 (quatro), que deverão comparecer ao ato independentemente de intimação, de acordo com o que disciplina o *caput* do art. 768 do CPC.[75]

Quando se tratar de estrangeiros que não dominem a língua portuguesa, o autor deverá fazer-se acompanhar por tradutor, que prestará compromisso em audiência. Caso o autor não se faça acompanhar por citado tradutor, deverá o magistrado nomear outro que preste compromisso em audiência (§§1º e 2º do art. 768).

Uma vez aberta a audiência, o juiz mandará apregoar os consignatários das cargas indicados na petição inicial assim como outros eventuais interessados, nomeando para os ausentes respectivo curador para o ato, tudo em consonância com o estipula art. 769.

Daí que, inquiridos o comandante e as testemunhas e convencido da veracidade dos termos lançados no Diário da Navegação, o juiz, em audiência, ra-

---

74. Enunciado n.189 do FPPC: "O art. 765 deve ser interpretado em consonância com o art. 69 do Código Civil, para admitir a extinção da fundação quando inútil a finalidade a que visa."

75. Enunciado n.79 do FPPC: "Não sendo possível a inquirição tratada no art. 768 sem prejuízo aos compromissos comerciais da embarcação, o juiz expedirá carta precatória itinerante para a tomada dos depoimentos em um dos portos subsequentes de escala."

tificará por sentença o protesto ou o processo testemunhável lavrado a bordo, dispensado neste caso o relatório.

Bem expressa o parágrafo único do art. 770 que, independentemente do trânsito em julgado, o magistrado determinará a entrega dos autos ao autor ou ao seu advogado, isso mediante a apresentação de traslado.

PARTE VI

ARBITRAGEM

CAPÍTULO 23

TEORIA GERAL DA ARBITRAGEM

1. CONCEITO DE ARBITRAGEM

Trata-se a Arbitragem de meio propício à solução de conflitos sobre direitos patrimoniais disponíveis ou transacionáveis[1], que, por meio de árbitro privado, escolhido pelas partes e destas recebendo poderes, decide a controvérsia, possuindo tal decisão a mesma força e efeitos jurídicos decorrentes daquelas sentenças proferidas pelos órgãos do Poder Judiciário.

Assim, temos que as partes, capazes, envolvidas em um conflito acerca de direitos patrimoniais disponíveis ou transacionáveis possuem a faculdade de escolher uma pessoa, física ou jurídica para solucionar específica lide, deixando de lado a prestação jurisdicional estatal.

É fato que, conforme já enfrentado em outra oportunidade na presente obra, com a percepção de que a ativida de jurisdicional estatal tem sido deveras incipiente, isto em decorrência de uma série de fatores, quer de origens procedimentais, administrativas ou operacionais e até mesmo de quadros, vem crescendo a consciência de que fundamental é pacificar[2], mesmo que esta

---

1. Cabe frisar aqui que, no caso, a ressalva feita acerca de direitos "transacionáveis", a despeito de o próprio texto legal indicar "direitos patrimoniais disponíveis" (art. 1º) como aqueles passíveis de solução pela arbitragem, possui razão de ser. Ainda que o direito possa ser indisponível, não significa que seja impossível de ser transacionado como v. g., os alimentos. Nisso, o direito de alimentos é, verdadeiramente, indisponível, no entanto, quanto ao *quantum* referente a ele, o mesmo não podemos sustentar idêntica indisponibilidade, dada a possibilidade de ser objeto de transação, disponível nestes termos.
   No mesmo sentido, ver dentre outros, LA CHINA, Sérgio (*L'Arbitrato: Il Sistema e l'experienza.* Milano: Giuffrè, 1999, p.27-28), para quem " il necessario rispetto di una certa disciplina non *significa che la stessa sai adottada a tutela di diritti assoluti della persona o di status assimilabili a quelli familiari e coniugali (e troppo corrivi si è oggi nel parlare di status e statuti del lavoratore, dell'impeditore,... senza rendersi conto delle pericolose implicazioni di um uso improprio del linguaggio*)"; também CÂMARA, Alexandre Freitas. *Arbitragem. Lei nº 9.307/96.* Rio de Janeiro: Lúmen Júris, 1997, p. 13.
   Nesta seara, merece ainda acostar apontamento de NERY JÚNIOR, Nelson; ANDRADE NERY, Rosa Maria de. (*Código de Processo Civil Comentado.* 10 ed. São Paulo: RT, 2007, p. 1.393): "É disponível o direito sobre o qual as partes podem dispor, transigir, abrir mão. Em suma, todo direito que puder ser objeto de transação (CC 841; CC/16 1035) pode ser examinado e julgado por meio de juízo arbitral."
2. A política do consenso deve ser estimulada como tônica essencial na formação jurídica do operador do direito hodierno, sendo perceptível, sem exigir muitos esforços, o despreparo deste, sobretudo no campo prático, com as mais diversas modalidades instrumentais, fora do aparato jurisdicional estatal, *v.g.*, conciliação, mediação e arbitragem.
   Em feliz apontamento, estreitando laços com o assunto, assinala CAPPELLETTI: "Numa época em que se falou demasiadamente e com frequência sobre revoluções culturais, vale a pena sublinhar

não decorra de obra eminentemente estatal desde que seja por método eficiente e protetor das liberdades fundamentais do cidadão.[3]

Nesta toada, é válido afirmar ser a arbitragem, efetivamente, um foro privilegiado e propício para a concretização do direito agredido, seja por meio de uma composição amigável ou mesmo através da convergência dos esforços dos litigantes no sentido de lograrem de maneira célere, sem atropelos às garantias essenciais do devido processo legal, da segurança jurídica e da justiça da decisão, a solução da controvérsia.

Por outro lado, dúvidas não restam ter a arbitragem, no tocante ao seu desenvolvimento como um método propício à solução de litígios, natureza tipicamente processual, configurando-se, verdadeiramente, em instrumento hábil para tal satisfação do direito molestado.

Já por nós incisivamente anotado em capítulo próprio, tal referente ao Processo, sua formação e realização, trata-se este de instrumento apto à efetivação das garantias constitucionais, levando-se consigo toda uma carga tipicamente comandada pela sua exata noção de que, mais do que um meio estatal característico para a tentativa de realização prática do justo, revela-se instrumento social e democrático eivado de direitos e garantias imperativas que devem ser respeitadas em sintonia com o estado democrático que se presencia em dado tempo e espaço.

---

o caráter genuinamente revolucionário do movimento em prol do acesso à justiça, não somente no âmbito da ação prática, senão também quanto ao método de pensamento e mais particularmente do método de análise jurídica.

Se, na verdade, no terreno da ação, a mudança aportada e projetada foi radical, tendo-se dado um sentido novo e com conteúdo à ideia já por si mesma revolucionária, no plano do pensamento, em troca, foi tal, que se transformaram completamente os temas e modos de análise científica do jurista moderno". CAPPELLETTI, Mauro. *Processo, Ideologias e Sociedade*. Vol. I. trad. e notas de Elicio de Cresci Sobrinho. Porto Alegre: Sergio Antônio Fabris Editor, 2008. p. 391.

3. O próprio Estado Brasileiro, em prática reiterada diante das Cortes Arbitrais Internacionais, reconhece a eficiência da Arbitragem como meio propício à satisfação de contendas em uma diversidade de matérias, o que, certamente, deveria funcionar como política de incentivos à prática de tal via instrumental resolutiva de conflitos em território pátrio.

Disso, bem já noticiava Arnold Wald há bons anos, ratificando a aludida ideia incentivadora: "A exemplo dos últimos anos, o de 2007 representou uma fase de consolidação da arbitragem nacional e internacional no Brasil. O instituto tem sido cada vez mais utilizado por empresas brasileiras e recentes dados da Corte Internacional de Arbitragem da Câmara de Comércio Internacional (CCI) mostram que o Brasil se tornou o maior usuário da arbitragem na América Latina e já está em quarto lugar **no ranking mundial da CCI**, atrás apenas dos Estados Unidos, da França e da Alemanha" (WALD, Arnold. *Brasil lidera uso de arbitragem na América Latina. In*: *Revista Consultor Jurídico*, disponível em: http://www.consultorjuridico.com.br , acesso em 22.10.2019).

Para conhecimento mais amplo do instituto da Arbitragem como meio propício à solução de conflitos em âmbito internacional, mais precisamente no que se refere a conflitos comerciais e resilição de controvérsias em blocos econômicos tais como Mercosul e União Europeia, ver, por todos, GAIO JÚNIOR. Antônio Pereira. *O Consumidor e Sua Proteção na União Europeia e Mercosul - Pesquisa Conjuntural como Contribuição à Política Desenvolvimentista de Proteção Consumerista nos Blocos*. Lisboa: Juruá Editorial, 2014; GAIO JÚNIOR, Antônio Pereira; MACHADO GOMES, J. M.. *Compêndio de Direito Econômico*. Rio de Janeiro: América Jurídica, 2005.

Em firme e exata lição, Fazzallari, para quem *"il processo civile, nei vari tipi, è sempre coordinato all diritto sostanziale"*, pondo à parte a teoria do processo como relação jurídica, afirma que o processo vale pelo próprio fato do processo, como técnica de composição de manifestações em conflito, conforme existe no processo judicial, mas não só nesse, visto também, *v.g.*, nas negociações de pretensões laborativas, na construção de vontade em meio ao debate assemblear nas empresas ou na formação da vontade colegiada [4], depreendendo-se aí, notadamente, a própria via arbitral como processo, encontrando-se, pois, na mesma, estrutura processual adequada[5], propícia e, por isso, útil a instrumentalizar um conflito de interesses, tudo mediante as relações jurídicas que se desenvolvem em seu bojo entre os interessados por meio do respeito ao contraditório.

Atesta ainda o eminente professor:

> *A prescindere dagli ordinamenti statuali ingenere, e non solo dal nostro, si colgono processi all'interno di gruppi per cosi dire transnazionali, a coesione più o meno spiccata: si pensi ai processi arbitrali, retti dalle varie leges mercatoriae che legano, al di sopra dei confini statuali, gli operatori economici in questo o quel settore.*[6]

Não se pode sobejar neste compasso que, centrando-se em uma análise sob o ponto de vista eminentemente pragmático, é sabido que, sendo o processo

4. FAZZALARI, Elio. *Istituzioi di Diritto Processuale.* 7 ed. Padova: CEDAM, 1994, p. 12.
Fundamental asseverar aqui que o STF, em firme sintonia com a ideia do devido processo legal e sua aplicabilidade extensiva aos pleitos que envolvem, em um estado de direito, a proteção plena de quaisquer ameaças ou mesmo lesão aos direitos plenos do cidadão comum, assegurando uma proteção democrática dos interesses privados, expressou no RE, n. 201.819-8, que os direitos fundamentais devem ser respeitados nas relações privadas, pontuando, assim, que em todo processo que se desenvolva em associações e outras entidades privadas deve-se respeitar o direito à ampla defesa e ao contraditório. A apreciação dessa matéria foi concluída depois de meses de discussão na 2ª Turma do Supremo Tribunal Federal.
Reforçando o presente entendimento no julgado, o Ministro Celso de Mello expressou a ideia supra de maneira responsável, pautado, inclusive, em horizontes democráticos, ao afirmar que a tese de que o estatuto das liberdades públicas "não se restringe à esfera das relações verticais entre o Estado e o indivíduo, mas também incide sobre o domínio em que se processam as relações de caráter meramente privado, reconheceu que os direitos fundamentais projetam-se, por igual, numa perspectiva de ordem estritamente horizontal."
Em síntese, portanto, ainda que as relações jurídicas que se relacionam em processos administrativos, o direito das associações privadas não é absoluto e comporta restrições, que dão lugar ao prestígio dos direitos fundamentais assegurados pela Constituição Federal. No caso concreto, decidiu-se pela não concessão de recurso à União Brasileira de Compositores (UBC) que excluiu um de seus sócios do quadro da entidade sem o amplo direito à defesa.
A ideia do processo como entidade democrática e instrumento de perquirição pela busca do justo deve refletir como fundamento principal, seja em quaisquer ambientes em que se busque através do mesmo, a solução de pretensões relativas a direitos resistidos ou não.
5. *"Dall'esperienza di diritto privato emergono, invece, i 'processi arbitrali' (in cui si realizza uma sorta di giustizia privata)( ); ma, come rilevato, non può escludersi altro impiego della struttura processuale nell'ambito Ed ai fini dell'esercizio della autonomia privata"*. FA ZZALARI, Elio. Ob. cit. , p. 11-12.
6. Idem, p. 13.

instrumento pelo qual a jurisdição opera, está ele relacionado, em regra, ao conjunto de atividades instrumentalizadas no sentido de se dar solução à lide, implementadas através de um encadeamento de atos – donde se depreende a palavra processo = *pro* + *cedere*: pender para frente, ir adiante, caminhar, progredir bem como das relações jurídicas desenvolvidas neste caminhar – relação jurídica processual. Neste passo, evidencia-se a própria via arbitral como composta de um procedimento do qual participam as partes interessadas, em posições antagônicas, tendo cada uma delas ônus, obrigações, direitos e deveres típicos da situação de instauração do conflito em sede arbitral, portanto, não se diferenciando, macroscopicamente, da via jurisdicional do processo.

No tocante ao desenvolvimento da arbitragem, cabe aqui, de passagem, apontar a existência das denominadas Arbitragem Institucional e Arbitragem *Ad Hoc*.

A primeira se dá quando as partes optam por escolher uma pessoa jurídica de direito privado constituída para esse fim, sendo, em regra, tal pessoa jurídica denominada de "câmara de arbitragem".

A título organizacional, a câmara de arbitragem funciona como um pequeno juízo, possuindo regulamento próprio ao qual as partes estarão submetidas, constando também de secretaria, sistema de intimação, sala de audiências etc.

Já, no que se refere à segunda, arbitragem *ad hoc*, as partes podem escolher uma pessoa física como árbitro, acordando-se sobre todo o procedimento arbitral ao qual se submeterão.

2. HISTORICIDADE E CONTEMPORANEIDADE

É bem verdade que o instituto da Arbitragem, muito antes do monopólio da Jurisdição estatal já se encontrava em prática no mundo.

Trata-se, por isso, de um instituto milenar, encontrando sua prática em todo o mundo.[7]

Já na antiguidade, era a arbitragem exercida tanto como forma de solução de conflitos quanto em questão o direito interno como também meio de abrandar litígios entre cidades-estados da Babilônia.

Igualmente encontramos tal instituto em toda a época da Grécia clássica, representando concepção diferenciada em face da justiça do direito comum, dada a unidade de raça, tradição e cultura, estas propiciadoras da instituição da Arbitragem neste momento e país.

Conforme observa Carmona[8], encontra-se no Tratado de 445 a.C entre Esparta e Atenas estipulação de cláusula compromissória expressa, remetendo as partes para a via arbitral quando surgisse uma eventual disputa.

---

7. Sobre um estudo aprofundado das bases históricas às quais repousa o instituto da Arbitragem bem como a figura do Árbitro, ver, por todos, CLAY, Thomas. *L'Arbitre*. Paris: Dalloz, 2001.

8. CARMONA, Carlos Alberto. *A Arbitragem no Processo Civil Brasileiro*. São Paulo: Malheiros, 1993, p. 38-39.

Em Roma, conforme por nós já pontuado em capítulos anteriores, a Arbitragem se evidenciava nas duas formas do processo romano agrupadas na *"ordo judiciorum privatorum"*: o processo das *"legis actiones"* e o processo *"per formulario"*. Em ambas as hipóteses que vão desde as origens históricas de Roma, por volta de 700 a.C., ao *advento* da *"cognitio extraordinaria"* (565 d.C.), o mesmo esquema procedimental arrimava o processo romano : a figura do Pretor preparando a ação, inicialmente enquadrando a ação na lei e depois acrescentando a elaboração da fórmula e, em seguida, o julgamento por um *"iudex"* ou *"arbiter"*, que não integrava o corpo funcional romano, sendo simplesmente um particular idôneo com a incumbência de julgar o caso concreto a ele disposto.

Não se trata a arbitragem de instituto de raízes deitadas, univocamente, no sistema greco-romano, pois que o próprio Corão já distinguia o *hakam* (árbitro) do *qadi* (juiz), fazendo também a Bíblia menção específica à sua existência.[9]

Na Idade Média, mais precisamente, na França, a arbitragem era praticada de forma frequente nos foros. Após as ordenanças reais de 1510, 1516 e 1535, o édito de François II, de 1150, confirmado pela Ordenança de Moulins. Já as ordenanças de 1629, 1667 e 1673 conduziram a arbitragem até o período revolucionário, permanecendo ela em vigor no seu triunfo.[10]

No que se refere mais precisamente ao Brasil, tem-se notícia da Arbitragem já desde a Constituição do Império de 1824, cujo texto - art. 160 - indicava que nas causas cíveis, poderiam as partes eleger juízes árbitros, com decisões irrecorríveis, desde que convencionado pelas partes interessadas na solução da demanda.

Em 26 de julho de 1831, houve a previsão do uso da arbitragem nos litígios que envolviam seguro e ainda, com o advento da Lei n. 108, de 11 de outubro de 1837, nos dissídios referentes à locação de serviços.

Com o advento do Código Comercial Brasileiro, em 1850, foi instituído o juízo arbitral necessário para causas entre sócios de sociedades comerciais, locações, entre outras. O Regulamento n. 737, de 25 de novembro de 1850, de elevado significado para o Direito Comercial, contemplou sobre a matéria arbitral, distinguindo a arbitragem obrigatória daquela facultativa, vindo o sistema de arbitragem compulsória a ser revogado pela Lei n.1.350, de 1866, permanecendo, no entanto, a arbitragem facultativa.

---

9. I Coríntios 6,1-6: *"Que é isto, que vocês quando têm alguma coisa contra o outro cristão vão à justiça, e pedem a um tribunal pagão que decida a questão, ao invés de levá-la a outros cristãos para decidirem quem de vocês é que está certo ?"*.
   I Coríntios 6, 4-6: *"Entretanto, nós, quando tendes a julgar negócios terrenos, constituis um tribunal daqueles que não tem nenhuma aceitação na Igreja? Para vergonha vê-lo diga. Não há porventura, nem ao menos sábio entre nós, que possa julgar no meio da irmandade? Mas irá um irmão a juízo contra outro irmão e isto perante incrédulos?"*

10. ALVIM, J. E. Carreira. *Direito Arbitral*. 3 ed. Rio de Janeiro: Forense, 2007, p. 4.

Em 1894, a Lei n. 221 veio à regular o procedimento arbitral no âmbito da Justiça Federal, sendo que, posteriormente, com o Decreto n. 3.084 de 1898, veio a cabo a regulamentação desse seu procedimento. Segundo previsto nestes dispositivos, as partes seriam livres para recorrer das decisões sem embargo de cláusula impeditiva inserta no compromisso.

Vale ressaltar que, com a Proclamação da República os estados federados foram autorizados a legislar sobre processo, logo, também, sobre arbitragem, tendo os Códigos Processuais de Minas Gerais, São Paulo e Bahia, regulado dispositivos acerca do instituto da arbitragem.

Com a Constituição Federal de 1934 e concentrada a competência legislativa relativa a processo civil aos auspícios da União, foi promulgado o Código de Processo Civil de 1939, este que facultou a composição de pendências judiciais e extrajudiciais, em qualquer tempo, através da via arbitral, quaisquer que fossem os valores envolvidos, condicionando, no entanto, que o conflito se relacionasse com direitos patrimoniais disponíveis.

No que toca ao Código Civil de 1916, este dedicou os arts. 1.037 a 1.048 ao compromisso arbitral, assim como à solução de pendências judiciais e extrajudiciais condicionadas à escolha de árbitros, expressando a irrecorribilidade dos julgamentos, salvo se pactuado pelas partes.

A Constituição Federal de 1937, em seu art. 18, alínea *d*, permitiu aos estados federados legislar sobre as organizações públicas, objetivando-se ainda a possibilidade de conciliação extrajudicial dos litígios ou mesmo decisão arbitral.[11]

Posteriormente, as Constituições que se seguiram – 1946, 1967 e EC de 1969 – não fizeram referência à arbitragem, o que não foi impedimento para que o Código de Processo Civil Brasileiro, instituído pela Lei n. 5.869, de 11 de janeiro de 1973, ratificasse o juízo arbitral, que veio regulamentado no Livro IV (Dos procedimentos especiais), Título I (Dos procedimentos especiais de jurisdição contenciosa), Capítulo XIV (Do juízo arbitral), atualmente revogado.

Ao contrário de Constituições anteriores, a Constituição Federal de 1988 veio ratificar, explicitamente, a arbitragem, ao fazer referência expressa à mesma nos §§ 1º e 2º do art. 114, possibilitando o exercício da via arbitral no que se refere aos dissídios coletivos do trabalho.[12]

---

11. *"Art. 18 – Independentemente de autorização, os Estados podem legislar, no caso de haver lei federal sobre a matéria, para suprir-lhes as deficiências ou atender às peculiaridades locais, desde que não dispensem ou diminuam as exigências da lei federal, ou, em não havendo lei federal e até que esta regule, sobre os seguintes assuntos:*
(...)
d) organizações públicas, com o fim de conciliação extrajudiciária dos litígios ou sua decisão arbitral;(...)".

12. Notadamente, com relação à discussão acerca da aplicabilidade da Arbitragem aos dissídios individuais do trabalho, esta acabou por ser regulada pela Lei n. 13.467/2017, ao prever em seu art. 507-A que:

O panorama do juízo arbitral, no entanto, verdadeiramente tomou outro realce com o início dos estudos em torno do Anteprojeto de Lei objetivando a institucionalização da Arbitragem como meio propício e efetivo de solucionar conflitos, por meio de julgamento especializado e célere no âmbito do sistema jurídico pátrio, com atributos próprios, inclusive desvencilhando-se de qualquer necessidade homologatória perante o Poder Judiciário, do laudo arbitral expedido pelo juízo arbitral (hoje, denominado sentença arbitral pela própria lei).

Isto veio a lume quando, ao final de 1991, o Instituto Liberal de Pernambuco, através do que se denominou "Operação *Arbiter*", juntamente com representantes de entidades de classe e juristas, avançou-se na discussão em torno da elaboração de um projeto de lei que possibilitasse a utilização da via arbitral de maneira mais efetiva, conforme já apontado em linhas anteriores. E mais, que guardasse respeito com os princípios constitucionais respaldados pela Carta Maior, tais como o da liberdade e igualdade no acesso à justiça.[13]

Em 1992, foi apresentado e discutido o anteprojeto de arbitragem brasileira no Seminário Nacional sobre Arbitragem Comercial, sendo aquele entregue ao então Senador da República, Marco Maciel, que apresentou o mesmo no Congresso Nacional, para a análise e votação, fazendo assim a defesa do que seria o Projeto de Lei n. 78.

Uma vez aprovado, foi sancionada pelo Presidente da República a Lei de Arbitragem – Lei n. 9.307/96 – esta publicada no Diário Oficial da União em 24 de setembro de 1996, com entrada em vigor sessenta dias após tal publicação.

Ainda que já comentado em outro momento da presente obra, em síntese bem apertada, há de se realçar que a presente lei tratou não somente de substituir o ineficiente modelo de "juízo arbitral", até então previsto em nossa legislação (arts. 1072 a 1102 do Ordenamento Processual Civil), como também concedeu tratamento qualitativo dentro de padrões atuais a questões como, p. ex., a convenção de arbitragem e o prestígio à manifestação da vontade, logicamente, respeitando os bons costumes e a ordem pública (art. 2º, § 1º), adaptação aos textos legais conexos (arts. 41 e 42), publicidade do acesso ao Poder Judiciário para os eventualmente prejudicados por vícios decorrentes da sentença arbitral (art. 33), eficácia dos tratados internacionais na matéria em questão (art. 34), avançando, inclusive, em tema relativo à postura ética dos árbitros, equiparando-os no exercício de suas funções judicantes e, mesmo em

"Nos contratos individuais de trabalho cuja remuneração seja superior a duas vezes o limite máximo estabelecido para os benefícios do Regime Geral de Previdência Social, poderá ser pactuada cláusula compromissória de arbitragem, desde que por iniciativa do empregado ou mediante a sua concordância expressa, nos termos previstos na Lei no 9.307, de 23 de setembro de 1996.".

13. Cf. CARMONA, Carlos Alberto. *Arbitragem e Processo: um comentário à Lei 9.307/96*. 2 ed. São Paulo: Atlas, 2004, p.27-28.

razão delas, a um servidor público, para efeitos de legislação penal, *ex vi* do art. 17.

Em sede de panorama internacional da arbitragem, a despeito de o Brasil ter aderido à Convenção do Panamá de 1975, objetivando legislar sobre Arbitragem Comercial Internacional, o reconhecimento das sentenças arbitrais estrangeiras só veio a se dar com a devida adesão brasileira à Convenção de Nova York.

Vale ressaltar que o Brasil assinou a aludida Convenção de Nova York, em 2002, muito embora fora ela elaborada em 1958. Não obstante a tal lapso de tempo entre a criação e a sua adesão pelo Estado Brasileiro, foi desta que o Brasil consolidou a via arbitral em sede internacional, propiciando, inclusive, o reconhecimento das Sentenças Arbitrais Internacionais.

Hodiernamente, o STJ é o responsável pela homologação da sentença arbitral alienígena, decorrendo de tal homologação o seu reconhecimento, bem como a respectiva execução no território pátrio.

Um enorme reconhecimento da Arbitragem também fora vivenciado pela Organização das Nações Unidas – ONU – sendo que o Brasil ao se filiar à própria ONU, aderiu plenamente ao seu Estatuto, impondo este a responsabilidade de se confiar eventual resolução de conflitos à Corte de Haia ou a outras Cortes já existentes ou que vierem a existir.

Daí que a Corte Internacional de Justiça representa o principal órgão de Justiça da ONU, sendo seus membros escolhidos através de uma lista de pessoas apresentada pelos grupos nacionais da Corte Permanente de Arbitragem, tudo com o intuito de proporcionar a necessária segurança e a paz internacional. Importa ressaltar que, uma vez ocorrendo caso de divergência, seus membros deverão chegar a uma solução pacífica, quer por meio de negociação, mediação ou arbitragem, ou mesmo por outras formas, devidamente previstas em relacionado Documento.

Por fim, ainda neste item, vale pontuar que o instituto da Arbitragem no sistema pátrio, foi objeto de Projeto de Lei n. 7108/14, cujo projeto original foi elaborado por uma comissão de juristas, presidida pelo ministro do Superior Tribunal de Justiça (STJ), Luis Felipe Salomão e que desembocou na aprovação da Lei n.13.129, de 26 de maio de 2015, esta que procura consolidar algumas das práticas já reconhecidas pelos tribunais brasileiros bem como questões outras de conteúdo polemizado, como *v.g.*, as regras para aplicabilidade da Arbitragem nos contratos da Administração Pública.

Aliás, acerca da Arbitragem na Administração Pública, a edição da Lei n. 13.129 veio a alterar vários dos dispositivos das Leis n. 9.307/1996 (Lei de Arbitragem) e n. 6.404/1976, pondo termo a específicas questões que, em tese, atentavam contra a aplicação da arbitragem em sede de conflitos onde se encontrava presente a Administração Pública.

Digitada lei, portanto, amplia os espectros da LA, ao prever a aplicação da arbitragem no âmbito da administração pública direta e indireta, facultando a possibilidade do uso de dito instrumento de pacificação social para fins de dirimir conflitos relativos a direitos patrimoniais disponíveis, *ex vi* do §1º do art.1º da LA.

A lei em comento foi mais além pois, ao promover modificações na lei arbitral, estabeleceu por meio do §2º do art. 1º, a autoridade competente para convencionar a Convenção de Arbitragem, nos seguintes termos:

"§ 2º A autoridade ou o órgão competente da administração pública direta para a celebração de convenção de arbitragem é a mesma para a realização de acordos ou transações."

Nota-se, portanto, a necessidade de vinculação da competência da autoridade administrativa para a validade da supracitada convenção, estabelecendo, conforme já dito em linhas atrás, requisito essencial para a correta instrumentalização de eventual arbitragem em sede de contrato administrativo.

Ainda avançando um pouco mais, acrescentado à LA foi o §3º ao art. 2º, onde reza que a arbitragem à qual envolva a administração pública será sempre de direito e, inegavelmente, respeitará o princípio da publicidade.

É que a própria LA reza em seu art. §2º, *caput* o seguinte:

"Art. 2º – A arbitragem poderá ser de direito ou de eqüidade, a critério das partes."

Assim, sendo a arbitragem por equidade a opção desejada pelas partes como critério para a solução exitosa da demanda, o árbitro poderá distanciar-se das normas legais quando da apreciação do conflito, dado que nesta modalidade o julgamento orientar-se-á pela compreensão do que seja mais justo à luz do juiz arbitral, logicamente, observando ele determinados princípios sociais e morais em tudo análogos àqueles que inspiram o legislador quando da elaboração da norma legal. [14]

De outro modo, em se tratando da arbitragem de direito, esta representada pela opção à qual os árbitros se orientam pela aplicação das normas jurídicas positivadas, faculta às partes escolher quais leis serão consideradas para o enfrentamento da questão conflitante, ficando limitados tão somente pela manutenção da ordem pública e dos bons costumes (art. 2°, §1° da Lei n.9.307/96). Sob esta modalidade, pode-se ainda convencionar que a arbitragem seja norteada pelos princípios gerais de Direito, nos usos e costumes locais, ou ainda em regras internacionais de comércio (art. 2°, § 2° da Lei n.9.307/96).

Ainda que em síntese apertada, mas mais detidamente em relação a outros aspectos do texto da Lei n.13.129/2015, atenta-se para o fato da mesma ampliar o âmbito de aplicação da Arbitragem, dispondo sobre a escolha dos Árbitros quando as partes recorrem a Órgão Arbitral, a interrupção da Prescrição pela instituição da Arbitragem, a concessão de Tutelas Cautelares e de

14. No mesmo sentido, ver ALVIM, J. E. Carreira. *Tratado Geral da Arbitragem Interno*. Belo Horizonte: Mandamentos, 2000, p. 197.

Urgência nos casos de Arbitragem, a Carta Arbitral e a Sentença Arbitral, revogando, por conseguinte, dispositivos da Lei n. 9.307/96.

Cabe ressaltar que, várias destas questões já eram enfrentadas pela doutrina e jurisprudência.

Por outro lado, vale frisar que o Instituto da Arbitragem recebeu atenção da Lei 13. 105 de 16 de março de 2015 – o Novo Código de Processo Civil pátrio - com dispositivos reguladores de sua prática, sobretudo, diante de eventuais necessidades de participação do órgão judicante estatal.

Dentre tais disposições, destaca-se:

a) A extensão da denominada "Execução Itinerante" à prática na "Sentença Arbitral", conforme ditada pelo art. 516, parágrafo único.

b) A regulação da denominada Carta Arbitral (art. 237, IV).

Conforme expressa o inciso IV do art. 237, será expedida a carta:

> *IV – arbitral, para que órgão do Poder Judiciário pratique ou determine o cumprimento, na área de sua competência territorial, de ato objeto de pedido de cooperação judiciária formulado por juízo arbitral, inclusive os que importem efetivação de tutela provisória.*

Com relação aos possíveis atos constantes de realização por carta arbitral, em rol não exaustivo, esclarece o §2º do art. 69, alguns deles:

> *§2º Os atos concertados entre os juízes cooperantes poderão consistir, além de outros, no estabelecimento de procedimento para:*
>
> *I - a prática de citação, intimação ou notificação de ato;*
>
> *II - a obtenção e apresentação de provas e a coleta de depoimentos;*
>
> *III - a efetivação de tutela provisória;*
>
> *IV - a efetivação de medidas e providências para recuperação e preservação de empresas;*
>
> *V - a facilitação de habilitação de créditos na falência e na recuperação judicial;*
>
> *VI - a centralização de processos repetitivos;*
>
> *VII - a execução de decisão jurisdicional.*

c) Preservação da "confidenciabilidade" da Arbitragem quando houver necessário apoio ao exercício de atos por parte do Poder Judiciário (Cooperação entre árbitros e juízes), conforme expressa o CPC, mais especificamente no art. 188, IV e com a seguinte redação:

> *Art. 189. Os atos processuais são públicos. Tramitam, todavia, em segredo de justiça os processos:*
>
> *(...)*
>
> *IV – que versem sobre arbitragem, inclusive sobre cumprimento de carta arbitral, desde que a confidencialidade estipulada na arbitragem seja comprovada perante o juízo.*

Ainda em sede produção legislativa que toca à Arbitragem, tanto em seus contextos processuais quanto materiais, fora editada em 13 de julho de 2017 a Lei n.13.467, esta que possibilita a incidência da mesma no que se refere aos dissídios individuais de trabalho, merecendo aqui necessária explanação.

A participação em processo arbitral por parte de empregados, empregadores, bem como sindicatos de ambas as categorias de uma relação laboral sempre fora ponto de toque nas reflexões críticas sobre a matéria.

É cediço que a Constituição Federal de 1988, diferentemente das anteriores, reconhece explicitamente a aplicabilidade do instituto da Arbitragem aos ditos dissídios coletivos do trabalho, pontuando referência expressa nos §§ 1º e 2º do art. 114, *in verbis*:

> *Art. 114. Compete à Justiça do Trabalho processar e julgar:*
>
> *(...)*
>
> *§ 1º Frustrada a negociação coletiva, as partes poderão eleger árbitros.*
>
> *§ 2º Recusando-se qualquer das partes à negociação coletiva ou à arbitragem, é facultado às mesmas, de comum acordo, ajuizar dissídio coletivo de natureza econômica, podendo a Justiça do Trabalho decidir o conflito, respeitadas as disposições mínimas legais de proteção ao trabalho, bem como as convencionadas anteriormente.*
>
> *(...)*

Algumas legislações extravagantes e em conteúdos específicos, igualmente, já mencionavam e de fato reconhecem a aplicação da arbitragem nas relações laborais em temas coletivos, v.g., a Lei de Greve (Lei n. 7.783, de 28 de junho de 1989, em seu art. 7º); a Lei n. 10.101/2000, de 19 de dezembro de 2000, esta que dispõe sobre a participação dos trabalhadores nos lucros ou resultados da empresa e dá outras providências (art. 4º, II, prevê a arbitragem de ofertas finais); a Lei dos Portuários (Lei nº 12.815/2013, de 05 de junho de 2013), onde em art. 37 e parágrafos, se faz a menção da utilização do instrumento arbitral em questões envoltas a ofertas finais), assim como o Estatuto do Ministério Público da União (Lei Complementar n.75, de 20 de maio de 1993), onde, em seu art.83, XI, confere legitimidade aos membros do Ministério Público do Trabalho quando no exercício de suas atribuições junto aos órgãos da Justiça do Trabalho, atuarem como árbitros em conflitos individuais de trabalho, em sendo solicitado pelas partes.

Outrossim, observa-se que com relação aos dissídios individuais e mesmo aos contratos individuais de trabalho, o legislador sempre fora reticente no reconhecimento da arbitragem como instrumento apto à solução de conflitos.

Não obstante isso, o Tribunal Superior do Trabalho, em julgados pontuais já acenava com a possibilidade do uso da arbitragem em dissídios individuais.

Nisso vale ressaltar em exemplo que o TST, por sua 4ª Turma, julgou recurso em Agravo de Instrumento, no qual o objeto principal da discussão tratava exatamente da aplicabilidade da Lei da Arbitragem nos dissídios individuais em sede de Justiça do Trabalho e sua respectiva constitucionalidade (TST. AIRR.22761/2002-900-02-00.5. DJ 20.04.2007).

Nesta assentada, o reclamante pretendia demonstrar a inaplicabilidade da Lei nº 9.306/97, sustentando que sua aplicação, no âmbito da Justiça do Trabalho, é inconstitucional, indicando violação do disposto nos artigos 7º, XXIX, a, e 5º, XXXV, da Constituição Federal e que a indisponibilidade dos direitos trabalhistas não é compatível com o instituto da arbitragem.

Acordaram os Ministros, por unanimidade, negar provimento ao agravo de instrumento, por não haver, no caso em tela, nenhum óbice à aplicabilidade da Lei n. 9.307/96 e que os fatos e provas trazidos aos autos não apresentaram nenhuma incompatibilidade com os princípios do Processo do Trabalho e que, nesse contexto, o prazo para o reclamante requerer a decretação de nulidade da sentença arbitral não poderia ser o previsto no artigo 7º, XXIX, da Constituição Federal, mas sim aquele previsto no artigo 33, § 1º, da Lei de Arbitragem, ou seja, no prazo de até 90 (noventa) dias após o recebimento da notificação da sentença arbitral ou de seu aditamento.[15]

Mais adiante a 7ª Turma do Tribunal Superior do Trabalho, nos mesmos termos, decidiu ser aplicável o instituto da Arbitragem aos dissídios individuais do Trabalho, mantendo decisão que reconheceu como válida e eficaz, para todos os fins de direito, sentença dada por juiz arbitral em ação trabalhista. O processo em questão fora movido por uma ex-empregada das Lojas Brasileiras, de Feira de Santana (BA), demitida, junto com outros funcionários por causa do fechamento da filial na cidade

Em assembleia, as partes — empresa e trabalhadores — escolheram como árbitro a pessoa indicada pelos trabalhadores, "o presidente da categoria profissional", conforme registrou o Tribunal Regional do Trabalho da 5ª Região (BA) e submeteram à apreciação do juízo arbitral a questão do fechamento da loja.

A rescisão do contrato foi homologada pelo juiz arbitral, que fez constar na sentença que a trabalhadora deu "ampla e irrevogável quitação à presente arbitragem, bem como ao extinto contrato de trabalho para nada mais reclamar contra a empresa, seja a que título for.

A ementa do AIRR n.1475/2000-193-05-00, publicado no DJ 17.10.2008, tendo como Relator o Min. Pedro Paulo Manus, foi objetiva no aspecto do reconhecimento da arbitragem em tal contexto individual de trabalho:

> AGRAVO DE INSTRUMENTO EM RECURSO DE REVISTA. JUÍZO ARBITRAL. COISA JULGADA. LEI Nº 9.307/96. CONSTITUCIONALIDADE. O art. 5º, XXXV, da Constituição Federal dispõe sobre a garantia constitucional da universalidade da jurisdição, a qual, por definir que nenhuma lesão ou ameaça a direito pode ser excluída da apreciação do Po-

15. Disponível em http://www.arbitrare.com.br/noticia_inteira.php?cod=18. Acesso em 28/10/2019.

> der Judiciário, não se incompatibiliza com o compromisso arbitral e os efeitos de coisa julgada de que trata a Lei nº 9.307/96. É que a arbitragem se caracteriza como forma alternativa de prevenção ou solução de conflitos à qual as partes aderem, por força de suas próprias vontades, e o inciso XXXV do art. 5º da Constituição Federal não impõe o direito à ação como um dever, no sentido de que todo e qualquer litígio deve ser submetido ao Poder Judiciário. Dessa forma, as partes, ao adotarem a arbitragem, tão-só por isso, não praticam ato de lesão ou ameaça à direito. Assim, reconhecido pela Corte Regional que a sentença arbitral foi proferida nos termos da lei e que não há vício na decisão proferida pelo juízo arbitral, não se há de falar em afronta ao mencionado dispositivo constitucional ou em inconstitucionalidade da Lei nº 9.307/96. Despicienda a discussão em torno dos arts. 940 do Código Civil e 477 da CLT ou de que o termo de arbitragem não é válido por falta de juntada de documentos, haja vista que reconhecido pelo Tribunal Regional que a sentença arbitral observou os termos da Lei nº 9.307/96 – a qual não exige a observação daqueles dispositivos legais e não tratou da necessidade de apresentação de documentos (aplicação das Súmulas nºs 126 e 422 do TST). Os arestos apresentados para confronto de teses são inservíveis, a teor da alínea a do artigo 896 da CLT e da Súmula nº 296 desta Corte. Agravo de instrumento a que se nega provimento.

Por outro lado, o TST já pode se manifestar sobre a inaplicabilidade da arbitragem em dissídios individuais de trabalho, cabendo exemplificar, por todos, o julgado TST-RR-192700-74.2007.5.02.0002, DJ 19.05.2010, de relatoria do Ministro Maurício Godinho Delgado, onde se colhe, em sentido geral, os seguintes argumentos:

> A arbitragem ocorre quando a fixação da solução de certo conflito entre as partes é entregue a um terceiro, denominado árbitro, em geral por elas próprias escolhido. O instituto, aplicável a distintos ramos do Direito, está regulado por lei específica (Lei 9.307/96), havendo no Direito do Trabalho expressas (embora raras) referências à figura da arbitragem (como no art. 114, § 1º, da Constituição, na Lei da Greve e na Lei do Trabalho Portuário).Nada obstante a presença da arbitragem no âmbito do Direito Coletivo do Trabalho, a Lei de Arbitragem dispõe que o instituto se aplica à regulação de direitos patrimoniais disponíveis (art. 1º) – o que cria óbvia dificuldade de inserção, neste restrito grupo, dos direitos juslaborativos, principalmente quando considerados no plano das relações bilaterais do contrato empregatício (Direito Individual do Trabalho).Afinal, neste ramo prevalece a noção de indisponibilidade de direitos trabalhistas, não se compreendendo como poderia ter validade certa decisão de árbitro particular que suprimisse direitos indisponíveis do trabalhador.
>
> (...)
>
> Assim, a arbitragem é instituto pertinente e recomendável para outros campos normativos (Direito Empresarial, Civil, Internacional,

> etc.), em que há razoável equivalência de poder entre as partes envolvidas, mostrando-se, contudo, sem adequação, segurança, proporcionalidade e razoabilidade, além de conveniência, no que diz respeito ao âmbito das relações individuais laborativas.
>
> (...)

Em sede doutrinária, os argumentos relativos à indisponibilidade de uma variedade de direitos do obreiro[16] bem como a sua reconhecida hipossuficiência são levantados para fins de não reconhecimento da prática da arbitragem em face das relações individuais de trabalho e mesmo afirmações de que se carece de autorização expressa do texto constitucional para tal possibilidade são apresentadas.[17]

Para Carmona[18], a restrição por parte de alguns autores em relação à possibilidade de utilização da via arbitral para a solução de controvérsias trabalhistas individuais estaria na origem cultural e discriminatória, onde se entenderia que os direitos laborais não comportariam renúncia ou transação e que a submissão do empregado à decisão arbitral afrontaria o art. 444 da Consolidação das Leis do Trabalho, este que dispõe sobre a liberdade de estipulação das relações laborais entre as partes interessadas, desde que não contrariasse as disposições de proteção ao trabalho, aos contratos coletivos que lhe fossem aplicáveis e ainda as decisões das autoridades competentes.

Fato é que, com o advento da Lei n.13.467, 13 de julho de 2017, esta que alterou importantes conteúdos na CLT, acrescentado fora ao art. 444, parágrafo único que estabelece amplitude e liberalidade às partes interessadas em promover uma livre estipulação de direitos, nos seguintes termos:

> *Art. 444 (...)*
>
> *Parágrafo único. A livre estipulação a que se refere o caput deste artigo aplica-se às hipóteses previstas no art. 611-A desta Consolidação, com a mesma eficácia legal e preponderância sobre os instrumentos coletivos, no caso de empregado portador de diploma de nível superior e que perceba salário mensal igual ou superior a duas vezes o limite máximo dos benefícios do Regime Geral de Previdência Social*

Daí, nota-se a autorização quanto à livre estipulação no que toca às relações contratuais de trabalho desde que (i) empregado seja portador de diploma de nível superior e (ii) que perceba salário mensal igual ou superior a duas vezes o limite máximo dos benefícios do Regime Geral de Previdência Social, portanto, binômio autorizador para que se possa convencionar em livre

---

16. FRANCO, Guilherme Alves de Mello. A prévia conciliação e a arbitragem no direito do trabalho. *In*: *Repertório de Jurisprudência IOB: trabalhista e previdenciário*, Vol. 2, n.2 21792, nov. 2004, p.652.
17. Cf. SANTANA, Maria Aparecida. *Democratização da Justiça e Arbitragem em Espécie*. Belo Horizonte: Líder, 2009, p.203.
18. CARMONA, Carlos Alberto. *Arbitragem e Processo: um comentário à Lei 9.307/96*. 2 ed. São Paulo: Atlas, 2004, p.60.

estipulação, conteúdos referidos no art. 611-A, artigo ao qual o próprio o texto legal destacado se refere.

Nestes termos, o art. 611-A apresenta os seguintes conteúdos em seus incisos:

> *Art. 611-A. A convenção coletiva e o acordo coletivo de trabalho têm prevalência sobre a lei quando, entre outros, dispuserem sobre:*
>
> *I - pacto quanto à jornada de trabalho, observados os limites constitucionais;*
>
> *II - banco de horas anual;*
>
> *III - intervalo intrajornada, respeitado o limite mínimo de trinta minutos para jornadas superiores a seis horas;*
>
> *IV - adesão ao Programa Seguro-Emprego (PSE), de que trata a Lei no 13.189, de 19 de novembro de 2015;*
>
> *V - plano de cargos, salários e funções compatíveis com a condição pessoal do empregado, bem como identificação dos cargos que se enquadram como funções de confiança;*
>
> *VI - regulamento empresarial;*
>
> *VII - representante dos trabalhadores no local de trabalho;*
>
> *VIII - teletrabalho, regime de sobreaviso, e trabalho intermitente;*
>
> *IX - remuneração por produtividade, incluídas as gorjetas percebidas pelo empregado, e remuneração por desempenho individual;*
>
> *X - modalidade de registro de jornada de trabalho;*
>
> *XI - troca do dia de feriado;*
>
> *XII - enquadramento do grau de insalubridade;*
>
> *XIII - prorrogação de jornada em ambientes insalubres, sem licença prévia das autoridades competentes do Ministério do Trabalho;*
>
> *XIV - prêmios de incentivo em bens ou serviços, eventualmente concedidos em programas de incentivo;*
>
> *XV - participação nos lucros ou resultados da empresa.*

Percebe-se que aludidos direitos elencados no artigo supracitado são passíveis de uma liberalidade transacional entre os contratantes e mesmo do caráter de renunciabilidade de alguns direitos, já que o próprio §2º do art. 611-A sustenta que a "*inexistência de expressa indicação de contrapartidas recíprocas em convenção coletiva ou acordo coletivo de trabalho não ensejará sua nulidade por não caracterizar um vício do negócio jurídico.*"

Evidente que tratam de matérias passíveis de enfrentamento em sede de processo arbitral relativo a litígios decorrentes de contratos individuais de trabalho, conforme se verá mais adiante.

A despeito disso, já apontávamos para tal possibilidade, antes mesmo da retro citada Lei[19], o mesmo Pedro A. Batista Martins, igualmente e em

19. Cf. GAIO JÚNIOR, Antônio Pereira. *Instituições de Direito Processual Civil.* Belo Horizonte: Del Rey, 2011.

importantes argumentos, já expressava pela possibilidade do uso da arbitragem em dissídios individuais de trabalho, sobretudo enfrentando o argumento relativo à irrenunciabilidade de direitos como obstáculo à aplicabilidade deste meio propício de solução de conflitos. Nestes termos, entendia que direitos como jornada de trabalho ou mesmo fixação de salário, tratados como irrenunciáveis ou não transacionáveis, não teriam absoluta limitação, pois que o próprio Estado chancelaria a sua negociação, quer por meio coletivo quanto individual.

Assim, afirmava o digitado autor

> Foi elevado a nível constitucional a possibilidade de redução dos salários (se através de acordo ou convenção coletiva) e a alteração, comprovação e redução de jornada de trabalho, desde que sob os auspícios do Sindicato. Como o binômio salário-jornada de trabalho sempre representou a essência do contrato de trabalho e, agora, a possibilidade de sua alteração *in pejus*, por disposição expressa da Carta Magna, clara está a demonstração de mudança de rumos da legislação obreira brasileira, não podendo a renunciabilidade de direitos trabalhistas ser mais vista como procedimento excepcional após a Constituição de 1988.[20]

Pois bem. Dito isso, em 13 de julho de 2017 fora promulgada a Lei n. 13.467, esta que entrou em vigor após decorridos cento e vinte dias de sua publicação oficial, alterando uma centena de artigos da Consolidação das Leis do Trabalho – CLT e reconhecendo explicitamente a aplicabilidade da arbitragem nos contratos individuais de trabalho no novato art. 507-A:

> *Art. 507-A. Nos contratos individuais de trabalho cuja remuneração seja superior a duas vezes o limite máximo estabelecido para os benefícios do Regime Geral de Previdência Social, poderá ser pactuada cláusula compromissória de arbitragem, desde que por iniciativa do empregado ou mediante a sua concordância expressa, nos termos previstos na Lei no 9.307, de 23 de setembro de 1996.*

Pelo dispositivo, nota-se, de pronto, a possibilidade expressa de, nos contratos individuais de trabalho, estabelecer-se a denominada Cláusula Compromissória, que nada mais é do que a convenção por meio da qual as partes, em um contrato, se comprometem a submeter à arbitragem os litígios que possam vir a surgir, relativamente a tal contrato (art. 4º, Lei n. 9.307/96), cabendo ressaltar que a mesma ainda será motivo de análise mais detida no decorrer do presente capítulo.

Assim sendo, reconhecesse da admissibilidade de se estabelecer cláusula compromissória em tal pacto individual laboral, desde que a remuneração do empregado seja superior a duas vezes o limite máximo estabelecido para os

---

20. MARTINS, Pedro A. Batista. Aspectos atinentes às disposições gerais. *In*: MARTINS, Pedro A. Batista *et al. Aspectos Fundamentais da Lei de Arbitragem.* Rio de Janeiro: Forense, 1999, p.60.

benefícios do Regime Geral de Previdência Social e que a iniciativa pelo estabelecimento da cláusula compromissória de arbitragem seja de iniciativa do empregado ou mediante a sua concordância expressa.

Nota-se que teremos aí então as seguintes condições autorizadoras do estabelecimento da arbitragem nos contratos individuais de trabalho: (i) o empregado perceba remuneração superior ao dobro do teto de benefícios do Regime Geral de Previdência Social; (ii) iniciativa do empregado para inclusão desta cláusula; ou (iii) anuência expressa do mesmo.

Ainda que não se estenda aqui a pormenores acerca da operacionalização da cláusula compromissória, já que será objeto de estudo aprofundado mais adiante, há de se lembrar e levar em conta que tudo se dará nos termos previstos na Lei nº 9.307, de 23 de setembro de 1996. Com isso, pode-se afirmar que:

a) a cláusula compromissória deve ser estipulada por escrito, podendo estar inserta no próprio contrato ou em documento apartado que a ele se refira (§1º do art.4º da Lei n.9.307/96); e

b) nos contratos de adesão, como a maioria dos contratos de trabalho, a cláusula compromissória só terá eficácia se o aderente tomar a iniciativa de instituir a arbitragem ou concordar, expressamente, com a sua instituição, desde que por escrito em documento anexo ou em negrito, com a assinatura ou visto especialmente para essa cláusula, (§2º do art. 4º da Lei n.9.307/96).

Interessante que façamos a conjugação do art. 507-A junto com os arts. 444 e parágrafo único e 611-A, fortalecendo, argumentativamente, tanto a autorização para a livre estipulação das relações contratuais de trabalho quanto para os próprios limites a que as mesmas estão autorizadas a incidir, inclusive, em se tratando de empregado portador de diploma de nível superior e que perceba salário mensal igual ou superior a duas vezes o limite máximo dos benefícios do Regime Geral de Previdência Social, pois que, neste caso específico, a livre estipulação terá a mesma eficácia legal e preponderância sobre os instrumentos coletivos.

Neste caso, a lei n.13.467 regrou uma maior força e amplitude legal na autonomia da vontade do obreiro com tais características.

Lado outro, a supracitada lei não explicitou literalmente a possibilidade de, diante da inexistência de cláusula compromissória, poderem as partes contratada e contratante fazerem uso do compromisso arbitral. É que em sede de arbitragem, possibilita a Lei n.9.307/96, além da cláusula compromissária, que como visto, deverá constar do bojo de um contrato; uma vez não existindo esta e ocorrendo eventual litígio posterior decorrente de uma relação entre os contratantes, p. ex., facultam-se aos mesmos estabelecerem, voluntariamente, um acordo onde submetem a solução do conflito à arbitragem de uma ou mais pessoas, podendo ser aludido acordo celebrado tanto em sede judicial quanto extrajudicialmente, o que se denomina compromisso arbitral (art. 9º da Lei n.9.307/96).

Observa-se, portanto, que o conflito de interesses entre as partes poderá ter sua solução realizada via arbitragem ainda que inexista cláusula compromissória inserta no contrato celebrado entre os contraentes, visto ser possível firmar o compromisso arbitral para a solução da contenda por meio da arbitragem, mesmo mediante o conflito já instaurado.

Nestes termos, como dito alhures, ainda que ausente a previsão legislativa no corpo da Lei n.13.467/2017 quanto à adoção do compromisso arbitral nas relações individuais de trabalho, nada impede que, ocorrendo eventual dissídio em tais relações, e (i) percebendo o empregado remuneração superior ao dobro do teto de benefícios do Regime Geral de Previdência Social, (ii) tendo ele iniciativa quanto ao pacto do compromisso arbitral ou (ii) prestando sua anuência expressamente quanto ao mesmo, possa o aludido compromisso arbitral ser estabelecido e ter a devida validade jurídica que dele se espera.

3. ARBITRAGEM E SUA CONSTITUCIONALIDADE

De um modo geral, pode-se se afirmar que já é ponto comum na doutrina atestar acerca da constitucionalidade da arbitragem e seus mais do que razoáveis argumentos para tal entendimento.[21]

Ainda que dita constitucionalidade já tenha sido declarada por nossa mais alta Corte (STF), vale a pena cravar aqui a veraz consonância da Lei n. 9.307/96 com a Carta Maior e, por isso, com o sistema normativo pátrio, podendo se assegurar que o modelo da arbitragem nacional está em consonância com os mais relevantes textos legais em vigor.

Notadamente, o questionamento acerca de uma possível inconstitucionalidade da supracitada lei arbitral partiu do certeiro e prestigiado princ*ípio* do "acesso à justiça", este consagrado pelo constituinte brasileiro de 1988, mais precisamente no art. 5º, XXXV, da Constituição Federal atual, onde se expressa, conhecidamente que *"a lei não excluirá da apreciação do Poder Judiciário lesão ou ameaça a direito"*, hoje acompanhado pelo art. 3º, *caput* do CPC/2015.

Trata-se de comando constitucional inaugurado com a Constituição Federal de 1946 (art. 141, §4º), acostado também na de 1967 (art. 153, §4º) e permanecendo na Carta Constitucional atual, representando já naquela época inicial uma reação diante das restrições impostas aos órgãos judiciais decorrentes da própria ditadura de Getúlio Vargas, onde se observava também um desrespeito ao contraditório, à ampla defesa e, de um modo geral, ao devido processo legal nos inquéritos policiais e parlamentares; por isso, longe de se impor ou visar a qualquer objeção ao instituto da arbitragem.

Bem ressalta Batista Martins que as decisões em tal tempo eram pronunciadas de maneira sumária, finais e impositivas, sendo vedado ao Poder Judiciário o reexame das questões, o que, notadamente agrediam o Regime

21. Sobre o tema, confira o nosso *ARBITRAGEM. 15 Anos da Lei n. 9.307/96*. Belo Horizonte: Del Rey, 2012.

Democrático de Direito[22], havendo, inclusive, legislação que dava como excluída de apreciação judicial as providências por ela contempladas, tudo justificado em nome de "um interesse público".

Não fora, portanto, o dispositivo constitucional supracitado elaborado para abolir o juízo arbitral daquela época; ao contrário, mirava o legislador constituinte impedir que a lei e não as partes contratantes pudesse estabelecer matéria que ficasse excluída de qualquer apreciação do Poder Judiciário.[23]

A inconstitucionalidade da arbitragem fora, por parte de doutrina, objeto de reflexões intensas. Alcides Mendonça Lima, em estudo relativo ao tema[24] preconizava pela inconstitucionalidade supra entre vários argumentos, dentre os quais que a autorização legal para o exercício do instituto tanto no Código Civil quanto no Código de Processo Civil importava, em última análise, em permitir que a parte pudesse excluir da apreciação do Poder Judicante Estatal certos conflitos de interesses, levando-se aí, em conta, a disposição contida na Carta Constitucional linhas atrás referendada.

Ainda apontava o festejado autor que os demais povos que utilizavam da via arbitral careciam de uma supernorma de caráter constitucional tal qual aquela prevista no ordenamento pátrio, afirmando, por conseguinte, que não se vedava a composição direta pelos partícipes, no intuito de resolverem suas contendas relativas a direitos disponíveis, mas, sim, atribuir a terceiro(s), estranho(s) ao Órgão Judicante referida composição do conflito mediante decisão.[25]

De outro modo, dentre muitos, afirmava, em defesa da constitucionalidade do instituto da arbitragem Carvalho Santos, ao bem e firmemente preceituar que: "A Constituição não tolera é que os indivíduos, ainda que queiram, não possam recorrer ao Poder Judiciário, por não lhes permitir a lei."[26]

Há de se depreender, em uma consequência lógica da afirmativa acima que cabe às partes o direito de renunciar os seus diretos disponíveis de que são titulares, submetendo eventuais controvérsias sobre os mesmos a apreciação da justiça estatal.

É de se ressaltar aqui, espancando qualquer inquietação, que a participação do Poder Judiciário não fica alheia a qualquer desenvolvimento pragmático do processo arbitral.

---

22. MARTINS, Pedro Antônio Batista. A Arbitragem e o Artigo 5º, XXXV, da Constituição de 1988. *In: Revista de Direito Civil*, São Paulo, n.77, p. 230, jul./set. 1996.

23. Cf. COUTINHO, Cristiane Maria Henrichs de Souza. *Arbitragem e a Lei nº 9.307/96*. Rio de Janeiro: Forense, 1999, p. 48.

24. LIMA, Alcides de Mendonça. O Juízo Arbitral em face da Constituição. *In: Revista Forense*, Rio de Janeiro, n. 27, jul/set., 1969, p. 383-385.

25. Ibidem.

26. SANTOS, J.M. de Carvalho. Juízo Arbitral – Compromisso – Constitucionalidade – Juros de Mora. *In: Revista Forense*, Rio de Janeiro, n.164, mar./abr., 1956, p. 115-116.

Na verdade, ainda que a Lei n.9.307/96 tenha abolido, corretamente, a necessidade da homologação do laudo (hoje, sentença) arbitral do crivo de qualquer órgão Judicial, continua este tendo papel importante em vários enlaces relativos à própria via arbitral, senão vejamos:

- A LA em seu art. 33 assegura aos interessados o acesso ao Judiciário para a declaração da nulidade da sentença arbitral nos casos que bem elenca.

- Em igual possibilidade, faculta a qualquer das partes arguir a citada nulidade em sede embargos à execução em via judicial (art. 33, § 3º, c/c o art. 741 do CPC).

- A execução forçada da sentença arbitral somente poderá ocorrer na seara judicial, ou seja, por meio do Poder Judiciário, constituindo tal ato arbitral em título executivo judicial, assim declarado pelo art. 41 da LA c/c art. 475-N, IV do CPC. Na mesma toada encontra-se a efetivação de eventual e necessária medida cautelar ou qualquer tutela de urgência, onde, uma vez deferida pelo árbitro reclamará a autuação do juiz togado, toda vez que se fizerem necessárias para o seu cumprimento a *coercio* e a *executio*.

- De acordo com o art. 25 da LA:

> *Sobrevindo no curso da arbitragem controvérsia acerca de direitos indisponíveis e verificando-se que de sua existência, ou não, dependerá o julgamento, o árbitro ou o tribunal arbitral remeterá as partes à autoridade competente do Poder Judiciário, suspendendo o procedimento arbitral"* (grifo nosso).

Nota-se, portanto, que será o Poder Judicante estatal solicitado a julgar matéria prejudicial relativa a direitos indisponíveis sempre que no curso do processo arbitral surgir dita ocorrência.

- Será de competência do Poder Judiciário decidir por sentença acerca da instituição da arbitragem quando houver resistência de uma das partes signatárias da cláusula compromissória quanto ao cumprimento desta (*ex vi* do art. 7º).

- Para a obtenção do reconhecimento ou execução no Brasil, o art. 35 da LA aponta que a sentença arbitral estrangeira se sujeitará à homologação do Supremo Tribunal Federal (hoje o Superior Tribunal de Justiça, consoante redação dada pela Emenda Constitucional n. 45).

Assim, como se observa, é previsto pela própria Lei n. 9.307/96 a presença do Poder Judiciário em importantes questões, como no caso, p. ex., de resposta à convocação da parte que, eventualmente, se sentir lesada ou mesmo no que toca ao árbitro, quando se fizer necessário o uso do caráter imperativo da força estatal mediante obstáculo operado por qualquer das partes quanto ao cumprimento voluntário de medidas aptas ao ordeiro desenvolvimento da via arbitral.

No que se refere à jurisprudência, a constitucionalidade da Lei de Arbitragem já fora objeto de julgamento pelo pleno do Supremo Tribunal Federal, tendo ainda o parecer do Procurador Geral da República Geraldo Brindeiro. Tal manifestação judicial da Corte Maior se deu no Agravo Regimental em

Sentença Estrangeira 5.206-7 decorrente do Reino da Espanha, onde figuravam como partes MBV *Commercial and Export Management Establishment* e Resil Indústria e Comércio Ltda.

O julgamento final se deu em dezembro de 2001, tendo a maioria dos ministros se manifestado pela constitucionalidade da Lei Arbitral, inclusive no tocante à possibilidade de o juiz proferir sentença substitutiva da vontade da parte recalcitrante em firmar o compromisso arbitral (art. 6º, parágrafo único e art. 7º da Lei n. 9.307/96).

Mais especificamente, os Ministros Maurício Corrêa, Marco Aurélio Mello, Carlos Velloso, Ellen Gracie, Celso de Mello, Nelson Jobim e Ilmar Galvão entenderam que a vontade da parte, expressamente manifestada na cláusula compromissória, é suficiente para que o magistrado substitua a declaração da parte que obstaculiza o firmamento do compromisso arbitral, não agredindo de modo algum o art. 5º, XXXV da Constituição Federal de 1988, decidindo-se, portanto, constitucional os arts. 6º, parágrafo único; 7º; 41 e 42 da Lei n. 9.307/96.

A súmula decorrente de tal julgamento, publicada na Ata 40, do Diário Oficial da União de 19.12.2001 foi redigida nos seguintes termos:

> O Tribunal, por unanimidade, proveu o agravo para homologar a sentença arbitral, vencidos parcialmente os Senhores Ministros Sepúlveda Pertence, Sydney Sanches, Néri da Silveira e Moreira Alves, no que declaravam a inconstitucionalidade do parágrafo único do art. 6º; do art. 7º e seus parágrafos; no art. 41, das novas redações atribuídas ao art. 267, inc. VII; e ao art. 301, inc. IX do CPC e do art. 42, todos da Lei 9.307 de 23/09/1996. Votou o presidente, o Senhor Ministro Marco Aurélio. Plenário, 12/12/2001.[27]

Nota-se, portanto, a fiel consonância do nosso ordenamento arbitral com a Constituição Federal de 1988, permitindo-se ainda ir mais além, seja na celeridade que se espera da solução decorrente de um conflito de interesses instaurado, propulsionada pela própria Carta Constitucional (art. 5º, LXXIII), seja na obtenção de uma efetiva decisão alinhada ao objeto principal da lide, na medida em que, com a possibilidade da presença de *experts* como árbitros, no conhecimento e julgamento das questões que envolvem os litígios submetidos à via arbitral, notabiliza-se um maior alcance cognitivo, muitas vezes sem a solicitação de "intermediários" ao procedimento e para um convencimento racional e razoável do julgador.

Por derradeiro neste assunto, é de apontar aqui que a própria CF/88 assegura, formalmente, o exercício da arbitragem em diversas oportunidades tais como no art. 114, §§1º e 2º (questão relativa aos Dissídios Coletivos na seara trabalhista); no art. 12, §2º do Ato das Disposições Constitucionais

27. Importa ressaltar que o Ministro Maurício Corrêa, antes mesmo da decisão final relativa ao Processo 5.206-7, já havia decidido acerca da constitucionalidade da Lei n.9.307/96, no âmbito da Sentença Estrangeira contestada n.5847-1, do Reino Unido da Grã-Bretanha e Irlanda do Norte.

Transitórias, quando antevê a utilização da arbitragem na demarcação das linhas divisórias entre Estados e Municípios.[28]

Vale destacar ainda neste compasso que o Brasil se coloca como signatário de uma diversidade de importantes tratados internacionais que envolvem a matéria "Arbitragem"[29], tais como a Convenção de Nova York, de 10.06.1958 sobre o Reconhecimento e a Execução de Sentenças Arbitrais Estrangeiras[30]; a Convenção Interamericana do Panamá sobre Arbitragem Comercial Internacional, de 30.01.1975[31] bem como o Acordo sobre Arbitragem Comercial Internacional de Buenos Aires, de 23.07.1998[32], além de todo o sistema arbitral que envolve a solução de controvérsias no Mercado Comum do Cone Sul (Mercosul), tendo como ápice deste sistema o Protocolo de Olivos,[33] de 18.02.2002, prevendo a criação de um Tribunal Arbitral Permanente de Revisão, objetivando maior estabilidade jurídica às decisões arbitrais no seio do bloco mercosulino.[34]

4. NATUREZA JURÍDICA

Antes de explicitar as correntes justificadoras da real natureza jurídica da Arbitragem, impende aqui apontar, em caráter pedagógico, a importância de se analisar a extensão intelectiva do termo "natureza jurídica", muitas vezes tão cara ao estudante das letras jurídicas, não bastando, pois, somente o conceituar, mas, sobretudo, o sentido prático, útil, decorrente da construção conceitual de tal ideia.

---

28. É de se pontuar ainda que no próprio plano constitucional, que a Constituição Federal de 1988 deu significativo passo na direção de reintroduzir no País, como autêntico pressuposto processual, o arbitramento obrigatório, ao estabelecer no seu art. 217: *"§ 1º O Poder Judiciário só admitirá ações relativas à disciplina e às competições desportivas após esgotarem-se as instâncias da justiça desportiva, reguladas em lei. § 2º A justiça desportiva terá o prazo máximo de sessenta dias, contados da instauração do processo, para proferir decisão final."*

29. Sobre o assunto, ver dentre muitos, os nossos *O Consumidor e Sua Proteção na União Europeia e Mercosul - Pesquisa Conjuntural como Contribuição à Política Desenvolvimentista de Proteção Consumerista nos Blocos.* Lisboa: Juruá Editorial, 2014; *Compêndio de Direito Econômico.* Rio de Janeiro: América Jurídica, 2005.

30. Reconhecida pelo Brasil por meio do Decreto Legislativo n.4.311, publicado no *DOU* em 24.7.2002.

31. Aprovada pelo Congresso Nacional por meio do Decreto Legislativo n.90, em 6.6.1995, tendo sido promulgada pelo Presidente da República pelo Decreto n.1.902, de 09.5.1996 (*DOU* de 10.5.1996).

32. Aprovado pelo Congresso Nacional por meio do Decreto Legislativo n.265, de 29.12. 2000, tendo sido promulgado pelo Presidente da República através do Decreto n.4.719, de 04.6.2003 (*DOU* de 05.6.2003).

33. Mais especificamente sobre o Protocolo de Olivos e sua visão pragmática, ver o *nosso O Consumidor e sua Proteção na União Europeia e Mercosul. ...*, p. 185 e ss.

34. Aprovado pelo Congresso Nacional por meio do Decreto Legislativo n. 712, de 14.10. 2003, tendo sido promulgado pelo Presidente da República através do Decreto n.4.982, de 09.02.2004 (*DOU* de 10.02.2004).

Lluís Caballol Angelats[35] pontifica a importância de se conhecer da natureza jurídica de qualquer instituto:

> *Determinar a natureza jurídica de cualquier institución es um ejercicio que consiste en estabelecer su ser jurídico. Com ello no se hace um alarde de erudición, sino que se cumple com uma premisa necesaria cuya transcendencia prática se pone de relieve cuando los operadores entran em contacto com esse objeto de estúdio.*
>
> *La natureza jurídica de uma institución constituye el critério hermenêutico que actúa como referencia externa em su aplicación prática, y que permite afrontar y resolver, dentro de um mismo marco de coherencia, los interrogantes que surgen em los distintos momentos de su vida. La natureza jurídica informa al legislador sobre aquello qie se puede esperar del instrumento que pretende utilizar y sobre el margem de opción com que cuenta para configurarlo adecuadamente. El operador, juez o letrado, encuentra em elle el critério guia para interpretar la normativa vigente e integrala si ES preciso. Finalmente, el investigador vê em la natureza jurídica El contexto AL que debe ceñirse para proponer las líneas de evolución de la figura analizada.*

Isto posto, importa apontar aqui que quatro são as correntes que, de forma diferente, mas sobre um mesmo objeto, expõem entendimentos acerca da possível natureza jurídica da Arbitragem:

a) A primeira aponta a natureza eminentemente contratual da arbitragem, referindo-se, notoriamente, ao caráter privatista decorrente da própria origem do instituto, fulcrado nas raízes da autonomia da vontade privada.

b) Já a segunda corrente enxerga a Arbitragem como uma verdadeira jurisdição, sendo este entendimento pautado em uma variedade de argumentos que têm como mira a justificativa de que tal qual a jurisdição estatal possui a finalidade de realizar a justiça, conceder pacificação social, o mesmo desiderato é encontrado na Arbitragem. Assim, p. ex., é de se levar em conta que os árbitros

> são verdadeiros juízes no exercício privado de funções públicas; o compromisso é uma ampliação da jurisdição; o laudo, uma verdadeira sentença; e a responsabilidade dos árbitros, uma responsabilidade análoga à dos juízes togados.
>
> Os árbitros têm a função de analisar a controvérsia, e de aplicar as regras estabelecidas pelas partes no caso concreto. Com isso, a Arbitragem atinge a finalidade da jurisdição, que é a de realizar a justiça.[36]

---

35. ANGELATS, Lluís Caballol. *El Tratamiento Procesal de La Excepción de Arbitraje.*. Barcelona: José María Bosch Editor, 1997, p. 17.

36. MAGALHÃES, Rodrigo Almeida. *Arbitragem e Convenção Arbitral.* Belo Horizonte: Mandamentos, 2006, p. 72.

c) A terceira, denominada mista, se insere na ideia de que a Arbitragem possui característica contratual em um momento inicial, ou seja, no exercício da autonomia da vontade privada das partes para a escolha e pacto convencional da mesma, tendo mais adiante, com a sentença arbitral, conteúdo jurisdicional, daí também público.

d) Por fim, a quarta posição aponta a Arbitragem como um equivalente jurisdicional, uma vez que a própria função jurisdicional é função típica e exclusiva do Estado. Assim, a presente via alternativa à solução de conflitos equivaleria à jurisdição estatal, dado apresentar todas as funções basilares dessa última.

A questão em torno da natureza jurídica da Arbitragem já é ponto enfrentado há tempos pela doutrina, inclusive em sede alienígena[37], de modo que a análise de seus atributos e efeitos, seja de índole interna (desde a autonomia da vontade dos partícipes na escolha da via arbitral até o deslinde de todo o processo arbitral) e mesmo externamente (relacionando-se neste sentido, com a função do instituto e os resultados alcançados na solução dos conflitos), passa, indubitavelmente, pela a contextualização histórica do próprio instituto da jurisdição.

Não restam dúvidas, como outrora já enfrentado de forma exaustiva nesta obra[38], de que jurisdição é um conceito em transformação, sendo, hodiernamente, flexibilizado em sua gênese, a fim de funcionar como elemento catalizador e mesmo, aglutinador de interesses mútuos das nações no convívio dentro da sociedade internacional.

Desde as áreas de livre comércio (*v.g.* Nafta), passando por integrações regionais, ainda que em construção (Mercosul, p. ex.) até alcançar o modelo único de uma integração política, econômica, social e monetária (União Europeia), observa-se a existência de órgãos aptos à solução de controvérsias em matéria pertinente aos tratados instituidores dos aludidos blocos econômicos, sendo tais órgãos julgadores, de natureza extraterritorial aos Estados-membros que compõem os aludidos blocos.

Ainda, conforme também já demonstrado na presente obra[39], encontramos os denominados "novos endereços jurisdicionais", ou seja, uma variedade de Tribunais supranacionais aptos a exercerem a jurisdição sobre os países signatários dos tratados instituidores dos mesmos, de modo que concedem ou flexibilizam parcela de sua soberania (leia-se, função jurisdicional), autorizando ditas entidades supranacionais (Tribunais Internacionais)[40] a julgar as matérias vinculadas às suas específicas competências, tudo instituído no âmbito dos tratados a elas pertinentes.

---

37. Cf. GIRÁLDEZ, Ana Maria Chocrón. *Los Principios Procesales en el Arbitraje.* Barcelona: José Maria Bosch Editor, 2000.

38. Ver, especificamente, o Apêndice "Soberania Estatal e Novos Endereços Jurisdicionais", este acostado ao Capítulo 4 da presente obra, onde aprofundamos no estudo da Jurisdição.

39. Ibidem.

40. Ibidem.

Neste compasso, vale a pena ressaltar que o que se transfere não é a titularidade irrevogável dos poderes estatais, mas, sim, o *exercício* de poderes determinados dos Estados-partes para a comunidade.

Com o fenômeno da integração e da emergência de sociedades que se relacionam em instâncias supranacionais, é de afirmar que a noção tradicionalmente construída de soberania exclusiva não atende à realidade atual, na medida em que uma nova forma de relação entre os Estados, situada entre o próprio Estado e uma organização internacional, se traduz na ideia da soberania dividida ou limitada, não condicionada, entretanto há uma questão eminentemente irrevogável, como adverte João da Mota Campos:

> Aceitar limitações da soberania nacional não significa aceitar a possibilidade de transferências irrevogáveis de competências soberanas (...), a autolimitação da soberania não afeta a independência do Estado que continua liberta de qualquer ingerência exterior nos seus assuntos internos; diversamente, a transferência de competências soberanas do Estado tem como consequência que a entidade que delas se beneficia adquire o poder de as exercer e de tomar contra a vontade do Estado decisões que o vinculam.[41]

Depois de toda a contextualização hodierna da Soberania, na entrada de um novo milênio, surgem formas ou endereços jurisdicionais, em escala local, nacional, regional, comunitária e mesmo internacional, abrangendo o chamado contencioso dos Direitos Humanos (Tribunais ou Cortes de Direitos Humanos), órgãos protetores das liberdades públicas ou repressivos de ilícitos praticados face à humanidade (Tribunais Penais Internacionais), de interesses essenciais e comuns quer a entes públicos, quer a particulares."[42]

Importante ressaltar que o Brasil, por meio de suas instituições, vem dando provas de seu interesse na presente matéria, ainda que de forma incipiente – acompanhadas pelas grades curriculares do Ensino Jurídico no país que, lamentavelmente, ainda não contemplam de maneira satisfatória o estudo dos Direitos Internacional e Comunitário, insistindo assim, em fechar os olhos para uma realidade que já bate à nossa porta – fez aprovar a Emenda Constitucional n. 45, onde em seu art. 5º, § 4º, expressa: *"O Brasil se submete à jurisdição de Tribunal Penal Internacional a cuja criação tenha manifestado adesão."*

Notadamente, como se observa e, decorrente do que já fora avençado em linhas acima, vem a Jurisdição – paradigmaticamente ao seu modelo clássico, este essencialmente ligado à noção do também conceito clássico de Soberania – obtendo contornos evolutivos e complexos quando as próprias características

---

41. CAMPOS, João da Mota. *Direito Comunitário*. Vol. I. 3 ed. Lisboa: Fundação Calouste Gulbenkian, 1989, p. 537.

42. Cf. Capítulo 4 desta obra.

do que se entende por Soberania saem do contexto jurídico e ingressam, de forma correta, no âmbito político.

Forçoso se faz, portanto, acostar as ideias supracitadas a toda problemática que envolve a Arbitragem e sua natureza jurídica, justificadora da tipicidade que a mesma adquire quando de sua instituição, indo muito mais além, tocando, certeiramente, na função a que a mesma fora concebida, isto é, como mais uma via propícia à solução de conflitos, contribuindo substancialmente com a função pacificadora da sociedade, esta nota característica de umas das relevantes funções do Estado Moderno, sempre sob os auspícios do Poder Judiciário.

Como, pontualmente, analisado em muitas linhas anteriores, é efetivamente possível a flexibilização da função judicante estatal para outros entes por ele autorizados, sendo despiciendo aludir que até a própria Constituição Federal de 1988 é autorizadora de hipóteses sobre as quais o Estado brasileiro reconhece esta necessidade (*ex vi* da própria Justiça Desportiva, Arbitragem em Dissídios Coletivos e mesmo em sede de submissão à jurisdição de Tribunal Penal Internacional).

Nisto, ao se revelar em sede de via arbitral, atividade tipicamente exercida pelo Poder Judiciário através de juízes togados – como o ato de julgar um conflito de interesses, proferindo-se sentença com força de coisa julgada – se nota o caráter jurisdicional de tal atividade, inclusive como instrumento de pacificação social e é nestes termos que deve ser entendida sua natureza.

A ideia acima esboçada, esta referente à flexibilização da soberania estatal, entendendo a jurisdição, de certo, como um dos conteúdos alocados na esfera de poderes do Estado, demonstra, certamente, que mirado na concepção conceitual de jurisdição (Poder, Função e Atividade do Estado)[43], é plenamente possível o exercício de atributo tipicamente jurisdicional, ainda que, cabe frisar, não se possa generalizar estar presente de forma plena, todo o conteúdo representativo da jurisdição estatal e nem se pretende tal intento!

No âmbito da doutrina pátria, merece, neste sentido, trazer à colação alguns pontos de realce em consonância com aludido entendimento, a despeito de igual sintonia ser encontrada na literatura estrangeira.[44]

---

43. Cf. por todos, NEVES, Celso. *Estrutura Fundamental do Processo Civil.* Rio de Janeiro: Forense, 1997, p. 28; ARAÚJO CINTRA, Antônio Carlos de; GRINOVER, Ada Pellegrini; DINAMARCO, Cândido Rangel. *Teoria Geral do Processo*. 28. ed. São Paulo: Malheiros Editores, 2012, p. 155.

44. Ver, por todos, NAVARRETE, Antonio María Lorca. *Manual de Derecho de Arbitraje:Manual Teórico Práctico de Jurisprudencia Arbitral Española.* Madrid: Dykinson, 1997,p.113-114;POZNANSKI, Bernard G.The Nature and Extent of na Arbitrator's Powers international Comercial Arbitration. *In: Journal of International Arbitration*, 04/71/108, n.03, 1987.Aliás, para este : *"An arbitrator's authotity is actually hybrid innature, consisting of a contractual basis for the creation and restriction of his powers, coupled with a jurisdictional authority as permitted to exist or as assisted by state authority. It has been proposed that the contratual and the jurisdictional nature of arbitration are in the process of assimilating each other. This type of consideration, it is submitted, is unnecessary. As will be seen, the powers of an arbitrator are the result of a combination of both natures which*

Nestes termos, bem observa Nery Júnior e Andrade Nery:

> A natureza jurídica da arbitragem é de jurisdição. O árbitro exerce jurisdição porque aplica o direito ao caso concreto e coloca fim à lide que existia entre as partes. A arbitragem é instrumento de pacificação social. Sua decisão é exteriorizada por meio de "sentença", que tem qualidade de título executivo judicial (CPC 475-N IV), não havendo necessidade de ser homologada pela jurisdição estatal. A execução da sentença arbitral é aparelhada por título judicial, sendo passível de impugnação ao cumprimento de sentença com fundamento no CPC 475-L, segundo a LArb 33 §3º.[45]

Para Carlos Alberto Carmona, os árbitros como os juízes togados dizem o direito, concretizando a vontade da lei, exercendo, nestes termos, a função, atividade e poder, características da jurisdição, visto que o árbitro, ao aceitar o encargo, recebe das partes o poder de conhecer as questões de fato e de direito da demanda, valorar as provas produzidas bem como decidir a controvérsia, substituindo a vontade destas mesmas partes, dado o caráter vinculativo do ato sentencial por ele prolatado.[46]

Na mesma toada, Joel Dias Figueira Júnior afirma que os termos claros e precisos utilizados pelo legislador pátrio, ao equiparar sentença arbitral à sentença proferida pelo juiz estatal, "colocou uma pá de cal sobre a questão", dado que a decisão prolatada pelo árbitro corresponde a ato de autoridade que decide o conflito e vincula as partes ao cumprimento da declaração, constituição, condenação, mandamento ou execução, gerando todos os efeitos da coisa julgada. Neste sentido, o juízo arbitral regulado pela Lei n. 9.307/96 tem natureza jurisdicional, exercendo o árbitro "jurisdição de caráter privado", de maneira veraz.[47]

Em verdade, "a decisão do árbitro não 'equivale' a uma sentença; ela é uma sentença; a eficácia da sentença arbitral e a autoridade de coisa julgada que resulta dela não têm nenhuma diferença daquela que qualifica a sentença judicial"[48] e, ainda que pese ser carecedora, p. ex., em casos de necessidade de imposição de força executiva sobre os julgados arbitrais quando do descumprimento pela parte perdedora, tal dado não desqualificaria a natureza, haja vista a ótica dirigida sobre a função restauradora da composição do conflito

---

creates a process for dispute settlement with its origin in contract yet reflecting some of the characteristics of the public judicial process".

45. NERY JÚNIOR, Nelson; ANDRADE NERY, Rosa Maria. *Código de Processo Civil Comentado...*, 2007, p.1398.

46. CARMONA, Carlos Alberto. Árbitros e juízes: guerra ou paz? *In:* MARTINS, Pedro A. Batista *et al. Aspectos fundamentais da lei de arbitragem.* Rio de Janeiro: Forense, 1999, p. 425.

47. FIGUEIRA JÚNIOR, Joel Dias. *Manual da Arbitragem.* São Paulo: Revista dos Tribunais, 1997, p. 94-96.

48. ALVIM, J. E. Carreira. *Tratado Geral da Arbitragem Interno.* Belo Horizonte: Mandamentos, 2000, p.89.

em sede arbitral quando do próprio cumprimento da decisão! Teríamos aí então, que típica função? Outra, notoriamente, não seria senão aquela classicamente desenvolvida pelo Poder Judiciário que é a da pacificação social e que, flexibilizada com autorização legal para o exercício judicante pela via do juízo arbitral.

Deve-se atentar para o fato de que a adoção de qualquer das teorias que enfrentam a natureza jurídica da arbitragem, certamente, irá depender das premissas tomadas como verdadeiras para o desenvolvimento intelectual reflexivo e mesmo pragmático da argumentação objetivada.

5. PRINCÍPIOS APLICÁVEIS À ARBITRAGEM

Preambularmente, importa aqui observar que a questão da ascendência de princípios sobre determinado instituto é resultado da visão macroscópica com que se observa o ambiente pelo qual o próprio instituto está inserido.

É fato que, ao intérprete cabe a aplicação do Direito, levando-se em conta, pelo menos, duas formas de normas jurídicas que não podem ser perdidas de vista: a norma- disposição e a norma-princípio.

Muito embora possam ser compreendidas em um mesmo nível hierárquico – *v.g.*, quando encontradas na Carta Maior –, verdade é que não podem ser confundidas, muito menos excluídas, sendo por isso, aplicadas concomitantemente.

Sobre o assunto, leciona Barroso:

> É importante assinalar, logo de início, que já se encontra superada a distinção que outrora se fazia entre normas e princípios. A dogmática moderna avaliza o entendimento de que as normas jurídicas, em geral, e as normas constitucionais, em particular, podem ser enquadradas em duas categorias diversas: as normas-princípio e as normas-disposição. As normas-disposição, também referidas como regras, têm eficácia restrita às situações específicas às quais se dirigem. Já as normas-princípio, ou simplesmente princípios, têm, normalmente, maior teor de abstração e uma finalidade mais destacada dentro do sistema.[49]

Notadamente, como se depreende, ainda que ambas as normas devam ser conciliadas no que se refere à aplicabilidade do exercício pragmático do Direito, inegável é a diferença substancial entre ambas, daí que "o grau de abstração, a aplicabilidade e a distinção qualitativa como critérios de diferenciação entre a norma-disposição e o princípio" são bem apontados por Celso Bastos.[50/51]

---

49. BARROSO, Luís Roberto. *Da Interpretação e Aplicação da Constituição*. São Paulo: Saraiva, 1996, p. 141.
50. BASTOS, Celso Ribeiro ; MARTINS, Ives Gandra da Silva. *Comentários à Constituição do Brasil*.Vol. I. São Paulo: Saraiva, 1988, p. 339.
51. Ver mais sobre o assunto em tela no Capítulo 6 da presente obra.

Uma vez acostada observação inicial, cumpre-nos neste item, especificamente a respeito da Arbitragem, analisar as incidências da norma-princípio, ou seja, os princípios sobre o ambiente em que se insere o juízo arbitral no Brasil, a partir do advento da Lei n. 9.307/96.

A despeito de já termos debruçado sobre o assunto na presente obra, ainda que em outro momento, cabe abordagem conceitual dos princípios jurídicos como "enunciado lógico, implícito ou explícito, que por sua grande generalidade ocupa posição de preeminência nos vastos quadrantes do Direito e, por isso mesmo, vincula, de modo inexorável, o entendimento e a aplicação das normas jurídicas que com ele se conectam."[52]

A própria Lei n. 9.307/96, já em seu art. 21, §2º sustenta que: *"Serão, sempre, respeitados no procedimento arbitral os princípios do contraditório, da igualdade das partes, da imparcialidade do árbitro e de seu livre convencimento."*

Tem-se aí que o legislador não se descuidou de mirar, expressamente, a incidência de princípios sobre o procedimento arbitral, sendo no dispositivo retro mencionado, todos de índole constitucional, e que, certamente, balizam desde o comportamento dos partícipes no transcorrer da marcha procedimental da arbitragem instaurada, como também no comportamento dos partícipes de tal instituto, a fim de garantir, como necessário que é a validade jurídica da via satisfativa de direito escolhida pelos interessados.

Ainda que sem a pretensão de esgotar, invariavelmente, a extensão dos princípios que poderiam pairar sobre a marcha arbitral, dado que, certamente, tudo dependerá da ótica e intensidade a ser notada e amadurecida pelo intérprete, merecem aqui serem acostados os seguintes princípios:

a) Princípio da Autonomia da Vontade Privada: As partes interessadas, maiores e capazes, físicas ou jurídicas possuem total liberdade de instituírem sobre direitos patrimoniais disponíveis ou transacionáveis, convenção de arbitragem, dispondo sobre a escolha do juízo arbitral ao invés daquele estatal, o número de árbitros, a legislação aplicável (desde que não viole os bons costumes e a ordem pública), inclusive se a solução se dará através de regras de direito ou por equidade, local da arbitragem, o procedimento a ser empregado.

b) Princípio da Autonomia da Cláusula Compromissória: Conforme reza o art. 8º da lei n. 9.307/96, a *"cláusula compromissória é autônoma em relação ao contrato em que estiver inserta, de tal sorte que a nulidade deste não implica, necessariamente, a nulidade da cláusula compromissória"*. Compreende-se, assim, notadamente, a autonomia da cláusula compromissória em relação ao contrato que nele estiver inserta e, por isso, eventuais nulidades que neste possam pairar não autorizam qualquer das partes a opor-se à arbitragem, cabendo, inclusive, ao próprio árbitro a análise da questão, conforme dicção do parágrafo único do art. 8º, *in verbis*: *"Caberá ao árbitro decidir de ofício, ou por provocação*

52. CARAZZA, Roque Antônio. *Curso de Direito Constitucional Tributário*. 7 ed. São Paulo: Malheiros, 1995, p. 29.

das partes, as questões acerca da existência, validade e eficácia da convenção de arbitragem e do contrato que contenha a cláusula compromissória."

c) Princípio do Devido Processo Legal[53]: A escolha do procedimento bem como o seu desenvolvimento não poderá ofender as garantias constitucionalmente asseguradas, tais como a igualdade (art. 5º, caput e I da CF), o contraditório e a ampla defesa (art. 5º, LV da CF), imparcialidade e independência jurídica dos árbitros (art. 5º, XXXVII e LIII da CF; arts. 144 a 147 do CPC), livre convencimento motivado (art. 93, IX; art. 371 do CPC).

d) Princípio da "Competência – competência" (*Kompetenz-kompetenz*): Tal princípio traduz a ideia da qual os árbitros têm competência para decidir sobre sua própria competência no julgamento da causa. Assim, em decorrência da própria autonomia da cláusula compromissória (art. 8º) em relação ao contrato em que a mesma estiver inserta, o princípio em tela se insere no poder dos julgadores arbitrais quanto a decidir sobre a validade do próprio contrato bem como sobre sua efetiva competência para julgar o caso e ainda, a suspeição ou impedimento seu para atuar no processo arbitral.

6. PARTÍCIPES

6.1 PARTES

Conforme normatiza o Art. 1º da lei n. 9 307/96 : "*As pessoas capazes de contratar poderão valer-se da arbitragem para dirimir litígios relativos a direitos patrimoniais disponíveis.*"

Depreende-se, portanto, que o juízo arbitral somente poderá ser instituído por pessoas com capacidade para contratar, sejam elas físicas ou jurídicas, valendo ressaltar que entes considerados como despersonalizados (espólio, p. ex.) possuem a mesma faculdade de escolha da arbitragem para a resolução de conflitos.

Insta destacar que, operada pela Lei n.13.129/2015, acréscimos foram acostados ao digitado art. 1º, mais precisamente no que se refere à arbitragem no âmbito da Administração pública, nos seguintes termos:

§1º A administração pública direta e indireta poderá utilizar-se da arbitragem para dirimir conflitos relativos a direitos patrimoniais disponíveis.

§ 2º A autoridade ou o órgão competente da administração pública direta para a celebração de convenção de arbitragem é a mesma para a realização de acordos ou transações.

---

53. Sobre a extensão do entendimento pragmático referente ao *due process of Law* nos mais diversos sistemas jurídicos modernos, ver o nosso *Tutela Específica das Obrigações de Fazer...* p. 31-32.

6.2 ÁRBITRO

O árbitro é uma terceira pessoa, física, capaz e de confiança das partes, escolhida por estas para conduzir a solução do litígio, não exigindo a lei que tenha ele formação jurídica.

Assim, as partes poderão escolher o árbitro de acordo com a especialidade técnica, que seja, então, mais útil à solução da questão em concreto.

Neste sentido, temos, por exemplo, que, se as partes pretendem resolver um conflito gerado por uma construção mal realizada, mais adequado é que escolham um engenheiro civil para atuar como árbitro, pois este possui conhecimentos técnicos na área e poderá melhor conduzir o litígio a uma solução mais justa.[54]

Observa-se, no âmbito da Lei n.9.307/96, mais precisamente em seu art. 13, que pode ser árbitro qualquer pessoa física, maior e capaz de confiança das partes, cabendo esclarecer que tal capacidade se relaciona com aquela relativa ao exercício dos direitos e não, propriamente, com a capacidade em sentido estritamente técnico, no entanto, sob o ponto de vista qualitativo da solução arbitral, seria razoável e de bom grado que por parte do julgador, este tivesse, ao menos, noções de conteúdos jurídicos basilares, tendo em vista ser considerado juiz de fato e de direito pela própria *lex* arbitral, agravando aí o fato de sua decisão (Sentença Arbitral) não ficar condicionada ou sujeita a recurso algum[55] ou mesmo a uma possível homologação pelo Poder Judiciário, conforme, firmemente, expressa o art. 18 da supracitada lei.

Aliás, ainda pertinente a tal assunto, demonstrando a necessidade de uma melhor regulação, no mínimo, mais criteriosa, a ser aplicada ao julgador arbitral, chama atenção a instituição pelo Presidente da República, no uso da atribuição lhe conferida pelo art. 84, inciso VI, alínea *a*, da Constituição Federal de 1988, de um Grupo de Trabalho Interministerial no âmbito do Ministério da Justiça, este incumbido de propor ato normativo com o fito de disciplinar a atuação dos árbitros, órgãos arbitrais institucionais e entidades especializadas em arbitragem, previstos na Lei n o 9.307, de 23 de setembro de 1996, visando, especialmente, prevenir e a coibir práticas nocivas à ordem pública e ao interesse social.[56]

---

54. Esta, inclusive, é a tendência de eficientes tribunais arbitrais, como, p. ex., o Corpo de Árbitros do Tribunal Arbitral de São Paulo, cuja composição inclui advogados, engenheiros, médicos, psicólogos, contadores, dentistas, pedagogos e professores, entre outros. As partes envolvidas no conflito podem escolher os árbitros que irão atuar, de acordo com a natureza do processo, estando ditos árbitros especialistas, presentes em todas as fases do processo arbitral, agilizando a resolução dos conflitos.

55. Notadamente, no que se refere a eventuais vícios inadmissíveis pela ordem jurídica pátria, é assegurado pelo próprio art. 33 da Lei n. 9307/96, em consonância com o próprio art. 5º, XXXV da CF/88, que a parte interessada poderá pleitear junto ao Poder Judiciário a declaração de nulidade da sentença arbitral parcial ou final, levando-se em questão, sobretudo, não somente a dimensão do que expressa o art. 18 como também o fato de o juiz arbitral, no exercício de suas funções judicantes e mesmo em razão delas, é equiparado a um servidor público, para efeitos de legislação penal, *ex vi* do art. 17.

56. Decreto snº de 09 de novembro de 2006, publicado no *D.O.U* – Edição Número 216 de 10.11.2006.

No tocante à escolha dos árbitros, prevê o §1º do art. 13 que as partes nomearão um ou mais árbitros, no entanto, sempre em número ímpar, podendo, igualmente, nomear os respectivos suplentes. Por outro lado, nomeando árbitros em número par, estarão estes autorizados a nomear mais um (§2º do art. 13).

A questão da nomeação dos respectivos árbitros funciona de forma acordada pelas partes, pois que, do contrário, isto é, desacordando ambas sobre a forma e/ou nomeação do(s) árbitro(s), permite o próprio §2º do art. 13 a provocação pelos próprios interessados ao Poder Judiciário, mais especificamente, ao juízo originariamente competente para o julgamento da demanda, a fim de que venha proceder referida nomeação, inclusive, aplicando no que couber o art. 7º da lei em tela.

Ainda em sede de nomeação do árbitro, a lei arbitral faculta às partes, em comum acordo, adotar as regras de escolha estabelecidas por um órgão institucional de arbitragem ou entidade especializada (§3º).

Nota-se, contudo, que as partes, de comum acordo, poderão afastar a aplicação de dispositivo do regulamento do órgão arbitral institucional ou entidade especializada que limite a escolha do árbitro único, coárbitro ou presidente do tribunal à respectiva lista de árbitros, autorizado o controle da escolha pelos órgãos competentes da instituição, sendo que nos casos de impasse e arbitragem multiparte, deverá ser observado o que dispuser o regulamento aplicável (§4º do art. 13, em redação dada pela Lei nº 13.129, de 2015).

No desempenho de suas funções, sustenta o art. 13, §6º da Lei n. 9.307/96 que deverá o árbitro atuar com imparcialidade, independência, competência, diligência e discrição.

Nisso, bem quis o legislador que ao árbitro, no desempenho relevante de sua missão de julgar, fosse resguardado em sua livre convicção, mas que a mesma não ficasse divorciada do compromisso ético com a neutralidade e mesmo sigilo/discrição acerca da demanda e ainda, que não se escusasse do interesse participativo na solução da demanda (diligência), logicamente, dentro de sua competência para a questão sob julgamento.

O controle da atuação do árbitro no processo arbitral cabe, antes de tudo, a ele próprio, conforme prevê o art. 14 em complemento com o seu §1º, *in verbis*:

> *Art. 14. Estão impedidos de funcionar como árbitros as pessoas que tenham, com as partes ou com o litígio que lhes for submetido, algumas das relações que caracterizam os casos de impedimento ou suspeição de juízes, aplicando-se-lhes, no que couber, os mesmos deveres e responsabilidades, conforme previsto no Código de Processo Civil.*
>
> *§ 1º As pessoas indicadas para funcionar como árbitro têm o dever de revelar, antes da aceitação da função, qualquer fato que denote dúvida justificada quanto à sua imparcialidade e independência.*
>
> *§ 2º O árbitro somente poderá ser recusado por motivo ocorrido após sua nomeação. Poderá, entretanto, ser recusado por motivo anterior à sua nomeação, quando:*

a) não for nomeado, diretamente, pela parte; ou

b) o motivo para a recusa do árbitro for conhecido posteriormente à sua nomeação.

Diante da dicção dos textos supracitados, observa-se o mesmo sistema de impedimentos e suspeições adotados no CPC (arts. 144 a 147), extensivo, portanto, ao árbitro no processo arbitral.

Por outro lado, caberá a qualquer das partes – caso o árbitro, por dever, não o fizer – apresentar a respectiva exceção de impedimento, suspeição ou incompetência diretamente ao próprio árbitro ou ao presidente do respectivo tribunal arbitral, na primeira oportunidade que tiver para se manifestar, deduzindo as devidas razões e acostando o material probatório pertinente ao alegado, *ex vi* do art. 15 da LA.

Não se descuidou o legislador ordinário em prever o procedimento regulador da impetração de exceções de incompetência, impedimento e suspeição de árbitro, sendo regulado referido procedimento no art. 20 da LA.

Importante ressaltar que qualquer das exceções serão endereçadas ao próprio juiz arbitral, cabendo a este o julgamento de tal incidente.

Uma vez acolhida a exceção proposta, será o árbitro substituído de acordo com as regras dispostas no art. 16 da lei arbitral em estudo, isto em se tratando dos casos de impedimento e mesmo suspeição; já nos casos de reconhecimento da incompetência do árbitro ou do tribunal arbitral, bem como a nulidade, invalidade ou ineficácia da convenção de arbitragem, serão as partes remetidas ao órgão do Poder Judiciário competente para julgar a causa.

Ao contrário, uma vez não sendo acolhida a exceção de impedimento ou suspensão e a parte excipiente sentindo-se ainda prejudicada, poderá após a prolação da sentença arbitral, interpor ação anulatória mediante provocação à jurisdição estatal, tudo conforme garante os arts. 14 e 32, II da LA, respectivamente.

A ação anulatória, diante do que regula o art. 33 e seus parágrafos, seguirá o procedimento comum, conforme previsto no Código de Processo Civil e deverá, obrigatoriamente, ser proposta no prazo de 90 (noventa) dias após o recebimento da notificação da sentença arbitral ou de seu aditamento (aí, caso tenha sido solicitado seu esclarecimento), sendo tal prazo considerado decadencial, ou seja, na "hipótese de não ser ajuizada a pretensão anulatória dentro do prazo de noventa dias, ocorre a decadência do direito de anular a sentença arbitral viciada, sanando-se o vício".[57]

A despeito de todo o procedimento acima referido, as noções práticas de ocorrências sobre assuntos relativos ao impedimento, suspeição e incompetência são determinantes para observar a necessidade ou não de propor incidentes processuais, como, p. ex., a exceção de incompetência. Neste caso, bem

57. NERY JÚNIOR, Nelson; ANDRADE NERY, Rosa Maria. *Código de Processo Civil Comentado....*, 2007, p. 1.401.

nota Carreira Alvim[58] que a competência do árbitro nasce do compromisso e poder das partes, no entanto, caso as próprias partes ultrapassem os limites do que poderiam dispor, especificamente, na parcela excedente, o árbitro será incompetente, cabendo aí à jurisdição estatal a apreciação da matéria objeto da controvérsia ora instaurada no juízo arbitral.

A esfera de poderes que o arbitro possui são delimitadas pelo compromisso arbitral do qual as partes, efetivamente devem participar. Não obstante isso, uma vez ausente tal delimitação, o próprio árbitro poderá estatuir sobre a sua competência, dado possuir competência para auferir sua própria competência.[59]

Importante sublinhar aqui que o art. 22-C da LA prevê a prática de comunicação por meio da denominada Carta Arbitral, nos termos em que o árbitro ou o tribunal arbitral poderá expedir referida carta para que o órgão jurisdicional nacional pratique ou determine o cumprimento, na área de sua competência territorial, de ato solicitado pelo árbitro, sendo que, no cumprimento da carta arbitral será observado o segredo de justiça, desde que comprovada a confidencialidade estipulada na arbitragem.

Mereceu a Carta Arbitral também importante tratamento no âmbito do CPC/2015, tratando-se, na verdade, de cooperação entre os juízos arbitral e judicial para o estabelecimento de questões atinentes ao desenvolvimento do procedimento arbitral, prevendo então o art. 237, IV do CPC, o seguinte:

> *Art. 237. Será expedida carta:*
>
> *(...)*
>
> *IV - arbitral, para que órgão do Poder Judiciário pratique ou determine o cumprimento, na área de sua competência territorial, de ato objeto de pedido de cooperação judiciária formulado por juízo arbitral, inclusive os que importem efetivação de tutela provisória.*

Oportunamente, em rol não exaustivo de medidas aptas à cooperação, o art. 69, §2º bem pontifica:

> *§ 2º Os atos concertados entre os juízes cooperantes poderão consistir, além de outros, no estabelecimento de procedimento para:*
>
> *I - a prática de citação, intimação ou notificação de ato;*
>
> *II - a obtenção e apresentação de provas e a coleta de depoimentos;*
>
> *III - a efetivação de tutela provisória;*
>
> *IV - a efetivação de medidas e providências para recuperação e preservação de empresas;*

---

58. ALVIM, J.E. Carreira. *Comentários à lei de arbitragem (Lei nº 9.307, de 23/9/1996)*. Rio de Janeiro: Lumen Juris, 2002, p. 117-118.

59. Cf. SANTANA, Maria Aparecida. *Democratização da Justiça e Arbitragem em espécie*. Belo Horizonte: Líder, 2009, p. 107.

> *V - a facilitação de habilitação de créditos na falência e na recuperação judicial;*
>
> *VI - a centralização de processos repetitivos;*
>
> *VII - a execução de decisão jurisdicional.*

Cabe ainda frisar que não competirá ao juízo estatal revisar o mérito da medida ou decisão arbitral, cuja efetivação se requer por meio da carta arbitral.[60]

7. ARBITRAGEM DE DIREITO OU DE EQUIDADE – CRITÉRIOS DE JULGAMENTO

Conforme preceitua o art. 2º e seus §§ 1º e 2º, todos da Lei n. 9.307/96, a arbitragem, mais precisamente no que se refere às regras para o seu julgamento, poderá compreender-se de duas formas: a denominada "arbitragem de direito" ou arbitragem intitulada "por equidade", sempre em livre escolha das partes. *In verbis*:

> *Art. 2º – A arbitragem poderá ser de direito ou de eqüidade, a critério das partes.*
>
> *§ 1º – Poderão as partes escolher, livremente, as regras de direito que serão aplicadas na arbitragem, desde que não haja violação aos bons costumes e à ordem pública.*
>
> *§ 2º – Poderão, também, as partes convencionar que a arbitragem se realize com base nos princípios gerais de direito, nos usos e costumes e nas regras internacionais de comércio.*

Em se tratando da arbitragem de Direito, esta representada pela opção à qual os árbitros se orientam pela aplicação das normas jurídicas positivadas, faculta às partes escolher quais leis serão consideradas para o enfrentamento da questão conflitante, ficando limitados tão somente pela manutenção da ordem pública e dos bons costumes (art. 2°, §1°). Sob esta modalidade, pode-se ainda convencionar que a arbitragem seja norteada pelos princípios gerais de Direito, nos usos e costumes locais, ou ainda em regras internacionais de comércio (art. 2°, § 2°).

Com relação à arbitragem que envolva a Administração Pública, esta será sempre de direito e respeitará o devido princípio da publicidade, conforme se nota do §3º do art. 2º da Lei n.9.307/96, parágrafo este incluído pela Lei n.13.129/2015.

De outra forma, sendo a equidade a opção desejada pelas partes como critério para a solução exitosa da demanda, o árbitro poderá distanciar-se das normas legais quando da apreciação do conflito, dado que nesta modalidade o julgamento orientar-se-á pela compreensão do que seja mais justo à luz do juiz arbitral, logicamente, observando ele determinados princípios sociais e

60. Nos mesmos termos, o enunciado n.27 do Fórum Permanente de Processualistas Civis.

morais em tudo análogos àqueles que inspiram o legislador quando da elaboração da norma legal.[61]

É de se asseverar que a equidade, considerada como um atributo do direito,[62] segundo boa doutrina[63], sustenta-se em orientações fundamentais.

Aponta-se a primeira – notória no pensamento aristotélico – na ideia de que *por igual modo devem ser tratadas coisas iguais e desigualmente as desiguais*; uma segunda orientação se debruça no entendimento de que *todos os elementos que concorreram para constituir a relação em conflito – v. g. coisa, pessoa, ou mesmo situações, ainda que acidentais, mas que exerça de algum modo influência no contexto da lide – devem ser considerados*. Por fim, uma terceira orientação funda-se na lição de que "entre várias soluções possíveis deve-se preferir a mais suave e humana, por ser a que melhor atende ao sentido de piedade, e de benevolência da justiça: *jus bonum et aequum*".[64]

8. CONVENÇÃO DE ARBITRAGEM

8.1 CONCEITO

Preceitua o art. 3º da Lei n.9.307/96: *"As partes interessadas podem submeter a solução de seus litígios ao juízo arbitral mediante convenção de arbitragem assim entendida a cláusula compromissória e o compromisso arbitral."*

Observa-se, de imediato, que o dispositivo supra não conceituou expressamente a convenção arbitral, mas apenas o alcance de institutos que podem compô-la, nisto então, como regra geral, aperfeiçoa-se dita convenção através do somatório da CLÁUSULA COMPROMISSÓRIA + COMPROMISSO ARBITRAL, notando-se aí que a legislação brasileira seguiu o mesmo caminho de outros modelos legais, como o argentino, o francês e o italiano, estes que reconhecem,

61. No mesmo sentido, ver ALVIM, J.E. Carreira. *Tratado Geral da Arbitragem...*, p. 197.

62. No tocante ao papel da equidade, sua aplicabilidade e ainda, a sua relação com o Direito positivado, vale destacar o importante magistério de Serpa Lopes, "a 'equidade' pode influir em três setores: na elaboração das leis, na aplicação do Direito e na sua interpretação. O problema surge quando existe conflito entre a sua noção e o Direito Positivo. A norma jurídica, o Direito Positivo, muitas vezes pode encontrar-se em discordância com os princípios justos, ao ter de ser aplicada a um caso concreto. Como o Direito Positivo tem por cúpula a lei natural, num caso de choque entre os dois, o primado cabe à segunda. É necessário temperar a dureza da lei com uma interpretação correspondente às necessidades imprevisíveis de cada caso particular e às exigências dos novos tempos. Um Direito aplicado rigidamente pode determinar uma decisão iníqua, pelo que ao juiz cumpre estudar um modo de interpretação das leis, que lhe dê um sentido menos rigoroso". SERPA LOPES, Miguel Maria de. *Curso de Direito Civil.*.Vol.I. 5 ed. Rio de Janeiro: Freitas Bastos, 1971 p. 144.

63. Cf. CORRÊA, Antônio. Arbitragem *no Direito Brasileiro. Teoria e Prática.* Rio de Janeiro: Forense, 1998, p. 30.

64. RÁO, Vicente. *O Direito e a Vida dos Direitos.* 6 ed. São Paulo: Revista dos Tribunais, 2004, p. 93.

formalmente, como componentes da convenção arbitral, a cláusula compromissória e o compromisso arbitral.[65]

Há de ponderar aqui que, muito embora cláusula compromissória e o compromisso arbitral figurem como componentes da convenção arbitral no aludido art. 3º, tratam-se de modalidades distintas de instituição da arbitragem, haja vista que, por meio da cláusula compromissória, as partes se comprometem a submeter à arbitragem eventual litígio futuro e incerto decorrente da execução do contrato por ambas pactuado, isso mediante cláusula acostada ao negócio jurídico; por outro lado, pela celebração do compromisso arbitral, as partes se obrigam a submeter à arbitragem conflito já instalado, esteja ou não em curso respectiva demanda judicial.

Assim, teremos algumas situações: **(i)** ambas - cláusula compromissória e o compromisso arbitral - podendo figurar como consequência lógica de uma convenção arbitral e aí então partindo-se da existência de cláusula compromissória "vazia" firmada em um negócio jurídico → ocorrência de litígio → celebração de um compromisso arbitral = convenção de arbitragem; **(ii)** cláusula compromissória "cheia" → convenção de arbitragem; **(iii)** ausência de cláusula compromissória → celebração de um compromisso arbitral →convenção de arbitragem.[66]

Mesmo que a lei não a defina de forma exata, é perfeitamente razoável admitir a convenção de arbitragem como o instrumento pelo qual as partes manifestam a vontade de suprimir o Poder Judiciário da apreciação do mérito de um litígio que envolva direitos patrimoniais disponíveis ou transacionáveis para entregá-los ao juízo de um árbitro por elas escolhido.

Ainda sobre a conceituação da presente convenção, merece atenção aqui definições acostadas em outros textos legais de pontual importância, tais como a Convenção de Nova York e a Lei Modelo da UNCITRAL sobre arbitragem Comercial Internacional.

Na primeira, é revelada no art. II, I:

> Cada Estado Contratante reconhece a Convenção escrita pela qual as Partes se comprometem a submeter a uma arbitragem todos os litígios ou alguns deles que surjam ou possam surgir entre elas relativamente a uma determinada relação de direito, contratual ou não contratual, respeitante a uma questão susceptível de ser resolvida por via arbitral.

Já no âmbito da aludida Lei Modelo, encontra-se expressa em seu art. 7º a seguinte definição: "*'Convenção de arbitragem' é uma convenção pela qual as partes decidem submeter à arbitragem todos ou alguns dos litígios surgidos ou*

65. Cf. MAGALHÃES, Rodrigo Almeida. Ob. cit., p. 156.

66. Sobre a pragmática de tais situações hipotéticas, cf. o nosso *Teoria da Arbitragem*. São Paulo: Rideel, 2012, p. 73-77.

a surgir entre elas com respeito a uma determinada relação jurídica, contratual ou extracontratual."

A definição da convenção arbitral não passou a largo de importantes ordenamentos processuais como, p. ex., o Código de Processo Civil Alemão (*Zivilprozeßordnung)*, onde, em seu § 1029, aponta ser a convenção arbitral um acordo entre as partes em submeter à decisão de um tribunal arbitral, total ou parcialmente, os litígios que entre elas ocorrem ou que venham a surgir futuramente, pertinente a uma determinada relação contratual ou extracontratual.

No tocante ao sistema brasileiro, cabe notar que convenção deverá se estabelecer na forma escrita, não podendo se postar de genérica, isto é, não podem as partes, de maneira generalizada, submeter à arbitragem todas as controvérsias de forma indeterminada ou indiscriminadamente, pois que, conforme já aventado, além do direito controverso estar relacionado a direitos disponíveis ou transacionáveis, deverá ele estar, indubitavelmente, relacionado com uma relação jurídica determinada.

Dada a sua natureza contratual, a validade da convenção de arbitragem dependerá do correto preenchimento dos requisitos essenciais aos contratos, logicamente, respeitadas, as especificidades relativas à mesma, tais como a capacidade das partes, livre manifestação de vontade que, na arbitragem, deve ser expressa, objeto lícito (necessariamente o objeto do litígio deve ser direito disponível ou transacionável) e forma não defesa ou prescrita em lei a qual exige seja firmada a convenção por escrito.[67]

8.1.1 CLÁUSULA COMPROMISSÓRIA

A cláusula compromissória é a convenção por meio da qual as partes em um contrato se comprometem a submeter à arbitragem os litígios que possam vir a surgir, relativamente a tal contrato (art. 4º, Lei n. 9.307/96).

Nota-se, então, que a cláusula compromissória é anterior ao surgimento do conflito entre as partes que, diligentes, já pactuaram sobre a adoção da arbitragem para a solução de eventuais litígios, portanto, um acordo sobre evento futuro e incerto que, uma vez realizado, vincula à realização do compromisso arbitral e, consequentemente, à arbitragem.[68]

Na interpretação literal do art. 4º, a presente modalidade convencional de arbitragem deve constar como uma cláusula que compõe determinado contrato entre as partes sobre específica relação obrigacional, no entanto é fato que a doutrina vem estabelecendo contornos sobre esta ideia, realizando uma interpretação extensiva ao dispositivo legal supracitado, originando daí entendimento em

---

67. MUNIZ, Tânia Lobo. *Arbitragem no Brasil e a Lei 9.307/96*. Curitiba: Juruá, 1999, p. 86.

68. LIMA, Leandro Rigueira Rennó. Arbitragem: uma análise da fase pré-arbitral. *In*: CASELLA, Paulo Borba (Coord.). *Arbitragem: lei brasileira e praxe internacional.* Belo Horizonte: Mandamentos, 2003, p. 112.

que se prega ser lícito às partes convencionarem cláusula compromissória ao universo de relações jurídicas preexistentes, desde que ditas relações jurídicas não encontrem óbices à sua instituição frente à Lei de Arbitragem.

Nesse pensamento caminha Carreira Alvim, ao afirmar não existir óbices para que as partes possam convencionar uma cláusula compromissória sobre uma relação jurídica preexistente "que não nasça de contrato, como por exemplo, uma relação de vizinhança ou uma servidão, podendo esse tipo de convenção prévia ser encontrado em todas as espécies de relações jurídicas em que a arbitragem não seja proibida."[69]

Na mesma toada segue Carlos Alberto Carmona, entendendo ser a cláusula compromissória um pacto por meio do qual as partes contratantes "avençam, por escrito, submeter à arbitragem a solução de eventual litígio que possa decorrer de uma determinada relação jurídica (...)."[70]

Cabe ressaltar, como notório, que as relações jurídicas não se prendem a típicos negócios jurídicos formais, dado a própria natureza de determinado objeto ou obrigação e, a bem da verdade, entendemos ser tal possibilidade de pactuação de cláusula compromissória possível, desde que respeitadas a limitações operadas pela própria Lei n. 9.307/96, como, p. ex., relações acerca de direitos patrimoniais disponíveis ou transacionáveis, capacidade das partes interessadas etc.

Outro apontamento relevante é aquele que toca na autonomia da cláusula compromissória frente ao contrato em que a mesma estiver acostada. De fato, o próprio art. 8º da LA sustenta a afirmada autonomia, de modo que eventual nulidade do negócio jurídico não implicará, necessariamente, na própria nulidade da cláusula compromissória, cabendo, por isso, ao árbitro, de ofício ou mesmo a requerimento da parte interessada, a análise de possível "contaminação" ou não da aludida cláusula frente a um contrato vicioso, como bem inserto no parágrafo único do dispositivo acima citado:

"Parágrafo único. Caberá ao árbitro decidir de ofício, ou por provocação das partes, as questões acerca da existência, validade e eficácia da convenção de arbitragem e do contrato que contenha a cláusula compromissória."

A lei arbitral disponibilizou em seus arts. 5º e 6º espécies de cláusula compromissória, tendo como critério o próprio conteúdo encontrado na mesma.

Assim, temos duas espécies de cláusula compromissória: "cheia" e "vazia".

a) Cláusula compromissória cheia

Expressa o art. 5º da Lei n. 9.307/96:

> *Art. 5º Reportando-se as partes, na cláusula compromissória, às regras de algum órgão arbitral institucional ou entidade especializada, a arbi-*

---

69. Ob cit., p. 214-215.

70. CARMONA, Carlos Alberto. *Arbitragem e Processo – um comentário à lei nº 9.307/96.* São Paulo: Atlas, 2004, p. 35.

tragem será instituída e processada de acordo com tais regras, podendo, igualmente, as partes estabelecer na própria cláusula, ou em outro documento, a forma convencionada para a instituição da arbitragem.

A presente cláusula compromissória possui como característica a apresentação das regras e demais elementos necessários à instalação da arbitragem, possibilitando, dada sua completude, à citada instalação, independentemente da celebração de compromisso, vez que os próprios arts. 3º e 5º, conforme já referendados, apontam tanto a cláusula compromissória quanto o compromisso arbitral como constituidores da convenção arbitral.

Nisto, a lei arbitral estabeleceu respectiva inovação ao instituto no que se refere ao momento de instituição da arbitragem, quando afirma o art. 19 que esta se considera instituída a partir da aceitação da nomeação pelos árbitros e, não mais, a partir da celebração do compromisso. Diante da existência de cláusula compromissória cheia, está dispensada a celebração do compromisso para iniciar o procedimento arbitral, pois que presentes estão todos os requisitos para a instauração da arbitragem.

No mesmo sentido leciona Carlos Alberto Carmona, para quem somente em caso de inserção de cláusula compromissória "vazia" ou "branca" no contrato é que haverá a necessidade de celebração do respectivo compromisso arbitral, cujo objetivo seria o de indicar o árbitro bem como estabelecer o procedimento a ser respeitado, por isso, uma vez inserida ao contrato a cláusula compromissória cheia, possível já seria a instauração da arbitragem, visto estar superado o pressuposto necessário para a instituição da via arbitral.[71]

Referido raciocínio encontra fulcro na interpretação sistemática do art. 5º juntamente com o art. 19 da lei arbitral, observando-se ainda que o art. 7º da *lex* supracitada somente faz referência à cláusula compromissória vazia, visto não possuir esta os elementos essenciais para a atuação efetiva do árbitro.[72]

Na presente modalidade de cláusula, temos que pode ser determinado desde já, o número de árbitros que irão julgar a matéria em questão, lembrando sempre que deve ser em número ímpar; o local onde se realizará a arbitragem, possibilitando desde já ser especificado qual a Câmara será a responsável pela administração do procedimento ou mesmo se a opção será a arbitragem "*ad hoc*"; qual a legislação regerá procedimento; se poderá haver decisão por equidade e mesmo, em se tratando de partes estrangeiras envolvidas, qual o idioma a ser escolhido etc.

A título exemplificativo, a despeito de outros bons modelos acerca da cláusula compromissória "cheia",[73] vale acostar aqui aquele apontado por Maia Neto:

---

71. CARMONA, Carlos Alberto. *Arbitragem...*, p. 88.

72. No mesmo sentido, ver SANTANA, Maria Aparecida. Ob. cit., p. 131.

73. Cf. VILAS-BÔAS, Renata Malta. Cláusula Compromissória. Sua importância no âmbito da Arbitragem. In: BONFIM, Ana Paula Rocha; MENEZES, Hellen Monique Ferreira (Coords.). *Dez Anos da Lei de Arbitragem. Aspectos Atuais e Perspectivas para o Instituto.* Rio de Janeiro: Lumen Juris, 2007, p. 167-168.

> Toda e qualquer controvérsia que surgir entre os contratantes, em relação à aplicação, duração, validade, interpretação ou execução do presente contrato, bem como qualquer causa referente ao seu objeto, será resolvida através de arbitragem, de acordo com as normas do Regulamento de Arbitragem da Câmara Arbitral de __________, por "x" árbitro(s) e seu(s) respectivo(s) suplente(s), nomeado(s) conforme o disposto no referido Regulamento. A arbitragem estará sujeita às leis do Brasil e será conduzida no idioma português".[74]

Importante realçar que a redação da mesma deverá ser sempre clara e inequívoca quanto ao seu conteúdo, tudo com o fito de se evitar as denominadas "cláusulas patológicas" estas que somente na aparência são cheias, dado que podem estabelecer regras de difícil cumprimento pelo tribunal arbitral, como por exemplo, cláusula compromissória que estabelece como aplicáveis ao futuro conflito as regras da CCI de Paris (Câmara de Comércio Internacional), mas para serem aplicadas por instituição de arbitragem brasileira. Neste caso, a patologia se encontra no fato de que aludidas regras, muito embora prestigiadíssimas em âmbito internacional e mesmo já consolidadas, foram desenvolvidas para uma estrutura única daquela Câmara, não encontrando similar no Brasil.

Assim, "a inadequação das regras CCI à estrutura das câmaras brasileiras é a causa da patologia." [75]

b) Cláusula compromissória vazia

Dispõe o art. 6º, da Lei n. 9.307/96:

> *Art. 6º Não havendo acordo prévio sobre a forma de instituir a arbitragem, a parte interessada manifestará à outra parte sua intenção de dar início à arbitragem, por via postal ou por outro meio qualquer de comunicação, mediante comprovação de recebimento, convocando-a para, em dia, hora e local certos, firmar o compromisso arbitral.*

A cláusula compromissória "vazia" notabiliza-se por não possuir os elementos mínimos – estes já referendados naquela denominada "cheia" – que possibilitariam a instauração adequada da arbitragem.

É comum, em sede contratual, o encontro de tal cláusula, onde apenas é indicado o interesse das partes em submeter a um juízo arbitral, eventual litígio futuro, este decorrente da relação jurídica ora estabelecida.

Uma vez deflagrado o litígio, a parte interessada manifestará à outra a intenção de dar início à arbitragem, convocando-a para em dia, hora e local certos, firmarem o respectivo compromisso arbitral. Tal manifestação se dará

---

74. MAIA NETO, Francisco. *Arbitragem – a justiça alternativa.* Belo Horizonte: F. Maia Neto, 2002, p. 91.

75. PINTO, José Emílio Nunes. *Cláusulas arbitrais patológicas: esse mal tem cura*. Disponível em *http://jusvi.com/doutrinas_e_pecas/ver/2521*, acesso em 14.09.2015.

por via postal ou mesmo por qualquer outro meio de comunicação, sempre mediante comprovação de recebimento, tudo *ex vi* do art. 6º da lei arbitral.

OBS: Recusa em firmar o compromisso arbitral e a possibilidade de obtenção da Tutela Específica da obrigação não cumprida.

Estabelece o parágrafo único do art. 6º da Lei n. 9307/96:

> *Parágrafo único. Não comparecendo a parte convocada ou, comparecendo, recusar-se a firmar o compromisso arbitral, poderá a outra parte propor a demanda de que trata o art. 7º desta Lei, perante o órgão do Poder Judiciário a que, originariamente, tocaria o julgamento da causa.*

A busca da efetividade processual mediante a Tutela Específica do direito inadimplido foi um mérito alcançado pela Lei n. 9.307/96, na mesma sintonia com o sistema já editado pelo Código de Defesa do Consumidor (Lei n. 8.078/90), alçado, posteriormente, ao CPC/1973 pela Lei n. 8.952/94, representado pelos arts. 461 e 461-A.

Com a revogação do CPC/1973 pela Lei n.13.105/2015, hoje a Tutela Específica se faz regulada pelos arts. 497 e 536 do CPC/2015, respectivamente.[76]

Mais precisamente, no tocante à arbitragem, a atual lei teve méritos na previsão da execução específica nos casos de descumprimento da cláusula compromissória, na medida em que se situava na própria ineficácia da citada cláusula um dos maiores obstáculos na utilização da arbitragem no modelo legal anterior.

Na regulação que empreendia o Código de Processo Civil acerca da arbitragem, regulação esta que, conforme já vimos, encontra-se revogada, a cláusula compromissória representava mero *pactum de compromittendo*, ou seja, mera obrigação de fazer, não tendo força suficientemente derrogatória da justiça estatal. Nisto, diante de um eventual descumprimento voluntário da mesma, reverter-se-ia no máximo em perdas e danos o prejuízo da parte prejudicada em seu interesse na instauração do juízo arbitral, valendo-se, em muitos casos, as partes acostarem no contrato respectiva cláusula penal, no intuito de intimidar, psicologicamente, possível parte recalcitrante no cumprimento da cláusula compromissória de instituição de arbitragem, tudo com fito de se fazer cumprir a obrigação comprometida.[77]

No entanto, ainda que tal expediente da cláusula penal pudesse se valer, uma vez a parte suportando tal medida em seu conteúdo pecuniário, dificilmente os partícipes de tal relação jurídica já em conflito de interesses, chegavam, consensualmente, na opção pela instituição do juízo arbitral.

---

76. Sobre o festejado assunto, ver o nosso *Tutela Específica das Obrigações de Fazer.* 5 ed. Curitiba, Juruá, 2015.

77. No mesmo sentido, COUTINHO, Cristiane Maria Henrichs de Souza. *Arbitragem e a Lei nº 9.307/96.* Rio de Janeiro: Forense, 1999, p. 61-62.

Aliás, sobre tal comportamento, noticia Cristiane Coutinho:

> O que acabava acontecendo era que as partes inicialmente procuravam inserir em seus contratos a cláusula compromissória, mas diante de tantos obstáculos, impedindo a eficácia do pactuado, desistiam de fazê-lo, o que tornou o instituto da arbitragem praticamente não procurado, pelo menos no âmbito interno.[78]

Em sede internacional, como, usualmente, em boa parte dos países, na seara comercial, já admitiam a cláusula compromissória como de natureza vinculante, fazia-se frequente o comportamento de empresas brasileiras atuando no âmbito do comércio exterior que se submetiam a contratos com a mesma já assentada.

Ocorre que, a despeito do pactuado, quando da ocorrência de litígio comercial decorrente de descumprimento negocial , algumas dessas empresas nacionais, valendo-se do entendimento em que, no Brasil, se norteava, simplesmente, negavam à instituição da arbitragem fora do território pátrio e partiam para a propositura de demanda no próprio judiciário brasileiro, negando, por isso, o sistema arbitral de solução de controvérsias anteriormente pactuado.[79]

Temos hoje, no entanto, o modelo da execução específica do pactuado em cláusula compromissória, permitindo restaurar a vontade explicitada voluntariamente pelas partes, quando do estabelecimento e/ou desenvolvimento da relação jurídica contratual, possibilitando o acesso ao Poder Judiciário para fins de fazer valer o prometido, mas inadimplido, buscando-se, assim, através do instrumento 'processo', via legitima e satisfativa da obrigação prometida, mas inadimplida por qualquer das partes resistentes cumprimento da mesma.

Nesta toada, uma vez convocada a parte, conforme estipulado no art. 6º da lei arbitral e a mesma não comparecendo ou, ainda que comparecer, mas se negar a firmar o compromisso arbitral assumido, a outra parte interessada no cumprimento de tal obrigação poderá exigi-la por meio de uma demanda judicial dirigida ao juízo estatal competente. Trata-se, verdadeiramente, de solicitar ao órgão jurisdicional o cumprimento específico da obrigação de fazer prometida e inadimplida, ou seja, especificamente, exigir a tutela do Estado para fazer valer o direito material de firmar a obrigação ora pactuada em cláusula compromissória, configurando-se em uma veraz tutela específica do direito por ora descumprido.

Cabe realçar que, para tudo, a análise do juiz togado cingir-se-á à verificação de existência da cláusula compromissória bem como os reais motivos da parte resistente (ré na ação judicial) ao cumprimento daquilo avençado em sede da cláusula em questão.

---

78. Idem, p. 62.
79. Idem, p. 62.

Daí, uma vez proferida a sentença, esta valerá como compromisso arbitral judicial (§7º do art. 7º da Lei n.9.307/96), podendo nela se firmar todas as regras a serem adotadas no juízo arbitral e ainda a própria escolha do árbitro, conforme o §4º do art. 7º da lei supra.

Comporta tal sentença o recurso da Apelação, no entanto, dito recurso somente será recebido em seu efeito devolutivo, conforme o art. 42 da LA c/c o art. 1.012, IV do CPC.

Notadamente, trata-se de um Processo de Conhecimento com rito especialíssimo, previsto particularmente pela própria Lei n. 9.307/96.

Por tudo já expressado, fundamental aqui se faz reproduzir o procedimento regulado pelo art.7º e que dá os devidos contornos às possíveis situações para concretização do firmado na cláusula compromissória. *In verbis*:

> *Art. 7º Existindo cláusula compromissória e havendo resistência quanto à instituição da arbitragem, poderá a parte interessada requerer a citação da outra parte para comparecer em juízo a fim de lavrar-se o compromisso, designando o juiz audiência especial para tal fim.*
>
> *§ 1º O autor indicará, com precisão, o objeto da arbitragem, instruindo o pedido com o documento que contiver a cláusula compromissória.*
>
> *§ 2º Comparecendo as partes à audiência, o juiz tentará, previamente, a conciliação acerca do litígio. Não obtendo sucesso, tentará o juiz conduzir as partes à celebração, de comum acordo, do compromisso arbitral.*
>
> *§ 3º Não concordando as partes sobre os termos do compromisso, decidirá o juiz, após ouvir o réu, sobre seu conteúdo, na própria audiência ou no prazo de dez dias, respeitadas as disposições da cláusula compromissória e atendendo ao disposto nos arts. 10 e 21, § 2º, desta Lei.*
>
> *§ 4º Se a cláusula compromissória nada dispuser sobre a nomeação de árbitros, caberá ao juiz, ouvidas as partes, estatuir a respeito, podendo nomear árbitro único para a solução do litígio.*
>
> *§ 5º A ausência do autor, sem justo motivo, à audiência designada para a lavratura do compromisso arbitral, importará a extinção do processo sem julgamento de mérito.*
>
> *§ 6º Não comparecendo o réu à audiência, caberá ao juiz, ouvido o autor, estatuir a respeito do conteúdo do compromisso, nomeando árbitro único.*
>
> *§ 7º A sentença que julgar procedente o pedido valerá como compromisso arbitral.*

8.1.2 COMPROMISSO ARBITRAL

Encontra-se no art. 9° da LA a definição legal de compromisso arbitral, sendo este entendido como o acordo celebrado entre as partes, onde estas resolvem submeter-se à arbitragem de uma ou mais pessoas respectivo conflito já deflagrado, podendo ser ele celebrado tanto em sede judicial como extrajudicialmente.

Por ora, cabe ressaltar que o compromisso arbitral se diferencia da cláusula compromissória no que se refere ao tempo em que se dá a opção em submeter a solução de um conflito de interesses aos auspícios da arbitragem. Nisso, enquanto na cláusula compromissória a escolha pela via arbitral se dá antes mesmo da existência do conflito entre as partes contraentes de específico negócio jurídico, no compromisso arbitral, a opção de se submeter à arbitragem se dá após a existência da controvérsia.

Observa-se, portanto, que o conflito de interesses entre as partes poderá ter sua solução realizada via arbitragem ainda que inexista cláusula compromissória inserta no contrato celebrado entre os contraentes, visto ser possível firmar o compromisso arbitral para a solução da contenda por meio da arbitragem, mesmo mediante o conflito já instaurado.

Conforme os §§ 1º e 2º do art. 9º da LA é possível a formação do compromisso arbitral tanto em via judicial como em sede extrajudicial.

Uma vez firmado na forma extrajudicial, deverá, necessariamente, estar na forma escrita e ser levado a registro público, porém, em sendo particular, deverá constar da assinatura de duas testemunhas.

Já, pactuado em via judicial, será ele reduzido a termo nos autos, devendo a demanda ser extinta sem resolução de mérito.

Quanto à sua instrumentalização, a Lei n. 9.307/96 determina requisitos mínimos necessários que devam constar do compromisso arbitral (vide art. 10), de maneira que, uma vez não observados, poderão acarretar a nulidade do próprio compromisso.

São eles:

- o nome, a profissão, o estado civil e o domicílio das partes;
- o nome, a profissão e o domicílio do árbitro ou, se for o caso, a identificação da entidade que recebeu a delegação para indicação dos árbitros;
- a matéria, objeto da arbitragem;
- o local onde será prolatada a sentença arbitral.

Coube ainda ao legislador pátrio relacionar importantes conteúdos que poderão, facultativamente, constar do compromisso, *ex vi* do art. 11, cabendo, portanto, às partes acordarem acerca dos mesmos, tais como:

- o(s) local (ais) onde a arbitragem se desenvolverá;
- os dispositivos legais aplicáveis ao conflito de interesses;
- a modalidade das regras (se por equidade ou de Direito);
- o lapso temporal para a devida apresentação do laudo arbitral;

- a responsabilidade pelo pagamento dos honorários e despesas com a arbitragem;
- a fixação dos honorários dos(s) árbitro(s).

Importante ressaltar que, quanto aos honorários do árbitro, o parágrafo único do art. 11 aponta, especificamente que, uma vez pactuado os ditos honorários no compromisso, constituirá este em título executivo extrajudicial; do contrário, ou seja, não havendo convenção sobre o mesmo, é autorizado ao próprio árbitro requerer ao juízo estatal competente para julgar, originariamente, a demanda (caso a mesma viesse a ser proposta, inicialmente, junto ao Poder Judiciário), a fixação por sentença de seus devidos honorários.

Por fim, ressalta-se que, a despeito da completa observância pelas partes dos requisitos legais para a íntegra validade do compromisso arbitral, tanto este compromisso quanto a própria arbitragem podem ser extintos, caso houver a incidência de específicas questões legalmente rezadas pelo art. 12 da LA, todas relativas à figura do árbitro, seja pelo fato de este manifestar sua escusa quanto à participação no juízo arbitral, antes mesmo de sua nomeação e as partes recusarem, expressamente, substituto; ou pelo falecimento ou motivo que impeça a prolação de seu voto, desde que as partes, expressamente, não aceitem substituto e ainda, caso as mesmas estabeleçam, conforme o art. 11, prazo para o proferimento da sentença arbitral e este não seja cumprido, devendo, no entanto, ser o árbitro ou o presidente do tribunal, devidamente notificados e concedido um prazo de 10 (dez) dias para a respectiva prolação e apresentação da sentença arbitral.

Neste sentido é que, expressamente, aponta o art. 12:

> *Art. 12. Extingue-se o compromisso arbitral:*
>
> I – escusando-se qualquer dos árbitros, antes de aceitar a nomeação, desde que as partes tenham declarado, expressamente, não aceitar substituto;
>
> II – falecendo ou ficando impossibilitado de dar seu voto algum dos árbitros, desde que as partes declarem, expressamente, não aceitar substituto; e
>
> III – tendo expirado o prazo a que se refere o art. 11, inciso III, desde que a parte interessada tenha notificado o árbitro, ou o presidente do tribunal arbitral, concedendo-lhe o prazo de dez dias para a prolação e apresentação da sentença arbitral.

9. O PROCESSO ARBITRAL

9.1 QUESTÕES PRELIMINARES À INSTITUIÇÃO DO PROCEDIMENTO ARBITRAL

9.1.1 INSTITUIÇÃO DO JUÍZO ARBITRAL

Conforme já outrora pontuado, o juízo arbitral deve ser instituído pelas partes por meio de cláusula compromissória ou compromisso arbitral.

Não havendo acordo prévio sobre a forma de instituir a arbitragem, a parte interessada manifestará à outra sua intenção de dar início à arbitragem, seja por via postal ou por qualquer outro meio idôneo de comunicação, mediante comprovação de recebimento da comunicação realizada, convocando-a para, em dia, hora e local determinados, firmar o compromisso arbitral. Não comparecendo a parte convocada ou, comparecendo, recusar-se a firmar o compromisso arbitral, poderá a outra parte propor a demanda perante o órgão do Poder Judiciário a que, originariamente, tocaria o julgamento da causa (art. 6º).

Existindo cláusula compromissória e havendo resistência quanto à instituição da arbitragem, conforme outrora já por nós pontuado, poderá a parte interessada requerer a citação da outra parte para comparecer em juízo a fim de lavrar-se o compromisso, designando o juiz audiência especial para tal fim. Comparecendo as partes à audiência, o juiz tentará, previamente, a conciliação acerca do litígio. Não obtendo sucesso, tentará o juiz conduzir as partes à celebração, de comum acordo, do compromisso arbitral.

Não concordando as partes sobre os termos do compromisso, decidirá o juiz, logicamente, após ouvir o réu sobre seu conteúdo, podendo então a decisão ser proferida na própria audiência ou no prazo de dez dias, respeitadas as disposições da cláusula compromissória.

Se a cláusula compromissória nada dispuser sobre a nomeação de árbitros, caberá ao juiz, ouvidas as partes, estatuir a respeito, podendo nomear árbitro único para a solução do litígio.

A ausência do autor, sem justo motivo, à audiência designada para a lavratura do compromisso arbitral, importará a extinção do processo sem julgamento de mérito.

Por outro lado, não comparecendo o réu à audiência, caberá ao juiz, ouvido o autor, estatuir a respeito do conteúdo do compromisso, nomeando árbitro único.

A sentença que julgar procedente o pedido valerá como compromisso arbitral (art. 7º).

9.2 PROCEDIMENTO

9.2.1 Aceitação do Árbitro

O árbitro deve aceitar a nomeação para que o juízo arbitral seja instalado.

Cabe ao árbitro decidir de ofício, ou por provocação das partes, as questões acerca da existência, validade e eficácia da convenção de arbitragem e do contrato que contenha a cláusula compromissória. Trata-se da denominada "competência-competência", uma vez que possui o árbitro competência para decidir se é competente ou não para solucionar o litígio a ele apresentado.

Tratando-se de compromisso arbitral, este será extinto se qualquer dos árbitros escolhidos pelas partes escusar-se do ofício antes de aceitar a nomeação desde que as partes tenham declarado, expressamente, não aceitar substituto.

9.2.2 Escolha do Procedimento

No que se refere ao aspecto procedimental pelo qual o juízo arbitral deva trilhar, vale asseverar, preambularmente, que a Lei n.9.307/96 procurou, a partir da nomeação do(s) árbitro(s), apontar passos previsíveis que marcarão o compasso da marcha processual arbitral, cabendo ao(s) julgador(es) o respeito mínimo a tais pontos, estes que vetorizam o devido processo legal[80] a tal ambiente de cognição e julgamento, a fim de atestar-lhe a devida validade, ou seja, um resultado final efetivo da demanda arbitral, dotando a sentença desta via, de uma veraz e autêntica força executiva, típica de um comando sentencial estatal.

Para tanto, fixado está no §2º do art. 21 que: *"Serão, sempre, respeitados no procedimento arbitral os princípios do contraditório, da igualdade das partes, da imparcialidade do árbitro e de seu livre convencimento."*

Isto posto, especificamente quanto à definição do rito arbitral a ser seguido para o correto deslinde da demanda, a lei (art. 21) abriu alternativas para a questão nos seguintes termos:

- As partes poderão, através da convenção arbitral, estabelecer critérios a serem seguidos pelos árbitros.
- As partes poderão escolher regras previamente estabelecidas por um órgão arbitral institucional ou entidade especializada.
- Poderão os partícipes da arbitragem transferir ao árbitro (caso for o único nomeado) ou ao tribunal arbitral, mediante delegação, o encargo de estabelecerem as regras procedimentais específicas.

---

80. Vale lembrar que é ponto uníssono nos mais variados sistemas jurídicos, ser o devido processo legal entendido como um conjunto de garantias constitucionais que, por um lado, asseguram às partes o pleno exercício de suas faculdades e poderes processuais e, por outro, indispensáveis são à total coerência na aplicação do exercício da jurisdição. Sobre o assunto, ver como maior ênfase o nosso *Tutela Específica das Obrigações de Fazer...*, p. 31-32.

- Não havendo no compromisso arbitral estipulação quanto ao rito a se seguir, tal silêncio conduzirá em autorização para que o árbitro ou tribunal arbitral venha discipliná-lo (*ex vi* do art. 21, §1º).

Nota-se que, a despeito do sagrado respeito ao já assinalado devido processo legal, dificuldade há em definir com precisão o rito procedimental a ser seguido na arbitragem.

No mesmo diapasão, assevera Corrêa, tal dificuldade pode variar, por exemplo, de acordo com os exames, vistorias etc., que, muitas vezes, poderá demandar dado assunto.

Assim, bem aponta aludido autor:

> Suponhamos o caso da controvérsia estar em torno de dano decorrente de acidente ocorrido em consequência de rompimento de material resistente (por exemplo, aço, ferro, alumínio, tungstênio etc); as partes, pretendendo definir responsabilidades, tenham se fixado em encontrar o nexo causal do evento, que dependeria de exames laboratoriais ou ensaios, teriam elas condições para, *a priori*, indicar aos peritos os procedimentos científicos necessários para chegarem a uma conclusão?
>
> Sendo leigos, mesmo que assistidas por advogados, não dominariam a área científica dos árbitros, de modo a impor-lhes um rito ou caminho a ser percorrido para chegar ao resultado. Assim, melhor seria, como determina a lei, que o silêncio permita aos árbitros a oportunidade legal de criar o rito a ser seguido.[81]

9.2.3 CAPACIDADE DAS PARTES

Expressa o §3º do art. 21 da LA:

"As partes poderão postular por intermédio de advogado, respeitada, sempre, a faculdade de designar quem as represente ou assista no procedimento arbitral."

Nestes termos, observar-se-á que, em sede de juízo arbitral facultado será às partes postular ou não por intermédio de advogado, podendo, como já se nota em outras oportunidades inseridas no sistema normativo pátrio, mais precisamente, no que toca à jurisdição estatal (*v.g.*, Justiça do Trabalho, Juizados Especiais), demandar sem a presença do profissional técnico habilitado para a prática técnica processual, o que, a despeito de qualquer juízo de valor, pode não ser a melhor opção, dado os específicos movimentos técnicos e argumentativos, e ainda, de fiscalização procedimental que, certamente, somente quem está habilitado cognitiva e pragmaticamente, tem o condão de conduzir com perícia e sucesso a dinâmica do rito arbitral e, consequentemente, obter os êxitos como forma de resultado. Tal aptidão é verdadeiramente encontrada a partir da séria e zelosa formação do profissional da advocacia.

81. CORRÊA, Antonio. *Arbitragem no Direito Brasileiro. Teoria e Prática.* Rio de Janeiro: Forense, 1998, p. 105.

Por outro lado, as partes terão liberdade de nomear quem as represente ou mesmo assista no juízo arbitral.

9.2.4 Iniciativa, defesa e conciliação das partes perante o juízo arbitral

Ainda que o legislador não tenha se referido a autor e réu no juízo arbitral[82], preferindo, genericamente, adotar a expressão "partes", é fato a existência de um autor – aquele que reclama direito em face de outrem – o réu.[83]

De relevância neste inicio explicativo, cumpre ressaltar aqui, de acordo com o §2º do art. 19 da LA, em redação dada pela Lei n.13.125/2015, que a instituição da arbitragem interromperá a prescrição, retroagindo à data do requerimento de sua instauração, ainda que extinta a arbitragem por ausência de jurisdição.

Há de afirmar, por isso, que a parte autora tomará a iniciativa da arbitragem, devendo expor os fatos bem como formular o pedido, decorrendo daí, como devido pela ordem jurídica, o contraditório ser assegurado à parte contrária. Caberá ao juízo arbitral a convocação do réu para apresentar sua defesa, sempre em prazo certo e dentro das peculiaridades do procedimento escolhido como aplicável.

No tocante a pedidos contrapostos, vale aqui realçar importante lição de Carmona, sustentando este que, nas controvérsias arbitrais, é regra a aceitação de pedidos contrapostos, correspondendo à posição de autor aquele que, inicialmente, provoca a atuação do árbitro, não impedindo, contudo, que a outra parte que figura na posição ré formule pedido relativo ao mesmo bem de vida controvertido ou mesmo que apresente demanda que corresponda ao âmbito pelo qual fora a convenção arbitral delimitada.[84]

Competirá ao árbitro ou ao tribunal arbitral, no início do procedimento, tentar a conciliação das partes, conforme expressa o art. 21, com isso, nada impede que, dependendo do caso, o árbitro, antes das razões iniciais de qualquer das partes, tente, de imediato, a conciliação das mesmas, valendo-se, para isso, de uma audiência prévia de conciliação.

Uma vez ocorrendo o acordo, caberá ao árbitro homologá-lo por sentença, extinguindo o processo com julgamento do mérito e valendo a decisão como título executivo judicial.

---

82. Diferente da literatura alienígena, esta que se refere, frequentemente, à dicção "autor' e "réu" para denominarem as partes participantes do processo arbitral. Ver sobre o assunto, FAZZALARI, Elio. *L'arbitrato.* Torino: UTET, 1997, p. 63.

83. No mesmo sentido, ALVIM, J. E. Carreira. *Direito Arbitral.* 3 ed. Rio de Janeiro: Forense, 2007, p. 302.

84. CARMONA, Carlos Alberto. *Arbitragem e Processo: um comentário à Lei nº 9.307/96.* São Paulo: Malheiros, 2004, p. 219.

Restando-se infrutífera tal iniciativa, abrir-se-á então prazo para apresentação de razões iniciais das partes e requerimento de provas que pretendam produzir. Também nesta oportunidade, devem ser aventadas as hipóteses de exceção, *ex vi* do art. 20, sendo que, caso procedente a suspeição ou o impedimento do julgador, deverá este ser afastado e substituído, entretanto, existindo convenção arbitral a que estipule o contrário, decretada será a extinção do feito arbitral.

Em sequencia, importante será a prática de se conceder às partes, novo e comum prazo para que as mesmas impugnem as alegações umas das outras.

Cabe aqui abrir, sinteticamente, assunto referente à possibilidade de incidência da revelia bem como seus efeitos no processo arbitral.

Aduz a Lei n. 9307/96 em seu art. 22 § 3º:

"A revelia da parte não impedirá que seja proferida sentença arbitral."

De pronto, nota-se que a revelia, nestes termos, identifica-se com a situação em que uma das partes (autor ou réu, demandante ou demandado) não pratica ato algum ou mesmo deixa de exercer atos solicitados pelo árbitro durante o juízo arbitral.

Nisto, eventual inércia de qualquer das partes na marcha arbitral não implicará em reconhecimento da pretensão da outra, não resultando em *"ficta confessio"*.

Na mesma toada, aduz o art. 22 em seu §2º (primeira parte) da LA:

"Em caso de desatendimento, sem justa causa, da convocação para prestar depoimento pessoal, o árbitro ou o tribunal arbitral levará em consideração o comportamento da parte *(autor ou réu),* [85] ao proferir sua sentença."

Trata-se, pois, da prestigiada busca pela verdade real, onde a despeito da parte (autor ou réu) se mostrar silente, sem justa causa, não atendendo à convocação do juízo arbitral para prestar respectivo depoimento, não restará aplicável, automaticamente, a regra de se ter como veraz toda e qualquer argumentação daquela que se postou de modo contrário, ou seja, apresentando-se em tal oitiva.

Certo será que a revelia não impedirá a prolação da sentença arbitral (§ 3º do art.22, LA), cabendo, portanto, ao árbitro levar em consideração a ocorrência de tal peculiaridade. Sobre o assunto, bem atesta Cretella Neto:

> Convencendo-se o árbitro de que as alegações da parte que compareceu são contraditórias insinceras ou implausíveis, não sentenciará a seu favor, devendo levar em consideração todo o conjunto probatório antes de decidir, como se depreende da leitura do § 3º.[86]

Por fim, vale aqui ainda acrescentar possível ocorrência de questão prejudicial no decorrer do procedimento arbitral. Nisto, caso sobrevier no curso

85. Inclusão nossa.

86. CRETELLA NETO, José. *Curso de Arbitragem*. Rio de Janeiro: Forense, 2004, p. 102.

da via arbitral, controvérsia acerca de direitos indisponíveis e verificando-se que de sua existência, ou não, dependerá o julgamento, o árbitro ou o tribunal arbitral remeter as partes à autoridade competente do Poder Judiciário, suspendendo, assim, o procedimento arbitral.

Resolvida tal questão prejudicial e juntada aos autos a sentença ou acórdão transitado em julgado, terá normal seguimento o procedimento de arbitragem, tudo de acordo com art. 25 e seu parágrafo único.

9.2.5 Instrução

Uma vez transcorrido aludido prazo, caberá ao órgão julgador decidir pela necessidade ou não das provas requeridas, bem como designar data, local e horário para a realização de uma audiência de instrução, tudo conforme entendimento do art.22 e seu §1º:

> *Art. 22. Poderá o árbitro ou o tribunal arbitral tomar o depoimento das partes, ouvir testemunhas e determinar a realização de perícias ou outras provas que julgar necessárias, mediante requerimento das partes ou de ofício.*
>
> *§ 1º O depoimento das partes e das testemunhas será tomado em local, dia e hora previamente comunicados, por escrito, e reduzido a termo, assinado pelo depoente, ou a seu rogo, e pelos árbitros.*

Em caso de desatendimento, sem justa causa, da convocação para prestar depoimento pessoal, o árbitro ou o tribunal arbitral levará em consideração o comportamento da parte faltosa, ao proferir sua sentença; se a ausência for de testemunha, nas mesmas circunstâncias, poderá o árbitro ou o presidente do tribunal arbitral requerer à autoridade judiciária que conduza a testemunha renitente, comprovando, de certo, a existência da convenção de arbitragem (§2º do art. 22).

A propósito, é nítido o interesse pela verdade real no âmbito do processo arbitral. Tal assertiva se faz a partir do próprio art. 22. Do *caput* de tal dispositivo nota-se que aos árbitros é faculta a colheita das "provas úteis" à formação de seu convencimento sempre motivado, o que, no âmbito do CPC se faz exarado nos arts. 370 e 371, cabendo destacar que dito convencimento deve ser guiado sempre sob a perspectiva do interesse para o processo e não como simples convencimento pessoal, mas alheio ao que se depreende no e para o juízo que ali se encontra.

Merece ainda observar que os poderes instrutórios do árbitro equivalem ao do magistrado estatal.

Nisto poderá o árbitro: 1) requisitar documentos públicos; 2) solicitar informações aos órgãos estatais; 3) determinar exames e vistorias, se necessário, com o concurso do Poder Judiciário; 4) realizar oitiva de testemunhas, ainda que não arroladas pelas partes; 5) exigir que as partes apresentem documentos sem prejuízo de outras utilidades.

Realizada a audiência e produzidas as respectivas provas, caso houver, e ainda, sendo desnecessárias outras providências, já estarão os árbitros preparados para proferir a sentença arbitral.

9.2.6 SENTENÇA

A sentença arbitral será proferida no prazo estipulado pelas partes, no entanto, inexistindo qualquer acordo que estabeleça a determinação de tal lapso temporal, o prazo para a apresentação da sentença será de seis meses, contado da instituição da arbitragem ou da substituição do árbitro. Por outro lado, há de se considerar que nada impede às partes em conjunto com o(s) árbitro (s) e de comum acordo, prorrogarem o prazo estipulado, conforme autoriza o §2º do art. 23 da LA. Poderá(ão) ainda o(s) árbitro(s) também proferir sentenças parciais, *ex vi* do §1º do art. 23 da LA.

A decisão do órgão julgador será sempre expressa em documento escrito e, na existência de uma pluralidade de árbitros, a decisão será tomada por maioria e, em não havendo acordo majoritário, caberá o voto do presidente do tribunal arbitral como o prevalecente.

Ainda na questão relativa à decisão em órgão colegiado, quanto ao árbitro que divergir da maioria, facultado será a ele declarar seu voto em separado.

Ponto importante e que, por isso, merece realce é aquele relativo à desnecessidade de se homologar a decisão arbitral junto ao Poder Judiciário (*ex vi* do art. 18 da LA), tal qual já fora modelo no revogado CPC/1973 e que, portanto, prestava-se em um ponto desmotivador para o incentivo da prática do juízo arbitral, dado o papel extremamente oneroso deste "pré-requisito" para validade da sentença arbitral (denominada nos dispositivos revogados de "laudo arbitral"), pois que a celeridade e eficácia ficavam burocratizadas com tal expediente, colocando de lado a autonomia da vontade privada bem como a eficácia do modelo arbitral enquanto via propícia para a solução de controvérsias fora do aparato já congestionado do juízo estatal.

Assim, de qualquer forma, restaria "bater às portas" do Poder Judiciário para a validade de uma solução autorizada por lei e consentida pelos participantes acerca de direitos disponíveis, por isso permissível para dita escolha.

Por tudo, temos hoje a eficácia da sentença arbitral, não sendo necessário como já dito alhures, tal chancela do Poder Judiciário para lhe cravar de validade. Nestes termos, depreende-se do art. do art. 31 da Lei n. 9.307/96 o seguinte:

"Art. 31. A sentença arbitral produz, entre as partes e seus sucessores, os mesmos efeitos da sentença proferida pelos órgãos do Poder Judiciário e, sendo condenatória, constitui título executivo."

De acordo com o art. 515, VII do Código de Processo Civil, a sentença arbitral é título executivo judicial, podendo a parte interessada pedir diretamente seu cumprimento ao Poder Judiciário, nos termos dos arts. 513 e seguintes do CPC.

- **Requisitos da Sentença Arbitral**

Conforme já anteriormente avençado, a sentença arbitral deverá ser expressa em documento. Daí tem ela, tal qual uma sentença judicial, requisitos para sua efetiva validade.

Conforme orienta o art. 26 da LA, são eles:

> *I – o relatório, que conterá os nomes das partes e um resumo do litígio;*
>
> *II – os fundamentos da decisão, onde serão analisadas as questões de fato e de direito, mencionando-se, expressamente, se os árbitros julgaram por eqüidade;*
>
> *III – o dispositivo, em que os árbitros resolverão as questões que lhes forem submetidas e estabelecerão o prazo para o cumprimento da decisão, se for o caso; e*
>
> *IV – a data e o lugar em que foi proferida.*

Deverá a sentença ser assinada por todos os árbitros, sendo que caso algum deles se recusar a firmá-la cabe ao presidente certificar-se deste ocorrido.

Uma vez proferida, colocará termo à arbitragem, devendo cópia da sentença arbitral ser enviada às partes por meio da via postal ou qualquer outro meio de comunicação mediante comprovação de recebimento, ou mesmo entregando a mesma, diretamente, às partes, sendo aí através de recibo.

Importante se faz ressaltar que, de acordo com o art. 28 da LA, caso os partícipes entrem em acordo acerca do litígio antes do julgamento do mesmo, poderão os mesmos solicitar ao órgão julgador que declare por sentença tal composição de interesses, o que será então homologado via sentença arbitral.

Uma vez proferida a sentença arbitral, dá-se por finda a arbitragem, devendo o árbitro ou o presidente do tribunal arbitral enviar cópia da decisão às partes, seja por via postal ou por outro meio qualquer de comunicação, mediante comprovação de recebimento ou ainda, entregando-a diretamente às partes, mediante recibo, conforme regra o art. 29 da LA.

Poderá qualquer das partes, no prazo de 5 (cinco) dias a contar do recebimento da notificação ou da ciência pessoal da sentença arbitral, salvo se outro prazo for acordado entre as elas, mediante comunicação à outra parte, solicitar ao árbitro ou ao tribunal arbitral que (i) corrija qualquer erro material da sentença arbitral; (ii) esclareça alguma obscuridade, dúvida ou contradição da sentença arbitral, ou se pronuncie sobre ponto omitido a respeito do qual devia manifestar-se a decisão (art. 30 da LA).

Daí então, o árbitro ou o tribunal arbitral decidirá no prazo de 10 (dez) dias ou em prazo acordado com as partes, aditando à sentença arbitral bem como notificando as partes na forma do supracitado art. 29 da LA.

- **Nulidades da Sentença Arbitral**

Merece atenção o presente assunto relativo a possíveis vícios de uma sentença arbitral.

Para o conhecimento desta questão, tratou a Lei Arbitral de contemplar em seu art. 32, os pontos sobre os quais pairam as possíveis causas que desencadearão em nulidades do ato sentencial na arbitragem.

Dito isso e de acordo com art. 32 da LA, será considerada nula a sentença arbitral se:

> *I - for nula a convenção de arbitragem;*
>
> *II - emanou de quem não podia ser árbitro;*
>
> *III - não contiver os requisitos do art. 26 desta Lei;*
>
> *IV - for proferida fora dos limites da convenção de arbitragem;*
>
> *V - (Revogado pela Lei nº 13.129, de 2015)*
>
> *VI - comprovado que foi proferida por prevaricação, concussão ou corrupção passiva;*
>
> *VII - proferida fora do prazo, respeitado o disposto no art. 12, inciso III, desta Lei; e*
>
> *VIII - forem desrespeitados os princípios de que trata o art. 21, § 2º, desta Lei.*

A parte interessada poderá pleitear ao órgão do Poder Judiciário competente a declaração de nulidade da sentença arbitral, nos casos previstos na Lei n. 9.307/96.

A demanda para a declaração de nulidade da sentença arbitral parcial ou final seguirá o procedimento comum, previsto no Código de Processo Civil, portanto, será proposta no âmbito do Poder Judiciário e deverá sê-la no prazo de até 90 (noventa) dias após o recebimento da notificação da respectiva sentença, parcial ou final, ou da decisão do pedido de esclarecimentos (*ex vi* do §2º art. 33 da LA).

É de afirmar que o prazo extintivo de 90 (noventa) dias é para se propor demanda que postula vícios de nulidade relativa à sentença arbitral e não, propriamente, à relação jurídica processual e sua existência e validade, provocando daí inexistência do julgado ou mesmo sua nulidade *ipso iure*.

Tal racionalidade é atestada pelo próprio §2º do art. 33 da LA, este que se preza a pontuar as diferenças entre a nulidade absoluta e a relativa no tocante à decisão arbitral. *In verbis: "A sentença que julgar procedente o pedido declarará a nulidade da sentença arbitral, nos casos do art. 32, e determinará, se for o caso, que o árbitro ou o tribunal profira nova sentença arbitral."*

A declaração de nulidade da sentença arbitral também poderá ser arguida mediante impugnação, conforme o art. 525, §1º do CPC e §3º do art. 33 da LA (redação dada pelo art. 1.061 da Lei n.13.105 – CPC/2015), isso, caso houver execução judicial.

Resta importante questão acostada no §4º do art. 33 da LA, em redação dada pela Lei n.13.125/2015:

"§ 4º A parte interessada poderá ingressar em juízo para requerer a prolação de sentença arbitral complementar, se o árbitro não decidir todos os pedidos submetidos à arbitragem."

Nota-se, portanto, que será possível o ingresso no Poder Judiciário a fim de se exigir com que o árbitro profira sentença complementar, tendo em vista pedidos que sequer foram contemplados em seu ato decisório, o que, *mutatis mutandis*, corresponde a ato envolto ao recurso dos embargos de declaração com sede no pelo CPC.

9.2.7 Medidas de Urgência

Alterando a Lei n. 9.307, de 23 de setembro de 1996 bem como a Lei n. 6.404, de 15 de dezembro de 1976, para fins de ampliar, conforme já dito no desenvolvimento do presente capítulo, o âmbito de aplicação da arbitragem na Administração Pública e dispor sobre a escolha dos árbitros quando as partes recorrem a órgão arbitral, a interrupção da prescrição pela instituição da arbitragem, a carta arbitral e a sentença arbitral, e ainda revogando dispositivos da Lei nº 9.307, de 23 de setembro de 1996, a Lei n.13.129, de 26 de maio 2015 edificou novatos parâmetros também no tocante à concessão de tutelas cautelares e de urgência em sede arbitral.

De pronto, merece pontuar o descompasso nominativo com relação ao texto da Lei n.13.105, de 16 de março de 2015 – Novo Código de Processo Civil - no que se refere aos termos por aquela usada em referência às denominadas "tutelas de urgência", espécie do gênero Tutela Provisória, alcunhado pelo modelo do aludido novel CPC.

De fato, em redação dada pela Lei n. 13.129/2015, a Lei n.9.307/1996 dedica o seu Capítulo IV-A titulando-o de "DAS TUTELAS CAUTELARES E DE URGÊNCIA", como se tratasse da possibilidade de termos uma tutela cautelar que não fosse de urgência, em movimento anacronicamente contrário ao que dispõe a Lei n.13.105/2015, onde, em seu art. 294, seguido de parágrafo único, sustenta nos seguintes termos:

"Art. 294. A tutela provisória pode fundamentar-se em urgência ou evidência.

Parágrafo único. A tutela provisória de urgência, cautelar ou antecipada, pode ser concedida em caráter antecedente ou incidental."

Observa-se daí que coube ao legislador do novel CPC/2015 optar por adotar o termo Tutela Provisória como gênero, tendo como suas espécies as Tutelas de Urgência (Antecipada e Cautelar) e de Evidência, podendo as primeiras ser concedidas tanto em caráter antecedente quanto incidentalmente no processo, *ex vi* do supracitado art. 294 e seu parágrafo único.

Nota-se que poderia soar tal discrepância como algo apenas que cingiria ao campo nominativo, mas por respeito aos critérios da ciência e do método sabido é que não!

Ao optar o legislador do CPC/2015 por conceder tratamento sistemático a ambas as espécies de tutela de urgência (antecipada e cautelar) em requisitos uníssonos, portanto, imbuídos volitivamente para o contexto da contingência ou premência, como quer que seja, operou por mantê-las em contato estreito sob o manto da provisoriedade "urgente", em regra.

Certo é que no direito as palavras têm vida!

Assim, salta-se aos olhos que a digitada Lei arbitral, por ter seu advento a *posteriori* da Lei edificadora do novato CPC, já ingressa no campo da validade em dissonância com o diploma processual civil pátrio. O que se esperar da aplicabilidade de ditas tutelas? Afinal, ainda que o parágrafo único do art. 22-A da Lei n.9.307/1996 bem expresse que cessará a eficácia da medida cautelar ou de urgência se a parte interessada não requerer a instituição da arbitragem no prazo de 30 (trinta) dias, contado da data de efetivação da respectiva decisão, fato é que poderíamos conceber a persistência do processo cautelar autônomo, em que pese sua oculta contemplação no novel CPC.

Discrepâncias à parte, necessário será ressuscitarmos racionalidades já tidas como sepultadas em inúmeras letras ou rios de tinta por deveras escritos sobre a "égide" ainda não exigida do CPC/2015.

Trata o art. 22-A, *caput*, da possibilidade de qualquer das partes recorrerem ao Poder Judiciário, mesmo que sob o manto de uma cláusula compromissória já existente, para solicitar a concessão de "medida cautelar ou de urgência".

Nota-se não ser isso uma novidade, já que desde o advento da Lei n.9.307/1996 é possível, ainda que sob o manto de uma cláusula compromissária já estipulada contratualmente, qualquer das partes recorrer ao Poder Judicante estatal para fins de solicitar a sub-rogação do compromisso arbitral, isso caso a outra parte se esquive em firmá-lo, confirmando-se verdadeira tutela específica da pretensão mirada, conforme reza o art. 7º *caput* e seu §7º desta lei, *in verbis*:

> *Art. 7º Existindo cláusula compromissória e havendo resistência quanto à instituição da arbitragem, poderá a parte interessada requerer a citação da outra parte para comparecer em juízo a fim de lavrar-se o compromisso, designando o juiz audiência especial para tal fim.*
>
> (...)
>
> *§ 7º A sentença que julgar procedente o pedido valerá como compromisso arbitral.*

Lado outro, por analogia e em movimento contrário ao que se observa para com os direitos subjetivos, mais precisamente, no que se refere à publicização de vários direitos tidos como de contexto jurídico privado no campo da discussão de seus problemas e inquietudes, *ex vi* das uniões homoafetivas ou mesmo das até então tidas como "*other side*", uniões estáveis, no caso do direito objetivo - o processual - nota-se, da inteligência do art. 22-B da Lei n.9.307/1996, o caminhar da publicização para a solução particular ou privada, e diga-se, o que é natural tendo em vista o modelo de solução de controvérsia em sede arbitral, quando se posta a possibilitar ao árbitro privado "cassar" medida conquistada em sede de jurisdição estatal, nos termos que, uma vez instituída *"a arbitragem, caberá aos árbitros manter, modificar ou revogar a medida cautelar ou de urgência concedida pelo Poder Judiciário."*

Ao contrário, ou seja, estando já instituída a arbitragem, o requerimento da medida cautelar ou de urgência será diretamente endereçado aos árbitros daquele processo arbitral (parágrafo único do art. 22-B da LA).

Por tudo, o que se pretendeu aqui foi inegavelmente notar, como já dizia Bobbio[87], que o ordenamento não nasce num deserto e que da multiplicidade normativa que, invariavelmente, se anseia por racionalidades sistêmicas, existem pontos cegos a serem enfrentados a "olhos de ver".

9.3 RECURSOS

Da leitura do art. 18 da Lei n.9.307/1996 entende-se, inequivocadamente, ser o árbitro um juiz de fato e de direito, sendo que, da sentença por ele proferida, não haverá sujeição a recurso ou à homologação por parte do Poder Judiciário.

Notadamente, tal questão situa-se no contexto de uma eventual impugnação quanto ao mérito do ato sentencial arbitral através da impetração de recursos que possuem características para isso, ou seja, modificação do conteúdo substantivo da demanda objetivando a modificação meritória do julgado da arbitragem.

É de se ratificar, novamente, quanto à possibilidade de provocar a via jurisdicional estatal em busca da nulidade da sentença[88], seja por vício operado em sua formação, seja por problemas relativos ao próprio desrespeito para com o devido processo legal arbitral, onde, do aviltamento de quaisquer conteúdos fundamentais ao estabelecimento ordeiro da via arbitral, necessário já se fará sua correção e/ou anulação, tudo em sintonia com o já referendado art. 32 da LA.

Assunto que merece indagação aqui é quanto à possível preclusão da matéria em razão das partes se omitirem quanto ao não manejo do presente recurso.

Entendemos que, no que se refere à retificação do *decisium* que contenha erro material, poderá o árbitro proceder de ofício nas correções quanto ao que mereça ser realizado,[89] dado que não há razão para deixar correr erro de tal

87. BOBBIO, Norberto. *Teoria do Ordenamento Jurídico*. 5 ed. São Paulo: Edipro, 2014.

88. *"Art. 33. A parte interessada poderá pleitear ao órgão do Poder Judiciário competente a declaração de nulidade da sentença arbitral, nos casos previstos nesta Lei."*

89. No mesmo sentido, dentre outros, CORRÊA, Antonio. *Arbitragem no Direito Brasileiro. Teoria e Prática*. ..., p. 124.

natureza que pudesse prejudicar o entendimento literal do julgado, como no caso das inexatidões, verificáveis *primo ictu oculi*, ou seja, sem maiores exames, como por exemplo, estar na sentença consignado erro quanto ao nome das partes, sendo alguém denominado João, ao invés de seu exato nome José.

Questão de importante abordagem é aquela relativa à possibilidade de as partes convencionarem procedimento recursal em sede arbitral. Assim, uma vez a sentença arbitral sendo proferida, estaria ela passível também, em sede arbitral, de ser reexaminada por um segundo grau, por exemplo. Frise-se, tudo na esfera privada, logo, sem a participação do Poder Judiciário.

A lei arbitral não admite recurso junto à esfera do Poder Judicante estatal que venha enfrentar o mérito da sentença arbitral, conforme se observa do expresso no art. 18, o que, no entanto, não se faz de obstáculo a que os próprios partícipes do juízo arbitral possam, por convenção privada, admitir validamente tal expediente,[90] sendo este, a bem da verdade, o espírito que rege o instituto da arbitragem, pautado na autonomia da vontade privada, desde que não venham macular os costumes e a ordem pública.[91]

10. RECONHECIMENTO E EXECUÇÃO DE SENTENÇAS E DECISÕES INTERLOCUTÓRIAS ARBITRAIS ESTRANGEIRAS

O reconhecimento bem como a execução de sentenças e decisões interlocutórias arbitrais estrangeiras é de fundamental importância para o país, não somente sob o prisma jurídico, dada a necessária aderência e coerência de nosso sistema homologatório de julgados alienígenas com os modelos e convenções aderidas pelo Estado Brasileiro, como também no que toca às repercussões que envolvem relações de investimento, comércio, multiplicadores de postos de trabalhos e aumento qualitativo na concorrência de bens e serviços ofertados ao cidadão comum, otimizadores, portanto, de uma melhor oferta qualitativa dos mesmos, beneficiando, em última análise, o consumidor pátrio.[92]

É fato também que a relevância no aprimoramento dos negócios internacionais se relaciona diretamente com o incremento no uso da via arbitral, visto que os investimentos muitas vezes vultosos das empresas nacionais e estrangeiras, no comércio em geral e mesmo em licitações e concessões públicas de

---

90. Aliás, esta realidade é possível em outros ordenamentos legais como, p. ex., no Francês. Sobre o assunto, ver BOISSÉSON, Matthieu de. *Le droit français de l'arbitrage interne et international.* Paris: GLN, 1990, p. 159.

91. "*Art. 2º A arbitragem poderá ser de direito ou de eqüidade, a critério das partes.*
§ 1º Poderão as partes escolher, livremente, as regras de direito que serão aplicadas na arbitragem, desde que não haja violação aos bons costumes e à ordem pública."

92. Cf. o nosso *O Consumidor e Sua Proteção na União Europeia e Mercosul - Pesquisa Conjuntural como Contribuição à Política Desenvolvimentista de Proteção Consumerista nos Blocos.* Lisboa: Juruá Editorial, 2014.

setores como, p. ex., o da exploração e produção petrolífera[93], acirra-se pela desregulamentação da economia, incrementando as transações de toda ordem, necessitando por isso, de um sistema de resolução de controvérsias hábil e especializado e que pode conceder, na maioria das vezes a satisfação efetiva do direito molestado.

De outro modo, as empresas, assiduamente, acordam cláusulas arbitrais em contratos internacionais de comércio, consignando, então, a promessa de instituição de um juízo arbitral no exterior e, uma vez este realizado, espera-se respeito e acatamento à sentença ou decisão interlocutória emitida pelos árbitros escolhidos.

Vale a pena ressaltar aqui informação que nos traz Wald, quando, categoricamente, afirma que o instituto da arbitragem se mostra cada vez mais utilizado na Câmara de Comércio Internacional – CCI, onde dados apontam que "o Brasil se tornou o maior usuário da arbitragem na América Latina e já está em quarto lugar no ranking mundial da CCI, atrás apenas dos Estados Unidos, da França e da Alemanha."[94]

No tocante à Lei n. 9.307/96, foi regulado dos arts. 34 a 40, capítulo específico sobre o "Reconhecimento e Execução de Sentenças Arbitrais Estrangeiras", sendo que já no parágrafo único do art. 34, o legislador teve por bem conceituar a sentença arbitral estrangeira como aquela proferida fora do território nacional.

Nisto conforme a própria Lei arbitral, o critério de distinção entre as sentenças arbitrais nacionais e estrangeiras é eminentemente territorial, tendo por bem o nosso ordenamento jurídico conferido a elas o mesmo *status* jurídico das sentenças judiciais, tal qual se observa em relação às sentenças arbitrais nacionais. Isto se observa do seguinte dispositivo legal:

"Art. 515. São títulos executivo judiciais (...)

VIII – a sentença estrangeira, homologada pelo Superior Tribunal de Justiça;"

A presente LA teve por bem eliminar a exigência de somente admitir a homologação pela justiça brasileira de sentenças arbitrais estrangeiras que tivessem submetido, previamente, à homologação pela autoridade judiciária do país de origem da mesma. Nestes termos, portanto, autoriza agora a presente Lei n.9.307/96 (art. 35) que a sentença arbitral alienígena seja submetida diretamente à homologação do Superior Tribunal de Justiça, tal qual se observa com qualquer sentença jurisdicional estrangeira.

Quanto ao procedimento homologatório, conforme aponta o art. 36 da LA, observados serão, no que couber, os arts. 960 e 965 do CPC, valendo ainda acrescer aqui o art. 15 da Lei de Introdução às Normas do Direito Brasileiro

93. Sobre o assunto ver, dentre outros, YONEKURA, Sandra Yuri. *Grupos de Sociedades e a Arbitragem Comercial Internacional.* Curitiba: Juruá, 2005.

94. WALD, Arnold. Brasil lidera o uso da Arbitragem na América Latina.. Disponível em: *<http://www.conjur.com.br/2007>*. Acesso em 20.11.2015. Trata-se de dados relativos ao ano de 2007.

– LINB, este que dispõe sobre os requisitos de execução de sentença arbitral estrangeira bem como o art. 17 da LINB que prevê os casos de impossibilidade de homologação pelo Superior Tribunal de Justiça, tendo ainda fundamental relevância a Resolução n. 09 de 04 de maio de 2005, aprovadas pelo Superior Tribunal de Justiça.

Cabe destacar que o pedido de homologação do laudo arbitral estrangeiro deverá conter os requisitos exigidos pelo art. 319 do Código de Processo Civil, sendo instruído com o original do laudo e da convenção arbitral, ou por cópia devidamente certificada e autenticada pelo consulado brasileiro e traduzida para a língua portuguesa por tradutor juramentado (art. 37 da Lei n. 9.307/96). Daí, o réu será citado para apresentar defesa no prazo de 15 (quinze) dias, oportunizando-se, portanto, contraditar acerca do pedido de homologação.

A possibilidade de se negar a homologação para o reconhecimento ou execução de sentença estrangeira somente se dará quando o réu demonstrar uma das seguintes ocorrências[95], todas inclusas no art. 38:

- que as partes na convenção de arbitragem eram incapazes;
- que a convenção de arbitragem não era válida segundo a lei à qual as partes a submeteram, ou mesmo, na falta de indicação, em virtude da lei do país onde a sentença arbitral fora proferida;
- que não foi ele notificado da designação do árbitro ou do procedimento de arbitragem, ou tenha sido violado o princípio do contraditório, impossibilitando a ampla defesa;
- que a sentença arbitral foi proferida fora dos limites da convenção de arbitragem estabelecida, e não foi possível separar a parte excedente daquela submetida à arbitragem;
- que a instituição da arbitragem não está de acordo com o compromisso arbitral ou cláusula compromissória;
- que a sentença arbitral não tenha ainda se tornado obrigatória para as partes (típico caso de carência de interesse processual), tenha sido anulada, ou, ainda, tenha sido suspensa por órgão judicial do país onde a sentença arbitral for prolatada.

Alinham-se aos motivos para a negativa de homologação da sentença arbitral alienígena, aspectos realçados pelo art. 39, estes relativos à própria

95. "Segundo o juízo de *mera delibação*, adotado no reconhecimento de sentenças arbitrais estrangeiras tanto no direito interno como nas convenções internacionais ratificadas pelo Brasil, a contestação ao pedido é limitada. Apenas poderá versar questões de *forma* (*v.g.*, ausência de tradução juramentada – STF, SEC 6.689-1/Áustria) ou de *regularidade da arbitragem* (*v.g.*, prova da convenção arbitral – STF, SEC 6.753-7/Reino Unido; ausência de citação do réu – STF, SEC 5.378-1/França), vedando-se a discussão de aspectos ligados ao mérito da sentença estrangeira, a não ser para estabelecer eventual *afronta à ordem pública, à soberania nacional e aos bons costumes.*" GAMA JR., Lauro. O STJ e a Homologação de Sentenças Arbitrais Estrangeiras: Novas Perspectivas? *In*: *Revista Brasileira de Arbitragem*, número 05, janeiro-março de 2005, p. 63.

constatação do órgão jurisdicional responsável pela homologação, como visto, o STJ:

I - segundo a lei brasileira, o objeto do litígio não é suscetível de ser resolvido por arbitragem;

II - a decisão ofende a ordem pública nacional.

Do exposto acima, cabe notar que não será considerada como ofensa à ordem pública nacional a efetivação de citação da parte residente ou domiciliada no Brasil, nos moldes da convenção de arbitragem estabelecida ou da lei processual do país onde se realizou a arbitragem, admitindo-se ainda a citação postal com prova inequívoca de recebimento, desde que assegure à parte brasileira lapso temporal razoável para o exercício do devido direito de defesa.

No que toca à denegação da homologação de sentença arbitral estrangeira, uma vez incorrendo esta na existência de vícios formais, nada impedirá que a parte interessada renove o seu pedido, desde que sanados os vícios anteriormente identificados na pretensão negada *ex vi* do art. 40 da LA.

Da análise de todo o conteúdo normativo relativo à homologação de sentença arbitral estrangeira que envolve a Lei n. 9.307/96, nota-se significativa influência da já aludida Convenção de Nova York, de 10.06.58, esta reconhecida pelo Brasil por meio do Decreto Legislativo n.4.311, publicado no *DOU* em 24.7.2002.

É de consignar, no entanto, que dita influência gerou equívocos interpretativos decorrentes da estreita consonância entre a aludida Convenção e a nossa Lei de Arbitragem.

Nestes termos, cabe acentuar que existem específicos dispositivos da Convenção de Nova York que merecem particulares apontamentos, dado a existência, p. ex., de interpretações que levam em conta a ideia de que a supracitada Convenção teria alterado o sistema de homologação para o reconhecimento e execução de sentenças arbitrais estrangeiras presente na LA.

Norte seguro é aquele que aponta para a interpretação harmônica entre ambos os diplomas legais, não custando lembrar a real influência exercida pela Convenção de Nova York sobre a LA pátria.[96]

Em um primeiro momento, vale recordar que a matéria em tela teve inspiração na própria aludida Convenção; avançando um pouco mais, importante é a leitura acurada do art. III da prestigiosa Convenção, expressando ela que "*cada Estado signatário reconhecerá as sentenças como obrigatórias e as executará em conformidade com as regras de procedimento do território no qual a sentença é invocada*", referindo-se, portanto, à regulamentação disposta no sistema normativo do país ao qual se solicita o reconhecimento. Assim, em sendo o Estado brasileiro provocado para conceder a pertinente homologação

96. Sobre o assunto, ver, por muitos, RECHSTEINER. Beat Walter. *Arbitragem Privada Internacional no Brasil.* 2 ed. São Paulo: RT, 2001, p. 141-142.

para o reconhecimento e execução da sentença arbitral alienígena, será a lei de arbitragem, em seus dispositivos pertinentes que, ordinariamente, regulará a questão, juntamente com dispositivos pragmáticos pertinentes à matéria, *v.g.*, a Resolução n.09 do STJ e o CPC/2015.[97]

Ratificando tal posição está Selma Ferreira Lemes, para quem não há "a menor hipótese de se interpretar o art. III da CNI com o intuito de igualar o reconhecimento e a homologação de sentença arbitral estrangeira com a sentença arbitral doméstica e pretender executá-la diretamente no foro competente."[98] A sentença estrangeira para existir e ter eficácia no âmbito interno precisa ser, inicialmente, reconhecida e homologada pelo STJ.[99]

Já, com relação à decisão interlocutória arbitral estrangeira, coube o novel CPC/2015 acostá-la no rol relativo a título executivo judicial, nos seguintes termos:

"Art. 515. São títulos executivos judiciais (...)

IX - a decisão interlocutória estrangeira, após a concessão do exequatur à carta rogatória pelo Superior Tribunal de Justiça;"

Dito isso, será possível a homologação e execução das decisões interlocutórias arbitrais estrangeiras, nos mesmos moldes do que já se aplica às respectivas sentenças arbitrais estrangeiras.[100]

---

97. No mesmo sentido está a jurisprudência do STJ. Cf., SEC 507 / GB, SENTENÇA ESTRANGEIRA CONTESTADA 2005/0209540-1, Rel. Min.Gilson Dipp. Julg.18.10.2006, *DJ* 13/11/2006, p. 204. Importante aqui trazer a colação, a seguinte passagem do presente julgado: "(...) II – A sentença arbitral e sua homologação é regida no Brasil pela Lei nº 9.307/96, sendo a referida Lei de aplicação imediata e constitucional, nos moldes como já decidido pelo Supremo Tribunal Federal."

98. LEMES, Selma M. Ferreira. Reconhecimento da Sentença Arbitral Estrangeira no Brasil. Disponível em: <*http://www.mundojuridico.adv.br*>. Acesso em 18.12.2015.

99. Entendendo em sentido contrário, isto é, aplicando em caráter residual a legislação arbitral pátria está a posição de PUCCI, Adriana Noemi. Homologação de Sentenças Arbitrais Estrangeiras. In: LEMES, Selma Ferreira; CARMONA, Carlos Alberto; MARTINS, Pedro Batista. *Arbitragem. Estudos em homenagem ao Prof. Guido Fernando da Silva Soares, In Memoriam.* São Paulo: Atlas, 2007, p. 342-343.

100. Sobre o assunto, ver com maiores detalhes os Capítulos 15 e 18 da presente obra.

BIBLIOGRAFIA

ABELHA, Marcelo. *Manual de Execução Civil.* 2. ed. Rio de Janeiro: Forense Universitária, 2007.

ADEL, Sérgio Sahione. *Código de Processo Civil comentado.*Vols. I e II. 4. ed. Rio de Janeiro: Forense, 1981

ALBERTINI, Pierre *et al. La déclaration des droids de l'homme et du citoyen de 1789.* Paris: Economica, 1993.

ALBUQUERQUE MELLO, Celso D. de. *Direito internacional da integração.* Rio de Janeiro: Renovar, 1996.

ALCALÁ-ZAMORA Y CASTILLO, Niceto. *Proceso, Autocomposición y Autodefensa.* 2. ed. México: Unam, 1970.

ALLORIO, Enrico. *Problemas de derecho procesal.* T. I e II. Buenos Aires: EJEA, 1963.

ALVIM, Agostinho. *Da Inexecução das Obrigações e suas conseqüências.* 4. ed. São Paulo: Saraiva, 1972.

ALVIM, Arruda. *Manual de Direito Processual Civil.* Vol. II. 6. ed. São Paulo: RT, 1997.

ALVIM, J. E. Carreira. *Comentários à lei de arbitragem (Lei nº 9.307, de 23/9/1996).* Rio de Janeiro: Lumen Juris, 2002.

ALVIM, J. E. Carreira. *Direito Arbitral.* 3 ed. Rio de Janeiro: Forense, 2007.

ALVIM, J. E. Carreira. *Tratado Geral da Arbitragem Interno.* Belo Horizonte: Mandamentos, 2000.

ALVIM, J. E. Carreira. *Tratado Geral da Arbitragem Interno.* Belo Horizonte: Mandamentos, 2000.

ALVIM, J. E. Carreira. *Tutela Específica das Obrigações de Fazer e não Fazer na Reforma Processual.* Belo Horizonte: Del Rey, 1997.

ALVIM, J. E. Carreira; CABRAL, Luciana G. Carreira Alvim. *Nova Execução de Título Extrajudicial.* Curitiba: Juruá, 2007.

ALVIM WAMBIER, Teresa Arruda (Coord.). *Aspectos polêmicos da tutela antecipada.* São Paulo: RT, 1997.

ALVIM WAMBIER, Teresa Arruda. *Nulidades da sentença.* 4. ed. São Paulo: RT, 1990.

ALVIM WAMBIER, Teresa Arruda. O *novo regime do agravo.* 2. ed. São Paulo: RT, 1996.

ALVIM WAMBIER, Tereza Arruda; GARCIA MEDINA, José Miguel. *O dogma da coisa julgada: hipóteses de relativização.* São Paulo: RT, 2003.

AMARAL SANTOS, Moacyr. Primeiras *Linhas de Direito Processual Civil*. Vol. I. 16. ed. São Paulo: Saraiva, 1993.

AMARAL SANTOS, Moacyr. *Primeiras linhas de direito processual Civil.* Vol. III. São Paulo: Saraiva, 1993.

AMARAL SANTOS, Moacyr. *Prova judiciária no cível e comercial.* Vol. I e II. 3. ed. São Paulo: Max Limonad, 1966.

ANDOLINA, Ítalo; VIGNERA, Giuseppe. *Il modelo constituzionale del processo civile italiano*. Torino: G. Giappichelli, 1988.

ANGELATS, Lluís Caballol. *El Tratamiento Procesal de La Excepción de Arbitraje..* Barcelona: José María Bosch Editor, 1997.

ARENHART, Sérgio Cruz. *A Intervenção Judicial e o cumprimento da Tutela Específica*. Disponível em: http://www.academia.edu/214098/A_INTERVEN% C3%87%C3%83O_JUD ICIAL_E_O_CUMPRIMENTO_D _TUTELA_ESPEC%C3%8DFICA?login=&email wastaken=true. Acesso em 04.11.2014.

ARISTÓTELES. *Os Pensadores*. São Paulo: Nova Cultural, 1996.

ARMELIN, Donaldo. *Legitimidade para agir no direito processual civil brasileiro.* São Paulo: RT, 1979.

ARMELIN, Donaldo. Tutela jurisdicional diferenciada. *Processo civil contemporâneo.* Curitiba: Juruá, 1994.

ARNAUD, Vicente Guillermo. *Mersocur – unión europea, nafta y hos processos de integración regional*. Buenos Aires: Abeledo-Perrot, 1996.

AROCA, Juan Montero. *La paradoja procesal del siglo XXI*. Valencia:Tirant lo Blanch, 2014.

AROCA, Juan Montero *et ali*. *Derecho Jurisdiccional II*. 19 ed. Valencia: Tirant lo Blanch, 2011.

ARRUDA ALVIM, José Manoel de. *Código de processo civil comentado.* V. I. São Paulo: RT, 1976.

ARRUDA ALVIM, José Manoel de. *Manual de direito processual civil.* V. I e II. 4. ed. São Paulo: RT, 1996.

ARRUDA ALVIM, José Manoel de. *Tratado de direito processual civil.* V. I. São Paulo: RT, 1990.

ARRUDA ALVIM; ASSIS, Araken de; ARRUDA ALVIM, Eduardo. *Comentários ao Código de Processo Civil*. 3 ed. São Paulo: RT, 2014.

ARRUDA ALVIM, José Manoel. A EC nº45 e o instituto da repercussão geral. *In*: ALVIM WAMBIER, Teresa Arruda *et al* (Coord.). *Reforma do Judiciário – Primeiras reflexões sobre a Emenda Constitucional n. 45/2004.*

ASSIS, Araken de. Antecipação de tutela. *Aspectos polêmicos da antecipação da tutela.* ALVIM WAMBIER, Teresa Arruda (Coord.). São Paulo: RT, 1997.

ASSIS, Araken de. *Comentários ao Código de Processo Civil*. Vol. IX. São Paulo: Lejur, 1985.

ASSIS, Araken de. Procedimento Sumário. São Paulo, Malheiros Editores, 1996.

ASSIS, Araken de. *Cumprimento da Sentença*. Rio de Janeiro: Forense, 2006.

ASSIS, Araken de. *Cumulação de ações*. 4. ed. São Paulo: RT, 2002.

ASSIS, Araken de. *Manual da Execução*. 11. ed. São Paulo: RT, 2007.

ASSIS, Araken de. *Manual da Execução*. 12. ed. São Paulo: RT, 2009.

ASSIS, Araken de. *Manual da Execução*. 18 ed. São Paulo: RT, 2016.

ASSIS, Araken de. O contempt of court no direito brasileiro. Disponível em *http://www.abdpc.org.br/abdpc/artigos/Araken%20de%20Assis(4)%20%20formatado.pdf*. Acesso em 25.11.2015.

ASSIS, Araken de. *Processo Civil Brasileiro*. Vol. II Tomo I. São Paulo: RT, 2015.

BACON, Francis. Novum organum *ou verdadeiras indicações acerca da interpretação da natureza*. José Aluysio Reis de Andrade (Trad.). São Paulo: Nova Cultural, 1999.

BANCO MUNDIAL. *O setor judicial na américa latina e no caribe*: *elementos da reforma*. Documento técnico do banco mundial n. 319S. Washington, D.C., 1997, p. 6-10.

BANDEIRA DE MELLO, Celso Antonio. *Elementos de direito administrativo*. São Paulo: RT, 2006.

BAPTISTA DA SILVA, Ovídio A. *Curso de processo civil*. V. I e II. 4. ed. São Paulo: RT, 1998.

BAPTISTA DA SILVA, Ovídio A. O processo civil e sua recente reforma (Os princípios do direito processual civil e as novas exigências, impostas pela reforma, no que diz respeito à tutela satisfativa de urgência dos arts. 273 e 461). *In*: ALVIM WAMBIER, Teresa Arruda (Coord.). *Aspectos polêmicos da antecipação da tutela*. São Paulo: RT, 1997.

BAPTISTA DA SILVA, Ovídio A. *Processo e ideologia*: o paradigma racionalista. Rio de Janeiro: Forense, 2004.

BAPTISTA DA SILVA, Ovídio A. *Jurisdição e execução*. São Paulo: RT, 1996.

BAPTISTA DA SILVA, Ovídio A.; GOMES, Flávio Luiz. *Teoria Geral do Processo Civil*. São Paulo: RT, 1997.

BARBI, Celso Agrícola. *Ação declaratória principal e incidente*. 7. ed. Rio de Janeiro: Forense, 1993.

BARBI, Celso Agrícola. *Comentários ao Código de Processo Civil*. V. I. 9. ed. Rio de Janeiro: Forense, 1994.

BARBOSA, Claudia Maria. *Poder Judiciário: reforma para quê?* Disponível em: <www.ambitojuridico.com.br/site/index.php?n_link=revista_artigos_leitura&artigo_id=233>. Acesso em 26.11.2005.

BARBOSA MOREIRA, José Carlos. *A ação popular como instrumento de tutela dos chamados interesses difusos. Temas de direito processual.* São Paulo: Saraiva, 1977.

BARBOSA MOREIRA, José Carlos. Apontamentos para um estudo sistemático da legitimação extraordinária. *Direito processual civil* – Ensaio e pareceres. Rio de Janeiro: Forense, 1971.

BARBOSA MOREIRA, José Carlos. *Comentários ao Código de Processo Civil.* V. V. Rio de Janeiro: Forense, 1994.

BARBOSA MOREIRA, José Carlos. *Comentários ao Código de Processo Civil.* Vol. V. 7 ed. Rio de Janeiro: Forense, 1998.

BARBOSA MOREIRA, José Carlos. O *novo processo civil brasileiro.* 24. ed. Rio de Janeiro: Forense, 2006.

BARBOSA MOREIRA, José Carlos. Tendências na execução das sentenças e ordens judiciais. *Temas de direito processual.* 4. s. São Paulo: Saraiva, 1989.

BARIONI, Rodrigo. Cumprimento da Sentença: primeiras impressões sobre a alteração da execução de títulos judiciais. *In*: WAMBIER, Tereza Arruda Alvim (Coord.). *Aspectos polêmicos da nova execução.* 3. ed. São Paulo: RT, 2006.

BARROSO, Luís Roberto. *Da Interpretação e Aplicação da Constituição.* São Paulo: Saraiva, 1996.

BARROSO, Luís Roberto. *O Controle de Constitucionalidade no Direito Brasileiro.* 5 ed. São Paulo: Saraiva, 2011.

BASTOS, Celso Ribeiro; MARTINS, Ives Gandra da Silva. *Comentários à Constituição do Brasil.*Vol. I. São Paulo: Saraiva, 1988.

BATISTA, Francisco de Paula. *Compendio de theoria e pratica do processo civil comparado com o commercial e de hermenêutica juridica.* 4. ed. Rio de Janeiro: Garnier, 1890.

BEDAQUE, José Roberto dos Santos. *Direito e processo.* São Paulo: Malheiros, 1995.

BEDAQUE, José Roberto dos Santos. *Poderes instrutórios do juiz.* 2. ed. São Paulo: RT, 1994.

BEDAQUE, José Roberto dos Santos. *Tutela Cautelar e Tutela Antecipada: tutelas sumárias de urgência.* 3 ed. São Paulo: Malheiros, 2003.

BELTRÁN, Jordi Ferrer. *La valoración racional de la prueba.* Madrid: Marcial Pons, 2007.

BENUCCI, Renato Luís. *A tecnologia aplicada ao Processo Judicial.* Campinas: Millenium, 2006.

BENTHAM, Jeremias. *Tratado de las pruebas judiciales.* V. I e II. Buenos Aires: Yalleta, 1971.

BERIZONCE, Roberto O. *Derecho procesal civil actual.* Buenos Aires: Abeledo Perrot, 1999.

BERMUDES, Sérgio. *A reforma do código de processo civil.* 2. ed. São Paulo: Saraiva, 1996.

BERMUDES, Sérgio. *Comentários ao código de processo civil.* V. I. 2. ed. 1977.

BERMUDES, Sérgio. *Introdução ao processo civil.* Rio de Janeiro: Forense, 2004.

BESSONE, Darcy. *Da Compra e Venda – Promessa, Reserva de Domínio e Alienação em Garantia.* 4. ed. São Paulo: Saraiva, 1997.

BOBBIO, Norberto. Principi generali di Diritto. *In: Novissimo Digesto Italiano.* v. 13, Turim: Unione Tipografico Editrice Torinese, 1957, p. 895 e ss.

BOBBIO, Norberto. La certezza del Diritto é un mito? *In*: *Rivista Internazionale di Filosofia del Diritto*, n.28. Milano: Giuffrè, 1951, p-146-152.

BOBBIO, Norberto. *A era dos direitos.* Carlos Nelson Coutinho (Trad.). Rio de Janeiro: Campus, 1992.

BOBBIO, Norberto. *O positivismo jurídico.* Trad. Márcio Pugliesi. São Paulo: Ícone, 1995.

BOBBIO, Norberto. *Teoria do Ordenamento Jurídico.* 5 ed. São Paulo: Edipro, 2014.

BOCCUZZI NETO, Vito Antônio.Recursos excepcionais – O prequestionamento e a matéria de ordem pública. In: NERY JR., Nelson; WAMBIER, Teresa Arruda Alvim. (Coords,). *Aspectos Polêmicos e Atuais dos Recursos Cíveis.* Vol. 11. São Paulo: RT, 2007.

BOISSÉSON, Matthieu de. *Le droit français de l'arbitrage interne et international.* Paris: GLN, 1990.

BONAVIDES, Paulo. *Ciência política.* 10. ed. São Paulo: Malheiros Editores, 2000.

BONAVIDES, Paulo. *Curso de Direito Constitucional.* 23 ed. São Paulo: Malheiros Editores, 2013.

BONSIGNORI, Angelo. *L'esecuzione forzata.* Turim: G. Giappichelii Editore, 1990.

BONUMÁ, João. *Direito processual civil.* São Paulo: Saraiva, 1946.

BORGUIGNON, Álvaro Manoel Rosindo. Adjudicação compulsória. *Repro*, n. 36. São Paulo: RT, 1984.

BORGUIGNON, Álvaro Manoel Rosindo. *Embargos de retenção por benfeitoria.* São Paulo: RT, 1999.

BORRIE, Gordon. LOWE, Nigel. *The law of contempt of court.* Londres: Butterworths, 1973.

BOTTINI, Pierpaolo (Coord.). *A Nova Execução de Títulos Judiciais.* São Paulo: Saraiva, 2006.

BRAGA, Sidney da Silva. *Iniciativa probatória do juiz no processo civil.* São Paulo: Saraiva, 2004.

BRANCO, Luizella Giordano B.. *Sistema de solução da controvérsia no Mercosul.* Perspectivas para a criação de um modelo institucional permanente. São Paulo: LTr, 1997.

BROWN, Henry J.; MARRIOTT, Arthur L. *ADR Principles and Practice.* London: Sweet & Maxwell 1999.

BUENO, Cassio Scarpinella. *Execução provisória e tutela antecipada.* São Paulo: Saraiva, 1999.

BUENO, Cassio Scarpinella. *Liminar em mandado de segurança.* 2. ed. São Paulo: RT, 1999.

BUENO, Cassio Scarpinella. *Tutela Antecipada.* São Paulo: Saraiva, 2004.

BUENO, Cássio Scarpinela. *Amicus Curiae no Processo Civil Brasileiro: um terceiro enigmático.* São Paulo: Saraiva, 2006.

BUENO, Cássio Scarpinela. Quatro Perguntas e Quatro Respostas Sobre o Amicus Curiae. In: *Revista Nacional da Magistratura.* Ano II, n. 5. Brasília: Escola Nacional da Magistratura/Associação dos Magistrados Brasileiros, maio de 2008, p. 132-138.

BUENO, Cássio Scarpinella. *Manual de Direito Processual Civil.* São Paulo: Saraiva, 2015.

BUENO, Cássio Scarpinella. *Novo Código de Processo Civil anotado.* São Paulo: Saraiva, 2015.

BUENO, Cássio Scarpinella. Desconsideração da personalidade Jurídica no Projeto do Novo Código de Processo Civil. *In*: BRUSCHI, Gilberto Gomes *et ali. Direito Processual Empresarial.* Rio de Janeiro: Elsevier, 2012.

BUENO VIDIGAL, Luís Eulálio de. *Comentários ao Código de Processo Civil.* São Paulo: RT, 1974.

BUENO VIDIGAL, Luís Eulálio de. *Da execução direta das obrigações de prestar declaração de vontade. Direito processual civil.* São Paulo: Saraiva, 1965.

BUZAID, Alfredo. *Da ação declaratória no direito brasileiro.* São Paulo: Saraiva, 1943.

BUZAID, Alfredo. *Estudos e Pareceres de Direito Processual Civil.* São Paulo: RT, 2002.

BUZAID, Alfredo. Uniformização da Jurisprudência. *In: Revista Ajuris.* n. 34, Porto Alegre, 1985, p. 212.

CACHAPUZ, Rozane da Rosa. Mediação nos Conflitos e Direito de Família. 4.ed. Curitiba: Juruá, 2006.

CAHALI, Yussef Said. *Responsabilidade Civil do Estado.* São Paulo: RT, 1982.

CALAMANDREI, Piero. *Instituciones de derecho procesal civil.* Buenos Aires: Depalma, 1943.

CALAMANDREI, Piero. Sopravvivenza della querella di nullità nel proceso civile vigente. *In*: *Revista di Diritto Processuale*, n. VI, 1951, p. 112-128.

CALAMANDREI, Piero. *Introducción al estúdio sistematico de las povidencias cautelares*. Buenos Aires: El Foro, 1996.

CALAMANDREI, Piero. *Opere giuridiche*. V. 1. Napoli: Morano Editore, 1965.

CALAMANDREI, Piero. *Opere giuridiche*. V. IV. Napoli: Morano Editore, 1970.

CALAMANDREI, Piero. *Studi sul processo civile*. V. I, II, III, IV e V. Padova: CEDAM, 1930.

CALMON DE PASSOS, J. J. A crise do Processo de Execução. *In*: *O Processo de execução – Estudos em homenagem ao Professor Alcides Mendonça de Lima*. Porto Alegre: Sérgio Antônio Fabris Editor, 1995.

CALMON DE PASSOS, J. J. *Comentários ao Código de Processo Civil*. V. III. Rio de Janeiro: Forense, 1974.

CALMON DE PASSOS, J. J. *Comentários ao Código de Processo Civil*. V. III. 7. ed. Rio de Janeiro: Forense, 1994.

CALMON DE PASSOS, J. J.. *Direito, Poder, Justiça e Processo. Julgando os que nos julgam*. Rio de Janeiro: Forense, 1999.

CALMON DE PASSOS, J. J. *Esboço de uma teoria das nulidades aplicada às nulidades processuais*. Rio de Janeiro: Forense, 2002.

CALMON DE PASSOS, J. J. *Comentários ao Código de Processo Civil*. V. III. 9. ed. Rio de Janeiro: Forense, 2004.

CALMON DE PASSOS, J. J. *Inovações no Código de Processo Civil*. Rio de Janeiro: Forense. 1995.

CÂMARA, Alexandre Freitas. *Arbitragem. Lei nº 9.307/96*. Rio de Janeiro: Lúmen Júris, 1997.

CÂMARA, Alexandre, Freitas. *Lições de Direito Processual Civil*. Vol. I. 24 ed. São Paulo: Atlas, 2013.

CÂMARA, Alexandre Freitas. *O Novo Processo Civil Brasileiro*. São Paulo: Atlas, 2015.

CAMBI, Eduardo. *Neoconstitucionalismo e Neoprocessualismo*. 2 ed. São Paulo: RT, 2011.

CAMPOS, João da Mota. *Direito Comunitário*. V. I. 3. ed. Lisboa: Fundação Calouste Gulbenkian, 1989.

CAMPOS JR., Ephraim. *Substituição processual*. São Paulo: RT, 1989.

CANELA JÚNIOR, Osvaldo. *Controle Judicial de Políticas Públicas*. São Paulo: Saraiva, 2011.

CANOTILHO, José Joaquim Gomes. Principialização da Jurisprudência através da Constituição. *In*: *Revista de Processo*, São Paulo: RT, n.. 98, Ano 25, Abr/Jun. de 2000, p.83.

CANOTILHO, José Joaquim Gomes; MACHADO, Jónatas E. M.; GAIO JÚNIOR, Antônio Pereira. *Biografia não Autorizada versus Liberdade de Expressão*. 2 ed. Lisboa: Juruá Editorial, 2015.

CANOTILHO, J.J. Gomes. *Direito Constitucional*. Coimbra: Almedina, 1993.

CANOTILHO, José Joaquim Gomes; MOREIRA, Vital. *Fundamentos da Constituição*. Coimbra: Almedina, 1991.

CAPPELLETTI, Mauro. *Juízes legisladores?* Carlos Alberto Álvaro de Oliveira (Trad.). Porto Alegre: Sergio Antonio Fabris Editor, 1999.

CAPPELLETTI, Mauro. *O Processo Civil no Direito Comparado*. Hiltomar Martins Oliveira (Trad.). Belo Horizonte: Líder, 2001.

CAPPELLETTI, Mauro. *Proceso, Ideologías, Sociedad*. Buenos Aires: Ediciones Jurídicas Europa-América, 1974.

CAPPELLETTI, Mauro. *Processo, Ideologias e Sociedade*. Vol. I. trad. e notas de Elicio de Cresci Sobrinho. Porto Alegre: Sergio Antônio Fabris Editor, 2008.

CAPPELLETTI, Mauro; GARTH, Bryan. *Acesso à justiça*. Porto Alegre: Sérgio Antonio Fabris Editor, 1988.

CARBONNIER, Jean. *Sociologia Jurídica*. Coimbra: Almedina, 1979.

CARCOMO LOBO, Maria Tereza de. *Manual de direito comunitário*. Curitiba: Juruá, 2001.

CARDOZO, Benjamin N. *A natureza do processo e a evolução do direito*. Leda Boechat Rodrigues (Trad.). 3. ed. Porto Alegre: Coleção AJURIS, 1978.

CARMONA, Carlos Alberto. *A Arbitragem no Processo Civil Brasileiro*. São Paulo: Malheiros, 1993.

CARMONA, Carlos Alberto. *Arbitragem e processo:* um comentário à Lei n. 9.307/96. São Paulo: Malheiros, 1998.

CARMONA, Carlos Alberto. Árbitros e juízes: guerra ou paz? In: MARTINS, Pedro A. Batista *et al*. *Aspectos fundamentais da lei de arbitragem*. Rio de Janeiro: Forense, 1999, p.425.

CARNEIRO, Athos Gusmão. *Antecipação da tutela*. Rio de Janeiro: Forense, 1999.

CARNEIRO, Athos Gusmão. *Audiência de instrução e julgamento e audiências preliminares*. 7. ed. Rio de Janeiro: Forense, 2000.

CARNEIRO, Athos Gusmão. *Cumprimento da Sentença Civil*. Rio de Janeiro: Forense, 2007.

CARNEIRO, Athos Gusmão. *Da Antecipação de Tutela no Processo Civil*. Rio de Janeiro: Forense, 1998.

CARNEIRO, Athos Gusmão. Do "cumprimento da sentença", conforme a Lei n. 11.232/2005. Parcial Retorno ao medievalismo? Por que não? *In:* RENAULT, Sérgio; BOTTINI. *A Nova Execução de Títulos Judiciais. Comentários à Lei 11.232/05*. São Paulo: Saraiva, 2006, p. 15-54.

CARNEIRO, Athos Gusmão. *Intervenção de Terceiros*. 14 ed. São Paulo: Saraiva, 2003.

CARNEIRO, Athos Gusmão. *Jurisdição e competência*. São Paulo: Saraiva, 1989.

CARNEIRO, Paulo César Pinheiro. *Aspectos Processuais da nova Lei de Arbitragem. Arbitragem, a nova lei brasileira (9.307/96) e a praxe internacional*. São Paulo: LTr, 1997.

CARNELUTTI, Francesco. *Diritto e processo*. Napole: Morano Editore, 1958.

CARNELUTTI, Francesco. *Instituciones del proceso civil*. V. 1. Traducción de la quinta edición italiana por Santiago Sentis Melendo. Buenos Aires: Ediciones Jurídicas Europa-America, 1956.

CARNELUTTI, Francesco. *Instituciones del nuevo proceso civil italiano*. Vol. I. Roma: Foro Italiano, 1951.

CARNELUTTI, Francesco. *La prueba civil*. 2. ed. Buenos Aires: Depalma, 1982.

CARNELUTTI, Francesco. *Lezione di diritto processuale civile*. V. I. Padova: CEDAM, 1933.

CARNELUTTI, Francesco. *Sistema del Diritto Processuale Civile*. Vol. I. Padova: CEDAM, 1936.

CARPI, Federico. *La Provvisoria Esecutorietà della Sentenza*. Milão: Giuffrè, 1979.

CARRAZZA, Roque Antônio. *Curso de Direito Constitucional Tributário*. 7 ed. São Paulo: Malheiros, 1995.

CARREIRA ALVIM, José Eduardo. *Elementos de teoria geral do processo*. 3. ed. Rio de Janeiro: Forense, 1995.

CASSELA, Paulo Borba. *Comunidade européia e seu ordenamento jurídico*. São Paulo: Ltr, 1994.

CASTEX, Paulo Henrique. Os blocos econômicos como sociedade transnacional – A questão da Soberania. *In*: CASELLA, Paulo Borba (Coord.). *Mercosul, integração regional e globalização*. Rio de Janeiro: Renovar, 2000.

CASTILLO, Niceto Alcalá Zamora y. *Proceso, autocomposición y autodefesa*. México: UNAM, 1970.

CASTRO, Amílcar de. *Comentários ao Código de Processo Civil*. Vol. VIII. 3. ed. São Paulo: RT, 1983.

CASTRO, Amílcar de. *Comentários ao Código de Processo Civil*. Vol. X. 2. ed. Rio de Janeiro: Forense, 1963.

CASTRO, Amílcar de. *Do procedimento de Execução*. Rio de Janeiro: Forense, 1999.

CHIOVENDA, Giuseppe. "Dell Azione Nascente dal Contratto Preliminare". *In: Saggi di Diritto Processuale Civile*. 2. ed. Roma: Foro It., 1930.

CHIOVENDA, Giuseppe. *A Ação no sistema dos direitos*. Hiltomar M. Oliveira (Trad.). Belo Horizonte: Líder, 2003.

CHIOVENDA, Giuseppe. Azioni e sentenze di mero accertamento. In: *Rivista de Diritto Processuale Civile*, v. I, 1933.

CHIOVENDA, Giuseppe. *Instituciones de derecho procesal civil.* V. I. 2. ed. E. Gómez Orbaneja (Trad.). Madri: Revista do Derecho Privado, 1948.

CHIOVENDA, Giuseppe. *Instituições de direito processual civil.* V. I, II, e III. Trad. de J. Guimarães Menegale. São Paulo: Saraiva, 1965.

CHIOVENDA, Giuseppe. *Instituições de Direito Processual Civil.*.Trad. de J. Guimarães Menegale. Vol. I. São Paulo: Saraiva, 1969.

CHIOVENDA, Giuseppe. *Principii di diritto processuale civile.* Napole: Nicola Jovene, 1928.

CHIOVENDA, Giuseppe. *Principii di Diritto Processuale Civile.* Napoli: Jovene, 1965.

CHIOVENDA, Giuseppe. *Princípios de derecho procesal civil.* T. I. Traducción do Prof. José Casais Y Santaló. México: Cardenas, 1989.

CHIOVENDA, Giuseppe. *Saggi di diritto processuale civile.* V. I, II e III. Milano: Giuffrè, 1993.

CINTRA, Antônio Carlos de Araújo. Sobre os embargos de declaração. *In*: *Revista dos Tribunais*, n. 618, São Paulo, RT, abril/1987, p. 194.

CINTRA, Antônio Carlos de Araújo; GRINOVER, Ada Pellegrini; DINAMARCO, Cândido RangeI. *Teoria geral do processo.* 11. ed. São Paulo: Malheiros Editores, 1995.

CINTRA, Antônio Carlos de Araújo; GRINOVER, Ada Pellegrini; DINAMARCO, Cândido RangeI. *Teoria geral do processo.* 15. ed. São Paulo: Malheiros Editores, 1999.

CINTRA, Antônio Carlos de Araújo; GRINOVER, Ada Pellegrini; DINAMARCO, Cândido RangeI. *Teoria geral do processo.* 22. ed. São Paulo: Malheiros Editores, 2006.

CINTRA, Antônio Carlos de Araújo; GRINOVER, Ada Pellegrini; DINAMARCO, Cândido Rangel. *Teoria Geral do Processo.* 28 ed. São Paulo: Malheiros Editores, 2012.

CLAY, Thomas. *L'Arbitre.* Paris: Dalloz, 2001.

COELHO, Fábio Ulhoa. *Curso de Direito Comercial.* Vol. 2. 5 ed. São Paulo: Saraiva, 2002.

COELHO, Fábio Ulhoa. A ação de dissolução parcial de sociedade. *In*: *Revista de Informação Legislativa*, Brasília ano 48 n. 190 abr./jun. 2011, p.143.

COMOGLIO, Luigi Paolo. *La garanza constituzionale dell' azione ed il processo civile.* Padova: CEDAM, 1970.

COMOGLIO, Luigi Paolo; FERRI, Corrado; TARUFFO, Michele. *Lezioni sul processo civile. I. Il processo ordinário di cognizione.* Bologna:Il Mulino, 1995.

COMOGLIO, Luigi Paolo; FERRI, Corrado; TARUFFO, Michele. *Lezioni sul processo civile. I. Il processo ordinario di cognizione.* Bologna: Il Mulino, 2006.

COMPARATO, Fábio Konder. *O Poder de Controle na Sociedade Anônima.* 3 ed. Rio de Janeiro: Forense, 1983.

CORDEIRO, António Menezes. *Tratado de Direito Civil Português*. Vol. I. Coimbra: Almedina, 2004.

CORRÊA, Antônio. Arbitragem *no Direito Brasileiro. Teoria e Prática*. Rio de Janeiro: Forense, 1998.

CORREIA, André Luiz. Em defesa da penhora on-line. In: Revista de Processo 125, RT, jul. de 2005, p. 123.

CORREIA, André Luizi. Em defesa da penhora on-line. *In*: *Revista de Processo*. Vol. 125. São Paulo: RT, 2005, p. 123.

COSTA, Lopes da. *Direito Processual Civil Brasileiro*. Vol. IV. Rio de Janeiro: Forense, 1959.

COSTA, Moacyr Lobo da. *Confissão e reconhecimento jurídico do pedido*. São Paulo: Saraiva, 1983.

COSTA MACHADO, Antonio Cláudio da. Observações sobre a natureza cautelar da tutela antecipatória do art. 273, I, do CPC. *In:* TEIXEIRA, Sálvio de Figueiredo (Coord.). *Reforma do Código de Processo Civil*. São Paulo: Saraiva, 1996.

COSTA TJÄDER, Ricardo Luiz da. *Cumulação eventual de pedidos*. Porto Alegre: Livraria do Advogado, 1998.

COUTINHO, Cristiane Maria Henrichs de Souza. *Arbitragem e a Lei nº 9.307/96*. Rio de Janeiro: Forense, 1999.

COUTURE, Eduardo J. *Fundamentos de Derecho procesal civil*. 2. ed. Buenos Aires: Depalma, 1958.

COUTURE, Eduardo J. *Interpretação das leis processuais*. 4. ed. Rio de Janeiro: Forense, 1994.

COUTURE, Eduardo J. *Introdução ao Estudo do Processo Civil*. Trad. Mozart Victor Russomano. Rio de Janeiro: Forense, 1995.

COUTURE, Eduardo J. *Introducción al estudio del proceso civil*. Buenos Aires: Depalma, 1993.

CREDIE, Ricardo Arcoverde. *Adjudicação Compulsória*. 7. ed. São Paulo: Malheiros, 1997.

CREMONESE, Paulo Henrique. *Prática de Direito Marítimo*. 2 ed. São Paulo: Quartier Latim, 2012.

CRETELLA JÚNIOR, José. *Os writs constitucionais na Constituição de 1988*. São Paulo: Forense, 1989.

CRETELLA NETO, José. *Curso de Arbitragem*. Rio de Janeiro: Forense, 2004.

CRETELLA NETO, José. *Fundamentos principiológicos do processo civil*. Rio de Janeiro: Forense, 2002.

CROSS, Rupert; HARRIS, J.W. *El precedente em el Derecho Inglês*. Madrid: Marcial Pons, 2012.

CRUZ E TUCCI, José Rogério. A "Repercussão Geral" como Pressuposto de Admissibilidade do Recurso Extraordinário. In: FABRÍCIO, Adroaldo Furtado (Coord.). *Meios de Impugnação ao Julgado Civil. Estudos em homenagem a José Carlos Barbosa Moreira.* Rio de Janeiro: Forense, 2007.

CRUZ E TUCCI, José Rogério. *A causa petendi no processo civil.* São Paulo: RT, 1993.

CRUZ E TUCCI, José Rogério. *Da Reconvenção.* São Paulo: Saraiva, 1984.

CRUZ E TUCCI, José Rogério. *Desistência da ação.* São Paulo: Saraiva, 1988.

CRUZ E TUCCI, José Rogério. *Tempo e processo.* São Paulo: RT, 1997.

CRUZ E TUCCI, José Rogério. Garantia do processo sem dilações indevidas. *In:* CRUZ E TUCCI, José Rogério (Coord). *Garantias constitucionais do processo civil. Homenagem aos 10 anos da Constituição Federal de 1988.* São Paulo: RT, 1999.

CRUZ E TUCCI, José Rogério. *O Advogado, A Jurisprudência e outros temas de Processo Civil.* São Paulo: Quartier Latin, 2010.

CRUZ E TUCCI, José Rogério. Parâmetros de eficácia e critérios de interpretação do precedente judicial. *In*: WAMBIER, Teresa Arruda Alvim. *Direito Jurisprudencial.* São Paulo: Revista dos Tribunais, 2012, p.105.

CRUZ E TUCCI, José Rogério; TUCCI, Rogério Lauria. *Devido processo legal e tutela jurisdicional.* São Paulo: RT, 1993.

CUENCA, Humberto. *Processo Civil Romano.* Buenos Aires: EJEA, 1957.

D'ANGELIS, Wagner Rocha. *Mercosul.* Da intergovernabilidade à supranacionalidade? Curitiba: Juruá, 2000.

DALL'AGNOL, Antônio. *Comentários ao Código de Processo Civil.* São Paulo: RT, 2002.

DALLARI, Dalmo de Abreu. *Elementos da teoria geral do estado.* 16. ed. São Paulo: Saraiva, 1991.

DALLARI, Dalmo de Abreu. *O poder dos juízes.*2.ed.São Paulo: Saraiva, 2002.

DANTAS, Marcelo Navarro Ribeiro. *Reclamação Constitucional no Direito Brasileiro.* Porto Alegre: Sérgio Fabris Editor, 2000.

DE PLÁCIDO E SILVA. *Vocabulário jurídico.* 23. ed. Rio de Janeiro: Forense, 2003.

DE'OLMO, Florisbal de Souza. *Direito Internacional Privado.* 6 ed. Rio de Janeiro: Forense,2006.

DELGADO, José Augusto. Efeitos da coisa julgada e os princípios constitucionais. *In:* NASCIMENTO, Carlos Valder (Coord.). *A Coisa Julgada Inconstitucionalidade.* 3. ed. Rio de Janeiro: América Jurídica. 2003.

DIAS, Maria Berenice. Disponível em: *<http://www.conteudojuridico.com.br/?colunas&colunista=_Maria_Dias&ver=647>*. Acesso em 12.08.2010.

DIDIER JR., Fredie. *Curso de Direito Processual Civil.* V.1. 10 ed. Salvador: Juspodivm, 2008.

DIDIER JR, Fredie; BRAGA, Paula Sarno; OLIVEIRA, Rafael. *Curso de Direito Processual Civil.* Vol. 2. Salvador: Juspodivm, 2008.

DIDIER JR., Fredie *et ali* (Orgs.) *Precedentes.* Salvador: Juspodivm, 2015.

DIDIER JR., Fredie *et ali. Curso de Direito Processual Civil.* Vol. 5. 6 ed. Salvador: Juspodivm, 2014.

DIDIER JR., Fredie; BUENO, Cássio Sarpinella; CRAMER, Ronaldo. III Encontro do Fórum Permanente de Processualistas Civis. In: *Revista de Processo,* Vol. 233. São Paulo RT, 2014, p.295- 325.

DINAMARCO, Cândido Rangel. *A instrumentalidade do processo.* 4. ed. São Paulo: Malheiros, 1994.

DINAMARCO, Cândido Rangel. *A reforma da reforma.* São Paulo: Malheiros, 2002.

DINAMARCO, Cândido R. *A Reforma do Código de Processo Civil.* 3ed. São Paulo: Malheiros, 1996.

DINAMARCO, Cândido Rangel. *Direito processual civil.* São Paulo: Bushatsky, 1975.

DINAMARCO, Cândido Rangel. *Fundamentos do processo Civil moderno.* T. I e II. 4. ed. São Paulo: Malheiros editores, 2001.

DINAMARCO, Cândido Rangel. *Litisconsórcio.* 3. ed. São Paulo: Malheiros, 1994.

DINAMARCO, Cândido Rangel. *Execução Civil.* 5. ed. São Paulo: Malheiros, 1997.

DINAMARCO, Cândido Rangel. *Instituições de Direito Processual Civil.* Vol. IV. São Paulo: Malheiros, 2005.

DINAMARCO, Cândido Rangel. *Nova Era do Processo Civil.* São Paulo: Malheiros Editores, 2003.

DINIZ, Maria Helena. *Código Civil Anotado.* 5 ed. São Paulo: Saraiva, 1999.

DOHRING, Erich. *La prueba.* Buenos Aires: EJEA, 1986.

DUGUIT, Leon. *Traité de droit constitucionnel*: la théorie génerale de i' état. V. II. Paris: DeBoccard, 1928.

DUXBURY, Neil. *The nature and authority of precedent.* New York:Cambridge University Press, 2008.

DWORKIN. Ronald. *A Matter of Principle.* Cambridge: Harvard University Press, 1985, p.159.

ENGISCH, Karl. *Introdução ao Pensamento Jurídico.* Trad. J. Baptista Machado. 8 ed. Lisboa: Fundação Caloust Gulbenkian, 2001.

ESPÍNDOLA, Ruy Samuel. *Conceitos de Princípios Constitucionais.* 2 ed. São Paulo: RT, 2002.

FABRÍCIO, Adroaldo Furtado. Réu revel não citado, querella nullitatis e ação recisória. *In*: *Revista de Processo*, n. 48, São Paulo: RT, out./dez.1987, p. 33.

FABRÍCIO, Adroaldo Furtado. *A ação declaratória incidental.* 3. ed. Rio de Janeiro, Forense, 1996.

FABRÍCIO, Adroaldo Furtado. A prejudicialidade de direito comunitário nos tribunais supranacionais. *In*: *Revista da AJURIS*, Porto Alegre, a. XXIV, n. 69, mar. 1997.

FABRÍCIO, Adroaldo Furtado. As novas necessidades do processo civil e os poderes do juiz. *In*: *Revista de Direito do Consumidor*, n. 3, São Paulo: RT.

FABRÍCIO, Adroaldo Furtado. *Comentários ao Código de Processo Civil.* Vol. VIII, T. III. Rio de Janeiro: Forense, 1980.

FADEL, Sérgio Sahione. *Código de Processo Civil comentado.* V. I e II. 4. ed. Rio de Janeiro: Forense, 1981.

FARIA, José Eduardo. Direitos sociais e justiça. *In*: RODRIGUEZ ORTIZ, Maria Elena (Org.). *Justiça social:* uma questão de direito. Rio de Janeiro: DP&A Ed., 2004, p. 107-128.

FARIA, José Eduardo; KUNTZ, Rolf. *Qual o futuro dos direitos?* São Paulo: Max Limonad, 2002.

FARIA, Werter R. Quadro institucional da comunidade européia. *In*: *Revista de Informação Legislativa*, a. 32, n. 28, p. 179.

FAVELA, José Ovalle. Tendencias actuales en el Derecho Procesal Civil. *In:* FERNÁNDEZ, José Luis Soberanes. *Tendencias actuales del Derecho.* México, D.F.: Fondo de Cultura Económica, 2001.

FAVER, Marcus. A Inocorrência da Revelia nos Embargos de Devedor. *Revista de Processo*. Vol. 57. São Paulo: RT, 1990.

FAZZALARI, Elio. *Instituzioni di Diritto Processuale.* 7 ed. Padova: CEDAM,1994.

FAZZALARI, Elio. *L'arbitrato.* Torino: UTET, 1997.

FAZZALARI, Elio. *La Giustizia Civile nei Paesi Comunitari.* V. I e II. Padova: CEDAM, 1994.

FENOLL, Jordi Nieva. *Jurisdicción y Proceso.* Madri: Marcial Pons, 2009.

FERNANDES, Antonio Scarance. *Incidente processual.* São Paulo: RT, 1991.

FERRAZ JR., Tércio Sampaio. *Função Social da Dogmática Jurídica.* São Paulo: RT, 1980.

FERREIRA FILHO, Manoel Caetano. *Comentários ao Código de Processo Civil.* Vol. 7. São Paulo: RT, 2001.

FEU ROSA, Marcos Vals. *Prazos dilatórios e prazos peremptórios.* Porto Alegre: Fabris, 1995.

FIGUEIRA JÚNIOR, Joel Dias. *Manual da Arbitragem.* São Paulo: Revista dos Tribunais, 1997.

FIGUEIRA JÚNIOR, Joel Dias. Do recurso cabível contra ato judicial que posterga a análise de pedido de antecipação de tutela para momento subseqüente ao oferecimento de resposta. *In*: FABRÍCIO, Adroaldo Furtado (Coord.) *Meios de Impugnação ao Julgado Civil. Estudos em homenagem a José Carlos Barbosa Moreira*. Rio de Janeiro: Forense, 2007.

FIGUEIRA JÚNIOR, Joel Dias. *Arbitragem, jurisdição e execução.* São Paulo: RT, 1999.

FIGUEIRA JÚNIOR, Joel Dias. *Novo procedimento sumário.* São Paulo: RT, 1996.

FIGUEIREDO FERRAZ, Manoel Carlos de. *Notas sobre a competência por conexão.* São Paulo: Saraiva, 1937.

FISCHBACH, Oscar Georg. *Teoria general del estado.* Barcelona: Editorial Laboral, 1949.

FISS, Owen. *The Allure of Individualism.* In: Iowa Law Review. Vol. 78, n.5, 1993, p.965-980.

FISS, Owen. *The Civil Right Injuction.* Indiana University Press: Bloomington e London, 1978.

FONTES, José. *O direito ao quotidiano estável.* Coimbra: Coimbra Editora, 2013.

FORNACIARI JÚNIOR, Clito. *Da reconvenção no direito processual civil brasileiro.* 2. ed. São Paulo: Saraiva, 1983.

FRADE, Catarina. A resolução alternativa de litígios e o acesso à justiça: A mediação do sobreendividamento. In: *Revista Crítica de Ciências Sociais.* Vol 65. Coimbra: Centro de Estudos Sociais da Universidade de Coimbra, 2003, p.107-128.

FRAGA, Affonso. *Instituições de direito processual civil do Brasil.* São Paulo: Saraiva, 1941. FRIEDE, Reis. *Curso da teoria geral do estado.* Teoria constitucional e relações internacionais. Rio de Janeiro: Forense Universitária, 2000.

FREITAS, José Lebre de. *A Acção Executiva. Depois da reforma da reforma.* Coimbra: Coimbra Editora, 2009.

FRICERO, Natalie. *L'essentiel dela Procédure Civile.* Paris: Gualino Éditeur, 2010.

FRIEDE, Reis. *Tutela Antecipada, Tutela Específica e Tutela Cautelar.* Belo Horizonte: Del Rey, 1998.

FRIEDE, Reis. *Curso da teoria geral do estado.* Teoria constitucional e relações internacionais. Rio de Janeiro: Forense Universitária, 2000.

FURNHAM, Adrian. *Linguagem corporal no trabalho.* Tradução de Márcia da Cruz Nobóa. Leme. São Paulo: Nobel, 2001.

FURTADO, Paulo. *Execução.* São Paulo: Saraiva, 1985.

FUX, Luiz. *Curso de Direito Processual Civil.* Rio de Janeiro: Forense, 2001.

FUX, Luiz. O Novo Processo Civil. In: FUX, Luiz (Coord.). *O Novo Processo Civil Brasileiro. Direito em Expectativa.* Rio de Janeiro: Forense, 2011.

GAIO JÚNIOR, Antônio Pereira; MELLO, Cleyson de Moraes. *Código de Processo Civil Comentado.*2 ed. Rio de Janeiro: Freitas Bastos, 2019.

GAIO JÚNIOR, Antônio Pereira. *O Processo nos juizados Especiais Cíveis Estaduais, Federais e da Fazenda Pública.* 3 ed. Belo Horizonte: Del Rey, 2019.

GAIO JÚNIOR, Antônio Pereira; JOBIM, Marco Félix. (Orgs.) *Teorias do Processo. Dos Clássicos aos Contemporâneos.* Vol.1. Londrina: Thoth, 2019.

GAIO JÚNIOR, Antônio Pereira (Coord). *Direito Processual em Movimento*. Vol. VIII. Curitiba: CRV, 2019.

GAIO JÚNIOR, Antônio Pereira. A Relação Jurídica Processual em Oskar Von Bülow. *In*: GAIO JÚNIOR, Antônio Pereira; JOBIM, Marco Félix. (Orgs.) *Teorias do Processo. Dos Clássicos aos Contemporâneos*. Vol.1. Londrina: Thoth, 2019, p.45-54.

GAIO JÚNIOR, Antônio Pereira; PIMENTEL, Patrícia da Silva Stefani. Código de Processo Civil brasileiro e os meios de controle jurisdicional para o respeito aos efeitos vinculantes das decisões judiciais (Precedentes Normati-vos).*In*: *Revista de Processo*, Vol. 292, Junho de 2019, São Paulo: RT, p.323-356.

GAIO JÚNIOR, Antônio Pereira; FAIRBANKS, Alexandre de Serpa Pinto. Medidas de Execução indireta (típicas e atípicas) e a busca pela satisfação efetiva dos direitos. *In*: *Revista de Processo*, vol. 294, agosto/2019, São Paulo: Revista dos Tribunais, p.169-196.

GAIO JÚNIOR, Antônio Pereira. *Teoria Geral da Arbitragem*. 2 ed. Curitiba: Juruá, 2018.

GAIO JÚNIOR, Antônio Pereira. *Instituições de Direito Processual Civil*. 3 ed. Salvador: JusPodivm, 2017.

GAIO JÚNIOR, Antônio Pereira. Acesso à Justiça e o Direito à Prioridade na Tramitação Processual. *In*: MENDES, Gilmar et al. (Coords.) *Manual dos Direitos da Pessoa Idosa*. São Paulo: Saraiva, 2017, p.557-565.

GAIO JÚNIOR, Antônio Pereira. *Teoria Geral da Arbitragem*. Curitiba: Juruá, 2016.

GAIO JÚNIOR, Antônio Pereira; MELLO, Cleyson de Moraes. *Novo Código de Processo Civil Comentado*. Belo Horizonte: Del Rey, 2016.

GAIO JÚNIOR, Antônio Pereira; CÂMARA, Alexandre Freitas (Coords.). *Código de Processo Civil. Novas Reflexões e Perspectivas*. Belo Horizonte: Del Rey, 2016.

GAIO JÚNIOR, Antônio Pereira. *O Processo nos juizados Especiais Cíveis Estaduais, Federais e da Fazenda Pública*. 2 ed. Belo Horizonte: Del Rey, 2015.

GAIO JÚNIOR, Antônio Pereira. *Tutela Específica das Obrigações de Fazer*. 5. ed. Curitiba: Juruá, 2015.

GAIO JÚNIOR, Antônio Pereira (Org.). *Direito e Desenvolvimento*. Curitiba: CRV, 2015.

GAIO JÚNIOR, Antônio Pereira. (Org.). *Direito Processual em Movimento*. Vol. V. Curitiba: CRV, 2015.

GAIO JÚNIOR, Antônio Pereira. Ação de reclamação como instrumento processual no controle da atuação judicante dos tribunais e seu lugar no Novo CPC. In: DIDIER JR., Fredie *et al* (Coords). *Precedentes*. Salvador: Juspodivm, 2015, p.607-631.

GAIO JÚNIOR, Antônio Pereira. Ação de Reclamação como instrumento processual no controle da atuação judicante dos tribunais e seu lugar no novo CPC. *In*:

DIDIER JR. *et al.* (Coords.). *Precedentes.* 2 ed. Salvador: Jus Podivm, 2016, p.609-636.

GAIO JÚNIOR, Antônio Pereira. A Tutela Específica no Novo CPC. *In*: MACÊDO, Lucas Buril de.; PEIXOTO, Ravi; FREIRE, Alexandre (Orgs.). *Execução.* Salvador: Juspodivm, 2015, p.87-110.

GAIO JUNIOR, Antônio Pereira. *O Consumidor e sua Proteção na União Europeia e Mercosul. Pesquisa Conjuntural como contribuição à Política Desenvolvimentista de Proteção Consumerista nos Blocos.* Lisboa: Juruá Editorial, 2014.

GAIO JÚNIOR, Antônio Pereira; CÂMARA, Alexandre Freitas.(Coords.) *Novo CPC: reflexões e perspectivas.* Belo Horizonte: Del Rey, 2014.

GAIO JÚNIOR, Antônio Pereira; SANTOS, Márcio Gil Tostes. (Coords.). *Constituição Brasileira de 1988. Reflexões em Comemoração ao seu 25º Aniversário.* Curitiba: Juruá, 2014.

GAIO JÚNIOR, Antônio Pereira. *Instituições de Direito Processual Civil.* 2 ed. Belo Horizonte: Del Rey, 2013.

GAIO JÚNIOR, Antônio Pereira; MACHADO, Fernanda G. Ladeira. Breves reflexões acerca do Poder Judiciário Brasileiro frente a demandas sociais pós CF/88. In: GAIO JÚNIOR, Antônio Pereira; SANTOS, Márcio Gil Tostes dos. (Coords.) Reflexões sobre a Constituição Brasileira de 1988 em seu 25º Aniversário. Lisboa: Juruá Editorial, 2013.

GAIO JÚNIOR, Antônio Pereira; NUNES, Flávio Filgueiras. A irrepetibilidade dos Benefícios Previdenciários em razão da reversão da Tutela Antecipada. *In*: FOLMANN, Melissa; BERWANGER, Jane Lucia Wilhelm. *Previdência Social nos 90 Anos da Lei Eloy Chaves.* Curitiba, Juruá, 2013, p.165-174.

GAIO JÚNIOR, Antônio Pereira; GAIO, Raquel Mota Dias. A Mediação na esfera civil como meio propício para solução de conflitos. *In*: VARGAS, Fábio de Oliveira; DOMITH, Laira Carone Rachid. *Direito e Psicologia. Estudos em homenagem ao Professor Israel Carone Rachid.* Juiz de Fora: Editar, 2013, p. 81-106.

GAIO JÚNIOR, Antônio Pereira; GAIO, Raphael Bargiona. Duplo Grau de Jurisdição no quadro dos Direitos e Garantias Processuais Constitucionais. *In*: GAIO JÚNIOR, Antônio Pereira (Org.). *Direito Processual em Movimento.* Vol. III. Curitiba: CRV, 2013, p.133-148.

GAIO JÚNIOR, Antônio Pereira; SANTOS, Márcio Gil Tostes dos. (Coords.) *Reflexões sobre a Constituição Brasileira de 1988 em seu 25º Aniversário.* Lisboa: Juruá Editorial, 2013.

GAIO JÚNIOR, Antônio Pereira. *Teoria da Arbitragem.* São Paulo: Rideel, 2012.

GAIO JÚNIOR, Antônio Pereira. *Tutela específica das obrigações de fazer.* 4. ed. Curitiba: Juruá, 2012.

GAIO JÚNIOR, Antônio Pereira. *O Conceito de Precedentes no Novo CPC.* Disponível em: <http://portalprocessual.com/o-conceito-de-precedentes-no-novo-cpc/.

GAIO JÚNIOR, Antônio Pereira; MAGALHÃES, Rodrigo Almeida (Coords.) *Arbitragem. 15 Anos da Lei n. 9.307/96*. Belo Horizonte: Del Rey, 2012.

GAIO JÚNIOR, Antônio Pereira. Súmula Vinculante: objeto, eficácia e outros desdobramentos. *In*: GAIO JÚNIOR, Antônio Pereira (Org.) *Direito Processual em Movimento*. Vol. II. Curitiba: CRV, 2012, p.11-24.

GAIO JÚNIOR, Antônio Pereira. *Instituições de Direito Processual Civil*. Belo Horizonte: Del Rey, 2011.

GAIO JÚNIOR, Antônio Pereira (Org.). *Direito Processual em Movimento*. Curitiba: CRV, 2011.

GAIO JÚNIOR, Antônio Pereira. Incidente de resolução de Demandas repetitivas no Projeto do novo CPC – breves apontamentos. *In*: *Revista de Processo*. São Paulo: Revista dos Tribunais, ano 36, n. 199, setembro de 2011, p. 247-256.

GAIO JÚNIOR, Antônio Pereira. *Direito Processual Civil*. Vol. I. 4 ed. Belo Horizonte: Del Rey, 2010.

GAIO JÚNIOR, Antônio Pereira. *Direito Processual Civil*. Vol. I. 2 ed. Belo Horizonte: Del Rey, 2008.

GAIO JÚNIOR, Antônio Pereira. *Direito Processual Civil*. Vol. II. Belo Horizonte: Del Rey, 2008.

GAIO JÚNIOR, Antônio Pereira. Direito, Processo e Desenvolvimento: Pacto de Estado e a Reforma do Judiciário. In*: Revista Magister de Direito Empresarial, Concorrencial e do Consumidor*, v.19, fev/mar., Magister : Porto Alegre, 2008, p. 31-34.

GAIO JÚNIOR, Antônio Pereira. *Direito Processual Civil*. Vol. I. Belo Horizonte: Del Rey, 2007.

GAIO JÚNIOR, Antônio Pereira. *Tutela específica das obrigações de fazer*. 3. ed. Rio de Janeiro: Forense, 2007.

GAIO JÚNIOR, Antônio Pereira; MACHADO GOMES, José Maria. *Compêndio de direito econômico*. Rio de Janeiro: América Jurídica, 2005.

GAIO JÚNIOR, Antônio Pereira. *Pacto de estado e reforma do judiciário*. Jornal da OAB/MG – 4 Subseção – Palavra de Ordem, Juiz de Fora/MG, p. 01-16, 02 maio 2005.

GAIO JÚNIOR, Antônio Pereira. *CPIs e o devido processo legal*. Tribuna de Minas, Juiz de Fora – MG, p. 2-2, 16 set. 2005.

GAIO JÚNIOR, Antônio Pereira. *Acesso à justiça*. Tribuna de Minas, Juiz de Fora-MG, p. 2-2, 21 out. 2003.

GAIO JÚNIOR, Antônio Pereira. Medidas coercitivas para o cumprimento das obrigações de fazer e não fazer no direito pátrio e comparado. *In*: Revista *Forense*, v. 363, p. 345-352, Rio de Janeiro, set./out. 2002.

GAIO JÚNIOR, Antônio Pereira. *Os Cidadãos e o Mercosul*. Estado de Minas – Caderno Pensar, Belo Horizonte, p. 5-5, 24 ago. 2002.

GALGANO, Francesco. *L'interpretazione del precedente giudiziario. Contratto e impresa*. Padova: Cedam, 1985.

GAMA JR., Lauro. O STJ e a Homologação de Sentenças Arbitrais Estrangeiras: Novas Perspectivas? In: *Revista Brasileira de Arbitragem*, número 05, janeiro-março de 2005, p. 63.

GÉNY, François. *Science et tecnique en droit privé positif.* V. I. Paris: Sirey.

GIDI, Antonio. *Coisa julgada e litispendência nas ações coletivas.* São Paulo: Saraiva, 1995.

GIRÁLDEZ, Ana Maria Chocrón. *Los Principios Procesales en el Arbitraje.* Barcelona: José Maria Bosch Editor, 2000.

GOLDFARB, Ronald L. *The contempt of court.* Nova Iorque: Columbia University Press,1963.

GOLDSCHMIDT, James. *Derecho procesal civil.* Leonardo Pirieto Castro (Trad.). Barcelona: Labor, 1936.

GOLDSCHMIDT, James. *Princípios Generales del Proceso.* Buenos Aires: EJEA, 1961.

GOLDSCHMIDT, James. *Princípios Gerais do Processo Civil.* Hiltomar M. Oliveira (Trad.). Belo Horizonte: Líder, 2002.

GOMES, Orlando. *Obrigações.* 11. ed. Rio de Janeiro: Forense, 1997.

GONÇALVES, Aroldo Plínio. *Nulidades no processo.* Rio de Janeiro: AIDE, 2000.

GONÇALVES, Carlos Alberto. *Direito Civil brasileiro.* Parte Geral. 2 ed. São Paulo: Saraiva, 2005.

GONÇALVES, Marco Carvalho. *Lições de Processo Civil Executivo.* 3 ed. Coimbra: Almedina, 2019, p.38.

GOODIN, Robert A. Mediation: *an overview of alternative dispute resolution.* Disponível em *http://usinfo.state.gov/journals/itdhr/1299/ijde/goodin.htm.* Acesso em 14.10.2015.

GRECO, Leonardo. *A teoria da ação no processo civil.* São Paulo: Dialética, 2003.

GRECO, Leonardo. *Instituições de Processo Civil.* Vol. I. 2 ed. Rio de Janeiro: Forense, 2010.

GRECO, Leonardo. *Jurisdição voluntária moderna*. São Paulo: Dialética, 2003.

GRECO, Leonardo. *O Processo de Execução*. Rio de Janeiro: Renovar. Vol. I, 1999.

GRECO, Leonardo. *O Processo de Execução*. Rio de Janeiro: Renovar. Vol. II, 2001.

GRECO, Leonardo. Primeiros Comentários sobre a Reforma da Execução Oriunda da Lei n. 11.232/05. *Revista Magister. Direito Empresarial, Concorrencial, e do Consumidor*, Porto Alegre: Magister, dez./jan. 2006.

GRECO, Leonardo. Uma Pauta para a Reforma do Processo de Execução. *Boletim Legislativo Adcoas*. São Paulo: Advogados e Consultores Associados, n.18, 1995.

GRECO, Leonardo. *Instituições de Processo Civil*. Vol. 2. 3 ed. Rio de Janeiro: Forense, 2015.

GRECO, Leonardo. A Tutela da Urgência e a Tutela da Evidência no Código de Processo Civil de 2014/2015. Disponível em: http://www.redp.com.br/arquivos/redp http://www.redp.com.br/arquivos/redp_ht14_edicao.pdf. Acesso em 15.09.2015.

GRECO FILHO, Vicente. *Direito processual civil brasileiro*. V. I. 18. ed. São Paulo: Saraiva, 2006.

GRECO FILHO, Vicente. *Direito processual civil brasileiro*. V. II. 17. ed. São Paulo: Saraiva, 2006.

GRECO FILHO, Vicente. *Direito processual civil brasileiro*. V. II. 18. ed. São Paulo: Saraiva, 2007.

GRECO FILHO, Vicente. *Direito Processual Civil Brasileiro*. Vol. 1. 20 ed. São Paulo: Saraiva, 2007.

GRECO FILHO, Vicente. *Tutela constitucional das liberdades*. São Paulo: Saraiva, 1989.

GRECO FILHO, Vicente. *Direito Processual Civil Brasileiro*. Vol. III. 18. ed. São Paulo: Saraiva, 2006.

GRINOVER, Ada Pellegrini. *Código brasileiro de defesa do consumidor comentado pelos autores do anteprojeto*. 4. ed. São Paulo: Forense Universitária, 1995.

GRINOVER, Ada Pellegrini. *Direito processual civil*. 2. ed. São Paulo: Bushatsky, 1975.

GRINOVER, Ada Pellegrini. *Liberdades públicas e processo penal*. 2. ed. São Paulo, 1982.

GRINOVER, Ada Pellegrini *et ali*. *O Processo Civil Contemporâneo*. Curitiba: Juruá, 1994.

GRINOVER, Ada Pellegrini. O *Processo em evolução*. São Paulo: Forense Universitária, 1996.

GRINOVER, Ada Pellegrini. Os *princípios constitucionais e o Código de Processo Civil*. São Paulo: Bushatsky, 1975.

GRINOVER, Ada Pellegrini. Tutela jurisdicional nas obrigações de fazer e não fazer. *In*: TEIXEIRA, Sálvio de Figueiredo (Coord.). *Reforma do Código de Processo Civil*. São Paulo: Saraiva, 1996.

GRINOVER, Ada Pellegrini; DINAMARCO, Cândido Rangel; WATANABE, Kazuo. *Participação e processo*. São Paulo: RT, 1988.

GRINOVER, Ada Pellegrini; MENDES, Aluisio Gonçalves de Castro; WATANABE, Kazuo(Coord.). *Direito Processual Coletivo e o anteprojeto de Código Brasileiro de Processos Coletivos*. São Paulo: RT, 2007.

GRINOVER, Ada Pellegrini; WATANABE, Kazuo; NETO, Caetano Lagrasta (Coord.). *Mediação e Gerenciamento do Processo. Revolução na Prestação Jurisdicional.* São Paulo: Atlas, 2007.

GRUPO DE PESQUISA PROCESSO CIVIL E DESENVOLVIMENTO. O Processo em sua perspectiva externa: meio de promoção do desenvolvimento como qualidade de vida – por uma nova fase metodológica do Processo. *In*: GAIO JÚNIOR, Antônio Pereira (Coord). *Direito Processual em Movimento.* Vol. VIII. Curitiba: CRV, 2019, P.117-154.

GUASP, *Jaime. Comentarios a la Ley de Enjuiciamiento Civil.* Madrid, 1943.

GUASP, Jaime. *Concepto y metodo de derecho procesal.* Madri: Civitas, 1997.

GUASP, Jaime. *Derecho procesal civil.* Madrid: Graficas Gonzales, 1956.

GUASP, Jaime; ARAGONES, Pedro. *Derecho procesal civil.* T. I. 5. ed. Madri: Civitas, 2002.

GUERRA, Marcelo Lima. *Estudos sobre o processo cautelar.* São Paulo: Malheiros, 1996.

GUERRA, Marcelo Lima. *Execução forçada.* São Paulo: RT, 1995.

GUERRA, Marcelo Lima. *Execução indireta.* São Paulo: RT, 1998.

GUIMARÃES, Luís Machado. A instância e a relação processual. *Estudos de direito processual civil.* Rio de Janeiro/São Paulo: Jurídica e Universitária, 1969.

GUTIÉRREZ-ALVIZ Y CONRADI, Faustino. *El procedimiento monitório – estúdio de derecho comparado.* Anales de la Universidad Hispalense. Sevilla: Universidad, 1972.

HÄBERLE, Peter. *Per una dottrina della Costituzione come scienza della cultura.* Roma: Carocci, 2001.

HABERMAS, Jürgen. *Direito e Democracia – entre facticidade e validade.* 2ed. Rio de Janeiro: Tempo Brasileiro, 2003.

HELLER, Hermann. *Teoria del estado.* Pánuco: Fondo de Cultura Economica, 1963.

HOFFMAN, Paulo. Primeiras Dúvidas de Ordem Prática na Aplicação da Lei n. 11.232/05. *In*: HOFFMAN, Paulo; RIBEIRO, Leonardo Ferres da Silva (Coord.). *Processo de Execução Civil: Modificações da Lei nº 11.232/05.* São Paulo: Quartier Latin, 2006.

HOLANDA, Aurélio Buarque de. *Novo dicionário Aurélio da língua portuguesa. 2.* ed. São Paulo: Nova Fronteira.

JAYME, Fernando Gonzaga; FARIA, Juliana Cordeiro de; LAUAR, Maira Terra. (Coords.). *Processo civil: novas tendências. Estudos em homenagem ao Prof. Humberto Theodoro Júnior.* Belo Horizonte: Del Rey, 2008.

JELLINEK, Georg. *Teoria general del estado.* Buenos Aires: Editorial Albatroz, 1954.

JORGE, Flávio Cheim. *Apelação cível:* teoria geral e requisitos de adrnissibilidade. São Paulo: RT, 1999.

JORGE, Flávio Cheim. *Chamamento ao processo.* 2. ed. São Paulo: RT, 1999.

JORGE, Flávio Cheim. Sentença cível. *In*: *REPRO,* n. 104, São Paulo: RT, 2002.

JUSTEM FILHO, Marçal. *Desconsideração da personalidade societária no direito brasileiro*. São Paulo: RT, 1987.

KAPLOW, Louis; SHAVELL, Steven. *Fairness versus Welfare*, 114 Harv. L. Rev. 961, (200-2001), p.968.

KELSEN, Hans. *Teoria pura do direito.* 4. ed. São Paulo: Martins Fontes, 1995.

KENNETT, Wendy (Coord.) *Enforcement of juldgments*. Europe Review of Private Law. Haia: Kluwer, 1997.

KISCH, W. *Elementos de derecho procesal civil.* L. Prieto Castro (Trad.). Madrid, 1940.

KLEIN, Franz. *Der Zivilprozess Österreichs*. Aalen: Scientia Verlag, 1970.

KOCHEM, Ronaldo. Racionalidade e decisão - A fundamentação das decisões judiciais e a interpretação jurídica. *In*: *Revista de Processo*, v. 244. São Paulo: Revista dos Tribunais, 2015. p. 68.

KOMATSU, Roque. *Da invalidade no processo civil*. São Paulo: RT, 1991.

KOURY, Suzy Elizabeth Cavalcante. *A desconsideração da Personalidade Jurídica. (Disregard doctrine) e os grupos de empresas.* 3 ed. Rio de Janeiro: Forense, 2012.

KRITSCH, Raquel. *Soberania*. A construção de um conceito. São Paulo: Humanitas. FFLCH/USP: Imprensa Oficial do Estado, 2002,

KUHN, Thomas s. *A estrutura das revoluções científicas*. São Paulo: Perspectiva, 2003.

KUHN, Thomas s. *A Revolução copernicana*. Rio de Janeiro: Lisboa, Edições 70, 2002.

LA CHINA, Sérgio *L'Arbitrato: Il Sistema e l'experienza.* Milano: Giuffrè, 1999.

LACERDA, Galeno. *Comentários ao Código de Processo Civil.* T. I, V e VIII. Rio de Janeiro: Forense, 1998.

LACERDA, Galeno. *Despacho Saneador*. 2. ed. Porto Alegre: Sérgio Antonio Fabris Editor, 1985.

LARA, Betina Rizzato. *Liminares no processo civil.* 2. ed. São Paulo: RT, 1994.

LEBORGNE, Anne; PUTMAN Emmanuel (Org.) *Les Obstacles à L'exécution Forcée: Permanence et Évolution*. Paris: Éditions Juridiques et Techniques, 2009.

LEMES, Selma M. Ferreira *et al. Aspectos Fundamentais da Lei de Arbitragem.*Rio de Janeiro: Forense, 1999.

LEMES, Selma M. Ferreira. Reconhecimento da Sentença Arbitral Estrangeira no Brasil. Disponível em: <http://www.mundojuridico.adv.br>. Acesso em 18.12.2015.

LENAERTS, Koen. The principle of subsiadiarity and the environment in the european union: Kee Ping The Balance of Federalism. *In*: *Fordham International Law Journal*, v. 17, n. 4, 1994.

LIEBMAN, Enrico Tullio. *Corso di diritto processuale civile*. Milano: Giuffrè, 1952.

LIEBMAN, Enrico Tullio. *Eficácia e autoridade da sentença e outros escritos sobre a coisa julgada*. 3. ed. Rio de Janeiro: Forense, 1984.

LIEBMAN, Enrico Tullio. *Embargos do Executado*. São Paulo: Saraiva, 1952.

LIEBMAN, Enrico Tullio. *Embargos do Executado*. Trad. J. Guimarães Menegale. São Paulo: Saraiva, 1953.

LIEBMAN, Enrico Tullio. *Estudos sôbre o processo civil brasileiro*. São Paulo: Saraiva, 1947.

LIEBMAN, Enrico Tullio. *Manuale de diritto processuale civile*. 5. ed. Milão: Giunffrè, 1992.

LIEBMAN, Enrico Tullio. *Manuale de diritto processuale civile*. 3 ed. Milano: Giuffrè, 1973.

LIEBMAN, Enrico Tullio. *Problemi del processo civile*. Milano: Morano Editore, 1962.

LIEBMAN, Enrico Tullio. *Processo de Execução*. 4. ed. São Paulo: Saraiva, 1980.

LIMA, Alcides de Mendonça. *Comentários ao Código de Processo Civil*. Vol. VI. Rio de Janeiro: Forense, 1977.

LIMA, Alcides de Mendonça. *Comentários ao Código de Processo Civil*. Vol. VI. Tomo II. Rio de Janeiro: Forense, 1979.

LIMA, Alcides de Mendonça. O Juízo Arbitral em face da Constituição. *In: Revista Forense*, Rio de Janeiro, n. 27, jul/set., 1969, p.383-385.

LIMA, Leandro Rigueira Rennó. Arbitragem: uma análise da fase pré-arbitral. *In*: CASELLA, Paulo Borba (Coord.). *Arbitragem: lei brasileira e praxe internacional*. Belo Horizonte: Mandamentos, 2003, p. 112.

LIMA, Tiago Asfor Rocha. *Precedentes judiciais civis no Brasil*. São Paulo: Saraiva, 2013.

LIMA FLORENCIO, Sérgio Abreu e; FRAGA ARAÚJO, Ernesto Henrique. *Mercosul Hoje*. São Paulo: Alfa Omega, 1996.

LISBOA, Celso Anicet. *A Reforma do Código de Processo Civil*. Rio de Janeiro: Forense, 2006.

LITRENTO, Oliveiros. A soberania em mudança. *In*: *Revista de Ciência Política*, v. 27, Rio de Janeiro: Fundação Getúlio Vargas, maio-ago. 1994.

LLOYD, Dennis. *A Ideia de Lei*. Trad. Álvaro Cabral. São Paulo: Martins Fontes, 1985.

LLOYD, Dennis. *A Ideia de Lei*. Trad. Álvaro Cabral. São Paulo: Martins Fontes, 1985.

LOPES, João Batista. *Ação declaratória*. 3. ed. São Paulo: RT, 1991.

LOPES, João Batista. *Aspectos Polêmicos da Antecipação de Tutela*, São Paulo: RT, 1997. LUCON, Paulo Henrique dos Santos. *Embargos à Execução*. São Paulo: Saraiva, 1996.

LOPES DA COSTA, Alfredo Araújo. *Manual Elementar de Direito Processual Civil.* Rio de Janeiro: Forense, 1956.

LOPES DA COSTA, Alfredo de Araújo. *A administração pública e a ordem jurídica privada* (jurisdição voluntária). Belo Horizonte: Bernardo Álvares, 1961.

LOPES DA COSTA, Alfredo de Araújo. *Direito processual civil brasileiro.* V.I e II 2. ed. Rio de Janeiro: José Konfino Editor, 1947.

LOPES DA COSTA, Alfredo de Araújo. *Direito processual civil brasileiro.* V. IV. Rio de Janeiro: José Konfino Editor, 1947.

LOPES DA COSTA, Alfredo de Araújo. *Direito processual civil brasileiro.* V. III. 2. ed. Rio de Janeiro: José Konfino Editor, 1948.

LOWAN, Michael. The Litigating amicus curiae: when does the party begin after the friends leave? *In*: *American University Law Review*, Vol. 41, 1992. p. 1243-1299.

LOYD, Dennis. *A idéia de Lei.* São Paulo: Martins Fontes, 1985.

LUGO, Andréa. *Manuale di diritto processuale civile.* 11. ed. Milano: Giuffrè, 1995.

MACEDO, Alexander dos Santos Macedo. *Da Querella Nullitatis – Sua Subsistência no Direito Brasileiro.* 3. ed. Rio de Janeiro: Lumen Júris, 2005.

MACEDO, Elaine Harzheim, Repercussão Geral das questões constitucionais: nova técnica de filtragem do recurso extraordinário. In: *Revista Direito e Democracia*, v.6, n.1, Canoas, Editora da Ulbra, 2005.

MACÊDO, Lucas Buril de.; PEIXOTO, Ravi; FREIRE, Alexandre (Orgs.). *Execução.* Salvador: Juspodivm, 2015.

MAGALHÃES, Rodrigo Almeida. *Arbitragem e Convenção Arbitral.* Belo Horizonte: Mandamentos, 2006.

MAIA NETO, Francisco. *Arbitragem – a justiça alternativa.* Belo Horizonte: F. Maia Neto, 2002.

MALBERG, R. Carré de. *Teoria general del estado.* México: Fondo de Cultura Económica, 2001.

MANCUSO, Rodolfo de Camargo. *Divergência Jurisprudencial e Súmula Vinculante.* 2ed. São Paulo: RT, 2002.

MANCUSO, Rodolfo de Camargo. *Recurso extraordinário e recurso especial.* 3. ed. São Paulo: RT, 1993.

MANCUSO, Rodolfo de Camargo. *A resolução de conflitos e a função judicial no contemporâneo estado de direito.* São Paulo: RT, 2009.

MANDRIOLI, Crisanto. *Corso di diritto processuale civile.* Torino: G. Giapichelli, I995.

MARCATO, Antônio Carlos. *Ação de consignação em pagamento.* 4. ed. São Paulo: Malheiros, 1994.

MARCATO, Antônio Carlos. *Procedimentos especiais.* 7. ed. São Paulo: Malheiros, 1995.

MARCATO, Antônio Carlos. *Procedimentos especiais.* 7. ed. São Paulo: Malheiros, 1995.

MARINONI, Luiz Guilherme. *A Antecipação da Tutela.* 3 ed. São Paulo: Malheiros, 1997.

MARINONI, Luiz Guilherme. *Manual do processo de conhecimento.* 2. ed. São Paulo: RT, 2003.

MARINONI, Luiz Guilherme. *Novas Linhas de Processo Civil.* 2ed. São Paulo: Malheiros, 1996.

MARINONI, Luiz Guilherme. *Precedentes Obrigatórios.* São Paulo: RT, 2010.

MARINONI, Luiz Guilherme. *Tutela Antecipada, julgamento antecipado e execução imediata da sentença.* São Paulo: RT, 1997.

MARINONI, Luiz Guilherme. *Tutela cautelar e tutela antecipatória.* 2. ed. São Paulo: RT, 1994.

MARINONI, Luiz Guilherme. *Tutela inibitória.* São Paulo: RT, 1998.

MARINONI, Luiz Guilherme. Tutela Inibitória: individual e coletiva, 3 ed. São Paulo: Revista dos Tribunais, 2006.

MARINONI, Luiz Guilherme. *Coisa Julgada Inconstitucional.* São Paulo: RT, 2008.

MARINONI, Luiz Guilherme (Coord.).*O processo civil contemporâneo.* Curitiba: Juruá, 1994.

MARINONI, Luiz Guilherme. *Precedentes obrigatórios.* São Paulo: Revista dos Tribunais, 2010.

MARINONI, Luiz Guilherme. *O STJ enquanto corte de precedentes.* 2 ed. São Paulo: RT, 2014.MARINONI, Luiz Guilherme; ARENHART, Sérgio Cruz. *Curso de Processo Civil.* Vol. 3. Execução. São Paulo: RT, 2007.

MARINONI, Luiz Guilherme; ARENHART, Sérgio Cruz. *Manual do Processo de Conhecimento.* 2 ed. São Paulo: RT, 2003.

MARINONI, Luiz Guilherme; MITIDIERO, Daniel. *Repercussão Geral no Recurso Extraordinário.* São Paulo: RT, 2007.

MARINONI, Luiz Guilherme, MITIDIERO, Daniel. *Código de Processo Civil Comentado artigo por artigo.* São Paulo: RT, 2008.

MARINONI, Luiz Guilherme; MITIDIERO, Daniel. *O Projeto do CPC. Críticas e propostas.* São Paulo: RT, 2010.

MARINONI, Luiz Guilherme; ARENHART, Sérgio Cruz; MITIDIERO, Daniel. *Novo Código de Processo Civil Comentado.* São Paulo: RT, 2015.

MARINONI, Luiz Guilherme; ARENHART, Sérgio Cruz; MITIDIERO, Daniel. *Novo Curso de Processo Civil.* Vol. 2. São Paulo: RT, 2015.

MARINONI, Luiz Guilherme; ARENHART, Sérgio Cruz; MITIDIERO, Daniel. *O Novo Processo Civil.* 3 ed. São Paulo: RT, 2017.

MARINONI, Luiz Guilherme. Tutela antecipatória nas ações declaratória e constitutiva. *In:* ALVIM WAMBIER, Teresa Arruda (Coord.). *Aspectos polêmicos da antecipação da tutela.* São Paulo: RT, 1997.

MARQUES, José Frederico. *Instituições de Direito Processual Civil.* Vol. V. 2. ed. Rio de Janeiro: Forense, 1963.

MARQUES, José Frederico. *Instituições de direito processual civil.* V. I, II, III, IV e V. 4. ed. Rio de Janeiro: Forense, 1971.

MARQUES, José Frederico. *Manual de Direito Processual Civil.* Vol. I. São Paulo: Saraiva, 1974.

MARQUES, José Frederico. Manual de Direito Processual Civil. Vol. II. São Paulo: Saraiva, 1974.

MARQUES, José Frederico. *Manual de Direito Processual Civil.* Vol. III. São Paulo: Saraiva, 1975.

MARTÍN-MARCHESINI, Gualtiero. La supranacionalidad en la integración latinoamericana. *In*: *Revista de Direito Público*, a. XXI, n. 85, São Paulo, jan.-mar. 1998.

MARTINS, Pedro Antônio Batista *et al. Aspectos fundamentais da lei de arbitragem.* Rio de Janeiro: Forense, 1999.

MARTINS, Pedro Antônio Batista. A Arbitragem e o Artigo 5º, XXXV, da Constituição de 1988. *In: Revista de Direito Civil*, São Paulo, n.77, p. 230, jul./set. 1996.

MARTINS, Sandro Gilbert. *A Defesa do Executado por meio de ações autônomas: Defesa Heterotópica.* 2. ed. São Paulo: RT, 2005.

MATEU Adrià Rodés. *El derecho a um processo sin dilaciones indebidas: estúdio de su configuración constitucional y de su restablecimiento em el ordenamento jurídico español.* Barcelona: Atelier, 2009.

MATTEI, Ugo. *Precedente giudiziario e stare decisis. Digesto dele dicscipline privatistiche.* Sezione Civile. 4 ed. Torino: Utet, 2007.

MAZZILLI, Hugo Nigro. *A defesa dos interesses difusos em juízo.* 5. ed. São Paulo: RT, 1993.

MEDINA, Damaris. *Amicus Curiae. Amigo da Corte ou Amigo da Parte?* São Paulo: Saraiva, 2010.

MEDINA, José Miguel Garcia. *Código de Processo Civil Comentado.* São Paulo: RT, 2011.

MEDINA, José Miguel Garcia. *Novo Código de Processo Civil Comentado.* 3 ed. São Paulo: RT, 2015.

MEDINA, José Miguel Garcia. O prequestionamento e os pressupostos dos recursos extraordinário e especial. In: WAMBIER, Teresa Arruda Alvim (Coord.) *Aspectos Polêmicos e atuais do Recurso Especial e Extraordinário.* São Paulo: RT, 1998.

MELENDO, Santiago Sentis. *La prueba.* Buenos Aires: EJEA, 1979.

MELLO, Patrícia Perrone Campos. *Precedentes. O desenvolvimento judicial do Direito no constitucionalismo contemporâneo*. Renovar: Rio de Janeiro, 2008.

MELO, Celso Antônio Bandeira de. *Conteúdo Jurídico do Princípio da Igualdade*. 3 ed. São Paulo: Malheiros, 2000.

MENDES, Gilmar Ferreira; COELHO, Inocêncio Mártires; BRANCO, Paulo Gustavo Gonet. *Curso de direito constitucional*. 3 ed. São Paulo: Saraiva, 2008.

MENDES, João de Castro. *O Conceito de Prova em Processo Civil*. Lisboa: Ática,1961.

MENDES, João de Castro. *Recursos*. Lisboa: AAFDL, 1980.

MENDES JÚNIOR, João. *Direito judiciário brasileiro*. 2. ed. Rio de Janeiro: Livraria Freitas Bastos, 1918.

MENDES JÚNIOR, João. *Programa de ensino de prática forense*. Rio de Janeiro: Freitas Bastos, 1958.

MENDONÇA, Priscila Faricelli. O papel do juiz na efetiva implementação da política pública. Como administrar a implementação? *In*: GRINOVER, Ada Pellegrini; WATANABE, Kazuo (Coords.). *O Controle Jurisdicional de Políticas Públicas*. 2.ed. Rio de Janeiro: Forense, 2013, p.399-418.

MENESTRINA, Francesco. *La prejudiciale nel processo civile*. Milano Dutt. A. Giuffrè, 1963.

MICHELI, Gian Antonio. *Derecho procesal civil*. V. I, II e IV. Buenos Aires: EJEA, 1970.

MITIDIERO, Daniel. *Colaboração no Processo Civil*. 2 ed. São Paulo: RT, 2011.

MÒCCIOLA, Michele. Problemi del ressarcimento del danno. in forma specifica nella giurisprudenza. *In: Rivista Critica del Dirritto Privato*, 1984, p. 367 e ss.

MONAGHAN, Henry Paul. Stare Decisis and Constitucional Adjudication. *In*: *Columbia. Law Review*, New York, Vol.88, n.4,May, 1988, p.763.

MONIZ DE ARAGÃO, Egas Dirceu. Alterações no Código de Processo Civil: tutela antecipada, perícia. *In*: TEIXEIRA, Sálvio de Figueiredo (Coord.). *Reforma do Código de Processo Civil*. São Paulo: Saraiva, 1996.

MONIZ DE ARAGÃO, Egas Dirceu. *Comentários ao Código de Processo Civil*. 8. ed. Rio de Janeiro: Forense, 1995.

MONTEIRO, João. *Processo civil e comercial*. 3. ed. São Paulo: Duprat & Comp., 1912.

MONTESANO, Luigi; ARIETA, Giovanni. *Diritto processuale civile*. V. I. 2. ed. Torino: G. Giappichelli, 1996.

MONTESQUIEU. *Do espírito das leis*. V. I e II. Fernando Hentique Cardoso; Leôncio Martins Rodrigues (Trad.). São Paulo: Difusão Européia, 1962.

MOREIRA, José Carlos Barbosa. *A ação popular como instrumento de tutela dos chamados interesses difusos. Temas de direito processual*, São Paulo: Saraiva, 1977.

MOREIRA, José Carlos Barbosa. A Sentença Penal como Título Executório Civil. *Revista de Direito Penal*. Vol. 97. São Paulo: Borsói, 1971.

MOREIRA, José Carlos Barbosa (Coord.) *Abuso dos Direitos Processuais*. Rio de Janeiro: Forense, 2000.

MOREIRA, José Carlos Barbosa. Apontamentos para um estudo sistemático da legitimação extraordinária. *Direito processual civil – Ensaio e pareceres*. Rio de Janeiro: Forense, 1971.

MOREIRA, José Carlos Barbosa. *Comentários ao Código de Processo Civil*. Vol. V. Rio de Janeiro: Forense, 1994.

MOREIRA, José Carlos Barbosa. O *Novo Processo Civil Brasileiro*. 24. ed. Rio de Janeiro: Forense, 2006.

MOREIRA, José Carlos Barbosa. *O Novo Processo Civil Brasileiro*. 25. ed. Rio de Janeiro: Forense, 2007.

MOREIRA, José Carlos Barbosa. Tendências na execução das sentenças e ordens judiciais. *Temas de direito processual*. 4ª série. São Paulo: Saraiva, 1989.

MOREIRA, José Carlos Barbosa. *Comentários ao Código de Processo Civil*. 15 ed. Rio de Janeiro: Forense, 2009.

MOREIRA NETO, Diogo de Figueiredo Moreira. *A Responsabilidade do Advogado de Estado*. Disponível em: http://abrap.org.br/wp-content/uploads/2012/12/res.pdf. Acesso em: 07.11.2015.

MOREL, René. *Traité élémentaire de procédure civile: organisation judiciaire, compétence, procédure*. Paris : Sirey, 1932.

MORELLO, Augusto M. *El Proceso Justo*. 2. ed. Buenos Aires: Abeledo-Perrot, 2005.

MOURA, Mário Aguiar. *Promessa de Compra e Venda*. Rio de Janeiro: AIDE, 1985.

MOURA BITTENCOURT, Edgar de. *Alimentos*. São Paulo: Leud, 1974.

MOURA RAMOS, Rui Manuel. *Das comunidades à união européia*. Coimbra: Coimbra Editora, 1994.

MOURA ROCHA, José de. *Comentários ao Código de Processo Civil*. Vol. IX. São Paulo: RT, 1974.

MUNIZ, Tânia Lobo. *Arbitragem no Brasil e a Lei 9.307/96*. Curitiba: Juruá, 1999.

MUSCARI, Marco Antônio Botto. Súmula vinculante. São Paulo: Juarez de Oliveira, 1999.

NASCIMENTO, Carlos Valder do; DELGADO, José Augusto (Orgs.). *Coisa Julgada inconstitucional*. Belo Horizonte: Fórum, 2008.

NASCIMENTO, José Moacyr Doretto; CARDOZO, Gustavo Gonçalves. Disponível em<*http://jus.uol.com.br/revista/texto/17011/a-emenda-do-divorcio-singelas-reflexoes*. Acesso em 21.08.2010.

NAVARRETE, Antonio María Lorca. *Manual de Derecho de Arbitraje:Manual Teórico Práctico de Jurisprudencia Arbitral Española.* Madrid: Dykinson, 1997.

NEGRÃO, Theotonio; GOUVÊA, José Roberto F. *Código de Processo Civil e legislação processual em vigor.* 40 ed. São Paulo: Saraiva, 2008.

NERY JÚNIOR, Nelson. *Atualidades sobre o Processo Civil.* São Paulo: RT, 1995.

NERY JÚNIOR, Nelson. *Atualidades sobre o Processo Civil.* 2. ed. São Paulo: RT, 1996.

NERY JÚNIOR, Nelson. *Ação civil pública e tutela jurisdicional dos interesses difusos.* São Paulo: Saraiva, 1984.

NERY JÚNIOR, Nelson. Aspectos do processo civil no Código de Defesa do Consumidor. *In: Revista de Direito do Consumidor,* v. 1, São Paulo: RT, mar. 1992.

NERY JÚNIOR, Nelson. *Código brasileiro de defesa do consumidor comentado pelos autores do anteprojeto.* 4. ed. São Paulo: Forense Universitária, 1995.

NERY JÚNIOR, Nelson. Condições da ação. In: *REPRO,* n. 64, São Paulo: RT, out./dez. 1991.

NERY JÚNIOR, Nelson. *Princípios do processo civil na Constituição Federal.* 3. ed. São Paulo: RT, 1996.

NERY JÚNIOR, Nelson. *Princípios fundamentais: teoria geral dos recursos.* 3. ed. São Paulo: RT, 1996.

NERY JÚNIOR, Nelson. *Princípios fundamentais: teoria geral dos recursos.* 4. ed. São Paulo: Revista dos Tribunais, 1997.

NERY JÚNIOR, Nelson. Princípios gerais do Código brasileiro de Defesa do Consumidor. *In*: *Revista de Direito do Consumidor,* v. 3, São Paulo: RT, set.-dez. 1992.

NERY JÚNIOR, Nelson. *Vícios do ato jurídico e reserva mental.* São Paulo: RT, 1983.

NERY JÚNIOR, Nelson; ANDRADE NERY, Rosa Maria de. *Código de Processo Civil Comentado e Legislação Extravagante.* 8. ed. São Paulo: RT, 2004.

NERY JÚNIOR, Nelson; ANDRADE NERY, Rosa Maria de. *Código de Processo Civil comentado e legislação processual civil extravagante em vigor.* 9. ed. São Paulo: RT, 2006.

NERY JÚNIOR, Nelson; ANDRADE NERY, Rosa Maria de. *Código de Processo Civil Comentado e Legislação Extravagante.* 10. ed. São Paulo: RT, 2007.

NERY JÚNIOR, Nelson; ANDRADE NERY, Rosa Maria de. *Código de Processo Civil comentado e legislação processual civil extravagante em vigor.* 10 ed. São Paulo: RT, 2008.

NERY JUNIOR, Nelson; ANDRADE NERY, Rosa Maria. *Código de processo civil comentado e legislação extravagante.* 12 ed. São Paulo: RT, 2012.

NERY JÚNIOR, Nelson; ANDRADE NERY, Rosa Maria. *Comentários ao Código de Processo Civil.* São Paulo: RT, 2015.

NEVES, Celso. *Coisa julgada civil*. São Paulo: RT, 1971.

NEVES, Celso. *Estrutura Fundamental do Processo Civil*. Rio de Janeiro: Forense, 1997.

NEVES, Daniel A. A. A Competência no Projeto do Novo Código de Processo Civil. In: GAIO JÚNIOR, Antônio Pereira; CÂMARA, Alexandre Freitas. (Coords.). *Novo CPC: Reflexões e Perspectivas*. Belo Horizonte: Del Rey, 2014, p.105-132.

NIESS, Pedro Henrique Távora. *Da Sentença Substitutiva da Declaração de Vontade*. 2. ed. São Paulo: Saraiva, 1982.

NOGUEIRA, Alberto. *Jurisdição das liberdades públicas*. Rio de Janeiro: Renovar, 2003.

NORTHFLEET, Ellen Gracie. Novas Fórmulas para Solução de Conflitos. *In*: TEIXEIRA, Sávio de Figueiredo (coord.). *O Judiciário e a Constituição*. São Paulo: Saraiva, 1994.

NOVELINO, Marcelo (org.) Leituras Complementares de Constitucional. Controle de Constitucionalidade. Salvador: Juspodivm, 2010.

NOVELINO, Marcelo. *Manual de direito constitucional*. 9.ed. Rio de Janeiro: Forense; São Paulo: Método, 2014.

NOWAK, John; ROTUNDA, Ronald. *Constitutional Law*. 5 ed. St Paul: West Publishing, 2000.

NUSDEO, Fábio. *Curso de Economia: Introdução ao Direito Econômico*. 5 ed. São Paulo: RT, 2008.

OBRADOVIC, Daniela. Community law and doctrine of disible sovereignty. *In*: *Legal issues of europe Integration*. Deventer, The Netherlands: Kluwer Law and Taxation Publishers, 1993/1.

OLIVEIRA, Rodrigo de. *Evolução histórica dos precedentes nos sistemas de common law e civil law*. Disponível em: <http://www.tex.pro.br/home/artigos/175-artigos-set-2013/4794-evolucao-historica-dos-precedentes-judiciais-nos-sistemas-de-common-law-e-civil-law-1. Acesso em 26.09.2015.

ORRÙ, Giovanni. *Richterrecht. Il problema dela libertà e autorità giudiziale nella dottrina tedesca contemporânea*. Milano: Giuffrè, 1985.

OTHON SIDOU, J. M. *Fundamentos do Direito Aplicado*. Rio de Janeiro: Forense Universitária, 2003.

PACHECO, José da Silva. A "reclamação" no STF e no STJ de acordo com a nova Constituição. *Revista dos Tribunais*, São Paulo, Vol. 78, n. 646, ago., 1989.

PACHECO, José da Silva. *O Mandado de segurança e outras ações constitucionais típicas*. 4 ed. São Paulo: Revista dos Tribunais, 2002.

PAES BARRETO, Ricardo de Oliveira. *Curso de Direito Processual Civil Conforme a Jurisprudência*. 2. ed. Rio de Janeiro: Renovar, 2003.

PAESANI, Liliana Minardi. *Direito de Informática: comercialização e desenvolvimento internacional do software.* 5 ed. São Paulo: Atlas, 2005.

PARÁ FILHO, Tomás. *Estudo sobre a conexão de causas no processo civil.* São Paulo, 1964.

PARENTE, Eduardo Albuquerque. *Jurisprudência. Da Divergência à Uniformização.* São Paulo: Atlas, 2006.

PAULA, Alexandre de. *Código de Processo Civil anotado.* V. I, II, III e IV. 7. ed. São Paulo: RT, 1998.

PAUPÉRIO, Arthur Machado. *O Conceito polêmico de soberania.* 2. ed. Rio de Janeiro: Forense, 1958.

PAUPÉRIO, Arthur Machado. *Teoria democrática da soberania.* V. 2. 3. ed. Rio de Janeiro: Forense Universitária, 1997.

PEREIRA, Luiz Fernando C. *Medidas urgentes no direito societário.* São Paulo: RT, 2002.

PERROT, Roger. *Institutions Judiciaires.* Paris: Montchrestien, 2008.

PESCATORE, Pierre. *Lê droit de i'integration emergence d'un phénomène nouveau dans les relations internationales selon l'expérience des communautés européennes.* Genève: Sijthoff – Leiden/IHUEI, 1972.

PINHEIRO, Patrícia Peck. *Direito Digital.* 3 ed, São Paulo: Saraiva, 2009.

PINHEIRO, Wesson Alves. Reclamação ou correição parcial. *Revista de Processo,* São Paulo, Vol. 6, n. 21, jan./mar., 1989.

PINHO, Humberto Dalla Bernadina de (org.). *Teoria Geral da Mediação.* Rio de Janeiro: lumenJuris, 2008.

PINTO, José Emílio Nunes. *Cláusulas arbitrais patológicas: esse mal tem cura.* Disponível em <*http://jusvi.com/doutrinas_e_pecas/ver/2521*>, acesso em 14.9.2015.

PINTO, Nelson Luiz. *Manual dos Recursos Cíveis.* 3. ed. São Paulo: Malheiros editores, 2004.

PIRES, Francisco Lucas. *Tratados que instituem a comunidade e união européia.* Lisboa: Alquitas Editorial Notícias, 1994,

PISANl, Andrea Proto. *Apunti sulla tutela sommaria. I processi speciali, studi offerti a Virgilio Andrioli daí suoi allievi.* Napoli: Jovene, 1979.

PISANI, Andrea Proto. *Appunti sulla giustiza civile.* Bari: Cacucci, 1982.

PISANl, Andrea Proto. *La nuova disciplina del processo civile.* Napoli: Jovene, 1991.

PISANl, Andrea Proto. *Lezioni di diritto processuale civile.* Napoli: Jovene, 1999.

PLANIOL, M. *Traité élémentaire de droit civil.* T. 1. 6 ed. Paris: s. n., 1911/1913.

PODETTI, Ramiro. *Teoría y técnica del proceso civil.* Buenos Aires: Ideas, 1942.

PONTES DE MIRANDA, Francisco Cavalcanti. *Comentários ao Código de Processo Civil*. Vol. VIII. 2. ed. Rio de Janeiro: Forense, 1969.

PONTES DE MIRANDA, Francisco Cavalcanti. *Comentários ao Código de Processo Civil*. Vol. IX. Rio de Janeiro: Forense, 1974.

PONTES DE MIRANDA, Francisco Cavalcanti. *Comentários ao Código de Processo Civil*. Tomo XII. Rio de Janeiro: Forense, 1976.

PONTES DE MIRANDA, Francisco Cavalcanti. *Comentários ao Código de Processo Civil*. Tomo V. 3 ed. Rio de Janeiro: Forense, 1997.

PONTES DE MIRANDA, F. C. Comentários ao *Código de processo civil*. Tomo VI. 3 ed. Rio de Janeiro: Forense, 1998.

PONTES DE MIRANDA, Francisco Cavalcanti. *Comentários ao Código de Processo Civil*. Vol. IX. 2. ed. Rio de Janeiro: Forense, 2002.

PONTES DE MIRANDA, Francisco Cavalcanti. *Dez Anos de Pareceres*. São Paulo: Francisco Alves, 1974.

PONTES DE MIRANDA, Francisco Cavalcanti. *Tratado das ações*. T. I. São Paulo: RT, 1970.

PONTES DE MIRANDA, Francisco Cavalcanti. *Tratado de Direito Privado*. Vol. II. 3. ed. Rio de Janeiro: Borsoi, 1971.

PORTANOVA, Rui. *Princípios do processo civil*. 5 ed. Porto Alegre: Livraria do Advogado, 2003.

PORTO, Manuel *et al*. *A união européia*. Coimbra: Centro de Estudos Europeus, 1994.

PORTO, Sérgio. Cidadania processual e relativismo da coisa julgada. *Revista de Processo*, n. 112, a. 28, out.-dez. 2003.

PORTO, Sérgio Gilberto. Sobre a common law, civil law e o precedente judicial. <http://www.abdpc.org.br/abdpc/artigos/sergio%20porto-formatado.pdf>. Acesso em 19.08.2015.

POZNANSKI, Bernard G.The Nature and Extent of na Arbitrator's Powers international Comercial Arbitration. *In: Journal of International Arbitration*, 04/71/108, n.03, 1987.

PRATA, Edson. *Jurisdição voluntária*. São Paulo: Leud, 1979.

PRATA, Edson. *Processo de conhecimento*. V. I e II. São Paulo: Leud, 1989.

PRIETO-CASTRO Y FERRÁNDIZ, Leonardo. *Derecho Concursal, Procedimientos Sucesorios, Jurisdicción Voluntaria, Medidas Cautelares*. Madrid, 1974.

PUCCI, Adriana Noemi. Homologação de Sentenças Arbitrais Estrangeiras. In:LEMES, Selma Ferreira; CARMONA, Carlos Alberto; MARTINS, Pedro Batista. *Arbitragem.Estudos em homenagem ao Prof. Guido Fernando da Silva Soares, In Memoriam*. São Paulo: Atlas, 2007, p.342-343.

PULVIRENTI, Orlando D. *Derechos e Internet*. Buenos Aires: Errepar, 2013.

QUADROS, Fausto de. *Direito da União Europeia*. 3 ed. Coimbra: Almedina, 2013.

RADBRUCH Gustav. *Filosofia do Direito*. Coimbra: Armênio Amado Editor, 1997.

RAMIRES, Maurício. *Crítica à aplicação de precedentes do Direito brasileiro*. Porto Alegre: Livraria do Advogado,2010.

RAMOS, Manuel Ortells. *Derecho Procesal Civil*. 6. ed. Navarra: Thomson-Aranzadi, 2005.

RÁO, Vicente. *O Direito e a Vida dos Direitos*. 6 ed. São Paulo: Revista dos Tribunais, 2004.

REALE, Miguel. *Lições preliminares de direito*. 20.ed.São Paulo: Saraiva, 1993.

RECHSTEINER, Beat Walter. *Direito Internacional Privado*. 11 ed. São Paulo: Saraiva, 2008.

RECHSTEINER. Beat Walter. *Arbitragem Privada Internacional no Brasil*. 2 ed. São Paulo: RT, 2001.

REDENTI, Enrico. *Diritto processuale civile*. V. I. Milano: Giuffrè, 1949.

REDENTI, Enrico. *Diritto Processuale Civile*. Vol. III. Milano: Giuffrè, 1957.

REIS, José Alberto dos. *Processo de Execução*. Vol. II. Coimbra: Coimbra Editora, 1985.

REIS, José Alberto dos. *Processo de Execução*.Vol. I. Coimbra: Coimbra Editora, 1943.

REIS, Márcio Monteiro. Interpretação Constitucional do Conceito de Soberania – As possibilidades do Mercosul. *In*: CASELLA, Paulo Borba (Coord). *Mercosul, integração regional e globalização*. Rio de Janeiro: Renovar, 2000.

REZENDE FILHO, Gabriel José Rodrigues de. *Curso de direito processual civil*. V. I, II e III. São Paulo: Saraiva, 1962.

RIBEIRO, Darci Guimarães. *Da Tutela Jurisdicional âs formas de Tutela*. Porto Alegre: Livraria do Advogado, 2010.

ROCCO, Alfredo. *La Sentenza Civile*. Milano: Giuffrè, 1962.

ROCCO, Ugo. *Tratado de derecho procesal civil*. Buenos Aires: Depalma, 1961.

ROCHA, José de Moura. Observações sobre o art. 584, II, do CPC. *Revista Brasileira de Direito Processual*. Vol. X. Uberaba: Vitória, 1977.

RODRIGUES, Leda Boechat. *A Corte de Warren*. Rio de Janeiro: Civilização Brasileira, 1991.

RODRIGUES, Marcelo Abelha. *Ação civil pública e meio ambiente*. São Paulo: Forense Universitária, 2003.

RODRIGUES, Marcelo Abelha. *Elementos de Direito Processual Civil*. V. 1. 2. ed. São Paulo: RT, 2000.

ROSA, Eliézer. *Leituras de processo civil*. Rio de Janeiro: Guanabara, 1970.

ROSENBERG, Leo. *La carga de la prueba*. Buenos Aires: EJEA, 1956.

ROSENBERG, Leo. *Tratado de derecho procesal civil.* T. I, II e III. Buenos Aires: EJEA, 1955.

ROSINDO BORGUIGNON, Álvaro Manoel. Adjudicação compulsória. *REPRO*, n. 36, São Paulo: RT, 1984.

ROSINDO BORGUIGNON, Álvaro Manoel. *Embargos de retenção por benfeitoria.* São Paulo: RT, 1999.

SACCO NETO, Fernando *et al. A Nova Execução de Título Extrajudicial.* São Paulo: Método, 2007.

SALOMÃO FILHO, Calixto. *A sociedade unipessoal.* São Paulo: Malheiros Editores, 1995.

SALVADORI, Fausto. Banda larga no Brasil é cara e ruim; entenda. In: Revista Galileu. 05/2010. Disponível em : <http://www.revistagalileu.globo.com/Revista/Common/0,,EMI 138571-17770,00BANDA+LARGA+NO.+BRASIL+E+CARA+E+RUIM+ENTENDAhtm l.> Acesso em: 08.10.2015.

SANCHES, Sidney. *Poder Cautelar Geral do Juiz no Processo Civil Brasileiro.* São Paulo: RT,1978.

SÁNCHEZ, A. Cabanillas. *Enciclopédia Jurídica Básica.* Vol. I. Madrid: Editorial Civistas, 1995.

SANTANA, Maria Aparecida. *Democratização da Justiça e Arbitragem em espécie. Belo Horizonte: Líder, 2009.*

SANTOS, Ernane Fidélis dos. *Manual de direito processual civil.* V. I. 11. ed. São Paulo: Saraiva, 2006.

SANTOS, Ernane Fidélis dos. *Manual de direito processual civil.* V. II. 10. ed. São Paulo: Saraiva, 2006.

SANTOS, Ernane Fidélis dos. *Manual de Direito Processual Civil.* Vol. III. 10. ed. São Paulo: Saraiva, 2006.

SANTOS, Ernane Fidélis dos. *Novos perfis do processo civil brasileiro.* Belo Horizonte: Del Rey, 1996.

SANTOS, Ernane Fidélis dos. *Reformas de 2005 do Código de Processo Civil.* São Paulo: Saraiva, 2006.

SANTOS, J. M. de Carvalho. Juízo Arbitral – Compromisso – Constitucionalidade – Juros de Mora. *In: Revista Forense,* Rio de Janeiro, n.164, mar./abr., 1956, p.115-116.

SANTOS, Moacyr Amaral. *Da reconvenção no direito brasileiro.* 4. ed. São Paulo: Max Limonad, 1973.

SANTOS, Moacyr Amaral. *Primeiras linhas de direito processual civil.* V. I. 16. ed. São Paulo: Saraiva, 1993.

SANTOS, Moacyr Amaral. *Prova judiciária no cível e comercial.* V. I e II. 3. ed. São Paulo: Max Limonad, 1966.

SANTOS BEDAQUE, José Roberto dos. *Direito e processo.* São Paulo: Malheiros, 1995.

SANTOS BEDAQUE, José Roberto dos. *Poderes instrutórios do juiz.* 2. ed. São Paulo: RT, 1994.

SANTOS BEDAQUE, José Roberto dos. *Tutela cautelar e tutela antecipada:* tutelas sumárias e de urgência. São Paulo: Malheiros, 1998.

SARAIVA, F. R. dos Santos. *Novíssimo Diccionario Latino-Portuguez.* 3ed. Rio de Janeiro: H. Garnier Livreiro Editor, S/D.

SATTA, Salvatore. *Direito processual civil.* 7. ed. Rio de Janeiro: Borsói, 1973.

SCHÖNKE, Adolf. *Derecho procesal civil.* Prieto Castro (Trad.). Barcelona: Bosch, 1950.

SCHWAB, Karl Heinz. *El objeto litigioso en el proceso civil.* Buenos Aires: EJEA, 1968.

SCHWARTZ, Bernard. *Direito Constitucional Americano.* Forense: Rio de Janeiro, 1955.

SEITENFUS, Ricardo. *Para uma nova política externa brasileira.* Porto Alegre: Livraria do Advogado, 1994.

SEN, Amartya. *Development as freedom.* New York: Anchor Books, 2000.

SERICK, Rolf. *Apariencia y realidade em las sociedades mercantiles.* Barcelona: Ariel, 1958.

SERPA LOPES, Miguel Maria de. *Curso de Direito Civil.*.Vol.I. 5 ed. Rio de Janeiro: Freitas Bastos, 1971.

SESMA, Victoria Iturralde. *El precedente em el commom law.* Madri: Civitas, 1995.

SHIMURA, Sérgio. A Execução da Sentença na Reforma de 2005. *In*: WAMBIER, Tereza Arruda Alvim (Coord.). *Aspectos Polêmicos da Nova Execução.* 3. São Paulo: RT, 2006.

SICHES, Luis Ricaséns. *Tratado General de Filosofia del Derecho.* 9. ed. México: Porrúa, 1986.

SILVA, De Plácido e. *Vocabulário jurídico.* 23. ed. Rio de Janeiro: Forense, 2003.

SILVA, Ovídio A. Baptista da. *Curso de Processo Civil.* Vols. I e II. 4. ed. São Paulo: RT, 1998.

SILVA, Ovídio A. Baptista da. *Curso de Processo Civil: execução obrigacional, execução real, ações mandamentais.* Vol. II. 3. ed. São Paulo: RT, 1998.

SILVA, Ovídio A. Baptista da. *Jurisdição e execução.* São Paulo: RT, 1996.

SILVA, Ovídio A. Baptista da. O processo civil e sua recente reforma (Os princípios do direito processual civil e as novas exigências, impostas pela reforma, no que diz respeito à tutela satisfativa de urgência dos arts. 273 e 461). *Aspectos polêmicos da antecipação da tutela.* Coordenado por Teresa Arruda Alvim Wambier. São Paulo: RT, 1997.

SILVA, Ovídio A. Baptista da. *Processo e ideologia: o paradigma racionalista.* Rio de Janeiro: Forense, 2004.

SILVA, Ovídio A. Baptista da; GOMES, Flávio Luiz. *Teoria Geral do Processo Civil.* São Paulo: RT, 1997.

SIME, Stuart. *A Practical Approach to Civil Procedure.* London: Blackstone Press Limited, 1994.

SIQUEIRA, Cleanto Guimarães. *A defesa no processo civil.* 2. ed. Belo Horizonte: Del Rey, 1997.

SLAIBI, Nagib. *Ação Sentença cível.* 3. ed. Rio de Janeiro: Forense, 1995.

SORJ, Bernardo. *A nova sociedade brasileira.* Rio de Janeiro: Jorge Zahar Editor, 2000.

SOUZA, Carlos Aurélio Mota de. *Segurança Jurídica e Jurisprudência.* São Paulo: LTr, 1996.

SOUZA, Marcelo Alves Dias de. *Do Precedente Judicial à Súmula Vinculante.* Curitiba: Juruá, 2006.

SOUZA, Miguel Teixeira de. *Estudos sobre o Novo Processo Civil.* 2 ed. Lisboa: Lex, 1997.

SPADONI, Joaquim Felipe. Ação Inibitória. São Paulo: RT, 2007.

STRECK Lenio Luiz. *O pan-principiologismo e o sorriso do lagarto.* Disponível em: <http://www.conjur.com.br/2012-mar-22/senso-incomum-pan-principiologismo-sorrisola garto>. Acesso em 29.11.2015.

STRECK, Lênio Luiz. *Por que agora dá para apostar no projeto do novo CPC!* Disponível em: <http://www.conjur.com.br/2013-out-21/lenio-streck-agora-apostar-projeto-cpc>. Acesso em 23.09.2015.

TALAMINI, Eduardo. Prova emprestada no processo civil e penal. *REPRO*, n. 93, São Paulo: RT, 1999.

TALAMINI, Eduardo. Tutela mandamental e executiva *lato sensu*. *In*: ALVIM WAMBIER, Teresa Arruda (Coord.). *Aspectos polêmicos da tutela antecipada.* São Paulo: RT, 1997.

TALAMINI, Eduardo. *Tutela Monitória: A Ação Monitória (Lei 9.079/95.* 2. ed. São Paulo: RT, 2001.

TALAMINI, Eduardo. Poder geral de adoção de medidas executivas e sua incidência, nas diferentes modalidades de execução. *In*: TALAMINI, Eduardo; MINAMI, Marcos Youji (Coords.). *Poder Geral de Adoção de Medidas Executivas e sua incidência nas diferentes modalidades de execução.* Salvador: JusPodivm, 2018, p. 27-46.

TARUFFO, Michele. *Simplemente La verdad. El juez y la construcción de los hechos.* Madrid: Macial Pons,2010.

TAVARES, André Ramos. *Curso de Direito Constitucional.* 5 ed. São Paulo: Saraiva, 2007.

TEIXEIRA, Sálvio de Figueiredo. *Código de Processo Civil anotado*. 6. ed. São Paulo: Saraiva, 1996.

THEODORO JÚNIOR, Humberto. Nulidade, Inexistência e Rescindibilidade da Sentença. *In*: *Revista de Processo*, n. 19, São Paulo: RT, jul./set., 1980, p.29-31.

THEODORO JÚNIOR, Humberto. *A Execução de Sentença e a Garantia do Devido Processo Legal*. São Paulo: AIDE, 1987.

THEODORO JÚNIOR, Humberto .*Curso de Direito Processual Civil*. Vol. I. 47 ed. Rio de Janeiro: Forense, 2007.

THEODORO JÚNIOR, Humberto. A *Reforma da Execução do Título Extrajudicial*. Rio de Janeiro: Forense, 2007.

THEODORO JÚNIOR, Humberto. Alguns impactos da nova ordem constitucional sobre o direito civil. *RT* 662, dez. 1990.

THEODORO JÚNIOR, Humberto. *Curso de direito processual civil*. Vol. I. 41. ed. Rio de Janeiro: Forense, 2004.

THEODORO JÚNIOR, Humberto. *Curso de Direito Processual Civil*. Vol. I. 47 ed., Rio de Janeiro: Forense, 2007.

THEODORO JÚNIOR, Humberto. *Curso de direito processual civil*. Vol. II. 39. ed. Rio de Janeiro: Forense, 2006.

THEODORO JÚNIOR, Humberto. *Curso de Direito Processual Civil*. Vol. II. 41. ed. Rio de Janeiro: Forense, 2007.

THEODORO JÚNIOR, Humberto. *Curso de Direito Processual Civil*. Vol. III. 36. ed. Rio de Janeiro: Forense, 2006.

THEODORO JÚNIOR, Humberto. *Curso de Direito Processual Civil*. Vol. III. 50 ed. Rio de Janeiro: Forense, 2017.

THEODORO JÚNIOR, Humberto. *Execução: Direito Processual Civil ao Vivo*. 2. ed. Rio de Janeiro: AIDE, 1996.

THEODORO JÚNIOR, Humberto. *Processo de Execução*. 21. ed. São Paulo: Leud, 2002.

THEODORO JÚNIOR, Humberto; DE FARIA, Juliana Cordeiro. A Coisa Julgada Inconstitucional e os Instrumentos para seu Controle. *In:* NASCIMENTO, Carlos Valder (Coord.). *A Coisa Julgada Inconstitucional*. 3. ed. Rio de Janeiro: América Jurídica. 2003.

THEODORO JÚNIOR, Humberto. Um novo código de processo civil para o Brasil. *In*: *Revista Magister de Direito Civil e Processual Civil*. Porto Alegre: Magister, Vol. 37, jul./ago. 2010, p.89-90.

THEODORO JÚNIOR, Humberto. *Curso de Direito Processual Civil*. Vol. I. 56 ed. Rio de Janeiro: Forense, 2015.

THEODORO JÚNIOR, Humberto. A Constitucionalização do Processo no Estado Democrático de Direito. *In*: GAIO JÚNIOR, Antônio Pereira; CÂMARA, Alexandre

Freitas. *Novo CPC: reflexões e perspectivas*. Belo Horizonte: Del Rey, 2014, p.163 e ss.

THEODORO JÚNIOR, Humberto *et ali*. *Novo CPC. Fundamentos e Sistematização*. 2 ed. Rio de Janeiro: Forense, 2015.

TJÄDER, Ricardo Luiz da Costa. *Cumulação eventual de pedidos*. Porto Alegre: Livraria do Advogado, 1998.

TORNAGHI, Hélio. *A relação processual penal*. São Paulo: Saraiva, 1987.

TORNAGHI, Hélio. *Comentários ao Código de Processo Civil*. V. I e II. São Paulo: RT, 1975.

TORNAGHI, Hélio. *Curso de direito processual penal*. V. I. São Paulo: Saraiva, 1987.

TOURINHO NETO, Fernando da Costa. Efeito Vinculante das decisões do Supremo Tribunal Federal: uma solução para o Judiciário. *In: Revista de Informação Legislativa*, n. 128, Brasília, out./dez. de 1995, p.128.

TOURINHO FILHO, Fernando da Costa. *Processo Penal*. V. II. 23. ed. São Paulo: Saraiva, 2001.

TREPAT, Cristina Riba. La investigación em la nueva ejecución civil. *In*: CADENAS, M. Cachón; JUNOY, P.Picó (Coords.). *La Execución Civil: problemas actuales*. Barcelona: Atelier, 2008.

TROCKER, Nicolò. *Processo civile e costituzione*. Milano: Giuffrè, 1974.

TUBELIS, Vicente Paulo. Divergência Jurisprudencial e participação. *In*: GRINOVER, Ada Pellegrini; DINAMARCO, Cândido Rangel; WATANABE, Kazuo (Coords.). *Participação e Processo*. São Paulo: RT, 1988, p. 395-403.

TUCCI, Rogério Lauria. *Da contumácia no processo civil*. São Paulo, 1964.

VASCONCELOS, Antônio Gomes de. *O Sistema Núcleo Intersindical de Conciliação Trabalhista*. São Paulo: LTr, 2014.

VELLANI, Mário. *Naturaleza de Ia cosa julgada*. Santiago Sentis Melendo (Trad.). Buenos Aires: EJEA, 1963.

VENOSA, Sílvio de Salvo. *Direito Civil*. 6 ed. São Paulo: Atlas, 2006.

VENTURA, Deisy. *A ordem jurídica do Mercosul*. Porto Alegre: Livraria do Advogado, 1996.

VERBIC, Francisco. Ejecución de Sentencias em litígios de Reforma Estructural em la República Argentina. Dificul-tades Políticas y Procedimentales que inciden sobre la eficácia de estas decisiones. *In*: ARENHART, Sérgio Cruz; JOBIM, Marco Félix (Orgs.) *Processos Estruturais*. Salvador: JusPodivm, 2017, p. 63-84.

VERRUCOLI, Piero. *Il superamento dela personalità giuridica dele societá di capitali nella "common law" e nella "civil law"*. Milano: Giuffrè, 1964.

VÉSCOVI, Eduardo. *Derecho Procesal Civil Internacional*. Montevidéu: Idea, 2000.

VÉSCOVI, Enrique. *Teoria general del proceso*. 2. ed. Bogotá: Temis, 1999.

VIANA, Cíntia Portugal. Mediação como Política Pública de Estado em Conflitos Fundiários Urbanos no Brasil: reflexões sobre a proposta do Artigo 579 do Projeto do Novo Código do Processo Civil – CPC. *In*: *O Social em Questão* - Ano XVIII - nº 31. Rio de Janeiro: Pontifícia Universidade Católica, 2014, p.57-72.

VIDIGAL, Luís Eulálio de Bueno. *Comentários ao Código de Processo Civil.* São Paulo: RT, 1974.

VIDIGAL, Luís Eulálio de Bueno. *Da execução direta das obrigações de prestar declaração de vontade. Direito processual civil.* São Paulo: Saraiva, 1965.

VIDIGAL, Luís Eulálio de Bueno. *Direito Processual Civil.* São Paulo: Saraiva, 1965.

VILAS-BÔAS, Renata Malta. Cláusula Compromissória. Sua importância no âmbito da Arbitragem. In: BONFIM, Ana Paula Rocha; MENEZES, Hellen Monique Ferreira (Coords.). *Dez Anos da Lei de Arbitragem. Aspectos Atuais e Perspectivas para o Instituto.* Rio de Janeiro: Lumen Juris, 2007, p. 167-168.

VITORELLI, Edilson. Litígios Estruturais: decisão e Implementação de mudanças socialmente relevantes pela via processual. *In* : ARENHART, Sérgio Cruz; JOBIM, Marco Félix (Orgs.) *Processos Estruturais.* Salvador: JusPodivm, 2017, p. 369-422.

WACH, Adolf. *Conferencias sobre la ordenanza procesal civil alemana.* Emesto Krotoschin (Trad.). Buenos Aires: Ejea, 1958.

WACH, Adolf. *Manual de derecho procesal civil.* V. I e II. Buenos Aires: EJEA, 1977.

WALD, Arnold. Brasil lidera o uso da Arbitragem na América Latina. Disponível em: *<http://www.conjur.com.br/2007>*. Acesso em 20.11.2015.

WALTER, Gerhard. *Internationales Zivilprozessrechts in Italien. Zeitschrift für Zivilprozess (ZZP)*, 109: 3-28, 1996.

WAMBIER, Luiz Rodrigues (Coord.). *Curso Avançado de Processo Civil.* Vol. II. 8. ed. São Paulo: RT, 2006.

WAMBIER, Luiz Rodrigues (Coord.). *Curso Avançado de Processo Civil.* Vol. III. 7. ed. São Paulo: RT, 2006.

WAMBIER, Luiz Rodrigues. *Sentença Civil: Liquidação e Cumprimento.* São Paulo: RT, 2006.

WAMBIER, Luiz Rodrigues; TALAMINI, Eduardo. *Curso Avançado de Processo Civil.* Vol. 1.11 ed. São Paulo: RT, 2010.

WAMBIER, Teresa Arruda Alvim. O agravo e o conceito de sentença. *In: RePro*, Ano 32, vol. 144, São Paulo, RT, fevereiro de 2007.

WAMBIER, Teresa Arruda Alvim *et ali.* O novo CPC dará maior racionalidade ao sistema de Justiça. Disponível em http://www.migalhas.com.br/dePeso/16,MI182384,410460+novo+CPC+dara+maior+racionalidade+-ao+sistema+de+Justica. Acesso em: 08.11.2015.

WAMBIER, Teresa Arruda Alvim *et ali. Primeiros comentários ao Novo Código de Processo Civil.* São Paulo: RT, 2015.

WAMBIER, Teresa Arruda Alvim; MEDINA, José Miguel Garcia e. *O dogma da coisa julgada: hipóteses de relativização*. São Paulo: RT, 2003.

WARDE JÚNIOR, Walfrido Jorge. *Responsabilidade dos sócios: a crise da limitação de responsabilidade dos sócios e a teoria da desconsideração da personalidade jurídica*. Belo Horizonte: Del Rey, 2007.

WATANABE, Kazuo. *Código brasileiro de defesa do consumidor comentado pelos autores do anteprojeto*. 4. ed. São Paulo: Forense Universitária, 1995.

WATANABE, Kazuo. *Da cognição no processo civil*. São Paulo: DPJ, 2005.

WATANABE, Kazuo. Tutela antecipatória e tutela específica nas obrigações de fazer e não fazer. *In:* TEIXEIRA, Sálvio de Figueiredo (Coord.). *Reforma do Código de Processo Civil*. São Paulo: Saraiva, 1996.

WITTMAN, Ralf-Thomas. Il 'contenzioso di massa' in Germânia. *In*: ALESSANDRO, Giorgetti; VALLEFUOCO, Valério. *Il contenzioso di massa in Itália, in Europa e nel mondo*. Milão: Giuffrè, 2008, p. 178.

WORMSER, Maurice. Piercing the veil of corporate entity. *In*: *Columbia Law Review*, Columbia, vol. 12, 1912, p.498.

YARSHELL, Flávio Luiz. *Tutela jurisdicional específica nas obrigações de declaração de vontade*. São Paulo: Malheiros, 1993.

YAZELL, Stephen C; LANDERS, Jonathan M.; MARTIN, James ARTHUR. *Civil Procedure*. Boston: Little Brown and Co., 1988.

YONEKURA, Sandra Yuri. *Grupos de Sociedades e a Arbitragem Comercial Internacional*. Curitiba: Juruá, 2005.

ZAFFARONI, Eugenio Raúl. *Poder judiciário*. Crises, acertos e desacertos. Juarez Tavares (Trad.). São Paulo: RT, 1995.

ZAGREBELSKY, Gustavo. *El Derecho Dúctil*. 8 ed. Madrid: Editorial Trotta, 2008.

ZAMUDIO, Fix. *La protección procesal de los derechos humanos*. Madrid: Civitas, 1982.

ZANZUCCHI, Marco Tullio. *Diritto processuale civile*. V. I e II. Milano: Giuffrè, 1938.

ZAVASCKI, Teori Albino. Antecipação da tutela e colisão de direitos fundamentais. *In:* TEIXEIRA, Sálvio de Figueiredo (Coord.). *Reforma do Código de Processo Civil*. São Paulo: Saraiva, 1996.

ZAVASCKI, Teori Albino. Antecipação da tutela e obrigações de fazer e não fazer. *In*:

ZAVASCKI, Teori Albino. *Comentários ao Código de Processo Civil*. Vol. VIII. São Paulo: RT, 2000.

ZAVASCKI, Teori Albino. Sentenças declaratórias, sentenças condenatórias e eficácia executiva dos julgados. *Revista de Processo*, Vol. 28, n. 109, jan./mar. 2003.

ZYLBERSZTAJN, Décio; SZTAJN, Rachel. (Orgs.) *Direito e Economia. Análise Econômica do Direito e das Organizações*. Rio de Janeiro: Elsevier, 2005.

EDITORA
JusPODIVM
www.editorajuspodivm.com.br